€22,-

Kreuzer im Zweiten Weltkrieg

Mike J. Whitley

CHESTER am 20. Juli 1943. (Louis Parker)

Kreuzer im Zweiten Weltkrieg

Mike J. Whitley

Ins Deutsche übertragen von Wolfram Schürer

Motorbuch Verlag

Einbandgestaltung: Nicole Lechner

© M.J. Whitley 1995
Die englische Originalausgabe erschien bei Arms & Armour Press, London, unter dem Titel
CRUISERS OF WORLD WAR TWO

Ins Deutsche übertragen von **WOLFRAM SCHÜRER**

Deutsche Bearbeitung von **HELMA** und **WOLFRAM SCHÜRER**

ISBN 3-613-01842-X

1. Aufllage 1997

Copyright © by Motorbuch Verlag, Postfach 10 37 43, 70032 Stuttgart
Ein Unternehmen der Paul Pietsch Verlage GmbH + Co

Nachdruck, auch einzelner Teile, ist verboten. Das Urheberrecht und sämtliche weiteren Rechte sind dem Verlag vorbehalten. Übersetzung, Speicherung, Vervielfältigung und Verbreitung einschließlich Übernahme auf elektronische Datenträger wie CD-Rom, Bildpllatte usw. sowie Einspeicherung in elektronische Medien wie Bildschirmtext, Internet usw. ist ohne vorherige schriftliche Genehmigung des Verlages unzulässig und strafbar.

Herstellung: IPa, 71 665 Vaihingen/Enz
Druck: Rung Druck, 73033 Göppingen
Bindung: Spinner, 77833 Ottersweier
Printed in Germany

Inhalt

Vorwort	**6**
Einführung	**7**
Argentinien	**13**
VEINTICINCO DE MAYO-Klasse	13
LA ARGENTINA-Klasse	15
Australien	**17**
BIRMINGHAM-Klasse	17
»County«-Klasse	18
SYDNEY-Klasse	22
Brasilien	**26**
BAHIA-Klasse	26
Chile	**27**
BLANCO ENCALADA-Klasse	27
GENERAL O'HIGGINS-Klasse	28
CHACABUCO-Klasse	28
Deutschland	**30**
EMDEN-Klasse	30
KÖNIGSBERG-Klasse – K-Klasse	32
LEIPZIG-Klasse	37
NÜRNBERG-Klasse	38
ADMIRAL HIPPER/PRINZ EUGEN-Klasse	41
M-Klasse – »Kreuzer 1938«	48
»Spähkreuzer 1938«	49
Frankreich	**50**
DUGUAY-TROUIN-Klasse	50
DUQUESNE-Klasse	53
SUFFREN-Klasse	55
JEANNE D'ARC-Klasse	58
ALGÉRIE-Klasse	60
EMILE BERTIN-Klasse	65
PLUTON-Klasse	67
LA GALISSONNIÈRE-Klasse	68
DE GRASSE-Klasse	73
Großbritannien	**74**
CALEDON-Klasse	74
CERES-Klasse	76
CARLISLE-Klasse	79
D-Klasse	83
HAWKINS-Klasse	88
E-Klasse	92
KENT-Klasse	94
LONDON-Klasse	99
NORFOLK-Klasse	103
YORK-Klasse	106
EXETER-Klasse	108
LEANDER-Klasse	110
ARETHUSA-Klasse	115
SOUTHAMPTON-Klasse	120
EDINBURGH-Klasse	127
DIDO-Klasse	129
Modifizierte DIDO-Klasse	137
FIJI-Klasse	150
UGANDA-Klasse	147
MINOTAUR/TIGER-Klasse	147
Italien	**150**
DA BARBIANO-Klasse	150
LUIGI CADORNA-Klasse	153
RAIMONDO MONTECUCCOLI-Klasse	156
DUCA D'AOSTA-Klasse	158
ABBRUZZI-Klasse	161
CIANO-Klasse	164
»Capitani Romani«-Klasse	165
ETNA-Klasse	167
TRENTO-Klasse	169
ZARA-Klasse	172
BOLZANO-Klasse	176
BARI-Klasse	180
TARANTO-Klasse	181
Japan	**183**
TENRYU-Klasse	183
KUMA-Klasse	184
NAGARA-Klasse	186
SENDAI-Klasse	189
YUBARI-Klasse	191
FURUTAKA-Klasse	193
AOBA-Klasse	196
MYÔKÔ-Klasse	198
TAKAO-Klasse	203
MOGAMI-Klasse	208
TONE-Klasse	212
AGANO-Klasse	214
OYODO-Klasse	217
IBUKI-Klasse	218
Kanada	**219**
Niederlande	**220**
JAVA-Klasse	220
DE RUYTER-Klasse	222
TROMP-Klasse	224
EENDRACHT-Klasse	227
Peru	**229**
CORONEL BOLOGNESI-Klasse	229
Polen	**231**
Schweden	**233**
FYLGIA-Klasse	233
GOTLAND-Klasse	234
TRE KRONOR-Klasse	237
Siam	**239**
Sowjetunion	**240**
KOMINTERN-Klasse	240
KRASNYJ KAVKAZ-Klasse	241
ČERVONA UKRAINA-Klasse	243
KRASNYJ KRYM-Klasse	245
KIROV-Klasse	247
ČAPAJEV-Klasse	251
PETROPAVLOVSK (ADMIRAL HIPPER-Klasse)	252
Spanien	**253**
NAVARRA-Klasse	253
MENDEZ NUÑEZ-Klasse	254
PRINCIPE ALFONSO-Klasse	255
CANARIAS-Klasse	258
Vereinigte Staaten von Amerika	**262**
OMAHA-Klasse	262
PENSACOLA-Klasse	267
NORTHAMPTON-Klasse	271
PORTLAND-Klasse	276
NEW ORLEANS-Klasse	280
BROOKLYN-Klasse	287
WICHITA-Klasse	294
ATLANTA-Klasse	297
CLEVELAND-Klasse	304
FARGO-Klasse	313
BALTIMORE-Klasse	315
DES MOINES-Klasse	321
ALASKA-Klasse	323
WORCHESTER-Klasse	327
Bibliographie	**330**
Anmerkungen des Übersetzers	**332**
Schiffsregister	**350**
Abkürzungsverzeichnis	**355**

Vorwort

Dieses Buch soll die mit dem Band »Zerstörer im Zweiten Weltkrieg« (Motorbuch-Verlag, Stuttgart 1991) begonnenen Beschreibungen von Kriegsschifftypen fortsetzen und folgt daher in Format und Gliederung dem vorausgegangenen Band. Es behandelt ausführlich alle in der Zeitspanne von 1939 bis 1945 bei den Marinen der Alliierten, der Achsenmächte und der neutralen Staaten vorhandenen Kreuzer. Da der Begriff »Kreuzer« zuweilen etwas vage gebraucht wird, wurden für die Aufnahme in dieses Buch folgende Kriterien festgelegt:

- Wasserverdrängung über 4500 ts,
- eine aus mindestens vier Geschützen vom Kaliber 14 cm und darüber bestehende Bewaffnung sowie
- eine Geschwindigkeit von mehr als 20 kn.

Erfüllt jedoch ein Schiff nicht ganz diese Kriterien, war aber für die Marine des betreffenden Staates von Bedeutung, ist seine Aufnahme trotzdem erfolgt. So fallen zum Beispiel einige Kreuzer aus südamerikanischen Marinen in diese Kategorie. Andererseits wurden solche Schiffe nicht aufgenommen, die zwar diese Kritierien erfüllten, aber im Jahre 1939 keine Verwendung mehr als Kreuzer im eigentlichen Sinne fanden. Hierbei handelte es sich um die beiden ehemaligen chinesischen Schiffe NING HAI und PING HAI, die durch das von den Japanern beherrschte China und später von den Japanern selbst lediglich zu Küstenverteidigungsaufgaben eingesetzt wurden, obwohl sie mit sechs 14-cm-Geschützen bewaffnet und imstande waren, mehr als 20 kn zu laufen. Darüber hinaus wurden auch die deutschen Panzerschiffe nicht aufgenommen. Wenn auch 1940 zu Schweren Kreuzern umklassifiziert, stellten sie vom Entwurf her Großkampfschiffe dar und sollten daher in einem Band mit dieser Thematik behandelt werden.

Die Gliederung enthält einen Abschnitt, der den Entwurf beschreibt. Dieser Abschnitt ist im allgemeinen ausführlicher gestaltet als in dem Band über die Zerstörer. Ihm folgt eine Darstellung der Modifizierungen zum Entwurf, die zwischen 1939 und 1945 ausgeführt wurden. Abschließend werden der Werdegang eines jeden Schiffes einschließlich der Kriegseinsätze und sein Schicksal aufgezeigt. Aus Raumgründen wurden Modifizierungen und Werdegang in der Nachkriegszeit im allgemeinen nicht berücksichtigt. Andererseits fanden Hinweise auf den Werdegang der einzelnen Schiffe vor 1939 Aufnahme, wo immer dies möglich war. Aus ähnlichen Gründen wurde es als vorteilhaft erachtet, auf einen besonderen Einführungsabschnitt zu den einzelnen Marinen der betreffenden Staaten zu verzichten und sich statt dessen auf eine allgemeiner gehaltene Einführung am Beginn des Werkes zu stützen.

Infolge der politischen Entwicklungen in den letzten Jahren ist es bei diesem Band glücklicherweise möglich gewesen, wesentlich mehr amtliche Angaben zu den sowjetischen Schiffen zu erhalten, als dies bisher der Fall gewesen war. Leider kam diese Entwicklung zum Bedauern des Verfassers für den Band über die Zerstörer zu spät. Für die umfangreiche Unterstützung beim Abschnitt über die Sowjetunion statte ich Réne Greger, Marek Twardowski und Kapitän zur See C. Huan meinen besonderen Dank ab.

Für fast alle Schiffe standen die vollständigen Baudaten sowie auch – soweit diese bekannt sind – Einzelheiten ihrer letztlichen Schicksale zur Verfügung. Unvermeidlicherweise bleiben noch Lücken, die ausgefüllt werden müssen, und der Verfasser ist für jede zusätzliche Information, jede Richtigstellung oder Stellungnahme dankbar.

Die benutzten Quellen gehören – soweit sie nicht amtlicher Natur sind – fast ausschließlich zur Sekundärliteratur; sie sind am Ende dieses Buches aufgelistet. Außerdem möchte ich vielen Einzelpersonen und Institutionen meinen Dank aussprechen, ohne deren Unterstützung dieses Buch nicht zustandegekommen wäre. Es sind dies im einzelnen:

Argentinien: Kapitän zur See G.J. Montenegro von der Estado Mayor General de la Armada; Australien: Commander Bloomfield, RAN, Herrn J. Straczek und dem Personal des Australian War Memorial; Brasilien: Kapitän zur See A.M. Cabral; Chile: Captain de Navio G.M. Watkins, Presseoffizier der chilenischen Marine; Deutschland: den Herren Hans Knobloch und Reinhard Hoheisel; Frankreich: Contre-Amiral Kessler und dem Personal des Service Historique de la Marine, Herrn Jean Guiglini und Kapitän zur See C. Huan; Großbritannien: Herrn Paul Kemp und dem Personal des Imperial War Museum, den Herren R.G. Todd und D. Hodge vom Maritime Information Centre sowie Herrn G. Ransome; Italien: Fregattenkapitän G. Cucchiaro von der Italienischen Botschaft in London und Herrn Dr. A. Rastelli; Kanada: Herrn Dr. Carl A. Christie vom National Defence HQ und Herrn K. Macpherson; Niederlande: Herrn Dr. P.C. van Royen, Leiter der Marinehistorischen Abteilung im Afdeling Maritieme Historia; Polen: Herrn Marek Twardowski; Schweden: Kapitän zur See d.R. Per Insulander und dem Personal des Militärhøgskolan sowie Fregattenkapitän M. Ellis; Sowjetunion: den Herren Réne Greger, Marek Twardowski und Kapitän zur See C. Huan; Spanien: dem Personal des Instituto de Historia y Cultura Naval; Vereinigte Staaten von Amerika: den Herren Louis Parker und Marshall Skidmore (für die sehr wertvolle Unterstützung mit Fotos und die beschwerliche Aufgabe, den Text des USN-Abschnitts durchzusehen) sowie Herrn Bob Meade. Sollte ich unbeabsichtigt jemand unerwähnt gelassen haben, der mich unterstützt hat, so bitte ich aufrichtig um Entschuldigung.

Ebenfalls dankbar möchte ich den Rat und die Unterstützung anerkennen, die mir von meinen Verlegern sowie von David Gibbons und Tony Evans von DAG-Publications zuteil wurden. Alle Irrtümer oder Unterlassungen auf den folgenden Seiten unterliegen natürlich meiner Verantwortung. Letztendlich habe ich meiner Frau Rita für ihre Geduld und für ihr Verständnis während der vielstündigen Abwesenheit zu danken, die ich mit dem Schreiben dieses Buches in meinem Studierzimmer zubrachte.

Einführung

**Vom Segel- zum Dampfantrieb:
1850 bis 1914**

Der Kreuzer kann als der logische Nachfolger der Fregatte aus den Tagen der Segelschiffszeit angesehen werden. Beide Kriegsschifftypen hatten ähnliche Aufgaben, d.h. als die Augen der Flotte zu handeln und die ozeanischen Seeverbindungen zu überwachen, um den Handelsverkehr zu schützen. Als die industrielle Revolution voranschritt, wurden die Schiffe anfangs immer mehr und schließlich ganz von den Launen des Windes unabhängig und bei den Seemächten der Welt setzte eine Zeit des Wandels ein. Die traditionelle Segelfregatte verschwand und wurde zunächst auch nicht ersetzt, da sich die Marinen mit dem Umstellen auf die neue Technik aus Eisen, Dampf und später Stahl abmühten. Zum Nachteil der kleineren Schiffe, wie zum Beispiel Fregatten und ihrer Nachfolger, floß ein Großteil der Anstrengungen in die Entwicklung von Großkampfschiffen. Infolgedessen sah die Mitte des 19. Jahrhunderts eine eigenartige Mischung aus Schlachtschiffen, die teils Prototypen und teils Versuchsschiffe waren. Viele von ihnen blieben »Eintagsfliegen«, als diese neue Technik sich auf See bewähren mußte. Der Stand der Technik gestattete zunächst den Bau von schnellen, kleinen Schiffen nicht, die als Augen der Flotte dienen konnten. Für Großbritannien, die Hauptseemacht jener Tage, stellte diese neue Technik ein zweischneidiges Schwert dar, da sie kleineren Seemächten eher die Möglichkeit bot, gegenüber der Royal Navy eine Überlegenheit in qualitativer als in quantitativer Hinsicht zu erlangen, die bis dahin das entscheidende Kriterium gewesen war. Trotz dieser Befürchtungen ergriff jedoch die britische Admiralität die sich bietenden Gelegenheiten, oftmals gegen den Widerstand der traditioneller denkenden Seeoffiziere. Nach einer Zeitspanne der Unentschlossenheit ließen sich aber in der zweiten Hälfte des 19. Jahrhunderts die Anfänge der Gefechtsordnung des 20. Jahrhunderts bei den Seemächten wahrnehmen. Zu dieser Zeit kam für Großbritannien noch keine Hauptbedrohung von Frankreich her, aber es gab ein riesiges Weltreich, das unter Kontrolle gehalten und dessen Seeverbindungen gesichert werden mußten. Dies bedeutete zu jener Zeit, es hatten Schiffe auf Station zu sein. Angesichts des großen Teils der Welt, der Großbritannien untertan war, und der Tatsache, daß das Land keiner wirklichen Bedrohung durch eine größere Macht ausgesetzt war, die europäischen Gewässer möglicherweise ausgenommen, konnte die Royal Navy ihre Politik und ihre Handelsschutzaufgaben durch den Einsatz des Nachfolgers der alten Segelfregatte – der Dampffregatte – wirtschaftlich und leistungsfähig durchführen. Diese Schiffe, die in sich sowohl alte wie auch neue Technik vereinten, waren für die weit entfernten Auslandsstationen gut geeignet, da es dort Reparaturmöglichkeiten für Maschinenanlagen kaum gab. Doch die leistungsfähige Durchführung der Aufgabe des ozeanischen Handelsschutzes konnten sie nicht übernehmen; denn sie waren nicht schnell genug, um überlegenen Schiffen zu entkommen. Im Falle einer in den außerheimischen Gewässern entstehenden größeren Auseinandersetzung mußten sie solange ausharren, bis schwerere Schiffe als Verstärkung aus Europa entsandt werden konnten. In jenen Tagen mußte von dort auf jeden Fall auch der Gegner kommen. Soweit es Großbritannien betraf, war deshalb in Anbetracht des großen Gebietes der Erde, das kontrolliert werden mußte, ihre Anzahl von Bedeutung – und das bedeutete wiederum Schiffe, die von der Größe her keineswegs zu groß sein durften.

Der Segelantrieb, der keiner oder nur geringer logistischer Unterstützung bedurfte, war vom Gewicht und der Bemannung her unwirtschaftlich, und bis in die 80er Jahre hatten ihn die größeren Seemächte fast aufgegeben. In dieser Zeit beurteilte die britische Admiralität die Erfordernisse für »kreuzende Schiffe« – wie sie genannt wurden – neu. Die Form des Schiffskörpers und die Antriebsanlage wurden geändert und die Stahlbauweise und die Schiffsschraube wurden eingeführt. Mit der COMUS-Klasse von 1876 kam ein schützendes Panzerdeck zur Ausführung, das über den Maschinenräumen und Munitionskammern 38 mm Dicke aufwies. Diese Schiffe behielten noch Takelage und Segel. Sie stellten einen gelungenen Kolonialkreuzertyp dar und zwischen 1878 und 1881 wurden elf Einheiten von ihm gebaut. Ihre Geschwindigkeit war jedoch mit 13 kn nur mittelmäßig und sie konnten daher nicht als Flottenkreuzer Verwendung finden. Für diese Aufgabe wurde die Geschwindigkeit bei der nächsten Kreuzerklasse auf 16,5 kn gesteigert. Die Schiffe dieser Klasse führten eine schwerere Bewaffnung (10 x 15,2 cm) und hatten einen verbesserten Schutz – die Dicke des Panzerdecks wurde erhöht und es erhielt an den Seiten Abböschungen – sowie eine größere Seeausdauer. Sie behielten jedoch noch immer Segel und Takelage bei. Erst bei der nachfolgenden Kreuzerklasse, der MERSEY-Klasse von 1883, verschwand die Besegelung. Mit dieser Klasse tauchten die erkennbaren Merkmale des »Kreuzers II. Klasse« auf. Eine dieser Einheiten, die FORTH, war in untergeordneten Verwendungen bis 1947 vorhanden.

Von den 80er Jahren an nahm die Kreuzerentwicklung durch die Beteiligung der Schiffswerft W.G. Armstrong, Whitworth & Co. in Low Walker am Tyne bzw. Elswick-on-Tyne einen großen Aufschwung. Die Werft entwickelte eine Reihe von Kreuzerentwürfen auf ausländische Rechnung. Diese Schiffe waren mit 18 kn schnell, führten mit 25,4-cm-Geschützen eine starke Bewaffnung und besaßen ebenfalls keine Besegelung mehr. Unter dem simplen Namen »Elswick-Kreuzer« bekannt, stellten sie für ihre Zeit fortschrittliche Schiffe dar. Die Armstrong-Werft lieferte sie an die Marinen Argentiniens, Österreich-Ungarns, Chiles, Chinas, Italiens, Japans und der Vereinigten Staaten.

Einige von ihnen sollten überdies für viele Jahrzehnte in Dienst bleiben, wie der Abschnitt über Chile aufzeigt. Ihre Geschichte verdient ein eigenes Buch.[1]

Ende der 90er Jahre kamen zu den britischen Kreuzern der II. (»Geschützte Kreuzer«) und III. Klasse, deren Hauptaufgabe der Handelsschutz und die koloniale Polizeiarbeit waren, noch die Kreuzer I. Klasse und die Panzerkreuzer hinzu. Die Aufgabe der Aufklärung als Augen der Flotte war ihnen noch nicht zugedacht. Der Entwurf des Panzerkreuzers führte schließlich zum Schlachtkreuzer, einem von Grund auf mangelhaften Konzept: Panzerschutz wurde zugunsten von

Geschwindigkeit geopfert, die ihrerseits den Schutz gewährleisten sollte.

Den Höhepunkt bildete die Verwendung dieser Schiffe in der Schlachtlinie – mit verhängnisvollen Folgen, wie die Skagerrakschlacht am 31. Mai 1916 enthüllte.[2]

Soweit es die Marinepolitik betraf, befand sich Frankreich zu dieser Zeit in einem Zustand der Verwirrung. Trotz seines großen Kolonialreiches baute es nicht viele Schiffe des von Großbritannien bevorzugten Kreuzertyps, zumeist nur Einzelschiffe. 1882 begann jedoch die französische Marine mit dem Bau moderner Kreuzer und bis 1887 entstanden die Einheiten der FORBIN-Klasse und ihrer Nachfolger, die eine Geschwindigkeit von über 20 kn aufwiesen und mit 14-cm-Geschützen bewaffnet waren. Sie besaßen ein Panzerdeck und waren speziell für die Aufgabe entworfen, die Handelsrouten anzugreifen, eine beabsichtigte Art der Kriegsführung[3], die in Großbritannien nicht unbemerkt blieb. Es hegte den Argwohn, daß sich die Feindseligkeit Frankreichs durch die neue Entente Cordiale nicht verringert hatte.[4] Dies führte zum Bau eines Schiffstyps, entworfen, um den beutegierigen Handelsstörkreuzern Frankreichs und bis zu einem gewissen Grade auch des Kaiserreiches Rußland zu begegnen, da die Marine des letzteren ebenfalls einige gut bewaffnete Kreuzer, wie zum Beispiel die PAMIAT AZOVA, in Dienst gestellt hatte, die mit zwei 20,3-cm- und dreizehn 15,2-cm-Geschützen bewaffnet waren. Dieses aus zwei oder vier schweren Geschützen und einer Batterie leichterer Geschütze bestehende Bewaffnungsmuster entsprach dem Standard der damaligen Zeit. Die neuen britischen Kreuzer – die ORLANDO-Klasse – erhielten die Bezeichnung »Panzerkreuzer«, da sich ihr Schutz nicht auf ein Panzerdeck beschränkte, sondern auch eine vertikale Panzerung einschloß, und zwar einen 254 mm dicken Seitenpanzer in der Wasserlinie. Sie verdrängten 5600 ts und wiesen eine aus zwei 23,4-cm- und zehn 15,2-cm-Geschützen bestehende Bewaffnung auf. Bedauerlicherweise führte die Steigerung in der Wasserverdrängung während des Baus zu einer derartigen Vergrößerung ihres Tiefgangs, daß der Seitenpanzer unter die Wasserlinie geriet. Hierdurch verringerte sich sein Nutzen. Infolgedessen gab die britische Admiralität den Bau dieses Schiffstyps zeitweilig auf, nachdem sieben Einheiten fertiggestellt worden waren. Sie gehörten zu den Schiffen, die 1904 den Reformen zur Erneuerung der Royal Navy durch den damaligen Ersten Seelord der britischen Admiralität, Admiral of the Fleet Sir John Fisher, zum Opfer fielen. Eine dieser Reformen brachte die rücksichtslose Aussonderung veralteter oder leistungsschwacher Schiffe.

Gegen die Jahrhundertwende zu gab es sowohl im Maschinen- und Kesselbau wie auch bei der Bewaffnung weitere Fortschritte. Was die letztere anbetraf, so war die wichtigste Entwicklung das Erscheinen der Schnellade- bzw. Schnellfeuerkanone (S.K.). Sie führte zur Verwendung von Hauptkartuschen in Messinghülsen und hatte ein schnell arbeitendes Verschlußsystem, das der Kanone eine höhere Feuergeschwindigkeit verlieh. Zunächst gab es Schnelladekanonen im allgemeinen nur bis zum Kaliber 12 cm.

1888 legte Großbritannien die ersten zwei Einheiten eines neuen Typs des Geschützten Kreuzers I. Klasse auf Kiel, bewaffnet mit zwei 23,4-cm- und zehn 15,2-cm-S.K.-Geschützen. Für die 15,2-cm-Geschütze wurde die Unterbringung in gepanzerten Kasematten eingeführt. Diese 9000 ts großen Schiffe – BLAKE und BLENHEIM – waren für die Aufgabe des Handelsschutzes vorgesehen und gelangten mit Erfolg überall auf der Welt zum Einsatz. Wenn sie auch kurz vor dem Ersten Weltkrieg zu Begleitschiffen (Tendern) für Torpedoboote herabklassifiziert, beeinflußte ihr Entwurf für eine gewisse Zeit den zukünftigen britischen und ausländischen Kreuzerbau.

Der Aufstieg des kaiserlichen Deutschland gegen Ende des 19. Jahrhunderts zur Seemacht und sein Erwerb von Kolonien in Afrika, im Fernen Osten und im Pazifik stellte sich als eine schlecht verhüllte Bedrohung für die Handelsrouten des britischen Empire dar. Der Bau des ersten an seinen Merkmalen erkennbaren »Leichten« Kreuzers durch die Kaiserlich Deutsche Marine in den 90er Jahren ließ diese Bedrohung noch wirksamer erscheinen. Dieser Kleine Kreuzer, so die deutsche Bezeichnung, war die GAZELLE aus einer Klasse von zehn Einheiten, die sämtlich zwischen 1900 und 1904 in Dienst gestellt wurden. Ihre Wasserverdrängung betrug zwischen 2643 t (GAZELLE) und 2706 t auf CWL (ARCONA) bzw. zwischen 2963 t und 3180 t maximal.[5] Ihre Bewaffnung bestand aus einer einheitlichen Batterie von zehn 10,5-cm-Geschützen S.K. L/40. Sie sollten offensichtlich sowohl als Aufklärer für die Flotte wie auch in der Handelskriegführung eingesetzt werden. Zu diesem Zeitpunkt bewaffnete die Royal Navy ihre Kreuzer noch mit gemischten Batterien, in der Regel aus Geschützen vom Kaliber 15,2 cm und 7,6 cm (12-Pfünder) bestehend. Erstere hatten eine langsamere Feuergeschwindigkeit als die deutschen 10,5-cm-Geschütze, während die letzteren lediglich ein Waffensystem gegen Torpedobootszerstörer darstellten. Die deutsche Lösung war sowohl wirtschaftlich wie auch praktisch, insbesondere bei der Aufschlagbeobachtung während des Schießens.

Von der Jahrhundertwende an bestimmten die Kreuzerentwicklung im wesentlichen die Royal Navy und die Kaiserlich Deutsche Marine, da sich Frankreich in einem Zustand der Apathie befand und dem kaiserlichen Rußland die industrielle Grundlage fehlte, um mit der modernen Technik Schritt zu halten. Im Fernen Osten hatte Japan viel aus den Erfahrungen des Russisch-Japanischen Krieges von 1904/05 gelernt und baute unter Nutzung westlicher Technologien seine industrielle Grundlage ständig aus. Doch dies trug erst in den frühen 20er Jahren Früchte. Die einzige andere große Industriemacht, die USA, schenkten bis zum Spanisch-Amerikanischen Krieg von 1898 Marineangelegenheiten wenig Aufmerksamkeit. Doch auch danach wurden bis zum Eintritt der USA in den Ersten Weltkrieg keine großen Schritte unternommen. Erst der Kriegseintritt, der die amerikanische Marine mit der Royal Navy in Berührung brachte, änderte die Situation. Doch auch hier sollten erst die 20er Jahre den allmählichen Aufbau der amerikanischen Kreuzerwaffe bringen, der in der riesigen Kreuzerflotte des Jahres 1945 seinen Höhepunkt erreichte. Keine der beiden verbleibenden früheren Seemächte – Spanien und die Niederlande – konnten infolge der Niederlage der ersteren im Krieg mit den USA und der fehlenden Technologie im Falle der letzteren zur Kreuzerentwicklung einen Beitrag leisten.

So setzte Großbritannien in der Zeitspanne bis zum Ersten Weltkrieg mit vier Haupttypen die Kreuzerentwicklung fort. An erster Stelle standen die Panzerkreuzer. Von diesem Kreuzertyp (9800 ts bis 14 500 ts) baute die Royal Navy 34 Einheiten, im allgemeinen mit einer Mischung aus 23,4-cm- und 15,2-cm-Geschützen bewaffnet. Allerdings führte eine Klasse – die MONMOUTH-Klasse – eine einheitliche, nur aus 15,2-cm-Geschützen bestehende Bewaffnung, während eine weitere – die DEVONSHIRE-Klasse – statt der Geschütze des Kalibers 23,4 cm solche des Kalibers 19,1 cm aufwies. Diese Schiffe besaßen neben einem Panzerdeck als Horizontalschutz auch einen Seitenpanzer als Vertikalschutz. Zweitens gab es etwa 39 große Geschützte Kreuzer, die nur ein Panzerdeck als Horizontalschutz besaßen und eine unterschiedliche Bewaffnung aus 23,4-cm- und 15,2-cm-Geschützen führten. Den Höhepunkt bildeten die beiden Einheiten der POWERFUL-Klasse (14 200 ts). Zusätzlich waren nahezu fünfzig kleinere Geschützte Kreuzer vorhanden; viele dieser Einheiten waren Auslandsstationen in fernen Gewässern zugeteilt. Dieser Schiffstyp war eines der Hauptopfer der erwähnten Fisher-Reformen, so daß ihre Anzahl bis 1914 zurückging. Drittens erforderte das Erscheinen des Torpedobootszerstörers ein Schiff, das imstande war, für diese schnellen, aber nur leicht bewaffneten Boote als Flottillenführer und Unterstützungsschiff zu dienen. Für diese Aufgabe wurde der Aufklärungskreuzer (Scout Cruiser) gebaut. Bis 1913 entstanden sechs verhältnismäßig kleine Klassen dieses Typs. Viertens entstand für die Handelsschutz- und Flottenaufgabe noch der Kreuzertyp der »Town«-Klasse, beginnend 1911 mit der BRISTOL-Klasse, der weitere Klassen dieses Typs folgten. Insgesamt wurden schließlich zwanzig Einheiten gebaut.

Diese Kreuzer (4800 ts bis 5600 ts) hatten eine einheitliche 15,2-cm-Bewaffnung, ausgenommen die BRISTOL und zwei weitere auf ausländische Rechnung gebaute Einheiten, die nach 1914 beschlagnahmt wurden. 1913 führten jedoch die wahrscheinlichen Einsatzerfordernisse eines Krieges in den beengten Gewässern der Nordsee mit dem kaiserlichen Deutschland als Gegner zu einer vollständigen Richtungsänderung. Der Aufklärungskreuzer wurde zu einem größeren, aber immer noch verhältnismäßig kleinen Kreuzer für Aufgaben mit der Grand Fleet weiterentwickelt: dem Leichten Kreuzer, beginnend mit der ARETHUSA-Klasse (3530 ts, 2 x 15,2 cm, 6 x 10,2 cm), der weitere Klassen folgten. Der Bau aller anderen Kreuzertypen wurde eingestellt.[6]

Andererseits baute Deutschland nur eine geringe Anzahl an Panzerkreuzern mit 21-cm-Geschützen. Den Höhepunkt bildete 1909 die BLÜCHER, die fast, aber nicht ganz, ein Schlachtkreuzer war und ein ähnliches Schicksal erlitt.[7] Von einer kleinen Gruppe Geschützter Kreuzer älterer Bauart abgesehen, besaß die Kaiserliche Marine zehn Klassen Kleiner Kreuzer, bewaffnet mit zehn, später mit zwölf 10,5-cm-Geschützen. Bis zum Kriegsbeginn im August 1914 waren 33 Einheiten in Dienst gestellt, sechs weitere noch im Bau.

Der Erste Weltkrieg 1914 bis 1918

Als im August 1914 der Krieg ausbrach, besaß die Royal Navy den weitaus größten Bestand an Kreuzern: 34 Panzerkreuzer und 52 Geschützte Kreuzer. Hiervon waren knapp 25 Kreuzer weniger als zehn Jahre alt und der Großteil der übrigen war hoffnungslos veraltet. Weiterhin war 15 Aufklärungskreuzer, zugeteilt den Zerstörerflottillen, und 17 Kreuzer der »Town«-Klasse vorhanden, die seit 1910 fertiggestellt worden waren. Diesen Bestand verstärkten zwei von Griechenland beschlagnahmte Kreuzer. Ein großes Neubauprogramm für Leichte Kreuzer war unmittelbar vor Kriegsausbruch in Angriff genommen worden. Frankreich, der Hauptverbündete Großbritanniens, besaß 19 Panzerkreuzer und sechs Geschützte Kreuzer. Darunter befand sich faktisch keine Einheit, die weniger als zehn Jahre alt war; die meisten Kreuzer stammten aus der Zeit vor der Jahrhundertwende. Wichtiger noch war die Tatsache, daß es, soweit es die Kreuzer betraf, überhaupt kein Neubauprogramm gab. Italien hatte ein buntes Gemisch aus Panzerkreuzern und Geschützten Kreuzern, insgesamt nicht mehr als fünfzehn; aber nur wenige dieser Einheiten konnten als leistungsfähig bezeichnet werden. In der Ostsee und im Schwarzen Meer konnte das kaiserliche Rußland auf sechs Panzerkreuzer, darunter die mit 25,4-cm-Geschützen bewaffnete RURIK, sowie auf sieben veraltete Geschützte Kreuzer zählen. Allerdings war 1913 ein ziemlich ehrgeiziges Neubauprogramm für Panzerkreuzer und Leichte Kreuzer begonnen worden. Schließlich gab es noch das weit von den Hauptkriegsschauplätzen entfernte Japan, das über einen respektablen Bestand aus ca. 30 Panzerkreuzern und Geschützten Kreuzern verfügte.

Die Mittelmächte Deutschland und Österreich-Ungarn sowie die mit ihnen verbündete Türkei waren zu Lande weitaus stärker als zur See. Doch als Folge der Anstrengungen des Kaisers und seines Marineministers, des Staatssekretärs im Reichsmarine-Amt Großadmiral v. Tirpitz, hatte Deutschland bis zum Kriegsausbruch 1914 eine moderne Flotte aufgebaut. Zu ihr gehörten acht Panzerkreuzer (d.h. Große Kreuzer), 17 veraltete Geschützte Kreuzer und 33 Kleine Kreuzer. Außerdem gab es ein fortgesetztes Bauprogramm. Vor allem die Kleinen Kreuzer waren schnell und gut bewaffnet. Die kleine Flotte Österreich-Ungarns, begrenzt auf die beengten Gewässer der Adria, hatte eine respektable Stärke. Zu ihr gehörten zwei Panzerkreuzer und vier moderne Leichte Kreuzer. Andererseits war die Türkei ohne jede Bedeutung, soweit es die Seemacht betraf.

Die ersten Kriegshandlungen umfaßten Einsätze von Kreuzern auf allen Weltmeeren, als die Marinen Großbritanniens und seiner Alliierten die deutschen Auslandskreuzer jagten, die aus den deutschen Kolonien ausgelaufen waren, um die alliierte Handelsschiffahrt anzugreifen, die Jagd auf das deutsche Ostasiengeschwader und Gefechte in der Nordsee, wo die beiden Hauptgegner einander direkt gegenüberstanden. Bis Anfang 1915 waren die deutschen Auslandskreuzer von den Ozeanen vertrieben worden. Sie fielen einer Verknüpfung aus überlegenen Seestreitkräften und dem Fehlen befreundeter Stützpunkte zum Opfer; aber erst, nachdem bedeutsame und berühmte Seeschlachten stattgefunden hatten. Vizeadmiral Graf v. Spee und das deutsche Kreuzergeschwader gingen zunächst aus der Seeschlacht vor Coronel als Sieger hervor, wurden aber selbst in der Seeschlacht bei den Falkland-Inseln vernichtet. In der letzteren spielten britische Schlachtkreuzer das erste und einzige Mal eine entscheidende Rolle, ehe sich ihre Konzeption in der Skagerrakschlacht im Jahre 1916 als Torheit erwies. Die Reste des deutschen Kreuzergeschwaders wurden schließlich in den Wasserwüsten des Pazifik zur Strecke gebracht.[8]

Von den genannten Kriegshandlungen abgesehen, kam es selten zu einem Gefecht Kreuzer gegen Kreuzer. Der Großteil der Gefechte spielte sich in der Nordsee ab. In diesen Gewässern waren Scharmützel zwischen britischen und deutschen Kreuzern sowie Zerstörerflottillen an der Tagesordnung. In der einzigen großen Seeschlacht des Ersten Weltkrieges, der Skagerrakschlacht 1916, verlor die Royal Navy drei Panzerkreuzer, während auf deutscher Seite ein Geschützter (ELBING) und drei Kleine Kreuzer verlorengingen.[9] Der größte Teil der Kriegsverluste kam durch Torpedotreffer von Unterseebooten und durch Minentreffer zustande. Insgesamt verlor die Royal Navy im Ersten Weltkrieg durch Feindeinwirkung dreizehn Panzerkreuzer, vier Geschützte Kreuzer, zwei Aufklärungskreuzer, zwei der »Town«-Klasse und einen Leichten Kreuzer. Die meisten Verluste betrafen ältere Schiffe. Sie wären zweifellos höher gewesen, wenn nicht viele der älteren Geschützten Kreuzer auf Auslandsstationen oder im Verlaufe des Krieges als Hilfsschiffe Verwendung gefunden hätten. Sechs dieser Kreuzer wurden 1918 zur Blockade der flandrischen Häfen Zeebrügge und Ostende versenkt, während drei der Panzerkreuzer am 22. September 1914 einem Angriff des deutschen U-Bootes U 9 (Kptlt. Weddigen) zum Opfer fielen.[10]

Die Kaiserlich Deutsche Marine verlor insgesamt 24 Kreuzer, darunter sechs der acht Panzerkreuzer sowie zwei Geschützte Kreuzer (HELA, ELBING; die restlichen fanden als Hilfsschiffe Verwendung). Von den Kleinen Kreuzern gingen 16 verloren: drei im Seegefecht vom 28. August 1914 in der Deutschen Bucht, sechs als Auslandskreuzer einschl. der Seeschlacht bei den Falkland-Inseln, drei in der Skagerrakschlacht sowie vier bei verschiedenen Ereignissen (MAGDEBURG durch Einwirkung russischer Schiffe in der Ostsee gestrandet, UNDINE durch Torpedotreffer, BREMEN durch Minentreffer und MIDILLI ex-BRESLAU durch Minentreffer in der Ägäis).[11]

Großbritanniens Kriegsprogramme konzentrierten sich auf den Bau der Leichten Kreuzer für den Einsatz in der Nordsee. Im Verlaufe des Krieges wurden 44 Einheiten fertiggestellt oder auf Kiel gelegt. Eine Anzahl Kreuzer dieser Art war auch Ende der 30er Jahre noch in Dienst und erscheint in diesem Band. Auch Deutschland setzte den Bau der Kleinen Kreuzer fort. Zwölf von ihnen wurden vor Kriegsende fertiggestellt, zwei hiervon auf russische Rechnung gebaut und im August 1914 beschlagnahmt (PILLAU, ELBING; sie stellten eher Geschützte Kreuzer dar, d.h. ohne Vertikalschutz). Acht weitere Einheiten gelangten nicht mehr zur Fertigstellung.

Gegen Ende des Krieges hatte Großbritannien begonnen, mit 19,1-cm-Geschützen bewaffnete Kreuzer zu bauen: die HAWKINS-Klasse (siehe unten). Anders als die mit 15,2-cm-Geschützen bewaffneten Leichten Kreuzer für den Einsatz in den beengten Gewässern der Nordsee waren diese Schiffe für die Sicherung der ozeanischen Handelsrouten bestimmt. Dieser neue Kreuzertyp sollte einen bedeutenden Einfluß auf den internationalen Kreuzerbau erlangen. Von den übrigen Seemächten hatte nur das kaiserliche Rußland ein bedeutsames Bauprogramm aufzuweisen. Zwei der geplanten zehn Einheiten waren jedoch von Deutschland beschlagnahmt worden und der Bau der übrigen acht verzögerte sich. Die Ursache dieser Verzögerung war Rußlands Abhängigkeit von ausländischer Unterstützung hinsichtlich Ausrüstung und Fachkenntnis. Hinzu kam noch der unzureichende Zustand seiner Industrie. Dies führte dazu, daß sie zum Zeitpunkt der bolschewistischen Oktoberrevolution 1917 immer noch nicht fertiggestellt waren. Nach langen Verzögerungen kam es schließlich doch noch zur Fertigstellung einiger Einheiten; sie erscheinen daher in diesem Band. Im Verlaufe des Ersten Weltkrieges gab es in Frankreich, Italien, den USA oder Japan keinen nennenswerten Bau von Kreuzern und die Türkei besaß hierfür keine einheimische Werftindustrie. Österreich-Ungarn stellte einige vor dem Krieg begonnene Leichte Kreuzer fertig und plante den Bau weiterer Einheiten. Doch der Krieg verhinderte jeden weiteren Fortschritt.

Der technische Fortschritt nach dem Kriege

Im Verlaufe des Ersten Weltkrieges gab es keine großen technischen Fortschritte. Die beiden Hauptgegner zur See konzentrierten ihre Anstrengungen auf die Weiterentwicklung von Vorkriegsentwürfen. Gegen Ende des Krieges baute Großbritannien die bereits erwähnte größere HAWKINS-Klasse, bewaffnet mit 19,1-cm-Geschützen. Der Turbinenantrieb war auf britischer Seite bei der AMETHYST und auf deutscher Seite bei der LÜBECK 1904 versuchsweise zur Anwendung gelangt und wurde 1909 ab der britischen BOADICEA und der deutschen DRESDEN allgemein eingeführt. Die US-Marine rüstete 1908 die SALEM und die CHESTER mit Turbinen aus, baute aber erst nach dem Ersten Weltkrieg wieder Kreuzer. Überraschenderweise besaß Peru bereits 1908 Kreuzer mit Turbinenantrieb, allerdings durch ausländische Fertigung, während Japan erst 1912 zu turbinengetriebenen Kreuzern kam. Bei der Befeuerung der Kessel wurde die Kohle allmählich durch Öl ersetzt. Großbritannien nutzte den Flüssigbrennstoff ab der BOADICEA (1909), während Deutschland angesichts seiner strategischen Beschränkungen erst in den 30er Jahren bei seiner Marine die Ölbefeuerung umfassend einführte. Hinsichtlich der Bewaffnung änderte sich kaum etwas. Ihre nach der Breitseite ausgerichtete Anordnung, insbesondere in Kasematten, war bis zum Ende des Ersten Weltkrieges vorherrschend. Die wichtigste Änderung in der Bewaffnung verursachte die zunehmende Wirksamkeit der Luftmacht, da hiermit sich das Verhältnis in ihrer Zusammensetzung änderte. Neben der herkömmlichen Seezielartillerie wurden Lafetten mit Luftzielfähigkeit, d.h. mit großer Rohrerhöhung, eingeführt. Allerdings gab es für diese Fla-Geschütze noch keine einheitliche Feuerleitung. Gegen Kriegsende begannen auch die Kreuzer, eigene Flugzeuge zur weitreichenden Aufklärung an Bord zu nehmen, eine Fähigkeit, die amerikanische Kreuzer auch dann noch längere Zeit beibehielten, als die Aufklärungsaufgabe durch das Erscheinen des Radars fast ein Vierteljahrhundert später längst überflüssig geworden war.

Nach dem Ende des Ersten Weltkrieges ging der Haupteinfluß auf die Kreuzerentwürfe von den verschiedenen Flottenverträgen und -abkommen der 20er und 30er Jahre aus. Sie brachten die Begriffsbestimmungen für Schwere und Leichte Kreuzer hervor, die unbeabsichtigterweise zur standardisierten Bewaffnung mit dem Kaliber 20,3 cm bzw. 15,2 cm führten.[12] Unvermeidlich kam es zu einer ständigen Rivalität zwischen den Seemächten und ihren Erbfeinden. So richtete sich zum Beispiel der Kriegsschiffbau in Italien gegen Frankreich und jener Japans gegen die USA. Dies diente nicht immer den Interessen der beteiligten Mächte.

Mit dem Fortschreiten der 30er Jahre wurde auch der Flakbewaffnung eine größere Aufmerksamkeit zuteil, allerdings immer noch ohne die notwendigen Fortschritte in der Feuerleitung. Voll- und halbautomatische Fla-Waffensysteme schwereren Kalibers tauchten auf und die Niederländer fertigten möglicherweise das damals modernste Feuerleitsystem für die Flak. Auf dem Gebiet der Antriebsanlagen kam dem Dieselantrieb für Kreuzer keine Bedeutung zu und der größte Fortschritt bei den herkömmlichen Antriebsanlagen betraf die Erhöhung des Kesseldrucks zur Verbesserung der Wirtschaftlichkeit. Die deutsche Marine war auf diesem Gebiet der Hochdruckheißdampfanlagen führend, aber die Entwürfe waren mangelhaft, und so waren es die USA, die den größten Nutzen aus dieser Entwicklung zogen. Fortschritte in der Elektronik kamen in den Jahren nach 1939 rasch voran und spielten in den Kriegsoperationen eine große Rolle.

Dies führte bei den meisten Marinen zur Aufgabe der Bordflugzeugeinrichtungen, ausgenommen überraschenderweise die US-Marine, die solche Einrichtungen bis weit nach dem Ende des Zweiten Weltkrieges beibehielt.

Der Zweite Weltkrieg

Während des Zweiten Weltkrieges umfaßten die Aufgaben der Kreuzer ein breites und vielfältiges Spektrum. Sie fanden in der klassischen Aufgabe des Handelsschutzes auf den Ozeanen Verwendung und dienten als Handelsstörer auf hoher See, als Aufklärer für die Flotte, zur Unterstützung der Zerstörer in Küstengewässern und zu Küstenbeschießungen. Im Verlaufe der Kriegshandlungen kamen neue Aufgaben hinzu, darunter die Luftabwehr für Trägerkampfgruppen im Pazifik und die Unterstützung von Landungsstreitkräften. Das Gefecht Kreuzer gegen Kreuzer fand vielleicht häufiger als im vorausgegangenen Weltkrieg statt, und so gab es Gefechte zwischen britischen und italienischen sowie zwischen amerikanischen und japanischen Kreuzern.

Wie bereits im Ersten Weltkrieg überwachten vom Kriegsausbruch im September 1939 an britische und französische Kreuzer zur Sicherung der Seehandelsrouten die Ozeane. Andererseits entsandte die deutsche Marine ihre Kreuzer nicht in See, wie sie dies 1914 getan hatte, da es in Übersee keine deutschen Stützpunkte mehr gab, abgesehen von einem geheimen Stützpunkt in Nordrußland. Darüber hinaus waren die vorhandenen Leichten Kreuzer, unter den strengen Bedingungen des Versailler Vertrages gebaut, technisch unzulänglich und zur ozeanischen Verwendung nicht geeignet. Statt dessen entsandte die deutsche Marine die Panzerschiffe ADMIRAL GRAF SPEE und DEUTSCHLAND zur Handelskriegsführung. Mit einer aus 28-cm-Geschützen bestehenden Bewaffnung stellten sie für die Kreuzer überlegene Gegner dar. Nichtsdestoweniger waren es mit 20,3-cm- und 15,2-cm-Geschützen bewaffnete Kreuzer, die im Dezember 1939 vor der Mündung des Rio de la Plata einen ersten Sieg erzielten, der die Moral der Alliierten hob, als drei britische Kreuzer mit der ADMIRAL GRAF SPEE ins Gefecht gerieten.[13]

Später wurden die alliierten Kreuzer zur Jagd auf die deutschen Schweren Kreuzer eingesetzt, als diese schließlich im Atlantik auftauchten. Gleichzeitig fiel ihnen jedoch die Aufgabe zu, die See nach deutschen Handelsschiffen abzusuchen, die – 1939 in Übersee vom Kriegsausbruch überrascht – auf der Heimreise die britische Blockade zu durchbrechen versuchten. Außerdem oblag ihnen die Aufgabe, wertvolle Truppentransport-Geleitzüge zu sichern. Der Norwegen-Feldzug 1940 brachte zum erstenmal die Ernsthaftigkeit der Bedrohung aus der Luft zu Bewußtsein. Sie war die Ursache dafür, daß Schiffe aller Klassen später größeren Veränderungen unterzogen wurden. Schon bald beherzigten sowohl die kriegführenden wie auch die neutralen Staaten diese Lehren, selbst wenn die hierfür erforderlichen Mittel, zur Durchführung der notwendigen Änderungen noch fehlten. Dies galt insbesondere für die damals noch neutralen USA.

Die mit den Operationen großer Schiffe bei schwacher Flakausrüstung und fehlender Luftüberlegenheit verbundenen Gefahren wurden sehr deutlich nach dem Zusammenbruch Frankreichs aufgezeigt, als die in den beengten Gewässern des Mittelmeeres und in unmittelbarer Nähe gegnerischer Luftstützpunkte operierende Royal Navy auf italienische und deutsche Bomber stieß. Sie verursachten 1940/41 in den Gewässern vor Kreta und Griechenland ernste Verluste.

Zur See lagen die Dinge jedoch anders. Der mit der Sicherung der Nachschubwege nach Nordafrika beauftragten Königlich Italienischen Marine fehlten die Radarkenntnisse und das gekonnte Zusammenwirken zwischen Schiffen und Flugzeugen der Briten. Sie erlitt daher schwere Verluste. Bei den Geleitzügen zur Versorgung Maltas und in den verschiedenen Gefechten mit der italienischen Flotte bei den seltenen Gelegenheiten, da sie zum Kampf gestellt werden konnte, spielten britische Kreuzer eine große Rolle.

Unter den Freifranzösischen Seestreitkräften, die zur Royal Navy stießen, befanden sich keine französischen Kreuzer, so daß diese zunächst nicht – von einem einzigen Fall in Fernost abgesehen – in die Feindseligkeiten verwickelt waren.

Der Ausbruch des Krieges im Dezember 1941 in Fernost verwandelte den Zweiten Weltkrieg in einen weltweiten Konflikt weit größeren Ausmaßes als dies der Krieg von 1914 bis 1918 gewesen war. Obwohl Japan in dieser vorausgegangenen Auseinandersetzung 1914 nur einen kleinen Anteil an der Jagd auf das deutsche Kreuzergeschwader gehabt hatte und anschließend im Mittelmeer present gewesen war, blieben seine Aktivitäten begrenzt. 1941 war die Lage anders: Diesmal war Japan der Aggressor mit dem Ziel, die Herrschaft über die riesigen Territorialgebiete des pazifischen Raums zu erringen. In den niederländisch-ostindischen Gewässern stießen japanische Kreuzer mit britischen, australischen, niederländischen und amerikanischen Kreuzern in Gefechten zusammen, die den Rückzug der Alliierten unter schweren Verlusten zur Folge hatten. Erhebliche Mängel in der Zusammenarbeit und in der Planung sowie fehlende Prioritäten im Zusammenwirken verurteilten die alliierten Marinen zu Beginn des Jahres 1942 im Südwestpazifik zur Wehrlosigkeit. Mit dem Fortschreiten des Krieges kam jedoch die Ausrichtung der amerikanischen Industrie auf einen totalen Krieg in Gang und obwohl die US-Marine viele, viele Monate brauchte, um die gemachten Erfahrungen aufzunehmen, rangen die amerikanischen See- und Luftstreitkräfte die japanische Marine schließlich nieder. In den bis dahin dazwischenliegenden Jahren forderten die siegreichen Feldzüge in den engen Gewässern der Salomonen gleichwohl viele Kreuzer als Opfer.

Inzwischen erfüllten britische Kreuzer im Nordatlantik und im arktischen Nordmeer die schwierige Aufgabe, unter häufig entsetzlichen Wetterbedingungen Geleitzüge in die USA sowie nach Nordrußland gegen die tatsächlich existierende, aber nur selten wirksam werdende Bedrohung zu sichern, die von den in norwegischen Gewässern stationierten Schlachtschiffen und Kreuzern der deutschen Kriegsmarine ausging. Vom Wetter abgesehen, waren ihre Hauptgegner auf diesem Kriegsschauplatz hauptsächlich deutsche U-Boote und Torpedobomber. Gelegentlich kamen auch Vorstöße deutscher Zerstörer hinzu.

Ende 1942 waren die Alliierten stark genug, um die Landungen in Nordafrika in Gang zu setzen. Hierbei fanden zum erstenmal Kreuzer ausschließlich zu Küstenbeschießungen Verwendung. Auch Gefechte mit den in der Klemme sitzenden vichy-französischen Kreuzern fanden statt, wobei diese, vor allem durch amerikanische Schiffe, Verluste erlitten. Mittlerweile waren auch sowjetische Kreuzer, insbesondere im Schwarzen Meer, stark in das Kampfgeschehen einbezogen worden, als sie die Rote Armee an Land durch Küstenbeschießungen – der Hauptaufgabe der sowjetischen Marine – unterstützten. Vor der Krim und entlang der Schwarzmeerküste von Rumänien bis zum Kaukasus griffen sie gegen die vorrückenden Armeen der Achsenmächte in die Kämpfe ein.

Eine ähnliche Aufgabe erfüllten die Kreuzer der Baltischen Flotte, wenn auch infolge des schnellen Vordringens der deutschen Streitkräfte nur für kurze Zeit. Tatsächlich stellten alle Kampfhandlungen sowjetischer Kreuzer zwischen 1941 und 1944 Küstenbeschießungen zur Unterstützung der Landtruppen dar.

Auch die Kämpfe im Mittelmeerraum 1943/44 führten im Rahmen der Landungen auf Sizilien und in Italien zu einer starken Beteiligung britischer und amerikanischer Kreuzer an Küstenbeschießungen zur Unterstützung der Landtruppen. Hierbei war das Flugzeug ihr Hauptgegner und zum erstenmal wurde auf deutscher Seite die Gleitbombe eingesetzt.[14] Nachdem Italien im September 1943 kapituliert hatte, gab es im Mittelmeer keinen Überwassergegner mehr, ausgenommen ein paar S-Boote und von der deutschen Marine erbeutete Zerstörer in der Ägäis und in der Adria

Zur Eröffnung der Zweiten Front wurden bei der Invasion Frankreichs im Juni 1944 britische, amerikanische, französische, kanadische, niederländische und polnische Kreuzer zu Unterstützungsaufgaben eingesetzt. Ihr Artilleriebeschuß war örtlich oft von entscheidender Bedeutung. Viele dieser Schiffe verlegten anschließend nach Süden ins Mittelmeer, um im August 1944 die Landung in Südfrankreich zu unterstützen, und erfüllten dort dieselben Aufgaben.

Einige Zeit vor diesen Ereignissen hatte sich jedoch der Schwerpunkt des Seekrieges, soweit es die Kreuzer betraf, in den Pazifik verlagert. Eine ständig ansteigende Zahl amerikanischer Kreuzer kam ausschließlich bei den Operationen im Rahmen des »Inselspringens« gegen eine sich immer mehr verringernde Stärke der Kaiserlich Japanischen Marine (KJN) zum Einsatz.

Die amerikanischen Kreuzer fanden zur Sicherung der schnellen Trägerkampfgruppen im Süd- und Südwestpazifik Verwendung. Sie errichteten ausgedehnte Flaksperren gegen die wachsende Bedrohung durch »Kamikaze«-Angriffe. Ferner gelangten sie zur Unterstützung der zahlreichen Landungsoperationen gegen den zusammenschrumpfenden Verteidigungsring der »Großen Asiatischen Wohlstandssphäre« zum Einsatz.[15]

Nach dem Januar 1943 hörten die amerikanischen Kreuzerverluste ziemlich auf; nur noch zwei gingen verloren. Doch die Kaiserlich Japanische Flotte, zunehmend der eigenen Luftunterstützung beraubt, mußte durch amerikanische Unterseeboote und Flugzeuge verheerende Verluste hinnehmen. Als Japan im August 1945 schließlich kapitulierte, waren nur noch zwei einsatzbereite Kreuzer vorhanden.

Im Verlaufe des Krieges verlor Großbritannien 31 Kreuzer einschließlich der Einheiten der RAN und der in alliierten Diensten stehenden Schiffe. Gleichzeitig wurden 29 Kreuzerneubauten fertiggestellt. Bei den übrigen kriegführenden Marinen ergaben sich für Verluste bzw. Neubauten von Kreuzern folgende Zahlen:

– Deutschland: sechs Schiffe bzw. ein Schiff,
– Italien: 15 Schiffe bzw. drei Schiffe,
– Frankreich: zehn Schiffe
                bzw. kein Neubau,
– Sowjetunion: zwei Schiffe bzw. fünf Schiffe,
– Niederlande: zwei Schiffe
                bzw. kein Neubau,
– USA: zehn Schiffe
                bzw. 47 Schiffe und
– Japan: 41 Schiffe bzw. fünf Schiffe.

Die Hauptursachen für die Verluste können der Tabelle unten entnommen werden. Zusätzlich traten noch folgende Kreuzerverluste ein: Frankreich verlor sieben Schiffe durch Selbstversenkung in Toulon und ein weiteres infolge Explosion durch Unglücksfall. Auch Italien verlor drei weitere Schiffe durch Selbstversenkung bei der Kapitulation. Bei Großbritannien ergaben sich ebenfalls vier weitere Verluste: zwei als Wellenbrecher versenkte Schiffe, eines durch Kollision und eines durch Strandung. Deutschland verlor ein weiteres Schiff durch Küstenbatterien.

Gegen Ende des Krieges hatten die Aufklärungsaufgabe der Kreuzer das Radar und das Flugzeug übernommen. Somit blieb ihnen nur noch die traditionelle Rolle des Handelschutzes als Hauptaufgabe, die allerdings auch als strittig anzusehen war; denn sie konnte ebenfalls durch trägergestützte Flugzeuge erfüllt werden. So ergab sich, daß der Platz des Kreuzers mit fortschreitender Zeit hinsichtlich der Definition seiner Aufgaben an Klarheit einbüßte. Dies führte nach dem Ende des Zweiten Weltkrieges dazu, daß die Royal Navy die Anzahl ihrer Kreuzer rasch verringerte, während die US-Marine einen Großteil ihrer Schiffe einmottete, und nur die Sowjetunion begann ein neues

Kreuzerbauprogramm, das jedoch nie zu Ende geführt wurde.

Der Kreuzer als ein mit Artillerie bewaffnetes Schiff schien ausgedient zu haben, bis der Koreakrieg und später der Vietnamkrieg bewiesen, daß seine Erforderlichkeit durchaus noch gegeben war. Die Aufgabe der Artillerieunterstützung konnte am wirtschaftlichsten ein Schiff mit schweren Geschützen vor der Küste erfüllen. Wären sie verfügbar gewesen, hätten Kreuzer sogar noch im Falklandkrieg von 1982 eine Rolle spielen können.

Ursachen der Kreuzerverluste im Zweiten Weltkrieg

Staat:	Mine:	Unterseeboot:	Flugzeug:	Überwassergefecht
Großbritannien	1	8	10	8
USA	-	2	1	7
Frankreich	-	-	1	1
Sowjetunion	-	-	2	-
Italien	-	3	3	6
Japan	-	16	20	5
Deutschland	-	1	3	-
Niederlande	-	-	-	2

Unten: Der deutsche Leichte Kreuzer KÖLN vor dem Zweiten Weltkrieg noch unter der Flagge der Reichsmarine. (Drüppel)

Argentinien

VEINTICINCO DE MAYO-Klasse

Name	Bauwerft	Kiellegung	Stapellauf	Fertigstellung	Schicksal
ALMIRANTE BROWN	OTO, La Foce	12. Okt. 1927	28. Sept. 1929	18. Juli 1931	gestrichen: 27. Juni 1961
VEINTICINCO DE MAYO	OTO, Livorno	29. Nov. 1927	11. Aug. 1929	11. Juli 1931	gestrichen: 24. März 1960

Typ: Schwerer Kreuzer.
Standardverdrängung: 6800 ts (6908 t).
Einsatzverdrängung: 9000 ts (9144 t).
Länge: 170,8 m (über alles), 162,5 m (CWL).
Breite: 17,82 m.
Tiefgang: 4,66 m (mittlerer).
Antriebsanlage: 2 Satz Parsons-Getriebeturbinen, 6 Yarrow-Kessel, 2 Wellen.
Antriebsleistung: 85 000 WPS, 32 kn.
Bunkerinhalt: 2300 ts Heizöl.
Fahrstrecke: 8030 sm bei 14 kn.
Panzerschutz: Deck 25 mm, Seite 70 mm, Kommandostand 60 mm, Türme 51 mm.
Geschütze: sechs 19,1 cm L/52 (3 x 2), zwölf 10,2 cm Luft/Seeziel L/47 (6 x 2), sechs 4-cm-Flak (6 x 1).
Torpedorohre: sechs 53,3 cm (2 x 3).
Bordflugzeuge: zwei, ein Katapult.
Besatzungsstärke: 780 Offiziere und Mannschaften.

Entwurf: Diese beiden Schiffe stellten den wichtigsten Bestandteil des 1926 bewilligten Flottenbauprogramms im Umfang von 75 Millionen Goldpesos dar, das die Erfordernisse der argentinischen Marine für die nächsten zehn Jahre formulierte. Die Ausschreibung für den Kontrakt gewann die italienische Werft Odero-Terni-Orlando Co. (OTO) für den Bau von zwei Kreuzern (ein dritter war bewilligt, wurde aber nicht vergeben). Dem Vernehmen nach beruhte der Entwurf auf der TRENTO der Königlich Italienischen Marine, einem neuen Typ Schwerer Kreuzer nach den Bestimmungen des Washingtoner Vertrages. Dieses Schiff war erst im Februar 1925 auf Kiel gelegt worden. Ihm sollte auf derselben Helling in Livorno eines der argentinischen Schiffe – die VEINTICINCO DE MAYO – folgen.

Das Schwesterschiff sollte als letzte Einheit auf der Werft La Foce gebaut werden. Eigentlich scheint es zwischen den beiden Entwürfen nur eine geringe Ähnlichkeit zu geben, da das italienische Schiff gegenüber dem argentinischen länger und breiter war sowie einen stärkeren Panzerschutz aufwies. Unterschiede gab es außerdem auch bei der Antriebsanlage, der Bewaffnung und der äußeren und inneren Anordnung. Das einzige, was die beiden Entwürfe gemeinsam hatten, bestand darin, daß sie die damalige italienische Entwurfspraxis bestätigten. Es waren schnelle, leicht gebaute und schwach geschützte Schiffe, wenn auch diese Merkmale teilweise das Ergebnis der Washingtoner Vertragsbeschränkungen waren.

Nach den Bestimmungen des Washingtoner Vertrages wurden alle Schiffe (bis 10 000 ts standard) mit Geschützen bis zum Kaliber 20,3 cm einschließlich als »Schwere Kreuzer« klassifiziert. Insoweit unterlagen die argentinischen Schiffe dieser Klassifizierung; sie waren somit die ersten – und blieben zugleich auch die einzigen – Beispiele für diesen Schiffstyp in einer südamerikanischen Marine. Argentinien erwarb hiermit Schwere Kreuzer lange vor mehreren anerkannteren Seemächten und der Besitz dieser beiden Schiffe verschaffte dem Land unter den ABC-Mächten des Subkontinents eine führende Position.

Die Hauptbewaffnung – 19,1-cm-Geschütze L/52 – war ungewöhnlich, denn nur die britische HAWKINS-Klasse (siehe unten) führte von der Fertigstellung an dieses Kaliber in Einzellafetten. Die argentinischen Schiffe besaßen sechs dieser Geschütze in drei Doppeltürmen, zwei davon über-

ALMIRANTE BROWN, 1931

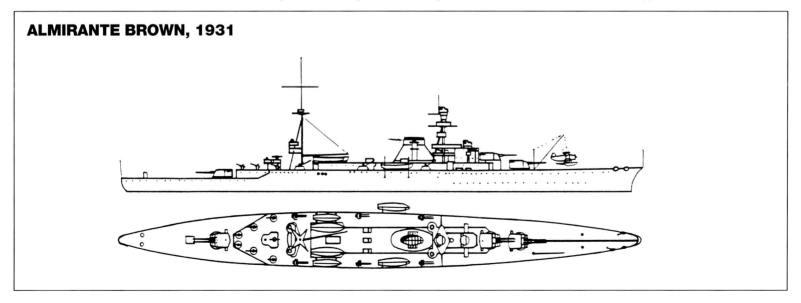

Oben: Die VEINTECINCO DE MAYO. Beachte das Katapult mit dem Mehrzweck-Seeflugzeug Grumman J2 F-6 »Duck«. (USN)

höht vorn. Die Erhöhung der Geschützrohre betrug 46° und die maximale Schußweite lag bei 27 300 m. Die Dotierung pro Geschütz wies 150 Schuß auf. Die Mittelartillerie bestand aus zwölf 10,2-cm-OTO-Geschützen in sechs Doppellafetten, jeweils drei an Steuerbord und Backbord mittschiffs auf dem Backdeck. Ihre maximale Erhöhung lag bei 80°; sie konnten daher auch zur Luftabwehr eingesetzt werden. Die Munitionsdotierung für sie betrug insgesamt 3000 Schuß. Für die sechs 53,3-cm-Rohre wurden zwölf Torpedos mitgeführt. In Übereinstimmung mit den damaligen italienischen Entwürfen bestand bei der Fertigstellung die Flugzeugeinrichtung aus einem fest eingebauten Gagnotto-Katapult auf dem Vorschiff mit einer Flugzeughalle für zwei Flugzeuge darunter. Ursprünglich waren die Bordflugzeuge vom Typ Vought »Corsair« O2U, danach vom Typ Grumman G5. Später wurden sie durch den Typ Supermarine »Walrus« und schließlich durch die Grumman »Duck« J2F-6 ersetzt.

Der Panzerschutz war auf die wichtigsten Abteilungen mittschiffs begrenzt, d.h. auf die Maschinenräume, Munitionskammern usw. Horizontal wies der Schutz über diesen Abteilungen ein 25 mm dickes Panzerdeck auf, während der Vertikalschutz aus einem 51 mm dicken Gürtelpanzer bestand, der sich von 60 cm unterhalb der Wasserlinie bis zur Ebene des Unterdecks sowie mit einer Verringerung auf 25 mm vom Unterdeck bis zum Hauptdeck erstreckte.

Im Gegensatz zu den im Ausland geäußerten Auffassungen standen die beiden Einheiten bei den Argentiniern in hohem Ansehen und wurden als gelungener Entwurf betrachtet.

Modifizierungen: Kurze Zeit nach der Indienststellung der Schiffe kam es zu einer Veränderung der Masten. Der Fockmast wurde weggenommen, während der Großmast in der Höhe vergrößert wurde. Die ursprüngliche Flugzeughalle unter der Back erfuhr 1937 einen Umbau zu Wohndecks. 1939 erhielten diese Kreuzer ein neues schwenkbares Katapult vom Rapier-Ransome-Typ auf den umgebauten Aufbauten achteraus des Schornsteins. 1944 ersetzte ein Flugzeugkran neuen Typs den alten und Ende der 40er Jahre erfolgte die Ausrüstung mit Radar vom Typ 268.[16] Im Juni 1950 kamen anstelle der sechs 4-cm-Vickers/Terni-Fla-Geschütze vier 4-cm-Doppellafetten an Bord und 1956 wurden auch die 10,2-cm-Geschütze an Land gegeben und durch weitere sechs 4-cm-Doppellafetten ersetzt.

Werdegang: VEINTICINCO DE MAYO wurde nach dem Datum (25. Mai) benannt, an dem die spanischen Kolonien im La-Plata-Gebiet – die Argentinische Konföderation – gegen die spanische Krone aufstanden und den Weg zur Unabhängigkeit beschritten.

Der Name ALMIRANTE BROWN erinnerte an den Iren, der im Unabhängigkeitskrieg und im Konflikt mit Brasilien 1826 bis 1828 die argentinische Flotte befehligte.

Die beiden Schiffe wurden am 5. Juli 1931 der argentinischen Marine übergeben, liefen am 27. Juli 1931 von Genua nach Argentinien aus und trafen am 15. September desselben Jahres im Rio de la Plata ein.

Bereits einen Tag später wurden sie in die argentinische Flotte eingegliedert. In den Jahren vor dem Zweiten Weltkrieg bestand die Verwendung der beiden Kreuzer weitgehend in routinemäßigen Höflichkeitsbesuchen in anderen südamerikanischen Staaten. 1936 kam die VEINTICINCO DE MAYO in spanischen Gewässern zum Einsatz. Sie traf am 22. August in Alicante ein, um argentinische Staatsangehörige und argentinische Interessen während des im Gange befindlichen Bürgerkrieges zu schützen. Sie nahm sich hierbei auch der Flüchtlinge anderer Nationalität an. Am 14. Dezember 1936 kehrte der Kreuzer nach Argentinien zurück. Ansonsten hielten sich die beiden Schiffe vor dem Krieg in südamerikanischen Gewässern auf. Am 3. Oktober 1941 kollidierte die ALMIRANTE BROWN in schlechtem Wetter bei einem Flottenmanöver mit dem Zerstörer CORRIENTES und versenkte ihn. Anschließend wurde der Kreuzer selbst vom Schlachtschiff RIVADAVIA am Heck gerammt. Die ALMIRANTE BROWN erlitt hierbei beträchtliche Schäden, die zur Reparatur einen dreimonatigen Werftaufenthalt in Puerto Belgrano erforderlich machten.

Während des Zweiten Weltkrieges blieb Argentinien bis Anfang 1945 neutral; die Marine hatte an diesem Krieg keinen Anteil. Nach dem Kriege nahmen die beiden Kreuzer 1947/48 am antarktischen Feldzug teil und setzten danach ihre übliche Friedenroutine fort. ALMIRANTE BROWN stattete 1949 New York einen Freundschaftsbesuch ab. Am 20. April 1950 landete zum erstenmal ein Hubschrauber auf einem argentinischen Schiff, als ein Bell-Hubschrauber auf der ALMIRANTE BROWN aufsetzte. 1959 kam die VEINTICINCO DE MAYO in Reserve und wurde im folgenden Jahr nach der Streichung aus der Flottenliste am 24. März 1960 zum Verkauf angeboten. 1960 wurde auch die ALMIRANTE BROWN abgerüstet und am 27. Juni 1961 aus der Flottenliste gestrichen.

Die beiden Einheiten wurden danach an die italienische Gesellschaft Com. Trasimeno SPA. in Mailand zum Verschrotten verkauft. Am 2. März 1962 verließen sie im Schlepp zur italienischen Abbruchwerft Argentinien.

LA ARGENTINA-Klasse

Name	Bauwerft	Kiellegung	Stapellauf	Fertigstellung	Schicksal
LA ARGENTINA	V.-A., Barrow	11. Jan. 1936	16. März 1937	31. Jan. 1939	ausgemustert: 1974

Typ: Leichter Kreuzer.
Standardverdrängung: 6500 ts (6604 t).
Einsatzverdrängung: 7500 ts (7620 t).
Länge: 164,89 m (über alles), 155,44 m (zwischen den Loten)[17].
Breite: 17,22 m.
Tiefgang: 5,03 m (mittlerer).
Antriebsanlage: 4 Satz Parsons-Turbinen, 4 Yarrow-Kessel, 4 Wellen.
Antriebsleistung: 54 000 WPS für 30 kn.
Bunkerinhalt: 1484 ts Heizöl.
Fahrstrecke: 10 000 sm bei 12 kn.
Panzerschutz: Deck 51 mm, Seite 76 mm, Kommandostand 76 mm, Türme 51 mm.
Geschütze: neun 15,2 cm (3 x 3), vier 10,2 cm Luft/Seeziel L/50 (4 x 1), acht Zweipfünder-(4-cm-)Fla-Geschütze (8 x 1).
Torpedorohre: sechs 53,3 cm (2 x 3).
Bordflugzeuge: eines, ein Katapult.
Besatzungsstärke: 800 Offiziere und Mannschaften einschließlich 60 Seekadetten

Entwurf: Dieser Leichte Kreuzer war vom Ursprung her genauso unmißverständlich britisch wie die VEINTICINCO DE MAYO-Klasse italienisch war. Er scheint eine Mischung aus verschiedenen damaligen Entwürfen gewesen zu sein, die Ende der 30er Jahre auf britischen Werften gebaut wurden. Vom äußeren Erscheinungsbild her glich sie bis zu einem gewissen Grade der britischeen ARETHUSA-Klasse (siehe unten), war aber größer und unterschied sich von ihr in vielerlei Hinsicht. Als Schulschiff entworfen, um die veraltete PRESIDENTE SARMIENTO zu ersetzen, die bereits 1899 fertiggestellt worden war, wurde sie wahrscheinlich anstelle der dritten Einheit der VEINTICINCO DE MAYO-Klasse in Auftrag gegeben. Doch dies ist nur eine Vermutung. Unter dem Haushaltsgesetz vom 29. September 1934 bewilligt, gewann die Ausschreibung jedoch diesmal eine britische Werft und am 31. Juli 1935 erging der Bauauftrag für angeblich sechs Millionen Goldpesos.

Einen Kreuzer zu Ausbildungszwecken zu verwenden, war keine neue Idee. Er besaß die ideale Größe, um eine größere Anzahl Kadetten unterzubringen und um für die Ausbildung eine Vielfalt an zusätzlicher Ausrüstung mitzuführen. Doch der Bau eines zweckgebauten Schiffes dieser Art war ungewöhnlich. Allerdings existierte ein Präzidenzfall in Form des französischen Schulkreuzers JEANNE D'ARC, und daher ist es vielleicht überraschend, daß der Bauauftrag nicht nach Frankreich vergeben wurde. Verglichen mit dem französischen Schiff (160 Kadetten) konnten nur 60 Kadetten untergebracht werden, aber das Ausbildungserfordernis der argentinischen Marine war nicht so groß.

Der von der Werft Vickers-Armstrong entwickelte Entwurf ergab einen sehr brauchbaren Mehrzweckkreuzer, der durchaus imstande war, im Falle von Feindseligkeiten normale Kreuzeraufgaben zu übernehmen. Seine Bewaffnung bestand aus nicht weniger als neun 15,2-cm-Geschützen, bezeichnet als Mk. W, in Drillingstürmen mit 45°Erhöhung. Jedes Geschütz lagerte in einer separaten Rohrwiege, obwohl sie alle drei oder paarweise miteinander verbunden werden konnten. Die Ausrüstung an Schwerer Flak umfaßte vier 10,2-cm-Luft/-Seezielgeschütze L/50 des britischen Standardtyps, bezeichnet als Vickers Mk. P, in Einzellafetten mit 90° Rohrerhöhung. Die Leichte Flak bestand ursprünglich aus zwölf luftgekühlten 2,5-cm-Vickers-Maschinenkanonen in Doppellafetten, die eine 250 g schwere Granate verschossen. Ferner umschloß der Entwurf eine vollständige Torpedobewaffnung sowie eine Bordflugzeugeinrichtung mit einem Supermarine »Walrus«-Schwimmerflugzeug als normale Ausstattung.

Der Schiffskörper war ein Längsspant-Bänder-Stahlbau – nach britischer Praxis aus D-Stahl gefertigt – mit einem Doppelboden auf Höhe der Maschinenräume. Die wasserdichte Unterteilung war so angelegt, daß Sinksicherheit beim Vollaufen von drei benachbarten Abteilungen bestand.

Aufgrund ihrer für Kreuzer standardmäßigen Getriebeturbinenanlage mit Vier-Wellen-Anordnung und einer Antriebsleistung von 54 000 WPS war die LA ARGENTINA etwa 5 kn schneller als ihre französische Vorgängerin. Die Ergebnisse der Erprobungsfahrten wiesen eine Höchstgeschwindigkeit von 30,46 kn bei einer Wasserverdrängung von 7590 ts und einer Antriebsleistung von 54 500 WPS auf.

Obwohl das Schiff bereits 1936 auf Kiel gelegt wurde und im folgenden Jahr vom Stapel lief, verzögerte sich seine Ausrüstung durch das Aufrüstungsprogramm der Royal Navy, und so konnte der Kreuzer erst Anfang 1939 abgenommen werden.

Modifizierungen: Während der Zeitspanne der Kriegsjahre kam es zu keiner nennenswerten Modifizierung. Im Oktober 1946 erhielt der Kreuzer Radar vom Typ 268. Das Katapult mitsamt dem

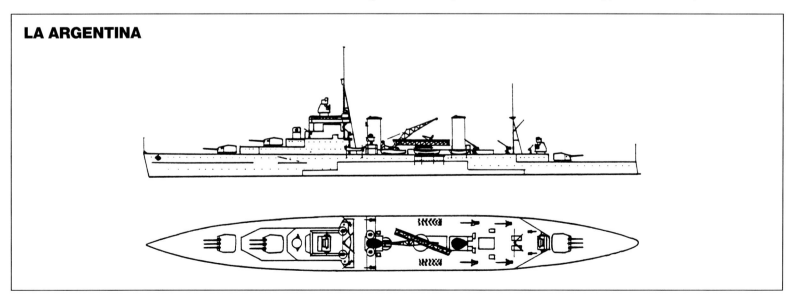

LA ARGENTINA

Oben: LA ARGENTINA im Jahre 1950. (W&L)

Bordflugzeug wurde 1949 von Bord gegeben und es erfolgte seine Ausrüstung mit Feuerleit- (Mk. 8) und Navigations-Radaranlagen. Die 10,2-cm-Geschütze und die Vickers-Maschinenkanonen in Doppellafette ersetzten insgesamt vierzehn 4-cm-Fla-Geschütze: eine 4-cm-Bofors-Doppelflak L/60 für jedes 10,2-cm-Geschütz sowie eine 4-cm-Bofors-Einzelflak L/60 für jede Vickers-Doppellafette. 1952 kam noch ein Luftwarnradar SA 3 hinzu.

Werdegang: Am 12. Februar 1939 lief die LA ARGENTINA aus Gravesend aus und traf am 2. März in der La-Plata-Mündung ein. Am 12. April erfolgte die Eingliederung in die argentinische Flotte. Danach begann die Schulschiffverwendung des Kreuzers, der in den Jahren 1939 und 1940 mehrere Ausbildungsfahrten unternahm. Der Zweite Weltkrieg verhinderte jedoch weitere Ausbildungsreisen. Vom Januar 1941 an gehörte LA ARGENTINA zur Kreuzerdivision, aber als Flotteneinheit eines neutralen Staates erfuhr das Schiff keinen Kriegseinsatz. 1946 nahm es seine Verwendung als Schulkreuzer wieder bis 1951 auf, um dann erneut zur Kreuzerdivision zu stoßen. 1960 setzte die LA ARGENTINA ihren Werdegang wieder als Schulschiff fort und besuchte so weit entfernte Häfen wie New York, Kopenhagen und Hamburg. 1972 unternahm sie ihre letzte Ausbildungsreise. Am 10. Januar 1974 wurde sie aus der Flottenliste gestrichen und ausgemustert.

Australien

BIRMINGHAM-Klasse

Name	Bauwerft	Kiellegung	Stapellauf	Fertigstellung	Schicksal
ADELAIDE	Marinewerft Cockatoo Island	20. Nov. 1917	27. Juli 1918	4. Aug. 1922	zum Abbruch eingetroffen: 1949

Typ: Leichter Kreuzer.
Standardverdrängung: 5550 ts (5639 t).
Einsatzverdrängung: 6160 ts (6258 t).
Länge: 141,1 m (über alles), 131,1 m (zwischen den Loten).
Breite: 15,2 m.
Tiefgang: 4,9 m (mittlerer).
Antriebsanlage: 2 Satz Parsons-Getriebeturbinen, 10 Yarrow-Kessel, 2 Wellen.
Antriebsleistung: 23 500 WPS für 24,3 kn.
Bunkerinhalt: 1420 ts Heizöl.
Fahrstrecke: nicht bekannt.
Panzerschutz: Hauptgürtelpanzer 76 mm, Deck 38 mm, Kommandostand 102 mm.
Geschütze: acht 15,2 cm L/50 (8 x 1), drei 10,2 cm Luft/Seeziel (3 x 1).
Torpedorohre: entfernt.
Bordflugzeuge: keine.
Besatzungsstärke: 470 Offiziere und Mannschaften.

Entwurf: Der älteste Kreuzerentwurf, der in der Royal Navy sowie in den Marinen der Dominions noch vorhanden war, wenn auch nicht das älteste in diesen Marinen noch vorhandene Schiff. Der Leichte Kreuzer ADELAIDE war die letzte noch verbliebene Einheit dieser Klasse, die aus einem aus dem Jahre 1908 stammenden Entwurf entwickelt worden war. Obwohl ihre Schwesterschiffe sämtlich bereits 1914 fertiggestellt wurden, erfolgte die Fertigstellung der ADELAIDE auf der australischen Marinewerft Cockatoo Island/Sydney erst 1922. Zu diesem Zeitpunkt war dieser Entwurf schon ziemlich veraltet. Im übrigen stellte die BIRMINGHAM-Klasse fast eine Wiederholung der CHATHAM-Klasse von 1911 dar, aber mit einem zusätzlichen 15,2-cm-Geschütz auf der Back. Die Kiellegung des australischen Schiffes erfolgte erst etwa zwei Jahre später als die seiner Schwesterschiffe. Der Ausbruch des Ersten Weltkrieges beeinträchtigte den Bau des Kreuzers erheblich. Infolge seiner geringen Priorität und der weitgehenden Abhängigkeit bei den Lieferungen von Material und Ausrüstung von Großbritannien brauchte Australiens größtes, je auf einer einheimischen Werft gebautes Kriegsschiff nahezu 7fi Jahre bis zu seiner Fertigstellung. Ein Großteil der Verzögerung war dem Verlust wichtiger Turbinen- und anderer Maschinenteile zuzuschreiben, die an Ort und Stelle nicht geschmiedet werden konnten und die auf dem Wege von Großbritannien nach Australien verlorengegangen waren. Diese Verzögerung führte zu dem Spitznamen »HMAS *Long-Delayed*« für das Schiff. Später ergaben sich durch den Wunsch, beim Bau dieses Kreuzers Kriegserfahrungen zu berücksichtigen, weitere Verzögerungen. Ursprünglich hatte die ADELAIDE eine Bewaffnung aus neun 15,2-cm-Geschützen L/45 B.L. Mk. XII in Einzellafetten PX III mit Schilden. Das Gewicht der verschossenen Granate betrug 45,4 kg.

Modifizierungen: 1938/39 erfuhr die ADELAIDE einen vollständigen Umbau. Aus dem vorderen Kesselraum wurden die bisherigen acht kohlebefeuerten Kessel entfernt und durch sechs Ölkessel ersetzt. Hierdurch verringerten sich die Antriebsleistung von 25 000 WPS auf 23 500 WPS und die Geschwindigkeit von 25,5 kn auf 23,3 kn. Auch der vordere Schornstein wurde entfernt. Das zweite 15,2-cm-Geschütz auf der Back wurde an Land gegeben und das verbliebene erhielt seinen Platz

Unten: Die ADELAIDE im November 1939 nach dem Umbau mit acht 15,2-cm-Geschützen in Einzellafetten. Beachte das 10,2-cm-Fla-Geschütz achtern. (Australian War Memorial, AWM)

Rechts: Das spätere Aussehen der ADELAIDE, vermutlich 1942, jetzt mit sieben 15,2-cm-Geschützen bewaffnet. Sie ist mit britischen und amerikanischen Radargeräten ausgerüstet. (AWM)

auf der Mittschiffslinie. Drei 10,2-cm-Luft/Seeziel-Geschütze in Einzellafetten kamen an Bord und oberhalb des Hauptartillerieleitstandes im Vormars des Dreibein-Fockmastes wurde ein Fla-Leitstand eingebaut. Gleichzeitig wurden auch die 7,6-cm-Geschütze und die Torpedobewaffnung von Bord gegeben. (Die 12-Pfünder-Geschütze waren bereits 1937 entfernt worden.) Die mit dem Umbau verbundene Große Werftliegezeit wurde im März 1939 beendet. Während einer späteren Werftliegezeit zwischen Mai und Juli 1942 in Garden Island erhielt der Kreuzer noch sechs 2-cm-Fla-Geschütze in Einzellafetten. In dieser Zeit wurde er vermutlich auch mit dem Radar Typ 271[18] ausgerüstet, dessen unverkennbare Antenne zwischen Brücke und vorderem Schornstein auf einem Aufsatz eingebaut war (siehe Abb. rechts oben). Zwischen Juni und September 1943 absolvierte die ADELAIDE auf der Marinewerft Williamstown eine weitere Werftliegezeit. In derem Verlauf wurden die 15,2-cm-Bewaffnung auf sieben Geschütze und die 10,2-cm-Geschütze auf zwei noch weiter verringert. Tatsächlich wurden auf dem Mitteldeck zwei 15,2-cm-Geschütze entfernt und durch vier Wasserbombenwerfer ersetzt, aber das zweite Geschütz blieb an Bord. Es erhielt anstelle des von Bord gegebenen 10,2-cm-DP-Geschützes einen neuen Standort und überhöhte somit das achtere 15,2-cm-Geschütz. Die aus fünf Geschützen bestehende bisherige Breitseitanordnung wurde auf diese Weise beibehalten. Die seitherigen stark gepanzerten Geschützschilde ersetzten leichtere, gegen MG-Feuer sichere Schilde. Außerdem bekam der Kreuzer für das Fla-Feuerleitsystem auf dem Fockmast das Radar Typ 285 sowie auf seinem Knopf das amerikanische SG-Radar (siehe Abb. S. rechts oben).[19]

Werdegang: Die ADELAIDE wurde als Schulkreuzer in Dienst gestellt und verbrachte die ersten Jahre bis zum April 1924 in australischen Gewässern. Ab dann nahm sie als eine Einheit der Special Service Squadron der Royal Navy an der Weltreise des Jahres 1924 teil. Im April 1925 kehrte der Kreuzer wieder nach Australien zurück. Am 27. Juni 1928 wurde das Schiff außer Dienst gestellt und in Sydney in die Reserve überführt. In diesem Zustand verblieb das Schiff über zehn Jahre, bis es 1938 auf der Marinewerft Cockatoo Island einer Werftliegezeit unterzogen wurde. Am 13. März 1939 wurde der Kreuzer zwar wieder in Dienst gestellt, doch nur, um am 17. Mai erneut außer Dienst gestellt zu werden. Der Grund hierfür war, um die neue PERTH (siehe unten) mit einer ausgebildeten Besatzung zu bemannen. Am 1. September 1939 folgte eine erneute Indienststellung und von Dezember 1939 bis Januar 1940 war der Kreuzer in Fremantle stationiert. Nach einer Werftliegezeit vom Februar bis April 1940 in Sydney leistete die ADELAIDE Kriegseinsatz im Pazifik, sicherte Truppentransport-Geleitzüge und griff in den Konflikt zwischen dem Freifranzösischen und Vichy-Frankreich auf den Neuen Hebriden ein.

Von 1940 bis April 1942 gehörte der Kreuzer zur Australischen Station der Royal Navy und führte Patrouillendienst durch. Er befand sich zum Zeitpunkt des Angriffs japanischer Kleinstunterseeboote in Sydney.[20]

Vom Juli 1940 an war die ADELAIDE Teil einer in Freetown stationierten Geleitsicherungsgruppe, um im Indischen Ozean Geleitzüge zu sichern. Am 26. November 1942 fiel ihr unter Beteiligung des niederländischen Kreuzers JACOB VAN HEEMSKERCK bei der Sicherung des Geleitzuges OW 1 der von Djakarta nach Frankreich unterwegs befindliche deutsche Blockadebrecher RAMSES (7983 BRT) zum Opfer.

Der weitere Kriegsdienst verlief ohne Vorkommnisse und am 26. Februar 1945 wurde die ADELAIDE außer Dienst gestellt.

Der 19. Mai 1945 sah eine erneute Indienststellung des alten Schiffes als Tender der Landdienststelle *Penguin*. Schließlich wurde das Schiff am 13. Mai 1946 endgültig außer Dienst gestellt. 1947 fand die ADELAIDE noch als Zielschiff für Nachtschießübungen der Artillerie Verwendung, ehe sie am 24. Januar 1949 verkauft und um den 1. April 1949 zum Abbruch nach Port Kembla geschleppt wurde.

»County«-Klasse

Name	Bauwerft	Kiellegung	Stapellauf	Fertigstellung	Schicksal
AUSTRALIA	John Brown, Clydebank	26. Aug. 1925	17. März 1927	24. April 1928	verkauft zum Abbruch: 25. Jan. 1955
CANBERRA	John Brown, Clydebank	9. Sept. 1925	31. Mai 1927	10. Juli 1928	gesunken: 9. Aug. 1942

Typ: Schwerer Kreuzer.
Standardverdrängung: 9850 ts (10 007 t).
Einsatzverdrängung: 13 500 ts (13 716 t).
Länge: 192,07 m (über alles), 179,87 m (zwischen den Loten).
Breite: 20,8 m.
Tiefgang: 4,95 m (mittlerer).
Antriebsanlage: 4 Satz Brown-Curtis-Getriebeturbinen, 8 Admiralty-Dreitrommel-Kessel, 4 Wellen.
Antriebsleistung: 80 000 WPS für 31,5 kn.
Bunkerinhalt: 3300 ts Heizöl.
Fahrstrecke: 9500 m bei 12 kn.
Panzerschutz: Maschinenräume 114 mm Nickelchromstahl auf 25 mm D-Stahl, Deck 35 mm, Munitionskammern allseits 102 mm, Türme 25 mm.
Geschütze: acht 20,3 cm Mk. VIII (4 x 2), vier 10,2 cm Mk. V Luft/Seeziel (4 x 1), vier 4-cm-(Zweipfünder-)Fla-Geschütze (4 x 1).
Torpedorohre: acht 53,3 cm Mk. VIII (2 x 4).
Bordflugzeuge: eines, ein Katapult.
Besatzungsstärke: 848 Offiziere und Mannschaften (Kriegsstärke).

Links: Die AUSTRALIA als Flaggschiff vor dem Kriege. (Sammlung des Autors)

Entwurf: Siehe »County«-Klasse (bzw. KENT-Klasse) der Royal Navy. Die Auftragserteilung für diese beiden Schiffe erfolgte aufgrund eines fünfjährigen Flottenentwicklungs-Programms, begonnen 1924 und beendet 1929.

Modifizierungen: Bei der Fertigstellung unterschieden sich die australischen Schiffe AUSTRALIA und CANBERRA von ihren Schwesterschiffen bei der Royal Navy nur durch den mitgeführten Torpedotyp. Die RAN verwendete den Torpedo Mk. VII. 1935 erhielten die AUSTRALIA und 1941 auch die CANBERRA je ein Katapult und ein Bordflugzeug. Am 24. April 1938 außer Dienst gestellt, ging die AUSTRALIA zu einer Großen Werftliegezeit ins Dock. Als Vertikalschutz für die Maschinenräume und die Artilleriezentrale bekam sie zusätzlich einen 102 mm dicken Gürtelpanzer. Die 10,2-cm-Einzellafetten wurden durch Doppellafetten ersetzt und ein Deck tiefer eingebaut. Ein querschiffs eingebautes Katapult ersetzte das seitherige schwenkbare Modell und gleichzeitig wurde die Bordflugzeugausstattung auf drei Maschinen erhöht. Allerdings gab es noch keine kastenförmige Flugzeughalle. Außerdem kamen ein Fla-Feuerleitstand und zwei 12,7-mm-Maschinengewehre an Bord. Letztere wurden 1942 wieder entfernt und durch sieben 2-cm-Fla-Geschütze in Einzellafetten ersetzt. Zur Verringerung des Obergewichtes wurden auch die Torpedorohrsätze ausgebaut. Bei Werftliegezeiten im Jahre 1944 ersetzten Dreibeinmasten die bisherigen Pfahlmasten sowie sieben 2-cm-Doppellafetten die seitherigen Einzellafetten. Ferner erfolgte das Von-Bord-Geben der gesamten Flugzeugeinrichtungen (März). Im August wurde der Steuerbordkran ausgebaut und an seiner Stelle erhielt das Schiff Ladeposten mit 10-m-Derrickkränen. Anläßlich der Reparatur von Gefechtsschäden in Sydney erfolgte schließlich im Februar 1945 der Ausbau des Turmes X[21] (aber nicht der Barbette) und der Backbordkräne, ehe der Schwere Kreuzer zu einer Großen Werftliegezeit nach Großbritannien auslief. Im Verlaufe dieses Werftaufenthaltes kam es auch zum Ausbau der Barbette für den Turm X und zur Modernisierung der gesamten Radarausrüstung. Außerdem erhielt der Kreuzer eine verstärkte Flakbewaffnung: zwei achtrohrige 2-Pfünder-(4-cm-) Pompom-Fla-Geschütze Mk. VI mit Fernschaltung an der Vorderkante des achteren Schutzdecks, zwei 4-cm-Bofors-Vierlingsflaks beiderseits des

Unten: Die AUSTRALIA im Jahre 1942. Sie führt Radar vom Typ 271, 284 und SC. (IWM)

AUSTRALIEN

Turm-B-Decks, eine 4-cm-Bofors-Doppellafette auf dem Turm-X-Deck und zwei 4-cm-Bofors-Einzellafetten auf dem Oberdeck mittschiffs. Diese Werftliegezeit erfuhr schließlich 1946 ihren Abschluß in der Marinewerft Garden Island.

Andererseits erfolgte bei der CANBERRA, ehe der Schwere Kreuzer 1942 in Verlust geriet, lediglich eine Verstärkung der Flakbewaffnung: Erhöhen der Anzahl der 10,2-cm-Geschütze auf acht, sämtlich in Einzellafetten, Einbau von zwei achtrohrigen 2-Pfünder-(4-cm-)Pompom-Fla-Geschützen sowie vermutlich einiger 2-cm-Einzellafetten.

Werdegang: AUSTRALIA traf am 23. Oktober 1923 in Sydney ein und verblieb für die nächsten sechs Jahre in australischen Gewässern. Am 10. Dezember 1934 lief der Kreuzer im Austausch mit HMS SUSSEX nach England aus und kehrte erst am 11. August 1936 nach Sydney zurück. Im Anschluß daran fand das Schiff in australischen und pazifischen Gewässern Verwendung. Am 24. April 1938 wurde es für eine Große Werftliegezeit außer Dienst gestellt und einstweilen in die Reserve überführt. Nach der erneuten Indienststellung am 28. August 1939 kam der Schwere Kreuzer zur Sicherung ozeanischer Geleitzüge zwischen Australien, Kapstadt und Freetown/Sierra Leone bis zum Juli 1940 zum Einsatz. Eine Verwendung in norwegischen Gewässern schloß sich an und im September 1940 nahm die AUSTRALIA am Angriff auf Dakar teil. Hierbei beschädigte sie den französischen Großzerstörer L'AUDACIEUX (offiziell als *Contre-Torpilleur* – Torpedokreuzer – klassifiziert) durch Artilleriebeschuß so schwer, daß er auf Strand gesetzt werden mußte. Doch auch die AUSTRALIA erlitt durch Artillerietreffer der Leichten Kreuzer GEORGES LEYGUES und MONTCALM Beschädigungen.[22] Im März 1941 kehrte der Kreuzer schließlich in australische Gewässer zu-

Links: CANBERRA vor dem Kriege. Beachte die im Vergleich zu den Schiffen der RN sehr hohen Schornsteine. (AWM)

Unten: AUSTRALIA in einem Anstrich aus einem sehr dunklen Grau, vermutlich 1943. Im Hintergrund die HOBART. (AWM)

rück, war für den Rest des Jahres 1941 zur Überwachung des Indischen Ozeans eingesetzt und ging im Februar 1942 als Flaggschiff des ANZAC-Verbandes nach Nouméa/Neukaledonien. Im April 1942 wurde der ANZAC-Verband zur *Task Force (TF) 44* und im Mai Teil der *Task Force 17*. Die AUSTRALIA nahm an der Luft/Seeschlacht im Korallenmeer sowie an den Kämpfen um Guadalcanal teil und von November 1943 bis September 1944 gehörte sie zu einem Kampfverband, der vor den alliierten Landungen vom Gegner gehaltene Inseln im südwestpazifischen Becken beschoß. Am 21. Oktober 1944 trug der Kreuzer bei einem »Kamikaze«-Angriff schwere Schäden davon, die das Schiff bis zum 5. Januar 1945 außer Gefecht setzten. Anschließend nahm die AUSTRALIA an der Landung auf Luzon/Philippinen teil. Erneut erlitt der Kreuzer bei weiteren »Kamikaze«-Angriffen am 5., 6., 8. und 9. Januar 1945 erhebliche Beschädigungen, die unter schweren Verlusten seine Rückkehr nach Sydney erzwangen. Zum Teil wurden die Ausbesserungsarbeiten in Australien durchgeführt, um schließlich in Großbritannien abgeschlossen zu werden. Dort verblieb der Schwere Kreuzer bis zum Kriegsende. Die letzten fünf Jahre ihres Werdegangs verbrachte die AUSTRALIA als Schulschiff. Am 31. August 1954 wurde sie zum Verkauf außer Dienst gestellt und am 25. Januar 1955 zum Abbruch verkauft. Im Schlepp verließ die AUSTRALIA am 26. März desselben Jahres auf dem Wege nach Großbritannien Sydney. Dort wurde sie auf der Abbruchwerft T.W. Ward in Barrow-in-Furness abgewrackt.

Die CANBERRA traf am 25. Januar 1929 in Fremantle ein und verblieb in australischen Gewässern. In den Jahren vor dem Ausbruch des Krieges besuchte der Schwere Kreuzer Neuseeland, die Fiji-Inseln und China. In den ersten neun Kriegsmonaten war er zur Überwachung der heimischen Gewässer und der Tasman-See eingesetzt, um anschließend – im Juli 1940 – im Indischen Ozean nach Handelsstörern, unter anderem nach den deutschen Hilfskreuzern ATLANTIS und PINGUIN, zu suchen. 1941 war das Ziel der Suche, wiederum erfolglos, der deutsche Schwere Kreuzer ADMIRAL SCHEER. Im März 1941 fingen die CANBERRA und der britische Leichte Kreuzer LEANDER die deutsche Prise KETTY BROVIG und den Tanker COBURG ab und versenkten sie.[23] In der zweiten Hälfte des Jahres 1941 sicherte die CANBERRA Geleitzüge zwischen Australien, Singapur und Ceylon (heute Sri Lanka). Diese Aufgabe führte den Kreuzer nach dem Ausbruch des Pazifischen Krieges nach Niederländisch-Ostindien, Neuguinea und auf den Kriegsschauplatz zwischen Malaya und Java. Vom 7. Februar bis Mitte Mai 1942 unterzog sich die CANBERRA einer Werftliegezeit in Sydney. Zum Zeitpunkt des Angriffs japanischer Kleinst-U-Boote befand sich der Kreuzer im dortigen Hafen.[24]

Oben: Die SHROPSHIRE läuft nach ihrer Übergabe an die RAN in Sydney ein. (AWM)

Vom Juni 1942 nahm die CANBERRA als Teil der *Task Force 44* zusammen mit den amerikanischen Schweren Kreuzern USS CHICAGO und SALT LAKE CITY an den Vorstößen in das Korallenmeer teil. Danach unterstützte sie die Landungen auf Guadalcanal in den Salomonen. In der Nacht vom 8./9. 8. 1942 überraschte ein japanischer Kreuzer- und Zerstörerverband in der Enge zwischen den Inseln Savo und Guadalcanal die Südliche Deckungsgruppe der Alliierten. Im Verlaufe des Gefechtes schossen die Japaner die CANBERRA durch Artillerie- und Torpedotreffer zum Wrack. Am Morgen des 9. August versenkte der Zerstörer USS ELLET das Wrack des australischen Kreuzers.

SHROPSHIRE:
Die an die RAN übergebene Einheit

Nach dem Verlust der CANBERRA bot die Royal Navy im September 1942 eine ihrer Einheiten der »County«-Klasse, die SHROPSHIRE, der Königlich Australischen Marine an. Am 25. Juni 1943 wurde der Schwere Kreuzer übergeben.

Entwurf und Modifizierungen: Einzelheiten über diese Einheit der LONDON-Klasse hinsichtlich des Entwurfs und der Modifizierungen vor der Übergabe siehe unten Seiten 99ff. Vor der Übergabe des Schiffes wurden sowohl die 12,7-mm-Maschinengewehre wie auch vier 2-cm-Fla-Geschütze in Einzellafetten von Bord gegeben und durch sieben 2-cm-Doppellafetten ersetzt. Auch die Bordflugzeugeinrichtungen wurden entfernt. 1945 hatte der Kreuzer keine 2-cm-Fla-Waffen mehr an Bord; ebenso wie die Torpedorohrsätze waren sie ausgebaut und durch 4-cm-Bofors-Fla-Geschütze L/60 in Einzellafetten ersetzt worden. Die 4-cm-Fla-Waffen, insgesamt 15 Rohre, verteilten sich wie folgt: sieben auf den Decksaufbauten, sechs auf dem Oberdeck und je eine auf den Türmen B und X. Anfang 1946 kam ein Teil der 4-cm-Fla-Bewaffnung von Bord, darunter auch die Geschütze auf den Turmdecken. Auf dem Schiff verblieben: sechs Geschütze Mk. IIIA, zwei Mk. VII und ein Mk. IIIP.

Werdegang: Die SHROPSHIRE operierte im November 1943 als Teil der *TF 74* in den Neuen Hebriden. Anschließend unterstützte sie mit ihrer Artillerie über mehrere Monate hinweg bis in das neue Jahr hinein die Landungen auf Neubritannien, bei Kap Gloucester und auf Neuguinea. Mit dem Fortschreiten des Jahres 1944 rückten die alliierten Streitkräfte im Südwestpazifik vor und der Schwere Kreuzer beteiligte sich an Kampfhandlungen in den Admiralitäts-Inseln, vor Hollandia und Aitape/Neuguinea sowie im Mai bis Juli bei Biak an der Südspitze der Schouten-Insel.

Im September 1944 unterstützte die SHROPSHIRE die Landungen auf der Insel Morotai/Molukken, ehe sie im Oktober an der Schlacht um Leyte/Philippinen beteiligt war. Daran schloß die Teilnahme am Vorstoß in den Nordwesten der Philippinen an und der Landung auf Mindoro im Dezember folgten die Landungen im Golf von Lingayen, in der Subic-Bai, auf Corregidor und bei Bataan im Januar 1945.

Die letzten Kriegseinsätze des Kreuzers dienten wieder der Unterstützung amphibischer Landungen, diesmal im Juni 1945 bei Balikpapan an der Südostküste Borneos. Anschließend ging das Schiff nach Japan und war bei der Kapitulation des Landes am 15. August 1945 in der Bucht von Tokio anwesend.

Nach dem Kriege verblieb die SHROPSHIRE weiterhin bei der RAN und diente bis zu ihrer Außerdienststellung 1949 als Schulkreuzer. 1954 wurde das Schiff zum Verschrotten verkauft und traf am 20. Januar 1955 auf der Dalmuir-Werft der Abbruchfirma Arnott Young ein.

SYDNEY-Klasse

Name	Bauwerft	Kiellegung	Stapellauf	Fertigstellung	Schicksal
SYDNEY	Swan Hunter, Newcastle	8. Juli 1933	22. Sept. 1934	24. Sept. 1935	gesunken: 19. Nov. 1941
PERTH	Marinewerft Portsmouth	26. Juni 1933	27. Juli 1934	6. Juli 1936	gesunken: 1. März 1942
HOBART	Marinewerft Devonport	15. Aug. 1933	9. Okt. 1934	13. Jan. 1936	verschrottet: 1962

Typ: Leichter Kreuzer.
Standardverdrängung: 6830 ts (6939 t) *
Einsatzverdrängung: 8850 ts (8991 t) *
Länge: 171,37 m (über alles), 159,10 m (zwischen den Loten).
Breite: 17,27 m.
Tiefgang: 5,64 m (mittlerer).
Antriebsanlage: 4 Satz Parsons-Getriebeturbinen, 4 Admiralitäts-Dreitrommel-Kessel, 4 Wellen.
Antriebsleistung: 72 000 WPS für 32,5 kn.
Bunkerinhalt: 1606 ts Heizöl.
Fahrstrecke: 7180 sm bei 12 kn.
Panzerschutz: Hauptgürtelpanzer 76 mm Nickelchromstahl auf 25 mm D-Stahl, Munitionskammern allseits 25 mm – 89 mm, Türme 25 mm.
Geschütze: acht 15,2 cm Mk. XXIII (4 x 2), vier 10,2 cm Luft/Seeziel Mk. V (4 x 1), zwölf 12,7-mm-MG's (3 x 4).
Torpedorohre: acht 53,3 cm (2 x 4).
Bordflugzeuge: eines, ein Katapult.
Besatzungsstärke: 570 Offiziere und Mannschaften.

* Zahlenangaben beziehen sich auf SYDNEY. PERTH 6980 ts (7029 t) und HOBART 7105 ts (7219 t) Standardverdrängung. HOBART später 9420 ts (9571 t) Einsatzverdrängung.

Entwurf: Diese drei Schiffe, im allgemeinen als »Modifizierte LEANDER-Klasse« bezeichnet, wurden ursprünglich von der Royal Navy in Auftrag gegeben, nachdem sie unter den Haushaltsgesetzen von 1931 und 1932 als PHAETON, AMPHION und APOLLO bewilligt worden waren. Ihre Abmessungen variierten geringfügig von jenen der britischen LEANDER-Klasse und das äußere Erscheinungsbild unterschied sich insofern, daß sie zwei Schornsteine besaßen. Dies ermöglichte die Unterbringung der Bordflugzeugeinrichtungen zwischen den Schornsteinen. Der Grund für diese Eigentümlichkeit bestand – dem Beispiel der USA folgend – in der Aufgabe des Einheitsprinzips für die Antriebsanlage. Diese Anordnung war bereits 1932 bei der britischen ARETHUSA-Klasse eingeführt worden und sollte auch bei zukünftigen Neubauten beibehalten werden.

Ursprünglich war der Bauauftrag für zwei neue Einheiten der LEANDER-Klasse – AJAX und AMPHION – 1931 ergangen, aber der letztere ist offensichtlich 1932 in einen modifizierten Typ umgewandelt worden.

Die Leistung der Hauptantriebsanlage blieb mit 72 000 WPS dieselbe wie bei der LEANDER, aber die Anzahl der Kessel wurde auf vier und die der Kesselräume auf zwei verringert. Dies hatte eine Steigerung in der Länge der Maschinenräume zur Folge und führte infolgedessen auch zu einer Verlängerung des Gürtelpanzers. Hierdurch ging ein Großteil des Gewichtes wieder verloren, das durch den Wegfall von zwei Kesselräumen eingespart worden war. Da das zusätzliche Gewicht sehr hoch im Schiff untergebracht war, mußte die Breite des Schiffes um 0,51 m vergrößert werden, um seine Stabilität zu gewährleisten. Dies ergab wiederum beengte Raumverhältnisse.

Der Panzerschutz umfaßte einen 102 mm dicken Gürtelpanzer (76,2 mm Nickelchromstahl auf 25,4 mm D-Stahl) als Vertikalschutz der Maschinenräume, einen Deckspanzer aus 32 mm dickem D-Stahl sowie einem kastenartigen Schutz der Munitionskammern mit 89 mm Nickelchromstahl als Seitenschutz und 51 mm dickem Nickelchromstahl als Decke.

Um Gewicht einzusparen, wurde in beträchtlichem Umfang von der Schweißtechnik Gebrauch gemacht. Daher blieben die Schiffe letztlich unterhalb der Entwurfswasserverdrängung.

Die Hauptbewaffnung bestand aus acht 15,2-cm-Geschützen, ergänzt durch die standardmäßigen vier 10,2-cm-Luft/Seezielgeschütze und drei 12,7-mm-Vierlings-MG's. Das schwere Katapult konnte ursprünglich nicht untergebracht werden, da zwischen den Schornsteinen nicht genügend Raum vorhanden war. Schließlich gelang es weitere 1,8 m Raum in diesem Bereich verfügbar zu machen. Die Katapultfrage verursachte beträchtliche Diskussionen, nicht zuletzt durch die von der Königlich Australischen Marine, die die Schiffe inzwischen übernommen hatte, gestellten Forderungen. Sie wollte das schwere »Seagull«-Amphibienflugzeug an Bord haben.

Modifizierungen: Bei der Fertigstellung bestand die Schwere Flak aus vier 10,2-cm-Luft/Seezielgeschützen in Einzellafetten, aber vor der Übergabe an die RAN hatten HOBART und PERTH statt der Einzellafetten bereits vier Doppellafetten erhalten. Die querschiffs fest eingebaute 14-m-Flugzeugschleuder ersetzte ein schwenkbares 16-m-Katapult, ausgestattet, um ein Supermarine »Seagull V«-Amphibienflugzeug aufzunehmen, in der Marineluftwaffe (Fleet Air Arm) bekannter unter der Bezeichnung »Walrus«. Einige 2-cm-Einzellafetten ausgenommen, erfuhr die SYDNEY keine weiteren Modifizierungen. Auch die PERTH erhielt zumindest vier 2-cm-Fla-Waffen, und zwar je eine auf den Türmen B und X, während die beiden restlichen die 12,7-mm-MG's ersetzten. Für kurze Zeit führte das Schiff auch eine 2-Pfünder-(4-cm-)Pompom-Vierlingsflak mittschiffs, eingebaut am 5. Mai 1941 in Alexandria. Doch dieses Waffensystem wurde im Juli bereits wieder entfernt. Außerdem bekam die PERTH Radar vom Typ 271. Die HOBART erhielt anfangs ebenfalls einige 2-cm-Fla-Waffen und im Juni 1941 verlor sie das Katapult. Im Verlaufe einer vom August 1943 bis Januar 1945

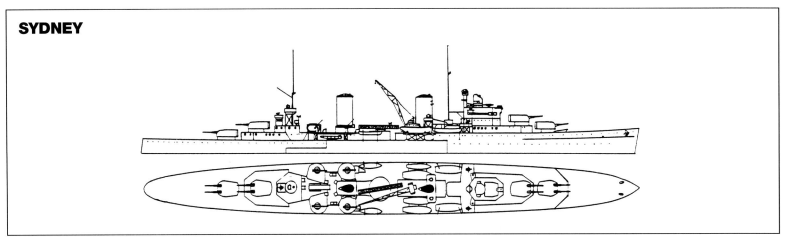

SYDNEY

Links: SYDNEY im Jahre 1935. (W&L)

dauernden Werftliegezeit in Sydney zur Durchführung von Reparaturarbeiten erfolgten einige Umbauten: Entfernen des Katapultaufbaus, Ausrüstung mit Dreibeinmasten, Ändern der Positionen bei den 10,2-cm-Geschützen, geänderte Unterbringung der Beiboote und Einbau einer modernen Radarausrüstung. Letztere umfaßte nunmehr folgende Anlagen: Luftwarnradar Typ 281 B, Überwasserwarnradar Typ 277, Überwasser- und Tiefflugwarnradar Typ 276, das amerikanische Überwasserwarnradar Typ SG sowie Feuerleitradar Typ 285 für die 10,2 cm (Luftziel), Typ 282 für die 2-Pfünder und 4 cm und Typ 283 für die Hauptbewaffnung.[25]

Die Leichte Flak der HOBART bestand jetzt aus sechs 4 cm Hazemeyer Mk. IV in drei Doppellafetten, fünf 4 cm Bofors Mk. III in Einzellafetten sowie acht 2-Pfünder-Pompom (4 cm) Mk. VII in zwei Vierlingslafetten RP 50 auf dem Bootsdeck. Die vier 2-cm-Doppellafetten kamen von Bord, zurück blieb lediglich eine 2-cm-Einzellafette auf der Decke von Turm X. Auch die Torpedobewaffnung wurde beibehalten. Außerdem wurden 100 ts Ballast an Land gegeben. Damit verblieben noch 65 ts im Schiff. (Als Ergebnis von Versuchen mit der PERTH waren im Mai 1943 im Morts-Dock in Sydney 175 ts – sic – ständiger Ballast an Bord gekommen.) Im Juni 1946 wurde Turm X ausgebaut; eine 4-cm-Bofors-Vierlingsflak war an seiner Stelle vorgesehen. Zu diesem Zeitpunkt bestand die 4-cm-Bewaffnung in Einzellafetten nur noch aus einer Mk. IIIP »Toadstool« und einer Mk. VII, beide auf dem achteren Schutzdeck. Zwischen 1953 und 1956 absolvierte die HOBART eine Große Werftliegezeit verbunden mit dem Umbau zum Schulschiff, der jedoch wieder annulliert wurde.

Werdegang: Der Werdegang der HOBART in der Royal Navy als HMS APOLLO begann 1936 auf der Amerikanischen und Westindischen Station. Dort verblieb der Kreuzer bis 1938. Am 28. September desselben Jahres wurde er von der Besatzung der ALBATROS (die als Abschlagszahlung für APOLLO an die Royal Navy übergeben worden war) infolge der Sudetenkrise früher als beabsichtigt für die RAN in Dienst gestellt. Gegen Ende des Jahres lief der Leichte Kreuzer nach Australien aus und bei Kriegsausbruch war er zur Überwachung der Bass-Straße eingesetzt. Im Oktober 1939 befand sich die HOBART in ostindischen Gewässern und eskortierte später Truppentransport-Geleitzüge durch den Golf von Bengalen und durch den Indischen Ozean. Beim Kriegseintritt Italiens hielt sie sich in Aden auf und nahm an den ersten Kampfhandlungen im Roten Meer teil. Bei der Räumung von Berbera in Britisch-Somaliland diente der Kreuzer als Befehlsstelle und beschoß schließlich am 19. August 1940 den Hafen selbst. HOBART verblieb bis zum Oktober bei den Aden-Streitkräften und ging dann nach Colombo/Ceylon zur Überholung, ehe sie in die australischen Gewässer zurückkehrte. Dort fand das Schiff bis Ende Juni 1941 im Geleitsicherungsdienst Verwendung. Im August verlegte der Kreuzer ins Mittelmeer und war dort an den Kämpfen um Tobruk zur Unterstützung der Garnison beteiligt. Mit dem Kriegseintritt Japans wurde jedoch die Anwesenheit der HOBART im Osten wieder erforderlich, und der Kreuzer verlegte nach Singapur. Gegen Ende des Jahres 1941 sicherte er den Truppentransport-Geleitzug BM 9 A. In den malaysischen Gewässern war das Schiff als Teil des alliierten ABDA-Kampfverbandes häufig das Ziel ja-

Links: Die PERTH 1939 in New York. Beachte die 10,2-cm-Geschütze in Doppellafetten und das fehlende Katapult (Sammlung des Autors)

AUSTRALIEN

Oben: Die PERTH 1942. Beachte den Tarnanstrich mit den Schornsteinblenden zur Täuschung sowie die 2-cm-Geschütze auf den Türmen B und X. (AWM)

Unten: HOBART im Dezember 1944. Beachte den über der Brücke entfernten Fla-Leitstand, ersetzt durch einen Fla-Leitstand beiderseits der Brücke. Der Kreuzer führt 4-cm-Geschütze, das Katapult ist an Land gegeben. (AWM)

Die für die Royal Navy als PHAETON auf Kiel gelegte SYDNEY lief als australisches Schiff vom Stapel und verbrachte den ersten Teil seines Werdeganges bei der britischen Mittelmeerflotte. Der Leichte Kreuzer traf erst am 2. August 1936 in australischen Gewässern ein. Bis zum April 1940 verblieb er in einheimischen Gewässern, um dann einen für den Nahen Osten bestimmten Truppentransport-Geleitzug – den US 2 – nach Colombo zu eskortieren. Dort traf die SYDNEY am 8. Mai 1940 ein. Am 19. Mai verlegte sie ins Mittelmeer und stieß dort zum 7. Kreuzergeschwader. Am 21. Juni nahm sie mit einem britisch-französischem Verband an der Beschießung von Bardia/Libyen teil. Noch im selben Monat hatte sie wesentlichen Anteil an der Versenkung des italienischen Zerstörers ESPERO, der zusammen mit zwei anderen Nachschub nach Tobruk bringen sollte, und nahm die Überlebenden auf. Im folgenden Monat sicherte der Kreuzer Geleitzüge nach Malta und war im Verband der Force A an der Seeschlacht bei Punta Stilo/Kalabrien mit der italienischen Flotte am 9. Juli 1940 beteiligt. Nur zehn Tage später, am 19. Juli, stieß die SYDNEY mit fünf Zerstörern nordwestlich von Kreta auf die beiden italienischen Leichten Kreuzer BARTOLOMEO COLLEONI und GIOVANNI DELLE BANDE NERE. In dem sich entwickelnden Seegefecht vor Kap Spatha erhielt der erstere so schwere Treffer, daß er manövrierunfähig liegenblieb und von den Zerstörern mit Torpedos versenkt wurde. Nach weiteren Einsätzen im östlichen Mittelmeer, vor Griechenland und in der Adria lief die SYDNEY am 11. Januar 1941 aus Alexandria nach Australien aus und traf am 5. Februar dort ein.

Von nun an operierte der Leichte Kreuzer in australischen Gewässern, gelegentlich auch im Indischen Ozean und um Neuseeland, bis er am 19. November 1941 dem deutschen Hilfskreuzer Schiff 41 KORMORAN westlich Sharks Bay/Westaustralien zum Opfer fiel. Aus unbekannten Gründen ließ das australische Schiff – wenn auch offensichtlich mit Mißtrauen – den Hilfskreuzer so dicht herankommen, daß dieser mit allen Geschützen das Feuer eröffnen konnte und die SYDNEY mit einem Granathagel überschüttete. Auch der Hilfskreuzer erhielt so schwere Treffer, daß er später brennend sank. Die schwer getroffene SYDNEY (u.a. durch einen Torpedotreffer im Vorschiff) kam brennend außer Sicht der deutschen Überleben-

panischer Luftangriffe. Während die HOBART am 25. Februar 1942 zur Brennstoffergänzung in Tandjong Priok lag, griffen sie japanische Bomber an, wobei sie lediglich Splitterschäden erlitt. Der Angriff verhinderte jedoch die Beendigung der Heizölübernahme. Infolgedessen fehlte der Kreuzer bei der verhängnisvollen Seeschlacht in der Java-See am 27. Februar 1942. Im Mai nahm er mit der *TF 61* und der *TF 44* an den Kämpfen im Korallenmeer sowie im August bei Guadalcanal und Tulagi in den Salomonen teil. Nach einer Werftliegezeit in Sydney im Oktober 1942 stieß die HOBART erneut zur *Task Force 44* und wurde bei der Überwachung des Korallenmeeres eingesetzt. Dieser Kampfverband wurde im Mai 1943 in *Task Force 74* umbezeichnet. Im Juli 1943 wurde die *TF 74* zur Verstärkung nach Neugeorgien entsandt, um die dort eingetretenen Verluste zu ersetzen. Hier torpedierte am 20. Juli das japanische Unterseeboot *I 11* die HOBART und beschädigte sie schwer. Von den australischen Zerstörern WARRAMUNGA und ARUNTA gesichert, erreichte der Kreuzer am 26. August Sydney, um ausgebessert zu werden. Doch erst Anfang 1945 war die HOBART wieder einsatzbereit und stieß erneut zur TF 74, um die Landungen auf Borneo bei Tarakan an der Ostküste im April und bei Balikpapan an der Südostküste im Juli zu decken. Am 31. August 1945 war der Kreuzer bei der Kapitulationszeremonie in der Bucht von Tokio anwesend.

Nach Kriegsende blieb die HOBART in Dienst und führte drei Einsatzzeiten in japanischen Gewässern durch, ehe sie nach Sydney zurückkehrte und am 20. Dezember 1947 außer Dienst gestellt wurde. Obwohl der Kreuzer für den Umbau zum Schulschiff vorgesehen war und hierzu eine Werftliegezeit begann, wurde der Umbau infolge veränderter Forderungen annulliert.

Nach vielen Jahren als Einheit der Reserveflotte wurde die HOBART am 5. Februar 1960 zum Verkauf gestellt. Am 22. Februar 1962 wurde der Kreuzer an die Fa. Mitsui & Co. (in australischem Eigentum) verkauft und verließ am 3. März im Schlepp Sydney in Richtung Osaka/Japan. Dort traf er am 2. April 1962 bei der Miyachi-Werft zum Abbruch ein.

den und blieb verschollen. Es gab keine Überlebenden.

Die RAN stellte die PERTH (ex-AMPHION) erst am 29. Juni 1939 in Dienst, übernommen von der Besatzung des außer Dienst gestellten Kreuzers ADELAIDE (siehe oben). Zuvor diente das Schiff in der Royal Navy vom 3. Oktober 1936 bis Anfang Oktober 1938 als Flaggschiff auf der Afrikanischen Station in Kapstadt. Nach seiner Rückkehr nach Portsmouth wurde es für die sich anschließende Werftliegezeit außer Dienst gestellt. Danach besuchte die PERTH unter australischer Flagge im August 1939 New York anläßlich der Weltausstellung, um im Anschluß daran nach Australien zu gehen. Der Kriegsausbruch beorderte die PERTH jedoch nach Westindien, um die Erdölanlagen zu schützen. Von einem kurzen Vorstoß durch den Panamakanal in den Pazifik abgesehen, verblieb sie dort bis zum März 1940. Am 31. März traf sie in australischen Gewässern ein und ging zu einer kurzen Überholung in die Werft Garden Island. Anschließend eskortierte sie für den Nahen Osten bestimmte Truppentransport-Geleitzüge.

Zwischen Juni und November 1940 war der Kreuzer das Flaggschiff des Australischen Geschwaders. Nach der Sicherung des Geleitzuges US 7 im Dezember nach Suez verlegte die PERTH nach Alexandria und stieß dort zum 7. Kreuzergeschwader. Im Januar 1941 an der Sicherung der Nachschubgeleite beteiligt, erlitt der Kreuzer Schäden durch Bombennahtreffer kurz nach seinem Eintreffen in Malta am 16. Januar. An der Seeschlacht bei Kap Matapan am 28. März hatte die PERTH nur geringen Anteil. In den Einsätzen gegen deutsche Landungsverbände für Kreta erlitt sie am 22. Mai erneut Schäden durch Bombennahtreffer.

Im Zuge der Räumung Kretas traf am 30. Mai eine Bombe einen Kesselraum des Kreuzers. Nach Durchführung der Reparaturen nahm PERTH an den Operationen gegen das vichy-französische Syrien teil, wurde aber am 15. Juli 1941 durch den Kreuzer HOBART abgelöst, um am 18. Juli in australische Gewässer zurückzukehren. Nach ihrem Eintreffen dort am 12. August ging sie zur Durchführung einer Werftliegezeit bis zum 22. November 1941 in die Marinewerft Cockatoo Island. Am 14. Februar 1942 lief der Kreuzer in niederländisch-ostindische Gewässer aus und nahm als eine Einheit des ABDA-Kampfverbandes am 27. und 28. Februar an der Seeschlacht in der Java-See teil.

Nur die PERTH und der amerikanische Schwere Kreuzer HOUSTON überlebten dieses Debakel und gingen nach Tandjong Priok/Batavia (heute Jakarta). Von da aus sollten sie Tjilatjap anlaufen. Beim Anmarsch zur Sunda-Straße am Abend des 28. Februar stießen die beiden Kreuzer vor der Bantam-Bucht/Java überraschend in eine japanische Landungsoperation. In dem sich entwickelnden, verwirrenden Nachtgefecht – der Seeschlacht in der Sunda-Straße – mit den japanischen Schweren Kreuzern MIKUMA und MOGAMI sowie einer Anzahl Zerstörer gingen die beiden alliierten Kreuzer verloren. Der australische Leichte Kreuzer hatte fast die gesamte Munition verschossen, als er nacheinander von vier Torpedos getroffen wurde. Er sank in den frühen Morgenstunden des 1. März 1942.

Brasilien

BAHIA-Klasse

Name	Bauwerft	Kiellegung	Stapellauf	Fertigstellung	Schicksal
BAHIA	Armstrong, Elswick	19. Aug. 1907	24. April 1909	?? 1910	gesunken: 4. Juli 1945
RIO GRANDE DO SUL	Armstrong, Elswick	30. Aug. 1907	20. Jan. 1909	?? 1910	gestrichen: 1948

Typ: Geschützter Kreuzer.
Wasserverdrängung auf CWL: 3100 ts (3150 t).
Länge zwischen den Loten: 115,8 m.
Breite: 11,8 m.
Tiefgang: 4,4 m (mittlerer).
Antriebsanlage: 3 Satz Brown-Curtis-Getriebeturbinen, 6 Thornycroft-Kessel, 3 Wellen.
Antriebsleistung: 18 000 WPS für 26,5 kn.
Bunkerinhalt: 640 ts Heizöl.
Fahrtstrecke: 6600 sm bei 10 kn.
Panzerschutz: Deck 38 mm, Kommandostand 76 mm.
Geschütze: zehn 12 cm L/50 (10 x 1), vier 7,6 cm (4 x 1), vier 3-Pfünder/4,7 cm (4 x 1).
Torpedorohre: vier 53,3 cm (2 x 2).
Bordflugzeuge: keine.
Besatzungsstärke: 350 Offiziere und Mannschaften.

Entwurf: Diese beiden »Aufklärungskreuzer« wurden als Teil des Flottenbauprogramms 1904 bewilligt, mit dessen Realisierung eine moderne brasilianische Flotte entstand. Den Kontrakt für die beiden Schiffe erhielt die Werft W.G. Armstrong, Whitworth & Co. in Elswick, deren Kreuzerentwürfe damals vorherrschend waren. Die Antriebsanlage lieferte Vickers in Barrow-in-Furness als Subunternehmer. Auf der damaligen britischen Praxis beruhend, stellte der Entwurf eine moderne und vielfach modifizierte Version des Geschützten Kreuzers ADVENTURE dar, der 1905 fertiggestellt worden war. Er umfaßte die neue Parsons-Turbinen-Antriebsanlage mit Drei-Wellen-Anordnung, die 18 000 WPS für eine konstruktionsmäßige Höchstgeschwindigkeit von 26,5 kn lieferte. Die etwa zum selben Zeitpunkt gebaute BOADICEA war der erste Kreuzer der Royal Navy mit Turbinenantrieb, während die ADVENTURE noch eine Kolbenmaschinenanlage besaß. Die neuen brasilianischen Schiffe erwiesen sich als sehr schnell. Bei den Erprobungsfahrten erreichte die BAHIA 27,02 kn bei einer Antriebsleistung von 20 010 WPS, während ihr Schwesterschiff 27,41 kn lief. Allerdings machte es die Kohlefeuerung schwierig, diese Geschwindigkeiten im Dienstbetrieb aufrechtzuerhalten. Die Hauptbewaffnung bestand aus zehn 12-cm-Elswick-Geschützen B.L. L/50 in Einzellafetten mit Schilden. Das Geschoßgewicht betrug 20,4 kg. Die Geschütze waren paarweise angeordnet: auf dem Backs- und Achterdeck je eines und auf dem Mitteldeck je drei auf der Backbord- und Steuerbordseite. Die weitere Bewaffnung umfaßte ursprünglich sechs 3-Pfünder-(4,7-cm-) Geschütze sowie zwei 45-cm-Deckstorpedorohre.

Modifizierungen: 1925/26 wurden die beiden Schiffe einer umfassenden Modernisierung auf der Werft Companhia Nacional de Navegacao Costeira in Rio de Janeiro unter Aufsicht von Messrs. Thornycroft in Woolston/Southampton unterzogen. Hierbei erhielten sie statt der früheren Turbinen mit Direktantrieb die neuen Brown-Curtis-Getriebeturbinen sowie statt der zehn Yarrow-Kohlekessel sechs ölbefeuerte Thornycroft-Kessel und höhere Schornsteine. Ferner wurde eine zentrale Feuerleitanlage eingebaut. Auch die Torpedobewaffnung erfuhr mit zwei 53,3-cm-Zwillingsrohrsätzen eine Modernisierung und Verstärkung. Außerdem ersetzten vier 7,6-cm-Fla-Geschütze zwei der veralteten 3-Pfünder-Geschütze. Die Modernisierung der beiden Kreuzer erwies sich als sehr gelungen. Die Erprobungsfahrten nach der Werftliegezeit erbrachten für die BAHIA bei einer Antriebsleistung von 22 000 WPS eine Höchstgeschwindigkeit von 28,6 kn. Die während der Teilnahme Brasiliens am Zweiten Weltkrieg erfolgten Modifizierungen sind nicht mit Sicherheit bekannt, ausgenommen der Einbau einer Sonar-Anlage und zweier Wasserbombenwerfer für 136-kg-Wasserbomben. Vermutlich sind auch eine Anzahl 2-cm-Fla-Geschütze hinzugekommen.

Werdegang: Wie viele Schiffe kleinerer Seemächte, so hatten auch diese beiden Kreuzer einen langen aktiven Werdegang. Beide nahmen am Ersten Weltkrieg teil und gehörten zum brasilianischen Geschwader, das als Brasiliens Kriegsbeitrag 1917/18 vor der Nordwestküste Afrikas eingesetzt war. Nach der Kriegserklärung Brasiliens an die Achsenmächte[26] am 22. August 1942 waren die beiden Kreuzer erneut an den Feindseligkeiten beteiligt. Die von ihnen zu erfüllenden Aufgaben bestanden hauptsächlich im Patrouillendienst zur Jagd auf U-Boote und Blockadebrecher sowie im Geleitsicherungsdienst. Beide gehörten vom Sommer 1944 an zur Sicherung der Geleitzüge für die Überführung der brasilianischen Expeditionsstreitkräfte nach Italien. Die weitgehend bei den nordöstlichen Seestreitkräften eingesetzte BAHIA war an der Sicherung von insgesamt 64 Geleitzügen zwischen Recife, Salvador (früher Bahia) und Rio de Janeiro beteiligt, während die RIO GRANDE DO SUL 62 Geleitzüge eskortierte. Außerdem waren sie an elf bzw. fünfzehn weiteren alliierten Operationen beteiligt. Hierzu gehörte unter anderem ihr Einsatz im Seenotrettungsdienst für die amerikanischen Truppentransportflüge 1945 zwischen dem frz.-westafrikanischen Dakar und dem brasilianischen Natal im mittleren Südatlantik. Bei einem dieser Einsätze ereignete sich auf der BAHIA eine Explosion und das Schiff sank unter hohen Verlusten an Menschenleben. Die RIO GRANDE DO SUL überstand den Krieg und wurde bald nach seinem Ende zum Verkauf gestellt.

Links: Die BAHIA nach dem Umbau 1925/26. (USN)

Chile

BLANCO ENCALADA-Klasse

Name	Bauwerft	Kiellegung	Stapellauf	Fertigstellung	Schicksal
BLANCO ENCALADA	Armstrong, Elswick	? Sept. 1892	9. Sept. 1893	? April 1894	gestrichen: 19. Dez. 1945

Typ: Geschützter Kreuzer.
Wasserverdrängung auf CWL: 3425 ts (3490 t).
Einsatzverdrängung: 4480 ts (4551 t).
Länge: 130,57 m (über alles), 121,39 m (zwischen den Loten).
Breite: 15,25 m.
Tiefgang: 6,39 m (mittlerer).
Antriebsanlage: 2 stehende Vierzylinder-Dreifach-Expansionsmaschinen, 8 Zylinder-Kessel, 2 Wellen.
Antriebsleistung: 14 500 PSi für 22,75 kn.
Fahrtstrecke: 3550 sm bei 9,5 kn.
Bunkerinhalt: 851 ts Kohle.
Panzerschutz: Deck 102 mm, Geschützschilde 152 mm, Kommandostand 152 mm.
Geschütze: zwei 20,3 cm L/40 (2 x 1), zehn 15,2 cm L/40 (10 x 1), fünf 7,6 cm (5 x 1), ein 2-Pfünder-(4-cm-)-Pompom-Geschütz.
Torpedorohre: fünf 45,7 cm.
Bordflugzeuge: keine.
Besatzungsstärke: 427 Offiziere und Mannschaften.

Entwurf: Als einer der berühmten, gegen Ende des 19. Jahrhunderts gebauten »Elswick-Kreuzer« war das Schiff 1892 als Spekulationsbau auf der Werft Armstrong, Whitworth & Co. in Elswick auf Kiel gelegt worden. Sein Entwurf war von dem zeitgenössischen japanischen »Elswick-Kreuzer« YOSHINO abgeleitet und stammte von Sir Philip Watts. Zur damaligen Zeit standen diese Kreuzer in hohem Ansehen, aber 1939 waren die wenigen noch vorhandenen Einheiten hoffnungslos veraltet. Das Schiff verdrängte 4480 ts maximal und seine Antriebsanlage bestand aus zwei stehenden Vierzylinder-Dreifach-Expansionsmaschinen mit Zwei-Wellen-Anordnung.

Seltsamerweise behielt die Armstrong-Werft die veralteten Zylinder-Kessel mit Kohlefeuerung für ihre Kreuzer bei. Auf der BLANCO ENCALADA waren acht dieser Kessel mit einem Betriebsdruck von 10,2 kg/cm² vorhanden. Bei wirtschaftlicher Geschwindigkeit betrug der Kohleverbrauch 54 ts pro 24 Stunden, steigerte sich aber bei Höchstgeschwindigkeit (22,7 kn) auf 302 ts pro 24 Stunden. Die Antriebsanlage lieferte Humphrys Tennant & Co. als Subunternehmer.

Das Panzerschutzschema beschränkte sich auf ein 102 mm dickes Panzerdeck sowie auf eine 152 mm dicke Panzerung des Kommandostandes. Außerdem war der Schiffskörper in vierzehn wasserdichte Abteilungen unterteilt.

Die Anordnung der Bewaffnung stellte weitgehend einen Rückfall in die Tage des Linienschiffes dar, d.h. der Großteil der Geschütze stand in der Breitseite. Nur zwei der schweren Geschütze – 20,3 cm L/40 des Elswick-Modells – befanden sich, je eines auf dem Backs- und dem Achterdeck, in der Mittschiffslinie. Sie waren mit Schilden versehen, wie dies auch bei den 15,2-cm-Geschützen L/40 des Elswick-Modells der Fall war. Von den letzteren wurden zehn mitgeführt: je drei mittschiffs in der Breitseite sowie je zwei an Backbord und Steuerbord vorn bzw. achtern, um auch über den Bug bzw. das Heck schießen zu können. Daneben gab es ursprünglich noch zwölf 3-Pfünder-(4,7-cm-)Geschütze. Ferner waren noch fünf 45,7-cm-Überwasser-Torpedorohre vorhanden: zwei auf jeder Seite und eines im Bug.

Modifizierungen: Im Verlaufe des 50jährigen Werdegangs dieses Kreuzers sind nur sehr wenige Veränderungen vorgenommen worden. Hierzu zählen das Entfernen der 3-Pfünder-Geschütze und ihr Ersetzen durch fünf 7,6-cm-Fla-Geschütze und ein 2-Pfünder-(4-cm)-Fla-Geschütz sowie der wahrscheinliche Ausbau der Torpedorohre.

Werdegang: Da Chile während des Werdegangs dieses Schiffes in keinen echten Seekrieg verwickelt war, nahm die BLANCO ENCALADA – amtlich klassifiziert als Küstenwachtschiff – auch an keinerlei Kampfhandlungen teil. Nach ihrer Fertigstellung traf sie am 26. Januar 1895 in Valparaiso ein. Im Verlaufe ihres Werdegangs diente sie als Ausbildungsschiff, als Stationsschiff des Magellan-Geschwaders und als Artillerieschulschiff. 1920 erhielt das Schiff eine Große Werftliegezeit sowie 1940 eine Kleine Werftliegezeit, ehe es schließlich 1945 aus der Flottenliste gestrichen wurde.

Unten: Die BLANCA ENCALADA nach der Fertigstellung. (Chilenische Marine)

GENERAL O'HIGGINS-Klasse

Name	Bauwerft	Kiellegung	Stapellauf	Fertigstellung	Schicksal
GENERAL O'HIGGINS	Armstrong, Elswick	? April 1896	17. Mai 1897	? April 1898	ausgemustert: 1954

Typ: Panzerkreuzer – Cruzero Acorazado.
Wasserverdrängung auf CWL: 7796 ts (7920 t).
Einsatzverdrängung: 8475 ts (8610 t).
Länge: 146,32 m (über alles), 135,17 m (zwischen den Loten).
Breite: 22,88 m.
Tiefgang: 7,21 m (mittlerer).
Antriebsanlage: 2 stehende *Vierzylinder-Dreifach-Expansionsmaschinen*, 30 Belleville-Kessel, 2 Wellen.
Antriebsleistung: 16 500 PSi für 21 kn.
Bunkerinhalt: 1253 ts Kohle.
Fahrtstrecke: 4580 sm bei 8 kn.
Panzerschutz: Gürtelpanzer 152 mm – 178 mm, Deck 51 mm, Geschützschilde und Kasematten 152 mm, Kommandostand 229 mm.
Geschütze: vier 20,3 cm L/40 (4 x 1), zehn 15,2 cm L/40 (10 x 1) dreizehn 7,6 cm (13 x 1), vier 2-Pfünder(4-cm-) Pompom-Geschütze.
Torpedorohre: zwei 45,7-cm-Unterwasserrohre, ein 45,7-cm-Überwasserrohr.
Bordflugzeuge: keines.
Besatzungsstärke: 500 Offiziere und Mannschaften.

Entwurf: Für dieses Schiff von 7796 ts Wasserverdrängung auf CWL, ein weiterer Entwurf eines Geschützten Kreuzers von Sir Philip Watts, erging der Bauauftrag an die Werft Armstrong, Whitworth & Co. in Elswick im März 1896. Wie die beiden vorhergehenden chilenischen Kreuzer war auch die GENERAL O'HIGGINS 1939 veraltet und als Kampfeinheit nicht mehr zeitgemäß, obwohl die südamerikanischen Marinen in dieser Hinsicht kein Monopol besaßen. Das sich über die volle Länge und Breite des Schiffes erstreckende Panzerdeck wies 51 mm Dicke auf und war an den Seiten abgeschrägt. In der Wasserlinie war als Vertikalschutz ein 2,13 m breiter Gürtelpanzer vorhanden, der sich in der Länge auf 79,24 m erstreckte. Dieser wies auf Höhe der Maschinenräume und Munitionskammern eine Dicke von 178 mm auf und verjüngte sich zu seinen Enden hin auf 152 mm. Die Geschützschilde und Kasematten hatten eine Panzerung von 152 mm – 191 mm sowie der Kommandostand eine solche von 229 mm.

Die Hauptmaschinenanlage mit Dreifach-Expansionsmaschinen stammte wiederum von Humphrys Tennant & Co., aber die Kessel waren jetzt vom Belleville-Typ. Dreißig dieser Kessel mußten installiert werden, um die 16 500 PSi für eine Höchstgeschwindigkeit von 21 kn zu liefern. Die Kohlefeuerung wurde weiterhin beibehalten. Der Schiffskörper besaß eine hölzerne Plankenhaut und war mit Kupferplatten beschlagen.

Die Hauptbewaffnung bestand aus vier 20,3 cm L/40 des Elswick-Modells auf Einzellafetten in Geschützschilden: je ein Geschütz vorn und achtern sowie je eines an Backbord und Steuerbord vor dem vorderen Schornstein. Des weiteren gab es zehn 15,2 cm L/40, ebenfalls aus der Geschützfabrik von Armstrong stammend: zwei in Kasematten beiderseits der Brücke, zwei in Kasematten beiderseits des hinteren Schornsteins und des Großmastes und die restlichen vier in Geschützschilden direkt darüber. Dreizehn 12-Pfünder-(7,6-cm-)Fla-Geschütze und vier 2-Pfünder-(4-cm-) Pompom-Fla-Geschütze vervollständigten die artilleristische Bewaffnung. Ferner waren drei 45,7-cm-Torpedorohre vorhanden: je ein Unterwasserrohr an Backbord und Steuerbord sowie ein Überwasserrohr am Heck.

Modifizierungen: Soweit bekannt ist praktisch keine.

Werdegang: Nach der Fertigstellung traf die GENERAL O'HIGGINS im Juli 1898 in Chile ein. Im Konflikt zwischen den USA und Kolumbien, der zur Schaffung der Panamakanalzone führte, wurde der Kreuzer 1903 nach Panama entsandt. Sein sonstiger Werdegang verlief weitgehend ereignislos. 1928/29 erhielt das Schiff eine Große Werftliegezeit. 24 Jahre des 35jährigen Werdeganges diente der Kreuzer – amtlich als Küstenwachtschiff klassifiziert – als Stabsschiff und wurde schließlich 1954 aus der Flottenliste gestrichen.

Unten: GENERAL O'HIGGINS. (Chilenische Marine)

CHACABUCO-Klasse

Name	Bauwerft	Kiellegung	Stapellauf	Fertigstellung	Schicksal
CHACABUCO	Armstrong, Elswick	14. Aug. 1896	4. Juli 1898	? ? 1902	gestrichen: 15. Dez. 1959

Typ: Geschützter Kreuzer.
Wasserverdrängung auf CWL: 4500 ts (4572 t).
Einsatzverdrängung: 4800 ts (4877 t).
Länge: 127,51 m (über alles), 118,27 m (zwischen den Loten).
Breite: 14,59 m.
Tiefgang: 5,74 m (mittlerer).
Antriebsanlage: 2 stehende Vierzylinder-Dreifach-Expansionsmaschinen, 8 Zylinder-Kessel, 2 Wellen.
Antriebsleistung: 16 500 PSi für 24 kn.
Bunkerinhalt: 985 ts Kohle.
Fahrtstrecke: 7200 sm bei 12 kn.
Panzerschutz: Deck 114 mm maximal, Geschützschilde 114 mm – 64 mm.
Geschütze: sechs 15,2 cm (6 x 1), vier 3-Pfünder-(4,7-cm-) Geschütze (4 x 1), bis zu zehn 2 cm (10 x 1).
Torpedorohre: keine.
Bordflugzeuge: keine.
Besatzungsstärke: 400 Offiziere und Mannschaften.

Entwurf: Auch dieser Geschützte Kreuzer stammte von Sir Philip Watts und aus der Werft Armstrong, Whitworth & Co. in Elswick. Ebenfalls als Spekulationsbau auf Kiel gelegt, wurde das Schiff nach seiner Fertigstellung 1902 an Chile verkauft. Der Entwurf stellte eine Weiterentwicklung des gleichfalls in Elswick gebauten japanischen Kreuzers TAKASAGO dar; im übrigen folgte er den üblichen Grundmerkmalen dieses Kreuzertyps. Die wiederum von der Fa. Humphrys Tennant & Co. als Subunternehmer gelieferte Antriebsanlage bestand erneut aus zwei stehenden Vierzylinder-Dreifach-Expansionsmaschinen mit kohlebefeuerten Kesseln. Sie verlieh dem Schiff eine Höchstgeschwindigkeit von 24 kn. Bei den Erprobungsfahrten im Dezember 1909 erreichte die CHACABUCO sogar 24,75 kn.

Das Panzerschutzschema umfaßte eine Deckspanzerung von 114 mm Dicke über den lebenswichtigen Bereichen, die sich gegen ihre Enden hin auf 45 mm verringerte. Die 20,3-cm-Geschützschilde wiesen eine Panzerung von 114 mm und die für die 15,2-cm-Geschütze eine solche von 64 mm auf. Der Schiffskörper war in vierzehn wasserdichte Abteilungen unterteilt.

Die ursprüngliche Bewaffnung bestand nach dem Entwurf aus zwei 20,3-cm-Geschützen L/40 des Armstrong-Modells auf Einzellafetten in Geschützschilden vorn und achtern sowie aus zehn 12-cm-Geschützen in Einzellafetten mit Schilden; hiervon wurden vier in Kasematten geführt. Des weiteren waren noch zwölf 12-Pfünder-(7,6-cm-)Geschütze, sechs 3-Pfünder-(4,7-cm-)Geschütze und fünf fest eingebaute 45,7-cm-Überwasser-Torpedorohre vorhanden.

Modifizierungen: Zwischen 1939 und 1941 erfuhr der Kreuzer eine Modernisierung sowie einen Umbau zum Schulschiff. Die 20,3-cm- und alle 12-cm-Geschütze sowie auch die 12-Pfünder wurden an Land gegeben. Die Brücke sowie die Masten und die Takelage erhielten ein völlig verändertes Aussehen. Die Bewaffnung bestand nunmehr aus sechs 15,2-cm-Geschützen in Einzellafetten mit Schilden: je eines vorn und achtern sowie je zwei mittschiffs an Backbord und an Steuerbord. Ferner waren noch vier 3-Pfünder (4,7 cm) in Einzellafetten beiderseits des Brückenaufbaus vorhanden. Berichten zufolge soll der Kreuzer – amtlich als Küstenwachtschiff klassifiziert – bis 1945 noch zehn 2-cm-Einzellafetten erhalten haben. Auch die Torpedorohre sind beim Umbau vermutlich entfernt worden.

Werdegang: 1911 war die CHACABUCO anläßlich der Krönung S.M. König Georg V. bei der Flottenparade im Spithead anwesend. Im übrigen bestand der lange Werdegang des Schiffes aus der normalen Friedensroutine. Von 1941 an fand die CHACABUCO bis zu ihrer Streichung aus der Flottenliste Ende 1959 als Schulschiff Verwendung.

Unten: Die CHACABUCO nach der Fertigstellung. (MPL)

Ganz unten: Die CHACABUCO nach dem Umbau 1941. (USN)

Deutschland

EMDEN-Klasse[27]

Name	Bauwerft	Kiellegung	Stapellauf	Fertigstellung	Schicksal
EMDEN	Marinewerft Wilhelmshaven	8. Dez. 1921	7. Jan. 1925	15. Okt. 1925	selbstversenkt: 3. Mai 1945; abgebrochen: 1947/48

Typ: Leichter Kreuzer.
Standardverdrängung: 5600 ts (5689 t).
Einsatzverdrängung: 6990 ts (7102 t).
Länge: 155,1 m (über alles), 150,1 m (zwischen den Loten), 150,5 m (auf CWL).
Breite: 14,3 m.
Tiefgang: 5,15 m (Standardverdrängung), 5,93 m (Einsatzverdrängung).
Antriebsanlage: 2 Satz Marine-Einheitsturbinen mit Rädergetriebe (Brown, Boveri & Cie., Mannheim), 10 Marine-Schulz-Wasserrohrkessel (bis 1933: vier kohlebefeuert), 2 Wellen.
Antriebsleistung: 46 500 WPS für 29,4 kn.
Bunkerinhalt: 1266 t Heizöl maximal (bis 1933: 875 t Kohle/859 t Heizöl maximal).
Fahrtstrecke: 5300 sm bei 18 kn (bis 1933: 5290 sm bei 18 kn).
Panzerschutz: Deck 20 mm – 40 mm, Hauptgürtelpanzer 50 mm, Kommandostand: Seite 50 mm, Decke 20 mm, Schacht 100 mm.
Geschütze: acht 15 cm S.K. L/45 C/16 (8 x 1), zwei (ab 1935: drei) 8,8 cm in MPL C/13 (3 x 1).
Seeminen: 120.
Torpedorohre: vier 53,3 cm (2 x 2 – bis 1933: 50 cm).
Bordflugzeuge: keine.
Besatzungsstärke: 19 Offiziere und 464 Mannschaften; als Schulschiff: 29 Offiziere, 445 Mannschaften und 162 Seekadetten (später 30 Offiziere und 653 Mannschaften/Seekadetten).

Entwurf: Die Niederlage im Ersten Weltkrieg und der spätere Friedensvertrag von Versailles 1919 beließ dem Deutschen Reich keine leistungsfähige Flotte. Lediglich eine Handvoll hoffnungslos veralteter Schiffe und Boote aus der Zeit um die Jahrhundertwende waren noch vorhanden. Die innenpolitisch unruhige und mit wirtschaftlichen Problemen behaftete Nachkriegszeit, die das Land in den frühen 20er Jahren bedrückte, überließ der neuen Reichsmarine die drängende Notwendigkeit, die überalterten Schiffe zu ersetzen, aber ohne den finanziellen oder politischen Willen, dies in einem großen Maßstab durchzuführen. Hinzu kam der Verfall der Konstruktionsabteilungen sowohl in der damals neu geschaffenen Admiralität bzw. (ab 1920) Marineleitung wie auch bei den Werften.[28] Nichtsdestoweniger war Mitte 1920 der Kleine Kreuzer NIOBE 20 Jahre alt und konnte nach den Bestimmungen des Versailler Vertrages ersetzt werden. Daher begann die Entwurfsarbeit für den Kreuzer A, den »Ersatz NIOBE«, die notwendigerweise auf den Erfahrungen von 1914 bis 1918 sowie auch auf den Vertragsbeschränkungen von maximal 6000 t Standardverdrängung für Kleine Kreuzer beruhen mußte. Hierbei war es unvermeidlich, daß der Entwurf für das neue Schiff bis an die Grenze der vertraglich erlaubten Wasserverdrängung heranging, weitgehend auf der Linienführung der CÖLN II (1918) beruhend, dem letzten Entwurf der Kaiserlichen Marine, von dem noch zwei Einheiten, wenn auch nur für kurze Zeit, in Dienst gestellt wurden.[29] Materialverknappung, die französische Rheinland-Besetzung und die Be-

Unten: Die EMDEN nach der Fertigstellung. Beachte den hohen Röhrenmast mit dem tulpenartigen Vormarsstand. (WZB)

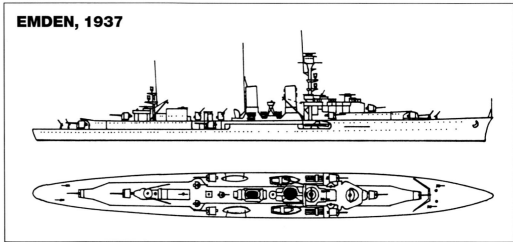

EMDEN, 1937

Oben: Die EMDEN etwa 1935 nach ihrem ersten Umbau 1933/34. (WZB)

Rechts: Die EMDEN 1941 an der Ölpier in Oslo, nunmehr mit einem Tarnanstrich versehen. (MB)

schränkungen des interalliierten Marineüberwachungsausschusses (NIACC) waren Ursachen für die Verzögerungen bei der Fertigstellung dieses Schiffes. Gleichzeitig zwangen diese Einschränkungen dazu, neue Fertigungstechniken ins Auge zu fassen und zu entwickeln, wie zum Beispiel das elektrische Schweißverfahren.

Die EMDEN III[30] führte als Hauptbewaffnung acht 15-cm-Geschütze S.K. L/45 C/16 desselben Modells wie die CÖLN II in Einzellafetten MPL C/16; aber das vordere Paar war – wie das achtere – in überhöhter Aufstellung statt vor dem Brückenaufbau beiderseits auf der Back angeordnet. Nichtsdestoweniger wurde die seitliche Aufstellung der Geschütze mittschiffs beibehalten, eine Anordnung, die die meisten Marinen der damaligen Zeit bereits aufgegeben hatten. Ursprünglich sah der Entwurf Doppellafetten vor. Doch diese Absicht konnte infolge der Rheinland-Besetzung nicht verwirklicht werden, obwohl sie die Fa. Rheinmetall hätte liefern können.[31] Dies zwang zur Einführung von Einzellafetten und führte zu Auseinandersetzungen bei den Forderungen nach Decksraum. Das Weglassen von zwei Zwillings-Torpedorohrsätzen war die Folge. Aus Kostengründen kam es zu einer gemischten Öl- und Kohlebefeuerung mit ursprünglich sechs Öl- und vier Kohlekesseln. Die Antriebsanlage bestand aus zwei Turbinensätzen mit einfachem Zahnradgetriebe und Zwei-Wellen-Anordnung.

Das Panzerschutzschema umfaßte als Horizontalschutz ein 40 mm dickes Panzerdeck, das sich zu den Enden hin auf 20 mm verjüngte. Den Vertikalschutz bildete ein 50 mm dicker Seitenpanzer.

Im wesentlichen war dieser Kreuzer eigentlich ein »Erster-Weltkrieg-Entwurf«, wies aber eine robustere Bauweise auf. Wären der späteren Kriegsmarine noch die Möglichkeiten zu Beginn des ersten Krieges zur Verfügung gestanden, dann hätte das Schiff seiner berühmten Vorgängerin auf den Weltmeeren nacheifern können.

Oben: Die EMDEN im Winter 1940/41. (Sammlung des Autors)

Modifizierungen: 1926 verlor die EMDEN ihren Röhrenmast mit dem tulpenförmigen Vormars und erhielt statt dessen einen verkürzten Röhrenmast mit einem niedrigeren, aber vergrößerten Vormars und eine 4-m-E-Meßbasis. Auch der Großmast wurde verkürzt. Im Zuge der Großen Werftliegezeit 1933/34 erfolgte die Umstellung auf ausschließliche Ölbefeuerung (Ersetzen der vier Kohle- durch Ölkessel). Um Obergewicht abzubauen, wurden beide Schornsteine um etwa 2 m sowie auch der Großmast erheblich verkürzt. Von letzterem blieb nur noch ein »Stummel« übrig. Gleichzeitig erhielt das Schiff einen geraden und nicht mehr sichelförmigen Vorsteven. 1937 bekam der hintere Schornstein einen neuen Mast mit einziehbarer Teleskop-Stenge. 1940 ausgearbeitete Pläne für eine Umrüstung auf 15-cm-Doppeltürme gelangten wie schon 1928 nicht zur Ausführung. In den Kriegsjahren vorgenommene Modifizierungen betrafen hauptsächlich die Bewaffnung. So wurden die veralteten 15-cm-Geschütze L/45 durch das modernere Geschütz 15 cm T.B.K. L/48 C/36 ersetzt.[32] 1940 erfolgte der Einbau von acht 2-cm-Fla-Geschützen L/65 C/38 in zwei Vierlingslafetten C/38 beiderseits des achteren Deckshauses auf Plattformen. Ansonsten veränderte sich bis 1944 wenig. Um diese Zeit wurden die drei 8,8-cm-Fla-Geschütze durch die 10,5-cm-Flak S.K. L/45 C/32 g.E. ersetzt. Die Leichte Flak wurde durch zwei 4-cm-(Bofors-)Flak 28 in Einzellafetten, zwei 3,7-cm-Flak S.K. L/83 C/30 in Einzellafetten MPL C/30 U und sechs 2 cm in Doppellafette LM 44 verstärkt. 1942 hatte die EMDEN auch ein FuMO 21 erhalten.[33] Es ist jedoch unwahrscheinlich, daß die zuletzt geplante Ausrüstung mit weiteren 2 cm in LM 44 sowie mit neun 3,7-cm-Flak 43 M in MPL LM 42 U noch erfolgt ist.[34]

Werdegang: Nach ihrer Indienststellung fand die EMDEN ausschließlich als Schulkreuzer Verwendung. Hierbei führte sie neun Auslandsreisen in alle Teile der Welt durch. Die erste dieser Reisen trat der Kreuzer am 14. November 1926 an; sie dauerte bis zum 14. März 1928. Einer der Kommandanten in der Zwischenkriegszeit war der damalige FKpt./KptzS. Lothar Arnauld de la Perière, ein erfolgreicher U-Bootkommandant des Ersten Weltkrieges. Ein weiterer Kommandant der EMDEN war der damalige Fkpt. Karl Dönitz, der spätere Befehlshaber der U-Boote.[35]

In den ersten Kriegstagen erlitt die EMDEN in Wilhelmshaven leichte Beschädigungen durch ein abgeschossenes britisches Flugzeug, das gegen die Bordwand prallte. Im April 1940 nahm der Kreuzer an der Besetzung Norwegens (Unternehmen »Weserübung-Nord« im Rahmen der Kriegsschiffgruppe 5 teil, die den Auftrag hatte, Oslo einzunehmen.

Im September 1941 stieß die EMDEN im Zuge des Angriffs auf die Sowjetunion zur Baltenflotte und beschoß Küstenbatterien auf der Halbinsel Sworbe/Ösel. Vom November 1941 an gehörte sie bis Kriegsende zum neu geschaffenen Ausbildungsverband Flotte. Ihre Teilnahme an Minenunternehmen im September/Oktober 1944 unter dem Befehl des Führers der Minenschiffe im Skagerrak unterbrach die Ausbildungstätigkeit.

Am 9. Dezember 1944 lief die EMDEN im Oslofjord auf Grund. Nachdem sie wieder freigekommen war, trat sie zur Durchführung der Reparatur auf Veranlassung des Ob.d.M., GAdm. Dönitz, am 23. Dezember den Marsch nach Königsberg an und traf dort am 25. Dezember ein. Die Reparaturarbeiten auf der Schichauwerft wurden durch den Vormarsch der Roten Armee jäh unterbrochen. Nach dem Wiederanbordnehmen der ausgebauten Ausrüstung verlegte der Kreuzer am 23. Januar 1945 im Schlepp nach Pillau. Dort gelang es, einen Turbinensatz wieder fahrbereit zu machen und am 1. Februar 1945 lief die EMDEN nach Westen aus. Am 6. Februar machte sie zur Fortsetzung der Ausbesserungsarbeiten bei den Deutschen Werken in Kiel fest.[36] Am 12. März trafen das Schiff vier Brandbomben, die unter dem Panzerdeck keine Schäden verursachten, aber am 3. April schlug eine Bombe in den Kesselraum 3. In der Nacht vom 9./10. April erlitt die EMDEN bei einem weiteren Luftangriff schwere Beschädigungen durch Direkt- und Nahtreffer, und so wurde sie mit 15° Schlagseite nach Backbord am 14. April in die Heikendorfer Bucht an der Kieler Förde geschleppt und auf Grund gesetzt. Die Außerdienststellung des Kreuzers erfolgte am 26. April und die Besatzung kam an Land zum Einsatz. Kurz vor der Kapitulation wurde das wracke Schiff am 3. Mai 1945 gesprengt.

KÖNIGSBERG- bzw. K-Klasse

Name	Bauwerft	Kiellegung	Stapellauf	Fertigstellung	Schicksal
KÖNIGSBERG	Marinewerft Wilhelmshaven	14. April 1926	26. März 1927	17. April 1929	gesunken: 10. April 1940
KARLSRUHE	Deutsche Werke, Kiel	27. Juli 1926	20. Aug. 1927	6. Nov. 1929	gesunken: 9. April 1940
KÖLN	Marinewerft Wilhelmshaven	7. Aug. 1926	23. Mai 1928	15. Jan. 1930	gesunken: 30. März 1945

Typ: Leichter Kreuzer.
Standardverdrängung: 6650 ts (6756 t).[37]
Einsatzverdrängung: 8130 ts (8260 t).[37]
Länge: 174 m (über alles), 169 m (CWL).
Breite: 15,2 m.
Tiefgang: 5,56 m (mittlerer).
Antriebsanlage: 4 Satz Marine-Turbinen mit Rädergetriebe, 6 Marine-Doppelender-Ölkessel, Hilfsantrieb: 2 MAN-10-Zylinder-Viertakt-Dieselmotoren, 2 Wellen.
Antriebsleistung: 68 485 WPS für 32,5 kn (KÖLN), 1800 PSe für 10 kn.
Bunkerinhalt: 1184 t Heizöl + 261 t Dieselöl (Normalvorrat).
Fahrtstrecke: 7300 sm bei 17 kn.
Panzerschutz: Deck 20 mm – 40 mm, Hauptgürtelpanzer 50 mm, Panzerquerschotte 70 mm, Türme 20 mm – 30 mm, Kommandostand 30 mm – 100 mm (Schacht 50 mm).
Geschütze: neun 15 cm S.K. L/60 C/25 (3 x 3), zwei (später vier) 8,8 cm L/45 (4 x 1), ab 1933/34: sechs 8,8 cm L/76 C/32 (3 x 2), ab 1935/36: acht 3,7 cm L/83 C/30 (4 x 2), acht 2 cm L/65 C/30 (8 x 1).
Seeminen: 120.
Torpedorohre: zwölf 53,3 cm (4 x 3 – bis 1934: 50 cm).
Bordflugzeuge: zwei, ein Katapult.
Besatzungsstärke: 21 Offiziere und 493 Mannschaften (später bis zu 820 Offiziere und Mannschaften).

Oben: Die KÖNIGSBERG im Juli 1935 im Solent. (WL)

Entwurf: Nachdem mit der EMDEN ein Anfang gemacht worden war, konnte sich die Marinekonstruktionsabteilung um die Ersatzbauten für die übrigen veralteten Kleinen Kreuzer kümmern und die für sie zur Verfügung stehende Tonnage nutzen. Letzteres betraf insbesondere den Vorteil, der sich aus der Definition der Standardverdrängung im Washingtoner Flottenvertrag von 1920 ergab. Das Deutsche Reich war zwar kein Signatarstaat, machte sich aber hinsichtlich der nach dem Versailler Vertrag erlaubten Tonnage statt der höheren Konstruktionswasserverdrängung, die bisher von der Reichsmarine zugrundegelegt worden war, die niedrigere Standardverdrängung zunutze. Im Falle der EMDEN bedeutete dies: Die Standardverdrängung des Schiffes mit 5600 ts lag ca. 300 ts unter den nach dem Versailler Vertrag erlaubten 6000 t (5906 ts), wohingegen die Konstruktionsverdrängung 6056 t (5960 ts) betrug. Aus deutscher Sicht versäumte es die NIACC glücklicherweise, die Auswirkungen dieser Definition richtig einzuschätzen. Daher war es der Reichsmarine möglich, mit dieser Tonnagesteigerung durchzukommen, und sie bei den nächsten Entwürfen auszunutzen.

Selbst mit diesem unverhofften Zuwachs war es für die Konstrukteure noch schwierig, ein Schiff mit Weltstandard unter Zugrundelegung der verfügbaren Wasserverdrängung zu entwerfen. Kompromisse waren erforderlich; sie führten zu Schiffen, die trotz ihres äußeren Erscheinungsbildes für ihre Aufgaben nicht geeignet waren. Zum erstenmal wurden auf deutschen Kreuzern Drillingstürme eingeführt, um die Länge des Schiffskörpers zu verringern, und das Elektroschweißen fand ausgedehnte Anwendung, um Gewicht einzusparen.

KÖNIGSBERG, 1936

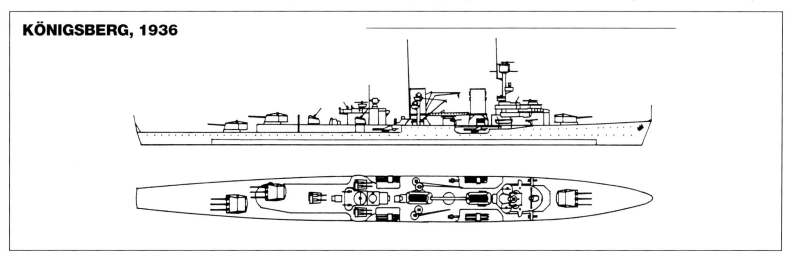

DEUTSCHLAND 33

Oben. Die KÖLN Anfang der 30er Jahre. (Jak Showell)

Mitte: Die KÖNIGSBERG in den 30er Jahren auf einer Auslandsreise. (Jak Showell)

Unten: Die KARLSRUHE 1939 nach dem Umbau. (BA)

standen haben sollte, den Schußbereich nach vorn zu verbessern, so wurde dies nur in unbedeutendem Maße erreicht. Diese Art der Aufstellung wiederholte sich bei späteren Entwürfen nicht. Die Kreuzer der K-Klasse waren auch zum Minenlegen ausgerüstet, aber infolge ihrer Festigkeits- und Stabilitätsprobleme war diese Fähigkeit durch die Notwendigkeit begrenzt, einen entsprechenden Ballast beizubehalten, um das zusätzliche Obergewicht auszugleichen.[39]

Für die Antriebsanlage dieser Schiffe wurde ein Dieselmotorenantrieb in Betracht gezogen, aber der damalige Stand der Technik war unzureichend, und der Dampfturbinenantrieb mit Zwei-Wellen-Anordnung wurde beibehalten. Lediglich zwei Dieselmotoren für Marschfahrt gelangten zum Einbau, die mittels eines Hydraulikgetriebes bei beiden Wellen eingekuppelt werden konnten. Hierzu mußte das Schiff stoppen. Im übrigen wurde diese Anordnung als Raumverschwendung angesehen.

Die Schwere Flak sollte ursprünglich aus dem neuen 8,8-cm-Fla-Geschütz S.K. L/75 C/25 in Doppellafette C/25 bestehen. Doch dieses Modell hatte sich als nicht zufriedenstellend erwiesen, und so mußte als Zwischenmaßnahme die Ausrüstung mit der veralteten 8,8-cm-Flak L/45 in Einzellafette MPL C/13 erfolgen. Konstruktionsmäßig war keine Bordflugzeugausrüstung vorgesehen, denn diese verbot der Versailler Vertrag; Vorkehrungen hierfür wurden jedoch getroffen.

Das Panzerschutzschema umfaßte ein Panzerdeck, das über die volle Breite des Schiffes reichte und 20 mm – über den Munitionskammern 40 mm – Dicke ohne seitliche Böschungen aufwies. Der Seitenschutz bestand aus einem Gürtelpanzer von 50 mm Dicke sowie einem Wallgangsschott von 15 mm, im unteren schräggestellten Bereich von 10 mm Dicke.[38]

Der Kreuzer B – »Ersatz THETIS«, d.h. KÖNIGSBERG – wurde als erste Einheit am 28. März 1925 in Auftrag gegeben und im April 1926 auf Kiel gelegt. Dies zu einem Zeitpunkt, da bereits die zweite Einheit in der Diskussion stand. Im Frühjahr 1926 herrschte in der Reichsmarine die Forderung nach einer schwereren Bewaffnung vor. Es bestand die Auffassung, der Kreuzer C – »Ersatz MEDUSA«, d.h. KARLSRUHE – sollte eine Bewaffnung aus 19-cm-Geschützen in drei Doppeltürmen erhalten. Der Chef der Marineleitung, Admiral Zenker, stimmte zu, aber die Türme konnten erst im Februar 1929 zur Verfügung stehen, und das Schiff sollte bereits im Herbst 1928 fertiggestellt sein. Außerdem spra-

Ernster war die Tatsache, daß die Entwurfsberechnungen auf etwas zweifelhaften Voraussetzungen beruhten, die beim Schiffskörper zu inneren Festigkeitsschwächen führten. Diese gefährdeten ihre Gefechtsfähigkeit in einem derartigen Ausmaß, so daß sie eigentlich nie zu ihren wirklichen Kampfaufgaben eingesetzt wurden. Die Hauptbewaffnung bildete ein neues 15-cm-Geschützmodell unter der Bezeichnung S.K. L/60 C/25, das eine 45,5 kg schwere Granate verschoß und in drei Drillingstürmen – Drh.Tr. C/25 – lafettiert war, die mit einem vorn und zwei achtern eine ungewöhnliche Anordnung aufwiesen. Diese Aufstellung muß im Lichte ihrer konstruktionsbedingten Aufgabe, der Aufklärungsrolle, gesehen werden. Bei dieser Aufgabenstellung war das Führen eines Gefechtes gegen Verfolger wahrscheinlicher als der Angriff.

Ein ungewöhnliches Charakteristikum war das Versetzen der achteren Türme von der Mittschiffslinie weg nach Backbord und Steuerbord. Der Grund hierfür ist unbekannt. Falls die Absicht bechen politische Erwägungen gegen eine Kalibersteigerung. So stellte sich das Problem erst beim Kreuzer D – »Ersatz ARCONA«, d.h. KÖLN – wieder zur Diskussion. Infolgedessen erging der Auftrag am 21. Mai 1926 für den Kreuzer C als Wiederholung des Kreuzers B. Bis zum Dezember 1929 hatte sich in der Kaliberfrage kein Fortschritt ergeben und daher erhielt auch die dritte Einheit, die am 25. Oktober 1927 in Auftrag gegebene KÖLN, wieder 15-cm-Geschütze.

Modifizierungen: Die KÖNIGSBERG wurde ursprünglich ohne Bordflugzeugausrüstung, Schwere und Leichte Flak und mancherlei sonstige Ausrüstung fertiggestellt, während die Torpedobewaffnung noch vom Kaliber 50 cm war. In den Jahren bis zum Kriegsausbruch erhielten die Kreuzer der K-Klasse ihre volle Ausrüstung einschließlich der Bordflugzeuge (anfangs die He 60 und später die Ar 196). Weitere Modifizierungen betrafen neue Fla-Waffen, Feuerleitgeräte, Torpedorohre, ein neuer Mast sowie ein vergrößertes achteres Deckshaus auf dem Aufbaudeck.

Im Sommer 1938 gab die KÖLN die gesamte Bordflugzeugausrüstung samt Katapult von Bord; eine Neuausrüstung erfolgte nicht mehr. In Anbetracht der bekannten Schwächen bei diesen Schiffen wurden Pläne für einen grundlegenden Umbau erstellt, aber nur die KARLSRUHE wurde vom Mai 1938 an einem solchen unterzogen. Als sie im Herbst 1939 ihre Werftliegezeit beendete, hatte sich die Breite des Schiffes um 1,6 m vergrößert und die Außenhaut oberhalb des Panzerdecks sowie das Oberdeck hatten eine 14 mm dicke Panzerung erhalten. Schornsteinkappen und ein neuer Dreibeinmast hinter dem Schornstein veränderten das äußere Erscheinungsbild.[40] Die weiteren Modifizierungen bei den Kreuzern dieser Klasse waren infolge ihres frühen Verlustes oder der Verwendung als Schulschiff geringfügig. Im Sommer 1940 kamen bei der KÖLN die beiden achteren Torpedorohrsätze von Bord, als der Kreuzer zum Schulschiff umgerüstet wurde.[41] 1942 erhielt die KÖLN statt der 6-m-E-Meßbasis auf der Brücke ein FuMO 24. Ansonsten gab es bis 1944, als das Schiff für den Fronteinsatz umgerüstet wurde, kaum Veränderungen. Danach ersetzten vier 4-cm-(Bofors-)Flak 28 in Einzelafetten zwei der 3,7-cm-Doppelafetten. Außerdem erhielt das Schiff achtzehn 2-cm-Rohre (2 x 4, 4 x 2, 2 x 1). Im März 1945 sollte die Flakbewaffnung weiter verstärkt werden, darunter zwei 7,3-cm-Raketenabschußgeräte »Föhn«. Dies scheint jedoch nicht mehr der Fall gewesen zu sein.

Werdegang: Wie die EMDEN, so führten auch diese Kreuzer in den Zwischenkriegsjahren Ausbildungsreisen in außerheimische Gewässer durch. Im Spanischen Bürgerkrieg von 1936 – 1939 kamen diese Schiffe ebenfalls zum Einsatz. Ihre Verwendung zu Ausbildungsreisen und Einsätzen in weltweitem Maßstab fand jedoch eine erhebliche Einschränkung, als im Gefolge der Spanieneinsätze am Schiffskörper die Festigkeitsschwächen des Entwurfs zutage traten.[42]

Nach Kriegsausbruch nahmen KÖNIGSBERG und KÖLN im September 1939 an zwei Minenunternehmen – Auslegen der »Westwall«-Sperren – in der Nordsee teil. Im Oktober war die KÖLN am Flottenvorstoß bis auf die Höhe von Utsire zur Entlastung der Panzerschiffe und gegen Ende des Monats an Unternehmen zur Handelskriegführung im Skagerrak beteiligt. Mitte Dezember gehörte der Kreuzer zu einem Verband, der auf der Höhe der Terschelling-Bank in der westlichen Nordsee die von einer Minenunternehmung vor der englischen Ostküste zurückkehrenden Zerstörer aufnahm. Inzwischen führten die KÖNIGSBERG und die KARLSRUHE in der Ostsee Gefechtsausbildung durch. Im April 1940 nahmen alle drei Einheiten der K-Klasse an der Besetzung Norwegens (Unternehmen »Weserübung-Nord«) teil. Hierbei versenkten Sturzbomber des FAA die KÖNIGSBERG in Bergen und das britische Unterseeboot TRUANT die KARLSRUHE vor Kristiansand-Süd. Nach der Norwegen-Unternehmung diente die KÖLN als Schulkreuzer, unterbrochen durch Hubschrauber-Versuche und Werftliegezeiten in Kiel und Gotenhafen. Im September 1941 erfolgte mit der Zuteilung zur Baltenflotte im Gefolge des Angriffs auf die UdSSR, um ein Ausbrechen der sowjetischen Ostseeflotte zu verhindern, eine erneute Unterbrechung. Anschließend bekämpfte die KÖLN bei der Eroberung der Insel Dagö sowjetische Küstenbatterien bei Kap Ristna. Danach kehrte der Kreuzer zum Ausbildungsdienst in der Ostsee zurück, gefolgt von einer Werftliegezeit in Wilhelmshaven und der Verlegung nach Oslo im Frühjahr 1942, zugewiesen zur Kampfgruppe in Nordnorwegen. Im Juli 1942 verlegte die KÖLN nach Narvik und später in den Altafjord. Doch für das nur bedingt einsatzfähige Schiff fanden sich keine geeigneten Aufgaben, und so war der Kreuzer während seines gesamten Aufenthaltes in den arktischen Gewässern zur Untätigkeit verurteilt. Am 8. Februar 1943 erfolgte nach dem Debakel in der Barentssee seine Rückverlegung nach Kiel. Dort wurde die KÖLN am 1. März 1943 außer Dienst gestellt und diente vom Juni 1943 bis zum Februar 1944 als Wohnschiff. Anschließend gelangte der Kreuzer zur Durchführung einer Werftliegezeit im Schlepp nach Königsberg.

Am 1. April 1944 erfolgte dort seine Wiederindienststellung. Nach dem Abschluß seiner Überholung wurde das Schiff ab dem 1. Juli erneut als Schulkreuzer verwendet.

Am 11. Oktober 1944 lief die inzwischen dem Admiral Skagerrak unterstellte KÖLN von Swinemünde mit 90 Minen an Bord nach Oslo aus. Doch

Unten: Die KÖLN 1939/40 bei einem Kriegseinsatz. (BA)

statt Minenunternehmen führte sie - weiterhin als Schulschiff eingesetzt – Geleitsicherungsaufgaben im Skagerrak durch und diente ab Mitte November KAdm. Kreisch, dem F.d.Z., als Flaggschiff. Bei einem britischen Luftangriff am 13. Dezember in Oslo erlitt die KÖLN Schäden durch Bombennahtreffer. Zu ihrer Ausbesserung und infolge des schlechten Allgemeinzustandes verlegte der Kreuzer im Januar 1945 zur Durchführung einer Werftliegezeit nach Wilhelmshaven. Bei einem Luftangriff am 30. März durch B-24 der 8. USAAF wurde die KÖLN von fünf Bomben so schwer getroffen, daß sie an ihrem Liegeplatz auf ebenem Kiel sank, wobei das Oberdeck gerade noch vom Wasser überspült wurde. Der Kreuzer stellte am 5. April 1945 offiziell außer Dienst. Dem Festungskommandanten von Wilhelmshaven unterstellt, blieben die drei funktionsfähigen Drillingstürme besetzt. Sie griffen in der Folge – bei Munitionszuführung durch Munitionsmanner – gegen die vordringenden britischen Truppen in die Landkämpfe ein. Das in der Nacht vom 4./5. April zur Sprengung vorbereitete Schiff wurde am 2. Mai 1945 gesprengt und 1946 an Ort und Stelle abgewrackt.

Unten: Die LEIPZIG 1939 in der Kieler Förde. Das Katapult scheint zu fehlen. Beachte achtern vor Turm C den Motorenschornstein, aus dem gerade Rauch aufsteigt. (Gröner)

LEIPZIG, 1936

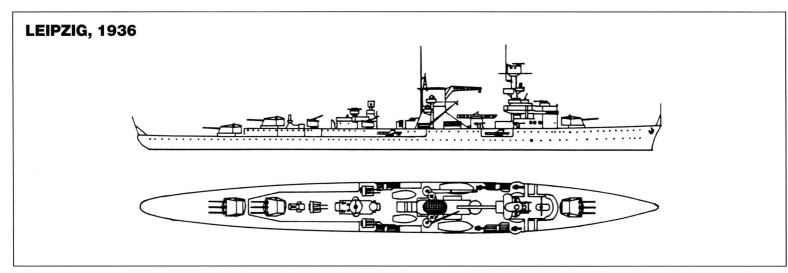

LEIPZIG-Klasse

Name	Bauwerft	Kiellegung	Stapellauf	Fertigstellung	Schicksal
LEIPZIG	Marinewerft Wilhelmshaven	18. April 1928	18. Okt. 1929[43]	8. Okt. 1931	selbstversenkt: 20. Juli 1946

Typ: Leichter Kreuzer.
Standardverdrängung: 6515 ts (6619 t).
Einsatzverdrängung: 8294 ts (8427 t).
Länge: 177,1 m (über alles), 165,8 (CWL).
Breite: 16,3 m.
Tiefgang: 4,88 m (mittlerer).
Antriebsanlage: 2 Satz Marineturbinen mit Rädergetriebe, 6 Marine-Doppelender-Ölkessel, 2 Wellen; 4 doppeltwirkende 7-Zylinder-Zweitakt-MAN-Dieselmotoren, 1 Welle.
Antriebsleistung: 65 585 WPS + 12 400 PSe für 31,9 kn.
Bunkerinhalt: 1253 t Heizöl + 348 t Dieselöl.
Fahrtstrecke: 3780 sm bei 15 kn (Turbinen allein: 2800 sm bei 16,5 kn; Motoren allein: 3900 sm bei 10 kn).
Panzerschutz: Deck 20 mm (Böschung 25 mm), Seitenpanzer 20 – 50 mm, Türme 20 – 80 mm, Kommandostand 100 mm (Seite), 30 – 50 mm (Decke) und 50 mm (Schacht).
Geschütze: neun 15 cm S.K. L/60 C/25 in Drh.Tr. C/25 (3 x 3), sechs 8,8 cm L/76 C/32 in Dopp.L. C/32 (3 x 2 – bis 1936: 4 8,8 cm L/45 C/13 in MPL C/13: 4 x 1), acht 3,7 cm L/83 C/30 in Dopp.L. C/30 (4 x 2), sechs bis acht 2 cm L/65 C/30 in Einzellafetten (6-8 x 1).
Seeminen: 120.
Torpedorohre: zwölf 53,3 cm (4 x 3 – bis 1934: 50 cm).
Bordflugzeuge: zwei, ein Katapult.
Besatzungsstärke: 26 Offiziere und 508 Mannschaften (später 30 bzw. 658, zuletzt 24 bzw. 850).

Entwurf: Der Kreuzer E (»Ersatz AMAZONE«), die spätere LEIPZIG, war ein modifizierter Entwurf der K-Klasse. Von dieser unterschied er sich im äußeren Erscheinungsbild lediglich dadurch, daß er nur einen einzigen Schornstein hatte. Die Innenanordnung wies jedoch beträchtliche Unterschiede auf, insbesondere bei der Antriebsanlage und ihrer Anordnung. Die LEIPZIG hatte eine geringfügig gesteigerte Wasserverdrängung, war etwas breiter und zur Gewichtseinsparung hatte das elektrische Schweißverfahren sogar noch in beträchtlichem Umfang Anwendung gefunden. Ein weiterer Unterschied bestand darin, daß die achteren Türme in der Mittschiffslinie aufgestellt waren. Bei diesem Entwurf waren die Konstrukteure im Vergleich zur K-Klasse für die Berechnung der Längsfestigkeit von realistischeren Parametern ausgegangen. Doch selbst unter diesen Umständen konnte der Entwurf nicht als robust bezeichnet werden.

Die LEIPZIG hatte keine Marschturbinen erhalten. Statt ihrer waren vier MAN-Dieselmotoren zum Einbau gelangt, die über ein zentrales Vulcan-Getriebe auf die Mittelwelle wirkten und unabhängig von der Turbinenanlage der Marschfahrt dienten. War die Mittelwelle nicht in Betrieb, so konnte ihr Propeller entsprechend verstellt werden, um den Widerstand zu verringern.[44]

Das Panzerschutzschema kehrte zum gepanzerten Rückenschild – vergleichbar dem einer Schildkröte – zurück. In den Böschungen wies er 25 mm Dicke auf und stieß mit seiner Unterkante an den 50 mm dicken Hauptgürtelpanzer. Er erstreckte sich über ca. 70 % der Länge des Schiffes in der CWL. Zum erstenmal standen hierfür Platten aus dem Panzerstahl »Wotan, hart« zur Verfügung.[45]

Die Hauptbewaffnung und die Schwere Flak entsprachen den Kreuzern der K-Klasse. Daher wies der neue Leichte Kreuzer keine größere Kampfkraft auf. Den Bauauftrag für das Schiff erhielt am 25. Oktober 1927 die Marinewerft Wilhelmshaven und im April des folgenden Jahres wurde der Kiel gestreckt.

Modifizierungen: 1934 erhielt die LEIPZIG zwischen Schornstein und Gefechtsmast ein 14-m-Drehkatapult und an ihrer Backbordseite einen

Oben: Die LEIPZIG vor dem Kriege. (Gröner)

Rechts: Die LEIPZIG 1941 in der Ostsee, nunmehr mit einem Tarnanstrich versehen. (WZB)

Flugzeugkran. Anfänglich führte der Kreuzer als Bordflugzeuge die He 60. Außerdem wurden 1936 die veralteten 8,8-cm-Fla-Geschütze durch vier der neuen 8,8-cm-Fla-Geschütze S.K. L/76 C/32 in zwei Dopp.L. C/32 ersetzt; später kam noch eine dritte hinzu. Ferner gelangte der neue Fla-Leitstand SL 1 zum Einbau. 1939 wurde bei der letzten Werftliegezeit vor Kriegsausbruch der Winkelkran durch einen Gitterkran und bei den Bordflugzeugen die He 60 durch Ar 196 ersetzt. Als sich auch bei diesem Schiff Festigkeitsprobleme zeigten, sollte es zur Verstärkung der Längsfestigkeit auf der Howaldtswerft in Kiel umgebaut werden. Hierzu war eine Vergrößerung der Ausbauchung des Schiffskörpers vorgesehen, so daß sich die Wasserverdrängung um 120 ts erhöhen würde; der Tiefgang sollte jedoch bei 5,69 m bleiben. Berechnungen ergaben, daß sich die Stahlarbeiten für die Ausbauchung und für die zusätzlichen Verstärkungen auf 210 ts und die weitere erforderliche Ausrüstung auf 60 ts belaufen würden, so daß die Gesamtsteigerung bei einer Baureserve von 50 ts insgesamt 340 ts betragen dürfte. Dies würde den Tiefgang um 0,10 m erhöhen, aber volle Stabilität und Festigkeit könnten damit erreicht werden. Weitergehende Pläne, um das zweite Bordflugzeug in einer splittergeschützten Flugzeughalle unterzubringen, ließen sich aufgrund der nicht hinnehmbaren Gewichtssteigerung nicht verwirklichen. Schließlich kam dieser Umbau doch nicht zustande, da der Krieg ausbrach, ehe die hierfür erforderliche Werftkapazität zur Verfügung stand.

Angesichts der 1939 erlittenen Schäden und der späteren Verwendung als Schulschiff waren die im Kriege vorgenommenen Veränderungen gering. 1940 wurden die beiden achteren Torpedorohrsätze ausgebaut und später wurden das Katapult, die Bordflugzeuge und auch die beiden vorderen Torpedorohrsätze an Land gegeben. Die letzteren erhielt das Schlachtschiff GNEISENAU. Die Flakbewaffnung wurde durch zwei 2-cm-Vierlingsflaks verstärkt. Erst 1944 wurde eine Modernisierung und wesentliche Verstärkung der Flakbewaffnung geplant. Diese sollte vier 4-cm-(Bofors-)Flak 28 in Einzellafetten, zwei 3,7-cm-Doppellafetten und insgesamt acht 2-cm-Doppellafetten LM 44 umfassen. Es ist ungewiß, ob die LEIPZIG die geplante Ausstattung in vollem Umfang erhalten hat, da sie anscheinend bis Kriegsende 2-cm-Einzellafetten beibehielt.[46] Im Sommer 1943 bekam der Kreuzer allerdings ein FuMO 25 mit der Antenne auf dem Gefechtsmast. Nach der Torpedierung im Dezember 1939 besaß die LEIPZIG nur noch zwei Kessel. Ihre Höchstgeschwindigkeit war danach auf etwa 23 kn begrenzt.

Werdegang: Während des Spanischen Bürgerkrieges kam die LEIPZIG vom Sommer 1936 an zum Einsatz, erlitt jedoch im Frühjahr 1937 bei der Fahrt durch den Golf von Biskaya infolge der schweren See erhebliche Schäden an den Festigkeitsverbänden. Dies zeigte deutlich die Schwächen der neuen Leichten Kreuzer auf, obwohl die LEIPZIG keinesfalls am schlimmsten betroffen war. Das Schiff unternahm nur eine einzige größere Ausbildungsreise: im Frühjahr 1939 nach Tanger. Nach Kriegsausbruch war der Kreuzer anfangs zu Minenunternehmen – Auslegen der »Westwall«-Sperren – in der Nordsee eingesetzt. Insgesamt war die LEIPZIG an vier derartigen Einsätzen zwischen dem 3. und 20. September 1939 beteiligt. Im November folgte Handelskriegführung im Skagerrak und Kattegat. Im Dezember gehörte der Kreuzer zu dem Verband, der die von einer Minenunternehmung vor der englischen Ostküste zurückkehrenden Zerstörer auf der Höhe der Terschelling-Bank aufzunehmen hatte. Hierbei erhielt die LEIPZIG am 13. Dezember 1939 durch das britische Unterseeboot SALMON einen Torpedotreffer mittschiffs, der schwere Schäden verursachte. Die beiden vorderen Kesselräume wurden vollständig zerstört.

LEIPZIG erlangte nie wieder ihre volle Einsatzbereitschaft; als Kampfeinheit hatte sie ihren Werdegang praktisch beendet und diente von nun an lediglich als Schulkreuzer in der Ostsee – abgesehen von einem kurzen Einsatz im September 1941 im Gefolge des deutschen Angriffs auf die Sowjetunion. Sie gehörte der nur kurze Zeit bestehenden Baltenflotte an, um den Ausbruch von Einheiten der sowjetischen Ostseeflotte zu verhindern. Bei der Eroberung der baltischen Inseln Dagö und Ösel griff sie mit Küstenbeschießungen, insbesondere vor der Halbinsel Sworbe, in die Landkämpfe ein. Nach einer fünfmonatigen Außerdienststellung als Folge des Debakels in der Barentssee wurden Mitte 1943 im OKM Überlegungen angestellt, die volle Einsatzbereitschaft des Kreuzers wiederherzustellen. Doch die Beurteilung ergab, daß der Einbau von vier neuen Kesseln rund sieben Monate Arbeit und die umfangreiche Neuverkabelung, insbesondere der Feuerleitsysteme, weitere sechzehn Monate erfordern würde, ehe mit dem Einbau der neuen Kessel begonnen werden könnte. Da diese Arbeiten riesige Mengen an knappem Kabelmaterial und den Einsatz von rund 170 Elektrikern für etwa ein Jahr bedeuten würden, wurde der Plan wieder aufgegeben. Es wird jedoch angenommen, daß die neuen Kessel für den Kreuzer vor Jahresende zur Verfügung standen. Am 15. Oktober 1944 traf die LEIPZIG ein weiteres Unheil. Der Schwere Kreuzer PRINZ EUGEN rammte sie vor Hela mittschiffs und bohrte sich tief in das Schiff hinein. Die schwer beschädigte LEIPZIG konnte jedoch sicher eingebracht und behelfsmäßig repariert werden. Am 13. November 1944 wurde sie zum stationärem Schulschiff umklassifiziert. Ihre letzten Einsätze erfolgten im März 1945, als der Kreuzer von Gotenhafen und seiner Reede aus zur Unterstützung des Heeres mit seiner Artillerie in die Landkämpfe eingriff. Nachdem keine Munition mehr zur Verfügung stand, lief die LEIPZIG mit Flüchtlingen und Verwundeten an Bord am 25. März 1945 aus Hela aus und gelangte sicher in den dänischen Hafen Apenrade. Schließlich wurde die Großbritannien zugesprochene LEIPZIG am 20. Juli 1946 mit Gasmunition an Bord von einem alliierten Sprengkommando in der Nordsee versenkt.[47]

NÜRNBERG-Klasse

Name	Bauwerft	Kiellegung	Stapellauf	Fertigstellung	Schicksal
NÜRNBERG	Deutsche Werke, Kiel	4. Nov. 1933	8. Dez. 1934	2. Nov. 1935	an die UdSSR: 6. Jan. 1946

Typ: Leichter Kreuzer.
Standardverdrängung: 7037 ts (7150 t).
Einsatzverdrängung: 8898 ts (9040 t).
Länge: 181,3 m (über alles), 170 m (CWL).
Breite: 16,4 m.
Tiefgang: 4,9 m (mittlerer).
Antriebsanlage: 2 Satz Marineturbinen mit Rädergetriebe, 6 Marine-Doppelender-Ölkessel, 2 Wellen; 4 doppeltwirkende 7-Zylinder-Zweitakt-MAN-Dieselmotoren, 1 Welle.
Antriebsleistung: 66 075 WPS + 12 400 PSe für 32,3 kn.
Bunkerinhalt: 1125 t Heizöl + 348 t Dieselöl.
Fahrtstrecke: 3280 sm bei 15 kn (Turbinen allein: 2800 sm bei 16,5 kn, Motoren allein: 3900 sm bei 10 kn).
Panzerschutz: 20 mm – 25 mm (Böschung), Seitenpanzer 18 – 50 mm, Türme 20 – 80 mm, Kommandostand 100 mm (Seite), 30 – 50 mm (Decke), 60 mm (Schacht).
Geschütze: neun 15 cm S.K. L/60 C/25 in Drh.Tr. C/25 (3 x 3), acht 8,8 cm S.K. L/76 C/32 in Dopp.L. C/32 (4 x 2), acht 3,7 cm L/83 C/30 in Dopp.L. C/30 (4 x 2), sechs bis acht 2 cm L/65 C/30 in Einzellafetten (6-8 x 1).
Seeminen: 120.
Torpedorohre: zwölf 53,3 cm (4 x 3).
Bordflugzeuge: zwei, ein Katapult.
Besatzungsstärke: 25 Offiziere und 648 Mannschaften (zuletzt 26 bzw. 870).

Entwurf: Zwischen dem Bauftrag für die LEIPZIG und der Auftragserteilung für die NÜRNBERG vergingen fast fünfeinhalb Jahre. Ursache hierfür war in erster Linie die Unentschlossenheit hinsichtlich des optimalsten Geschützkalibers und der Wasserverdrängung bei den zukünftigen Leichten Kreuzern. Da für die Marinekonstruktionsabteilung jedoch die Notwendigkeit bestand, sich auf das Projekt eines Schweren Kreuzers des »Washing-

Oben: Die NÜRNBERG in den 30er Jahren in Kiel. Sie führt als Bordflugzeug noch die He 60. (WZB)

ton«-Typs zu konzentrieren, wurde der Kreuzer F (»Ersatz NYMPHE«) am 16. März 1933 fast als eine Wiederholung der LEIPZIG in Auftrag gegeben. Damit war die NÜRNBERG das erste größere Schiff, dessen Bauauftrag unter dem NS-Regime erteilt wurde. Von der Innenanordnung her unterschied sich die NÜRNBERG nur gering von ihrer Vorgängerin. Lediglich die Maschinenräume waren infolge der veränderten Aufstellung der 8,8-cm-Doppellafetten etwas anders angeordnet. Die Steigerung der Standardverdrängung um ca. 530 ts gestattete den Einbau einer vierten 8,8-cm-Doppellafette sowie eine Verstärkung der Panzerung an ausgewählten Stellen. Beim äußeren Erscheinungsbild lagen die Hauptunterschiede im Aussehen des Schornsteins und des Brückenaufbaus sowie in der Anordnung der Katapultanlage.

Die Hauptbewaffnung bestand weiterhin aus dem 15-cm-Geschütz S.K. L/60 C/25. Die Türme wiesen an Rückseite und Decke mit 35 mm (statt 32 mm) eine etwas stärkere Panzerung auf. Die Schwere Flak war auf acht 8,8-cm-Geschütze in vier Doppellafetten verstärkt worden: mittschiffs je zwei an Backbord und Steuerbord. Die NÜRNBERG war der erste Leichte Kreuzer, der mit der im Entwurf vorgesehenen Bewaffnung einschließlich Bordflugzeuge und Katapult fertiggestellt wurde.

Obwohl der Entwurf für dieses Schiff gegenüber den früher gebauten Leichten Kreuzern einen beträchtlichen Fortschritt darstellte, wies er in der Festigkeit immer noch einige Schwachstellen auf, die den Brennstoffverbrauch begrenzten (150 t mußten als Ballast in den Bunkern bleiben) und infolgedessen den Aktionsradius verringerten.

Modifizierungen: Die Planung des OKM hatte vorgesehen, die Längs- und Querfestigkeit der NÜRNBERG auf dieselbe Weise zu verstärken, wie sie für LEIPZIG vorgesehen war. Doch auch diese Umbauplanung gelangte nicht zur Ausführung. Im Frühjahr 1941 wurden auch bei der NÜRNBERG die beiden achteren Torpedorohrsätze ausgebaut und an Land gegeben. Sie erhielt das Schlachtschiff SCHARNHORST. Die weiteren Modifizierungen der NÜRNBERG beschränkten sich anläßlich einer Werftliegezeit von Februar bis August 1942 in Kiel auf folgende: Entfernen des Katapultes und Einbau einer weiteren 3,7-cm-Doppellafette sowie Ausbau der E-Meß-Basis auf dem Brückenhaus und Ersetzen durch ein FuMO 21. Mitte 1944 ersetzte ein FuMO 24 das bisherige FuMO 21, wurde aber anstelle eines Scheinwerfers auf einer Konsole des Gefechtsmastes eingebaut. Die freie Position auf dem Brückenhaus wurde mit einer

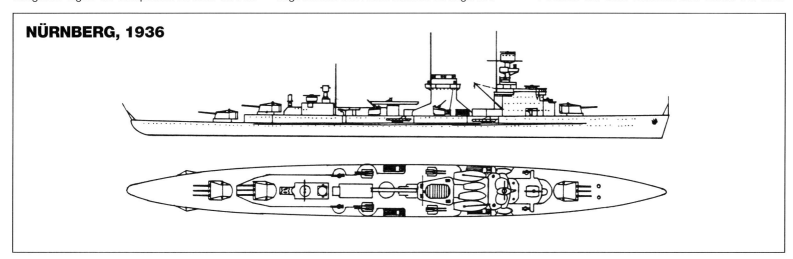

NÜRNBERG, 1936

Links: Die NÜRNBERG im Juni 1940 im Trondheimfjord, nunmehr mit einer Ar 196 auf dem Katapult. Beachte das Fehlen der achteren Torpedorohrsätze. (BA)

Mitte: Die NÜRNBERG 1943 im Netzkasten in der Bogenbucht bei Narvik. Beachte den Tarnanstrich. (Gröner)

Unten: Die NÜRNBERG 1946 unter sowjetischer Flagge kurz vor dem Auslaufen als ADMIRAL MAKAROV in die Sowjetunion. (IWM)

2-cm-Vierlingsflak C/38 besetzt. Im Herbst 1944 erfuhr die Leichte Flak eine weitere Verstärkung: Ersetzen der Vierlingsflak auf dem Brückenhaus und der 3,7-cm-Doppellafette auf dem Katapultturm durch je eine 4-cm-Einzellafette Flak 28 (Bofors) sowie Einbau einer 2-cm-Vierlingsflak auf dem achteren Deckaufbau. Als endgültige Fla-Bewaffnung war vorgesehen: zwei 4-cm-(Bofors-) Flak 28 (2 x 1), acht 3,7 cm (4 x 2) und 29 Rohre 2 cm (2 x 4 C/38, 10 x 2 LM 44 und 1 x 1). Die 3,7-cm- und 2-cm-Lafetten waren mit Schilden ausgerüstet.[48] Ferner wurde das FuMO 24 durch das verbesserte FuMO 25 ersetzt und zusätzlich kam das FuMO 63 K »Hohentwiel« an Bord.[49]

Werdegang: Nach seiner Indienststellung und der Durchführung der Erprobungsfahrten setzte am 9. April 1936 KAdm. Böhm, der Befehlshaber der Aufklärungsstreitkräfte, seine Flagge auf der NÜRNBERG. Anschließend führte das Schiff seine erste Auslandsreise durch. Nach dem Ausbruch des Spanischen Bürgerkrieges lief der Kreuzer im August 1936 zu einem Einsatz in spanischen Gewässern aus, der bis zum 9. Oktober (Eintreffen in Kiel) dauerte. 1937 kam es für die NÜRNBERG zwischen April und August noch zweimal zu einem Spanien-Einsatz.

Bei Kriegsausbruch verlegte die NÜRNBERG an die Nordsee und war im September 1939 als Flaggschiff des B.d.A., VAdm. Densch, an drei Minenunternehmen zum Auslegen der »Westwall«-Minensperren beteiligt. Im November und Dezember gehörte der Kreuzer – nunmehr mit dem neuen B.d.A., KAdm. Lütjens, an Bord – zu dem Verband, der die von den Minenunternehmungen vor der englischen Ostküste zurückkehrenden Zerstörer aufzunehmen hatte. Am 13. Dezember befand sich die NÜRNBERG zusammen mit LEIPZIG und KÖLN (siehe oben) auf einer Auffangposition nördlich der Terschelling-Bank, als das britische Unterseeboot SALMON nach der LEIPZIG auch die NÜRNBERG torpedierte. Die verursachten Schäden (abgerissener Vorsteven und gerissene Längsverbände) waren jedoch nicht so schwerwiegend wie bei der LEIPZIG. Trotzdem dauerte die Reparatur bei den Deutschen Werken in Kiel bis Ende April 1940. Am 10. Juni 1940 verlegte die NÜRNBERG nach Drontheim, führte mit KAdm. Schmundt an Bord Geleitsicherung für Truppentransporte in norwegischen Gewässern durch und kehrte am 28. Juli – als Flaggschiff zur Sicherung der beschädigten GNEISENAU bei deren Rückführung gehörend – nach Kiel zurück, ohne an Kampfhandlungen teilgenommen zu haben. Den Rest des Jahres 1940 verbrachte der Kreuzer in der Ostsee. Anfang 1941 verfügte das OKM seine zukünftige Verwendung als Schulschiff in der Ostsee. Diese Tätigkeit unterbrach ein kurzzeitiger Einsatz bei der Baltenflotte, um im Gefolge des deutschen Angriffs auf die Sowjetunion ein Ausbrechen von Einheiten der sowjetischen Ostseeflotte aus den Gewässern der Ostsee zu verhindern. Danach kehrte das Schiff zum Ausbildungsdienst zurück. Nach der Durchführung einer Großen Werftliegezeit von Januar bis August 1942 verlegte die NÜRNBERG am 11. November 1942 erneut in nördliche Gewässer und traf am 2. Dezember in Narvik ein, um den Schweren Kreuzer ADMIRAL SCHEER abzulösen. Während der Zeit ihrer Zugehörigkeit zur Kampfgruppe nahm sie an keinerlei Kampfhandlungen teil und kehrte im Mai 1943 wieder in die Ostsee zurück. Zum Ausbildungsverband Flotte gehörend, führte das Schiff seine Ausbildungstätigkeit in der Ostsee fort. Am 3. Januar 1945 lief die NÜRNBERG zu Minenunternehmen vor der südnorwegischen Küste und im Skagerrak aus Swinemünde aus und geleitete Ende Januar die Minenschiffe LINZ und LOTHRIN-

GEN vom Oslofjord nach Kopenhagen. Dort verblieb der Kreuzer, zeitweilig als Flaggschiff des als dortiger Seebefehlshaber eingesetzten F.d.Z., VAdm. Kreisch, dienend, untätig bis zur Kapitulation am 8. Mai 1945.

In den letzten Kriegstagen wehrte die NÜRNBERG den erfolglosen Angriff dänischer Widerstandskämpfer mit einem selbstgebastelten Bootsmodell als Torpedoträger ab. Der Einsatz des Kreuzers zur Beschießung der entlang der Ostseeküste vordringenden sowjetischen Truppen wurde kurz in Erwägung gezogen. Doch der sehr niedrige Stand seiner Einsatzfähigkeit infolge der Verwendung als Kadettenschulschiff verhinderte in Verbindung mit der alles lahmlegenden Knappheit an Heizöl einen solchen Einsatz.

Gemäß interalliierter Vereinbarungen wurde die NÜRNBERG nach dem Kriege der Sowjetunion zugesprochen und im Januar 1946 nach Libau überführt und ausgeliefert. Der Kreuzer wurde am 5. November 1946 bei der Baltischen Flotte als ADMIRAL MAKAROV in Dienst gestellt. Ab 1957 als Schulschiff verwendet, wurde er am 20. Dezember 1959 außer Dienst gestellt und diente in Kronstadt als Wohnschiff, bis er 1967/68 abgebrochen wurde.[50]

ADMIRAL HIPPER/PRINZ EUGEN-Klasse

Name	Bauwerft	Kiellegung	Stapellauf	Fertigstellung	Schicksal
ADMIRAL HIPPER	Blohm & Voss, Hamburg	6. Juli 1935	6. Febr. 1937	29. April 1939	gesprengt: 3. Mai 1945
BLÜCHER	Deutsche Werke, Kiel	15. Aug. 1935	8. Juni 1937	20. Sept. 1939	gesunken: 9. April 1940
PRINZ EUGEN	Germaniawerft, Kiel	23. April 1936	22. Aug. 1938	1. Aug. 1940	gekentert: 22. Dez. 1946
SEYDLITZ	Deschimag, Bremen	29. Dez. 1936	19. Jan. 1939	-	gesprengt: 29. Jan. 1945
LÜTZOW	Deschimag, Bremen	2. Aug. 1937	1. Juli 1939	-	verkauft an die UdSSR: 11. Febr. 1940

Typ: Schwerer Kreuzer.
Standardverdrängung: 14 247 ts (14 475 t).
Einsatzverdrängung: 18 208 ts (18 500 t).
Länge: 205 m, BLÜCHER: 205,9 m, (über alles); 194,2 m, (CWL).
Breite: 21,3 m, BLÜCHER: 22 m.
Tiefgang: 5,83 m (mittlerer).
Antriebsanlage: 3 Satz Getriebeturbinen (jeweils von der Bauwerft), 12 La-Mont-(bzw. BLÜCHER: Wagner-)Höchstdruckkessel, 3 Wellen.
Antriebsleistung: 133 631 WPS für 32,6 kn (BLÜCHER: 131 821 WPS für 32,8 kn.
Bunkerinhalt: 3050 t Heizöl.
Fahrtstrecke, 6500 sm bei 17 kn.
Panzerschutz: Oberdeck 12 – 30 mm, Panzerdeck 20 – 50 mm, Torpedoschott 20 mm, Hauptgürtelpanzer 70 – 80 mm, Panzerquerschotte 80 mm, Türme 70 – 105 mm, Kommandostand 50 – 150 mm.
Geschütze: acht 20,3 cm S.K. L/60 C/34 in Drh.L C/34 (4 x 2), zwölf 10,5 cm S.K. L/65 C/33 in Dopp.L. C/31 (6 x 2), zwölf 3,7 cm S.K. L/83 C/30 in Dopp.L. C/30 (6 x 2), acht 2 cm L/65 C/30 in Einzellafette C/30 (8 x 1).
Seeminen: ADMIRAL HIPPER: 96.
Torpedorohre: zwölf 53,3 cm (4 x 3).
Bordflugzeuge: drei, ein Katapult.
Besatzungsstärke: 42 Offiziere und 1340 Mannschaften (bzw. 51 Offiziere und 1548 Mannschaften).

PRINZ EUGEN-Klasse
Typ: Schwerer Kreuzer.
Standardverdrängung: 14 680 ts (14 915 t).
Einsatzverdrängung: 18 750 ts (19 050 t).
Länge: 212,5 m (über alles), 199,5 m (CWL).
Breite: 21,7 m.
Tiefgang: 6,37 m (mittlerer).
Antriebsanlage: 3 Satz Getriebeturbinen (jeweils von der Bauwerft; PRINZ EUGEN: Marine-Turbinen), 12 La-Mont-Höchstdruckkessel (SEYDLITZ, LÜTZOW: 9 Wagner-Doppelender-Hochdruckkessel), 3 Wellen.
Antriebsleistung: 137 500 WSP für 32,2 kn.
Bunkerinhalt: 3250 t Heizöl.
Fahrstrecke: 5050 sm bei 15 kn.
Panzerschutz: wie bei ADMIRAL HIPPER.
Geschütze: wie bei ADMIRAL HIPPER.
Seeminen: möglich ca. 80 – 110.
Torpedorohre: wie bei ADMIRAL HIPPER.
Bordflugzeuge: wie bei ADMIRAL HIPPER.
Besatzungsstärke: wie bei ADMIRAL HIPPER.

Entwurf: Trotz des Verbots durch die Bestimmungen des Versailler Vertrags, Schwere Kreuzer des »Washington-Typs« zu bauen, begann die Marineleitung der Reichsmarine bereits zu Beginn der 30er Jahre den Entwurf solcher Schiffe in Erwägung zu ziehen. Hierzu war es jedoch erforderlich, mit ausländischen Entwicklungen Schritt zu halten, da es fast sicher war, daß in einem zukünftigen Krieg deutsche Kriegsschiffe unvermeidlicherweise auf solche Schiffe der wahrscheinlichsten Gegner Frankreich und Großbritannien stoßen würden. Die vorhandenen Leichten Kreuzer, die der deutschen Reichsmarine zur Verfügung standen, waren diesen Schiffen weit unterlegen. Daher forderte die Marineleitung im Februar 1934 von der Marinekonstruktionsabteilung Entwurfsskizzen, die hauptsächlich drei Erfordernissen entsprechen sollten: ebenbürtig der ALGÉRIE, schneller als die DUNKERQUE und ei-

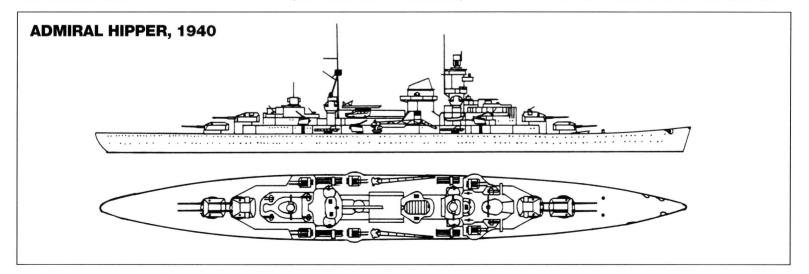

ADMIRAL HIPPER, 1940

DEUTSCHLAND

nen für atlantische Unternehmungen ausreichenden Fahrbereich. Ursprünglich standen als Hauptbewaffnung acht 20,3-cm- oder zwölf 15-cm-Geschütze zur Auswahl; aber der Chef der Marineleitung, Adm. Raeder, entschied sich sehr bald für das schwerere Kaliber. Dies wiederum erzwang eine Neubetrachtung hinsichtlich der gewünschten Entwurfsparameter, da die 20,3-cm-Bewaffnung eine Steigerung bei den Abmessungen bedingte. Ein Kompromißvorschlag für das Kaliber 19 cm wurde nicht akzeptiert, weil die Entwurfsabmessungen hätten gesteigert werden müssen.[51] Im Sommer 1934 fiel die Entscheidung für das Kaliber 20,3 cm. In Anbetracht der deutschen Erfahrungen auf dem Gebiet des Dieselantriebs und der Entwicklung des Hochdruckheißdampfkesselsystems war auch die Wahl der Art des Hauptantriebs nicht leicht. Beide Antriebsarten wurden zusammen mit dem turbo-elektrischen Antriebssystem in die Überlegungen einbezogen. Schließlich entschied sich im Oktober 1934 die Marineleitung für die Hochdruckheißdampf-Turbinenanlage als Hauptantrieb.[52] Zu diesem Zeitpunkt zeigte die Gewichtsverteilung mit 2140 ts für den Panzerschutz und 1980 ts für die Antriebsanlage eine Standardverdrängung von insgesamt 10 700 ts auf. Der vertikale Panzerschutz war hierbei mit 85 mm einbezogen.

Weitere Besprechungen veranschaulichten, daß es nicht möglich war, alle erhobenen Forderungen in den Entwurf aufzunehmen und innerhalb der vertragsgemäßen Standardverdrängung zu bleiben.[53] Daher wurde das Panzerschutzschema re-

Oben: Die ADMIRAL HIPPER 1939 bei den Erprobungsfahrten. (Sammlung des Autors)

Unten: Die ADMIRAL HIPPER im Jahre 1940. (BA)

Oben: Die ADMIRAL HIPPER Ende 1942 in norwegischen Gewässern. (Sammlung des Autors)

duziert. Das Deutsche Reich befand sich noch nicht in der Position, legal einen »Schweren Kreuzer« zu bauen, aber die Entwurfsarbeit wurde insgeheim fortgesetzt, um die Bauaufträge für die ersten beiden Einheiten – BLÜCHER (Schwerer Kreuzer G: »Ersatz BERLIN«) und ADMIRAL HIPPER (Schwerer Kreuzer H: »Ersatz HAMBURG«) – bereits am 30. Oktober 1934 zu vergeben. Die Situation löste sich, als Hitler am 16. März 1935 den Vertrag von Versailles aufkündigte und die Wiederherstellung der deutschen Wehrhoheit erklärte.

In Anbetracht der unbekümmerten Haltung Deutschlands gegenüber den Beschränkungen des Washingtoner Flottenvertrages – den es nicht unterschrieben hatte, da Deutschland 1920 zu dieser Konferenz nicht zugelassen war – überstieg der Kampfwert dieser Schiffe auf dem Papier den der damaligen ausländischen Schiffe dieses Typs beträchtlich.

Für eine dritte Einheit, die PRINZ EUGEN (Haushaltsbezeichnung »Schwerer Kreuzer J; kein Ersatzbau mehr), erging der Bauauftrag am 16. November 1935 an die Friedr. Krupp-Germaniawerft in Kiel. Dieses Schiff unterschied sich in vielerlei Hinsicht von den ersten beiden Einheiten. Zwei weitere Einheiten unter der Bezeichnung »Schwere Kreuzer K und L« vervollständigten schließlich das Bauprogramm. Ihr Entwicklungsweg war jedoch umständlicher gewesen; denn ursprünglich waren sie als Leichte Kreuzer der Kategorie B, bewaffnet mit zwölf 15-cm-Geschützen in Drillingstürmen, geplant gewesen. Politischer Druck, Vertragserwägungen und internationale Abmachungen führten jedoch schließlich zu ihrem Bau als Kreuzer der Kategorie A, da vor allem die UdSSR für die ersten Einheiten der KIROV-Klasse (siehe unten) den Kiel gestreckt hatte. Die Bauaufträge für beide Schiffe, die als SEYDLITZ bzw. LÜTZOW vom Stapel liefen, ergingen am 18. Juli 1936. Sie sollten eine Wiederholung des Entwurfs für die PRINZ EUGEN werden.

Zusätzlich zu der nunmehr standardmäßigen Hauptbewaffnung mit acht 20,3-cm-Geschützen in vier Doppeltürmen erhielten diese Kreuzer an Schwerer Flak eine Bewaffnung aus zwölf 10,5-cm-Geschützen in dreiachsig stabilisierten Doppellafetten sowie vier ebenfalls dreiachsig stabilisierte Fla-Feuerleitstände SL 6, ein kompliziertes Fla-Feuerleitsystem. Die beiden letzten Einheiten hätten die moderneren 10,5-cm-Doppl.L C/37 erhalten sollen. Die Ausstattung mit Leichter Flak war von schwererem Kaliber als bei den damaligen ausländischen Entwürfen. Doch das Geschütz selbst – die 3,7 cm S.K. C/30 – war nur ein halbautomatisches Waffensystem. Zwölf Torpedorohre in vier Drillingssätzen mit zehn Reservetorpedos (zwölf bei den letzten drei Einheiten) sowie eine Bordflugzeugeinrichtung, bestehend aus einem Katapult und drei Bordflugzeugen, vervollständigten die Bewaffnung. ADMIRAL HIPPER und BLÜCHER besaßen eine Flugzeughalle für ein Flugzeug, während die übrigen Einheiten eine Doppelflugzeughalle erhielten. Die Katapulte waren unterschiedlich angeordnet.

Das endgültige Panzerschutzschema bestand aus einem Seitenpanzer von 80 mm Dicke (Enden 70 bzw. 40 – 20 mm). Er bildete zusammen mit

Unten: Die SEYDLITZ 1940/41 an der Ausrüstungspier bei der Deschimag. (BA)

Links: Die noch nicht fertiggestellte LÜTZOW wird im April 1940 im Schlepp nach Leningrad überführt. Siehe »UdSSR«. (Gröner)

Unten: Obwohl gelegentlich als SEYDLITZ untertitelt, handelt es sich hier mit einer an Sicherheit grenzender Wahrscheinlichkeit um die ehemalige LÜTZOW in der Sowjetunion nach dem Kriege, vermutlich beim Abbruch aufgenommen. Die SEYDLITZ war 1942 für den Umbau zum Flugzeugträger bis zum Oberdeck rückgebaut worden. Außerdem läßt der Schiffskörper kein Anzeichen dafür erkennen, daß er längere Zeit auf Grund gesessen war. (Sammlung des Autors)

dem 20 mm dickem Torpedoschott (Inneres Wallgangsschott), dem 30 mm dickem Panzerdeck (über kleinen Bereichen, wie z.B. den Munitionskammern: 40 mm) und dem vorderen und achteren Panzerquerschott von 80 mm Dicke die Zitadelle. Außerdem gab es noch ein gepanzertes Oberdeck von 12 – 25 mm Dicke. Die Barbetten weisen eine 80 mm dicke Panzerung auf.

Auf dem Papier stellten diese Schiffe schnelle und starke Kreuzer dar, aber die Wirklichkeit sah ein wenig anders aus. Die Einführung des Hochdruckheißdampfsystem hatte eine störanfällige und unwirtschaftliche Antriebsanlage hervorgebracht. Dies trat vor allem bei der ADMIRAL HIPPER zutage, während die PRINZ EUGEN in dieser Hinsicht in einer etwas besseren Situation war. Bei der BLÜCHER war der Werdegang zu kurz gewesen, um die Leistungsfähigkeit seiner Antriebsanlage zu erweisen. Die beiden letzten Einheiten wurden niemals fertiggestellt.

Modifizierungen: ADMIRAL HIPPER erfuhr zwischen November 1939 und Januar 1940 einen Umbau des Vorstevens, der oberhalb der Konstruktionswasserlinie eine ausladendere Form, jedoch ohne die sichelförmige Einbuchtung erhielt (Zunahme in der Länge über alles um 2,20 m), um bei Fahrt gegen die See das Vorschiff »trockener« zu machen. Außerdem wurde neben dem Schließen der Admiralsbrücke auf dem Schornstein eine Schrägkappe aufgesetzt. Im Januar 1940 bekam die E-Meßdrehhaube des Vormarsstandes ein FuMO 22 und im April erfolgte auf den Decken der Türme B und C der Einbau von zwei 2-cm-Fla-MG C/30 in Landeinzellafetten. An der Vorderseite des Gefechtsmastes ersetzte im Frühjahr 1941 eine 2-cm-Vierlingsflak C/38 den Scheinwerfer. Gleichzeitig wurde das bisherige FuMO 22 durch ein FuMO 26 ersetzt und die E-Meßdrehhaube des Achteren Artillerieleitstandes erhielt ein zweites derartiges Funkmeßortungsgerät. Im Februar 1942 erfolgte der Ausbau der 2-cm-Landlafetten und ihr Ersatz durch je eine 2-cm-Vierlingsflak C/38, während eine weitere 2-cm-Vierlingsflak auf der Back Aufstellung fand. Zum Zeitpunkt der Wiederindienststellung der ADMIRAL HIPPER am 1. März 1944 als Ausbildungsschiff standen an Leichter Flak 32 Rohre zur Verfügung: 3,7 cm (6 x 2) und 2 cm (3 x 4, 8 x 1). Im weiteren Verlaufe des Jahres wurde die Leichte Flak teilweise modernisiert und auf 42 Rohre verstärkt (November 1944): 4-cm-(Bofors-)Flak 28 (6 x 1), 3,7 cm C/30 (4 x 2) und 2 cm C/38 (7 x 2 in LM 44/LM 44 U, 2 x 4 und 6 x 1). Im November 1944 wurde ein Nachrüstungsprogramm für die Leichte Flak beschlossen. Für die ADMIRAL HIPPER sah es 56 Rohre vor: 3,7-cm-Flak 42 L/69 in LM 43 (20 x 1) sowie 2 cm C/38 (2 x 4 und 14 x 2 in Dopp.L. M 42).[54] Inwieweit dieses Programm durchgeführt worden ist, kann nicht gesagt werden. Ferner war auch der Einbau eines FuMO 25 vorgesehen, zu dem es jedoch nicht mehr kam.

Die BLÜCHER erhielt ihren »Atlantikbug« – mit sichelförmiger Einbuchtung – noch vor ihrer Fertigstellung und das Aufsetzen der Schrägkappe auf dem Schornstein erfolgte während der Erprobungsfahrten im September 1939. Anfang 1940 wurde ebenfalls die Admiralsbrücke geschlossen und ein FuMO 22 auf der E-Meßdrehhaube des Vormarsstandes eingebaut. Weitere Modifizierungen wurden infolge des frühzeitigen Untergangs des Schiffes nicht durchgeführt.

Die PRINZ EUGEN hatte ihren »Atlantikbug« in der gleichen Form wie die BLÜCHER noch vor der Fertigstellung erhalten. Dies galt auch für die Schornsteinkappe. Außerdem war der Kreuzer bereits mit zwei FuMO 27 (seetakt.) – je eines auf den E-Meßdrehhauben des Vormarsstandes und des Achteren Artillerieleitstandes – in Dienst gestellt worden. Dagegen hatten die dreiachsig stabilisierten Fla-Leitstände A und B (an Backbord und Steuerbord vorn) vom Typ SL 8 noch keine Schutzkalotten; diese erhielten sie erst Ende 1941 in Brest. Im Dezember 1941 erfolgte auch der

Oben: Die PRINZ EUGEN läuft am 1. Juni 1941 nach dem Unternehmen »Rheinübung« in Brest ein. (BA)

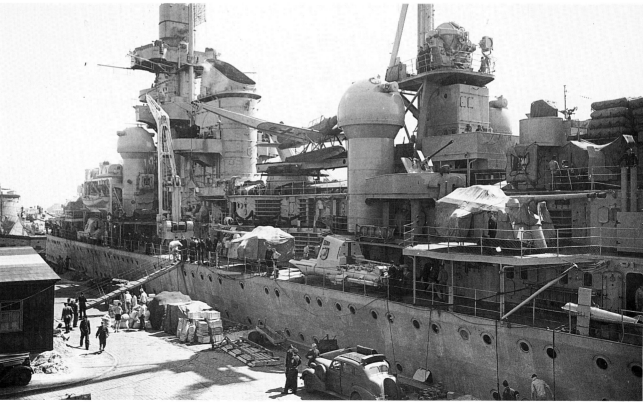

Rechts: Die PRINZ EUGEN 1945 nach der Kapitulation in Kopenhagen bei der Munitionsabgabe. (IWM)

DEUTSCHLAND

Oben: Die BLÜCHER im Oktober 1939. (Gröner)

Einbau von vier 2-cm-Vierlingsflaks C/38 auf der Back, den Decken der Türme B und C sowie auf dem Achterdeck. Im Januar 1942 kam eine fünfte anstelle des vorderen Scheinwerfers am Gefechtsmast hinzu. Die beiden 2-cm-Vierlinge auf der Back und dem Achterdeck, eingebaut für das Unternehmen »Cerberus« (den Kanaldurchbruch), wurden für die Verlegung des Kreuzers nach Norwegen beibehalten. 1943 kam es zum Ausbau der Schornstein-Scheinwerfer und ihr Ersetzen durch je eine 2-cm-Vierlingsflak beiderseits des Schornsteins auf dem Plattformkranz.[55] Das Fla-Nachrüstungsprogramm vom Herbst 1944 sah folgende Ausrüstung an Leichter Flak vor: 3,7 cm (4 x 2), 2 cm (2 x 4, 10 x 2). Zum Zeitpunkt der Kollision mit der LEIPZIG war dieses Programm nur teilweise verwirklicht worden. Im Mai 1945 (Endzustand) führte die PRINZ EUGEN: 4-cm-(Bofors-)Flak 28 (18 x 1), 2 cm (6 x 4 C/38, 4 x 2 C/38 M 1 in Dopp.L. M 44).

Werdegang: Der erste Kriegseinsatz der ADMIRAL HIPPER erfolgte ohne Ergebnisse im Februar 1940 im Rahmen einer Flottenoperation gegen den alliierten Geleitzugverkehr zwischen Großbritannien und Skandinavien. Ihm folgte im April 1940 die Teilnahme als Führungsschiff der Kriegsschiffgruppe 2 am Unternehmen »Weserübung-Nord« mit der Besetzung von Trondheim. Beim Anmarsch stieß der Kreuzer auf den britischen Zerstörer GLOWWORM und versenkte ihn. Allerdings erlitt die ADMIRAL HIPPER hierbei einige Beschädigungen durch Rammstoß. Anschließend kehrte das Schiff nach Wilhelmshaven zur Ausbesserung zurück, die bis zum Mai dauerte. Bereits im Juni 1940 war der Kreuzer an der nächsten Flottenoperation beteiligt, dem Unternehmen »Juno«, das sich gegen die alliierten Streitkräfte im Raum Harstad/Nordnorwegen richtete, um die deutschen Bodentruppen zu entlasten. Zusammen mit vier Zerstörern lief der Kreuzer am 4. Juni aus und vereinigte sich mit den Schlachtschiffen SCHARNHORST und GNEISENAU. Dieser Vorstoß hatte die Versenkung des Truppentransportschiffes ORAMA, des Tankers OIL PIONEER und des bewaffneten Trawlers JUNIPER zur Folge.[56] Zwischen dem 30. November und dem 27. Dezember 1940 führte die ADMIRAL HIPPER Handelskrieg im Atlantik durch und versenkte lediglich ein Schiff von 6078 BRT,[57] den britischen Dampfer JUMNA, ehe sie nach Brest einlief. Im Verlaufe dieser Unternehmung griff sie den vom Schweren Kreuzer BERWICK gesicherten Geleitzug WS 5 A an, erzielte auf dem Kreuzer vier Treffer und beschädigte einen Truppentransporter. Eine zweite von Brest aus zwischen dem 1. und 14. Februar 1941 durchgeführte Unternehmung verlief erfolgreicher. Sieben Handelsschiffe mit insgesamt 32 806 BRT wurden versenkt. Anschließend trat die ADMIRAL HIPPER von Brest aus den Heimmarsch zur Werftüberholung an und traf am 28. März 1941 in Kiel ein. Nach Werftliegezeit und Gefechtsausbildung verlegte der Kreuzer Ende März 1942 nach Norwegen und lief am 21. März in Trondheim ein. Von dort aus marschierte der Kreuzer im Verband der Kampfgruppe I zum Altafjord/Nordnorwegen und war an der ergebnislosen Operation gegen den Geleitzug PQ 17 beteiligt. Ende September 1942 legte die ADMIRAL HIPPER mit 96 Minen an Bord, gesichert von Zerstörern, im Rahmen des Unternehmens »Zarin« eine Minensperre vor der Nordwestküste von Novaja Semlja – das einzige von einem deutschen Schweren Kreuzer durchgeführte Minenunternehmen. Am 30. Dezember 1942 liefen die Schweren Kreuzer ADMIRAL HIPPER und LÜTZOW (das ehemalige Panzerschiff DEUTSCHLAND) zusammen mit Zerstörern zum Unternehmen »Regenbogen« unter Führung von VAdm. Kummetz, des B.d.K., aus dem Altafjord zum Angriff auf den Rußland-Geleitzug JW 51 B ins Nordmeer aus. Das sich anschließende Gefecht in der Barentssee am 31. Dezember mit den britischen Leichten Kreuzern SHEFFIELD und JAMAICA sowie der Zerstörersicherung führte zu einem Debakel. Der Geleitzug entkam und die ADMIRAL HIPPER erlitt so schwere Schäden, daß sie nie mehr ihre volle Einsatzfähigkeit erlangte. Mit dem zerstörten Kesselraum 3, dem hierdurch ausgefallenen Kesselraum 2 und weiteren Schäden hinkte der Kreuzer zurück in den Kaafjord, dem hinteren Teil des Altafjords. Der Ausgang dieses Gefechtes

Rechts: Die PRINZ EUGEN 1943/44. (Gröner)

hatte den berühmten Befehl Hitlers zur Folge, die Großkampfschiffe zu verschrotten, weil sie »zu nichts nutze« wären.[58] Nach einer Notreparatur, die bis zum 24. Januar 1943 dauerte, trat der Kreuzer den Heimmarsch zur Werftreparatur an und machte am 7. Februar in Kiel fest. Anschließend verlegte das Schiff zum Werftaufenthalt nach Wilhelmshaven und wurde dort am 28. Februar außer Dienst gestellt. Als eine Folge des erwähnten Führerbefehls kam es jedoch zum Widerruf der Werftliegezeit[59] und das Schiffe verlegte im Schlepp nach Pillau. Dort traf der Kreuzer am 17. April ein. Gegen Ende des Jahres 1943 entschied das OKM, eine vollständige Reparatur durchzuführen, und am 18. Oktober wurde ein Baustab eingesetzt. Am 1. März 1944 wurde die ADMIRAL HIPPER als Schulschiff wieder in Dienst gestellt. Doch auch zu diesem Zeitpunkt hatte sie ihre volle Kriegsbereitschaft nicht wiedererlangt; denn der Kesselraum 3 blieb weiterhin außer Betrieb. Der dem Ausbildungsverband Flotte zugeteilte Kreuzer nahm an keinen Kampfhandlungen mehr teil, auch nicht an Einsätzen zu Küstenbeschießungen. Am 15. Januar 1945 ging er in Gotenhafen (das heutige Gdynia) zur Überholung in die Werft. Infolge des Vordringens sowjetischer Truppen verlegte die ADMIRAL HIPPER am 30. Januar mit Verwundeten und Flüchtlingen an Bord zur Reparatur des Kesselraums 3 nach Kiel.[60] Dort traf das Schiff am 2. Februar sicher ein. Bei Luftangriffen am 3. und in der Nacht vom 9./10. April wurde die ADMIRAL HIPPER schwer getroffen. Schließlich sprengte ein Kommando der Besatzung am 3. Mai 1945 das wracke Schiff im Dock der Deutschen Werke. Im Juli 1945 wurde das Wrack in die Heikendorfer Bucht an der Kieler Förde geschleppt und auf Grund gesetzt. Dort wurde es später abgebrochen.

Die Herstellung der vollen Kriegsbereitschaft bei BLÜCHER verzögerte sich durch eine Anzahl von Abänderungen und der harte Winter 1939/40 ließ zunächst einen Einsatz nicht zu. Daher war die Teilnahme am Unternehmen »Weserübung-Nord« als Flaggschiff der Kriegsschiffgruppe 5, die den Auftrag zur Besetzung Oslos hatte, der erste Kriegseinsatz des neuen Schweren Kreuzers. Nach dem Einlaufen in den Oslofjord in den Morgenstunden des 9. April 1940 erzielten Küstenbatterien in der Drøbak-Enge schwere Treffer und nach zwei Torpedotreffern aus einer verdeckten Torpedobatterie auf Kaholmen kenterte das Schiff und sank unter schweren Verlusten an Menschenleben.[61]

In der Nacht vom 1./2. Juli 1940 erhielt die PRINZ EUGEN am Ausrüstungskai der Werft zwei leichte Bombentreffer und am 23. April 1941 erlitt das Schiff beim Rückmarsch nach gemeinsamen Übungen mit dem Schlachtschiff BISMARCK im Fehmarnbelt erhebliche Schäden durch einen Minennahtreffer. Am 18. Mai 1941 verließ der Kreuzer zusammen mit BISMARCK zum Unternehmen »Rheinübung« Gotenhafen. Im Island-Gefecht am 24. Mai erzielte die PRINZ EUGEN drei Treffer auf dem Schlachtschiff PRINCE OF WALES und lief nach dem Untergang des deutschen Flottenflaggschiffes am 1. Juni 1941 sicher in Brest ein. Eingetretene Maschinenstörungen verhinderten die angestrebte Handelskriegsführung im Atlantik.[62] Während der sich anschließenden Werftliegezeit in Brest erhielt die PRINZ EUGEN am 2. Juli bei einem britischen Luftangriff zwei schwere Bombentreffer, die erhebliche Schäden und Verluste verursachten. Erst im Dezember 1941 konnte das Schiff voll einsatzfähig wieder ausdocken. Mit den Schlachtschiffen SCHARNHORST und GNEISENAU bildete der Kreuzer die Brest-Gruppe. In den späten Abendstunden des 11. Februar 1942 lief der Verband aus Brest aus und trat im Rahmen des Unternehmens »Cerberus« (Kanaldurchbruch) den Rückmarsch durch den Kanal an. Am 13. Februar erreichte die PRINZ EUGEN sicher die heimischen Gewässer und verlegte bereits am 20. Februar zusammen mit der ADMIRAL SCHEER nach Norwegen (Unternehmen »Sportpalast«). Kurz vor Trondheim erzielte das britische Unterseeboot TRIDENT am 23. Februar in den Morgenstunden einen Torpedotreffer im Achterschiff des Kreuzers, der das Heck abknicken ließ. Nach einer Notreparatur in Trondheim gelang es der PRINZ EUGEN, den Heimmarsch anzutreten und am 18. Mai 1942 sicher in Kiel einzulaufen.

Die Reparatur des Schiffes zog sich bis in den Oktober 1942 hin. Im Januar 1943 versuchte der Kreuzer erneut, zusammen mit dem Schlachtschiff SCHARNHORST nach Norwegen zu verlegen. Nach zwei fehlgeschlagenen Versuchen – die generische Luftaufklärung erfaßte jedesmal den Verband – wurde die Verlegung Ende Februar abgeblasen und die PRINZ EUGEN kam als Schulschiff zum Ausbildungsverband Flotte. Für den Rest des Krieges verblieb sie in der Ostsee und wurde bis Mitte 1944 hauptsächlich zur Ausbildung eingesetzt. Als sich die Lage an der Ostfront verschlechterte, bildete PRINZ EUGEN zusammen mit LÜTZOW und der 6. Z-Flottille im Juni 1944 die »2.Kampfgruppe« (später als »Kampfgruppe Thiele« bezeichnet), die zur Unterstützung des Heeres durch die Beschießung von Landzielen in die Erdkämpfe eingriff.

Nach dem Verbrauch der gesamten verfügbaren Munition trat der Kreuzer am 10. April 1945 aus der Danziger Bucht über Swinemünde den Marsch nach Westen an und erreichte am 20. April Kopenhagen. Dort verblieb das Schiff bis zur Kapitulation. 1945 den USA zugesprochen, wurde die PRINZ EUGEN im Januar 1946 in die USA überführt und fand bei den Atombombenversuchen im Juli 1946 am Bikini-Atoll in den Marshall-Inseln als Zielschiff Verwendung. Zum benachbarten Atoll Kwajalein abgeschleppt, kenterte der undicht gewordene Kreuzer dort schließlich am 22. Dezember 1947.[63]

Auch die SEYDLITZ wurde zum Verkauf an die UdSSR in Erwägung gezogen; Hitler stimmte jedoch nicht zu. Die Bauarbeiten zur Fertigstellung schritten mit längeren Unterbrechungen nur langsam voran. Schließlich erging im Juni 1942 für das zu fast 95 % fertige Schiff der Baustopp. Nachdem die BISMARCK-Unternehmung das Fehlen von Flugzeugträgern schmerzlich erwiesen hatte, erstellte das OKM 1942 einen entsprechenden Umbauplan, dem Hitler am 26. August 1942 zustimmte.

In der Folgezeit setzte der Rückbau des Schiffes ein und sämtliche Aufbauten wurden einschließlich der Geschütztürme bis zum Oberdeck abgebrochen. Infolge der veränderten Lage kam es im Januar 1943 zur Baueinstellung und schließlich wurde der Schiffskörper im Schlepp nach Königsberg überführt. Dort traf er am 2. April 1944 ein und wurde schließlich angesichts des Vormarsches der Roten Armee am 29. Januar 1945 gesprengt. Das Wrack fiel den sowjetischen Truppen in die Hände. Wahrscheinlich wurde der Schiffskörper nach dem Kriege verschrottet. Allerdings besagt die Meldung eines Luftbildaufklärers der RAF, daß er am 10. Oktober 1946 im Schlepp nach Leningrad (heute St. Petersburg) gebracht worden wäre.[64]

M-Klasse – »Kreuzer 1938«

Name	Bauwerft	Kiellegung	Stapellauf	Fertigstellung	Schicksal
M	Deutsche Werke, Kiel	1. Nov. 1938	-	-	auf Helling abgebrochen: ab Herbst 1939 (1942/43?)
N	Kriegsmarinewerft Wilhelmshaven	1938 *	-	-	auf Helling abgebrochen: ab Herbst 1939
O	Krupp-Germaniawerft, Kiel	10. März 1939 *	-	-	auf Helling abgebrochen: ab Herbst 1939 (1942/43?)
P	Krupp-Germaniawerft, Kiel	nicht gelegt	-	-	-
Q	Friedr. Schichau-Werft, Danzig	nicht gelegt	-	-	-
R	Deutsche Werke, Kiel	nicht gelegt	-	-	-

* Siehe Text.

Typ: Leichter Kreuzer.
Standardverdrängung: 7800 ts (7925 t), Q und R: 8568 ts (8705 t).
Einsatzverdrängung: 10 400 ts (10 566 t).
Länge: 183 m (über alles), 178 m (CWL); Q und R: 196 m (über alles), 188 m (CWL).
Breite: 17 m, Q und R: 18 m.
Tiefgang: 5,42 m (mittlerer).
Antriebsanlage: 2 Satz Getriebeturbinen (BBC-, Wagner- bzw. Marine-Turbinen), 4 Wagner-Höchstdruckkessel, 2 Wellen; 4 (Q und R: 8) doppeltwirkende 12-Zylinder-Zweitakt-MAN-Dieselmotoren mit zentralem Vulcan-Getriebe, 1 Welle (Q und R: 2?).
Antriebsleistung: 100 000 WPS + 16 500 PSe für 35,5 kn (Q und R: 90 000 WPS + 35 500 PSe für 36 kn).
Bunkerinhalt: 1080 t Heizöl + 520 t Dieselöl.
Fahrtstrecke: 8000 sm (Q und R: 12 000 sm) bei 19 kn.
Panzerschutz: Deck 20 mm (Böschung 35 mm), Gürtelpanzer 30 mm (obere Lage) – 50 mm (untere Lage), Türme 20 – 80 mm, Kommandostand 20 - 100 mm.
Geschütze: acht 15 cm S.K. L/55 (4 x 2), vier 8,8 cm S.K. L/76 (2 x 2), acht 3,7 cm (4 x 2), vier 2 cm (4 x 1).
Seeminen: ca. 60.
Torpedorohre: acht 53,3 cm (2 x 4).
Bordflugzeuge: zwei, ein Katapult.
Besatzungsstärke: 28 Offiziere und 892 Mannschaften.

Entwurf: Der »Kreuzer 1938« stellte einen weiteren Versuch der Kriegsmarine dar, einen leistungsfähigen Leichten Kreuzer für den ozeanischen Einsatz in der Kreuzerkriegsführung zu schaffen: den »Atlantikkreuzer 8000 t«. Der vorzeitige Beginn des Zweiten Weltkrieges[65] durchkreuzte jedoch auch diese Planung. Bereits im Mai 1936 wurden in breitem Rahmen die Forderungen für einen Handelsstörkreuzer zur ozeanischen Handelskriegführung mit großer Seeausdauer nach der Art der EMDEN des Ersten Weltkrieges dargelegt. Bedauerlicherweise führten die schon im Herbst 1935 begonnenen Auseinandersetzungen zwischen der Skl. (A IV: Marineausbildung) und dem Marinekonstruktionsamt[66] zu beträchtlichen Verzögerungen und Rückschlägen in der Entwurfsarbeit, so daß der Kiel für die erste Einheit erst Ende 1938 gestreckt werden konnte.

Die Parameter für diesen Schiffstyp sahen ursprünglich wie folgt aus: 8000 ts Standardverdrängung, vier 15-cm-Doppeltürme und Geschwindigkeit von 35 kn mit einer hierfür erforderlichen Antriebsleistung von etwa 100 000 WPS. Da es nicht möglich war, die gewünschte Geschwindigkeit und Seeausdauer zu erreichen – eine Antriebsanlage von 100 000 WPS konnte in einem Schiffskörper von der Größe der NÜRNBERG nicht untergebracht werden –, wurde später eine Bewaffnung mit drei Doppel- oder drei Drillingstürmen in Betracht gezogen. Alternativentwürfe beruhten auf einem vergrößerten Zerstörertyp (siehe unten »Spähkreuzer) und gesteigerte Wasserverdrängungen wie auch die Verwendung des Dieselantriebs für die Hauptantriebsanlage wurden diskutiert. Erst im November 1937 konnte zwischen den beteiligten Stellen bis zu einem gewissen Grade Übereinstimmung erzielt werden. Zu diesem Zeitpunkt sah der Entwurf eine Dampfturbinenantriebsanlage mit Drei-Wellen-Anordnung von 100 000 WPS für 36 kn vor, bewaffnet – wie ursprünglich vorgesehen – mit vier 15-cm-Doppeltürmen. Später wurde die Mittelturbine durch eine Dieselmotorenanlage ersetzt. Im Januar 1938 wurde die Änderung der Hauptbewaffnung

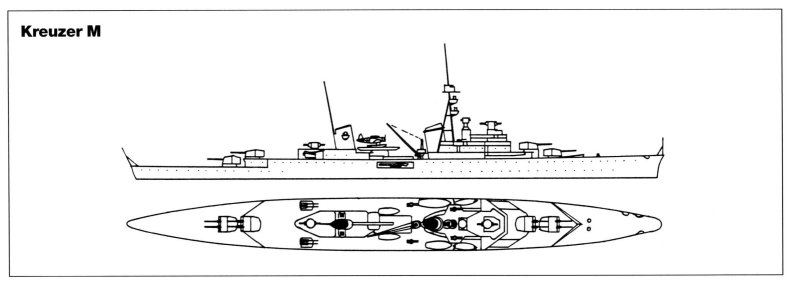

Kreuzer M

auf das Kaliber 17 cm in Erwägung gezogen, aber die damit verbundene Gewichtssteigerung war nicht annehmbar.

Das Panzerschutzschema sah schließlich unter anderem vor: ein 20 mm dickes Panzerdeck mit 35 mm in den Böschungen sowie einen Seitenpanzer von 50 mm Dicke. Über dem Gürtelpanzer sollte sich ein Plattengang mit 30-mm-Panzerplatten bis zum Oberdeck erstrecken; letzteres hatte im Mittschiffsbereich ebenfalls eine Dicke von 20 mm. Das Gewicht der Panzerung belief sich auf rund 1000 ts, d.h. etwa 12,5 % der Standardverdrängung.

Als Hauptbewaffnung war das 15-cm-Geschütz S.K. L/55 C/28 vorgesehen, das dem auf der BISMARCK geführten entsprach, aber in leichteren Türmen. Die Erhöhung betrug 40° und das Richten nach Seite und Höhe sollte elektrisch erfolgen. Ein als ungewöhnlich kritisierter Punkt des Entwurfs betraf das Bereitstellen von lediglich zwei 8,8-cm-Doppellafetten als Schwere Flak und zugleich Mittelartillerie. Doch hierbei sollte bedacht werden, daß zum Zeitpunkt der Entwurfsfertigung die trägergestützte Luftbedrohung noch nicht in vollem Ausmaß erkannt war. Außerdem war beabsichtigt, diese Schiffe in entlegenen ozeanischen Seeräumen einzusetzen, und dort würde der wahrscheinliche Hauptgegner ebenfalls ein Kreuzer sein.

Nach den Vorgaben des grandiosen Z-Plans[67] sollten zwölf Einheiten dieses Typs (Kreuzer M – Kreuzer X) gebaut werden, deren Indienststellung zwischen 1942 und 1947 vorgesehen war. Als Endziel war eine Verdoppelung dieser Anzahl ins Auge gefaßt. Vom Kreuzer Q an sollten die Einheiten nach einem modifizierten Entwurf mit stärkerem Panzerschutz, stärkerer Flakbewaffnung und einem größeren Fahrbereich gebaut werden. Bedauerlicherweise herrschte ein Mangel an geeigneten Werften und Helgen, um die Kreuzer dieser neuen Klasse zu bauen, und es gab viele Diskussionen über die Frage, wie diese Kreuzer in die bereits überstrapazierten Kapazitäten der deutschen Schiffbauindustrie eingegliedert werden könnten. Realität war, daß die Bauaufträge für die ersten vier Einheiten am 24. Mai 1938 erteilt wurden. Die Aufträge für die Kreuzer Q und R folgten am 8. August 1938.

Baugeschichte: Für die ersten drei Einheiten wurde der Kiel bis zum 10. Juli 1939 gestreckt. Bereits 1938 waren für sechs Einheiten die Aufträge für die Antriebsanlagen erteilt worden. Die ersten beiden Schiffe sollten Wagner-Kessel der Deschimag A.G., Wagner-Turbinen und MAN-Dieselmotoren erhalten, während für das zweite Paar Marine-Kessel und Turbinen der Krupp-Germaniawerft sowie MAN-Dieselmotoren und für das dritte Paar Wagner-Kessel von der Deschimag A.G., Turbinen von Brown, Boveri & Cie. sowie MAN-Dieselmotoren vorgesehen waren.

Der Kiel für den Kreuzer M wurde bei den Deutschen Werken in Kiel auf der von der GRAF ZEPPELIN freigemachten Helling, der des Kreuzers N auf Helling 1 der KM-Werft Wilhelmshaven und der des Kreuzers O auf der Helling 1 der Germaniawerft in Kiel gestreckt. Kreuzer P sollte erst 1942 auf Kiel gelegt werden. Die geplante Fertigstellungsrate belief sich auf drei Einheiten pro Jahr. Als kurze Zeit später der Krieg ausbrach, wurde deutlich, daß dies die Einstellung des Bauprogramms nach sich ziehen mußte. Daher wurden die Bauaufträge für die sechs Einheiten am 19. September 1939 annulliert und für die bereits begonnenen Einheiten am 21. September ein Baustopp verfügt. Allerdings wurden die bereits auf Kiel gelegten Schiffe nicht sofort abgebrochen; sie verblieben auf ihren Helgen zumindest bis Mitte Juni 1940 im Zustand des Baustopps. Zu diesem Zeitpunkt war ihr Weiterbau in der Diskussion. Es wurde dargelegt, daß der Weiterbau des Kreuzers M sofort aufgenommen werden könnte, während dies bei den anderen beiden Schiffen erst nach drei bzw. fünf Monaten möglich sein würde. Die Antriebsanlagen für die Kreuzer M und N waren fast fertiggestellt. Allerdings war zu diesem Zeitpunkt ungewiß, ob der Kreuzer O aus dem künftigen Programm herausgenommen werden könnte. Die Diskussionen über das Schicksal der M-Klasse hielten bis in den März 1941 hinein an und die unfertigen Schiffskörper scheinen bis Ende 1942 auf den Helgen belassen worden zu sein, ehe sie abgebrochen wurden. Bildaufklärungsflüge der RAF meldeten den Kreuzer O noch im Mai 1942 auf der Helling.

Spähkreuzer 1938

Name	Bauwerft	Kiellegung	Stapellauf	Fertigstellung	Schicksal
SP 1	Germaniawerft, Kiel	30. Aug. 1941	-	-	auf Helling abgebrochen: 1943
SP 2	Germaniawerft, Kiel	nicht gelegt	-	-	-
SP 3	Germaniawerft, Kiel	nicht gelegt	-	-	-

Typ: Leichter Kreuzer.
Standardverdrängung: 4589 ts (4662 t).
Einsatzverdrängung: 5900 ts (5994 t).
Länge: 152,2 m (über alles), 145 m (CWL).
Breite: 14,6 m.
Tiefgang: 4,66 m (mittlerer).
Antriebsanlage: 2 Satz Getriebeturbinen, 4 Bauer-Wagner-Höchstdruckkessel, 2 Wellen; 4 doppeltwirkende 6-Zylinder- Zweitakt-MAN-Dieselmotoren, 1 Welle.
Antriebsleistung: 77 500 WPS + 14 500 PSe für 35,5 kn.
Bunkerinhalt: 820 t Heizöl, ? Dieselöl.
Fahrtstrecke: 7000 sm bei 17 kn.
Panzerschutz: Hauptdeck 10 mm (Böschungen 12 mm), Oberdeck 15 mm, Torpedoschott 18 mm; amtlicher Entwurf: Panzerdeck 20 mm (Böschungen 25 mm), Gürtelpanzer 50 mm.
Geschütze: sechs 15 cm T.K. L/48 (3 x 2), zwei bis vier 8,8 cm (1-2 x 2), acht 3,7 cm (4 x 2), zwölf 2 cm (12 x 2).
Seeminen: 50.
Torpedorohre: zehn 53,3 cm (2 x 5).
Bordflugzeuge: keine.
Besatzungsstärke: 18 Offiziere und 520 Mannschaften.

Entwurf: Der Entwurf für einen Großzerstörer (Zerstörer 1938) bzw. »Spähkreuzer« (Spähkreuzer 1938) kam in die Diskussion, als die Entwicklung des Entwurfs für die M-Klasse (Kreuzer 1938) von den anderen Projekten getrennt vorangetrieben wurde – ein Schiff mit einer Bewaffnung, die der eines Zerstörers überlegen war, und imstande, schneller als gegnerische Kreuzer zu sein. Eine Konzeption, die sehr an die für die Panzerschiffe erinnert. Der Entwurf durchlief mehrere Projektstadien: Spähkreuzer 1938, 1939 und 1940, sämtlich mit sechs 15-cm-Geschützen in drei Doppeltürmen bewaffnet, wenn sie sich auch in der Anordnung der Bewaffnung und der Antriebsanlage unterschieden. Es ist strittig, ob diese Schiffe als Zerstörer oder Kreuzer anzusehen waren. Sie führten eine Bewaffnung wie ein Zerstörer, besaßen aber ein leicht gepanzertes Hauptdeck und einen 50 mm dicken Gürtelpanzer. Auch nachdem der Krieg ausgebrochen war, wurde die Entwurfsarbeit für diese Schiffe fortgesetzt – vielleicht ein weiterer Grund, sie als Zerstörer zu betrachten; denn zu diesem Zeitpunkt wurde der Bau aller Schiffe, die größer als Zerstörer waren, bis auf fünf Ausnahmen eingestellt. Bereits am 17. Februar 1941 ergingen die Bauaufträge an die Krupp-Germaniawerft in Kiel. Infolge der Annullierung von drei Zerstörern (Z 40 – Z 42) vom Typ 1936 B Mob. war auf dieser Werft Baukapazität freigeworden, die mit der Fertigung von SP 1 – SP 3 ausgefüllt werden sollte. Für die für weitere drei Einheiten (SP 4 – SP 6) vorgesehenen Hauptantriebsanlagen ergingen die Aufträge im Dezember 1941. Nur SP 1, die erste Einheit dieses Typs, wurde auf Kiel gelegt. Bildaufklärungsflüge der RAF belegten die Kiellegung im November 1941. Das gesamte Bauprogramm wurde jedoch am 23. März 1942 ausgesetzt und keine weitere Einheit wurde auf Kiel gelegt. Der Baustopp für SP 1 erging erst im Sommer 1942 und der unfertige Schiffskörper blieb bis Mitte 1943 auf der Helling. Luftbildaufnahmen der RAF bestätigten seinen vollständigen Abbruch bis zum 31. Juli 1943.

Frankreich

DUGUAY-TROUIN-Klasse

Name	Bauwerft	Kiellegung	Stapellauf	Fertigstellung *	Schicksal
DUGUAY-TROUIN	Marinewerft Brest	4. Aug. 1922	14. Aug. 1923	2. Nov. 1926	verschrottet: 29. März 1952
LAMOTTE-PICQUET	Marinewerft Lorient	17. Jan. 1923	21. März 1924	5. März 1927	gesunken: 12. Jan. 1945
PRIMAUGUET	Marinewerft Brest	16. Aug. 1923	21. Mai 1924	1. April 1927	KTV[68]: 8. Nov. 1942

* Wenn nicht anders dargelegt, sind sämtliche Fertigungsdaten für französische Kreuzer – wie in »Zerstörer im Zweiten Weltkrieg« – als »Clôture d'Armament«, d.h. Endausrüstung nach den Erprobungsfahrten, zu verstehen.

Typ: Leichter Kreuzer – Croiseur de 2me classe.
Standardverdrängung: 7249 ts (7365 t).
Einsatzverdrängung: 9350 ts (9499 t).
Länge: 181,28 m (über alles), 175,3 m (zwischen den Loten).
Breite: 17,5 m.
Tiefgang: 5,26 m (mittlerer).
Antriebsanlage: 4 Satz Parsons-Getriebeturbinen, 8 Guyot-Ölkessel, 4 Wellen.
Antriebsleistung: 102 000 WPS für 33 kn.
Bunkerinhalt: 1500 t Heizöl maximal.
Fahrtstrecke: 4300 sm bei 14 kn, 1900 sm bei 25 kn.
Panzerschutz: Panzerdeck 20 mm, Munitionskammern allseitig 20 mm, Geschützschilde 30 mm, Kommandostand 30 mm.
Geschütze: acht 15,5 cm L/50 Modell 1920 (4 x 2), vier 7,5 cm L/60 (4 x 1), zwei 4,7 cm (2 x 1), vier MG.
Torpedorohre: zwölf 55,1 cm (4 x 3).
Bordflugzeuge: zwei, ein Katapult.
Besatzungsstärke: 578 Offiziere und Mannschaften.

Entwurf: Das erste Bauprogramm nach dem Ersten Weltkrieg wurde im Juni 1919 im Hinblick auf Italien als möglichen Gegner aufgestellt, aber es enthielt noch keine zu bauenden Leichten Kreuzer. Als jedoch der Bau der Schlachtschiffe der NORMANDIE-Klasse annulliert wurde, waren unter den Ersatzbauten auch sechs 5000-ts-Kreuzer aufgeführt.

Ende 1919 war der Entwurf für diese Kreuzer bis ins einzelne ausgearbeitet. Die Parameter lauteten in groben Umrissen: acht 13,9-cm-Geschütze in Doppeltürmen bei einer ölbefeuerten Antriebsanlage mit Zwei-Wellen-Anordnung für 30 kn und einer Wasserverdrängung von 5270 ts. Der Panzerschutz sollte geringfügig sein. Diesen Entwurf billigte der Finanzminister 1920, obwohl seine damit verbundene Kritik, der Entwurf wäre veraltet, von der Marine energisch abgelehnt wurde. Sie wies darauf hin, daß das von ihr zugrundegelegte Flottengesetz von 1912 nur als Rechtsgrundlage gedient hätte und daß der Entwurf selbst nicht aus dieser Zeit stammte. Nichtsdestoweniger blieben selbst in der Marine Zweifel bestehen und im Februar 1920 zog der Chef des Generalstabes den Entwurf zurück, woraufhin umfassende Diskussionen erneut einsetzten. Das Verhältnis zwischen Geschwindigkeit und Größe begann seine unvermeidliche Aufwärtsspirale zu drehen. In der Zwischenzeit hatte die Marine mehrere ausgelieferte Kreuzer des früheren Kriegsgegners Deutschland in Dienst gestellt[69]. Sie gestatteten eine Prüfung der modernen Entwurfspraxis im damaligen ausländischen Kreuzerbau. Hierbei wurde offensichtlich, daß der französische Entwurf – das Projekt 171 – tatsächlich unterlegen war, insbesondere was die Hauptbewaffnung anbetraf. Nach vielen Diskussionen fiel die Wahl auf das neue Geschütz 15,5 cm Modell 1920, auf einem Artilleriegeschütz des Heeres beruhend.

Nachdem die französische Marine Ende 1920 Kopien der Pläne für die amerikanische OMAHA-Klasse (siehe unten) erhalten hatte, fertigten ihre Konstrukteure vier Entwurfsstudien, die alle weitgehend auf dem Schiffskörper des amerikanischen Entwurfs beruhten und an Bewaffnung acht 15,5-cm-Geschütze als Hauptartillerie, vier 7,5-cm-Fla-Geschütze und zwölf Torpedorohre führten. Sie unterschieden sich lediglich in der Antriebsanlage und im Panzerschutz. Im April 1921 wurde der »Entwurf C« mit einer Wasserverdrängung von 7890 ts, 34 kn und ohne Panzerschutz ausgewählt. Danach begann die detaillierte Entwurfsarbeit.

Die Bezeichnung lautete von nun an: »8000-t-Kreuzer«. Ein Panzerschutz war faktisch nicht vorhanden; die 30 mm Panzerstahl für die Geschützschilde genügten kaum dem Splitterschutz. Daher konnte argumentiert werden, daß es sich bei diesem Schiff lediglich um einen vergrößerten Flottillenführer handelte.

Die innere Unterteilung war ziemlich ausgedehnt, obwohl der Einwand des Chefingenieurs, in den Kesselräumen fehle eine Längsunterteilung, ver-

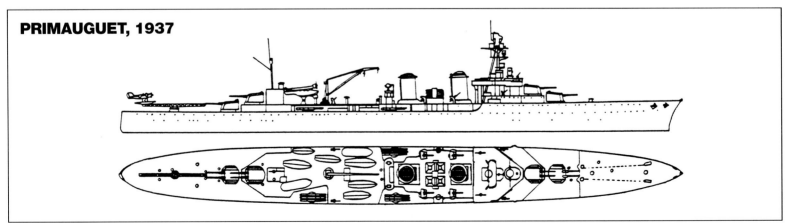

PRIMAUGUET, 1937

Oben: LAMOTTE-PICQUET im Jahre 1928. Beachte das rechte Geschütz des Turms B in erhöhter Stellung. (MB)

worfen wurde. Die Antriebsanlage hatte bei den Kesseln ausschließlich Ölbefeuerung sowie Turbinen mit einfachem Zahnradgetriebe.

Das 15,5-cm-Geschütz L/50 Modell 1920 war vom B.L.-Typ mit einem Schraubverschluß. Es verschoß eine 56,5 kg schwere Granate mit einer zweiteiligen Kartusche. Die maximale Schußweite betrug bei 40° Erhöhung 26 100 m. Beide Geschütze in der Doppellafette ruhten in getrennten Rohrwiegen. Das Richten nach Seite und Höhe erfolgte elektro-hydraulisch. Für ersteres, d.h. das Schwenken, wurde später eine zentrale Fernschaltung eingeführt. Dieses Geschützmodell fand nur bei den Kreuzern dieser Klasse, beim Kreuzer JEANNE D'ARC und in den Einzellafetten des Flugzeugträgers BÉARN Verwendung. Das 7,5-cm-Geschütz war vom Modell 1922 und verschoß ein 12-kg-Geschoß in Patronenmunition. Ferner wies der Entwurf zwölf Torpedorohre in vier Drillingsrohrsätzen mit einer kompletten Ausstattung an Reservetorpedos auf.

Am 18. April 1922 wurde der Bau der drei Einheiten schließlich gebilligt, aber es mußten beträchtliche Anstrengungen aufgewendet werden, um den Entwurf gegen eine Reihe von Kritikern zu verteidigen, die ihn »verbessern« wollten. Veränderungen wurde erfolgreich widerstanden und am 14. April 1922 (sic) ergingen für die ersten beiden Einheiten die Bauaufträge an die Marinewerft Brest. Den Auftrag für das dritte Schiff erhielt am 18. April die Marinewerft Lorient.

Modifizierungen: Nach der Fertigstellung erhielten alle drei Einheiten auf dem Achterdeck ein Katapult. Mitgeführt wurden zwei Bordflugzeuge: anfänglich die Gourdou-Leseurre GL 812 und später die GL 832. Mitte der 30er Jahre wurde die letztere durch die Loire-Nieuport 130 ersetzt, ausgenommen bei LAMOTTE-PICQUET; es konnte jedoch nur eine Maschine untergebracht werden. 1942 erhielt die PRIMAUGUET mit zwei 2,5-cm-Fla-Geschützen und zwanzig 13,2-mm-Fla-MG eine Verstärkung ihrer Leichten Flak. Bei ihrer Reaktivierung 1943 gab die DUGUAY-TROUIN ihre Torpedorohrsätze von Bord und statt dessen wurde ihre Leichte Flak verstärkt: um fünfzehn 2-cm-Fla-Geschütze (15 x 1) und sechs 13,2-mm-Fla-MG (3 x 2). Auch ihr Katapult und ihre Bordflugzeuge wurden an Land gegeben, während die beiden anderen Schiffe ihre Flugzeugeinrichtungen bis zu ihrem Verlust behielten. 1944 kam es bei der DUGUAY-TROUIN zu einer weiteren Verstärkung ihrer Leichten Flak: nunmehr sechs 4-cm-Fla-Geschütze in Doppellafetten (3 x 2) und zwanzig 2-cm-Fla-Geschütze in Einzellafetten (20 x 1). Außerdem erhielt der Kreuzer auch Radar. Nach dem Kriege wurden die 15,5-cm-Doppellafetten der DUGUAY-TROUIN durch 15,5-cm-Einzellafetten der BÉARN ersetzt; die ersteren hatten die Feuerunterstützungseinsätze vor Französisch-Indochina verschlissen. LAMOTTE-PICQUET erfuhr vor ihrem Verlust vermutlich keine oder nur geringe Modifizierungen.

Werdegang: Diese Leichten Kreuzer erwiesen sich im Dienstbetrieb als sehr zufriedenstellend, zumindest in Friedenszeiten und während ihres begrenzten Kriegseinsatzes, da ihre dünne Außenhaut nie in Mitleidenschaft gezogen wurde. Bei den Erprobungsfahrten erreichten sie alle 33 kn (DUGUAY-TROUIN 33,6 kn bei einer Antriebsleistung von 116 235 WPS), sie fuhren wirtschaftlich und besaßen auch gute See-Eigenschaften. Nachteilig war der hohe Freibord vorn, der sie empfindlich für Seitenwinde machte, und wie alle »Mittelmeer-Entwürfe« hatten sie eine zu geringe Seeausdauer. Die Bewaffnung erwies sich ebenfalls als zufriedenstellend, ausgenommen die Geschützverschlüsse, die zu langsam arbeiteten und zu einer Verringerung in der Feuergeschwindigkeit führten.

Von der Indienststellung bis 1933 diente LAMOTTE-PICQUET als Flaggschiff einer Kreuzerdivision, anfänglich in Brest stationiert und zur 3. Leichten Division des II. Geschwaders gehörend. 1935 wurde der Leichte Kreuzer in den Fernen Osten entsandt. Dort war das Schiff auch stationiert, als der Zweite Weltkrieg ausbrach. In der ersten Kriegsphase 1939/40 bestanden seine Aufgaben hauptsächlich im Patrouillendienst vor der Küste Französisch-Indochinas (heute die Staaten Vietnam, Laos und Kamputschea), im Südchinesischen Meer und in ostindischen Gewässern. Zunehmende Spannungen entlang der Grenze zu Siam (heute Thailand), die im November 1940 begannen, führten zur Bildung eines Flottenverbandes, der zu Anfang des folgendes Jahres in den Golf von Siam entsandt wurde: der Leichte

Links: Die PRIMAUGUET im Oktober 1937. Beachte die beiden Seeflugzeuge an Bord sowie das Band in den Nationalfarben über dem Turm B für den Spanien-Einsatz. (MB)

Unten links: Die DUGUAY-TROUIN im Juli 1943 nach dem Auslaufen aus Alexandria im Suezkanal. (IWM)

Kreuzer LAMOTTE-PICQUET, die Kanonenboote AMIRAL CHARNER, DUMONT D'URVILLE, MARNE und TAHURE. Am 17. Januar 1940 griff der französische Verband das überlegene, aber auf der Reede von Kho Chang ankernde siamesische Geschwader an und versenkte in einem zweistündigen Gefecht ohne eigene Ausfälle das kleine Küstenpanzerschiff DHONBURI sowie zwei Torpedoboote und beschädigte die restlichen siamesischen Schiffe schwer. Im Verlaufe dieses Gefechtes verbrauchte der französische Kreuzer über 450 Schuß und fuhr zwei Torpedoangriffe.[70]

Später kamen die Aktivitäten der vichy-französischen Streitkräfte im Fernen Osten weitgehend zum Erliegen. Die LAMOTTE-PICQUET unternahm nur noch selten örtliche Patrouillenfahrten. Im September 1941 ging sie zu einer Werftliegezeit nach Osaka/Japan ins Dock. Ende 1942 wurde der Kreuzer in die Reserve versetzt und in Saigon aufgelegt. Die Hulk diente Ausbildungszwecken und wurde am 12. Januar 1945 von amerikanischen Trägerflugzeugen der *TF 38* an ihrem Liegeplatz versenkt.

Auch die DUGUAY-TROUIN trat nach ihrer Indienststellung zum 2. Geschwader in Brest. 1929 wurde sie das Flaggschiff der 3. Leichten Division, die zum I. Geschwader im Mittelmeer gehörte. 1931 unternahm der Leichte Kreuzer eine lange Reise nach Französisch-Indochina, um anschließend – von 1932 bis 1935 – als Flaggschiff des II. Geschwaders in Brest zu dienen. Ende 1936 fand die DUGUAY-TROUIN als Artillerieschulschiff bis zum Juni 1939 Verwendung. Danach gehörte sie als Flaggschiff zur 6. Kreuzerdivision. In der ersten Phase des Krieges kam sie als Teil einer alliierten Kampfgruppe bei Suchoperationen nach deutschen Handelsschiffen und Handelsstörern im Atlantik zum Einsatz. Hierbei stellte die DUGUAY-TROUIN am 16. Oktober 1939 das deutsche Frachtschiff HALLE (5889 BRT), das sich selbst versenkte. Anfang Mai 1940 verlegte sie in die Levante zum Verband von VAdm. Godfroy, der in Beirut stationiert war, und war im Juni an Vorstößen in die Ägäis gegen die italienischen Dodekanes-Inseln beteiligt. Als Folge des französischen Zusammenbruchs wurde der Kreuzer als Teil der von VAdm. Godfroy befehligten *Gruppe X* am 7. Juli 1940 in Alexandria interniert.[71] Dort verblieb die DUGUAY-TROUIN in desarmiertem Zustand, bis die *Gruppe X* im Juli 1943 zu den freifranzösischen Streitkräften überging. In den ersten sechs Monaten des Jahres 1944 wurde der Kreuzer als schneller Truppentransporter eingesetzt. Im August 1944 nahm das Schiff an den Landungen in Südfrankreich teil (Operation »Dragoon«) und führte anschließend entlang der Küste bis Genua Einsätze zur Feuerunterstützung der Bodentruppen bis zum April 1945 durch. Nach Kriegsende ging die DUGUAY-TROUIN nach Indochina und unterstützte die Operationen des Heeres gegen die Vietmin[72] bis 1952.

Nach ihrer Indienststellung begann die PRIMAUGUET ihren Werdegang mit einer Weltreise. Sie lief am 20. April 1927 aus Brest aus und kehrte am 20. Dezember dorthin zurück. In den folgenden Jahren verbrachte sie jedes Jahr mehrere Monate mit ausgedehnten Ausbildungsreisen. Am 15. April 1932 ging das Schiff in den Fernen Osten und verblieb dort, bis es am 10. Januar 1936 den Rückmarsch in das Mutterland zur Großen Werftliegezeit antrat. Nach den sich anschließenden Erprobungsfahrten im September 1937 kehrte die PRIMAUGUET erneut in den Fernen Osten zurück und traf am 21. November 1937 in Saigon ein. Im Sommer 1939 vom Schweren Kreuzer SUFFREN abgelöst und in die Heimat zurückgekehrt, war sie an den Suchoperationen nach deutschen Schiffen im Atlantik beteiligt und fand auch im Geleitsicherungsdienst Verwendung. Im März 1940 wurde der Leichte Kreuzer in Oran stationiert und führte mehrere Einsätze durch, darunter auch zur Überwachung der Kanarischen Inseln hinsichtlich ihrer Benutzung durch deutsche Schiffe. Am 1. April 1940 ging die PRIMAUGUET nach Fort de France/Martinique in die westindische Gewässer, um die JEANNE D'ARC abzulösen. Auf dem Wege dorthin führte der Kreuzer Handelskrieg und hielt fünf Handelsschiffe verschiedener Nationalität zur Untersuchung an. Nach dem Eintreffen in Fort de France operierte das Schiff den April hindurch in den Gewässern Niederländisch-Westindiens auf der Suche nach etwa zwanzig Schiffen. Am 6. Mai 1940 löste die Sloop HMS DUNDEE[73] die PRIMAUGUET vor Aruba – einer Insel der Niederländischen Antillen – ab. Als die niederländische Kapitulation bekannt wurde, übernahm ein Landungskommando des französischen Kreuzers die Sicherung der Ölanlagen. Am 12. Juni 1940 trat das Schiff den Marsch über den Atlantik ins westafrikanische Dakar an. Die PRIMAUGUET war am 8. Juli in diesem Hafen anwesend, als der Angriff der Royal Navy erfolgte.[74] Nach dem Waffenstillstand gehörte sie zu den in Marokko stationierten Seestreitkräften und nahm an Operationen zur Unterstützung der vichy-französischen Territorien Afrikas teil, als diese durch freifranzösische Kräfte bedroht wurden. Am 4. September 1940 ging der Kreuzer nach Dakar, um die dortigen Streitkräfte zu verstärken, und sicherte anschließend einen Tanker zur Unterstützung der Kreuzer des 4. Geschwaders (siehe unten LA GALISSONIÈRE-Klasse), die eine Operation gegen Libreville in Fr.-Äquatorialafrika (heute Gabun) durchführen sollten. In der Bucht von Benin fingen die britischen Kreuzer CORNWALL und DELHI die vorausgesandte PRIMAUGUET mit dem Tanker ab. Als Ergebnis von Verhandlungen und zweifellos von dem Wunsch getragen, weitere Zwischenfälle wie den von Dakar zu vermeiden, erhielt die PRIMAUGUET von KAdm. Bourragué, Führer des französischen Verbandes an Bord des Kreuzers GEORGES LEYGUES, den Befehl, nach Casablanca zurückzukehren.

Durch Brennstoffknappheit behindert, verblieb die PRIMAUGUET bis zur alliierten Landung am 8. November 1942 (Operation »Torch«) in Casablanca. Zu diesem Zeitpunkt befand sich der Kreuzer in der Überholung und war nicht voll einsatzfähig, erwiderte aber aus dem Hafen heraus den amerikanischen Artilleriebeschuß und erhielt drei Treffer, allesamt Blindgänger. Die gewaltige Überlegenheit der amerikanischen *Western Task Force* zeigte sich bald und der französische Kreuzer wurde schwer getroffen, wobei erhebliche Verluste eintraten (45 Tote und über 200 Verwundete).

Die Brände auf dem Schiff wüteten die ganze Nacht hindurch. Schließlich wurde das Wrack aufgegeben, das damit zum konstruktiven Totalverlust wurde.

DUQUESNE-Klasse

Name	Bauwerft	Kiellegung	Stapellauf	Fertigstellung	Schicksal
DUQUESNE	Marinewerft Brest	30. Okt. 1924	17. Dez, 1925	6. Dez. 1928	ausgemustert: 2. Juli 1955
TOURVILLE	Marinewerft Lorient	14. April 1925	24. Aug. 1926	1. Dez. 1928	ausgemustert: 8. März 1962

Typ: Schwerer Kreuzer – Croiseur de 1ère classe.
Standardverdrängung: 10 000 ts (10 160 t).
Einsatzverdrängung: 12 200 ts (12 395 t).
Länge: 191 m (über alles), 185 m (zwischen den Loten).
Breite: 19 m.
Tiefgang: 6,32 m (mittlerer).
Antriebsanlage: 4 Satz Rateau/Chantiers-de-Bretagne-Getriebeturbinen, 9 Guyot-Ölkessel (8 Haupt- und 1 Hilfskessel), 4 Wellen.
Antriebsleistung: Konstruktionsleistung 120 000 WPS für 33,75 kn (DUQUESNE: 135 000 WPS für 35,3 kn, TOURVILLE: 130 000 WPS für 36,15 kn).
Bunkerinhalt: 1820 t (2070 t max.) Heizöl.
Fahrtstrecke: 4500 sm bei 15 kn.

Panzerschutz: Munitionskammern allseitig 30 mm, Deck und Geschützschilde 30 mm, Kommandostand 83 mm.
Geschütze: acht 20,3 cm L/50 M 1924 (4 x 2), acht 7,5 cm L/60 (8 x 1), acht 3,7 cm (4 x 2), zwölf 13,2-mm-Fla-MG's (4 x 3).
Seeminen: keine.
Torpedorohre: zwölf 55,1 cm (4 x 3).
Bordflugzeuge: zwei, ein Katapult.
Besatzungsstärke: 605 Offiziere und Mannschaften.

Entwurf: Frankreich als eine der Hauptseemächte konnte es sich noch weniger als die anderen Seemächte leisten, das Auftauchen der 10 000-ts-»Washington-Kreuzer« zu ignorieren, ungeachtet der Tatsache, ob ein solcher Entwurf erforderlich war oder nicht. Infolgedessen wurden im Bauprogramm 1924 zwei dieser Schiffe bewilligt. Vom Entwurf und der Anordnung her schienen sie vom LAMOTTE-PICQUET-Entwurf abgeleitet zu sein. Doch dies war kaum überraschend, da es keinen anderen modernen französischen Entwurf gab, auf dem die neuen Schiffe beruhen könnten. Die französischen Geschützfabriken stellten kein 20,3-cm-Geschütz her; daher mußte ein solches entworfen werden: das 20,3-cm-Geschütz L/50 Modell 1924, das eine 134 kg schwere Granate verschoß. Die französischen Marinekonstrukteure stellten wie ihre ausländischen Kollegen bald fest, daß die Beschränkungen des Washingtoner Vertrags in vielen Bereichen des Entwurfs zu Kompromissen zwangen. Hierbei ging die französische Marine – wie viele andere Marinen auch – den Weg, Panzerschutz zu opfern, um die Vertragsbeschränkungen einzuhalten. Die ersten Leichten Kreuzer besaßen kaum einen Panzerschutz und die neuen Schiffe waren hierin nicht viel besser. Mit etwa 430 ts belief sich der Panzerschutz auf etwa 3,5 % der Einsatzverdrängung und beschränkte sich auf einen zitadellartigen, allseitigen Schutz der Munitionskammern und der Maschinenräume, während die Dicke des Panzerdecks (zugleich Hauptdeck) maximal 30 mm betrug.

Die Antriebsanlage, nach dem Einheitsprinzip angeordnet, bestand aus neun Guyot-Kesseln, die mit einem geringfügig höheren Betriebsdruck als die der LAMOTTE-PICQUET arbeiteten sowie aus vier Sätzen Rateau/Chantiers-de-Bretagne-Getriebeturbinen mit einfachem Zahnradgetriebe. Konstruktionsmäßig sollte die Antriebsleistung bei 120 000 WPS für eine Höchstgeschwindigkeit von 33,75 kn liegen. Bei den Erprobungsfahrten übertrafen beide Schiffe mit 35,3 kn und 36,15 kn die geplante Leistung beträchtlich.

Die vergrößerte Länge und Breite gestattete gegenüber der DUGUAY-TROUIN-Klasse eine Verstärkung der Flakbewaffnung: Verdoppelung der

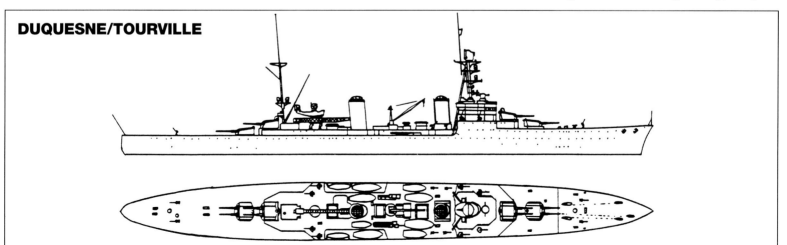
DUQUESNE/TOURVILLE

FRANKREICH 53

Rechts: TOURVILLE in den 20er Jahren. (MPL)

7,5-cm-Geschütze, aber immer noch in Einzellafetten, um den Brückenaufbau und das Katapult gruppiert. Ferner Ausrüstung mit vier der neuen 3,7-cm-Einzellafetten M 1925 bei der Fertigstellung; sie wurden später durch vier 3,7-cm-Doppellafetten M 1933 ersetzt. Hinzu kam noch die übliche Ausstattung mit 13,2-mm-Fla-MG's. Die Leichte Flak war sehr leistungsschwach, da die 3,7-cm-Geschütze nur halbautomatisch waren, während den 13,2-mm-MG's gegen Flugzeuge die Stoppwirkung fehlte. Doch dies konnte auch von vielen der damaligen ausländischen Modelle gesagt werden. Wie schon bei den vorausgegangenen Schiffen befand sich mit vier Drillingsrohrsätzen eine starke Torpedobewaffnung an Bord. Die Flugzeugeinrichtungen waren mit dem Katapult vor dem achteren Deckaufsbau installiert. Ursprünglich führte diese Kreuzerklasse als Bordflugzeuge die Gourdou-Leseurre GL 812, später durch die GL 832 und bei Kriegsausbruch durch die Loire-Nieuport 130 ersetzt. Die Bauaufträge für die beiden Schiffe ergingen am 1. Juli 1924 an die Marinewerften Brest und Lorient.

Modifizierungen: Vor dem Kriege erfuhren diese Schiffe nur geringfügige Veränderungen. Ein Vorschlag aus dem Jahre 1935 sah vor, die beiden Einheiten in leichte Flugzeugträger umzubauen, ausgerüstet mit 12 bis 14 Flugzeugen. Doch in Anbetracht des schwachen Panzerschutzes wurde der Plan zugunsten des Baus von zwei richtiggehenden Trägern – der JOFFRE-Klasse – aufgegeben. Nach ihrer Reaktivierung im Sommer 1943 auf alliierter Seite erfolgte eine Modernisierung: Die Torpedorohrsätze und das Katapult wurden ausgebaut und zusammen mit den Bordflugzeugen an Land gegeben. Die Masten erfuhren eine Änderung. Der vordere Schornstein erhielt die ausgeprägte Kappe und es erfolgte die Ausrüstung mit Radar. Die Leichte Flak wurde um acht 4 cm (2 x 4) verstärkt. Die beiden vierrohrigen Pompom-Flaks befanden sich auf einer Plattform anstelle des entfernten Großmastes. Die bisherigen Fla-Geschütze französischen Modells wurden durch sechzehn 2 cm in Einzellafetten ersetzt: je vier beiderseits der Brücke sowie auf dem Mittel- und dem Achterdeck.

Werdegang: DUQUESNE trat zum erstenmal bei der großen Flottenparade am 3. Juli 1928 in Erscheinung. Anschließend unternahm der Kreuzer eine Reise über New York nach Guadaloupe/Französische Antillen. 1929 folgte eine siebenmonatige Reise rund um Afrika. Vom November 1929 an war die DUQUESNE das Flaggschiff der 1. Leichten Division des I. Geschwaders in Toulon. Weitere Auslandsreisen folgten, unter anderem im Oktober 1931 in die USA zum 150. Jahrestag der Schlacht von Yorktown. Von 1932 bis 1938 war der Kreuzer bei der 1. und 3. Leichten Division in Toulon stationiert und gehörte anschließend bis Kriegsausbruch zur Artillerieschule. Am 25. Januar 1940 ging die DUQUESNE nach Dakar. Dort verblieb sie bis zum April und gehörte zu einer der Jagdgruppen, die gebildet worden waren, um die zu dieser Zeit in See stehenden deutschen Handelsstörer aufzuspüren.

Im Mai 1940 verlegte der Schwere Kreuzer als Flaggschiff der 2. Kreuzerdivision der *Gruppe X* nach Alexandria. Die *Gruppe X* war nach der Kriegserklärung Italiens gebildet worden, um die britischen Seestreitkräfte im östlichen Mittelmeer zu verstärken. Am 12. und 13. Juni 1940 war die DUQUESNE am erfolglosen Vorstoß in die Ägäis und gegen die italienischen Dodekanes-Inseln beteiligt; ihre einzige Operation vor dem Zusammenbruch Frankreichs. Danach blieb das Schiff mit der *Gruppe X* bis zum 24. Juni 1943 in Alexandria interniert (siehe oben DUGUAY-TROUIN). In den aktiven Dienst an der Seite der Alliierten zurückgekehrt, verlegte der Kreuzer um das Kap der Guten Hoffnung nach Dakar. Dort verblieb die DUQUESNE bis zum April 1944 und gehörte vom Dezember 1943 an zur 1. Kreuzerdivision, die im Patrouillendienst gegen Blockadebrecher im Südatlantik eingesetzt war. Im Mai 1944 traf der Kreuzer im Clyde ein und wurde im Zuge der Operation »Neptune«, der alliierten Landung in der Normandie, als Versorgungsschiff eingesetzt. Danach gehörte er zur *Gruppe Lorraine* des im Dezember 1944 gebildeten französischen Flottenkampfverbandes, der die Aufgabe hatte, die nunmehr eingeschlossenen, von den deutschen Truppen gehaltenen »Festungen« an der französischen Atlantikküste zu beschießen. Zu diesem Zeitpunkt bedurfte die DUQUESNE dringlich der Überholung. Daher absolvierte sie vom Juni bis November 1945 eine Große Werftliegezeit in Brest. Im Anschluß daran folgten Transportaufgaben, unter anderem nach Französisch-Indochina. Dort nahm sie vom Januar bis zum November 1946 sowie vom Dezember 1946 bis zum August 1947 an zwei Feldzügen teil, deckte Landungen und beschoß Küstenstellungen. Im August 1947 wurde der Kreuzer in die Sonderreserve A in Toulon versetzt, um anschließend nach Arzew in Algerien als schwimmender Stützpunkt für die Amphibischen Streitkräfte überführt zu werden. Dort verblieb das Schiff, bis es am 2. Juli 1955 ausgemustert und zum Verkauf gestellt wurde.

Die TOURVILLE lief am 5. April 1929 zu einer Weltreise aus und kehrte am 24. Dezember nach Lorient zurück. 1930 verlegte sie nach Toulon und trat zur 1. Leichten Division und ab 1934 zur 3. Leichten Division. Während des Spanischen Bürgerkrieges war der Kreuzer zwischen August 1936 und Mai 1937 an der Evakuierung von Flüchtlingen und am allgemeinen Schutz französischer Interessen beteiligt. Anfang Januar 1939 begann das Schiff in Toulon eine Große Werftliegezeit, die bis zum August dauerte. Danach gehörte die TOURVILLE zur 2. Kreuzerdivision in Toulon. In dieser Zeit nahm sie an der Suche nach Handesschiffen der Achsenmächte im Mittelmeer teil und führte vom 8. bis zum 26. Dezember 1939 eine Patrouillenfahrt von Bizerta nach Beirut durch, in derem Verlauf 32 Schiffe zur Untersuchung angehalten wurden. Zwischen dem 20. Januar und dem 7. Februar 1940 führte der Kreuzer eine weitere Fahrt durch und brachte eine große Goldladung von Toulon nach Beirut. Im Anschluß daran stieß die TOURVILLE zur *Gruppe X* in Alexandria und operierte unter anderem bis zum Juli mit der DUQUESNE (Vorstoß in die Ägäis). Danach verblieb der Kreuzer abgerüstet bis Mitte 1943 in Alexandria in der Internierung (siehe oben DUGUAY-TROUIN). In den aktiven Dienst auf alliierter Seite zurückgekehrt, gehörte die TOURVILLE zur 1. Kreuzerdivision in Dakar, ehe sie im Juni 1944 zur Werftliegezeit in Bizerta und danach im November nach Toulon entsandt wurde. In Toulon fand der Kreuzer

Oben: DUQUESNE im Dezember 1945 nach den Umbauten während ihrer Werftliegezeit in den USA. (MB)

als Stützpunktschiff für Geleitsicherungsfahrzeuge Verwendung. Nach dem Kriege wurde die TOURVILLE nach Französisch-Indochina entsandt. Sie traf am 16. Januar 1946 in Saigon ein und unterstützte bis zu ihrer Rückkehr nach Toulon am 27. Juli 1946 Operationen von Bodentruppen an der Küste. Zwischen dem 8. Oktober 1946 und dem 15. November 1947 folgte ein zweiter derartiger Einsatz. Am 11. Dezember lief der Kreuzer wieder in Toulon ein. Dies war zugleich auch das Ende seines aktiven Dienstes. Später diente das Schiff noch als Ponton und Wohnhulk in Brest, bis es am 28. April 1961 aus der Flottenliste gestrichen wurde. Vierzehn Jahre lang hatte die Hulk in Lannion vor Anker gelegen. Am 15. Januar 1963 verließ die TOURVILLE im Schlepp Brest, um in Toulon La Ciotat verschrottet zu werden.

SUFFREN-Klasse

Name	Bauwerft	Kiellegung	Stapellauf	Fertigstellung	Schicksal
SUFFREN	Marinewerft Brest	17. April 1926	3. Mai 1927	1. Jan. 1930	abgebrochen: 1974
COLBERT	Marinewerft Brest	12. Juni 1927	20. April 1928	4. März 1931	selbstversenkt in Toulon: 27. Nov. 1942
FOCH	Marinewerft Brest	21. Juni 1928	24. April 1929	15. Sept. 1931	selbstversenkt in Toulon: 27. Nov. 1942
DUPLEIX	Marinewerft Brest	14. Nov. 1929	9. Okt. 1930	20. Juli 1932	selbstversenkt in Toulon: 27. Nov. 1942

Typ: Schwerer Kreuzer – Croiseur de 1ère classe.
Standardverdrängung: 10 000 ts (10 160 t).
Einsatzverdrängung: 12 780 ts (12 984 t).
Länge: 196 m (über alles), 185 m (zwischen den Loten).
Breite: 20 m.
Tiefgang: 6,35 m (mittlerer).
Antriebsanlage: 3 Satz Rateau/Chantiers-de-Bretagne-Getriebeturbinen, 9 Guyot-Kessel (SUFFREN: 8 Haupt- und 1 Hilfskessel), 3 Wellen.
Antriebsleistung: Konstruktionsleistung 90 000 WPS für 31,3 kn (SUFFREN: 119 000 WPS für 34 kn).
Bunkerinhalt: 1800 t Heizöl (2700 t max.).
Fahrtstrecke: 4600 sm bei 15 kn, 3000 bei 25 kn.
Panzerschutz: SUFFREN: Hauptgürtelpanzer 50 mm, Ober- und Hauptdeck 25 mm, Türme 30 mm, Kommandostand 30 mm; übrige Einheiten: Hauptgürtelpanzer 54 – 60 mm, Ober- und Hauptdeck 22 – 25 mm (DUPLEIX: 30 mm), Türme 30 mm, Kommandostand 30 mm.
Geschütze: acht 20,3 cm L/50 M 1924 (4 x 2), acht 9 cm L/50 M 1926 (8 x 1; DUPLEIX: 4 x 2 M 1930 – SUFFREN: acht 7,5 cm L/60 in Einzellafetten), acht 3,7 cm (4 x 2), zwölf 13,2-mm-Fla-MG's (4 x 3).
Seeminen: keine.
Torpedorohre: sechs 55,1 cm (2 x 3).
Bordflugzeuge: drei (SUFFREN: zwei), zwei Katapulte.
Besatzungsstärke: Friedensstärke: 637 Offiziere und Mannschaften, Kriegsstärke: 752 Offiziere und Mannschaften (SUFFREN: 773 Mann).

Entwurf: Das Bauprogramm 1925 enthielt die Beschaffung eines weiteren auf dem TOURVILLE-Entwurf beruhenden »Washington«- oder Schweren Kreuzers, der jedoch vernünftigerweise einen stärkeren Panzerschutz auf Kosten von rund zwei Knoten Geschwindigkeit aufwies. Eine Steigerung in der Breite und eine Antriebsanlage mit Drei-Wellen-Anordnung waren bemerkenswerte Unterschiede zum TOURVILLE-Entwurf. Die installierte Antriebsleistung war um 25 % verringert, aber das eingesparte Gewicht gestattete einen 50 mm dicken Gürtelpanzer und eine 25 mm dicke Deckspanzerung. Das Gewicht der Panzerung belief sich insgesamt auf 951 ts, d. h. auf das Zweifache der TOURVILLE, während sich die Höchstgeschwindigkeit lediglich auf 31 kn verringert hatte. Die 20,3-cm-Geschütze waren vom selben Modell wie der ersten französischen Schweren Kreuzer. Dies galt auch für die Schwere Flak der SUFFREN. Die Torpedobewaffnung war um die Hälfte auf zwei Drillingsrohrsätze verringert worden. Statt dessen hatte die SUFFREN zwei Katapulte, je eines an Backbord und an Steuerbord, statt des bisherigen einen auf dem Aufbaudeck achteraus des hinteren Schornsteins erhalten. Die eingesetzten Bordflugzeuge, von denen zwei untergebracht werden konnten, waren vom Typ Loire-Nieuport 130.

Der Bauauftrag für die erste Einheit, die den Namen SUFFREN erhalten sollte, erging am 1. November 1925 an die Marinewerft Brest. Eine zweite Einheit wurde unter dem Bauprogramm 1926 bewilligt (Haushaltsgesetz vom 4. August 1926) und am 1. März 1927 bei derselben Werft in Auftrag gegeben. Obwohl nominell als Schwesterschiff bezeichnet, unterschied sich das zweite Schiff, die COLBERT, in mancherlei Hinsicht von der SUFFREN und müßte eigentlich als »Halbschwester« angesehen werden. Die COLBERT war in der Länge über alles etwas kürzer und wies auch eine verringerte Breite auf, teilweise als Folge eines anderen Panzerschutzschemas. Ihr äußeres Erscheinungsbild unterschied sich von dem der SUFFREN in einem Punkt wesentlich: Die beiden Katapulte befanden sich nunmehr zwischen den Schornsteinen und auch ein anderer Krantyp hatte Verwendung gefunden. Jetzt konnten drei Bordflugzeuge untergebracht werden. Ferner gab es noch kleinere Unterschiede bei den Masten und ihrer Takelage.

Was die Bewaffnung anbetraf, so stellte die einzige Veränderung das Ersetzen der 7,5-cm-Fla-Geschütze durch das neue 9-cm-Geschütz L/50 M 1926 – noch immer in Einzellafette – dar.

Im Schiffsinneren gestatteten die Gewichtseinsparungen bei der Antriebsanlage eine Steigerung beim Umfang des Panzerschutzes auf insgesamt 1374 ts, wobei der Vertikalschutz innerhalb des

FRANKREICH 55

Links: Die SUFFREN am 23. Juni 1943, nach dreijähriger Demilitarisierung aus Alexandria auslaufend. (IWM)

Schiffskörpers untergebracht und auf der gesamten Länge der Maschinenräume auf 54 – 60 mm Dicke verstärkt und die Außenbeplattung auf 20 mm verringert wurde. Die Seitenräume beiderseits des achteren Kesselraums und entlang der Turbinenräume wurden mit Kohle gefüllt. Sie diente als zusätzlicher Schutz und gleichzeitig als Brennstoff für die Hilfskessel bei Marschfahrt. Die installierte Antriebsleistung wurde auf 106 000 WPS für eine Höchstgeschwindigkeit von 33 kn erhöht.

1927 wurde eine dritte Einheit mit dem Namen FOCH bewilligt und ebenfalls bei der Marinewerft Brest in Auftrag gegeben. Dieses Schiff unterschied sich wiederum in Einzelheiten. Es erfolgte keine Ausrüstung mit kohlebefeuerten Kesseln, aber die Kohlebunker wurden als Schutz beibehalten, während der Hilfskesselraum zu einem Heizölbunker umgebaut wurde. Die Abmessungen des Schiffskörpers unterschieden sich kaum von jenen der COLBERT, aber erneut gab es kleine Unterschiede bei den Masten und ihrer Takelage.

DUPLEIX, die letzte Einheit dieser Klasse, unterschied sich wiederum von ihren Vorgängern. Das Gewicht der Panzerung hatte sich mit insgesamt 1553 ts noch weiter erhöht, hauptsächlich infolge der Steigerung der Panzerdicke beim Hauptdeck (Panzerdeck) auf 30 mm. Im Gegensatz zu den übrigen Einheiten führte die DUPLEIX ihre 9-cm-Geschütze in Doppellafetten M 1930. Auch für dieses Schiff aus dem Bauprogramm 1929 ging der Bauauftrag an die Marinewerft Brest und wurde am 1. April 1929 erteilt.

Modifizierungen: Vor dem Kriege und auch noch einige Zeit nach seinem Ausbruch kam es zu keinen größeren Änderungen. Nach ihrer Reaktivierung im Sommer 1943 wurden bei der SUFFREN die Flugzeugeinrichtungen, die Torpedorohrsätze und der Großmast ausgebaut und zusammen mit den Bordflugzeugen an Land gegeben. Statt des Großmastes erhielt das Schiff zwei 4-cm-Bofors-Vierlings-Flaks. Hinzu kamen zwanzig 2-cm-Geschütze in Einzellafetten beiderseits der Brücke sowie auf dem Mittel- und Achterdeck. Bei der COLBERT erfuhr die Leichte Flak 1941/42 in Diensten der Vichy-Regierung folgende Verstärkung: sechs 3,7 cm (6 x 1), zwanzig 13,2-mm-Fla-MG's (4 x 4, 2 x 2) und vier 8-mm-MG's (4 x 1). FOCH und DUPLEIX erhielten je acht 3,7 cm in Einzellafetten, zwanzig 13,2 mm sowie sieben bzw. drei 8 mm.

Werdegang: Die SUFFREN wurde 1929 in Dienst gestellt und erreichte bei den Erprobungsfahrten eine mittlere Geschwindigkeit von 32,5 kn bei einer Antriebsleistung von 100 089 WPS. Sie trat zur 1. Leichten Division und diente bis 1939 beim Mittelmeergeschwader. Im Frühjahr 1939 entschied die Marineführung, den Leichten Kreuzer PRIMAUGUET von der SUFFREN ablösen zu lassen. Daher verließ der Kreuzer am 21. Juni 1939 Toulon und traf am 23. Juli als neues Flaggschiff des Indochina-Geschwaders in Saigon ein. Nach dem Kriegsausbruch führte die SUFFREN im Südchinesischen Meer auf der Suche nach deutschen Handelsschiffen vor Niederländisch-Ostindien Patrouillendienst durch.

Ende November 1939 ging die SUFFREN nach Singapur, um zusammen mit dem Schweren Kreuzer HMS KENT größere australische Truppentransportgeleitzüge durch den Indischen Ozean zu sichern. Diese Einsätze dauerten bis Ende April 1940 und am 5. Mai verließ die SUFFREN Colombo/Ceylon, um über Aden und den Suez-Kanal ins östliche Mittelmeer zurückzukehren. Am 18. Mai traf der Schwere Kreuzer in Alexandria ein und gehörte von da an zur französischen *Gruppe X* unter dem Befehl von VAdm. Godfroy. Nach der

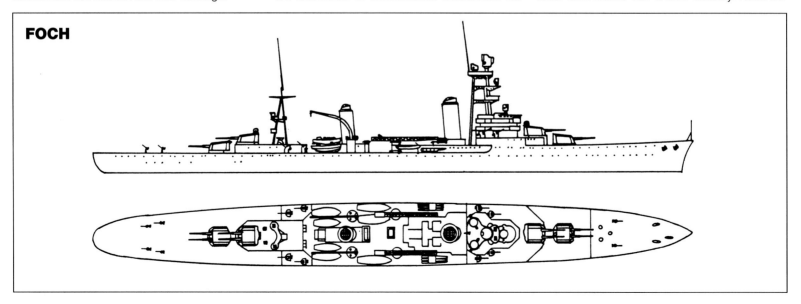

FOCH

Links: FOCH vor dem Kriege. Beachte das Band in den Nationalfarben über den Türmen B und C als Kennzeichnung für die Internationale Seekontrolle im Spanien-Einsatz. (WZB)

Oben: Die SUFFREN im Januar 1938. (MB)

Unten: Die COLBERT im Februar 1941. Beachte das wieder eingeführte Band in den Nationalfarben über den Türmen B und C als Zeichen der Zugehörigkeit zur nationalfranzösischen Marine. (MB)

Kriegserklärung Italiens und dem französischen Waffenstillstand reichte die Zeit lediglich für einen einzigen Vorstoß im Rahmen der *Gruppe X* zwischen dem 11. und dem 13. Juni in die Ägäis, der aber erfolglos verlief. An einer zweiten Operation mit britischen Kreuzern und Zerstörern, um den Hafen von Bardia/Libyen am 21. Juni 1940 zu beschießen, war neben dem Schlachtschiff LORRAINE (Flaggschiff von VAdm. Tovey, RN) und dem Leichten Kreuzer DUGUAY-TROUIN auch die SUFFREN beteiligt. Als Folge des Waffenstillstandes verblieb die SUFFREN für die nächsten drei Jahre abgerüstet in Alexandria interniert (siehe oben DUGUAY-TROUIN), bis sich Adm. Godfroy im Mai 1943 entschloß, der alliierten Sache beizutreten. Nach der Umfahrung Afrikas traf der Kreuzer am 3. September 1943 in Dakar ein und wurde sofort im Patrouillendienst zur Suche nach deutschen Blockadebrechern im Südatlantik eingesetzt. Diese Einsätze dauerten bis weit in das Jahr 1944 hinein, wobei die SUFFREN sogar noch ins ferne brasilianische Recife verlegte. Anschließend verbrachte sie den Rest des Krieges mit einer Werftliegezeit in Casablanca. Nach dem Kriege führte der Kreuzer eine Reihe von Repatriierungs- und Transporteinsätzen zwischen dem französischen Mutterland und Indochina durch, ehe er vom 26. Februar 1946 bis zum 21. März 1947 in Indochina zum aktiven Einsatz gelangte. Nach seiner Rückkehr nach Toulon wurde das Schiff am 1. Oktober 1947 in die Reserve versetzt und fand in Toulon als Pontonbasis Verwendung.

Nach der Indienststellung trat die COLBERT zur 1. Leichten Division im Mittelmeer. Dort verbrachte sie die nächsten paar Jahre mit normaler Friedensroutine. Vom 16. Januar 1935 bis zum Januar 1936 absolvierte der Kreuzer eine Große Werftliegezeit in Lorient. Danach gehörte er während des Spanischen Bürgerkrieges zur Internationlen Seekontrolle in spanischen Gewässern.[75] Im September 1939 war die COLBERT in Oran stationiert, kehrte dann im Januar 1940 nach Toulon zurück und wurde am 24. Januar dem Befehl des Admiral Afrika unterstellt, um im Zusammenhang mit der Suche nach dem Schweren Kreuzer ADMIRAL HIPPER Patrouillendienst im Atlantik durchzuführen. Im April 1940 nach Frankreich zurückgekehrt, blieb der Kreuzer bis zur Kriegserklärung Italiens in Toulon stationiert. Danach war er am 13. Juni am Vorstoß in den Golf von Genua und der Beschießung der Hafenanlagen von Genua beteiligt. Hierbei griffen Schnellboote der 13. MAS-Flottille die COLBERT erfolglos an. Nach dem Waffenstillstand begann das Schiff am 1. August 1940 eine Große Werftliegezeit in Toulon und wur-

FRANKREICH

Oben: Die DUPLEIX am 16. Oktober 1940. Beachte die 9-cm-Doppellafetten. (MB)

de bis Dezember 1940 überholt. Ab Januar 1941 gehörte die COLBERT zur 1. Kreuzerdivision. Bei der Besetzung Toulons am 27. November 1942 durch deutsche Truppen (Unternehmen »Lila«) vernichtete sich der Kreuzer selbst.[76] Die Brände auf dem Schiff hielten sechs Tage an und brachen am 7. Dezember erneut aus; das Schiff war ein Totalverlust. 1946/47 wurde das ausgebrannte Wrack gehoben und verschrottet.

Im März 1935 war die FOCH zum Schutze französischer Interessen während der Unruhen in Griechenland eingesetzt. Anschließend gehörte sie nacheinander zur 1. Leichten Division, zur 3. Leichten Division und schließlich zur 1. Kreuzerdivision des III. Geschwaders, bis zum September 1939 in Toulon stationiert. Im Oktober 1939 wurde der Kreuzer nach Oran entsandt und war an den französisch-britischen Jagdgruppen beteiligt, die die Aufgabe hatten, im Mittel- und Südatlantik nach deutschen Handelsstörern zu suchen. Danach war die FOCH bis zum Februar 1940 im Geleitsicherungsdienst zwischen Marokko und den Bermudas eingesetzt. Anschließend kehrte sie zu einer Werftliegezeit nach Toulon zurück. Nach ihrer Wiederindienststellung war die FOCH am 14. Juni 1940 ebenfalls am Vorstoß in den Golf von Genua beteiligt und beschoß die ligurische Küste bei Vado; ihre letzte Operation mit alliierten Seestreitkräften. Sie blieb bei den vichy-französischen Hochseestreitkräften in Toulon bis zum 4. Oktober 1941 in Dienst. Danach wurde der Kreuzer mit einem Wartungskommando an Bord aufgelegt. Am 27. November 1942 versenkte sich die FOCH an ihrem Liegeplatz selbst. Am 16. April 1943 hoben die Italiener das Schiff, um es anschließend zu verschrotten.

Von der Indienststellung an bis zum Kriegsausbruch gehörte die DUPLEIX zur 1. Leichten Division der Mittelmeerflotte, unterbrochen durch eine Große Werftliegezeit 1937. 1939 wurde der Kreuzer nach Dakar entsandt, um sich im Süd- und Mittelatlantik an der Jagd auf deutsche Handelsstörer und Handelsschiffe zu beteiligen. Mit Unterstützung der DUPLEIX wurde am 25. Oktober 1939 von französischen Großzerstörern der deutsche Blockadebrecher SANTA FÉ (4627 BRT) aufgebracht. Nach ihrer Rückkehr ins Mittelmeer war sie ebenfalls am 14. Juni 1940 an der Beschießung der Hafenanlagen von Genua beteiligt (siehe oben COLBERT).

Der Kreuzer verblieb nach dem Waffenstillstand in Toulon und versenkte sich am 27. November 1942 selbst. Am 3. Juli 1943 von den Italienern gehoben, sank das Schiff 1944 bei einem alliierten Luftangriff erneut.

JEANNE D'ARC-Klasse

Name	Bauwerft	Kiellegung	Stapellauf	Fertigstellung	Schicksal
JEANNE D'ARC	Chantiers & Ateliers de St. Nazaire (Penhoët-Werft)	31. Aug. 1928	14. Febr. 1930	14. Sept. 1931	gestrichen: 1965

Typ: Leichter Kreuzer – Croiseur de 2me classe.
Standardverdrängung: 6496 ts (6600 t).
Einsatzverdrängung: 8950 ts (9093 t).
Länge: 170 m (über alles), 160 m (zwischen den Loten).
Breite: 17,7 m.
Tiefgang: 5,7 m (mittlerer).
Antriebsanlage: 2 Satz Parsons-Getriebeturbinen, 4 Penhoët-Kessel, 2 Wellen.
Antriebsleistung: Konstruktionsleistung 32 500 WPS für 25 kn (39 200 WPS für 27,84 kn max.).
Bunkerinhalt: 1400 t Heizöl.
Fahrtstrecke: 5200 sm bei 11 kn, 3200 sm bei 21 kn.
Panzerschutz: Deck 76 mm, Munitionskammern allseits 20 mm, Kommandostand 30 mm.
Geschütze: acht 15,5 cm L/55 M 1920 (4 x 2), vier 7,5 cm L/60 (4 x 1), vier 3,7 cm (2 x 2), zwölf 13,2-mm-Fla-MG's (4 x 3).
Seeminen: keine.
Torpedorohre: zwei 55,1 cm (2 x 1).
Bordflugzeuge: zwei, kein Katapult.
Besatzungsstärke: 506 Offiziere und Mannschaften zuzüglich 156 Kadetten und 20 Ausbildungsoffiziere.

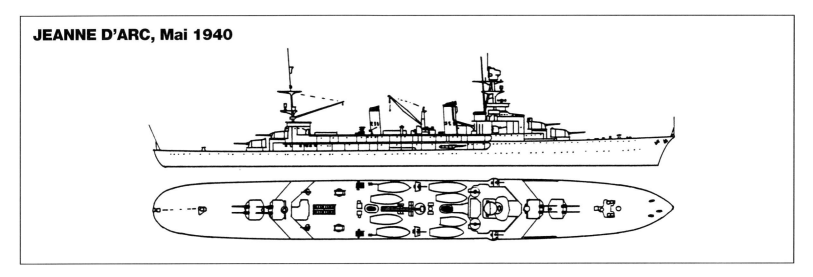

JEANNE D'ARC, Mai 1940

Entwurf: Das Bauprogramm 1926, unter dem bereits der Schwere Kreuzer COLBERT bewilligt worden war, sanktionierte auch einen neuen Schiffstyp für die französische Marine: einen zweckgebauten Schulkreuzer. Ein Schiff von der Größe eines Kreuzers war für den Ausbildungsdienst ideal, denn es konnte eine große Anzahl Kadetten untergebracht werden. Vorher fanden für diese Aufgabe nur veraltete Schiffe Verwendung. Daher war der Bau eines neuen Schiffes für diese Aufgabe sehr ungewöhnlich.

Der neue französische Schulkreuzer erhielt die vollständige Bewaffnung eines Leichten Kreuzers, insbesondere acht 15,5 cm L/55 M 1920 in Doppeltürmen wie die DUGUAY-TROUIN. Somit war die JEANNE D'ARC der einzige weitere Kreuzer, der dieses Geschützmodell erhielt. Allerdings führte sie eine sehr verringerte Torpedobewaffnung. Eine weitere bedeutende Konzession, um für eine große Anzahl Kadetten Raum zu schaffen, bestand in einer schwächeren und daher weniger Raum beanspruchenden Antriebsanlage. Sie umfaßte lediglich zwei Getriebeturbinensätze mit Zwei-Wellen-Anordnung und nur vier Kessel. Ihre Konstruktionsleistung betrug 32 500 WPS für eine Höchstgeschwindigkeit von 25 kn.

Vom äußeren Erscheinungsbild her vermittelte die JEANNE D'ARC durch den mittschiffs gelegenen Aufbau für Kabinenunterbringung den Eindruck eines Passagierschiffes, aber andererseits war die charakteristische Kreuzersilhouette immer noch vorhanden. Mit Ausnahme eines leichten Schutzes der Munitionskammern und eines schwach gepanzerten Hauptdecks war keine Panzerung vorgesehen. Zwei Flugboote vom Typ Loire-Nieuport 130 konnten untergebracht werden, obwohl die beiden vorgesehenen Katapulte im Entwurf gestrichen wurden. Das Aus- und Einsetzen der Bordflugzeuge erfolgte daher durch zwei Kräne. Der Bauauftrag für das neue Schiff

Unten: JEANNE D'ARC auf einer Auslandsreise in den Tropen mit aufgespannten Sonnensegeln. Sie führt als Bordflugzeug eine Nieuport »Loire 130«. (MPL)

FRANKREICH

ging an die Penhoët-Werft der Chantiers & Ateliers de St. Nazaire. Er wurde am 8. Oktober 1928 vergeben.

Modifizierungen: Bis 1943 wurden keine bzw. nur wenige Veränderungen vorgenommen. In diesem Jahr kamen die Torpedorohre und die Flugzeugeinrichtungen zusammen mit den Bordflugzeugen von Bord. Der Großmast wurde ebenfalls entfernt und sämtliche leichten Fla-Geschütze französischen Modells wurden durch sechs 4 cm (6 x 1) und zwanzig 2 cm in Einzellafetten ersetzt.

Werdegang: Die JEANNE D'ARC führte ihre erste Ausbildungsreise 1931/32 durch. Hierbei besuchte sie Brasilien und Argentinien, umrundete Kap Hoorn und kehrte durch den Panamakanal über Westindien und Marokko nach Frankreich zurück. Auf einer späteren Reise besuchte sie auch die Levante. Im darauffolgenden Jahr machte sie ihre erste Weltreise, 1937/38 gefolgt von einer weiteren. Doch die normale Ausbildungsroutine bestand in einer Wiederholung des Reiseprogramms von 1931/32.

Die politischen Ereignisse zwangen jedoch 1939 zu einer Verkürzung der achten Ausbildungsreise; es sollte die letzte vor dem Kriege sein. Nach Kriegsausbruch war der Kreuzer zunächst im Patrouillendienst auf der Suche nach deutschen Blockadebrechern im Westatlantik eingesetzt. Im Mai 1940 transportierte die JEANNE D'ARC zusammen mit dem Leichten Kreuzer EMILE BERTIN die französischen Goldreserven – etwa 200 t – nach Halifax/Neuschottland in Kanada. Nach der Beendigung dieses Auftrages lief der Kreuzer Pointe-de-Pitre in den Französischen Antillen an und verblieb dort bis 1943. In dieser Zeit sicherte die JEANNE D'ARC atlantische Geleitzüge und patrouillierte in den Gewässern der Karibik.[77]

Am 31. Juli 1943 lief das Schiff aus Fort de France/Martinique zu einer Werftliegezeit nach Philadelphia aus. Auf dem Wege dorthin wurde dieser Befehl widerrufen und statt dessen befohlen, Casablanca anzulaufen. Dort traf die JEANNE D'ARC am 9. September ein. Erneut ins Mittelmeer verlegt, erfolgte zwischen dem Nachmittag des 17. September und 15.00 Uhr am 19. September 1943 durch 300 Spezialisten des amerikanischen Werkstattschiffes VULCAN eine Umrüstung und Modernisierung ihrer Leichten Flak. Im Anschluß daran führte der Kreuzer Truppen- und Materialtransporte von und nach Ajaccio/Korsika durch, bis das Schiff am 20. Januar 1944 nach Casablanca zurückkehrte, um eine Werftliegezeit zu beginnen. Diese war im Mai abgeschlossen und die JEANNE D'ARC nahm ihre Transporttätigkeit wieder auf. Vom Oktober 1944 bis zum 15. März 1945 gehörte der Kreuzer zur *Flank Force* und nahm an Einsätzen zur Beschießung deutschen Küstenstellungen entlang der ligurischen Küste teil.

Nach dem Kriege wurde die JEANNE D'ARC wieder zum Schulkreuzer umgerüstet und nahm im Juli 1946 ihren friedensmäßigen Ausbildungsdienst wieder auf. In der Folgezeit führte das Schiff 1955/56, 1961/62 und 1962/63 drei weitere Weltreisen durch, ehe es 1965 aus der aktiven Flottenliste getrichen wurde.

ALGÉRIE-Klasse

Name	Bauwerft	Kiellegung	Stapellauf	Fertigstellung	Schicksal
ALGÉRIE	Marinewerft Brest	13. März 1931	21. Mai 1932	15. Sept. 1934	selbstversenkt in Toulon: 27. Nov. 1942

Typ: Schwerer Kreuzer – Croiseur de 1ère classe.
Standardverdrängung: 10 000 ts (10 160 t).
Einsatzverdrängung: 13 461 ts (13 677 t).
Länge: 186,2 m (über alles), 180 m (zwischen den Loten).
Breite: 20 m.
Tiefgang: 6,15 m (mittlerer).
Antriebsanlage: 4 Satz Rateau/Chantiers-de-Bretagne-Getriebeturbinen, 8 Indret-Kessel, 4 Wellen.
Antriebsleistung: 84 000 WPS für 31 kn.
Bunkerinhalt: 1900 t (2935 t max.) Heizöl.
Fahrtstrecke: 5000 sm bei 15 kn.
Panzerschutz: Hauptgürtelpanzer 110 mm, Hauptdeck (Panzerdeck) 80 mm max., Türme (Frontseite) 100 mm, Kommandostand 100 mm.
Geschütze: acht 20,3 cm L/50 M 1924 (4 x 2), zwölf 10 cm L/60 M 1930 (6 x 2), vier 3,7 cm (4 x 1), sechzehn 13,2-mm-Fla-MG's (4 x 4).

Seeminen: keine.
Torpedorohre: sechs 55,1 cm (2 x 3).
Bordflugzeuge: drei, ein Katapult.
Besatzungsstärke: 616 Offiziere und Mannschaften.

Entwurf: Im Jahr nach der Bewilligung der DUPLEIX wurde im Bauprogramm 1930 ein siebter Schwerer Kreuzer ausgewiesen, der von den Entwürfen für die früheren Schiffe vollkommen abwich.

Gegenüberliegende Seite:
Oben: Die ALGÉRIE im Jahre 1935 mit Seeflugzeugen vom Typ GL 810. (MB)

Unten: Die ALGÉRIE im August 1941, jetzt mit einer Nieuport »Loire 130« als Bordflugzeug. (MB)

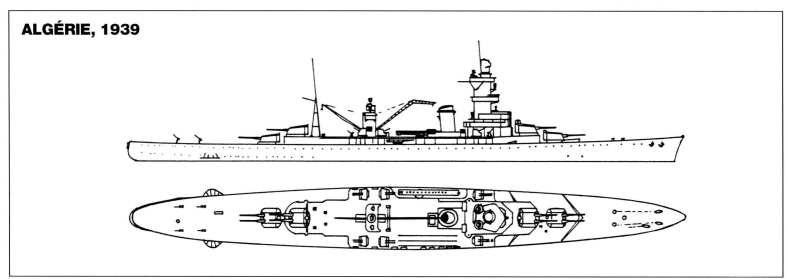

ALGÉRIE, 1939

FRANKREICH

Die ALGÉRIE im August 1942, wie sie zuletzt aussah. Sie scheint beiderseits des Vormarsstandes mit einer Art Radarantennen ausgerüstet zu sein. Beachte achtern den neuen Flakaufbau anstelle des bisherigen Dreibeinmastes sowie das Band in den Nationalfarben als Zeichen der Zugehörigkeit zur national-französischen Marine. (MB)

Die bei der Entwurfsarbeit von Schiffen innerhalb der sehr engen Vertragsbeschränkungen gewonnenen Erfahrungen nutzend, war die Konstruktionsabteilung der französischen Marine imstande, in den neuen Entwurf einige bedeutsame Fortschritte einzufügen. Dies führte vermutlich zu einem der besten »Washington-Kreuzer«, die je gebaut wurden. Diese Neuerungen umfaßten: Rückkehr zur Antriebsanlage mit Vier-Wellen-Anordnung, Wiedereinführung des außerhalb des Schiffskörpers angebrachten Hauptgürtelpanzers als Seitenschutz und Aufgabe des Einheitenprinzips bei der Antriebsanlage zugunsten der Einführung eines einzigen Schornsteins, um Oberdecksraum zu gewinnen. Den Schiffskörper schloß nach oben ein Glattdeck von erhöhter Festigkeit ab und den bekannten Dreibein-Fockmast ersetzte ein Gefechtsmast, der dem Schiff eine einheitliche Silhouette verlieh.

Im Gegensatz zur DUPLEIX, bei der sich das Gewicht der Panzerung auf insgesamt 1553 ts belief, betrug dieses bei der ALGÉRIE insgesamt 2035 ts, d.h. 1720 ts Panzermaterial im Schiffskörper und zusätzliche 315 ts bei der Bewaffnung. Das Panzerschutzschema umfaßte eine zwischen 3,75 m und 4,45 m breite Seitenpanzerung von 110 mm Dicke, ein Torpedoschott von 40 mm bis 60 mm Dicke sowie ein Panzerdeck von 80 mm Dicke zwischen den Torpedoschotts und von 30 mm bis 40 mm Dicke außerhalb davon. Daneben gab es noch ein gepanzertes Oberdeck von 22 mm Dicke und drei Panzerquerschotte von 70 mm Dicke. Die Türme wiesen folgende Panzerung auf: Front und Decke 100 mm, Seiten und Rückfront 70 mm. Die Hauptantriebsanlage bestand aus acht Indret-Kesseln mit einem geringfügig gesteigerten Betriebsdruck von 27 kg/cm² sowie aus vier Sätzen Rateau/Chantiers-de-Bretagne-Getriebeturbinen mit einer Antriebsleistung von 84 000 WPS. Die Maschinenanlage für die Innenwellen lieferte die Werft At. et Ch. de Bretagne in Nantes, während die für die Außenwellen die Indret-Werft baute. Die Erprobungsfahrten verliefen besonders erfolgreich. Am 2. Februar 1934 erreichte die ALGÉRIE 32,93 kn bei einer Antriebsleistung von 93 230 WPS.

Als Hauptbewaffnung führte die ALGÉRIE die üblichen acht 20,3-cm-Geschütze L/50 M 1924 in Doppeltürmen. Die zugleich als Mittelartillerie dienende Schwere Flak hatte jedoch eine Verstärkung erfahren: zwölf 10-cm-Geschütze L/60 Modell M 1930 in Doppellafetten M 1931 mit Schilden. Die Leichte Flak war zunächst standardmäßig ausgerüstet: vier 3,7 cm M 1925 in Einzellafetten sowie sechzehn 13,2-mm-Hotchkiss-Fla-MG's in Vierlingslafetten M 1929. Die Flugzeugeinrichtungen dieses Schiffes bestanden im Gegensatz zur vorhergehenden Klasse lediglich aus einem Katapult auf der Backbordseite achteraus des Schornsteins. Eine Flugzeughalle war nicht vorhanden.

Die beiden Seeflugzeuge mußten je eines auf dem Katapult und im Spardeck untergebracht werden. Ursprünglich waren die Bordflugzeuge vom Typ Gourdou-Leseurre GL 810. Sie wurden später durch den Typ GL 830 und schließlich durch die größere Loire-Nieuport 130 ersetzt.

Erneut erhielt die Marinewerft Brest den Bauauftrag. Er erging im August 1930. Am 13. März 1931 wurde das Schiff als ALGÉRIE auf Kiel gelegt.

Modifizierungen: Während einer Werftliegezeit vom Januar bis zum März 1937 erfolgten einige Änderungen an der Brücke und die 5-m-E-Meßbasis auf dem Haupt-Artillerieleitstand wurde durch eine stereoskopische 8-m-E-Meßbasis ersetzt. Ein Jahr später wurden die 3,7 cm auf dem Achterdeck umgruppiert und die 13,2-mm-Vierlingslafetten an der Achterkante des Bootsdecks erhielten eine neue Position: die eine auf dem Kommandostand und die andere auf dem hinteren Ende des Achterdecks. Im November/Dezember 1938 bekam der Turm C ebenfalls anstelle der bisherigen 5-m-E-Meßbasis eine neue stereoskopische 8-m-E-Meßbasis. Des weiteren erfolgten einige Änderungen beim Fla-Leitstand und Umbauten wurden vorgenommen, um den größeren Flugzeugtyp Loire-Nieuport 130 an Bord zu nehmen. Bei der nächsten Werftliegezeit – Dezember 1939 bis Ende Januar 1940 – wurde die Schornsteinkappe erhöht und acht 3,7-cm-Fla-Geschütze in vier Doppellafetten M 1937 ersetzten die bisherigen 3,7-cm-Einzellafetten. Im Sommer 1941 kamen vier 13,2-mm-Browning-Fla-MG's hinzu.

Bei der Großen Werftliegezeit vom Mai bis zum August 1942 wurde der bisherige Dreibein-Großmast entfernt und durch einen Flakaufbau mit zwei 3,7-cm-Doppellafetten, zwei 13,2-mm-Hotchkiss-Vierlingslafetten und zwei 13,2-mm-Browning-Einzellafetten ersetzt. Die restliche Fla-Bewaffnung verteilte sich wie folgt: zwei 3,7-cm-Doppellafetten auf der ehemaligen Admiralsbrücke, je eine 13,2-mm-Vierlingslafette vor dem Bb. I. und dem Stb. I. 10-cm-Geschütz sowie je eine 13,2-mm-Einzellafette achteraus des Bb. III. und des Stb. III. 10-cm-Geschützes.

Werdegang: Nach der Indienststellung trat die ALGÉRIE zum I. Geschwader im Mittelmeer und bildete als Flaggschiff zusammen mit COLBERT und DUPLEIX die 1. Leichte Division. Sie sollte tatsächlich während ihres gesamten Werdeganges als Flaggschiff fungieren. Der September 1939 sah die ALGÉRIE als Flaggschiff des III. Geschwaders, bestehend aus der 1. Kreuzerdivision (DUPLEIX, FOCH und DUQUESNE, TOURVILLE und COLBERT) und der 3. Leichten Division (5., 7. und 9. Contre-Torpilleur-Flottille).[78] Um die deutschen Handelsstörer (ADMIRAL GRAF SPEE und DEUTSCHLAND) im Atlantik aufzuspüren, wurde unter anderem am 4. Oktober 1939 ein in Dakar stationiertes französisches Geschwader gebildet, bestehend aus dem Schlachtschiff STRASBOURG und den Schweren Kreuzern ALGÉRIE und DUPLEIX. Diese Schiffe operierten zusammen mit dem britischen Flugzeugträger HERMES als Jagdgruppen (*Force M* und *N*). Dieser Einsatz dauerte für die ALGÉRIE bis zum 26. November und danach kehrte der Kreuzer zur Werftliegezeit nach Toulon zurück. Ihr nächster Einsatz bestand im

Unten: Die EMILE BERTIN im August 1939. (MB)

Transport von 1179 Kästen mit Goldbarren zusammen mit dem Schlachtschiff BRETAGNE (1820 Kästen) am 11. März 1940 nach Kanada. Die beiden Schiffe kehrten am 10. April nach Frankreich zurück.

Nach dem Eintritt Italiens in den Krieg nahm die ALGÉRIE am Vorstoß in den Golf von Genua teil und beschoß am 14. Juni Vado (siehe oben FOCH). Danach sicherte sie einen Geleitzug am 17. und 18. Juni, ehe der Zusammenbruch Frankreichs erfolgte. Vom Oktober 1940 an gehörte der Kreuzer zu den vichy-französischen Hochseestreitkräften, die aus den Schiffen bestanden, die im aktiven Dienst verblieben waren.

Neben Übungen kam die ALGÉRIE nur ein einziges Mal zum Einsatz, als sie im November 1940 das Schlachtschiff PROVENCE nach dessen Entkommen aus Oran nach Toulon geleitete.[79] Am 27. November 1942 versenkte sich die ALGÉRIE in Toulon selbst. Das auf flachem Wasser gesunkene Schiff brannte zwei Tage lang. Am 18. März 1943 hoben die Italiener das Schiff und brachen es anschließend ab.

EMILE BERTIN-Klasse

Name	Bauwerft	Kiellegung	Stapellauf	Fertigstellung	Schicksal
EMILE BERTIN	Ch. et At. de St. Nazaire	18. Aug. 1931	9. Mai 1933	28. Jan. 1935	verschrottet: Oktober 1959

Typ: Leichter Kreuzer – Croiseur de 2me classe.
Standardverdrängung: 5886 ts (5980 t).
Einsatzverdrängung: 8480 ts (8615 t).
Länge: 177 m (über alles), 176 m (zwischen den Loten).
Breite: 15,77 m.
Tiefgang: 5,4 m (mittlerer).
Antriebsanlage: 4 Satz Parsons-Getriebeturbinen, 6 Penhoët-Kessel, 4 Wellen.
Antriebsleistung: 102 000 WPS für 34 kn.
Bunkerinhalt: 1360 t Heizöl.
Fahrtstrecke: 3600 sm bei 15 kn.
Panzerschutz: Deck 25 mm, Munitionskammern allseits 30 mm, Kommandostand 20 mm.
Geschütze: neun 15,2 cm L/50 M 1930 (3 x 3), vier 9 cm L/50 M 1926 (1 x 2, 2 x 1), acht 3,7 cm (4 x 2), acht 13,2-mm-Fla-MG's (4 x 2).
Seeminen: 200.
Torpedorohre: sechs 55,1 cm (2 x 3).
Bordflugzeuge: zwei, ein Katapult.
Besatzungsstärke: 567 Offiziere und Mannschaften (Kriegsstärke: 711 Offiziere und Mannschaften).

Entwurf: Zum Zeitpunkt der Bewilligung der ALGÉRIE (Haushaltsgesetz vom 12. Januar 1930) enthielt das Bauprogramm einen weiteren Kreuzer, eigentlich einen Minenkreuzer, und zwar ein verbesserter Entwurf der PLUTON. Im Gegensatz zur letzteren hatten in dem neuen Entwurf die Kreuzer-Eigenschaften jedoch eine größere Betonung erfahren. Wie es sich herausstellen sollte, kam die Minenlegefähigkeit tatsächlich nie zum Einsatz. Obwohl häufig als verbesserte PLUTON-Klasse beschrieben, scheint dieses Schiff nichts mit dem früher gebauten Minenkreuzer zu tun zu haben, im Gegenteil, die EMILE BERTIN scheint ein vollständig neuer Entwurf gewesen zu sein. Offiziell als Leichter Kreuzer klassifiziert und mit neun 15,2-cm-Geschützen bewaffnet, wurde mit der EMILE BERTIN in die französische Marine nicht nur ein neues Geschützmodell, sondern zum erstenmal auch der Drillingsturm eingeführt. Das 15,2-cm-Geschütz L/50 M 1930 (eigentlich 15,24 cm) verschoß auf eine Reichweite von 26 474 m eine 54,17 kg schwere Granate. Die Türme wurden durch Zentralschaltung elektro-hydraulisch nach Höhe und Seite gerichtet. Die maximale Erhöhung betrug 45°. Sie erwiesen sich als sehr gelungen – im Gegensatz zur Mehrzweckversion, vorgesehen für das Schlachtschiff RICHELIEU, die mit ihrer 90°-Erhöhung und -Ladestellung zu ehrgeizig ausgelegt war. Die zugleich als Mittelartillerie dienende Schwere Flak war achtern um das achtere Schutzdeck gruppiert, während die Leichte Flak vorn beiderseits des Brückenaufbaus ihre Positionen hatte.

In der vorgesehenen Rolle als Minenleger konnten 200 Minen mitgeführt werden.

Vom Gesichtspunkt der Konstruktion her war das Schiff sehr leicht gebaut und mit seiner Antriebsanlage bei Vier-Wellen-Anordnung und einer Konstruktionsleistung von 102 000 WPS außerordentlich schnell. Bei den Erprobungsfahrten in rauhem Wetter erreichte die EMILE BERTIN eine Rekordgeschwindigkeit von 39,66 kn bei einer Antriebsleistung von 137 908 WPS. Meldungen zufolge erzielte das Schiff gelegentlich weit über 40 kn. Ständige Hochgeschwindigkeitsfahrt bei schwerem Wetter und größtmöglicher Einsatzverdrängung bedeuteten infolge der leichten Bauweise etwas ganz anderes. Dies veranschaulichte deutlich die Notwendigkeit, nach der Indienststellung die Verbände unterhalb der Türme zu verstärken, um ein Salvenschießen zu ermöglichen.

Mit einer Art Zitadellschutz für die Munitionskammern von 30 mm und einem zugleich als Panzerdeck ausgelegten Hauptdeck von 25 mm Dicke wies der Kreuzer einen verhältnismäßig geringen Panzerschutz auf.

Der Bauauftrag für das Schiff erging am 11. September 1931 an Chantiers et Ateliers de St. Nazaire (Werft Penhoët) in St. Nazaire. Es sollte den Namen des bekannten Schiffbauingenieurs Emile Bertin tragen.

Modifizierungen: Im Verlaufe der Werftliegezeit in den USA zwischen August und Dezember 1943 wurde die Flakbewaffnung modernisiert und verstärkt. Das Katapult und die Bordflugzeuge wurden von Bord gegeben und anstelle der beiden Torpedorohrsätze erhielt die EMILE BERTIN mittschiffs auf dem Hauptdeck vier 9-cm-Geschütze L/50 in zwei Doppellafetten. Außerdem bekam der Kreuzer vier 4-cm-Vierlingsflaks amerikanischer Herkunft: je eine in den vergrößerten Brückennocken an Backbord und an Steuerbord sowie zwei auf Plattformen beiderseits des achteren Schornsteins. Rund um die Vorderseite der Brücke, mittschiffs vor und hinter dem achteren Schornstein sowie am Heck gelangten zwanzig 2-cm-Geschütze in Einzellafetten zum Einbau. Sämtliche leichten Fla-Geschütze französischen Modells wurden an Land gegeben. Ein Gittermast-Ausleger am Gefechtsmast führte die Radarantennen.

Werdegang: Nach ihrer Indienststellung wurde die EMILE BERTIN das Flaggschiff der zum Atlantikgeschwader gehörenden 2. Leichten Division mit der 4., 6., 8. und 10. Zerstörer-(Contre-Torpilleur-)Flottille, kam aber zu Beginn des Jahres 1939 zum Mittelmeergeschwader nach Toulon. Bei Kriegsausbruch befand sich der Leichte Kreuzer in

FRANKREICH

Die EMILE BERTIN im Oktober 1945 mit den während ihrer Werftliegezeit in den USA durchgeführten Änderungen. (MB)

Bizerta und erhielt kurze Zeit später den Befehl, nach Beirut zu gehen, um eine geheime Fracht an Bord zu nehmen: die Goldreserven der Bank von Polen. Der Leichte Kreuzer traf am 23. September im Libanon ein, übernahm 57 t Gold und lief sofort wieder nach Toulon aus. Dort am 27. September eingelaufen, ging das Schiff bis Januar 1940 zur Überholung in die Werft. Noch im selben Monat beteiligte sich die EMILE BERTIN an den Überwachungsoperationen rund um die Kanarischen Inseln, um sicherzustellen, daß sich in diesem Seeraum keine deutschen Handelsstörer aufhielten. Mitte Februar lief sie Brest zur Durchführung einiger Werftarbeiten an. Anfang April 1940 setzte KAdm. Derrien als Befehlshaber der *Gruppe Z* seine Flagge auf der EMILE BERTIN, die aus dem Leichten Kreuzer MONTCALM und den Großzerstörern TARTU, CHEVALIER PAUL, MAILLÉ BRÉZÉ, MILAN, BISON und EPERVIER der »2400-t«-Klasse sowie aus den Zerstörern BRESTOIS, BOULONNAIS und FOUDROYANT der »1500-t«-Klasse bestand. Die Gruppe hatte Befehl, die alliierten Operationen in norwegischen Gewässern zu unterstützen und lief am 6. April aus Scapa Flow aus. Im Verlaufe dieser Operationen griffen Ju 88 der II./K.G.30 am 19. April den Leichten Kreuzer an und beschädigten ihn durch Bombentreffer. Da-

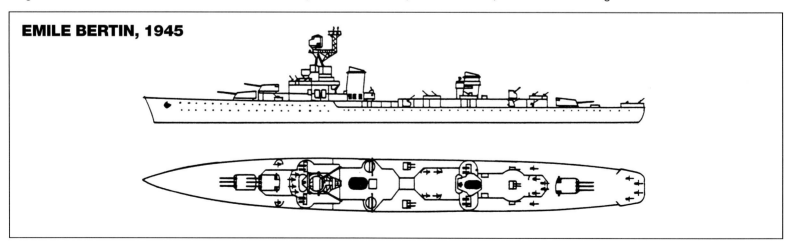

EMILE BERTIN, 1945

raufhin kehrte die EMILE BERTIN zur Ausbesserung nach Brest zurück. Sie verblieb dort bis zum 21. Mai. An diesem Tag lief der Kreuzer zusammen mit der JEANNE D'ARC nach Halifax/Neuschottland aus, um einen Teil der Goldreserven der Bank von Frankreich nach Kanada zu bringen (siehe oben Seite 60). Nach seinem Eintreffen am 1. Juni kehrte der Kreuzer sofort wieder zurück, um am 11. Juni zu einem zweiten Goldtransport erneut auszulaufen. Doch unmittelbar nach seinem Einlaufen in Halifax ersuchte die französische Regierung um Waffenstillstand. Daher erhielt die EMILE BERTIN den Befehl, ihre Fracht (etwa 254 t Gold) nicht zu entladen, sondern Fort de France auf Martinique anzulaufen und dort weitere Befehle abzuwarten. Obwohl die Besorgnis bestand, die Royal Navy könnte den Versuch unternehmen, den Kreuzer festzuhalten, lief dieser unbelästigt aus. Nach der Ankunft in Fort de France und dem Entladen des Goldes[80] beteiligte sich die EMILE BERTIN an den Vorbereitungen zur Verteidigung der Insel gegen einen erwarteten Angriff der britischen Leichten Kreuzer FIJI und DUNEDIN. Ein Appell des Präsidenten der Vereinigten Staaten hielt die britische Seite von diesem Angriff jedoch ab. Während der nächsten beiden Jahre lag der Kreuzer auf der Reede von Fort de France vor Anker und ging nur gelegentlich zu Übungen in See. Auf Druck der USA legten die vichy-französischen Behörden das Schiff schließlich auf. In diesem Zustand verblieb der Kreuzer bis zum Sommer 1943. Nach seiner Übergabe an die freifranzösische Marine[81] verlegte er im August zur Werftüberholung nach Philadelphia/USA. Erst am 21. Dezember 1943 kehrte die EMILE BERTIN nach Fort de France zurück und lief etwa eine Woche später nach Dakar aus. Vom Februar 1944 an operierte sie im Mittelmeer und nahm an den Landungen in Südfrankreich (Operation »Dragoon«) teil und leistete den alliierten Truppen bis zum Oktober Feuerunterstützung an der französischen Riviera. Nach einer Reihe von Einsätzen im Libanon während des Dezember traf die EMILE BERTIN am 30. Dezember zur Durchführung einer Großen Werftliegezeit in Toulon ein, die bis zum Oktober 1945 dauerte. Anschließend verlegte sie nach ihrer Wiederindienststellung als Flaggschiff in den Fernen Osten. Dort nahm der Kreuzer an der Wiederbesetzung Französisch-Indochinas teil. Am 2. Juli 1946 trat er zusammen mit der TOURVILLE die Heimreise nach Frankreich an. Die EMILE BERTIN diente noch einige Zeit als Artillerieschulschiff und wurde schließlich Ende der 50er Jahre verschrottet.

PLUTON-Klasse

Name	Bauwerft	Kiellegung	Stapellauf	Fertigstellung	Schicksal
PLUTON	Marinewerft Lorient	16. April 1928	10. April 1929	1. Okt. 1931	gesunken: 13. Sept. 1939

Typ: Minenkreuzer – Croiseur porte mines.
Standardverdrängung: 4773 ts (4849 t).
Einsatzverdrängung: 6500 ts (6604 t).
Länge: 152,5 m (über alles), 144 m (zwischen den Loten).
Breite: 15,6 m.
Tiefgang: 5,18 m (mittlerer).
Antriebsanlage: 2 Satz Bréguet-Getriebeturbinen, 4 Wasserrohrkessel, 2 Wellen.
Antriebsleistung: 57 000 WPS für 30 kn.
Bunkerinhalt: 1200 t Heizöl.
Fahrtstrecke: nicht bekannt.
Panzerschutz: keinen.
Geschütze: vier 13,9 cm L/40 M 1927 (4 x 1), vier 7,5 cm L/60 M 1922 (4 x 1), zwei 3,7 cm (2 x 1), zwölf 13,2-mm-Fla-MG's (4 x 3).
Seeminen: 290.
Torpedorohre: keine.
Bordflugzeuge: keine Ausstattung.
Besatzungsstärke: 424 Offiziere und Mannschaften.

Entwurf: Unter dem Bauprogramm von 1925 bewilligt, handelte es bei diesem Schiff um einen zweckgebauten Minenkreuzer, dessen Entwurf – wenn auch in einer kleineren Version – sehr viel Ähnlichkeit zu dem der britischen ADVENTURE aufwies.[82] Wie sein britischer Vorgänger als »Kreuzer« klassifiziert, erhielt die PLUTON die Feuerkraft eines Zerstörers bzw. eines »Contre-Torpilleurs«, und sie besaß auch nicht die Höchstgeschwindigkeit eines richtiggehenden Kreuzers, obwohl sie um einige Knoten schneller als die ADVENTURE war. Ihre Antriebsanlage – zwei Turbinensätze mit einfachem Rädergetriebe und Zwei-Wellen-Anordnung – war konstruktionsgemäß mit 57 000 WPS für eine Höchstgeschwindigkeit von 30 kn ausgelegt. Tatsächlich erreichte die PLUTON 31,6 kn. Ihre Hauptbewaffnung bestand aus dem standardmäßigem Modell 13,9 cm (eigentlich 13,86 cm) L/40 M 1927, womit auch die Großzerstörer der AIGLE- und CASSARD-Klasse ausgerüstet waren. Bis zu 290 Seeminen konnten mitgeführt werden, untergebracht auf einem geräumigen Minendeck, das vier getrennte Minenschienen aufwies. Der Entwurf sah weder eine Ausrüstung mit Flugzeugen noch mit Torpedorohren vor. Von Anbeginn an war für das Schiff eine Doppelaufgabe vorgesehen; es war nicht nur als Minenleger sondern auch als Truppentransporter ausgestattet. 1933 wurde die PLUTON jedoch zum Artillerieschulschiff bestimmt und entsprechend dafür ausgerüstet (um die veraltete GUEYDON zu ersetzen) – trotz der heftigen Einwände ihres damaligen Kommandanten, der eine nachteilige Auswirkung auf die Hauptaufgabe des Minenlegens befürchtete. Diese Besorgnisse waren durchaus begründet und können zum tragischen Verlust des Schiffes beigetragen haben. 1939 entschied schließlich die Marineführung, die PLUTON zu einem seegehenden Schulschiff für Fähnriche umzubauen. In dieser Aufgabe sollte sie ab dem 1. Juni 1940 unter dem neuen Namen LA TOUR D'AUVERGNE Verwendung finden. Schließlich trat der Verlust des Schiffes ein, ehe das Schiff den Namen wechseln und seiner neuen Aufgabe dienen konnte.

Modifizierungen: 1936 erhielten die 7,5-cm-Geschütze Schilde und später erfolgte die Ausrüstung mit einem abgeänderten Kran. Der achtere Schornstein erhielt außerdem Antennen-Sten-

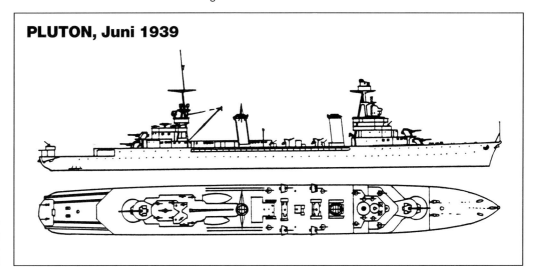

PLUTON, Juni 1939

Oben: Die PLUTON im November 1938. (MB)

gen und oberhalb der Brücke wurde ein neuer, höher gelegener Feuerleitstand eingebaut.

Werdegang: PLUTON trat nach ihrer Indienststellung 1932 zur Ausbildungsdivision des I. Geschwaders, die in Toulon stationiert war, und wurde ab 1933 als Artillerieschulschiff eingesetzt. In dieser Verwendung blieb das Schiff bis zu seinem Verlust.

Ab dem 1. Oktober 1938 gehörte die PLUTON zur Artillerie-Schuldivision des Lehrgeschwaders, das nach der Auflösung der Ausbildungsdivision gebildet worden war. Als sich die französische Marineführung im Mai 1939 entschloß, aus dem I. und V. Geschwader die Atlantikflotte zu bilden, wurde die PLUTON zusammen mit dem Leichten Kreuzer DUGUAY-TROUIN dem V. Geschwader zugeteilt, während das Lehrgeschwader am 10. Juni 1939 aufgelöst wurde. Ende August kam es zur Zusammenlegung der 6. (DUGUAY-TROUIN und PRIMAUGUET) mit der 7. Kreuzerdivision (PLUTON und JEANNE D'ARC). Doch die Zuweisung der letzteren beiden Schiffe zum V. Geschwader war nur von kurzer Dauer, da die JEANNE D'ARC zu den Französischen Antillen entsandt wurde, während für die PLUTON die Verwendung in ihrer Hauptaufgabe vorgesehen war. Besorgnisse hinsichtlich des Erscheinens deutscher Panzerschiffe vor Afrika als Folge zunehmender politischer Spannungen führten zur Entsendung des Minenkreuzers nach Casablanca. Dorthin lief das Schiff am 2. September 1939 aus. Bedauerlicherweise ergab sich nach seinem Eintreffen bezüglich seiner Verwendung eine Änderung in den Planungen.

Beim Von-Bord-Geben der bereits übernommenen Minen ereignete sich am 13. September eine gewaltige Explosion, die den Minenkreuzer vernichtete und und zahlreiche Verluste an Menschenleben verursachte.

Typ: Leichter Kreuzer – Croiseur de 2me classe.
Standardverdrängung: 7600 ts (7721 t).
Einsatzverdrängung: 9100 ts (9245 t).
Länge: 179,5 m (über alles), 172 m (zwischen den Loten).
Breite: 17,48 m.
Tiefgang: 5,35 m (mittlerer).
Antriebsanlage: 2 Satz Parsons-Getriebeturbinen (GLOIRE, JEAN DE VIENNE und MARSEILLAISE:
2 Satz Rateau/Chantiers-de-Bretagne-Getriebeturbinen), 4 Indret-Hochdruckkessel, 2 Wellen.
Antriebsleistung: 84 000 WPS für 31 kn.
Bunkerinhalt: 1569 t (1870 t max.) Heizöl.
Fahrtstrecke: 7000 sm bei 12 kn, 5500 sm bei 18 kn.
Panzerschutz: Deck 68 mm, Hauptgürtelpanzer 120 mm, Panzerquerschotte 60 mm, Türme 140 (Front), Kommandostand: 95 mm.
Geschütze: neun 15,2 cm L/50 M 1930 (3 x 3), acht 9 cm L/50 M 1926 (4 x 2), zwölf 13,2-mm-Fla-MG's (4 x 3).
Seeminen: keine.
Torpedorohre: vier 55,1 cm (2 x 2).
Bordflugzeuge: vier, ein Katapult, ein Hein'sches Landesegel.
Besatzungsstärke: 674 Offiziere und Mannschaften.

Entwurf: Unter dem Bauprogramm 1931 wurde der Bau von zwei weiteren Leichten Kreuzern bewilligt und im Jahr darauf erfolgte die Bewilligung von nochmals vier Einheiten dieser Klasse. Der neue Entwurf unterschied sich beträchtlich von dem der ersten Leichten Kreuzer, die unter dem Bauprogramm von 1922 gebaut worden waren (DUGUAY-TROUIN-Klasse). Zumindest vom allgemeinen äußeren Erscheinungsbild her glichen sie eher der EMILE BERTIN. Dennoch gab es große Unterschiede zwischen den beiden Entwürfen. Insbesondere das Panzerschutzschema war wesentlich ausgeprägter und der Entwurf kehrte wieder zum Konzept des äußeren Hauptgürtelpanzers (120 mm) zurück, den nach vorn und achtern Panzerquerschotte abschlossen.

Im Vergleich zur EMILE BERTIN, dem minenlegefähigen Kreuzer, war auch eine Verstärkung des

LA GALISSONNIÈRE-Klasse

Name	Bauwerft	Kiellegung	Stapellauf	Fertigstellung	Schicksal
LA GALISSONIÈRE	Marinewerft Brest	15. Dez. 1931	18. Nov. 1933	1. April 1936	selbstversenkt in Toulon: 27. Nov. 1942
GEORGES LEYGUES (ex-CHÂTEAURENAULT)	At. et Ch. St. Nazaire (Penhoët-Werft)	21. Sept. 1933	24. März 1936	15. Nov. 1937	verschrottet: Nov. 1959
GLOIRE	F. et Ch. de la Gironde, Bordeaux	13. Nov. 1933	28. Sept. 1935	15. Nov. 1937	verschrottet: Januar 1958
JEAN DE VIENNE	Marinewerft Lorient	20. Dez. 1931	31. Juli 1935	10. Febr. 1937	selbstversenkt in Toulon: 27. Nov. 1942
MARSEILLAISE	At. et Ch. de la Loire, Nantes	23. Okt. 1933	17. Juli 1935	10. Okt. 1937	selbstversenkt in Toulon: 27. Nov. 1942
MONTCALM	F. et Ch. de la Méditerranée, La Seyne	15. Nov. 1933	26. Okt. 1935	15. Nov. 1937	außer Dienst: 1958 als Hulk

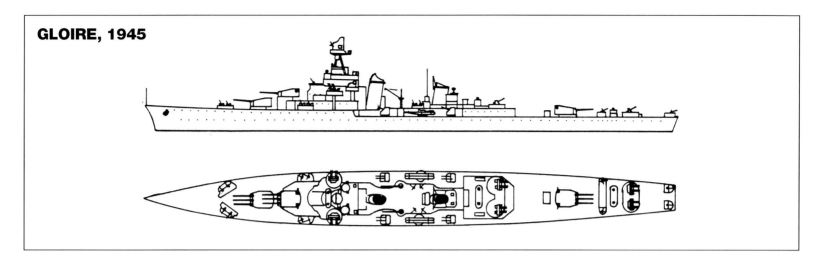

GLOIRE, 1945

Hauptpanzerdecks erfolgt. Doch dies bedingte an anderer Stelle einen Kompromiß zur Gewichtseinsparung – in diesem Falle betraf es die Geschwindigkeit: 31 kn anstelle von 34 kn. Maximale Konstruktionsgeschwindigkeiten waren nichtsdestoweniger stets mehr von theoretischer als von realistischer Art. Was wirklich zählte, war die in See unter Betriebsbedingungen erbrachte Leistung, und in dieser Hinsicht zeitigte der LA GALISSONNIÈRE-Entwurf gute Ergebnisse. Drei der sechs Einheiten – LA GALISSONNIÈRE, GEORGES LEYGUES und MONTCALM – erhielten Parsons-Getriebeturbinen, während die restlichen Schiffe mit Rateau/Chantiers-de-Bretagne-Getriebeturbinen ausgerüstet wurden. Die Resultate der Erprobungsfahrten erwiesen sich als sehr günstig: LA GALISSONNIÈRE erreichte 35,42 kn bei einer Antriebsleistung von 90000 WPS, während die MARSEILLAISE 34,98 kn erzielte.

Die Hauptbewaffnung aus neun 15,2-cm-Geschützen in Drillingstürmen wurde beibehalten. Mit einem einzelnen Turm achtern, dessen Position die Bordflugzeugeinrichtungen bestimmte, sollte dies der zukünftige Standard für den Entwurf französischer Leichter Kreuzer werden. Zum erstenmal war der Unterbringung und dem Betrieb der mitgeführten Bordflugzeuge beträchtliche Aufmerksamkeit gewidmet worden. Insgesamt befanden sich vier Flugzeuge an Bord und in die achteren Aufbauten unterhalb des Großmastes war der Einbau einer großen Flugzeughalle erfolgt. Sie wies zwei Rolltore auf und öffnete sich zum Achterdeck. Dies ermöglichte, ein Flugzeug herauszuziehen und auf das Katapult zu setzen, das sich auf der Decke des achteren Turms befand. Infolgedessen hatte dieser Turm seine Position auf dem geräumigen Achterdeck ziemlich weit achtern erhalten und besaß dort ein gutes Schußfeld. Das An-Bord-Nehmen eines Flugzeuges geschah mit Hilfe eines Hein'schen Landesegels, das sich aus einer Öffnung im Spiegelheck des Kreuzers entfaltete. Es hat den Anschein, als ob alle vier Flugzeuge selten an Bord

Unten: Die MARSEILLAISE im Juli 1941. (MB)

FRANKREICH

Oben: Die GEORGES LEYGUES ebenfalls im Juli 1941. (MB)

waren, ausgenommen vielleicht die Zeit der Ausrüstung mit der GL 832. Als dieser Typ durch die Loire-Nieuport 130 ersetzt wurde, bestand ihre übliche Anzahl aus zwei bis drei Maschinen.

Gegenüber der EMILE BERTIN war die zugleich als Mittelartillerie dienende Schwere Flak auf acht 9-cm-Geschütze L/50 M 1926 verdoppelt worden. Alle vier Doppellafetten befanden sich mittschiffs auf dem Hauptdeck und die Feuerleitung erfolgte über zwei Fla-Leitstände auf dem Brückenaufbau. Allerdings bestand die Torpedobewaffnung nur noch aus zwei Zwillingsrohrsätzen, jeweils an Backbord und an Steuerbord zwischen den 9-cm-Doppelafeten eingebaut. Die Leichte Flak setzte sich aus der üblichen Anzahl 13,2-mm-Fla-MG's zusammen.

Die Bauaufträge für die ersten beiden Einheiten – die den Namen LA GALISSONNIÈRE und JEAN DE VIENNE erhielten – gingen am 27. Oktober bzw. am 12. November 1931 an die Marinewerften Brest und Lorient. Beide Schiffe wurden noch vor dem Jahreswechsel auf Kiel gelegt. Die Bauaufträge für die vier Einheiten aus dem Bauprogramm 1932 erhielten am 11. Juli 1933 private Werften. Finanzielle Engpässe und Abänderungen des Entwurfs beeinträchtigten ernsthaft den Baufortschritt bei diesen Schiffen. Bis zur Indienststellung der ersten Einheit verstrichen über fünf Jahre.

Modifizierungen: Zwischen den Schiffen aus dem Bauprogramm 1931 und jenen aus dem Bauprogramm 1932 gab es in einigen Einzelheiten Unterschiede. Die Tatsache, daß ein Teil der Kreuzer dieser Klasse auf vichy-französischer Seite stand, während der andere Teil der alliierten Sache diente, führte hinsichtlich der Ausführung von Modifizierungen zu zwei verschiedenen Ebenen. LA GALISSONNIÈRE, JEAN DE VIENNE, GLOIRE und GEORGES LEYGUES erhielten 1941 zusätzlich ein 3,7-cm- und zwei 2,5-cm-Fla-Geschütze in Doppellafette (1 x 2) sowie vier 13,2-mm-Fla-MG's in Doppellafetten. Die beiden letzteren Kreuzer sowie auch die MONTCALM erfuhren auf alliierter Seite weitergehende Modifizierungen. Doch die MARSEILLAISE scheint nicht modifiziert worden zu sein. 1943 absolvierte die GLOIRE eine Werftliegezeit in New York, während die MONTCALM und die GEORGES LEYGUES von Januar bis August 1943 bzw. von Juli bis Oktober 1943 zu ihren Werftliegezeiten in Philadelphia ins Dock gingen. Im Verlaufe dieser Grundüberholungen wurden das Katapult, die Flugzeughalle und die Flugzeugeinrichtungen ausgebaut und einschließlich der Bordflugzeuge an Land gegeben. Gleiches galt auch für den Großmast und die gesamte Bewaffnung an Leichter Flak französischer Herkunft. Die Torpedobewaffnung blieb jedoch an Bord. Die gesamten Antriebsanlagen wurden überholt und sämtliche Kessel erfuhren eine Neuberohrung. An Leichter Flak erhielten diese drei Kreuzer nunmehr sechs 4-cm-Vierlingslafetten Mk. 2 amerikanischer Herkunft: je zwei beiderseits der Brücke auf dem Brückenaufbau, auf dem achteren Aufbaudeck (anstelle der Flugzeughalle) und auf dem Achterdeck. Außerdem kamen sechzehn 2-cm-Fla-Geschütze in Einzellafetten an Bord, eingebaut in Gruppen zu je vier auf der Back, beiderseits des Brückenaufbaus auf dem Backsdeck, zwischen den Schornsteinen auf dem Aufbaudeck sowie auf dem Achterdeck. Fernerhin erfolgte eine Ausrüstung mit See- und Luftwarn-Radargeräten und die 9-cm-Doppellafetten und ihre Fla-Leitstände erhielten Zentralschaltung. Nach dem Kriege wurden diese drei Leichten Kreuzer weiteren Werftliegezeiten unterzogen. Hierbei bekamen sie wieder einen Großmast in Form eines Pfahlmastes zur Ausrüstung mit zusätzlichen Radargeräten. Außerdem wurden die Torpedorohrsätze ausgebaut und von Bord gegeben, ausgenommen bei der GEORGES LEYGUES.

Werdegang: Nach ihrer Indienststellung gehörte die LA GALISSONNIÈRE zur 2. Leichten Division im Mittelmeer. Mit der Indienststellung weiterer Einheiten dieser Klasse bildete sie ab Oktober 1937 zusammen mit der JEAN DE VIENNE und der MARSEILLAISE die 3. Kreuzerdivision in Toulon. Bei Ausbruch des Krieges ging die LA GALISSONNIÈRE von Bizerta aus in See und führte bis zum 18. November 1939 Patrouillendienst vor der tunesischen Küste durch. Danach ging der Kreuzer zu einer Großen Werftliegezeit, die bis zum 1. März 1940 dauerte, ins Dock nach Brest. Die 3. Kreuzerdivision war nunmehr Teil des in Toulon stationierten IV. Geschwaders. Von Aufgaben im Patrouillendienst abgesehen, nahm das Schiff jedoch kaum an Kampfhandlungen bis zum Inkrafttreten des Waffenstillstandes teil. Im Anschluß daran gehörte der Kreuzer zu den im Januar 1941 gebildeten vichy-französischen Hochseestreitkräften in Toulon, blieb aber bis zum 15. April 1941 lediglich im Wartungszustand. Anschließend erfolgte bis zum 1. Juli seine Abrüstung. In diesem Zustand befand sich die LA GALISSONNIÈRE noch zum Zeitpunkt ihrer Selbstvernichtung am 27. November 1942. Nach langwierigen Verhandlungen übergab die deutsche Marine das Schiff an Italien, gestattete aber die Übernahme durch die Italiener erst im Dezember. In *FR 12* umbenannt, wurde der Kreuzer am 9. März 1943 gehoben, abgedichtet und mit der Absicht wieder schwimmfähig gemacht, ihn in die Königlich Italienische Marine einzugliedern. In Anbetracht der chronischen Ölknappheit, unter der damals Italien litt, eine ziemlich kurzsichtige, aber vermutlich politisch bedingte Entscheidung. Bei einem Luftangriff am 24. November 1943 beschädigten dann amerikanische Bomber das Schiff. Doch zu diesem Zeitpunkt hatte Italien bereits kapituliert, obwohl der Leichte Kreuzer erst im Mai 1944 an Frankreich zurückgegeben wurde. Bedauerlicherweise versenkten B-25 der 321. Bombardment Group der USAAF am 18. August 1944 im Verlaufe der Luftangriffe nach dem Beginn der Operation »Dragoon«, der alliierten Landung in Südfrankreich, die LA GALISSONNIÈRE durch Bombentreffer ein zweites Mal. 1952 wurde das Wrack gehoben und verschrottet.

Die JEAN DE VIENNE gehörte ebenfalls zur 3. Kreuzerdivision und hatte bei Kriegsausbruch gerade eine Große Werftliegezeit in Toulon beendet. Sie stieß wieder zu ihrer Division in Bizerta, die zum IV. Geschwader gehörte. Aufgabe dieses Geschwaders war die Sicherung der nordafrikanischen Küste für den Fall, daß Italien in den Krieg eintrat. Im November 1939 erhielt die 3. Kreuzerdivision den Auftrag, Goldtransporte von Frankreich nach Halifax/Neuschottland durchzuführen. Sie kehrte am 27. Dezember nach Toulon zurück. Bis zum Eintritt Italiens in den Krieg am 10. Juni 1940 gab es kaum Aktivitäten. Danach führten Besorgnisse, deutsche Panzerschiffe könnten in die Straße von Gibraltar eindringen, zu einem größeren Einsatz, um ihre östlichen Zugänge zu sichern, eine Aufgabe, für die die Royal Navy knapp an Schiffen war. Die einzige Feindberührung der 3. Kreuzerdivision bestand jedoch in einem Angriff des italienischen Unterseebootes DANDOLO am 13. Juni 1940. Zwei Torpedos verfehlten die JEAN DE VIENNE nur knapp. Zum Zeitpunkt des französischen Waffenstillstandes befand sich der Kreuzer in Algier. Er deckte am 3. Juli das Entkommen des Schlachtschiffes STRASBOURG und der Großzerstörer aus Mers-el-Kebir[83] und eskortierte sie nach Toulon, wo sie verblieben. Bis zum März 1941 befand sich die JEAN DE VIENNE lediglich im abgerüsteten Wartungszustand. Danach gehörte sie zu den vichy-französischen Hochseestreitkräften und nahm an einer Reihe von Übungen teil. Am 27. November 1942 wurde das Schiff von seiner eigenen Besatzung in Toulon versenkt. An Italien übergeben und in *FR 11* umbenannt, wurde der Kreuzer am 18. Februar 1943 gehoben und zur Grundüberholung ins Dock gebracht. Zum Zeitpunkt der Kapitulation Italiens war seine Werftliegezeit noch nicht beendet und das Schiff fiel erneut in deutsche Hände.

Am 24. November 1943 trafen es bei einem Luftangriff Brandbomben und setzten es in Brand. Allmählich Schlagseite bekommend, neigte sich der Kreuzer gegen die Kaimauer und blieb in diesem Zustand liegen. Bei Kriegsende wurde die JEAN DE VIENNE in dieser Lage vorgefunden. Nachdem für kurze Zeit eine Grundüberholung in Betracht gezogen wurde, gab die französische Marineführung diesen Plan wieder auf. Schließlich wurde das Schiff verschrottet.

Nach ihrer Indienststellung stieß auch die MARSEILLAISE zum Mittelmeergeschwader und führte 1938 die Flagge von Contre-Amiral Decoux. Im Januar 1939 gehörte das Schiff zur 3. Kreuzerdivision in Casablanca, die im August 1939 dem 4. Marinebezirk (Bizerta) zugeteilt wurde. Zum Zeitpunkt der Kriegserklärung befand sich die MARSEILLAISE in Toulon und führte die Flagge des Befehlshabers des IV. Geschwaders als Teil der *Gruppe Z*. Im April 1940 beteiligte sich der Kreuzer an den Goldtransporten nach Kanada. Im Gefolge der zweifelhaften Haltung Italiens kam es zu einer Umgruppierung der französischen Seestreitkräfte und die 3. Kreuzerdivision wurde als Teil der *Force de Raid* nach Bizerta verlegt. Am 4. Juli 1940 kehrte die MARSEILLAISE infolge des britischen Angriffs auf Mers-el-Kebir nach Toulon zurück. Inzwischen hatten die Deutschen die Abrüstung der französischen Flotte aufgeschoben und daher kam es zur Schaffung der vichy-französischen Hochseestreitkräfte. Zu ihnen gehörte auch die MARSEILLAISE. Am 27. November 1942 wurde sie von ihrer eigenen Besatzung in Brand gesetzt; die Brände wüteten zwanzig Tage. 1946/47 wurde das ausgebrannte Wrack schließlich verschrottet.

Nach der Beendigung der Erprobungsfahrten traf die GLOIRE am 18. November 1937 in Brest ein und lief am 1. Dezember zu einer Reise nach Französisch-Indochina aus. Am 16. April 1938 kehrte der Leichte Kreuzer wieder nach Brest zurück. Nach einer Gefechtsausbildung im Atlantik und Besuchen in Kanalhäfen trat die GLOIRE im Januar 1939 zur 4. Kreuzerdivision. Mit ihrer Division führte sie in diesem Jahr Reisen nach Großbritannien und in die USA durch. Von Oktober bis Dezember 1939 absolvierte der Kreuzer eine Werftliegezeit und führte anschließend mit dem Schlachtschiff DUNKERQUE einen Goldtransport nach Kanada durch. Auf dem Rückmarsch sicherte der Verband einen kanadischen Truppentransportgeleitzug. Zur *Force de Raid* von VAdm. Gensoul gehörend, schloß sich Patrouillendienst im Atlantik an. Zum Zeitpunkt des Waffenstillstandes befand sich die GLOIRE in Algier, kehrte aber am 4. Juli 1940 nach dem britischen Angriff auf Mers-el-Kebir nach Toulon zurück. Dort bildete die 4. Kreuzerdivision einen Teil der vichy-französischen Hochseestreitkräfte. Als die Erfolge der freifranzösischen Streitkräfte im Tschad und in Kamerun politisch für eine heikle Situation sorgten, gestattete die Waffenstillstandskommission der Achsenmächte die Entsendung der 4. Kreuzerdivision als *Gruppe Y* nach Dakar. Diese traf am 14. September 1940 dort ein. Am 18. September lief die 4. Kreuzerdivision mit den Leichten Kreuzern GLOIRE, GEORGES LEYGUES und MONTCALM nach Libreville in Gabun/Frz.-Äquatorialafrika aus. Doch unterwegs traten bei der GLOIRE Maschinenstörungen auf und sie mußte den Rückmarsch antreten – von den britischen Schweren Kreuzern AUSTRALIA und CUMBERLAND nach Casablanca »eskortiert«. Infolge der Probleme mit der PRIMAUGUET-Gruppe (siehe oben Seite 53) gab der französische Verband die weitere Durchführung des Einsatzes auf und kehrte nach Dakar zurück. Die GLOIRE traf jedoch erst nach dem britischen Angriff vom 23. bis 25. September[84] wieder in Dakar ein. Vom April bis zum Juli 1941 absolvierte sie in Casablanca eine Werftliegezeit und am 17. September 1942 beteiligte sich der Kreuzer an der Rettungsaktion nach der Versenkung der LACONIA.[85] Nach dem Übertritt auf die Seite der Alliierten im Sommer 1943 und einer sich anschließenden Werftliegezeit in den USA operierte die GLOIRE zusammen mit anderen französischen und auch italienischen Kreuzern von Ende November 1943 an von Dakar aus, um deutsche Blockadebrecher aus Ostasien im mittleren und südlichen Atlantik abzufangen. Am 16. Januar 1944 verlegte der Kreuzer zurück ins Mittelmeer. Im Februar 1944 unterstützte er die alliierten Landungen im Raum Anzio-Nettuno (Operation »Shingle«), beschoß gegnerische Stellungen am Golf von Gaeta (Munitionsverbrauch 604 Schuß) und transportierte Truppen nach Italien und Korsika. Nach einer Werftliegezeit vom 27. April bis zum 17. Juni in Algier war die GLOIRE an den alliierten Landungen in Südfrankreich (Operation »Dragoon«) am 15. August 1944 beteiligt und gab zwischen dem 15. und dem 28. August zur Unterstützung der Bodentruppen fast 2000 Schuß ab. Diese Küstenbeschießungen setzten sich bis Kriegsende entlang der französischen und italienischen Riviera fort, ausgenommen eine kurze Verlegung im Dezember 1944 in die USA.

Nach dem Kriege führte die GLOIRE drei Einsätze in Französisch-Indochina durch und wurde schließlich am 1. Februar 1955 in die Reserveflotte versetzt. Am 2. Januar 1958 wurde der Kreuzer zum Verkauf gestellt.

Nach der Beendigung ihrer Erprobungsfahrten stieß die MONTCALM zur 4. Kreuzerdivision in Brest und trat zusammen mit ihrer Division unmittelbar darauf eine lange Reise nach Französisch-Indochina an. Im Januar 1938 in Saigon eingetroffen, verblieb der Kreuzer zwei Monate in Indochina. Wieder nach Frankreich zurückgekehrt, gehörte er zum Atlantikgeschwader und absolvierte die übliche Friedensroutine, unter anderem nahm er an der Flottenparade im Juli 1938 in Calais für den engli-

Links: Die GLOIRE im April 1945 mit den während ihrer Werftliegezeit in den USA durchgeführten Änderungen. (MB)

FRANKREICH 71

Rechts: Die GLOIRE im Jahre 1943. Das einzige alliierte Schiff, das diese Art Tarnanstrich trug. (IWM)

schen König teil und repräsentierte sein Land ein Jahr später bei der Weltausstellung in New York. Bei Kriegsbeginn gehörte die MONTCALM zur *Force de Raid* und war im atlantischen Patrouillen- und Geleitsicherungsdienst eingesetzt, darunter auch bei der Suche nach den Schlachtschiffen SCHARNHORST und GNEISENAU, nachdem diese die RAWALPINDI versenkt hatten.[86] Nach dem Abschluß einer Großen Werftliegezeit im April 1940 verlegte die MONTCALM in norwegische Gewässer, um die beschädigte EMILE BERTIN als Flaggschiff der französischen Skandinavien-Gruppe vor Norwegen abzulösen. Im Zuge der Räumung Norwegens sowie auf dem Rückmarsch erfolgten zahlreiche Angriffe der deutschen Luftwaffe. Im Anschluß daran stieß der Kreuzer im Mai wieder zur *Force de Raid* und war bis zu den Ereignissen von Mers-el-Kebir in Nordafrika stationiert. Danach verlegte die MONTCALM nach Toulon. Mit ihrer Kreuzerdivision nahm sie an dem oben beschriebenen Vorstoß nach Libreville/Gabun teil und lief nach dem Abbruch des Unternehmens in Dakar ein. Dort war der Kreuzer an der Abwehr des britisch/freifranzösischen Angriffs (Operation »Menace«) vom 23. – 25. September 1940 beteiligt.[87] In den nächsten zwei Jahren führte die MONTCALM als Teil der *Gruppe Y* nur gelegentliche Atlantikpatrouillen durch, um dann auf die alliierte Seite überzuwechseln, in die USA auszulaufen und am 30. Januar 1943 eine Große Werftliegezeit in Philadelphia anzutreten, die bis zum August dauerte. Nach der Durchführung von Truppentransporten im September nach Ajaccio/Korsika war der Kreuzer bis zum März 1944 in Dakar stationiert, um deutsche Blockadebrecher im Süd- und Mittelatlantik abzufangen. Danach verlegte die MONTCALM nach Großbritannien und nahm am 6. Juni 1944 im Rahmen der Operation »Neptune« als Teil der *Force C* vor dem Landekopf »Omaha« an der alliierten Invasion in der Normandie teil. Danach kehrte der Kreuzer ins Mittelmeer zurück und beteiligte sich am 15. August 1944 an der Deckung der alliierten Landungen im Zuge der Operation »Dragoon« in Südfrankreich zwischen Cannes und Toulon. Seine letzten Kriegseinsätze bis zum März 1945 waren Küstenbeschießungen entlang der französischen und italienischen Riviera. Vom 22. Mai 1945 bis Ende Januar 1946 absolvierte die MONTCALM eine Große Werftliegezeit bei Forges et Chantiers de la Méditerranée in La Seyne. Doch erst 1955 kam sie in Französisch-Indochina zum Einsatz. Am 1. Mai 1957 wurde der Kreuzer in Tunesien in die Reserveflotte versetzt, danach außer Dienst gestellt und 1959 im Schlepp nach Toulon überführt. Dort verblieb das Schiff zehn Jahre lang als Hulk. Am 1. Juni 1961 in die Sonderreserve B eingestuft und in *Q 457* umbezeichnet, diente es als Wohnhulk für die Unterseebootsschule. Am 31. Dezember 1969 wurde die Hulk zum Verkauf gestellt und schließlich abgebrochen.

Zu Kriegsbeginn gehörte die GEORGES LEYGUES als eine Einheit der 4. Kreuzerdivision zur *Force de Raid*. Im Verlaufe der ersten Einsätze gab sie jedoch ihre ersten scharfen Schüsse irrtümlich auf das französische Unterseeboot CASABIANCA ab. Auf der Suche nach den deutschen Handelsstörern[88] operierte die *Force de Raid* unter VAdm. Gensoul mehrfach auf deren vermutlichen Kursen, kam aber nicht mit dem Gegner in Berührung. Im April 1940 entschloß sich die französische Marineführung zur Umgruppierung ihrer Seestreitkräfte, um Italien einzuschüchtern, und das Atlantikgeschwader erhielt am 24. April den Befehl, nach Oran zu verlegen. Obwohl anläßlich des britischen Angriffs auf Mers-el-Kebir am 3. Juli 1940 in Alarmzustand versetzt, griffen die 3. und 4. Kreuzerdivision den britischen Flottenverband nicht an und verlegten schließlich nach Toulon.

Der nächste Einsatz des Kreuzers war seine Teilnahme am Vorstoß nach Libreville/Gabun im September 1940 (siehe oben). Nach dem Abbruch der Unternehmens lief die GEORGES LEYGUES in Dakar ein und war auch zum Zeitpunkt des britisch/freifranzösischen Angriffs vom 23. – 25. September 1940 in diesem Hafen anwesend. Sowohl sie wie auch die MONTCALM eröffneten auf die angreifenden britischen Schiffe das Feuer und erzielten zwei Treffer auf dem Schweren Kreuzer AUSTRALIA. Beiden französischen Kreuzern gelang es, den Lufttorpedoangriffen von Flugzeugen des Trägers ARK ROYAL zu entgehen. Die GEORGES LEYGUES blieb in Dakar, bis sie Ende August 1941 den Befehl erhielt, Goldbarren nach Casablanca zu transportieren. Danach verblieb sie dort bis Ende November. Nach Dakar zu ihrer Kreuzerdivision zurückgekehrt, folgte eine Zeit der Untätigkeit. Nach den alliierten Landungen in Nordafrika am 8. November 1942 (Operation »Torch«) stimmte Admiral Darlan am 10. November einem Waffenstillstand für Nordafrika zu.[89] Doch es dauerte noch einige Zeit, ehe ein Wechsel auch im Status der in Dakar liegenden Kriegsschiffe eintrat. Die Beziehungen zwischen der Freifranzösischen und der ehemaligen Vichy-Marine waren korrekt, aber kühl. Anfang 1943 nahm die GEORGES LEYGUES von Dakar aus den Patrouillendienst im südlichen und mittleren Atlantik auf, um deutsche Blockadebrecher abzufangen. Hierbei stellte sie am 13. April auf der Höhe von Freetown den von Kapitän Tünemann geführten Blockadebrecher PORTLAND (7132 BRT), der sich selbstversenkte. Am 24. Juni 1943 lief der Kreuzer aus Dakar nach Philadelphia/USA zu einer Großen Werftliegezeit aus. Er kehrte erst am 23. November nach Oran zurück und nahm anschließend seinen atlantischen Patrouillendienst von Dakar aus wieder auf. Im Februar 1944 kehrte die GEORGES LEYGUES ins Mittelmeer zurück und führte Gefechtsausbildung zur Vorbereitung auf ihre nächste Aufgabe durch: die Invasion. Am 14. April 1944 lief sie zusammen mit dem Leichten Kreuzer MONTCALM aus Mers-el-Kebir aus, um zusammen mit Einheiten der Royal Navy – der britischen *Eastern Naval Task Force* unter Rear-Admiral Vian – von Scapa Flow aus für die Operation »Neptune« zu üben. Doch die beiden französischen Kreuzer wurden der amerikanischen *Western Naval Task Force* unter Rear-Admiral Kirk zugeteilt.

Am 6. Juni trafen sie mit ihrem Kampfverband vor den US-Landeköpfen ein und leisteten bis zum 14. Juni Feuerunterstützung für die Landungstruppen. Anschließend liefen sie befehlsgemäß Milford Haven/Wales an, um am 8. Juli ins Mittelmeer nach Tarent auszulaufen. Am 28. Juli dort eingetroffen, wurden die beiden französischen Leichten Kreuzer zusammen mit ihrem Schwesterschiff GLOIRE den Feuerunterstützungsgruppen für die Landungen in Südfrankreich (Operation »Dragoon«) am 15. August zugeteilt. Die letzten Kriegsmonate verbrachte die GEORGES LEYGUES mit Beschießungseinsätzen an der ligurischen Küste (z.B. am 15. Januar 1945 Beschießung deutscher Stellungen bei San Remo), unterbrochen von der Durchführung verschiedener Transportaufgaben. Anschließend verlegte der Kreuzer zu einer Großen Werftliegezeit nach Casablanca, die bis zum Januar 1946 dauerte.

DE GRASSE-Klasse

Name	Bauwerft	Kiellegung	Stapellauf	Fertigstellung	Schicksal
DE GRASSE	Marinewerft Lorient	28. Aug. 1939[90]	11. Sept. 1946	3. Sept. 1956	abgebrochen: 1976
CHÂTEAURENAULT	F. et Ch. de la Méditerranée, La Seyne	nicht auf Kiel gelegt			
GUICHEN	F. et Ch. de la Gironde, Bordeaux	nicht auf Kiel gelegt			

Typ: Leichter Kreuzer – Croiseur de 2me classe.
Standardverdrängung: 8000 ts (8128 t).
Einsatzverdrängung: nicht bekannt.
Länge: 176,3 m (über alles), 174 m (zwischen den Loten).
Breite: 18 m.
Tiefgang: 5,54 m (mittlerer).
Antriebsanlage: 2 Satz Rateau/Chantiers-de-Bretagne-Gertiebeturbinen, 4 Indret-Hochdruckkessel, 2 Wellen.
Antriebsleistung: 110 000 WPS für 35 kn.[91]
Bunkerinhalt: nicht bekannt.
Fahrtstrecke: nicht bekannt.
Panzerschutz: nicht bekannt (vermutlich ähnlich der LA GALISSONNIÈRE-Klasse).
Geschütze: neun 15,2 cm L/50 M 1930 (3 x 3), sechs 9 cm L/50 M 1926 (3 x 2), acht 13,2-mm-Fla-MG's.
Seeminen: keine.
Torpedorohre: sechs 55,1 cm (2 x 3).
Bordflugzeuge: drei bis vier, zwei Katapulte.
Besatzungsstärke: 580 Offiziere und Mannschaften.[92]

Entwurf: Das Bauprogramm 1937 bewilligte einen weiteren Leichten Kreuzer, bezeichnet als modifizierte LA GALISSONNIÈRE-Klasse. Der Bauauftrag für die erste Einheit erging am 18. Oktober 1938 an die Marinewerft Lorient und das Schiff sollte den Namen DE GRASSE erhalten. Eine zweite Einheit wurde im folgenden Jahr bewilligt. Obwohl der Bau dieses Schiffes der Werft Forges et Chantiers de la Méditerranée in La Seyne zugewiesen war, erfolgte jedoch kein Bauauftrag. Der Kreuzer sollte den Namen CHÂTEAURENAULT tragen. Schließlich bewilligte das Bauprogramm 1938bis noch eine dritte Einheit, die als GUICHEN auf der Werft Forges et Chantiers de la Gironde in Bordeaux gebaut werden sollte. Doch auch für dieses Schiff erging kein Bauauftrag. Der Kiel der DE GRASSE wurde am 28. August 1939 gestreckt, aber infolge der Kriegsereignisse ergab sich kein nennenswerter Baufortschritt. Den gesamten Krieg hindurch verblieb das Schiff in den ersten Baustadien. Schließlich lief es doch noch im September 1946 vom Stapel. Doch im Anschluß daran trat ein Baustopp ein. Seine Fertigstellung erfolgte erst 1956 nach einem weitgehend modifizierten Entwurf.

Obwohl als modifizierte LA GALISSONNIÈRE-Klasse beschrieben, wiesen die Schiffe dieser Klasse infolge ihrer Ein-Schornstein-Lösung – vermutlich das Ergebnis einer Änderung in der inneren Anordnung der Antriebsanlage – nach außen hin einen beträchtlichen Unterschied auf. Die Hauptantriebsanlage bestand weiterhin aus Getriebeturbinen mit Zwei-Wellen-Anordnung, aber die Konstruktionsleistung war auf 110 000 WPS für eine Höchstgeschwindigkeit von 35 kn gesteigert worden. Der Panzerschutz glich Berichten zufolge jenem der vorausgegangenen Klasse und die Hauptbewaffnung war identisch. Bei der zugleich als Mittelartillerie dienenden Schweren Flak ergaben sich einige Änderungen: Verringerung um eine Doppellafette und Umgruppierung auf das achtere Ende des Aufbaudecks vor dem achteren Drillingsturm. Der Entwurf sah ein zweites Katapult vor; beide erhielten ihren Platz mittschiffs achteraus des Schornsteins in Parallelanordnung. Hiermit wurde die bisherige Lösung aufgegeben, das Katapult auf der Decke des achteren Turms unterzubringen – vermutlich infolge der Probleme, die sich aus dem schweren Gewicht ergaben, das auf der Turmdecke lastete.

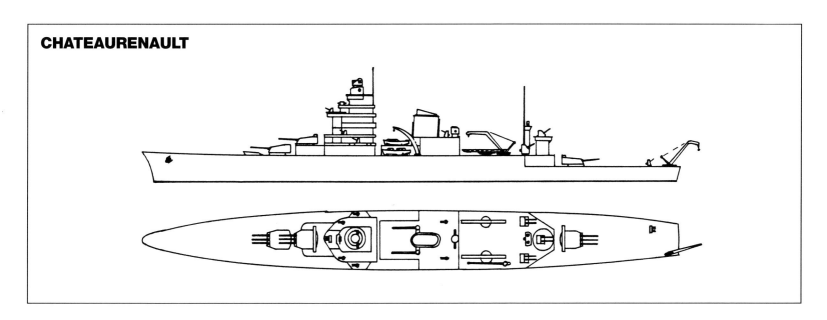

CHATEAURENAULT

Großbritannien

CALDEDON-Klasse – C-Klasse

Name	Bauwerft	Kiellegung	Stapellauf	Fertigstellung	Schicksal
CALDEDON	Cammell, Laird & Co., Birkenhead	17. März 1916	25. Nov. 1916	6. März 1917	verschrottet in Dover: 1948
CALYPSO	Hawthorn, Leslie & Co., Hebburn/Newcastle	7. Febr. 1916	24. Jan. 1917	21. Juni 1917	gesunken: 12. Juni 1940
CARADOC	Scott's, Greenock	21. Febr. 1916	23. Dez. 1916	15. Juni 1917	verschrottet in Briton Ferry: 1946

Typ: Leichter Kreuzer.
Konstruktionsverdrängung: 4180 ts (4246 t).
Einsatzverdrängung: 4950 ts (5029 t).
Länge: 137,16 m (über alles), 129,54 m (zwischen den Loten).
Breite: 13,03 m.
Tiefgang: 4,67 m (mittlerer).
Antriebsanlage: 2 Satz Parsons-Getriebeturbinen, 8 Yarrow-Ölkessel, 2 Wellen.
Antriebsleistung: 40 000 WPS für 29 kn.
Bunkerinhalt: 935 ts Heizöl maximal.
Fahrtstrecke: 5900 sm bei 10 kn.
Panzerschutz: Seitenpanzer: Maschinenräume 76 mm und Munitionskammern 57 mm, Deck 25 mm, Kommandostand 76 mm.
Geschütze: fünf 15,2 cm L/50 B.L. Mk. XII (5 x 1), zwei 7,6 cm S.K. L/45 Mk. I (2 x 1) zwei 2-Pfünder (4-cm-Pompom – 2 x 1).
Torpedorohre: acht 53,3 cm (4 x 2).
Seeminen: keine.
Bordflugzeuge: keine.
Besatzungsstärke: 400 (Friedensstärke) bzw. 437 (Kriegsstärke) Offiziere und Mannschaften.

Entwurf: Diese Schiffe verkörperten die vierte Gruppe (4. Los) der Leichten Kreuzer der C-Klasse, deren Bau im Ersten Weltkrieg begonnen wurde. Sie stellte die logische Weiterentwicklung des ersten Leichten Kreuzer-Entwurfes – der ARETHUSA-Klasse – dar und war für den Einsatz in der Nordsee vorgesehen. Der Entwurf war eine Wiederholung der früher gebauten CENTAUR- und CONCORD-Gruppe – mit der Ausnahme, daß die Antriebsanlage aus Getriebeturbinen mit Zwei-Wellen-Anordnung eines ähnlichen Typs bestand, der auf dem 1915 gebauten Leichten Kreuzer CHAMPION eingeführt wurde. Als Hauptbewaffnung führten die Einheiten der CALEDON-Klasse fünf 15,2-cm-Geschütze B.L. Mk. XII in Einzellafetten P XIII, ein Waffensystem, das 1915 auf dem Leichten Kreuzer BIRMINGHAM (»Town«-Klasse) erstmalig erprobt wurde. Die Aufstellung aller Geschütze erfolgte in der Mittschiffslinie. Vier 53,3-cm-Zwillings-Torpedorohrsätze in Decksaufstellung ersetzten die bisherigen Unterwasserrohre der früheren Klassen. Die CALEDON-Klasse besaß daher eine stärkere Torpedobewaffnung als die damaligen Zerstörer.

Die Antriebsanlage bestand aus zwei vorn gelegenen Kesselräumen, getrennt durch die Munitionskammern für das Geschütz Q, und achteraus von ihnen befanden sich die beiden Maschinenräume. Das Einheitenprinzip war noch nicht eingeführt worden. Sämtliche Kessel besaßen Ölfeuerung.

Das Panzerschutzschema beschränkte sich auf einen Seitenschutz beiderseits der Maschinenräume aus 76 mm dicken Panzerplatten, der sich beiderseits der Munitionskammern und Heizölbunker auf 57 mm Dicke verringerte. Einen Horizontalschutz von 25 mm Dicke hatte nur das Deck über der Ruderanlage erhalten. Der Kommandostand wurde beibehalten, wies aber nur 76 mm Panzerschutz auf, im Gegensatz zu den 152 mm bei den ersten Leichten Kreuzern.

Als Folge der Verbesserungen, seit der Entwurf für die C-Klasse 1913 zum erstenmal gebilligt worden war, hatte die Wasserverdrängung zugenommen. Bei gleichermaßen gestiegener Länge und Breite betrug das Entwurfsdeplacement nunmehr 4180 ts.

Als Wiederholung des Entwurfs der C-Klasse wurden 1915 sechs Einheiten gebilligt, aber die Bauaufträge ergingen nur für vier Einheiten, die sämtlich bis zum April 1916 auf Kiel gelegt wurden. Ihre Fertigstellung erfolgte bis zum Sommer 1917, und so nahmen alle vier Kreuzer noch am Ersten Weltkrieg teil. Infolge dieser Dringlichkeit führten nicht alle Schiffe vollständige Erprobungsfahrten durch. Die vierte Einheit – CASSANDRA – absolvierte allerdings das gesamte Erprobungsprogramm und erzielte mit einer Wasserverdrängung, die rund 100 ts über der Entwurfsverdrängung lag, 29,1 kn bei einer Antriebsleistung von 40 750 WPS.

Obwohl dieses Schiff den Ersten Weltkrieg überstand, erhielt es in der Ostsee im Verlaufe einer Operation gegen die Bolschewisten auf einer nicht in der Seekarte verzeichneten deutschen Minensperre einen Minentreffer. Der Kreuzer sank am 5. Dezember 1918 auf der Höhe der Insel Ösel.[93]

Modifizierungen: *Vorbemerkung:* Bei allen folgenden Klassen britischer Kreuzer werden nur die Modifizierungen einer Betrachtung unterzogen, die

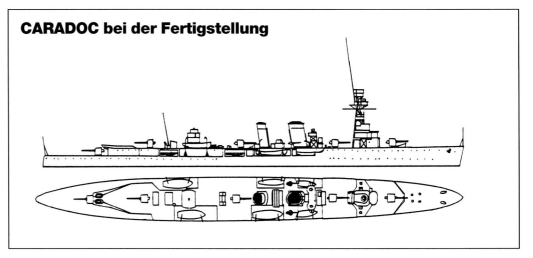

CARADOC bei der Fertigstellung

unmittelbar vor dem Kriege oder im Verlaufe des Krieges vorgenommen worden sind.

Die restlichen drei Einheiten der CALEDON-Gruppe erfuhren infolge ihres Alters vor dem Zweiten Weltkrieg keine nennenswerten Modifizierungen; sie verbrachten die 30er Jahre weitgehend in der Reserveflotte. 1941 könnte die CALEDON einige zusätzliche 2-cm-Fla-Geschütze erhalten haben, aber erst 1942 erfuhr sie während einer Großen Werftliegezeit von September bis Dezember umfangreiche Veränderungen: den Umbau zum Flakkreuzer. Die gesamte vorherige Bewaffnung einschließlich der Torpedorohrsätze wurde ausgebaut und von Bord gegeben. Statt dessen erhielt der Kreuzer drei 10,2-cm-Doppellafetten, vier 4-cm-Bofors-Geschütze in zwei Hazemeyer-Doppellafetten und sechs 2-cm-Doppellafetten sowie eine vollständige Radarausrüstung. Im September/Oktober 1944 kamen sechs 4-cm-Bofors-Geschütze Mk. III in Einzellafetten, die vermutlich die 2-cm-Doppellafetten ersetzten, sowie weitere 2-cm-Fla-Geschütze in Einzellafetten hinzu. Im April 1945 wurde die CALEDON allerdings abgerüstet.

Da die CALYPSO bereits in den Anfangsphasen des Krieges verlorenging, wurde ihr wenig Aufmerksamkeit zuteil, und so sind für sie keine Modifizierungen verzeichnet. Die CARADOC erhielt 1941/42 anläßlich einer Werftliegezeit in New York zwei einzelne 2-Pfünder (4-cm-Pompom) und fünf 2-cm-Einzellafetten sowie die Ausrüstung mit den Radaranlagen vom Typ 271 und 290.[94]

Werdegang: Nach der Indienststellung gehörte die CALEDON zum 6. Leichten Kreuzergeschwader bei der Grand Fleet und war 1917 – 1919 das Flaggschiff des 1. L.C.S. Am 17. November 1917 geriet der Kreuzer zum erstenmal in ein Gefecht und erhielt einen 30,5-cm-Treffer.[95] Zwischen 1919 und 1926 gehörte der Kreuzer zum 2. L.C.S. bei der Home Fleet bzw. bei der Atlantikflotte. In dieser Zeit erfolgte seine Detachierung ins Mittelmeer (September 1922) und in die Ostsee (Januar 1923). Am 17. August 1926 für eine Große Werftliegezeit außer Dienst gestellt, stieß die CALEDON nach deren Beendigung am 5. September 1927 zum 3. Kreuzergeschwader. Am 31. Juli 1931 wurde sie in die Reserveflotte versetzt. Sie verblieb bis 1939 im Reservestatus, wurde noch vor Kriegsausbruch reaktiviert und trat zum 7. Kreuzergeschwader. Im August 1939 befand sich der Kreuzer in Scapa Flow. Bis zum Sommer 1940 kam die seit dem Oktober 1939 zum 12. Kreuzergeschwader gehörende CALEDON bei der Northern Patrol zum Einsatz.[96] Anschließend verlegte der Kreuzer ins Mittelmeer und stieß zum 3. Kreuzergeschwader in Alexandria. Dort kam er im östlichen Mittelmeer im Geleitsicherungsdienst zum Einsatz. Im August 1940 ging der Kreuzer ins Rote Meer bzw. den Golf von Aden und war an den Kämpfen um Britisch-Somaliland beteiligt. Unter anderem deckte er die Räumung Berberas, der Hauptstadt des Landes, und beschoß italienische Stellungen an der Küste. Am 16. März 1941 sicherte die CALEDON mit dem Kreuzer GLASGOW und zwei Zerstörern die Landung britischer Truppen bei Berbera und die Rückeroberung der Stadt. Ein im April/Mai 1941 kurzfristig entstandener Plan, den Kreuzer als Blockschiff in der Zufahrt zum Hafen von Tripolis/Libyen zu versenken, gelangte nicht zur Ausführung. Im Sommer 1941 verlegte die CALEDON nach Colombo/Ceylon und absolvierte vom August bis Oktober eine Werftliegezeit. Anschließend gehörte sie zur Eastern Fleet und operierte bis weit in das Jahr 1942 hinein im Indischen Ozean. Danach kehrte sie in heimische Gewässer zurück und wurde vom 14. September 1942 bis zum 7. Dezember 1943 auf der Marinewerft Chatham zum Flakkreuzer umgebaut. Dies war zugleich auch der letzte Umbau eines Kreuzers der C-Klasse, der zudem noch sehr gemächlich erfolgte.

Nach dem Umbau gehörte die CALEDON zunächst zur Home Fleet und gelangte anschließend bei der Sicherung von Geleitzügen im Mittelmeer gegen Angriffe der deutschen Luftwaffe zum Einsatz, deren Bomber (K.G.26) von Flugplätzen in Südfrankreich aus operierten. Am 15. August 1944 war die CALEDON an den Landungen in Südfrankreich (Operation »Dragoon«) beteiligt. Gegen Ende 1944 verlegte sie ins östliche Mittelmeer und operierte in den Gewässern der Ägäis. Unter anderem beschoß sie Anfang Dezember 1944 gegnerische Stellungen bei Piräus und Salamis. 1945 in heimische Gewässer zurückgekehrt, wurde der Kreuzer abgerüstet und bis zum Kriegsende in Europa in den Reservestatus versetzt. 1946 wurde er in Falmouth aufgelegt und am 22. Januar 1948 der BISCO (British Iron and Steel Corporation) zum Verschrotten übergeben. Am 14. Februar 1948 traf das Schiff auf der Abbruchwerft der Dover Industries in Dover ein.

Auch die CALYPSO gehörte nach ihrer Indienststellung von 1917 bis 1919 zum 6. L.C.S. bei der Grand Fleet und erhielt im Verlaufe des Seegefechtes in der Deutschen Bucht am 17. November 1917 ebenfalls schwere Treffer (siehe oben CALEDON). 1918/19 in der Ostsee eingesetzt, stieß der Kreuzer im März 1919 zum 3. Kreuzergeschwader im Mittelmeer. Dort verblieb das Schiff bis 1932, ehe es wieder in heimische Gewässer zurückkehrte. Die Jahre bis zum Zweiten Weltkrieg verbrachte die CALYPSO in der Reserveflotte. Bei Kriegsausbruch gehörte sie ebenfalls zum 7. Kreuzergeschwader und kam in der Northern Patrol zum Einsatz. Hierbei brachte der Leichte Kreuzer am 24 September den deutschen Frachter MINDEN und am 22. November 1939 den deutschen Blockadebrecher KONSUL HENDRIK FISSER (4458 BRT) auf. Anschließend war die CALYPSO nach der Versenkung des britischen Hilfskreuzers RAWALPINDI am 23. November an der Jagd auf die deutschen Schlachtschiffe SCHARNHORST und GNEISENAU beteiligt. 1940 verlegte der Kreuzer ins östliche Mittelmeer und stieß zum 3. Kreuzergeschwader in Alexandria. Anläßlich des ersten Vorstoßes der britischen Mittelmeerflotte gegen den italienischen Schiffsverkehr nach Libyen versenkte das italienische Unterseeboot BAGNOLINI (KKpt. Tosoni-Pittoni) am 12. Juni 1940 die CALYPSO südwestlich von Kreta durch Torpedoschuß.

Auch die CARADOC gehörte nach ihrer Indienststellung von 1917 bis 1919 zum 6. L.C.S. bei der Grand Fleet und verbrachte 1918/19 einige Zeit in der Ostsee, wobei die sowjetischen Zerstörer AVTROIL und SPARTAK aufgebracht wurden. Am 29. Februar 1919 stieß der Leichte Kreuzer zum 3. Kreuzergeschwader im Mittelmeer. Dort verblieb er bis zum Dezember 1926. Noch im selben Monat trat er eine Reise nach China an und nach seiner Rückkehr in die Heimat wurde er am 15. Sep-

Unten: Die CALYPSO im Juli 1935. (W&L)

GROSSBRITANNIEN

Oben: Die CARADOC im Mai 1943. Sie erhielt lediglich einige leichte Fla-Waffen und blieb ansonsten unverändert. (IWM)

tember 1927 außer Dienst gestellt, um zur Grundüberholung in die Werft zu gehen. Nach ihrer Wiederindienststellung besetzte die CARADOC vom Oktober 1928 bis zum Februar 1930 die Amerikanische & Westindische Station. Im März 1930 erfolgte eine erneute Außerdienststellung für eine Werftliegezeit. Danach verlegte der Kreuzer im Juli 1930 bis 1934 auf die China-Station zum 5. Kreuzergeschwader. Nach der Rückkehr in die heimischen Gewässer gehörte er vom 17. Oktober 1934 bis 1939 zur Reserveflotte. Wieder in den aktiven Dienst versetzt, besetzte die CARADOC erneut von 1939 bis 1942 die Amerikanische & Westindische Station. Auf dem Hinmarsch im Oktober 1939 transportierte sie 2 Millionen £ in Gold nach Halifax/Neuschottland. Am 23. Oktober 1939 hielt der Kreuzer den aus Tampico kommenden deutschen Tanker EMMY FRIEDRICH (4372 BRT) im Kanal von Yucatán an, wobei sich das deutsche Schiff selbstversenkte, und am 11. Dezember 1940 versenkte er den von der eigenen Besatzung in Brand gesetzten deutschen Blockadebrecher RHEIN (6031 BRT) in der Florida-Straße.[97] Nach einer Großen Werftliegezeit vom 28. Oktober 1941 bis zum 26. Februar 1942 in New York gehörte die CARADOC bis 1943 zur *Eastern Fleet*. Anschließend ging sie im Juni 1943 in Durban in die Werft, um zum Artillerieschulschiff für die Südafrikanische Station umgebaut zu werden. 1944 verlegte das Schiff nach Colombo und diente dort als Stützpunktschiff bis 1945. Im August 1945 wurde es Flaggschiff der Ostindischen Station. Nach dem Ende des pazifischen Krieges kehrte der Kreuzer nach Großbritannien zurück und wurde am 5. April 1946 der BISCO übergeben. Im Mai 1946 traf es auf der Abbruchwerft von T.W. Ward & Co. in Briton Ferry zum Verschrotten ein.

Nachbemerkung: Nach dem Kriege wurden alle zum Verschrotten bestimmten Schiffe der *British Iron and Steel Corporation* (BISCO) übergeben, die sie einer Abbruchwerft zuwies. Diese Schiffe wurden nicht verkauft. Abzüglich der vereinbarten Unkosten und eines Gewinns floß der Erlös aus dem Verschrotten der Staatskasse zu.

CERES-Klasse – C-Klasse

Name	Bauwerft	Kiellegung	Stapellauf	Fertigstellung	Schicksal
CARDIFF (ex-CAPRICE)	Fairfield, Govan/Glasgow	22. Juli 1916	12. April 1917	25. Juni 1917	verschrottet in Troon: 1946
CERES	John Brown & Co., Clydebank/Glasgow	26. April 1916	24. März 1917	1. Juni 1917	verschrottet in Blyth: 1946
COVENTRY (ex-CORSAIR)	Swan, Hunter & Co., Wallsend-on-Tyne	4. Aug. 1916	6. Juli 1917	21. Febr. 1918	gesunken: 14. Sept. 1942
CURAÇOA	Marinewerft Pembroke/Milford Haven	? Juli 1916	5. Mai 1917	18. Febr. 1918	gesunken: 2. Okt. 1942
CURLEW	Vickers, Barrow-in-Furness	21. Aug. 1916	5. Juli 1917	14. Dez. 1917	gesunken: 26. Mai 1940

Typ: Leichter Kreuzer.
Konstruktionsverdrängung: 4290 ts (4358 t).
Einsatzverdrängung: 5276 ts (5360 t).
Länge: 137,6 m (über alles), 129,54 (zwischen den Loten).
Breite: 13,25 m.
Tiefgang: 4,34 m (mittlerer).
Antriebsanlage: 2 Satz Brown-Curtis-Getriebeturbinen (CURLEW: 2 Satz Parsons-Getriebeturbinen), 8 Yarrow-Ölkessel, 2 Wellen.
Antriebsleistung: 40 000 WPS für 29,5 kn.
Bunkerinhalt: 950 ts Heizöl max. (als Flakkreuzer: 920 ts).
Fahrtstrecke: 5900 sm bei 10 kn, 2000 sm bei 28 kn (als
Flakkreuzer: 3250 sm bei 12 kn).
Panzerschutz: Seitenpanzer: Maschinenräume 76 mm und Munitionskammern 57 mm, Deck 25 mm, Kommandostand 76 mm.
Geschütze: fünf 15,2 cm B.L. L/50 Mk. XII (5 x 1), zwei 7,6 cm S.K. L/45 Mk. I (2 x 1), zwei 2-Pfünder (4-cm-Pompom – 2 x 1). *
Torpedorohre: acht 53,3 cm (4 x 2). **
Seeminen: keine.
Bordflugzeuge: keine.
Besatzungsstärke: 400 (Friedensstärke) bzw. 437 (Kriegsstärke) Offiziere und Mannschaften.

Nach dem Umbau zum Flakkreuzer:
* *Geschütze:* COVENTRY und CURLEW: zehn 10,2 cm S.K. L/40 Mk. V (10 x 1), sechzehn 2-Pfünder (4-cm-Pompom – 2 x 8). CURAÇOA: acht 10,2 cm S.K. L/45 Mk. XIX (4 x 2), sechs 2-Pfünder (4-cm-Pompom – 1 x 4, 2 x 1), acht 12,7-mm-Fla-MG's (2 x 4).
** *Torpedorohre:* COVENTRY, CURLEW und CURAÇOA: keine.

Entwurf: Die fünf Einheiten dieser Klasse (5. Los) bestanden aus den beiden im Oktober 1915 bewilligten und drei weiteren Anfang 1916 in das Kriegsdringlichkeitsprogramm eingestellten Schiffen. Die Bauaufträge ergingen sämtlich im März/ April 1916 als Wiederholung der vorhergehenden Gruppe. Vor ihrer Kiellegung ergaben sich jedoch Entwurfsveränderungen, die es rechtfertigen, sie als eine eigene Untergruppe der C-Klasse zu betrachten. Das zweite Geschütz erhielt seinen Platz vor der Brücke – und nicht mehr hinter dem Fockmast – in überhöhter Aufstellung zum ersten Geschütz. Von dort aus hatte es einen sehr viel größeren Schußbereich als vorher. Dies bedingte wiederum ein auf das Backsdeck aufgesetztes Schutzdeck. Hierdurch mußte der Brückenaufbau mit dem Fockmast um etwa 14 m achteraus verlegt werden. Infolgedessen kam es auch zu einer beträchtlichen Änderung der inneren Anordnung, die den vorderen Kesselraum und die Raumeinteilung davor betrafen. Die erhöhte Aufstellung des zweiten Geschützes erforderte auch eine Erhöhung des Brückenaufbaus, und zur Sicherung der Stabilität durch das gesteigerte Obergewicht mußte die Schiffsbreite um 22 cm vergrößert werden. Die Konstruktionsverdrängung stieg auf 4290 ts. Die Bewaffnung entsprach dem bisherigen Standard der C-Klasse, ausgenommen die Torpedobewaffnung; diese wurde auf vier Zwillingsrohrsätze verdoppelt, eine Änderung, die bereits bei den Einheiten der CALEDON-Klasse vor deren Fertigstellung eingeführt worden war.

Auch die Hauptantriebsanlage sowie das Panzerschutzschema waren mit jenen bei den früheren Gruppen der C-Klasse identisch, ausgenommen der Kommandostand; bei COVENTRY und CURAÇOA wurde noch vor der Fertigstellung auf ihn verzichtet. 1918/19 wurde er auch bei den übrigen Einheiten der beiden Gruppen entfernt.

Mit einer Konstruktionsverdrängung von 4215 ts erzielte die CERES als die schnellste Einheit ihrer Gruppe bei Erprobungsfahrten im Juni 1917 29,1 kn mit einer Antriebsleistung von 39 425 WPS.

Modifizierungen: Wie oben bereits erwähnt, wurde der Kommandostand bei Ende des Ersten Weltkrieges entfernt. 1918 erhielten die CURLEW, COVENTRY und CURAÇOA, 1921/22 die CERES und 1923/24 die CARDIFF je zwei 2-Pfünder-Fla-Geschütze (4-cm-Pompom) in Einzellafetten. CARDIFF führte als einzige Einheit dieser Klasse für kurze Zeit ein Flugzeug. Ansonsten beschränkten sich die Modifizierungen in der Zwischenkriegszeit auf kleinere Festigkeitsverbesserungen. Der Londoner Flottenvertrag von 1930 bezog jedoch auch die Anzahl der zur Verfügung stehenden Kreuzer mit ein.[98] 1934 begann daher die Entwurfsarbeit, um diese Schiffe in Flakkreuzer umzubauen. Im Jahr darauf wurde der Umbau aller Einheiten der C-Klasse gebilligt. COVENTRY und CURLEW wurden als Prototypen ausgewählt und 1935/36 begann der Umbau dieser Schiffe. Die gesamte ursprüngliche Bewaffnung kam von Bord und die beiden Kreuzer erhielten statt ihrer folgende Fla-Waffen: zehn 10,2 cm L/40 Mk. V in Einzellafetten, und zwar ein Geschütz vorn, sechs mittschiffs an Backbord und Steuerbord und drei achtern, sowie zwei achtrohrige 2-Pfünder (4-cm-Pompom) Mk. VI, je eine Lafette vorn und achtern. Ferner kamen zwei Fla-Leitstände zum Einbau und die innere Anordnung erfuhr eine Änderung. Außerdem wurden sämtliche Torpedorohrsätze entfernt. Aufgrund der Notwendigkeit, die Kosten zu senken, stammten die 10,2-cm-Einzellafetten von neueren Schiffen, die auf 10,2-cm-Doppellafetten umgerüstet wurden. Aus demselben Grunde mußte 1938/39 die achtere 2-Pfünder-Achtlingslafette infolge der Engpässe entfernt werden, um andere Schiffe damit auszurüsten. Sie wurde durch zwei der nutzlosen 12,7-mm-Fla-MG-Vierlingslafetten ersetzt.

Nur noch eine weitere Einheit dieser Klasse – die CURAÇOA – erfuhr diesen Umbau, der jedoch erst im Sommer 1939 erfolgte. Ihr Umbau unterschied sich in folgender Weise: Nach dem Entfernen der gesamten ursprünglichen Bewaffnung einschließlich aller Torpedorohrsätze erhielt die CURAÇOA auf den seitherigen Geschützpositionen 1, 3, 4 und 5 je zwei 10,2-cm-Geschütze L/45 MK. XIX in Doppellafete, auf der bisherigen Geschützposition 2 eine 2-Pfünder-Vierlingslafette Mk. VII sowie zwei 12,7-mm-Fla-MG-Vierlingslafetten beiderseits des vorderen Schornsteins. Außerdem kamen noch zwei 2 Pfünder (4-cm-Pompom) in Einzellafetten hinzu.

Im Verlaufe des Krieges bekam die CARDIFF im April 1942 sechs 2-cm-Einzellafetten und Radar vom Typ 290 sowie Ende 1943 auch noch Radar vom Typ 273.[99] Auch die CERES erhielt 1942 sechs 2-cm-Einzellafetten und bis zum April 1944 auch Radaranlagen vom Typ 290 und 273. Im Mai/April 1944 wurden die beiden 7,6-cm-Geschütze und die beiden 2-Pfünder-Einzellafetten von Bord gegeben und durch acht 2-cm-Einzellafetten ersetzt. COVENTRY bekam im Mai 1942 fünf zusätzliche 2-

Unten: CARDIFF. (IWM)

GROSSBRITANNIEN

Rechts: Die vor dem Kriege in einen Flakkreuzer umgebaute COVENTRY, bewaffnet mit 10,2-cm-Geschützen in Einzellafetten ohne Schilde. (M Twardowski)

Unten: Die unglückliche CURAÇOA nach ihrem Umbau zum Flakkreuzer. (G. Ransome)

cm-Einzellafetten, während die CURAÇOA 1941 mit Radar vom Typ 282 und 285 und bis September 1942 auch noch mit Radar vom Typ 273 sowie mit fünf zusätzlichen 2-cm-Einzellafetten ausgerüstet wurde. CURLEW hingegen erfuhr als früher Kriegsverlust keine weiteren Modifizierungen.

Werdegang: CARDIFF wurde noch rechtzeitig in Dienst gestellt, um von 1917 bis 1919 als Flaggschiff des 6. L.C.S. bei der *Grand Fleet* zu dienen. Nach dem Waffenstillstand führte dieser Kreuzer die deutsche Hochseeflotte im November 1918 nach Scapa Flow in die Internierung.[100] Anschließend kam er bis in das Jahr 1919 hinein gegen sowjetische Seestreitkräfte in der Ostsee zum Einsatz. Danach ging die CARDIFF als Flaggschiff des 3. Kreuzergeschwaders bis 1929 ins Mittelmeer. Nach einer Großen Werftliegezeit zwischen 1929 und 1931 diente sie bis zum Mai 1933 auf der Afrikanischen Station als Flaggschiff des 6. Kreuzergeschwaders. In heimische Gewässer zurückgekehrt, wurde der Kreuzer vom Juli 1933 bis zum Juli 1938 in die Reserveflotte versetzt. Nach ihrer Wiederindienststellung gehörte die CARDIFF zum 5. Kreuzergeschwader auf der China-Station. Am 29. April 1939 verließ sie Hongkong, kehrte nach Großbritannien zurück und kam erneut zur Reserveflotte, bis sie bei Kriegsausbruch erneut reaktiviert wurde. Nunmehr als Einheit des 12. Kreuzergeschwaders kam die CARDIFF 1939/40 bei der *Northern Patrol* zum Einsatz. Den Rest des Krieges

verbrachte sie dann als Artillerieschulschiff in den Western Approaches.[101] Am 23. Januar 1946 übernahm die BISCO das Schiff zum Abbruch und am 18. März 1946 traf es bei der Abbruchwerft Arnott Young in Troon zum Verschrotten ein.

Nach ihrer Indienststellung trat die CERES ebenfalls zum 6. L.C.S. bei der *Grand Fleet* und verlegte anschließend von 1919 bis 1927 ins Mittelmeer zum 3. Kreuzergeschwader. 1920 verbrachte der Kreuzer eine kurze Zeit im Schwarzen Meer. Nach der Großen Werftliegezeit zwischen 1929 und 1931 erhielt das Schiff den Reservestatus und wurde im Mai 1932 erneut zur Verwendung im Mittelmeer in Dienst gestellt. Am 27. November 1932 wurde die CERES erneut außer Dienst gestellt und verblieb bis zum September 1939 in der Reserveflotte. Bei Kriegsausbruch wurde sie reaktiviert, kam zunächst zur Kanalflotte und wurde ab November 1939 im Rahmen des 11. Kreuzergeschwaders in der *Northern Patrol* eingesetzt. Anfang 1940 ging der Kreuzer nach Fernost und traf im April in Singapur ein. 1940/41 war er an den Einsätzen britischer Seestreitkräfte an der ostafrikanischen Küste beteiligt, unterstützte im August 1940 die Räumung von Berbera/Britisch-Somaliland sowie im Februar 1941 im Rahmen der vom C-in-C- East Indies (Vice-Admiral Leatham) geschaffenen *Force T* die Blockade des Hafens Kisimayu in Italienisch-Somaliland. CERES nahm anschließend an der britischen Offensive gegen die Italiener auf diesem Kriegsschauplatz teil. Sie verblieb in Ostindien und gehörte bis zum Oktober 1943 zur *Eastern Fleet*. Danach verlegte der Kreuzer ins Mittelmeer und kehrte schließlich in heimische Gewässer zurück. Bei den Landungen in der Normandie im Juni 1944 gehörte er zu den Geleitsicherungsstreitkräften. Im späteren Verlauf des Jahres 1944 diente die CERES – in den Reservestatus versetzt – als Wohn- und Stützpunktschiff in Portsmouth. Diesen Status behielt sie bis Kriegsende. Am 5. April 1946 übernahm die BISCO das Schiff zum Verschrotten und am 12. Juli 1946 traf es auf der Werft Hughes Bolkow in Blyth zum Abbruch ein.

Von der Indienststellung an gehörte die COVENTRY bis 1919 zum 5. L.C.S. bei den Harwich-Streitkräften. In diese Zeit fielen auch ein Einsatz in der Ostsee und die Verwendung als Flaggschiff des 1. L.C.S. bei der Atlantikflotte. Von 1920 bis 1924 war der Kreuzer das Führungsschiff des Commodore (D), des Führers der Zerstörer bei dieser Flotte. In derselben Eigenschaft diente die COVENTRY von 1924 bis 1928 im Mittelmeer. Nach einer Großen Werftliegezeit zwischen 1928 und 1930 blieb sie weiterhin Führungsschiff des Führers der Zerstörer bei der Mittelmeerflotte. Am 1. Oktober 1936 für kurze Zeit in den Reservestatus versetzt, verlegte sie erneut bis 1938 ins Mittelmeer. In diesem Jahr kehrte sie für den Umbau zum Flakkreuzer nach Portsmouth zurück. Ab September 1939 befand sich die COVENTRY erneut im Mittelmeer, kam aber im April/Mai 1940 in norwegischen Gewässern zum Einsatz. Am 20. August 1940 verlegte sie aus heimischen Gewässern zur neu geschaffenen *Force H* nach Gibraltar und nur kurze Zeit später ins östliche Mittelmeer. In Alexandria stationiert, war der Flakkreuzer Mitte September am Angriff auf Bengasi/Libyen sowie an der Sicherung von mehreren Geleitzügen von Alexandria nach Malta beteiligt. Im Zuge der Beschießung italienischer Stellungen und Nachschubwege an der Küste der Cyrenaika erhielt die COVENTRY am 13. Dezember 1940 einen Torpedotreffer durch das italienische Unterseeboot NEGHELLI, der den Flakkreuzer beschädigte. Im Frühjahr 1941 sicherte die COVENTRY Truppentransport-Geleitzüge nach Griechenland und war auch an der Räumung des griechischen Festlandes sowie der Insel Kreta (Rettung von Überlebenden des Flakkreuzers CALCUTTA am 1. Juni) beteiligt. Ferner unterstützte der Kreuzer im Rahmen des 15. Kreuzergeschwaders im Juni/Juli 1941 die Operationen britischer und freifranzösischer Truppen zur Eroberung Syriens gegen starken vichy-französischen Widerstand. Darüber hinaus nahm die COVENTRY 1941 immer wieder an den Versuchen teil, Nachschubgeleitzüge nach Malta durchzubringen. Auch 1942 gehörte der Kreuzer zur Sicherung von Geleitzügen, die den Versuch unternahmen, Malta zu versorgen. Am 13./14. September 1942 war der Flakkreuzer zur Deckung eines britischen Kommandounternehmens gegen Tobruk beteiligt (Operation »Agreement«). Im Verlaufe dieses erfolglosen Unternehmens beschädigten Ju 87 der 8./St.G.3 (Lt. Göbel) und Ju 88 der I./L.G. 1 (Hptm. Hoffmann) die COVENTRY so schwer, daß das Wrack von dem Zerstörer HMS ZULU versenkt werden mußte.

Auch die CURAÇOA stieß nach der Indienststellung als Flaggschiff des 5. L.C.S. zu den Harwich-Streitkräften und wurde später Flaggschiff des 1. L.C.S. bei der Atlantikflotte. Im April 1919 kam der Kreuzer in der Ostsee zum Einsatz, erhielt aber auf dem Wege nach Libau (heute Liepája/Lettland) etwa 70 sm westlich von Reval einen Minentreffer. Daraufhin kehrte er zur Ausbesserung in die Heimat zurück. Anschließend diente die CURAÇOA bis 1928 als Flaggschiff des 2. L.C.S. bei der Atlantikflotte und ging am 4. September 1929 bis 1932 zum 3. Kreuzergeschwader ins Mittelmeer. Ab dem 18. Dezember 1933 fand der Kreuzer als Artillerieschulschiff bis zum Sommer 1939 Verwendung. Zu diesem Zeitpunkt begann während einer Großen Werftliegezeit, die bis zum April 1940 dauerte, sein Umbau zum Flakkreuzer. Danach kam die CURAÇOA im Gefolge der alliierten Landungen in Nordnorwegen in den dortigen Gewässern zum Einsatz und wurde am 24. April 1940 bei einem deutschen Luftangriff schwer beschädigt.

Nach dem Abschluß der Ausbesserungsarbeiten sicherte der Flakkreuzer mit Passagierschiffen durchgeführte Truppentransporte in den Western Approaches. Am 2. Oktober 1942 rammte der britische Passagierliner QUEEN MARY den Geleitsicherung fahrenden Kreuzer nördlich von Irland auf der Höhe von Bloody Foreland und versenkte ihn. 338 Angehörige seiner Besatzung fanden dabei den Tod.

Die CURLEW stieß nach der Indienststellung ebenfalls zum 5. L.C.S. bei den Harwich-Streitkräften und kam 1919 zum 1. L.C.S. bei der Atlantikflotte. Ab dem 27. April 1920 gehörte sie zum 5. Kreuzergeschwader und verlegte auf die China-Station. Schließlich wurde sie am 24. November 1922 dem 8. L.C.S. auf der Amerikanischen & Westindischen Station zugeteilt und nach der Rückkehr in heimische Gewässer 1927 in die Reserveflotte versetzt. Wieder aktiviert, diente der Kreuzer vom November 1929 bis zum August 1933 beim 3. und bis zum Oktober 1936 beim 1. Kreuzergeschwader. Anschließend erfolgte die Versetzung in die Reserveflotte. Bereits 1935 als einer der Prototypen für den Umbau zum Flakkreuzer ausgewählt, absolvierte das Schiff kurze Zeit später für diesen Umbau eine Große Werftliegezeit bis zum Kriegsausbruch 1939. Im Anschluß daran gehörte die CURLEW zur *Home Fleet*. Am 26. Mai 1940 versenkten He 111 des K.G. 100 den Flakkreuzer im Zuge des Norwegenfeldzuges auf der Höhe von Skånland.

CARLISLE-Klasse – C-Klasse

#Name	Bauwerft	Kiellegung	Stapellauf	Fertigstellung	Schicksal
CAIRO	Cammell, Laird & Co., Birkenhead	28. Nov. 1917	19. Nov. 1918	24. Sept. 1919	gesunken: 12. Aug. 1942
CALCUTTA	Vickers, Barrow-in-Furness	18. Okt. 1917	9. Juli 1918	21. Aug. 1919	gesunken: 1. Juni 1941
CAPETOWN	Cammell, Laird & Co., Birkenhead *	23. Febr. 1918	28. Juni 1919	10. April 1922	verschrottet in Preston: 1946
CARLISLE	Fairfield, Govan/Glasgow	2. Okt. 1917	9. Juli 1918	11. Nov. 1918	KTV: 9. Okt. 1943
COLOMBO	Fairfield, Govan/Glasgow	8. Dez. 1917	18. Dez. 1918	18. Juni 1919	verschrottet in Newport: 1948

* Fertiggestellt auf der Marinewerft Pembroke/Milford Haven.

Typ: Leichter Kreuzer.
Konstruktionsverdrängung: 4200 ts (4267 t).
Einsatzverdrängung: 5300 ts (5384 t).
Länge: 137,16 m (über alles), 129,58 m (zwischen den Loten).
Breite: 13,25 m.
Tiefgang: 4,34 m (mittlerer).
Antriebsanlage: 2 Satz Parsons-Getriebeturbinen (COLOMBO und CARLISLE: 2 Satz Brown-Curtis-Getriebeturbinen), 8 Yarrow-Ölkessel, 2 Wellen.
Antriebsleistung: 40 000 WPS für 29,5 kn.
Bunkerinhalt: 950 ts Heizöl maximal.
Fahrtstrecke: 5000 sm bei 10 kn, 2000 sm bei 28 kn.
Panzerschutz: Seitenpanzer: Maschinenräume 76 mm und Munitionskammern 57 mm, Deck 25 mm.
Geschütze: fünf 15,2 cm B.L. L/50 Mk. XII (5 x 1), zwei 7,6 cm S.K. L/45 Mk. I (2 x 1), zwei 2-Pfünder (4-cm-Pompom – 2 x 1). *
Torpedorohre: acht 53,3 cm (4 x 2). **
Seeminen: keine.
Bordflugzeuge: keine.
Besatzungsstärke: 400 (Friedensstärke) bzw. 437 (Kriegsstärke) Offiziere und Mannschaften.

Nach dem Umbau zum Flakkreuzer:
* Geschütze: CAIRO, CARLISLE und CALCUTTA: acht 10,2 cm L/45 Mk. XIX (4 x 2), vier 2-Pfünder (4-cm-Pompom – 1 x 4), acht 12,7-mm-Fla-MG's (2 x 4).
** Torpedorohre: keine.

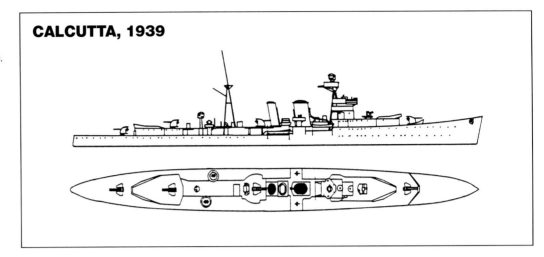

Entwurf: Im Juli 1917 in Auftrag gegeben, wurden die fünf Einheiten dieser Klasse (6. Los) als eine Wiederholung der CERES-Gruppe auf Kiel gelegt. Als Folge der ausgeprägten Nässe des Vorschiffs bei den früher gebauten Leichten Kreuzern der C-Klasse wurde der Bug bei den Einheiten dieser Gruppe nach der Kiellegung angehoben, d.h. der Vorsteven war um 1,52 m höher und die Back flachte sich nach achtern allmählich ab, bis sie auf der Höhe des Geschützes 1 die ursprüngliche Decklinie erreichte. Da der ursprüngliche Ausfall der Schiffsseiten am Bug nicht geändert wurde, setzte sich die Beplattung bis zur neuen Deckshöhe mit einem Knick fort. Ansonsten bestanden zwischen diesen Schiffen und den früher gebauten dieser Klasse keine Unterschiede.

Modifizierungen: Die CARLISLE wurde unter der Brücke mit einer Flugzeughalle fertiggestellt; diese war jedoch bis 1920 bereits wieder entfernt worden. CAIRO und CALCUTTA stellten das zweite Paar der Einheiten der C-Klasse dar, die ab 1938 zu Flakkreuzern umgebaut wurden. Nach dem Entfernen der gesamten ursprünglichen Bewaffnung einschließlich der Torpedorohrsätze erhielten sie folgende Fla-Waffen: acht 10,2 cm L/45 Mk. XIX in Doppellafetten, ein 2-Pfünder (4-cm-Pompom) Mk. VII in Vierlingslafette sowie acht 12,7-mm-Fla-MG's in zwei Vierlingslafetten. Nach dem Abschluß des Umbaus des ersten Paars dieser Klasse begann im Sommer 1939 der Umbau der CARLISLE, die zusammen mit der CURAÇOA das dritte Paar bildete. Ihr Umbau folgte dem Vorbild des zweiten Paars und der Werftaufenthalt endete erst einige Zeit nach Kriegsausbruch im April 1940.

Einige 2-cm-Fla-Geschütze in Einzellafetten ausgenommen, die 1942 an Bord kamen, erfuhr die CAIRO kaum Modifizierungen. Auch die CALCUTTA wies als früher Kriegsverlust keine Veränderungen auf. Beide Kreuzer hatten kein Radar erhalten. Andererseits kam es infolge des Kriegsausbruchs und der knappen Werftkapazitäten bei der CAPETOWN nicht zum Umbau als Flakkreuzer. Als nicht umgebaute Einheit beschränkte sich die zusätzliche Fla-Bewaffnung auf sechs 2-cm-Einzellafet-

Unten: Die COLOMBO als Flakkreuzer, bewaffnet mit 10,2-cm-Geschützen in Doppellafetten. Beachte den hochgezogenen Vorsteven. (G. Ransome)

Rechts: Die CARLISLE in Malta. (IWM)

ten. Sie erhielt jedoch Radar vom Typ 290. Noch im April 1944 bestand ihre Fla-Bewaffnung aus den beiden 7,6-cm- und den beiden 2-Pfünder-Geschützen, jeweils in Einzellafetten, sowie aus den sechs 2-cm-Einzellafetten.

Nach dem Umbau zum Flakkreuzer bekam die CARLISLE im April 1941 noch zwei zusätzliche 2-Pfünder (4-cm-Pompom) in Einzellafetten sowie Radar vom Typ 281.[102] Ein Jahr später erfolgte ihre Ausrüstung mit sieben 2-cm-Fla-Geschützen in Einzellafetten. Nach der Werftliegezeit im November 1942 wurden diese 2-cm-Einzellafetten wieder entfernt und durch fünf 2-cm-Doppellafetten ersetzt. Auch Radaranlagen vom Typ 271, vom Typ 282 und vom Typ 285 kamen an Bord. Bis zum April 1944 änderte sich diese Fla-Bewaffnung nicht, ausgenommen die 2-cm-Doppellafetten, die nunmehr elektrischen Antrieb hatten. Bei COLOMBO begann der Umbau zum Flakkreuzer erst im August 1942. Nach dem Entfernen ihrer früheren Bewaffnung einschließlich der Torpedorohrsätze wurde sie mit folgender Fla-Bewaffnung ausgerüstet: sechs 10,2 cm L/45 Mk. XIX in Doppellafetten (3 x 2), vier 4-cm-Bofors-Fla-Geschütze in Hazemeyer-Doppellafetten (2 x 2), sechs 2-cm-Doppellafetten mit elektrischem Antrieb (6 x 2) und zwei 2-cm-Einzellafetten. Radaranlagen vom Typ 281 B, 272, 282 und 285[103] ergänzten diese Bewaffnung, die bis zum April 1944 unverändert blieb. Bis zum Ende des Krieges in Europa waren jedoch zwei der 2-cm-Doppellafetten entfernt und durch vier zusätzliche 4-cm-Bofors-Fla-Geschütze Mk. III in Einzellafetten ersetzt worden.

Werdegang: Keine Einheit dieser Klasse wurde rechtzeitig fertiggestellt, um noch am Ersten Weltkrieg teilzunehmen. Nach ihrer Indienststellung ging die CAIRO 1920 hinaus auf die China-Station und stieß dort zum 5. L.C.S. Sie gehörte bis zum 27. Dezember 1921 zu diesem Geschwader und verlegte dann zum 4. L.C.S. auf die Ostindische Station. Dort verblieb sie bis 1925, zeitweilig zur China-Station detachiert. Der nächste Einsatzort des Kreuzers war zwischen 1927 und 1928 die Amerikanische & Westindische Station beim 8. Kreuzergeschwader. Danach verbrachte die CAIRO die Zeit von 1928 bis 1930 im Mittelmeer als Flaggschiff des Rear-Admiral (D), des Führers der Zerstörer der Mittelmeerflotte. Nach einer Werftliegezeit 1931/32 fungierte der Kreuzer bei der *Home Fleet* als Führungsschiff der Z-Flottillen mit dem Commodore (D) an Bord bis zu seiner Außerdienststellung am 25. November 1937. Im Anschluß daran begann 1938 der Umbau der CAIRO zum Flakkreuzer auf der Marinewerft Chatham, der im Mai 1939 beendet war. Ab September desselben Jahres gehörte sie zunächst zur Kanalflotte und ab Dezember 1939 zu den

Oben: Die CARLISLE im späteren Verlauf des Krieges. Beachte den zusätzlichen Fla-Leitstand achteraus des Großmastes und die Radarantennen. (G. Ransome)

Unten: Die CAIRO im Jahre 1940. Beachte die aufgemalte Bugwelle. (IWM)

GROSSBRITANNIEN 81

Humber-Streitkräften. Im Norwegen-Feldzug wurde der Flakkreuzer ab April 1940 zur Sicherung von Truppentransporten und zur Deckung der alliierten Landungen in Nordnorwegen eingesetzt. Am 17. Mai trug er zur Rettung von Überlebenden des britischen Kreuzers EFFINGHAM bei, der in der Nähe von Bodø aufgelaufen und gekentert war. Am 28. Mai 1940 erhielt der als Flaggschiff im Raum Narvik zur Unterstützung der Bodentruppen fungierende Kreuzer einen Bombentreffer. 1941 wurde die CAIRO weitgehend im nordatlantischen Geleitsicherungsdienst eingesetzt, ehe sie 1942 ins Mittelmeer verlegte. Dort operierte sie mit der *Force H* von Gibraltar aus und gehörte zur Sicherung der Doppel-Geleitzug-Operation »Harpoon/Vigorous« Mitte Juni, um gleichzeitig von Gibraltar und Alexandria aus Nachschub nach Malta durchzubringen, und der Operation »Pinpoint« Mitte Juli 1942, als der Flugzeugträger EAGLE südlich der Balearen 31 »Spitfire«-Jäger für Malta startete. Mitte August 1942 war die CAIRO als Teil der Sicherung an der Operation »Pedestal« beteiligt.[104] Am Abend des 12. August erzielte das italienische Unterseeboot AXUM einen Torpedotreffer auf dem Flakkreuzer, der ihm das Heck wegriß, so daß er aufgegeben werden mußte. Am nächsten Tag versenkte der britische Zerstörer PATHFINDER das Wrack.

Die CALCUTTA gehörte von der Indienststellung an zum 8. L.C.S. auf der Amerikanischen & Westindischen Station. Im November 1927 tauschten die Leichten Kreuzer CALCUTTA und DESPATCH ihre Besatzungen und der erstere kehrte zur Außerdienststellung in die heimischen Gewässer zurück. Am 18. September 1929 wieder in Dienst gestellt, wurde die CALCUTTA Flaggschiff des 6. Kreuzergeschwaders auf der Afrikanischen Station. 1931 erhielt das Schiff erneut den Reservestatus. Die folgenden Jahre verbrachte es in der Reserveflotte oder diente als Hilfsschiff. 1938 begann der Umbau zum Flakkreuzer auf der Marinewerft Chatham, der im Juli 1939 seinen Abschluß fand. Ab September 1939 gehörte die CALCUTTA zu den Humber-Streitkräften, nahm anschließend vom April 1940 an am Norwegen-Feldzug teil und unterstützte im Mai/Juni 1940 die Operation »Dynamo«.[105] Zur Deckung der Räumung Westfrankreichs eingesetzt, kollidierte der Flakkreuzer am 25. Juni 1940 in der Gironde mit dem kanadischen Zerstörer FRASER und versenkte ihn. Am 20. August 1940 lief die CALCUTTA als Teil eines starken Verbandes aus Großbritannien zur Verstärkung der *Force H* nach Gibraltar aus und verlegte am 29. August im Rahmen der *Force F* ins östliche Mittelmeer nach Alexandria (Operation »Hats«). Mit dem 5. Kreuzergeschwader nahm der Flakkreuzer am 15. September 1940 am britischen Angriff auf Bengasi/Libyen teil. Des Rest des Jahres 1940 und bis in das Jahr 1941 hinein gehörte die CALCUTTA zur Sicherung von Geleitzügen nach Malta und Truppentransporten nach Griechenland. Am britischen Angriff auf Tripolis am 20./21. April 1941 beteiligt, war der Flakkreuzer auch ab Ende April bei der Räumung Griechenlands (Operation »Demon«) eingesetzt. Nach der Sicherung eines Malta-Geleitzuges in der ersten Maihälfte nahm die CALCUTTA auch an den Kämpfen um Kreta und an der anschließenden Räumung der Insel teil. Am 1. Juni 1941 versenkte eine Ju 88 (Lt. Sauer) der II./L.G.1 den Flakkreuzer etwa 100 sm nördlich von Alexandria. Die ihn begleitende COVENTRY rettete 255 Überlebende.

Auch die CAPETOWN gehörte nach der Indienststellung bis 1929 zur Amerikanischen & Westindischen Station. Anschließend wurde sie in die Reserveflotte versetzt. Am 17. Juli 1934 erneut aktiviert, verlegte sie zum 5. Kreuzergeschwader auf die China-Station. Nach mancherlei Verwendung an dieser Station in den folgenden Jahren kehrte sie im August 1938 in heimische Gewässer zurück und wurde in den Reservestatus versetzt. Der beabsichtigte Umbau zum Flakkreuzer wurde bei Kriegsausbruch annulliert. Im September 1939 befand sich der Leichte Kreuzer beim Nordatlantik-Kommando in Gibraltar und ging von hier aus mit dem 3. Kreuzergeschwader ins östliche Mittelmeer. Dort sicherte die CAPETOWN im Juni/Juli 1940 Geleitzüge in der Ägäis und beschoß am 6. Juli mit einem Zerstörerverband Bardia/Libyen. Anschließend verlegte sie in den Indischen Ozean und stieß im Februar 1941 zur neu geschaffenen *Force T* (Vice-Admiral Leatham) für die britische Offensive gegen Italienisch-Somaliland und das italienische Eritrea am Roten Meer. Am 6. April 1941 torpedierte das italienische Schnellboot *MAS 213* vor Massaua/Eritrea die CAPETOWN. Mit einigen Schwierigkeiten konnte der Kreuzer im Schlepp der australischen Sloop PARRAMATTA nach Port Sudan eingebracht werden. Danach befand sich die CAPETOWN über ein Jahr zur Ausbesserung in der Werft. 1942/43 gehörte sie zur *Eastern Fleet* und kehrte erst Anfang 1944 in die heimischen Gewässer zurück. An den alliierten Landungen im Juni 1944 in der Normandie war sie im Verband der Geleitsicherungskräfte beteiligt. Anschließend verbrachte sie den Rest des Krieges als Wohnschiff. Am 5. April 1946 wurde die CAPETOWN von der BISCO zum Verschrotten übernommen und traf am 2. Juni 1946 auf der Abbruchwerft von T.W. Ward in Preston ein.

Nach ihrer Indienststellung stieß die CARLISLE zum 5. L.C.S. bei den Harwich-Streitkräften und ging 1920 zusammen mit diesem Geschwader bis 1928 hinaus auf die China-Station. Nach einer Großen Werftliegezeit 1928/29 gehörte sie zum 6. Kreuzergeschwader auf der Afrikanischen Station, bis sie schließlich am 6. März 1937 vom Leichten Kreuzer NEPTUNE abgelöst wurde. Nach ihrer Rückkehr in heimische Gewässer wurde sie in die Reserveflotte versetzt. Im Sommer 1939 begann der Umbau der CARLISLE zum Flakkreuzer. Diese Arbeiten konnten erst nach Kriegsausbruch Anfang 1940 abgeschlossen werden. Nach ihrer Wiederindienststellung nahm die CARLISLE ab April 1940 am Norwegen-Feldzug teil. Hierbei versenkte sie am 30. April die bei der Räumung von Namsos/Nordnorwegen von deutschen Ju 87 zum Wrack gebombte Flaksloop HMS BITTERN und am 10. Mai zusammen mit dem Zerstörer ZULU den norwegischen Dampfer NORD NORGE, der bei Hamnesberget deutsche Gebirgsjäger an Land gesetzt hatte. Mitte August 1940 befand sich die CARLISLE im Roten Meer und im Golf von Aden und deckte zusammen mit anderen britischen Kriegsschiffen (siehe oben CERES) die Räumung von Berbera/Britisch-Somaliland. Danach verblieb sie für ihren restlichen Werdegang im Mittelmeer. Wie andere Kreuzer auch sicherte sie 1941/42 Truppentransporte nach Griechenland, nahm an der Räumung des Festlandes und der Insel Kreta teil, gehörte zur Sicherung der Malta-Geleitzüge und war an den Operationen gegen das Vordringen der Achsenmächte im östlichen Mittelmeer beteiligt. 1943 sicherte der Kreuzer wiederum Geleitzüge nach den Landungen in Nordafrika und unterstützte am 10. Juli die Landungen auf Sizilien (Operation »Husky«). Zur Abwehr der deutschen Gegenoffensive in der Ägäis im September/Oktober 1943 kam auch die CARLISLE in diesen Gewässern zum Einsatz. Bei einem Vorstoß in das Seegebiet südlich von Piräus zusammen mit zwei Zerstörern, um deutsche Geleitzüge abzufangen, versenkten Ju 87 der II./St.G.3 in der Scarpanto-Straße am 9. Oktober den Zerstörer PANTHER und beschädigten die CARLISLE schwer. Der Zerstörer ROCKWOOD schleppte den Flakkreuzer nach Alexandria ein. Als nicht mehr ausbesserungsfähig, wurde dort die CARLISLE zum »konstruktiven Totalverlust« (KTV) erklärt und diente in Alexandria für den Rest des Krieges als Stützpunktschiff. Sie blieb bis 1948 als Hulk liegen und wurde schließlich an Ort und Stelle abgebrochen.

Auch die COLOMBO gehörte nach ihrer Indienststellung zum 5. L.C.S. auf der China-Station. Nach ihrer Rückkehr in heimische Gewässer kurze Zeit in den Reservestatus versetzt, wurde sie am 15. März 1922 wieder in Dienst gestellt und verlegte zum 4. L.C.S. bis 1926 auf die Ostindische Station. Anschließend verbrachte der Kreuzer einige Zeit beim 8. Kreuzergeschwader auf der Amerikanischen & Westindischen Station, ehe er in heimische Gewässer zurückkehrte und im Januar 1930 zu einer Großen Liegezeit in die Werft ging. Nach einer Verwendung 1931/32 im Mittelmeer verlegte die COLOMBO im Juli 1932 erneut auf die Ostindische Station, um den Leichten Kreuzer EMERALD abzulösen, und verblieb dort bis 1935. Wieder nach Großbritannien zurückgekehrt, verbrachte der Kreuzer die Jahre 1936 bis 1939 in der Reserveflotte. Bei Kriegsausbruch befand sich die COLOMBO beim 11. Kreuzergeschwader in Gibraltar. In heimische Gewässer zurückverlegt, wurde sie bei der *Northern Patrol* eingesetzt und brachte am 17. November 1939 in der Dänemarkstraße den deutschen Frachter HENNING OLDENDORFF (3986 BRT) auf. 1940/41 befand sich der Kreuzer wieder im Indischen Ozean. Dort war er an der Blockade von Kisimayu im Februar 1941 sowie Anfang November 1941 an der Aufbringung eines französischen Geleitzuges von Madagaskar nach Südafrika beteiligt. 1942 gehörte die COLOMBO zur *Eastern Fleet*.

Danach kehrte sie nach Großbritannien zurück und wurde zwischen Juni 1942 und März 1943 zum Flakkreuzer umgebaut. Nach ihrer Wiederindienststellung verlegte die COLOMBO ins Mittelmeer, unterstützte die alliierten Landungen auf Sizilien (Operation »Husky«) am 10. Juli 1943 und sicherte Geleitzüge entlang der algerischen Küste. Die letztere Aufgabe nahm der Kreuzer als Teil der britischen 37. Escort Group auch im Frühjahr und Sommer 1944 wahr. Am 15. August 1944 unterstützte die COLOMBO die alliierten Landungen in Südfrankreich (Operation »Dragoon«) – zur Sicherung der Luftunterstützung gewährend *TG 88.2* gehörend.

Seine letzten Kriegseinsätze leistete der Kreuzer im September/Oktober 1944 als Teil der *British Aegean Force* (Rear-Admiral Mansfield) bei der Besetzung der Ägäischen Inseln und des von den deutschen Truppen geräumten Festlandes. Noch vor dem Kriegsende in Europa wurde die COLOMBO in die Reserveflotte versetzt und schließlich am 22. Januar 1948 der BISCO zum Verschrotten übergeben. Sie traf am 13. Mai 1948 in Cashmore/Newport zum Abbruch ein.

D-Klasse

Name	Bauwerft	Kiellegung	Stapellauf	Fertigstellung	Schicksal
DANAE	Armstrong, Newcastle	1. Dez. 1916	26. Jan. 1918	18. Juli 1918	verschrottet in Barrow: 1948
DAUNTLESS	Palmer's, Yarrow-on-Tyne	3. Jan. 1917	10. April 1918	26. Nov. 1918	verschrottet in Inverkeithing: 1946
DRAGON	Scott's, Greenock	24. Jan. 1917	29. Dez. 1917	10. Aug. 1918	versenkt als Wellenbrecher: 18. Juli 1944
DELHI	Armstrong, Newcastle	29. Okt. 1917	23. Aug. 1918	31. Mai 1919	verschrottet in Newport: 1948
DUNEDIN	Armstrong, Newcastle	5. Nov. 1917	19. Nov. 1918	13. Sept. 1919	gesunken: 24. Nov. 1941
DURBAN	Scott's, Greenock[1]	22. Jan. 1918	29. Mai 1919	1. Sept. 1921	versenkt als Wellenbrecher: 9. Juni 1944
DIOMEDE	Vickers, Barrow-in-Furness[2]	3. Juni 1918	29. April 1919	24. April 1922	verschrottet in Dalmuir: 1946
DESPATCH	Fairfield, Govan/Glasgow[3]	8. Juli 1918	24. Sept. 1919	2. Juni 1922	verschrottet in Troon: 1946

Fertiggestellt auf der [1]Marinewerft Devonport, [2]Marinewerft Portsmouth, [3]Marinewerft Chatham.

Typ: Leichter Kreuzer.
Konstruktionsverdrängung: 4850 ts (4927 t).
Einsatzverdrängung: 6030 ts (6129 t).
Länge: 143,56 m (die ersten drei) bzw. 144,02 m (über alles), 135,6 m (zwischen den Loten).
Breite: 14,74 m (die ersten drei) bzw. 14,8 m.
Tiefgang: 4,42 m (mittlerer).
Antriebsanlage: 2 Satz Brown-Curtis-Getriebeturbinen (DAUNTLESS, DIOMEDE: 2 Satz Parsons-Getriebeturbinen), 6 Yarrow-Ölkessel, 2 Wellen.
Antriebsleistung: 40 000 WPS für 29 kn.
Bunkerinhalt: 1050 ts Heizöl maximal.
Fahrtstrecke: 6700 sm bei 10 kn, 2300 sm bei 28 kn.
Panzerschutz: Seitenpanzer: Maschinenräume 76 mm und Munitionskammern 57 mm, Deck 25 mm, Munitionskammern allseitig 25 mm.
Geschütze: sechs 15,2 cm B.L. L/50 Mk. XII (6 x 1 – DIOMEDE: 1 x 2, 4 x 1), drei 10,2 cm L/45 Mk. V (3 x 1), zwei 2-Pfünder (4-cm-Pompom – 2 x 1).
Torpedorohre: zwölf 53,3 cm (4 x 3).
Seeminen: keine.
Bordflugzeuge: keine.
Besatzungsstärke: 462 Offiziere und Mannschaften.

Entwurf: Berichte des geheimen Marinenachrichtendienstes veranlaßten Anfang 1916 die britische Admiralität zur Annahme, daß die deutsche Marine eine neue Klasse Leichter Kreuzer, bewaffnet mit 15-cm-Geschützen, im Bau hatte. Es erschien wahrscheinlich, daß diese Schiffe zehn bis zwölf Geschütze führen und damit den Leichten Kreuzern der C-Klasse überlegen sein würden. Diese neue Klasse deutscher Leichter Kreuzer führte jedoch nur zwei Geschütze – achtern überhöht – in der Mittschiffslinie, während die restlichen sechs ihre Positionen an Backbord und Steuerbord (je drei) mittschiffs und vorn hatten.[106] Die wirksame Breitseite dieser Kreuzer war deshalb nicht so schwer wie der Anschein erwecken könnte. Zu diesem Zeitpunkt gab die britische Marine die Breitseitaufstellung zugunsten der leistungsfähigeren Mittschiffsanordnung auf. Daher ging sie von der Annahme aus, daß das aus der Steigerung der Feuerkraft gegenüber dem C-Klassen-Entwurf um ein Geschütz entstehende Schiff ohne eine größere Zunahme im Deplacement hinsichtlich der neuen deutschen Kreuzer vorteilhafter abschneiden würde. Dies wurde durch den zweckmäßigen Einbau eines Deckshauses vor der Brücke erreicht, auf dem ein sechstes 15,2-cm-Geschütz aufgestellt werden konnte, welches das Geschütz 1 überschoß.[107] Um diese Entwurfsänderung durchzuführen, mußte das Vorschiff um etwa 6 m verlängert und die Brücke um ca. 2,5 m nach achtern verlegt werden.

Da zur selben Zeit auch eine Antriebsanlage mit verringerter Umdrehungszahl installiert werden mußte, um eine größere Leistungsfähigkeit der Propeller und eine Höchstgeschwindigkeit von 29 kn zu erreichen, ergaben sich hierdurch beträchtliche Veränderungen in der Innenanordnung. Erforderlich war die Unterbringung einer vom Gewicht her schwereren und in der Länge ausgedehnteren Antriebsanlage als bei den früheren Klassen. Die infolge der höher gelegenen Brücke und des zusätzlichen 15,2-cm-Geschützes gestiegenen Obergewichte erforderten auch eine Verbreiterung des Schiffskörpers um 0,84 m gegenüber der CALEDON und die Konstruktionsverdrängung erhöhte sich um etwa 670 ts. Das Panzerschutzschema glich im wesentlichen den früheren Schiffen, aber während der Entwurf noch in Arbeit war, wurde 1916 die Skagerrakschlacht geschlagen, und so wurde entschieden, Verbesserungen als Ergebnis mehrerer Erfahrungen einzuführen, die bei dieser Schlacht gewonnen wurden. Dies betraf neben der Ausstattung der Munitionskammern mit einem allseitigen Schutz (Kasten-Bauweise) auch eine stärkere Panzerung der Geschützschilde. Weitere Veränderungen umfaßten die Ausrüstung mit Drillings- statt mit Zwillings-Torpedorohrsätzen und den zusätzlichen Einbau von Wasserbombenwerfern. Infolgedessen steigerte sich die Einsatzverdrängung auf 6030 ts, wobei eine Geschwindigkeit von knapp über 28 kn erwartet wurde. Die DELHI erbrachte bei den Erprobungsfahrten mit einer Antriebsleistung von 41 381 WPS eine Höchstgeschwindigkeit von 28,5 kn.

Die Hauptbewaffnung blieb das 15,2-cm-Geschütz L/50 Mk. XII mit 30° Erhöhung, allerdings in M.P.L. MK. XIV. DIOMEDE führte jedoch auf der Geschützposition 1 einen Prototyp des 15,2-cm-Doppelturms Mk. XVI mit 40° Rohrerhöhung. Diese Lafette erwies sich im Dienstbetrieb als zufriedenstellend. Außerdem besaßen die Einheiten dieser Klasse anstelle der 7,6-cm-Geschütze der früheren Leichten Kreuzer das 10,2-cm-Fla-Geschütz L/45 Mk. XIX.

Unter dem Kriegsnotbauprogramm ergingen die Aufträge für drei Einheiten – DANAE, DAUNTLESS und DRAGON – im September 1916, für drei weitere Einheiten – DELHI, DUNEDIN und DURBAN – im Juli 1917 und für sechs weitere Einheiten – DAEDALUS, DARING, DESPATCH, DIOMEDE, DRYAD und DESPERATE – im März 1918. Die beiden letzteren Gruppen unterschieden sich von der ersteren durch den erhöhten Decksprung vorn (wie bei der

D-Klasse

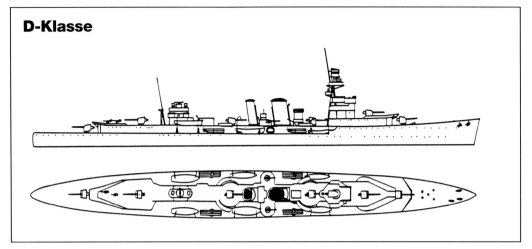

CARLISLE-Klasse), obwohl aus der letzten Gruppe nur die DESPATCH und die DIOMEDE fertiggestellt wurden. Die anderen vier Einheiten wurden im November 1918 annulliert.

Modifizierungen: Zwei der Einheiten – DRAGON und DAUNTLESS – wurden mit großen Flugzeughallen unter dem Brückenaufbau fertiggestellt, die sie bis in die 20er Jahre hinein behielten, während die übrigen Einheiten mit Ausnahme von DANAE (die nie ein Bordflugzeug führte) nur mit der standardmäßigen Abflugplattform vor dem achteren Artillerieleitstand ausgerüstet waren. Das geplante Ersetzen durch ein Katapult fand nie statt und bis zum Ende der 30er Jahre wurden sämtliche Flugzeugeinrichtungen entfernt. Im Gegensatz zur C-Klasse erfuhren vor dem Kriege keine Einheiten der D-Klasse einen Umbau zu Flakkreuzern, obwohl 1936 der Plan existierte, sie auf acht 11,4-cm-Geschütze Mk.III in UP-Doppellafetten, Fla-Leitstände und eine 2-Pünder-Vierlingsflak (4-cm-Pompom) umzurüsten. Dringliche andere Vorhaben verhinderten jedoch ein Umsetzen eines solchen Planes bis 1941. In diesem Jahr erfuhr die DELHI in den USA einen Umbau zum Flakkreuzer. Von diesem Schiff abgesehen, blieben die Modifizierungen begrenzt, da diese Kreuzer für den größten Teil ihres Werdegangs weitgehend in entfernten Gewässern Verwendung fanden:

DANAE erhielt 1939 zwei zusätzliche 2-Pfünder und 1942 anstelle des achteren 10,2-cm-Fla-Geschützes eine 2-Pfünder-Vierlingsflak (4-cm-Pompom). Im April 1943 kamen an Bord: eine 10,2-cm-Doppellafette, eine zweite 2-Pfünder-Vierlingsflak, vier 2-cm-Doppellafetten mit elektrischem Antrieb sowie Radar vom Typ 291 und 273.[108] Eine 2-Pfünder-Einzellafette wurde an Land gegeben. Diese Bewaffnung blieb im April 1944 unverändert, als auch sämtliche Torpedorohrsätze von Bord kamen.

DAUNTLESS bekam Anfang 1942 acht 2-cm-Einzellafetten und Radar vom Typ 291 und 273 sowie im April 1943 zusätzlich zwei 2-Pfünder-Vierlingsflaks.

DELHI erfuhr 1941 in den USA den Umbau zum Flakkreuzer. Nach dem Entfernen der ursprünglichen Bewaffnung einschließlich der Torpedorohrsätze erhielt sie fünf 12,7-cm-Luft/Seezielgeschütze L/38 Mk. 30 amerikanischen Ursprungs in Einzellafetten, zwei Artillerie- bzw. Fla-Leitstände Mk. 37, zwei 2-Pfünder-Vierlingsflaks (4-cm-Pompom), acht 2-cm-Einzellafetten sowie eine vollständige Radarausrüstung. 1944 ersetzten zwei 2-cm-Doppellafetten mit elektrischem Antrieb zwei der 2-cm-Einzellafetten.

DESPATCH, die 1939 bereits zwei 12,7-mm-Fla-Vierlings-MG's erhalten hatte, bekam 1942 zusätzlich noch acht 2-cm-Einzellafetten sowie Radar

Unten: DURBAN. Der erhöhte Vorsteven ist deutlich zu erkennen. (IWM)

vom Typ 290 und 273. Die drei 10,2-cm-Fla-Geschütze behielt sie an Bord. Noch im April 1944 wurde diese Bewaffnung aufgelistet. Doch zu diesem Zeitpunkt lag der Kreuzer bereits zu einer Großen Liegezeit in der Werft und sechzehn 4-cm-Bofors-Fla-Geschütze Mk. III in Einzelafetten sowie 2-cm-Einzellafetten ersetzten die 15,2-cm-Geschütze, die sämtlich von Bord kamen.

DIOMEDE erhielt während einer Werftliegezeit 1942/43 anstelle des 15,2-cm-Turms ein 15,2-cm-Geschütz in Einzellafette mit Schild sowie im Austausch gegen die beiden 2-Pfünder-Einzellafetten acht 2-cm-Einzellafetten. Zudem erfolgte die Ausrüstung mit Radar vom Typ 290 und 273. 1943 wurden zwei der 2-cm-Einzellafetten durch zwei 2-cm-Doppellafetten mit elektrischem Antrieb ersetzt.

DRAGON hatte im April 1943 zwei 2-Pfünder-Vierlingsflaks (4-cm-Pompom) und acht 2-cm-Einzellafetten erhalten. Im April 1944 wurden ein 15,2-cm- und ein 10,2-cm-Geschütz, vier 2-cm-Einzellafetten und sämtliche Torpedorohrsätze an Land gegeben. Neben zwei 10,2-cm-Fla-Geschützen bestand die leichte Fla-Bewaffnung nunmehr aus fünf 2-cm-Doppellafetten mit elektrischem Antrieb und vier 2-cm-Einzellafetten.

DUNEDIN bekam 1939 anstelle der 2-Pfünder, welche die meisten der übrigen Schiffe führten, zwei 12,7-mm-Fla-Vierlings-MG's. 1940 erfolgte die Ausrüstung mit Radar vom Typ 286M.[109] Ansonsten blieb die Bewaffnung infolge des frühen Kriegsverlustes unverändert.

DURBAN wurde 1942 mit acht 2-cm-Einzellafetten sowie mit Radar vom Typ 290 und 273 ausgerüstet. Zusammen mit den beiden standardmäßigen beiden 2-Pfünder-Einzellafetten blieb dies die leichte Fla-Bewaffnung des Kreuzers bis Ende April 1944.

Werdegang: DANAE wurde noch rechtzeitig in Dienst gestellt, um noch für eine kurze Zeit am Kriege teilzunehmen. Sie gehörte 1918/19 zum 5. L.C.S. bei den Harwich-Streitkräften und kam 1919 auch in der Ostsee zum Einsatz. Von 1919 bis 1924 diente sie in der Atlantikflotte und nahm 1923/24 als eine Einheit des Sondergeschwaders an der Empire-Weltreise teil. Anschließend ging die DANAE ins Mittelmeer und gehörte vom September 1925 bis 1929 zum 1. Kreuzergeschwader. Nach der Absolvierung einer Werftliegezeit stieß sie zum 8. Kreuzergeschwader auf der Amerikanischen & Westindischen Station. Dort verblieb sie vom August 1930 bis 1935, als sie vom Leichten Kreuzer APOLLO (der späteren HMAS HOBART – siehe oben) abgelöst und nach ihrer Rückkehr in heimische Gewässer außer Dienst gestellt wurde. Am 25. August 1936 wieder reaktiviert, stieß sie zum 5. Kreuzergeschwader auf der China-Station und kehrte am 14. Januar 1938 zur erneuten Außerdienststellung nach Großbritannien zurück. Bei Kriegsausbruch im September 1939 gehörte die DANAE zum 9. Kreuzergeschwader und ging noch vor Jahresende wieder hinaus auf die China-Station. Am 23. März 1940 wurde sie dem neu geschaffenen britischen Malaya-Verband (*British Malaya Force*) zugeteilt[110] und nach dem Beginn des Krieges mit Japan kam der Kreuzer im Geleitsicherungsdienst zwischen Singapur und der Sunda-Straße sowie Java zum Einsatz – ab Januar 1942 als Teil der neu gebildeten *China Force* (Commodore Collins). An den Kämpfen um Niederländisch-Ostindien Ende Februar 1942 war die DANAE nur mit kurzen Vorstößen von Tandjok Priok/Batavia (heute Jakarta) aus beteiligt, ehe der Kreuzer nach der Niederlage des ABDA-Verbandes am 28. Februar die Sunda-Straße Richtung Colombo verließ. Im Anschluß daran gehörte die DANAE bis 1944 zum 4. Kreuzergeschwader bei der *Eastern Fleet*, unterbrochen durch eine mit Modernisierung verbundene Große Werftliegezeit zwischen dem 1. August 1942 und dem 7. Juli 1943 in Großbritannien. Nach Geleitsicherungsaufgaben im Indischen Ozean kehrte die DANAE im Frühjahr 1944 in heimische Gewässer zurück, um im Juni an den Landungen in der Normandie als eine Einheit des Feuerunterstützungsverbandes (*Force D*) für den britischen Landekopf »Sword« teilzunehmen. Am 4. Oktober 1944 wurde der Kreuzer leihweise der polnischen Marine überlassen. In CONRAD umbenannt, gehörte der nunmehr polnische Kreuzer zum 10. Kreuzergeschwader bei der *Home Fleet* (siehe unten Seite 232). Am 28. September 1946 kehrte das Schiff wieder nach Großbritannien zurück und erhielt seinen alten Namen DANAE. Am 22. Januar 1948 übernahm die BISCO das Schiff zum Verschrotten. Es traf am 27. März desselben Jahres auf der Abbruchwerft von T.W. Ward in Barrow ein.

Die DAUNTLESS ging nach ihrer Indienststellung 1919 zum Einsatz in die Ostsee, war danach zum Dienst in Westindien detachiert und gehörte von 1919 bis 1924 zum 1. L.C.S. bei der Atlantikflotte. Nach der Teilnahme an der Empire-Weltreise 1923/24 kam die DAUNTLESS für die nächsten Jahre zum 1. Kreuzergeschwader ins Mittelmeer. Danach wurde sie am 15. Mai 1928 dem 8. Kreuzergeschwader zugeteilt und verlegte noch im selben Jahr auf die Amerikanische & Westindische Station. Kurz nach ihrem Eintreffen lief die DAUNTLESS jedoch am 2. Juli 1928 auf der Thrum-Cap-Shoal vor Halifax/Neuschottland auf Grund und erlitt hierbei schwere Beschädigungen. Der Maschinenraum und ein Kesselraum sprangen leck. Erst nachdem sämtliche Geschütze, die Torpedorohrsätze, die Schornsteine und vieles mehr an Ausrüstung ausgebaut und von Bord gegeben worden waren, konnte das Schiff am 12. Juni wieder flottgemacht und von der DESPATCH mit der Unterstützung von Schleppern eingebracht werden. Die Ausbesserungsarbeiten dauerten bis ins Jahr 1929 hinein. Danach wurde das Schiff in die Reserveflotte versetzt. 1930 kehrte die DAUNTLESS auf die Amerikanische & Westindische Station zurück und gehörte 1931/32 zur Südamerikanischen Division. 1934 löste sie den Leichten Kreuzer CURLEW beim 3. Kreuzergeschwader im Mittelmeer ab und verblieb dort bis 1935. Anschließend außer Dienst gestellt, blieb sie bis 1939 in der Reserveflotte. Bei Kriegsausbruch reaktiviert, verlegte sie zum 9. Kreuzergeschwader auf die Südamerikanische Station. Doch im Dezember 1939 ging der Kreuzer mit seinem Geschwader auf die China-Station. Im März 1940 gehörte die DAUNTLESS ebenfalls zum britischen Malaya-Verband.[111] Eine Kollision mit dem Leichten Kreuzer EMERALD am 15. Juni 1940 vor Malakka erforderte in Singapur Ausbesserungsarbeiten, die bis Mitte August dauerten. Anfang 1942 kehrte der Kreuzer zur Werftliegezeit nach Portsmouth zurück und im Anschluß daran gehörte er 1942/43 zur *Eastern Fleet*. In heimische Gewässer zurückgekehrt, diente die DAUNTLESS bis 1945 als Schulschiff und wurde noch im selben Jahr in die Reserveflotte versetzt. Am 13. Februar 1946 übernahm die BISCO das Schiff zum Verschrotten. Es traf im April 1946 auf der Werft von T.W. Ward in Inverkeithing zum Abbruch ein.

Die DELHI diente nach ihrer Indienststellung 1919 als Flaggschiff des 1. L.C.S. bei der Atlantikflotte, unterbrochen durch einen Einsatz in der Ostsee als Flaggschiff von Rear-Admiral Cowan, dem Befehlshaber des britischen Interventionsgeschwaders.[112] 1923/24 nahm auch die DELHI an der Empire-Weltreise teil, absolvierte anschließend eine Große Werftliegezeit und diente nach ihrer Wiederindienststellung am 18. November 1924 bis 1926 im Mittelmeer. Danach stieß sie bis Ende 1928 zum 1. Kreuzergeschwader auf der China-Station. Vom Dezember 1929 an bis in das Jahr 1932 hinein war die DELHI Flaggschiff des 8. Kreuzergeschwaders auf der Amerikanischen & Westindischen Station. Danach verlegte sie zum 3. Kreuzergeschwader ins Mittelmeer. Im März 1938 kehrte der Kreuzer in heimische Gewässer zurück und wurde in den Reservestatus versetzt. Bei Kriegsausbruch gehörte die reaktivierte DELHI zum 12. Kreuzergeschwader bei der *Home Fleet* und war bei der *Northern Patrol* eingesetzt. Sie brachte am 25. Oktober 1939 den deutschen Frachter RHEINGOLD (5055 BRT) und am 12. November die MECKLENBURG (7892 BRT) zwischen Island und den Färöer-Inseln auf; letztere versenkte sich selbst. Im Frühsommer 1940 stieß die DELHI zur *Force H* in Gibraltar und nahm vom 31. Juli bis 4. August an einem Vorstoß gegen Sardinien mit einem Luftangriff auf Cagliari teil (Operation »Hurry«). Anschließend dem C-in-C Südatlantik für Operationen gegen die vichy-französischen Streitkräfte in Westafrika unterstellt, war der Kreuzer von September bis November an der Blockade des Kongo, dem Angriff auf Dakar (Ope-

Oben: Die DANAE im August 1943. (IWM)

ration »Menace«) und an der Blockade der Gabun-Küste während des freifranzösischen Angriffs auf Libreville Anfang November 1940 beteiligt. 1941 zum Umbau in einen Flakkreuzer ausersehen, ging die DELHI hierzu vom 3. Mai bis 31. Dezember in die Marinewerft New York. Diese Werftliegezeit fand ihren Abschluß Ende März 1942 nach einem weiteren Werftaufenthalt in Großbritannien.

Danach stieß der Kreuzer zur *Home Fleet*. Am 8. November 1942 nahm die DELHI als Einheit der *Centre Task Force* an den alliierten Landungen in Französisch-Nordafrika im Raum Oran teil (Operation »Torch«). Bei einem deutschen Luftangriff am 20. November 1942 erlitt der Kreuzer schwere Beschädigungen, als ihm das Heck weggerissen wurde. Nach erfolgter Ausbesserung verblieb die DELHI im Mittelmeer. Sie war an den alliierten Landungen auf Sizilien am 19. Juli 1943 (Operation »Husky«), im Golf von Salerno am 9. September 1943 (Operation »Avalanche« – Kollision mit dem Leichten Kreuzer UGANDA) und bei Anzio/Nettuno am 21. Januar 1944 (Operation »Shingle«) beteiligt. Im April und Mai 1944 sicherte der Flakkreuzer alliierte Geleitzüge im westlichen Mittelmeer und im August gehörte er zur Sicherung der *TG 88.1*, die bei den alliierten Landungen in Südfrankreich am 15. August (Operation »Dragoon«) Luftunterstützung gewährte. Anschließend operierte die DELHI in der Adria. Am 12. Februar 1945 griffen den Kreuzer im Hafen von Split Sprengboote an und beschädigten ihn erheblich.[113] Das Schiff erfuhr keine Ausbesserung mehr, sondern wurde lediglich einer Notreparatur unterzogen, um in heimische Gewässer zurückzukehren. Im April 1945 wurde es in Sheerness zur Reserveflotte überstellt. Nach einer Verwendung als Zielschiff übernahm es am 22. Januar 1948 die BISCO zum Verschrotten. Im April 1948 traf es auf der Cashmore's-Werft in Newport ein und wurde bis zum Oktober desselben Jahres vollständig abgebrochen.

Die DESPATCH wurde nach dem Stapellauf zur Marinewerft Chatham geschleppt und dort fertiggestellt. Daher wurde dieser Kreuzer erst im Juni 1922 in Dienst gestellt. Im Anschluß daran stieß die DESPATCH zum 5. L.C.S. auf der China-Station und verblieb dort bis 1927. Danach verlegte sie bis zum Sommer 1931 zum 8. Kreuzergeschwader auf die Amerikanische & Westindische Station. In heimische Gewässer zurückgekehrt, erfolgte ihre Überführung in die Reserveflotte. Später erfuhr der Kreuzer eine Große Werftliegezeit, die bis in das Jahr 1933 hinein dauerte. Am 3. Februar 1933 wieder in Dienst gestellt, diente die DESPATCH beim 3. Kreuzergeschwader im Mittelmeer. Am 24. November 1937 verließ sie Malta und kehrte zur Überstellung in die Reserveflotte nach Großbritannien zurück. Die Jahre bis zum Kriegsausbruch verbrachte sie im Reservestatus und als Schulschiff. Bei Kriegsausbruch stieß die DESPATCH wieder zum 8. Kreuzergeschwader auf der Amerikanischen & Westindischen Station. Dem Kommando Südatlantik unterstellt, brachte sie am 5. Dezember 1939 den deutschen Frachter DÜSSELDORF (4930 BRT) vor Punta Caldera/Chile und am 1. März 1940 nahe Aruba/Karibik den deutschen Dampfer TROJA (2390 BRT) auf. Zusammen mit dem Hilfskreuzer HMS PRETORIA CASTLE stellte die DESPATCH am 15. August 1941 den deutschen Dampfer NORDERNEY (3667 BRT) nordostwärts der Amazonas-Mündung. Bei der Annäherung der britischen Kreuzer versenkte dieser sich selbst. Von einer kurzen Zeitspanne Ende November 1940 zur Sicherung von Geleitzügen im westlichen Mittelmeer im Verband der *Force B* abgesehen, verblieb die DESPATCH bis 1942 auf dieser Station. Im Frühjahr 1942 absolvierte sie eine Werftliegezeit in Großbritannien, um danach erneut bis 1943 zum Kommando Südatlantik zurückzukehren. Im Oktober 1943 wieder in Portsmouth eingetroffen, ging der Kreuzer bis zum Mai 1944 zur Überholung in die Werft. Danach wurde er für die alliierten Landungen im Juni 1944 in der Normandie als Führungschiff den Geleitsicherungsstreitkräften zugeteilt. Im Anschluß daran diente die DESPATCH bis zum Januar 1945 als Wohnschiff und wurde in die Reserve überführt. Am 5. April 1946 übernahm die BISCO das Schiff zum Verschrotten. Es traf am 5. Mai desselben Jahres auf der Abbruchwerft Arnott Young in Troon zum Abwracken ein.

Die DIOMEDE wurde wie die DESPATCH auf einer Königlichen Marinewerft fertiggestellt und wurde erst am 24. April 1922 in Dienst gestellt. Danach diente sie beim 5. L.C.S. von 1922 bis 1925 auf der China-Station und stieß – nach einer Werftliegezeit am 21. Oktober 1925 wieder in Dienst gestellt –

Rechts: Die DELHI nach dem in den USA durchgeführten Umbau zum Flakkreuzer. Beachte die 12,7-cm-Geschütze amerikanischen Modells. (Vicary)

zum Neuseeland-Geschwader. Von einer Werftliegezeit 1929/30 abgesehen, gehörte sie bis 1935 zur Königlich Neuseeländischen Marine. Infolge politischer Krisensituationen wurde die DIOMEDE im selben Jahr für kurze Zeit dem 4. Kreuzergeschwader in Ostindien unterstellt. Vom Leichten Kreuzer ACHILLES abgelöst und zur Royal Navy sowie nach Großbritannien zurückgekehrt, wurde der Kreuzer am 31. März 1936 außer Dienst gestellt. Die letzten Jahre vor dem Krieg verbrachte er in der Reserveflotte bzw. im Truppendienst. Ab September 1939 gehörte die DIOMEDE zum 7. Kreuzergeschwader bei der *Home Fleet* und kam bei der *Northern Patrol* zum Einsatz. Danach verlegte sie von 1940 bis 1942 zum 8. Kreuzergeschwader auf der Amerikanischen & Westindischen Station. Vom US-Zerstörer BROOME herangeführt, stellte die DIOMEDE am 5. Dezember 1940 den aus dem mexikanischen Hafen Tampico ausgebrochenen deutschen Frachter IDARWALD (5033 BRT), der sich selbst versenkte.[114] 1942 gehörte der Kreuzer zum Kommando Südatlantik und Westafrika, kehrte aber im Sommer 1942 zu einer Großen Werftliegezeit nach Rosyth zurück, die vom 22. Juli 1942 bis zum 24. September 1943 dauerte. In dieser Zeit erfolgte auch der Umbau des Kreuzers zum Schulschiff. 1945 in den Reservestatus versetzt, übernahm am 5. April 1946 die BISCO das Schiff zum Verschrotten. Am 13. Mai 1946 traf es auf der Dalmuir-Werft von Arnott Young zum Abbruch ein.

Kurz vor Kriegsende in Dienst gestellt, nahm die DRAGON noch kurze Zeit am Ersten Weltkrieg teil. Sie gehörte bis 1919 zum 5. L.C.S. bei den Harwich-Streitkräften und kam noch im selben Jahr beim Ostseegeschwader zum Einsatz. Im Januar 1920 nach Großbritannien zurückgekehrt, gehörte sie bis 1925 zum 1. L.C.S. bei der Atlantikflotte und war auch an der Empire-Weltreise beteiligt. Anschließend verlegte die DRAGON im Februar 1926 zum 1. Kreuzergeschwader ins Mittelmeer. Von einer kurzen Verwendung im Oktober 1926 auf der China-Station abgesehen, verblieb sie dort bis 1928. Wieder in heimischen Gewässern stellte der Kreuzer am 19. Dezember 1928 außer Dienst und ging für eine Große Werftliegezeit bis zum 18. März 1930 in die Marinewerft Chatham. Danach stieß die DRAGON zum 8. Kreuzergeschwader auf der Amerikanischen & Westindischen Station. Ab dem 16. Juli 1937 verblieb sie bis Kriegsausbruch in der Reserveflotte.

Im September 1939 gehörte der Kreuzer zum 7. Kreuzergeschwader bei der *Home Fleet* und wurde in der *Northern Patrol* eingesetzt. Im März 1940 ging die DRAGON zum 3. Kreuzergeschwader ins Mittelmeer. Von dort aus wurde sie dem Kommando Südatlantik unterstellt und brachte am 16. September 1940 den vichy-französischen Frachter TOUAREG auf der Höhe von Pointe Noire/Kongo auf. Im Verlaufe des britischen Angriffs auf Dakar am 23. September 1940 (Operation »Menace«) griff das vichy-französische Unterseeboot PERSÉE erfolglos die DRAGON an. Ende Dezember nahm sie von St. Helena aus an der Suche nach dem Panzerschiff ADMIRAL SCHEER teil. 1941 verlegte der Kreuzer nach Ostindien und war von Dezember 1941 bis Februar 1942 (ab Januar im Rahmen der *China Force*) von Singapur und später von Ceylon aus zu Geleitsicherungsaufgaben in niederländisch-ostindischen Gewässern eingesetzt. Nach kurzen Vorstößen von Batavia (heute Jakarta) aus trat die DRAGON am 28. Februar 1942 nach der Niederlage des ABDA-Verbandes durch die Sunda-Straße den Marsch nach Colombo an und stieß zur *Eastern Fleet*. Hier gehörte sie Ende März zur Abwehr des japanischen Angriffs auf Ceylon zur *Force B*, der langsamen Gruppe. Nach seiner Rückkehr in heimische Gewässer gehörte das Schiff zum 10. Kreuzergeschwader bei der *Home Fleet*, wurde aber im Dezember 1942 außer Dienst gestellt. Im Januar 1943 überließ die Royal Navy die DRAGON (Name blieb unverändert) leihweise der polnischen Marine. Am 6. Juni 1944 nahm der nunmehr polnische Kreuzer als Einheit des Feuerunterstützungsverbandes (*Force D*) für den britischen Landekopf »Sword« an den Landungen in der Normandie teil. In den frühen Morgenstunden des 9. Juli 1944 wurde die DRAGON bei einem »Marder«-Angriff vor der Invasionsküste schwer beschädigt.[115] Das nicht mehr reparaturfähige Schiff wurde am 11. Juli 1944 zum konstruktiven Totalverlust erklärt und am 18. Juli als Blockschiff in einem der künstlichen Häfen an der Normandieküste, dem »Gooseberry«-Hafen, aufgesetzt. (Weitere Einzelheiten seines Werdegangs in der polnischen Marine siehe Seite 231f.).

Nach ihrer Indienststellung stieß die DUNEDIN 1919 zum 1. L.C.S. bei der Atlantikflotte. Um den Leichten Kreuzer CHATHAM zu ersetzen, lieh die Royal Navy im Mai 1924 den Kreuzer an das Neuseeland-Geschwader bis 1937 aus, unterbrochen durch eine Werftliegezeit 1931/32. Am 29. März 1937 durch den Leichten Kreuzer LEANDER abgelöst, kehrte die DUNEDIN zur Royal Navy und in die heimischen Gewässer zurück. Die letzten Jahre vor dem Kriege verbrachte sie im Reservestatus und als Schulschiff. Im August 1939 trat sie zum 11. Kreuzergeschwader bei der *Home Fleet* und unterstand ab September beim 12. Kreuzergeschwader dem Kommando Shetlands & Orkneys. Für den Rest des Jahres 1939 war die DUNEDIN bei der *Northern Patrol* eingesetzt und verlegte Anfang 1940 zum 8. Kreuzergeschwader auf die Amerikanische & Westindische Station. Sie stellte eine weitere Einheit dieser Klasse dar, die in entfernten Gewässern gute Erfolge gegen deutsche Handelsschiffe erzielte. Der Kreuzer brachte am 2. März vor der Windward-Passage den Dampfer HEIDELBERG (6530 BRT) auf, der sich selbstversenkte, und am 9. März 1940 verhinderte ein Enterkommando der DUNEDIN in dominikanischen Gewässern eine Selbstversenkung des Dampfers HANNOVER.[116] Im Juni/Juli 1940 war die DUNEDIN an der Blockade der vichy-französischen Antillen-Insel Martinique beteiligt und im Dezember 1940 gehörte sie zur Sicherung des britischen Truppentransport-Geleitzuges WS 5A, der auf dem Weg nach Süden etwa 700 sm westlich von Kap Finisterre in den frühen Morgenstunden des 25. Dezember von der ADMIRAL HIPPER erfolglos angegriffen wurde. Die DUNEDIN selbst kam hierbei nicht ins Gefecht. Im Zuge des Aufrollens der Versorgungsorganisation für die inzwischen versenkte BISMARCK brachte der Kreuzer am 15. Juni 1941 im Mittelatlantik den deutschen Begleittanker LOTHRINGEN (10746 BRT) als Prise auf. Am 30. Juni kaperte der Kreuzer den vichy-französischen Dampfer VILLE DE TAMATAVE

(4993 BRT) ostwärts des St. Paul's Rock und am 22. Juli 1941 den ebenfalls vichy-französischen Dampfer VILLE DE ROUEN (5383 BRT) ostwärts von Natal. Im Juli 1941 entschied die britische Admiralität, die DUNEDIN als zweite Einheit dieser Klasse nach dem Vorbild der DELHI zum Flakkreuzer umzubauen. Doch diese Absicht ließ sich nicht mehr verwirklichen; denn am 24. November 1941 versenkte U 124 (Kptlt. Mohr) den Kreuzer zwischen Pernambuco (heute Recife) und dem St. Paul's Rock. Es gab nur 67 Überlebende.

Nach dem Stapellauf wurde die DURBAN im Herbst 1921 auf der Marinewerft Devonport fertiggestellt. Nach ihrer Indienststellung stieß sie zum 5. L.C.S. auf der China-Station und verblieb dort bis 1928. Von 1928 bis 1930 befand sich die DURBAN beim 8. Kreuzergeschwader auf der Amerikanischen & Westindischen Station und ging am 1. Juli 1931 zur Südatlantik-Division. Nach ihrer Ablösung durch den Schweren Kreuzer YORK im Dezember 1933 verlegte sie vom März 1934 bis zum September 1936 ins Mittelmeer. Die letzten Jahre vor dem Krieg verbrachte der Kreuzer in der Reserveflotte. Im September 1939 stieß die DURBAN zum 9. Kreuzergeschwader beim Südatlantik-Kommando. Anfang 1940 verlegte der Kreuzer nach Ostindien und gehörte vom 23. März an zum britischen Malaya-Verband.[117] Nach Japans Eintritt in den Krieg kam die DURBAN von Singapur und später von Ceylon aus – ab 20. Januar 1942 zur *China Force* gehörend – bis zum Februar 1942 im Geleitsicherungsdienst in niederländisch-ostindischen Gewässern zum Einsatz. Im Zuge der Räumung Singapurs erhielt die DURBAN am 12. Februar 1942 mit Flüchtlingen an Bord auf dem Wege nach Sumatra einen Bombentreffer. Danach ging der Kreuzer zur Notreparatur nach Colombo und anschließend nach New York. Dort wurde das Schiff im April vollständig ausgebessert. Weitere Modifizierungen erfolgten während einer Werftliegezeit zwischen Juni und August 1942 in Portsmouth.

Nach dem Verlust von Niederländisch-Ostindien stieß die DURBAN im Herbst 1942 zur *Eastern Fleet* und verblieb dort bis weit in das Jahr 1943 hinein. Im Anschluß daran kehrte sie in heimische Gewässer zurück, wurde außer Dienst gestellt und in die Reserveflotte versetzt. Am 9. Juni 1944 wurde das Schiff im Gefolge der alliierten Landungen in der Normandie als Wellenbrecher für einen der künstlich angelegten »Mullberry«-Häfen vor der Invasionsküste versenkt.

HAWKINS-Klasse

Name	Bauwerft	Kiellegung	Stapellauf	Fertigstellung	Schicksal
EFFINGHAM	Marinewerft Portsmouth	6. April 1917	8. Juni 1921	2. Juli 1925	gesunken: 17. Mai 1940
FROBISHER	Marinewerft Devonport	2. Aug. 1916	20. März 1920	20. Sept. 1924	verschrottet in Newport: 1949
HAWKINS	Marinewerft Chatham	3. Juni 1916	1. Okt. 1917	25. Juli 1919	verschrottet in Dalmuir: 1947

Typ: Leichter Kreuzer.
Konstruktionsverdrängung: 9860 ts (10 017 t – HAWKINS: 9800 ts bzw. 9957 t).
Einsatzverdrängung: 12 800 ts (13 004 t).
Länge: 184,4 m (über alles), 172,2 m (zwischen den Loten).
Breite: 19,8 m (einschl. Torpedowülste).
Tiefgang: 5,25 m (mittlerer).
Antriebsanlage: 4 Satz Brown-Curtis-Getriebeturbinen (HAWKINS: 4 Satz Parsons-Getriebeturbinen), 12 (FROBISHER: 10, EFFINGHAM: 8) Yarrow-Ölkessel, 4 Wellen.
Antriebsleistung: 65 000 WPS für 30,5 kn (HAWKINS: 55 000 WPS für 29,5 kn).
Bunkerinhalt: 2150 ts Heizöl maximal (HAWKINS nach dem Umbau: 2600 ts).
Fahrtstrecke: 5400 sm bei 14 kn.
Panzerschutz: Seitenpanzer 38 mm – 76 mm, Deck 25 mm – 38 mm, Oberdeck 25 mm, Kommandostand 76 mm, Munitionskammern 13 mm – 25 mm.
Geschütze: sieben 19,1 cm B.L. L/46,5 Mk. VI (7 x 1 – FROBISHER ab 1932: fünf 19,1 cm B.L. L/45 Mk. I – 4 x 1), vier 10,2 cm L/45 Mk. V (4 x 1), zwei 2-Pfünder (4-cm-Pompom – 2 x 1).
Torpedorohre: sechs 53,3 cm (2 x 2 an Oberdeck, 2 x 1 Unterwasserrohre).
Seeminen: keine.
Bordflugzeuge: keine.
Besatzungsstärke: 712 Offiziere und Mannschaften.

Entwurf: Der Entwurf dieser Schiffe war die Antwort auf die deutschen Kleinen Kreuzer und Hilfskreuzer, die in den ersten Kriegsmonaten 1914/15 Kreuzerkrieg führten und die alliierte Handelsschiffahrt weitaus stärker beeinträchtigten, als ihre kleine Anzahl tatsächlich an Verlusten verursachte. Diese Handelsstörer waren mit Geschützen bis zum Kaliber 15 cm bewaffnet und ihren Verfolgern oft an Geschwindigkeit überlegen. Im Juni 1915 begann die britische Admiralität mit Entwurfsstudien, um einen Kreuzertyp zu entwerfen, der besonders geeignet sein sollte, diese Handelsstörer zu jagen. Eine starke Bewaffnung und eine hohe Geschwindigkeit waren hierbei die Haupterfordernisse. Ursprünglich lautete die Forderung auf einen Leichten Kreuzer des BIRMINGHAM-Entwurfs (1912) mit einer stärkeren Bewaffnung, besserer Seeausdauer und einer höheren Geschwindigkeit von 30 kn. Die Entwurfsskizzen zeigten ein 9000-ts-Schiff mit verschiedenen Möglichkeiten der Bewaffnung, darunter Geschütze vom Kaliber 23,4 cm und 15,2 cm. Für die beabsichtigte Aufgabe wurde das 15,2-cm-Geschütz als zu schwach angesehen, während das 23,4-cm-Geschütz zu schwerfällig war. Infolgedessen wurde ein neues Geschütz vom Kaliber 19,1 cm eingeführt, entwickelt aus dem 19,1-cm-Geschütz L/45 Mk. I, das 1904 auf dem Panzerkreuzer DEVONSHIRE Verwendung fand. Dieses neue Geschütz mit der Rohrlänge L/46,5 und der Bezeichnung Mk. VI verschoß eine 90 kg schwere Granate bei 30° Rohrerhöhung auf eine maximale Schußweite von 19 300 m.

Der letztendliche Entwurf hatte kaum noch Ähnlichkeit mit der BIRMINGHAM. Alles in allem war es ein sehr viel größeres Schiff, das mehr mit dem Schlachtkreuzer FURIOUS von 1916 gemein hatte. Das offizielle Deplacement betrug 9750 ts. Die Hauptantriebsanlage bestand aus vier Turbinensätzen mit einfachem Rädergetriebe, einer Konstruktionsleistung von 60 000 WPS und Vier-Wellen-Anordnung. Die Turbinensätze befanden sich in zwei Turbinenräumen; die im vorderen Turbinenraum trieben die beiden Außenwellen an. Die Dampferzeugungsanlage wurde mit der Absicht der Mehrzweckbefeuerung entworfen. Von den zwölf Kesseln waren die vier im achteren Kesselraum kohlebefeuert (aber mit zusätzlichen Öleinspritzdüsen), da damals Heizöl in allen Teilen der Welt noch nicht so ohne weiteres zur Verfügung stand. Die Antriebsanlage war noch nicht nach dem Einheitenprinzip angeordnet. 1917 wurde beschlossen, die Antriebsleistung zu steigern, und zwar durch Forcieren der ölbefeuerten Kessel (d.h. mit verstärktem Zug), durch Erhöhen des Heizölanteils bei den kohlebefeuerten Kesseln und durch Modifizieren der Turbinenbeschaufelung. Bei den beiden ersten Einheiten – CAVENDISH und HAWKINS – konnten diese Änderungen nicht mehr durchgeführt werden, da ihr Bauzustand zu weit fortgeschritten war. Diese Maßnahmen steigerten die konstruktionsbedingte Antriebsleistung auf 70 000 WPS. Doch nur noch die RALEIGH wurde nach diesem Entwurf fertiggestellt, da das Verschwinden der deutschen Handelsstörer von den Ozeanen im Jahre 1915 die Dringlichkeit des Bauprogramms beseitigte, so daß sich seine Durchführung verlangsamte. Daher wurde der Kiel der EFFINGHAM erst im Frühjahr 1917 gestreckt. Noch während sich die EFFINGHAM und die FROBISHER im Bau befanden, wurde die Antriebsanlage einer weiteren Veränderung unterzogen. Bei beiden Schiffen ersetzten zwei Ölkessel die vier kohlebefeuerten und der achtere Kesselraum erfuhr eine beträchtliche Verringerung in der Größe. Der auf diese Weise gewonnene Raum diente der

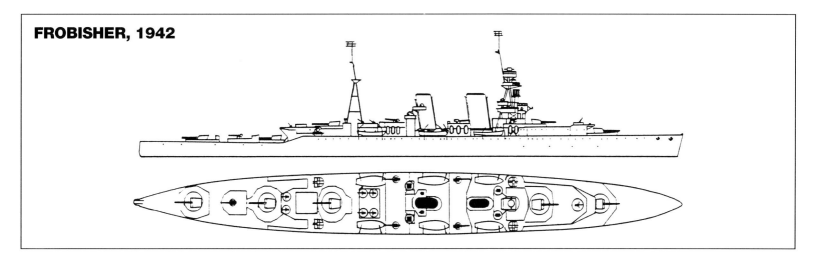

FROBISHER, 1942

Vergrößerung der Bunkerkapazität auf 2150 ts Heizöl. Die Konstruktionsleistung lag nunmehr bei 65000 WPS für eine Höchstgeschwindigkeit von 30,5 kn.

Das Panzerschutzschema umfaßte zum erstenmal das Konzept der allseits gepanzerten Munitionskammern. Der Seitenschutz bis zu 76 mm Dicke auf Höhe der Maschinenräume erstreckte sich bis zum Oberdeck sowie über die volle Länge des Schiffskörpers und verjüngte sich nach vorn und achtern bis auf 38 mm. Einen zusätzlichen Schutz gewährte die Anordnung der Kohlenbunker. Der Horizontalschutz beschränkte sich auf ein 25 mm bis maximal 38 mm dickes Panzerdeck. Die Panzerung stellte 8,3 % der offiziellen Wasserverdrängung dar. Außen liegende Seitenwülste (Torpedowülste) von 1,52 m Tiefe boten den Maschinenräumen einen zusätzlichen Schutz. Außerdem wies der Entwurf eine sehr gründliche innere Unterteilung auf.

Die Hauptbewaffnung in Mittelpivot-Einzellafetten Mk. V mit Schilden verteilte sich wie folgt: vorn zwei Geschütze auf der Mittschiffslinie, wobei das Geschütz 2 überhöht aufgestellt war, je eines an Backbord und Steuerbord beiderseits des achteren Schornsteins sowie drei achtern auf der Mittschiffslinie. Von den letzteren überhöhte das Geschütz 5 das auf dem Achterdeck aufgestellte Geschütz 6, während sich das ebenfalls auf dem Achterdeck aufgestellte Geschütz 7 ein beträchtliches Stück achteraus von ihm befand. Der weite Abstand der Geschütze zueinander verringerte die Auswirkungen des Luftdrucks beim gefechtsmäßigen Schießen. Die Mittelartillerie bestand aus zehn 7,6-cm-Geschützen L/45 Mk. I in Einzellafetten. Von ihnen waren sechs Seeziel- und vier Luftziellafetten. Noch vor der Fertigstellung kamen zwei 2-Pfünder-Fla-Geschütze (4-cm-Pompom) hinzu und die beiden ursprünglichen 53,3-cm-Unterwasser-Torpedorohre wurden durch zwei 53,3-cm-Zwillings-Torpedorohrsätze an Oberdeck verstärkt.

CAVENDISH wurde überstürzt noch vor dem Ende des Ersten Weltkrieges fertiggestellt, allerdings als »Flugzeugkreuzer« und in VINDICTIVE umbenannt.[118] Obwohl 1923 – 1925 wieder in einen Kreuzer umgebaut, fand sie lediglich als Versuchsschiff für die Katapult-Entwicklung Verwendung. 1937/38 abgerüstet und erneut modifiziert, diente sie als Schulschiff und später bis zur ihrer Verschrottung 1946 als Werkstattschiff. Da dieses Schiff nie als Kreuzer zum Einsatz kam, soll es keiner weiteren Betrachtung unterzogen werden. Von den übrigen Einheiten lief lediglich die HAWKINS noch vor dem Waffenstillstand vom Stapel und wurde Mitte 1919 in Dienst gestellt. (Die bereits im

Unten: EFFINGHAM nach dem Umbau kurz vor dem Kriege. (G. Ransome)

Unten: HAWKINS. Beachte die andere Anordnung der achteren Scheinwerferplattform. (WSS)

August 1922 in Verlust geratene RALEIGH soll hier ebenfalls außer Betracht bleiben.) Die Fertigstellung der FROBISHER und der EFFINGHAM erfolgte erst Mitte der 20er Jahre, und zwar mit einer veränderten Bewaffnung. Sämtliche 7,6-cm-Geschütze wurden annulliert und durch drei 10,2 cm S.K. L/40 Mk. IV ersetzt.

Modifizierungen: 1927 erhielt die FROBISHER auf dem Achterdeck zusammen mit einem Flugzeugkran ein Katapult. Das hierdurch verdrängte 10,2-cm-Geschütz erhielt seinen Platz zusammen mit einem vierten 10,2-cm-Geschütz zwischen den beiden Schornsteinen an Backbord und an Steuerbord. HAWKINS erfuhr 1929 eine Umrüstung der Antriebsanlage. Die kohlebefeuerten Kessel wurden entfernt und die verbliebenen acht Ölkessel so modifiziert, daß sie eine Konstruktionsleistung von 55 000 WPS für eine Höchstgeschwindigkeit von 29,5 kn erbrachten. Der gewonnene Raum führte ebenfalls zu einer Vergrößerung der Bunkerkapazität. Wie die FROBISHER erhielt auch die HAWKINS ein zusätzliches 10,2-cm-Geschütz zwischen den Schornsteinen. Des weiteren erfolgte der Einbau eines Fla-Leitstandes.

Mitte der 20er Jahre gab es einen Vorschlag, diese drei Einheiten der HAWKINS-Klasse auf drei 20,3-cm-Doppeltürme umzurüsten, um sie zu »Washington-Kreuzern« umzugestalten. Doch diese Absicht ging nie über das Planungsstadium hinaus. Dann forderte der Londoner Flottenvertrag von 1930 ihre Abrüstung.[119] Daher verlor die FROBISHER 1932 die 19,1-cm-Geschütze 5 und 6 sowie auch bis auf zwei die 10,2-cm-Fla-Geschütze, um fernerhin als Kadettenschulschiff zu dienen. 1937/38 verloren auch HAWKINS und EFFINGHAM sämtliche 19,1-cm-Geschütze sowie die Torpedorohrsätze an Oberdeck, um die beiden Schiffe in den Reservestatus zu versetzen. Ehe jedoch diese Abrüstung erfolgte, lag bereits ein Vorschlag auf dem Tisch, sie zu Leichten Kreuzern mit 15,2-cm-Geschützen umzubauen. Dies führte zur Billigung einer entsprechenden Werftliegezeit für die EFFINGHAM (nicht für die HAWKINS, die in den Reservestatus versetzt wurde). Da die diesbezüglichen Vorbehalte des Londoner Vertrages inzwischen gefallen waren, konnte der Umbau der EFFINGHAM 1937/38 in Angriff genommen werden. Sie erhielt neun 15,2-cm-Geschütze B.L. L/50 Mk. XII (vermutlich überzählige Geschütze von Einheiten der C-Klasse nach ihrem Umbau zu Flakkreuzern): drei hintereinander in überhöhter Aufstellung auf der Mittschiffslinie vorn, je eines an Backbord und Steuerbord mittschiffs sowie vier hintereinander auf der Mittschiffslinie achtern, davon drei ebenfalls in überhöhter Aufstellung und das vierte weiter nach achtern abgesetzt. Ferner kamen vier 10,2-cm-Fla-Geschütze in Einzellafetten und drei 12,7-mm-Fla-Vierlings-MG's an Bord. Des weiteren waren beiderseits der Brücke auf dem Schutzdeck Positionen für zwei mehrrohrige 2-Pfünder-Lafetten (4-cm-Pompom) vorgesehen. Desgleichen fehlte noch die Ausrüstung mit den beiden vorgesehenen Fla-Leitständen: einer auf dem umgebauten Brückenaufbau und der zweite auf dem achteren Aufbaudeck. Auch für die Aufnahme von Bordflugzeugen wurden Vorkehrungen getroffen; die Ausrüstung mit den erforderlichen Einrichtungen erfolgte jedoch nicht. Mit dem Entfernen des achteren Schornsteins fielen auch die beiden achteren Kesselräume weg. Alle Kesselabzugsschächte wurden in einem einzigen, aber vergrößerten Schornstein zusammengeführt. Außerdem erfolgte auch der Ausbau der Unterwasser-Torpedorohre. Im wesentlichen war dieser Umbau bis zum Sommer 1938 beendet, aber der Einbau der noch fehlenden Ausrüstung dauerte bis in das nächste Jahr hinein. Zu diesem Zeitpunkt erhielt die EFFINGHAM statt der Einzellafetten auch zwei 10,2-cm-Fla-Doppellafetten. HAWKINS und FROBISHER sollten in ähnlicher Weise umgebaut werden. Doch inzwischen war der Krieg ausgebrochen, und soweit es die HAWKINS betraf, kamen lediglich die 1937/38 ausgebauten Geschütze wieder an Bord, während FROBISHER zunächst im Ausrüstungszustand 1932 verblieb.

Angesichts des frühen Kriegsverlustes erfuhr die EFFINGHAM aller Wahrscheinlichkeit nach keine weiteren Modifizierungen. FROBISHER ging erst am 5. Januar 1940 zu einer Großen Liegezeit in die Werft, die bis zum März 1942 dauerte; ihr Umbau vollzog sich gegenüber der EFFINGHAM in einem wesentlich bescheideneren Rahmen. Danach führte sie folgende Bewaffnung: fünf 19,1 cm (d.h. ohne die beiden seitlich aufgestellten Geschütze mittschiffs), fünf 10,2-cm-Fla-Geschütze in Einzellafetten, vier 2-Pfünder-Vierlingsflaks (4-cm-Pompom) und sieben 2-cm-Einzellafetten. Außerdem erfolgte die Ausrüstung mit Radar vom Typ 273, 281 und 285. Dieser Ausrüstungszustand blieb bis zum Mai 1944 erhalten. In diesem Monat ersetzten zwei achtrohrige 2-Pfünder-Lafetten die vier Vierlingsflaks und zusätzlich kamen zwölf 2-cm-Einzellafetten an Bord.

Bei ihrer Reaktivierung im Januar 1940 erhielt die HAWKINS zwei weitere 2-Pfünder-Einzellafetten (insgesamt 4 x 1). 1942 kamen anstelle von zwei 2-Pfünder-Einzellafetten vier 2-Pfünder-Vierlingsflaks (4-cm-Pompom) und sieben 2-cm-Einzellafetten hinzu. Auch sie erhielt Radar vom Typ 273, 281 und 285. Diese Bewaffnung führte der Kreuzer bis zum August 1944, als die vier Vierlingslafetten durch zwei achtrohrige 2-Pfünder-Lafetten ersetzt wurden und gleichzeitig zwei weitere 2-cm-Einzellafetten hinzukamen.

Werdegang: Wie bereits erwähnt, wurde die CAVENDISH in einen »Flugzeugkreuzer« mit dem neuen Namen VINDICTIVE umgebaut, während die fünfte Einheit, die RALEIGH als Flaggschiff des 8. Kreuzergeschwaders auf der Amerikanischen & Westindischen Station bedauerlicherweise am 8. August 1922 im Nebel bei Point Amour in der Belle-Isle-Straße zwischen Neufundland und Labrador auflief und zum Wrack wurde. Nachdem soviel an Ausrüstung wie möglich geborgen worden war, wurde das Schiff zum konstruktiven Totalverlust erklärt. Im Juli 1928 sprengte ein Kommando des Leichten Kreuzers CALCUTTA das Wrack.

EFFINGHAM diente von 1925 bis 1932 als Flaggschiff des 4. Kreuzergeschwaders in Ostindien. Nach ihrer Rückkehr in heimische Gewässer war sie ab dem 20. September 1932 das Flaggschiff des die Reserveflotte befehligenden Vizeadmirals und verbrachte die Vorkriegsjahre weitgehend im Reservestatus. Bei Kriegsausbruch gehörte der Kreuzer zum 12. Kreuzergeschwader und kam in der *Northern Patrol* zum Einsatz, ehe er ab

Oben: Die FROBISHER im Mai 1945 als Schulschiff mit teilweise entfernter Bewaffnung. (IWM)

Oktober 1939 bis zum Ende des Jahres Geleitzüge im Nordatlantik sicherte, unterbrochen durch den Transport von 2 Millionen £ in Gold im November nach Halifax/Neuschottland. Als eines der wenigen Schiffe der *Northern Patrol* mit großer Seeausdauer wurde die EFFINGHAM zu einer der Jagdgruppen in den Atlantik mit der Aufgabe entsandt, die in See stehenden deutschen Handelsstörer aufzuspüren – genau die Aufgabe, für die der Kreuzer 25 Jahre früher entworfen worden war. Im April 1940 verlegte das Schiff für den Norwegen-Feldzug in die Nordsee und überstand am 19. April südwestlich der Lofoten einen Angriff von *U 38* (Kptlt. Liebe). Bis in den Mai hinein beschoß die EFFINGHAM gegnerische Stellungen in und um Narvik. Bei dem Versuch, Verstärkungen nach Bodø zu bringen, lief der Kreuzer im Raum Narvik auf eine einzelne Felsenklippe auf und kenterte. Die Flakkreuzer CAIRO und COVENTRY retteten die Überlebenden. Obwohl der Felsen auf der Seekarte verzeichnet war, verwischte der mit Bleistift abgesetzte Kurs des Navigationsgasten diesen Eintrag – und das Schiff fuhr in den Tod! Am 21. Mai wurde das Wrack mit Artillerie versenkt.

FROBISHER diente nach ihrer Indienststellung von 1924 bis 1929 als Flaggschiff des 1. Kreuzergeschwaders im Mittelmeer, unterbrochen durch eine zeitweilige Detachierung im Jahre 1926 auf die China-Station. Danach stieß sie im September 1929 zum 2. Kreuzergeschwader bei der Atlantikflotte. Sie verblieb vom November 1930 an im Reservestatus, bis sie 1932 zum Kadettenschulschiff umgebaut wurde. Diese Aufgabe nahm der Kreuzer bis 1939 wahr. Anschließend aufgelegt, ging die FROBISHER am 5. Januar 1940 zur Großen Werftliegezeit mit damit verbundener Modernisierung in die Werft, die bis in den März 1942 hinein andauerte. Im Anschluß daran verlegte die FROBISHER bis zum März 1944 zum 4. Kreuzergeschwader bei der *Eastern Fleet* in den Indischen Ozean. In heimische Gewässer zurückgekehrt, nahm sie am 6. Juni 1944 an den alliierten Landungen in der Normandie teil; sie leistete im Verband der *Force D* vor dem britischen Landekopf »Sword« Feuerunterstützung. Bei einem der S-Bootangriffe mit dem Langstreckentorpedo T III d »Dackel« erlitt der Kreuzer im August 1944 in der Seine-Bucht schwere Beschädigungen.[120] Nach seiner Reparatur diente er bis nach dem Kriege als Kadettenschulschiff. Am 26. März 1949 übernahm die BISCO das Schiff zum Verschrotten und am 11. Mai traf es auf der Abbruchwerft von Cashmore's in Newport ein.

Von 1919 an bis zum 12. November 1928 diente die HAWKINS als Flaggschiff des 5. L.C.S. auf der China-Station. Danach wurde sie in Chatham für eine Große Werftliegezeit außer Dienst gestellt. Nach seiner Wiederindienststellung am 31. Dezember 1929 stieß der Kreuzer als Flaggschiff zum 2. Kreuzergeschwader bei der Atlantikflotte. Dort verblieb sie bis zu ihrer Überführung in den Reservestatus am 5. Mai 1930. Im September 1932 wurde die HAWKINS als Flaggschiff des 4. Kreuzergeschwaders auf der Ostindischen Station wieder in Dienst gestellt und kehrte danach im April 1935 in die Reserveflotte zurück. Ab September 1938 diente der abgerüstete Kreuzer als Kadettenschulschiff und erhielt im Januar 1940 seine Bewaffnung zurück. Danach gehörte die HAWKINS zur Südamerika-Division und wurde Anfang 1941 in den Indischen Ozean verlegt. Am 2. Februar nahm sie im Verband der *Force K* am Vorstoß gegen den Hafen Mogadishu/Italienisch-Somaliland teil und brachte am 12. Februar vor Kismayu den italienischen Frachter ADRIA auf. Nach einer Werftliegezeit in Portsmouth von Dezember 1941 bis zum Mai 1942 gehörte der Kreuzer zur *Eastern Fleet*, ehe er Anfang 1944 wieder in heimische Gewässer zurückkehrte. Am 6. Juni 1944 war die HAWKINS im Zuge der alliierten Landungen in der Normandie beim Unterstützungsverband vor dem amerikanischen Landekopf »Utah« (*Force A*) eingesetzt. Danach diente sie – wieder in den Reservestatus überführt – bis 1945 als Schulschiff. 1947 war der Kreuzer Zielschiff bei Erprobungen, unter anderem im Mai als Bombenziel für »Lincoln«-Bomber der RAF vor dem Spithead. Am 26. August 1947 übernahm die BISCO den Kreuzer zum Verschrotten.

Im Dezember 1947 eingetroffen, wurde er auf der Abbruchwerft von Arnott Young in Dalmuir abgewrackt.

E-Klasse

Name	Bauwerft	Kiellegung	Stapellauf	Fertigstellung	Schicksal
EMERALD	Armstrong, Newcastle-upon-Tyne[1]	23. Sept. 1918	19. Mai 1920	15. Jan. 1926	verschrottet in Troon: 1948
ENTERPRISE	John Brown & Co., Clydebank[2]	28. Juni 1918	23. Dez. 1919	7. April 1926	verschrottet in Newport: 1946

Fertiggestellt auf der [1]Marinewerft Chatham sowie auf der [2]Marinewerft Devonport.

Typ: Leichter Kreuzer.
Konstruktionsverdrängung: EMERALD: 7550 ts (7670 t), ENTERPRISE: 7580 ts (7701 t).
Einsatzverdrängung: EMERALD: 9712 ts (9867 t), ENTERPRISE: 9735 ts (9891 t).
Länge: 173,7 m (über alles), 163 m (zwischen den Loten).
Breite: 16,61 m.
Tiefgang: 4,95 m (mittlerer).
Antriebsanlage: 4 Satz Brown-Curtis-Getriebeturbinen, 8 Yarrow-Ölkessel, 4 Wellen.
Antriebsleistung: 80 000 WPS für 32 kn.
Bunkerinhalt: 1746 ts Heizöl maximal.
Fahrtstrecke: 8000 sm bei 15 kn, 3840 sm bei 20 kn.
Panzerschutz: Seitenschutz 76 mm (Maschinenräume), 57 mm (Munitionskammern) und 51 mm (Heck), Oberdeck 25 mm (mittschiffs), Deck (Ruderanlage) 25 mm.
Geschütze: sieben 15,2 cm B.L. L/50 Mk. XII (7 x 1, ausgenommen ENTERPRISE: 1 x 2 Mk. XVII, 5 x 1), drei 10,2 cm L/45 Mk. V (3 x 1), zwei 2-Pfünder (2 x 1).
Torpedorohre: zwölf 53,3 cm (4 x 3).
Seeminen: keine.
Bordflugzeuge: eines, ein Katapult.
Besatzungsstärke: 572 Offiziere und Mannschaften.

Entwurf: Als Antwort auf die Kreuzer entworfen, die nach Auffassung der britischen Admiralität 1917 auf deutscher Seite anscheinend im Bau waren – ein Bauprogramm, das nicht mehr verwirklicht wurde[121] –, sollten die Leichten Kreuzer dieser Klasse eine sehr viel höhere Geschwindigkeit besitzen und ein 15,2-cm-Geschütz mehr als diejenigen der D-Klasse führen. Um die Entwurfsgeschwindigkeit zu erreichen, waren ein sehr schlanker Schiffskörper und eine Antriebsanlage mit der doppelten Leistung der früher gebauten Leichten Kreuzer erforderlich. Naturgemäß stiegen im Verlaufe der Entwurfsarbeit die Abmessungen und die Wasserverdrängung. Um Stabilität, Anordnung und Panzerschutz zu verbessern, nahm der Schiffskörper in der Länge und Breite zu. Während der Panzerschutz gegenüber den Kreuzern der früheren Klassen im wesentlichen gleich blieb, wurde es als möglich erachtet, im Bereich über den Turbinenräumen ein 25 mm dickes Panzerdeck einzuführen – teilweise als Ergebnis der Gewichtsanteilberechnung. Der Gewichtsanteil des Panzerschutzes an der offiziellen Wasserverdrängung betrug 9,3 %.

Die Antriebsanlage bestand aus 2 x 2 Turbinensätzen für Zerstörer der SHAKESPEARE-Klasse mit einer Antriebsleistung von jeweils 40 000 WPS, die wiederum eine Vier-Wellen-Anordnung bedingten. Die acht ölbefeuerten Kessel standen paarweise in vier Kesselräumen, wobei sich zwischen den Kesselräumen 3 und 4 der vordere Turbinenraum befand. In den Kesselräumen 1 und 4 waren die Kessel hintereinander und in den beiden anderen Räumen nebeneinander angeordnet.

Unten: EMERALD nach der Fertigstellung. (Sammlung des Autors)

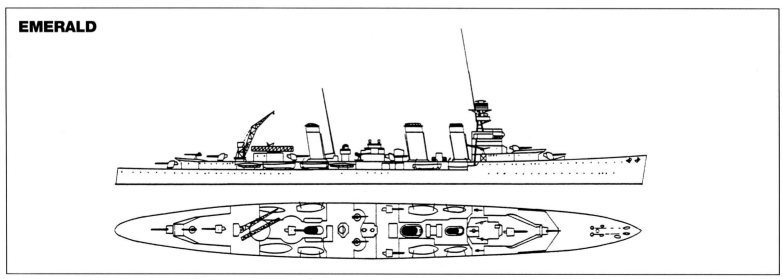

Rechts: Die ENTERPRISE. Zu beachten sind die vorderen 15,2-cm-Geschütze im Doppelturmschild, der Artillerieleitstand über der Brücke, der Fla-Leitstand zwischen Großmast und zweitem Schornstein und das Katapult achtern. (MOD)

Unten: Die EMERALD im Januar 1944. Sie führt noch ihr Bordflugzeug vom Typ »Kingfisher«. (G. Ransome)

Vom Entwurf her sollten diese Kreuzer sieben 15,2-cm-Geschütze B.L. L/50 Mk. XII in Mittelpivot-Einzellafette Mk. XIV mit Schilden führen: je zwei vorn und achtern auf der Mittschiffslinie mit den Geschützen 2 und 6 in überhöhter Aufstellung, ein weiteres auf der Mittschiffslinie achteraus des achteren Schornsteins mit einem sehr begrenzten Schußbereich und die restlichen beiden mittschiffs an Backbord und an Steuerbord auf der Schutzdecksebene. Zwei 10,2-cm-Fla-Geschütze L/45 Mk. V und zwei 2-Pfünder (4-cm-Pompom) in Einzellafetten vervollständigten die artilleristische Ausrüstung. Auf dem Hauptdeck befanden sich an Backbord und an Steuerbord je zwei 53,3-cm-Drillings-Torpedorohrsätze.

Im März 1918 ergingen die Bauaufträge für drei Einheiten. Doch das Kriegsende führte dazu, daß der an die Fairfield Shipbuilding & Engineering Co. in Govan/Glasgow für die dritte Einheit – EUPHRATES – ergangene Auftrag am 26. November 1918 annulliert wurde. Infolge der Knappheit an Material und Arbeitern konnte eine große Anzahl von Schiffen nicht fertiggestellt werden. Die Arbeiten am Schiffskörper der beiden anderen Einheiten wurden schließlich soweit abgeschlossen, daß sie vom Stapel laufen konnten. Zur Fertigstellung brachten sie dann Schlepper zu Königlichen Marinewerften: die ENTERPRISE nach Devonport und ihr Schwesterschiff nach Chatham. Die Ausrüstungsarbeiten erfuhren ständige Unterbrechungen, so daß die beiden Kreuzer erst Anfang 1926 zur Fertigstellung gelangten.

Die Bauverzögerungen führten dazu, daß die Gelegenheit ergriffen wurde, ihre Bewaffnung zu modifizieren. Soweit dies die EMERALD betraf, war die Abänderung nur geringfügig. Statt der vorgesehenen zwei erhielt sie drei 10,2-cm-Fla-Geschütze. ENTERPRISE hingegen sollte als Erprobungsschiff für die neue 15,2-cm-Doppellafette Mk. XVII dienen – ein Prototyp der Doppellafette Mk. XXII. Die neue Lafette gestattete 40° Rohrerhöhung. Der Doppelturm kam auf die Geschützposition 1 und infolgedessen mußte das vordere Schutzdeck in der Länge verkürzt werden. Zusätzlich erhielt die ENTERPRISE den Prototyp eines neuen Artillerieleitstandes, der über der Brücke eingebaut wurde. Daher wiesen Brückenaufbau und Masten ein verändertes Aussehen auf. Auch sie bekam ein drittes 10,2-cm-Fla-Geschütz und beide Einheiten sollten mit Vierlings-Torpedorohrsätzen ausgerüstet werden. Doch diese standen bei der Fertigstellung noch nicht zur Verfügung. Erst 1928/29 erfolgte das Ersetzen der Drillings- durch die Vierlingsrohrsätze. Von diesem Zeitpunkt an besaßen die beiden Kreuzer mit sechzehn 53,3-cm-Torpedorohren in vier Vierlingssätzen die stärkste Torpedobewaffnung unter den großen Schiffen.

Modifizierungen: Mitte der 30er Jahre erhielten die beiden Kreuzer ein Katapult, das die veraltete Abflugplattform ersetzte, sowie einen Fla-Leitstand Mk. I für die 10,2-cm-Fla-Geschütze. Der Einbau des letzteren erfolgte mittschiffs zwischen der Scheinwerferplattform und dem achteren Schornstein. Außerdem erfuhren die Schornsteine eine Erhöhung um 1,52 m. Spätere Vorschläge zur Verstärkung der Flakbewaffnung durch die zusätzliche Ausrüstung mit 10,2-cm-Fla-Geschützen in Doppellafetten und mehrrohrigen 2-Pfündern vereitelte der Ausbruch des Krieges. Vor dem Kriege kamen bei EMERALD noch zwei 12,7-mm-Fla-Vierlings-MG's an Bord. Im Verlaufe der Großen Werftliegezeit vom August 1942 bis zum April 1943 wurden bei ihr das achtere 15,2-cm-Geschütz, die 2-Pfünder-Einzellafetten und die 12,7-mm-Fla-Vierlings-MG's ausgebaut und an Land gegeben. Statt

GROSSBRITANNIEN

dessen erhielt der Kreuzer sechs 2-cm-Doppellafetten mit elektrischem Antrieb, zwei 2-Pfünder-Vierlingsflaks (4-cm-Pompom) sowie Radar vom Typ 273, 281, 282 und 285. Im April 1944 kamen noch sechs 2-cm-Fla-Geschütze in Einzellafetten hinzu und das Katapult wurde von Bord gegeben.

1941 gab die ENTERPRISE zwei der 15,2-cm-Einzellafetten an Land und erhielt statt dessen eine 2-Pfünder-Vierlingsflak. Später wurde die Leichte Flak noch um vier 2-cm-Einzellafetten verstärkt. Während der Großen Werftliegezeit von Ende Dezember 1942 bis zum Oktober 1943 verlor der Kreuzer die 2-Pfünder- und 2-cm-Einzellafetten zugunsten von sechs 2-cm-Doppellafetten mit elektrischem Antrieb. Auch die beiden 1941 entfernten 15,2-cm-Geschütze kamen zusammen mit einer zweiten 2-Pfünder-Vierlingsflak wieder an Bord. Darüber hinaus wurde die ENTERPRISE mit Radar vom Typ 272, 281, 282, 284 und 285 ausgerüstet. Im Februar 1944 erhielt sie noch vier zusätzliche 2-cm-Einzellafetten und das Katapult wurde entfernt.

Werdegang: Nach der Indienststellung ging die EMERALD hinaus zum 4. Kreuzergeschwader auf die Ostindische Station. Am 15. Juli 1933 kehrte sie in heimische Gewässer zurück und wurde außer Dienst gestellt. Nach dem Absolvieren einer Großen Werftliegezeit auf der Marinewerft Chatham stellte der Kreuzer am 31. August 1934 für einen erneuten Einsatz auf der Ostindischen Station wieder in Dienst. Diesmal dauerte sein dortiger Aufenthalt bis zu seiner Ablösung durch den Leichten Kreuzer LIVERPOOL bis zum September 1937. Nach ihrer Rückkehr in heimische Gewässer wurde die EMERALD in die Reserveflotte überführt. Bei Kriegsausbruch erneut in Dienst gestellt, gehörte die EMERALD zum 12. Kreuzergeschwader und wurde im September 1939 in der *Northern Patrol* eingesetzt. Das Auftauchen der deutschen Handelsstörer im Atlantik führte jedoch im Oktober zu ihrer Verlegung nach Halifax/Kanada, um ostgehende Geleitzüge zu sichern. Diese Aufgabe nahm der Kreuzer bis weit in das Jahr 1940 hinein wahr. Zwischen Oktober 1939 und August 1940 transportierte die EMERALD 58 Millionen £ in Gold von Großbritannien nach Kanada (im gleichen Zeitraum beförderte ihr Schwesterschiff weitere 10 Millionen £). Anfang 1941 verlegte die EMERALD in den Indischen Ozean, sicherte im Februar/März Truppentransport-Geleitzüge in den Nahen Osten und war Ende Februar im südlichen Indischen Ozean an der Jagd auf die ADMIRAL SCHEER beteiligt. Im April 1941 befand sich der Kreuzer im Persischen Golf und unterstützte vor Basra die alliierten Truppenlandungen im Irak. Nach dem Eintritt Japans in den Krieg im Dezember 1941 stieß die EMERALD zur *Eastern Fleet* (Admiral Somerville), die im März 1942 nach dem Ende des ABDA-Verbandes zur Abwehr des japanischen Vordringens in den Indischen Ozean gebildet worden war. Sie gehörte zur *Force A*, der »Schnellen Gruppe« dieser Flotte. Im August 1942 kehrte der Kreuzer in die heimischen Gewässer zurück, um noch im selben Monat in Portsmouth eine Große Werftliegezeit anzutreten. Erst Anfang April 1943 stellte die EMERALD wieder in Dienst und stieß erneut zur *Eastern Fleet*. Dort gehörte sie zum 4. Kreuzergeschwader und nahm Geleitsicherungsaufgaben wahr. Im Frühjahr 1944 wieder nach Großbritannien zurückgekehrt, war sie am 6. Juni 1944 als Einheit der *Force K*, des Feuerunterstützungsverbandes vor dem britischen Landekopf »Gold«, an den alliierten Landungen in der Normandie beteiligt. Im Januar 1945 wurde der Kreuzer in die Reserveflotte überführt und 1947 diente er bei Erprobungen als Zielschiff. Im Zuge dieser Erprobungen lief das Schiff am 24. Oktober in der Kames Bay bei Rothesay auf Grund. Erst am 9. Juni 1948 kam die EMERALD wieder frei und ging zur Untersuchung ins Dock. Anschließend übernahm das Schiff am 23. Juni 1948 die BISCO zum Verschrotten. Zu diesem Zweck traf es am 5. Juli 1948 auf der Abbruchwerft von Arnott Young in Troon ein.

Nach ihrer Indienststellung diente die ENTERPRISE bis 1934 beim 4. Kreuzergeschwader auf der Ostindischen Station. Nach ihrer Rückkehr in heimische Gewässer hatte sie ab dem 4. Juli 1934 nur noch ein Wartungskommando an Bord und absolvierte später eine Große Werftliegezeit. Im Januar 1936 kehrte der Kreuzer auf die Ostindische Station zurück und Ende 1937 löste ihn der Leichte Kreuzer MANCHESTER ab. Nach der Rückkehr in heimische Gewässer hatte die ENTERPRISE 1938 Schiffsbesatzungen zur China-Station zu überführen und wurde am 30. September 1938 – wieder in Großbritannien – außer Dienst gestellt. Nach Kriegsausbruch wieder reaktiviert, kam die ENTERPRISE 1939/40 im Rahmen des Geleitsicherungsverbandes Halifax/Kanada im Atlantik zum Einsatz, ehe sie im Frühjahr 1940 zur *Home Fleet* stieß, um am Norwegen-Feldzug teilzunehmen. Im April und Mai war der Kreuzer zur Unterstützung der gelandeten alliierten Heerestruppen in und um Narvik an Küstenbeschießungen beteiligt. Am Abend des 19. April griff *U 65* (Kptlt. v. Stockhausen) infolge Torpedoversagens die ENTERPRISE erfolglos an.[122] Ende Juni 1940 stieß der Kreuzer nach der Durchführung kleinerer Reparaturen zur neu gebildeten *Force H* in Gibraltar und nahm am 3. Juli am britischen Angriff auf Mers-el-Kebir teil (Operation »Catapult«). Weitere Einsätze mit der *Force H* folgten. Anfang Dezember 1940 war die ENTERPRISE im Südatlantik erfolglos an der Suche nach dem deutschen Hilfskreuzer THOR – Schiff 10 – beteiligt. Anfang 1941 führte das Erscheinen der ADMIRAL SCHEER im Indischen Ozean zur Verlegung des Kreuzers in dieses Seegebiet, um an der Jagd auf diesen Handelsstörer – allerdings erneut erfolglos – teilzunehmen. Im April 1941 befand sich die ENTERPRISE zur Deckung der alliierten Truppenlandungen bei Basra/Irak im Persischen Golf. Anfang 1942 operierte der Kreuzer in ostindischen und australischen Gewässern und sicherte Truppentransport-Geleitzüge. Ende März gehörte er mit seinem Schwesterschiff zur *Force A*, der »Schnellen Gruppe« bei der *Eastern Fleet*. Ab Ende Dezember 1942 bis Ende Oktober 1943 absolvierte die ENTERPRISE in Großbritannien eine Große Werftliegezeit. Im Anschluß daran stieß sie zur *Home Fleet* und kam bei Operationen zum Abfangen deutscher Blockadebrecher aus Fernost im Golf von Biscaya zum Einsatz. Bei einer dieser Operationen geriet sie zusammen mit dem Leichten Kreuzer GLASGOW am 28. Dezember 1943 in ein Gefecht mit deutschen Zerstörern und Torpedobooten, wobei auf deutscher Seite ein Zerstörer und zwei Torpedoboote versenkt wurden.[123] Als nächste Operation folgte die Teilnahme der ENTERPRISE an den alliierten Landungen in der Normandie am 6. Juni 1944. Hierbei gehörte sie zur *Force A*, dem Feuerunterstützungsverband vor dem amerikanischen Landekopf »Utah«. Am 5. Januar 1945 wurde sie in die Reserveflotte versetzt, kam aber nach dem Kriege für Truppentransportaufgaben noch einmal zum Einsatz. Am 13. Januar 1946 nach Großbritannien zurückgekehrt, übernahm am 11. April 1946 die BISCO das Schiff zum Verschrotten. Es traf am 21. April 1946 auf der Cashmore's-Werft in Newport zum Abbruch ein.

KENT-Klasse – »County«-Klasse

Name	Bauwerft	Kiellegung	Stapellauf	Fertigstellung	Schicksal
BERWICK	Fairfield, Govan/Glasgow	15. Sept. 1924	30. März 1926	2. Febr. 1928	verschrottet in Blyth: 1948
CORNWALL	Marinewerft Devonport	9. Okt. 1924	11. März 1926	6. Jan. 1928	gesunken: 5. April 1942
CUMBERLAND	V.-A., Barrow-in-Furness	18. Okt. 1924	16. März 1926	8. Jan. 1928	verschrottet in Newport: 1959
KENT	Marinewerft Chatham	15. Nov. 1924	16. März 1926	25. Juni 1928	verschrottet in Troon: 1948
SUFFOLK	Marinewerft Portsmouth	30. Nov. 1924	16. Febr. 1926	7. Febr. 1928	verschrottet in Newport: 1948

Typ: Schwerer Kreuzer.
Standardverdrängung: ca. 10 900 ts (11 074 t).
Einsatzverdängung: 14 900 ts (15 138 t).
Länge: 192,02 m (über alles), 179,83 m (zwischen den Loten).
Breite: 20,85 m.
Tiefgang: 4,95 m (mittlerer).
Antriebsanlage: 4 Satz Parsons-Getriebeturbinen (BERWICK: 4 Satz Brown-Curtis-Getriebeturbinen), 8 Admiralty-Kessel vom Drei-Trommel-Typ, 4 Wellen.
Antriebsleistung: 80 000 WPS für 31,5 kn.
Bunkerinhalt: 3400 ts Heizöl maximal.
Fahrtstrecke: 9 350 sm bei 12 kn.
Panzerschutz: Seitenschutz 25 mm, Munitionskammern allseitig 25 mm – 111 mm, Türme 25 mm.
Geschütze: acht 20,3 cm B.L. L/50 Mk. VIII (4 x 2), vier 10,2 cm S.K. L/45 Mk. V (4 x 1), vier 2-Pfünder (4 x 1 – 4-cm-Pompom).
Torpedorohre: acht 53,3 cm (2 x 4).
Seeminen: keine.
Bordflugzeuge: eines, ein Katapult.
Besatzungsstärke: 680 (784 max.) Offiziere und Mannschaften.

Entwurf: Diese Klasse – auch als «County«-Klasse bezeichnet – war eher das Ergebnis politischen Drucks als in Betracht gezogener militärischer Anforderungen; sie war das direkte Resultat des Washintoner Flottenabkommens von 1922. Darin war festgelegt, daß Kreuzer keine größere Wasserverdrängung als 10 000 ts standard haben sollten und keine Geschütze mit einem größeren Kaliber als 20,3 cm führen dürften (»Washington-Kreuzer«). In den Verhandlungen hatte Großbritannien vorgeschlagen, daß die Obergrenze für die Wasserverdrängung infolge des Vorhandenseins der neuen HAWKINS-Klasse bei 10 000 ts liegen sollte. Diese Kreuzer waren die einzigen modernen Einheiten für den Schutz der Handelsrouten und für den ozeanischen Patrouillendienst, welche die Royal Navy damals besaß. Alle anderen Kreuzer waren entweder veraltet oder für die Nordsee als Kriegsschauplatz entworfen. Infolgedessen konnte die Möglichkeit des Verzichtes auf die HAWKINS-Klasse nicht in Betracht gezogen werden. Die Wahl des Kalibers 20,3 cm entsprach aus denselben Gründen in ähnlicher Weise dem Vorteil Großbritanniens, d.h. für die Beibehaltung der 19,1-cm-Geschütze bei der HAWKINS-Klasse. Außerdem war Großbritannien der Auffassung, daß zumindest die USA ein derartiges Kaliber bereits in Erwägung zogen. Sehr schnell wurde aber auch deutlich, daß die Höchstgrenzen für das Entwerfen von Schiffen auf der Grundlage von 10 000 ts und 20,3 cm zugleich auch Mindestgrenzen für die Seemächte darstellten.

Die Royal Navy spezifizierte ursprünglich die militärischen Grundforderungen wie folgt: acht 20,3-cm-Geschütze in Doppeltürmen, eine Höchstgeschwindigkeit von 33 kn sowie ein hoher Freibord, um eine gute Seetüchtigkeit zu erhalten. Auch Einzelaufstellung und Drillingstürme bezog die Royal Navy in das Entwurfsstudium ein; sie wurden aber aus verschiedenen Gründen wieder verworfen. Fünf Vorentwürfe wurden angefertigt, aber wie alle anderen Signatarstaaten des Vertragswerkes stellte auch Großbritannien fest, daß bei der gewünschten Bewaffnung und der geforderten Geschwindigkeit auf der Grundlage von 10 000 ts kein oder nur ein geringer Gewichtsanteil für Panzerschutz zur Verfügung stehen würde. Aufgrund der ursprünglichen Berechnungen ergab sich für den Panzerschutz insgesamt nur ein Gewichtsanteil von 820 ts. Damit konnten die lebenswichtigen Bereiche des Schiffes nur unzureichend geschützt werden, und es wurde daher der Vorschlag unterbreitet, nur die Munitionskammern sollten eine Panzerung erhalten. Um einen verbesserten Panzerschutz zu erreichen, wurde als Kompromiß die Konstruktionsgeschwindigkeit von 33 kn auf 31,5 kn herabgesetzt und die Konstruktionsleistung der Antriebsanlage von 100 000 WPS auf 75 000 WPS gesenkt. Das hierbei eingesparte Gewicht konnte zur Verbesserung des allgemeinen Panzerschutzschemas verwendet werden. Dies gestattete ein 25 mm dickes Panzerdeck sowie einen 50 mm dicken Seitenschutz im Bereich der Maschinenräume. Dies war zwar kaum ein ausreichender Schutz gegen 15,2-cm-Beschuß, war aber besser als nichts. Die Pulver- und Granatkammern wiesen nun einen allseitigen Schutz nach dem Kasten-Prinzip auf: Panzerdeck und Schotte 76 mm mit einem 102 mm dicken Seitenschutz. Dies gewährte Schutz gegen 20,3-cm-Granaten bei Einfallswinkeln bis zu 40°. Später erfolgte nochmals eine Abänderung dieses Panzerschutzschemas, indem das durch die Verringerung der Antriebsleistung für die Panzerung eingesparte Gewicht in geringeren Panzerdicken großflächiger verteilt wurde. So ergab sich für die Maschinenräume ein Seitenschutz von 25 mm mit einem 38 mm dicken Panzerdeck. Bei den Granatkammern verringerte sich die Dicke des allseitigen Schutzes auf nur noch 25 mm und die Ruderanlage erhielt zusätzlich einen gewissen Panzerschutz.

Der nunmehr für die Panzerung zur Verfügung stehende Gewichtsanteil hatte sich hiermit auf 1025 ts erhöht, d.h. 10,25 % der Standardverdrängung. Der Leitende Flotteningenieur (Engineer-in-Chief of the Fleet) berichtete, daß ohne Gewichtsabstriche 80 000 WPS erzielt werden könnten, die bei gleichzeitiger Verringerung der Breite um 0,2 m und einer Vergrößerung der Länge des Schiffskörpers um 0,68 m einen zusätzlichen halben Knoten an Geschwindigkeit ergäben.

Die Hauptantriebsanlage bestand aus acht ölbefeuerten Admiralty-Kesseln vom Drei-Trommel-Typ, paarweise nebeneinander in vier Kesselräumen untergebracht, sowie aus vier Turbinensätzen mit einfachem Rädergetriebe und Vier-

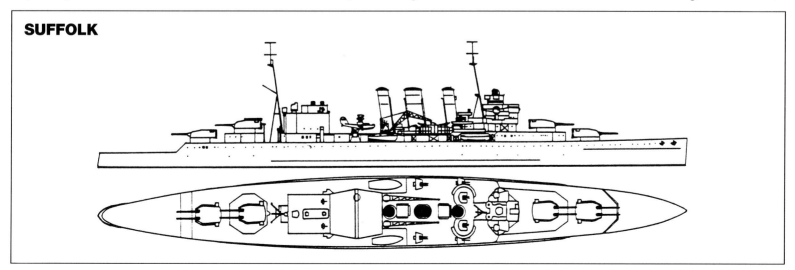

SUFFOLK

Oben: Die SUFFOLK im April 1944. (IWM)

Rechts: Die KENT gegen Ende 1942. (IWM)

Wellen-Anordnung. Die Antriebsanlage war nicht nach dem Einheitenprinzip eingebaut.

Als Schwere Artillerie sah der Entwurf das neue 20,3-cm-Geschütz B.L. L/50 Mk. VIII im Doppl. Drh.Tr. Mk. I mit 75° Rohrerhöhung vor. Bei 45° Erhöhung verschoß es eine 116 kg schwere Granate auf eine Höchstschußweite von 28 030 m. Von der Konstruktion her sollte die Lafetierung mit dieser Rohrerhöhung Luftzielfähigkeit besitzen, aber die Höhen- und Seitenrichtgenauigkeit ließ dies nicht zu.[124] Nach der Fertigstellung verursachten diese Lafetten über Jahre hinweg Störungen, obwohl sie vor Ausbruch des Krieges in der Konstruktion Verbesserungen erfuhren. Die Mittelartillerie bestand aus dem standardmäßigen 10,2-cm-See/Luftziel-Geschütz S.K. L/45 Mk. V in Einzellafette, mittschiffs auf dem Aufbaudeck beiderseits des ersten und zweiten Schornsteins aufgestellt. Der Entwurf sah zwei mehrrohrige 2-Pfünder-Lafetten vor, die jedoch erst einige Zeit nach der Fertigstellung zur Verfügung standen, so daß als Zwischenlösung vier 2-Pfünder Mk. II in Einzellafetten zum Einbau kamen. Auf dem Wetterdeck führten diese Schweren Kreuzer auf jeder Seite einen 53,3-cm-Vierlings-Torpedorohrsatz. Diese stellten eine weitere Ursache für Probleme dar, da die Fähigkeit der Torpedos, nach dem Losmachen aus solcher Höhe einen Aufprall auf dem Wasser zu überstehen, nicht bedacht worden war. Das Problem der Bordflugzeuge war ein weiterer Bereich, der die Marinekonstrukteure stark beschäftigte, da für Flugzeugeinrichtungen nur ein unzureichender Gewichtsanteil zur Verfügung stand. Schließlich fiel die Entscheidung, im Entwurf die Ausrüstung mit einem Bordflugzeug und einem Katapult vorzusehen. Diese sollte aber erst nach der Fertigstellung erfolgen, wenn der tatsächlich unter der 10 000-ts-Grenze noch vorhandene Gewichtsanteil bekannt war. Infolge der Beachtung, die der Gewichtsreduzierung durch die Verwendung von hochfestem Stahl beim Schiffskörper, durch den Einsatz von Leichtmetall-Legierungen und durch andere Maßnahmen zuteil wurde, stand danach fest, daß trotz des Mehrgewichtes bei der Bewaffnung noch eine Gewichtsreserve von etwa 250 ts verfügbar war. Sie gestattete das Ausrüsten mit einem Katapult und einem Bordflugzeug – ursprünglich die Fairey III F –, mit zusätzlichen Verkehrsbooten für den Einsatz als Flaggschiff sowie mit einer höheren Munitionsdotierung. Daher war es nicht erforderlich, wie anfangs befürchtet worden war, die Schwere Artillerie auf sechs Geschütze zu verringern.

Zu dieser Zeit ging die britische Admiralität von der Annahme aus, daß 70 Kreuzer erforderlich sein würden, um den strategischen Forderungen der Flotte nachzukommen, und beabsichtigte ursprünglich, 17 der neuen Kreuzer in Auftrag zu geben, darunter acht im Bauprogramm 1924/25. Politische und finanzielle Erwägungen standen dieser Absicht jedoch entgegen, und so wurden nur fünf Einheiten bewilligt (und zusätzlich zwei für Australien – siehe oben Seite 18ff.).

Modifizierungen: Bis 1932 hatten alle Einheiten einen Fla-Leitstand und ein Katapult erhalten. Außerdem wurden CORNWALL, KENT und BERWICK bis 1934 mit je zwei 12,7-mm-Fla-Vierlings-MG's ausgerüstet, während die KENT 1932/33 noch zwei zusätzliche 10,2-cm-Fla-Geschütze in Einzellafetten beiderseits der vorderen Schornsteine bekam.

Im September 1934 stimmte die britische Admiralität den folgenden Abänderungen zu:
a) einer Verstärkung des Panzerschutzschemas in folgenden Bereichen:
 – ein 115 mm dicker Gürtelpanzer auf Höhe der Maschinenräume sowie der Munitionskammern,
 – ein ähnlich dicker Gürtelpanzer auf der Höhe der Generatorräume (E-Werke) und der Artilleriezentrale sowie
 – eine 102 mm dicke Panzerung im Bereich der Kesselraumlüfter;
b) dem Entfernen der alten Flugzeugeinrichtungen und dem Ersetzen durch ein querschiffs fest eingebautes Katapult und einer Flugzeughalle zwischen Großmast und hinterem Schornstein;
c) dem Ersetzen der 10,2-cm-Einzellafetten durch Doppellafetten.

CORNWALL und BERWICK absolvierten zwischen Juli 1936 und Dezember 1937 (CORNWALL) bzw. zwischen August 1937 und November 1938 je eine Große Werftliegezeit. In ihrem Verlauf wurden die zusätzlichen Panzerungen eingebaut und folgende Ersatzmaßnahmen durchgeführt: die 10,2-cm-Einzellafetten durch vier 10,2-cm-Doppellafetten Mk. XIX, die beiden 12,7-mm-Vierlings-MG's durch zwei achtrohrige 2-Pfünder-Lafetten (4-cm-

Pompom) und den vorderen Leitstand durch einen gepanzerten Kommando- und Artillerieleitstand. Fernerhin erfolgte eine Modifizierung des Brückenaufbaus, der auch in der Höhe verringert wurde, und die Leitstände erhielten einen 25 mm dicken Panzerschutz. Bei beiden Schiffen wurde das Achterdeck nicht verkürzt.

Als CUMBERLAND und SUFFOLK zur ihrer Großen Werftliegezeit ins Dock gingen – erstere von Februar 1935 bis Juli 1936 und letztere von August 1935 bis Oktober 1936 –, umfaßten ihre Abänderungen den Einbau der zusätzlichen Panzerung, des Katapultes und der Flugzeughalle sowie zusätzlicher 10,2-cm-Fla-Geschütze. CUMBERLAND erhielt die 10,2-cm-Doppellafetten jedoch nur anstelle der achteren 10,2-cm-Einzellafetten, während die SUFFOLK anstelle der älteren Geschütze vier Einzelschild-Versionen der 10,2-cm-Doppellafette Mk. XIX bekam. Bei beiden Einheiten erfolgte die Ausrüstung mit zwei 2-Pfünder-Vierlingslafetten (4-cm-Pompom) und zwei Fla-Leitständen. Die beiden Torpedorohrsätze und die 2-Pfünder-Einzellafetten wurden an Land gegeben. Bei diesen zwei Kreuzern wurde jedoch das Achterdeck zur Gewichtseinsparung verkürzt.

Die KENT erfuhr ihren Umbau zwischen 1937 und Juli 1938. Doch bei ihr stand weniger Gewichtsreserve zur Verfügung, und so erhielt sie kein querschiffs eingebautes Katapult. Das vorhandene wurde lediglich durch ein solches mit einer stärkeren Schleuderleistung ersetzt, um als Bordflugzeug die schwerere Supermarine »Walrus« führen zu können, die nunmehr die Standardausrüstung darstellte. Auch dieses Schiff wurde achtern nicht verkürzt.

Während des Krieges erhielt die CUMBERLAND in der zweiten Hälfte des Jahres 1941 fünf 2-cm-Einzellafetten sowie Radar vom Typ 273, 281 und 285. Im Februar 1943 kamen die 12,7-mm-Fla-MG's und eine 2-cm-Einzellafette von Bord und wurden durch fünf 2-cm-Doppellafetten mit elektrischem Antrieb ersetzt. Im April 1944 bestand die Leichte Flak des Kreuzers aus zwei 2-Pfünder-Vierlingslafetten, fünf 2-cm-Doppellafetten mit elektrischem Antrieb und vier 2-cm-Einzellafetten. Vor Kriegsende kamen noch zwei weitere 2-cm-Einzellafetten hinzu. Während der Werftliegezeit 1940/41 zur Ausbesserung des Schiffes gab die SUFFOLK zwei 10,2-cm-Fla-Geschütze in Einzellafetten an Land und erhielt statt dessen zwei 10,2-cm-Doppellafetten Mk. XIX und vier 2-cm-Einzellafetten sowie Radar vom Typ 279 und 285.[125] 1942 erfolgte das Entfernen der 12,7-mm-Fla-MG's und des Radars vom Typ 279 im Austausch gegen vier 2-cm-Einzellafetten und Radar vom Typ 281. 1943 wurde das Katapult ausgebaut und mit dem Flugzeug von Bord gegeben; die Flugzeughalle blieb jedoch bestehen. Ferner wurden vier der 2-cm-Einzellafetten gegen die gleiche Anzahl 2-cm-Doppellafetten mit elektrischem Antrieb ausgetauscht. Im April 1944 kamen drei weitere 2-cm-Einzellafetten hinzu. CORNWALL erfuhr als verhältnismäßig früher Kriegsverlust – wenn überhaupt – nur geringe Modifizierungen. KENT hatte 1941 sechs 2-cm-Einzellafetten sowie Radar vom Typ 281, 284 und 285 erhalten.[126] 1942 wurden die Flugzeugeinrichtungen und die 12,7-mm-Fla-MG's in Vierlingslafette im Austausch gegen sechs 2-cm-Einzellafetten entfernt. Letztere wurden 1943 durch drei 2-cm-Doppellafetten ersetzt. Im April 1944 bestand die Leichte Flak des Kreuzers aus zwei achtrohrigen 2-Pfünder-Lafetten (4-cm-Pompom), drei 2-cm-Doppellafetten mit elektrischem Antrieb und sechs 2-cm-Einzellafetten. BERWICK bekam 1941 neben fünf 2-cm-Einzellafetten auch Radar vom Typ 281 uns 284. 1942 erfolgte der Ausbau der Flugzeugeinrichtungen und der 12,7-mm-Fla-MG's, während gleichzeitig Radar vom Typ 273 und sechs zusätzliche 2-cm-Einzellafetten eingebaut wurden. In der zweiten Hälfte des Jahres 1943 gelangten sieben 2-cm-Doppellafetten mit elektrischem Antrieb im Austausch gegen dieselbe Anzahl von Einzellafetten an Bord. Im April 1944 waren neben den Doppellafetten nur noch zwei 2-cm-Einzellafetten vorhanden.

Werdegang: Nach ihrer Indienststellung ging die BERWICK hinaus auf die China-Station. Dort ver-

Links: Die CUMBERLAND 1945 in Malta. (IWM)

blieb sie bis zu ihrer zeitweiligen Detachierung ins Mittelmeer im Jahre 1936. Nach seinem Umbau 1937/38 diente der Kreuzer bis 1939 beim 8. Kreuzergeschwader auf der Amerikanischen & Westindischen Station. Bei Kriegsausbruch gehörte er auf dieser Station mit der YORK zur Sicherung ozeanischer Geleitzüge und bildete anschließend wieder mit diesem Schweren Kreuzer die *Force F*, als die atlantischen Jagdgruppen geschaffen wurden, um die deutschen Handelsstörer aufzuspüren. Mit Handelsstörern kam die BERWICK nicht in Fühlung, aber in der Nacht vom 2./3. März 1940 brachte sie den deutschen Frachter WOLFSBURG (6201 BRT) und am 6. März auch den deutschen Dampfer URUGUAY (5846 BRT) in der Dänemarkstraße auf. Im April 1940 nahm der Kreuzer im Verband der *Home Fleet* am Norwegen-Feldzug teil. Im späteren Verlauf des Jahres verlegte die BERWICK ins Mittelmeer und traf am 7. November in Gibraltar zur Verstärkung der *Force H* ein. Zu verschiedenen Kampfverbänden gehörend war sie an mehreren Operationen auf diesem Kriegsschauplatz beteiligt, unter anderem als Sicherung beim Trägerangriff gegen die italienische Flotte in Tarent (Operation »Judgement« am 11./12. November) und bei Truppentransporten von Alexandria nach Piräus (14. – 16. November). Beim Seegefecht vor Kap Teulada/Sardinien (Operation »Collar«: Nachschubgeleitzug für Malta) am 27. November erhielt der Kreuzer einen Treffer.

Am 24. November 1940 sollten der Flugzeugträger FORMIDABLE und die Schweren Kreuzer BERWICK und NORFOLK die *Force K* bilden, entsandt nach Freetown/Sierra Leone, um Jagd auf die ADMIRAL SCHEER zu machen. Doch infolge des erhaltenen Treffers und seiner Ausbesserung stieß die BERWICK nicht zu diesem Jagdverband. Statt dessen gehörte sie zur Sicherung des Truppentransport-Geleitzuges WS 5 A und geriet am 25. Dezember nordwestlich der Azoren mit dem Schweren Kreuzer ADMIRAL HIPPER ins Gefecht, der den Geleitzug angriff (siehe oben Seite 46). Hierbei erhielt die BERWICK zwei Treffer. Sie kehrte anschließend zur Reparatur nach Großbritannien zurück, die bis Ende Juni 1941 dauerte, obwohl die Beschädigungen nicht erheblich gewesen waren. Danach stieß sie zur *Home Fleet* und nahm im Februar/März 1942 an Operationen gegen deutsche schwere Schiffe einschließlich der TIRPITZ im Nordmeer teil. Den Rest des Krieges verbrachte die BERWICK in arktischen Gewässern, sicherte Rußland-Geleitzüge, Trägerangriffe auf die TIRPITZ und 1944/45 gegen die norwegische Küste. Nach Kriegsende übernahm das Schiff am 15. Juni 1948 die BISCO zum Verschrotten. Am 12. Juli traf es auf der Abbruchwerft Hughes Bolkow in Blyth ein.

CORNWALL diente nach der Indienststellung bis 1936 auf der China-Station, kehrte anschließend zum Umbau nach Großbritannien zurück und stieß 1938 zum 2. Kreuzergeschwader. 1939 verlegte sie erneut auf die China-Station zum 5. Kreuzergeschwader. Von da aus kam der Kreuzer zur *Force I* (Ceylon), um im Indischen Ozean Patrouillen zum Aufspüren deutscher Handelsstörer durchzuführen. Den Rest des Jahres verbrachte der Kreuzer mit der Jagd auf die ADMIRAL GRAF SPEE. Später wurde die CORNWALL dem Kommando Südatlantik unterstellt und im August 1940 zur Unterstützung der Operationen gegen vichy-französische Streitkräfte vor Dakar (Operation »Menace«) entsandt. Mitte September fingen die CORNWALL und der Leichte Kreuzer DELHI den mit dem Tanker TARN nach Libreville/Gabun unterwegs befindlichen vichy-französischen Kreuzer PRIMAUGUET (siehe oben) ab und »eskortierten« die beiden Schiffe nach Casablanca. In den Indischen Ozean zurückgekehrt, stellte die CORNWALL am 8. Mai 1941 bei den Seychellen den deutschen Hilfskreuzer PINGUIN/*Schiff 33* (KptzS. Krüder) und versenkte ihn nach kurzem Gefecht.[127] Nach dem Kriegseintritt Japans war der Kreuzer im Februar 1942 an der Sicherung von Geleitzügen von Ceylon über den Indischen Ozean zur Sunda-Straße beteiligt, ehe er nach der Niederlage des ABDA-Verbandes am 27. Februar im Verband der Sicherung des Truppentransport-Geleitzuges SU 1 ungefährdet den Rückmarsch nach Colombo/Ceylon antrat. Ab Ende März gehörte die CORNWALL zur *Force A*, der schnellen Gruppe im Verband der *Eastern Fleet*. Im Zuge der Abwehr des japanischen Angriffs auf Ceylon versenkten am 5. April 1942 Sturzbomber der japanischen Flugzeugträger südwestlich der Malediven die CORNWALL zusammen mit dem Schweren Kreuzer DORSETSHIRE durch zahlreiche Bombentreffer. Von insgesamt 1546 Besatzungsangehörigen beider Kreuzer wurden 1122 Überlebende gerettet.

Auch die CUMBERLAND befand sich nach der Indienststellung auf der China-Station, ehe sie Anfang 1935 zum Umbau in die heimischen Gewässer zurückkehrte. Nach der Beendigung dieser Großen Werftliegezeit diente der Kreuzer bis 1938 erneut auf der China-Station. 1939 stieß er zum 2. Kreuzergeschwader. Bei Kriegsausbruch gehörte die CUMBERLAND zur Südamerikanischen Division. Während der Jagd auf die ADMIRAL GRAF SPEE bildete sie am 5. Oktober 1939 (später durch die Leichten Kreuzer AJAX und ACHILLES verstärkt) zusammen mit dem Schweren Kreuzer EXETER die *Force G* vor der Ostküste Südamerikas. Bis zum Jahresende operierte der Kreuzer im Seegebiet der Falkland-Inseln bis zur La-Plata-Mündung. Hierbei brachten er und die AJAX am 5. Dezember den deutschen Dampfer USSUKUMA (7834 BRT) auf, der sich selbstversenkte. Nach dem Seegefecht mit dem deutschen Panzerschiff am 13. Dezember vor dem Rio de la Plata wurde die CUMBERLAND von den Falkland-

Inseln abgezogen. Sie traf am 16. Dezember vor der La-Plata-Mündung ein. In der ersten Junihälfte 1940 sicherte sie zusammen mit dem Schweren Kreuzer SHROPSHIRE den aus Australien kommenden Truppentransport-Geleitzug US 3 auf seinem Marsch durch den Südatlantik. Im Juli war der Kreuzer an der Jagd auf den deutschen Hilfskreuzer THOR/*Schiff 10* beteiligt, ehe er Anfang September 1940 zur Vorbereitung der Operation »Menace« (britisch-freifranzösischer Angriff auf Dakar am 23. September) nach Freetown zum 1. Kreuzergeschwader verlegte. Im Verlauf dieser Operationen brachte die CUMBERLAND am 16. September den unterwegs zur Elfenbeinküste befindlichen vichy-französischen Dampfer POITIERS (4185 BRT) mit Munition an Bord auf und versenkte ihn. Beim Angriff auf Dakar selbst erhielt der Kreuzer einen Treffer. In den westlichen Südatlantik zurückgekehrt, beteiligte sich die CUMBERLAND im Dezember erneut an der Suche nach deutschen Handelsstörern im Seegebiet vor der La-Plata-Mündung. Anfang 1941 verlegte sie zur *Home Fleet* und nahm bis Anfang 1944 an den Operationen zur Sicherung der Rußland-Geleitzüge teil. Danach verlegte der Kreuzer in den Indischen Ozean und stieß im März 1944 zur *Eastern Fleet* in Trincomalee/Ceylon. Hier war der Kreuzer im Juli am Angriff auf Sabang/Sumatra (Operation »Crimson«), im September am Trägervorstoß auf Sigli/Nordsumatra (Operation »Light«) sowie im Oktober am Vorstoß gegen die Nikobaren als Ablenkungsangriff für die amerikanischen Landungen im Golf von Leyte/Philippinen (Operation »Miller) beteiligt. Weitere Einsätze im Rahmen der *Eastern Fleet* folgten im Jahr 1945: im April Vorstoß gegen Sumatra (Operation »Sunfish«) und im Mai gegen die Andamanen und Nikobaren (Operation »Bishop«). Nach dem Kriegsende mit Japan war die CUMBERLAND an der Wiederbesetzung von Niederländisch-Ostindien beteiligt. Am 16. September 1945 lief der Kreuzer mit einem Verband in Batavia/Java (heute Jakarta) ein. Danach in heimische Gewässer zurückgekehrt, wurde die CUMBERLAND schließlich zu einem Versuchsschiff umgebaut und erst 1958 endgültig außer Dienst gestellt. Am 3. November 1958 traf das Schiff zum Verschrotten auf der Werft Cashmore's in Newport ein.

Nach der Indienststellung gehörte die KENT bis 1939 zum 5. Kreuzergeschwader auf der China-Station, unterbrochen durch eine Große Werftliegezeit 1937/38 in heimischen Gewässern mit dem Umbau des Schiffes. Die ersten Kriegseinsätze des Schweren Kreuzers bestanden im Patrouillendienst zum Aufspüren von Handelsstörern in ostindischen Gewässern. Vom Januar 1940 an folgten Geleitsicherungsaufgaben für australische Truppentransport-Geleitzüge im Indischen Ozean. Im Sommer 1940 verlegte die KENT ins Mittelmeer zum 3. Kreuzergeschwader nach Alexandria. Es folgten die Beschießung von Bardia/Libyen Mitte August, Operationen zur Sicherung von Malta-Geleitzügen und der Angriff auf Bengasi/Libyen Mitte September. Beim Rückmarsch nach Alexandria erhielt die zur Beschießung von Bardia detachierte KENT in der Nacht vom 17./18. September 1940 einen italienischen Lufttorpedotreffer im Achterschiff, der schwere Schäden verursachte. Unter großen Schwierigkeiten brachten Zerstörer die KENT nach Alexandria ein. Die Ausbesserung des Kreuzers dauerte bis zum September 1941 und anschließend stieß die KENT zur *Home Fleet*. Anfang Dezember brachte sie den britischen Außenminister Eden nach Murmansk und war von da an zur Sicherung von Rußland-Geleitzügen eingesetzt. Am 24. Januar 1943 griff U 625 (ObltzS. Benker) den Kreuzer erfolglos an. 1944 gehörte die KENT zur Sicherung britischer Flugzeugträger bei Vorstößen gegen die norwegische Küste, um die TIRPITZ sowie andere deutsche Schiffe anzugreifen. Im Januar 1945 wurde die KENT jedoch außer Dienst gestellt und in den Reservestatus überführt. Danach diente sie als Zielschiff und am 22. Januar 1948 übernahm die BISCO das Schiff zum Verschrotten. Am 31. Januar 1948 traf es auf der Abbruchwerft West of Scotland Shipbreakers in Troon ein. Wie ihre Schwesterschiffe diente auch die SUFFOLK bis zum Kriegsausbruch auf der China-Station, ausgenommen die Werftliegezeit mit dem Umbau 1935/36. In heimische Gewässer zurückgekehrt, gehörte der Kreuzer zum 1. Kreuzergeschwader bei der *Home Fleet* und wurde im Oktober/November 1939 zum Patrouillendienst in der Dänemarkstraße eingesetzt. Während des Norwegen-Feldzuges beschoß die SUFFOLK am 17. April 1940 den deutschen Seefliegerhorst Stavanger. Hierbei wurde sie von Ju 88 der II./K.G.30 angegriffen und durch Bombentreffer so schwer beschädigt, daß sie nur mit Mühe und mit überflutetem Achterdeck nach Scapa Flow zurückkam. Die Reparaturarbeiten dauerten bis zum Februar 1941. Wieder bei der *Home Fleet* war die SUFFOLK als Fühlungshalter bei der Versenkung der BISMARCK im Mai 1941 beteiligt. Im Anschluß daran war der Kreuzer bis Ende 1942 bei Operationen in der Arktis – vor allem bei der Sicherung von Geleitzügen – eingesetzt. Nach einer Großen Werftliegezeit von Dezember 1942 bis zum April 1943 ging die SUFFOLK in den Indischen Ozean und gehörte bis Kriegsende zur *Eastern Fleet*. Ihre dortigen Einsätze glichen jenen der CUMBERLAND. Am 25. März 1948 übernahm die BISCO die SUFFOLK zum Verschrotten und am 24. Juni 1948 traf sie bei der Abbruchwerft Cashmore's in Newport ein.

LONDON-Klasse – »County«-Klasse

Name	Bauwerft	Kiellegung	Stapellauf	Fertigstellung	Schicksal
DEVONSHIRE	Marinewerft Devonport	16. März 1926	22. Okt. 1927	19. März 1929	verschrottet in Newport: 1954
LONDON	Marinewerft Portsmouth	22. Febr. 1926	14. Sept. 1927	5. Febr. 1929	verschrottet in Barrow: 1950
SHROPSHIRE	Beardmore & Co., Glasgow	24. Febr. 1927	5. Juli 1928	12. Sept. 1929	verschrottet in Dalmuir: 1955
SUSSEX	Hawthorn, Leslie & Co., Hebburn/Newcastle	1. Febr. 1927	22. Febr. 1928	26. März 1929	verschrottet in Dalmuir: 1955

Typ: Schwerer Kreuzer.
Standardverdrängung: 9850 ts (10 007 t).
Einsatzverdrängung: 13 315 ts (13 528 t).
Länge: 192,8 m (über alles), 181,35 m (zwischen den Loten).
Breite: 20,12 m.
Tiefgang: 5,18 m (mittlerer).
Antriebsanlage: 4 Satz Parsons-Getriebeturbinen, 8 Admiralty-Kessel vom Drei-Trommel-Typ, 4 Wellen.
Antriebsleistung: 80 000 WPS für 32,25 kn.
Bunkerinhalt: 3200 ts Heizöl maximal.
Fahrtstrecke: 9120 sm bei 12 kn.
Panzerschutz: wie die KENT-Klasse, aber ohne Torpedowülste.
Geschütze: wie die KENT-Klasse.
Torpedorohre: wie die KENT-Klasse.
Seeminen: keine.
Bordflugzeuge: eines, ein Katapult.
Besatzungsstärke: 789 (852 max.) Offiziere und Mannschaften.

Entwurf: Die britische Admiralität hatte die Absicht, im Bauprogramm 1925/26 weitere Kreuzer vom »Washington«-Typ einzustellen, beruhend auf der KENT-Klasse, aber mit verschiedenen Verbesserungen. Hierbei richtete sich das Hauptaugenmerk auf das Panzerschutzschema, für das schließlich zwei verschiedene Entwürfe in Erwägung gezogen wurden. Der erste Entwurf ließ die Torpedowülste der KENT-Klasse weg, wodurch sich in Verbindung mit einer Änderung in der Linienführung des Schiffskörpers eine Geschwindigkeitssteigerung um ca. 0,75 kn ergab. Außerdem sah er das Streichen des Panzerschutzes für die 10,2-cm-Munitionskammern und für den Torpedogefechtskopf-Lagerraum sowie einen zusätzlichen Panzerschutz für die Artilleriezentrale und die Rudermaschinenräume vor. Hieraus ergab sich eine ausreichende Gewichtsreserve, um die vom Schiffsentwurf her vorgesehenen Flugzeugeinrichtungen unterzubringen. Der zweite Entwurf schlug

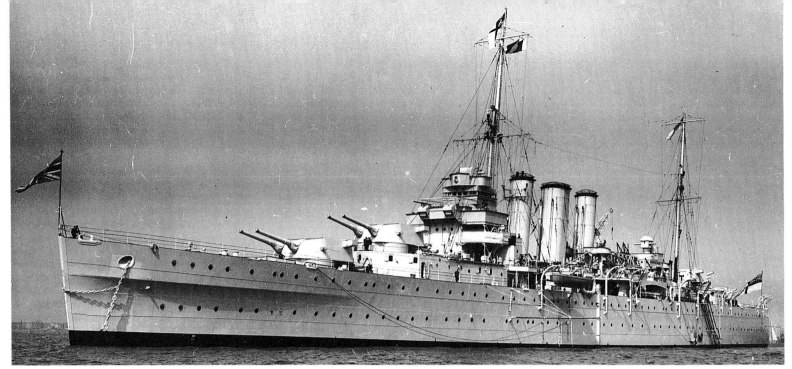

Oben: Die SHROPSHIRE in den 30er Jahren. (Hinsichtlich ihres Aussehens im Kriege siehe oben »Australien«.) (Perkins)

das Streichen der Panzerung für die Maschinenräume, die Ruderanlage und die 20,3-cm-Granatkammern vor, wies aber einen Pnzerschutz für die Artilleriezentrale sowie für die Haupt- und Handruderanlage auf. Unter Weglassen der Torpedobewaffnung konnte die Ausrüstung mit Flugzeugeinrichtungen erfolgen. Der insgesamt eingesparte Gewichtsanteil sollte die Konstruktionsleistung der Antriebsanlage von 80 000 WPS auf 110 000 WPS für eine Höchstgeschwindigkeit von 34 kn bei Standardverdrängung steigern. Doch keiner der beiden Entwürfe entsprach vollständig den Anforderungen, und so kam es schließlich zu einem Kompromiß. Das Weglassen der Torpedowülste erforderte eine Veränderung in der Linienführung des Schiffskörpers und führte infolgedessen zu einer geringfügigen Zunahme seiner Länge bei gleichzeitiger Verringerung seiner Breite. Für die Innenanordnung ergab sich eine geringe Vergrößerung der Raumverhältnisse und der Brückenaufbau sowie die Schornsteine mußten weiter nach achtern versetzt werden. Die Bewaffnung glich im wesentlichen den Einheiten der KENT-Klasse. DEVONSHIRE und LONDON, die beiden auf Königlichen Marinewerften gebauten Schiffe, besaßen auf Privatwerften hergestellte Antriebsanlagen: von Vickers-Armstrong Ltd. in Walker-on-Tyne/Newcastle (DEVONSHIRE) bzw. von Fairfield Shipbuilding & Engineering Co. in Glasgow (LONDON).

Modifizierungen: Von 1936 an gab es mehrfach Pläne, die Einheiten dieser Klasse zu verbessern und zu modernisieren. Unter anderem sahen sie das Ersetzen der Antriebsanlage, Verbesserungen des Panzerschutzes und den Umbau der Aufbauten vor. Das Ersetzen der Antriebsanlage wurde fallengelassen; aber der Umbau der Brückenaufbauten sollte nach dem Vorbild der FIJI-Klasse erfolgen und für die Dicke des Hauptgürtelpanzers war eine Zunahme auf 89 mm Nickel-Chrom-Panzerstahl (gegenüber 115 mm bei der Modifizierung der KENT-Klasse) vorgesehen. Der Kriegsausbruch verhinderte die Ausführung dieser Pläne; lediglich die LONDON erfuhr einen größeren Umbau.

Alle Einheiten erhielten 1929/30 den Fla-Leitstand Mk. I auf der Decke des Achteren Artillerieleitstandes, 1931/32 ein Katapult und 1936/37 vier zusätzliche 10,2-cm-Fla-Geschütze S.K. L/45 Mk. V in Einzellafetten. Beiderseits des Fockmastes gelangten außerdem zwei 12,7-mm-Fla-Vierlings-MG's zum Einbau. Außerdem bekamen SUSSEX und SHROPSHIRE auf der Brücke einen zusätzlichen Fla-Leitstand.

Im März 1939 ging die LONDON bis zum Februar 1941 zu einer Großen Werftliegezeit verbunden mit einem wesentlichen Umbau des Schiffes in die Marinewerft Chatham. Im Verlaufe dieses Werftaufenthaltes erhielt der Schwere Kreuzer insbesondere einen 89 mm dicken Hauptgürtelpanzer, einen neuen Brückenaufbau, Dreibeinmasten, eine neue Anordnung der Antriebsanlage mit Verringerung auf zwei Schornsteine, Flugzeughallen, ein querschiffs fest eingebautes Katapult, vier 10,2-cm-Doppellafetten Mk. XIX, zwei achtrohrige 2-Pfünder-Lafetten (4-cm-Pompom) und neue Feuerleitstände. Vom äußeren Erscheinungsbild glich die LONDON nunmehr den Leichten Kreuzern der FIJI-Klasse (siehe unten Seite 140ff.). Diese Umbauten brachten eine Gewichtssteigerung mit sich (auf über 10 000 ts standard), welche die Verbände des Schiffskörpers stark beanspruchten. Dies hätte fast zu einer Fehlkonstruktion geführt und zur Erhöhung der Stabilität mußten später Nachbesserungen erfolgen, die ihren Höhepunkt in einer weiteren fünfmonatigen Werftliegezeit zwischen Dezember 1942 und Mai 1943 fanden.

Im Verlaufe des Krieges erhielt die DEVONSHIRE Anfang 1941 zwei achtrohrige 2-Pfünder (4-cm-Pompom) sowie Radar vom Typ 281 und im September desselben Jahres zwei 2-cm-Einzellafetten. Zwischen Januar und März 1942 kamen noch vier weitere 2-cm-Einzellafetten und Radar vom Typ 273 hinzu. Bis Ende 1942 waren die 10,2-cm-Einzellafetten durch vier 10,2-cm-Doppellafetten Mk. XIX ersetzt und die Anzahl der 2-cm-Einzellafetten auf acht erhöht worden. Im Jahr darauf gab das Schiff die 12,7-mm-Fla-MG's und sechs 2-cm-Einzellafetten im Austausch gegen zwei 2-Pfünder-Vierlingslafetten und zwölf 2-cm-Doppellafetten mit elektrischem Antrieb an Land. Im April 1944 setzte sich die Leichte Flak des Kreuzers aus sechs 2-Pfünder-Vierlingslafetten, sieben 2-cm-Doppellafetten mit elektrischem Antrieb und zwölf 2-cm-Einzellafetten zusammen. Turm X und die Flugzeugeinrichtungen befanden sich nicht mehr an Bord. Die Ausstattung mit Radar umfaßte Anlagen vom Typ 281 A, 282, 283 und 285. Nach dem Kriege erfolgte der Umbau des Kreuzers zum Schulschiff und seine Bewaffnung verringerte sich auf zwei 20,3-cm-Geschütze (Turm A) und vier 10,2-cm-Geschütze (2 x 2).

Aus dem Umbau ging die LONDON mit zwei achtrohrigen 2-Pfünder-Lafetten und zwei 12,7-

mm-Fla-Vierlings-MG's hervor, aber gegen Ende 1941 wurden die letzteren gegen acht 2-cm-Einzellafetten ausgetauscht. Außerdem erfolgte die Ausrüstung mit Radar vom Typ 273. Anläßlich der zweiten Umbau-Werftliegezeit zwischen Dezember 1942 und Mai 1943 kamen die Flugzeugeinrichtungen von Bord (aber die Flugzeughalle wurde beibehalten) sowie sieben zusätzliche 2-cm-Einzellafetten an Bord. Bei einer weiteren Werftliegezeit Ende 1943 erhielt der Kreuzer vier 2-cm-Doppellafetten mit elektrischem Antrieb im Austausch gegen drei Einzellafetten. Im April 1944 wurde die Leichte Flak neben den 2-Pfündern mit vier 2-cm-Doppellafetten mit elekrtischem Antrieb und sechzehn 2-cm-Einzellafetten aufgelistet. Zwischen April und Juli 1945 verlor das Schiff acht 2-cm-Einzellafetten gegen vier zusätzliche 2-cm-Doppellafetten und vier 4-cm-Bofors-Fla-Geschütze Mk. III in Einzellafetten.

Anfang 1941 erhielt die SHROPSHIRE zwei achtrohrige 2-Pfünder-Lafetten (4-cm-Pompom) und gegen Ende dieses Jahres waren die 10,2-cm-Einzellafetten durch vier 10,2-cm-Doppellafetten Mk. XIX ersetzt worden. Außerdem hatte sie neben sieben 2-cm-Einzellafetten Radar vom Typ 273, 281, 282 und 285 erhalten. Bis Ende 1942 waren noch drei zusätzliche 2-cm-Einzellafetten an Bord gekommen. Nach einer Werftliegezeit von November 1942 bis zum Juni 1943 wurde die SHROPSHIRE für die Königlich Australische Marine in Dienst gestellt. Zu diesem Zeitpunkt bestand ihre Ausrüstung an Leichter Flak aus zwei achtrohrigen 2-Pfünder-Lafetten, sieben 2-cm-Doppellafetten mit elektrischem Antrieb und vier 2-cm-Einzellafetten. Die Flugzeugeinrichtungen (ausgenommen der Kran), die 12,7-mm-Fla-MG's und vier 2-cm-Einzellafetten waren von Bord gegeben worden. Im April 1944 erhielt der Kreuzer noch zwei zusätzliche 2-cm-Einzellafetten. Anfang 1945 kamen im Austausch gegen sechs 2-cm-Einzel- und fünf 2-cm-Doppellafetten elf 4-cm-Bofors-Fla-Geschütze Mk. III in Einzellafetten sowie auch Radar vom Typ 277 an Bord, während die Torpedorohrsätze und die Wasserbomben-Abwurfvorrichtungen ebenfalls entfernt wurden. Die Ausrüstung mit 4-cm-Bofors-Fla-Geschützen hatte sich im Mai 1945 auf 15 Einzellafetten erhöht: sieben auf dem Aufbaudeck, sechs an Oberdeck und je eine auf den Decken der Türme B und X. Doch im Februar 1946 verringerte sich diese Bewaffnung auf neun 4-cm-Bofors-Fla-Geschütze: vier Mk. III A auf Deckshöhe von Turm B, zwei Mk. VII auf dem 10,2-cm-Geschützdeck, eine Mk. III P achteraus des Schornsteins und zwei Mk. III A an Oberdeck achtern.

SUSSEX wurde 1940 mit zwei UP-Lafetten ausgerüstet. Diese und die 12,7-mm-Fla-MG's kamen während des Werftaufenthaltes vom Herbst 1940 bis August 1942 zur Ausbesserung des Schiffes von Bord. Gleichzeitig wurden die 10,2-cm-Einzellafetten durch vier 10,2-cm-Doppellafetten Mk. XIX ersetzt und zwei achtrohrige 2-Pfünder-Lafetten (4-cm-Pompom) sowie zehn 2-cm-Einzellafetten vervollständigten die Flakbewaffnung. Ferner erfolgte eine Ausrüstung mit Radar vom Typ 273, 281, 282 und 285. Im Dezember 1943 wurden die Flugzeugeinrichtungen an Land gegeben. Zu diesem Zeitpunkt befanden sich an 2-cm-Einzellafetten 22 Rohre an Bord. Während der im Juni 1944 begonnenen Großen Werftliegezeit verlor der Kreuzer den Turm X, die Torpedorohrsätze und fünfzehn 2-cm-Einzellafetten im Austausch gegen vier achtrohrige 2-Pfünder-Lafetten und vier 2-cm-Doppellafetten mit elektrischem Antrieb. Auch seine Radarausrüstung wurde auf den neuesten Stand gebracht.

Werdegang: Wie ihre Schwesterschiffe stieß die DEVONSHIRE nach ihrer Indienststellung zum 1. Kreuzergeschwader bei der Mittelmeerflotte und verblieb dort bis 1939, unterbrochen 1932/33 durch eine kurzzeitige Detachierung zur China-Station. Bei Kriegsausbruch gehörte sie zur *Home Fleet* und nahm ab April 1940 am Norwegen-Feldzug teil. Anfang Juni brachte der Kreuzer den norwegischen König von Tromsø nach Großbritannien. Ab August 1940 gehörte die DEVONSHIRE zum Kampfverband für den britisch-freifranzösischen Angriff auf Dakar am 23. September (Operation »Menace«). Im Zuge dieses erfolglosen Angriffs beschoß sie Schiffe und Küstenbatterien im und um den Hafen. Nach dem Abbruch dieses Unternehmens nahm der Kreuzer im Oktober/November an Operationen gegen vichy-französische Territorien an der Küste Äquatorialafrikas teil: Landung in Duala/Kamerun und Blockade von Gabun. Im Januar 1941 beteiligte sich die DEVONSHIRE erfolglos an der Jagd auf den deutschen Hilfskreuzer KORMORAN/*Schiff 41* im Südatlantik.[128] Anschließend kehrte sie zur Werftliegezeit von Februar bis Mai 1941 in heimische Gewässer zurück. Danach stieß der Kreuzer zur

Oben: DEVONSHIRE. (WSS)

Unten: Die SUSSEX vor dem Kriege. (Sammlung des Autors)

Home Fleet und operierte bis September in arktischen Gewässern vor Nordnorwegen und Nordrußland.

Im Herbst 1941 verlegte die DEVONSHIRE zur *Eastern Fleet* in den Indischen Ozean und führte die Kampfgruppe, die am 2. November 1941 ostwärts des Kaps der Guten Hoffnung einen aus fünf Schiffen bestehenden vichy-französischen Geleitzug aufbrachte, der von Madagaskar kam. Ein weiterer Erfolg des Kreuzers war das Abfangen des deutschen Hilfskreuzers ATLANTIS/*Schiff 16* am 22. November 1941 nördlich der Insel Ascension im Südatlantik, wobei sich das deutsche Schiff selbstversenkte.[129] Von Januar bis März 1942 absolvierte die DEVONSHIRE eine Werftliegezeit in Norfolk/Virginia und kehrte im Anschluß daran wieder in den Indischen Ozean zurück. Anfang Mai 1942 war sie an der britischen Landung bei Diego Suarez (Operation »Ironclad«) zur Besetzung Madagaskars beteiligt. Bis zum Frühjahr 1943 verblieb der Kreuzer bei der *Eastern Fleet* und gehörte im Februar zur Sicherung des ANZAC-Truppentransport-Geleitzuges »Pamphlet« (30 000 Mann der 9. Australischen Division) von Suez nach Sydney und Melbourne, um im Anschluß daran zu einer Großen Werftliegezeit von Mai 1943 bis März 1944 in heimische Gewässer zurückzukehren. Für den Rest des Krieges gehörte der Kreuzer zur *Home Fleet* und war bis Kriegsende zur Deckung der Trägervorstöße (u.a. bei den Angriffen auf die TIRPITZ) gegen die norwegische Küste eingesetzt. Nach dem Kriege erfuhr die DEVONSHIRE 1947 einen Umbau zum Schulschiff, eine Aufgabe, der sie bis zu ihrer Außerdienststellung diente. Am 16.

Unten: Die LONDON nach dem Umbau.
(Admiralität über G. Ransome)

Juni 1954 zum Verschrotten verkauft, traf das Schiff am 12. Dezember desselben Jahres bei der Abbruchwerft Cashmore's in Newport ein.

Die LONDON verblieb nach ihrer Indienststellung beim 1. Kreuzergeschwader im Mittelmeer, bis sie im März 1939 zum Umbau in die Werft ging. Im Februar 1941 wieder in Dienst gestellt, war sie im Mai an der Jagd auf die BISMARCK im Atlantik sowie nach der Versenkung des deutschen Flottenflaggschiffes am Aufrollen des atlantischen Versorgungssystems beteiligt. Am 4. Juni brachte die LONDON zusammen mit dem Zerstörer BRILLIANT in der Freetown-Natal-Enge den Begleittanker ESSO HAMBURG (ex-am. ESSO COLON, 9848 BRT) und einen Tag später den Begleittanker EGERLAND (ex-am. NORTH AMERICA, 9789 BRT) auf und versenkte sie. Das gleiche Schicksal erlitt am 21. Juni das für den Hilfskreuzer ATLANTIS ausgelaufene Etappenschiff BABITONGA (4453 BRT) im Südatlantik.[130] Bald war es jedoch offensichtlich, daß die durch den Umbau verursachte Gewichtssteigerung die Festigkeit des Schiffskörpers überbeanspruchte; denn die im Atlantik durchgeführten Operationen richteten erhebliche Schäden an. Infolgedessen mußte der Kreuzer von Oktober 1941 bis zum Januar 1942 erneut zu ihrer Behebung in die Werft, nachdem er Ende September 1941 überraschenderweise noch eine britisch-amerikanische Regierungsdelegation unter Führung von Lord Beaverbrook und dem Präsidentenberater Averell Harriman von Scapa Flow nach Archangelsk gebracht und auf dem Rückmarsch den Geleitzug QP 1 gesichert hatte. Von April bis November 1942 kam die LONDON unverständlicherweise in den rauhen arktischen Gewässern bei der Sicherung von Rußland-Geleitzügen zum Einsatz, der zu weiteren Festigkeitsproblemen und Schäden führte, so daß der

Kreuzer von Dezember 1942 bis Mai 1943 zu ihrer Behebung erneut in die Werft mußte. Nach seiner Wiederindienststellung verlegte das Schiff zur *Eastern Fleet*, in derem Verband sie bis Anfang September 1945 (Besetzung von Sumatra) operierte. Im Juni 1949 lief die LONDON aus Hongkong aus und wurde nach ihrem Eintreffen in heimischen Gewässern in Falmouth aufgelegt. Am 3. Januar 1950 übernahm die BISCO das Schiff zum Verschrotten. Es traf am 25. Januar 1950 auf der Abbruchwerft T.W. Ward in Barrow-in-Furness ein.

Die SUSSEX verließ 1934 das Mittelmeer und verlegte nach Australien. Dort verblieb sie bis 1936 und kehrte danach ins Mittelmeer zurück. Auf der Suche nach der ADMIRAL GRAF SPEE bildete sie im Oktober 1939 zusammen mit dem Schweren Kreuzer SHROPSHIRE die Jagdgruppe H (*Force H*) im Südatlantik. Immer noch auf der Suche nach dem deutschen Panzerschiff brachte die SUSSEX am 2. Dezember vor Südafrika den deutschen Blockadebrecher WATUSSI (9552 BRT) auf, der sich selbstversenkte. Im Anschluß daran stieß die SUSSEX zum 1. Kreuzergeschwader bei der *Home Fleet* und nahm ab April 1940 am Norwegen-Feldzug teil. Danach absolvierte der Kreuzer eine Werftliegezeit in Glasgow. In der Nacht vom 17./18. September 1940 erhielt er bei einem deutschen Luftangriff Bombentreffer, die schwere Brände verursachten. Das Achterschiff brannte vollständig aus und der Kreuzer sank mit schwerer Schlagseite langsam auf Grund.

Die Bergungs- und Ausbesserungsarbeiten währten sehr lange und erst im August 1942 konnte die SUSSEX wieder in Dienst gestellt werden. Anschließend operierte sie im Mittelatlantik. Am 20. Februar 1943 brachte der Kreuzer auf der Suche nach deutschen Blockadebrechern den

Prisentanker HOHENFRIEDBERG (ex-HERBORG, 7892 BRT) 500 sm südwestlich von Kap Finisterre auf, nachdem den Tanker eine »Liberator« der USAAF gesichtet hatte, und versenkte ihn. Von den drei den Tanker sichernden U-Booten griff *U 264* (ObltzS. Looks) die SUSSEX erfolglos mit einem Fächer aus vier Torpedos an. Im Januar 1944 stieß der Kreuzer im Verband des 1. Schlachtgeschwaders als Verstärkung zur *Eastern Fleet* im Indischen Ozean. Nach dem Kriegsende mit Japan deckte die SUSSEX Operationen zur Wiederinbesitznahme Niederländisch-Ostindiens, ehe in heimische Gewässer zurückkehrte. 1949 außer Dienst gestellt, übernahm die BISCO am 3. Januar 1950 das Schiff. Es traf am 23. Februar 1950 auf der Abbruchwerft von Arnott Young in Dalmuir zum Verschrotten ein.

Bis zum Kriegsausbruch gehörte die SHROPSHIRE zur Mittelmeerflotte. Hier nahm sie an Operationen während des Abessinien-Krieges (1935/36)[131] und des Spanischen Bürgerkrieges teil. Bei letzterem spielte sie im August und September 1936 eine führende Rolle bei der Evakuierung von Flüchtlingen aus Barçelona. Im September 1939 wurde der Kreuzer zu Handelsschutzaufgaben in den Südatlantik entsandt und gehörte ab Oktober zur *Force H* (siehe oben SUSSEX). Am 9. Dezember 1939 brachte die SHROPSHIRE auf dem Schiffahrtsweg Kapstadt-St. Helena den deutschen Dampfer ADOLF LEONHARDT (2990 BRT) auf, der sich selbstversenkte. Ihr Einsatz im Südatlantik endete im Juni 1940, nachdem sie noch an der Sicherung des australischen Truppentransport-Geleitzuges US 3 nach Großbritannien beteiligt gewesen war. Nach der im Anschluß daran durchgeführten Werftliegezeit verlegte die SHROPSHIRE in den Indischen Ozean und übernahm Geleitsicherungsaufgaben zwischen Kapstadt-Durban-Mombassa und Aden. Im Februar 1941 nahm sie am Feldzug gegen Italienisch-Somaliland teil und beschoß während des Vormarsches der südafrikanischen Truppen aus Kenia nach Abessinien Mogadishu und Kismayu. Am 13. Februar versenkte der Kreuzer vor Mogadishu den italienischen Dampfer PENSILVANIA (6861 BRT). Danach verblieb das Schiff im Südatlantik und absolvierte von März bis Juni 1941 eine Werftliegezeit in Simonstown. Im Oktober 1941 kehrte die SHROPSHIRE zu einer Großen Werftliegezeit auf der Marinewerft Chatham in heimische Gewässer zurück. Nach deren Beendigung im Februar 1942 verlegte der Kreuzer erneut in den Südatlantik. Am 8. September 1942 verkündete die britische Admiralität seine Übergabe an die Königlich Australische Marine als Ersatz für HMAS CANBERRA. Die SHROPSHIRE wurde aus dem Südatlantik zurückgerufen und im Dezember 1942 auf der Marinewerft Chatham außer Dienst gestellt. Die sich anschließende Werftliegezeit diente der Überholung für den Einsatz bei der australischen Marine.

Hinsichtlich des weiteren Werdegangs der SHROPSHIRE siehe oben im Kapitel »Australien« (Seite 21).

NORFOLK-Klasse – »County«-Klasse

Name	Bauwerft	Kiellegung	Stapellauf	Fertigstellung	Schicksal
DORSETSHIRE	Marinewerft Portsmouth	21. Sept. 1927	29. Jan. 1929	30. Sept. 1930	gesunken: 5. April 1942
NORFOLK	Fairfield, Govan/Glasgow	8. Juli 1927	12. Dez. 1928	30. Juni 1930	verschrottet in Newport: 1950

Typ: Schwerer Kreuzer.
Standardverdrängung: DORSETSHIRE: 9975 ts (10 134 t), NORFOLK: 9925 ts (10 084 t).
Einsatzverdrängung: DORSETSHIRE: 14 600 ts (14 834 t), NORFOLK: 13 425 ts (13 640 t).
Länge: DORSETSHIRE: 192,86 m (über alles), 181,36 m (zwischen den Loten); NORFOLK: 192,02 m (über alles), 179,83 m (zwischen den Loten).
Breite: 20,12 m.
Tiefgang: 5,18 m (mittlerer).
Antriebsanlage: 4 Satz Parsons-Getriebeturbinen, 8 Admiralty-Kessel vom Drei-Trommel-Typ, 4 Wellen.
Antriebsleistung: 80 000 WPS für 32,25 kn.
Bunkerinhalt: 3200 ts Heizöl maximal.
Fahrtstrecke: 12 500 sm bei 12 kn.
Panzerschutz: wie die LONDON-Klasse, kleinere Abweichungen ausgenommen.
Geschütze: wie die KENT-Klasse.
Torpedorohre: wie die KENT-Klasse.
Seeminen: keine.
Bordflugzeuge: eines, ein Katapult.
Besatzungsstärke: 784 (819 max.) Offiziere und Mannschaften.

Entwurf: Das Bauprogramm 1926 umfaßte drei Schwere Kreuzer, wobei einer von einem kleineren Entwurf war (siehe unten YORK-Klasse). Die beiden anderen sollten eine Wiederholung der LONDON-Klasse sein. Ihr Entwurf sah jedoch eine Ausrüstung mit dem neuen 20,3-cm-Doppelturm Mk. II zur Gewichtseinsparung unter gleichzeitiger

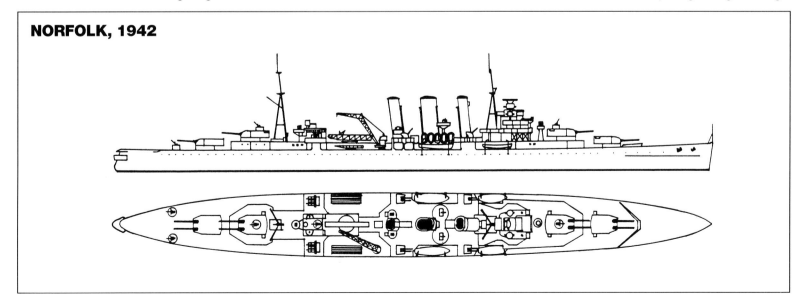
NORFOLK, 1942

Oben: Die NORFOLK im November 1937. Sie führt den Anstrich der Chinastation. (Perkins)

Verstärkung des Panzerschutzes bei den Munitionskammern vor. Das mit dem Doppelturm Mk. II eingesparte Gewicht sollte zur Verstärkung der Panzerung bei den Granatkammern dienen, aber der neue Turm hatte tatsächlich ein beträchtlich höheres Gewicht als der Mk. I, so daß die Einsparungen an anderer Stelle erfolgen mußten. Die Granatkammern erhielten einen 102 mm dicken Seitenschutz und Decken von 76 mm Dicke. Nach dem offiziellen Entwurf vom Oktober 1926 betrug das Gesamtgewicht der Panzerung und der Panzerplatten 1060 ts im Vergleich zu den 960 ts bei der LONDON-Klasse. Ansonsten gab es zwischen den Einheiten dieser Klasse und ihren Vorgängern kaum Unterschiede. Von den beiden Schiffen ging der Auftrag für eines an die Königliche Marinewerft Portsmouth. Für diesen Kreuzer lieferte die Antriebsanlage die Werft Cammell, Laird & Co. Ltd. in Birkenhead/Liverpool. Ferner hatte die Absicht bestanden, in den folgenden Jahren weitere Einheiten in Auftrag zu geben, aber die in das Bauprogramm 1927/28 eingestellten Kreuzer der Kategorie A sollten nach einem Entwurf mit verbessertem Panzerschutz im Vergleich zur DORSETSHIRE gebaut werden. Hinsichtlich dieses Entwurfes und des damit verbundenen Panzerschutzschemas ergaben sich beträchtliche Diskussionen, die jedoch außerhalb dieser Darstellung liegen. Hier soll die Feststellung genügen, daß im Februar 1929 die Billigung für die Inauftraggabe für zwei Einheiten eines neuen Entwurfs erging. Dieser Entwurf sah einen Seitenpanzer von maximal 140 mm Dicke sowie einen Horizontalschutz von 57 mm mit 146 mm Seitenschutz und 86 mm für die Munitionskammern vor. Die Vergabe der Bauaufträge erfolgte am 15. Mai 1929 an die Königlichen Marinewerften Portsmouth und Devonport und für die beiden Kreuzer waren die Namen NORTHUMBERLAND und SURREY vorgesehen. Bedauerlicherweise führte die Bildung eines Labour-Kabinetts 1929 zur Aussetzung der Bauaufträge am 23. August 1929, noch ehe die Kiele für die beiden Schiffe gestreckt waren. Am 14. Januar 1930 kam es als Sparmaßnahme der Regierung und als Geste der Abrüstung für die Londoner Flottenkonferenz in diesem Jahr zur Annullierung der beiden Bauaufträge.

Modifizierungen: Beide Kreuzer erhielten 1931 ein Katapult und einen Fla-Leitstand auf der Decke des Achteren Artillerieleitstandes sowie 1933 zusätzlich zwei 12,7-mm-Fla-Vierlings-MG's auf Plattformen direkt vor dem zweiten Schornstein. Im Verlaufe der Werftliegezeiten 1936/37 wurde die Flakbewaffnung modernisiert. Die 10,2-cm-Einzellafetten wurden durch 10,2-cm-Doppellafetten Mk. XIX ersetzt und beiderseits des Achteren Artillerieleitstandes kamen zwei achtrohrige 2-Pfünder-Lafetten (4-cm-Pompom) hinzu. Ferner wurde das Katapult gegen ein neueres Modell ausgetauscht und zusätzlich zur Vergrößerung des Brückenaufbaus erfolgte der Einbau eines zweiten Fla-Leitstandes.

Vor ihrem Verlust erhielt die DORSETSHIRE lediglich neun 2-cm-Fla-Geschütze in Einzelafetten. Andererseits bekam die NORFOLK zu Beginn des Sommers 1940 zwei UP-Lafetten, die während der Werftliegezeit vom Juli bis September 1941 wieder entfernt wurden. Zu diesem Zeitpunkt verlor der Kreuzer auch im Austausch gegen sechs 2-cm-Fla-Geschütze in Einzellafetten seine 12,7-mm- Vierlings-MG's. Außerdem erfolgte die Ausrüstung mit Radar vom Typ 273, 281, 284 und 285. Im Oktober 1942 gelangten neben dem Austauschen des Radars vom Typ 273 gegen ein solches vom Typ 273 Q auch weitere drei 2-cm-Einzellafetten zum Einbau. 1943 wurden die Flugzeugeinrichtungen entfernt und die Leichte Flak wurde um neun zusätzliche 2-cm-Einzellafetten verstärkt. Im April 1944 befanden sich jedoch nur noch fünfzehn 2-cm-Lafetten an Bord. Während der Großen Werftliegezeit 1944 wurden der Turm X, die beiden achtrohrigen 2-Pfünder-Lafetten, zwei 2-cm-Einzellafetten und ein Teil der Radarausrüstung an Land gegeben und durch elf 2-cm-Doppellafetten mit elektrischem Antrieb sowie sechs 2-Pfünder-Vierlingsflaks (4-cm-Pompom) ersetzt. Die Anzahl der 2-cm-Einzellafetten verringerte sich schließlich auf zehn. Gleichzeitig erfolgte eine Modernisierung der Radarausrüstung. Letztlich ersetzten im September 1945 zehn 4-cm-Bofors-Fla-Geschütze in Einzellafetten alle noch vorhandenen 2-cm-Einzellafetten.

Werdegang: Nach ihrer Indienststellung gehörte die DORSETSHIRE bis 1933 zur Atlantikflotte und zur *Home Fleet*, ehe sie von 1933 bis 1935 auf der Afrikanischen Station Verwendung fand. Nach der Werftliegezeit 1936/37 stieß das Schiff zum 5. Kreuzergeschwader auf der China-Station und verblieb dort bis zum Ausbruch des Krieges. Nach dem Auftauchen der deutschen Handelsstörer auf den Ozeanen wurde die DORSETSHIRE nach Ceylon entsandt, um zusammen mit dem Flugzeugträger EAGLE und dem Schweren Kreuzer CORNWALL die *Force I* zu bilden, eine der Jagdgruppen für die Suche nach der ADMIRAL GRAF SPEE. Diese Suche erstreckte sich bis in den

Rechts: Die DORSETSHIRE am 9. August 1941 in Scapa Flow. Links im Bild der Schwere Kreuzer BERWICK, in der Mitte im Hintergrund ein Flakkreuzer der DIDO-Klasse und rechts im Bild der Flugzeugträger FURIOUS. (IWM)

Dezember 1939 hinein. Dann erhielt der Kreuzer den Befehl, zusammen mit dem Schweren Kreuzer SHROPSHIRE vom Kap der Guten Hoffnung aus die La-Plata-Mündung als Verstärkung anzulaufen, um ein Ausbrechen des deutschen Panzerschiffes zu verhindern. Beim Eintreffen der DORSETSHIRE am 19. Dezember hatte sich das Panzerschiff allerdings schon selbstversenkt. Danach fand sie im Südatlantik bei Handelsschutzaufgaben Verwendung und führte auch Patrouillen zur Suche nach deutschen Blockadebrechern durch. Mitte Februar 1940 brachte der Kreuzer ostwärts von Kap Frio den aus Rio de Janeiro kommenden deutschen Frachter WAKAMA (3771 BRT) auf, der sich selbstversenkte. Im Sommer 1940 verlegte die DORSETSHIRE in das Seegebiet vor Freetown, um die Bewegungen der französischen Seestreitkräfte vor Dakar zu überwachen. Sie nahm an den Operationen gegen vichy-französische Territorien und Schiffe teil und beschattete unter anderem auch das Schlachtschiff RICHELIEU. Daher war sie auch an dem Versuch beteiligt, dieses Schiff in der Nacht vom 7./8. Juli 1940 zu zerstören bzw. bewegungsunfähig zu machen.[132] Im Anschluß daran kehrte die DORSETSHIRE in den Indischen Ozean zurück und nahm im November 1940 an den Operationen gegen Italienisch-Somaliland teil, wobei sie am 18. November gegnerische Stellungen bei Zante bechoß. Das Auftauchen der ADMIRAL SCHEER im Südatlantik führte zu ihrem Rückruf an die westafrikanische Küste und Anfang Dezember 1940 befand sie sich wieder in Freetown. Von dort aus wurde der Kreuzer auch zur Sicherung der von Sierra Leone nach Großbritannien bestimmten Geleitzüge eingesetzt. Im Mai 1941 gehörte er zur Sicherung des nordgehenden SL 74, von dem er am 26. Mai zur Verfolgung der BISMARCK abgezogen wurde. Höhepunkt war der Angriff mit Artillerie und Torpedos zusammen mit der NORFOLK in den Vormittagsstunden des 27. Mai auf das zum Wrack geschossene deutsche Schlachtschiff.[133] Die DORSETSHIRE blieb bis Ende 1941 zu Handelsschutzaufgaben in Freetown stationiert und gehörte zusammen mit dem Flugzeugträger EAGLE und dem Leichten Kreuzer NEWCASTLE zur *Force F*. Infolge der immer noch bestehenden Gefahr durch deutsche Handelsstörer sicherte sie Geleitzüge gelegentlich bis nach Bombay (Dezember 1941). Durch »Ultra«-Meldungen[134] herangeführt, überraschte die DORSETSHIRE am 1. Dezember westlich von St. Helena das deutsche U-Boot-Versorgungsschiff PYTHON (3664 BRT) bei der Versorgung von zwei U-Booten, wobei sich der U-Bootversorger selbstversenkte. Ein Angriff von *U A* (KKpt. Eckermann) mit einem Fächer aus fünf Torpedos blieb erfolglos.[135] Der Kriegseintritt Japans führte die DORSETSHIRE zurück in den Indischen Ozean und im März 1942 unterzog sie sich einer Werftliegezeit in Colombo, die bei der Annäherung eines japanischen Trägerkampfverbandes gegen Ende dieses Monats abgebrochen wurde. Zur *Force A* gehörend, der schnellen Kampfgruppe der *Eastern Fleet*, erhielt die DORSETSHIRE am 4. April 1942 den Befehl, auslaufend aus Colombo zusammen mit dem Schweren Kreuzer CORNWALL bei den Malediven zur *Eastern Fleet* zu stoßen. Auf dem Wege dorthin wurde der Schwere Kreuzer am 5. April von japanischen Trägerflugzeugen südostwärts dieser Inselgruppe zusammen mit der CORNWALL versenkt (siehe Seite 98)[136]

Auch die NORFOLK gehörte 1930 bis 1932 zur Atlantikflotte und zur *Home Fleet*, um anschließend von 1932 bis 1934 auf der Amerikanischen & Westindischen Station ihren Dienst zu versehen. Von 1935 an befand sie sich auf der Ostindischen Station und kehrte 1939 zu einer Werftliegezeit in die heimischen Gewässer zurück. Bei Kriegsausbruch lag der Kreuzer noch in der Werft. Am 6. September 1939 stieß die NORFOLK zum 18. Kreuzergeschwader bei der *Home Fleet* und wurde zusammen mit dem Schweren Kreuzer SUFFOLK im November zur Überwachung der Dänemarkstraße eingesetzt. Mit der Rückkehr der Schweren Kreuzer BERWICK aus Westindien und DEVONSHIRE aus dem Mittelmeer bildete die NORFOLK zusammen mit der SUFFOLK Anfang Dezember 1939 wieder das 1. Kreuzergeschwader, das mit der *Home Fleet* in den nördlichen Gewässern operierte. In Scapa Flow liegend, griffen am 16. März 1940 Ju 88 des K.G.30 und He 111 des K.G.26 des X. Fliegerkorps die dort anwesenden Einheiten der britischen Flotte an und beschädigten die NORFOLK durch Bombentreffer. Danach ging der Schwere Kreuzer zur Ausbesserung in die Clyde. Im Juni 1940 kehrte das Schiff zur *Home Fleet* zurück. Im Zusammenhang mit dem Auftreten der ADMIRAL SCHEER wurde die NORFOLK im Dezember 1940 zu Handelsschutzaufgaben in den Südatlantik entsandt und operierte von Freetown aus zusammen mit dem Flugzeugträger FORMIDABLE im Verband der *Force K* auf der Suche nach dem deutschen Panzerschiff und von Januar 1941 auch nach dem Hilfskreuzer KORMORAN/*Schiff 41*.

Im Februar gehörte die NORFOLK zur Sicherung eines atlantischen Truppentransport-Geleitzuges, aber im Mai kehrte sie zum Patrouillendienst in isländische Gewässer zurück und überwachte zum Zeitpunkt der BISMARCK-Unternehmung (Unternehmen »Rheinübung«) zusammen mit der SUFFOLK die Dänemark-Straße. Von der ersten Sichtung der deutschen Kampfgruppe am Abend des 23. Mai in der Dänemarkstraße bis zum schließlichen Untergang des deutschen Schlachtschiffes am 27. Mai gegen 10.35 Uhr im Atlantik war die NORFOLK am Geschehen beteiligt. Vom Juli bis September 1941 absolvierte sie eine Werftliegezeit. Im Anschluß daran gehörte der Kreuzer zur *Home Fleet* und war bis zum Frühjahr 1944 in arktischen Gewässern zur Sicherung der Rußland-Geleitzüge eingesetzt. Den Höhepunkt bildete das Seegefecht gegen das deutsche Schlachtschiff SCHARNHORST und dessen Versenkung am 26. Dezember 1943 auf der Höhe des Nordkaps. Hierbei erhielt die NORFOLK zwei Artillerietreffer.[137] Die im April 1944 sich anschließenden Ausbesserungsarbeiten fielen mit einer Großen Werftliegezeit zusammen, so daß der Kreuzer erst im November 1944 wieder in Dienst gestellt werden konnte. Danach kehrte die NORFOLK wieder zur *Home Fleet* zurück und nahm 1945 bis Kriegsende an den Vorstößen gegen die norwegische Küste teil. Am 3. Januar 1950 übernahm die BISCO das Schiff zum Verschrotten. Es traf am 19. Februar bei Cashmore's in Newport zum Abbruch ein.

GROSSBRITANNIEN 105

YORK-Klasse

Name	Bauwerft	Kiellegung	Stapellauf	Fertigstellung	Schicksal
YORK	Palmers, Jarrow-on-Tyne	16. Mai 1927	17. Juli 1928	1. Mai 1930	KTV: 26. März 1941

Typ: Schwerer Kreuzer.
Standardverdrängung: 8250 ts (8382 t).
Einsatzverdrängung: 10 350 ts (10 515 t).
Länge: 175,26 m (über alles), 164,59 m (zwischen den Loten).
Breite: 17,37 m.
Tiefgang: 5,18 m (mittlerer).
Antriebsanlage: 4 Satz Parsons-Getriebeturbinen, 8 Admiralty-Kessel vom Drei-Trommel-Typ, 4 Wellen.
Antriebsleistung: 80 000 WPS für 32,25 kn.
Bunkerinhalt: 1900 ts Heizöl.
Fahrtstrecke: 10 000 sm bei 14 kn.
Panzerschutz: Gürtelpanzer 76 mm (Maschinenräume), Deck 38 mm (Maschinenräume), Munitionskammern 76 mm – 111 mm, Türme 25 mm, Kommandostand 76 mm.
Geschütze: sechs 20,3 cm B.L. L/50 Mk. VIII (3 x 2), vier 10,2 cm S.K. L/45 Mk. V (4 x 1), zwei 2-Pfünder (2 x 1 – 4-cm-Pompom).
Torpedorohre: sechs 53,3 cm (2 x 3).
Seeminen: keine.
Bordflugzeuge: eines, ein Katapult.
Besatzungsstärke: 628 Offiziere und Mannschaften.

Entwurf: Die Kosten für das Bauprogramm der 10 000-ts-Kreuzer der »County«-Klasse und politischer Druck zur Verringerung der Rüstungsausgaben veranlaßten die britische Admiralität, einen Kreuzer der sogenannten »Kategorie B« in Betracht zu ziehen. Von diesem Entwurf erhoffte sie sich, eine brauchbare Anzahl zu bauen, die mit dem »County«-Entwurf offensichtlich nicht fertiggestellt werden könnten. Obwohl die Schwere Artillerie beim neuen Entwurf um zwei Geschütze gegenüber den 10 000-ts-Kreuzern verringert werden sollte, bestand die grundlegende Vorstellung jedoch darin, daß keine weiteren Konzessionen gemacht werden müßten. Tatsächlich wurde die Erwartung gehegt, der Panzerschutz könnte beträchtlich erhöht werden. 1925 wurden verschiedene Vorentwürfe diskutiert und im Dezember desselben Jahres fand einer von ihnen die Billigung. Die Spezifikationen forderten ein Schiff von 8200 ts standard, bewaffnet mit sechs 20,3-cm-Geschützen in Doppeltürmen und ausgerüstet mit einer Zwei-Wellen-Antriebsanlage von 80 000 WPS Leistung für eine Höchstgeschwindigkeit von 32,25 kn. Im Vergleich zur »County«-Klasse umfaßte dieser Entwurf einen Gürtelpanzer von 76 mm Dicke auf Höhe der Maschinenräume, während die Pulver- und Granatkammern einen Seitenschutz von 102 mm und einen Horizontalschutz von 64 mm aufweisen sollten. Ferner lautete der Vorschlag auf zwei Bordflugzeuge mit zwei Katapulten, vom Gewichtsanteil her eine eher unwirtschaftliche Anordnung, da die Unterbringung des einen auf der Decke des Turms B – wodurch ein höherer Brückenaufbau erforderlich sein würde – und des anderen mittschiffs vorgesehen war. Die Schwere Artillerie bestand weiterhin aus dem 20,3-cm-Geschütz B.L. L/50 Mk. VIII in Doppeltürmen Mk. II. Hinsichtlich der Bewaffnung ergab sich als einzige weitere Änderung gegenüber der »County«-Klasse die Verringerung der Torpedowaffe auf zwei Drillingsrohrsätze. Die Dampferzeugungsanlage umfaßte zwei Kesselräume mit je vier Kesseln; achteraus von ihr befanden sich die Turbinenräume.

Mit fortschreitendem Bau erhöhten sich aus mehreren Gründen die Gewichtsanteile, unter anderem durch die Ausstattung mit einem gepanzerten Artillerieleitstand (der eine Verbreiterung des Schiffskörpers nach sich zog), mit einem stärkeren Panzerschutz der Munitionskammerschotte und der Türme, mit einem höheren Brückenaufbau und mit dem Verbinden der Kesselabzugsschächte im bisher zweiten Schornstein (hierdurch Wegfall des ersten). Nichtsdestoweniger ergaben die Gewichtseinsparungen beim Bau schließlich nur eine Steigerung auf 8250 ts standard. Unter dem Bauprogramm von 1926 erging 1927 der Bauauftrag für eine Einheit, die den Namen YORK erhielt.

Modifizierungen: Das Unterbringen des einen Katapultes auf der Decke des Turms B entfiel während des Baues.

Ansonsten wurde der Kreuzer entwurfsgemäß fertiggestellt. Anfang der 30er Jahre wurde die Vorschiffsbeplattung nach achtern bis zu den Torpedorohrsätzen erweitert und achteraus des zweiten Schornsteins wurde ein Katapult fest eingebaut. 1934/35 kamen beiderseits des Brückenaufbaus auf dem Schutzdeck zwei 12,7-mm-Fla-Vierlings-MG's hinzu und 1937/38 wurde das fest eingebaute Katapult durch ein schwenkbares Modell ersetzt. Ursprünglich war das Bordflugzeug vom Typ Fairey III F. Es wurde später gegen den standardmäßigen Typ Supermarine »Walrus« ausgetauscht. Im Kriege erhielt die YORK lediglich zwei zusätzliche 2-cm-Fla-Geschütze in Einzellafetten – davon eine auf der Decke des Turms A – sowie einen Splitterschutz auf dem 10,2-cm-Geschützdeck.

Werdegang: Vor dem Krieg verbrachte die YORK eine Reihe von Jahren beim 8. Kreuzergeschwader auf der Amerikanischen & Westindischen Station, unterbrochen von September 1935 bis Frühjahr 1936 als Folge der Abessinien-Krise. Im Septem-

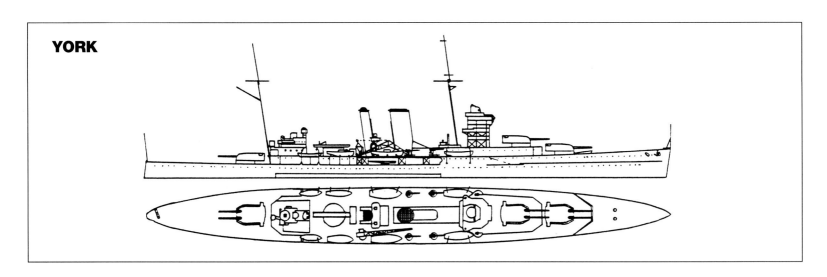

YORK

ber 1939 befand sich der Kreuzer jedoch auf der Amerikanischen Station.

Seine anfänglichen Kriegsaufgaben bestanden in der ozeanischen Sicherung der ersten Atlantik-Geleitzüge aus Halifax/Neuschottland. Im Oktober 1939, als die Jagdgruppen zum Aufspüren deutscher Handelsstörer gebildet wurden, gehörte die YORK zusammen mit der BERWICK zur *Force F* in Halifax. Am 3. März 1940 fing sie den deutschen Dampfer ARUCAS (3359 BRT) in der Dänemarkstraße ab, der sich selbstversenkte. Anfang April stieß der Kreuzer zur *Home Fleet*; er war für den Truppentransport nach Norwegen im Rahmen der Operation »Wilfred« vorgesehen. Ab dem 8. April 1940 nahm die YORK im Verband der *Home Fleet* am Norwegen-Feldzug teil. Im Sommer 1940 verlegte sie ins Mittelmeer zum 3. Kreuzergeschwader, stationiert in Malta und später in Alexandria bei der Mittelmeerflotte. Am 13. Oktober 1940 versenkte der Kreuzer den italienischen Zerstörer ARTIGLIERE, der im Gefecht der italienischen 11. Z-Flottille mit dem Leichten Kreuzer AJAX am Tag zuvor schwere Artillerietreffer erhalten hatte.

Während der restlichen Tage ihres Werdegangs auf diesem Kriegsschauplatz sicherte die YORK Nachschub-Geleitzüge für Malta, führte Truppentransporte nach Griechenland durch und operierte im östlichen Mittelmeer. Am 26. März 1941 setzten die aus Leros kommenden italienischen Zerstörer CRISPI und SELLA vor der Suda-Bucht/Kreta sechs Sprengboote aus. Diese drangen unbemerkt in die Bucht ein und griffen die dort liegenden Schiffe an. Sie versenkten den norwegischen Tanker PERICLES und setzten schließlich auch die YORK außer Gefecht. Der schwer beschädigte Kreuzer mußte in flachem Wasser auf Grund gesetzt werden.

Das zum konstruktiven Totalverlust erklärte Schiff wurde am 22. Mai 1941 bei der Räumung der Insel aufgegeben und das Wrack gesprengt.

Unten: Die YORK im Jahre 1933. (W&L)

Oben: Die YORK im Jahre 1933. (W&L)

EXETER-Klasse

Name	Bauwerft	Kiellegung	Stapellauf	Fertigstellung	Schicksal
EXETER	Marinewerft Devonport	1. Aug. 1928	18. Juli 1929	27. Juli 1931	gesunken: 1. März 1942

Typ: Schwerer Kreuzer.
Standardverdrängung: 8390 ts (8524 t).
Einsatzverdrängung: 10 490 ts (10 658 t).
Länge: 175,26 m (über alles), 164,59 m (zwischen den Loten).
Breite: 17,68 m.
Tiefgang: 5,18 m (mittlerer).
Antriebsanlage: 4 Satz Parsons-Getriebeturbinen, 8 Admiralty-Kessel vom Drei-Trommel-Typ, 4 Wellen.
Antriebsleistung: 80 000 WPS für 32,25 kn.
Bunkerinhalt: 1900 ts Heizöl.
Fahrtstrecke: 10 000 sm bei 14 kn.
Panzerschutz: wie die YORK, ausgenommen Munitionskammern mit 140 mm Decke und 76 mm Seite.
Geschütze: sechs 20,3 cm B.L. L/50 Mk. VIII (3 x 2), vier 10,2 cm S.K. L/45 Mk. V (4 x 1), zwei 2-Pfünder (2 x 1 – 4-cm-Pompom).
Torpedorohre: sechs 53,3 cm (2 x 3).
Seeminen: keine.
Bordflugzeuge: zwei, zwei Katapulte.
Besatzungsstärke: 628 Offiziere und Mannschaften.

Entwurf: Nach der ursprünglichen Planung sollte diese Einheit ein Schwesterschiff der YORK werden. Doch die in den einzelnen Entwurfsstadien vorgenommenen Änderungen führten zu einem abgeänderten Entwurf. Eigentlich hätten in das Bauprogramm 1926 beide Einheiten eingestellt werden sollen, aber unerwartet eingetretene Sparmaßnahmen verschoben das zweite Schiff in das Bauprogramm 1927. Gegenüber der YORK erfuhr das Panzerschutzschema bei den Pulver- und Granatkammern mit 140 mm Horizontal- und 76 mm Seitenschutz eine Verbesserung. Als Folge des erhöhten Gewichtes durch den Einbau des Artillerieleitstandes oberhalb der Brücke mußte der Schiffskörper um 0,3 m verbreitert werden. Die EXETER hatte für den Betrieb von Bordflugzeugen mittschiffs ein fest eingebautes Doppelkatapult erhalten, dessen zwei Schleuderbahnen von der Mittschiffslinie aus querab gerichtet waren. Da der Plan einer Ausrüstung der YORK mit einem Katapult auf der Decke des Turms B letztlich verworfen worden war, besaß die EXETER nicht ihren hohen Brückenaufbau, sondern hatte statt dessen einen stromlinienförmigen Aufbau ohne die vielen Plattformen bekommen. Soweit es die Bewaffnung betraf, bestand die einzige Änderung in der Ausrüstung mit Doppeltürmen Mk. II ohne Luftabwehrfähigkeit, d.h. die Rohrerhöhung betrug nur 50°. Die Antriebsanlage stammte von Parsons.

Modifizierungen: Zwischen den Kriegen erfolgten bei der EXETER dieselben Änderungen wie bei der YORK. Im Gefolge des Werftaufenthaltes zur Ausbesserung der im Seegefecht vor der La-Plata-Mündung erlittenen Schäden wurden die 10,2-cm-Einzellafetten durch 10,2-cm-Doppellafetten Mk. XIX ersetzt. Sie erhielten andere, d.h. räumlich getrenntere Positionen als die Einzellafetten. Ferner kamen noch zwei achtrohrige 2-Pfünder-Lafetten (4-cm-Pompom) sowie Radar vom Typ 279 an Bord. Dreibeinmasten ersetzten die seitherigen Pfahlmasten und hinter dem Vorderen Artillerieleitstand gelangte oberhalb des Brückenaufbaus ein Fla-Leitstand zum Einbau. Die Decken der Türme B und Y bekamen Wannen für 2-cm-Fla-Geschütze in Einzellafetten.

Werdegang: Nach ihrer Indienststellung stieß die EXETER zum 2. Kreuzergeschwader bei der Atlantikflotte und verblieb dort bis 1933. 1934 wurde sie bis 1939 zum 8. Kreuzergeschwader auf der Amerikanischen & Westindischen Station entsandt, unterbrochen 1935/36 durch eine zeitweilige Verwendung im Mittelmeer während der Abessinien-Krise. Bei Kriegsausbruch gehörte die EXETER zur Südamerikanischen Division und bildete im Oktober 1939 zusammen mit dem Schweren Kreuzer CUMBERLAND die *Force G* (Commodore Harwood – zu dieser Kampfgruppe gehörten noch die Leichten Kreuzer AJAX und ACHILLES) vor der Ostküste Südamerikas, als die Jagdgruppen zum Aufspüren deutscher Handelsstörer gebildet wur-

Oben: Die EXETER nach der Fertigstellung. (Abrahams)

Unten: Die EXETER im Mai 1941. (IWM)

den. Während die CUMBERLAND die Falkland-Inseln schützte, spielte die EXETER im Seegefecht vor dem Rio de la Plata am 13. Dezember 1939 gegen das deutsche Panzerschiff ADMIRAL GRAF SPEE eine wichtige Rolle. Hierbei erlitt die EXETER schwere Beschädigungen und mußte sich zur Notreparatur nach Port Stanley/Falkland-Inseln zurückziehen. Im Januar 1941 kehrte der Kreuzer in heimische Gewässer zurück und ging zur vollständigen Ausbesserung in die Marinewerft Devonport. Der Werftaufenthalt dauerte bis zum 10. März 1941 und danach gehörte die EXETER zur Sicherung atlantischer Geleitzüge. Mit dem Kriegseintritt Japans verlegte sie nach Ostindien.

Anfang 1942 wurde zur Abwehr einer japanischen Invasion in Niederländisch-Ostindien das ABDA-Kommando gebildet und die EXETER nahm im Rahmen des alliierten Kampfverbandes, der *Allied Striking Force*, an den Abwehrkämpfen teil. Als die Japaner Ende Februar 1942 Java angriffen, stieß die EXETER am 25. Februar als Verstärkung zur *Eastern Force* des alliierten Kampfverbandes unter Führung von KAdm. Doorman und nahm am 27. Februar an der Seeschlacht in der Java-See teil. Im Verlaufe dieser Schlacht erhielt die EXETER einen schweren Artillerietreffer in einen Kesselraum, der sie zwang, sich nach Soerabaya/Java (heute Surabaya) zurückzuziehen. Am Nachmittag des 28. Februar unternahm die EXETER, gesichert von zwei Zerstörern, den Versuch, durch die Sunda-Straße nach Tjilatjap/Sumatra zu gelangen. Hierbei wurde der Kreuzer von den japanischen Schweren Kreuzern HAGURO und NACHI abgefangen und durch Artillerie sowie durch einen Torpedo des Zerstörers INAZUMA schwer beschädigt, ehe er sich in den Morgenstunden des 1. März vor den Bawean-Inseln selbstversenkte.

Links: Die EXETER im Mai 1941. Beachte die Änderungen. (IWM)

LEANDER-Klasse

Name	Bauwerft	Kiellegung	Stapellauf	Fertigstellung	Schicksal
LEANDER	Marinewerft Devonport	8. Sept. 1930	24. Sept. 1931	23. März 1933	verschrottet in Blyth: 1950
NEPTUNE	Marinewerft Portsmouth	24. Sept. 1931	31. Jan. 1933	12. Febr. 1934	gesunken: 19. Dez. 1941
ORION	Marinewerft Devonport	26. Sept. 1931	24. Nov. 1932	16. Jan. 1934	verschrottet in Troon: 1949
ACHILLES	Cammell, Laird & Co., Birkenhead	11. Juni 1931	1. Sept. 1932	10. Okt. 1933	Übergabe an Indien: 1948
AJAX	Vickers-Armstrong, Barrow-in Furness	7. Febr. 1933	1. März 1934	3. Juni 1935	verschrottet in Newport: 1949

Typ: Leichter Kreuzer.
Standardverdrängung: 6985 – 7270 ts * (7097 – 7386 t).
Einsatzverdrängung: 9000 – 9280 ts (9144 – 9428 t).
Länge: 169,01 m (über alles); 161,5 m, AJAX: 159,1 m (zwischen den Loten).
Breite: 16,81 m AJAX: 16,97 m.
Tiefgang: 4,88 m, AJAX: 4,72 m (mittlerer).
Antriebsanlage: 4 Satz Parsons-Getriebeturbinen, 4 Admiralty-Kessel vom Drei-Trommel-Typ, 4 Wellen.
Antriebsleistung: 72 000 WPS für 32,5 kn.
Bunkerinhalt: 1800 ts Heizöl maximal.
Fahrtstrecke: 5730 sm bei 13 kn.
Panzerschutz: Seitenpanzer 76 mm (Maschinenräume) – 89 mm (Munitionskammern), Deck 25 mm (Munitionskammern 51 mm), Türme 25 mm.
Geschütze: acht 15,2 cm B.L. L/50 Mk.XXIII (4 x 2), vier 10,2 cm S.K. L/45 Mk. V (4 x 1), zwölf 12,7-mm-Fla-MG's (3 x 4).
Torpedorohre: acht 53,3 cm (2 x 4).
Seeminen: keine.
Bordflugzeuge: eines, ein Katapult.
Besatzungsstärke: 570 Offiziere und Mannschaften.

* LEANDER: 7270 ts (7386 t), NEPTUNE: 7175 ts (7290 t), ORION: 7215 ts (7330 t), ACHILLES: 7030 ts (7142 t) und AJAX: 6985 ts (7097 t).

Entwurf: Die Entstehung dieser Klasse kann bis zur Konferenz über das Geschützkaliber 15,2 cm für Kreuzer im Januar 1929 zurückverfolgt werden. Dies führte zur Diskussion mehrerer Entwürfe für einen Leichten Kreuzer (obwohl dieser Begriff noch nicht allgemein in Gebrauch war), bewaffnet mit 15,2-cm- oder 14-cm-Geschützen, der mit der Flotte operieren sollte. Wie gewöhnlich erfüllte keiner der verschiedenartigen Entwürfe alle Forderungen vollständig und Kompromisse mußten geschlossen werden. Hinsichtlich der Hauptbewaffnung fiel sehr bald die Entscheidung für acht 15,2-cm-Geschütze, nachdem das Kaliber 14 cm aus der Diskussion war, sowie für die Einführung des Doppelturms als Ergebnis der gelungenen Erprobung auf dem Leichten Kreuzer ENTERPRISE (siehe oben Seite 93). Das Panzerschutzschema sah einen Seitenschutz der Maschinenräume und Munitionskammern in verschiedener Dicke bis zu 76 mm und 89 mm (letztere) vor. Die Seitenpanzerung sollte von 15,2-cm-Granaten aus einer Schußentfernung von über 9100 m und der Horizontalschutz der Munitionskammern aus einer solchen unter 14 600 m nicht durchschlagen werden. Dies erforderte einen Seitenschutz aus 76 mm und einen Horizontalschutz aus 51 mm dickem Nickel-Chrom-Panzerstahl. Die Hauptbewaffnung sollte zur Luftabwehr die Fähigkeit haben, Zonenfeuer (d.h.Sperrfeuer) zu schießen. Hieraus ergab sich auch die Forderung nach einem Fla-Leitstand.

Wie üblich erfuhr die Standardverdrängung mit dem Fortschreiten der Entwurfsarbeiten eine Steigerung, so daß bis zum Juni 1931 die offizielle Wasserverdrängung von 6410 ts auf 7154 ts standard gestiegen war. Auch die Länge und die Breite sowie die Konstruktionsleistung der Antriebsanlage hatten zugenommen. Außerdem erfuhr die Bewaffnung durch die Ausrüstung mit einem Katapult und durch die Schaffung der Möglichkeit,

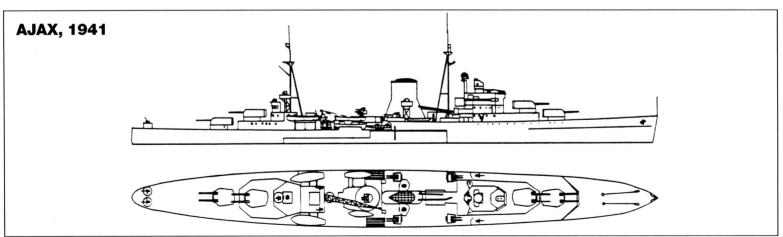

AJAX, 1941

zwei Bordflugzeuge unterzubringen, eine Verbesserung; denn es bestand die Auffassung, daß diese Schiffe durchaus eine lange Zeitspanne allein auf den Handelsrouten operieren könnten. Es ergab sich jedoch keine Möglichkeit zur Ausrüstung mit einer Flugzeughalle.

Die Hauptbewaffnung bestand aus dem 15,2-cm-Geschütz B.L. L/50 Mk. XXIII im Doppelturm Mk. XXI mit einer Rohrerhöhung bis zu 60°. Es verschoß eine 50,8 kg schwere Granate auf eine maximale Schußentfernung von 23 300 m. Als Folge der Kostenbeschneidung während der Bauzeit wurden die vorgesehenen beiden Artillerieleitstände – einer vorn und einer achtern – auf lediglich einen – den Vorderen Artillerieleitstand – verringert. Hiermit entfiel die Fähigkeit zur Feuerleitung bei einer gleichzeitigen Bekämpfung von zwei Zielen.

Die Schwere Flak bestand standardgemäß aus vier 10,2-cm-Fla-Geschützen S.K. L/45 Mk. V in Einzellafetten mit einem Fla-Leitstand oberhalb der Brücke. Die Leichte Flak bildeten zwölf 12,7-mm-Fla-MG's in drei Vierlingslafetten mit der dritten auf der Position des fehlenden Achteren Artillerieleitstandes auf dem achteren Stand. Auf dem Mitteldeck befanden sich an Backbord und an Steuerbord jeweils ein Vierlings-Torpedorohrsatz.

Zu den Flugzeugeinrichtungen gehörten ein Katapult sowie die Möglichkeit, sowohl die Fairey III F als auch die neuere und leichtere Hawker »Osprey« einzusetzen. Es bestand jedoch die Auffassung, daß die erstere für die Verwendung von kleineren Kreuzern aus ungeeignet wäre, und so gelangte nur die letztere zum Bordeinsatz.

Das Panzerschutzschema umfaßte eine 76 mm dicke Seitenpanzerung auf der Höhe der Kessel- und Turbinenräume sowie ein 32 mm dickes Panzerdeck über diesen Räumen. Die Munitionskammern wiesen einen Seitenschutz von 89 mm und einen Horizontalschutz von 51 mm auf. Die Turmdecken hatten nur eine Panzerung von 25 mm Dicke. Der Gewichtsanteil der Panzerung betrug etwa 11,7 % der offiziellen Standardverdrängung.

Die Antriebsanlage war in zwei Kessel- und zwei Turbinenräume aufgeteilt. Alle Kesselabzüge wurden in einem einzigen großen, stromlinienförmigen Schornstein zusammengeführt. Der Betriebsdruck der Kessel war bei dieser Klasse geringfügig auf 20,4 atü gestiegen. Wie gewöhnlich stammten die Antriebsanlagen für die drei auf Königlichen Marinewerften gebauten Einheiten von Privatfirmen: für die LEANDER und die ORION von Vickers-Armstrong Ltd. in Walker-on-Tyne/Newcastle und für die NEPTUNE von Parsons Marine Steam Turbine Co. in Wallsend-on-Tyne.

Für eine Einheit, die LEANDER, erging der Bauftrag unter dem Bauprogramm 1929, für drei Einheiten unter dem Bauprogramm 1930 und für eine weitere Einheit, die AJAX, unter dem von 1931. Die letztere hatte zur Verbesserung der Stabilität eine geringfügig größere Schiffsbreite und auch einen etwas größeren Tiefgang erhalten, um zusätzliches Gewicht an Ausrüstung auszugleichen. Über eine vereinzelte Anwendung hinausgehend, war bei diesen Schiffen zur Gewichtseinsparung zum erstenmal die Schweißtechnik in größerem Umfang eingesetzt worden.

Unten: Die ACHILLES im Februar 1939. Sie führt über den Türmen B und X noch die Bänder mit den Nationalfarben vom Spanien-Einsatz. (W&L)

Oben: Die ACHILLES im Juni 1944. Zu erkennen sind die kriegsbedingten Änderungen. (IWM)

Modifizierungen: Infolge der ständigen Nässe bestand eine der ersten Modifizierungen in der Ausdehnung der Seitenbeplattung mit innen überlappenden Gängen bis auf die Höhe des zweiten 10,2-cm-Geschützes. Vor dem Kriege beschränkten sich weitere Veränderungen auf das Ersetzen der 10,2-cm-Einzellafetten zwischen 1936 und 1938 durch 10,2-cm-Fla-Doppellafetten Mk. XIX, ausgenommen die ACHILLES. 1936/37 wurden die ACHILLES und die LEANDER an die Königlich Neuseeländische Marine übergeben, umgerüstet für den Flugbetrieb mit der größeren Supermarine »Walrus«, die für den Einsatz in pazifischen Gewässern besser geeignet war.[138] Die übrigen Einheiten behielten das leichtere Seeflugzeug bei, allerdings von 1937 an umgerüstet auf die weniger zufriedenstellende Fairey »Seafox«. Im Verlaufe der Werftliegezeit 1936/37 erhielt die LEANDER ihren Achteren Artillerieleitstand. Gleichzeitig wurde ihr Flugzeugkran auf die Mittschiffslinie umgesetzt.

Während des Krieges ergaben sich – wie bei allen anderen Kreuzern auch – raschere und umfangreichere Veränderungen. Im Juni 1941 gab die LEANDER das Katapult mitsamt dem Bordflugzeug an Land und erhielt auf dieser Position eine 2-Pfünder-Vierlingsflak (4-cm-Pompom). Im Herbst desselben Jahres wurde diese Umrüstung wieder rückgängig gemacht und gleichzeitig kamen fünf 2-cm-Fla-Geschütze in Einzellafetten zusätzlich an Bord. Mitte 1942 erhielten die Artillerieleitstände Feuerleitradar vom Typ 284 sowie das kombinierte See- und Luftraumüberwachungsradar vom Typ 291 auf dem Topp des Fockmastes. 1943 wurden die Flugzeugeinrichtungen endgültig von Bord gegeben und vier weitere 2-cm-Einzellafetten eingebaut. Außerdem erfolgte mittschiffs die Ausrüstung mit dem Seeraumüberwachungsradar vom Typ 273. Im April 1944 wurde der Turm X ausgebaut und an Land gegeben und statt dessen erhielt das Schiff auf dieser Position je eine 2-cm-Einzellafette an Backbord und an Steuerbord sowie eine 2-cm-Doppellafette mit elektrischem Antrieb auf der Mittschiffslinie. Die ehemalige Verkehrsboot-Plattform bekam zwei 4-cm-Bofors-Vierlingsflaks, während sich die restliche 2-cm-Bewaffnung aus zwei Doppellafetten mit elektrischem Antrieb und zwei Einzellafetten zusammensetzte. Den Fla-Leitstand oberhalb der Brücke ersetzten zwei dieser Leitstände an Backbord und an Steuerbord auf dem unteren Signaldeck. 1946 kamen alle 2-cm-Einzellafetten von Bord und 4-cm-Bofors-Doppellafetten Mk. V ersetzten die 4-cm-Bofors-Vierlingsflaks. Auf dem Turmdeck X wurden die beiden 2-cm-Einzellafetten sowie die 2-cm-Doppellafette gegen drei 4-cm-Bofors-Einzellafetten Mk. III ausgetauscht. Auf NEPTUNE ersetzten 1941 drei 2-Pfünder-Einzellafetten (4-cm-Pompom) die 12,7-mm-Fla-MG's und Radar vom Typ 281, 284 und 285 kam an Bord. Infolge des frühen Kriegsverlustes ergaben sich keine weiteren Veränderungen.

1941 verlor ORION ihr Katapult und die 12,7-mm-Fla-MG's. Statt dessen gelangten sieben 2-cm-Einzellafetten und zwei 2-Pfünder-Vierlingsflaks an Bord. Außerdem erfolgte die Ausrüstung mit Radar vom Typ 279, 284 und 285. 1942 kam noch Radar vom Typ 273 hinzu.

ACHILLES gab 1942 sämtliche 10,2-cm-Einzellafetten an Land und übernahm statt dessen – vermutlich als zwischenzeitliche Maßnahme – eine unbekannte Anzahl von 2-cm-Fla-Geschützen. 1943/44 erhielt der Kreuzer zwei 10,2-cm-Doppellafetten, Turm X und das Katapult wurden entfernt und gegen vier 2-Pfünder-Vierlingsflaks ausgetauscht. An 2-cm-Fla-Waffen befanden sich nunmehr 18 Rohre an Bord: sieben Doppellafetten mit elektrischem Antrieb und vier Einzellafetten. Auf dem unteren Signaldeck wurden zwei Fla-Leitstände eingebaut und den Fla-Leitstand oberhalb der Brücke ersetzte eine Radarantenne. Neben den 2-Pfünder-Fla-Waffen bestand die Leichte Flak im April 1944 aus vier 4-cm-Bofors-Einzellafetten, fünf 2-cm-Doppel- und fünf 2-cm-Einzellafetten.

1940 bekam die AJAX Radar vom Typ 279, ein schwereres Katapult und führte von da an als Bordflugzeug die Supermarine »Walrus«. 1941 ersetzte eine 2-Pfünder-Vierlingsflak (4-cm-Pompom) das Katapult. Sechs 2-cm-Fla-Geschütze in Einzellafetten kamen Anfang 1942 an Bord und im weiteren Verlauf dieses Jahren wurden die 2-Pfünder-Vierlingslafette auf dem Katapultaufbau sowie alle 12,7-mm-Fla-MG's an Land gegeben.

Oben: Die LEANDER im Jahre 1946, wie sie zuletzt aussah. (W&L)

Statt ihrer erhielt der Kreuzer zwei 2-Pfünder-Vierlingsflaks auf der Verkehrsboot-Plattform, drei weitere 2-cm-Einzellafetten, zwei Fla-Leitstände auf dem unteren Signaldeck sowie Radar vom Typ 272, 282 und 285. Im April 1944 bestand die Leichte Flak aus zwei 4-cm-Bofors-Vierlingslafetten und vier 2-cm-Doppellafetten mit elektrischem Antrieb.

Werdegang: Nach der Indienststellung gehörte die LEANDER zur *Home Fleet*, wurde aber im April 1937 an die Königlich Neuseeländische Marine ausgeliehen. Im September 1939 fand der Kreuzer als eine Einheit der Neuseeländischen Division bei Handelsschutzaufgaben im Südwestpazifik Verwendung. Seine Hauptaufgabe, die er bis in das Jahr 1941 hinein wahrnahm, bestand jedoch in der Sicherung von ANZAC-Truppentransport-Geleitzügen aus Australien und Neuseeland über den Indischen Ozean zum Roten Meer und nach Suez. Von der Sicherung für den Truppentransport-Geleitzug US 9 abgezogen, sichtete die LEANDER am 27. Februar 1941 westlich der Malediven den in der Nacht vom 20./21. Februar aus Massaua ausgebrochenen italienischen Hilfskreuzer RAMB I (Kptlt. Bonezzi), der nach einem kurzen Gefecht infolge einer Explosion sank. Am 4. März brachte die LEANDER zusammen mit dem Schweren Kreuzer CANBERRA den deutschen Dampfer COBURG und den Prisentanker KETTY BRØVIG (ex-norweg. KONTANA, 7031 BRT) südostwärts der Seychellen auf. Beide Schiffe versenkten sich bei Annäherung des Gegners selbst. Der Staatsstreich im April 1941 im Irak[139] führte den Kreuzer nach Basra, wo er in Bereitschaft blieb, aber nicht einzugreifen brauchte. Im Juni verlegte die LEANDER ins Mittelmeer zur Verstärkung der Mittelmeerflotte bei ihren Operationen gegen das vichy-französische Syrien. Sie traf am 13. Juni vor der syrischen Küste ein und blockierte zusammen mit dem Flakkreuzer NAIAD und drei Zerstörern den Hafen von Beirut. In der Nacht vom 22./23. Juni versuchte der vichy-französische Großzerstörer GUÉPARD die britische Blockade zu durchbrechen und geriet mit der LEANDER in ein kurzes Gefecht. Im Anschluß daran kehrte der Kreuzer jedoch nach Neuseeland zur Durchführung einer Werftliegezeit zurück und kam ab Dezember 1941 im Südwestpazifik zum Einsatz und sicherte zunächst Truppentransporte von Neuseeland zu den Fiji-Inseln bzw. von Australien nach Neukaledonien. Ab dem 12. Februar 1942 gehörte die LEANDER dem neu geschaffenen ANZAC-Verband auf Suva/Fiji-Inseln an.[140] Dieser operierte in der Korallensee zwischen den Neuen Hebriden (heute Vanuatu) und Neuguinea (heute Papua-Neuguinea). Im Mai 1942 war der Kreuzer an der ersten alliierten Truppenlandung auf der Insel Espirito Santo in den Neuden Hebriden beteiligt. Während der Kämpfe um Guadalcanal/Salomonen sicherte die LEANDER Nachschub-Geleitzüge und ab Januar 1943 gehörte sie zur 3. Flotte.

Nach dem Verlust des Leichten Kreuzers USS HELENA (6. Juli 1943) verlegte die LEANDER von den Neuen Hebriden zu den Salomonen und stieß dort zur 9. Kreuzerdivision, die zur *Task Force 36.1* gehörte. In der Nacht vom 12./13. Juli 1943 kam dieser Kampfverband zum Einsatz, um die Nachschub und Verstärkungen zum Kula-Golf/Salomonen heranbringenden und durch Kreuzer gesicherten japanischen Zerstörer – im damaligen Jargon als »Tokio-Expreß« bezeichnet – abzufangen. In einem grimmigen nächtlichen Artilleriegefecht, bekannt als die Seeschlacht von Kolombangara, erhielt die LEANDER einen Torpedotreffer und wurde schwer beschädigt. Bis zum Dezember 1943 in Auckland in der Werft liegend, wurde sie notdürftig repariert. Danach verlegte der Kreuzer nach Boston/Massachusetts in die Werft. Dort erfuhr er in Verbindung mit einer Großen Werftliegezeit vom 3. Januar 1944 bis zum 27. August 1945 eine vollständige Wiederherstellung. Anschließend kehrte die LEANDER nach Großbritannien zurück. Am 15. Dezember 1949 übernahm die BISCO das Schiff zum Verschrotten. Den Zuschlag erhielt die Abbruchwerft Hughes Bolkow in Blyth und am 15. Januar 1950 traf es dort zum Abwracken ein.

Nach der Indienststellung gehörte die ORION zur *Home Fleet*, stieß aber 1937 zum 8. Kreuzergeschwader auf der Amerikanischen & Westindischen Station. Sie verblieb dort bis zu ihrer Verlegung Mitte 1940 ins Mittelmeer. Hier nahm sie als Flaggschiff des 7. Kreuzergeschwaders (Vice-Admiral Tovey) an den Operationen der Mittel-

GROSSBRITANNIEN

meerflotte teil: gegen den italienischen Schiffsverkehr nach Libyen, an der Beschießung Bardias und der Sicherung von Malta-Geleitzügen im Juni sowie an der Seeschlacht vor Punta Stilo/Kalabrien Anfang Juli. Im zweiten Halbjahr 1940 gehörte der Kreuzer zur Sicherung von Malta-Geleitzügen, beschoß von den Italienern gehaltenen Inseln und transportierte Truppen nach Griechenland. Anfang 1941 operierte die ORION in den Gewässern um Kreta und in der Ägäis und nahm Ende März an der Seeschlacht vor Kap Matapan teil. Anschließend unterstützte sie im April Heerestruppen an der nordafrikanischen Küste und beteiligte sich an der Räumung Griechenlands. Im Mai kam der Kreuzer bei der Räumung Kretas zum Einsatz und griff Truppentransport-Geleitzüge der Achse an. Am 29. Mai 1941 beschädigten Ju 87 der III./St.G.2 die ORION durch Bombentreffer schwer; sie hatte 1100 Mann an evakuierten Truppen an Bord, von denen 260 fielen und 280 verwundet wurden. Im Anschluß daran ging der Kreuzer nach Simonstown/Südafrika zur Notreparatur, die bis Juli 1941 dauerte, und verlegte danach zur vollständigen Ausbesserung und Durchführung einer Großen Werftliegezeit in die Marinewerft Mare Island/Kalifornien. Das im Februar 1942 wieder in Dienst gestellte Schiff ging anschließend zu einer weiteren Werftliegezeit in die britische Marinewerft Devonport und kehrte im Januar 1943 schließlich ins Mittelmeer zurück. Dort stieß die ORION zum 15. Kreuzergeschwader und beschoß im Mai/Juni mehrfach die italienischen Inseln Pantelleria und Lampedusa südlich von Sizilien zur Vorbereitung und Unterstützung der britischen Landung (Operation »Corksrew«) Mitte Juni. Bei der alliierten Landung auf Sizilien (Operation »Husky«) am 10. Juli 1943 gehörte die ORION zum Unterstützungsverband Ost und Ende August/Anfang September beschoß der Kreuzer Ziele an der Küste Kalabriens zur Vorbereitung und Unterstützung der britischen Landung bei Reggio am 3. September (Operation »Baytown«). Danach gehörte die ORION zur Unterstützungsgruppe der *Northern Attack Force* sowohl bei der alliierten Landung am Golf von Salerno (Operation »Avalanche«) am 9. September als auch bei Anzio/Nettuno (Operation »Shingle«) am 22. Januar 1944. Im Frühjahr 1944 kehrte der Kreuzer in heimische Gewässer zurück, um im Rahmen der *Eastern Naval Task Force* am 6. Juni 1944 an der alliierten Landung in der Normandie teilzunehmen. Die ORION gehörte hierbei zur *Force K*, dem Unterstützungsverband für den britischen Landekopf »Gold«. Unmittelbar darauf verlegte sie zurück ins Mittelmeer und stieß dort zur Feuerunterstützungsgruppe der *TF 84* vor dem Landekopf »Alpha« (Baie de Cavalaire) bei den alliierten Landungen in Südfrankreich (Operation »Dragoon«) am 15. August. Im September/Oktober 1944 gehörte der Kreuzer bei der Zurückeroberung Griechenlands zur *British Aegean Force* und nahm am 15. Oktober an der Besetzung Athens teil. Die letzten Kriegsaufgaben führten die ORION im Frühjahr 1945 an die ligurische Küste. Hier beschoß der Kreuzer am 15. April gegnerische Stellungen bei San Remo. Nach Kriegsende fand die ORION als Zielschiff Verwendung und am 19. Juli 1949 übernahm sie die BISCO zum Verschrotten. Im August 1949 traf das Schiff auf der Abbruchwerft von Arnott Young in Troon ein.

Auch die NEPTUNE stieß nach der Indienststellung zur *Home Fleet*, verlegte 1937 auf die Afrikanische Station und bildete im September 1939 das 6. Kreuzergeschwader im Südatlantik. Am 5. September brachte sie das deutsche Handelsschiff INN (2867 BRT) auf und versenkte es. Während der Jagd auf die ADMIRAL GRAF SPEE blieb der Kreuzer im Südatlantik und war Teil der Anfang Oktober 1939 mit dem Flugzeugträger ARK ROYAL und dem Schlachtkreuzer RENOWN gebildeten *Force K*, die in der Freetown-Natal-Enge operierte. Hier brachte die NEPTUNE am 22. November nahe der Insel Ascension den deutschen Frachter ADOLF WOERMANN (8577 BRT) auf, der sich selbstversenkte. Im Mai 1940 verlegte die NEPTUNE ins Mittelmeer und stieß zum 7. Kreuzergeschwader in Alexandria. Sie war an folgenden Operationen der Mittelmeerflotte beteiligt: Beschießung von Bardia in der Nacht vom 20./21. Juni, Sicherung eines Malta-Geleitzuges und an der Seeschlacht vor Punta Stilo/Kalabrien am 9. Juli. Am 28. Juli unternahm die NEPTUNE zusammen mit dem Leichten Kreuzer SYDNEY einen Vorstoß in den Saronischen Golf südlich von Piräus und versenkte einen kleinen Tanker. Das erneute Auftauchen deutscher Handelsstörer im Atlantik veranlaßte jedoch die Rückkehr des Kreuzers auf diesen Kriegsschauplatz, um ab November von Freetown aus zusammen mit dem Schweren Kreuzer DORSETSHIRE nach der ADMIRAL SCHEER zu suchen. In heimische Gewässer zurückgekehrt, folgte von Februar bis Mai 1941 eine Werftliegezeit auf der Marinewerft Chatham. Am Aufrollen der deutschen Etappenorganisation nach dem Untergang der BISMARCK und bei der Suche nach ihren Versorgungsschiffen war auch die NEPTUNE beteiligt. Sie gehörte zu den Seestreitkräften, die am 4. Juni 1941 das deutsche Versorgungsschiff GONZENHEIM (ex-norweg. KONGSFJORD, 4103 BRT), als Spähschiff für das Unternehmen »Rheinübung« eingesetzt, nördlich der Azoren abfingen. Das von der eigenen Besatzung in Brand gesetzte Schiff wurde schließlich von der NEPTUNE mit einem Torpedo versenkt. Im Herbst 1941 kehrte der Kreuzer zur Mittelmeerflotte nach Alexandria zurück. Er gehörte zunächst zur *Force B*, um die in Malta stationierte *Force K* beim Abfangen der deutsch-italienischen Nachschubtransporte nach Nordafrika zu unterstützen, und Ende November zur *Force K* selbst. Bei einem dieser Vorstöße geriet die *Force K* am 19. Dezember auf die am 1. Mai 1941 von den Italienern gelegte Minensperre T, wobei die NEPTUNE vier Minentreffer erhielt und unter dem Verlust von nahezu der gesamten Besatzung sank. Lediglich ein Überlebender konnte gerettet werden.

AJAX stieß nach der Indienststellung zum 8. Kreuzergeschwader auf der Amerikanischen & Westindischen Station und gehörte im September 1939 zur Südamerikanischen Division, die vor der La-Plata-Mündung operierte. Am 3. September hielt sie in diesem Seegebiet die deutschen Dampfer CARL FRITZEN (6594 BRT) und OLINDA (4576 BRT) an, die sich einem Aufbringen durch die Selbstversenkung entzogen. Ab Oktober 1939 bildete die AJAX zusammen mit den Schweren Kreuzern EXETER und CUMBERLAND (siehe oben Seite 108f. bzw. 98f.) sowie dem Leichten Kreuzer ACHILLES die *Force G* unter Commodore Harwood, die das Seegebiet vor den Falkland-Inseln (CUMBERLAND) und vor der südamerikanischen Ostküste auf der Suche nach der ADMIRAL GRAF SPEE überwachte. Am 5. Dezember fing die AJAX zusammen mit der CUMBERLAND den deutschen Frachter USSUKUMA (7834 BRT) ab, der sich selbstversenkte. Danach war der Kreuzer am Seegefecht vor dem Rio de la Plata am 13. Dezember gegen die ADMIRAL GRAF SPEE beteiligt und erlitt schwere Beschädigungen durch mehrere Artillerietreffer. Nach einer Werftliegezeit zur Ausbesserung der Schäden vom Dezember 1939 bis zum Juli 1940 stieß die AJAX zum 7. Kreuzergeschwader der Mittelmeerflotte in Alexandria. Zur Fernsicherung eines Malta-Geleitzuges gehörend, versenkte die AJAX in der Nacht vom 11./12. Oktober 1940 im Ionischen Meer die italienischen Torpedoboote AIRONE und ARIEL der angreifenden 1. T-Flottille und beschädigte den italienischen Zerstörer ARTIGLIERE der etwas später ebenfalls angreifenden 11. Z-Flottille schwer; letzteren versenkte anschließend der Schwere Kreuzer YORK. In der Folge nahm die AJAX an folgenden Operationen der Mittelmeerflotte teil: Vorstoß in die Straße von Otranto am 11. November, Truppentransporte nach Piräus, Sicherung von Nachschub-Geleitzügen in die Suda-Bucht/Kreta und nach Malta, Vorstoß in den Dodekanes am 12. Januar 1941, Seeschlacht vor Kap Matapan am 28. März, Vorstoß an die Küste Libyens am 12. April, die Räumung Griechenlands Ende April (AJAX evakuierte am 29. April die letzten Heerestruppen), Sicherung eines Malta-Geleitzuges Anfang Mai sowie Beteiligung an Vorstößen gegen Achsengeleitzüge nach Kreta und an der Räumung Kretas im Mai 1941. Hierbei erzielten Ju 87 der III./St.G.2 am 21. Mai einen Treffer auf die AJAX. Am 28. und 29. Mai wurde der Kreuzer erneut von Bomben getroffen. Trotzdem nahm die AJAX im Juni noch an den Operationen gegen das vichy-französische Syrien teil und entging am 9. Juni nur knapp einem Torpedo des vichy-französischen Unterseebootes CAÏMAN. Ende November 1941 verlegte die AJAX zusammen mit der NEPTUNE von Alexandria nach Malta zur Verstärkung der *Force K*, wurde aber bereits im Februar 1942 im Gefolge der Auflösung dieser Kampfgruppe nach dem Verlust der NEPTUNE (siehe oben Seite 114) wieder zurückgezogen. Anschließend kehrte der Kreuzer in heimische Gewässer zurück und erfuhr von Mai bis Oktober 1942 auf der Marinewerft Chatham eine Große Werftliegezeit, die nach den im östlichen Mittelmeer erlittenen Schäden dringend erforderlich war. Am 1. Januar 1943 verlegte die AJAX erneut ins Mittelmeer und stieß zur *Force Q* in Bône. Bedauerlicherweise erhielt sie unmittelbar nach ihrem Eintreffen einen 500-kg-Bombentreffer einer Ju 87 der II./St.G.3 (Hauptmann Schiller) und trug schwere Beschädigungen davon. Dies erforderte eine neuerliche Werftliegezeit vom 4. März bis Oktober 1943 bei der Marinewerft New York. Anschließend verlegte die AJAX wieder ins östliche Mittelmeer und beschoß in der Nacht vom 2./3. Mai 1944 Rhodos. Danach wurde der Kreuzer zur Teilnahme an der Operation »Overlord« im Juni nach Großbritannien zurückgerufen. Bei der alliierten Landung in der Normandie gehörte er zur *Force K*, dem Unterstützungsverband für den britischen Landekopf »Gold«. Danach kehrte die AJAX erneut ins Mittelmeer zurück stieß zur Feuerunterstützungsgruppe der *TF 84* bei den Landungen in Südfrankreich am 15. August 1944 (siehe oben Seite 114). unter ORION). Im Herbst 1944 operierte der Kreuzer in griechischen Gewässern und nahm an der Besetzung Athens am 15. Oktober teil. Bei der Bekämpfung des kommunistischen Aufstandes beschoß er am 21. Dezember 1944 Stellungen der ELAS bei Piräus. Nach dem Kriege wurde die AJAX außer Dienst gestellt und in Falmouth aufgelegt. Am 8. November 1949 im Schlepp weggebracht, traf das Schiff am 18. November 1949 auf der Abbruchwerft Cashmore's in Newport zum Verschrotten ein.

Nach der Indienststellung gehörte die ACHILLES bis zum 31. März 1931 zur *Home Fleet* und wurde anschließend an die Königlich Neuseeländische Marine übergeben. Nach Kriegsausbruch gehörte sie im Oktober 1939 zur *Force G*, die vor den Falkland-Inseln und der La-Plata-Mündung operierte (siehe oben AJAX). Während des Seegefechtes am 13. Dezember 1939 gegen die ADMIRAL GRAF SPEE erlitt sie nur geringe Schäden und kehrte danach in neuseeländische Gewässer zurück. Hier führte sie in der Folge Handelsschutzaufgaben durch und sicherte nach dem Kriegseintritt Japans Truppentransport-Geleitzüge vor Australien und Neuseeland. Im Februar 1942 stieß der Kreuzer zum ANZAC-Verband im Südwestpazifik (siehe oben LEANDER). Anfang 1943 gehörte die ACHILLES zur amerikanischen *TF 67* und operierte während des Endkampfes um Guadalcanal vor Neugeorgien. Hierbei erhielt sie am 5. Januar einen Bombentreffer auf Turm X. Zur Ausbesserung kehrte der Kreuzer nach Portsmouth zurück und absolvierte vom 1. April 1943 bis zum 20. Mai 1944 eine Werftliegezeit. Am 23. Mai wieder in Dienst gestellt, verlegte die ACHILLES in den Indischen Ozean zur *Eastern Fleet*. Nach deren Umorganisation gehörte sie ab Ende November 1944 zur britischen Pazifikflotte. Am 23. Mai 1945 stieß sie zur *TF 57* im zentralen Pazifik und nahm Ende Mai an den Angriffen auf die Sakishima-Gunto-Inselgruppe teil.

Zur britischen *TG 111.2* gehörend, war die ACHILLES am 14. Juni 1945 am Trägerangriff gegen Truk und mit der britischen *TF 37* an den Trägerangriffen im Juli/August 1945 gegen das japanische Festland beteiligt. Am 12. September 1946 kehrte die ACHILLES nach zehn Jahren im Dienste der Königlich Neuseeländischen Marine zur Royal Navy nach Großbritannien zurück und wurde am 17. September außer Dienst gestellt. 1947 wurde der Kreuzer an Indien verkauft und von der indischen Marine am 5. Juli 1947 als DELHI in Dienst gestellt.

ARETHUSA-Klasse

Name	Bauwerft	Kiellegung	Stapellauf	Fertigstellung	Schicksal
ARETHUSA	Marinewerft Chatham	25. Jan. 1933	6. März 1934	23. Mai 1935	verschrottet in Troon: 1950
GALATEA	Scott's, Greenock	2. Juni 1933	9. Aug. 1934	14. Aug. 1935	gesunken: 15. Dez. 1941
PENELOPE	Harland & Wolff, Govan/Glasgow	30. Mai 1934	15. Okt. 1935	13. Nov. 1936	gesunken: 18. Febr. 1944
AURORA	Marinewerft Portsmouth	23. Juli 1935	20. Aug. 1936	12. Nov. 1937	Übergabe an China: 1948

Typ: Leichter Kreuzer.
Standardverdrängung: 5220[1] ts bzw. 5270[2] ts (5304 t bzw. 5354 t).
Einsatzverdrängung: 6665 ts bzw. 6715 ts (6772 t bzw. 6822 t).
Länge: 152,4 m (über alles), 146,3 m (zwischen den Loten).
Breite: 15,54 m.
Tiefgang: 4,21 m (mittlerer).
Antriebsanlage: 4 Satz Parsons-Getriebeturbinen, 4 Admiralty-Kessel vom Drei-Trommel-Typ, 4 Wellen.
Antriebsleistung: 64 000 WPS für 32,25 kn.
Bunkerinhalt: 1200 ts Heizöl.
Fahrtstrecke: 5300 sm bei 13 kn.
Panzerschutz: Seitenpanzer 51 mm (Maschinenräume 57 mm), Deck 25 mm (Munitionskammern 51 mm), Türme 25 mm.
Geschütze: sechs 15,2 cm B.L. L/50 Mk. XXIII (3 x 2), vier[1] bzw. acht[2] 10,2 cm S.K. L/45 Mk. V (4 x 1 bzw. 4 x 2), acht 12,7-mm-Fla-MG's (2 x 4).
Torpedorohre: sechs 53,3 cm (2 x 3).
Seeminen: keine.
Bordflugzeuge: eines, ein Katapult (ausgenommen AURORA).
Besatzungsstärke: 450 Offiziere und Mannschaften.

[1]ARETHUSA und GALATEA. [2]PENELOPE und AURORA.

Entwurf: Die Diskussionen über den Entwurf eines neuen Flottenkreuzers begannen bereits 1929. Von da an bis zum Februar 1932, als der endgültige Entwurf feststand, entstanden zahlreiche Entwurfsskizzen zur Begutachtung. Die Standardverdrängung bei diesen Skizzen reichte von 3000 ts bis nahezu 7000 ts, bewaffnet mit 15,2-cm oder

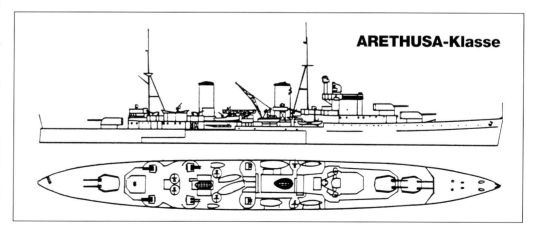

ARETHUSA-Klasse

Gegenüberliegende Seite oben: Die GALATEA im Februar 1937. (G. Ransome)

Gegenüberliegende Seite unten: AURORA. (G. Ransome)

14-cm-Geschützen in Einzel-, Doppel- oder Drillingslafetten. Mit Beginn des Jahres 1931 stand der endgültige Entwurf fast fest. Er wurde im März noch einmal überarbeitet und schließlich gebilligt. Der damaligen Labour-Regierung widerstrebte es jedoch, Ausgaben für die Marinerüstung zu bewilligen, und auch die Bedingungen des Londoner Flottenvertrages übten ihren Einfluß auf den Gang der Dinge aus. Infolgedessen wurde die Bewilligung der neuen Schiffe verschoben. Dies hatte unvermeidlich zur Folge, daß der Entwurf erneut Gegenstand der Modifizierung wurde, so daß im Februar 1932, als der Entwurf tatsächlich feststand, das folgende Schiff entstanden war: 5450 ts Standardverdrängung, bewaffnet mit drei 15,2-cm-Doppeltürmen und ausgerüstet mit einer Getriebeturbinenanlage mit Vier-Wellen-Anordnung. Die Steigerung bei der Wasserverdrängung bedeutete, daß von der LEANDER-Klasse nur neun Einheiten, aber nach dem neuen Entwurf fünf statt der geplanten drei Einheiten gebaut werden konnten. Schließlich wurden die Aufträge nur für vier Einheiten vergeben, teilweise infolge der Notwendigkeit, stärkere Schiffe zu bauen, um den neuen japanischen Entwürfen zu begegnen.

Bei der Fertigstellung verdrängten die Einheiten der ARETHUSA-Klasse zwischen 5031 ts und 5458 ts standard. Ihr Panzerschutz beschränkte sich bei den Pulverkammern auf 51 mm horizontal und 76 mm vertikal; die Granatkammern wiesen nur 25 mm auf. Die Maschinenräume hatten einen Horizontalschutz von 25 mm und einen Seitenschutz von 57 mm. Der Gewichtsanteil des Panzermaterials belief sich auf 11,8 % der offiziellen Wasserverdrängung.

Die Anordnung der Antriebsanlage war nach dem Einheitenprinzip erfolgt, um im Gefecht eine verbesserte Lecksicherung zu gewährleisten. Die Dampferzeugungsanlage wies ebenfalls nur vier Kessel in zwei Kesselräumen auf. Da sich zwischen ihnen ein Turbinenraum befand, bedingte dies eine Zwei-Schornstein-Anordnung. Insoweit handelte es sich bei diesen Schiffen um eine Modifizierte LEANDER-Klasse (siehe oben).

Die Hauptbewaffnung bestand aus dem nunmehr standardmäßigen 15,2-cm-Geschütz B.L. L/50 Mk. XXIII in Doppeltürmen Mk. XXI; hierin glichen diese Leichten Kreuzer früheren Klassen. Die Schwere Flak wies die üblichen vier 10,2-cm-Einzel- bzw. -Doppellafetten auf, jetzt paarweise auf dem achteren Schutzdeck achteraus des zweiten Schornsteins angeordnet. Zwei 12,7-mm-Fla-Vierlingslafetten sowie zwei 53,3-cm-Drillings-Torpedorohrsätze vervollständigten die Bewaffnung. Zwischen den Schornsteinen wurde mittschiffs ein Katapult vom Typ 713 eingebaut (im Hinblick auf eine Umrüstung für den Einsatz beim 3. Kreuzergeschwader), um ein einzelnes Seeflugzeug vom Typ Hawker »Osprey« mitzuführen. Es hatte die Erwartung bestanden, ein zweites Bordflugzeug könnte mitgeführt werden, verstaut auf dem achteren Schutzdeck. Doch die Erprobungen auf der ARETHUSA zeigten, daß sich hierdurch eine nicht hinzunehmende Beengtheit für die Bedienungen der 10,2-cm-Geschütze ergab, so daß diese Absicht wieder fallengelassen wurde. Im November 1937 wurde die »Osprey« durch das schwerere Seeflugzeug vom Typ Fairey »Seafox« ersetzt.

Die Leichten Kreuzer dieser Klasse erhielten nur den Vorderen Artillerieleitstand und unmittelbar dahinter einen Fla-Leitstand.

Modifizierungen: Die Fertigstellung der AURORA erfolgte ohne Flugzeugeinrichtungen. Sie erhielt statt dessen mittschiffs ein Deckshaus für die Unterbringung eines Stabes, um als Führungsschiff eines Führers der Zerstörer – Commodore (D) – einer Flotte zu dienen. Es hatten Pläne bestanden, die Einheiten dieser Klasse vor ihrer Fertigstellung mit 10,2-cm-Doppellafetten statt der Einzellafetten auszurüsten. Doch die ersten beiden Einheiten wurden noch mit Einzellafetten in Dienst gestellt, während AURORA und PENELOPE mit vier Doppellafetten und achtern mit einem zweiten Fla-Leitstand fertiggestellt wurden. Bei GALATEA fand der Austausch gegen 10,2-cm-Doppellafetten noch vor dem Kriege statt. Im übrigen erhielten diese Schiffe nach der Fertigstellung mittschiffs eine zusätzliche Beplattung, um die Nässe zu verringern und die Verkehrsboote zu schützen.

Nach dem An-Land-Geben des Katapults hatte die ARETHUSA bis zum April 1941 neben Radar vom Typ 286 auch zwei 2-Pfünder-Vierlingslafetten (4-cm-Pompom) erhalten. Noch im selben Jahr kamen zwei UP-Lafetten und vier 2-cm-Fla-Geschütze in Einzellafetten hinzu. Die ersteren sowie die 10,2-cm-Einzellafetten und die 12,7-mm-Fla-MG's wurden im Frühjahr 1942 im Austausch gegen 10,2-cm-Doppellafetten und vier weitere 2-cm-Lafetten wieder an Land gegeben. Gleichzeitig wurde das Radar 286 durch Radar vom Typ 273, 281, 282, 284 und 285 ersetzt. Im Oktober 1942 kamen drei zusätzliche 2-cm-Einzellafetten hinzu. Im Verlaufe der Werftliegezeit in den USA von März bis Dezember 1943 ergaben sich folgende Veränderungen: Austausch der 2-Pfünder-Vierlingslafetten gegen 4-cm-Bofors-Vierlingsflaks, Austausch von drei 2-cm-Einzellafetten gegen vier 2-cm-Doppellafetten mit elektrischem Antrieb sowie Modernisierung der Radarausrüstung. Im April 1944 bestand die Leichte Flak aus vier 2-cm-Doppellafetten mit elektrischem Antrieb und drei 2-cm-Einzellafetten.

Die GALATEA verlor ihr Katapult während einer Werftliegezeit von Oktober 1940 bis Januar 1941. Statt dessen erhielt sie zwei 2-Pfünder-Vierlingslafetten (4-cm-Pompom), acht 2-cm-Einzellafetten und Radar vom Typ 279.

Auch die PENELOPE verlor ihr Katapult während einer Werftliegezeit vom August 1940 bis Juli 1941 im Austausch gegen zwei 2-Pfünder-Vierlingslafetten. Ende 1941 kamen noch vier weitere 2-cm-Einzellafetten und im Sommer 1942 nochmals vier hinzu.

AURORA erhielt im Sommer 1940 eine UP-Lafette und zwei 2-Pfünder-Vierlingslafetten, im April 1941 Radar vom Typ 284 und 290 und im August sechs 2-cm-Einzellafetten sowie zwei 12,7-mm-Fla-Vierlings-MG's.

Unten: Die PENELOPE im Jahre 1944. (M. Twardowski)

GROSSBRITANNIEN 117

Oben: Die PENELOPE im Jahre 1942. (IWM)

Werdegang: Nach der Indienststellung stieß die ARETHUSA zum 3. Kreuzergeschwader im Mittelmeer und verblieb dort bis zum Kriegsausbruch. Doch Anfang 1940 wurden sie und ihr Schwesterschiff PENELOPE zur *Home Fleet* beordert, um mit den restlichen Einheiten der Klasse das 2. Kreuzergeschwader zu bilden. Im April 1940 nahm der Kreuzer am Norwegen-Feldzug teil, kam aber am 8. Mai zum Nore-Kommando, leistete Ende Mai den Verteidigern von Calais Feuerunterstützung und half später bei der Evakuierung der französischen Atlantikhäfen. Am 28. Juni traf die ARETHUSA mit Vice-Admiral Somerville an Bord in Gibraltar ein und gehörte von diesem Zeitpunkt an zur neu geschaffenen *Force H*. Am 3. Juli nahm sie an der Operation »Catapult« gegen die vichy-französischen Seestreitkräfte in Mers-el-Kebir teil.[141] In der Folge war der Kreuzer im Verband der *Force H* an Operationen im Mittelmeer sowie bei Geleitsicherungsaufgaben im Atlantik beteiligt. Während der BISMARCK-Unternehmung war die ARETHUSA – zur *Home Fleet* gehörend – im Mai 1941 zur Überwachung der Island-Färoer-Enge eingesetzt, kehrte aber bereits im Juli ins Mittelmeer zurück, um sowohl einen Nachschub-Geleitzug nach Malta zu sichern als auch selbst im August Verstärkungen und Nachschub nach Malta zu bringen. Ende 1941 traf die ARETHUSA wieder in heimischen Gewässern ein, nahm Ende Dezember am Vorstoß gegen die Lofoten teil und erlitt hierbei Beschädigungen durch Nahtreffer. Die mit den Ausbesserungsarbeiten verbundene Überholung auf der Marinewerft Chatham dauerte bis April 1942. Danach kehrte der Kreuzer ins Mittelmeer zurück und stieß zum 15. Kreuzergeschwader in Alexandria, hauptsächlich an der Sicherung von Nachschub-Geleitzügen nach Malta beteiligt. Bei einer dieser Operationen (Operation »Stone Age«) erhielt die ARETHUSA am 18. November 1942 einen italienischen Lufttorpedotreffer nördlich von Derna/Libyen, der erhebliche Schäden und Verluste verursachte. Im Schlepp nach Alexandria eingebracht, erfuhr der Kreuzer bis zum 7. Februar 1943 eine Notreparatur und verlegte anschließend zur vollständigen Ausbesserung nach Charleston/USA. Nach dem Abschluß der Werftliegezeit am 15. Dezember 1942 kehrte die ARETHUSA nach Großbritannien zurück. Ihre volle Einsatzbereitschaft erlangte sie jedoch erst Anfang Juni 1944 wieder. Bei der alliierten Landung in der Normandie am 6. Juni gehörte sie zur *Force D*, dem Feuerunterstützungsverband vor dem britischen Landekopf »Sword«. Danach stieß der Kreuzer im Januar 1945 zum 15. Kreuzergeschwader bei der Mittelmeerflotte.

Nach dem Kriege wurden die Einheiten der ARETHUSA-Klasse als zu klein angesehen, um einer Modernisierung wert zu sein. Daher fand das Schiff für Erprobungen und Versuche bis 1949 Verwendung, um anschließend der BISCO übergeben zu werden. Am 9. Mai 1950 traf es auf der Abbruchwerft Cashmore's in Troon/Newport zum Verschrotten ein.

Auch die GALATEA verlegte nach ihrer Indienststellung zur Mittelmeerflotte und diente als Flaggschiff des Führers der Zerstörer (Rear-Admiral Destroyers). Nach Ausbruch des Krieges erhielt sie den Befehl zur Rückkehr in heimische Gewässer und stieß zur *Home Fleet*. Im Februar/März 1940 gehörte der Kreuzer zu einem Verband unter Führung des C-in-C Western Approaches, um sechs aus Vigo/Nordspanien ausgebrochene deutsche Handelsschiffe aufzuspüren. Im April 1940 war die GALATEA am Norwegen-Feldzug beteiligt und im Mai stieß sie als Flaggschiff des 2. Kreuzergeschwaders zum Nore-Kommando in Sheerness. Zusammen mit der ARETHUSA gewährte sie Ende des Monats den Verteidigern von Calais Feuerunterstützung. Anschließend kehrte die GALATEA bis Ende Mai 1941 zur *Home Fleet* zurück, unterbrochen durch eine Werftliegezeit vom Oktober 1940 bis Januar 1941. In dieser Zeit war der Kreuzer an den Operationen gegen die BISMARCK beteiligt. Im Juli 1941 verlegte die GALATEA über das Rote Meer zur Mittelmeerflotte nach Alexandria. Von November 1941 an gehörte der Kreuzer zur *Force B* (Rear-Admiral Vian), die – zusammen mit der in Malta stationierten *Force K* – von Alexandria aus gegen den deutsch-italienischen Nachschubverkehr nach Nordafrika operierte. Am 15. Dezember 1941 versenkte U 557 (Kptlt. Paulshen) die GALATEA auf dem Rückmarsch der *Force B* vor Alexandria.

Nach der Indienststellung gehörte die PENELOPE ebenfalls zum 3. Kreuzergeschwader bei der Mittelmeerflotte, ehe sie Anfang 1940 der Rückruf zur *Home Fleet* zur Teilnahme am Norwegen-Feldzug erreichte. Am 10. April griff die britische 2. Z-Flottille überraschend die deutschen Zerstörer und Handelsschiffe im Hafen von Narvik und im Ofotfjord erfolgreich an.[142] Hierbei lief in der Nacht zum 11. April die zu ihrer Unterstützung in den Vestfjord eingelaufene PENELOPE auf Grund und mußte schwer beschädigt vom Zerstörer ESKIMO in Schlepp genommen werden. Die Ausbesserungsarbeiten zogen sich bis zum Juli 1941 hin. Danach verlegte der Kreuzer ins Mittelmeer und bildete am 21. Oktober 1941 zusammen mit der AURORA und zwei Zerstörern die in Malta stationierte *Force K*, um den Nachschubverkehr der Achse nach Nordafrika anzugreifen.[143] Am 19. Dezember 1941 erhielt die PENELOPE zur selben Zeit wie die NEPTUNE (siehe oben Seite 114.) einen Minentreffer, der leichte Schäden verursachte.[144] Weitere leichte Beschädigungen erlitt der Kreuzer während der Reparatur in Malta durch Bombennahtreffer. Ab Januar 1942 hatte die PENELOPE im Verband der *Force K* verstärkt eigene Nachschubgeleite nach Malta einzubringen. Nach weiteren Beschädigungen – unter anderem durch die schweren Luftangriffe des II. Fliegerkorps – verließ die PENELOPE am 8. April 1942 zusammen mit anderen britischen Seestreitkräften Malta und ging zu einer Großen Werftliegezeit verbunden mit einer vollständigen Reparatur bis zum 1. September 1942 in die Marinewerft New York. Anfang 1943 kehrte der Kreuzer wieder ins Mittelmeer zurück und bildete zusammen mit den Kreuzern AURORA, DIDO und SIRIUS die in Bône stationierte *Force Q*. Später nahm die PENELOPE im Verband des 15. Kreuzergeschwaders an der Beschießung der italienischen Inseln Pantelleria und Lampedusa im Juni, an den alliierten Landungen auf Sizilien im Juli und im Golf von Salerno im September 1943 teil. Im selben Monat führte der Kreuzer einen Truppentransport zur Besetzung von Tarent durch. Im Oktober 1943 kam die PENELOPE zusammen mit dem Flakkreuzer SIRIUS und zwei Zerstörern in der Ägäis zum Einsatz, um deutsche Geleitzüge zur Besetzung des italienischen Dodekanes-Archipels anzugreifen. Nach der Vernichtung eines dieser Geleitzüge wurde der britische Verband auf dem Rückmarsch von Ju 87 der II./St.G.2 und Ju 88 des L.G.1 und der II./K.G.51 angegriffen. Hierbei erlitt die PENELOPE Schäden durch Bombentreffer. Anschließend verließ der Kreuzer für kurze Zeit das Mittelmeer, um Ende Dezember 1943 nordwestlich von Kap Finisterre deutsche Blockadebrecher aufzuspüren (siehe oben Seite 94). Anfang Januar 1944 kehrte die PENELOPE ins Mittelmeer zurück und unterstützte im Verband der *Southern Attack Force* die alliierten Landungen bei Anzio/Nettuno am 22. Januar (Operation »Shingle«). Im Verlaufe des Rückmarsches vom Landekopf nach Neapel versenkte U 410 (ObltzS. Fenski) die PENELOPE am 18. Februar mit einem »Zaunkönig« (T 5).[145]

Von der Indienststellung an gehörte die AURORA als Flaggschiff des Führers der Zerstörer (Rear-Admiral Destroyers) und später als Einheit des 2. Kreuzergeschwaders zur *Home Fleet*.

Von September 1939 an war der Kreuzer an der Sicherung von Skandinavien-Geleitzügen und an Vorstößen in die Nordsee sowie im November am erfolglosen Abfangen der deutschen Schlachtschiffe SCHARNHORST und GNEISENAU beteiligt. Nach der Teilnahme am Norwegen-Feldzug – hierbei erlitt die AURORA bei einem Luftangriff am 3. Mai 1940 vor dem Beisfjord/Narvik leichtere Schäden – war der Kreuzer im Mai 1941 an den Operationen gegen die BISMARCK eingesetzt. Am 3. Juni versenkte die AURORA zusammen mit dem Leichten Kreuzer KENYA das U-Boot-Versorgungsschiff BELCHEN (ex-norweg. SYSLA, 6367 BRT) in der Davisstraße. Im Juli/August gehörte die AURORA zusammen mit dem Leichten Kreuzer NIGERIA und drei Zerstörern zur *Force K* der *Home Fleet* in arktischen Gewässern, um die norwegischen und sowjetischen Kolonien auf Spitzbergen zu evakuieren und die dortigen Einrichtungen sowie die norwegische Wetterstation auf der Bäreninsel zu zerstören. Bei einem dieser Vorstöße vernichteten die beiden Kreuzer am 6./7. September 1941 das deutsche Artillerieschulschiff BREMSE, das einen Truppentransport-Geleitzug sicherte, der entkommen konnte.[146] Anschließend verlegte die AURORA ins Mittelmeer und bildete am 21. Oktober zusammen mit PENELOPE die in Malta stationierte *Force K*. Ihre Aufgabe der Unterbrechung der italienischen Nachschubwege nach Nordafrika löste sie genauso wie das Einbringen eigener Geleite nach Malta mit großem Erfolg. Die Kreuzer und Zerstörer der *Force K* dezimierten mehrere Geleitzüge der Achse, ehe sie zur selben Zeit wie die NEPTUNE und die PENELOPE einen Minentreffer erhielt, der schwere Beschädigungen verursachte (siehe oben Seite 114 und 115).

Nach einer Notreparatur in Malta trat der Kreuzer am 29. März 1942 den Heimmarsch an und ging bis Ende Juni 1942 zur vollständigen Ausbesserung nach Liverpool in die Werft. Danach kehrte die AURORA ins Mittelmeer zurück und gehörte zur *Force H* in Gibraltar. Am 8. November 1942 nahm sie im Verband der *Centre Task Force* (Oran) an den alliierten Landungen in Nordafrika teil (Operation »Torch«). Vor Oran geriet sie mit den vichy-französischen Zerstörern TORNADE und TRAMONTANE ins Gefecht. Hierbei versenkte sie zusammen mit dem Zerstörer BRILLIANT den ersteren und beschädigte den letzteren so schwer, daß er sich auf Strand setzen mußte. In einem weiteren Gefecht am folgenden Tag erzielte sie auch auf dem französischen Großzerstörer EPERVIER so schwere Treffer, daß dieser sich ebenfalls vor der Küste auf Grund setzte. Anfang Dezember 1942 gehörte die AURORA zur *Force Q* in Bône, die erfolgreich Nachschub-Geleitzüge von Trapani/Sizilien nach Tunis angriff.

Später nahm die AURORA im Verband des 15. Kreuzergeschwaders an der Beschießung der italienischen Inseln Pantelleria und Lampedusa mit sich daran anschließender Landung im Juni 1943 teil. Am 20 Juni brachte der Kreuzer König Georg VI. nach Malta. Danach gehörte die AURORA bei der alliierten Landung auf Sizilien (Operation »Husky«) am 10. Juli zum Deckungsverband und war auch Anfang September 1943 an der alliierten Landung im Golf von Salerno (Operation »Avalanche«) dabei. Im Anschluß daran verlegte der Kreuzer in die Ägäis, um im Oktober 1943 im Dodekanes den deutschen Schiffsverkehr anzugreifen, und beschoß unter anderem Ziele auf Rhodos. Bei diesen Operationen erlitt die AURORA am 30. Oktober Beschädigungen durch einen Bombentreffer vor Castelorizo und mußte zur Reparatur nach Tarent in die Werft. Die Ausbesserungsarbeiten dauerten bis zum April 1944. Bei den alliierten Landungen am 15. August 1944 in Südfrankreich (Operation »Dragoon«) gehörte der Kreuzer zur Feuerunterstützungsgruppe der *TF 84* vor dem Landekopf »Alpha« (Baie de Cavalaire). Anschließend kehrte die AURORA wieder in ägäische Gewässer zurück und stieß dort zur *British Aegean Force*. Hier beschoß sie am 5. Oktober 1944 die Insel Levitha und schiffte ein Landungskommando zu Besetzung der Insel aus. Am 15. Oktober wirkte sie an der Befreiung Athens mit (Operation »Manna«) und beschoß am 25./26. Oktober Ziele auf Milos sowie am 5. Dezember erneut Ziele auf Rhodos.

Nach dem Kriege wurde die AURORA an Nationalchina verkauft und am 19. Mai 1948 übergeben; sie erhielt den neuen Namen CHUNGKING. Noch am selben Tag ging der Kreuzer zu den Rotchinesen über und wurde in TCHOUNG KING umbenannt. Nationalchinesische Flugzeuge versenkten den Kreuzer im März 1949 im Hafen von Taku.

Die Rotchinesen hoben später das Schiff, aber es wird angenommen, daß es seine Einsatzbereitschaft nicht wiedererlangte, obwohl es in der Folge mehrfach umbenannt wurde: HSUANG HO (1951), PEI CHING (1951) und KUANG CHOU.

SOUTHAMPTON-Klasse – »Town«-Klasse

Name	Bauwerft	Kiellegung	Stapellauf	Fertigstellung	Schicksal
SOUTHAMPTON (ex-POLYPHEMUS)	John Brown & Co., Clydebank	21. Nov. 1934	10. März 1936	6. März 1937	gesunken: 11. Jan. 1941
NEWCASTLE (ex-MINOTAUR)	Vickers-Armstrong, Walker/Newcastle	4. Okt. 1934	23. Jan. 1936	5. März 1937	verschrottet in Faslane: 1959
BIRMINGHAM	Marinewerft Devonport	18. Juli 1935	1. Sept. 1936	18. Nov. 1937	verschr. in Inverkeithing: 1960
GLASGOW	Scott's, Greenock	16. April 1935	20. Juni 1936	8. Sept. 1937	verschrottet in Blyth: 1958
SHEFFIELD	Vickers-Armstrong, Walker/Newcastle	31. Jan. 1935	23. Juli 1936	25. Aug. 1937	verschrottet in Faslane: 1967
LIVERPOOL	Fairfield, Glasgow	17. Febr. 1936	24. März 1937	25. Okt 1938	verschrottet in Bo'ness: 1958
MANCHESTER	Hawthorn, Leslie & Co., Hebburn/Newcastle	28. März 1936	12. April 1937	4. Aug. 1938	gesunken: 13. Aug. 1942
GLOUCESTER	Marinewerft Devonport	22. Sept. 1936	19. Okt. 1937	31. Jan. 1939	gesunken: 22. Mai 1941

Erste Gruppe: SOUTHAMPTON, NEWCASTLE, BIRMINGHAM, GLASGOW, SHEFFIELD
Typ: Leichter Kreuzer.
Standardverdrängung: 9100 ts (9246 t).
Einsatzverdrängung: 11 350 ts (11 532 t).
Länge: 180,29 m (über alles), 170,08 m (zwischen den Loten).
Breite: 18,82 m.
Tiefgang: 5,18 m (mittlerer).
Antriebsanlage: 4 Satz Parsons-Getriebeturbinen, 8 Admiralty-Kessel vom Drei-Trommel-Typ, 4 Wellen.
Antriebsleistung: 75 000 WPS für 32 kn.
Bunkerinhalt: 1970 ts (2060 ts max.) Heizöl.
Fahrtstrecke: 7700 bei 13 kn.
Panzerschutz: Gürtelpanzer 115 mm, Deck 32 mm – 51 mm, Türme 25 mm – 51 mm, Kommandostand 102 mm.
Geschütze: zwölf 15,2 cm B.L. L/50 Mk. XXIII (4 x 3), acht 10,2 cm S.K. L/45 Mk. XVI (4 x 2), acht 2-Pfünder (2 x 4 – 4-cm-Pompom), acht 12,7-mm-Fla-MG's (2 x 4).
Torpedorohre: sechs 53,3 cm (2 x 3).
Seeminen: keine.
Bordflugzeuge: drei, ein Katapult.
Besatzungsstärke: 748 (809 max.) Offiziere und Mannschaften.

Zweite Gruppe: LIVERPOOL, MANCHESTER, GLOUCESTER
Typ: Leichter Kreuzer.
Standardverdrängung: 9400 ts (9550 t).
Einsatzverdrängung: 11 650 ts (11 836 t).
Länge: 180,29 m (über alles), 170,08 m (zwischen den Loten).
Breite: 19,00 m.
Tiefgang: 5,33 m (mittlerer).
Antriebsanlage: 4 Satz Parsons-Getriebeturbinen, 8 Admiralty-Kessel vom Drei-Trommel-Typ, 4 Wellen.
Antriebsleistung: 82 500 WPS für 32,3 kn.
Bunkerinhalt: LIVERPOOL: 1970 ts, MANCHESTER: 2100 ts, GLOUCESTER: 1795 ts Heizöl.
Fahrtstrecke: LIVERPOOL: 7700 sm, MANCHESTER: 7850 sm, GLOUCESTER: 7320 sm bei 13 kn.
Panzerschutz: wie bei SOUTHAMPTON; ausgenommen LIVERPOOL und MANCHESTER: Deck über den Munitionskammern 51 mm, GLOUCESTER: Deck über den Munitionskammern und Maschinenräumen 51 mm.
Geschütze: wie bei SOUTHAMPTON.
Torpedorohre: wie bei SOUTHAMPTON.
Seeminen: keine.
Bordflugzeuge: wie bei SOUTHAMPTON.
Besatzungsstärke: 850 Offiziere und Mannschaften.

Entwurf: Diese Klasse Leichter Kreuzer stellte die Antwort auf die in den USA (BROOKLYN-Klasse) und in Japan (MOGAMI-Klasse) gebauten Leichten Kreuzer dar. Letztere sollten bei einer Typverdrängung von nur 8500 ts fünfzehn 15,5-cm-Geschütze führen und eine Seitenpanzerung von 127 mm besitzen. Trotz der Zweifel der britischen Konstrukteure, ob ein solcher Entwurf überhaupt gebaut werden könnte, hatte die britische Admiralität offensichtlich das Empfinden, daß die vorhandenen Kreuzer völlig unterlegen sein würden, falls Schiffe dieses Typs in Erscheinung treten sollten. Selbst die Schweren Kreuzer der »County«-Klasse schienen ihnen unterlegen zu sein. Da kaum zuverlässige geheimdienstliche Berichte zu erlangen waren, sollte der Leiter der Schiffbauabteilung der britischen Admiralität (DNC) Auskunft darüber geben, ob aufgrund derselben Parameter eine Entwurfsskizze gefertigt werden könnte. Bald darauf berichtete der DNC, daß dies auf der Grundlage solcher Entwurfsforderungen unmöglich wäre. Daher wurden modifizierte Forderungen in Betracht gezogen. Bis zum Jahre 1933 lagen vier Entwurfsskizzen zur Begutachtung vor. Alle Entwürfe gingen von derselben Bewaffnung aus: vier 15,2-cm-Drillingstürme und drei 10,2-cm-Fla-Doppellafetten. Auch das Panzerschutzschema war bei allen dasselbe: 127 mm Seitenpanzerung auf Höhe der Maschinenräume und Munitionskammern mit einem Panzerdeck von 25 mm Dicke über den ersteren und von 51 mm bis 76 mm Dicke über den letzteren. Alle Entwürfe basierten auf einer Seeausdauer von 7000 sm. Unterschiede gab es hinsichtlich der Höchstgeschwindigkeit – sie reichte von 30 kn bis 32 kn –, der Abmessungen und der Anzahl der mitgeführten Bordflugzeuge. Da die militärische Forderung auf fünf Bordflugzeuge lautete, gab es in diesem Punkt beträchtliche Probleme, soweit es den Stauraum für die Reserveflugzeuge betraf. Auch die Höchstgeschwindigkeit war Gegenstand der Kritik, da eine solche von weniger als

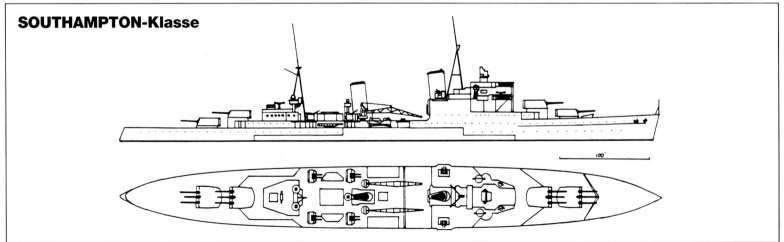

SOUTHAMPTON-Klasse

Oben: Die SOUTHAMPTON im Juni 1938 in ihrem ursprünglichen Aussehen. (W&L)

32 kn als nicht akzeptabel betrachtet wurde. Schließlich fiel die Entscheidung für den »Entwurf D«, aber mit der Maßgabe, die Anzahl der Bordflugzeuge auf drei zu verringern. Dies gestattete auch eine Verringerung der Höhe beim Katapult. Außerdem sollte der durch die Seitenpanzerung geschützte Bereich durch die Verringerung des Seitenpanzers in der Dicke auf Höhe der Maschinenräume erweitert werden. Letztlich wurde noch die Länge des Schiffskörpers beschnitten, um mehr Dockmöglichkeiten überall auf der Welt zur Verfügung zu haben. 1934 wurde das drehbare Katapult durch einen querschiffs fest eingebauten Typ ersetzt und große Flugzeughallen wurden in das achtere Ende der Vorschiffsaufbauten integriert. Letztere ließen ein wesentlich besseres Handhabungssystem für die Bordflugzeuge zu und schützten sie auch besser gegen die Unbilden des Wetters. Weitere Veränderungen betrafen den zusätzlichen Einbau einer vierten 10,2-cm-Doppellafette. Damit löste sich das schwierige Problem des wirksamen Schußbereichs beim Einbau auf der Mittschiffslinie. Nunmehr hatte die Schwere Flak ihre Positionen paarweise an Backbord und an Steuerbord auf dem Schutzdeck zwischen Großmast und achterem Schornstein. Mehrrohrige Pompom-Lafetten und ein zweiter Fla-Leitstand kamen hinzu. Die letzteren hatten ihre Position auf dem Dach der Flugzeughallen an Steuerbord und an Backbord.

Der endgültige Entwurf für das Panzerschutzschema sah folgende Panzerung vor: 115 mm Seitenpanzer auf Höhe der Maschinenräume und Munitionskammern mit 32 mm Panzerdeck über den ersteren und 51 mm Panzerdeck über den letzteren. Der Gewichtsanteil der Panzerung belief sich auf 1431 ts, d.h. auf 15,7 % der Standardverdrängung von 9100 ts.

Wie bei den vorhergehenden Klassen Leichter Kreuzer waren die 15,2-cm-Geschütze vom standardmäßigen Modell B.L. L/50 Mk. XXIII in den neuen Drillings-Drehscheibenlafetten Mk. XXII. Bei dieser Lafette war das Mittelgeschütz um 0,76 m zurückversetzt, um störende Einwirkungen zwischen den Granaten in der Flugphase zu verringern. Der Turm ließ eine Rohrerhöhung bis zu 45° zu. Die Schwere Flak bestand aus acht 10,2-cm-Geschützen S.K. L/45 Mk. XVI in Doppellafetten Mk. XIX mit Schilden. Hinsichtlich ihrer Anordnung siehe oben. Zwei 2-Pfünder-Vierlingslafetten Mk. VII (4-cm-Pompom) und zwei 12,7-mm-Fla-Vierlings-MG's bildeten die Ausrüstung mit Leichter Flak. Auf dem Oberdeck zwischen den 10,2-cm-Geschützen befand sich an Backbord und an Steuerbord je ein 53,3-cm-Drillings-Torpedorohrsatz. Zu den Flugzeugeinrichtungen gehörten neben zwei Kränen zwei separate Flugzeughallen beiderseits des vorderen Schornsteins. Jede konnte ein Seeflugzeug vom Typ Supermarine »Walrus« aufnehmen. Falls erforderlich konnte ein drittes Flugzeug auf dem Katapult mitgeführt werden; aber dies war im Dienstbetrieb selten einmal der Fall.

Die Feuerleiteinrichtungen waren von unterschiedlicher Art. Wie oben bereits dargelegt, hatten den ursprünglich einen Fla-Leitstand auf dem Brückenaufbau oberhalb des Vorderen Artillerieleitstandes zwei Fla-Leitstände an Backbord und an Steuerbord auf dem Dach der Flugzeughallen ersetzt. Bei SOUTHAMPTON und NEWCASTLE erfolgte ihr Einbau noch vor der Fertigstellung. Die Einheiten aus dem Bauprogramm 1934 (SHEFFIELD, GLASGOW und BIRMINGHAM) erhielten zusätzlich einen dritten Fla-Leitstand achtern auf der Mittschiffslinie. Die Einheiten der 2. Gruppe (LIVERPOOL, MANCHESTER und GLOUCESTER) aus dem Bauprogramm 1935 besaßen neben einem dritten Fla-Leitstand auch einen Achteren Artillerieleitstand für die 15,2-cm-Geschütze. Außerdem hatten die Einheiten der 2. Gruppe auch einen verbesserten Horizontalschutz: LIVERPOOL und MANCHESTER 51 mm Panzerstahl über den Munitionskammern und 32 mm D-Stahl über den Maschinenräumen sowie GLOUCESTER 51 mm Nickel-Chrom-Panzerstahl über beiden. Diese zusätzlichen Änderungen führten bei den letzten drei Einheiten zu einer Steigerung in der Wasserverdrängung und die Konstruktionsleistung der Antriebsanlage mußte um 10 % erhöht werden, um der Forderung von 32 kn nachzukommen.

Obwohl die Einheiten dieser Klasse schließlich Städtenamen erhielt – daher »Town«-Klasse – waren ursprünglich Namen aus der Antike vorgesehen gewesen. Die ersten beiden Schiffe trugen die Namen POLYPHEMUS und MINOTAUR, ehe sie in SOUTHAMPTON und NEWCASTLE umbenannt wurden.

Modifizierungen: Vor dem Kriege wurden an diesen modernen Schiffen keine wesentlichen Veränderungen vorgenommen, ausgenommen die SHEFFIELD; sie erhielt 1938 das erste britische Radargerät: Typ 79 Y.[147]

Die NEWCASTLE wurde im April/Mai 1940 mit zwei UP-Lafetten ausgerüstet, die jedoch im November 1941 wieder von Bord kamen. Gleichzeitig verlor der Kreuzer die 12,7-mm-Vierlingslafetten und das inzwischen installierte Radar vom Typ 286 im Austausch gegen neun 2-cm-Fla-Geschütze in Einzellafetten und Radar vom Typ 273 und 291. Im Oktober/November 1942 wurden die Flugzeugeinrichtungen und das Radar vom Typ 291 entfernt. Statt dessen kamen weitere zehn 2-cm-Einzellafetten an Bord und die Radarausrüstung wurde auf den neuesten Stand gebracht. Zwischen Juli und September 1943 ersetzten vier 2-cm-Doppellafetten mit elektrischem Antrieb sechs der 2-cm-Einzellafetten. Dies war zugleich die Ausrüstung mit Leichter Flak im April 1944. Sie blieb bis zum Mai 1945 unverändert. Zu diesem Zeitpunkt begann jedoch eine Große Werftliegezeit, die sich bis in den Oktober hinein erstreckte. In ihrem Verlauf wurde Turm X entfernt. Weitere Modernisierungen erfuhr das Schiff in den 50er Jahren.

Die SOUTHAMPTON war ein früher Kriegsverlust. Daher gab es bei ihr kaum Modifizierungen. Sie erhielt lediglich im Mai 1940 Radar vom Typ 279. Es ist jedoch unwahrscheinlich, daß die Flakausrüstung modifiziert wurde.

Im Sommer 1941 bekam die SHEFFIELD Radar vom Typ 284 und 285 zusätzlich zum bisher installierten Typ 279 und im September wurden die 12,7-mm-Fla-MG's gegen sechs 2-cm-Fla-Geschütze in Einzellafetten ausgetauscht. Zwischen April und Juli 1942 wurde das Radar vom Typ 279 entfernt und durch Radar vom Typ 281, 282, 283 und 273 ersetzt. Außerdem kamen drei weitere 2-cm-Einzellafetten an Bord. Die 2-cm-Bewaffnung ergänzten zwischen März und Juni 1943 noch fünf weitere Einzellafetten. Anfang 1944 wurden die Flugzeugeinrichtungen entfernt und nochmals acht 2-cm-Einzellafetten eingebaut. Schließlich wurden während der Großen Werftliegezeit von Juli 1944 bis Mai 1945 in den USA der Turm X, fünfzehn 2-cm-Einzellafetten und das Radar vom Typ 273 ausgebaut und an Land gegeben. Statt dessen gelangten vier 4-cm-Bofors-Vierlingsflaks, zehn 2-cm-Doppellafetten mit elektrischem Antrieb und Radar vom Typ 277 an Bord. Nach dem Kriege erfuhr der Kreuzer noch weitere Veränderungen.

GLASGOW erhielt im Frühsommer 1940 zwei UP-Lafetten sowie Radar vom Typ 286; erstere kamen ein Jahr später wieder von Bord. Im Sommer 1942 wurden die 12,7-mm-Vierlingslafetten und das Radar vom Typ 279 an Land gegeben und durch neun 2-cm-Fla-Geschütze in Einzellafetten sowie durch Radar vom Typ 273, 281 A, 282, 284 und 285 ersetzt. Im Dezember 1942 gelangten acht 2-cm-Doppellafetten mit elektrischem Antrieb im Austausch gegen fünf 2-cm-Einzellafetten an Bord und im Herbst 1943 kamen wieder zwei 2-cm-Einzellafetten hinzu. Während der mit Ausbesserungsarbeiten verbundenen Großen Werftliegezeit vom Juni 1944 bis zum Mai 1945 wurden der Turm X, zwei 2-cm-Doppel- und vier 2-cm-Einzellafetten, die Flugzeugeinrichtungen sowie die Radargeräte vom Typ 273, 281 A und 284 entfernt und gegen zwei 2-Pfünder-Vierlingslafetten, vier 2-Pfünder-Einzellafetten sowie gegen Radar vom Typ 281 B, 274 und 293 ausgetauscht.[148]

Die BIRMINGHAM führte vom Juni 1940 bis zum Juli 1941 eine UP-Einzellafette. Im März 1942 ersetzten sieben 2-cm-Fla-Geschütze in Einzellafetten die 12,7-mm-Fla-MG's und es erfolgte eine Ausrüstung mit Radar vom Typ 284 und 291. Zwischen April und August 1943 wurden die Flugzeugeinrichtungen, fünf 2-cm-Einzellafetten und das Radar vom Typ 291 entfernt und durch acht 2-cm-Doppellafetten mit elektrischem Antrieb sowie durch Radar vom Typ 281 und 273 ersetzt. Schließlich wurde zwischen Juli und November 1944 der Turm X ausgebaut und an Land gegeben, als vier 4-cm-Bofors-Vierlingsflaks, zwei 2-cm-Doppel- und fünf 2-cm-Einzellafetten zum Einbau gelangten.

Die MANCHESTER hatte im November 1940 Radar vom Typ 286 erhalten und Anfang 1941 wurden die 12,7-mm-Fla-MG's an Land gegeben und durch ein 4-cm-Bofors-Fla-Geschütz Mk. III in Einzellafette und fünf 2-cm-Einzellafetten ersetzt. Zwischen September 1941 und Februar 1942 erfolgte der Austausch des Radargerätes vom Typ 286 gegen Radar vom Typ 273, 279, 282, 284 und 285. Außerdem kamen weitere drei 2-cm-Einzellafetten an Bord.

LIVERPOOL erhielt zwischen Juni und November 1941 bei ihrem Aufenthalt in der Marinewerft Mare Island neun 2-cm-Fla-Geschütze in Einzellafetten. Nach ihrer Rückkehr nach Großbritannien nahm sie die 2-Pfünder-Vierlingslafetten (4-cm-Pompom) wieder an Bord, die nach dem Torpedotreffer im Oktober 1940 an Land gegeben worden waren. Außerdem erfolgte eine Modernisierung der Radarausrüstung. Vom August 1942 bis zum Juli 1945 hielt sich der Kreuzer zur Ausbesserung seiner Schäden verbunden mit einer Großen Liegezeit erneut in der Werft auf. Diesmal wurden der Turm X, zwei 2-cm-Einzellafetten, verschiedene Radargeräte und die Flugzeugeinrichtungen von Bord gegeben und durch vier 2-Pfünder-Vierlingsflaks, sechs 2-Pfünder-Einzellafetten und sechs 2-cm-Doppellafetten mit elektrischem Antrieb ersetzt. Die Radarausrüstung erfuhr eine Modernisierung.

GLOUCESTER wurde infolge ihres frühen Verlustes – soweit bekannt ist – nicht modifiziert.

Werdegang: Die NEWCASTLE stieß nach der Indienststellung zum 2. Kreuzergeschwader und absolvierte bei Kriegsausbruch gerade eine Werftliegezeit. Danach trat sie Mitte September

Unten: Die MANCHESTER im August 1938. Sie führt den Anstrich der Chinastation. (W&L)

Links: Die BIRMINGHAM am 20. September 1943 in Plymouth. (WSS)

1939 zum 18. Kreuzergeschwader bei der *Home Fleet* und kam anfänglich bei Handelsschutzaufgaben in den Western Approaches zum Einsatz. Danach gehörte der Kreuzer zur *Northern Patrol*. Hier hielt er am 12. November 1939 den deutschen Dampfer PARANA (5986 BRT) an, der sich selbstversenkte. Während des Vorstoßes der deutschen Schlachtschiffe SCHARNHORST und GNEISENAU in die Island-Färöer-Enge sichtete die NEWCASTLE am Abend des 23. November die deutsche Kampfgruppe nach der Versenkung des britischen Hilfskreuzers RAWALPINDI. Infolge des schlechten Wetters war jedoch ein Fühlunghalten nicht möglich. Nach einer Werftliegezeit am Tyne verlegte die NEWCASTLE im Juli 1940 zur Abwehr einer möglichen Invasion südwärts nach Plymouth. Am 11. Oktober beschoß der Kreuzer zusammen mit dem Schlachtschiff REVENGE, gesichert durch die 5. Z- und die 3. MGB-Flottille, Hafenanlagen in Cherbourg. Wenige Tage später ging er mit dem Leichten Kreuzer EMERALD in See, um einen deutschen Zerstörerverband bei einem Vorstoß in die Western Approaches abzufangen. Es entwickelte sich zwar in der Nacht vom 17./18. Oktober ein Gefecht, aber der Gegner konnte entkommen. Am 13. November verlegte die NEWCASTLE nach Gibraltar, um zur *Force H* zu stoßen, und brachte am 17. November RAF-Personal und wichtige Ersatzteile nach Malta. Am 27. November 1940 war der Kreuzer im Verband der *Force D* bei einer Operation zur Sicherung eines Malta-Geleitzuges an der Seeschlacht vor Kap Teulada/Sardinien beteiligt. Anfang Dezember 1940 wurde der Kreuzer dem Südatlantik-Kommando zum Aufspüren deutscher Handelsstörer und Blockadebrecher unterstellt. Im Verlaufe seiner Patrouillentätigkeit vor der La-Plata-Mündung stellte er am 25. Juli 1941 den deutschen Dampfer ERLANGEN (6101 BRT), der sich selbstversenkte. Ende August verlegte die NEWCASTLE zu einer Werftliegezeit nach Boston/Massachusetts. Sie kehrte am 29. Dezember 1941 nach Plymouth zurück und stieß im Februar 1942 zur *Eastern Fleet* in den Indischen Ozean. Anfang Juni wurde der Kreuzer zur Sicherung der Doppel-Geleitzugoperation »Harpoon« (von Gibraltar aus) und »Vigorous« (von Alexandria aus) zur Versorgung Maltas mit dem 4. Kreuzergeschwader nach Alexandria detachiert. Im Zuge dieser Operation torpedierte S 56 (ObltzS. Wuppermann) beim Angriff der 3. S-Flottille am 15. Juni 1942 die NEWCASTLE und beschädigte sie erheblich.[149] Nach einer Notreparatur in Bombay ging der Kreuzer zur vollständigen Ausbesserung in die USA. Dort traf er am 10. Oktober 1942 auf der Marinewerft New York ein. Allerdings waren die Ausbesserungsarbeiten nicht vollständig abgeschlossen, als die NEWCASTLE im März 1943 nach Großbritannien zurückkehrte. Danach stieß sie wieder zum 4. Kreuzergeschwader bei der *Eastern Fleet* und traf am 27. Mai 1943 in Kilindini ein. Der Kreuzer blieb bis 1945 im Fernen Osten und kehrte erst im Mai zu einer Großen Werftliegezeit in Rosyth, die bis zum Oktober 1945 dauerte, in heimische Gewässer zurück. Von 1945 bis 1947 erfüllte der Kreuzer Truppenaufgaben beim Plymouth-Kommando und ging anschließend für die nächsten beiden Jahre zum 1. Kreuzergeschwader ins Mittelmeer, ehe er nach Plymouth zurückkehrte. Nach dem Kriege gehörte die NEWCASTLE zu den ersten Schiffen, die einer Modernisierung (1950/51) unterzogen wurden. Danach verlegte sie wieder in den Fernen Osten zum 5. Kreuzergeschwader und nahm an Kampfhandlungen im Koreakrieg teil. Ihren restlichen Werdegang verbrachte die NEWCASTLE bei der Fernostflotte, ehe sie nach Großbritannien zurückkehrte und im August 1958 außer Dienst gestellt wurde. Am 19. August 1959 traf das Schiff auf der Abbruchwerft der Shipbreaking Industries in Faslane zum Verschrotten ein.

Die SOUTHAMPTON diente als Flaggschiff des 2. Kreuzergeschwaders bei der *Home Fleet* und gehörte nach Kriegsausbruch zu den Humber-Streitkräften. Am 16. Oktober 1939 griffen Ju 88 der I./K.G.30 (Hauptmann Pohle) Schiffsziele im Firth of Forth an, wobei die in Rosyth liegende SOUTHAMPTON von einer Bombe getroffen wurde, die sich allerdings als Blindgänger erwies. Der Kreuzer blieb bis zum Februar 1940 bei den Humber-Streitkräften und stieß anschließend zum 18. Kreuzergeschwader der *Home Fleet* in Scapa Flow. Im April/Mai 1940 nahm die SOUTHAMPTON am Norwegen-Feldzug teil. Mehrfach erlitt sie bei Luftangriffen leichtere Beschädigungen und entging am 14. April nur knapp einem Torpedoangriff von U 38 (Kptlt. Liebe) vor Nordnorwegen. Ende Mai kehrte der Kreuzer für den Fall einer Invasion nach Südengland in die Humber-Mündung zurück, ehe er im Oktober 1940 wieder nach Scapa Flow verlegte. Am 15. November verlegte die SOUTHAMPTON ins Mittelmeer und war am 27. November an der Seeschlacht vor Kap Teulada/Sardinien beteiligt. Im Dezember 1940 sicherte sie Truppentransport-Geleitzüge ins Rote Meer und beschoß während des Feldzuges gegen Italienisch-Somaliland den Hafen Kismayu. Am 1. Januar stieß sie wieder zum 3. Kreuzergeschwader und nahm im Verband der *Force B* an Geleitzugoperationen zur Versorgung Maltas teil. Am 11. Januar 1941 griffen Ju 87 der II./St.G.2 die *Force B* kurz nach dem Auslaufen aus Malta an und erzielten auf der SOUTHAMPTON zwei oder drei Bombentreffer, die wütende Brände verursachten und den Kreuzer so schwer beschädigten, das er aufgegeben werden mußte. Ein Torpedo des Leichten Kreuzers GLOUCESTER und vier weitere des Leichten Kreuzers ORION versenkten schließlich das Wrack.

SHEFFIELD gehörte im September 1939 zum 2. Kreuzergeschwader bei der *Home Fleet* und nahm bis zum April 1940 an Vorstößen und Patrouillen in der Nordsee und in der Island-Färöer-Enge[150] und danach am Norwegen-Feldzug teil.

Oben: Die SHEFFIELD Ende 1942 im arktischen Geleitsicherungsdienst. (IWM)

Anschließend befand sich der Kreuzer mit dem 18. Kreuzergeschwader für den Fall einer Invasion bei den Humber-Streitkräften und verlegte am 22. August 1940 zur Verstärkung der *Force H* nach Gibraltar. Hier führte die SHEFFIELD im Verband der *Force H* mehrere Operationen im Mittelmeer – hauptsächlich zur Versorgung Maltas – durch, unterbrochen von einem kurzen Vorstoß in den Mittelatlantik Ende Dezember 1940. Am 9. Februar 1941 war die SHEFFIELD an der Beschießung von Genua beteiligt und im März kam sie bei den Operationen gegen die deutschen Schlachtschiffe SCHARNHORST und GNEISENAU im Mittelatlantik und gegen einen ins Mittelmeer bestimmten vichy-französischen Geleitzug zum Einsatz. Nach der Deckung weiterer Versorgungsoperationen für Malta einschließlich der Verstärkung der Luftverteidigung der Insel durch das Heranbringen einer großen Anzahl von »Hurricane«-Jägern im April und Anfang Mai 1941 kehrte die SHEFFIELD in den Nordatlantik zur Verfolgung der BISMARCK zurück. Hierbei fiel sie am 26. Mai fast einem Lufttorpedoangriff von »Swordfish«-Flugzeugen des zur *Force H* gehörenden Flugzeugträgers ARK ROYAL zum Opfer, die sie mit der BISMARCK verwechselten. Auf dem Rückmarsch zur Werftliegezeit in Großbritannien stellte die SHEFFIELD am 12. Juni 1941 den vom Unternehmen »Rheinübung« auf dem Heimmarsch befindlichen deutschen Begleittanker FRIEDRICH BREME (10397 BRT) westnordwestlich von Kap Finisterre, der sich selbstversenkte. Nach Beendigung des Werftaufenthaltes wurde die SHEFFIELD zusammen mit dem Leichten Kreuzer KENYA aufgrund von »Ultra«-Meldungen in den Nordatlantik entsandt, um den in den Südatlantik bestimmten U-Bootversorger KOTA PINANG (7277 BRT) abzufangen. Er wurde am 3. Oktober 1941 von der KENYA westlich von Kap Finisterre mit Artillerie versenkt. Inzwischen zur Sicherung von Rußland-Geleitzügen in arktischen Gewässern eingesetzt, erhielt die SHEFFIELD am 4. März 1942 auf der Höhe von Island einen Minentreffer, der den Kreuzer bis zum Juli außer Gefecht setzte. Anschließend kam er wieder in arktischen Gewässern im Geleitsicherungsdienst zum Einsatz, unterbrochen zur Teilnahme an der Operation »Torch«, der alliierten Landung in Französisch-Nordafrika am 8. November 1942. Hier gehörte die SHEFFIELD zur *Force O* im Bereich der *Eastern Task Force*, um vor dem Landekopf Algier Feuerunterstützung zu geben. Ein Angriff des französischen Unterseebootes FRESNEL am 8. November blieb erfolglos. Am 31. Dezember griffen die Schweren Kreuzer ADMIRAL HIPPER und LÜTZOW mit der 5. Z-Flottille im Rahmen des Unternehmens »Regenbogen« den Rußland-Geleitzug JW 51 B an. In dem sich entwickelnden Seegefecht in der Barentssee versenkte die SHEFFIELD den deutschen Zerstörer FRIEDRICH ECKOLDT und beschädigte die ADMIRAL HIPPER.[151] SHEFFIELD blieb bis Mitte Februar 1943 in arktischen Gewässern, als sie in einem schweren Sturm erhebliche Seeschäden erlitt. Danach fand der Kreuzer zur Bekämpfung der U-Boote im Juli/August 1943 im Golf von Biscaya Verwendung. Im Anschluß daran kehrte die SHEFFIELD zum Geleitsicherungsdienst in arktischen Gewässern zurück und war am 26. Dezember 1943 an der Versenkung der SCHARNHORST auf Höhe des Nordkaps beteiligt. Auch im Frühjahr 1944 war der Kreuzer an der Sicherung arktischer Geleitzüge beteiligt und gehörte im Mai zu den Deckungsstreitkräften bei den Trägervorstößen an die norwegische Küste. Im Juli 1944 verlegte die SHEFFIELD für eine Große Werftliegezeit nach Boston/Massachusetts. Nach Großbritannien zurückgekehrt, setzte sich der Werftaufenthalt zur Modernisierung des Schiffes über das Kriegsende hinaus bis zum Mai 1946 fort. Danach verlegte der Kreuzer auf die Amerikanische & Westindische Station, um 1949/50 zu einer Werftliegezeit in die Marinewerft Chatham zu gehen. Anschließend gehörte die SHEFFIELD zum 2. Kreuzergeschwader bei der *Home Fleet*, ehe sie als Flaggschiff des 8. Kreuzergeschwaders wieder nach Westindien ging. Am 26. Oktober 1954 kehrte sie zur Werftliegezeit erneut in heimische Gewässer zurück. Später diente der Kreuzer sowohl bei der *Home Fleet* als auch bei der Mittelmeerflotte und wurde 1959 in den Reservestatus versetzt. Hier löste sie das Schlachtschiff VANGUARD als Flaggschiff der Reserveflotte ab. Im September 1964 wurde die SHEFFIELD ihrerseits abgelöst und zum Verkauf gestellt. Am 6. Januar 1967 brachten Schlepper den Kreuzer zum Abrüsten und Entfernen der Ausrüstung nach Rosyth und am 18. September desselben Jahres traf das Schiff auf der Abbruchwerft der Shipbreaking Industries in Faslane zum Verschrotten ein.

Die BIRMINGHAM diente nach ihrer Indienststellung im Gegensatz zu ihren Schwesterschiffen beim 5. Kreuzergeschwader auf der China-Station. Nach dem Ausbruch des Krieges verlegte sie zu einer Werftliegezeit nach Malta und stieß danach zur *Home Fleet*. Im April/Mai 1940 nahm sie am Norwegen-Feldzug teil und verlegte Ende Mai für den Fall einer Invasion zum 18. Kreuzergeschwader bei den Humber-Streitkräften. Von September bis Dezember 1940 absolvierte der Kreuzer eine Werftliegezeit und von Januar bis April 1941 gehörte er zur Sicherung von Truppentransport-Geleitzügen um das Kap der Guten Hoffnung in den Nahen Osten. Im Mai 1941 war die BIRMINGHAM am Aufbringen des deutschen Wetterschiffes MÜNCHEN bei Jan Mayen und an der Jagd auf die BISMARCK beteiligt. Im Juli 1941 verlegte sie als Flaggschiff der Südamerikanischen Division in den Südatlantik und stieß im Februar 1942 zur *Eastern Fleet* im Indischen Ozean, kurzzeitig durch eine Detachierung ins Mittelmeer zur Teilnahme an der Doppel-Geleitzugoperation »Harpoon/Vigorous« Mitte Juni unterbrochen. Im Indischen Ozean kam der Kreuzer hauptsächlich im Patrouillendienst und bei der Sicherung von Geleitzügen zum Einsatz. Im April 1943 kehrte die BIRMINGHAM zu einer Werftliegezeit in heimische Gewässer zurück. Auf dem Verlegungsmarsch durch das Mittelmeer wieder zur *Eastern Fleet* im Indischen Ozean torpedierte U 407 (ObltzS. Brüller) am 28. November 1943 den Kreuzer vor der Küste der Cyrenaika und beschädigte ihn erheblich. Nach einer Notreparatur lag die BIRMINGHAM bis zum Juni 1944 in Alexandria und verlegte dann zur vollständigen Ausbesserung in die USA. Nach der Beendigung des dortigen Werftaufenthaltes kehrte sie Ende November 1944 in heimische Gewässer zurück und stieß zum 10. Kreuzergeschwader der *Home Fleet* in Scapa Flow. Bis Kriegsende nahm die BIRMINGHAM an den Vorstößen gegen die norwegische Küste teil und gehörte am 9. Mai 1945 zu dem britischen Kampfverband, der in Kopenhagen die deutschen Kreuzer PRINZ EUGEN und NÜRNBERG übernahm. Nach dem Kriege erfuhr die BIRMINGHAM eine Modernisierung auf der Marinewerft Portsmouth und ging im Anschluß daran mit dem 4. Kreuzergeschwader bis 1950 nach Ostindien, 1948 durch eine kurzzeitige Detachierung zum Südatlantik-Kommando unterbrochen. Nach einem Aufenthalt in heimischen Gewässern verlegte der Kreuzer 1952 erneut in den Fernen Osten zum 5. Kreuzergeschwader und nahm am Koreakrieg teil. 1955 stieß die BIRMINGHAM als Flaggschiff des 1. Kreuzergeschwaders zur Mittelmeerflotte und verlegte später zur *Home Fleet* in heimische Gewässer. Am 3. Dezember 1959 wurde der Kreuzer als letzte Einheit seiner Klasse in Devonport außer Dienst gestellt. Im März 1960 zum Verkauf gestellt, traf das Schiff am 7. September desselben Jahres auf der Abbruchwerft T.W. Ward in Inverkeithing zum Verschrotten ein.

Die GLASGOW gehörte bei Kriegsausbruch zum 2. Kreuzergeschwader der *Home Fleet* und befand sich zeitweise bei den Humber-Streitkräften und bei der *Northern Patrol*. Ende November 1939 war sie an der Jagd auf das deutsche Passagierschiff BREMEN beteiligt, das sich nach gelungener Atlantiküberquerung von Murmansk aus auf der Heimreise befand, und brachte am 12. Februar 1940 den deutschen Fischdampfer HERRLICHKEIT vor Tromsø auf. Im April/Mai nahm die GLASGOW am Norwegen-Feldzug teil, wurde am 9. April auf der Höhe von Bergen bei Angriffen von Ju 88 des K.G.30 und He 111 des K.G.26 durch Bombennahtreffer beschädigt und brachte am 29. April den norwegischen König und den Kronprinzen von Molde südlich von Trondheim nach Tromsø (siehe oben DEVONSHIRE Seite 101). Nach Ausbesserung ihrer Schäden kollidierte die GLASGOW, inzwischen zum 18. Kreuzergeschwader gehörend, am 16. Juli 1940 in dichtem Nebel vor Duncansby Head mit dem britischen Zerstörer IMOGEN, der bei dem Unfall sank. Anfang November 1940 verlegte die GLASGOW mit der *Force F* als Verstärkung für die Mittelmeerflotte nach Alexandria. Hier führte der Kreuzer Truppentransporte nach Griechenland durch und sicherte Malta-Geleitzüge. Am 3. Dezember 1940 in der Sudabucht liegend, erhielt die GLASGOW zwei Torpedotreffer durch italienische Torpedoflugzeuge. Der in erheblichem Maße beschädigte Kreuzer konnte jedoch sicher nach Alexandria eingebracht werden. Nach einer Notreparatur verlegte die GLASGOW in den Indischen Ozean. Hier war sie im Februar 1941 an der Jagd auf die ADMIRAL SCHEER beteiligt und ihr Bordflugzeug sichtete am 22. Februar den deutschen Handelsstörer, der jedoch entkommen konnte. Am 16. März gehörte der Kreuzer zur *Force D* und leistete bei der Landung beiderseits von Berbera/Italienisch-Somaliland (Operation »Appearance«) Feuerunterstützung. An diesen Einsatz schloß sich eine Werftliegezeit zur weiteren Ausbesserung des Schiffes in Singapur bis August 1941 an. Danach verblieb sie noch bis zum April 1942 in Ostindien und ging anschließend zu einer Großen Werftliegezeit verbunden mit der vollständigen Ausbesserung der in der Sudabucht erhaltenen Torpedotreffer in die USA. Nach dem Abschluß des Werftaufenthaltes im August 1942 stieß die GLASGOW zum 10. Kreuzergeschwader der *Home Fleet* in Scapa Flow und kam zur Sicherung der Rußland-Geleitzüge in arktischen Gewässern zum Einsatz. Am 30. März 1943 fing die aufgrund von »Ultra«-Meldungen in die Dänemarkstraße entsandte GLASGOW den aus Fernost kommenden deutschen Blockadebrecher REGENSBURG (8086 BRT) ab, der sich selbstversenkte. Im Juni 1943 kam der Kreuzer beim Plymouth-Kommando zum Einsatz und war an der Bekämpfung von U-Booten und U-Tankern im Golf von Biscaya beteiligt. Mitte Dezember 1943 verlegte die GLASGOW mit dem Leichten Kreuzer GAMBIA nach Horta auf den Azoren, um über »Ultra« gemeldete deutsche Blockadebrecher abzufangen (Operation »Stonewall«). Am 28. Dezember kamen die GLASGOW und der Leichte Kreuzer ENTERPRISE mit einem aus Zerstörern und T-Booten bestehenden deutschen Verband ins Gefecht, der zum Einbringen des Blockadebrechers ALSTERUFER ausgelaufen war. Hierbei versenkten die britischen Kreuzer Z 27, T 26 und T 27 (siehe oben Seite 94). Am 6. Juni 1944 nahm die GLASGOW im Verband der *Western Naval Task Force* an der alliierten Landung in der Normandie teil. Sie gehörte zur *Force C*, die vor dem amerikanischen Landekopf »Omaha« Feuerunterstützung gewährte. Zur Unterstützung des amerikanischen Angriffs auf Cherbourg beschoß die GLASGOW im Verband der Feuerunterstützungsgruppe I am 25. Juni deutsche Küstenbatterien, wobei der Kreuzer Beschädigungen erlitt. Die Ausbesserungsarbeiten dauerten bis zum Mai 1945 und am 22. August 1945 verlegte die GLASGOW auf die Ostindische Station. Sie verblieb dort bis in das Jahr 1948 hinein. Danach diente der Kreuzer bis 1950 auf der Westindischen Station, gehörte von 1951 bis 1955 zur Mittelmeerflotte und war bis zu seiner Außerdienststellung im November 1956 Flaggschiff des Führers der Zerstörer – Rear-Admiral (D) – bei der *Home Fleet*. Im März 1958 kam die GLASGOW auf die Ausmusterungsliste und wurde von der BISCO übernommen. Sie wies das Schiff der Abbruchwerft Hughes Bolkow zu. Im Schlepp verließ es am 4. Juli Portsmouth und traf am 8. Juli 1958 zum Verschrotten in Blyth ein.

Die MANCHESTER gehörte bei Kriegsausbruch zum 4. Kreuzergeschwader auf der Ostindischen Station, erhielt jedoch den Befehl zur Rückkehr in heimische Gewässer und traf am 25. November 1939 in Großbritannien ein. In der Folge befand sie sich bei der *Home Fleet* in Scapa Flow und absolvierte Patrouillendienst bei der *Northern Patrol*. Hierbei brachte der Kreuzer zusammen mit dem

Zerstörer KIMBERLEY am 12. Februar 1940 den aus dem spanischen Hafen Vigo ausgebrochenen deutschen Dampfer WAHEHE (4709 BRT) auf. Im April/Mai 1940 nahm die MANCHESTER am Norwegen-Feldzug teil. Anschließend verlegte der zum 18. Kreuzergeschwader gehörende Kreuzer für den Fall einer Invasion zu den Humber-Streitkräften. Am 15. September 1940 ging die MANCHESTER ins Mittelmeer und war am 27. November im Rahmen der Operation »Collar« (Truppen- und Nachschubtransport nach Malta) an der Seeschlacht vor Kap Teulada/Sardinien beteiligt. Am 13. Dezember kehrte der Kreuzer wieder nach Großbritannien zurück und führte bis zum April 1941 eine Werftliegezeit durch. Anfang Mai gehörte er zu dem Verband, der aufgrund von »Ultra«-Meldungen das deutsche Wetterschiff MÜNCHEN bei Jan Mayen aufbrachte. Anschließend nahm die MANCHESTER im Zusammenhang mit dem Aufspüren der BISMARCK Ende Mai an der Überwachung der Island-Färöer-Enge teil. Im Juli 1941 kehrte sie zur Verstärkung der Force H für einen wichtigen Nachschubgeleitzug nach Malta (Operation »Substance« Ende Juli) ins Mittelmeer zurück. Hierbei erhielt die MANCHESTER am 23. Juli einen italienischen Lufttorpedotreffer, der das Schiff an Backbord achtern schwer beschädigte. Nach einer Notreparatur in Gibraltar ging der Kreuzer zur vollständigen Ausbesserung in die Marinewerft Philadelphia/USA. Nach der Beendigung des Werftaufenthalts am 27. Februar 1942 kehrte die MANCHESTER nach Portsmouth zurück. Die Restarbeiten dauerten bis Ende April und in der ersten Maiwoche stieß sie zur Home Fleet in Scapa Flow. In der Folge brachte der Kreuzer im Sommer 1942 Verstärkungen nach Spitzbergen und gehörte zur Sicherung von Rußland-Geleitzügen in den arktischen Gewässern. Anfang August 1942 kehrte die MANCHESTER zur Durchführung der Operation »Pedestal« ins Mittelmeer zurück und gehörte zur Nahsicherung dieses lebenswichtigen Nachschub-Geleitzuges für Malta. Bei italienischen Schnellbootangriffen in der Nacht vom 12./13. August erzielten die S-Boote MS 16 und MS 22 Torpedotreffer auf der MANCHESTER und beschädigten den Kreuzer so schwer, daß er in den frühen Morgenstunden des 13. August 1942 selbstversenkt werden mußte.

Auch die LIVERPOOL gehörte 1939 zum 4. Kreuzergeschwader auf der Ostindischen Station, wechselte aber Mitte November 1939 zum 5. Kreuzergeschwader auf der China-Station. Hier hielt der Kreuzer am 21. Dezember das japanische Passagierschiff ASAMA MARU an und holte 21 Deutsche als Gefangene von Bord. Im April 1940 verstärkte die LIVERPOOL die britischen Seestreitkräfte im Roten Meer und am 20. Mai stieß sie zum 7. Kreuzergeschwader bei der Mittelmeerflotte in Alexandria. Nach der Teilnahme an der Beschießung Tobruks und der Versenkung des italienischen Hilfsminensuchers GIOVANNI BERTA am 12. Juni gehörte die LIVERPOOL zu dem Kreuzerverband, der am 30. Juni 1940 eine italienische Zerstörergruppe bei dem Versuch, Nachschub nach Tobruk zu bringen, abfing und den Zerstörer ESPERO versenkte.[152] Hierbei erhielt die LIVERPOOL einen 12-cm-Artillerietreffer. Bei der Sicherung eines aus Piräus zurückmarschierenden Geleitzuges traf den Kreuzer bei einem italienischen Luftangriff am 29. Juli eine nicht detonierende Bombe. Ende September 1940 führte die LIVERPOOL zusammen mit der GLOUCESTER einen Truppentransport nach Malta durch und gehörte Anfang Oktober als Teil des 3. Kreuzergeschwaders zur Sicherung eines weiteren Nachschub-Geleitzuges von Alexandria nach Malta. Hierbei erhielt sie in den Abendstunden des 14. Oktober einen italienischen Lufttorpedotreffer, der im Vorschiff schwere Schäden verursachte und die Decke des Turms A abriß. Nach einer in Alexandria durchgeführten Notreparatur, die bis zum April 1941 dauerte, ging der Kreuzer zur vollständigen Ausbesserung in die Marinewerft Mare Island/Kalifornien. Erst im Januar 1942 stand die LIVERPOOL wieder einsatzbereit zur Verfügung und stieß im März zum 18. Kreuzergeschwader in Scapa Flow, um in arktischen Gewässern zu Geleitsicherungsaufgaben eingesetzt zu werden. Nach der Sicherung des aus Rußland zurückmarschierenden Geleitzuges QP 10 Mitte April, der Rückführung des beschädigten Leichten Kreuzers TRINIDAD aus Murmansk Anfang Mai und der Sicherung des Geleitzuges PQ 16 nach Rußland Ende Mai wurde die LIVERPOOL am 5. Juni 1942 zur Teilnahme an der Doppel-Geleitzugoperation »Harpoon/Vigorous« Mitte Juni wieder ins Mittelmeer verlegt. Sie gehörte zur Force W, dem Deckungsverband für den von Gibraltar nach Malta gehenden »Harpoon«-Geleitzug. Hierbei erhielt die LIVERPOOL in den Morgenstunden des 14. Juni einen italienischen Lufttorpedotreffer an Steuerbord, der den achteren Maschinenraum zerstörte. Der bewegungsunfähig gewordene Kreuzer mußte mit schweren Schäden nach Gibraltar eingeschleppt werden. Mit dem notdürftig verschlossenen Leck und nur noch zwei betriebsbereiten Turbinen traf die LIVERPOOL im Juli 1942 in Rosyth ein. Obwohl die Ausbesserungsarbeiten keinen Vorrang genossen, waren sie bis zum Juli 1943 abgeschlossen. Trotzdem blieb der Kreuzer bis zum Mai 1944 außer Dienst gestellt und wurde anschließend in den Reservestatus versetzt. Damit nahm die LIVERPOOL nicht mehr am Krieg teil, wurde jedoch im Oktober 1945 wieder in Dienst

Unten: Die GLASGOW im Jahre 1942. (MOD)

gestellt und stieß zum 15. Kreuzergeschwader im Mittelmeer. Sie verblieb dort sieben Jahre beim 15. und später beim 1. Kreuzergeschwader, zumeist in der Funktion als Flaggschiff, bis sie im April 1952 endgültig außer Dienst gestellt wurde. Anschließend auf die Ausmusterungsliste gesetzt, übernahm die BISCO 1958 das Schiff zum Verschrotten. Portsmouth am 27. Juni im Schlepp verlassend, traf es am 2. Juli 1958 auf der Abbruchwerft McLellan Ltd. in Bo'ness ein.

Die GLOUCESTER diente bei Kriegsausbruch im September 1939 als Flaggschiff des 4. Kreuzergeschwaders auf der Ostindischen Station und führte im Indischen Ozean Patrouillendienst durch. Im Dezember 1939 stieß der Kreuzer zur *Force I* in Simonstown, eine der Jagdgruppen, die Vice-Admiral Leatham, der C-in-C East Indies, zum Aufspüren deutscher Handelsstörer – insbesondere der ADMIRAL SCHEER – gebildet hatte. Das Operationsgebiet der *Force I*, zu der noch das französische Kanonenboot RIGAULT DE GENOUILLY gehörte, befand sich zwischen der Nordküste Madagaskars und den Seychellen. Nach erfolglosem Operieren bis zum Mai 1940 stieß die GLOUCESTER zum 7. Kreuzergeschwader bei der Mittelmeerflotte in Alexandria. In der zweiten Hälfte des Jahres 1940 nahm der Kreuzer an Geleitzugoperationen nach Malta, an der Seeschlacht vor Punta Stilo/Kalabrien am 9. Juli (Bombentreffer mit geringen Schäden bei einem italienischen Luftangriff) sowie an Operationen im östlichen Mittelmeer und in der Ägäis teil. Am 11. Januar 1941 traf die GLOUCESTER während der Operation »Excess« – ein Geleitzug nach Malta und drei weitere nach Piräus – eine nicht detonierte Bombe einer Ju 87 der II./St.G.2. Am 28. März 1941 war der Kreuzer an der Seeschlacht vor Kap Matapan beteiligt und beschoß am 15. und am 18. April Ziele zwischen Bardia und Sollum/Libyen. Am 24. April verstärkte der Kreuzer die *Force K* in Malta und erlitt am 30. April in La Valetta einen Bombentreffer mit geringen Schäden. Anfang Mai stieß die GLOUCESTER zur *Force H* und gehörte zur Sicherung eines weiteren Geleitzuges nach Malta (Operation »Tiger«). Ende Mai 1941 war sie bei den Operationen zur Verteidigung Kretas eingesetzt.

Am 22. Mai griffen Ju 88 des L.G.1 die GLOUCESTER an und erzielten vier Bombentreffer, drei weitere Bomben waren Naheinschläge. Der Kreuzer sank unter dem Verlust von 45 Offizieren und 648 Mannschaften kurze Zeit später.

EDINBURGH-Klasse – »Town«-Klasse

Name	Bauwerft	Kiellegung	Stapellauf	Fertigstellung	Schicksal
EDINBURGH	Swan Hunter, Newcastle	30. Dez. 1936	31. März 1938	6. Juli 1939	gesunken: 2. Mai 1942
BELFAST	Harland & Wolff, Govan/Glasgow	10. Dez. 1936	17. März 1938	3. Aug. 1939	Museumsschiff: 1971

Typ: Leichter Kreuzer.
Standardverdrängung: 10 550 ts (10 719 t).
Einsatzverdrängung: 13 175 ts (13 386 t).
Länge: 186,99 m (über alles), 176,48 m (zwischen den Loten).
Breite: 19,30 m. *
Tiefgang: 5,26 m (mittlerer), 6,48 m (maximal).*
Antriebsanlage: 4 Satz Parsons-Getriebeturbinen, 8 Admiralty-Kessel vom Drei-Trommel-Typ, 4 Wellen.
Antriebsleistung: 80 000 WPS für 32,5 kn.
Bunkerinhalt: 2260 ts Heizöl.
Fahrtstrecke: 8000 sm bei 14 kn.
Panzerschutz: Hauptgürtelpanzer 115 mm, Deck 76 mm (Munitionskammern), 51 mm (Maschinenräume), Türme 51 mm – 102 mm.
Geschütze: zwölf 15,2 cm B.L.- L/50 Mk. XXIII (4 x 3), zwölf 10,2 cm S.K. L/45 Mk. XVI (6 x 2), sechzehn 2-Pfünder (2 x 8 – 4-cm-Pompom), acht 12,7-mm-Fla-MG's (2 x 4).
Torpedorohre: sechs 53,3 cm (2 x 3).
Seeminen: keine.
Bordflugzeuge: drei, ein Katapult.
Besatzungsstärke: 781 Offiziere und Mannschaften.

* BELFAST nach dem Umbau 1940 bis 1942: Breite 20,22, Tiefgang 7,06 m (maximal).

Entwurf: Die Entwurfsarbeit für das Kreuzerbauprogramm 1936 beeinflußte die Tatsache, daß Japaner und Amerikaner noch immer Leichte Kreuzer bauten, die mit fünfzehn 15,2-cm-Geschützen bewaffnet waren, und daß der bevorstehende Londoner Flottenvertrag zu einer qualitativen Beschränkung unter 9000 ts standard für Kreuzer führen könnte. Daher war die Zeit zu knapp, um einen neuen Entwurf zu entwickeln, ehe derartige Beschränkungen in Kraft treten würden. Da weitere Schwere Kreuzer mit 20,3-cm-Geschützen nicht mehr gebaut werden konnten, bestand die einzige Möglichkeit darin, die Anzahl der Leichten Kreuzer mit 15,2-cm-Bewaffnung zu vermehren, da es bei dieser Schiffskategorie keine Begrenzung in der Gesamttonnage gab. Wie bei britischen Entwurfsforderungen üblich, war die Fähigkeit, das Schiff weltweit einzudocken, von besonderer Bedeutung, so daß die Länge des Schiffskörpers über alles unter 187,5 m betragen mußte – zu kurz, um fünf Drillingstürme unterzubringen. Dies führte zu der Vorstellung, einen Entwurf mit vier Vierlingstürmen in der klassischen Aufstellung A und B vorn sowie X und Y achtern zu entwickeln. Die Wasserverdrängung mußte hierbei naturgemäß gesteigert werden, um die schwerere Bewaffnung unterzubringen. Außerdem mußte auch die Antriebsleistung auf 82 500 WPS erhöht werden, um die geforderten 32 kn zu halten. Das Panzerschutzschema sollte dem der vorausgegangenen Klasse gleichen, d.h. Schutz gegen 15,2-cm-Beschuß zu bieten. Erprobungen mit einem 15,2-cm-Vierlingsturm zeigten jedoch keinen zufriedenstellenden Fortschritt, und daher fiel die Entscheidung, das Schiff mit Drillingstürmen auszurüsten und den eingesparten Gewichtsanteil zur weiteren Verstärkung des Panzerschutzes zu verwenden. Die Gesamtlänge des Schiffskörpers verkürzte sich hierdurch von 190,04 m auf 186,99 m, da der Raumbedarf für die Munitionskammern in der Länge geringer ausfiel. Die Munitionskammern erhielten einen allseitigen Panzerschutz und das Panzerdeck über den Maschinenräumen wurde von 32 mm auf 51 mm Nickel-Chrom-Panzerstahl verstärkt, während das Panzerdeck über den 15,2-cm-Granat- und -Pulverkammern eine Dicke von 76 mm Nickel-Chrom-Panzerstahl erhielt. Nach der Billigung des endgültigen Entwurfs wurde die Entscheidung getroffen, die Dicke des Panzerdecks auf insgesamt 64 mm Nickel-Chrom-Panzerstahl zu erhöhen.

Der endgültige Entwurf verdrängte 10 302 ts standard mit einer Bewaffnung aus zwölf 15,2-cm-Geschützen in Drillingstürmen, zwölf 10,2-cm-Fla-Geschützen in Doppellafetten und zwei achtrohrigen 2-Pfünder-Lafetten. Zur weiteren Ausrüstung gehörten zwei 53,3-cm-Drillings-Torpedorohrsätze. Der Hauptgürtelpanzer wies eine Dicke von 115 mm Nickel-Chrom-Panzerstahl auf mit je einem Panzerquerschott von 64 mm Nickel-Chrom-Panzerstahl vorn und achtern als Abschluß. Das Panzerdeck hatte eine Dicke von durchweg 64 mm, ausgenommen 76 mm über den Granat- und Pulverkammern. Der Panzerschutz der Türme bestand aus 102 mm in der Front und 51 mm an den Seiten und der Decke. Hiermit betrug der Gewichtsanteil der Panzerung 18,6 % der revidierten Standardverdrängung.

Die Bewaffnung unterschied sich von jener der vorausgegangenen SOUTHAMPTON-Klasse nur durch die neue 15,2-cm-Drillings-Drehscheibenlafette Mk. XXIII.

Die Hauptantriebsanlage glich jener der früher gebauten Leichten Kreuzer, hatte aber eine stärkere Antriebsleistung (mit vier zusätzlichen Kesseln); ansonsten war sie von ähnlicher Anordnung. Die andersartige Anordnung der Schornsteine ergab sich durch einen weiteren Kesselraum und die Lage der 10,2-cm-Munitionskammern. Die gestiegene Wasserverdrängung gestattete jedoch einen um 20 % erhöhten Bunkerinhalt und führte zu einer größeren Seeausdauer.

Modifizierungen: 1940 erhielt die EDINBURGH Radar vom Typ 279 sowie im Juli 1941 sechs 2-cm-Fla-Geschütze in Einzellafetten. Anfang 1942

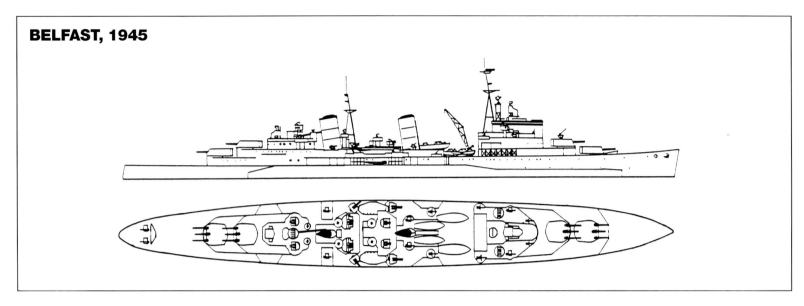

BELFAST, 1945

erfolgte die Umrüstung der Radarausstattung auf Anlagen vom Typ 273, 284 und 285.

Während des Werftaufenthaltes zur Ausbesserung ihrer Schäden von 1940 bis 1942 verlor die BELFAST ihre 12,7-mm-Fla-MG's im Austausch gegen vier 2-cm-Einzel- und fünf 2-cm-Doppellafetten; letztere mit elektrischem Antrieb. Außerdem erfolgte die Ausrüstung mit Radar vom Typ 273, 281, 282, 283, 284 und 285. Im Juni 1943 kamen weitere vier 2-cm-Einzellafetten an Bord. Im Frühjahr 1944 wurde eine 2-cm-Doppellafette gegen sechs zusätzliche 2-cm-Einzellafetten ausgetauscht. Zwischen August 1944 und Mai 1945 erfolgte das Entfernen der Flugzeugeinrichtungen, zwei der 10,2-cm-Doppellafetten und acht der 2-cm-Einzellafetten im Austausch gegen vier 2-Pfünder-Vierlings- und vier 2-Pfünder-Einzellafetten. Auch die Radarausrüstung wurde modernisiert und Radar vom Typ 281 B, 293, 277, 274 und 268 kam zusätzlich an Bord. Im August 1945 wurden zwei der 2-cm-Doppellafetten durch drei 4-cm-Bofors-Fla-Geschütze Mk. III in Einzellafetten und zwei 4-cm-Boffins ersetzt.

Werdegang: Im September 1939 gehörte die EDINBURGH zum 18. Kreuzergeschwader der *Home Fleet* in Scapa Flow, wurde aber am 1. Oktober zum 2. Kreuzergeschwader bei den Humber-Streitkräften verlegt. Bis zum März 1940 sicherte sie Geleitzüge nach Skandinavien und nahm an Vorstößen in die Nordsee teil. Danach absolvierte der Kreuzer bis zum 28. Oktober 1940 eine Werftliegezeit, um anschließend wieder zum 18. Kreuzergeschwader der *Home Fleet* zu stoßen. Am 3./4. März 1941 deckte die EDINBURGH zusammen mit dem Leichten Kreuzer NIGERIA einen Zerstörervorstoß zu den Lofoten (Operation »Claymore«)[153] und war im Mai am Aufbringen des deutschen Wetterschiffes MÜNCHEN bei Jan Mayen sowie an der Jagd auf die BISMARCK beteiligt. Im Juli 1941 verlegte der Kreuzer zur Verstärkung der *Force H* ins Mittelmeer, um Ende Juli die Operation »Substance« und im September die Operation »Halberd« zur Versorgung und Verstärkung der Verteidigung Maltas durchzuführen. Im November 1941 kehrte die EDINBURGH nach Scapa Flow zurück, um von nun an bei der Sicherung von Rußland-Geleitzügen in arktischen Gewässern eingesetzt zu werden. Ende April 1942 gehörte sie zur Nahsicherung des am 28. April aus Murmansk ausgelaufenen Rückgeleites QP 11. *U 436* (Kptlt. Seibicke) griff einen Tag später den Kreuzer erfolglos an, aber am 30. April ereilte ihn das Schicksal. *U 456* (Kptlt. Teichert) erzielte zwei Torpedotreffer, die den Kreuzer schwer beschädigten. Die EDINBURGH war jedoch imstande, wieder Dampf aufzumachen und den Weitermarsch mit langsamer Fahrt anzutreten. Beim Angriff deutscher Zerstörer am 1. Mai gelang es ihr, die HERMANN SCHOEMANN erheblich zu treffen, ehe sie von einem anderen deutschen Zerstörer – *Z 24* oder *Z 25* – einen weiteren Torpedotreffer hinnehmen mußte, der den Kreuzer bewegungslos machte und starke Wassereinbrüche verursachte. Am nächsten Tag (2. Mai) versenkte der britische Zerstörer FORESIGHT die aufgegebene EDINBURGH.[154]

Links: Die EDINBURGH im November 1939. (MOD)

Auch die BELFAST stieß nach ihrer Indienststellung zum 18. Kreuzergeschwader bei der *Home Fleet* in Scapa Flow und war nach Kriegsausbruch in der *Northern Patrol* eingesetzt. Am 9. Oktober 1939 brachte die BELFAST den deutschen Passagierdampfer CAP NORTE (13 615 BRT) als Prise auf, lief aber am 21. November 1939 im Firth of Forth auf eine von *U 21* (Kptlt. Frauenheim) gelegte Mine. Dieser Minentreffer brach den Kiel des Kreuzers und richtete schwerste Schäden an. Nach einer Notreparatur in Rosyth wurde die BELFAST zur vollständigen Ausbesserung im Schlepp nach Plymouth in die Königliche Marinewerft gebracht. Die Ausbesserungsarbeiten fanden erst am 8. Dezember 1942 ihren Abschluß. Danach stieß die BELFAST wieder zur *Home Fleet* und kam bei der Sicherung von Rußland-Geleitzügen in arktischen Gewässern zum Einsatz. Am 26. Dezember 1943 war der Kreuzer an der Seeschlacht vor dem Nordkap beteiligt, in derem Verlauf das deutsche Schlachtschiff SCHARNHORST unterging. Im April 1944 erfuhr die BELFAST zur Vorbereitung auf die Landungen in der Normandie eine Werftliegezeit und am 6. Juni gehörte sie im Verband der *Eastern Naval Task Force* zur *Force E*, die vor dem britischen Landekopf »Juno« zur Feuerunterstützung eingesetzt war. Der Kreuzer verblieb bis in den Juli hinein vor der Invasionsküste und unterstützte insbesondere den britischen Angriff auf Caen. Im August 1944 begann für die BELFAST eine Große Werftliegezeit im Hinblick auf ihren Einsatz im Pazifik, die erst im Mai 1945 ihren Abschluß fand. Danach lief der Kreuzer zum pazifischen Kriegsschauplatz aus und traf im August 1945 in Sydney ein. Nach Kriegsende verblieb die BELFAST in Fernost und nahm noch am Koreakrieg teil. 1952 kehrte sie in heimische Gewässer zurück und wurde in den Reservestatus versetzt. 1955 begann für den Kreuzer eine Große Werftliegezeit, die mit einer Modernisierung des Schiffes verbunden war und erst am 12. Mai 1959 mit der erneuten Indienststellung endete. Im Anschluß daran ging die BELFAST bis 1962 wieder in den Fernen Osten. Im selben Jahr nach Großbritannien zurückgekehrt, diente sie als Flaggschiff der Heimatflottillen (Home Flotillas). Im Februar 1963 wurde die BELFAST endgültig außer Dienst gestellt und liegt seit 1971 als Museumsschiff auf der Themse in London.

DIDO-Klasse

Name	Bauwerft	Kiellegung	Stapellauf	Fertigstellung	Schicksal
BONAVENTURE	Scott's, Greenock	30. Aug. 1937	19. April 1939	24. Mai 1940	gesunken: 31. März 1941
NAIAD	Hawthorn, Leslie & Co., Hebburn/Newcastle	26. Aug. 1937	3. Febr. 1939	24. Juli 1940	gesunken: 11. März 1942
PHOEBE	Fairfield, Glasgow	2. Sept. 1937	25. März 1939	27. Sept. 1940	verschrottet in Blyth: 1956
DIDO	Cammell, Laird & Co., Birkenhead	20. Okt. 1937	18. Juli 1939	30. Sept. 1940	verschrottet in Barrow-in-Furness: 1958
EURYALUS	Marinewerft Chatham	21. Okt. 1937	6. Juni 1939	30. Juni 1940	verschrottet in Blyth: 1959
HERMIONE	Stephen & Sons, Govan/Glasgow	6. Okt. 1937	18. Mai 1939	25. März 1940	gesunken: 16. Juni 1942
SIRIUS	Marinewerft Portsmouth	6. April 1938	18. Sept. 1940	6. Mai 1942	verschrottet in Blyth: 1956
CLEOPATRA	Hawthorn, Leslie & Co., Hebburn/Newcastle	5. Jan. 1939	27. März 1940	20. Nov. 1941	verschrottet in Newport: 1958
CHARYBDIS	Cammell, Laird & Co., Birkenhead	9. Nov. 1939	17. Sept. 1940	3. Dez. 1941	gesunken: 23. Okt. 1943
SCYLLA	Scott's, Greenock	19. April 1939	24. Juli 1940	12. Juni 1942	verschrottet in Barrow-in-Furness: 1950
ARGONAUT	Cammell, Laird & Co., Birkenhead	21. Nov. 1939	6. Sept. 1941	8. Aug. 1942	verschrottet in Newport: 1955

Unten: BELFAST im Jahre 1942. (IWM)

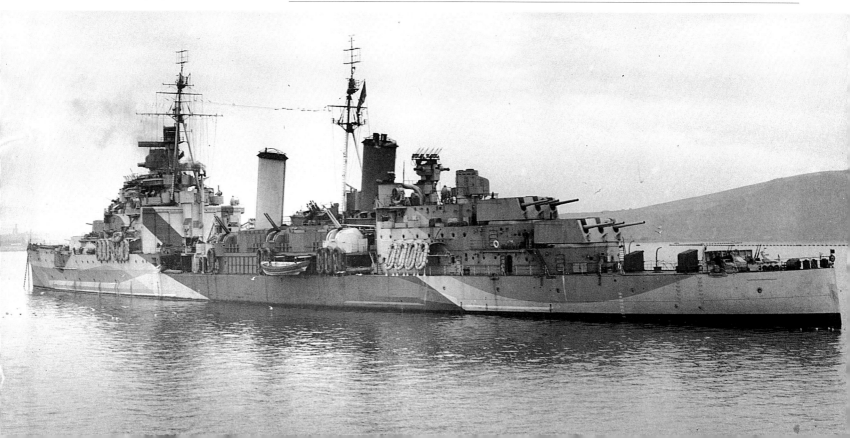

Typ: Flakkreuzer.
Standardverdrängung: 5450 ts (5537 t).
Einsatzverdrängung: 6850 ts (6960 t).
Länge: 156,06 m (über alles), 154,23 m (zwischen den Loten).
Breite: 15,70 m.
Tiefgang: 4,27 m (mittlerer).
Antriebsanlage. 4 Satz Parsons-Turbinen mit einfachem Rädergetriebe, 4 Admiralty-Kessel vom Drei-Trommel-Typ, 4 Wellen.
Antriebsleistung. 62 000 WPS für 32,25 kn.
Bunkerinhalt: 1100 ts Heizöl.
Fahrtstrecke: 4850 sm bei 11 kn.
Panzerschutz: Hauptgürtelpanzer 76 mm, Deck 25 mm (Maschinenräume), 51 mm (Pulver- und Munitionskammern).
Geschütze: zehn 13,3 cm S.K. Mk. I (5 x 2), acht 2-Pfünder (2 x 4 – 4-cm-Pompom), acht 12,7-mm-Fla-MG's (2 x 4). *
Torpedorohre: sechs 53,3 cm (2 x 3).
Seeminen: keine.
Bordflugzeuge: keine.
Besatzungsstärke: 530 – 556 Offiziere und Mannschaften.

* Hinsichtlich der Bewaffnung bei der Fertigstellung siehe Text.

Entwurf: Diese Schiffe waren vom Entwurf her zweckgebaute Flakkreuzer für den Flottendienst und stellten die Antwort auf die Forderungen nach einer verbesserten Fla-Verteidigung gegen die wachsende Bedrohung aus der Luft dar, hervorgerufen durch die verbesserten Fähigkeiten der Flugzeuge. In bestimmten Kreisen herrschte die Anschauung vor, daß die traditionelle Rolle des kleinen Kreuzers, nämlich die des Aufklärers für die Flotte, nunmehr von bordgestützten Flugzeugen übernommen werden sollte und daß ein kleiner Kreuzer zweckdienlicher eingesetzt werden könnte, wenn er durchweg mit leistungsfähigen Luft/Seeziel-Geschützen bewaffnet wäre. Das hierbei entstehende Problem war von zweifacher Natur. Erstens konnte ein leistungsfähiges Fla-Geschütz seine Aufgabe nur erfüllen, wenn auch ein leistungsfähiges Fla-Feuerleitsystem zur Verfügung stand, und zweitens mußte dieses Geschütz eine ausreichend große Schußweite und eine hohe Feuergeschwindigkeit besitzen. Das erstere Problem konnte nur gelöst werden, wenn das Schiff eine beständige Geschützplattform darstellte. Daher mußte es größer als ein Zerstörer sein. Doch es gab damals kein Geschütz mit Fla-Fähigkeit, das ein größeres Kaliber als 10,2 cm hatte, und eine 10,2-cm-Bewaffnung war keine solide Kreuzerbewaffnung. Mitte der 30er Jahre hatte jedoch das Marinewaffenamt (Ordnance Office) ein 13,3-cm-Schnellfeuergeschütz entworfen, das auf den vorgeschlagenen neuen Kreuzern eingesetzt werden konnte. Infolgedessen war es jetzt möglich, die Entwurfsarbeit für den neuen Kreuzertyp nunmehr in Gang zu setzen. Im Juni 1936 lag eine Entwurfsskizze auf der Grundlage von 5300 ts standard vor, bewaffnet mit zehn dieser neuen Geschütze.

Das Panzerschutzschema sah einen Gürtelpanzer aus Nickel-Chrom-Stahl von 76 mm Dicke auf der Höhe der Maschinenräume und der Pulver- und Munitionskammern vor, während sich der Seitenschutz für die Granatkammern auf D-Stahl in 25 mm Dicke begrenzte. Der Horizontalschutz beschränkte sich auf ein Panzerdeck von 25 mm D-Stahl, ausgenommen 51 mm Nickel-Chrom-Stahl über den Pulver- und Munitionskammern. Der Gewichtsanteil des Panzerschutzes betrug insgesamt 670 ts oder 12,6 % der Standardverdrängung.

Der Hauptantriebsanlage mit Vier-Wellen-Anordnung lag das Einheiten-Prinzip zugrunde und die Kessel wiesen einen etwas höheren Betriebsdruck als bei den vorigen Schiffen auf, d.h. 27,2 atü statt 23,8 atü. Obwohl ursprünglich für eine Konstruktionsleistung von 58 000 WPS entworfen, wurde es als möglich erachtet, diese auf 62 000 WPS zu erhöhen. Infolgedessen steigerte sich die Höchstgeschwindigkeit auf 32/ kn – trotz des Gewichtszuwachses im Entwurfsstadium (die Breite des Schiffskörpers wurde um 1,83 m vergrößert).

Das 13,3-cm-Geschütz S.K. Mk. I verschoß eine 36,3 kg schwere Granate und besaß bei voller Erhöhung (70°) eine maximale Schußweite von 14 170 m. Geführt wurde es im Doppelturm Mk. II statt im ursprünglich vorgeschlagenen Mk. I (wie bei der KING GEORGE V-Klasse), der auf einem kleineren Schiff eine bessere Anordnung zuließ. Drei der Türme befanden sich in jeweils überhöhter Aufstellung hintereinander vor dem Brückenaufbau (Positionen A, B und Q). Dies erforderte eine hohe Brücke und sogar höhere Schornsteine, um bei den Kommando- und Leitständen Rauchprobleme zu vermeiden. Zwei 2-Pfünder-Vierlingsflaks (4-cm-Pompom) bildeten im wesentlichen die Nahbereichsabwehr. Zwei 53,3-cm-Drillings-Torpedorohrsätze vervollständigten die Bewaffnung. Bordflugzeugeinrichtungen waren nicht vorhanden. Oberhalb der Brücke befand sich der Seeziel-Artillerieleitstand mit einem Fla-Leitstand dahinter. Achtern gab es keinen Artillerieleitstand, aber der achtere Fla-Leitstand war auch für Seezielschießen ausgerüstet.

Bewilligt wurden unter dem Bauprogramm 1936 fünf Einheiten: BONAVENTURE, NAIAD, PHOEBE, DIDO und EURYALUS, zwei weitere unter dem Bauprogramm 1937: HERMIONE und SIRIUS sowie nochmals drei unter dem Bauprogramm 1938: CLEOPATRA, CHARYBDIS und SCYLLA. Sechs weitere Einheiten umfaßte das Kriegsnotbauprogramm 1939: ARGONAUT, SPARTAN, ROYALIST, BLACK PRINCE, BELLONA und DIADEM. Der Bau dieser Gruppe wurde jedoch im Juni 1940 eingestellt und erst im Oktober 1940 wieder aufgenommen. Lediglich die ARGONAUT wurde wie ursprünglich vorgesehen fertiggestellt. Die Fertigstellung der restlichen fünf Einheiten erfolgte nach einem abgeänderten Entwurf: der »Modifizierten DIDO-Klasse« (siehe unten).

Modifizierungen: Infolge der Knappheit an 13,3-cm-Lafetten wurde die BONAVENTURE mit nur vier 13,3-cm-Doppeltürmen fertiggestellt und erhielt auf der Geschützposition X ein 10,2-cm-Geschütz für Leuchtgranaten. Bis zum Oktober 1940 erfolgte noch der Einbau einer Radaranlage, aber ansonsten gab es infolge des frühen Kriegsverlustes keine weiteren Veränderungen.

Die NAIAD wurde mit fünf 13,3-cm-Doppeltürmen fertiggestellt. Im September 1941 kamen fünf 2-cm-Fla-Geschütze in Einzellafetten an Bord. Außerdem führte sie zu diesem Zeitpunkt bereits Radar vom Typ 279.

Die Fertigstellung der PHOEBE erfolgte mit nur vier 13,3-cm-Doppeltürmen; die Position Q unmittelbar vor der Brücke war mit einem 10,2-cm-Geschütz besetzt. Im Verlaufe der Großen Werftliegezeit vom November 1941 bis zum April 1942 wurde das 10,2-cm-Geschütz zusammen mit den 12,7-mm-Fla-MG's und dem Radar vom Typ 279 an Land gegeben. Statt dessen erhielt die Position Q eine dritte 2-Pfünder-Vierlingsflak (4-cm-Pom-

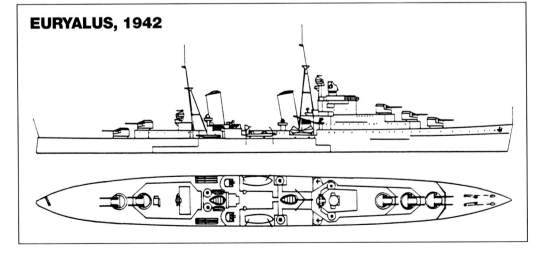
EURYALUS, 1942

pom) und außerdem kamen elf 2-cm-Einzellafetten an Bord. Die Radarausrüstung bestand nunmehr aus Anlagen vom Typ 281, 284 und 285. Nach dem Torpedotreffer wurde Ende 1942 der Turm A zeitweilig entfernt. Während der Ausbesserungsarbeiten in der ersten Jahreshälfte 1943 wurden die drei 2-Pfünder-Vierlingslafetten sowie sieben der 2-cm-Einzellafetten gegen drei 4-cm-Bofors-Vierlingsflaks und sechs 2-cm-Doppellafetten mit elektrischem Antrieb ausgetauscht. Ferner gelangte auch Radar vom Typ 272 zum Einbau. Im Juli 1943 kam Turm A wieder auf seine angestammte Position. Im April 1944 setzte sich die Leichte Flak des Kreuzers wie folgt zusammen: zwölf 4 cm Bofors (3 x 4) sowie sechzehn 2 cm (6 x 2, 4 x 1).

DIDO führte wie die PHOEBE vier Türme und ein 10,2-cm-Geschütz auf der Position Q. Beim Aufenthalt in der Marinewerft Brooklyn in der zweiten Jahreshälfte 1941 erfolgte der Austausch des 10,2-cm-Geschützes gegen einen 13,3-cm-Doppelturm auf der Position Q sowie aller 12,7-mm-Fla-MG's gegen fünf 2-cm-Fla-Geschütze in Einzellafetten. Im Frühsommer 1943 ersetzten vier 2-cm-Doppellafetten mit elektrischem Antrieb drei der 2-cm-Einzellafetten und die Radarausrüstung wurde durch Anlagen vom Typ 272, 282, 284 und 285 ergänzt. Im April 1944 gab es an Leichter Flak nur noch acht 2-cm-Geschütze.

Die EURYALUS wurde mit der vorgesehenen Bewaffnung fertiggestellt. Im September 1941 ersetzten fünf 2-cm-Fla-Geschütze in Einzellafetten die 12,7-mm-Vierlingslafetten. Zwei weitere 2-cm-Einzellafetten kamen im September 1942 an Bord. Bis Mitte 1943 waren zwei der 2-cm-Einzellafetten gegen vier 2-cm-Doppellafetten mit elektrischem Antrieb ausgetauscht worden. Radar des Typs 272, 281, 282 und 285 ersetzte das Radar vom Typ 279. Während der Großen Werftliegezeit vom Oktober 1943 bis zum Juli 1944 erhielt die Position Q statt des bisherigen 13,3-cm-Doppelturms eine dritte 2-Pfünder-Vierlingsflak (4-cm-Pompom) und zusätzlich kamen zwei 2-cm-Doppellafetten an Bord. Radar vom Typ 276, 277 und 293 ersetzte die bisherigen Anlagen vom Typ 271 und 272.

Auch die Fertigstellung der HERMIONE erfolgte mit fünf 13,3-cm-Doppeltürmen. Im Oktober/November 1941 waren die 12,7-mm-Fla-MG's gegen fünf 2-cm-Fla-Geschütze in Einzellafetten ausgetauscht worden.

Die SIRIUS wurde ebenfalls mit fünf Türmen sowie mit fünf 2-cm-Einzellafetten in Dienst gestellt. Mitte 1943 erhielt sie zwei weitere 2-cm-Einzellafetten. Ende 1943 wurde eine dieser Einzellafetten in Massaua an Land gegeben und durch zwei 4-cm-Bofors-Fla-Geschütze Mk. III in Einzellafetten ersetzt. Im April 1944 werden jedoch als Bestand an Leichter Flak nur noch sieben 2-cm-Geschütze aufgelistet. Im April 1945 gelangten zwei 4-cm-Bofors-Fla-Geschütze Mk. III in Einzellafetten im Austausch gegen zwei 2-cm-Einzellafetten an Bord.

Die Indienststellung der CLEOPATRA erfolgte Ende 1941 mit zwei 2-Pfünder-Einzellafetten (4-cm-Pompom) anstatt der 12,7-mm-Fla-MG's. Sie wurden jedoch Mitte 1942 wieder entfernt und durch fünf 2-cm-Fla-Geschütze in Einzellafetten ersetzt. Mitte 1943 kam eine sechste 2-cm-Einzellafette hinzu. Während des Werftaufenthaltes zur Ausbesserung der Schäden vom November 1943 bis zum November 1944 wurden der Turm Q, die beiden 2-Pfünder-Vierlingslafetten und fünf der 2-cm-Einzellafetten entfernt. Statt ihrer erhielt der Kreuzer drei 4-cm-Bofors-Vierlingsflaks und sechs 2-cm-Doppellafetten mit elektrischem Antrieb. Die Anzahl der 2-cm-Einzellafetten stieg auf vier.

Die ARGONAUT wurde anstelle der 12,7-mm-Fla-MG's mit vier 2-cm-Fla-Geschützen in Einzellafetten fertiggestellt. Während des Werftaufenthaltes 1943/44 zur Ausbesserung der Schäden verlor sie den Turm Q und die vier 2-cm-Einzellafetten im Austausch gegen eine dritte 2-Pfünder-Vierlingsflak (4-cm-Pompom) und fünf 2-cm-Doppellafetten mit elektrischem Antrieb. Im April 1944 bestand die Leichte Flak aus drei 2-Pfünder-Vierlingslafetten, sechs 2-cm-Doppellafetten mit elektrischem Antrieb und fünf 2-cm-Einzellafetten. Bis zum Kriegsende mit Japan waren noch fünf 4-cm-Boffins und drei 4-cm-Bofors-Fla-Geschütze Mk. III in Einzellafetten hinzugekommen.

Die Fertigstellung der SCYLLA erfolgte infolge der Knappheit an 13,3-cm-Lafetten mit acht 11,4-cm-Geschützen Mk. III in UP-Doppellafetten Mk. III. Zu ihrer Unterbringung mußten die vorderen Aufbauten beträchtlich modifiziert werden. Auch die Wohndecks für die Besatzung erfuhren eine Erweiterung. Ende 1943 setzte sich die Leichte Flak aus acht 2-cm-Einzellafetten und sechs 2-cm-Doppellafetten mit elektrischem Antrieb zusammen.

Auch die CHARYBDIS wurde mit vier 11,4-cm-Doppellafetten und einem zusätzlichen 10,2-cm-Geschütz Mk. V in Einzellafette für Leuchtgranaten fertiggestellt. Letzteres befand sich vor der Geschützposition X. Bei der Indienststellung bestand die Leichte Flak aus zwei 2-Pfünder-Einzellafetten (4-cm-Pompom) und vier 2-cm-Einzellafetten. Vermutlich 1943 wurden das 10,2-cm-Geschütz und die beiden 2-Pfünder-Einzellafetten zugunsten von zwei 2-cm-Doppel- und zwei 2-cm-Einzellafetten wieder entfernt.

Werdegang: Zunächst diente die BONAVENTURE nach der Indienststellung bei der *Home Fleet* und kam bei der Sicherung von Truppentransport-Geleitzügen zum Einsatz. Ende Dezember 1940

Unten: Die ARGONAUT im Oktober 1943. (Admiralty)

Links: Die ARGONAUT im März 1945. (IWM)

gehörte sie zusammen mit dem Schweren Kreuzer BERWICK und dem Leichten Kreuzer DUNEDIN zur Sicherung des Geleitzuges WS 5 A, als dieser am 25. Dezember etwa 700 sm westlich von Kap Finisterre von der ADMIRAL HIPPER angegriffen wurde (siehe oben Seite 98). BONAVENTURE erlitt hierbei keine Gefechtsschäden. Fast unmittelbar darauf erhielt der Kreuzer den Befehl, ins Mittelmeer zu verlegen, um Anfang Januar 1941 als Teil der *Force F* den nach Malta und Piräus bestimmten Geleitzug MC 4 im Rahmen der Operation »Excess« zu sichern. Am 10. Januar griffen südlich von Pantelleria die italienischen Torpedoboote CIRCE und VEGA mit Torpedos an. In diesem Gefecht versenkte der Kreuzer die VEGA mit Artillerie. Im März 1941 sicherte die BONAVENTURE einen weiteren Geleitzug nach Malta und erlitt am 22. März in La Valetta bei einem Luftangriff Schäden durch Naheinschläge von Bomben. Anschließend nahm sie am Griechenland-Feldzug teil. Bei der Sicherung eines Geleitzuges auf dem Rückmarsch nach Alexandria torpedierte das italienische Unterseeboot AMBRA (Kptlt. Arillo) am 31. März 1941 die BONAVENTURE und versenkte sie.

Auch die NAIAD stieß nach der Indienststellung zunächst zur *Home Fleet* und fand bei ozeanischen Geleitsicherungsaufgaben Verwendung. Zum 15. Kreuzergeschwader gehörend, war sie an den Operationen gegen deutsche Handelsstörer im Nordatlantik beteiligt, insbesondere nach der Versenkung des Hilfskreuzers JERVIS BAY am 5. November 1940 durch die ADMIRAL SCHEER beim Angriff auf den Geleitzug HX 84, um die Zugänge zum Golf von Biskaya zu sperren. Im Dezember 1940 und Januar 1941 gehörte die NAIAD zur Sicherung von Truppentransport-Geleitzügen für Nordafrika nach Freetown. Ende Januar befand sie sich wieder in nördlichen Gewässern, um die Island-Färöer-Enge zu überwachen.

Am 28. Januar sichtete der Kreuzer für einen kurzen Augenblick die deutschen Schlachtschiffe SCHARNHORST und GNEISENAU bei ihrem Versuch, südlich von Island in den freien Atlantik auszubrechen (Unternehmen »Berlin«), konnte aber nicht Fühlung halten. Im Mai 1941 stieß die NAIAD als Flaggschiff des 15. Kreuzergeschwaders zur *Force H* und war an der Sicherung von Nachschub-Geleitzügen nach Malta sowie an den Kreta-Operationen beteiligt. Am 17. Juni 1941 verstärkte der Kreuzer die Einheiten der britischen Mittelmeerflotte vor Syrien und nahm an den Operationen gegen die vichy-französischen Streitkräfte teil. Zusammen mit dem Leichten Kreuzer LEANDER blockierte die NAIAD den Hafen von Beirut und geriet in der Nacht vom 23./24. Juni in ein kurzes Gefecht mit dem französischen Großzerstörer GUÉPARD, als dieser versuchte, die Blockade zu durchbrechen (siehe oben Seite 113). Ab November 1941 gehörte die NAIAD zur *Force B* der Mittelmeerflotte in Alexandria, unterstützte die *Force K*, um den Nachschub der Achse nach Nordafrika zu unterbrechen, beschoß Mitte Dezember Derna/Libyen und war ständig an der Sicherung von Geleitzügen zur Versorgung Maltas beteiligt. Im 9. März 1942 lief die *Force B* mit der NAIAD als Flaggschiff (Rear-Admiral Vian) aus Alexandria aus, um einen als torpediert gemeldeten italienischen Kreuzer anzugreifen. Die Meldung erwies sich jedoch als falsch und auf dem Rückmarsch torpedierte *U 565* (ObltzS. Jebsen) am 11. März nördlich von Sollum die NAIAD und versenkte sie. Hierbei fanden 82 Mann ihrer Besatzung den Tod.

Auch die PHOEBE gehörte nach ihrer Indienststellung zum 15. Kreuzergeschwader bei der *Home Fleet* und operierte zusammen mit der DIDO und der NAIAD zur Sicherung von Geleitzügen – insbesondere Truppentransport-Geleitzügen für Nordafrika – im Nordatlantik. Im April 1941 verlegte sie zur Mittelmeerflotte nach Alexandria. Hier war der Kreuzer an der Sicherung von Nachschub-Geleitzügen für Malta sowie an der Räumung Griechenlands und Kretas beteiligt, deckte im Juni als Flaggschiff die Operationen gegen die vichy-französischen Streitkräfte in Syrien. Am 3. Juli 1941 entging der Kreuzer knapp den Torpedos des italienischen Unterseebootes MALACHITE, erhielt aber am 27. August bei einem Truppentransport-Unternehmen in das belagerte Tobruk einen Bombentreffer, der schwere Schäden verursachte. Nach einer Notreparatur in Alexandria ging die PHOEBE zur vollständigen Ausbesserung vom 21. November 1941 bis zum 21. April 1942 nach New York in die Werft. Im Mai 1942 stellte der Kreuzer wieder in Dienst und kehrte erneut ins Mittelmeer zurück. Im August gehörte die PHOEBE zum Deckungsverband für die Operation »Pedestal«, dem Durchbringen eines lebenswichtigen Versorgungsgeleitzuges für Malta. Im folgenden Monat verlegte der Kreuzer zusammen mit der SIRIUS nach Kapstadt, um aus dem Fernen Osten kommende oder dorthin gehende deutsche Blockadebrecher abzufangen.[155] Dieser Operation war kein Erfolg beschieden, und während sich die PHOEBE auf dem Marsch nach Pointe Noire in Französisch-Äquatorialafrika befand, traf den Kreuzer am 23. Oktober 1942 ein von *U 161* (Kptlt. Achilles) geschossener Torpedofächer vorn und achtern. Die hierdurch verursachten schweren Schäden wurden in einer bis Dezember dauernden Notreparatur in Pointe Noire insoweit behoben, daß die PHOEBE zur vollständigen Ausbesserung in die USA gehen konnte. Der Werftaufenthalt dauerte vom Januar bis Mitte Juni 1943 und der Kreuzer war erst im Juli wieder voll einsatzfähig. Danach verlegte die PHOEBE erneut ins Mittelmeer, operierte im Oktober in der Ägäis gegen den deutschen Geleitzugverkehr im Bereich der Dodekanes-Inseln und leistete Ende Januar 1944 Feuerunterstützung für die bei Anzio gelandeten alliierten Truppen. Im späteren Verlauf des Jahres stieß die PHOEBE zum 5. Kreuzergeschwader bei der *Eastern Fleet* und operierte bis Kriegsende im Indischen Ozean. Hier war sie an den Trägervorstößen gegen Sabang und die Nikobaren in der zweiten Jahreshälfte 1944 als Teil der Sicherung beteiligt. Bei den Landungen an der Küste Burmas am 12. und 16. Januar 1945 fungierte die PHOEBE als Jägerleitschiff der britischen *TF 64*. Im April/Mai 1945 deckte der Kreuzer als Flaggschiff des 21. Geleitträger-Geschwaders die britischen Landungen bei Rangun (Operation »Dracula«), bis die Ablösung durch den Flakkreuzer ROYALIST erfolgte. Nach dem Kriege kehrte die PHOEBE zur Durchführung einer Werftliegezeit in heimische Gewässer aus Ostindien zurück und traf am 29. Oktober 1945 in Sheerness ein. 1946 verlegte der Kreuzer als Flaggschiff des Führers der Zerstörer bis November 1947 zur Mittelmeerflotte, um danach zum 1. Kreuzergeschwader derselben Flotte zu stoßen. Nach Chatham zurückgekehrt,

Oben: Die Bonaventura im Oktober 1940. (G. Ransome)

wurde die PHOEBE am 14. März 1951 außer Dienst gestellt und fungierte von da an bis 1953 im Reservestatus als Führungsschiff des Dienstältesten Offiziers der Harwich-Reserve. Anschließend gehörte sie bis 1956 zur Reserve in Portsmouth und kam dann auf die Ausmusterungsliste. Am 1. August 1956 traf das Schiff auf der Abbruchwerft von Hughes Bolkow in Blyth zum Verschrotten ein.

Die DIDO stieß nach der Indienststellung ebenfalls zum 15. Kreuzergeschwader bei der Home Fleet und kam in ähnlicher Weise wie die NAIAD (siehe oben) zum Einsatz. Im April 1941 verlegte der Flakkreuzer als Verstärkung zur Mittelmeerflotte nach Alexandria. Hier war er an der Sicherung von Malta-Geleitzügen sowie an den Operationen in den Gewässern um Kreta beteiligt. Am 29. Mai 1941 erhielt die DIDO bei einem Luftangriff der III./St.G.2 einen Bombentreffer, der erhebliche Schäden verursachte. Am 10. Juni unterstützte der Flakkreuzer die britische Landung in Assab/Eritrea, dem letzten italienischen Hafen am Roten Meer. Anschließend ging die DIDO nach Durban und Simonstown in die Werft und verlegte schließlich nach einer notdürftigen Ausbesserung zur vollständigen Reparatur in die Marinewerft Brooklyn. Nach einem Werftaufenthalt vom 10. August bis zum 3. Dezember 1941 kehrte der Kreuzer Ende Dezember zur Mittelmeerflotte in Alexandria zurück und gehörte von da an – wie die NAIAD (siehe oben) – zur Force B: Sicherung von Malta-Geleitzügen, Angriffe gegen den Nachschubverkehr der Achse nach Nordafrika, Teilnahme an der zweiten Seeschlacht in der Großen Syrte Ende März 1942 sowie an Beschießungen der nordafrikanischen Küste. Ab Januar 1943 gehörte die DIDO zur Force Q in Bône, um den Nachschubverkehr der Achse nach Tunesien anzugreifen. Von April bis Juni 1943 absolvierte sie eine Werftliegezeit in heimischen Gewässern. Im Anschluß daran nahm der Kreuzer an der alliierten Landung auf Sizilien (Operation »Husky«) am 10. Juli, gefolgt von Küstenbeschießungen im August, sowie im Verband des 12. Kreuzergeschwaders an der Landung in Tarent Anfang September 1943 teil. Im Januar/Februar 1944 leistete die DIDO Feuerunterstützung für die bei Anzio gelandeten alliierten Truppen. Bei den alliierten Landungen in Südfrankreich am 15. August 1944 (Operation »Dragoon«) gehörte die DIDO zur Feuerunterstützungsgruppe der TF 86 (Landung auf der Insel Levante). Anschließend kehrte der Kreuzer in heimische Gewässer zurück und kam bis Kriegsende bei der Sicherung von Rußland-Geleitzügen in arktischen Gewässern und bei Trägervorstößen gegen die norwegische Küste zum Einsatz. Am 6. Mai 1945 gehörte die DIDO zusammen mit dem Leichten Kreuzer BIRMINGHAM zu einem britischen Verband, der die deutschen Kreuzer PRINZ EUGEN und NÜRNBERG in Kopenhagen besetzte. Nach dem Kriege trat der Kreuzer zum 10. Kreuzergeschwader und später – nach einer Werftliegezeit von März bis August 1946 – zum 2. Kreuzergeschwader, wurde aber im Oktober 1947 außer Dienst gestellt. Nach zehnjähriger Zugehörigkeit zur Reserveflotte in Gairloch (1947-1951) und in Portsmouth (1951-1957) traf das Schiff am 18. Juli 1957 in der Abbruchwerft von T.W. Ward in Barrow-in-Furness zum Verschrotten ein.

Die EURYALUS traf Ende September 1941 nach der Beteiligung an der Sicherung eines Malta-Geleitzuges (Operation »Halberd«) beim 15. Kreuzergeschwader der Mittelmeerflotte in Alexandria ein und gehörte ab November 1941 – wie die NAIAD (siehe oben) – zur Force B (Rear-Admiral Vian). Sie war an allen größeren Operationen dieses Kampfverbandes beteiligt: Sicherung von Geleitzügen zur Versorgung Maltas, Angriffe auf den Nachschubverkehr der Achse nach Nordafrika, an der ersten und zweiten Seeschlacht in der Großen Syrte, Beschießungen der nordafrikanischen Küste zur Unterstützung des Heeres. Anfang Januar 1943 stieß die EURYALUS zur Force K in Malta sowie Ende dieses Monats zur Force Q in Bône und beschoß Stellungen der

Oben: Die CLEOPATRA im Jahre 1941. (Navpic)

Achsentruppen an der tunesisch-libyschen Küste. Im Mai/Juni 1943 nahm der Kreuzer am britischen Angriff auf Pantelleria teil und gewährte bei der Landung Feuerunterstützung. Am 10. Juli gehörte die EURYALUS bei der alliierten Landung auf Sizilien (Operation »Husky«) im Verband des 12. Kreuzergeschwaders zur Deckungsgruppe und beschoß im August zur Unterstützung des Heeres die kalabrische Küste. Bei der alliierten Landung im Golf von Salerno Anfang September 1943 (Operation »Avalanche«) befand sich der Kreuzer bei der TF 88, der von Rear-Admiral Vian geführten Träger-Unterstützungsgruppe. Im Anschluß daran kehrte die EURYALUS zur Durchführung einer Großen Werftliegezeit vom Oktober 1943 bis zum Juli 1944 in die heimischen Gewässer zurück und trat anschließend zur *Home Fleet*. Hier nahm sie bis zum November an Trägervorstößen gegen die norwegische Küste teil. Gegen Jahresende verlegte die EURYALUS in den Indischen Ozean und stieß Anfang Januar 1945 in Trincomalee/Ceylon zum 5. Kreuzergeschwader bei der britischen Pazifikflotte, die als *TF 63* – später in *TF 57* bzw. in *TF 37* umbenannt – am 16. Januar den Verlegungsmarsch in den Pazifik antrat. Hier war der Kreuzer Ende März an den Trägerangriffen auf die Sakishima-Gunto-Inselgruppe ostwärts von Formosa (heute Taiwan) zur Ausschaltung der dortigen Flugplätze, im Mai an den Kämpfen um Okinawa und im Juli/August 1945 an Trägervorstößen und Beschießungen des japanischen Mutterlandes beteiligt. Am 30. August 1945 gehörte die EURYALUS zur britischen *TG 111.2* bei der Wiederinbesitznahme Hongkongs. Am 17. Februar 1946 kehrte der Kreuzer nach Sheerness zurück und wurde zur Reserveflotte versetzt. Vom August 1947 bis zum Januar 1948 einer Werftliegezeit unterzogen, wurde die EURYALUS am 20. Februar 1948 wieder in Dienst gestellt und zum 1. Kreuzergeschwader ins Mittelmeer verlegt. Dort verblieb sie bis zum Sommer 1952. Von 1952 bis 1954 gehörte sie zum 6. Kreuzergeschwader im Südatlantik, ehe sie nach Devonport zurückkehrte und am 19. September 1954 außer Dienst gestellt wurde. Nach der Versetzung in den Reservestatus kam sie Anfang 1959 auf die Ausmusterungsliste und traf am 18. Juli 1959 auf der Abbruchwerft von Hughes Bolkow in Blyth zum Verschrotten ein.

Die HERMIONE trat nach der Indienststellung zum 2. Kreuzergeschwader bei der *Home Fleet* und war Ende Mai 1941 an der Jagd auf die BISMARCK beteiligt. Anfang Juni 1941 stieß sie mit dem Flugzeugträger VICTORIOUS zur *Force H* in Gibraltar, unterwegs nach deutschen Versorgungsschiffen suchend. Der Kreuzer blieb bis zum März 1942 bei der *Force H* und nahm mit ihr an einer Reihe von Operationen teil, um Versorgungs-Geleitzüge nach Malta oder Flugzeugträger zu sichern, die Jagdflugzeuge zur Verstärkung der Inselverteidigung aus Westen heranführten und in Reichweite Maltas starten ließen. Bei einer dieser Operationen versenkte die HERMIONE am 2. August 1941 das italienische Unterseeboot TEMBIEN durch Rammstoß auf der Höhe von Tunis. Am 6. April 1942 trafen die HERMIONE und ein Teil der *Force H* mit dem Truppentransport-Geleitzug für die Operation »Ironclad« (Landung auf Madagaskar) in Freetown zusammen und sicherten ihn auf dem Weitermarsch nach Durban. Im Zusammenhang mit der britischen Landung auf Madagaskar führte der Kreuzer ein Ablenkungsunternehmen durch und verlegte anschließend ins östliche Mittelmeer. Hier stieß er zum 15. Kreuzergeschwader der Mittelmeerflotte in Alexandria und gehörte Mitte Juni 1942 bei der Doppel-Geleitzugoperation »Harpoon/Vigorous« zur Versorgung Maltas zur Fernsicherung des Ost-Geleitzuges (»Vigorous«). Am 16. Juni 1942 versenkte *U 205* (Kptlt. Reschke) die HERMIONE südlich von Kreta auf dem Rückmarsch nach Alexandria durch Torpedoschuß.

Die Fertigstellung der SIRIUS verzögerte sich durch einen Bombentreffer, den der Kreuzer bei einem Luftangriff in der Werft erhalten hatte. Nach ihrer Indienststellung trat die SIRIUS zur *Home Fleet* und stieß Anfang August 1942 zum Deckungsverband für die Operation »Pedestal«, um einen überaus wichtigen Versorgungs-Geleitzug nach Malta durchzubringen. Danach verlegte der Flakkreuzer in den Südatlantik, um aus Fernost kommende oder dorthin bestimmte deutsche Blockadebrecher aufzuspüren. Anfang November 1942 kehrte er für die Teilnahme an der Operation »Torch« (den alliierten Landungen in Nordafrika) nach Gibraltar zurück, um im Verband der *Force H* die Operation im Mittelmeer zu decken. Anfang Dezember gehörte die SIRIUS zur *Force Q* in Bône, um bis zur Kapitulation der Achsenstreitkräfte in Nordafrika den Schiffsverkehr von und nach Tunesien anzugreifen. Im Juli 1943 war der nunmehr zum 12. Kreuzergeschwader gehörende Flakkreuzer an den alliierten Landungen auf Sizilien (Operation »Husky«) beteiligt, gab im August den Heerestruppen an der kalabrischen Küste Feuerunterstützung und nahm Anfang September an der Besetzung Tarents teil, ehe er Anfang Oktober in die Ägäis ging. Zusammen mit dem Leichten Kreuzer PENELOPE und zwei Zerstörern vernichtete die SIRIUS im Dodekanes am 7. Oktober 1943 einen deutschen Geleitzug (siehe oben Seite 119). Bedauerlicherweise erhielt der Kreuzer in der Straße von Scarpanto bei einem Luftangriff am 17. Oktober einen Bombentreffer und mußte Massaua zur Reparatur anlaufen. Die Ausbesserungsarbeiten dauerten vom November 1943 bis zum Februar 1944. Danach kehrte die SIRIUS zur Vorbereitung auf die Operation »Overlord«, der alliierten Landung in der Normandie, nach Großbritannien zurück. Am 6. Juni 1944, dem Tag der Landung, gehörte der Kreuzer zur Reserve der britischen *Eastern Naval Task Force*. Anfang August 1944 kehrte die SIRIUS ins Mittelmeer zurück und stieß zusammen mit der DIDO (siehe oben) für die Operation »Dragoon« (die alliierten Landungen in Südfrankreich am 15. August) zur Feuerunterstützungsgruppe der *TF 86* Landung auf der Insel

Oben: Die SIRIUS im September 1944. (M. Bar)

Levante). Anschließend kehrte der Kreuzer in die Ägäis zurück und nahm am 15. Oktober 1944 an der Operation »Manna« (Besetzung von Athen) teil. SIRIUS blieb auch nach Kriegsende bis 1946 beim 15. Kreuzergeschwader der Mittelmeerflotte. Nach einer Großen Werftliegezeit in Portsmouth, die von Mitte 1946 bis März 1947 dauerte, stieß der Kreuzer zum 2. Kreuzergeschwader bei der *Home Fleet* und wurde schließlich 1949 außer Dienst gestellt. 1956 kam das Schiff auf die Ausmusterungsliste und traf am 15. Oktober 1956 auf der Abbruchwerft von Hughes Bolkow in Blyth zum Verschrotten ein.

Anfang 1942 verlegte die CLEOPATRA nach Gibraltar und lief zusammen mit dem Zerstörer FORTUNE am 9. Februar nach Malta aus. Nach ihrem Eintreffen am 11. Februar erhielt sie bei einem Luftangriff einen Bombentreffer. Nach der Ausbesserung der Schäden stieß der Kreuzer Mitte März 1942 zum 15. Kreuzergeschwader in Alexandria und gehörte zur *Force B* der Mittelmeerflotte. Hier nahm er an folgenden Einsätzen teil: Ende März an der zweiten Seeschlacht in der Großen Syrte, Mitte Juni an der Doppel-Geleitzugoperation »Harpoon/Vigorous« (Versorgung Maltas von Gibraltar und von Alexandria aus) und am 13. August an der Beschießung von Rhodos, um von der Malta-Geleitzugoperation »Pedestal« abzulenken. Anfang Januar 1943 gehörte die CLEOPATRA zur *Force K* auf Malta und später zur *Force Q* in Bône, um den Schiffsverkehr zur Versorgung der Achsenstreitkräfte in Nordafrika von und nach Tunesien anzugreifen. Später dem 12. Kreuzergeschwader zugeteilt, nahm der Kreuzer im Rahmen des Deckungsverbandes an den alliierten Landungen auf Sizilien am 10. Juli 1943 (Operation »Husky«) teil und leistete dem Heer Feuerunterstützung. Am 14. Juli entging die CLEOPATRA nur knapp einem italienischen Lufttorpedoangriff, erhielt aber am 16. Juli durch das italienische Unterseeboot DANDOLO (Kptlt. Turcio) einen Torpedotreffer, der den Kreuzer erheblich beschädigte. Nach einer bis zum Oktober 1943 dauernden Notreparatur in La Valetta/Malta ging das Schiff zur vollständigen Ausbesserung nach Philadelphia/USA. Nach Beendigung des Werftaufenthaltes im November 1944 verlegte die CLEOPATRA 1945 nach Ostindien und nahm im August/September an der Wiedereroberung der noch von den Japanern besetzten Gebiete teil; u.a. lief sie als erstes Schiff am 2. September 1945 in den zurückgewonnenen Marinestützpunkt Singapur ein. Bei Kriegsende verblieb die CLEOPATRA beim 5. Kreuzergeschwader in Ostindien, bis sie schließlich am 7. Februar 1946 zur Werftliegezeit nach Portsmouth zurückkehrte. Danach gehörte sie von 1946 bis 1951 zum 2. Kreuzergeschwader bei der *Home Fleet* und diente von 1951 bis 1953 im Mittelmeer. Am 12. Februar 1953 kehrte die CLEOPATRA nach Chatham zurück und wurde außer Dienst gestellt. Am 15. Dezember 1958 traf das Schiff auf der Abbruchwerft Cashmore's in Newport zum Verschrotten ein.

Die ARGONAUT gehörte zu den Einheiten aus dem Bauprogramm 1939, deren Weiterbau nach der Katastrophe von Dünkirchen im Juni 1940 zunächst eingestellt worden war. Sie stieß daher erst im August 1942 zur *Home Fleet* und nahm an Einsätzen in arktischen Gewässern teil, ehe sie Anfang November zur Teilnahme an der Operation »Torch« (den alliierten Landungen am 8. November 1942 in Nordafrika) zur *Force H* stieß. Im Anschluß daran gehörte die ARGONAUT zur *Force Q* in Bône, um zusammen mit AURORA und SIRIUS (siehe oben) und zwei Zerstörern den italienischen Geleitzugverkehr zwischen Trapani und Tunis erfolgreich anzugreifen. Sie versenkten in der Nacht vom 1./2. Dezember 1942 aus einem dieser Geleitzüge vier Transporter sowie einen Zerstörer und beschädigten einen weiteren Zerstörer sowie ein T-Boot schwer. Am 14. Dezember 1942 torpedierte das italienische Unterseeboot MOCENIGO (Kptlt. Longhi) die ARGONAUT und beschädigte sie schwer, wobei dem Kreuzer Bug und Heck abgerissen wurden. Die Arbeiten zur vollständigen Ausbesserung des Schiffes in der Marinewerft Philadelphia/USA dauerten bis zum November 1943. Nach Großbritannien zurückgekehrt, stieß der Kreuzer zur *Home Fleet* und gehörte bei der alliierten Landung am 6. Juni 1944 in der Normandie zur *Force K*, dem Unterstützungsverband vor dem britischen Landekopf »Gold«. Insbesondere am 26. Juni gewährte er dem Heer Feuerunterstützung beim britischen Angriff auf Caen. Anfang August verlegte die ARGONAUT ins Mittelmeer zur Teilnahme an den alliierten Landungen in Südfrankreich am 15. August 1944 (Operation »Dragoon«). Hier gehörte sie zur Feuerunterstützungsgruppe der *TF 87* (Landung beiderseits von Rade d'Agay).

Ende September 1944 stieß der Kreuzer zur *British Aegean Force*, gebildet zur Besetzung Griechenlands und der Ägäischen Inseln. Doch bereits Anfang November 1944 verlegte die ARGONAUT in den Indischen Ozean zur *Eastern Fleet*, um Flugzeugträger zu sichern. Hier nahm sie von Ende November bis in das Jahr 1945 hinein im Verband der *TF 63* (nunmehr die britische Pazifikflotte) an Trägervorstößen gegen Ziele auf Sumatra und an der Arakan-Küste/Burma teil. Immer noch zum 5. Kreuzergeschwader der Pazifikflotte gehörend (jetzt als *TF 57* bzw. *TF 37* bezeichnet), war die ARGONAUT an den Angriffen auf die Sakishima-Gunto-Inselgruppe im März, an den Kämpfen um Okinawa im Mai und an der Beschießung des japanischen Mutterlandes im Juli/August 1945 beteiligt (siehe EURYALUS oben Seite 134). Ende August 1945 gehörte der Kreuzer zu der britischen Kampfgruppe, die Schanghai besetzte. Am 6. Juli 1946 kehrte die ARGONAUT nach Portsmouth zurück und wurde in den Reservestatus versetzt. Das Schiff wurde nie wieder in Dienst gestellt und traf am 19. November 1955 auf der Abbruchwerft Cashmore's in Newport zum Verschrotten ein.

Die SCYLLA stieß nach der Indienststellung zur *Home Fleet* und war zur Sicherung von Rußland-Geleitzügen in arktischen Gewässern eingesetzt, ehe sie am 28. Oktober 1942 zur Teilnahme an der Operation »Torch« (den alliierten Landungen in Nordafrika am 8. November 1942) nach Gibraltar auslief. Hier stieß der Kreuzer zur *Force O* der *Eastern Task Force* (Raum Algier), um die Landung zu unterstützen. Im Dezember ging die SCYLLA im Zuge der aufgrund von »Ultra«-Meldungen getroffenen Maßnahmen, um deutsche Blockdebrecher abzufangen, in den Golf von Biskaya. Hier fing der Kreuzer am 1. Januar 1943, von einem »Sunderland«-Flugboot herangeführt, den aus Japan kommenden deutschen Dampfer RHAKOTIS (6753 BRT) 200 sm nordwestlich von Kap Finisterre ab und versenkte ihn. Danach kehrte die SCYLLA zur *Home Fleet* zurück und war ab Februar 1943 wieder im arktischen Geleitsicherungsdienst eingesetzt. Im Juni 1943 befand sich der Kreuzer zur Deckung von Operationen gegen deutsche U-Boote und U-Tanker wieder im Golf von Biskaya. Bei der alliierten Landung im Golf von Salerno am 9. September 1943 (Operation »Avalanche«) gehörte die SCYLLA zur *Support Carrier Force* (*TF 88*). Anschließend kehrte sie in heimische Gewässer zurück, um im Oktober eine Große Werftliegezeit verbunden mit dem Umbau zum Flaggschiff eines Geleitträgerverbandes zu beginnen. Der Werftaufenthalt dauerte bis zum April 1944. Am 6. Juni nahm sie an der alliierten Landung in der Normandie als Flaggschiff der *Eastern Naval Task Force* (Rear-Admiral Vian) teil und erhielt am 23. Juni 1944 vor dem britischen Landekopf »Sword« einen Minentreffer, der den Kreuzer so schwer beschädigte, daß er zum konstruktiven Totalverlust erklärt werden mußte. Im Schlepp gelangte das Schiff nach Portsmouth, kam aber erst 1950 auf die Ausmusterungsliste, nachdem es noch von 1948 bis 1950 als Zielschiff gedient hatte. Am 4. Mai 1950 traf es bei der Abbruchwerft T.W. Ward in Barrow-in-Furness zum Verschrotten ein.

CHARYBDIS stieß nach der Indienststellung zur *Home Fleet*, ehe sie im April 1942 nach Gibraltar verlegte, um den Leichten Kreuzer HERMIONE bei der *Force H* zu ersetzen. Sie war an den Operationen der *Force H* zur Versorgung Maltas beteiligt, insbesondere auch an den Geleitzugoperationen »Pedestal« und »Harpoon« (siehe CAIRO oben Seite 82). Bei den alliierten Landungen in Nordafrika am 8. November 1942 (Operation »Torch«) gehörte die CHARYBDIS zur *Force O* der *Eastern Task Force* (Raum Algier) und bei der Landung im Golf von Salerno am 9. September 1943 (Operation »Avalanche«) befand sie sich bei der *Support Carrier Force*.

Danach kehrte der Kreuzer in die heimischen Gewässer zurück und unterstand dem Plymouth-Kommando. Beim Versuch, den deutschen Blockadebrecher MÜNSTERLAND vor der nordbretonischen Küste abzufangen, geriet die von der CHARYBDIS geführte britische Kampfgruppe aus Zerstörern und Geleitzerstörern am 22./23. Oktober 1943 in ein Nachtgefecht mit der deutschen 4. T-Flottille. Hierbei wurde die CHARYBDIS am 23. Oktober von den deutschen T-Booten *T 23* (Kptlt. Weinlig) und *T 27* (KKpt. Verlohr) mit mehreren Torpedos versenkt.

Unten: Die SCYLLA am 25. Juni 1942. (IWM)

»Modifizierte DIDO«-Klasse

Name	Bauwerft	Kiellegung	Stapellauf	Fertigstellung	Schicksal
SPARTAN	V.-A., Barrow-in-Furness	21. Dez. 1939	27. Aug. 1942	10. Aug. 1943	gesunken: 29. Jan. 1944
BELLONA	Fairfield, Glasgow	30. Nov. 1939	29. Sept. 1942	29. Okt. 1943	verschrottet in Briton Ferry: 1959
BLACK PRINCE	Harland & Wolff, Govan/Glasgow	1. Dez. 1939	27. Aug. 1942	20. Nov. 1943	verschrottet in Japan: 1962
ROYALIST	Scott's, Greenock	21. März 1940	30. Mai 1942	25. Aug. 1943	verschrottet in Japan: 1968
DIADEM	Hawthorn, Leslie & Co., Hebburn/Newcastle	15. Dez. 1939	26. Aug. 1942	6. Jan. 1944	verkauft an Pakistan: 1956

Typ: Flakkreuzer.
Standardverdrängung: 5700 ts – 5770 ts (5791 t – 5862 t).
Einsatzverdrängung: 7350 ts (7468 t).
Länge: 156,06 m (über alles), 147,83 m (zwischen den Loten).
Breite: 15,39 m.
Tiefgang: 4,57 m (mittlerer), 5,41 m (maximal).
Antriebsanlage: 4 Satz Parsons-Turbinen mit einfachem Rädergetriebe, 4 Admiralty-Kessel vom Drei-Trommel-Typ, 4 Wellen.
Antriebsleistung: 62 000 WPS für 32,25 kn.
Bunkerinhalt: 1100 ts Heizöl.
Fahrtstrecke: 4850 sm bei 11 kn.
Panzerschutz: wie bei der DIDO-Klasse.
Geschütze: acht 13,3 cm S.K. Mk. I (4 x 2), zwölf 2-Pfünder (3 x 4 – 4-cm-Pompom), zwölf 2 cm (6 x 2).
Torpedorohre: sechs 53,3 cm (2 x 3).
Seeminen: keine.
Bordflugzeuge: keine.
Besatzungsstärke: 535 (551 maximal) Offiziere und Mannschaften.

Entwurf: Während des Baustopps für die letzten sechs Einheiten der DIDO-Klasse (siehe oben Seite 130) gingen die Diskussionen über ihren Entwurf angesichts der ersten Berichte über die See-Erfahrungen mit den bereits fertiggestellten Einheiten der DIDO-Klasse weiter. Zur Verbesserung der Stabilität wurde vorgeschlagen, den Turm Q wegzulassen; aber in Wirklichkeit gingen die tatsächlichen Abänderungen viel weiter als dieser Vorschlag. Das Weglassen des Turms Q gestattete die Ausrüstung mit einer mehrrohrigen Fla-Lafette vor dem Brückenaufbau, der wiederum zugunsten der Stabilität in der Höhe verringert werden konnte. Die Brücke selbst wurde weiter nach vorn verlegt. Dadurch konnten die Schornsteine senkrecht aufgestellt und ebenfalls in der Höhe verringert werden. Angesichts der Kriegserfahrungen erfuhr auch die Innenanordnung eine Abänderung und alle fünf Einheiten – die ARGONAUT ausgenommen, die im Bau zuweit fortgeschritten war, um noch abgeändert zu werden – erhielten mit den erforderlichen Brückenausrüstungen eine Ausstattung als Flaggschiffe. Der Panzerschutz erfuhr eine geringfügige Verbesserung. Die Seiten der Brücke und die Schottwände der Munitions- und Granatkammern bekamen einen 19 mm dicken Splitterschutz. Die Antriebsanlage blieb unverändert, aber die Leichte Flak bestand nunmehr aus drei 2-Pfünder-Vierlingslafetten (4-cm-Bofors-Vierlingsflaks standen nicht zur Verfügung) und sechs 2-cm-Doppellafetten mit elektrischem Antrieb.

Modifizierungen: Soweit bekannt ist, erfuhr die SPARTAN infolge ihres frühzeitigen Verlustes keine Abänderungen.

Die ROYALIST wurde unmittelbar nach der Fertigstellung zum Flaggschiff für einen Geleitträgerverband umgebaut. Hierbei erhielt sie zusätzlich zwei 2-cm-Doppel und vier 2-cm-Einzellafetten. Im übrigen erfuhr die ROYALIST als einzige Einheit nach dem Kriege eine umfassende Modernisierung.

Im April 1944 führte die BELLONA zusätzlich vier 2-cm-Einzellafetten und erhielt im April 1945 acht weitere 2-cm-Einzellafetten.

Auch BLACK PRINCE und DIADEM wurden mit je acht zusätzlichen 2-cm-Einzellafetten ausgerüstet und Anfang 1945 kamen weitere zwei 2-cm-Doppellafetten mit elektrischem Antrieb hinzu.

Werdegang: SPARTAN gehörte anfänglich zur *Home Fleet* und verlegte dann ins Mittelmeer. Am 22. Januar 1944 nahm der Flakkreuzer (mit dem sowjetischen KAdm. Frolov an Bord) an den alliierten Landungen beiderseits von Anzio/Nettuno (Operation »Shingle«) teil und gehörte zur Feuerunterstützungs- und Geleitgruppe der *Northern Attack Force*. Die vor dem Anzio-Landekopf liegende SPARTAN wurde am 29. Januar 1944 von Do 217 K der III./K.G.100 angegriffen und mit einer Gleitbombe »Hs 293« versenkt.[156]

Die ROYALIST stieß nach der Indienststellung zur *Home Fleet* und kam bei der Sicherung von Rußland-Geleitzügen in arktischen Gewässern zum Einsatz. Sie gehörte im Mai 1944 auch zur Sicherung bei Trägervorstößen gegen die norwegische Küste, u.a. bei Angriffen mit Trägerflugzeugen auf die TIRPITZ. Danach verlegte der Flakkreuzer zur Teilnahme an der Operation »Dragoon« (den alliierten Landungen in Südfrankreich am 15. August 1944) ins Mittelmeer. Hier gehörte er zur Sicherung der *TF 88.1*, die mit ihren Geleitträgern Luftunterstützung gewährte. Am 15. September 1944 versenkte die ROYALIST zusammen mit dem Zerstörer TEAZER auf dem Wege in die Ägäis den deutschen Transporter *KT 26* (ex-ERPEL) und den U-Jäger *UJ 2171* (ex-HEIDELBERG ex-*KT 4*) vor Kap Spatha nordwestlich von Kreta. Danach stieß der Flakkreuzer zur *British Aegean Force* und kam bis Jahresende in den ägäischen Gewässern zum Einsatz, um anschließend nach Ostindien zu verlegen. Im April 1945 führte die ROYALIST als Flaggschiff die 21. Geleitträgergruppe (Escort Carrier Squadron) und war am 1. Mai an der Landung bei Rangun/Burma beteiligt. Am 11. Mai nahm sie mit der 21. Geleitträgergruppe im Verband der britischen *TF 61* an dem mißlungenen Versuch teil, den japanischen Schweren Kreuzer HAGURO und den Zerstörer KAMIKAZE abzufangen, die japanische Truppen von den Andamanen evakuieren sollten. Für den Rest des Krieges war die ROYALIST zur Deckung von Trägervorstößen gegen Ziele auf Sumatra und in ostindischen Gewässern einge-

BLACK PRINCE, 1944

Links: Die DIADEM. Der Zensor scheint die obere Hälfte des achteren Fla-Leitstandes und die Radarantenne auf dem vorderen gelöscht zu haben. (IWM)

Links: Die DIADEM im Jahre 1945. (MOD)

setzt und unterstützte am 9. September 1945 mit der 21. Geleitträgergruppe die Operation »Zipper« (Landung an der malayischen Nordwestküste), um den letzten japanischen Widerstand zu beseitigen. Danach kehrte der Flakkreuzer in heimische Gewässer zurück und wurde zur Reserveflotte versetzt.

1954 begann für die ROYALIST eine Große Werftliegezeit, die erst im April 1956 abgeschlossen war, und am 9. Juli 1956 wurde sie leihweise der Königlich Neuseeländischen Marine übergeben. Am 4. Juni 1966 von der RNZN außer Dienst gestellt, kam der Kreuzer 1967 wieder unter das Kommando der Royal Navy. Im November 1967 wurde das Schiff an die japanische Abbruchwerft Nissho & Co. verkauft und am 31. Dezember 1967 verließ es im Schlepp Auckland in Richtung Osaka.

Die BELLONA war nach ihrer Indienststellung zur Geleitsicherung im Kanal eingesetzt. Bei der alliierten Landung in der Normandie am 6. Juni 1944 gehörte sie zur Reserve der *Western Naval Task Force* und stieß danach zur *Home Fleet*. Am 17. Juli war sie am erfolglosen britischen Trägerangriff auf die TIRPITZ im Kaafjord als Einheit des Deckungsverbandes beteiligt und kehrte anschließend in den Kanal zurück. Zusammen mit vier Zerstörern versenkte die BELLONA am 5. August die M-Boote *M 263* und *M 486*, das Vp.-Boot *V 414* und den Küstendampfer OTTO (217 BRT) aus einem deutschen Geleitzug nördlich der Ile d'Yeu bei St. Nazaire. Im Anschluß daran kehrte der Kreuzer in nördliche Gewässer zurück und war bis in das Jahr 1945 hinein an britischen Träger- und Kreuzervorstößen gegen den deutschen Schiffsverkehr entlang der norwegischen Küste sowie an der Sicherung von Rußland-Geleitzügen beteiligt. Nach dem Kriege gehörte die BELLONA bis 1946 zum 10. Kreuzergeschwader, ehe sie leihweise der RNZN überlassen wurde. Nach der Übergabe der ROYALIST 1956 kehrte sie zur Royal Navy zurück. Am 5. Februar 1958 traf das Schiff auf der Abbruchwerft T.W. Ward in Briton Ferry zum Verschrotten ein.

Nach der Indienststellung trat die BLACK PRINCE zur *Home Fleet* und war bei der Sicherung der Rußland-Geleitzüge eingesetzt. Im Frühjahr 1944 verlegte der Flakkreuzer zur Vorbereitung auf die Invasion in den Kanal und kam bei offensiven Vorstößen gegen den deutschen Küstengeleitzugverkehr zum Einsatz. In der Nacht vom 25./26. April 1944 geriet die BLACK PRINCE in Begleitung von vier Zerstörern in ein Gefecht mit der deutschen 4. T-Flottille, die mit drei T-Booten aus St. Malo zu einem Minenunternehmen ausgelaufen waren. Hierbei wurden vor der nordbretonischen Küste *T 27* und *T 24* erheblich beschädigt und *T 29* versenkt. Bei der Landung in der Normandie am 6. Juni 1944 gehörte der Flakkreuzer zur *Force A*, um vor dem amerikanischen Landekopf »Utah« Feuerunterstützung zu geben. Danach verlegte die BLACK PRINCE zur Teilnahme an der Operation »Dragoon« (Landung in Südfrankreich am 15. August) ins Mittelmeer zum Unterstützungsverband der *TF 84*, um vor dem Landekopf »Alpha« (Baie de Cavalaire) Feuerunterstützung zu leisten. Im September 1944 stieß der Flakkreuzer zur *British Aegean Force* in der Ägäis. Nach der Teilnahme an der Besetzung Athens am 15. Oktober (Operation »Manna«) stieß er zur *Eastern Fleet* im Indischen Ozean und nahm als Teil des Deckungsverbandes an den Trägervorstößen zur Zerstörung japanischer Ölanlagen und Flugplätze auf Sumatra und in Malaya teil. Am 16. Januar 1945 lief die BLACK PRINCE mit der britischen Pazifikflotte aus Trincomalee/Ceylon in die pazifischen Gewässer aus und war Ende März am Angriff gegen die Gunto-Sakishima-Inselgruppe, im Mai an den Kämpfen um Okinawa und im Juli/August an den Beschießungen des japanischen Mutterlandes beteiligt (siehe oben EURYALUS Seite 134). Anschließend gehörte der Flakkreuzer zur britischen *TG 111.2*, die im September Hongkong wieder in Besitz nahm. Die BLACK PRINCE verblieb auch weiterhin in Fernost und wurde 1946 der RNZN leihweise überlassen. Am 1. April 1961 trat sie – noch immer nicht modernisiert – wieder unter das Kommando der Royal Navy und wurde im März 1962 zum Verschrotten nach Japan verkauft. Am 5. April 1962 verließ das Schiff im Schlepp Auckland und traf im Mai auf der Abbruchwerft von Mitsui & Co. in Osaka ein.

Nach ihrer Indienststellung stieß die DIADEM zur *Home Fleet* und kam im Frühjahr 1944 in arktischen Gewässern bei der Sicherung von Rußland-Geleitzügen sowie von Trägerangriffen auf die TIRPITZ in Nordnorwegen zum Einsatz. Bei der alliierten Landung in der Normandie am 6. Juni 1944 gehörte der Flakkreuzer zur *Force E*, der Unterstützungsgruppe vor dem britischen Landekopf »Juno«, und leistete vor allem Ende Juni bei britischen Angriffen im Raum Caen Feuerunterstützung. Danach führte die DIADEM im Golf von Biakaya und vor der bretonischen Küste offensive Vorstöße gegen den deutschen Schiffsverkehr durch. In Begleitung von zwei Zerstörern versenkte sie am 12. August 1944 den deutschen *Spbr 7* vor La Rochelle.[157] Im September kehrte der Flakkreuzer bis Kriegsende wieder in nördliche Gewässer zurück, sicherte Rußland-Geleitzüge sowie Trägervorstöße entlang der norwegischen Küste und führte selbst offensive Vorstöße in norwegische Gewässer durch. Im Verlaufe eines derartigen Vorstoßes geriet die DIADEM zusammen mit dem Leichten Kreuzer MAURITIUS am 28. Januar 1945 vor Bergen in ein Gefecht mit der deutschen 4. Z-Flottille, die sich mit drei Zerstörern auf dem Verlegungsmarsch in die Ostsee befand. Hierbei erlitt *Z 31* Beschädigungen. Nach Kriegsende verblieb die DIADEM beim 10. Kreuzergeschwader und gehörte bis 1950 zur *Home Fleet*. 1956 kam ihr Verkauf an Pakistan zustande und nach der Durchführung einer Werftliegezeit übernahm die pakistanische Marine am 5. Juli 1957 den Kreuzer. In BABUR umbenannt, wurde er 1961 zum Kadettenschulschiff umgebaut.

Unten: Die BLACK PRINCE im Oktober 1943 in Scapa Flow. (IWM)

FIJI-Klasse – »Kolonial«-Klasse

Name	Bauwerft	Kiellegung	Stapellauf	Fertigstellung	Schicksal
FIJI	John Brown & Co., Clydebank	30. März 1938	31. Mai 1939	4. Mai 1940	gesunken: 22. Mai 1941
KENYA	A. Stephen & Sons, Glasgow	18. Juni 1938	18. Aug. 1939	28. Aug. 1940	verschrottet in Faslane: 1962
NIGERIA	V.-A., Walker-on-Tyne/Newcastle	8. Febr. 1938	18. Juli 1939	20. Sept. 1940	verkauft an Indien: 1954
MAURITIUS	Swan, Hunter & Co., Newcastle	31. März 1938	19. Juli 1939	14. Dez. 1940	verschrottet in Inverkeithing: 1968
TRINIDAD	Marinewerft Devonport	21. April 1938	21. März 1940	14. Okt. 1941	gesunken: 15. Mai 1942
GAMBIA	Swan, Hunter & Co., Newcastle	24. Juli 1939	30. Nov. 1940	21. Febr. 1942	verschrottet in Inverkeithing: 1968
JAMAICA	V.-A., Barrow-in-Furness	28. April 1939	16. Nov. 1940	29. Juni 1942	verschrottet in Dalmuir: 1960
BERMUDA	John Brown & Co., Clydebank	30. Nov. 1939	11. Sept. 1941	5. Aug. 1942	verschr. in Briton Ferry: 1965

Typ: Leichter Kreuzer.
Standardverdrängung: 8000 ts (8128 t).
Einsatzverdrängung: 10 450 ts (10 617 t).
Länge: 169,32 m (über alles), 167,34 m (zwischen den Loten).
Breite: 18,90 m.
Tiefgang: 5,03 m (mittlerer), 6,05 m (maximal).
Antriebsanlage: 4 Satz Parsons-Getriebeturbinen, 4 Admiralty-Kessel vom Drei-Trommel-Typ, 4 Wellen.
Antriebsleistung: 80 000 WPS für 32,25 kn.
Bunkerinhalt: 1700 ts Heizöl.
Fahrtstrecke: 6520 sm bei 13 kn.
Panzerschutz: Hauptgürtelpanzer 83 mm – 89 mm, Deck 51 mm, Türme 25 mm – 51 mm.
Geschütze: zwölf 15,2 cm B.L. L/50 Mk. XXIII (4 x 3), acht 10,2 cm S.K. L/45 Mk. XVI (4 x 2), acht 2-Pfünder (2 x 4 – 4-cm-Pompom), acht 12,7-mm-Fla-MG's (2 x 4).*
Torpedorohre: sechs 53,3 cm (2 x 3).
Seeminen: keine.
Bordflugzeuge: drei, ein Katapult.
Besatzungsstärke: 733 (Friedensstärke) bzw. 980 (Kriegsstärke) Offiziere und Mannschaften.

* Flakbewaffnung bei der Fertigstellung siehe Text.

Entwurf: Genauso wie die Schweren Kreuzer der »County«-Klasse eine direkte Folge des Washingtoner Flottenabkommens waren, so stellten die Leichten Kreuzer der FIJI- oder »Kolonial«-Klasse das Ergebnis des Zweiten Londoner Flottenvertrages von 1937 dar. Dieser Vertrag begrenzte die maximale Standardverdrängung bei Leichten Kreuzern auf 8000 ts, um auf diese Weise die Fortsetzung des SOUTHAMPTON-Entwurfs zu verhindern. Ein große Anzahl von Entwurfsskizzen wurde in Erwägung gezogen, wobei die Bewaffnung sowohl vom Kaliber 15,2 cm als auch vom Kaliber 13,3 cm mit der unterschiedlichsten Anordnung der Geschütze ausging. Sogar der bereits für die EDINBURGH-Klasse vorgeschlagene 15,2-cm-Vierlingsturm wurde wieder zur Diskussion gestellt, obwohl er schließlich nicht zur Einführung gelangte. Angesichts der neuen japanischen Entwürfe wurde das Kaliber 13,3 cm als zu schwach abgelehnt, und wie schon bei der zuletzt gebauten Klasse Leichter Kreuzer bekam letztlich die 15,2-cm-Bewaffnung in Drillingstürmen den Vorrang eingeräumt.

Gegenüber der SOUTHAMPTON-Klasse war der Schiffskörper in der Länge kürzer und von geringerer Breite. Diese Abmessungen spiegelten die verringerte Wasserverdrängung wider. Ansonsten glichen sich beide Klassen im äußeren Erscheinungsbild, ausgenommen die Tatsache, daß die Einheiten der FIJI-Klasse ein Spiegelheck erhielten, das die Anordnung der Wohndecks achtern begünstigte. Außerdem wurde bei dieser Klasse von der Anwendung der Schweißtechnik in höherem Maße als bisher Gebrauch gemacht. Die 8000-ts-Beschränkung erforderte auch eine Reduzierung des Panzerschutzschemas – obwohl der Schiffskörper in der Wasserlinie eine größere Länge aufwies –, und die Seitenpanzerung wurde auf 89 mm Chrom-Nickel-Panzerstahl auf der Höhe der Munitionskammern und auf 83 mm auf der Höhe der Maschinenräume verringert. Der Horizontalschutz umfaßte ein Panzerdeck von 51 mm Chrom-Nickel-Panzerstahl über den Munitionskammern und Maschinenräumen, aber von 83 mm Dicke über den Kesselräumen. Für die Antriebsanlage wurden – der damals allgemeinen Praxis folgend – die Getriebeturbinen mit Vier-Wellen-Anordnung nach dem Einheitenprinzip gestaltet. Die Kessel waren für eine Antriebsleistung von 80 000 WPS für eine Entwurfsgeschwindigkeit von 32,25 kn ausgelegt.

Die Herstellung der Hauptantriebsanlage erfolgte durch die Bauwerften, ausgenommen die bei Swan, Hunter & Wigham Richardson in Newcastle gebauten zwei Schiffe, für die als Sublieferant die Wallsend Slipway & Engineering Co. in Wallsend-on-Tyne auftrat, während die Antriebsanlage für die bei Vickers-Armstrong Ltd. in Walker-on-Tyne/Newcastle gebauten NIGERIA von Parsons Marine Steam Turbine Co. in Wallsend-on-Tyne stammte.

Für die Hauptbewaffnung verblieb es bei zwölf 15,2-cm-Geschützen B.L. L/50 Mk. XXIII, aber lafettiert in dem neuen Drillingsturm Mk. III mit verlängertem Turmgehäuse. Die zugleich als Mittelartillerie einsetzbare Schwere Flak bestand aus acht 10,2-cm-Geschützen S.K. L/45 Mk. XVI in Doppellafetten Mk. XIX. Der Entwurf ließ wenig Spielraum an Gewichtseinsparung zu. Infolgedessen litt neben dem Weglassen der Torpedobewaffnung auch die Ausrüstung mit Leichter Flak

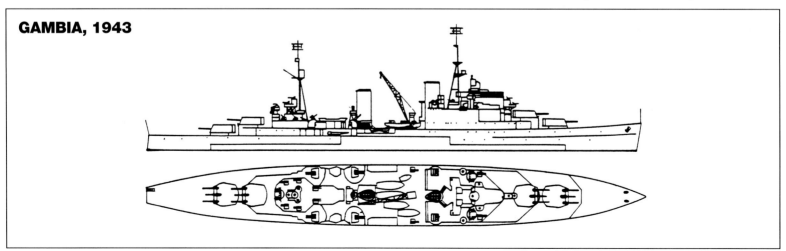

GAMBIA, 1943

Oben: Die FIJI am 20. August 1940. Beachte das Fehlen von Radar und einer zusätzlichen leichten Fla-Bewaffnung. (G. Ransome)

darunter; denn die beiden 2-Pfünder-Vierlingsflaks mußten durch zwei unzureichende 12,7-mm-Fla-Vierlings-MG's ersetzt werden, obwohl für beides entsprechender Raum vorhanden gewesen wäre. Als der Krieg ausbrach, spielte der Londoner Vertrag keine Rolle mehr, und sowohl die beiden 2-Pfünder-Vierlingsflaks als auch die zwei 53,3-cm-Drillings-Torpedorohrsätze kamen an Bord. Jedoch das Feuerleitsystem erfuhr keine Veränderung und diese Kreuzer besaßen für die Hauptbewaffnung keinen Achteren Artillerieleitstand. Die Decke des Turms X erhielt lediglich einen Leitstand mit einer E-Meßbasis. Für die Schwere Flak waren drei Fla-Leitstände vorhanden: zwei beiderseits des Fockmastes und der dritte achtern. Die Flugzeugeinrichtungen bestanden aus einem querschiffs fest eingebauten Katapult und je einer Flugzeughalle beiderseits des vorderen Schornsteins. Die Kreuzer konnten zwei Seeflugzeuge des Typs Supermarine »Walrus« oder später des Typs Supermarine »Sea-Otter« an Bord nehmen.

Fünf Einheiten wurden unter dem Bauprogramm 1937 bewilligt und sämtlich im Dezember 1937 in Auftrag gegeben: FIJI, KENYA, MAURITIUS, NIGERIA und TRINIDAD. Weitere vier Einheiten wurden als Wiederholungsbauten unter dem Bauprogramm 1938 bewilligt und ihre Auftragsvergabe erfolgte im März 1938: CEYLON, GAMBIA, JAMAICA und UGANDA. Nochmals zwei Einheiten wurden unter dem Bauprogramm 1939 bewilligt: BERMUDA und NEWFOUNDLAND. Trotz beträchtlicher Diskussionen erfolgte ihre Auftragsvergabe ebenfalls als Wiederholungsbauten.

Zusätzliche Einbauten und Ausrüstungen im Kriege, wie zum Beispiel die Torpedorohrsätze und ein zusätzlicher Splitterschutz, steigerten die Standardverdrängung auf 8631 ts. Doch dies gefährdete die Antriebsleistung im Hinblick auf die Geschwindigkeit nicht.

Die kriegsmäßigen Bedingungen wirkten sich auch auf die Fertigstellung einiger Schiffe aus. Die der TRINIDAD verzögerte sich durch die Bombardierung der Bauwerft beträchtlich, während bei CEYLON, UGANDA und NEWFOUNDLAND infolge der Katastrophe von Dünkirchen im Mai 1940 ein Baustopp eintrat. Diese letzten drei Einheiten wurden schließlich nach einem modifizierten Entwurf fertiggestellt und als UGANDA-Klasse bezeichnet (siehe unten).

Modifizierungen: Alle Einheiten gelangten erst nach dem Ausbruch der Feindseligkeiten zur Fertigstellung. Sie wiesen daher einige Abänderungen auf, die sich aus den Kriegserfahrungen ergaben.

Die FIJI erhielt vor ihrem frühzeitigen Verlust lediglich zwei weitere 12,7-mm-Fla-Vierlings-MG's sowie Radar vom Typ 284.

Auch die KENYA bekam im Sommer 1941 zwei zusätzliche 12,7-mm-Fla-Vierlings-MG's sowie zwei 2-cm-Fla-Geschütze in Einzellafetten. Im Dezember 1941 erfolgte die Ausrüstung mit Radar vom Typ 273 und 284. Während der Werftliegezeit zur Ausbesserung ihrer Schäden vom August bis Dezember 1942 wurden die 12,7-mm-Vierlingslafetten und die beiden 2-cm-Einzellafetten wieder entfernt und durch sechs 2-cm-Doppellafetten mit elektrischem Antrieb ersetzt. Auch das Radar vom Typ 273 wurde gegen Radar vom Typ 272, 282, 283 und 285 ausgetauscht. Bis Ende 1943 kamen zwei weitere 2-cm-Doppellafetten an Bord. Damit hatte sich die Anzahl der 2-cm-Doppellafetten mit elektrischem Antrieb auf acht erhöht. Im April 1945 wurde der Turm X an Land gegeben und durch zwei 4-cm-Bofors-Doppellafetten ersetzt. Bei Kriegsende oder kurze Zeit später ersetzten zwei 4-cm-Bofors-Doppellafetten die 2-Pfünder-Vierlingsflaks und 4-cm-Bofors-Einzellafetten die 2-cm-Doppellafetten. Schließlich bestand die Leichte Flak aus achtzehn 4-cm-Bofors-Rohren: 5 x 2 und 8 x 1.

MAURITIUS erhielt Anfang 1942 vier 2-cm-Fla-Geschütze in Einzellafetten sowie Radar vom Typ 272, 284 und 285. Im Juni 1943 wurden die Flugzeugeinrichtungen mitsamt den Bordflugzeugen an Land gegeben und zwanzig weitere 2-cm-Einzellafetten kamen an Bord. Kurze Zeit später erfolgte auch das Von-Bord-Geben der beiden 12,7-mm-Vierlingslafetten.

NIGERIA hatte bis September 1941 vier 2-cm-Fla-Geschütze in Einzellafetten bekommen und wurde in der zweiten Jahreshälfte mit Radar vom Typ 273 und 284 ausgerüstet. Zwischen August 1942 und Juni 1943 kamen die 12,7-mm-Vierlingslafetten, die 2-cm-Einzellafetten und das Radar vom Typ 273 im Austausch gegen acht 2-cm-Doppellafetten mit elektrischem Antrieb sowie gegen Radar vom Typ 272 und 282 von Bord. Zu diesem Zeitpunkt wurde der Leitstand mit der E-Meßbasis auf dem Turm X wahrscheinlich ebenfalls entfernt. Diese Ausrüstung war auch noch im April 1944 unverändert vorhanden. Im Oktober 1945 erfolgte der Einbau von vier zusätzlichen 4-cm-Bofors-Geschützen Mk. III in Einzellafetten.

TRINIDAD scheint infolge ihres frühzeitigen Verlustes lediglich zwei 2-cm-Einzellafetten erhalten zu haben.

GAMBIA wurde im Februar 1942 mit sechs 2-cm-Einzellafetten ausgerüstet. Zwischen Juni und September 1943 erfolgte das An-Land-Geben der Flugzeugeinrichtungen und zehn 2-cm-Doppellafetten mit elektrischem Antrieb ersetzten die beiden 2-Pfünder-Vierlingslafetten und die sechs 2-cm-Einzellafetten. Diese Ausrüstung war im April 1944 noch vorhanden.

JAMAICA besaß 1943 acht 2-cm-Doppellafetten mit elektrischem Antrieb sowie vier 2-cm-Einzellafetten. Zwei der letzteren hatten den Leitstand mit der E-Meßbasis auf der Decke des Turms X ersetzt.

Die als letzte Einheit ihrer Klasse fertiggestellte BERMUDA hatte zum Zeitpunkt ihrer Indienststellung bereits zehn 2-cm-Fla-Geschütze in Einzellafetten an Bord. Sechs weitere kamen im September 1943 hinzu. Im Frühjahr 1944 erfolgte der Ausbau der Flugzeugeinrichtungen und zwölf

Oben: KENYA. (G. Ransome)

Rechts: NIGERIA. (IWM)

der 2-cm-Einzellafetten im Austausch gegen acht 2-cm-Doppellafetten mit elektrischem Antrieb. Im Zuge einer Großen Werftliegezeit vom Juni 1944 bis zum April 1945 wurden der Turm X und vier der 2-cm-Doppellafetten entfernt und durch drei 2-Pfünder-Vierlings- und vier 2-Pfünder-Einzellafetten (4-cm-Pompom) ersetzt. Im August 1945 erhielt der Kreuzer zwei 4-cm-Boffins sowie zwei 4-cm-Bofors-Geschütze Mk. III in Einzellafetten im Austausch gegen zwei 2-cm-Doppel- und zwei 2-cm-Einzellafetten.

Werdegang: Die FIJI trat nach ihrer Indienststellung zur *Home Fleet*, lief aber am 31. August 1940 zur Operation »Menace« (Angriff britischer und freifranzösischer Streitkräfte auf Dakar am 23. September 1940) als Teil der Sicherung des Truppentransport-Geleitzuges aus dem Clyde aus. Am 1. September griff *U 32* (ObltzS. Hans Jenisch) den britischen Verband westlich der Hebriden an und erzielte auf FIJI einen Torpedotreffer. Der erheblich beschädigte Kreuzer mußte nach Großbritannien zurückkehren und zur Ausbesserung seiner Schäden für sechs Monate in die Werft gehen. Im März 1941 überwachte die FIJI mit ihrem Schwesterschiff NIGERIA die Dänemarkstraße, aber den beiden Kreuzern gelang es nicht, die durch diese Meerenge Ende des Monats heimmarschierende ADMIRAL SCHEER abzufangen. Anfang April gehörte der Kreuzer zur *Force H*, die im Seegebiet westlich des Golfes von Biskaya operierte, um die inzwischen in Brest liegenden Schlachtschiffe GNEISENAU und SCHARNHORST zu blockieren. Ende April sicherte die FIJI mit der *Force H* die

Rechts: MAURITIUS. (IWM)

Operation »Dunlop« (Einfliegen von Jägern zur Verstärkung der Luftverteidigung Maltas) und Anfang Mai einen für Alexandria bestimmten Nachschub-Geleitzug im westlichen Mittelmeer. Danach war der Kreuzer an den Kämpfen um Kreta beteiligt. Am 22. Mai 1941 beschädigten zwei Jagdbomber vom Typ Me 109 der I./L.G.2 (Hptm. Ihlefeld) die FIJI vor Kreta so schwer, daß der Kreuzer nach dem Verbrauch seiner gesamten Fla-Munition aufgegeben werden mußte.

Auch die KENYA stieß nach ihrer Indienststellung zur *Home Fleet* und kam zunächst bei der Sicherung von Truppentransport- und SL-Geleitzügen zu der Zeit zum Einsatz, als schwere Einheiten der Kriegsmarine als Handelsstörer im Atlantik auftraten. Im Mai 1941 war die KENYA, zum 2. Kreuzergeschwader der *Home Fleet* gehörend, an der Jagd auf die BISMARCK beteiligt. Zusammen mit dem Leichten Kreuzer AURORA versenkte sie am 3. Juni 1941 den als U-Bootversorger für das Unternehmen »Rheinübung« eingesetzten Begleittanker BELCHEN (6367 BRT), der gerade *U 93* versorgte, in der Davies-Straße. Im September verlegte der Kreuzer ins Mittelmeer zur Sicherung der Operation »Halberd« (Geleitzug zur Versorgung Maltas von Gibraltar aus) und kehrte anschließend zur *Home Fleet* zurück. In arktischen Gewässern vor der norwegischen Polarküste erfolglos nach deutschen Schiffen suchend, beschoß die KENYA am 24. November Vardø. Ende Dezember deckte sie das Kommando-Unternehmen in den Vaagsfjord/Nordnorwegen, wobei im Raum Vaagsø und Maaløy Fischfabriken und Fernmeldeanlagen zerstört wurden (Operation »Archery«). Bis Mitte 1942 verblieb die KENYA zur Sicherung von Rußland-Geleitzügen in der Arktis und verlegte Anfang Juni ins Mittelmeer zur Teilnahme an der Operation »Harpoon/Vigorous«.

Hier gehörte sie zum Deckungsverband des ostgehenden Nachschub-Geleitzuges (»Harpoon«) für Malta. Im August 1942 war der Kreuzer auch Teil der Sicherung für den »Pedestal«-Geleitzug, wobei er am 12. August durch das italienische Unterseeboot ALAGI (Kptlt. Puccini) einen Torpedotreffer erhielt. Die Ausbesserungsarbeiten dauerten bis zum Dezember 1942 und danach verblieb die KENYA während des Jahres 1943 bei der *Home Fleet*. Im Anschluß daran verlegte sie in den Indischen Ozean und gehörte im Januar 1944 zum 4. Kreuzergeschwader bei der *Eastern Fleet*. Die KENYA nahm 1944 an den Trägervorstößen der *Eastern Fleet* gegen die Nikobaren und Nordsumatra teil, wobei Flugplätze und Ölanlagen angegriffen wurden. Anfang 1945 war sie an den Landungen an der Arakan-Küste/Burma sowie an Vorstößen gegen die Küste Malayas beteiligt, ehe sie in heimische Gewässer zurückkehrte. Nach einer Werftliegezeit 1945/46 stieß die KENYA vom Oktober 1946 bis zum Dezember 1947 zum 8. Kreuzergeschwader auf der Amerikanischen & Westindischen Station. Anschließend verbrachte der Kreuzer eine Zeitlang im Reservestatus und verlegte nach einer Werftliegezeit in den Fernen Osten zum 5. Kreuzergeschwader. Hier nahm die KENYA am Koreakrieg teil. 1951/52 befand sie sich beim 4. Kreuzergeschwader in Ostindien und 1952/53 beim 1. Kreuzergeschwader im Mittelmeer. Nach Portsmouth zurückgekehrt, wurde die KENYA am 24. Februar 1953 außer Dienst gestellt und in die Reserveflotte versetzt. Nach einer Werftliegezeit erneut aktiviert, ging sie 1955 wieder zum 8. Kreuzergeschwader auf die Amerikanische & Westindische Station hinaus. Von dort kehrte der Kreuzer am 5. November 1956 nach Portsmouth zurück. Danach gehörte die KENYA bis 1957 zur *Home Fleet* und war 1957/58 Flaggschiff des 1. Kreuzergeschwaders im Mittelmeer. Im September 1958 wurde sie schließlich außer Dienst gestellt und verblieb bis zu ihrem Verkauf 1962 in Reserve. Am 29. Oktober 1962 traf das Schiff auf der Abbruchwerft der Shipbreaking Industries in Faslane zum Verschrotten ein.

Die MAURITIUS war nach ihrer Indienststellung im Verband der *Home Fleet* zu Geleitsicherungsaufgaben im Atlantik eingesetzt und verlegte Ende 1941 nach Ostindien. 1942 stieß sie zur *Eastern Fleet* im Indischen Ozean und kam wieder im Geleitsicherungsdienst zum Einsatz, wurde aber im April 1943 zur Verstärkung der Mittelmeerflotte abgezogen. Nach einer Grundberührung mit anschließender Reparatur war die MAURITIUS erst im Juni 1943 wieder einsatzbereit. Bei der alliierten Landung auf Sizilien am 10. Juli 1943 (Operation »Husky«) gehörte sie zur *Support Force East* und erfüllte Küstenbeschießungsaufgaben. Im September nahm die MAURITIUS an der alliierten Landung im Golf von Salerno im Verband der Unterstützungsgruppe für die *Northern Attack Force* teil (Operation »Avalanche«). Ende Dezember 1943 war sie an der Suche nach deutschen Blockadebrechern im Golf von Biskaya beteiligt. Doch bereits im Januar 1944 kehrte der Kreuzer ins Mittelmeer zurück und leistete vor dem alliierten Landekopf von Anzio Feuerunterstützung. Bei der alliierten Landung in der Normandie am 6. Juni 1944 gehörte die MAURITIUS zur *Force D*, der Unterstützungsgruppe vor dem britischen Landekopf »Sword«, und unterstützte hierbei vor allem im Juli die britische 2. Armee im Raum Caen. Im Anschluß daran kam die MAURITIUS vor der bretonischen Küste im August gegen den noch vorhandenen deutschen Schiffsverkehr in diesem Seegebiet zum Einsatz. Zusammen mit zwei Zerstörern griff der Kreuzer in der Nacht vom 14./15. August 1944 vor Les Sables d'Olonne einen deutschen Verband an, versenkte den *Spbr. 157* und beschädigte das M-Boot *M 275* erheblich.[158] Derselbe britische Verband versenkte in der Nacht vom 22./23. August die deutschen Vp.-Boote *V 702*, *V 717*, *V 720*, *V 729* und *V 730* vor Audierne. Danach kehrte die MAURITIUS zur *Home Fleet* zurück.

In der Norwegen-See zum Einsatz gelangend, gehörte die MAURITIUS zur Sicherung bei Trägervorstößen entlang der norwegischen Küste und unternahm selbst Vorstöße gegen den deutschen Schiffsverkehr in diesen Gewässern. Bei einem dieser Vorstöße kam sie zusammen mit dem Flakkreuzer DIADEM (siehe oben) am 28. Januar

1945 mit der deutschen 4. Z-Flottille vor Bergen ins Gefecht, wobei Z 31 erheblich beschädigt wurde. Nach diesem Unternehmen ging der Kreuzer in die Werft von Cammell, Laird & Co. in Birkenhead/Liverpool und absolvierte vom Februar 1945 bis zum März 1946 eine Große Werftliegezeit. Im Anschluß daran verlegte die MAURITIUS zum 15. (später 1.) Kreuzergeschwader ins Mittelmeer. 1948 kehrte sie nach Großbritannien zurück und wurde zur Reserveflotte versetzt. Nach einer weiteren Werftliegezeit lief der 1949 wieder in Dienst gestellte Kreuzer am 6. Mai 1949 erneut ins Mittelmeer zum 1. Kreuzergeschwader aus. Noch im selben Jahr verlegte jedoch die MAURITIUS zum 4. Kreuzergeschwader auf der Ostindischen Station. Dort verblieb sie bis 1951 und kehrte am 18. Dezember 1951 nach Chatham zurück. 1952 wurde der Kreuzer wieder zur Reserveflotte versetzt, in der er bis 1965 verblieb. An T.W. Ward Ltd. zum Verschrotten verkauft, traf das Schiff am 27. März 1965 auf der Abbruchwerft in Inverkeithing ein.

Nach der Indienststellung gehörte die NIGERIA bis 1944 zur *Home Fleet* und war Ende 1940 zur Sicherung der nordatlantischen Geleitzüge eingesetzt. Anfang März 1941 deckte sie zusammen mit dem Leichten Kreuzer EDINBURGH das erfolgreiche Kommando-Unternehmen gegen die Lofoten (Operation »Claymore« – siehe oben Seite 128) und war ab Mitte März an der Überwachung der Island-Färöer-Enge beteiligt, um ein Ausbrechen der SCHARNHORST und GNEISENAU in den Atlantik zu verhindern. Ende März überwachte der Kreuzer zusammen mit der FIJI (siehe oben) die Dänemarkstraße, wobei es nicht gelang, die auf dem Heimmarsch befindliche ADMIRAL SCHEER abzufangen. Am 28. Juni 1941 stellte die NIGERIA mit drei Zerstörern das deutsche Wetterschiff LAUENBURG in der Nähe der Insel Jan Mayen. Hierbei gelang es wertvolles Schlüsselmaterial zu erbeuten.[159] Im Sommer 1941 war der Kreuzer zusammen mit dem Leichten Kreuzer AURORA (Force K) am Spitzbergen-Unternehmen und am 6. September an der Versenkung des deutschen Artillerieschulschiffes BREMSE vor der norwegischen Polarküste beteiligt (siehe oben AURORA Seite 119). Anschließend kam die NIGERIA in der ersten Hälfte des Jahres 1942 in arktischen Gewässern zur Sicherung von Rußland-Geleitzügen zum Einsatz. Anfang August wurde der Kreuzer für die Operation »Pedestal« zur Sicherung dieses überaus wichtigen Geleitzuges zur Versorgung Maltas ins Mittelmeer verlegt. Im Verlaufe dieses Einsatzes erhielt die NIGERIA am 12. August 1942 nahe der Skerki-Bank durch das italienische Unterseeboot AXUM (Kptlt. Ferrini), das zur selben Zeit auch den Flakkreuzer CAIRO torpedierte (siehe oben), einen Torpedotreffer, der erhebliche Schäden verursachte. Daraufhin verlegte der Kreuzer zur vollständigen Ausbesserung der Schäden in die USA und absolvierte in Charleston/New York einen Werftaufenthalt, der bis Juni 1943 dauerte. Anfang 1944 stieß die NIGERIA zur *Eastern Fleet* und nahm im Verlaufe dieses Jahres im Gefolge des Deckungsverbandes an den verschiedenen Trägervorstößen zur Zerstörung japanischer Ölanlagen und Flugplätze im ostindischen Raum teil. Von Januar 1945 an gehörte der Kreuzer zu den Deckungsstreitkräften bei den Landungen an der Arakan-Küste/Burma. Bis zum Ende des Krieges bzw. bis zur Kapitulation der japanischen Streitkräfte in Malaya im September 1945 blieb die NIGERIA in ostindischen Gewässern. Danach kehrte sie nach Devonport zurück und absolvierte in der Marinewerft eine von Dezember 1945 bis April 1946 dauernde Große Werftliegezeit. Im Anschluß daran diente der Kreuzer bis zum September 1950 als Flaggschiff des 6. Kreuzergeschwaders auf der Südatlantischen Station. In heimische Gewässer zurückgekehrt, erhielt die NIGERIA den Reservestatus und fand in Devonport als Wohnschiff Verwendung. Am 8. April 1954 wurde ihr Verkauf an Indien angekündigt und der Kreuzer führte von Oktober 1954 bis April 1957 auf der Werft von Cammell, Laird & Co. in Birkenhead/Liverpool eine Große Werftliegezeit verbunden mit einer Modernisierung durch. Am 29. August 1957 erfolgt die Übergabe an die indische Marine, die den Kreuzer unter dem neuen Namen MYSORE in Dienst stellte. Ab 1975 diente er als Schulschiff, wurde am 20. August 1985 außer Dienst gestellt und im Jahr darauf verschrottet.

Die TRINIDAD stieß nach ihrer Indienststellung zur *Home Fleet* und war in arktischen Gewässern im Geleitsicherungsdienst eingesetzt. Ende März 1942 gehörte sie zur Nahsicherung des Rußland-Geleitzuges PQ 13, der am 28. März von der deutschen 8. Z-Flottille (Z 24, Z 25, Z 26) angegriffen wurde. In einem verwirrenden Gefecht bei schwerem Schneesturm erzielte die TRINIDAD Artillerietreffer auf Z 26, die den Zerstörer bewegungslos machten. Ein von der TRINIDAD geschossener Torpedo aus einem Fächer, der den deutschen Zerstörer zum Sinken brachte, entwickelte sich zum Kreisläufer und traf schließlich das eigene Schiff. Der beschädigte Kreuzer wurde nach Murmansk eingebracht. Nach einer Notreparatur trat die TRINIDAD am 13. Mai 1942 mit vier Zerstörern den Heimmarsch an. Nach mehreren erfolglosen Lufttorpedoangriffen durch He 111 der I./K.G.26 ca. 100 sm vor der norwegischen Polarküste griffen am 15. Mai Ju 88 der III./K.G.30 britischen Verband an. Im Sturzangriff erzielte eine Ju 88 einen Bombentreffer, der auf der TRINIDAD einen heftigen Brand verursachte. Da das Feuer nicht unter Kontrolle gebracht werden konnte, versenkte der Zerstörer MATCHLESS das Wrack durch Torpedoschuß.

Die GAMBIA ging nach der Indienststellung in den Indischen Ozean und nahm ab Mitte September 1942 an der Besetzung von Madagaskar teil (Operation »Stream«). Inzwischen zur *Eastern Fleet* gehörend, führte sie von Januar 1943 an Geleitsicherungsdienst im Indischen Ozean durch und kehrte im Sommer zu einer Werftliegezeit von Juni bis September 1943 nach Liverpool zurück. Danach übernahm die Königlich Neuseeländische Marine den Kreuzer. Anfang Dezember wurde die GAMBIA zusammen mit der GLASGOW (siehe oben) nach Horta auf den Azoren verlegt, um über »Ultra« gemeldete und aus Fernost kommende deutsche Bockadebrecher abzufangen (Operation »Stonewall«). Die Suche blieb für die GAMBIA erfolglos. Anfang Januar 1944 stieß der Kreuzer wieder zur *Eastern Fleet* und war im Februar im Seegebiet südwestlich der Cocos-Inseln an der Suche nach deutschen Blockadebrechern beteiligt. Bis zum November 1944 gehörte die GAMBIA bei den verschiedenen Trägervorstößen in ostindischen Gewässern, um japanische Ölanlagen und Flugplätze zu zerstören, zu den Deckungsstreitkräften. Im November 1944 stieß der Kreuzer zur britischen Pazifikflotte und nahm 1945 an den Angriffen gegen die Gunto-Sakishima-Inselgruppe, an den Kämpfen um Okinawa sowie an den Vorstößen gegen das japanische Mutterland teil. Am 27. März 1946 kehrte die GAMBIA nach Portsmouth und zur Royal Navy zurück. Nach einer Werftliegezeit wurde sie am 1. Juli 1946 wieder in Dienst gestellt und stieß anschließend zum 5. Kreuzergeschwader bei der Fernostflotte. Am 6. Januar 1948 kehrte der Kreuzer nach Großbritannien zurück und verlegte im Januar 1950 zum 2. Kreuzergeschwader ins Mittelmeer. Hier gehörte er später bis zum Oktober 1954 zum 1. Kreuzergeschwader. 1955 stieß die GAMBIA als Flaggschiff zum 4. Kreuzergeschwader auf der Ostindischen Station. Von dort kehrte sie als letztes Flaggschiff auf dieser Station am 19. September 1958 nach Chatham zurück. Am 4. November 1958 ging der Kreuzer zum 1. Kreuzergeschwader ins Mittelmeer. 1960 diente er auf der Südatlantischen Station und bei der *Home Fleet*, ehe er im Dezember desselben Jahres außer Dienst gestellt und in die Reserveflotte versetzt wurde. Das Schiff verblieb in Portsmouth im Reservestatus, bis es 1968 auf die Ausmusterungsliste gesetzt und an die Abbruchwerft T.W. Ward zum Verschrotten verkauft wurde. Am 2. Dezember 1968 verließ es im Schlepp Portsmouth und traf am 5. Dezember in Inverkeithing zum Abwracken ein.

Nach der Indienststellung verbrachte die JAMAICA fast die gesamte Kriegszeit im arktischen Geleitsicherungsdienst, ausgenommen eine kurze Zeitspanne im November 1942. In dieser Zeit nahm der Kreuzer an den alliierten Landungen in Nordafrika am 8. November (Operation »Torch«) im Verband der *Centre Task Force* (Landung im Raum Oran) teil. In arktischen Gewässern gehörte die JAMAICA zur Geleitsicherung, als am 31. Dezember 1942 der Geleitzug JW 51 B von der ADMIRAL HIPPER, der LÜTZOW und der 5. Z-Flottille angegriffen wurde (Unternehmen »Regenbogen«) – siehe oben ADMIRAL HIPPER Seite 46). und SHEFFIELD Seite 124). Ein Jahr später war die JAMAICA auch an der Versenkung des Schlachtschiffes SCHARNHORST am 26. Dezember vor dem Nordkap im Gefolge des Schlachtschiffes DUKE OF YORK beteiligt. 1944 gehörte sie mehrfach zu den Deckungsstreitkräften bei Trägervorstößen gegen die norwegische Küste. Nach dem Kriege stieß die JAMAICA im September 1945 zum 5. Kreuzergeschwader auf der Ostindischen Station und gehörte von 1946 bis November 1947 zum 4. Kreuzergeschwader auf derselben Station. Von August 1948 bis 1949 diente der Kreuzer beim 8. Kreuzergeschwader auf der Amerikanischen & Westindischen Station und wurde für die Zeit des Koreakrieges zum 5. Kreuzergeschwader in Fernost detachiert. Am 27. Februar 1951 kehrte die JAMAICA in heimische Gewässer zurück und wurde zur Reserveflotte versetzt. Dort verblieb sie bis 1953, erfuhr 1953/54 eine Werftliegezeit und stieß danach zur Home Fleet und später zur Mittelmeerflotte. Am 20. November 1957 wurde der Kreuzer in Gairloch aufgelegt. Zum Verschrotten an die Abbruchwerft Arnott Young Ltd. verkauft, traf das Schiff am 20. Dezember 1960 in Dalmuir ein. Der Schiffskörper wurde schließlich 1962 in Troon abgebrochen.

UGANDA-Klasse – »Modifizierte FIJI«-Klasse

Name	Bauwerft	Kiellegung	Stapellauf	Fertigstellung	Schicksal
UGANDA	V.-A., Walker-on-Tyne/Newcastle	20. Juli 1939	7. Aug. 1941	3. Jan. 1943	an Kanada: 21. Okt. 1944
NEWFOUNDLAND	Swan, Hunter & Co., Newcastle	9. Nov. 1939	19. Dez. 1941	31. Dez. 1942	verkauft an Peru: 1959
CEYLON	A. Stephens & Sons, Glasgow	27. April 1939	30. Juli 1942	13. Juli 1943	verkauft an Peru: 1959

Typ: Leichter Kreuzer.
Standardverdrängung: 8000 ts (8128 t).
Einsatzverdrängung: 10 800 ts (10 973 t).
Länge: 169,32 m (über alles), 167,34 m (zwischen den Loten).
Breite: 18,90 m.
Tiefgang: 5,03 m (mittlerer), 6,05 m (maximal).
Antriebsanlage: wie bei der FIJI-Klasse.
Antriebsleistung: wie bei der FIJI-Klasse.
Bunkerinhalt: wie bei der FIJI-Klasse.
Fahrtstrecke: wie bei der FIJI-Klasse.
Panzerschutz: wie bei der FIJI-Klasse.
Geschütze: neun 15,2 cm B.L. L/50 Mk. XXIII (3 x 3), acht 10,2 cm S.K. L/45 Mk. XVI (4 x 2), zwölf 2-Pfünder (3 x 4 - 4-cm-Pompom), sechzehn bis zwanzig 2 cm (8-10 x 2).
Torpedorohre: sechs 53,3 cm (2 x 3).
Seeminen: keine.
Bordflugzeuge: zwei, ein Katapult.
Besatzungsstärke: 733 (Friedensstärke) bzw. 950 (Kriegsstärke) Offiziere und Mannschaften.

Entwurf: Während der Zeit des Baustopps für diese drei Einheiten wurde ihr Entwurf überarbeitet und sie erhielten die Bezeichnung »Modifizierte FIJI«-Klasse. Hauptgegenstand der Abänderungen war bei diesen Schiffen die Verbesserung der Flakbewaffnung. Angesichts der Kriegserfahrungen hatte sich dies als notwendig erwiesen. Die einzige Möglichkeit, um das zu erreichen, bestand in der Entfernung des Turms X und sein Ersetzen durch zwei 10,2-cm-Doppellafetten. Doch nach vielen Diskussionen fiel schließlich die Entscheidung, die Entfernung des Turms X zu billigen, aber ihn nur durch eine 10,2-cm-Doppellafette zu ersetzen und die Fähigkeit zur Luftverteidigung mit Hilfe eines zusätzlichen Fla-Leitstandes und der Ausrüstung aller 10,2-cm- und 2-Pfünderlafetten mit zentraler Fernschaltung zu verbessern. Außerdem erhielten diese Einheiten auch eine verhältnismäßig einfach ausgestattete Luftverteidigungszentrale zur Jägerführung. Der Vordere Artillerieleitstand bekam eine erhöhte Position, um unter ihm noch den Radarraum für das Radar vom Typ 272 unterzubringen.

Schließlich wurde die Verstärkung der Schweren Flak um eine fünfte 10,2-cm-Doppellafette wieder aufgegeben, da die Luftabwehr im Nahbereich als wichtiger angesehen wurde, und so erhielten diese Einheiten statt dessen eine weitere 2-Pfünder-Vierlingsflak (4-cm-Pompom). Die beiden anderen 2-Pfünder-Vierlingslafetten bekamen eine neue Position an der Vorderkante der Decken der Flugzeughallen, um ihnen ein besseres Schußfeld nach vorn zu verschaffen. Zur Gewichtseinsparung wurde einer der beiden Flugzeugkräne entfernt.

Modifizierungen: Hinsichtlich der Leichten Flak wurde die CEYLON mit sechzehn 2-cm-Doppellafetten mit elektrischem Antrieb fertiggestellt. Bis zum April 1944 hatte sie zudem noch weitere 2-cm-Doppel- und acht 2-cm-Einzellafetten erhalten. Bis Kriegsende waren sechs der 2-cm-Einzel- und vier der 2-cm-Doppellafetten durch vier 4-cm-Bofors-Fla-Geschütze Mk. III in Einzellafetten ersetzt worden.

Auch die Fertigstellung der NEWFOUNDLAND erfolgte mit sechzehn 2-cm-Doppellafetten. Bis zum April 1944 waren sechs weitere 2-cm-Einzellafetten an Bord gekommen und im Sommer desselben Jahres erhielt sie nochmals je zwei 2-cm-Doppel- und -Einzellafetten. Ihre Flugzeugeinrichtungen wurden an Land gegeben und die Radarausrüstung erfuhr eine Modernisierung.

Die UGANDA besaß bei der Fertigstellung zwanzig 2-cm-Doppellafetten mit elektrischem Antrieb. Zwischen Oktober 1943 und Oktober 1944 wurden sechs der 2-cm-Doppellafetten gegen acht 2-cm-Einzellafetten ausgetauscht. Nach der Ausbesserung ihrer Schäden in den USA erfuhr sie in der ersten Hälfte des Jahres 1945 weitere Modifizierungen: Entfernen von vier der 2-cm-Doppellafetten sowie der Flugzeugeinrichtungen, statt dessen Einbau von drei 2-Pfünder-Vierlings- und vier 2-Pfünder-Einzellafetten (4-cm-Pompom) sowie Modernisierung der Radarausrüstung.

Werdegang: Nach ihrer Indienststellung bis Ende 1943 gehörte die CEYLON zur Home Fleet. Danach stieß sie im Januar 1944 zum 4. Kreuzergeschwader bei der Eastern Fleet in Ostindien. Während des Jahres 1944 war der Kreuzer als Einheit der Deckungsstreitkräfte an den Trägervorstößen gegen Sabang/Sumatra, die Nikobaren und Soerabaja beteiligt, führte aber auch selbst Beschießungseinsätze durch. Im November 1944 stieß die CEYLON zur neu geschaffenen britischen Pazifikflotte und nahm Anfang Januar 1945 am Trägervorstoß zur Zerstörung der Ölraffinerien von Pankalan Brandan/Sumatra teil. Am 16. Januar verlegte die britische Pazifikflotte, zu der später auch die CEYLON stieß, von Trincomalee in den Pazifik. Im Mai 1945 befand sich der Kreuzer jedoch wieder im Indischen Ozean bei der dort zurückgebliebenen britischen Ostindienflotte (ebenfalls im November 1944 neu geschaffen) und war an Beschießungseinsätzen in den Nikobaren beteiligt. Bis Kriegsende verblieb die CEYLON auf diesem Kriegsschauplatz. Nach dem Kriege gehörte sie von 1946 bis 1950 zum Portsmouth-Kommando, später zum 5. und 4. Kreuzergeschwader auf der Fernost- bzw. der Ostindischen Station und kehrte am 1. Oktober 1954 nach Portsmouth zurück.

Vom März 1955 bis zum Juli 1956 erfuhr der Kreuzer eine Große Werftliegezeit, verbunden mit einer Modernisierung für seine weitere Verwendung, die ihn anschließend zur Home Fleet, zur Mittelmeerflotte sowie auf die Südatlantische und auf die Ostindische Station führte. Am 18. Dezember 1959 kehrte die CEYLON wieder nach Portsmouth zurück, um noch im selben Monat an Peru verkauft zu werden. Am 9. Februar 1960 erfolgte die offizielle Übergabe an die peruanische Marine, die den Kreuzer unter dem Namen CORONEL BOLOGNESI in Dienst stellte. Im Mai 1982 wurde das Schiff zur Ausmusterung außer Dienst gestellt und

Oben: Die CEYLON nach der Fertigstellung. Beachte das Fehlen des Turms X. (IWM)

im August 1985 zum Verschrotten nach Taiwan geschleppt.

Die NEWFOUNDLAND gehörte nach der Indienststellung zunächst zur *Home Fleet* und verlegte im Anschluß daran ins Mittelmeer. Hier nahm sie Anfang Juni 1943 am britischen Angriff auf die italienische Insel Pantelleria (Operation »Corkscrew«) und am 10. Juli 1943 an den alliierten Landungen auf Sizilien (Operation »Husky«) im Verband der *Support Force East* teil. Bei einem Einsatz zur Feuerunterstützung der Heerestruppen im Raum Catania torpedierte U 407 (ObltzS. Brüller) am 23. Juli die NEWFOUNDLAND, die erhebliche Beschädigungen erlitt. Nach einer in La Valetta/Malta durchgeführten Notreparatur ging der Kreuzer im August zur vollständigen Ausbesserung nach Boston/Massachusetts in die Werft. Nach dem bis April 1944 dauernden Werftaufenthalt absolvierte die NEWFOUNDLAND nach ihrer Rückkehr nach Großbritannien nochmals eine lange Werftliegezeit am Clyde, die bis zum November 1944 dauerte. Nach ihrer Wiederindienststellung lief sie in den Indischen Ozean aus, stieß Ende November 1944 zu neu geschaffenen britischen Pazifikflotte und verlegte mit ihr in den Pazifik. Im Mai 1945 operierte der Kreuzer zusammen mit australischen Einheiten im Seegebiet vor Neuguinea und unterstützte die Landung der 6. Australischen Division bei Wewak/Neuguinea. Im Juni nahm die NEWFOUNDLAND im Verband der britischen *TG 111.2* am Trägervorstoß gegen Truk teil, im Juli gehörte sie zur britischen *TF 37*, die das japanische Mutterland angriff, und im August 1945 war sie bei der japanischen Kapitulation – zur *TG 38.5* der 3. US-Flotte gehörend – in der Bucht von Tokio anwesend. Zurück in heimischen Gewässern wurde der Kreuzer in den Reservestatus versetzt und anschließend diente er als Schulschiff, ehe er 1951/52 eine Werftliegezeit in der Marinewerft Plymouth absolvierte. Am 3. November 1952 wieder in Dienst gestellt, verlegte die NEWFOUNDLAND als Flaggschiff des 4. Kreuzergeschwaders auf die Ostindische Station. Später diente sie auch in Fernost. 1956/57 befand sich der Kreuzer im Roten Meer und im Mittelmeer. Hier nahm die NEWFOUNDLAND am Suez-Unternehmen teil und versenkte am 1. November 1956 die ägyptische Fregatte DOMIAT.[160] Anschließend verlegte sie wieder nach Fernost und wurde – in heimische Gewässer zurückgekehrt – am 24. Juni 1959 in Portsmouth außer Dienst gestellt. Am 2. November 1959 wurde der Kreuzer an Peru verkauft und im Dezember 1960 offiziell von der peruanischen Marine unter dem neuen Namen ALMIRANTE GRAU übernommen. Am 15. Mai 1973 in CAPITÁN QUIÑONES umbenannt, diente der Kreuzer bis 1979 als stationäres Schulschiff in Callao und wurde anschließend ausgemustert.

Die UGANDA trat nach ihrer Indienststellung zur *Home Fleet* und verlegte anschließend ins Mittelmeer zur Teilnahme an den alliierten Landungen auf Sizilien am 10. Juli 1943 (Operation »Husky«). Hier gehörte sie zur *Support Force East* und leistete bis in den August hinein den Heerestruppen Feuerunterstützung. Im September 1943 war der Kreuzer als Teil der Unterstützungsgruppe für die *Northern Attack Force* an der alliierten Landung im Golf von Salerno (Operation »Avalanche«) beteiligt. Bei einem Feuerunterstützungseinsatz erhielt die UGANDA vor dem Landekopf bei einem Angriff von DO 217 der II./K.G.100 am 13. September durch eine funkgesteuerte Bombe FX 1200 einen Treffer, der sie schwer beschädigte.[161] Nach einer Notreparatur ging die UGANDA ebenfalls zur vollständigen Ausbesserung in die USA und absolvierte vom Oktober 1943 bis zum Oktober 1944 eine Große Werftliegezeit in der Marinewerft Charlestown/New York.

Wieder in Dienst gestellt, wurde der Kreuzer am 21. Oktober 1944 an die Königlich Kanadische Marine übergeben. Weitere Einzelheiten seines Werdegangs siehe unten im Kapitel »KANADA«.

MINOTAUR-/TIGER-Klasse

Name	Bauwerft	Kiellegung	Stapellauf	Fertigstellung	Schicksal
MINOTAUR	Harland & Wolff Ltd., Govan/Glasgow	20. Nov. 1941	29. Juli 1943	25. Mai 1945	übergeben an die RCN: Juli 1944
SWIFTSURE	V.-A., Walker-on-Tyne/Newcastle	22. Sept. 1941	4. Febr. 1943	22. Juni 1944	verschrottet in Inverkeithing: 1962
BELLEROPHON (ex-TIGER, ex-BELLEROPHON, ex-BLAKE)	V.-A., Walker-on-Tyne/Newcastle	? Aug. 1944	–	–	annulliert: März 1946, abgebrochen auf Helling: 1946/47
BLAKE (ex-BLAKE, ex-TIGER)	Fairfield & Co., Glasgow	17. Aug. 1942	20. Dez. 1945	8. März 1961 *	verschrottet in Cairnryan: 1982
LION (ex-DEFENCE)	Scott's, Greenock	24. Juni 1942	2. Sept. 1944	20. Juli 1960 *	verschrottet in Inverkeithing: 1975
HAWKE	Marinewerft Portsmouth	? Aug. 1944	–	–	annulliert: März 1946, abgebrochen auf Helling: 1946/47
SUPERB	Swan, Hunter & Co., Newcastle	23. Juni 1942	31. Aug. 1943	16. Nov. 1945	verschrottet in Dalmuir: 1960
TIGER (ex-BELLEROPHON)	John Brown & Co., Clydebank	1. Okt. 1941	25. Okt. 1945	18. März 1959 *	verschrottet in Spanien: 1986

* Fertiggestellt nach neuem Entwurf: TIGER-Klasse.

SWIFTSURE

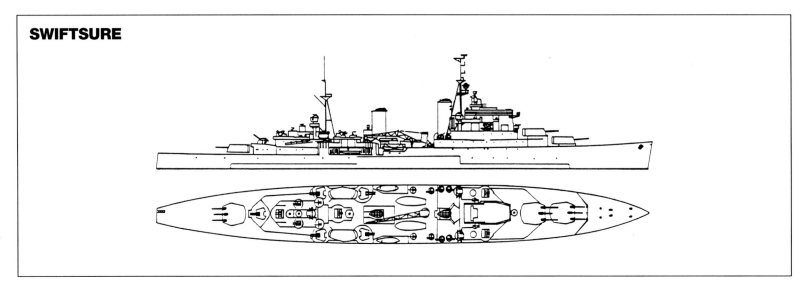

MINOTAUR-Klasse:
Standardverdrängung: 8800 ts (8941 t).
Einsatzverdrängung: 11 130 ts (11 308 t).
Länge: 169,32 m (über alles), 167,34 m (zwischen den Loten).
Breite: 19,20 m.
Tiefgang: 6,10 m (mittllerer), 6,48 m (maximal).
Antriebsanlage: wie bei der FIJI-Klasse.
Antriebsleistung: wie bei der FIJI-Klasse.
Bunkerinhalt: wie bei der FIJI-Klasse.
Fahrtstrecke: wie bei der FIJI-Klasse.
Panzerschutz: wie bei der FIJI-Klasse.
Geschütze: neun 15,2 cm B.L. L/50 Mk. XXIII (3 x 3), zehn 10,2 cm S.K. L/45 Mk. XVI (5 x 2), sechzehn 2-Pfünder (4 x 4 – 4-cm-Pompom), zweiundzwanzig 2 cm (8 x 2, 6 x 1).
Torpedorohre: sechs 53,3 cm (2 x 3).
Seeminen: keine.
Bordflugzeuge: keine.
Besatzungsstärke: 730 (Friedensstärke) bzw. 960 (Kriegsstärke) Offiziere und Mannschaften.

TIGER-Klasse (TIGER, LION und BLAKE):
Typ: Leichter Kreuzer.
Standardverdrängung: 8885 ts (9027 t).
Einsatzverdrängung: 11 560 ts (11 745 t).
Länge: 169,32 m (über alles), 167,34 m (zwischen den Loten).
Breite: 19,51 m.
Tiefgang: 6,10 m (mittlerer), 6,48 m (maximal).
Antriebsanlage: wie bei der FIJI-Klasse.
Antriebsleistung: wie bei der FIJI-Klasse.
Bunkerinhalt: 1900 ts Heizöl.
Fahrtstrecke: 6500 sm bei 12 kn.
Panzerschutz: wie bei der FIJI-Klasse.
Geschütze: wie bei der MINOTAUR-Klasse, ausgenommen die Leichte Flak: vierzehn 2-Pfünder (3 x 4, 2 x 1 – 4-cm-Pompom), acht 4 cm Bofors Mk. III (8 x 1), zehn 2 cm (4 x 2, 2 x 1).
Torpedorohre: sechs 53,3 cm (2 x 3).
Seeminen: keine.
Bordflugzeuge: keine.
Besatzungsstärke: 796 (Friedensstärke) bzw. 1000 (Kriegsstärke) Offiziere und Mannschaften.

Entwurf: Die Bewilligungen ergingen wie folgt: drei Einheiten (BELLEROPHON, SWIFTSURE und MINOTAUR) unter dem Bauprogramm 1941, drei weitere Einheiten (TIGER, SUPERB und DEFENCE) unter dem Bauergänzungsprogramm 1941 sowie nochmals zwei Einheiten (HAWKE und BLAKE) unter dem Bauprogramm 1942. Diesen Einheiten lag der ursprüngliche FIJI-Entwurf mit Abänderungen angesichts der Kriegserfahrungen zugrunde. Dies hatte zur Folge, daß im Verlaufe der Entwurfsarbeit zusätzliche Ausrüstungen in den Entwurf aufgenommen wurden. Um die Stabilität wiederherzustellen, erhielten die Einheiten aus den Bauprogrammen 1941 eine um 0,30 m auf 19,20 m erhöhte Schiffsbreite. Ansonsten blieb es weitgehend bei den Abmessungen der »Modifizierten FIJI«- bzw. UGANDA-Klasse.

Die aus neun 15,2-cm-Geschützen B.L. L/50 Mk. XXIII bestehende Hauptbewaffnung wurde beibehalten, aber zusätzlich erhielten diese Einheiten auf der Position des Turms X eine fünfte 10,2-cm-Doppellafette, wie sie bereits für die »Modifizierte FIJI«-Klasse in Aussicht genommen worden war. Außerdem kam eine zusätzliche 2-Pfünder-Vierlingsflak zum Einbau. Bordflugzeuge mit ihren Einrichtungen einschließlich Flugzeughallen waren jedoch nicht mehr vorgesehen.

Das Kriegsbauprogramm für Kreuzer scheint aber nur eine geringe Priorität gehabt zu haben; denn aus dieser ersten Gruppe wurden nur die SWIFTSURE und die MINOTAUR nach dem ursprünglichen Entwurf fertiggestellt. Die BELLEROPHON wurde im Februar 1945 in TIGER umbenannt, im Juli 1946 kam es zu einem Baustopp und schließlich wurde das Schiff im März 1959 nach einem völlig überarbeiteten Entwurf fertiggestellt. Für die unter dem Bauergänzungsprogramm 1941 im März 1942 in Auftrag gegebenen zweiten Gruppe ergab sich folgende Entwicklung: Die TIGER wurde am 17. August 1942 in BELLEROPHON umbenannt und im August 1944 auf Kiel gelegt. Im Dezember 1944 fand ein erneuter Namenswechsel statt, diesmal in BLAKE. Im Februar 1945 erhielt das Schiff den ursprünglichen Namen BELLEROPHON zurück, wurde schließlich im März 1946 annulliert und 1946/47 auf Helling abgebrochen. Die Fertigstellung der SUPERB im November 1945 erfolgte nach dem ursprünglichen Entwurf. Für die DEFENCE erging im Juli 1946 ein Baustopp. Erst am 8. Oktober 1957 wurde unter ihrem neuen Namen LION der Weiterbau nach dem überarbeiteten Entwurf (TIGER-Klasse) wieder aufgenommen. Ihre Indienststellung fand schließlich am 18. März 1961 statt. Was die beiden Einheiten aus dem zusätzlichen Bauprogramm 1942 anbetrifft, so wurde die HAWKE im August 1944 auf Kiel gelegt und dem im Januar 1945 ergangenen Baustopp folgte im März 1946 ihre Annullierung. Schließlich wurde der unfertige Schiffskörper 1946/47 auf der Helling abgebrochen. Auch für die am 17. August 1942 auf Kiel gelegte BLAKE, die im Dezember 1944 in TIGER umbenannt worden war, erging im Juli 1946 der Baustopp, nachdem sie im Februar 1945 ihren alten Namen zurückerhalten hatte. Sie wurde als dritte Einheit lange nach Kriegsende nach dem überarbeiteten Entwurf (TIGER-Klasse) fertiggestellt. Die Gründe für die Verwirrung stiftenden Namensänderungen sind nicht bekannt. Die Baufortsetzung für TIGER, DEFENCE und BLAKE wurde am 15. Oktober 1954 verkündet und ihre bis dahin fertiggestellten Aufbauten erfuhren 1955 als Vorbereitung hierzu nach dem überarbeiteten Entwurf einen vollständigen Rückbau.

Oben: SWIFTSURE. (IWM)

Modifizierungen: Die Fertigstellung der SWIFTSURE erfolgte mit sechszehn 2-cm-Doppel- und sechs 2-cm-Einzellafetten. Doch bereits im Sommer 1945 kamen acht der Doppellafetten und sämtliche Einzellafetten wieder von Bord. Statt dessen erhielt sie acht 4-cm-Boffins und fünf 4-cm-Bofors-Fla-Geschütze Mk. III in Einzellafetten.

Die ONTARIO (ex-MINOTAUR – siehe unten) wurde mit derselben Ausrüstung an Leichter Flak wie die SWIFTSURE fertiggestellt. Bei Kriegsende soll sie sechs 4-cm-Bofors- und sechs 2-cm-Fla-Geschütze, sämtlich in Einzellafetten, geführt haben.

Die erst nach dem Ende der Feindseligkeiten fertiggestellte SUPERB führte an Leichter Flak: acht 4-cm-Bofors-Fla-Geschütze Mk. III in Einzellafetten, zwei 2-Pfünder-Einzellafetten (4-cm-Pompom), vier 2-cm-Doppellafetten mit elektrischem Antrieb und zwei 2-cm-Einzellafetten.

Werdegang: Nur die SWIFTSURE trat noch vor Kriegsende zur Royal Navy, da die MINOTAUR im Juli 1944 zur weiteren Fertigstellung an die Königlich Kanadische Marine übergeben wurde und den neuen Namen ONTARIO erhielt. Ihr weiterer Werdegang ist im Kapitel »KANADA« (siehe unten) geschildert.

Nach ihrer Indienststellung gehörte die SWIFTSURE zur *Home Fleet* und verlegte Anfang November 1944 in den Indischen Ozean. Dort stieß sie ab dem 22. November zur neu geschaffenen britischen Pazifikflotte. Im Pazifik nahm der Kreuzer im März 1945 an den Trägerangriffen der britischen *TF 57* zur Ausschaltung der Flugplätze auf der japanischen Gunto-Sakishima-Inselgruppe und im Mai an den Okinawa-Operationen mit Beschießungen dieser Inselgruppe teil. Mitte Juni 1945 gehörte die SWIFTSURE zur britischen *TG 111.2*, die einen Trägervorstoß gegen Truk unternahm, wobei die Kreuzer die Inseln dieses Archipels beschossen. Anschließend war sie im August/September 1945 an der Wiederbesetzung von Hongkong und der Entgegennahme der japanischen Kapitulation dort durch die *TG 111.2* beteiligt. Nach dem Kriege blieb der Kreuzer bis in die 60er Jahre hinein im Dienst. Er wurde schließlich 1962 auf die Ausmusterungsliste gesetzt und traf am 17. Oktober 1962 in der Abbruchwerft von T.W. Ward in Inverkeithing zum Verschrotten ein.

TIGER und BLAKE erfuhren 1965 – 1969 einen Umbau in Hubschrauberträger. Im Dezember 1979 wurde die TIGER in die Reserveflotte versetzt und am 23. September 1986 von Portsmouth aus im Schlepp zur Abbruchwerft nach Spanien gebracht. Auch die BLAKE kam im Juni 1978 zur Reserveflotte und ging am 28. Oktober 1982 im Schlepp zum Abbruch nach Spanien. Die LION erfuhr ein ähnliches Schicksal. Sie traf im April 1975 auf der Abbruchwerft von T.W. Ward in Inverkeithing zum Verschrotten ein.

Unten: Die SUPERB im August 1946. Beachte die beiderseits des vorderen Schornsteins fehlenden Flugzeughallen und die fünfte 10,2-cm-Doppellafette auf der Position X. (G. Ransome)

Italien

DA BARBIANO-Klasse – »Condottieri«-Klasse (Typ A)

Name	Bauwerft	Kiellegung	Stapellauf	Fertigstellung	Schicksal
ALBERTO DI GIUSSANO	Ansaldo, Genua	29. März 1928	27. April 1930	5. Febr. 1931	gesunken: 13. Dez. 1941
ALBERICO DA BARBIANO	Ansaldo, Genua	16. April 1928	17. Aug. 1930	9. Juni 1931	gesunken: 13. Dez. 1941
BARTOLOMEO COLLEONI	Ansaldo, Genua	21. Juni 1928	21. Dez. 1930	10. Febr. 1932	gesunken: 19. Juli 1940
GIOVANNI DELLE BANDE NERE	Marinewerft Castellamare di Stabia	31. Okt. 1928	27. April 1930	? April 1931	gesunken: 1. April 1942

Typ: Leichter Kreuzer – Incrociatori leggeri.
Standardverdrängung: 5069 ts (5150 t).
Einsatzverdrängung: 6844 ts (6954 t).
Länge: 169,01 m (über alles), 166,73 m (CWL).
Breite: 15,5 m.
Tiefgang: 4,27 m (mittlerer), 5,11 m (maximal).
Antriebsanlage: 2 Satz Belluzzo-Getriebeturbinen, 6 Yarrow-Ansaldo-Kessel, 2 Wellen.
Antriebsleistung: 95 000 WPS für 37 kn.
Bunkerinhalt: 1150 ts Heizöl.
Fahrtstrecke: 3800 sm bei 18 kn.
Panzerschutz: Deck 20 mm, Hauptgürtelpanzer 24 mm, Türme 23 mm, Kommandostand 40 mm.
Geschütze: acht 15,2 cm S.K. L/53 M 1926 (4 x 2), sechs 10 cm S.K. L/47 M 1927 (3 x 2), acht 3,7 cm L/54 (4 x 2), acht 13,2-mm-Fla-MG's (4 x 2).
Torpedorohre: vier 53,3 cm (2 x 2).
Seeminen: ausgerüstet zum Minenlegen, ausgenommen ALBERTO DI GIUSSANO.
Bordflugzeuge: zwei, ein Katapult.
Besatzungsstärke: 507 Offiziere und Mannschaften.

Entwurf: Der Bau der 2100 t großen »Contre-Torpilleurs« (Großzerstörer), bewaffnet mit fünf 13-cm-Geschützen, 1923 – 1926 durch Frankreich zwang die Königlich Italienische Marine, Gegenmaßnahmen in Betracht zu ziehen. Dies führte schließlich zum Bau der »Navigatori«-Klasse,[162] einer Klasse großer Zerstörer vom *Exploradi*-Typ, sowie zum Bau einer Klasse *Esploradi* von Kreuzergröße. Beim letzteren Typ wurde fast auf jeden Panzerschutz zugunsten der Geschwindigkeit und überlegenen Feuerkraft gegenüber den »Contre-Torpilleurs« verzichtet.

Der Schiffskörper bestand aus gemischter Querspanten- und Längsspantenbauweise, war verhältnismäßig leicht gebaut und besaß ein erhöhtes Vorschiff nach Zerstörerart, das sich über ein Drittel seiner Länge erstreckte. Zudem hatte er einen ausgeprägten Seiteneinfall. Der Seitenschutz auf der Höhe der Maschinenräume wies eine Beplattung aus Chrom-Nickel-Panzerstahl von 24 mm und auf der Höhe der Munitionskammern von 20 mm Dicke auf. Er erstreckte sich von knapp unter der Wasserlinie bis zum Oberdeck, das zugleich das Panzerdeck von 20 mm Dicke bildete. Vorn und achtern schloß diese Zitadelle mit je einem 20 mm dicken Panzerquerschott ab. Im Schiffsinneren befand sich zwischen den Längsschotten, die sich von den vorderen bis zu den achteren Munitionskammern erstreckten, ein 18 mm dickes Längsschott als Splitterschutz. Mit 584 ts stellte das Gewicht der Panzerung etwa 11,3–11,5 % der Standardverdrängung dar.

Die Antriebsanlage, eine Dampfturbinenanlage mit Zwei-Wellen-Anordnung, war nach dem Einheitenprinzip gegliedert. Die beiden vorderen Kesselräume erzeugten den Dampf für die Steuerbord- und die beiden achteren für die Backbordturbine. Die Konstruktionsleistung von 95 000 WPS wurde bei den Erprobungsfahrten durch Forcierung beträchtlich gesteigert – im Falle der ALBERICO DA BARBIANO bis auf 123 479 WPS. Hierbei wurden sehr hohe und irreführende Geschwindigkeiten erzielt (42,05 kn im Falle des oben erwähnten Kreuzers, wenn auch nur für etwa 30 Minuten). Die Ursache hierfür war zum Teil das Verhalten der damaligen italienischen Regierung, die für jeden Knoten über der im Kontrakt festgelegten Geschwindigkeit den Bauwerften eine Prämie bezahlte. Es war keineswegs ungewöhnlich, daß die Bauwerften jeden Vorteil ausnutzten, um eine möglichst hohe Geschwindigkeit zu erreichen, und die Antriebsanlage über die Sicherheitsgrenzen hinaus

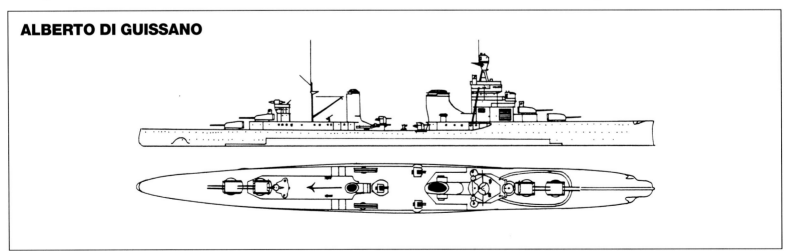

ALBERTO DI GUISSANO

Oben: Die ALBERICO DA BARBIANO im Mai 1939. (Fraccaroli)

Unten: Die BARTOLOMEO COLLEONI vor dem Kriege. (Sammlung des Autors)

forcierten. Schließlich wurde dieser Entwicklung Einhalt geboten. Diese künstlichen Geschwindigkeiten glichen in keiner Weise den im Dienstbetrieb erzielten.

Die Hauptbewaffnung bestand aus dem 15,2-cm-Geschütz (152,4 mm) S.K. L/53 Ansaldo M 1926 in vier Doppeltürmen. Dieses Geschütz mit seiner hohen Mündungsgeschwindigkeit von 900 m/s erwies sich in Verbindung mit dem engen Kaliberabstand und der einfachen Rohrwiege in einer überleichten Drehturmlafette als nicht zufriedenstellend. Das Geschoßgewicht lag bei 47,5 kg und die Granat- bzw. Pulverkammern hatten einen Stauraum für 1800 Granaten und 1960 Kartuschen. Die zugleich als Mittelartillerie dienende Schwere Flak konzentrierte sich zwischen den beiden Schornsteinen: je eine Doppellafette an Backbord und an Steuerbord achteraus des vorderen Schornsteins mit der dritten Doppellafette auf einem Aufbau in der Mittschiffslinie vor dem achteren Schornstein.

Das 10-cm-Geschütz S.K. L/47 O.T.O. M 1927 verwendete 13,8 kg schwere Patronenmunition. Die Dotierung pro Geschütz betrug 336 Schuß. Die Leichte Flak bestand aus dem 3,7-cm-Geschütz L/54 in vier Doppellafetten auf dem Dach (Achterkante) der Flugzeughalle und auf dem achteren Aufbaudeck. Ferner waren noch vier 13,2-mm-MG-Doppellafetten vorhanden: je zwei vorn und achtern. Beiderseits vor dem achteren Schornstein befand sich noch je ein Zwillings-Torpedorohrsatz. Insgesamt wurden acht Torpedos mitgeführt. An Flugzeugeinrichtungen waren vorhanden: ein fest eingebautes Katapult mit durch Gasdruck angetriebener Schleuder vom Magaldi-Typ auf der Back und eine große Flugzeughalle unter dem Brückenaufbau. In ihr konnten zwei Bordflugzeuge untergebracht werden: anfänglich vom Typ Cant. 25 AR und später die Romeo Ro 43,[163] sämtlich Schwimmerflugzeuge. Alle Einheiten mit Ausnahme der ALBERTO DI GIUSSANO waren zum Minenlegen ausgerüstet.

Modifizierungen: Erste Erfahrungen mit der ALBERTO DI GIUSSANO bei den Erprobungsfahrten zeigten eine mangelhafte Stabilität. Daher mußten der Dreibein-Großmast und zusätzlich auch noch die achtere E-Meßbasis entfernt werden. Bei hohen Geschwindigkeiten in schwerer See eingetretene Seeschäden führten außerdem zu einer Verstärkung der Verbände. 1938/39 kamen die 3,7-cm-Doppellafetten im Austausch gegen acht 2-cm-Fla-Geschütze L/65 Breda in vier Doppellafetten von Bord. Ansonsten erfuhr diese Kreuzerklasse kaum Modifizierungen, da sämtliche Einheiten bis zum Frühjahr 1942 in Verlust gerieten.

Werdegang: Bis zum Zweiten Weltkrieg diente die DA BARBIANO im Mittelmer und nahm 1936/37 an den Einsätzen der Königlich Italienischen Marine während des Spanischen Bürgerkrieges teil. An-

Oben: Die ALBERTO DI GIUSSANO im Jahre 1935. (Fraccaroli)

fang 1940 gehörte der Kreuzer zeitweilig zur 3. Division des II. Geschwaders (La Spezia), wurde aber am 10. Juni 1940 der 4. Division zugeteilt. Nach der Teilnahme an Minenunternehmen im Juni gehörte die DA BARBIANO Anfang Juli 1940 im Verband der italienischen Flotte zur Fernsicherung eines Nachschub-Geleitzuges von Neapel nach Bengasi/Libyen und war im Ionischen Meer an der Seeschlacht vor Punta Stilo/Kalabrien am 9. Juli beteiligt. Am 6. August legte der Kreuzer zusammen mit der DI GIUSSANO und zwei Zerstörern eine aus 394 Minen bestehende Sperre südostwärts von Pantelleria. Für den Umbau zum Schulschiff der Marineschule ging die DA BARBIANO am 1. September 1940 nach Pola in die Werft. Nach einer Verlegung nach Triest zu weiteren Werftarbeiten kehrte der Kreuzer schließlich am 1. März 1941 als Schulschiff in den aktiven Dienst zurück. Anfang Dezember 1941 gehörte die DA BARBIANO als Flaggschiff zur IV. Kreuzerdivision (DivAdm. Toscano), um zusammen mit der DI GIUSSANO und dem T-Boot CIGNO unter der direkten Führung der *Supermarina*, des italienischen Marineoberkommandos, einen Sonderauftrag zur Versorgung der Achsenstreitkräfte in Libyen mit Nachschub durchzuführen. Mit Treibstoff und Lebensmitteln beladen, lief der italienische Verband am Abend des 12. Dezember 1941 aus Palermo nach Tripolis aus. Da die Briten von diesem Unternehmen erfahren hatten, fingen ihn in den frühen Morgenstunden des 13. Dezember die britischen Zerstörer SIKH, LEGION, MAORI und der niederländische Zerstörer ISAAC SWEERS auf der Höhe von Kap Bon/Tunesien ab. Trotz des Abwehrfeuers versenkten die alliierten Zerstörer die beiden Leichten Kreuzer im Torpedoangriff. DA BARBIANO erhielt drei Torpedotreffer, die den Kreuzer rasch zum Sinken brachten. Insgesamt forderte dieser Angriff auf beiden Schiffen über 900 Tote und nur der CIGNO gelang es zu entkommen.[164]

In den 30er Jahren gehörte die DI GIUSSANO zur 2. Division des II. Geschwaders (La Spezia) und führte die normale Friedensroutine einschließlich der Einsätze im Zusammenhang mit dem Spanischen Bürgerkrieg durch. Am 10. Juni 1940 wurde der Kreuzer der 4. Division – ebenfalls II. Geschwader – zugewiesen. Wie die DA BARBIANO war auch er am 9. Juli 1940 an der Seeschlacht vor Punta Stilo im Ionischen Meer sowie am Minenunternehmen am 6. August südostwärts von Pantelleria beteiligt. Anschließend gehörte DI GIUSSANO bis in das Jahr 1941 hinein zur Fernsicherung von Nachschub- und Truppentransport-Geleitzügen nach Nordafrika. Am 3. Juni 1941 nahm sie am Legen der Minensperren nordostwärts von Tripolis als Maßnahme gegen die britischen Küstenbeschießungen teil. Auf diesen Sperren sanken am 19. Dezember 1941 der britische Kreuzer NEPTUNE – siehe oben Seite 114) – und der britische Zerstörer KANDAHAR, während die AURORA schwer und die PENELOPE – siehe oben Seite 119) – leicht beschädigt wurden. Schließlich ging der Kreuzer mit der DA BARBIANO am 13. Dezember 1941 vor Kap Bon verloren (Einzelheiten siehe oben). Die DI GIUSSANO erhielt einen Torpedotreffer mittschiffs, der heftige Brände verursachte und den Kreuzer kurze Zeit nach ihrem Schwesterschiff sinken ließ.

Bis November 1938 diente die BARTOLOMEO COLLEONI im Mittelmeer und löste anschließend den Leichten Kreuzer MONTECUCCOLI im Fernen Osten ab. Am 23. Dezember 1938 traf der Kreuzer vor Schanghai ein und blieb dort bis zum Ausbruch des Krieges zwischen den Westmächten und Deutschland stationiert. Nachdem der Minenleger LEPANTO am 1. Oktober 1939 das Kommando auf der Ostasiatischen Station übernommen hatte,

Unten: Die BARTOLOMEO COLLEONI nach dem Gefecht mit dem Leichten Kreuzer HMAS SYDNEY am 19. Juli 1941 kurz vor dem Untergang. (IWM)

kehrte die COLLEONI am 28. Oktober in heimische Gewässer zurück. Hier bildete sie zusammen mit der BANDE NERE die 2. Division im II. Geschwader (La Spezia). Ihre ersten Kriegseinsätze waren ein Minenunternehmen am 10. Juni 1940 in der Straße von Sizilien sowie im Juli Geleitsicherungsdienst für Truppentransporte von Neapel nach Tripolis. Am 17. Juli lief der Kreuzer zusammen mit der BANDE NERE aus Tripolis zur Insel Leros im italienischen Dodekanes aus, da die britischen Aktivitäten in den Gewässern der Ägäis Besorgnisse verursachten. Am 18. Juli von der britischen Luftaufklärung erfaßt, wurden die italienischen Kreuzer in den frühen Morgenstunden des 19. Juli 1941 vor Kap Spatha/Kreta vom australischen Kreuzer SYDNEY (siehe oben Seite 24) und fünf britischen Zerstörern abgefangen. In dem sich entwickelnden Seegefecht erhielt die COLLEONI von der SYDNEY einen Artillerietreffer in den Maschinenraum, der den Kreuzer bewegungslos machte. Den Zerstörern ILEX und HAVOCK ein leichtes Ziel bildend, versenkten diese ihn schließlich durch Torpedotreffer.

Zunächst kam die BANDE NERE im westlichen Mittelmeer während des Spanischen Bürgerkrieges zum Einsatz und gehörte bis zum Kriegsausbruch am 10. Juni 1940 zum Ausbildungskommando, das dem Admiralstab beim Marineministerium unterstand. Bei Kriegsausbruch bildete der Kreuzer mit der COLLEONI die 2. Division des II. Geschwaders (La Spezia). Bis zum Seegefecht am 19. Juli 1940 vor Kap Spatha/Kreta glichen seine Kriegseinsätze jenen der COLLEONI (siehe oben). In diesem Gefecht erzielte die BANDE NERE Artillerietreffer auf der SYDNEY, ehe sich der australische Kreuzer knapp an Munition zurückzog. Auch die BANDE NERE kehrte nach Tripolis zurück. Im Zuge der Reorganisation der italienischen Flotte am 4. Dezember 1940 bildete die BANDE NERE zusammen mit der DIAZ und zwei Z-Flottillen die direkt der *Supermarina* unterstehende IV. Kreuzerdivision. Bis in das Frühjahr 1941 hinein war der Kreuzer bei der Sicherung von Truppentransport-Geleitzügen nach Nordafrika eingesetzt. Anfang Mai gehörte er zu einem Kreuzerverband, der einen britischen Nachschub-Geleitzug für Malta (Operation »Tiger«) abfangen sollte, aber zu spät eintraf. Am 3. Juni 1941 war die BANDE NERE zusammen mit der DI GIUSSANO (IV. Kreuzerdivision) am Legen der Minensperren nordostwärts von Tripolis (siehe oben DI GIUSSANO) sowie im Juli am Legen weiterer Sperren in der Straße von Sizilien beteiligt. Ab dem 20. Oktober 1941 fungierte sie als Flaggschiff des Marinesonderverbandes und am 3. Januar 1942 trat sie zur VIII. Kreuzerdivision. Im Februar 1942 nahm die BANDE NERE mit weiteren Einheiten der italienischen Flotte an der Operation *K 7* teil, ein kombiniertes Unternehmen mit je einem Nachschub-Geleitzug für Nordafrika aus Messina und Korfu, die beide Tripolis sicher erreichten. Im Gefolge eines größeren Kampfverbandes unternahm sie im März den erfolglosen Versuch, den aus Alexandria kommenden Geleitzug MW 10 zur Versorgung Maltas anzugreifen. Im Gefecht mit der Geleitsicherung am 22. März erzielte die BANDE NERE einen 15,2-cm-Treffer auf dem britischen Flakkreuzer CLEOPATRA und beschädigte dessen achtere Türme. Auf dem Rückmarsch geriet der italienische Verband am 23. März in einen schweren Sturm, in dem zwei Zerstörer verlorengingen und die BANDE NERE Sturmschäden davontrug, die einen Werftaufenthalt erforderlich machten. Daher lief der Kreuzer am 1. April, gesichert durch den Zerstörer AVIERE und das T-Boot LIBRA, aus Messina nach La Spezia aus. Etwa 11 sm südostwärts der Insel Stromboli trafen zwei Torpedos des britischen Unterseebootes URGE (Cdr. Tomkinson) die BANDE NERE, die das Schiff in zwei Teile zerrissen, ehe es sank.

Entwurf: Etwa ein Jahr, nachdem die erste Klasse Leichter Kreuzer in Auftrag gegeben war, stellte die italienische Marine zwei weitere Leichte Kreuzer von ähnlichem Entwurf in das Bauprogramm 1929 ein. Diese sollten jedoch einen verbesserten Panzerschutz und eine verbesserte Stabilität haben. Schließlich glich das Panzerschutzschema dem der vorhergehenden »Condottieri«-Klasse – Typ A –, aber Stabilität und Festigkeit des Schiffskörpers erfuhren eine Verbesserung. Das Unterbringen der Flugzeugeinrichtungen an anderer Stelle gestattete beim Brückenaufbau eine beträchtliche Verringerung in der Höhe. Nunmehr befand sich das einzelne fest eingebaute Katapult auf dem achteren Schutzdeck, in einem Winkel von ca. 30° nach Backbord außen zeigend. Die bei der DA BARBIANO-Klasse unter dem Brückenaufbau befindliche Flugzeughalle war weggefallen, so daß der Typ B keine Flugzeughalle mehr besaß; die Bordflugzeuge standen auf Rollwagen an Deck. Der Wegfall des Achteren Artillerieleitstandes trug ebenfalls zur Verbesserung der Stabilität bei. Dies galt auch für das Weglassen des Seiteneinfalls an den Bordwänden, der für die vorhergehende Kreuzerklasse so charakteristisch gewesen war. Außerdem ergab sich hierdurch eine verbesserte Wohnlichkeit für die Besatzung. Andererseits wies der Typ B keine Verbesserung der Kampfkraft gegenüber dem Typ A auf.

Die Hauptbewaffnung bestand aus dem neueren 15,2-cm-Geschütz O.T.O. M 1929 in einem geräumigeren Geschützhaus neuen Entwurfs. Die Geschützpositionen der Schweren Flak waren jetzt an den Seiten gestaffelt mit der dritten Doppellafette auf dem Schutzdeck direkt hinter dem vorderen Schornstein. Beiderseits fast auf Höhe des letzteren hatten auch die Zwillings-Torpedorohrsätze eine neue Position erhalten. Die zwei 4-cm-Fla-Geschütze in Einzellafetten eines veralteten Modells wiesen bei beiden Einheiten zum Zeitpunkt der Indienststellung eine unterschiedliche Anordnung auf. Auch der Typ B war zum Minenlegen ausgerüstet, und es konnten je nach Minentyp zwischen 84 und 138 Seeminen mitgeführt werden.

Die Bauaufträge für die beiden Einheiten ergingen am 26. Oktober (CADORNA) bzw. am 29. Oktober 1929 (DIAZ).

Modifizierung: Die veralteten 4-cm-Geschütze wurden entfernt und durch acht 2-cm-Fla-Geschütze L/65 in vier Doppellafetten ersetzt. 1943 kamen bei der noch vorhandenen CADORNA das Katapult im Austausch gegen vier 2-cm-Fla-Geschütze L/70 in zwei Doppellafetten und 1944 auch die Torpedorohrsätze von Bord.

Werdegang: Nach der Indienststellung kam die CADORNA zum erstenmal während des Spanischen Bürgerkrieges zum Einsatz und im April 1939 nahm sie an der Besetzung Albaniens teil. Bei Kriegsausbruch am 10. Juni 1940 gehörte der

LUIGI CADORNA-Klasse – »Condottieri«-Klasse (Typ B)

ame	Bauwerft	Kiellegung	Stapellauf	Fertigstellung	Schicksal
LUIGI CADORNA	C.R.D.A., Triest	19. Sept. 1930	30. Sept. 1931	11. Aug. 1933	gestrichen: 1. Mai 1951
ARMANDO DIAZ	O.T.O., La Spezia	28. Juli 1930	17. Juli 1932	29. April 1933	gesunken: 25. Febr. 1941

Typ: Leichter Kreuzer – Incrociatori leggeri.
Standardverdrängung: CADORNA: 5 323 ts (5408 t), DIAZ: 5406 ts (5492 t).
Einsatzverdrängung: CADORNA: 7113 ts (7227 t), DIAZ: 7194 ts (7309 t).
Länge: 169,01 m (über alles), 166,73 m (CWL).
Breite: 15,50 m.
Tiefgang: 4,27 m (mittlerer), 5,18 m (maximal).
Antriebsanlage: 2 Satz Parsons-Getriebeturbinen, 6 Yarrow-Kessel, 2 Wellen.
Antriebsleistung: 95 000 WPS für 37 kn.
Bunkerinhalt: 1090 ts Heizöl.
Fahrtstrecke: CADORNA: 2930 sm bei 16 kn, DIAZ: 3088 sm bei 16 kn.
Panzerschutz: wie bei der DA BARBIANO-Klasse.
Geschütze: acht 15,2 cm S.K. L/53 M 1929 (4 x 2), sechs 10 cm S.K. L/47 M 1927 (3 x 2), zwei 4 cm (2 x 1), acht 13,2-mm-Fla-MG's (4 x 2).
Torpedorohre: vier 53,3 cm (2 x 2).
Seeminen: 84 – 138.
Bordflugzeuge: zwei, ein Katapult.
Besatzungsstärke: 507 Offiziere und Mannschaften.

Oben: Die ARMANDO DIAZ im März 1938. (Fraccaroli)

Kreuzer zur 4. Division und war in der Nacht vom 9./10. Juni an der Unternehmung zum Legen der aus 428 Minen bestehenden Sperre »LK« zwischen der Insel Lampedusa und den Kerkennah-Bänken beteiligt. Am 9. Juli gehörte die CADORNA zu den italienischen Seestreitkräften in der Seeschlacht vor Punta Stilo/Kalabrien. Hierbei entging sie nur knapp dem Torpedoangriff eines britischen Unterseebootes, wurde von gegnerischen Flugzeugen angegriffen und leistete ihrem Schwesterschiff Hilfe, das Kesselprobleme hatte. Da der Kreuzer vom Entwurf her ziemlich leicht gebaut und nicht sehr standfest war, wurde er am 12. Februar 1941 in den Reservestatus versetzt. Doch schon bald kehrte die CADORNA in den aktiven Dienst zurück, da sich die Versorgung der Achsenstreitkräfte in Nordafrika von höchster Bedeutung erwies, und bereits im April 1941 gehörte sie zur Fernsicherung eines Nachschub-Geleitzuges für das Deutsche Afrikakorps von Neapel nach Tripolis. Anfang Mai war sie im Gefolge eines Kreuzerverbandes an dem erfolglosen Versuch beteiligt, einen britischen Geleitzug zur Versorgung Maltas (Operation »Tiger«) abzufangen. Anschließend sicherte der Kreuzer erneut Geleitzüge nach Nordafrika. Im November/Dezember 1941 führte die CADORNA infolge der kritischen Versorgungslage, in der sich die Achsenstreitkräfte in Nordafrika befanden, selbst mehrere Transporte mit Brennstoff und Munition nach Bengasi/Libyen durch und nahm auf dem Rückmarsch Kriegsgefangene mit.

Im Januar 1942 verlegte die CADORNA nach Pola, um als Schulschiff Verwendung zu finden. Nach einer kurzen Werftliegezeit im Mai/Juni 1943 stieß sie am 14. Juni zur VIII. Kreuzerdivision. Zwischen dem 24. und 30. Juni führte der Kreuzer Truppentransporte nach Albanien durch. Am 3. Juli wurde er nach Tarent verlegt und kam im August bei fünf Minenunternehmen zum Einsatz, die das Legen von Defensivsperren im Golf von Tarent zum Ziel hatten. Beim Waffenstillstand zwischen Italien und den Alliierten am 8. September 1943 befand sich die CADORNA in Tarent. Am 9. September lief sie mit der Flotte nach Malta aus, um sich zu ergeben. Sie traf dort einen Tag später ein und verlegte am 14. September nach Alexandria. Nach einem kurzen Aufenthalt, der mit seiner Übernahme durch die Alliierten verbunden war, kehrte der Kreuzer im Oktober wieder nach Tarent zurück. Für den Rest des Krieges fand er als Transportschiff für Truppen und Kriegsmaterial der Alliierten sowie für repatriierte italienische Truppen Verwendung. Aufgrund des Friedensvertrages vom 10. Februar 1947 gehörte die LUIGI CADORNA zu den Schiffen, die der italienischen Marine belassen wurden. Doch infolge ihres Alters und Zustandes diente sie nur noch als Schulschiff, bis sie am 1. Mai 1951 aus der Flottenliste gestrichen wurde.

Nach ihrer Indienststellung verblieb die ARMANDO DIAZ zunächst im Mittelmeer. Vom September 1934 bis zum Februar 1935 unternahm sie eine Weltreise, die sie nach Australien und Neuseeland führte. Während des Spanischen Bürgerkrieges kam der Kreuzer im westlichen Mittelmeer zum Einsatz und war in Palma de Mallorca und in Melilla/Span.-Marokko stationiert. Bei Kriegsaus-

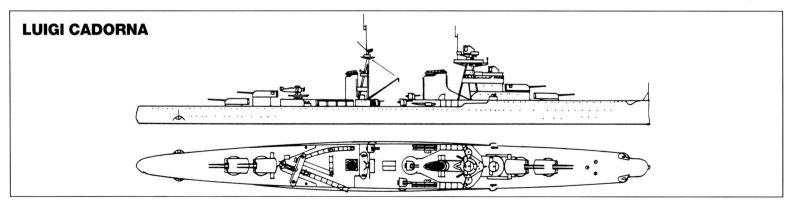

LUIGI CADORNA

Oben: LUIGI CADORNA. (Sammlung des Autors)

Unten: Die LUIGI CADORNA vor dem Kriege. (Italienische Marine)

bruch gehörte die DIAZ zur 4. Division (II. Geschwader) und war am 9. Juli 1940 an der Seeschlacht vor Punta Stilo/Kalabrien beteiligt. Im Oktober kam sie in albanischen Gewässern zum Einsatz und nach der Neuorganisation der italienischen Flotte Anfang Dezember 1940 bildete der Kreuzer zusammen mit der BANDE NERE und zwei Z-Flottillen die IV. Kreuzerdivision, die vom Januar 1941 an für Sondereinsätze in Verbindung mit der Sicherung des Schiffsverkehrs nach Albanien direkt der *Supermarina* unterstand. Ende Februar 1941 stellte jedoch die DIAZ mit der BANDE NERE und zwei Zerstörern den Deckungsverband für einen überaus wichtigen Nachschub-Geleitzug von Neapel nach Tripolis zur Versorgung der Achsenstreitkräfte in Nordafrika.

Im Zuge dieser Operation torpedierte und versenkte das britische Unterseeboot UPRIGHT (Lt. Norman) in den frühen Morgenstunden des 25. Februar 1941 auf der Höhe der Kerkennah-Bänke vor Tunesien den Kreuzer.

ITALIEN

RAIMONDO MONTECCUCCOLI-Klasse – »Condottieri«-Kl. (Typ C)

Name	Bauwerft	Kiellegung	Stapellauf	Fertigstellung	Schicksal
MUZIO ATTENDOLO	C.R.D.A., Triest	10. April 1931	9. Sept. 1934	7. Aug. 1935	gesunken: 4. Dez. 1942
RAIMONDO MONTECUCCOLI	Ansaldo, Sestri Ponente/ Genua	1. Okt. 1931	2. Aug. 1934	30. Juli 1935	gestrichen: 1. Juni 1964

Typ: Leichter Kreuzer – Incrociatori leggeri.
Standardverdrängung: 6941 ts (7052 t).
Einsatzverdrängung: MONTECUCCOLI: 8853 ts (8995 t), ATTENDOLO: 8848 ts (8990 t).
Länge: 182,19 m (über alles), 175,87 m (CWL), 175,34 m (zwischen den Loten).
Breite: 16,61 m.
Tiefgang: 4,50 m (mittlerer), 5,59 m (maximal).
Antriebsanlage: 2 Satz Belluzo-Getriebeturbinen, 6 Yarrow-Kessel, 2 Wellen.
Antriebsleistung: 106 000 WPS für 37 kn.
Bunkerinhalt: MONTECUCCOLI: 1180 ts Heizöl, ATTENDOLO: 1118 ts Heizöl.
Fahrtstrecke: MONTECUCCOLI: 4411 sm bei 18 kn, ATTENDOLO: 4122 sm bei 18 kn.
Panzerschutz: Deck 30 mm, Hauptgürtelpanzer 60 mm, Türme 70 mm, Kommandostand 100 mm.
Geschütze: acht 15,2 cm S.K. L/53 M 1929 (4 x 2), sechs 10 cm S.K. L/47 M 1927 (3 x 2), acht 3,7 cm L/54 (4 x 2), acht 13,2-mm-Fla-MG's (4 x 2).
Torpedorohre: vier 53,3 cm (2 x 2).
Seeminen: 96.
Bordflugzeuge: zwei, ein Katapult.
Besatzungsstärke: 522 Offiziere und Mannschaften.

Entwurf: Die beiden unter dem Bauprogramm 1930/31 bewilligten Einheiten stellten eine weitere Verbesserung (Typ C) des mit der DA BARBIANO-Klasse von 1928 (Typ A) begonnenen »Condottieri«-Entwurfs dar. Im Vergleich zur vorausgegangenen CADORNA-Klasse (Typ B) waren diese beiden Kreuzer um etwa 1600 ts größer mit gestiegener Länge und Breite des Schiffskörpers, aber ohne bemerkenswerte Steigerung in der Kampfkraft. Einer der Hauptnutznießer der vergrößerten Wasserverdrängung war jedoch das verbesserte Panzerschutzschema. Der Gewichtsanteil der Panzerung betrug nunmehr im Vergleich zu den 578 ts der CADORNA-Klasse 1376 ts oder 18,3 % der Standardverdrängung (8 % bei der CADORNA-Klasse). Dies gestattete eine Verstärkung des Hauptpanzerdecks um 10 mm zwischen den inneren Längsschotten, die nunmehr selbst auf Höhe der Maschinenräume 25 mm und beiderseits der Munitionskammern 30 mm aufwiesen. Der Hauptseitenschutz zwischen dem Panzerdeck und dem Plattformdeck besaß jetzt eine auf 60 mm verstärkte Panzerung, wobei sich eine 20 mm dicke Panzerbeplattung bis zum Oberdeck erstreckte. 40 mm dicke Panzerquerschotte schlossen die Zitadelle nach vorn und achtern ab. Die Barbetten der 15,2-cm-Türme hatten nunmehr einen Panzerschutz zwischen 30 und 45 mm erhalten, während dieser über dem Oberdeck auf 50 mm gestiegen war (Türme B und C). Bei dieser Klasse wurde auch der konische, gepanzerte Gefechtsturm auf dem Brückenaufbau eingeführt, der einen Kommandostand mit 100 mm Panzerschutz einschloß. Die 60 mm dicke Seitenpanzerung sollte gegen 20,3-cm-Granaten aus einer Gefechtsentfernung von über 23 000 m mit einem Einfallwinkel von 25° und gegen 15,2-cm-Granaten aus einer Entfernung von über 15 000 m mit einem ähnlichen Einfallwinkel Schutz bieten.

Die Antriebsanlage unterschied sich kaum von jener der früheren Schiffe. Das Einheitsprinzip blieb erhalten, aber die Antriebsleistung war um etwa 11 % auf eine maximale Konstruktionsgeschwindigkeit von 37 kn gesteigert worden. Die Tatsache, daß – abgesehen vom vorderen Kesselraum – die restlichen Kessel in getrennten Räumen untergebracht waren, hatte jedoch die Gefechtsfähigkeit erhöht. Bei den Erprobungsfahrten im Jahre 1935 erzielte die MONTECUCCOLI bei einer Wasserverdrängung von 7020 ts mit einer Antriebsleistung von 126 099 WPS eine Höchstgeschwindigkeit von 38,72 kn. Zu beachten ist, daß die Wasserverdrängung zu diesem Zeitpunkt knapp über der Standardverdrängung lag und daß die tatsächliche Kesselleistung um 18 % höher als die Konstruktionsleistung war.

Die Bewaffnung wies kaum eine Änderung auf, ausgenommen die Tatsache, daß die veralteten 4-cm-Fla-Geschütze L/39 durch das neue 3,7-cm-Fla-Geschütz L/54 in Doppellafetten ersetzt worden war, gruppiert um den Brückenaufbau, während die 13,2-mm-MG-Doppellafetten um den achteren Schornstein angeordnet waren. Zu den Flugzeugeinrichtungen gehörte nunmehr ein teilweise drehbares Katapult zwischen den Schornsteinen. 96 Seeminen konnten mitgeführt werden.

Modifizierungen: 1943 erhielt die MONECUCCOLI eine etwas verstärkte Flakbewaffnung, als die 13,2-mm-Fla-MG's durch insgesamt zwanzig 2-cm-Fla-Geschütze L/70 in Doppellafetten ersetzt wurden. Später kamen noch die Torpedorohrsätze, das Katapult und die achtere E-Meßanlage auf dem Dreibein-Großmast von Bord. ATTENDOLO dagegen scheint vor ihrem frühzeitigen Kriegsverlust kaum oder gar keine Veränderungen erfahren zu haben.

Werdegang: Durch Entwurfsänderungen in der Bauphase verzögerte sich die Fertigstellung dieser beiden Einheiten und ihre Indienststellung erfolgte erst im Sommer 1935. Zwei Jahre später nach dem Ausbruch des Chinesisch-Japanischen Krieges entschloß sich die Königlich Italienische Marine die

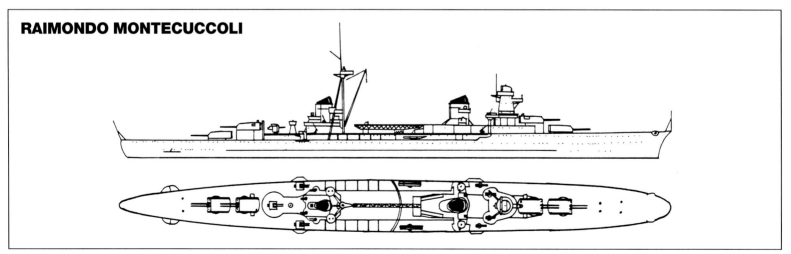

RAIMONDO MONTECUCCOLI

Oben: Die MUZIO ATTENDOLO im Jahre 1942. (Fraccaroli)

MONTECUCCOLI in den Fernen Osten zu entsenden, um in dieser Region die italienischen Interessen zu schützen. Der Kreuzer lief am 27. August 1937 aus Neapel aus und traf am 15. September in Schanghai ein. Dort stieß er zum Minenleger LEPANTO und zum Flußkanonenboot CARLOTTO, die sich bereits auf der Ostasiatischen Station befanden. Im Verlaufe ihrer Zugehörigkeit zu dieser Station unternahm die MONTECUCCOLI von Januar bis März 1938 eine ausgedehnte Reise nach Australien und stattete auch Besuche in Japan und Hongkong ab. Im Anschluß daran erhielt sie den Befehl zur Heimkehr und verließ am 1. November 1938 Schanghai, nachdem die COLLEONI (siehe oben) das Kommando über das Fernostgeschwader übernommen hatte. Nach seiner Rückkehr am 7. Dezember nach Neapel absolvierte der Kreuzer eine Werftliegezeit in La Spezia und trat anschließend zur 8. Division beim I. Geschwader (Tarent). Zu seinen ersten Kriegseinsätzen gehörten die Deckung von Minenunternehmen Mitte Juni 1940, Patrouillendienst, die Teilnahme an der Seeschlacht vor Kap Punta Stilo/Kalabrien am 9. Juli 1940 und die Fernsicherung von Truppentransport-Geleitzügen nach Nordafrika. Anfang 1940 der 7. Division zugeteilt, bildete die MONTECUCCOLI nach der Reorganisation der italienischen Flotte Anfang Dezember 1940 zusammen mit den Leichten Kreuzern DUCA D'AOSTA und EUGENIO DI SAVOIA das VII. Kreuzergeschwader. Am 18. Dezember war der Kreuzer zusammen mit der EUGENIO DI SAVOIA und vier Zerstörern an der Beschießung griechischer Stellungen und Küstenbatterien bei Lukova/Albanien nördlich des Korfu-Kanals beteiligt. Zwischen dem 19. und 24. April 1941 nahm die MONTECUCCOLI im Verband der VII. Kreuzerdivision am Legen der Minensperren S 11 bis S 13 (1061 Minen und 492 Sprengbojen) ostwärts von Kap Bon teil. Am 28. Juli griff das britische Unterseeboot UPHOLDER nahe Marettimo die Fernsicherung eines aus Nordafrika zurückkehrenden Geleitzuges an, zu der auch die MONTECUCCOLI gehörte, und torpedierte den Leichten Kreuzer GARIBALDI, der erhebliche Beschädigungen erlitt (siehe unten Seite 163). Im Verlaufe der britischen Operation »Mincemeat« Ende August 1941[165] lief die MONTECUCCOLI, der VIII. Kreuzerdivision zugeteilt, am 24. August aus Palermo zu dem erfolglosen Versuch aus, den Malta-Geleitzug im Seegebiet nördlich von Tunesien abzufangen.

Mitte Oktober 1941 mußte das geplante Minenunternehmen B – Legen einer Defensivsperre zum Schutze Bengasis/Libyen durch das VII. Kreuzergeschwader (wieder mit MONTECUCCOLI) – auf die Meldung hin aufgegeben werden, daß die britische Mittelmeerflotte in See stünde. Den Rest des Jahres 1941 nahm die Deckung von Geleitzugoperationen nach Nordafrika in Anspruch. Zwischen dem 16. und 19. Dezember gehörte der Kreuzer zur Nahsicherung des Geleitzuges M 42 nach Tripolis, als am 17. Dezember die erste Seeschlacht in der Großen Syrte stattfand.[166] Der Geleitsicherungsdienst setzte sich in das Jahr 1942 hinein fort, unterbrochen durch den vergeblichen Versuch, Mitte Februar 1942 einen Nachschub-Geleitzug nach Malta abzufangen. Im Mai 1942 wurden die MONTECUCCOLI und die EUGENIO DI SAVOIA (VII. Kreuzergeschwader) nach Cagliari/Sardinien verlegt, um den Versuch zu unternehmen, den schnellen britischen Minenleger WELSHMAN bei seinen Nachschubtransporten nach Malta abzufangen. Doch ein diesbezüglicher Vorstoß am 14. Mai blieb erfolglos. Im Rahmen der britischen Doppel-Geleitzugoperation »Harpoon/Vigorous« zur Versorgung Maltas lief der ostgehende Geleitzug am 12. Juni 1942 aus Gibraltar aus und wurde kurze Zeit später südlich der Balearen von der deutschen Luftaufklärung erfaßt. Daraufhin gingen die beiden italienischen Kreuzer des VII. Kreuzergeschwaders mit drei Zerstörern am 13. Juni von Cagliari aus in See, um ihn auf der Höhe von Kap Bon abzufangen, liefen aber in Palermo ein, nachdem zwei britische Unterseeboote gemeldet worden waren. Am 14. Juni gingen die italienischen Kreuzer mit ihrer Zerstörersicherung erneut in See, um den Geleitzug vor der Insel Pantelleria anzugreifen. In den Vormittagsstunden des 15. Juni geriet der italienische Verband mit der Nahsicherung des Geleitzuges ins Gefecht, konnte aber nicht zum Geleitzug durchstoßen. Hierbei wurde der britische Zerstörer BEDOUIN versenkt und ein weiterer, die PARTRIDGE, erlitt schwere Beschädigungen. Am 4. Dezember 1942 führte die 9. USAAF ihren ersten Angriff auf die in Neapel liegende italienische Flotte durch und beschädigte unter anderem die MONTECUCCOLI durch Bombentreffer schwer. Die Ausbesserung der Schäden dauerte bis Mitte 1943. Am 4. August 1943 liefen die MONTECUCCOLI und die EUGENIO DI SAVOIA aus La Spezia aus, um Stellungen der Alliierten bei Palermo zu beschießen. Dieser Vorstoß wurde jedoch vorzeitig

Rechts: RAIMONDO MONTECUCCOLI. (Fraccaroli)

abgebrochen, da die gegnerischen Positionen nicht genau bekannt waren. Im Gefolge der italienischen Kapitulation lief die MONTECUCCOLI mit der Flotte am 9. September 1943 aus La Spezia nach Malta aus und verlegte anschließend nach Alexandria. Für den Rest des Krieges kam die MONTECUCCOLI auf alliierter Seite als schneller Transporter für Truppen und Kriegsmaterial zum Einsatz. Nach dem Kriege wurde der Kreuzer zum Schulschiff umgebaut, wobei er Radar und eine moderne Flakbewaffnung erhielt. Im Verlaufe einer weiteren Großen Werftliegezeit vom Oktober 1953 bis zum Juni 1954 erfuhr er eine nochmalige Modernisierung. Hierbei wurde auch der Turm B entfernt. Die MONTECUCCOLI verblieb bis zum Ende des Ausbildungsjahres 1963 im Ausbildungsdienst und wurde am 1. Juli 1964 aus der aktiven Flottenliste gestrichen.

Nach dem Abschluß der Erprobungen stieß die ATTENDOLO am 6. September 1935 zur 7. Division beim II. Geschwader (La Spezia). Bei Kriegsausbruch am 10. Juni 1940 gehörte sie noch immer zur 7. Division. Die Kriegseinsätze des Kreuzers glichen jenen der MONTECUCCOLI (siehe oben). Nach der Neuorganisation der italienischen Flotte Anfang Dezember 1940 gehörte die ATTENDOLO mit den Leichten Kreuzern DUCA DEGLI ABRUZZI und GARIBALDI zusammen mit einer Z-Flottille zur VIII. Kreuzerdivision. Vom 3. Dezember an war der Kreuzer zur Sicherung der Schiffahrtswege nach Albanien eingesetzt und am 23. Dezember transportierte er drei Heeresbataillone von Camicia Nera nach Valona/Albanien. Am 19. Februar 1941 trat die ATTENDOLO zur VII. Kreuzerdivision und führte mit diesem Verband mehrere Minenunternehmen durch: im April vor Kap Bon (siehe oben MONTECUCCOLI), Legen der Sperre T am 1. Mai und im Juni von zwei weiteren Sperren zum Schutze von Tripolis gegen Beschießungen sowie der Sperren S 2 im Juni und S 31 und S 32 im Juli in der Straße von Sizilien, unterbrochen am 4. und 5. Mai 1941, als der Kreuzer zur Fernsicherung eines großen Nachschub-Geleitzuges nach Nordafrika gehörte.

Erneut der VIII. Kreuzerdivision am 21. August 1941 zugeteilt, war die ATTENDOLO an den erfolglosen Versuchen italienischer Seestreitkräfte beteiligt, die Geleitzüge zur Versorgung Maltas im Rahmen der britischen Operationen »Mincemeat« Ende August und »Halberd« Ende September 1941 abzufangen. Am 3. Oktober zur VII. Kreuzerdivision zurückgekehrt, sicherte der Kreuzer im November und Dezember wieder Geleitzüge nach Nordafrika und war auch am 17. Dezember an der ersten Seeschlacht in der Großen Syrte beteiligt. Dieser Geleitsicherungsdienst setzte sich in das Jahr 1942 hinein fort. Mitte August 1942 sollten sechs italienische Kreuzer zusammen mit elf Zerstörern den überaus wichtigen »Pedestal«-Geleitzug für Malta angreifen. Infolge unzureichender Luftsicherung brachen die italienischen Seestreitkräfte jedoch diesen Vorstoß ab. Auf dem Rückmarsch am 13. August torpedierte das britische Unterseeboot UNBROKEN (Lt. Mars) nahe den Äolischen (auch Liparischen) Inseln die ATTENDOLO und den Schweren Kreuzer BOLZANO, die schwere Schäden erlitten. Mit abgerissenem Bug gelang es jedoch der ATTENDOLO, Messina zu erreichen.

Nach einer durchgeführten Notreparatur verlegte der Kreuzer am 6. September zur vollständigen Ausbesserung nach Neapel. Während desselben ersten Angriffs der 9. USAAF am 4. Dezember 1942, der die MONTECUCCOLI schwer beschädigte (siehe oben), wurde die ATTENDOLO in der Werft durch Bombentreffer vernichtet. Nach dem Kriege wurde der Kreuzer gehoben. Hierbei ergab sich die Überlegung, das Schiff in einen modernen Flakkreuzer umzubauen, aber dieser Plan wurde wieder aufgegeben.

DUCA D'AOSTA-Klasse – »Condottieri«-Klasse (Typ D)

Name	Bauwerft	Kiellegung	Stapellauf	Fertigstellung	Schicksal
EMANUELE FILIBERTO DUCA D'AOSTA	O.T.O., Livorno	29. Okt. 1932	22. April 1934	13. Juli 1935	an die UdSSR: 2. März 1949
EUGENIO DI SAVOIA	Ansaldo, Genua	6. Juli 1933	16. März 1935	16. Jan. 1936	an Griechenland: 1. Juli 1951

Typ: Leichter Kreuzer – Incrociatori leggeri.
Standardverdrängung: DUCA D'AOSTA: 8317 ts (8450 t), DI SAVOIA: 8610 ts (8748 t).[167]
Einsatzverdrängung: DUCA D'AOSTA: 10 374 ts (10 540 t), DI SAVOIA: 10 672 ts (10 843 t).
Länge: 186 m (über alles), 180,44 m (CWL), 171,75 m (zwischen den Loten).
Breite: 17,53 m.
Tiefgang: 4,98 m (mittlerer), 6,10 m (maximal).
Antriebsanlage: DUCA D'AOSTA: 2 Satz Parsons-Getriebeturbinen, DI SAVOIA: 2 Satz Belluzzo-Getriebeturbinen, 6 Yarrow-Kessel, 2 Wellen.
Antriebsleistung: 110 000 WPS für 36,5 kn.
Bunkerinhalt: 1200 ts (1460 ts max.) Heizöl.
Fahrtstrecke: 3900 sm bei 14 kn.
Panzerschutz: Deck 35 mm, Hauptgürtelpanzer 70 mm, Türme 90 mm, Kommandostand 100 mm.
Geschütze: acht 15,2 cm S.K. L/53 M 1929 (4 x 2), sechs 10 cm S.K. L/47 M 1927 (3 x 2), acht 3,7 cm L/54 (4 x 2), zwölf 13,2-mm-Fla-MG's (6 x 2).
Torpedorohre: sechs 53,3 cm (2 x 3).
Seeminen: 100 – 185.
Bordflugzeuge: zwei, ein Katapult.
Besatzungsstärke: 551 Offiziere und Mannschaften.

Entwurf: Diese Klasse Leichter Kreuzer stellte als Typ D eine weitere Verbesserung des »Condottieri«-Entwurfs dar und bedeutete auch einen weiteren Schritt in Richtung auf einen guten, ausgewogenen Kreuzer-Entwurf hin. Erneut lag die Absicht zugrunde, die Stabilität und das Panzerschutzschema weiter zu verbessern, während die Bewaffnung der vorhergehenden Klasse (Typ C) weitgehend unverändert blieb. Bei diesem neuen Entwurf war der Gewichtsanteil der Panzerung auf 1700 ts gestiegen. Dies bedeutete eine Steigerung um 29 % gegenüber der RAIMONDO MONTECUCCOLI-Klasse.

Andererseits verkörperte dieser Gewichtsanteil 22 % der Standardverdrängung. Das neue Panzerschutzschema wies einen um 10 mm dickeren Hauptgürtelpanzer mit einer ebenfalls um 10 mm dickeren Beplattung bis zum Oberdeck sowie ein um 5 mm dickeres Hauptpanzerdeck zwischen den Längsschotten auf. In ähnlicher Weise erfuhren auch andere gepanzerte Bereiche eine Verstärkung. Die Abmessungen des Schiffskörpers und infolgedessen auch die Wasserverdrängung hatten sich ebenfalls vergrößert. Dies bedeutete wiederum eine Steigerung der Antriebsleistung auf 110000 WPS. Eine Gewichtsreserve war kaum mehr vorhanden.

Die Anordnung der Antriebsanlage unterschied sich geringfügig von jener der RAIMONDO MONTECUCCOLI-Klasse. Die Kessel waren jetzt in zwei Einheiten von je drei angeordnet, d.h. jeder Kessel stand in seinem eigenen Kesselraum. Infolgedessen vereinigten sich in jedem Schornstein die Abzugsschächte von drei Kesseln. Die Bewaffnung glich weitgehend jener der vorhergehenden Klasse, ausgenommen die Torpedobewaffnung. Diese bestand nunmehr aus zwei Drillings-Torpedorohrsätzen und außerdem konnten diese Kreuzer je nach Minentyp 100 bis 185 Seeminen mitführen. Zwischen den beiden Schornsteinen war ein Gagnotto-Katapult eingebaut und zwei Schwimmerflugzeuge vom Typ Romeo Ro 43 bildeten die normale Bordflugzeugausstattung, obwohl erforderlichenfalls auch drei Flugzeuge an Bord genommen werden konnten. Vom äußeren Erscheinungsbild her unterschieden sich diese beiden Kreuzer von ihren Vorgängern nur durch die Schornsteine, die beide jetzt gleich groß waren. Bei den Erprobungsfahrten – italienischer Praxis folgend mit geringerer Wasserverdrängung und forcierter Antriebsanlage durchgeführt – wurden beeindruckende Höchstgeschwindigkeiten von 37,35 kn bei DUCA D'AOSTA und 37,33 kn bei DI SAVOIA erzielt.

Modifizierungen: Wie die meisten italienischen Kreuzern erfuhren auch diese Einheiten nur wenige nennenswerte Veränderungen. Diese beschränkten sich auf das Von-Bord-Geben der Torpedorohrsätze zusammen mit dem Katapult und den übrigen Flugzeugeinrichtungen im Jahre 1943. Im übrigen wurden die 13,2-mm-Fla-MG's gegen 2-cm-Fla-Geschütze L/70 in Doppellafetten ausgetauscht. Damit umfaßte die Leichte Flak bis zu zwölf 2-cm-Rohre.

Nach dem Waffenstillstand im September 1943 erhielt die DUCA D'AOSTA am Fockmast einen Ausleger für die Antenne eines alliierten Radargerätes, um den Kreuzer für den Einsatz im Mittelatlantik auszurüsten. Dort sollte er zum Abfangen von deutschen Blockadebrechern eingesetzt werden.

Oben: EMANUELE FILIBERTI DUCA D'AOSTA. (Italienische Marine)

Werdegang: Nach ihrer Indienststellung stießen die DUCA D'AOSTA und die EUGENIO DI SAVOIA zur 7. Division. 1936/37 kam die letztere während des Spanischen Bürgerkrieges im Zuge der Intervention Italiens in spanischen Gewässern zum Einsatz. 1938 gingen die beiden Kreuzer auf eine Reise um die Erde, die bis zum 25. Juli 1939 dauern sollte, und liefen am 5. November 1938 aus Neapel aus. Logistische und politische Probleme in einem sich 1939 immer mehr verschlechternden internationalen Klima zwangen jedoch zur Verkürzung dieser Reise. Daher wurde ihr zweiter Teil – Besuche in den USA, Japan, Niederländisch-Ostindien, Singapur und Indien – aufgegeben. Nach Höflichkeitsbesuchen in Häfen Brasiliens, Argentiniens, Chiles und in der Karibik kehrte der Verband am 3. März 1939 nach La Spezia zurück. Anfang 1940 gehörten die beiden Kreuzer zum II. Geschwader in La Spezia. Sie waren mit der 7. Division am 9. Juli 1940 an der Seeschlacht vor Punta Stilo/Kalabrien beteiligt, deckten den Geleitzugverkehr nach Nordafrika und gingen Ende September von Tarent aus mit der Flotte in See, um erfolglos den Versuch zu unternehmen, zwei britische Kreuzer mit 1200 Mann zur Verstärkung der Garnison Maltas an Bord abzufangen. Nach der Neuorganisation der italienischen Flotte Anfang Dezember 1940 gehörten die beiden Kreuzer zu-

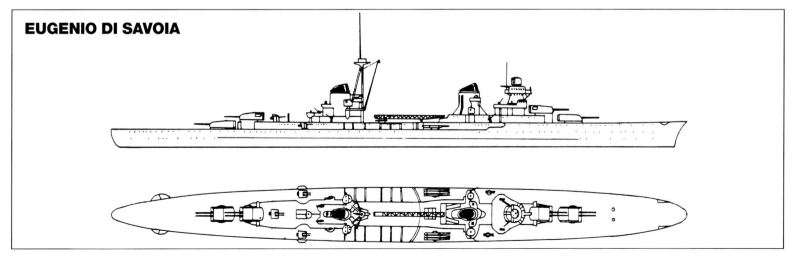

EUGENIO DI SAVOIA

Oben: EUGENIO DI SAVOIA. (Fraccaroli)

sammen mit der MONTECUCCOLI und zwei Z-Flottillen zur VII. Kreuzerdivision. Am 18. Dezember nahm die EUGENIO DI SAVOIA an der Beschießung griechischer Stellungen und Küstenbatterien bei Lukova nördlich des Korfu-Kanals teil.

Im Verband der VII. Kreuzerdivision legten beide Schiffe vom 19. – 24. April 1941 die Minensperren S 11, S 12 und S 13 ostwärts von Kap Bon, sicherten anschließend einen Geleitzug nach Nordafrika und waren am 1. Mai am Legen der Minensperre T nördlich von Tripolis, um den Hafen vor britischen Beschießungen zu schützen, sowie am 4. und 5. Mai an der Sicherung eines großen Nachschub-Geleitzuges für die Achsenstreitkräfte in Nordafrika beteiligt. Am 3. Juni folgte das Legen von zwei weiteren Minensperren nordostwärts von Tripolis, auf die später die britische *Force K* geriet. Am 28. Juni und am 7. Juli 1941 nahm die DUCA D'AOSTA am Legen der Minensperren S 2 sowie S 31 und S 32 in der Straße von Sizilien teil. Ein weiteres Minenunternehmen zum Schutze des Hafens von Bengasi/Libyen am 12./13. Oktober, an dem beide Kreuzer teilnehmen sollten, kam infolge einer Meldung, wonach die britische Mittelmeerflotte in See stünde, nicht zustande. Ende November gehörte die DUCA D'AOSTA zur Sicherung einer Geleitzugoperation, um Frachtschiffe aus mehreren italienischen Häfen nach Bengasi durchzubringen. Zwischen dem 13. und 19. Dezember sicherte der Kreuzer mit anderen Einheiten der italienischen Flotte die Geleitzüge M 41 und M 42 nach Nordafrika. Diese Operationen fielen zeitlich mit einem britischen Geleitzugunternehmen zur Versorgung Maltas am 15. Dezember zusammen, woraus sich am 17. Dezember 1941 die erste Seeschlacht in der Großen Syrte entwickelte. Anfang und Ende Januar 1942 gehörte die DUCA D'AOSTA zur Nahsicherung der Geleitzüge M 43 und T 18 nach Tripolis und Mitte Februar unternahm sie mit einem italienischen Flottenverband von Tarent aus einen erfolglosen Vorstoß, um zwei für Malta bestimmte britische Geleitzüge abzufangen.

Anfang März 1942 kehrte die EUGENIO DI SAVOIA wieder in den Geleitsicherungsdienst zurück und gehörte bei den Geleitzugoperationen V 5 und »Sirio« zwischen dem 7. und dem 18. März zusammen mit den Leichten Kreuzern GARIBALDI und MONTECUCCOLI sowie fünf Zerstörern zur Fernsicherung, als mehrere Nachschub-Geleitzüge aus verschiedenen italienischen Häfen sicher nach Tripolis und zurück durchgebracht wurden. Am 2. bis 4. April folgte ohne Zwischenfälle die Geleitzugoperation »Lupo« mit drei nach Tripolis bestimmten Geleitzügen, die wiederum von der EUGENIO DI SAVOIA gedeckt wurde. Mitte Juni 1942 nahmen beide Kreuzer – EUGENIO DI SAVOIA mit der VII. und DUCA D'AOSTA mit der VIII. Kreuzerdivision – am Vorstoß der italienischen Flotte teil, um die im Rahmen der Doppel-Geleitzugoperation »Harpoon/Vigorous« nach Malta bestimmten Geleitzüge aus Gibraltar und Alexandria anzugreifen. Hierbei kam die VII. Kreuzerdivision am 15. Juni mit den britischen Kreuzern und Zerstörern der Nahsicherung des ostgehenden Geleitzuges ins Gefecht, wobei die BEDOUIN versenkt wurde (siehe oben Seite 157). Der für den 13. August 1942 geplante Angriff auf den »Pedestal«-Geleitzug, an dem auch die EUGENIO DI SAVOIA beteiligt war, mußte infolge unzureichender eigener Luftsicherung abgebrochen werden (siehe auch Seite 157f.).

Beide Kreuzer lagen zusammen mit anderen italienischen Flotteneinheiten am 4. Dezember 1942 in Neapel, als die 9. USAAF bei ihrem ersten Einsatz diesen Hafen angriff. Hierbei erlitt die EUGENIO DI SAVOIA durch Bombentreffer Beschädigungen. Sie mußte anschließend für mehrere Monate zur Ausbesserung in die Marinewerft Castellamare di Stabiae gehen, während die VIII. Kreuzerdivision mit GARIBALDI, DUCA DEGLI ABRUZZI und DUCA D'AOSTA in Messina verblieb. Hauptsächlich infolge der Knappheit an Heizöl[168] gab es 1943 kaum nennenswerte Aktivitäten. Lediglich nach der alliierten Landung auf Sizilien kamen die beiden Kreuzer Anfang August 1943 bei zwei getrennten Unternehmen zur Beschießung alliierter Stellungen bei Palermo zusammen mit GARIBALDI und MONTECUCCOLI zum Einsatz. Doch beide Unternehmen wurden abgebrochen, da die genaue Lage der gegnerischen Stellungen nicht bekannt war.

Nach dem Waffenstillstand mit den Alliierten am 8. September 1943 liefen die beiden Kreuzer mit der italienischen Flotte aus La Spezia zur Übergabe nach Malta aus. Anschließend verlegten sie am 16. September nach Suez. Danach scheint die EUGENIO DI SAVOIA keiner aktiven Verwendung mehr zugeführt worden zu sein. Sie diente zunächst als Schulschiff und wurde vom April 1944 an aufgelegt.

Die DUCA D'AOSTA erfuhr jedoch nach der Übergabe eine Kleine Werftliegezeit in Tarent und verlegte zusammen mit den beiden anderen Einheiten der VIII. Kreuzerdivision am 27. Oktober 1943 nach Freetown/Sierra Leone. Sie kam im Rahmen der Operation »Freecar« zusammen mit anderen alliierten Kriegsschiffen zum Einsatz, wobei die Natal-Freetown-Enge engmaschig überwacht wurde, um aufgrund von »Ultra«-Meldungen aus Fernost kommende deutsche Blockadebrecher abzufangen. Zwischen dem 19. November 1943 und dem 15. Februar 1944 führte der Kreuzer im Mittel- und Südatlantik sieben dieser Überwachungseinsätze von Freetown aus durch, ehe er am 3. April 1944 wieder nach Italien zurückkehrte. Im Anschluß daran fand die DUCA D'AOSTA als Schnelltransporter Verwendung. Die nach Kriegsende aufgelegte DUCA D' AOSTA wurde am 2. März 1949 unter der neuen Bezeichnung *Z 15* an die UdSSR ausgeliefert und später in STALINGRAD und danach in KERČ: umbenannt. Auch die EUGENIO DI SAVOIA wurde nach den Bestimmungen des Friedensvertrages vom 10. Februar 1947 an eine alliierte Macht ausgeliefert. Am 1. Juli 1951 erhielt Griechenland den Kreuzer, dessen Marine ihn unter dem neuen Namen HELLI in Dienst stellte.

ABRUZZI-Klasse – »Condottieri«-Klasse (Typ E)

Name	Bauwerft	Kiellegung	Stapellauf	Fertigstellung	Schicksal
LUIGI DI SAVOIA DUCA DEGLI ABRUZZI	O.T.O., La Spezia	28. Dez. 1933	21. April 1936	1. Dez. 1937	gestrichen: 1. April 1961
GIUSEPPE GARIBALDI	C.R.D.A., Triest	? Dez. 1933	21. April 1936	20. Dez. 1937	gestrichen: ? Jan. 1972

Typ: Leichter Kreuzer – Incrociatori leggeri.
Standardverdrängung: DUCA DEGLI ABRUZZI: 9440 ts (9591 t), GARIBALDI: 9050 ts (9195 t).[169]
Einsatzverdrängung: DUCA DEGLI ABRUZZI: 11 575 ts (11 760 t), GARIBALDI: 11 117 ts (11 295 t).
Länge: 187,07 m (über alles), 180,75 m (CWL), 171,75 m (zwischen den Loten).
Breite: 18,90 m.
Tiefgang: 5,18 m (mittlerer), 6,10 m (max.).
Antriebsanlage: 2 Satz Parsons-Getriebeturbinen, 8 Yarrow-Kessel, 2 Wellen.
Antriebsleistung: 100 000 WPS für 32 kn.
Bunkerinhalt: 1680 ts Heizöl.
Fahrtstrecke: 4125 sm bei 12,7 kn.
Panzerschutz: Deck 40 mm, Hauptgürtelpanzer 100 mm, Türme 135 mm, Kommandostand 140 mm.
Geschütze: zehn 15,2 cm S.K. L/55 M 1934 (2 x 2, 2 x 3), acht 10 cm S.K. L/47 M 1927 (4 x 2), acht 3,7 cm L/54 (4 x 2), acht 13,2-mm-Fla-MG's (4 x 2).
Torpedorohre: sechs 53,3 cm (2 x 3).
Seeminen: zum Minenlegen ausgerüstet.
Bordflugzeuge: vier, zwei Katapulte.
Besatzungsstärke: 640 Offiziere und Mannschaften.

Entwurf: Diese Klasse stellte die letzte Version, den Typ E, des »Condottieri«-Entwurfs dar, deren Einheiten noch in Dienst gestellt wurden. Sie verkörperte gegenüber der vorausgegangenen DUCA D'AOSTA-Klasse einen beträchtlichen Fortschritt. Zwischen diesen beiden Klassen gab es beträchtliche Unterschiede, auch wenn sie sich im äußeren Erscheinungsbild ziemlich glichen. Die Breite des Schiffskörpers hatte sich um über einen Meter vergrößert, während seine Länge weitgehend unverändert blieb.
Die Konstruktionsleistung der Antriebsanlage und damit auch die Höchstgeschwindigkeit waren etwas verringert worden. Das Innere des Schiffskörpers hatte jedoch eine Reihe von Veränderungen erfahren, die bedeutend waren. Dies betraf insbesondere das Panzerschutzschema; denn die italienische Marine hatte sich bei dieser Klasse entschlossen, einen Kompromiß einzugehen und Geschwindigkeit für einen verbesserten Panzerschutz zu opfern. Nicht nur der Gewichtsanteil der Panzerung war im Vergleich zur DUCA D'AOSTA-Klasse um 24 % auf jetzt insgesamt 2131 ts gestiegen, sondern die Panzerung war auch völlig andersartig verteilt. Auf den Hauptgürtelpanzer als Vertikalschutz an den Bordwänden war verzichtet worden. Ihn ersetzte ein dünner Plattengang von 30 mm Dicke, entworfen, um die Zünder der einschlagenden Granaten zu köpfen bzw. auszulösen, ehe sie auf den eigentlichen Hauptseitenschutz auftrafen. Dieser bestand aus einem schräg stehenden Gürtel von 100 m Dicke, der sich in einem Winkel von 12° (Mittschiffsbereich) binnenbords der Schiffsseite von der Haupt- bzw. Panzerdecksebene in einer konkaven Krümmung bis zu seinem unteren Ende erstreckte, um unterhalb der Wasserlinie an der Unterkante des Außengürtels wieder an die Bordwand zu stoßen. Von einer 8 mm dicken Stützplatte für diesen 100-mm-Panzergürtel abgesehen, gab es im Schiffsinneren keine Längsschotten als Splitterschutz wie bei der DUCA D'AOSTA-Klasse. Zu weiteren Verbesserungen im Panzerschutzschema gehörten ein 15 mm dicker Splitterschutz bis zum Oberdeck, die Ausdehnung des Haupt- bzw. Panzerdecks über die gesamte Schiffsbreite und seine Verstärkung auf 40 mm sowie eine beträchtliche Verstärkung der Barbetten- und Turmpanzerung. Auch die Schornstein-Abzugsschächte erhielten einen Schutz.
Insgesamt wurde das Panzerschutzschema als gleichwertig dem der Schweren Kreuzer der ZARA-

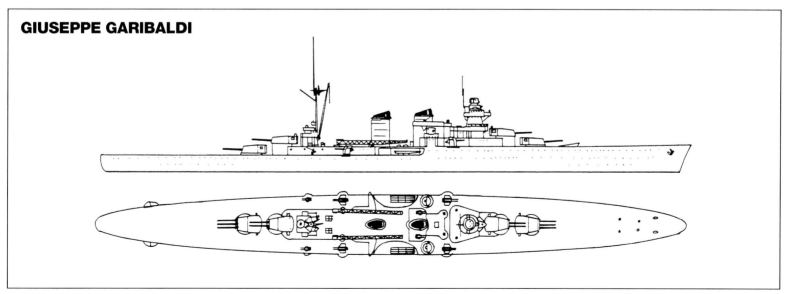

GIUSEPPE GARIBALDI

Klasse (siehe unten) angesehen, das gegen einen Beschuß mit 20,3-cm-Granaten entworfen worden war.

Bei den Einheiten dieser Klasse wurde für die Hauptbewaffnung auch ein neuartiges Geschützmodell eingeführt: 15,2 cm S.K. L/55 M 1934 von Ansaldo, entworfen, um die Mängel des 15,2-cm-Geschützes L/53 der früheren Kreuzerklassen zu beheben. Durch das Einführen von Drillingstürmen auf den Positionen A und D wurde darüber hinaus auch die Anzahl der Geschütze erhöht. Die neuen Geschütze besaßen eine kürzere Schußweite, hatten aber die Vorteile einer geringeren Mündungsgeschwindigkeit und der Lafettierung in separaten Rohrwiegen. Auch die Schwere Flak erfuhr durch eine zusätzliche 10-cm-Doppellafette eine Verstärkung, sämtlich mittschiffs auf dem Oberdeck paarweise an Steuerbord und Backbord vor bzw. hinter den Schornsteinen in größerem Abstand zueinander angeordnet. Für die Hauptbewaffnung gab es nur einen einzigen Artillerieleitstand auf dem Gefechtsturm, ausgestattet mit einer 5-m-E-Meßbasis; ein Achterer Artillerieleitstand war nicht vorgesehen. Für die Schwere Flak waren zwei Fla-Leitstände mit je einer 3-m-E-Meßbasis beiderseits des vorderen Schornsteins vorhanden.

Eine weitere größere Veränderung gegenüber den vorherigen Entwurfsversionen betraf die Hauptantriebsanlage. Sie wies nunmehr acht Kessel auf, jeweils paarweise in vier separaten Kesselräumen untergebracht. Zwischen den beiden vorderen Kesselräumen befand sich der Turbinenraum für die Steuerbordwelle, während der Turbinenraum für die Backbordwelle achteraus des hinteren Kesselraums lag. Diese Anordnung erbrachte zum Vorteil des Panzerschutzschemas eine Gewichtseinsparung von 100 ts sowie eine Verkürzung in der Längenausdehnung der Maschinenräume. Die Konstruktionsleistung hatte sich auf 100 000 WPS verringert.

Infolgedessen reduzierte sich auch die Höchstgeschwindigkeit; doch dies war für den Dienstbetrieb ohne Bedeutung.

Modifizierungen: Beide Einheiten brachten es auf einen sehr langen Werdegang. Sie erfuhren insbesondere nach dem Kriege beträchtliche Modifizierungen. Doch in der Zeitspanne, die Thema dieses Buches ist, gab es nur wenige nennenswerte Veränderungen. 1943 wurden die 13,2-mm-Fla-MG's durch zehn 2-cm-Fla-Geschütze L/54 in fünf Doppellafetten ersetzt. Zusätzlich erhielt die DUCA DEGLI ABRUZZI eine deutsche Funkmeßanlage. 1945 kamen die Katapulte und die Torpedorohrsätze von Bord und Radaranlagen britischen Typs gelangten zum Einbau.

Werdegang: Die DUCA DEGLI ABRUZZI führte ihre Erprobungsfahrten 1937 mit der wesentlich geringeren Standardverdrängung von 8635 ts durch und erzielte mit einer Antriebsleistung von 103 991 WPS eine Höchstgeschwindigkeit von 34,78 kn. Anfang 1938 erreichte ihr Schwesterschiff mit der sehr viel realistischeren Wasserverdrängung von 10 281 ts und einer Antriebsleistung von 104 030 WPS eine Höchstgeschwindigkeit von 33,62 kn.

Nach ihrer Indienststellung bildeten die beiden Kreuzer die 8. Division des I. Geschwaders (Tarent) und nahmen von 1938 an noch an den letzten Einsätzen im Spanischen Bürgerkrieg teil. Nach einem Höflichkeitsbesuch 1939 in Portugal wurde die DUCA DEGLI ABRUZZI das Flaggschiff der 8. Division.

Am 7. April 1939 brachte die GARIBALDI Truppen zur Besetzung Albaniens nach Durazzo (heute

Oben: DUCA DEGLI ABRUZZI. (Sammlung des Autors)

Links: Die DUCA DEGLI ABRUZZI im Tarnanstrich. (Italienische Marine)

Durrës). Während des Zweiten Weltkrieges operierten die beiden Kreuzer häufig zusammen, beginnend mit dem Kreuzervorstoß gegen Einheiten der britischen Mittelmeerflotte Mitte Juni 1940, gefolgt von der Teilnahme an der Seeschlacht vor Kap Punta Stilo/Kalabrien am 9. Juli. Gegen Ende September waren sie an einem weiteren erfolglosen Vorstoß beteiligt, als britische Kreuzer 1200 Mann von Alexandria zur Verstärkung der Garnison nach Malta brachten (Operation »Hats«). Nach der Neuorganisation der italienischen Flotte Anfang Dezember 1940 bildeten sie die VIII. Kreuzerdivision, die bis Mitte März 1941 in der Adria eingesetzt war, um den Geleitzugverkehr im Zuge der italienischen Invasion Griechenlands zu decken. Die Kreuzer kamen auch bei Küstenbeschießungen zum Einsatz, unter anderem am 4. März vor Pikerasi, als sie von britischen Flugzeugen angegriffen wurden. Am 26. März 1941 liefen die beiden Kreuzer mit zwei Zerstörern der 16. Z-Flottille aus Brindisi aus, um – unterstützt durch starke Kräfte der italienischen Flotte – den britischen Geleitzugverkehr in den Gewässern nordostwärts von Kreta anzugreifen. Hierbei sollte die VIII. Kreuzerdivision in die Ägäis bis auf die Höhe von Kap Sideros/Kreta vorstoßen, um sich auf dem Rückmarsch mit dem Schlachtschiff VITTORIO VENETO, zugleich das Flottenflaggschiff (Adm. Iachino), auf der Höhe von Navarino (heute Pilos) zu vereinigen.

Diese Operation führte am 28. März 1941 zur Seeschlacht vor Kap Matapan/Peloponnes (heute Kap Tänaron) und zum Verlust von drei Schweren Kreuzern der I. Kreuzerdivision. Doch zu diesem Zeitpunkt war die VIII. Kreuzerdivision bereits nach Brindisi entlassen worden und kam nicht mehr ins Gefecht. Im Mai 1941 kamen die beiden Kreuzer häufig zum Einsatz: am 8. Mai ein erfolgloser Vorstoß gegen Malta-Geleitzüge sowie Fernsicherung italienischer Geleitzüge nach Nordafrika. Hierbei entging die DUCA DEGLI ABRUZZI am 21. Mai nur knapp einem Torpedo des britischen Unterseebootes URGE (Lt.-Cdr. Tomkinson). Am 27. Juli 1941 lief die GARIBALDI zusammen mit dem Leichten Kreuzer MONTECUCCOLI (siehe oben) und vier Zerstörern zur Fernsicherung eines aus Libyen rückmarschierenden Geleitzuges aus. In den Abendstunden des folgenden Tages erhielt die GARIBALDI in der Nähe von Marettimo durch das britische Unterseeboot UPHOLDER (Lt.-Cdr. Wanklyn) einen Torpedotreffer, der den Kreuzer im Bereich des Turms A schwer beschädigte. 700 ts Seewasser ergossen sich ins Schiff, dem es aber gelang, nach Palermo zurückzukehren.

Anschließend verlegte der Kreuzer nach einer Notreparatur zu einem viermonatigen Werftaufenthalt nach Neapel. Im August und September 1941 unternahm die VIII. Kreuzerdivision, zu der jetzt neben der DUCA DEGLI ABRUZZI zeitweise auch die ATTENDOLO und die MONTECUCCOLI gehörten, zwei vergebliche Versuche, um britische Geleitzüge zur Versorgung Maltas im Rahmen der Operationen »Mincemeat« und »Halberd« abzufangen. Am 21. November 1941 stieß die wieder aus DUCA DEGLI ABRUZZI und GARIBALDI bestehende VIII. Kreuzerdivision als Deckungsgruppe zur Verstärkung der Sicherung für eine größere Geleitzugoperation, um die kritische Versorgungslage der Achsenstreitkräfte in Nordafrika zu beheben. In den frühen Morgenstunden des 22. November erhielt die DUCA DEGLI ABRUZZI durch ein in Malta stationiertes britisches Flugzeug einen Lufttorpedotreffer, der dem Kreuzer das Heck abriß – etwa eine Stunde nach der Torpedierung des Schweren Kreuzers TRIESTE (siehe unten Seite 172). Mit erheblichen Schwierigkeiten gelang es der DUCA DEGLI ABRUZZI, in Messina einzulaufen.

Trotz schwerer Bombenangriffe konnte die GARIBALDI entkommen und kam weiterhin bis in das Jahr 1942 hinein bei der Fernsicherung von Geleitzugoperationen (M 41, M 43, V 5) zum Einsatz. Infolge der Bombenangriffe verlegte die GARIBALDI Anfang 1942 von Messina nach Tarent. Mitte Juni war der Kreuzer am erfolglosen Vorstoß gegen die britische Doppel-Geleitzugoperation »Harpoon/Vigorous« beteiligt.

Die nunmehr wieder aus GARIBALDI und DUCA DEGLI ABRUZZI bestehende VIII. Kreuzerdivision verlegte im Juli 1942 nach Navarino/Peloponnes (heute Pilos), um britische Angriffe auf die Geleitzugwege in die Häfen der Cyrnaika/Libyen abzuwehren. Doch die Heizölverknappung, Bombenangriffe und fehlende Gelegenheiten zum Angriff auf britische Seestreitkräfte erzwangen im November ihre Rückverlegung nach Tarent und Anfang Dezember 1942 befand sich die VIII. Kreuzerdivision, zu der inzwischen auch die DUCA D'AOSTA gehörte, in Messina. Nach der alliierten Landung auf Sizilien am 10. Juli 1943 lief die GARIBALDI mit der DUCA D'AOSTA und einer Zerstörersicherung am 6. August 1943 zu einem Beschießungsunternehmen im Raum Palermo aus. Auf dem Marsch ins Einsatzgebiet griff am 9. August das britische Unterseeboot SIMOOM (Lt. Milner) auf der Höhe von La Spezia erfolglos die GARIBALDI an, versenkte aber durch Torpedotreffer den italienischen Zerstörer GIOBERTI. Die Operation wurde schließlich infolge Unkenntnis hinsichtlich der alliierten Stellungen vorzeitig abgebrochen.

Nach dem Waffenstillstand mit den Alliierten liefen die beiden Kreuzer zusammen mit der italienischen Flotte am 9. September 1943 zur Übergabe nach Malta aus. Später erhielten sie Befehl, nach Freetown/Sierra Leone zu verlegen, um sich auf alliierter Seite im Süd- und Mittelatlantik am Abfangen deutscher Blockadebrecher aus Fernost zu beteiligen (siehe oben DUCA D'AOSTA Seite 160f.). Die DUCA DEGLI ABRUZZI lief am 27. Oktober 1943 mit der DUCA D'AOSTA aus Tarent aus und traf am 13. November in Freetown ein. Zwischen dem 29. November 1943 und dem 7. Februar 1944 führte der Kreuzer fünf dieser Überwachungseinsätze ergebnislos durch. Am 16. April verließ die DUCA DEGLI ABRUZZI schließlich Freetown und traf am 29. April wieder in Tarent ein.

In der Folge fand der Kreuzer bis Kriegsende als schneller Transporter und als Schulschiff Verwendung. Nach dem Kriege diente er noch lange Zeit in der neuen italienischen Marine, ehe er am 1. Mai 1961 aus der aktiven Flottenliste gestrichen wurde. Obwohl ebenfalls für den Einsatz im Süd- und Mittelatlantik vorgesehen, lief die GARIBALDI erst am 7. März 1944 aus Tarent aus, und als der Kreuzer schließlich am 18. März in Freetown eintraf, war der Einsatz gegen deutsche Blockadebrecher bereits beendet. Er verlegte daher fast unmittelbar nach seinem Eintreffen zusammen mit der DUCA D'AOSTA am 25. März 1944 wieder nach Italien zurück. Bis Kriegsende fand die GARIBALDI bei Hilfsaufgaben Verwendung und wurde nach dem Kriege zu einem Lenkwaffenkreuzer umgebaut. Sie diente in der neuen italienischen Marine sogar noch länger als ihr Schwesterschiff und wurde erst im Januar 1972 aus der aktiven Flottenliste gestrichen.

CIANO-Klasse – »Condottieri«-Klasse (Typ F)

Name	Bauwerft	Kiellegung	Stapellauf	Fertigstellung	Schicksal
AMMIRAGLIO CONSTANZO CIANO	nicht bekannt	-	-	-	annulliert: 1940
VENEZIA (ex-LUIGI RIZZO)	nicht bekannt	-	-	-	annulliert: 1940

Typ: Leichter Kreuzer – Incrociatori leggeri.
Standardverdrängung: 9615 ts (9769 t).
Einsatzverdrängung: 11 810 t (11 999 t).
Länge: 188,98 m (über alles).
Breite: 19,00 m.
Tiefgang: 6,86 m (maximal).
Antriebsanlage: 2 Satz Getriebeturbinen, 8 Kessel, 2 Wellen.
Antriebsleistung: 115 000 WPS für 33 (ggf. 35) kn.
Bunkerinhalt: nicht bekannt.
Fahrtstrecke: nicht bekannt.
Panzerschutz: Deck 45 mm, Hauptgürtelpanzer 100 mm, Türme 140 mm, Kommandostand 140 mm.
Geschütze: zehn 15,2 cm S.K. L/55 M 1934 (2 x 3, 2 x 2), acht 9 cm S.K. L/50 M 1938 (8 x 1), acht 3,7 cm L/54 (4 x 2), zwölf 2 cm L/65 (6 x 2).
Torpedorohre: sechs 53,3 cm (2 x 3).
Seeminen: zum Minenlegen ausgerüstet.
Bordflugzeuge: vier, ein (?) Katapult.
Besatzungsstärke: nicht genau bekannt (ca. 600 Offiziere und Mannschaften).

Entwurf: Etwa zwei Jahre nach der Indienststellung der DUCA DEGLI ABRUZZI-Klasse sah die italienische Marine unter dem Bauprogramm 1939 den Bau von zwei weiteren Leichten Kreuzern nach einem ähnlichen Entwurf vor, der aber wiederum Verbesserungen umfaßte. Das Ergebnis bestand in einer weiteren Modifizierung (Version F) des »Condottieri«-Typs, die noch mehr vom ursprünglichen Entwurf abwich. Während die Hauptbewaffnung unverändert blieb, sollte die zugleich als Mittelartillerie dienende Schwere Flak anstatt aus dem 10-cm-Geschütz aus dem neuen 9-cm-Geschütz S.K. L/50 M 1938 von Ansaldo in acht dreiachsig stabilisierten Einzellafetten bestehen: wie beim Schlachtschiff LITTORIO vier auf jeder Seite. In die Überlegungen wurde auch das neue 6,5-cm-Fla-Geschütz L/64 einbezogen, ein Geschütz mittlerer Reichweite, das eine gemeinsame Entwicklung von Ansaldo und Terni war. Doch die Entwicklung dieses Geschützes stieß auf ernste Entwurfsprobleme, und es war offensichtlich, das es erst in einigen Jahren der Front zulaufen könnte. Wie im Entwurf vorgesehen, sollte auch zum erstenmal das 2-cm-Geschütz L/65 zum Einbau kommen. Eine weitere Änderung stellte die Steigerung der mitgeführten Bordflugzeuge auf vier dar.

Das Panzerschutzschema glich im wesentlichen dem der vorhergehenden Kreuzerklasse, ausgenommen die Verstärkung des Panzerdecks auf 45 mm und der Türme auf 140 mm.

Für die beabsichtigte Standardverdrängung von 9800 ts – ggf. unter Steigerung auf 10 000 ts – waren die Abmessungen des Schiffskörpers noch weiter erhöht worden. Mit einer Konstruktionsleistung von etwa 115 000 WPS sollte die Höchstgeschwindigkeit nicht unter 33 kn betragen.

Noch ehe der Entwurf jedoch fertiggestellt wurde, brach der Zweite Weltkrieg aus. Auch wenn Italien 1939 noch nicht in ihn verwickelt wurde, stand das Land unter dem Druck des Achsenpartners Deutschland, in den Krieg einzutreten. Die Marine mußte deshalb andere Prioritäten setzen, wie zum Beispiel den Bau von Zerstörern und Torpedobooten. Infolgedessen wurden die Pläne für den Bau der neuen Kreuzer 1940 annulliert. Die beiden Einheiten hatten zwar bereits Namen erhalten, aber die Bauaufträge waren noch nicht ergangen.

»Capitani Romani«-Klasse – ATTILIO REGOLO-Klasse

Name	Bauwerft	Kiellegung	Stapellauf	Fertigstellung	Schicksal
ATTILIO REGOLO	O.T.O., Livorno	28. Sept. 1939	28. Aug. 1940	14. Mai 1942	gestrichen: 24. Juli 1948
CAIO MARIO	O.T.O., Livorno	28. Sept. 1939	17. Aug. 1941	-	selbstversenkt: 1944
CLAUDIO DRUSO	C.D.T., Riva Trigoso	27. Sept. 1939	-	-	abgebrochen auf Helling: 1941
CLAUDIO TIBERIO	O.T.O., Livorno	16. Sept. 1940	-	-	abgebrochen auf Helling: 1941
CORNELIO SILLA	Ansaldo, Genua	12. Okt. 1939	28. Juni 1941	-	gesunken: ? Juli 1944
GIULIO GERMANICO	Marinewerft Castellamare di Stabiae	11. Mai 1940	20. Juli 1941	-	gesunken: 11. Sept. 1943
OTTAVIANO AUGUSTO	C.N.R., Ancona	23. Sept. 1939	31. Mai 1942	-	gesunken: 1. Nov. 1943
PAOLO EMILIO	Ansaldo, Genua	12. Okt. 1939	-	-	abgebrochen auf Helling: 1941
POMPEO MAGNO	C.N.R., Ancona	23. Sept. 1939	28. Aug. 1941	24. Juni 1943	Schulschiff: 1964
SCIPIONE AFRICANO	O.T.O., Livorno	28. Sept. 1939	12. Jan. 1941	23. April 1943	gestrichen: 9. Aug. 1948
ULPIO TRAIANO	C.N.R., Palermo	23. Sept. 1939	30. Nov. 1942	-	gesunken: 3. Jan. 1943
VIPSANIO AGRIPPA	C.D.T., Riva Trigoso	? Okt. 1939	-	-	abgebrochen auf Helling: 1941

Typ: Spähschiff bzw. Leichter Kreuzer – Esploratori bzw. Incrociatori leggeri.
Standardverdrängung: 3686 ts (3745 t).
Einsatzverdrängung: 5334 ts (5419 t).
Länge: 142,88 m (über alles), 138,68 m (CWL).
Breite: 14,40 m.
Tiefgang: 3,96 m (mittlerer), 4,88 m (maximal).
Antriebsanlage: 2 Satz Belluzzo-Turbinen mit einfachem Rädergetriebe (OTTAVIANO AUGUSTO, POMPEO MAGNO: 2 Satz Parsons-Getriebeturbinen), 4 Thornycroft-Kessel, 2 Wellen.
Antriebsleistung: 110 000 WPS für 40 kn.
Bunkerinhalt: 1400 ts Heizöl.
Fahrtstrecke: 3000 sm bei 25 kn.
Panzerschutz: praktisch keinen.
Geschütze: acht 13,5 mm S.K. L/45 M 1938 (4 x 2), acht 3,7 cm L/54 (4 x 2), acht 2 cm L/65 (4 x 2).
Torpedorohre: acht 53,3 cm (2 x 4).
Seeminen: 130.
Bordflugzeuge: keine.
Besatzungsstärke: 418 Offiziere und Mannschaften.

Entwurf: Der Bau der »Contre-Torpilleurs« bzw. Großzerstörer der »2610-t«- oder LE FANTASQUE-Klasse sowie der »2930-t«- oder MOGADOR-Klasse[170] durch Frankreich Anfang der 30er Jahre führte zu einiger Besorgnis auf seiten Italiens, des Rivalen im Mittelmeer, dessen eigene große Zerstörer vom »Esploratori«-Typ der »Navigatori«-Klasse[171] den neuen französischen Schiffen unterlegen sein würden. Die 1937 beginnende Entwurfsarbeit lief unter der Typbezeichnung *Esploratori Ocenanici* bzw. »Ozeanisches Spähschiff«, um zum »Navigatori«-Entwurf abzugrenzen. Das ursprüngliche Konzept ging von einem Schiff von 3400 ts Standardverdrängung aus, bewaffnet mit acht 13,5-cm-Geschützen, sechs 6,5-cm-Fla-Geschützen, acht 53,3-cm-Torpedorohren und ausgerüstet mit einem Bordflugzeug (ohne Katapult oder Flugzeughalle). Auf wenige lebenswichtige Bereiche begrenzt, sollte das Schiff nur einen minimalen Panzerschutz, aber eine Höchstgeschwindigkeit von etwa 41 kn besitzen.

Ende der 30er Jahre hatten die Fähigkeiten der Aufklärungsflugzeuge beträchtliche Verbesserungen erfahren, so daß für ausgesprochene Späh- bzw. Aufklärungsschiffe keine Erforderlichkeit mehr bestand. Infolgedessen wurden die kleineren Spähschiffe in Zerstörer und die größeren in Leichte Kreuzer umklassifiziert. Daher erfolgte auch die Aufnahme der »Capitani Romani«-Klasse in diesen Band. Bald wurde offensichtlich, daß auf den Panzerschutz verzichtet werden mußte, sollte nicht auf Kosten von Bewaffnung und Geschwindigkeit ein Kompromiß eingegangen werden. Doch selbst dann wurde die beabsichtigte Standardverdrängung noch um 350 ts überschritten – trotz der ausgiebigen Verwendung von Leichtmetalllegierungen bei den Aufbauten. Aus Gründen der Gewichtseinsparung wurde das Bordflugzeug weggelassen. Gleiches galt für die 6,5-cm-Fla-Geschütze L/64, bei denen zudem noch Entwicklungsprobleme bestanden. An ihre Stelle sollten acht 3,7-cm-Fla-Geschütze L/54 in Doppellafetten treten.

Dem in gemischter Längs- und Querspantbauweise hergestellten Schiffskörper lag ein Glattdeck-Entwurf zugrunde. Die Antriebsanlage war nach dem Einheitsprinzip angeordnet, wobei der vordere Turbinen- und Kesselsatz dem Antrieb der Steuerbordwelle diente. Beide Einheiten arbeiteten unabhängig voneinander; allerdings konnten im Notfall die Kessel querverbunden werden. Die beiden bei C.N.R. in Ancona gebauten Einheiten besaßen Turbinen vom Parsons-Typ, während die übrigen Einheiten Belluzzo-Turbinen hatten. Bei den Erprobungsfahrten erreichten alle fertiggestellten Einheiten mit einer Antriebsleistung von rund 120 000 WPS eine Höchstgeschwindigkeit von über 41 kn. Lediglich im Brückenbereich gab es einen gewissen Splitterschutz.

Die Hauptbewaffnung bestand aus einem neuen Geschützmodell: dem 13,5-cm-Geschütz S.K. L/45 M 1938 von Ansaldo oder O.T.O. Es verschoß eine aus Granate und Kartusche bestehende Munition und besaß bei einem Geschoßgewicht von 32,7 kg und einer maximalen Erhöhung von 45° in der Doppellafette eine Höchstschußweite von 19 600 m. Zur Luftabwehr konnten diese Geschütze lediglich Zonen- bzw. Sperrfeuer schießen. Das neue Geschützmodell fand in der italienischen Marine keine breite Verwendung; lediglich die modernisierten Schlachtschiffe der ANDREA DORIA-Klasse führten sie in Drillings-Turmschilden. Die Zwillings-Turmschilde bei der »Capitani Romani«-Klasse wiesen an der Frontseite eine maximale Panzerung von 20 mm und eine 6 mm dicke Decke auf. Bei der Bewaffnung gab es nur noch einen bemerkenswerten Punkt: die Torpedobewaffnung. Bei diesen Vierlingsrohrsätzen waren statt der üblichen seitlichen Anordnung die vier Rohre zu je zweien übereinander angeordnet. Im Dienstbetrieb brachten diese Rohrsätze jedoch beträchtli-

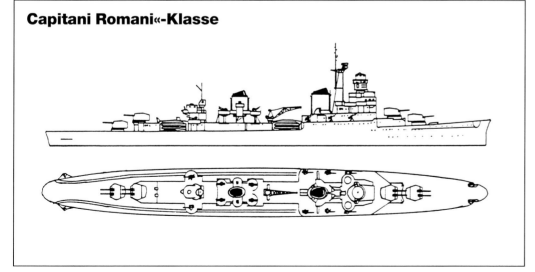

Capitani Romani«-Klasse

Oben: SCIPIONE AFRICANO. (M. Twardowski)

Unten: ATTILIO REGOLO. (Fraccaroli)

che Probleme. Mit vier Reservetorpedos befanden sich insgesamt zwölf Torpedos an Bord. Alle Einheiten dieser Klasse waren zum Minenlegen ausgerüstet und konnten je nach Minentyp auf seitlich angebrachten Minenschienen vom vorderen Schornstein bis zum Heck bis zu 130 Seeminen unterbringen.

Der Feuerleitung dienten ein Vorderer und ein Achterer Artillerieleitstand sowie drei 4-m-E-Meßbasen. Die 13,5-cm-Geschütze wiesen eine Dotierung von 160 Schuß auf.

Modifizierungen: ATTILIO REGOLO und SCIPIONE AFRICANO besaßen Radargeräte des italienischen Modells EC 3. Ansonsten gab es infolge des nur kurzen Kriegswerdegangs keine Veränderungen von Bedeutung.

Werdegang: Vor der Kapitulation Italiens im September 1943 wurden bei der Königlich Italienischen Marine schließlich nur drei der zwölf Einheiten in Dienst gestellt. Knapp zwei Monate nach der Indienststellung lief die ATTILIO REGOLO mit sechs Zerstörern aus Palermo aus, um in der Nacht vom 7./8. November 1942 ostwärts von Kap Bon die Minensperre S 8 (241 Minen) zu legen. Auf dem Rückmarsch torpedierte das britische Unterseeboot UNRUFFLED (Lt. Stevens) den neuen Kreuzer westlich von Sizilien. Der Torpedotreffer riß ihm das Vorschiff bis zum Turm A weg. Von drei T-Booten gesichert, brachte der Schlepper POLIFEMO den Havaristen nach Palermo ein. Ein Angriff des britischen Unterseebootes UNITED auf den Schleppzug schlug fehl. Nach umfangreichen und zeitraubenden Ausbesserungsarbeiten stieß der Kreuzer Mitte 1943 zum VIII. Kreuzerdivision, kam aber bis zum Waffenstillstand kaum mehr zum Einsatz und trat am 9. September 1943 mit seinem Geschwader von Genua aus im Verband der Flotte den Marsch nach Malta zur Übergabe an. Nach der Versenkung des Schlachtschiffes ROMA durch eine Do 217 der III./K.G.100 (Lt. Schmetz) mit einer funkgesteuerten FX 1200 blieb die ATTILIO REGOLO mit Zerstörern und T-Booten zur Rettung der Überlebenden zurück. Anschließend lief sie in Port Mahon/Balearen ein und wurde von den spanischen Behörden interniert. Am 15. Januar 1945 liefen die in Port Mahon internierten italienischen Kriegsschiffe nach Malta aus. Von dort verlegte die ATTILIO REGOLO am 19. Januar nach Algier und schließlich zum VII. Kreuzerdivision nach Tarent. Bis Kriegsende führte der Kreuzer noch drei Einsätze durch und wurde danach in La Spezia aufgelegt. Als Folge des Friedensvertrages vom 10, Februar 1947 wurde der Kreuzer unter der Bezeichnung R 4 an Frankreich ausgeliefert und traf am 1. August 1948 in Toulon ein. In CHATEAU-RENAULT umbenannt, blieb der Kreuzer bis zu seinem Auflegen in Brest am 13. September 1962 bei der französischen Marine in Dienst. In dieser Zeit erfuhr er auch beträchtliche mit Modernisierungen verbundene Modifizierungen. Danach diente er bis zu seiner Verschrottung noch einige Jahre als Ausbildungshulk.

POMPEO MAGNO befand sich erst drei Monate vor dem Eintritt des Waffenstillstandes mit den Alliierten am 8. September 1943 in Dienst und führte bis zu diesem Zeitpunkt zehn Kriegseinsätze durch. Am 9. September lief auch dieser Kreuzer aus Tarent zur Übergabe nach Malta aus und traf dort am 10. September ein. Er verblieb dort mit der VIII. Kreuzerdivision bis zu seiner Rückkehr nach Tarent am 4. Oktober. Anschließend stieß die POMPEO MAGNO zum Leichten Kreuzergeschwader. Den Rest des Krieges verbrachte sie mit Ausbildungs- und Transportaufgaben, unter anderem im Zusammenhang mit der Repatriierung der italienischen Kriegsgefangenen. Schließlich verlegte der Kreuzer nach La Spezia, wurde dort außer Dienst gestellt und am 1. Mai 1948 aus der Flottenliste gestrichen. Die Hulk erhielt die Bezeichnung FV 1. Im März 1951 erfolgte der Umbau des Schiffes zur Indienststellung bei der neuen italienischen Marine. In SAN GIORGIO umbenannt, diente der ehemalige Kreuzer vom 1. Juli 1955 an als Zerstörerführer und später als Schulschiff.

Links: Die GIULIO GERMANICO in der Ausrüstung, Oktober 1942 (Fraccaroli)

Nach ihrer Indienststellung war die SCIPIONE AFRICANO in La Spezia und Genua stationiert und erhielt nach der alliierten Landung auf Sizilien am 10. Juli 1943 den Befehl, am 15. Juli nach Tarent auszulaufen, da die Befürchtung bestand, daß die Straße von Messina bald nicht mehr passiert werden konnte. Während des Verlegungsmarsches geriet der Kreuzer am 17. Juli in der Straße von Messina mit vier britischen MTB's ins Gefecht. In einem verworrenen Nachtgefecht versenkte die SCIPIONE AFRICANO das *MTB 316* und beschädigte das *MTB 260*, ehe sie am 18. Juli sicher in Tarent einlief. Anschließend kam der Kreuzer vom 4. bis zum 17. August bei Minenunternehmen vor der kalabrischen Küste und im Golf von Tarent zum Einsatz. Zusammen mit dem Leichten Kreuzer CADORNA und zwei Minenlegern legte er elf defensive Minensperren mit zusammen 1591 Minen. Nach dem Waffenstillstand mit den Alliierten am 8. September 1943 brachte die italienische Korvette BAIONETTA, gesichert durch die SCIPIONE AFRICANO, den italienischen König und die neue italienische Regierung unter Marschall Badoglio von Pescara nach Brindisi. Am 29. September lief der Kreuzer mit Marschall Badoglio an Bord zur Unterzeichnung der Kapitulationsurkunden nach Malta aus. Vom 1. Februar 1944 an gehörte die SCIPIONE AFRICANO zur VII. Kreuzerdivision und erfüllte Transport- und Ausbildungsaufgaben. Am 9. August 1948 wurde sie in La Spezia außer Dienst gestellt und aus der Flottenliste gestrichen, um am 15. August nach den Bedingungen des Friedensvertrages unter der Bezeichnung *S 7* zur Auslieferung an Frankreich nach Toulon auszulaufen. Die französische Marine stellte den Kreuzer unter seinem neuen Namen GUICHEN in Dienst. Das Schiff erfuhr mehrere Modernisierungen, ehe es am 1. April 1961 in Landevennec aufgelegt wurde. Nach der Ausmusterung am 1. Juni 1976 erhielt die Hulk die Bezeichnung *Q 554* und wurde schließlich Ende der 70er Jahre abgewrackt.

Die übrigen Einheiten dieser Klasse, die zwar vom Stapel liefen, aber nicht mehr zur Fertigstellung gelangten, hatten folgendes Schicksal:

Die an die Marine als Treibstoffdepot übergebene Hulk der CIAO MARIO wurde 1944 von den Deutschen gesprengt. Nach dem Waffenstillstand am 8. September 1943 beschlagnahmte die deutsche Marine die CORNELIO SILLA in unfertigem Zustand in Genua. Das Schiff war zu 84 % fertiggestellt, aber seine Antriebsanlage war entfernt und in den in Genua im Bau befindlichen Flugzeugträger AQUILA (das ehemalige Passagierschiff ROMA) eingebaut worden. Im Juli 1944 wurde die CORNELIO SILLA bei einem alliierten Luftangriff schwer beschädigt und setzte sich auf Grund. Nach dem Kriege wurde das Wrack abgebrochen.

Die GIULIO GERMANICO in der Marinewerft Castellamare di Stabiae war zum Zeitpunkt des Waffenstillstandes zu 94 % fertiggestellt und hatte bereits einen Teil ihrer Besatzung an Bord. Sie leistete anfänglich den Versuchen der deutschen Marine zur Beschlagnahme des Schiffes Widerstand, mußte sich aber schließlich am 11. September 1943 ergeben. Die Arbeiten zur Fertigstellung wurden nicht weitergeführt und am 28. September 1944 versenkten die sich zurückziehenden deutschen Truppen das Schiff. Nach der Bergung im Jahre 1947 erhielt die Hulk die Bezeichnung *FV 2* und am 1. März 1951 den neuen Namen SAN MARCO. Nach seiner Wiederherstellung einschließlich Modernisierung stellte die neue italienische Marine das Schiff am 1. Januar 1955 in Dienst. Die SAN MARCO blieb bis 1971 im aktiven Dienst und erfuhr in dieser Zeit eine größere Anzahl Modifizierungen.

Auch die OTTAVIANO AUGUSTO war zum Zeitpunkt der Kapitulation Italiens weitgehend fertiggestellt. Das von der deutschen Marine in Ancona beschlagnahmte Schiff wurde jedoch bereits am 1. November 1943 bei einem alliierten Luftangriff durch Bombentreffer versenkt. Nach der Bergung in der Nachkriegszeit wurde das Wrack abgebrochen. Die in der Werft Cantieri Navali Riuniti S.A. in Palermo in der Ausrüstung befindliche ULPIO TRAIANO wurde in der Nacht vom 2./3. Januar 1943 von britischen »Chariots« angegriffen.[172] Die abgelegten Sprengladungen zerrissen den Kreuzer in zwei Teile und versenkten ihn.

Die übrigen vier, nie vom Stapel gelaufenen Einheiten erfuhren nach dem Kriegseintritt Italiens im Juli 1940 einen Baustopp. Die Bauaufträge wurden annulliert und die unfertigen Schiffskörper auf den Helgen abgebrochen. Die für die PAOLO EMILIO vorgesehene Antriebsanlage fand beim Flugzeugträger AQUILA (siehe oben) Verwendung.

ETNA-Klasse

Name	Bauwerft	Kiellegung	Stapellauf	Fertigstellung	Schicksal
ETNA (ex-TAKSIN)	C.R.D.A., Triest	25. Sept. 1939	28. Mai 1942	-	erbeutet: 10. Sept. 1943
VESUVIO (ex-NARESUAN)	C.R.D.A., Triest	26. Aug. 1939	6. Aug. 1941	-	erbeutet: 10. Sept. 1943

Typ: Leichter Kreuzer – Incrociatori leggeri.
Standardverdrängung: 4268 ts (4336 t), nach dem Umbau: 6000 ts (6096 t).
Einsatzverdrängung: nicht bekannt.
Länge: 154,72 m (über alles), 146,99 m (CWL), 141,05 m (zwischen den Loten).
Breite: 14,47 m.
Tiefgang: 4,19 m (mittlerer), nach dem Umbau: 5,94 m (mittlerer).
Antriebsanlage: 2 Satz Parsons-Turbinen mit einfachem Rädergetriebe, 3 Kessel, 2 Wellen.
Antriebsleistung: 45 000 WPS für 30 kn, nach dem Umbau: 40 000 WPS für 28 kn.
Bunkerinhalt: nicht bekannt.
Fahrtstrecke: nicht bekannt.
Panzerschutz: Deck 20 mm – 25 mm, Hauptgürtelpanzer 60 mm.
Geschütze: nach dem Umbau vorgesehen: sechs 13,5 cm S.K. L/45 M 1938 (3 x 2), zehn 6,5 cm S.K. L/64 M 1939 (10 x 1), zwanzig 2 cm L/65 (10 x 2).
Torpedorohre: keine.
Seeminen: nicht bekannt.
Bordflugzeuge: keine.
Besatzungsstärke: 580 Offiziere und Mannschaften.

ETNA-Klasse

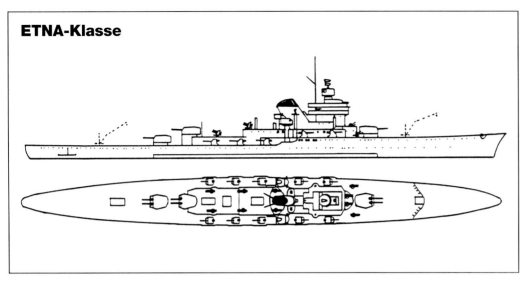

Oben: Die unfertigen Schiffskörper der VESUVIO und der ETNA im Oktober 1947 in der Zaule-Bucht von Triest.

Entwurf: Ursprünglich hatte diese beiden Einheiten Siam (heute Thailand – siehe unten Seite 239) als Leichte Kreuzer, bewaffnet mit sechs 15,2-cm-Geschützen, zum selben Zeitpunkt in Auftrag gegeben, als dieses Land auch die Kontrakte für neun Torpedoboote mit italienischen Werften abschloß. Der Bau dieser Schiffe auf siamesische Rechnung wurde noch bis zum Dezember 1941 fortgesetzt. Zu diesem Zeitpunkt erfolgte der Baustopp, da sich die italienische Regierung zu ihrer Beschlagnahme entschlossen hatte, als es auf italienischer Seite immer deutlicher wurde, daß die Aufrechterhaltung des Nachschubverkehrs nach Nordafrika ein sehr großes Risiko darstellte und daß die Verluste an Handels- und Geleitsicherungsschiffen unerträglich wurden. Hierbei bedeuteten die auf Malta stationierten britischen Flugzeuge eine Hauptgefahr. Um zur Abwehr dieser Gefahr einen Beitrag zu leisten, sollten diese beiden verhältnismäßig kleinen Kreuzer in Flakschiffe umgebaut werden, die auch imstande waren, Nachschubgüter zu transportieren. Die Entwurfsarbeiten für den Umbau nahmen eine gewisse Zeit in Anspruch, und so erhielt die Bauwerft erst am 6. August 1942 die neuen Konstruktionspläne. Außerdem wurden die beiden Einheiten nach Vulkanen umbenannt; d.h. in keine traditionellen italienischen Kreuzernamen.

Da die beiden Einheiten bereits vom Stapel gelaufen waren, mußte sich ihr Umbau im wesentlichen auf die Aufbauten und die Bewaffnung beschränken, obwohl die Standardverdrängung mit einer entsprechenden Zunahme des Tiefgangs auf rund 6000 ts anstieg. Die Konstruktionsleistung der Antriebsanlage verringerte sich um etwa 11 % und dies führte zu einem Geschwindigkeitsverlust von zwei Knoten.

Das Panzerschutzschema ließ sich nur geringfügig verändern. Der Hauptgürtelpanzer wies 60 mm und das Panzerdeck zwischen den 20 mm dicken Splitterlängsschotten 35 mm und außerhalb von ihnen 20 mm auf.

Die nach dem Einheitenprinzip gegliederte Hauptantriebsanlage bestand aus zwei Getriebeturbinensätzen mit Zwei-Wellen-Anordnung sowie drei Kesseln, die sich in getrennten Kesselräumen befanden. Zwei dieser Räume lagen vor dem vorderen Turbinenraum und der dritte achteraus von ihm.

Die ursprünglich vorgesehene 15,2-cm-Bewaffnung, die Torpedoausrüstung und die Flugzeugeinrichtungen hatte ein völlig neues Bewaffnungskonzept ersetzt. Nunmehr sollte die Bewaffnung aus dem 13,5-cm-Geschütz S.K. L/45 M 1938 – das auch für die »Capitani Romani«-Klasse vorgesehen war – in drei Doppel-Turmschilden bestehen, und zwar in derselben Anordnung, wie sie von den Siamesen geplant war. Darüber hinaus sollten die beiden Schiffe eine stärkere Ausrüstung mit Leichter Flak erhalten – unter Einbeziehung des neuen 6,5-cm-Fla-Geschützes L/64 M 1939, das bereits Entwicklungsprobleme aufwies. Von diesem Waffensystem sollten mittschiffs an Backbord und an Steuerbord je fünf Einzellafetten geführt werden. Ihre Feuerleitung hatte von je einem Fla-Leitstand beiderseits des Schornsteins aus zu erfolgen. Zehn dreiachsig stabilisierte 2-cm-Breda-Doppellafetten RM 35 vervollständigten die Bewaffnung. Sie sollten folgende Positionen erhalten: vier auf dem ehemaligen Katapultdeck mittschiffs, vier weitere auf oder vor dem Brückenaufbau und die restlichen zwei beiderseits des Schornsteins auf Plattformen. Der Schornstein hatte im Entwurf eine neue, scharf nach hinten geneigte Form erhalten, um den ebenfalls neu gestalteten Brückenaufbau frei vom Schornsteinrauch zu halten. Außerdem waren Vorkehrungen für den Einbau eines Funkmeßgerätes deutscher Herkunft getroffen worden.

Die Wohnräume für die Besatzung waren im Deckshaus, das sich über die Hälfte des ehemaligen Katapultdecks erstreckte, sowie auf dem Hauptdeck vorn vorgesehen. Die unteren Decks vor und hinter den Geschütztürmen bildeten vier Laderäume mit insgesamt ca. 600 m³ Inhalt. Zum Be- und Entladen dienten zusammenklappbare Derrickkräne.

Materialknappheit und Schwierigkeiten mit der Zulieferung der neuen Bewaffnung hatten zur Folge, daß der Bau der beiden Schiffe nur sehr langsam voranschritt. Zum Zeitpunkt des Waffenstillstandes am 8. September 1943 war die ETNA zu etwa 53 % in bezug auf den Schiffskörper und die Antriebsanlage sowie zu rund 65 % hinsichtlich Bewaffnung und Feuerleitausrüstung fertiggestellt. Bei der VESUVIO lagen die Verhältnisse ähnlich. Beide Schiffe wurden durch Sabotageakte beschädigt, ehe sie den Deutschen in die Hände fielen; aber es war augenscheinlich möglich, ihren Weiterbau noch kurze Zeit fortzusetzen, ehe ein endgültiger Baustopp erfolgte. Von den Deutschen vor ihrem Rückzug in Triest auf flachem Wasser selbstversenkt, wurden die beiden Schiffskörper nach Kriegsende geborgen und verschrottet.

TRENTO-Klasse

Name	Bauwerft	Kiellegung	Stapellauf	Fertigstellung	Schicksal
TRENTO	O.T.O., Livorno	8. Febr. 1925	4. Okt. 1927	3. April 1929	gesunken: 15. Juni 1942
TRIESTE	S.T.T., Triest	22. Juni 1925	24. Okt. 1926	21. Dez. 1928	gesunken: 10. April 1943

Typ: Schwerer Kreuzer – Incrociatori.
Standardverdrängung: TRENTO: 10 511 ts (10 679 t), TRIESTE: 10 505 ts (10 673 t).
Einsatzverdrängung: TRENTO: 13 548 ts (13 765 t), TRIESTE: 13 540 ts (13 757 t).
Länge: 196,96 m (über alles), 193,95 m (CWL), 190,09 m (zwischen den Loten).
Breite: 20,57 m.
Tiefgang: 5,79 m (mittlerer), 6,81 m (maximal).
Antriebsanlage: 4 Satz Parsons-Turbinen mit einfachem Rädergetriebe, 12 Yarrow-Kessel, 4 Wellen.
Antriebsleistung: 150 000 WPS für 35 kn.
Bunkerinhalt: 2120 ts (3000 ts max.) Heizöl.
Fahrtstrecke: 4160 sm bei 16 kn.
Panzerschutz: Deck 50 mm maximal, Hauptgürtelpanzer 76 mm, Türme 100 mm, Kommandostand 100 mm maximal.
Geschütze: acht 20,3 cm S.K. L/50 M 1924 (4 x 2), sechzehn 10 cm S.K. L/47 M 1924 (8 x 2), vier 4-cm-Pompom L/39 (4 x 1), vier 12,7-mm-Fla-MG's.
Torpedorohre: acht 53,3 cm (4 x 2).
Seeminen: keine.
Bordflugzeuge: drei, ein Katapult.
Besatzungsstärke: 723 Offiziere und Mannschaften.

Entwurf: Diese Einheiten stellten den ersten italienischen Versuch dar, einen Kreuzer nach den Washingtoner Vertragsbedingungen zu bauen. Wie die damaligen Konstrukteure aller Marinen, die Schiffe dieses Typs entwarfen, so empfanden es auch die italienischen Marinekonstrukteure als schwierig, die militärischen Forderungen der Marineführung mit den Vertragsbeschränkungen in Einklang zu bringen. Italien hatte bisher kaum Kreuzer gebaut und der für das neue Projekt ausgearbeitete Entwurf bedeutete für die Königlich Italienische Marine eine ziemlich radikale Abkehr von der bisherigen Anschauung. Angesichts des nicht mehr vorhandenen ehemaligen Gegners Österreich-Ungarn, war nunmehr der naturgegebene Gegner die französische Marine, die im Oktober 1924 ihren ersten »Washington«-Kreuzer zu bauen begonnen hatte. Wie die anderen Seemächte auch, so konnte Italien ebenfalls nur das nach dem Vertrag zulässige maximale Geschützkaliber von 20,3 cm mit insgesamt acht Geschützen akzeptieren. Daher waren auch seine Marinekonstrukteure gezwungen, die unvermeidlichen Gewichtseinsparungen an anderer Stelle vorzunehmen. Vorausgesetzt, daß der Umfang des Panzerschutzes – obwohl immer noch bescheiden – trotzdem über die damaligen britischen und französischen Entwürfe hinausging und daß eine hohe Geschwindigkeit vorgesehen wurde, so bestand die unausweichliche Schlußfolgerung in der Tatsache, daß entweder mit der Standfestigkeit des Schiffes oder mit der Wahrheit – wahrscheinlich aber mit ein wenig von beiden – ein Kompromiß geschlossen werden mußte. Mit Sicherheit lagen beide Einheiten mit zumindest 500 ts über der vertraglich festgesetzten Standardverdrängung, während ein Vergleich mit den Kreuzern der britischen »County«-Klasse zeigt, daß die Schiffskörper in Anbetracht der hohen Konstruktionsgeschwindigkeit um etwa 1200 ts leichter sein mußten.

Die Schwere Artillerie bestand aus dem 20,3-cm-Geschütz S.K. L/50 M 1924 von Ansaldo, das eine 125 kg schwere Granate verschoß. Die acht Geschütze waren in Doppeltürmen lafettiert, und zwar je zwei vorn und achtern. Diese Lafettierung erwies sich jedoch als nicht sehr zufriedenstellend, da die Geschütze in einer gemeinsamen Rohrwiege zu eng beieinander standen und eine hohe Streuung hatten. Das Richten nach Höhe (maximal 45°) und Seite sowie der Betrieb der Munitionsaufzüge erfolgten elektrisch. Pro Geschütz war eine Dotierung von 162 Schuß vorgesehen. Die zugleich als Mittelartillerie dienende Schwere Flak umfaßte sechzehn 10-cm-Geschütze S.K. L/47 M 1924 von O.T.O., entwickelt aus dem Skoda-Waffensystem von 1920, in Doppellafetten: vier mittschiffs an Oberdeck und je zwei auf dem Aufbaudeck vorn und achtern. Die Leichte Flak wies lediglich vier der veralteten 4-cm-Pompom-Geschütze L/39 von Vickers auf. Eine starke Torpedobatterie, bestehend aus vier fest eingebauten Zwillingsrohrsätzen, befand sich auf dem Hauptdeck, je einer beiderseits des Achteren Artillerieleitstandes und die restlichen beiden zwischen den Schornsteinen.

Drei Bordflugzeuge konnten untergebracht werden. Für zwei von ihnen stand vor und unter dem Turm A eine Flugzeughalle zur Verfügung und auf dem Vorschiff befand sich ein mit Druckluft betriebenes Gagnotto-Katapult. Die ursprüngliche Bordflugzeugausstattung bestand aus dem Schwimmerflugzeug Piaggio P 6, später nacheinander gegen die Macchi M 41, die C.R.D.A. Cant. 25 und schließlich durch die Romeo Ro 43 ausgetauscht.

Die Hauptantriebsanlage war nach dem Einheitenprinzip ausgerichtet: vier Kessel in den beiden vorderen Kesselräumen (mit Abzugsschächten zum vorderen Schornstein) und vier im achteren Kesselraum, getrennt durch den Maschinenraum für die beiden Turbinensätze zum Antrieb der Außenwellen. Der Antrieb der Innenwellen erfolgte aus dem achteren Turbinenraum. Bei den Erprobungsfahrten im Jahre 1929 erreichte die TRENTO

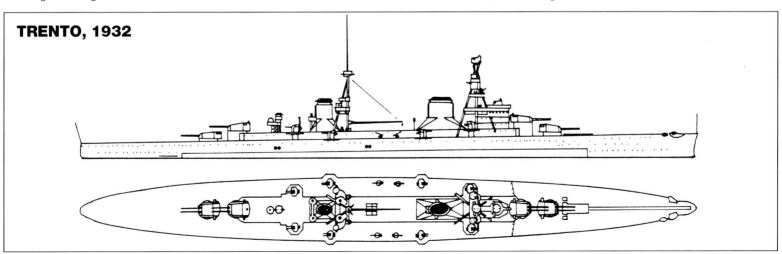

TRENTO, 1932

ITALIEN **169**

mit einer Wasserverdrängung von 11 203 ts und einer Antriebsleistung von 146 975 WSP bei einer Vollasterprobung über acht Stunden eine Höchstgeschwindigkeit von 35,6 kn.

Das Panzerschutzschema wies folgende Werte auf: Ein 50 mm dickes Panzerdeck, das sich von der Flugzeughalle bis zu den achteren Pulver- und Granatkammern erstreckte und sich dahinter mit einem Horizontalschutz von 20 mm und mit 30 mm in den Böschungen fortsetzte, um die Ruderanlage zu schützen. Vorn gab es keinen Horizontalschutz. Zum Vertikalschutz gehörte ein 76 mm dicker Gürtelpanzer, der sich zwischen vorderen und achteren Pulver- und Granatkammern vom Panzerdeck bis zur Oberkante des Doppelbodens erstreckte. Vorn und achtern bildete je ein Panzerquerschott von 40 mm bis 60 mm Dicke den Abschluß der Zitadelle. Die Turmpanzerung war maximal von 100 mm Dicke. Insgesamt betrug der Gewichtsanteil des Panzerschutzes 888 ts.

Unter dem Bauprogramm von 1923/24 wurden zwei Einheiten bewilligt und die Bauaufträge ergingen am 18. und am 11. April 1924 an die Bauwerften; sie erhielten die Namen TRENTO und TRIESTE. Diese Namen sollten zwei der neu erworbenen, ehemaligen österreichisch-ungarischen Städte auszeichnen, eine Praxis, die auf die Namensgebung bei allen Schweren Kreuzern Anwendung finden sollte.

Modifizierungen: Im Zeitpunkt der Fertigstellung waren die beiden Einheiten ziemlich identisch; sie unterschieden sich nur geringfügig, soweit es die Positionen der vorderen 10-cm-Doppellafetten – auf der TRENTO waren diese um einige Meter weiter nach vorn verlegt – und der 4-cm-Einzellafetten anbetraf. Letztere befanden sich bei der TRENTO paarweise an Steuerbord und an Backbord mittschiffs auf dem Oberdeck, während sie bei der TRIESTE paarweise jeweils seitlich zwischen den vorderen und achteren 20,3-cm-Doppeltürmen eingebaut waren. 1937 kam das achtere Paar 10-cm-Doppellafetten im Austausch gegen vier 3,7-cm-Fla-Geschütze L/54 in zwei Doppellafetten von Bord, während gleichzeitig beiderseits des achteren Schornsteins ein zweites Paar zusätzlich zum Einbau gelangte. Zu diesem Zeitpunkt wurden auch die achteren E-Meßbasen auf der Großmastplattform entfernt. Im Verlaufe einer späteren Werftliegezeit wurden auch die 4-cm-Geschütze und die 12,7-mm-Fla-MG's durch vier 13,2-mm-Fla-MG-Doppellafetten ersetzt. Ende 1939 bekamen die Schornsteine größere Klinkerschirme. Während des Krieges erfuhr die Leichte Flak eine gewisse Verstärkung: TRENTO erhielt 1942 vier 2-cm-Fla-Geschütze L/60 und die TRIESTE 1943 sechs dieser Geschütze.

Werdegang: Nach ihrer Indienststellung diente die TRENTO als Flaggschiff des Kreuzergeschwaders. Im Juni 1929 lief sie zu einer Besuchsreise nach Südamerika aus, die bis zum 10. Oktober dauerte. Anfang 1932 wurde der Schwere Kreuzer infolge eines Aufstandes in China mit einem kleinen Verband in den Fernen Osten entsandt, um sich dort um den Schutz der italienischen Interessen zu kümmern. Dieser Einsatz dauerte bis zum 30. Juni. Danach kehrte die TRENTO nach La Spezia zurück. Dort blieb sie bis zum Ausbruch des Zweiten Weltkrieges als Flaggschiff der 3. Division des II. Geschwaders stationiert und erfüllte die üblichen Friedensaufgaben im Mittelmeer. Bis zu ihrem Verlust gehörte sie zur 3. Division und ab Dezember 1940 zur III. Kreuzerdivison, normalerweise in Messina stationiert. Zu den ersten Kriegseinsätzen der TRENTO zählten die Deckung von Minenunternehmen in den Nächten vom 8./9. und 9./10. Juni 1940 in der Straße von Sizilien, die erfolglose Teilnahme an dem Versuch, Mitte Juni einen Vorstoß britischer Kreuzer abzufangen, die Beteiligung an der Seeschlacht vor Punta Stilo/Kalabrien am 9. Juli sowie an mehreren Versuchen italienischer Flotteneinheiten, britische Streitkräfte im zentralen Mittelmeer zum Kampf zu stellen. Während des Angriffs von Trägerflugzeugen des FAA in der Nacht vom 11./12. November 1940 auf die italienische Flotte in Tarent erlitt auch die TRENTO leichte Beschädigungen durch eine Bombe, die sich glücklicherweise als Blindgänger erwies. Am 27. November war der Kreuzer auch an der Seeschlacht vor Kap Teulada/Sardinien beteiligt und geriet mit britischen Kreuzern ins Gefecht. Nach der Reorganisation der italienischen Flotte Anfang Dezember 1940 bildeten TRIESTE, TRENTO und BOLZANO (bisher 3. Division) mit einer Z-Flottille die III. Kreuzerdivision in Messina. Nach der Teilnahme an dem fehlgeschlagenen Versuch, die britische *Force H* Anfang Februar 1941 nach der Beschießung Genuas zu stellen, gehörte der Kreuzer Mitte März zur Fernsicherung eines Truppentransport-Geleitzuges von Neapel nach Tripolis und war am 28. März 1941 an der Seeschlacht vor Kap Matapan/Peloponnes (heute Kap Tänaron) beteiligt. Im weiteren Verlaufe dieses Jahres nahm die TRENTO an Vorstößen gegen Geleitzüge zur Versorgung Maltas (britische Operationen »Mincemeat« Ende August und »Halberd« Ende September) sowie an der Deckung eigener Geleitzüge nach Nordafrika teil. Im Zuge der unglücklich verlaufenen Geleitzugoperation »Beta« Anfang November verlor der verantwortliche DivAdm. Brivonesi (III. Kreuzerdivision) sein Kommando. Eine weitere Operation zur Behebung der kritischen Versorgungslage in Nordafrika folgte Ende No-

Unten: Die TRIESTE nach der Fertigstellung. (Sammlung des Autors)

Oben: Die TRENTO im Jahre 1936. (Sammlung des Autors)

Links: Die TRENTO in Tarent vor der Modernisierung. (Italienische Marine)

vember. Mitte Dezember 1941 und Anfang Januar 1942 deckte die TRENTO die Geleitzugoperationen M 41 bzw. M 43. Nach dem erfolglosen Vorstoß gegen den britischen Malta-Geleitzug MF 5 Mitte Februar 1942 gehörte die TRENTO wieder zur Fernsicherung eines Geleitzuges nach Tripolis. Am 22. März 1942 war der Kreuzer an der zweiten Seeschlacht in der Großen Syrte beteiligt und erlitt auf dem Rückmarsch in einem schweren Sturm erhebliche Seeschäden. Im Zuge der britischen Doppel-Geleitzugoperation »Harpoon/Vigorous« Mitte Juni 1942 zur Versorgung Maltas von Gibraltar und Alexandria her nahm die TRENTO am Angriff der italienischen Flotte gegen den westgehenden Geleitzug – »Vigorous« – teil. Hierbei erhielt sie am 15. Juni durch einen »Beaufort«-Torpedobomber der 217. RAF-Squadron einen Lufttorpedotreffer in einen Kesselraum, der den Kreuzer bewegungslos machte. Etwa vier Stunden später sichtete das britische Unterseeboot UMBRA (Lt. Maydon) den Kreuzer und torpedierte ihn. Der Torpedo traf in Höhe einer Munitionskammer und die hochgehen-

Links: Die TRENTO 1940/41. (Fraccaroli)

de Munition brachte das Schiff rasch zum Sinken. Auch die TRIESTE gehörte nach der Indienststellung zum Kreuzergeschwader, wurde aber im Oktober 1929 Flaggschiff des 1. Flottengeschwaders. Nach der Umorganisation stieß sie zur 3. Division des II. Geschwaders (La Spezia) und war vom 18. Juni 1935 bis zum 15. Februar 1938 das Flaggschiff dieser Division. Während des Krieges nahm der Kreuzer, später ebenfalls zum III. Kreuzergeschwader gehörend, weitgehend an denselben Operationen wie die TRENTO teil.

Bei der Sicherung eines wichtigen Nachschubtransports nach Nordafrika erzielte das britische Unterseeboot UTMOST (Lt.-Cdr. Cayley) am 21. November 1941 kurz vor Mitternacht einen Torpedotreffer auf der TRIESTE. Mit schweren Beschädigungen erreichte der Schwere Kreuzer nur unter großen Schwierigkeiten Messina. Erst Mitte 1942 war die TRIESTE wieder einsatzbereit und nahm an Angriffen gegen britische Malta-Geleitzüge teil, unter anderem gegen den »Pedestal«-Geleitzug im August 1942. Nach dem Angriff der 9. USAAF am 4. Dezember 1942 auf die italienische Flotte in Neapel verlegte das aus GORIZIA und TRIESTE bestehende III. Kreuzergeschwader von Messina nach La Maddalena/Sardinien.

Am 10. April 1943 griffen 84 amerikanische B-24 »Liberator« diesen italienischen Flottenstützpunkt an, versenkten die TRIESTE sowie die Schnellboote MAS 501 und MAS 503 und beschädigten den Schweren Kreuzer GORIZIA schwer.

Entwurf: Während die Schweren Kreuzer der TRENTO-Klasse schnell und gut bewaffnet waren, wiesen sie hingegen nur einen sehr schwachen Panzerschutz auf und konnten nicht als Kern für die zukünftige italienische Flotte betrachtet werden, solange eine wirksame Schlachtschiffstärke fehlte. Es hatte einen Schritt hin zu einem Entwurf für einen 15 000-ts-Kreuzer gegeben, um diese Lücke zu schließen, aber ein solcher Schritt war angesichts der Washingtoner Vertragsbeschränkungen nicht möglich. Demzufolge entschloß sich die Königlich Italienische Marine, auf der Grundlage der TRENTO-Klasse einen neuen Entwurf zu erarbeiten, wobei Geschwindigkeit zugunsten des Panzerschutzes geopfert werden sollte. Ursprünglich sah eine erste Entwurfsskizze dieselbe Bewaffnung wie die TRENTO-Klasse vor, aber bei insgesamt 10 000 ts Standardverdrängung sollten der vertikale Panzerschutz 200 mm Dicke und die Dienstgeschwindigkeit 32 kn betragen. Es war daher nicht überraschend, daß dieser Vorschlag nicht durchführbar war. Um diesen Entwurf umzusetzen, waren zumindest 12 000 ts standard erforderlich, und so mußte die italienische Marine – wie die Marinen der anderen Seemächte auch – einen Kompromiß eingehen. Eine Verringerung der Bewaffnung oder der Geschwindigkeit wurde jedoch als nicht akzeptabel betrachtet. Daher blieb nur der Ausgleich über eine Verringerung des Panzerschutzes übrig. Infolgedessen wurde der vertikale Seitenschutz auf 150 mm reduziert. Doch trotz aller durchgeführten Gewichtseinsparungsmaßnahmen – einschließlich der Preisgabe des Glattdecks, wie es die Schiffskörper der TRENTO-Klasse hatten – konnte die Standardverdrängung beim besten Willen nicht unter 11 500 ts gesenkt werden; die der GORIZIA lag sogar bei rund 11 900 ts. Der Schiffskörper mit dem Neuentwurf des Vorschiffs wies eine Gewichtseinsparung gegenüber dem der TRENTO-Klasse von 28 % auf, während die Einführung einer Antriebsanlage mit Zwei-

ZARA-Klasse

Name	Bauwerft	Kiellegung	Stapellauf	Fertigstellung	Schicksal
FIUME	S.T.T., Triest	29. April 1929	27. April 1930	23. Nov. 1931	gesunken: 29. März 1941
GORIZIA	O.T.O., Livorno	17. März 1930	28. Dez. 1930	23. Dez. 1931	gesunken: 26. Juni 1944
POLA	O.T.O., Livorno	17. März 1931	5. Dez. 1931	21. Dez. 1932	gesunken: 29. März 1941
ZARA	O.T.O., La Spezia	4. Juli 1929	27. April 1930	20. Okt. 1931	gesunken: 29. März 1941

Typ: Schwerer Kreuzer – Incrociatori.
Standardverdrängung: ZARA: 11 680 ts (11 867 t), FIUME: 11 326 ts (11 507 t), GORIZIA: 11 712 ts (11 899 t), POLA: 11 545 ts (11 730 t).
Einsatzverdrängung: ZARA: 14 300 ts (14 529 t), FIUME: 13 944 ts (14 167 t), GORIZIA: 14 330 ts (14 559 t), POLA: 14 133 ts (14 359 t).
Länge: 182,72 m (über alles), 179,60 m (zwischen den Loten).
Breite: 20,62 m.
Tiefgang: 5,94 m (mittlerer), 6,20 m (maximal).
Antriebsanlage: 2 Satz Parsons-Turbinen mit einfachem Rädergetriebe, 8 Thornycroft-Kessel (FIUME: 8 Yarrow-Kessel), 2 Wellen.
Antriebsleistung: 95 000 WPS für 32 kn.
Bunkerinhalt: ZARA, FIUME: 2400 ts Heizöl, GORIZIA: 2350 ts Heizöl, POLA: 2320 ts Heizöl.
Fahrtstrecke: 4480 sm (FIUME), 5230 sm (POLA), 5361 sm (ZARA), 5434 sm (GORIZIA) bei 16 kn.
Panzerschutz: Deck 70 mm max., Hauptgürtelpanzer 150 mm max., Türme 150 mm max., Kommandostand 150 mm max.
Geschütze: acht 20,3 cm S.K. L/53 M 1927 (4 x 2), sechzehn 10 cm S.K. L/47 M 1924 (8 x 2), vier bis sechs 4-cm-Pompom L/39 (4-6 x 1), acht 13,2-mm-Fla-MG's.
Torpedorohre: keine.
Seeminen: keine.
Bordflugzeuge: zwei, ein Katapult.
Besatzungsstärke: 841 Offiziere und Mannschaften.

Wellen-Anordnung ähnlich der wie bei den Leichten Kreuzern bei den Gewichtsgruppen M I und M II eine Einsparung von etwa 39 % ermöglichte. Diese Gewichtseinsparungen kamen dem Panzerschutzschema zugute. Im Gegensatz zu den nur 888 ts bei der TRENTO-Klasse stieg der Gewichtsanteil der Panzerung auf rund 1500 ts an.

Der Seitenpanzerschutz von maximal 150 mm Dicke verjüngte sich bis zu seiner Unterkante auf 100 mm. Auch nach oben hin nahm seine Dicke allmählich auf 100 mm ab, bis seine Oberkante auf den 70 mm dicken Horizontalschutz (bei der TRENTO-Klasse 50 mm) des Panzerdecks traf. Zusätzlich wies das Oberdeck eine Panzerung von 20 mm als Splitterschutz auf. Der Seitenschutz erstreckte sich nach vorn und nach achtern bis einschließlich der Munitionskammern. Dort schloß die Zitadelle jeweils ein Panzerquerschott ab, das oberhalb der Wasserlinie eine Dicke von 120 mm und unterhalb davon eine solche von 90 mm besaß. Über dem Gürtelpanzer befand sich ein Plattengang von 30 mm Panzerstahl, der bis zum Oberdeck reichte. Die Dicke der Barbettenpanzerung hatte sich auf 150 mm verdoppelt und verringerte sich zwischen den Decks auf nur 10 mm. Auch der Panzerschutz des Kommandostandes war – dem Barbettenschutz entsprechend – verstärkt worden. In Anbetracht des starken Panzerschutzes bezeichnete die italienische Marine die Einheiten der ZARA-Klasse anfänglich als »Panzerkreuzer«. Sie wurden jedoch dann entsprechend der Definition des Washingtoner Flottenvertrages in »Schwere Kreuzer« umklassifiziert.

Die Antriebsanlage war nach dem Einheitenprinzip ausgelegt und bestand aus acht Thornycroft-Kesseln (FIUME: acht Yarrow-Kessel) vom Drei-Trommel-Typ sowie aus zwei Sätzen Parsons-Getriebeturbinen; letztere waren bei O.T.O. gebaut. Jeder Kessel hatte seinen eigenen Kesselraum. Die vorderen zwei Paare (Kesselraum 1 und 2) lagen an Backbord und Steuerbord vor dem vorderen Turbinenraum, der dem Antrieb der Steuerbordwelle diente. Beiderseits des Stb.-Turbinenraums befanden sich an Backbord der Kesselraum 3 und an Steuerbord ein Hilfsmaschinenraum. Achteraus dieses Turbinenraums kamen, ebenfalls an Backbord und an Steuerbord angeordnet, vier weitere Kesselräume, paarweise in den Kesselräumen 4 und 5 zusammengefaßt. Der achtere (Bb.-)Turbinenraum war eine spiegelbildliche Wiederholung des vorderen Raums mit dem Kesselraum 6 an Steuerbord und einem Hilfsmaschinenraum an Backbord. Mit 95 000 WPS auf nur zwei Wellen war diese Antriebsanlage für die italienische Praxis der damaligen Zeit ein beträchtlicher Fortschritt. Die Erprobungsfahrten der ersten drei Einheiten wurden unter den hergebrachten Bedingungen durchgeführt. Doch die Erbauer wendeten jeden Trick an, um die Antriebsleistung zu steigern – und bei der ZARA wurden zum erstenmal die Erprobungsfahrten ohne Türme und Geschütze der Schweren Artillerie an Bord durchgeführt! Unter diesen Bedingungen erreichte das Schiff bei 10 800 ts Wasserverdrängung mit einer Antriebsleistung von 118 000 WPS eine Höchstgeschwindigkeit von 34,2 kn. Das schnellste Probefahrtergebnis betrug 35,23 kn mit 120 690 WPS bei 10 776 ts. FIUME erbrachte mit 32,95 kn das niedrigste Ergebnis mit 121 266 WPS bei 11 110 ts. Nachdem die Praxis des Forcierens der Antriebsanlage bei den Erprobungsfahrten aufgehört hatte, erzielte die POLA 34,2 kn mit 106 560 WPS bei 11 005 ts. Im Dienstbetrieb lag jedoch die Höchstgeschwindigkeit in See bei rund 29 kn. Bei den einzelnen Einheiten variierten die Bunkerinhalte, so daß sich auch unterschiedliche Aktionsradien ergaben.

Oben: FIUME. (Fraccaroli)

Gegenüber der TRENTO-Klasse führten die Einheiten der ZARA-Klasse als Schwere Artillerie ein neues Geschützmodell: das 20,3-cm-Geschütz S.K. L/53 M 1927 von Ansaldo im Dpl.Drh.Tr. M 1927 mit elektrischer Höhen- und Seitenrichtung.

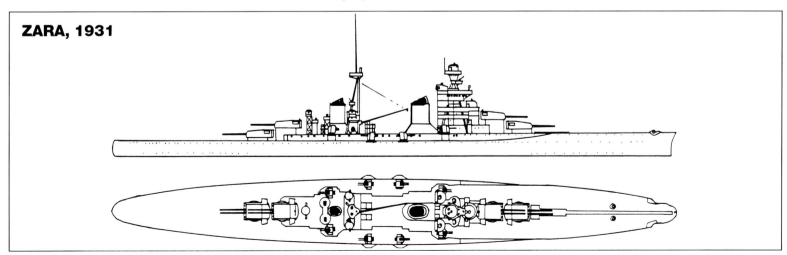

ZARA, 1931

Dieses Geschütz stellte eine verbesserte Version des bei der TRENTO-Klasse verwendeten 20,3-cm-Geschützes S.K. L/50 M 1924 dar. Es wies eine höhere Antriebsenergie und somit auch eine höhere Mündungsgeschwindigkeit auf. Der neue Doppeldrehturm litt jedoch unter dem alten Problem der Lafettierung, da die Geschützrohre in der gemeinsamen Rohrwiege immer noch zu eng beieinander standen.

Von der nunmehr standardmäßigen Bewaffnung Schwerer Kreuzer mit acht 20,3-cm-Geschützen abgesehen, führten diese Einheiten auch eine zugleich als Mittelartillerie dienende Schwere Flak, bestehend aus sechzehn 10-cm-Geschützen S.K. L/47 M 1924 von O.T.O. in Doppellafetten mit 85° Rohrerhöhung: vier auf dem Hauptdeck mittschiffs sowie je zwei beiderseits der vorderen Aufbauten bzw. des achteren Schornsteins auf dem Aufbaudeck. Dieses Geschütz war aus einem älteren Skoda-Modell entwickelt worden. Die Leichte Flak bestand entwurfsgemäß lediglich aus veralteten 4-cm-Pompom-Geschützen von Vickers in Einzellafetten sowie aus 13,2-mm-Fla-MG's. Allerdings führten weder die ZARA noch die FIUME 4-cm-Geschütze und die zusätzliche Ausstattung variierte von Einheit zu Einheit. Eine Torpedobewaffnung führten diese Schweren Kreuzer nicht. Die Flugzeugeinrichtungen glichen jenen bei der TRENTO-Klasse mit einer Flugzeughallenkapazität, um vor und unter dem Turm A zwei Bordflugzeuge unterzubringen, und mit einem Gagnotto-Druckluft-Katapult auf der Back. Anfänglich befanden sich als Bordflugzeuge die Piaggio P 6 an Bord. Dieser Typ wurde jedoch nacheinander durch die Macchi M 41, die Cant. 25 AR, die CMASA MF 6 und schießlich durch die Romeo Ro 43 ersetzt.

Zwei Einheiten – ZARA und FIUME – wurden unter dem Bauprogramm 1928/29, eine Einheit – GORIZIA – unter dem Bauprogramm 1929/30 und die vierte Einheit – POLA – unter dem Bauprogramm 1930/31 bewilligt. Wie die Kreuzer der TRENTO-Klasse trugen auch diese Einheiten sämtlich Namen von Städten oder Provinzen, die Österreich-Ungarn nach dem Ende des Ersten Weltkrieges abtreten mußte. Die Bauaufträge ergingen wie folgt: für die FIUME am 15. September 1928, für die ZARA am 27. September desselben Jahres, für die GORIZIA am 16. Oktober 1929 und für die POLA 1930.

Modifizierungen: Obwohl keine Abänderung vorliegt, wurde die POLA mit einem größeren Brückenaufbau fertiggestellt, der in den vorderen Schornstein eingepaßt war. Überdies waren beide Schornsteine größer als die der Schwesterschiffe. Außerdem war das Vorschiff nicht so offensichtlich eingekehlt wie bei den anderen Einheiten dieser Klasse. ZARA und FIUME ließen sich vom äußeren Erscheinungsbild her kaum unterscheiden, aber die GORIZIA besaß leicht veränderte Schornsteine.

1936 wurde bei allen Einheiten die achtere 5-m-E-Meßbasis entfernt und durch eine 3,7-cm-Doppellafette ersetzt. Gegen Ende 1937 kam das achtere Paar 10-cm-Geschütze im Austausch gegen vier 3,7-cm-Breda-Geschütze L/54 in zwei Doppellafetten von Bord. 1939 wurde die vordere 5-m-E-Meßbasis gegen eine 4-m-Basis ausgetauscht, 3,7-cm-Doppellafetten ersetzten die veralteten 4-cm-Geschütze und anstelle noch vorhandener 12,7-mm-Fla-MG's gelangte eine ähnliche Anzahl von 3,7-cm- und 13,2-mm-Fla-Waffen zum Einbau. Auch die 3-m-E-Meßbasen auf der Großmastplattform wurden an Land gegeben. Bei Kriegsausbruch bestand die Leichte Flak aus acht 3,7-cm-Doppellafetten und acht 13,2-mm-Fla-MG's. Vom Einbau von zwei 12-cm-Geschützen

Unten: Die POLA im Jahre 1938. (Fraccaroli)

L/12 für Leuchtgranaten beiderseits der vorderen Aufbauten abgesehen, erfuhren drei Einheiten der Klasse infolge des verhältnismäßig frühzeitigen Kriegsverlustes keine weiteren Modifizierungen. Bei der GORIZIA, der einzigen noch vorhandenen Einheit, ersetzten 1942 vier 3,7-cm-Geschütze L/54 in Doppellafetten die beiden 12-cm-Leuchtgeschütze. 1943 kamen auch die 13,2-mm-Fla-MG's im Austausch gegen insgesamt vierzehn 2-cm-Fla-Geschütze L/65 in sechs Doppel- und zwei Einzellafetten von Bord.

Werdegang: Da die damals vorhandenen italienischen Schlachtschiffe völlig veraltet waren und auch nicht modernisiert werden konnten, stellten diese vier Schweren Kreuzer die stärksten Schiffe dar, die der italienischen Marine damals zur Verfügung standen. Infolgedessen war die ZARA vom 1. September 1933 bis zum 15. September 1937 – Wiederindienststellung des Schlachtschiffes CONTE DI CAVOUR – das Flaggschiff des I. Geschwaders. Im übrigen bildeten die Kreuzer dieser Klasse die 1. Division des I. Geschwaders (Tarent). 1936/37 kamen in spanischen Gewässern FIUME, GORIZIA und POLA während des Spanischen Bürgerkrieges zum Einsatz und im April 1939 nahmen FIUME und ZARA an den Operationen gegen Albanien teil. GORIZIA gehörte nach ihrer Indienststellung zur 2. Division des II. Geschwaders (La Spezia), stieß aber am 31. Dezember 1934 ebenfalls zur 1. Division und wurde am 3. Juni 1935 das Flaggschiff dieser Division. Am 17. Mai 1937 löste sie in der Funktion die FIUME ab. Mit einer kurzzeitigen Unterbrechung zwischen dem 1. September und dem 15. November 1938 durch die ZARA blieb die FIUME das Flaggschiff der 1. Division bis zum 12. Januar 1940. Danach führte diese Division vom 13. Januar 1940 – zwischenzeitlich in I. Kreuzerdivision umbezeichnet – bis zu ihrem Untergang der Schwere Kreuzer ZARA. Andererseits gehörte in der Vorkriegszeit die POLA ebenfalls zur 1. Division, bis sie bei Kriegsausbruch das Flaggschiff der 2. Division wurde. Ihr erster Kriegseinsatz war das Decken eines Minenunternehmens in der Nacht vom 11./12. Juni 1940 zum Legen der Sperre LK zwischen der Insel Lampedusa und der Kerkennah-Bank. Zwei Tage später stand der Kreuzer erneut in See, diesmal mit der 3. Division, um britische Seestreitkräfte am Versuch zu hindern, Tobruk und Bengasi an der libyschen Küste anzugreifen. Auch die 1. Division mit den drei Schwesterschiffen war daran beteiligt. Allerdings konnte zum Gegner keine Fühlung hergestellt werden. Im späteren Verlauf des Monats unterstützte die 1. Division einen Vorstoß der 7. Division mit Zerstörern gegen die französische Schiffahrt im westlichen Mittelmeer. Am 9. Juli 1940 waren die 1. Division (ZARA, FIUME, GORIZIA) sowie die POLA als Flaggschiff der 2. Division an der Seeschlacht vor Kap Punta Stilo/Kalabrien beteiligt. In den Sommerwochen sicherten diese Kreuzer auch Geleitzüge nach Nordafrika.

Im September 1940 bildeten alle vier Kreuzer der ZARA-Klasse die 1. Division, die Ende dieses Monats am Versuch beteiligt war, britische Kreuzer abzufangen, die von Alexandria aus 1200 Mann als Verstärkung der Garnison Maltas heranführten (Operation »Hats«). Zum Zeitpunkt der Seeschlacht vor Kap Teulada/Sardinien am 27. November 1940 befand sich die ZARA zur Überholung in der Werft. Ihre Schwesterschiffe (1. Division) kamen jedoch

Oben: GORICIA. (MPL)

mit den britischen Seestreitkräften zur Durchführung der Operation »Collar« (Nachschub-Geleitzug nach Malta) ins Gefecht, wobei der britische Schwere Kreuzer BERWICK einen Artillerietreffer erhielt (siehe oben Seite 98). Nach der Umorganisation der italienischen Flotte Anfang Dezember 1940 bildeten die vier Kreuzer zusammen mit zwei Z-Flottillen die I. Kreuzerdivision. Am 14. Dezember geriet sie in Neapel in einen Luftangriff und die POLA erhielt einen Bombentreffer in den Kesselraum 3. Hierbei liefen drei Abteilungen voll und verursachten eine schwere Schlagseite. Die Ausbesserungsarbeiten dauerten mehrere Monate.

Im März 1941 plante *Supermarina*, die italienische Seekriegsleitung, einen offensiven Vorstoß mit Schlachtschiffen und Kreuzern sowohl nördlich als auch südlich Kretas in das östliche Mittelmeer. Aus geheimdienstlichen Quellen[173] und aus Aufklärungsmeldungen erhielten die Briten Kenntnis von den italienischen Absichten und als Folge entwickelte sich am 28. März die Seeschlacht vor Kap Matapan/Peloponnes (heute Kap Tänaron). In derem Verlauf traf der Torpedo eines »Swordfish«-Torpedobombers des britischen Flugzeugträgers FORMIDABLE am Nachmittag des 28. März die POLA mit schweren Konsequenzen. Infolge dieses Treffers liefen der vordere Turbinenraum und die beiden mittleren Kesselräume voll und der Kreuzer blieb bewegungslos liegen. Zu seiner Unterstützung entsandte am Abend Adm. Iachino, der italienische Flottenchef, die beiden anderen Schiffe der I. Kreuzerdivision. ZARA und FIUME, die kein Radar besaßen, trafen fast gleichzeitig mit der *Force A* (Schlachtschiffe WARSPITE, BARHAM und VALIANT, Flugzeugträger FORMIDABLE sowie die 14. Z-Flottille) der britischen Mittelmeerflotte in der Nähe der POLA ein. In der Dunkelheit wurden die italienischen Schiffe überrascht und von den 38,1-cm-Geschützen der Schlachtschiffe auf kurze Entfernung buchstäblich in Stücke geschossen.

Oben: Die ZARA vor dem Kriege. (Italienische Marine)

Die Zerstörer JERVIS und NUBIAN fanden in der Dunkelheit auch die POLA und versenkten sie mit Torpedos. In dieser Nacht vom 28./29. März 1941 sanken außerdem noch die italienischen Zerstörer ALFIERI und CARDUCCI.[174]

GORIZIA, die einzige noch vorhandene Einheit der ZARA-Klasse, bildete nunmehr mit den Schweren Kreuzern TRIESTE UND TRENTO die III. Kreuzerdivision und nahm in ihrem Verband an den glücklosen Vorstößen gegen britische Geleitzüge zur Versorgung Maltas (Operationen »Mincemeat« und »Halberd«) im August und September 1941 teil. Vom November an sicherte der Kreuzer Nachschub-Geleitzüge nach Nordafrika. Bei einem Luftangriff der RAF auf Neapel trafen am 20. November über 200 Bombensplitter die GORIZIA, durchlöcherten die Aufbauten und verursachten Verluste. Doch sie konnte noch am selben Abend mit der III. Kreuzerdivision auslaufen, um zwei nach Bengasi/Libyen bestimmte Geleitzüge zur Behebung der kritischen Versorgungslage in Nordafrika zu sichern. Der Kreuzer war auch an der italienischen Geleitzugoperation M 41 Mitte Dezember und der sich daran anschließenden ersten Schlacht in der Großen Syrte am 17. Dezember 1941 beteiligt. Hierbei geriet die GORIZIA mit den Leichten Kreuzern und Zerstörern der britischen *Force B* (Rear-Admiral Vian) ins Gefecht und glaubte irrtümlich, einen Zerstörer versenkt zu haben.[175] Weitere Einsätze zur Sicherung eigener Geleitzüge sowie Vorstöße gegen britische Geleitzugoperationen folgten im Januar und Februar 1942. Auch an der zweiten Schlacht in der Großen Syrte am 22. März war der Kreuzer beteiligt. Bei einem Luftangriff am 26. Mai auf Messina erlitt die GORIZIA Beschädigungen durch einen Bombentreffer. Sie konnte aber Mitte Juni am Vorstoß gegen die britische Doppel-Geleitzugoperation »Harpoon/Vigorous« aus Gibraltar und Alexandria zur Versorgung Maltas teilnehmen, als die italienische Flotte den westgehenden »Vigorous«-Geleitzug zum Abdrehen zwang. Mitte August gehörte die GORIZIA zu dem Kreuzerverband, der den im Rahmen der Operation »Pedestal« nach Malta bestimmten Geleitzug angreifen sollte. Das Vorhaben wurde infolge unzureichender Luftsicherung aufgegeben. Ende des Jahres 1942 beeinträchtigten alliierte Luftangriffe und die Heizölknappheit die italienischen Pläne immer stärker und zwangen dazu, die schweren Einheiten aus dem Seeraum um Sizilien zurückzuziehen. Anfang Dezember verlegte daher die III. Kreuzerdivision (TRIESTE, GORIZIA) von Messina nach La Maddalena/Sardinien. Bei einem Angriff der 9. USAAF am 10. April 1943 auf diesen italienischen Flottenstützpunkt erhielt die GORIZIA drei schwere Bombentreffer, die erhebliche Beschädigungen verursachten. Am 13. April wurde der Kreuzer im Schlepp nach La Spezia gebracht. Dort dockte er am nächsten Tag zur Ausbesserung ein. Nach der italienischen Kapitulation wurde die noch in der Werft liegende GORIZIA am 9. September 1943 von den Deutschen erbeutet. Am 26. Juni 1944 versenkte eine in den Hafen von La Spezia von See her auf ihren »Chariots« eingedrungene italienisch-britische Kampfschwimmergruppe schließlich den Kreuzer, ehe er von den Deutschen als Blockschiff in der Hafeneinfahrt verwendet werden konnte« (siehe unten BOLZANO Seite 180). Nach dem Kriege wurde das Wrack geborgen und abgebrochen.

BOLZANO-Klasse

Name	Bauwerft	Kiellegung	Stapellauf	Fertigstellung	Schicksal
BOLZANO	Ansaldo, Sestri Ponente/Genua	11. Juni 1930	31. Aug. 1932	19. Aug. 1933	gesunken: 22. Juni 1944

Typ: Schwerer Kreuzer – Incrociatori.
Standardverdrängung: 10 890 ts (11 064 t).
Einsatzverdrängung: 13 665 ts (13 884 t).
Länge: 196,98 m (über alles), 194,31 m (CWL), 191,11 m (zwischen den Loten).
Breite: 20,73 m.
Tiefgang: 5,72 m (mittlerer), 6,55 m (maximal).
Antriebsanlage: 4 Satz Parsons-Turbinen mit einfachem Rädergetriebe, 10 Yarrow-(Ansaldo-)Kessel, 4 Wellen.
Antriebsleistung: 150 000 WPS für 36 kn.
Bunkerinhalt: 2224 ts (3000 ts maximal) Heizöl.
Fahrtstrecke: 4432 sm bei 16 kn.
Panzerschutz: Deck 50 mm max., Hauptgürtelpanzer 70 mm, Türme 100 mm max., Kommandostand 100 mm max.
Geschütze: acht 20,3 cm S.K. L/53 M 1929 (4 x 2), sechzehn 10 cm S.K. L/47 M 1924 (8 x 2), vier 4-cm-Pompom (4 x 1), acht 13,2-mm-Fla-MG's (4 x 2).
Torpedorohre: acht 53,3 cm (4 x 2).
Seeminen: keine.
Bordflugzeuge: drei, ein Katapult.
Besatzungsstärke: 725 Offiziere und Mannschaften.

Entwurf: Zwischen Ende 1928 und Frühjahr 1929 wurden Entwurfsskizzen mit dem Ziel erarbeitet, einen weiteren Schweren Kreuzer des TRENTO-Typs zu bauen, der denselben Panzerschutz wie diese früher gebaute Kreuzerklasse aufweisen und eine Höchstgeschwindigkeit von 36 kn haben sollte. Die

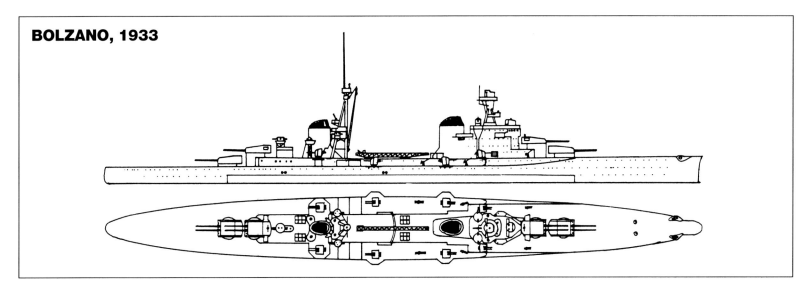

BOLZANO, 1933

Haupterfordernisse lauteten: Schwere Artillerie wie die ZARA, aber mit verringerter Turmpanzerung, verbesserte Unterteilung der wasserdichten Abteilungen und die Fähigkeit, beim Vollaufen von drei aneinander angrenzenden Abteilungen noch schwimmfähig zu sein, sowie Schiffskörper, elektrische Installationen und Flaggschiffeinrichtungen wie bei der ZARA. Außerdem sollte das Schiff eine Torpedobewaffnung erhalten. Beim Entwurf dieses Schiffes wurden beträchtliche Anstrengungen unternommen, die Standardverdrängung unter 10000 ts zu halten.

Hierzu ergingen verschiedene Vorschläge: die 10-cm-Geschütze auf die Hälfte zu verringern, die Chargierungen für die 20,3-cm-Geschütze um 20 % zu reduzieren, Verringerung der Munitionsdotierung für die 10-cm-Geschütze, nur zwei statt drei Anker mit weniger Ankerkette und weitere ähnliche Maßnahmen.

Der schließlich gebilligte Entwurf sah einen ähnlichen Schiffskörper wie bei der TRENTO mit einem Wulstbug vor. Im übrigen unterschied sich der Entwurf kaum von dem früher gebauten Schiff, soweit es das Gewicht betraf. Im Schiffsinneren gab es jedoch eine Reihe von Unterschieden einschließlich eines tieferen Doppelbodens und einer veränderten Anordnung der Maschinenräume. Auch das Panzerschutzschema wies in bezug auf das Gesamtgewicht der Panzerung kaum einen Unterschied auf, aber in der Anordnung des Panzerschutzes gab es Unterschiede. Neu war die Einbeziehung eines 20 mm dicken unteren Panzerdecks (in den seitlichen Böschungen 30 mm), das sich vom achteren Panzerquerschott über die Ruderanlage erstreckte. Das Weglassen des Dieselgeneratorraums (E-Werk) vor dem Turm A gestattete es, das vordere Panzerquerschott weiter nach achtern bis unmittelbar vor die Barbette des Turms A zu verlegen. Bei den 20,3-cm-Doppeltürmen betrug die Panzerung in der Front 100 mm sowie bei den Seiten und der Decke 80 mm.

Der Durchmesser der Turmbarbetten bei diesem Schiff war infolge des Geschützmodells 1929 größer als bei der TRENTO (Geschützmodell 1924). Infolgedessen mußte die Barbettenpanzerung als teilweisen Ausgleich von 70 mm auf 60 mm Dicke verringert werden.

Unten: die BOLZANO 1940/41. (Italienische Marine)

ITALIEN

Rechts: Die BOLZANO im Jahre 1938. (Fraccaroli)

Die Antriebsanlage glich hinsichtlich ihrer Leistung derjenigen der TRENTO, nutzte jedoch Kessel mit größerer Dampferzeugung, woraus sich eine Verringerung in der Anzahl ergab. Jeder der drei vorderen Kesselräume beherbergte je zwei Kessel und achteraus von ihnen befand sich der vordere Maschinenraum. Wiederum achteraus davon lagen noch zwei Kesselräume und dahinter der achtere Maschinenraum. Außerdem waren bei diesem Schiff die Dieselgeneratoren durch Turbogeneratoren ersetzt worden. Trotz der Ausrüstung mit zehn statt mit zwölf Kesseln gab es im Vergleich zur TRENTO keinen nennenswerten Unterschied bei den Gewichtsgruppen M I und M II.

Bei diesem Schiff bestand die Schwere Artillerie aus dem 20,3-cm-Geschütz S.K. L/53 M 1929 von Ansaldo. Dieses Modell glich dem Geschützmodell 1927 bei der ZARA, war aber eine leichtere Version. Die Absicht, zur Gewichtseinsparung den Kreuzer nur mit vier 10-cm-Doppellafetten auszurüsten, wurde nicht umgesetzt, und so erhielt das Schiff acht Doppellafetten wie seine Halbschwestern. Von den entwurfsmäßig eingebauten vier 4-cm-Pompom-Geschützen von Vickers wurden kurz nach der Indienststellung bereits zwei wieder von Bord gegeben. Ansonsten bestand die Leichte Flak nur noch aus acht 13,2-mm-Fla-MG's von Breda in Doppellafetten. Die Zwillings-Torpedorohrsätze waren über Wasser fest eingebaut. Drei Bordflugzeuge konnten mitgeführt werden: zwei an Deck und das dritte auf dem Katapult. In der Praxis waren jedoch nie mehr als zwei Flugzeuge gleichzeitig an Bord. Die Flugzeugeinrichtung selbst war völlig geändert worden. Das fest eingebaute Katapult auf der Back hatte ein schwenkbarer Typ auf dem Aufbaudeck zwischen den Schornsteinen ersetzt. Dort war es bei schwerem Wetter den überkommenden Seen weniger ausgesetzt. Zudem wurde hierdurch im Vorschiff weiterer Wohnraum frei. Eine Flugzeughalle war nicht vorhanden.

Der Bauauftrag erging am 25. Oktober 1929 nur für eine einzige Einheit dieses Entwurfs an die Ansaldo-Werft in Sestri Ponente/Genua.

Modifizierungen: Wie bei den anderen Schweren Kreuzern auch wurde etwa 1937 das achtere Paar 10-cm-Doppellafetten entfernt, um die Luftabwehrfähigkeit im Nahbereich zu verbessern. Ihre Position nahmen vier 3,7-cm-Fla-Geschütze L/54 in Doppellafetten ein. 1939 erfuhr auch der Brückenaufbau einige Veränderungen und von der Dreibeinmast-Plattform kamen die E-Meßbasen von Bord. 1942 ersetzten vier 2-cm-Fla-Geschütze L/65 die 13,2-mm-Fla-MG's und auch die achtere E-Meßbasis wurde an Land gegeben.

Nach dem Torpedotreffer im August 1942 gab es den Vorschlag, das Schiff in einen »Flugzeug-

kreuzer« umzubauen – mit einem Flugdeck, das sich nach der vollständigen Entfernung der Brückenaufbauten vom achteren Schornstein bis zum Bug erstrecken sollte. Dieser Umbau wurde jedoch nie in Angriff genommen.

Werdegang: Bei den Erprobungsfahrten 1932 erreichte die BOLZANO mit einer Antriebsleistung von 173 722 WPS eine Höchstgeschwindigkeit von 36,81 kn. Doch dies war nur durch eine Forcierung der Antriebsanlage um 15 % möglich, unterstützt durch den Umstand, daß sich weder Bewaffnung, Katapult, Bordflugzeuge noch Feuerleiteinrichtungen an Bord befanden! Bis 1939 leistete die BOLZANO im Mittelmeer die normale Friedensroutine. Zu diesem Zeitpunkt trat der Kreuzer zur 3. Division des II. Geschwaders (La Spezia), zu der auch TRENTO und TRIESTE gehörten.

Ihr erster Kriegseinsatz bestand zusammen mit anderen Kreuzern in der Deckung des Minenunternehmens in der Nacht vom 11./12. Juni 1940 zur Verstärkung der in den Nächten zuvor gelegten offensiven Minensperren in der Straße von Sizilien. In der Seeschlacht vor Punta Stilo/Kalabrien am 9. Juli 1940, als Einheiten der britischen Mittelmeerflotte versuchten, den italienischen Schiffsverkehr nach Nordafrika anzugreifen, während sie gleichzeitig eigene Geleitzüge von Alexandria nach Malta deckten, erhielt die im Verband der italienischen Flotte fahrende BOLZANO drei Artillerietreffer mittleren Kalibers, die jedoch keine schweren Beschädigungen verursachten. Allerdings setzte einer dieser Treffer zeitweilig die Ruderanlage außer Gefecht. In der zweiten Jahreshälfte 1940 war der Kreuzer bei mehreren Gelegenheiten an Versuchen beteiligt, britische Seestreitkräfte abzufangen und eigene Geleitzüge zu decken. Im Zuge der Seeschlacht vor Kap Teulada/Sardinien am 27. November 1940 zwischen Einheiten der italienischen Flotte und der Fernsicherung für die britische Geleitzugoperation »Collar« geriet die BOLZANO mit dem Schlachtkreuzer RENOWN ergebnislos in ein kurzes Gefecht. Nach der Umorganisation der italienischen Flotte Anfang Dezember 1940 bildete die BOLZANO zusammen mit TRENTO und TRIESTE die 3. Kreuzerdivision in Messina. Am 9. Februar 1941 gehörte sie zu den italienischen Seestreitkräften, die den erfolglosen Versuch unternahmen, die von der Beschießung Genuas auf dem Rückmarsch befindliche Force H anzugreifen. In der Folge war der Kreuzer als Teil der Deckungsgruppe an der Sicherung großer Truppentransport-Geleitzüge nach Nordafrika beteiligt. Am 28. März 1941 nahm die BOLZANO mit der 3. Kreuzerdivision an der Seeschlacht vor Kap Matapan/Peloponnes teil und war immer wieder Teil der Sicherung für Nachschub-Geleitzüge nach Nordafrika. Als am 22. August 1941 die britische Operation »Mincemeat« anlief – Geleitzugunternehmen zur Versorgung Maltas, Verminen der Gewässer vor Livorno durch den schnellen Minenleger MANXMAN und Bombardierung der Flugplätze Nordsardiniens durch die Force H –, gehörte auch die BOLZANO zu dem ausgelaufenen italienischen Flottenverband. Diesem gelang es jedoch nicht, Fühlung am Gegner zu gewinnen, und so wurde der Vorstoß abgebrochen. Auf dem Rückmarsch nach Messina erhielt die BOLZANO am 25. August 1941 vor dem nördlichen Eingang der Straße von Messina durch das britische Unterseeboot TRIUMPH (Lt.-Cdr. Woods) einen Torpedotreffer. Mit Schlepperhilfe gelang es, den beschädigten Kreuzer nach Messina einzubringen. Danach befand er sich drei Monate lang zur Reparatur in der Werft und erhielt in dieser Zeit bei einem Luftangriff einen Bombentreffer, der schwere Verluste an Menschenleben verursachte. Im August 1942 gehörte die BOLZANO zu dem italienischen Kreuzerverband, der den für die Versorgung Maltas so wichtigen »Pedestal«-Geleitzug abfangen sollte. Doch infolge unzureichender eigener Luftsicherung wurde das Vorhaben vorzeitig abgebrochen. Auf dem Rückmarsch torpedierte das britische Unterseeboot UNBROKEN (Lt. Mars) am 13. August 1942 in der Nähe der Liparischen oder Äolischen Inseln nach dem Leichten Kreuzer ATTENDOLO (siehe oben) auch die BOLZANO. Der Treffer führte zu Bränden im Bereich der Munitionskammern, die daraufhin geflutet werden mußten. Schließlich wurde der Kreuzer in der Nähe der Insel Panarea auf Grund gesetzt. Die Bergungsarbeiten nahmen einen Monat in Anspruch. Danach wurde die BOLZANO unter großen Schwierigkeiten nach Neapel geschleppt. Da hier eine Reparatur nicht möglich war, wurde sie später nach La Spezia gebracht. Zum Zeitpunkt des Waffenstillstandes am 8. September 1943 lag sie noch immer in der Werft und wurde von den Deutschen erbeutet. Die Reparaturarbeiten wurden jedoch nicht weitergeführt. Der italienische Zerstörer GRECALE und das italienische Schnellboot MAS 74 brachten in der Nacht vom 21./22. Juni 1944 eine italienisch-britische Kampfschwimmergruppe mit ihren »Chariots«[176] vor die Hafeneinfahrt von La Spezia. Sie drangen mit ihren Fahrzeugen in den Hafen ein, brachten an der BOLZANO ihre Sprengladungen an und versenkten den Kreuzer auf flachem Wasser.[177] Nach dem Kriege wurde das Wrack abgebrochen.

BARI-Klasse

Name	Bauwerft	Kiellegung	Stapellauf	Fertigstellung	Schicksal
BARI ex-PILLAU ex-MURAVJEV AMURSKIJ	F. Schichau, Danzig	? 1912	11. April 1914	14. Dez. 1914	gesunken: 28. Juni 1943

Typ: Kleiner bzw. Leichter Kreuzer[178] – Incrociatori leggeri.
Konstruktionsverdrängung: 3248 ts (3299 t).
Einsatzverdrängung: 5305 ts (5389 t).
Länge: 135,30 m (über alles), 134,30 m (CWL).
Breite: 13,60 m.
Tiefgang: 5,31 m (mittlerer), 5,98 m (maximal).
Antriebsanlage: 2 Satz Marine-Turbinen (Melms & Pfenninger), 4 Yarrow-Ölkessel, 2 Wellen.
Antriebsleistung: 21 000 WPS für 24,5 kn.
Bunkerinhalt: 1300 ts Heizöl.
Fahrtstrecke: 4500 sm bei 10 kn.
Panzerschutz: Deck 20 mm – 80 mm (Böschung 40 mm), Seite: kein Schutz, Geschützschilde 50 mm, Kommandostand: Decke 50 mm, Seite 75 mm.
Geschütze: acht 15 cm S.K. L/45 (8 x 1), drei 7,6 cm L/40 (3 x 1).
Torpedobewaffnung: keine.
Seeminen: 120.
Bordflugzeuge: keine.
Besatzungsstärke: 439 Offiziere und Mannschaften.

Entwurf: Wie die TARANTO, so war auch dieser ehemalige deutsche Kleine Kreuzer der Kaiserlichen Marine – die frühere PILLAU – eine Kriegsbeute. Sein Werdegang war jedoch erheblich wechselvoller gewesen. Ursprünglich von der Kaiserlich Russischen Marine 1912 als MURAVJEV AMURSKIJ in Auftrag gegeben, beschlagnahmte die deutsche Marine nach dem Ausbruch des Ersten Weltkrieges am 5. August 1914 das Schiff vor seiner Fertigstellung und stellte es nach Beendigung der Ausrüstung Mitte Dezember 1914 unter dem neuen Namen PILLAU in Dienst.[179] Nach Kriegsende 1919 zur Reichsmarine gehörend, wurde der Kreuzer am 5. November 1919 aus der Flottenliste gestrichen, unter der Bezeichnung U am 20. Juli 1920 in Cherbourg offiziell als Kriegsbeute an Italien ausgeliefert und – als BARI in Dienst gestellt – dorthin überführt. Zunächst erfuhr der Kreuzer kaum Veränderungen in seinem äußeren Erscheinungsbild. 1934/35 absolvierte er eine Große Werftliegezeit und wurde für den Kolonialdienst ausgerüstet. Die Anzahl der Kessel wurde durch Entfernen der sechs kohlebefeuerten auf die vorhandenen vier Ölkessel reduziert. Das nunmehr vollständig auf Ölbefeuerung umgestellte Schiff verlor außerdem seinen vorderen Schornstein. Die Hauptbewaffnung mit den paarweise seitlich angeordneten, veralteten Geschützen blieb jedoch unverändert.

Rechts: Die BARI vor dem Kriege, aufgenommen nach der Modernisierung. (Sammlung des Autors)

Unten: Die BARI (ex-Pillau) im Jahre 1928. (Fraccaroli)

Modifizierungen: Während des Zweiten Weltkrieges erhielt die BARI zusätzlich 2-cm-Fla-Geschütze auf einer Plattform um den Großmast. Sowohl der Großmast als auch der Fockmast wurden in der Höhe verringert und das »Krähennest« am Fockmast bekam eine tiefer gelegene Position. 1943 wurde das Schiff zum Umbau in einen Flakkreuzer vorgesehen. Hierzu sollte es 6,5-cm-Geschütze L/64 oder 9-cm-Geschütze L/50 und vermutlich je acht 3,7 cm L/54 und 2 cm L/65 oder L/70 erhalten. Die genaue Anzahl und das Geschützmodell wurden jedoch nicht endgültig festgelegt.

Werdegang: Im Oktober 1940 bildete die BARI den Kern des »Sondereinsatzverbandes« für die Landung auf Korfu. Diesem Verband scheint sie einige Zeit angehört zu haben. Anfang 1942 war sie an Beschießungen der Küste Montenegros beteiligt, vermutlich im Zuge von Operationen zur Partisanenbekämpfung. Im November 1942 war die BARI im Zusammenhang mit der Besetzung Korsikas durch das italienische Heer eingesetzt; sie führte Truppentransporte nach Bastia durch. 1943 ging sie zum Umbau in einen Flakkreuzer in die Werft. Doch noch ehe dieser Umbau in Angriff genommen werden konnte, wurde der Kreuzer am 28. Juni 1943 bei einem Luftangriff der 9. USAAF auf Livorno auf flachem Wasser versenkt. Zum Zeitpunkt des Waffenstillstandes am 8. September 1943 beschädigten die Italiener das Wrack noch mehr, um den Schiffskörper für die Deutschen unbrauchbar zu machen. 1944 wurde es abgebrochen.

TARANTO-Klasse

Name	Bauwerft	Kiellegung	Stapellauf	Fertigstellung	Schicksal
TARANTO ex-STRASSBURG	Kaiserl. Werft Wilhelmshaven	? 1910	24. Aug. 1911	10. Dez. 1912	selbstversenkt: 9. Sept. 1943

Typ: Kleiner bzw. Leichter Kreuzer – Incrociatori leggeri.
Konstruktionsverdrängung: 3184 ts (3235 t).
Einsatzverdrängung: 5100 ts (5182 t).
Länge: 138,70 m (über alles), 136 m (CWL).
Breite: 13,50 m.
Tiefgang: 4,70 m (mittlerer).
Antriebsanlage: 2 Satz Marine-Turbinen, 14 Schultz-Thornycroft-Kohlekessel, 2 Wellen.
Antriebsleistung: 13 000 WPS für 21 kn.
Bunkerinhalt: 1330 ts Kohle, 130 ts Heizöl.
Fahrtstrecke: 5000 sm bei 12 kn.
Panzerschutz: Deck 50 mm, Hauptgürtelpanzer 60 mm, Geschützschilde 50 mm, Kommandostand 100 mm.
Geschütze: sieben 15 cm S.K. L/45 (7 x 1), zwei 7,6 cm S.K. L/40 (2 x 1), acht 2 cm L/65 (8 x 1), zehn 13,2-mm-Fla-MG's.
Torpedorohre: keine.
Seeminen: 120.
Bordflugzeuge: keine.
Besatzungsstärke: 476 Offiziere und Mannschaften.

Entwurf: Dieser veraltete deutsche Kleine Kreuzer diente als SRASSBURG bis zum Ende des Ersten Weltkrieges in der Kaiserlichen Marine,[180] gehörte 1919 zur Reichsmarine, wurde am 10. März 1920 aus der Flottenliste gestrichen, unter der Bezeichnung O in Cherbourg als Kriegsbeute an Italien ausgeliefert und – als TARANTO in Dienst gestellt – dorthin überführt. Ursprünglich führte die aus vier Einheiten bestehende Klasse zwölf 10,5-cm-Geschütze. Zwischen 1915 und 1917 erhielten die noch vorhandenen drei Einheiten (MAGDEBURG ging bereits 1914 in der Ostsee verloren) 15-cm-Geschütze. Von den Schwesterschiffen sank die an die Türkei übergebene BRESLAU als MIDILLI am 20. Januar 1918 durch Minentreffer in der Ägäis, während die STRALSUND 1920 als Kriegsbeute nach Frankreich ging und bis 1933 als MULHOUSE in der französischen Marine diente.

Die TARANTO war bei der italienischen Marine im Kolonialdienst eingesetzt und erfuhr bis 1940 bei mehreren Werftliegezeiten eine Reihe von Veränderungen. Zuerst kamen neben der Torpedobewaffnung auch die Fla-Geschütze hinter dem achteren Schornstein von Bord und der Kreuzer erhielt zusammen mit einem Ladebaum am Großmast Einrichtungen zur Unterbringung eines Seeflugzeuges. 1936/37 erfuhr die TARANTO eine umfangreiche Modernisierung. Hierzu gehörte das Entfernen des vorderen Schornsteins in Verbindung mit dem Wegfall des vorderen Kesselraums und die verbliebenen drei Schornsteine erhielten Kappen. Vermutlich erfolgte zu diesem Zeitpunkt auch die Ausrüstung mit Leichter Flak.

Modifizierung: Vermutlich nur Einbau einiger 2-cm-Fla-Geschütze.

Rechts: Die in La Spezia gesunkene TARANTO.
(Sammlung des Autors)

Werdegang: Im Juni/Juli 1940 war die TARANTO am Legen der defensiven Minensperren im Golf von Tarent sowie in der südlichen Adria beteiligt. Anschließend fand sie hauptsächlich zu Ausbildungs- und Geleitsicherungsaufgaben Verwendung. Im Oktober 1940 gehörte sie ebenfalls zum neu gebildeten »Sondereinsatzverband«, beauftragt mit der Landung auf Korfu und der Besetzung dieser Insel. Nach dem Waffenstillstand mit den Alliierten versenkte sich der Kreuzer in nicht einsatzbereitem Zustand am 9. September 1943 in La Spezia selbst. Zur Verwendung als Blockschiff von den Deutschen gehoben, sank der Kreuzer ein zweites Mal bei einem alliierten Luftangriff am 23. Oktober 1943. Im Frühjahr 1944 wieder gehoben, fiel er am 23. September 1944 erneut einem alliierten Luftangriff zum Opfer. Nach dem Kriege wurde das Wrack abgebrochen.

Unten: Die TARANTO (ex-STRASSBURG) vor der Modernisierung.
(Sammlung des Autors)

JAPAN

TENRYU-Klasse

Name	Bauwerft	Kiellegung	Stapellauf	Fertigstellung	Schicksal
TENRYU	Marinewerft Yokosuka	17. Mai 1917	11. März 1918	20. Nov. 1919	gesunken: 18. Dez. 1942
TATSUTA	Marinewerft Sasebo	24. Juli 1917	29. Mai 1918	31. März 1919	gesunken: 13. März 1944

Typ: Leichter Kreuzer (Kreuzer II. Klasse) – Otsu gata (Nito junyôkan).
Konstruktionsverdrängung: 3230 ts (3282 t).
Einsatzverdrängung: 3948 ts (4011 t).
Länge: 142,93 m (über alles), 139,55 m (CWL), 134,11 m (zwischen den Loten).
Breite: 12,04 m.
Tiefgang: 3,58 m (mittlerer), 3,96 m (maximal).
Antriebsanlage: TENRYU: 3 Satz Curtis-Getriebeturbinen, TATSUTA: 3 Satz Parsons-Getriebeturbinen, 10 Kampon-Kessel, 3 Wellen.
Antriebsleistung: 51 000 WPS für 31 kn.
Bunkerinhalt: 150 ts Kohle + 920 ts Heizöl.
Fahrtstrecke: 6000 sm bei 10 kn.
Panzerschutz: Deck 25 mm – 38 mm (maximal), Hauptgürtelpanzer 51 mm.
Geschütze: vier 14 cm S.K. L/50 (4 x 1), ein 8 cm S.K. L/40, zwei 13,2-mm-Fla-MG's.
Torpedorohre: sechs 53,3 cm (2 x 3).
Seeminen: zum Minenlegen ausgerüstet.
Bordflugzeuge: keine.
Besatzungsstärke: 332 Offiziere und Mannschaften.

Entwurf: Diese beiden Einheiten waren die ersten echten Leichten Kreuzer, die von der Kaiserlich Japanischen Marine (KJM) gebaut wurden, bewilligt unter dem Flottenbauprogramm 1916. Sie wiesen eine ähnliche Konzeption wie die britische ARETHUSA-Klasse auf, entworfen, um als Flaggschiffe für Zerstörerflottillen zu dienen. Ihr Panzerschutz setzte sich aus einem 51 mm dicken Hauptgürtelpanzer (oder bei Hochfestigkeitsstahl 38 mm), der sich von unterhalb der Wasserlinie bis zum Oberdeck gerade über die Maschinenräume erstreckte, sowie aus einem 25 mm bis 38 mm (maximal) dicken Panzerdeck zusammen. Die Hauptbewaffnung bestand aus vier 14-cm-Geschützen S.K. L/50 »3 Nendo shiki 14 cm« in Einzellafetten. Ihre Anordnung war ziemlich mangelhaft; denn an Feuerkraft wirkte nach vorn und achteraus jeweils lediglich ein einziges Geschütz. Die Geschütze 2 und 3 besaßen nur einen sehr begrenzten Schußbereich. Beide Schiffe führten nur ein einziges 8-cm-Fla-Geschütz auf dem Achterdeck. Zwei Drillings-Torpedorohrsätze vervollständigten die Bewaffnung. Zum erstenmal fanden bei der KJM Drillingsrohrsätze Verwendung.

Die Antriebsanlage bildeten drei Sätze Brown-Curtis-Getriebeturbinen (TATSUTA: Parsons-Getriebeturbinen) mit Drei-Wellen-Anordnung sowie zehn Kampon-Kessel. Die Antriebsleistung betrug 51 000 WPS für eine Höchstgeschwindigkeit von 31 kn. Bei den Erprobungsfahrten wurden jedoch 33 kn erreicht. Die Kessel waren in einem kleinen und zwei großen Kesselräumen untergebracht. Im vorderen Kesselraum befanden sich zwei kleine ölbefeuerte, im mittleren vier große ölbefeuerte und im achteren zwei große ölbefeuerte Kessel sowie zwei kleine Kessel mit Mischfeuerung. Der vordere Turbinenraum diente dem Antrieb der beiden Außenwellen und der achtere dem der Mittelwelle. Die Antriebsanlage der TENRYU stammte von Mitsubishi und die der TATSUTA von Kawasaki.

Modifizierungen: Die TENRYU absolvierte zwischen dem März 1927 und dem März 1930 eine Große Werftliegezeit. Hierbei erhielt sie einen Dreibein-Fockmast. TATSUTA erfuhr 1931 eine ähnliche Ausrüstung. 1939 kamen zwei zusätzliche 13,2-mm-Fla-MG's an Bord. Im übrigen wurden bei diesen veralteten Schiffen kaum Veränderungen vorgenommen.

Werdegang: Die zum 18. Kreuzergeschwader der 4. Flotte gehörende TENRYU und TATSUTA unter-

Unten: Die TENRYU im Jahre 1935.

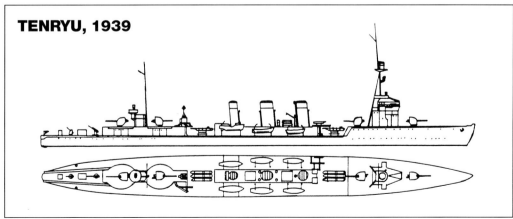

TENRYU, 1939

stützten den in der Nacht vom 10./11. Dezember 1941 einsetzenden erfolglosen Angriff auf die Insel Wake sowie auch den zweiten Angriff am 22. Dezember, der am nächsten Tag zur Einnahme der Insel führte. Im Anschluß daran verblieben die beiden Kreuzer bei der 4. Flotte im Südwestpazifik und deckten die japanische Landung in Kavieng an der Nordspitze Neuirlands/Bismarck-Archipel vom 22. bis 24. Januar 1942. Im Verlaufe der Operationen um Neuguinea unterstützten sie mehrere Landungen und Anfang Mai gehörten sie zum Unterstützungsverband für die amphibischen Landungen in Port Moresby/Guinea und auf der Insel Tulagi/Salomonen. Nach der Seeschlacht von Midway am 4. Juni gehörte das 18. Kreuzergeschwader (TENRYU, TATSUTA) im Zuge der Änderung der japanischen Flottenorganisation ab 14. Juli 1942 zur 8. Flotte. Es deckte am 21. Juli die Landung von Truppen zur Besetzung von Buna/Neuguinea. Noch während die TATSUTA mit dieser Aufgabe beschäftigt war, landeten die Alliierten am 7. August 1942 auf der Insel Guadalcanal/Salomonen (Operation »Watchtower«).[181] Daher gehörte nur die TENRYU zu dem japanischen Kreuzerverband, der am 9. August in der Nachtschlacht bei der Insel Savo die aus Kreuzern und Zerstörern bestehenden alliierten Deckungsgruppen überraschte und vernichtete (siehe oben Seite 21 und unten Seite 283). Ende August waren beide Kreuzer bis in den September hinein an den erfolglosen japanischen Landungen in der Milne Bay/Südspitze der Papua-Halbinsel beteiligt, bis der Landekopf geräumt war. Während der Evakuierung versenkte die TENRYU am 5. September mit dem Zerstörer ARASHI ein alliiertes Transportschiff. Im Zuge der andauernden Kämpfe um Guadalcanal, an denen beide Kreuzer immer wieder teilnahmen, erlitt die TENRYU am 2. Oktober in Rabaul Beschädigungen bei einem Luftangriff. Am 18. Dezember 1942 wurde die TENRYU ostwärts von Madang im Bismarck-Archipel von dem amerikanischen Unterseeboot ALBACORE (Lt.-Cdr. Lake) torpediert und versenkt. Dasselbe Schicksal erlitt am 13. März 1944 südwestlich von Yokosuka auch die TATSUKA durch das US-Unterseeboot SANDLANCE (Lt.-Cdr. Garrison).

KUMA-Klasse – (1. Gruppe der 5500-ts-Klasse)

Name	Bauwerft	Kiellegung	Stapellauf	Fertigstellung	Schicksal
KUMA	Marinewerft Sasebo	29. Aug. 1918	14. Juli 1919	31. Aug. 1920	gesunken: 11. Jan. 1944
TAMA	Mitsubishi, Nagasaki	10. Aug. 1918	10. Febr. 1920	29. Jan. 1921	gesunken: 25. Okt. 1944
KITAKAMI	Marinewerft Sasebo	1. Sept. 1919	3. Juli 1920	15. April 1921	gestrichen: 10. Aug. 1946
OI	Kawasaki, Kobe	24. Nov. 1919	15. Juli 1920	3. Okt. 1921	gesunken: 19. Juli 1944
KISO	Mitsubishi, Nagasaki	10. Juni 1919	14. Dez. 1920	4. Mai 1921	gesunken: 13. Nov. 1944

Typ: Leichter Kreuzer (Kreuzer II. Klasse) – Otsu gata (Nito junyôkan).
Konstruktionsverdrängung: 5019 ts (5100 t).
Einsatzverdrängung: 5832 ts (5925 t).
Länge: 163,07 m (über alles), 158,52 m (CWL), 152,40 m (zwischen den Loten).
Breite: 14,25 m.
Tiefgang: 4,80 m (mittlerer).
Antriebsanlage: 4 Satz Gihon-Getriebeturbinen, 12 Kampon-Kessel, 4 Wellen.
Antriebsleistung: 70 000 WPS für 33 kn.
Bunkerinhalt: 350 ts Kohle + 700 ts (1150 ts max.) Heizöl.
Fahrtstrecke: 9000 sm bei 10 kn, 6000 sm bei 15 kn.
Panzerschutz: Deck 32 mm, Hauptgürtelpanzer 64 mm, Kommandostand 51 mm.
Geschütze: sieben 14 cm S.K. L/50 (7 x 1), zwei 8 cm S.K. L/40 (2 x 1), zwei 13,2-mm-Fla-MG's.
Torpedorohre: acht 53,3 cm (4 x 2).
Seeminen: 80.
Bordflugzeuge: eines, ein Katapult.
Besatzungsstärke: 439 Offiziere und Mannschaften.

Entwurf: Die sechs unter dem »8-4-Flottenfertigstellungs-Programm« vom 14. Juli 1917 projektierten Leichten Kreuzer des »Verbesserten TENRYU«-Typs waren offensichtlich aus der vorangegangenen TENRYU-Klasse entwickelt worden und hätten etwa 3500 ts Konstruktionsverdrängung aufweisen sollen. Diese Pläne mußten jedoch geändert werden, denn Mitte 1917 waren die wesentlichen Einzelheiten der »Aufklärungskreuzer« der USN (schließlich als OMAHA-Klasse – siehe unten – bezeichnet) bekannt geworden. Infolgedessen entschied die KJM, anstelle von drei 7200-ts-Aufklärungskreuzern und sechs Einheiten des »Verbesserten TENRYU«-Typs acht 5500-ts-Kreuzer und den Versuchstyp eines kleineren Kreuzers zu bauen. (Der letztere sollte die YUBARI werden.)

Daher waren diese Einheiten beträchtlich größer und stärker bewaffnet als die TENRYU-Klasse; sie stellten die erste Gruppe Leichter Kreuzer des 5500-ts-Typs dar, welche die KJM baute. Die vergrößerte Wasserverdrängung gestattete es diesen Kreuzern, ihre Aufgaben als Aufklärer und Flottillenführer wirksamer zu erfüllen.

Die Antriebsanlage umfaßte nunmehr vier Sätze an Getriebeturbinen mit Vier-Wellen-Anordnung sowie zwölf Kessel. Von ihnen besaßen zehn Ölfeuerung und die beiden restlichen Mischfeuerung (Kohle und Heizöl). Sie waren in vier Kesselräumen wie folgt untergebracht: Kesselraum 1 (der vorderste) zwei kleine Kessel mit Mischfeuerung, Kesselraum 2 vier ölbefeuerte Kessel mittlerer Größe, Kesselraum 3 vier große und Kesselraum 4 zwei kleine ölbefeuerte Kessel. Die vergrößerte Wasserverdrängung erforderte auch eine Steigerung bei der Antriebsleistung, die nunmehr 70 000 WPS für eine maximale Konstruktionsgeschwindigkeit von 33 kn aufwies. Das teilweise Beibehalten der Kohlefeuerung ist erwähnenswert. Vermutlich war dies der Besorgnis zuzuschreiben, daß zur damaligen Zeit in den weiter entlegenen Regionen des Pazifik nicht immer Heizöl zur Verfügung stehen könnte. Die Antriebsanlagen der Schiffe stammten jeweils von ihrer Bauwerft, ausgenommen KUMA und KITAKAMI, deren Maschinenanlagen Kawasaki lieferte.

Das Panzerschutzschema hatte mit einer geringfügigen Verstärkung des Seitenschutzes und der Einführung des Panzerschutzes beim Kommandostand keine wesentliche Verbesserung erfahren.

Wie bei der TENRYU-Klasse bestand die Hauptbewaffnung aus dem 14-cm-Geschütz S.K. L/50

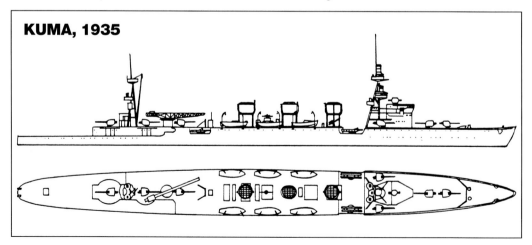

KUMA, 1935

Oben: Die KUMA Mitte der 30er Jahre. (IWM)

Unten: OI. (MPL)

Sie hatte zwar eine bessere, aber immer noch veraltete Art der Anordnung gefunden, da die überhöhte Aufstellung der Geschütze vorn bzw. achtern nicht eingeführt wurde. Die gewählte Aufstellung der Geschütze gewährte zwar nach vorn eine bessere Feuerkonzentration als bei der TENRYU-Klasse, aber erneut waren die Geschütze 2, 5 und 6 in ihrem Schußbereich beschränkt. Beiderseits des vorderen Schornsteins hatten diese Kreuzer je ein 8-cm-Fla-Geschütz S.K. L/40 erhalten. Die Torpedobewaffnung war auf acht Rohre in vier Zwillingssätzen verstärkt worden, die jeweils paarweise an Steuerbord und an Backbord vor und hinter den Schornsteinen eingebaut waren. Bei der Fertigstellung besaßen die Rohre das Kaliber 53,3 cm.

Die Bezeichnung für diese Einheiten lautete »Kreuzer mittleren Typs Nr. 1 – Nr. 8 des Programms 1917«. Die Bewilligung erfolgte für KUMA und TAMA in den Haushalten 1917/18 und für KITAKAMI, OI und KISO in den Haushalten 1918/19.

«**Modifizierungen:** 1927 erhielten alle Einheiten ein Seeflugzeug vom Typ Nakajima 90 Modell 2-2.[182] 1929/30 gelangten auf der KUMA und der TAMA Katapulte und Dreibeinmasten zum Einbau. Alle Einheiten erfuhren 1940 die Umrüstung auf Torpedorohre vom Kaliber 61 cm. 1941 erfolgte für KITAKAMI auf der Marinewerft Sasebo und für OI auf der Kawasaki-Werft in Kobe der Umbau zu Torpedokreuzern, ausgerüstet mit vierzig 61-cm-Torpedos in zehn Vierlings-Torpedorohrsätzen, angeordnet zu je fünf Rohrsätzen mittschiffs an Backbord und an Steuerbord. Lediglich die vier vorderen 14-cm-Geschütze wurden beibehalten, aber es kamen zusätzlich acht 2,5-cm-Fla-Geschütze in Doppellafetten an Bord. 1943 wurde die Anzahl der Torpedorohre bei KITAKAMI und OI auf acht verringert, um sechs »Daihatsu«-Landungsfahrzeuge als Hochgeschwindigkeits-Transportboote an Bord nehmen zu können. Während der Ausbesserungsarbeiten nach dem Torpedotreffer durch das britische Unterseeboot TEMPLAR

am 25. Februar 1944 wurde die KITAKAMI in einen »Kaiten«-Träger[183] umgebaut, wobei der beschädigte Kesselraum in einen Wartungsraum für die »Kaiten« umgewandelt wurde. Der Kreuzer konnte acht »Kaiten«-Kleinstunterseeboote unterbringen. Gleichzeitig erhöhte sich die Anzahl der Torpedorohre wieder auf 24 (6 x 4) und die artilleristische Bewaffnung setzte sich nun wie folgt zusammen: vier 12,7-cm-Luft/Seeziel-Geschütze S.K. L/50 in Einzellafetten, zehn 2,5-cm-Fla-Geschütze und vier 13-mm-Fla-MG's. Bis 1945 war bei diesem Schiff die Leichte Flak auf 65 Rohre 2,5 cm (14 x 3, 27 x 1) verstärkt worden. Außerdem hatte es Radar erhalten.

Im Juli 1944 hatte bei TAMA und KISO das Geschütz 7 eine 12,7-cm-DP-Doppellafette und das Geschütz 5 eine 2,5-cm-Lafette ersetzt. Gleichzeitig erfuhr die Ausrüstung mit Leichter Flak folgende Veränderung: 44 Rohre 2,5 cm und sechs 13,2-mm-MG's. Die auf der KUMA im Verlaufe des Krieges durchgeführten Modifizierungen sind nicht bekannt, aber sie beschränkten sich vermutlich auf ein paar zusätzliche 2,5 cm.

Werdegang: Im Dezember 1941 bildeten KITAKAMI und OI das 9. Kreuzergeschwader, das zum Gros der Flotte gehörte. Im Mai 1942 waren sie in Zusammenhang mit der geplanten Invasion der Midway-Inseln der Unterstützungsgruppe für das Diversionsunternehmen gegen die Aleuten zugeteilt.[184] Nach der Schlacht von Midway am 4. Juni 1942 wurde bei der Reorganisation der japanischen Flotte das 9. Kreuzergeschwader (KITAKAMI und OI) der 1. Flotte zugewiesen. In der Folge operierten die beiden Kreuzer im Südwestpazifik und erfüllten Transport- und Geleitsicherungsaufgaben. Am 25. Februar 1944 torpedierte das britische Unterseeboot TEMPLAR (Lt. Beckley) die KITAKAMI, die im Schlepp zur Ausbesserung in die Marinewerft Sasebo überführt werden mußte. Nach dem Umbau zum »Kaiten«-Träger war der Kreuzer nicht mehr an Kampfhandlungen beteiligt, wurde lediglich im Juli 1945 bei einem alliierten Luftangriff beschädigt und war zum Zeitpunkt der Kapitulation Japans im August 1945 noch vorhanden. Anschließend fand die KITAKAMI als Reparaturschiff in Kagoshima für die mit der Repatriierung beauftragten Schiffe Verwendung. Am 10. August 1946 wurde der Kreuzer aus der Flottenliste gestrichen und in Nanao verschrottet.

Die OI hatte zunächst denselben Werdegang beim 9. Kreuzergeschwader wie die KITAKAMI (siehe oben). 1943/44 operierte der Kreuzer in ostindischen Gewässern und sicherte unter anderem Anfang März 1944 das 7. Kreuzergeschwader bei dessen geplanten Vorstoß zur Handelskriegführung auf der Australien-Aden-Route im Seegebiet der Sunda-Straße. Am 19. Juni 1944 versenkte das amerikanische Unterseeboot FLASHER (Lt.-Cdr. Whitaker) die OI im Südchinesischen Meer 570 sm südlich von Hongkong.

Anfang Dezember 1941 gehörte die KUMA im Verband des 16. Kreuzergeschwaders mit ASHIGARA und MAYA zur Deckungsgruppe des Nord-Philippinen-Verbandes (VAdm. Takahashi), um die Landung auf Luzon zu sichern. Am 11. Januar 1944 versenkte das amerikanische Unterseeboot TALLYHO (Cdr. Bennington) die KUMA wenige Seemeilen nördlich von Penang (heute Pinang) im Andamanischen Meer.

Im Dezember 1941 bildeten KISO und TAMA das 21. Kreuzergeschwader. Es nahm Ende Mai/Anfang Juni 1942 am Diversionsunternehmen der 5. Flotte gegen die Aleuten im Gefolge des Kiska-Angriffsverbandes teil. Nach der Schlacht von Midway am 4. Juni operierten die beiden Kreuzer weiterhin im Verband der 5. Flotte im Seegebiet der Kurilen und Aleuten. Am 26. März 1943 war die TAMA an der Seeschlacht bei den Kommandorski-Inseln im Nordpazifik beteiligt und erlitt hierbei leichte Beschädigungen. Beide Kreuzer gehörten Ende Juli 1943 zu dem japanischen Verband, der die Räumung der Aleuten durchführte. Anschließend verlegten beide Einheiten in den Südwestpazifik. Im Zuge der Seeschlacht um den Golf von Leyte/Philippinen gehörte die TAMA zum Ablenkungsverband unter VAdm. Ozawa. Sie wurde nach Beschädigung durch amerikanische Trägerflugzeuge am 25. Oktober 1944 in der Teilschlacht vor Kap Engaño noch am selben Tag durch das US-Unterseeboot JALLAO (Lt.-Cdr. Icenhower) nordostwärts von Kap Engaño torpediert und versenkt.[185] Am 13. November 1944 versenkten amerikanische Trägerflugzeuge der TF 38 die KISO westlich von Manila.

NAGARA-Klasse – (2. Gruppe der 5500-ts-Klasse)

Name	Bauwerft	Kiellegung	Stapellauf	Fertigstellung	Schicksal
NAGARA	Marinewerft Sasebo	9. Sept. 1920	25. April 1921	21. April 1922	gesunken: 7. Aug. 1944
ISUZU	Uraga Dock Co., Yokosuka	10. Aug. 1920	29. Okt. 1921	15. Aug. 1923	gesunken: 7. April 1945
YURA	Marinewerft Sasebo	21. Mai 1921	15. Febr. 1922	20. März 1923	gesunken: 25. Okt. 1942
NATORI	Mitsubishi, Nagasaki	14. Dez. 1920	16. Febr. 1922	15. Sept. 1922	gesunken: 18. Aug. 1944
KINU	Kawasaki, Kobe	17. Jan. 1921	29. Mai 1922	10. Nov. 1922	gesunken: 26. Okt. 1944
ABUKUMA	Uraga Dock Co., Yokosuka	8. Dez. 1921	16. März 1923	26. Mai 1925	gesunken: 26. Okt. 1944

Typ: Leichter Kreuzer (Kreuzer II. Klasse) – Otsu gata (Nito junyôkan).
Konstruktionsverdrängung: 5088 ts (5170 t).
Einsatzverdrängung: 5832 ts (5925 t).
Länge: 163,06 m (über alles), 158,50 m (CWL), 152,40 m (zwischen den Loten).
Breite: 14,75 m.
Tiefgang: 4,88 m (mittlerer).
Antriebsanlage: 4 Satz Gihon-Getriebeturbinen (KINU: 4 Satz Brown-Curtis-Getriebeturbinen), 12 Kampon-Kessel (8 öl- und 4 kohlebefeuert), 4 Wellen.
Antriebsleistung: 70 000 WPS für 33 kn.
Bunkerinhalt: 350 ts Kohle + 700 ts (1150 ts max.) Heizöl.
Fahrtstrecke: 9000 sm bei 10 kn.
Panzerschutz: Deck 32 mm, Hauptgürtelpanzer 64 mm, Kommandostand 51 mm.
Geschütze: sieben 14 cm S.K. L/50 (7 x 1), zwei 8 cm S.K. L/40 (2 x 1), sechs 13,2-mm-Fla-MG's.
Torpedorohre: acht 61 cm (4 x 2).
Seeminen: 80.
Bordflugzeuge: eines, ein Katapult.
Besatzungsstärke: 438 Offiziere und Mannschaften.

Unten: ISUZU. (MPL)

Oben: Die KINU am 20. Januar 1937 nach der Modernisierung. (IWM)

Entwurf: Diese Einheiten der 2. Gruppe der 5500-ts-Klasse stellten nur eine geringfügige Modifizierung der 1. Gruppe dar. Der Schiffskörper war 0,50 m breiter, wodurch sich die Stabilität verbesserte. Die artilleristische Feuerkraft hatte keine Verstärkung erfahren. Allerdings wurde bei dieser Klasse der 61-cm-Torpedo eingeführt. Hierbei handelte es sich jedoch noch nicht um den »Long Lance«-Torpedo mit Sauerstoffantrieb, sondern um den konventionellen Naßerhitzer-Typ, eingeführt 1920/21 als Typ »8 Nendo shiki 61 cm«. Dieser Torpedo wog etwa eine Tonne mehr als der Typ 53,3 cm und die Vergrößerung der Schiffsbreite war vermutlich zumindest teilweise diesem Umstand zuzuschreiben. Am allgemeinen äußeren Erscheinungsbild hatte sich kaum etwas geändert, ausgenommen ein höherer Brückenaufbau, um die Kreuzer oberhalb des Geschützes 2 mit einer Flugzeug-Startplattform ausrüsten zu können. Später erhielt diese Plattform ein Katapult. Diese Flugzeugeinrichtung wurde bei fast allen Einheiten wieder entfernt, als das Katapult zwischen den Geschützen 5 und 6 auf einem Schleuderturm eine neue Position erhielt.

Entwurfsgemäß erhielten die Einheiten dieser Klasse eine zusätzliche Ausstattung, um im Bedarfsfalle als Flaggschiffe bzw. Führungsschiffe für Kreuzer-, Zerstörer- und Unterseebootsgeschwader dienen zu können.

Drei Einheiten – NAGARA, ISUZU und NATORI – wurden mit den Haushalten 1919/20 als Teil des »8-4-Flottenfertigstellungs-Programms« und drei weitere Einheiten mit den Haushalten 1920/21 als Teil des »8-8-Programms« bewilligt. Die letzteren drei Einheiten trugen ursprünglich die Namen SUZUKA, MINASE und OTONASE, wurden aber am 26. März 1920 in YURA bzw. am 1. Oktober 1920 in ABUKUMA und KINU umbenannt.

Die Antriebsanlagen für ISUZU, NATORI und ABUKUMA stammten von Mitsubishi, jedoch für die restlichen drei Einheiten von Kawasaki.

Modifizierungen: 1927 erhielten alle Einheiten ein Katapult und führten ein Seeflugzeug vom Typ Nakajima 90 Modell 2.

Bei der NAGARA wurde während der Großen Werftliegezeit vom Oktober 1932 bis zum September 1933 das Katapult nach achtern umgesetzt und das Schiff erhielt einen Dreibein-Großmast zur besseren Handhabung des Flugzeugbaums. Die anderen Einheiten absolvierten ihre Großen Werftliegezeiten wie folgt: ISUZU von Mai 1932 bis 1933, NATORI von Juli 1931 bis September 1933, KINU von November 1933 bis August 1934 und YURA von Januar 1936 bis Dezember 1936. Die Daten für die ABUKUNA sind nicht bekannt. Doch da sich die Fertigstellung des Schiffes durch ein Erdbeben im September 1923 verzögerte, könnte es vorn kein Katapult mehr erhalten haben.

1943 erhielten die noch vorhandenen Einheiten eine geänderte Bewaffnung: fünf 14-cm-Geschütze S.K. L/50 (5 x 1), zwei 12,7-cm-Luft/Seeziel-Geschütze S.K. L/50 in Doppellafette (2 x 1) 22 Rohre 2,5 cm und zwei 13,2-mm-Fla-MG's. Die Torpedobewaffnung wurde auf sechzehn 61-cm-Rohre in vier Vierlingssätzen verstärkt (4 x 4). Die 12,7cm-Doppellafette ersetzte das Geschütz 6, während das Geschütz 7 ersatzlos an Land gegeben wurde. Als früher Kriegsverlust erfuhr YURA diese Umrüstung nicht mehr. Im Juni 1944 wurde die Ausrüstung mit 2,5-cm-Fla-Geschützen auf 36 Rohre verstärkt.

ISUZU erfuhr hingegen einen Umbau zum Flakkreuzer und Führungsschiff für U-Jagdgruppen. Zwischen Mai und September 1944 erhielt sie folgende Bewaffnung: sechs 12,7-cm-Luft/Seeziel-Geschütze S.K. L/50 in Doppellafetten (3 x 2: je eine vorn, mittschiffs und achtern) und 38 Rohre 2,5 cm (11 x 3, 5 x 1). Bei dieser Gelegenheit kamen auch die vorderen beiden Vierlings-Torpedorohrsätze von Bord.

Werdegang: Zu Beginn des Pazifischen Krieges gehörte die NAGARA zur Angriffsgruppe 4 (KAdm. Kubo) beim Süd-Philippinen-Verband, die die Landung bei Legaspi im Südosten Luzons durchführte. Im Anschluß daran war der Kreuzer mit dem Östlichen Angriffsverband (KAdm. Kubo) an den Landungen in der Lamon Bay an der Südostseite Luzons Ende Dezember 1941, bei Menado (heute Manado) und Kema im Nordosten von Celébes Anfang Januar 1942, in Kendari an der Ostseite von Celébes Ende Januar, bei Makassar (heute Ujung Pandang) an der Südspitze von Celébes Anfang Februar und auf Bali Mitte Februar beteiligt. Ende Mai 1942 gehörte die NAGARA als Flaggschiff der 10. Zerstörerflottille (KAdm. Kimura) zur

Oben: ABUKUMA. (Sammlung des Autors)

1. Trägerkampfgruppe (VAdm. Nagumo) und nahm am 4. Juni an der Luft/Seeschlacht von Midway teil. In dieser Funktion war sie auch nach der Umorganisation ab 14. Juli 1942 Teil des 1. Trägergeschwaders der 3. Flotte (VAdm. Nagumo). In ihrem Verband war der Kreuzer in der Folge ab August 1942 an den Kämpfen um die Salomonen (Guadalcanal) und an den damit im Zusammenhang stehenden Luft/Seeschlachten östlich der Salomonen am 24. August und bei den Santa-Cruz-Inseln am 26. Oktober beteiligt. In der Nacht vom 14./15. November 1942 versuchte das Gros der 2. Flotte (VAdm. Kongo) mit zwei Geleitsicherungsgruppen (NAGARA, SENDAI) den Flugplatz Henderson Field auf Guadalcanal zu beschießen. Beim Einlaufen in den »Iron Bottom Sound« entwickelte sich gegen einen US-Schlachtschiffverband die dritte Seeschlacht um die Salomonen. Hierbei versenkte die NAGARA in einem verworrenen Nachtgefecht vor der Insel Savo mit Torpedos und Artillerie die amerikanischen Vorhutzerstörer WALKE, BENHAM und PRESTON und beschädigte den Zerstörer GWIN. Gegen Ende 1943 operierte die NAGARA zur Verstärkung der Inselbesatzungen in den Marshall-Inseln. Hierbei erlitt sie am 4. Dezember vor Kwajalein Beschädigungen bei einem Angriff amerikanischer Trägerflugzeuge und ging anschließend zur Ausbesserung nach Truk. Am 7. August 1944 fiel die NAGARA 35 sm südlich von Nagasaki den Torpedos des amerikanischen Unterseebootes CROAKER (Lt.-Cdr. Lee) zum Opfer.

ISUZU operierte im Südwestpazifik und nahm als Flaggschiff der 2. Z-Flottille (KAdm. Tanaka) im Verband der 2. Flotte (VAdm. Kongo) an den Kämpfen um Guadalcanal teil. In der Entscheidungsschlacht um die Salomonen in der ersten Novemberhälfte 1942 beschädigten amerikanische Flugzeuge des USMC am 14. November die ISUZU vor Guadalcanal. Mit der 2. Z-Flottille (KAdm. Koyanagi) war die ISUZU auch am Endkampf und der Räumung Guadalcanals Anfang Februar 1943 beteiligt. Im Juni 1943 erlitt der Kreuzer auf einer vom US-Unterseeboot SILVERSIDES gelegten Minensperre vor Kavieng/Neuirland Beschädigungen durch einen Minentreffer. Nach ihrer Ausbesserung operierte die ISUZU gegen Ende 1943 zur Verstärkung der Inselbesatzungen in den Marshall-Inseln durch Truppentransporte. Wie die NAGARA wurde auch sie am 4. Dezember bei einem Angriff amerikanischer Trägerflugzeuge auf Kwajalein erheblich beschädigt und ging zur Notreparatur nach Truk, die bis zum 17. Januar 1944 dauerte. Anschließend verlegte der Kreuzer zur vollständigen Ausbesserung nach Yokosuka. Nachdem die ISUZU am 23. Januar dort eintraf, fiel die Entscheidung, sie in einen Flakkreuzer umzubauen. Nach der Durchführung der Ausbesserungsarbeiten ging sie zur Umrüstung der Bewaffnung nach Yokohama, wurde am 14. September zum »Flakkreuzer« umklassifiziert und am 5. Oktober 1944 wieder in Dienst gestellt. Anschließend gehörte der Kreuzer im Zuge der Seeschlacht um den Golf von Leyte zum Ablenkungsverband unter VAdm. Ozawa und war an der Teilschlacht vor Kap Engaño am 25. Oktober beteiligt. Am 19. November erhielt die ISUZU vor Corregidor in der Bucht von Manila einen Torpedotreffer des US-Unterseebootes HAKE (Lt.-Cdr. Hayler). Nach der Ausbesserung der erlittenen Schäden torpedierten und versenkten die US-Unterseeboote GABILAN (Cdr. Parham) und CHARR (Cdr. Boyle) schließlich den als Schnelltransporter eingesetzten Kreuzer am 7. April 1945 vor der Insel Soembawa in der Java-See.

Zu Kriegsbeginn gehörte die NATORI als Flaggschiff der 5. Z-Flottille (KAdm. Hara) zum Nord-Philippinen-Verband und führte mit ihrer Angriffsgruppe 3 am 10. Dezember 1941 die Landung bei Aparri an der Nordküste von Luzon durch. Von Formosa (heute Taiwan) aus operierend, folgten die Landungen im Golf von Lingayen an der Nordwestküste von Luzon am 23. Dezember sowie im Anschluß daran das Heranführen der dritten Welle Landungstruppen für Malaya. Ende Februar 1942 sicherte die NATORI mit der 5. Z-Flottille den für Java bestimmten Westlichen Landungsverband. Im Seegefecht in der Sundastraße in der Nacht zum 1. März gehörte die NATORI zu den japanischen Kreuzern und Zerstörern, die vor der Bantam-Bucht nördlich von Serang im Westen Javas die in der Bucht liegenden Transportschiffe gegen den Angriff des amerikanischen Schweren Kreuzers HOUSTON und des australischen Leichten Kreuzers PERTH verteidigten. Im Dezember 1942 torpedierte das US-Unterseeboot TAUTOG (Lt.-Cdr. Willingham) im südwestpazifischen Raum die NATORI, die daraufhin für einige Monate ausfiel. Schließlich versenkte das amerikanische Unterseeboot HARDHEAD (Lt.-Cdr. McMaster) am 18. August 1944 den Kreuzer 250 sm nordnordostwärts von Surigao/Philippinen durch Torpedotreffer.

Anfang Dezember 1941 hielt sich die YURA als Flaggschiff der 5. U-Flottille im Südchinesischen Meer auf, um die Landungen in Malaya zu decken. Vom Dezember bis in den März 1942 hinein war der Kreuzer als Teil des West- bzw. Malaya-Verbandes (VAdm. Ozawa) an der Deckung weiterer Landungen in Malaya, in Sarawak und im übrigen Nordborneo, in Palembang und im Norden Sumatras, auf Java und auf den Andamanen beteiligt. Am 1. April nahm die YURA am Vorstoß des aus Mergui (heute Myeik) an der Westküste Südburmas ausgelaufenen Malaya-Verbandes in den Golf von Bengalen teil, um die alliierte Schiffahrt anzugreifen – ein Diversionsunternehmen zum Vorstoß der japanischen 1. Träger-Luftflotte (VAdm. Nagumo) gegen Ceylon (heute Sri Lanka). Zur Mittelgruppe des Malaya-Verbandes gehörend, war die YURA an der Versenkung von vier Schiffen vor der Küste Indiens beteiligt, ehe sich dieser nach Singapur zurückzog. Während der Midway-Operation Anfang Juni 1942 gehörte der Kreuzer als Flaggschiff der 4. Z-Flottille (KAdm. Nishimura) zum Gros der Invasionsflotte (VAdm. Kondo). Bei der Umorganisation der japanischen Flotte am 14. Juli 1942 nach der Schlacht von Midway blieb die YURA weiterhin Flaggschiff der 4. Z-Flottille (KAdm. Takama) im Verband der 2. Flotte (VAdm. Kondo) und nahm an den Kämpfen um die Salomonen teil (»Tokio-Expreß« zur Versorgung und Verstärkung Guadalcanals). Am 25. September beschädigten B-17 und am 18. Oktober das US-Unterseeboot GRAMPUS den Kreuzer leicht. Während der Luft/Seeschlacht bei den Santa-Cruz-Inseln und der Schlacht um Guadalcanal Ende Oktober erzielten Sturzbomber des USMC vom Flugplatz Henderson Field/Guadalcanal auf der zur Beschießung des Flugplatzes anlaufenden YURA am 25. Oktober 1942 vor der Insel Savo schwere Bombentreffer, die den Kreuzer so erheblich beschädigten, daß er noch am selben Tag von den Zerstörern HARUSAME und YUDACHI selbstverständlich versenkt werden mußte.

Von Kriegsbeginn an operierte die KINU im Südchinesischen Meer sowie im Südwestpazifik und deckte japanische Landungen in Malaya und Niederländisch-Ostindien. Hierbei erlitt sie am 28. Februar 1942 vor Java bei alliierten Luftangriffen leichte Beschädigungen. Bis in den Januar 1944 hinein verblieb der Kreuzer in ostindischen Gewässern. Im Mai/Juni 1944 war sie an den Versuchen zur Entlastung der Verteidiger Biaks beteiligt, einer Insel, vorgelagert der Vogelkopf-Halbinsel im Norden Neuguineas. Zur Zeit der Schlacht um den Golf von Leyte/Philippinen Ende Oktober 1944 gehörte die KINU zur Sicherung eines Truppentransport-Geleitzuges, der Verstärkungen von Manila nach Ormoc brachte. Von Angriffen auf den Zentralverband VAdm. Kuritas nach der Schlacht von Samar zurückkehrende amerikanische Trägerflugzeuge der TG 77.4 versenkten am 26. Oktober 1944 die KINU 44 sm südwestlich der Insel Masbate/Philippinen.

Anfang Dezember 1941 diente die ABUKUMA als Flaggschiff der 1. Z-Flottille (KAdm. Omori) und gehörte zum Pearl-Harbor-Angriffsverband. Mit der 1. Träger-Luftflotte (VAdm. Nagumo) deckte und unterstützte die ABUKUMA mit ihren Zerstörern im Januar 1942 die japanischen Landungen in Rabaul/Neubritannien und Kavieng/Neuirland im Bismarck-Archipel. Am 19. Februar war der Kreuzer ebenfalls Teil dieses Flottenverbandes, als dessen Trägerflugzeuge die nordaustralische Hafenstadt Port Darwin angriffen. Auch beim Vorstoß der 1. Träger-Luftflotte in den Indischen Ozean gegen Ceylon war die ABUKUMA dabei. Dieser Vorstoß führte zum Verlust der britischen Schweren Kreuzer CORNWALL und DORSETSHIRE (siehe oben Seite 98 und 105). Ende Mai nahm die ABUKUMA am Ablenkungsunternehmen zur Midway-Operation gegen die Aleuten teil und gehörte zum Attu/Adak-Angriffsverband. Bei der Umorganisation der japanischen Flotte nach der Schlacht von Midway blieb der Kreuzer nunmehr im Verband der 1. Flotte weiterhin Flaggschiff der 1. Z-Flottille und auf den nordpazifischen Kriegsschauplatz der Aleuten detachiert. Am 26. März 1943 war die ABUKUMA an der Seeschlacht bei den Komandorski-Inseln beteiligt, in welcher der amerikanische Schwere Kreuzer SALT LAKE CITY schwer beschädigt wurde (siehe unten). Ende Juli 1943 nahm sie an der Evakuierung der Aleuten teil und Anfang Oktober 1944 gehörte sie zum 2. Angriffsverband (VAdm. Shima) im Südchinesischen Meer. In der Seeschlacht um den Golf von Leyte/Philippinen stieß der Kreuzer mit dem 2. Angriffsverband am 22. Oktober 1944 in der Sulusee zum Südverband unter VAdm. Nishimura. In der sich anschließenden Teilschlacht in der Surigao-Straße torpedierte das amerikanische S-Boot PT 137 (Lt. Kovar) am Morgen des 25. Oktober die ABUKUMA auf der Höhe der Insel Panaon und beschädigte sie schwer. Am folgenden Tag versenkten B-24 der 13. USAAF den beschädigten Kreuzer vor der Südküste der Insel Panay.

SENDAI-Klasse – (3. Gruppe der 5500-ts-Klasse)

Name	Bauwerft	Kiellegung	Stapellauf	Fertigstellung	Schicksal
NAKA	Mitsubishi, Yokohama	10. Juni 1922	24. März 1925 *	30. Nov. 1925	gesunken: 17. Febr. 1944
SENDAI	Mitsubishi, Nagasaki	16. Febr. 1922	30. Okt. 1923	29. April 1924	gesunken: 2. Nov. 1943
JINTSU	Kawasaki, Kobe	4. Aug. 1922	8. Dez. 1923	31. Juli 1925	gesunken: 13. Juli 1943
KAKO	Marinewerft Sasebo	15. Febr. 1922	-	-	annulliert: 17. März 1922

* Der Stapellauf verzögerte sich infolge des Erdbebens vom September 1923

Typ: Leichter Kreuzer (Kreuzer II. Klasse) – Otsu gata (Nito junyôkan).
Konstruktionsverdrängung: 5113 ts (5195 t).
Einsatzverdrängung: 7100 ts (7214 t).
Länge: 163,07 m (über alles), 158,50 m (CWL), 152,40 m (zwischen den Loten).
Breite: 14,25 m.
Tiefgang: 4,91 m (mittlerer).
Antriebsanlage: 4 Satz Gihon-Getriebeturbinen (JINTSU: 4 Satz Brown-Curtis-Getriebeturbinen), 12 Kampon-Kessel (11 Öl- und ein Kohlekessel), 4 Wellen.
Antriebsleistung: 70 000 WPS für 33 kn.
Bunkerinhalt: 300 ts (570 ts max.) Kohle + 1010 ts (1200 ts max.) Heizöl.
Fahrtstrecke: 7800 sm bei 10 kn.
Panzerschutz: Deck 51 mm, Hauptgürtelpanzer 64 mm, Kommandostand 51 mm.
Geschütze: sieben 14 cm S.K. L/50 (7 x 1), zwei 8 cm S.K. L/40 (2 x 1), zwei 13,2-mm-Fla-MG's.
Torpedorohre: acht 53,3 cm (4 x 2).
Seeminen: 80.
Bordflugzeuge: eines, ein Katapult.
Besatzungsstärke: 450 Offiziere und Mannschaften.

Entwurf: Die Bewilligung dieser Einheiten erfolgte unter den Haushalten 1921/22 und ihre Bezeichnung lautete »Kreuzer mittleren Typs des Programms 1920«. Ursprünglich waren vier Schiffe gebilligt worden: je zwei unter den Programmen 1920/21 und 1921/22; aber schließlich wurden alle vier Einheiten in das Programm 1921/22 eingestellt. Bei ihnen handelte es sich um die letzten Schiffe, die vor der Unterzeichnung des Washingtoner Flottenabkommens in Auftrag gegeben wurden. Ihr Entwurf stellte eine geringfügige Modifizierung der NAGARA-Klasse dar: die 3. und letzte Gruppe der »5500-ts«-Klasse. Die Entwurfsabänderung erstreckte sich im wesentlichen auf die Kessel-Anordnungen. Es gab nur noch einen Kessel mit Mischfeuerung im vorderen Kesselraum, der einen separaten Abzugsschacht erhielt. Dies führte zu einer Vier-Schornstein-Anordnung. Andererseits glichen das Panzerschutzschema, die Bewaffnung, die Anordnungen der Geschütze und der Hauptantriebsanlage weitgehend jenen der vorhergehenden Klasse. JINTSU führte jedoch Brown-Curtis-Turbinen.

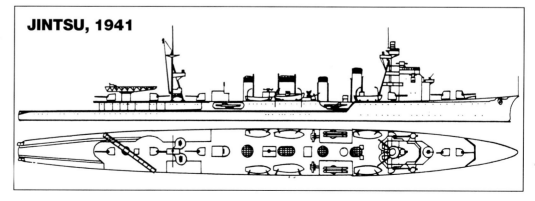

JINTSU, 1941

Oben: Die JINTSU in der Vorkriegszeit vor Kure. (IWM)

Die Antriebsanlagen stammten von den Bauwerften, wobei die Anlage für die NAKA die Yokohama Dock Co. lieferte. Ihre Ausrüstung umfaßte ebenfalls die Startplattform über dem Geschütz 2, vorgesehen für den Betrieb eines Radflugzeuges, das nie an Bord genommen wurde. Erst mit dem Einbau eines Katapultes auf dieser Plattform erfolgte das Anbordnehmen eines Flugzeuges, und zwar eines Seeflugzeuges.

Als Folge des Washingtoner Flottenabkommens wurde die KAKO am 17. März 1922 annulliert und der noch nicht vom Stapel gelaufene Schiffskörper erfuhr auf der Helling seinen Abbruch.

Modifizierungen: Etwa 1929 erhielt zumindest die JINTSU auf der Startplattform ein Katapult. 1934 besaßen alle drei Einheiten auf dem Schutzdeck zwischen den Geschützen 6 und 7 ein Katapult auf einem Schleuderturm. Aus dem Großmast wurde ein Dreibeinmast zur besseren Handhabung des Flugzeugbaums. Ausgerüstet wurden die Kreuzer mit dem Seeflugzeug Kawanishi 94,[186] das trotz des veralteten Modells während des gesamten Werdeganges der Schiffe an Bord blieb. Mitte der 30er Jahre erfuhren auch die Brückenaufbauten einen Umbau. Bis 1943 war die Luftabwehrfähigkeit der Kreuzer durch den Austausch der 8-cm-Fla-Geschütze gegen zwei 12,7-cm-Luft/Seeziel-Geschütze S.K. L/50 in einer Doppelafette sowie durch die Verstärkung der Leichten Flak für die Nahbereichsabwehr auf 44 Rohre 2,5 cm und sechs 13,2-mm-Fla-MG's verbessert worden.

Werdegang: Bei Ausbruch des Pazifischen Krieges gehörte die NAKA als Flaggschiff der Angriffsgruppe 2 (KAdm. Nishimura) zum Nord-Philippinen-Verband. Von Formosa (heute Taiwan) und Indochina aus operierend, war sie an der Deckung der japanischen Landungen am 11. Dezember 1941 bei Vingan und am 22. Dezember im Golf von Lingayen an der Westküste im nördlichen Teil der Insel Luzon beteiligt. Im Januar 1942 unterstützte der Kreuzer als Flaggschiff der 4. Z-Flottille (KAdm. Nishimura) die Landungen auf der Insel Tarakan vor der Ostküste Borneos und in Balikpapan ebenfalls an der Ostküste Borneos. Hier entging in der Nacht vom 23./24. Januar die NAKA nur knapp den Torpedos des niederländischen Unterseebootes K XVIII (Kptlt. van Well-Groen). Im Februar und März 1942 war der Kreuzer mit seiner Z-Flottille als Teil des Ostverbandes bei der Invasion Javas eingesetzt und am 27. Februar an der Seeschlacht in der Java-See gegen den ABDA-Verband unter KAdm. Doorman beteiligt (siehe unten JAVA Seite 222). Am 1. April 1942 torpedierte das amerikanische Unterseeboot SEAWOLF (Lt.-Cdr. Warder) die NAKA auf Höhe der Christmas-Insel und beschädigte den Kreuzer schwer. Unter Schwierigkeiten konnte ihn der Leichte Kreuzer NATORI nach Singapur einschleppen. Nach einer Notreparatur verlegte die NAKA in die Marinewerft Maizuru zur vollständigen Ausbesserung und wurde erst im März 1943 wieder in Dienst gestellt. Ende November 1943 operierte die NAKA in den Gilbert- und Marshall-Inseln und verstärkte unter anderem die Besatzungen der Inseln Kwajalein und Maloelap. Im Zuge eines amerikanischen Großangriffs auf Truk, die ehemalige Hauptbasis der japanischen Flotte im Pazifik, durch Kampfgruppen der TF 58 versenkten Flugzeuge der Träger BUNKER HILL und COWPENS am 17. Februar 1944 die NAKA etwa 35 sm westlich von Truk.

Bei Ausbruch des Pazifischen Krieges gehörte die SENDAI als Flaggschiff der 3. Z-Flottille (KAdm. Hashimoto) zum Südverband unter VAdm. Kondo und war an der Invasion Malayas beteiligt. Im Südchinesischen Meer operierend, sicherte sie bis Ende Januar 1942 Truppentransport-Geleitzüge von Indochina nach Malaya. In der Nacht vom 26./27. Januar 1942 war der Kreuzer in den frühen Morgenstunden an der Versenkung des britischen Zerstörers THANET beteiligt, als dieser versuchte, einen dieser Geleitzüge anzugreifen. Im Februar und März 1942 nahm die SENDAI mit ihrer Z-Flottille an der Landung bei Palembang/Sumatra sowie an der Invasion Javas teil. Mitte März war der Kreuzer Teil des Malaya-Verbandes (VAdm. Ozawa) und operierte bis in den April hinein im Andamanischen Meer, um die Besetzung von Port Blair auf den Andamanen und die Landung in Rangun/Burma zu decken. Ende Mai 1942 gehörte die SENDAI mit ihren Zerstörern bei der Midway-Operation zum Invasionsverband VAdm. Kondos und ab 14. Juli bei der Umorganisation der japanischen Flotte nach der Schlacht von Midway zur 1. Flotte. Ab Anfang September 1942 dienten die SENDAI und ihre Zerstörer als Schnelltransporter – »Tokio-Expreß« – zur Verstärkung und Versorgung der Besatzung der Insel Guadalcanal oder führten in den Salomonen Deckungsaufgaben durch und lieferten sich mit amerikanischen Kriegsschiffen Gefechte. In der Nacht vom 1./2. November 1943 war die SENDAI bei dem Versuch, den US-Landekopf anzugreifen, auch am Seegefecht in der Kaiserin-Augusta-Bucht an der Westküste der Insel Bougainville in den nördlichen Salomonen mit den amerikanischen Kreuzern und Zerstörern der TF 39 beteiligt. Hierbei schossen die US-Kreuzer die SENDAI durch radargelenktes Artilleriefeuer zum Wrack. Sie wurde schließlich durch den US-Zerstörer CHARLES F. AUSBURNE mit Artillerie versenkt.

Anfang Dezember 1941 gehörte die JINTSU als Flaggschiff der 2. Z-Flottille (KAdm. Tanaka) zum Süd-Philippinen-Verband und war in der Nacht vom 19./20. Dezember an der Landung beiderseits von Davao an der Südküste der Insel Mindanao/Philippinen beteiligt. Die Teilnahme des Kreuzers und seiner Zerstörer an weiteren Landungen auf den Philippinen, bei Menado und Kema im nördlichen Teil von Celébes, auf der Insel Ambon/Molukken, auf Timor und auf Java folgten bis zum März 1942. Am 27. Februar 1942 war auch die JINTSU an der Seeschlacht in der Java-See beteiligt (siehe oben NAKA). Ende Mai gehörte sie mit ihren Zerstörern zur Sicherung des für Midway bestimmten Truppentransport-Geleitzuges. Bei der Umorganisation der japanischen Flotte nach der Schlacht von Midway wurde der Kreuzer mit seiner Z-Flottille ab dem 14. Juli der 2. Flotte zugeteilt. Mitte August 1942 sicherte die JINTSU einen Transportgeleitzug von Rabaul nach Guadalcanal, während ihre Zerstörer in der Nacht vom 18./19. August bereits die ersten japanischen Truppen auf dieser Insel an Land setzten.

Während der Schlacht um Guadalcanal beschädigten Flugzeuge des USMC vom Flugplatz Henderson Field/Guadalcanal am Morgen des 25. August 1942 die JINTSU. Als am 30. Juni 1943 die ersten US-Truppen auf Neugeorgien/Salomonen landeten, gehörte der Kreuzer zu dem Verband, der die Operationen zur Verstärkung und Versorgung der Inselbesatzungen in den Salomonen deckte.

Im Seegefecht vor der Salomonen-Insel Kolombangara in der Nacht vom 12./13. Juli 1943 sank die JINTSU im radargelenkten Artilleriefeuer der amerikanischen Kreuzer und Zerstörer der *TF 36.1* im Kula-Golf.

YUBARI-Klasse

Name	Bauwerft	Kiellegung	Stapellauf	Fertigstellung	Schicksal
YUBARI	Marinewerft Sasebo	5. Juni 1922	5. März 1923	31. Juli 1923	gesunken: 27. April 1944

Typ: Leichter Kreuzer (Kreuzer II. Klasse) – Otsu gata (Nito junyôkan).
Standardverdrängung: 2890 ts (2936 t).
Einsatzverdrängung: 3587 ts (3644 t).
Länge: 138,91 m (über alles), 136,50 m (CWL), 132,59 m (zwischen den Loten).
Breite: 12,04 m.
Tiefgang: 3,58 m (mittlerer).
Antriebsanlage: 3 Satz Gihon-Getriebeturbinen, 8 Kampon-Kessel (6 Öl- und 2 Kohle/Öl-Kessel), 3 Wellen.
Antriebsleistung: 57 900 WPS für 35,5 kn.
Bunkerinhalt: 100 ts Kohle + 830 ts Heizöl.
Fahrtstrecke: 5500 sm bei 10 kn.
Panzerschutz: Deck 25 mm, Hauptgürtelpanzer 38 mm, Geschützschilde 25 mm.
Geschütze: sechs 14 cm S.K. L/50 (2 x 2, 2 x 1), ein 8 cm S.K. L/40, zwei 13,2-mm-Fla-MG's.
Torpedorohre: vier 61 cm (2 x 2).
Seeminen: 34.
Bordflugzeuge: keine.
Besatzungsstärke: 328 Offiziere und Mannschaften.

Entwurf: Dieses Schiff stellte im wesentlichen einen Experimentalentwurf dar. Es sollte die Durchführbarkeit demonstriert werden, auf einem kleinen Schiffskörper eine starke Bewaffnung unterzubringen. Ursprünglich im »8-4-Flottenprogramm« von 1917 unter dem vorläufigen Namen AYASE zusammen mit acht 5500-ts-Kreuzern enthalten, wurde es aber damals nicht in Angriff genommen. Die Bewilligung für den Bau eines solchen Versuchsschiffes wurde schließlich im Oktober 1920 erteilt. Sein Bau sollte in Übereinstimmung mit den Entwurfsgrundsätzen für die ebenfalls in diesem Jahr vorgeschlagenen 7500-ts-Kreuzer erfolgen. Hierbei hatte der Panzerschutz einen integralen Teil der Festigkeit des Schiffskörpers zu bilden. Dies veranschaulichte die Tatsache, daß sich bei der YUBARI der Gewichtsanteil des Schiffskörpers auf 31,3 % der Wasserverdrängung belief, verglichen mit 38,3 % beim 5500-ts-Typ, ohne daß der Schiffskörper an innerer Festigkeit verlor.

Der Hauptseitenschutz mit 38 mm Dicke war eine Fortsetzung der Innenbeplattung des Doppelbodens und erstreckte sich – von unten nach oben um 10° nach innen geneigt – bis zum Oberdeck. Die Beplattung der Außenhaut wies 19 mm Dicke auf und dazwischen befanden sich die Reservebunker für Heizöl. Das Panzerdeck zwischen dem Hauptseitenschutz hatte eine Dicke von 25 mm. Der geschützte Bereich umfaßte die Maschinenräume und bezog die vor ihnen liegende Artilleriezentrale mit ein. Der Hauptgürtelpanzer erstreckte sich über 58,5 m oder 42 % der Schiffslänge und der Gewichtsanteil des Panzerschutzes betrug 10,3 % der Standardverdrängung (im Vergleich zu 4,1 % beim 5500-ts-Typ). Die Hauptantriebsanlage beruhte auf jener für die Zerstörer der MINEKAZE-Klasse[187] und bestand aus drei Sätzen Getriebeturbinen mit Drei-Wellen-Anordnung, die eine Antriebsleistung von 57 900 WPS für eine Höchstgeschwindigkeit von 35,5 kn entwickelten. Die acht Kessel – zwei von ihnen (im vorderen Kesselraum) hatten noch immer Mischfeuerung – waren in drei getrennten Kesselräumen untergebracht. Betriebstemperatur und Betriebsdruck unterschieden sich nur unwesentlich von jenen der 5500-ts-Kreuzer. Der mittlere Kesselraum war der größte; er beherbergte vier Kessel. Die Abzugsschächte aller Kessel mündeten in einem einzigen großen Schornstein, obwohl der ursprüngliche Entwurf zwei Schornsteine vorgesehen hatte. Die Turbinen befanden sich in zwei Maschinenräumen; beiden lagen achteraus der Kesselräume.

Hinsichtlich der Hauptbewaffnung blieb es beim 14-cm-Geschütz des »3 Nendo shiki 14 cm«-Modells, aber die YUBARI führte nur sechs dieser Geschütze in zwei Einzel- und zwei Doppellafetten, letztere jeweils in überhöhter Aufstellung vorn und achtern über den ersteren. Die handbedienten Einzellafetten besaßen einfache Schilde, während die Doppellafetten elektrischen Antrieb hatten und von geschlossenen Turmschilden umgeben waren. Die Erhöhung der Geschützrohre betrug 30° und die Feuergeschwindigkeit lag bei sechs bis zehn Schuß pro Minute, abhängig vom Tempo der Munitionszufuhr. Nur ein einzelnes 8-cm-Fla-Geschütz hatte mittschiffs Aufstellung gefunden und zwei 13,2-mm-Fla-MG's vervollständigten die Fla-Bewaffnung. Außerdem besaß die YUBARI noch zwei Zwillingsrohrsätze – nach Zerstörerart mittschiffs aufgestellt – für Torpedos vom Kaliber 61 cm. Schließlich konnten noch 34 Seeminen mitgeführt werden.

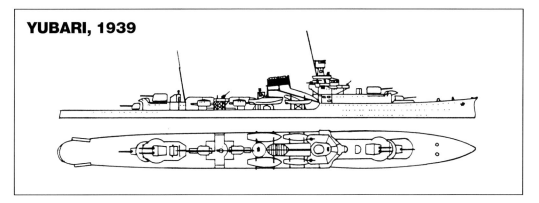

YUBARI, 1939

Modifizierungen: 1924 wurde der Schornstein um 2 m erhöht, um die Beeinträchtigung der Brücke durch Rauch und Schornsteinabgase zu verringern, und 1927 erhielten die Torpedorohrsätze größere Schilde. Bis 1943 war die Einsatzverdrängung auf 4448 ts (4519 t) gestiegen. Durch Entfernen der beiden Einzellafetten hatte sich die Hauptbewaffnung auf vier 14-cm-Geschütze reduziert; sie waren durch 2,5-cm-Fla-Geschütze in Drillingslafetten ersetzt worden. Die Leichte Flak bestand nunmehr aus zwölf 2,5-cm-Fla-Geschützen (4 x 3) und acht 13,2-mm-Fla-MG's.

Werdegang: Tatsächlich überstieg die YUBARI die Konstruktionswasserverdrängung um 420 ts. Bei den Erprobungsfahrten erreichte sie nur 34,8 kn.

Beim Ausbruch des Pazifischen Krieges gehörte die YUBARI als Flaggschiff der 6. Z-Flottille (KAdm. Kajioka) zur 4. Flotte (Südliche Mandatsinseln) in Truk und nahm am 10./11. Dezember 1941 am erfolglosen Versuch zur Besetzung der Insel Wake teil. Er scheiterte unter dem Verlust von zwei Zerstörern am Widerstand der US-Marineinfanterie. Ein zweiter Angriff des Kajioka-Verbandes mit stärkerer Unterstützung gelang am 21./22. Dezember. Am 8. März 1942 unterstützte der Kreuzer mit seinen Zerstörern die Landungen in Salamaua und Lae im Golf von Huon/Neuguinea. Am 10. März griffen Maschinen der Flugzeugträger YORKTOWN und LEXINGTON den Landungsverband im Golf von Huon an und beschädigten unter anderem die YUBARI. Bei der Reorganisation der japanischen Flotte nach der Schlacht von Midway bildete die 29. Z-Division mit YUBARI als Flaggschiff ab dem 14. Juli das 2. Geleitgeschwader der 4. Flotte in Truk. Nach der amerikanischen Landung auf der Salomonen-Insel Guadalcanal am 7. August 1942 (Operation »Watchtower«) gehörte die YUBARI zu dem Kreuzerverband, der in der Nacht zum 9. August in der Seeschlacht vor der Insel Savo die beiden alliierten Deckungsgruppen überraschend angriff und die Schweren Kreuzer HMAS CANBERRA, USS ASTORIA, USS QUINCY und USS VINCENNES unter schweren Verlusten an Menschenleben versenkte. Ende August 1942 besetzte die YUBARI mit der 29. Z-Division nach vorausgegangener Beschießung die Insel Nauru am 23. und die weiter östlich gelegene Ocean-Insel (heute Banaba) am 26. Ab 1943 nahm der Kreuzer wieder an den Kämpfen in den Salomonen teil. Er erlitt am 11. November in Rabaul/Neubritannien bei einem Angriff von Trägerflugzeugen der *TG 50.3* leichte Beschädigungen durch Bombennahtreffer. Am 27. April 1944 torpedierte und versenkte das amerikanische Unterseeboot BLUEGILL (Lt.-Cdr. Barr) auf Höhe der Palau-Inseln (heute Belau) die YUBARI zu einem Zeitpunkt, als die japanische Flotte gezwungen wurde, sich aus den Karolinen zurückzuziehen, nachdem Truk verlorengegangen war.[188]

Oben: Diese Aufnahme läßt die Zerstörerbauart der YUBARI deutlich erkennen. (Sammlung des Autors)

Unten: YUBARI. Ihr äußeres Erscheinungsbild gleicht fast einem Zerstörer. (Sammlung des Autors)

FURUTAKA-Klasse

Name	Bauwerft	Kiellegung	Stapellauf	Fertigstellung	Schicksal
FURUTAKA	Mitsubishi, Nagasaki	5. Dez. 1922	25. Febr. 1925	31. März 1926	gesunken: 11. Okt. 1942
KAKO	Kawasaki, Kobe	17. Nov. 1922	10. April 1925	20. Juli 1926	gesunken: 10. Aug. 1942

Typ: Schwerer Kreuzer (Kreuzer I. Klasse) – Kô gata (Itto Junyôkan).
Standardverdrängung: 7100 ts (7214 t).
Einsatzverdrängung: 9540 ts (9693 t).
Länge: 185,17 m (über alles), 181,36 m (CWL), 176,78 m (zwischen den Loten).
Breite: 16,51 m.
Tiefgang: 4,50 m (mittlerer).
Antriebsanlage: FURUTAKA: 4 Satz Parsons-Getriebeturbinen, KAKO: 4 Satz Brown-Curtis-Getriebeturbinen, 12 Kampon-Kessel (10 Öl- und 2 Kohle/Öl-Kessel), 4 Wellen.
Antriebsleistung: 102 000 WPS für 34,5 kn.
Bunkerinhalt: 1400 ts (1650 ts max.) Heizöl + 450 ts Kohle.
Fahrtstrecke: 8000 sm bei 14 kn.
Panzerschutz: Deck 35 mm, Hauptgürtelpanzer 76 mm, Munitionskammern 51 mm, Turmschilde 25 mm max.
Geschütze: sechs 20 cm S.K. L/50 (6 x 1), vier 8 cm S.K. L/40 (4 x 1), zwei 7,7-mm-Fla-MG's.
Torpedorohre: zwölf 61 cm (6 x 2 fest eingebaut).
Seeminen: keine.
Bordflugzeuge: eines, ein Katapult.
Besatzungsstärke: 625 Offiziere und Mannschaften.

Entwurf: Bei diesen beiden Einheiten handelte es sich um die oben im Zusammenhang mit der YUBARI erwähnten 7500-ts-Kreuzer. Sie sollten sowohl den Kreuzern der britischen HAWKINS-Klasse als auch jenen der amerikanischen OMAHA-Klasse überlegen sein.

Trotz der Tatsache, daß sie mit 20-cm-Geschützen bewaffnet waren, stellten sie jedoch tatsächlich Kreuzer aus der Zeit vor dem Washingtoner Flottenabkommen dar. Die KJM hatte dem Generalentwurf etwa sechs Monate vor der Vertragsunterzeichnung zugestimmt.

Bei diesem Entwurf waren die mit der YUBARI erprobten Prinzipien zu einem erkennbaren Kreuzertyp erweitert worden. Besondere Aufmerksamkeit hatte die KJM der Reduzierung des Gewichtsanteils für den Schiffskörper unter gleichzeitiger Aufrechterhaltung seiner Festigkeit gewidmet, und zwar mit Hilfe einer welligen Decksprunglinie und der Verwendung des Seitenschutzes als Bauteil der Längsfestigkeit. Das Verhältnis von Länge zu Breite war mit 1:7 sehr hoch, um die geforderte Höchstgeschwindigkeit zu erreichen. Trotz aller Anstrengungen zur Gewichtseinsparung wurde das Entwurfsdeplacement bedauerlicherweise um nahezu 11 % oder um fast 1000 ts überschritten, eine Diskrepanz, die in westlichen Marinen zur Entlassung des verantwortlichen Konstrukteurs geführt hätte. Die Gründe hierfür sind nie bekannt geworden; aber sie könnten einer mangelhaften Gewichtskontrolle bei der Ausrüstung zuzuschreiben sein.

Das Panzerschutzschema war nicht ausgelegt, um einem 20,3-cm-Beschuß standzuhalten; es sollte nur gegen einen 15,2-cm-Beschuß schützen. Der Hauptgürtelpanzer bestand aus 76 mm dickem NVNC-Panzerstahl und wies eine Breite von 4,11 m auf. Hierbei sollten sich bei der den Erprobungsfahrten zugrundegelegten Wasserverdrängung 3,28 m über der Wasserlinie befinden. Doch der vergrößerte Tiefgang infolge des Mehrgewichtes führte auch zu einem tieferen Eintauchen des Gürtelpanzers, so daß nur noch 2,21 m über der Wasserlinie verblieben. Der Gürtelpanzer selbst wies eine Länge von 80 m auf und erstreckte sich über die Maschinenräume. Er hatte von unten bis oben eine Neigung um 9° von der Senkrechten und ihn unterstützte keine Außenhautbeplattung. Oberhalb des Hauptgürtelpanzers bestand die Seitenbeplattung aus 19 mm auf 25 mm Hochfestigkeitsstahl.

Das Hauptpanzerdeck grenzte an die Oberkante des Seitenpanzers und war aus 35 mm dickem NVNC-Panzerstahl, während das Oberdeck eine Dicke von 28,6 mm plus 19 mm – beides Hochfestigkeitsstahl – erhalten hatte. Die Munitionskammern wiesen mit 51 mm an den Seiten und 35 mm nach oben einen kastenförmigen Schutz auf. Ein gepanzerter Kommandostand war nicht vorhanden. Der Panzerschutz der Turmschilde betrug: Front 25 mm und Decke 19 mm. *

Die Hauptantriebsanlage war als Vier-Wellen-Anordnung ausgelegt, jedoch nicht nach dem Einheitsprinzip. Es gab sieben getrennte Kesselräume. Der vordere beherbergte zwei mittlere Kessel mit Ölfeuerung, die vier folgenden je zwei große Kessel mit Ölfeuerung und das achtere Paar je einen Kessel mit Mischfeuerung. Mit Ausnahme des vorderen, der sich über die gesamte Schiffsbreite erstreckte, waren die übrigen Kesselräume paarweise angeordnet und mittschiffs durch Längsschotte getrennt. Letzteres galt auch für die vier Turbinenräume. Die FURUTAKA war mit Parsons-Turbinen und die KAKO mit Brown-Curtis-Turbinen der Bauwerften ausgestattet.

---

* Anmerkung des Verfassers: Zu dieser Zeit wurden im Kaiserreich Japan die alten Maßeinheiten auf das metrische System umgestellt, d.h. es kam zu Überlagerungen. Im Falle des Panzerschutzes waren beide Maßeinheiten oft vermischt. Einige in Millimetern ausgedrückte Maßangaben stellten offensichtlich direkte Umwandlungen alter Maßeinheiten dar, wie z. B. die 102 mm Seitenpanzer bei der MYÔKÔ-Klasse. Diese Sachlage vermischte sich noch mit der Praxis, Panzerplatten durch Gewicht zu spezifizieren.

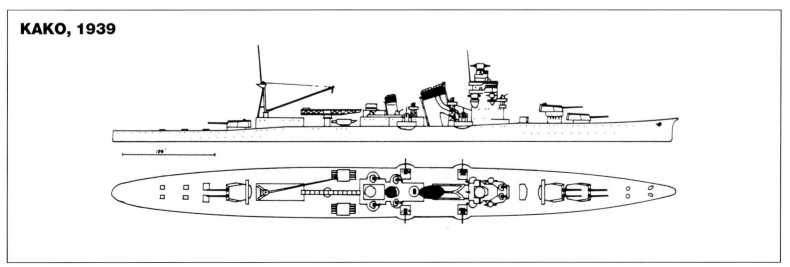

KAKO, 1939

Vom Entwurf her bestand die Hauptbewaffnung aus sechs 20-cm-Geschützen S.K. L/50 »3 Nendo shiki 20 cm« in Einzellafetten des Modells A mit wetterfesten Turmschilden. Dieses Geschütz verschoß eine 110 kg schwere Granate bei 25° Erhöhung auf eine Entfernung von 22500 m. Das Richten nach Höhe und Seite erfolgte elektrisch.

Die zugleich als Mittelartillerie dienende Schwere Flak umfaßte vier 8-cm-Fla-Geschütze S.K. L/40 »3 Nendo shiki 8 cm« in Einzellafetten, die mittschiffs an Backbord und Steuerbord angeordnet waren. Dieses Geschütz verschoß eine 5,99 kg schwere Granate bei größter Erhöhung auf 9000 m. Die Leichte Flak beschränkte sich auf zwei 7,7-mm-Fla-MG's von Vickers. Ursprünglich war vorgesehen gewesen, die Torpedobewaffnung wie bei Zerstörern in der Mittschiffslinie aufzustellen, aber – wie die Royal Navy bei der »County«-Klasse festgestellt hatte – bereitete die Höhe des Wetterdecks über der Wasserlinie Probleme. Infolgedessen wurden die Torpedorohrsätze auf dem Hauptdeck fest eingebaut, und zwar je drei Zwillingsrohrsätze an Backbord und Steuerbord: zwei Paare oberhalb der Maschinenräume und das dritte Paar vor dem Brückenaufbau. Die Rohre besaßen das Kaliber 61 cm und im Kriege wurden 24 Torpedos mitgeführt.

Vom Entwurf her stellten diese Einheiten Aufklärungskreuzer dar und waren deshalb für den Betrieb eines Bordflugzeuges ausgerüstet. Doch zum Zeitpunkt der Entwurfsfertigung stand kein Katapult zur Verfügung. Statt dessen erhielt die Decke des Turms 4 eine Startplattform. Schließlich erwiesen sich diese Plattformen als unbefriedigend und ein an Bord genommenes Seeflugzeug mußte mit dem Kran ausgesetzt werden, um von der Wasseroberfläche starten zu können. Achteraus der Schornsteine war eine Flugzeughalle untergebracht. Beide Einheiten wurden im März 1922 bewilligt und am 22. Juni desselben Jahres in Auftrag gegeben. Die Baukosten deckten die bereits für die annullierten Großkampfschiffe bewilligten Haushaltsmittel. Anfänglich schritt ihr Bau sehr schnell voran. Doch Materialknappheit und Probleme der industriellen Kapazität verzögerten den Stapellauf bis Anfang 1925 und damit auch die Fertigstellung der Schiffe.

Oben: Die FURUTAKA nach der Fertigstellung. (MPL)

Unten: Die KAKO in den 30er Jahren. Sie führt noch ihre ursprüngliche Bewaffnung. (IWM)

Modifizierungen: Im Winter 1926/27 wurden die Schornsteine erhöht und auch ihre Kappen geändert, um die Beeinträchtigungen durch Rauch auf der Brücke und den Leitständen zu verringern. 1930 kamen die Startplattformen von Bord. Umbauarbeiten erfolgten bei der KAKO 1931/32 und bei der FURUTAKA 1932/33 auf der Marinewerft Kure, wobei die Ausrüstung mit Schwerer Flak eine vollständige Änderung erfuhr. Die 8-cm-Geschütze ersetzten vier 12-cm-Fla-Geschütze S.K. L/50 »10 Nendo shiki 12 cm« in Einzellafetten mit Schilden. Dieses Geschütz verschoß eine 20,4 kg schwere Granate bei größtmöglicher Erhöhung auf 10000 m. Zwischen dem Geschütz 4 und der Flugzeughalle gelangte ein Katapult zum Einbau und ein Seeflugzeug vom Typ E4N2 kam an Bord.

Am 4. Juli 1936 begann bei der KAKO ein größerer Umbau auf der Marinewerft Sasebo, während bei der FURUTAKA die Umbauarbeiten erst

am 1. April 1937 auf der Marinewerft Kure in Gang kamen. Im Zuge dieser Umbauten erfuhr die Schwere Artillerie eine Änderung. Die bisherigen Geschütze wurden durch sechs 20,3-cm-Geschütze S.K. L/50 »3 Nendo shiki 20 cm« Modell 2 in drei Doppeltürmen mit einer maximalen Erhöhung von 55° ersetzt: zwei vorn in überhöhter Aufstellung und der dritte achtern. Diese Geschütze besaßen nachgebohrte 200-mm-Rohre von der HAGURO und der ASHIGARA (MYÔKÔ-Klasse), da zu diesem Zeitpunkt eine Knappheit an Geschützen des Modells 2 bestand. Die Feuerleit- und Brückeneinrichtungen erfuhren ebenfalls eine Modifizierung. Bei der Schweren Flak erhielten die Geschütze lediglich neue Positionen mit den charakteristischen Auskragungen mittschiffs an Backbord und an Steuerbord. Zusätzlich kamen an Leichter Flak noch acht 2,5-cm-Fla-Geschütze in Doppellafetten sowie vier 13,2-mm-Fla-MG's in Doppellafetten an Bord.

Die fest eingebauten Zwillings-Torpedorohrsätze wurden entfernt und durch zwei schwenkbare 61-cm-Vierlingsrohrsätze vor dem Katapult mit vier Reservetorpedos ersetzt. Die Flugzeugeinrichtungen bestanden nunmehr aus einem schweren Katapult, einem Flugzeugbaum am Großmast sowie Einrichtungen für den Betrieb von zwei Seeflugzeugen des Typs E7K2.

Neben der Überholung der Turbinenanlage wurden die bisherigen zwölf Kessel gegen zehn ausschließlich ölbefeuerte Kessel ausgetauscht. Zur Verbesserung der Stabilität und zum Ausgleich des zusätzlich eingebauten Mehrgewichtes erfuhr der Schiffskörper durch den Anbau von breiteren Seitenwülsten eine Vergrößerung der Schiffsbreite auf 18,54 m. Doch auch nach dieser Maßnahme blieb die Stabilität hinter den Erwartungen zurück. Ansonsten scheint es bis zum Verlust dieser Einheiten 1942 kaum noch Modifizierungen gegeben zu haben.

Werdegang: Nach ihrer Indienststellung bildeten die beiden Einheiten das 5. Kreuzergeschwader. Am 1. Dezember 1931 wurde die FURUTAKA in den Reservestatus versetzt, während die KAKO am 20. Mai 1933 mit den Schweren Kreuzern AOBA und KINUGASA das 6. Kreuzergeschwader bildete. Am 15. November 1933 löste die wieder in Dienst gestellte FURUTAKA die in die Reserve versetzte KAKO ab. Beide Einheiten absolvierten Große Werftliegezeiten: KAKO vom 4. Juli 1936 bis zum 27. Dezember 1937 und FURUTAKA vom 1. April 1937 bis zum 30. April 1939. Nach der Beendigung des Umbaus kehrten beide Einheiten in den Reservestatus zurück.

Beim Ausbruch des Pazifischen Krieges gehörten beide Einheiten zusammen mit AOBA und KINUGASA zum 6. Kreuzergeschwader (KAdm. Goto) der 1. Flotte in Truk, das der 4. Flotte (Südliche Mandatsinseln)[189] unterstellt war. Nach der Wegnahme von Guam Anfang Dezember 1941 unterstützte dieses Kreuzergeschwader am 22. Dezember den zweiten, erfolgreich verlaufenen Angriff auf die Insel Wake, um danach bis zum 10. Januar 1942 nach Truk zurückzukehren. Anschließend deckte das 6. Kreuzergeschwader die japanischen Landungen in der Nacht vom 22./23. Januar bei Rabaul/Neubritannien und Kavieng/Neuirland im Bismarck-Archipel und – nach einer Werftliegezeit im Februar in Truk – auch die Landungen am 8. März bei Salamaua und Lae im Golf von Huon/Neuguinea sowie auf den nördlichen Salomonen-Inseln Buka, Bougainville, Shortland und Manus, um am 10. April 1942 erneut nach Truk zurückzukehren. Am 3. Mai deckte das 6. Kreuzergeschwader die japanische Landung auf der südlichen Salomonen-Insel Tulagi und nach der Seeschlacht in der Korallensee[190] traten KAKO und FURUTAKA am 31. Mai den Heimmarsch nach Japan an. Sie trafen am 5. Juni in Kure ein und nach einer kurzen Überholung kehrten die KAKO am 23. Juni und ihr Schwesterschiff am 4. Juli bereits wieder nach Truk zurück. Bei der Reorganisation der japanischen Flotte nach der Schlacht von Midway gehörte das 6. Kreuzergeschwader (KAdm. Goto) in bisheriger Zusammensetzung ab 14. Juli zur 8. Flotte. Nach der amerikanischen Landung auf Guadalcanal war das von Rabaul aus operierende Kreuzergeschwader in der Nacht zum 9. August 1942 an der Seeschlacht vor der Insel Savo (siehe oben YUBARI Seite 192) beteiligt. Auf dem Rückmarsch versenkte das amerikanische Unterseeboot S 44 (Lt.-Cdr. Moore) am 10. August die KAKO mit drei Torpedos auf der Höhe der Insel Simberi vor Kavieng. Der Kreuzer sank binnen fünf Minuten.

Sein Schwesterschiff nahm weiterhin an den Kämpfen um Guadalcanal teil und deckte mit ihrem Kreuzergeschwader insbesondere in der Nacht vom 23./24. August die Beschießung und Versorgung der Insel.

In der Seeschlacht vor Kap Esperance an der Nordspitze Guadalcanals mit den Kreuzern der amerikanischen *TF 64* versenkte der Zerstörer DUNCAN am 11. Oktober 1942 die FURUTAKA durch Torpedotreffer, wobei auch die DUNCAN durch Artilleriebeschuß der FURUTAKA und des Zerstörers HATSUYUKI verlorenging.

Unten: Die FURUTAKA am 9. Juni 1939 nach dem Umbau. (IWM)

AOBA-Klasse

Name	Bauwerft	Kiellegung	Stapellauf	Fertigstellung	Schicksal
AOBA	Mitsubishi, Nagasaki	4. Febr. 1924	25. Sept. 1926	20. Sept. 1927	gesunken: 28. Juli 1945
KINUGASA	Kawasaki, Kobe	23. Jan. 1924	24. Okt. 1926	30. Sept. 1927	gesunken: 14. Nov. 1942

Typ: Schwerer Kreuzer (Kreuzer I. Klasse) – Kô gata (Itto Junyôkan).
Standardverdrängung: 7100 ts (7214 t).
Einsatzverdrängung: 8900 ts (9042 t).
Länge: 185,17 m (über alles), 183,59 m (CWL), 178,38 m (zwischen den Loten).
Breite: 15,83 m.
Tiefgang: 5,72 m (mittlerer).
Antriebsanlage: AOBA: 4 Satz Parsons-Getriebeturbinen, KINUGASA: 4 Satz Brown-Curtis-Getriebeturbinen, 12 Yarrow-Kessel (10 Öl- und 2 Kohle/Öl-Kessel), 4 Wellen.
Antriebsleistung: 102 000 WPS für 34,5 kn.
Bunkerinhalt: 1800 ts Heizöl + 450 ts Kohle.
Fahrtstrecke: 6000 sm bei 14 kn.
Panzerschutz: wie bei FURUTAKA.
Geschütze: sechs 20 cm S.K. L/50 (3 x 2), vier 12 cm S.K. L/50 (4 x 1), zwei 13,2-mm-Fla-MG's.
Torpedorohre: zwölf 61 cm (6 x 2 fest eingebaut).
Seeminen: keine.
Bordflugzeuge: eines, ein Katapult.
Besatzungsstärke: 625 Offiziere und Mannschaften.

Entwurf: Das am 3. Juli 1922 bekanntgegebene Flottenbauprogramm schlug den Bau von nicht weniger als 59 Schiffen vor, darunter zwei 7100-ts- und vier 10 000-ts-Kreuzer. Erstere waren mit den im März 1922 bewilligten zwei Einheiten der FURUTAKA-Klasse identisch; die vier Kreuzer sollten als homogenes Geschwader operieren. Infolge des Drucks, den der Admiralstab in Abwesenheit des Chefs des Konstruktions-Büros, KAdm. Hiraga Yuzuru, ausübte, wurde jedoch der Entwurf dieser beiden neuen Schiffe modifiziert; sie sollten von Anfang an 20-cm-Doppeltürme erhalten. Zusammen mit der Entscheidung, die Schiffe mit einem Katapult auszurüsten, erforderte dies hinsichtlich der achteren Aufbauten eine völlige Überarbeitung des Entwurfs. Gleichzeitig sollte die Schwere Flak anstelle des 8-cm-Geschützes mit dem 12-cm-Geschütz S.K. L/50 »10 Nendo shiki 12 cm« ausgestattet werden. Die Berechnungen ergaben, daß die Zunahme bei der Wasserverdrängung gegenüber der FURUTAKA etwa 320 ts betragen würde. Doch zu diesem Zeitpunkt war das Mehrgewicht bei der vorhergehenden Klasse noch nicht bekannt. Tatsächlich war das den Erprobungsfahrten zugrundeliegende Zwei-Drittel-Deplacement bei der KINUGASA auf etwa 9930 ts (10 089 t) angestiegen. Infolgedessen waren sowohl die Stabilität als auch der erforderliche Freibord der Schiffe ernstlich gefährdet. Im Vergleich zur FURUTAKA ergaben sich hauptsächlich bei den folgenden Gewichtsgruppen Zunahmen: Panzerung um 50 ts, Antriebsanlage um 100 ts, Bewaffnung um 100 ts und Bunkerraum um 150 ts. Andererseits waren an allgemeiner Ausrüstung 50 ts eingespart worden.

Unten: Die AOBA im Jahre 1935. (IWM)

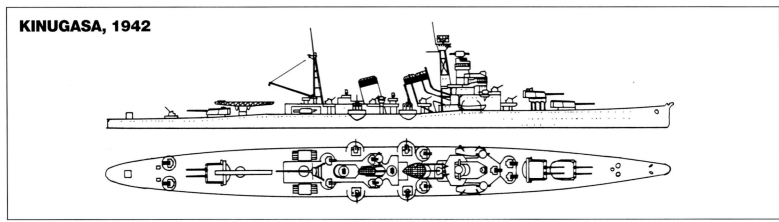

KINUGASA, 1942

Links: KINUGASA. (MPL)

Unten: Die AOBA im Jahre 1945 nach der Kapitulation Japans. (Sammlung des Autors)

Das Panzerschutzschema und die von den Bauwerften stammenden Antriebsanlagen entsprachen weitgehend den Schiffen der vorhergehenden Klasse. Die Kessel waren vom Yarrow-Typ und die Turbinen vom Brown-Curtis- (KINUGASA) und Parsons-Typ (AOBA).

Die Schwere Artillerie führte das 20-cm-Geschütz S.K. L/50 »3 Nendo shiki 20 cm« in Doppeltürmen des Modells C mit einer maximalen Rohrerhöhung von 40°. Die Turmschilde besaßen an Seite, Decke, Vorder- und Rückfront durchgängig 25 mm Panzerung. Infolge der größeren Rohrerhöhung war bei diesem Lafettenmodell die Schußweite gegenüber der Einzellafette Modell A um ein Drittel gestiegen. Allerdings war das Gewicht der Türme für diesen Schiffskörper zu groß, dessen Festigkeit später verstärkt werden mußte. Ansonsten unterschied sich die übrige Bewaffnung nicht von der bei der FURUTAKA-Klasse.

Für den Einbau eines Katapultes und das Mitführen eines Bordflugzeuges wurden die erforderlichen baulichen Vorkehrungen getroffen, aber das erste stand zum Zeitpunkt der Fertigstellung noch nicht zur Verfügung.

Die Bauaufträge für die beiden Einheiten ergingen im Juni 1923, aber ihr Kiel wurde erst sechs Monate später gestreckt.

Modifizierungen: Ihr Katapult erhielt die KINUGASA im Mai 1928 und ihr Schwesterschiff im Januar 1929. Zu diesem Zeitpunkt stand auch für die Bordverwendung das Seeflugzeug vom Typ E2N1 zur Verfügung. Es wurde Ende 1932 durch den Typ E2N2 ersetzt, dem 1936 wiederum der Typ E7K2 ablöste. 1930 bekamen die beiden Kreuzer ein Katapult neuen Typs, das mit Pulvergasdruck arbeitete, und die bisherigen 12-cm-Lafetten ersetzten Einzellafetten mit Schilden, die nach Höhe und Seite elektro-hydraulisch gerichtet wurden. 1932 wurden auf Konsolen beiderseits des vorderen Schornsteins zwei 13,2-mm-Hotchkiss-Vierlings-Fla-MG's sowie eine weitere 13,2-mm-Vierlingslafette vor der Brücke eingebaut.

1937/38 sollten die beiden Kreuzer einer umfangreichen Modernisierung unterzogen werden, aber die politische Lage verhinderte dies. Statt dessen erfuhren sie nur eine begrenzte Umrüstung. Bei der Schweren Artillerie wurden die bisherigen Geschütze gegen das 20,3-cm-Geschütz S.K. L/50 »3 Nendo shiki 20 cm« Modell 2 ausgetauscht, dessen Kaliber auf 203 mm nachgebohrt worden war. Das Feuerleitsystem wurde ebenfalls modernisiert. Letzteres erfolgte auch bei der Schweren Flak, deren 12-cm-Geschütze keinen Austausch erfuhren. Hingegen kam es zu einer Verstärkung der Leichten Flak: zusätzlicher Einbau von vier 2,5-cm-Doppellafetten rund um den achteren Schornstein sowie Ergänzung der 13,2-mm-Vierlingslafette durch den Einbau von zwei 13,2-mm-Fla-Zwillingslafetten vor dem Brückenaufbau. Wie bei der FURUTAKA-Klasse kamen die Zwillingsrohrsätze im Austausch gegen zwei 61-cm-Vierlings-Torpedorohrsätze mit je vier Reservetorpedos von Bord. Dies galt auch für die Flugzeugeinrichtungen: Einbau eines schweren Katapultes auf dem Achterschiff mit Flugzeugbaum am Großmast und Flugzeughalle im achteren Schutzdeck sowie Mitführen von zwei Seeflugzeugen des Typs E7K2.

Bezüglich der Antriebsanlage kam es nicht zum Austausch der Kessel. Die Anlage erfuhr lediglich eine Überholung und die beiden Kessel mit Mischfeuerung wurden vollständig auf Ölfeuerung umgestellt. Aufgrund dieser Modifizierungen ergab sich ein zusätzliches Gewicht von etwa 576 ts, so daß die beiden Schweren Kreuzer zur Wiederherstellung der Stabilität breitere Seiten- bzw. Torpedowülste erhielten. Hierdurch vergrößerte sich also die Schiffsbreite um 1,68 m.

Der frühe Kriegsverlust der KINUGASA verhinderte weitere kriegsbedingte Veränderungen. Bei der AOBA hingegen wurde im Zuge der Ausbesserungsarbeiten zwischen dem Dezember 1942 und dem Februar 1943 der beschädigte Turm 3 entfernt und zeitweise durch eine 2,5-cm-Fla-Drillingslafette ersetzt. Außerdem ersetzte eine weitere 2,5-cm-Drillingslafette die beiden 13,2-cm-Zwillingslafetten vor der Brücke.

Von August bis November 1943 mußte die AOBA erneut zu Reparaturarbeiten in die Werft. Turm

3 kam wieder an Bord und beiderseits des Großmastes erfolgte der Einbau von zwei weiteren 2,5-cm-Doppellafetten. Damit erhöhte sich die Anzahl der 2,5-cm-Fla-Geschütze auf fünfzehn (1 x 3, 6 x 2). Darüber hinaus erhielt der Kreuzer ein Luftraum-Überwachungsradar.[191] Hingegen wurde die Antriebsanlage nicht mehr vollständig instandgesetzt und die Höchstgeschwindigkeit hatte sich nunmehr auf 28 kn verringert.

Im Juli 1944 erfuhr die AOBA in Singapur eine weitere Verstärkung der Leichten Flak, als weitere vier 2,5-cm-Drillings- und fünfzehn Einzellafetten an Bord kamen. Die Anzahl der 2,5-cm-Fla-Geschütze erhöhte sich somit auf 42 (5 x 3, 6 x 2 und 15 x 1). Außerdem erfolgte der Einbau eines Seeraum-Überwachungsradars. Im März 1945 erhielt die AOBA in Kure nochmals vier zusätzliche 2,5-cm-Doppellafetten um den Großmast. Sie besaß nunmehr fünfzig 2,5-cm-Geschütze: 5 x 3, 10 x 2, 15 x 1.

Werdegang: Vom Dezember 1927 an gehörten die beiden Kreuzer mit FURUTAKA und KAKO zum 5. Kreuzergeschwader mit der KINUGASA als Flaggschiff. Ab dem 20. Mai 1933 bildeten die vier Schiffe das 6. Kreuzergeschwader. Vom 15. November 1935 bis zum 30. November 1936 gehörten AOBA und KINUGASA zum 7. Kreuzergeschwader. Danach wurden sie ab dem 1. Dezember 1936 zur Reserveflotte in Kure versetzt, in der sie bis 1938 verblieben, als die Umbauarbeiten bei der Marinewerft Sasebo begannen. Ihre Wiederindienststellungen erfolgten am 15. November 1940 (AOBA) und am 1. März 1941 (KINUGASA). Sie traten zum 6. Kreuzergeschwader und leisteten bis Ende Oktober 1941 hauptsächlich Ausbildungsdienst.

Am 30. November 1941 verlegten die vier Einheiten des 6. Kreuzergeschwaders (KAdm. Goto) – AOBA, KINUGASA, FURUTAKA und KAKO – vom Marinestützpunkt Kure zu den Bonin-Inseln und später nach Truk zur 1. Flotte. Bei Ausbruch des Pazifischen Krieges wurde dieses Kreuzergeschwader der 8. Flotte (Südliche Mandatsinseln) unterstellt. Bis zur Seeschlacht vor der Insel Savo in den beginnenden Kämpfen um Guadalcanal am 9. August 1942 entspricht der Werdegang der beiden Kreuzer einschließlich der kurzen Überholung in Kure im Juni/Juli 1942 dem der FURUTAKA und KAKO (siehe oben). In dieser Seeschlacht erlitten AOBA und KINUGASA leichte Beschädigungen. Beide Kreuzer waren weiterhin an den Kämpfen in den Salomonen beteiligt, unter anderem auch an der Seeschlacht vor Kap Esperance, der Nordspitze der Insel Guadalcanal, am 11. Oktober 1942. Hierbei wurde die AOBA schwer beschädigt. Sie erhielt 24 Artillerietreffer von Granaten der Kaliber 15,2 cm und 20,3 cm, so daß der Kreuzer zur Ausbesserung nach Kure in die dortige Marinewerft gehen mußte. Dort traf er am 22. Oktober ein. Die KINUGASA fügte dem amerikanischen Leichten Kreuzer BOISE in dieser Seeschlacht so schwere Schäden zu, daß dieser fast gesunken wäre. Nach der Versenkung der FURUTAKA und der KAKO (siehe oben) wurde das 6. Kreuzergeschwader im November 1942 aufgelöst und die KINUGASA verblieb allein in den Salomonen.

In der Entscheidungsschlacht um Guadalcanal Mitte November 1942 gehörte der Kreuzer zur Deckungsgruppe der 8. Flotte unter VAdm. Mikawa. Nach einer Beschießung des Flugplatzes Henderson Field/Guadalcanal in der Nacht vom 13./14. November wurden die sich zurückziehenden japanischen Verbände von der amerikanischen Luftaufklärung erfaßt und in den frühen Morgenstunden des 14. November von Flugzeugen des USMC und des Flugzeugträgers ENTERPRISE angegriffen. Hierbei sank die KINUGASA nach Torpedo- und Bombentreffern durch Trägerflugzeuge der ENTERPRISE auf der Höhe der Insel Rendova/Salomonen.

Nach Beendigung der Ausbesserungsarbeiten lief die AOBA wieder nach Truk aus und traf dort am 20. Februar 1943 ein. Anschließend verlegte der Kreuzer nach Kavieng. Dort wurde er am 3. April 1943 bei einem Luftangriff durch B-17 schwer beschädigt, nachdem bei einem Bombentreffer zwei seiner Torpedos detonierten. Sie verursachten in den Maschinenräumen heftige Brände und das Schiff mußte auf Grund gesetzt werden, um ein Sinken zu verhindern. Schließlich wurde der Kreuzer geborgen und durch eine Notreparatur soweit instandgesetzt, daß er erneut den Rückmarsch nach Kure zur vollständigen Ausbesserung antreten konnte. Er traf am 1. August 1943 in der dortigen Marinewerft ein. Die Reparaturarbeiten dauerten bis Ende November. Pläne, das Schiff entweder in einen »Flugzeugkreuzer« oder einen schnellen Tanker umzubauen, ließen sich nicht verwirklichen. Nach der Beendigung des Werftaufenthaltes verlegte die AOBA nach Singapur und lief dort am 24. Dezember 1943 ein. Im Februar 1944 wurde sie das Flaggschiff des 7. Kreuzergeschwaders (KAdm. Sakonju), zu dem noch die Schweren Kreuzer CHIKUMA und TONE gehörten und das in niederländisch-ostindischen Gewässern zum Einsatz kam. Am 1. März 1944 unternahm das 7. Kreuzergeschwader einen Vorstoß aus der Sunda-Straße in den Indischen Ozean, um auf der Schiffahrtsroute Australien-Aden Handelskrieg zu führen.[192] In der Folge fand die AOBA hauptsächlich zu Transportaufgaben in den Philippinen Verwendung. Im Zusammenhang mit der Schlacht um den Golf von Leyte/Philippinen sicherte die AOBA mit dem Leichten Kreuzer KINU und dem Zerstörer URANAMI einen Truppentransport-Geleitzug von Manila nach Ormoc. Hierbei torpedierte das amerikanische Unterseeboot BREAM (Lt.-Cdr. McCallum) die AOBA westlich der Bucht von Manila. Der Torpedo traf den Turbinenraum 2, so daß der Kreuzer erneut am 12. Dezember 1944 zur Ausbesserung in Kure einlief. Die AOBA erfuhr jedoch keine Reparatur mehr, sondern wurde am 28. Februar 1945 aufgelegt und in den Reservestatus versetzt. Später fand sie als schwimmende Flakbatterie Verwendung. Amerikanische Trägerflugzeuge der TF 38 beschädigten am 24. Juni 1945 den Kreuzer so schwer, daß er auf Grund gesetzt werden mußte. Bei einem weiteren Angriff von Flugzeugen der TF 38 und der 7. USAAF am 28. Juli wurde die AOBA zum Wrack gebombt, wobei ihr Heck wegbrach und das Schiff volllief.

MYÔKÔ-Klasse

Name	Bauwerft	Kiellegung	Stapellauf	Fertigstellung	Schicksal
MYÔKÔ	Marinewerft Yokosuka	25. Okt. 1924	16. April 1927	31. Juli 1929	selbstversenkt: 8. Juli 1946
NACHI	Marinewerft Kure	26. Nov. 1924	15. Juni 1927	26. Nov. 1928	gesunken: 5. Nov. 1944
HAGURO	Mitsubishi, Nagasaki	16. März 1925	24. März 1928	25. April 1929	gesunken: 16. Mai 1945
ASHIGARA	Kawasaki, Kobe	11. April 1925	22. April 1928	20. Aug. 1929	gesunken: 8. Juni 1945

Typ: Schwerer Kreuzer (Kreuzer I. Klasse) – Kô gata (Itto junyôkan).
Standardverdrängung: 10 000 ts (10 160 t).
Einsatzverdrängung: 11 663 ts * (11 850 t).
Länge: 203,76 m (über alles), 201,50 m (CWL), 192,38 m (zwischen den Loten).
Breite: 19,00 m.
Tiefgang: 5,03 m (mittlerer), 5,89 m (maximal).
Antriebsanlage: 4 Satz Getriebeturbinen, 12 Kampon-Kessel, 4 Wellen.
Antriebsleistung: 130 000 WPS für 35,5 kn.
Bunkerinhalt: 2470 ts Heizöl.
Fahrtstrecke: 8000 sm bei 14 kn.
Panzerschutz: Panzerdeck 35 mm, Oberdeck 13 mm – 25 mm, Hauptgürtelpanzer 102 mm, Panzerquerschotte 76 mm – 102 mm, Türme 25 mm, Barbetten 76 mm.
Geschütze: zehn 20 cm S.K. L/50 (5 x 2), sechs 12 cm S.K. L/50 (6 x 1), zwei 7,7-mm-Fla-MG's.
Torpedorohre: zwöf 61 cm (4 x 3 fest eingebaut).
Seeminen: keine.
Bordflugzeuge: zwei, ein Katapult.
Besatzungsstärke: 773 Offiziere und Mannschaften.

* Wie 1924 entworfen; entspricht der Zwei-Drittel-Wasserverdrängung bei den Erprobungsfahrten. Die tatsächliche Einsatzverdrängung bei der Fertigstellung betrug 13 300 ts (13 513 t).

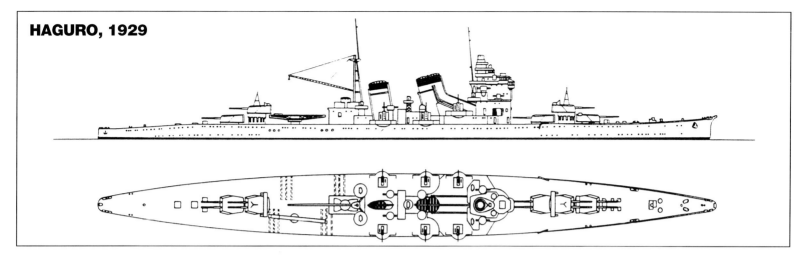

HAGURO, 1929

Entwurf: Nach der Unterzeichnung des Washingtoner Flottenabkommens am 6. Februar 1922 legte der damalige Marinegeneralstab die militärischen Erfordernisse für eine Klasse von »Washington«-Kreuzern fest, bewaffnet mit 20-cm-Geschützen. Die anfängliche Spezifizierung forderte acht Geschütze in Doppeltürmen – drei vorn und einer achtern – sowie vier 12-cm-Fla-Geschütze, vier fest eingebaute Zwillings-Torpedorohrsätze und einen Panzerschutz gegen indirekte Treffer von 20,3-cm-Granaten. Bei einer Standardverdrängung von 10 000 ts sollte die Höchstgeschwindigkeit 35 kn und die Seeausdauer 10 000 sm bei 14 kn betragen. Nach eingehenden Diskussionen wurde diese Spezifizierung abgeändert: Verstärkung der Hauptbewaffnung auf zehn Geschütze, Verbesserung des Schutzes gegen Torpedos und gänzlicher Verzicht auf die Torpedobewaffnung. Wie schon bei der AOBA-Klasse kam dann die Politik ins Spiel und am Entwurf wurde herumgeflickt, um die Torpedobewaffnung wieder unterzubringen und die Schwere Flak auf sechs Geschütze zu verstärken. Später wurde die Torpedobewaffnung sogar durch das Nutzen des Vorteils der Drillingssätze auf zwölf Torpedorohre verstärkt. Durch diese gesamten Änderungen stieg die Wasserverdrängung nach Schätzungen um etwa 500 ts.

Wie bei den 7100-ts-Kreuzern bildete der Gürtelpanzer einen integralen Bestandteil der Festigkeit des Schiffskörpers und auch das wellenförmige Glattdeck fand wieder Verwendung. Diese Maßnahmen führten jedoch letztlich nicht zu den erwarteten Gewichtseinsparungen und der Gewichtsanteil des Schiffskörpers überstieg um rund 200 ts die vom Entwurf her errechnete Summe. Infolge der vergrößerten Wasserverdrängung zeigte sich überdies auch die Schiffsfestigkeit nicht in dem erwarteten Ausmaß zufriedenstellend. Als die Kreuzer schließlich fertiggestellt waren, ergab sich, daß die für die Erprobungsfahrten berechnete Wasserverdrängung um nahezu 1000 ts und das ursprüngliche Entwurfsdeplacement um fast 1500 ts überschritten waren.

Das Panzerschutzschema umfaßte einen 102 mm dicken Gürtelpanzer, der sich von seiner Unter- bis zu seiner Oberkante um 12° nach außen neigte. Er erstreckte sich sowohl über die Munitionskammern als auch über die Maschinenräume, obwohl seine Höhe sich außerhalb der letzteren verringerte. Seine Länge betrug 123,6 m und in seinem mittleren Bereich war er 3,5 m breit. Außerhalb

Unten: ASHIGARA. (Sammlung des Autors)

Oben: Die ASHIGARA im Nord-Ostsee-Kanal.
(Sammlung des Autors)

Unten: Die ASHIGARA im Sommer 1937 in Kiel.
(Sammlung des Autors)

dieses Bereiches verringerte sich seine Breite nach vorn und achtern auf 2 m. Seinen Abschluß bildeten vorn und achtern Panzerquerschotte von 76 mm bis 102 mm Dicke. Seitliche Torpedowülste waren einbezogen, die sich von der Unterkante des Gürtelpanzers aus nach unten erstreckten. Ihre inneren Begrenzungen bildete eine gekrümmte Doppellage aus 45 mm dickem Hochfestigkeitsstahl. Diese Seitenwülste waren etwa 93 m lang und sie wiesen eine maximale Tiefe von rund 2,5 m auf. Der Horizontalschutz bestand aus einem Hauptpanzerdeck mit 32 – 35 mm Dicke über den Maschinenräumen, wobei die Kesselabzugsschächte einen 70–89 mm dicken Panzerschutz erhalten hatten. Das Oberdeck war durch 13–25 mm dicke Platten aus Hochfestigkeitsstahl verstärkt worden und der Schutz über den Munitionskammern (Zwischendeck) bestand aus einer 35 mm dicken Panzerung. Oberhalb des Zwischendecks betrug der Panzerschutz der Barbetten 76 mm. Die Türme der Schweren Artillerie wiesen nur einen 25 mm dicken Splitterschutz auf. Insgesamt hatte der Panzerschutz einen Gewichtsanteil von 2032 ts bzw. 16,4 % der Wasserverdrängung bei den Erprobungsfahrten.

Um die geforderten 35 kn Höchstgeschwindigkeit zu erreichen, mußte die Antriebsleistung auf 130 000 WPS erhöht werden. Daher beruhte die Antriebsanlage auf dem Entwurf für die annullierten Schlachtkreuzer der AMAGI-Klasse. Sämtliche zwölf Kessel waren ausschließlich für Ölfeuerung ausgelegt und nicht mit Überhitzern ausgerüstet. Es gab acht getrennte Kesselräume, wobei die Kesselräume 1 bis 4 je zwei und die übrigen nur einen Kessel beherbergten. Vom achteren Ende des Kesselraums 4 bis zum achteren Querschott der Turbinenräume erstreckte sich ein Mittellängsschott. Die vier Turbinenräume, paarweise angeordnet, enthielten je einen Turbinensatz. Das vordere Paar diente dem Antrieb der Außenwellen. Insgesamt betrug der Gewichtsanteil der Antriebsanlage 2260 ts.

Die Schwere Artillerie bestand – wie bei der FURUTAKA-Klasse – aus dem 20-cm-Geschütz S.K. L/50 »3 Nendo shiki 1 Gô 20 cm« in fünf Doppeltürmen Modell D: drei vorn und zwei achtern. Die Rohrerhöhung lag bei 40° und das Richten nach Höhe und Seite erfolgte elektro-hydraulisch. Die gleichzeitig als Mittelartillerie dienende Schwere Flak war – ebenfalls wie später bei der FURUTAKA-Klasse – mit dem 12-cm-Geschütz S.K. L/50 »10 Nendo shiki 12 cm« in Einzellafette ausgestattet, war aber auf sechs Geschütze – je drei an Backbord und Steuerbord – verstärkt worden. Von einem Paar kümmerlicher 7,7-mm-Fla-MG's abgesehen, führten die Kreuzer dieser Klasse keine Leichte Flak. Die Torpedobewaffnung bestand aus vier fest eingebauten 61-cm-Drillings-Torpedorohrsätzen unter Deck über den Maschinenräumen mit 24 (friedensmäßig) bzw. 36 Torpedos (kriegs-

Oben: Die MYÔKÔ im März 1941 nach dem Umbau. (IWM)

mäßig). Die Flugzeugeinrichtungen umfaßten ein mit Druckluft angetriebenes Katapult auf der Steuerbordseite achtern sowie Vorkehrungen, um zwei Seeflugzeuge vom Typ E2N1 unterzubringen.

Die Bauaufträge für die ersten zwei Einheiten ergingen im Frühjahr 1923 und für die beiden restlichen im Herbst 1924. Die Antriebsanlagen für die erstern stammten von ihren Bauwerften, während die Anlagen für die letzteren von den Marinewerften Kure (ASHIGARA) und Yokosuka (HAGURO) als Unterlieferanten kamen.

Modifizierungen: Ende 1930 mußten infolge der Rauchprobleme auf der Brücke die vorderen Schornsteine der vier Kreuzer um etwa 2 m erhöht werden. Überdies wurde die Schwere Artillerie bei allen Einheiten zwischen 1931 und 1934 auf das Geschützmodell »3 Nendo shiki 2 Gô 20,3 cm« umgerüstet, d.h. auf das neue 20,3-cm-Geschützmodell.

Vom 20. November 1934 bis zum Juni 1935 erfuhren alle vier Kreuzer eine Große Werftliegezeit mit weiteren Modernisierungen. Hierbei wurden die bisherigen fest eingebauten Torpedorohrsätze, die 12-cm-Fla-Geschütze, das Katapult und die Flugzeughalle entfernt. Statt dessen kamen acht 12,7-cm-Luft/Seeziel-Geschütze S.K. L/50 in vier Doppellafetten mit dem neuen Fla-Feuerleitsystem an Bord. Die Torpedowaffe bestand nunmehr aus zwei schwenkbaren 61-cm-Vierlingsrohrsätzen auf Konsolen an Oberdeck mit insgesamt sechzehn Torpedos. Auf Höhe des Aufbaudecks befanden sich jetzt zwei Katapulte und es konnten vier Seeflugzeuge vom Typ E8N1 untergebracht werden, wenn auch die Bordflugzeugausstattung normalerweise nur aus zwei Seeflugzeugen dieses Typs und eines weiteren vom Typ E7K1 bestand. Als Maßnahme zur Wiederherstellung der Stabilität wurden die Seitenwülste vergrößert; sie wurden von ihrer vorhergehenden Außenkante fast bis zur Oberkante des Seitenpanzers hochgezogen. Infolge dieser Umbauten stieg die Wasserverdrängung um etwa 680 ts.

Als Folge von Schäden, die die Flotte in einem Taifun erlitten hatte, erfuhren 1936 alle vier Einheiten eine Verstärkung ihrer Längs- und Querverbände. Ende 1936 kamen zur Verbesserung der Luftabwehr im Nahbereich auch acht 13,2-mm-Fla-MG's in zwei Vierlingslafetten an Bord.

Eine weitere Modernisierung der Leichten Flak erfolgte zwischen 1939 und 1941, als die bisherigen 13,2-mm-Vierlingslafetten und die 7,7-mm-Lewis-MG's durch acht 2,5-cm-Fla-Geschütze in vier Doppellafetten beiderseits der Schornsteine und durch vier 13,2-mm-Fla-MG's in zwei Doppellafetten auf der Brücke ersetzt wurden. Ferner gelangten schwerere Katapulte zum Einbau und die Bordflugzeugausstattung bestand nunmehr nominell aus einem Seeflugzeug vom Typ E13A1 (alliierter Codename »Jake«) und zwei vom Typ F1M2 (Codename »Pete«), obwohl die tatsächliche Ausstattung im Dienstbetrieb variierte. Die Torpedobewaffnung wurde auf vier 61-cm-Vierlingsrohrsätze für den »Long Lance«-Torpedo mit Sauerstoffantrieb verstärkt.[193] Insgesamt befanden sich 24 Torpedos dieses neuen Typs an Bord. Die Antriebsanlage und das Kommunikationsnetz erfuhren eine Grundüberholung und auch das Rigg wurde geändert. Erneut mußten zur Erhaltung der Stabilität die Seitenwülste beträchtlich vergrößert werden.

1943 erhielten diese Kreuzer zwei zusätzliche 2,5-cm-Doppellafetten und die 13,2-mm-Doppellafetten auf der Brücke wurden gegen zwei weitere 2,5-cm-Doppellafetten ausgetauscht. Damit befanden sich zu diesem Zeitpunkt insgesamt sechzehn 2,5-cm-Fla-Geschütze (8 x 2) an Bord. Fernerhin erfolgte auch eine Ausrüstung mit Radar.

Zwischen November 1943 und Januar 1944 kamen zur Verstärkung der Leichten Flak weitere acht 2,5-cm-Fla-Geschütze in Einzellafetten hinzu. NACHI und ASHIGARA erhielten zudem ein Seeraum-Überwachungsradar.

Im Herbst 1944 erfolgte eine erneute Verstärkung der Leichten Flak: bei MYÔKÔ und HAGURO mit vier Drillings- und 16 Einzellafetten auf insgesamt 44 Rohre 2,5 cm (4 x 3, 8 x 2 und 16 x 1) sowie bei NACHI und ASHIGARA mit zwei Zwillings- und

20 Einzellafetten auf insgesamt 48 Rohre 2,5 cm (10x2 und 28x1). Auch die Radarausstattung erfuhr eine Modernisierung. Zur Gewichtseinsparung wurden jedoch die achteren Vierlings-Torpedorohrsätze und zwei Scheinwerfer an Land gegeben. Insgesamt führten die Kreuzer nur noch 16 Torpedos mit.

Werdegang: Nach ihrer Indienststellung bildeten diese vier Schweren Kreuzer das 4. Kreuzergeschwader, das zur 2. Flotte (Aufklärungsflotte) gehörte. Am 1. Dezember 1932 wurden alle vier Einheiten in den Reservestatus versetzt und beim 4. Kreuzergeschwader durch die Einheiten der TAKAO-Klasse (siehe unten) abgelöst. Im Mai 1933 wieder aktiviert, bildete die MYÔKÔ-Klasse das 5. Kreuzergeschwader, das jedoch nur für die Zeit der Flottenmanöver im Sommer 1933 bestehen blieb. Von Ende 1933 an wurden die vier Kreuzer den Wachgeschwadern der Marinestützpunkte Kure bzw. Sasebo zugeteilt. Ursache war ihr bevorstehender Umbau, der für die MYÔKÔ und ASHIGARA am 15. November 1934 sowie für die NACHI und HAGURO im Februar 1934 begann. Nach der Beendigung der Werftaufenthalte bildeten die vier Einheiten erneut das 5. Kreuzergeschwader. In dieser Zeit unternahm die ASHIGARA eine Reise nach Europa, um an der Flottenparade am 20. Mai 1937 im Spithead anläßlich der Krönung von König Georg VI. teilzunehmen. Hierbei besuchte sie auch Kiel. Ansonsten war das 5. Kreuzergeschwader während des chinesisch-japanischen Konfliktes in chinesischen Gewässern stationiert. Mit dem Herannahen des Krieges operierte die ASHIGARA in indochinesischen Gewässern, während die drei restlichen Kreuzer weiterhin das 5. Kreuzergeschwader (KAdm. Takagi) bildeten. Zu Kriegsbeginn Anfang Dezember 1941 befanden sich das 5. Kreuzergeschwader in den Palau-Inseln (heute Belau) und die ASHIGARA in den Pescadores-Inseln vor Formosa (heute Taiwan).

Im Zuge der Landungen auf den Philippinen am 8. Dezember 1941 gehörten die ASHIGARA zur Deckungsgruppe des Nord-Philippinen-Verbandes (Landungen auf Luzon) und das 5. Kreuzergeschwader zur Deckungsgruppe des Süd-Philippinen-Verbandes (Landungen im Golf von Davao/Mindanao). Zwischen Dezember 1941 und Februar 1942 waren die Kreuzer auch an den weiteren Landungen in niederländisch-ostindischen Gewässern beteiligt. Am 4. Januar 1942 beschädigte ein amerikanisches Flugzeug die MYÔKÔ im Golf von Davao. Bei den Landungen auf Java Ende Februar 1942 gehörten ASHIGARA und MYÔKÔ als 16. Kreuzergeschwader zur Unterstützungsgruppe der 3. Flotte (VAdm. Takashashi) sowie NACHI und HAGURO als 5. Kreuzergeschwader (KAdm. Takagi) zur Deckungsgruppe des Ost-Verbandes. Letztere spielten bei der Seeschlacht in der Java-See am 27./28. Februar eine herausragende Rolle. Im Verlaufe der Gefechte versenkten die HAGURO den niederländischen Zerstörer KORTENAER und die NACHI den niederländischen Leichten Kreuzer JAVA durch Torpedotreffer, während beide an der Versenkung des niederländischen Leichten Kreuzers DE RUYTER (Flaggschiff von KAdm. Doorman) beteiligt waren (siehe unten Seiten 222, 224). Am 1. März geriet der britische Schwere Kreuzer EXETER mit den Zerstörern ENCOUNTER und POPE, unterwegs von Batavia (heute Jakarta) nach Tjilatjap/Sumatra, auf der Höhe der Bawean-Inseln zwischen das 5. Kreuzergeschwader im Norden und ASHIGARA und MYÔKÔ im Nordwesten. Im sich anschließenden Gefecht versenkten HAGURO und NACHI mit Artillerie und Torpedos die EXETER (siehe oben Seite 109) und die ENCOUNTER, während der US-Zerstörer POPE im Artilleriefeuer der beiden anderen japanischen Kreuzer sank.

Nach der Besetzung Niederländisch-Ostindiens kehrten die vier Kreuzer zu einer Werftliegezeit nach Japan zurück und wurden erst im April 1942 (bzw. die ASHIGARA im Juni) wieder in Dienst gestellt. Anfang Mai 1942 gehörten die HAGURO und die MYÔKÔ als 5. Kreuzergeschwader (VAdm. Takagi) in der Luft/Seeschlacht in der Korallensee zur Sicherung des Trägerverbandes und kehrten anschließend nach Japan zurück. Bei der Midway-Operation Anfang Juni war das 5. Kreuzergeschwader dem Invasionsverband unter VAdm. Kondo zugeteilt, während die NACHI als Flagg-

Unten: Die MYÔKÔ in Singapur nach der Kapitulation Japans. (IWM)

schiff der 5. Flotte (VAdm. Hosogaya) – im März 1942 während ihrer Werftliegezeit für diese Funktion ausgerüstet – am Ablenkungsunternehmen gegen die Aleuten teilnahm.

Aufgrund der Reorganisation der japanischen Flotte nach der Schlacht bei Midway gehörte das immer noch aus HAGURO und MYÔKÔ bestehende 5. Kreuzergeschwader ab 14. Juli 1942 zur 2. Flotte in Truk. Die NACHI verblieb als Flaggschiff bei der 5. Flotte im Seegebiet der Aleuten und die ASHIGARA war als Flaggschiff des 2. Südlichen Expeditionsverbandes bis zum April 1943 in Singapur stationiert, um anschließend eine Werftliegezeit in Sasebo zu absolvieren.

Vom August 1942 an war das 5. Kreuzergeschwader an den Kämpfen um Guadalcanal in den Salomonen beteiligt. Hierbei erlitt die MYÔKÔ bei einem Luftangriff am 14. September durch B-17-Bomber leichte Beschädigungen. Im Spätherbst 1942 gingen die beiden Kreuzer zur Durchführung einer Werftliegezeit nach Japan und kehrten anschließend nach Truk zurück.

An der Seeschlacht bei den Kommandorski-Inseln am 26. März 1943 im Nordpazifik nahm auch die NACHI teil, die in diesem Artilleriegefecht leicht beschädigt wurde (siehe unten SALT LAKE CITY Seite 271). Sie operierte bis zur Räumung der Aleuten Anfang Juli 1943, an deren Deckung auch das 5. Kreuzergeschwader beteiligt war, in diesem Seegebiet.

Im August 1943 verlegte das 5. Kreuzergeschwader wieder nach Truk und operierte anschließend im Verband der 2. Flotte in den nördlichen Salomonen. In der Nacht vom 1./2. November 1943 griffen die beiden Kreuzer mit den Leichten Kreuzern SENDAI (siehe oben) und AGANO sowie Zerstörern die amerikanische *TF 39* an, die die Landungen bei Kap Torokina an der Westküste der Insel Bougainville deckte. In der sich entwickelnden Seeschlacht in der Kaiserin-Augusta-Bucht erlitten die beiden Kreuzer leichte Schäden. Ende Mai/Anfang Juni 1944 nahmen die beiden Kreuzer, zur Deckungsgruppe gehörend, an den Versuchen teil, die Besatzung der Insel Biak vor der Nordküste Neuguineas nach der amerikanischen Landung zu verstärken. Im Zuge der japanischen Operation »A-GO« zur Verteidigung der Marianen gehörten HAGURO und MYÔKÔ in der Luft/Seeschlacht bei den Marianen am 18.-22. Juni 1944 zur Sicherung der Trägergruppe A.

Die ASHIGARA kehrte nach ihrer Werftliegezeit wieder nach Singapur zurück und trat im März 1944 zum 21. Kreuzergeschwader bei der 5. Flotte im Nordpazifik. Zusammen mit der NACHI verblieb sie bis zum Juni 1944 auf diesem Kriegsschauplatz, während HAGURO und MYÔKÔ nach ihrem Eintreffen in Singapur am 12. Juli 1944 den Platz der ASHIGARA einnahmen. Im Oktober 1944 gehörten ASHIGARA und NACHI zum 2. Angriffsverband (VAdm. Shima) im Seeraum der Philippinen. Alle vier Kreuzer nahmen an der Schlacht um den Golf vom Leyte/Philippinen Mitte Oktober teil. HAGURO und MYÔKÔ gehörten zum Zentralverband (VAdm. Kurita), während ASHIGARA und NACHI mit dem 2. Angriffsverband am 22. Oktober in der Sulu-See zum Südverband stießen. Im Verlaufe der Nachtschlacht am 24./25. Oktober in der Surigao-Straße kollidierte die NACHI mit dem schwer beschädigten Leichten Kreuzer MOGAMI. MYÔKÔ erhielt am 25. Oktober in der Mindoro-Straße einen Lufttorpedotreffer, der schwere Schäden verursachte und wurde schließlich zur Notreparatur nach Singapur eingebracht. In der Teilschlacht bei Samar erhielt die HAGURO einen Bombentreffer auf dem Turm 2. In der Bucht von Manila versenkten am 5. November 1944 Trägerflugzeuge der LEXINGTON von der *TG 38.3* vor der Insel Corregidor die NACHI. Der Kreuzer erhielt etwa neun Torpedo-, zwanzig Bomben- und zahlreiche Raketentreffer. Nach der Notreparatur in Singapur torpedierte am 13. Dezember 1944 das amerikanische Unterseeboot BERGALL (Lt.-Cdr. Hyde) ostwärts von Malaya die MYÔKÔ und beschädigte sie schwer. Der Kreuzer wurde im Schlepp zurück nach Singapur gebracht und traf dort am 25. Dezember ein. Er diente fortan in nicht repariertem Zustand bis Kriegsende als schwimmende Flakbatterie. Schließlich wurde das Schiff am 8. Juli 1946 als Kriegsbeute von den Briten in der Straße von Malakka selbstversenkt.

Nach der Schlacht von Leyte verblieb die HAGURO in den Gewässern Malayas und Niederländisch-Ostindiens. Im April 1945 entging der Kreuzer nur knapp den Torpedos des niederländischen Unterseebootes *O 19* (Kptlt. van Kernebeek) in der Sunda-Straße. Schließlich versenkte die 26. Z-Flottille (Capt. Power) – SAUMAREZ, VERULAM, VIGILANT, VENUS und VIRAGO – der britischen Pazifikflotte bei einem Vorstoß in die Malakka-Straße in der Nacht vom 15./16. Mai 1945 die HAGURO südwestlich von Penang (heute Pinang) durch mehrere Torpedotreffer. Zuvor hatte der Kreuzer, der zusammen mit einem Zerstörer die japanischen Truppen von den Nikobaren und Andamanen evakuieren wollte, noch drei schwere Artillerietreffer auf dem Zerstörer SAUMAREZ erzielt.

Nach der Schlacht von Leyte verlegte die ASHIGARA erneut nach Singapur und stieß ein weiteres Mal zum 5. Kreuzergeschwader bzw. zu dem, was davon noch übrig war. Sie gehörte am 24. Dezember 1944 zu einem japanischen Verband, der den amerikanischen Landekopf auf Mindoro beschoß – der letzte japanische Vorstoß in das Seegebiet der Philippinen.

Nach dem Untergang der HAGURO wurde das 5. Kreuzergeschwader aufgelöst und die ASHIGARA unterstand von da an direkt der 10. Küstenflotte in Singapur. Auf dem Rückmarsch von der Evakuierung japanischer Truppen aus Batavia (heute Jakarta) versenkte am 8. Juni 1945 das britische Unterseeboot TRENCHANT (Cdr. Hezlet) den Kreuzer durch Torpedotreffer in der Bangka-Straße.

TAKAO-Klasse

Name	Bauwerft	Kiellegung	Stapellauf	Fertigstellung	Schicksal
TAKAO	Marinewerft Yokosuka	28. April 1927	12. Mai 1930	31. Mai 1932	gesunken: 31. Juli 1945
ATAGO	Marinewerft Kure	28. April 1927	16. Juni 1930	30. März 1932	gesunken: 23. Okt. 1944
MAYA	Kawasaki, Kobe	4. Dez. 1928	8. Nov. 1930	30. Juni 1932	gesunken: 23. Okt. 1944
CHÔKAI	Mitsubishi, Nagasaki	26. März 1928	5. April 1931	30. Juni 1932	gesunken: 25. Okt. 1944

Typ: Schwerer Kreuzer (Kreuzer I. Klasse) – Kô gata (Itto junyôkan).
Standardverdrängung: 9850 ts (10 008 t).
Einsatzverdrängung: 15 490 ts (15 738 t).
Länge: 203,76 m (über alles), 201,70 m (CWL), 192,56 m (zwischen den Loten).
Breite: 19,00 m.
Tiefgang: 6,11 m (mittlerer).
Antriebsanlage: 4 Satz Getriebeturbinen, 12 Kampon-Kessel, 4 Wellen.
Antriebsleistung: 130 000 WPS für 35,5 kn.
Bunkerinhalt: 2571 ts Heizöl.
Fahrtstrecke: 8000 sm bei 14 kn.
Panzerschutz: Panzerdeck 35 mm maximal, Oberdeck 13 mm – 25 mm, Hauptgürtelpanzer 38 mm – 127 mm, Panzerquerschotte 76 mm – 102 mm, Türme 25 mm.
Geschütze: zehn 20,3 cm S.K. L/50 (5 x 2), vier 12 cm S.K. L/50 (4 x 1), zwei 4 cm (2 x 1 – 2-PfünderPompom), zwei 7,7-cm-Fla-MG's.
Torpedorohre: acht 61 cm (4 x 2).
Seeminen: keine.
Bordflugzeuge: drei, zwei Katapulte.
Besatzungsstärke: 692 (Friedensstärke) bzw. 773 (Kriegsstärke) Offiziere und Mannschaften.

Entwurf: Im März 1927 verabschiedete Japan – zum Teil als Antwort auf das »Erste Kreuzer-Bauprogramm« der USA vom Mai 1927 – schließlich ein Neubau-Programm, das unter anderem vier weitere »10 000-ts-Vertrags-Kreuzer« umfaßte. Bis zu diesem Zeitpunkt waren alle Pläne der KJM auf die Ablehnung der Regierung gestoßen.[194] Ursprünglich sollten diese neuen Schiffe Nachbauten

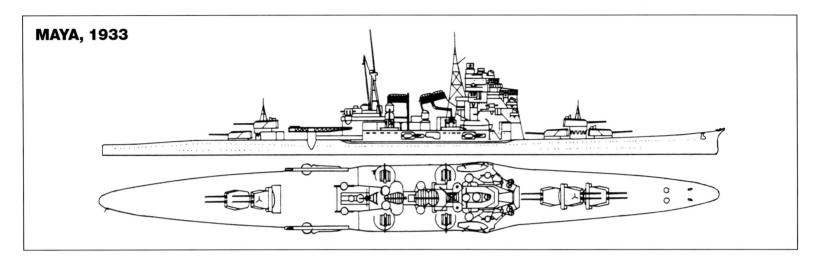

MAYA, 1933

Oben: Die CHÔKAI Ende der 30er Jahre in chinesischen Gewässern. (Sammlung des Autors)

der MYÔKÔ-Klasse werden, aber im Jahre 1925 änderte der damalige Marinegeneralstab die militärischen Anforderungen ab. Nunmehr sollten diese neuen Kreuzer luftabwehrfähige 20,3-cm-Geschütze besitzen, die Torpedobewaffnung an Oberdeck führen und einen verbesserten Schutz für die Munitionskammern aufweisen. Eine Reihe von Verbesserungen, die auf der Grundlage des MYÔKÔ-Entwurfs eingeführt wurden, beruhten auf Informationen, die über die britischen Schweren Kreuzer der KENT-Klasse in Erfahrung gebracht worden waren, während wiederum andere Erkenntnisse, wie zum Beispiel die Ausstattung mit zwei Katapulten, das Ergebnis von Entwicklungen in der USN waren.

Der Entwurf für den Schiffskörper entsprach im wesentlichen dem der MYÔKÔ-Klasse, ausgenommen den Umstand, daß statt des bisherigen Hochfestigkeitsstahls ein Stahl mit besonderer Elastizität – der »Ducol«-Stahl – Verwendung fand. Oberhalb der Oberdecksebene wurde von der Schweißtechnik Gebrauch gemacht und überall dort, wo dies möglich war, kamen Leichtmetalllegierungen zum Einsatz, um Gewicht zu sparen. Doch eine Tatsache blieb bestehen: Zum Zeitpunkt des Entwurfs war das übermäßige Obergewicht bei den Kreuzern der MYÔKÔ-Klasse noch nicht erkannt worden. Diese Topplastigkeit sollte später zu Problemen führen. Die im Entwurf mit 9850 ts angegebene Standardverdrängung betrug letztlich mehr als 11 400 ts. Infolgedessen ergaben sich ein größerer Tiefgang, ein geringerer Freibord, eine geringere Höchstgeschwindigkeit und eine verminderte Seeausdauer – ganz zu schweigen von den hieraus herrührenden Stabilitätsproblemen.

Auch das Panzerschutzschema glich mit gewissen Unterschieden dem der vorgehenden Kreuzerklasse. In der Wasserlinie war die Längenausdehnung der Seitenpanzerung geringer, die Munitionskammern hatten einen stärkeren Panzerschutz und es gab auch einen gepanzerten Kommandostand. Der Schutz der Munitionskammern wurde durch eine Verlängerung des Gürtelpanzers verstärkt, der – nach den damals bei der KJM vorherrschenden Entwurfsgrundsätzen – einen in den Schiffskörper integrierten Bestandteil darstellte. Er wies in seinem oberen Teil von etwa 2,5 m Breite eine Dicke von 127 mm auf, verjüngte sich aber in seinem unteren Teil auf 76 mm und schließlich auf 38 mm an seiner Unterkante. Über den Munitionskammern betrug der Horizontalschutz 47 mm. Der Kommandostand erhielt eine Panzerung als Splitterschutz. Insgesamt belief sich der Gewichtsanteil der Panzerung auf 2368 ts bzw. 16,8 % der Zwei-Drittel-Wasserverdrängung bei Erprobungsfahrten.

Erstmals erhielten die Schweren Kreuzer dieser Klasse – im Gegensatz zu ihren Vorgängern, die auf dieses Kaliber *umgerüstet* worden waren – als Schwere Artillerie acht 20,3-cm-Geschütze S.K. L/50 des Modells »3 Nendo shiki 2 Gô 20,3 cm«. Sie waren bei drei Einheiten dieser Klasse in Doppeltürmen des Modells E mit 70° Rohrerhöhung lafettiert. Doch als bei MAYA der Zeitpunkt der Fertigstellung herannahte, waren die mit einer derart extremen Rohrerhöhung verbundenen Probleme erkannt worden, und daher erhielt dieser Kreuzer Doppeltürme des Modells E2 mit einer auf 55° verringerten Rohrerhöhung.

Die zugleich als Mittelartillerie dienende Schwere Flak wurde auf vier 12-cm-Fla-Geschütze verringert, da die Schwere Artillerie auch zur Luftabwehr dienen sollte. Erkannt wurde jedoch die Schwäche der Leichten Flak bei den vorausgegangenen Kreuzern, und so wurden die bisher üblichen zwei 7,7-cm-Fla-MG's durch zwei 4-cm-Fla-Geschütze (2-Pfünder-Pompom) von Vickers ergänzt. Allerdings konnte auch diese Fla-Bewaffnung – nicht einmal für die Mitte 20er Jahre – als ausreichend angesehen werden. Ursprünglich sollte die Torpedobewaffnung aus zwölf 61-cm-Rohren in Drillingssätzen bestehen. Gewichtserwägungen führten statt dessen zu einer Ausrüstung mit Zwillingssätzen. Im Gegensatz zur MYÔKÔ-Klasse befanden sich die Torpedorohrsätze auf Oberdecksebene teilweise in Konsolen außerhalb des Schiffskörpers. Um einen gewissen Ausgleich zur verringerten Torpedobreitseite zu schaffen, hatten die Rohrsätze ein Schnell-Nachladesystem erhalten; 16 Reservetorpedos wurden mitgeführt. Die Flugzeugeinrichtungen bestanden aus zwei Katapulten auf dem Achterdeck und einer Flugzeughalle in den achteren Aufbauten, um zwei Seeflugzeuge unterzubringen. Das dritte konnte auf einem der Katapulte mitgeführt werden.

Die Hauptantriebsanlage glich jener bei den Kreuzern der MYÔKÔ-Klasse; lediglich die Kapazität zur Stromerzeugung war erhöht worden.

Sämtliche vier Einheiten hatten eine Ausrüstung als Flottenflaggschiffe in Friedenzeiten und als Geschwaderflaggschiffe in Kriegszeiten erhalten.

Die Bauaufträge für die ersten beiden Einheiten – TAKAO und ATAGO – ergingen Anfang 1927 und die für das zweite Paar am Anfang des darauffolgenden Jahres. Der Kiel der MAYA wurde jedoch später als vorgesehen gestreckt, da die Bauwerft in den Konkurs ging und die Marine aushelfen mußte.

Modifizierungen: 1936 mußten infolge des »Vierten Flotten-Zwischenfalls«[195] die Festigkeit des Schiffskörpers verstärkt und einiges an Obergewicht entfernt werden. Die 4-cm-Geschütze ersetzten acht 13,2-mm-Fla-MG's in zwei Vierlingslafetten. 1937/38 entstanden Pläne zur Modernisierung aller Einheiten dieser Klasse bis 1941, aber die Werften konnten die erforderliche Kapazität nicht rasch genug zur Verfügung stellen. Infolgedessen wurden vor dem Ausbruch des Pazifischen Krieges lediglich die TAKAO und die ATAGO modernisiert. Im Zuge dieses Werftaufenthaltes wurde das Feuerleitsystem für die Schwere Flak auf den neuesten Stand gebracht. Die Leichte Flak erhielt als Verstärkung acht zusätzliche 2,5-cm-Fla-Geschütze in Doppellafetten und die beiden 13,2-mm-Vierlingslafetten wurden durch vier 13,2-mm-Fla-MG's in Doppellafetten ersetzt. Doch auch diese wurden im Herbst 1941 gegen zwei 2,5-cm-Doppellafetten ausgetauscht. Die Torpedobewaffnung erfuhr eine vollständige Modernisierung: vier 61-cm-Vierlings-Torpedorohrsätze mit einem neuartigen Schnell-Nachladesystem für je zwei mitgeführte Reservetorpedos sowie ein neues Feuerleitsystem. Die beiden Katapulte wurden durch zwei eines schwereren Typs ersetzt und Vorkehrungen erfolgten, um ein Seeflugzeug vom Typ E13A1 (alliierter Codename »Jake«) und zwei vom Typ F1M2 (Codename »Pete«) mitführen zu können. Die Flugzeugausstattung variierte allerdings. Um Obergewicht zu verringern, erfuhren die Brückenaufbauten und der Fockmast einen Umbau und auch die Seitenwülste wurden zur Verbesserung der Stabilität verbreitert.

Im Frühjahr 1941 erfolgten bei CHÔKAI und MAYA nur wenige Modifizierungen. Die Katapulte ersetzte ein schwererer Typ und für das Abfeuern von »Long Lance«-Torpedos wurden die Torpedorohre angepaßt. Insgesamt befanden sich sechzehn dieser neuartigen Torpedos an Bord. Außerdem erhielten sie im Austausch gegen die 13,2-mm-Vierlingslafetten vier 2,5-cm-Fla-Geschütze in Doppellafetten sowie zwei zusätzliche 13,2-mm-Doppellafetten.

Anfang 1942 erfolgte bei ATAGO und TAKAO der Austausch der 12-cm-Fla-Geschütze gegen 12,7-cm-Luft/Seezielgeschütze in Doppellafetten, während bei ihren Schwesterschiffen die 13,2-mm-Doppellafetten durch zwei 2,5-cm-Doppellafetten ersetzt wurden; sie führten nunmehr zwölf Rohre 2,5 cm (6 x 2).

Im Juli/August 1943 wurde die Leichte Flak der ATAGO und der TAKAO um zwei 2,5-cm-Drillings- und sechs 2,5-cm-Doppellafetten verstärkt und die beiden anderen Kreuzer erhielten im August/September 1943 zwei weitere 2,5-cm-Doppellafetten. Außerdem erfolgte bei allen vier Einheiten die Ausrüstung mit Radar. Zwischen November 1943 und Januar 1944 kamen bei TAKAO und ATAGO weitere acht 2,5-cm-Einzellafetten an Bord; sie führten nunmehr insgesamt 26 Rohre 2,5 cm (2 x 3, 6 x 2 und 8 x 1). CHÔKAI erhielt im Januar 1944 in Truk zehn 2,5-cm-Einzellafetten. Somit bestand ihre Leichte Flak ebenfalls aus insgesamt 26 Rohren 2,5 cm (8 x 2 und 10 x 1).

MAYA erfuhr zwischen dem 5. Dezember 1943 und dem 9. April 1944 bei einer Werftliegezeit zur Ausbesserung ihrer Schäden einen Umbau zum Flakkreuzer. Hierzu kamen Turm 3, alle 12-cm-Geschütze, zwei 2,5-cm-Doppellafetten und die gesamte Torpedobewaffnung von Bord. Auch die Flugzeughalle wurde entfernt. Die Festigkeit des Schiffskörpers erhielt eine neuerliche Verstärkung. Ihre Bewaffnung setzte sich nunmehr wie folgt zusammen: acht 20,3-cm-Geschütze (8 x 2), zwölf 12,7-cm-DP-Geschütze (6 x 2 ohne Schilde) sowie an Leichter Flak 35 Rohre 2,5 cm (13 x 3, 9 x 1) und 36 zerlegbare 13,2-mm-Einzellafetten. Als neue Torpedobewaffnung kamen vier 61-cm-Vierlingsrohrsätze (ohne Reservetorpedos) an Bord. Nach dem Umbau konnten nur noch zwei Seeflugzeuge mitgeführt werden. Im August 1944 wurde die Leichte Flak durch weitere achtzehn 2,5-cm-Einzellafetten – vier von ihnen zerlegbar – verstärkt.

Die CHÔKAI sollte auf ähnliche Weise wie die MAYA umgebaut werden. Doch da sie nicht in heimische Gewässer zurückkehrte, unterblieb dieser Umbau. Von einer gewissen Verstärkung der Leichten Flak und der Ausrüstung mit Radar abgesehen, veränderte sich der Vorkriegszustand dieses Kreuzers kaum.

Unten: Die TAKAO am 14. Juli 1939. (IWM)

Oben: Der Brückenaufbau der CHÔKAI. (Sammlung des Autors)

Unten: Der Brückenaufbau der TAKAO nach der Modernisierung. Beachte den Unterschied zu dem der CHÔKAI oben. (Sammlung des Autors)

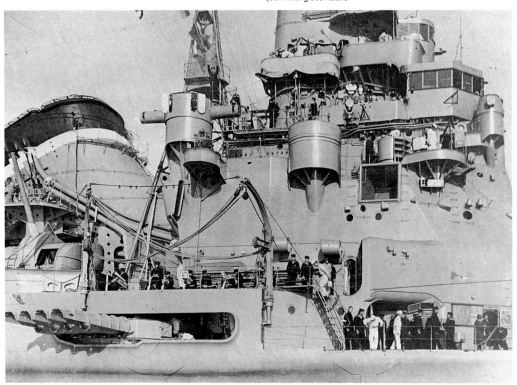

Werdegang: Nach der Beendigung der mit dem Einfahren verbundenen Ausbildung bildeten die vier Schweren Kreuzer im Dezember 1932 das 4. Kreuzergeschwader, wobei sie die Einheiten der MYÔKÔ-Klasse ablösten. Ab dem 15. November 1935 wurden sie außer Dienst gestellt, um die Festigkeit des Schiffskörpers zu erhöhen und um Obergewicht zu entfernen. Vom 1. Dezember 1936 an bildeten TAKAO und MAYA erneut das 4. Kreuzergeschwader, zu dem am 7. August 1937 auch die CHÔKAI stieß. ATAGO hingegen blieb aus unbekanntem Grund bis 1939 im Reservestatus. Auch die TAKAO wurde am 15. November 1937 wieder in die Reserve versetzt, um auf eine weitere Modernisierung zu warten. Die beiden aktiven Kreuzer versahen inzwischen in chinesischen Gewässern ihren Dienst. Die TAKAO und die ATAGO beendeten am 31 August bzw. am 30. Oktober 1939 ihre Werftaufenthalte zur Modernisierung und stießen am 15. November wieder zum 4. Kreuzergeschwader. MAYA fand als Artillerieschulschiff Verwendung, bis auch sie am 1. Mai 1940 erneut zum 4. Kreuzergeschwader trat. Die CHÔKAI fungierte ein Jahr lang als Flaggschiff des China-Expeditions-Verbandes und stieß am 15. November 1940 wieder zu ihren Schwesterschiffen.

Bei Ausbruch des Pazifischen Krieges im Dezember 1941 gehörten alle vier Einheiten zum Südverband und operierten im Südchinesischen Meer: CHÔKAI als Flaggschiff des Malaya-Landungsverbandes (VAdm. Ozawa), ATAGO und TAKAO bildeten die 1. Division des 4. Kreuzergeschwaders und gehörten zur Fernsicherung der Malaya-, Nord-Borneo- und Philippinen-Landungsverbände und die MAYA war Teil der Deckungsgruppe des Nord-Philippinen-Verbandes für die Landung auf Luzon. Mitte Januar 1942 verlegte das 4. Kreuzergeschwader (ohne CHÔKAI, die sich weiterhin als VAdm. Ozawas Flaggschiff vor Malaya befand) zu den Palau-Inseln (heute Belau). Im Februar 1942 lief die CHÔKAI in der Nähe von Saigon auf Grund und mußte bis in den März hinein zur Reparatur in die Werft. Von Ende Januar 1942 an war das 4. Kreuzergeschwader an der Deckung der Landungen in Niederländisch-Ostindien mit den Landungen auf Java als Höhepunkt beteiligt. Ende Februar/Anfang März nahmen die drei Kreuzer an einem Vorstoß in den Indischen Ozean südlich von Java teil, um die alliierte Schiffahrt anzugreifen. Hierbei versenkte die MAYA mit zwei Zerstörern in einem einstündigen Gefecht unter großem Munitionsverbrauch am 3. März den britischen Zerstörer STRONGHOLD, während die beiden anderen Kreuzer den US-Zerstörer PILLSBURY auf den Meeresgrund schickten. Am 4. März versenkten ATAGO, TAKAO und ihre Zerstörer einen ganzen Geleitzug: die Sloop YARRA (RAN), den Minensucher *MMS 51*, das Depotschiff ANKING und den Tanker FRANCOL. Die wieder ausgebesserte CHÔKAI gehörte

Oben: Die ATAGO läuft bei den Erprobungsfahrten am 25. August 1939 nach dem Umbau 34,12 kn. (IWM)

inzwischen zur Deckungsgruppe für die Landungen in Nord-Sumatra und auf den Andamanen und war anschließend an dem Vorstoß in den Indischen Ozean vom 1.–11. April 1942 beteiligt. Hierbei versenkte sie im Golf von Bengalen vor der indischen Ostküste die Handelsschiffe SELMA CITY, BIENVILLE und GANGES.

Nach der Besetzung Niederländisch-Ostindiens, der Philippinen und Malayas verlegte das 4. Kreuzergeschwader nach Japan zur Durchführung der Werftliegezeiten im April und Mai 1942. Daran schloß sich Ende Mai die Teilnahme an der Midway-Operation an. Hierbei waren MAYA und TAKAO am Ablenkungsangriff des 2. Trägerverbandes (KAdm. Kakuta) auf Dutch Harbor in den Aleuten beteiligt, während ATAGO und CHÔKAI zum Gros des Invasionsverbandes (VAdm. Kondo) stießen. Bei der Reorganisation der japanischen Flotte nach der Schlacht von Midway gehörte ab dem 14. Juli das 4. Kreuzergeschwader zur 2. Flotte in Truk, während die CHÔKAI der 8. Flotte in Rabaul/Neubritannien als Flaggschiff (VAdm. Mikawa) zugewiesen wurde. Nach der amerikanischen Landung am 7. August 1942 auf der Salomonen-Insel Guadalcanal (Operation »Watchtower«) griff ein japanischer Kreuzerverband der 8. Flotte in der Nacht zum 9. August die amerikanischen Deckungsgruppen zwischen den Inseln Savo und Guadalcanal an. In der sich entwickelnden Seeschlacht wurden vier alliierte Kreuzer versenkt, während die CHÔKAI im Gefecht mit den amerikanischen Schweren Kreuzern QUINCY und ASTORIA (siehe unten Seite 283) durch 20,3-cm-Granaten nur leichte Beschädigungen erlitt. Auch das 4. Kreuzergeschwader war von diesem Zeitpunkt an in die Kämpfe um Guadalcanal verwickelt. Nach einer nächtlichen Beschießung des Flugplatzes Henderson Field/Guadalcanal wurden die sich zurückziehenden japanischen Schiffe am Morgen des 14. November 1942 von Flugzeugen des US-MC und des Trägers ENTERPRISE angegriffen. Hierbei erlitt die CHÔKAI durch Bombentreffer leichte Schäden, während die MAYA durch ein abstürzendes Flugzeug schwer beschädigt wurde.

In der Seeschlacht vom 14./15. November gehörten ATAGO und TAKAO zu dem japanischen Verband, der das amerikanische Schlachtschiff SOUTH DAKOTA schwer beschädigte. Von den 42 Treffern, die das Schlachtschiff hinnehmen mußte, stammten zumindest sechzehn 20,3-cm-Treffer von den beiden Kreuzern.

Vom Dezember 1942 bis zum April 1943 befanden sich die vier Kreuzer wieder in heimischen Gewässern, um Schäden auszubessern oder Werftliegezeiten durchzuführen. Danach kehrte das nunmehr vollständige 4. Kreuzergeschwader nach Truk zurück, wo es für den größten Teil des Jahres stationiert blieb. Anfang November verlegte das Geschwader mit der 2. Flotte (VAdm. Kurita) zur Unterstützung der Kämpfe in den nördlichen Salomonen nach Rabaul am Bismarck-Archipel. CHÔKAI verließ bereits am 4. November mit zwei Zerstörern als Geleitsicherung für einen beschädigten Tanker wieder Rabaul. Am nächsten Tag – 5. November 1943 – griffen 22 Sturz- und 23 Torpedobomber sowie 52 Jäger der Flugzeugträger SARATOGA und PRINCETON der *TF 38* diesen Hafen an. Unter anderem erlitten hierbei auch ATAGO, TAKAO und MAYA erhebliche Beschädigungen, die sie zwangen, in heimische Werften zur Reparatur zu gehen. Die beiden ersteren waren im Januar 1944 wieder einsatzbereit, während die MAYA – wie oben beschrieben – einen Umbau zum Flakkreuzer erfuhr und erst im April erneut in Dienst gestellt wurde. CHÔKAI hingegen blieb weiterhin in Truk und war im November 1943 an der Verstärkung der Inselbesatzungen in den Marshalls beteiligt. Ab März 1944 gehörte das wieder vollzählige 4. Kreuzergeschwader zur 1. Mobilen Flotte (VAdm. Ozawa), die im Rahmen der Operation »A-GO« (Verteidigung der Marianen) neu geschaffen worden war. Am 19. und 20. Juni nahm das Geschwader im Gros der japanischen Flotte (VAdm. Kurita) an der Luft/Seeschlacht in der Philippinen-See teil. Hierbei erlitt MAYA durch Bombennahtreffer geringfügige Beschädigungen. In heimische Gewässer zurückgekehrt, erhielten ATAGO und TAKAO anschließend den Befehl, nach Singapur zu gehen, und kurze Zeit später stießen auch MAYA und CHÔKAI wieder hinzu.

Am 22. Oktober 1944 liefen die vier Schweren Kreuzer mit dem Zentralverband unter VAdm. Kurita (Flaggschiff ATAGO) aus der Bucht von Brunei/Borneo mit Kurs auf die Mindoro-Straße aus, um zusammen mit weiteren Kampfgruppen die gemeldeten amerikanischen Landungen im Golf von Leyte/Philippinen abzuwehren. In den frühen Morgenstunden des 23. Oktober versenkte das amerikanische Unterseeboot DARTER (Lt.-Cdr. McClintock) in der Palawan-Rinne die ATAGO mit vier Torpedotreffern. Der Kreuzer sank nach zwanzig Minuten unter dem Verlust von 360 Mann. Unmittelbar nach diesen Torpedotreffern erzielte die DARTER mit ihren Heckrohren zwei Torpedotreffer auf der TAKAO, die zu erheblichen Wassereinbrüchen in die Kesselräume führten und das Schiff bewegungslos machten. Kurze Zeit später versenkte ein zweites amerikanisches Unterseeboot, die DACE (Lt.-Cdr. Claggett), den Kreuzer

MAYA mit ebenfalls vier Torpedotreffern. Das Schiff sank nach zehn Minuten mit 336 Mann seiner Besatzung. Unter erheblichen Schwierigkeiten wurde die TAKAO zuerst in die Bucht von Brunei und später nach Singapur eingebracht. Dort traf sie am 12. November 1944 ein. Die CHÔKAI setzte ihre Fahrt in VAdm. Kuritas Verband fort. Nach dem Passieren der San-Bernardino-Straße kam es in den Morgenstunden des 25. Oktober zur Teilschlacht bei der Insel Samar gegen die Taffy 3 (zur TG 77.4 gehörend), die aus sechs Geleitträgern mit sieben Sicherungszerstörern bestand. In dieser Schlacht sanken der Träger GAMBIER BAY, die Zerstörer HOEL und JOHNSTON sowie der Geleitzerstörer SAMUEL B. ROBERTS. Doch auch die CHÔKAI beschädigten Flugzeuge des Trägers KITKUN BAY durch Bombentreffer so schwer, daß der Kreuzer bewegungslos liegenblieb und vom Zerstörer FUJINAMI mit Torpedos selbstversenkt werden mußte.

Der einzige noch vorhandene Schwere Kreuzer dieser Klasse, die TAKAO, lag in nicht ausgebessertem Zustand in Singapur und kam als schwimmende Flakbatterie gegen die Angriffe der amerikanischen B-29 zum Einsatz. In der Nacht vom 30./31. Juli 1945 beschädigten in den Hafen eingedrungene britische Kleinstunterseeboote die TAKAO erneut so schwer, daß der Kreuzer auf flachem Wasser sank.[196] Nach der japanischen Kapitulation diente das wracke Schiff noch als Wohnhulk, bis es am 27. Oktober 1946 von den Briten in der Malakka-Straße selbstversenkt wurde.

MOGAMI-Klasse

Name	Bauwerft	Kiellegung	Stapellauf	Fertigstellung	Schicksal
MOGAMI	Marinewerft Kure	27. Okt. 1931	13. März 1934	28. Juli 1935	gesunken: 25. Okt. 1944
MIKUMA	Mitsubishi, Nagasaki	24. Dez. 1931	31. Mai 1934	29. Aug. 1935	gesunken: 6. Juni 1942
SUZUYA	Marinewerft Yokosuka	11. Dez. 1933	20. Nov. 1934	31. Okt. 1937	gesunken: 25. Okt. 1944
KUMANO	Kawasaki, Kobe	5. April 1934	15. Okt. 1936	31. Okt. 1937	gesunken: 25. Nov. 1944

Typ: Leichter Kreuzer (Kreuzer II. Klasse) – Otsu gata (Nito junyôkan).
Standardverdrängung: 8500 ts (8636 t).
Einsatzverdrängung: 11 169 ts (11 348 t).
Länge 201,50 m (über alles), 197,00 m (CWL), 189,00 m (zwischen den Loten).
Breite: 18,21 m.
Tiefgang: 4,50 m (mittlerer), 5,51 m (maximal).
Antriebsanlage: 4 Satz Getriebeturbinen, 10 Kampon-Kessel (MOGAMI und SUZUYA: 8 Kampon-Kessel), 4 Wellen.
Antriebsleistung: 152 000 WPS für 37 kn.
Bunkerinhalt: 2163 ts Heizöl.
Fahrtstrecke: 8150 sm bei 14 kn.
Panzerschutz: Panzerdeck 30 mm – 60 mm, Hauptgürtelpanzer 30 mm – 100 mm (Maschinenräume), 30 mm – 140 mm (Munitionskammern), Barbetten 75 mm – 100 mm, Türme 25 mm.
Geschütze: fünfzehn 15,5 cm S.K. L/60 (5 x 3), acht 12,7 cm Luft/Seeziel-S.K. L/50 (4 x 2), acht 2,5 cm (4 x 2), vier 13,2-mm-Fla-MG's (2 x 2).
Torpedorohre: zwölf 61 cm (4 x 3).
Seeminen: keine.
Bordflugzeuge: drei, zwei Katapulte.
Besatzungsstärke: 850 Offiziere und Mannschaften.

Entwurf: Nach der Unterzeichnung des Londoner Flottenvertrages im April 1930 baute Japan Kreuzer der Kategorie A (d.h. Schwere Kreuzer) bis an die Grenze der vertraglichen Tonnagebeschränkung. Soweit es die Kreuzer der Kategorie B bzw. die Leichten Kreuzer betraf, war Japans Position kaum besser; denn die vorhandene Tonnage belief sich auf 98 415 ts standard und somit blieben nur noch 2035 ts für Neubauten übrig. Da jedoch ein erheblicher Teil der vorhandenen Tonnage entweder überaltert oder bis 1934 zu ersetzen war, konnte Japan ab 1931 legitim den Kiel für neue Schiffe strecken. Die KJM entschied daher, vier Kreuzer von je 8500 ts sollten vor 1936 und zwei weitere von je 8450 ts später gebaut werden. Die neuen Schiffe würden die als Folge des Londoner Flottenvertrages annullierten Einheiten der »Verbesserten TAKAO«-Klasse ersetzen. Die Entwurfsarbeit begann 1930 und die grundlegenden Forderungen lauteten auf fünfzehn 15,5-cm-Geschütze in Drillingstürmen mit Luftzielfähigkeit und auf zwölf 61-cm-Torpedorohre. Von Anfang an bestand die Absicht, die 15,5-cm-Geschütze bei der erstbesten Gelegenheit durch 20,3-cm-Geschütze zu ersetzen, und in diesem Sinne wurde auch der Entwurf für diese Einheiten gestaltet. Der Panzerschutz sollte die Munitionskammern gegen 20,3-cm- und die Maschinenräume gegen 15,2-cm-Granaten schützen. Diese Anforderungen entsprachen insgesamt jenen für Kreuzer der Kategorie A. Doch es erwies sich – nicht überraschend – als unmöglich, dies mit 8500 ts zu erreichen, auch nicht unter Einsatz der Schweißtechnik in großem Maßstab. Im Vergleich zu den vorhergehenden Schweren Kreuzern war der Schiffskörper bei dieser Klasse sehr leicht gebaut, sogar gefährlich leicht, denn die Platten- und Materialstärken waren zur Gewichtseinsparung erheblich verringert worden. Selbst unter diesen Umständen stieg das Entwurfsdeplacement 1931 auf 9500 ts. Der tatsächliche Entwurf zeigte viele Ähnlichkeiten mit dem Entwurf für die TAKAO-Klasse, aber die getroffenen Maßnahmen zur Verringerung des Gewichtes in Verbindung mit dem unangemessen hohen Brückenaufbau und den sonstigen Aufbauten

Unten: Die KUMANO in chinesischen Gewässern kurz vor dem Zweiten Weltkrieg. (Sammlung des Autors)

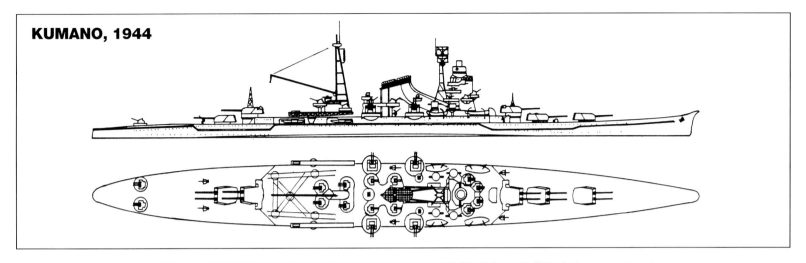

KUMANO, 1944

Unten: Die MIKUMA im April 1939. (IWM)

verringerten die Stabilität auf einen kritischen Punkt.

Das Panzerschutzschema wies jedoch zu jenem bei den Kreuzern der Kategorie A neben einigen Ähnlichkeiten auch eine Reihe von Unterschieden auf. Der Hauptgürtelpanzer auf Höhe der Maschinenräume hatte an seiner Oberkante eine Dicke von 100 mm, die sich auf 65 mm in der Mitte und von da an bis auf 30 mm an seiner Unterkante verjüngte. Er war von oben bis unten um 20° von der Senkrechten nach innen geneigt. Seine Oberkante stieß an die 60 mm dicke Böschung des Panzerdecks, während sein unterer Teil hinter den Seitenwülsten als Torpedoschutz fungierte. Auf der Höhe der Munitionskammern hatte der Seitenpanzer an seiner Oberkante eine Dicke von 140 mm, die sich bis zu seiner Unterkante auf 30 mm verjüngte. Seine Neigung nach innen glich jener beiderseits der Maschinenräume. Das Panzerdeck wies eine Dicke von 30 mm – über den Munitionskammern 40 mm – und an den Seiten bei den um 20° geneigten Böschungen eine solche von 60 mm auf. Nach vorn und achtern schlossen Panzerquerschotte die Munitionskammern und Maschinenräume ab. Die Barbetten hatten eine Panzerung von 75 mm – 100 mm. Insgesamt betrug der Gewichtsanteil der Panzerung 2061 ts; dieser war bei den beiden letzten Einheiten infolge des verlängerten Seitenpanzers etwas höher.

Die Hauptantriebsanlage bestand aus vier Sätzen Getriebeturbinen mit Vier-Wellen-Anordnung und ihre Antriebsleistung lag mit 152 000 WPS für eine Höchstgeschwindigkeit von 37 kn höher als die bei den vorhergehenden Kreuzerklassen. Auch in der Anordnung bei den Maschinenräumen gab es einen Unterschied: Die vorderen Turbinensätze trieben die Innenwellen an. Zwei der Einheiten besaßen zehn Kessel: acht große und zwei kleine, sämtlich mit Überhitzern und Luftvorwärmern ausgerüstet. Die beiden kleinen Kessel befanden sich im vorderen Kesselraum, während bei den großen jeder seinen eigenen Kesselraum hatte, paarweise nebeneinander angeordnet und durch das inzwischen standardmäßig gewordene Mittellängsschott getrennt, das sich auch durch die Turbinenräume fortsetzte. Die beiden anderen Einheiten hatten ohne Verlust an Antriebsleistung nur acht große Kessel; der vordere Kesselraum fehlte.

Die Hauptbewaffnung umfaßte fünf Drillingstürme: drei vorn und zwei achtern, wobei Turm 3 die beiden vorderen und Turm 4 den achteren überhöhte. Das Hauptgeschütz war vom Modell 15,5 cm S.K. L/60 »3 Nendo shiki 15,5 cm«, eingeführt 1934. Es verschoß eine 55,8 kg schwere Granate mit einer maximalen Reichweite von 27 500 m. Die Lafetten in den Drillingstürmen hatten eine Rohrerhöhung von 55°; die Schwierigkeiten der Luftabwehrfähigkeit mit einer Rohrerhöhung von 70° waren erkannt worden. Die zugleich als Mittelartillerie dienende Schwere Flak bestand aus dem standardmäßigen Luft/Seeziel-Modell 12,7 cm S.K. L/50 in Doppellafette, während sich die Leichte Flak aus vier 2,5-cm-Doppellafetten und zwei 13,2-mm-Doppellafetten zusammensetzte. Es war beabsichtigt gewesen, zwei 4-cm-

Oben: Die MOGAMI 1935 bei den Erprobungsfahrten. (IWM)

Unten: Die SUZUYA im Jahre 1939. (IWM)

Vickers-Fla-Geschütze (2-Pfünder-Pompom) an Bord zu bringen. Doch das neue 2,5-cm-Fla-Geschütz hatte diese Absicht überflüssig gemacht. Die vier 61-cm-Drillings-Torpedorohrsätze waren auf dem Oberdeck beiderseits des achteren Endes der Aufbauten untergebracht (statt wie ursprünglich geplant in der Nähe der Brücke). Sie waren mit einem Schnell-Nachladesystem – eine verbesserte Version desjenigen bei der TAKAO-Klasse - für insgesamt zwölf Reservetorpedos (drei je Rohrsatz) ausgerüstet.

Die Flugzeugeinrichtungen unterschieden sich bei der Fertigstellung von der ursprünglichen Entwurfsplanung, die eine ähnliche Ausstattung wie bei der TAKAO-Klasse vorgesehen hatte, d.h. zwei Katapulte, zwei Flugzeughallen für je ein Flugzeug und Vorkehrungen, um insgesamt vier Bordflugzeuge einschiffen zu können. Der TOMOZURU-Zwischenfall[197] veranlaßte jedoch ein Umdenken. Die Flugzeughallen wurden weggelassen, das Aufbaudeck wurde zum Parken der Flugzeuge verlängert und ihre Anzahl auf drei verringert.

Modifizierungen: Nach dem Verlust des Torpedobootes TOMOZURU am 12. März 1934 wurde ein Untersuchungsausschuß einberufen, der seinen Bericht über die Feststellungen am 14. Juni 1934 vorlegte. Sofort wurden Maßnahmen ergriffen, um die Stabilität der im Bau befindlichen Schiffe zu verbessern. Dies betraf auch die Einheiten der MOGAMI-Klasse. Infolgedessen kam es zu einer Neugestaltung des Brückenaufbaus mit einer verringerten Höhe, dem Weglassen der Flugzeughallen und einer Reduzierung der achteren Aufbauten. Bei den beiden letzten Einheiten wurde auch die Seitenhöhe – vom Kiel bis zur Oberdecksebene – verringert, da sie im Bau noch nicht so weit fortgeschritten waren wie die ersten beiden. Wie bereits erwähnt, wurden die Torpedorohrsätze weiter nach achtern verlegt und die 12,7-cm-Geschütze erhielten Doppellafetten. Nach den Erprobungsfahrten ergab sich bei MOGAMI und MIKUMA sehr rasch, daß sie sich hart an der Grenze der Stabilität befanden, und der »Vierte

Flotten-Zwischenfall« am 26. September 1935, als eine Reihe von Schiffen in einem Taifun Beschädigungen erlitten,[198] legte dar, daß es auch an der erforderlichen Festigkeit des Schiffskörpers fehlte. Zu diesem Zeitpunkt hatte die SUZUYA gerade mit den ersten Erprobungsfahrten begonnen. Sie wurden sofort abgebrochen und die drei bisher fertiggestellten Einheiten wurden außer Dienst gestellt, desarmiert und zur Durchführung größerer Umbauten aufgelegt. Für die KUMANO, die letzte Einheit, erging ein Baustopp. Nachdem der Untersuchungsausschuß im April 1936 seinen Bericht vorgelegt hatte, wurde der Weiterbau der KUMANO im Frühjahr 1936 wieder aufgenommen und die übrigen Einheiten erfuhren einen Umbau. Diese Umbauarbeiten dauerten bei MIKUMA und SUZUYA bis zum Oktober 1937 und die Fertigstellung der MOGAMI erfolgte erst im Januar 1938. Hierbei erhielten die Schiffskörper nicht nur durch Verstärken der Verbände eine beträchtliche Erhöhung ihrer Festigkeit, sondern es kam auch in erheblichem Umfang zum Austausch der geschweißten Außenbeplattung gegen eine genietete. Auch die Seitenwülste wurden verbreitert. Ferner erfolgten Veränderungen bei den Aufbauten, um die Auswirkungen der Verformungen des Schiffskörpers beim Schwenken der Türme zu verringern. Unter anderem wurde auch die Gesamtanzahl der mitgeführten Torpedos auf achtzehn reduziert; nur noch sechs Reservetorpedos befanden sich an Bord. Diese Modifizierungen erhöhten die Wasserverdrängung um etwa 1000 ts.

Nach der Kündigung der Flottenverträge durch Japan am 29. Dezember 1934 (Auslaufen am 31. Dezember 1936) und dem Wegfall der damit verbundenen Vertragsbeschränkungen konnte die KJM ihre Pläne zur Aufrüstung dieser Kreuzerklasse durchführen: 20,3-cm-Doppeltürme sollten die bisherigen 15,5-cm-Drillingstürme ersetzen. Doch Türme mit dem erforderlichen Schwenklager-Durchmesser herzustellen, den Barbetten bei der MOGAMI-Klasse angepaßt, bedeutete, daß die Werftliegezeit zur Umrüstung nicht vor 1939 beginnen konnte. Im Verlaufe dieses Werftaufenthaltes erfolgte auch das Ersetzen der Katapulte durch ein schwereres Modell und das Umrüsten der Torpedorohre auf den mit Sauerstoff angetriebenen 61-cm-»Long Lance«-Torpedo. Nunmehr wurden 24 Torpedos dieses Typs (einschließlich zwölf in Reserve) mitgeführt.

Bis zum Ende des ersten Kriegsjahres kam es kaum noch zu Modifizierungen. Lediglich die bei der Schlacht von Midway im Juni 1942 durch Kollision und Bombentreffer schwer beschädigte MOGAMI wurde im Zuge der Ausbesserungsarbeiten in der Marinewerft Sasebo vom September 1942 bis zum April 1943 zum »Flugzeugkreuzer« umgebaut. Hierzu gehörte das Entfernen der achteren 20,3-cm-Geschütztürme und ihr Ersetzen durch ein großes Flugdeck für den Betrieb von elf Seeflugzeugen vom Typ E16A1 (alliierter Codename »Paul«). Alle elf Maschinen konnten mit den beiden Katapulten innerhalb von 30 Minuten gestartet werden. Zehn 2,5-cm-Drillingslafetten ersetzten die bisherigen 2,5-cm- und 13,2-mm-Doppellafetten. Außerdem erfolgte der Einbau eines zusätzlichen Fla-Feuerleitsystems sowie eines Luftraum-Überwachungsradars.

Nach dem Ende der Kämpfe um Guadalcanal im Februar 1943 erhielten auch die KUMANO und die SUZUYA Radargeräte und ihre Leichte Flak wurde auf 20 Rohre 2,5 cm (4 x 3 und 4 x 2) verstärkt. Die 13,2-mm-Doppellafetten kamen von Bord. Die Pläne, die beiden Schiffe durch Entfernen aller oder eines Teils der 20,3-cm-Geschütze und Ausrüsten mit zusätzlichen 12,7-cm-Luft/Seeziel-Geschützen zu reinen Flakkreuzern umzubauen, gelangten nie zur Ausführung.

In den ersten drei Monaten des Jahres 1944 erfolgte bei den noch vorhandenen drei Einheiten eine weitere Verstärkung der Leichten Flak durch acht 2,5-cm-Fla-Geschütze in Einzellafetten. Zu diesem Zeitpunkt führten die MOGAMI 38 Rohre 2,5 cm (10 x 3 und 8 x 1) und die beiden anderen Kreuzer je 28 Rohre 2,5 cm (4 x 3, 4 x 2 und 8 x 1). Im Juni 1944 kam es zu einer erneuten Verstärkung der Leichten Flak: bei MOGAMI auf 60 Rohre 2,5 cm (14 x 3 und 18 x 1), bei KUMANO auf 56 Rohre 2,5 cm (8 x 3, 4 x 2 und 24 x 1) sowie bei SUZUYA auf 50 Rohre 2,5 cm (8 x 3, 4 x 2 und 18 x 1). Außerdem gelangten zusätzliche Radargeräte zum Einbau.

Werdegang: Nach ihrer Indienststellung bildeten die MOGAMI[199] und die MIKUMA das zeitweilig der 4. Flotte zugeteilte 7. Kreuzergeschwader. Wie bereits oben dargelegt, erfolgte nach dieser Verwendung ihr Umbau, und so konnten sie erst Ende 1937 bzw. Anfang 1938 wieder in Dienst gestellt werden. Als die SUZUYA und die KUMANO zur Flotte stießen, bildeten Ende 1937 zusammen mit der MIKUMA erneut das 7. Kreuzergeschwader und kamen in chinesischen Gewässern zum Einsatz. Nach der neuerlichen Werftliegezeit zur Umrüstung der Bewaffnung bestand das 7. Kreuzergeschwader ab dem 1. Mai 1940 zum erstenmal aus allen vier Einheiten, nunmehr umklassifiziert in »Schwere Kreuzer«. Es verlegte im Januar 1941 in indochinesische Gewässer, um auf Vichy-Frankreich nach dem Angriff auf die thailändischen Kriegsschiffe im Golf von Siam[200] Druck auszuüben. Im Juli 1941 unterstützte das 7. Geschwader die japanischen Operationen in Französisch-Indochina, die dem Gewinnen von Ausgangspositionen für den späteren Angriff Japans auf den südostasiatischen Raum dienten.

Ab dem Beginn des Pazifischen Krieges war das 7. Kreuzergeschwader (KAdm. Kurita) an der Deckung der japanischen Landungen in Malaya, auf Borneo, bei Palembang/Süd-Sumatra, auf Java, in Nord-Sumatra und auf den Andamanen beteiligt. Bei den beiden letzteren gehörte das Geschwader zum Malaya-Verband (VAdm. Ozawa) und bei der Landung auf Java bildete es die Deckungsgruppe des Westverbandes. In der Nacht vom 28. Februar/1. März 1942 griffen der amerikanische Schwere Kreuzer HOUSTON und der australische Leichte Kreuzer PERTH am Nordeingang zur Sunda-Straße die japanische Landungsflotte des Westverbandes an. In der sich entwickelnden Schlacht in der Sunda-Straße kam es zu einem grimmigen Duell mit den Kreuzern MIKUMA und MOGAMI, die mit Artillerie und Torpedos die beiden alliierten Kreuzer versenkten. Fünf Torpedos aus einem Sechserfächer der MOGAMI versenkten allerdings auch einen japanischen Minensucher sowie vier Truppentransportschiffe des Heeres mit insgesamt 31 461 BRT. Am 1. April 1942 stieß der Malaya-Verband mit dem 7. Kreuzergeschwader als Ablenkung zum Vorstoß der 1. Trägerflotte (VAdm. Nagumo) in den Indischen Ozean gegen Ceylon (heute Sri Lanka) in den Golf von Bengalen vor, um die alliierte Schiffahrt anzugreifen. Insgesamt versenkte der Malaya-Verband sechzehn Handelsschiffe mit insgesamt 92 000 BRT. Danach kehrten die vier Kreuzer nach den anfänglichen Erfolgen zur Überholung in heimische Gewässer zurück. Ende Mai 1942 nahm das 7. Kreuzergeschwader an der Midway-Operation teil. Es lief am 29. Mai aus Guam aus, um als Unterstützungsgruppe zur Invasionsflotte zu stoßen. Am 5. Juni sollte das Geschwader Midway selbst beschießen, aber dieser Befehl wurde nach dem für die KJM verlustreichen Ausgang der Trägerschlacht widerrufen und die Operation abgebrochen. Auf dem Rückmarsch wurde das Geschwader von dem US-Unterseeboot TAMBOUR gesichtet. Während dieses Boot nicht zum Angriff imstande war, rammte die MOGAMI in der Verwirrung die MIKUMA, wobei die beiden Kreuzer erhebliche Beschädigungen erlitten. Die beiden unversehrten Kreuzer setzten den Rückmarsch fort und ließen die lahmen Schiffe mit zwei Zerstörern zurück. Am nächsten Tag, dem 6. Juni, griffen Trägerflugzeuge der YORKTOWN, HORNET und ENTERPRISE in drei Wellen die beschädigten Kreuzer an. Sie verwandelten die MIKUMA in ein brennendes Wrack, das noch am selben Abend sank, während die MOGAMI mit sehr schweren Beschädigungen und unter hohen Verlusten zusammen mit den beiden Zerstörern entkam. Sie traf schließlich am 14. Juni in Truk und am 11. August zur Reparatur in der Marinewerft Sasebo ein. Die Ausbesserungsarbeiten und der damit verbundene Umbau zum »Flugzeugkreuzer« dauerten bis zum April 1943.

Die immer noch das 7. Kreuzergeschwader (KAdm. Nishimura) bildende KUMANO und SUZUYA gehörten ab dem 14. Juli 1942 nach der Flottenumbildung zur 3. Flotte (VAdm. Nagumo) und nahmen in diesem Monat an einem Vorstoß in den Golf von Bengalen teil. Nach der amerikanischen Landung am 7. August 1942 auf Guadalcanal in den Salomonen (Operation »Watchtower«) kamen auch die beiden Kreuzer auf diesem Kriegsschauplatz zum Einsatz. Im Verband der 3. Flotte waren sie Ende August an der Luft/Seeschlacht ostwärts der Salomonen, während des September mehrmals an der Deckung japanischer Operationen zur Verstärkung und Versorgung Guadalcanals sowie am 26. Oktober an der Luft/Seeschlacht bei den Santa-Cruz-Inseln beteiligt. Nach dem Ende der Kämpfe um Guadalcanal gingen die beiden Kreuzer zur Werftliegezeit in heimische Gewässer und kehrten anschließend zusammen mit der MOGAMI wieder zum Kriegsschauplatz Salomonen zurück. Am 20. Juli 1943 beschädigten Flugzeuge des USMC die KUMANO vor der Insel Kolombangara. Die Reparaturarbeiten in der Marinewerft Kure dauerten bis Ende Oktober 1943. Inzwischen befand sich das 7. Kreuzergeschwader, zu dem auch die KUMANO wieder stieß, in Truk bei der 3. Flotte. Am 3. November 1943 verlegte das Geschwader nach Rabaul/Neubritannien. Beim Luftangriff von Trägerflugzeugen der SARATOGA und der PRINCETON am 5. November auf Rabaul wurde außer den drei Kreuzern der TAKAO-Klasse (siehe oben) auch die MOGAMI beschädigt, die bis Mitte Februar 1944 ausfiel. Ende November verstärkte die SUZUYA Inselbesatzungen in den Marshalls und Ende Dzember 1943 brachten beide Kreuzer Heeresverstärkungen nach Rabaul und Kavieng am Bismarck-Archipel. Im Rahmen der Operation »A-GO« wurde 1944 das 7. Kreuzergeschwader der 2. Flotte bei der 1. Mobilen Flotte (VAdm. Ozawa) zugeteilt und zur Verteidigung der Marianen eingesetzt. In der Schlacht um den Golf von Leyte/Philippinen Ende Oktober 1944 gehörten KUMANO und SUZUYA zum Zentralverband (VAdm. Kurita) und die MOGAMI zum Südverband (VAdm. Nishimura). Im Verlaufe der Teilschlacht in der Surigao-Straße zwischen den Philippinen-Inseln Leyte und Dinagat geriet der Südverband in der Nacht vom 24./25. Oktober in das Feuer der amerikanischen Schlachtschiffe und Schweren Kreuzer der Deckungsgruppe Süd von Rear-Admiral Oldendorf. Hierbei erlitt die MOGAMI schwere Beschädigungen durch Artillerietreffer der Kreuzer LOUISVILLE, PORTLAND und DENVER. Bereits auf dem Rückzug kollidierte die NACHI (siehe oben) mit der MOGAMI; letztere setzte ihre Fahrt fort. Bei Tageslicht griffen Trägerflugzeuge der amerikanischen TG 77.4 den Kreuzer an, der bewegungslos liegenblieb und aufgegeben werden mußte. Schließlich versenkte gegen Mittag der Zerstörer AKEBONO nach Übernahme der Überlebenden das Wrack mit einem Torpedo südwestlich der Insel Panaon in der Mindanao-See. Als VAdm. Kuritas Zentralverband am Morgen des 25. Oktober den US-Geleitträger-Verband (TG.77.4.3) vor der Insel Samar angriff, erhielt die KUMANO einen Torpedotreffer, der aus einem der von den US-Zerstörern HOEL und JOHNSTON geschossenen Torpedofächern stammte, und mußte den Rückmarsch durch die San-Bernardino-Straße zwischen den Inseln Luzon und Samar antreten. Hierbei überstand der Kreuzer sowohl weitere Beschädigungen durch Angriffe von Sturzbombern wie auch am 26. Oktober weitere Luftangriffe durch Trägerflugzeuge in der Sibuyan-See und erreichte schließlich sicher Manila. Im Gefolge des Angriffs auf die amerikanischen Geleitträger erlitt die SUZUYA am 25. Oktober Beschädigungen durch einen Lufttorpedotreffer. Weitere Luftangriffe verursachten derart schwere Schäden verbunden mit wütenden Bränden, daß der Kreuzer vor Samar bewegungslos liegenblieb. Ein vom japanischen Zerstörer OKINAMI geschossener Torpedo zur Versenkung des Wracks ließ die Torpedos und die Munition hochgehen, so daß die SUZUYA rasch sank. Nach einer Notreparatur in Manila lief die KUMANO am 4. November 1944 nach Japan aus. Vor der Insel Luzon wurde die KUMANO von einer aus vier Booten (GUITARRO, BREAM, RATON und RAY) bestehenden U-Bootgruppe abgefangen. Von 23 abgefeuerten Torpedos trafen den Kreuzer nicht weniger als neun. Trotzdem gelang es der KUMANO, noch nach Santa Cruz/Luzon einzulaufen.

Während der Reparaturarbeiten griffen am 25. November 1944 Flugzeuge des zur TG 38.3 gehörenden neuen Flugzeugträgers TICONDEROGA den Kreuzer in der Dasol-Bucht an und erzielten vier Bomben- und fünf Torpedotreffer, die das Schiff endgültig versenkten.

TONE-Klasse

Name	Bauwerft	Kiellegung	Stapellauf	Fertigstellung	Schicksal
TONE	Mitsubishi, Nagasaki	1. Dez. 1934	21. Nov. 1937	20. Nov. 1938	gesunken: 24. Juli 1945
CHIKUMA	Mitsubishi, Nagasaki	1. Okt. 1935	19. März 1938	20. Mai 1939	gesunken: 25. Okt. 1944

Typ: Schwerer Kreuzer (Kreuzer I. Klasse) – Kô gata (Itto junyôkan).
Standardverdrängung: 11 215 ts (11 394 t).
Einsatzverdrängung: 15 200 ts (15 443 t).
Länge: 201,50 m (über alles), 198,00 m (CWL), 189,10 m (zwischen den Loten).
Breite: 18,49 m.
Tiefgang: 6,48 m (mittlerer).
Antriebsanlage: 4 Satz Getriebeturbinen, 8 Kampon-Kessel, 4 Wellen.
Antriebsleistung: 152 000 WPS für 35 kn.
Bunkerinhalt: 2163 ts Heizöl.
Fahrtstrecke: 9000 sm bei 18 kn.
Panzerschutz: Panzerdeck 35 mm – 64 mm, Hauptgürtelpanzer 100 mm (Maschinenräume) – 125 mm (Munitionskammern), Türme 25 mm.
Geschütze: acht 20,3 cm S.K. L/50 (4 x 2), acht 12,7 cm Luft/Seeziel-S.K. L/50 (4 x 2), zwölf 2,5 cm (6 x 2).
Torpedorohre: zwölf 61 cm (4 x 3).
Seeminen: keine.
Bordflugzeuge: fünf, zwei Katapulte.
Besatzungsstärke: 850 Offiziere und Mannschaften.

Entwurf: Diese beiden Einheiten – Teil des 2. Ergänzungs-Flottenbauprogramms 1932 – sollten ursprünglich als 8450-ts-Kreuzer des MOGAMI-Typs gebaut werden, aber die frühzeitigen Erfahrungen mit diesem Kreuzertyp ließen erkennen, daß dieser Entwurf nicht besonders gut gelungen war. Infolgedessen erfolgte der Bau dieser Einheiten nach einem neuen Entwurf, der sich vollständig von dem für die MOGAMI-Klasse unterschied. Nach der ursprünglichen Planung sollte die Hauptbewaffnung aus fünf 15,5-cm-Drillingstürmen – drei vorn und zwei achtern – bestehen, aber nach dem Kentern des Torpedobootes TOMOZURU (siehe oben) wurde das gesamte Stabilitätsproblem bei den neuen japanischen Kriegsschiffen einer eingehenden Überprüfung unterzogen. Diese Untersuchung führte für die Kreuzer der TONE-Klasse zu einem neuen Entwurf. Hinsichtlich der Hauptbewaffnung ergab sich die Feststellung, daß die Streuwirkung der Aufschläge – bedingt durch die Aufstellung der Türme – zu groß wäre. Um dieser Problematik abzuhelfen, wurden bei diesem Neuentwurf, ungewöhnlich für einen Kreuzer, alle Türme der Schweren Artillerie auf dem Vorschiff konzentriert. Dies wiederum ermöglichte es, das freie Achterdeck für erweiterte Flugzeugeinrichtungen zu nutzen.

Die mangelhafte Stabilität früherer Neubauten war nicht das einzige Problem, das die Kaiserlich Japanische Marine bedrückte, wie die Erfahrungen in See unter Taifun-Bedingungen veranschaulichten. Auch die Festigkeit der Schiffskörper, besonders bei den Einheiten der MOGAMI-Klasse, war mangelhaft, wie bereits im vorhergehenden Abschnitt beschrieben worden ist. Während bei der TONE, die seit Dezember 1934 auf Kiel lag, noch die Schweißtechnik in größerem Umfange Anwendung fand, war der Schiffskörper ihres Schwesterschiffes fast vollständig genietet. Diese Modifizierungen, angesichts der beiden früher erwähnten »Flotten-Zwischenfälle«[201] vorgenommen, steigerten die Wasserverdrängung auf rund 12 500 ts. Vom geringeren Kaliber der Hauptbewaffnung abgesehen, sollte die Schwere Flak nunmehr fünf Doppellafetten umfassen und die Bordflugzeug-

TONE, 1945

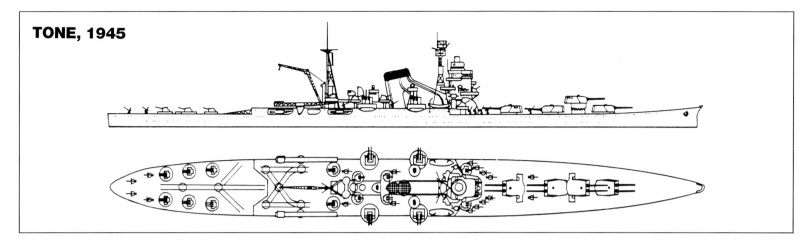

Kapazität hatte sich fast verdoppelt. Als Japan am 29. Dezember 1934 die bestehenden Flottenverträge kündigte, die am 31. Dezember 1936 ausliefen, erfuhr die Schwere Artillerie eine Revision auf acht 20,3-cm-Geschütze. Doch angesichts der Schwierigkeiten, die eine derartige Modifizierung bei einem bereits bestehenden Entwurf und bei einem im Bau schon fortgeschrittenen Schiff verursacht hätte, ist es mehr als wahrscheinlich, daß die beiden Einheiten von Anfang an schon für diese Bewaffnung entworfen worden waren und daß das bisherige Festhalten am Kaliber 15,5 cm eine ausschließlich politische Notwendigkeit gewesen war.

Mit diesem Entwurf wurde das wellenförmige Glattdeck des Schiffskörpers bei den vorhergehenden Kreuzerklassen aufgegeben und die Aufbauten hatten kleinere Ausmaße. Auch das Panzerschutzschema unterschied sich von dem der MOGAMI-Klasse. Der Hauptgürtelpanzer befand sich nunmehr vollständig im Inneren des Schiffskörpers, obwohl er noch immer von oben nach unten binnenbords geneigt war. Auf der Höhe der Maschinenräume hatte der Seitenpanzer eine Dicke von 100 mm und beiderseits der Munitionskammern eine solche von 125 mm, aber ohne ein ständiges Verjüngen nach unten wie bei der MOGAMI-Klasse. Seine Breite betrug ohnehin nur 2,74 m und nach unten setzte er sich mit wesentlich verringerter Dicke als Torpedoschott bis zum inneren Doppelboden fort. Die Außenseiten des Schiffskörpers erstreckten sich bis zur Oberkante des Gürtelpanzers senkrecht nach unten und setzten sich dann in die Seitenwülste hinein fort. Der Horizontalschutz bestand aus einem 35 mm dicken Panzerdeck, das seitlich in Böschungen von 65 mm Dicke bis zur Oberkante des Seitenpanzers abfiel. Zusätzlich hatte das Oberdeck einen Schutz aus 19 mm dicken Stahlplatten erhalten. Die Hauptantriebsanlage glich jener bei den letzten beiden Einheiten der MOGAMI-Klasse.

Wie bereits erwähnt, bestand die Schwere Artillerie aus 20,3-cm-Geschützen desselben Modells – 20,3 cm S.K. L/50 »3 Nendo shiki 2 Gô 20,3 cm« – wie bei den vorhergehenden Kreuzerklassen in Doppeltürmen des Modells E3 mit 55° Rohrerhöhung, konzentriert auf dem Vorschiff. Die Türme 3 und 4 deckten einen achteren Schußwinkel ab, während der Turm 2 die Türme 1 und 3 überhöhte. Die Schwere Flak bestand aus vier 12,7-cm-DP-Doppellafetten in einer seitlichen Mittschiffsanordnung. Diese Anordnung glich jener bei allen neuen Schweren Kreuzern. Zur Nahbereichs-Luftabwehr stand das 2,5-cm-Fla-Geschütz Typ 96 in sechs Doppellafetten zur Verfügung. Vier 61-cm-Drillingsrohrsätze bildeten die Torpedobewaffnung.

Diese beiden Einheiten waren als Aufklärungsschiffe für die Flotte entworfen worden und infolgedessen verfügten sie über mehr Raum für den Betrieb von Bordflugzeugen als die vorhergehenden Schweren Kreuzer. Tatsächlich erforderte es die Bedeutung der Flugzeugeinrichtungen, daß die gesamte Schwere Artillerie auf dem Vorschiff konzentriert werden mußte, um die Gefahr von Schäden an den Bordflugzeugen zu vermeiden, die durch den Luftdruck beim Abfeuern der Geschütze eintreten können. Achteraus des Großmastes waren seitlich zwei durch Pulvergasdruck angetriebene Katapulte vorhanden und auf dem Katapult- und dem Achterdeck war ein kompliziertes System aus Transportschienen und Drehscheiben angeordnet. Flugzeughallen waren nicht vorhanden. Maximal konnten vier dreisitzige Seeflugzeuge vom Typ E7K2 (alliierter Codename »Alf«) und vier zweisitzige Seeflugzeuge vom Typ E8N1 (Codename »Dave«) mitgeführt werden. Die normale Flugzeugausstattung umfaßte sechs Maschinen, vier davon vom Typ E8N1. Im Dienstbetrieb befanden sich jedoch nicht mehr als fünf Flugzeuge an Bord und sogar diese Anzahl wurde später auf vier reduziert. Mit dem Fortgang des Krieges wurden die genannten Flugzeugtypen durch solche vom Typ E13A1 (Codename »Jake«) und F1M2 (Codename »Pete«) abgelöst.

Modifizierungen: 1943 erfolgte eine Verstärkung der 2,5-cm-Bewaffnung auf zwanzig Geschütze

Unten: Eine Rekonstruktion: So könnte der Pilot des US-Trägerflugzeuges die TONE erblickt haben, als er sie am 24. Juli 1945 versenkte.

und im Juni 1944, als die Zeit des Einsatzes von Bordflugzeugen vorüber war, kam es zu einer weiteren Verstärkung der Leichten Flak, insbesondere durch Einbau auf dem achteren Flugdeck. Zu diesem Zeitpunkt bestand die Leichte Flak aus 54 Rohren 2,5 cm (8x3, 6x2 und 18x1). Später kamen noch zwei weitere 2,5-cm-Doppellafetten hinzu. Außerdem erhielten die beiden Kreuzer eine Radarausrüstung. Doch ansonsten erfuhren sie keine größeren Modifizierungen.

Werdegang: Nach ihrer Indienststellung bildeten die beiden Schweren Kreuzer das 8. Kreuzergeschwader, das fast ständig mit den Flugzeugträgern operierte. Dieses Geschwader war insoweit ungewöhnlich, weil es stets nur aus zwei Einheiten bestand. Am 26. November 1941 lief das 8. Kreuzergeschwader als Teil der Unterstützungsgruppe mit der 1. Marine-Luftflotte (VAdm. Nagumo), bestehend aus der 1., 2. und 5. Trägerdivision, aus der Hittokappu-Bucht in Japan zum Angriff auf Pearl Harbor aus, der am 7. Dezember erfolgte. Am 22. Dezember unterstützte das Kreuzergeschwader mit der 2. Trägerdivision (KAdm. Abe) den zweiten Angriff auf die Insel Wake, der am nächsten Tag mit der Besetzung der Insel endete. Von den Palau-Inseln (heute Belau) bzw. von Truk aus operierend, nahmen die beiden Kreuzer vom Januar 1942 an mehrmals im Gefolge der Trägerdivisionen an der Deckung von Landungen in Niederländisch-Ostindien teil. Am 19. Februar 1942 gehörten sie zum Verband der 1. Marine-Luftflotte, die mit Flugzeugen der 1. und 2. Trägerdivision den nordaustralischen Hafen Port Darwin angriff. Ende Februar/Anfang März deckte derselbe Verband die Landungen auf Java und operierte anschließend im Indischen Ozean südlich von Java, um alliierte Schiffe abzufangen. Hierbei versenkten die beiden Kreuzer zusammen mit den Schlachtschiffen HIYEI und KIRISHIMA am 1. März 1942 den US-Zerstörer EDSALL. Ende März/Anfang April war das 8. Kreuzergeschwader (KAdm. Abe) am Angriff der 1. Marine-Luftflotte (VAdm. Nagumo) mit fünf Trägern auf Ceylon (heute Sri Lanka) beteiligt. Im Zuge dieses Vorstoßes versenkten die Trägerflugzeuge am 5. April unter anderem die britischen Schweren Kreuzer DORSETSHIRE und CORNWALL (siehe oben), nachdem ein Aufklärungsflugzeug der TONE die Fühlung am Gegner hergestellt hatte. Am 26. Mai 1942 lief das Geschwader mit der 1. Marine-Luftflotte aus der japanischen Inlandsee zum Angriff auf Midway aus, der mit der für die Japaner sehr verlustreichen Luft/Seeschlacht am 4. Juni endete. Ab dem 14. Juli 1942 gehörte das 8. Kreuzergeschwader (KAdm. T. Hara) nach der Flottenumbildung zur 3. Flotte (VAdm. Nagumo) mit dem 1. und 2. Trägergeschwader in Truk. Vom August 1942 an waren die beiden Kreuzer im Verband dieser Flotte auch an den Kämpfen um die Salomonen-Insel Guadalcanal beteiligt. Bei einem Luftangriff durch Flugzeuge des US-Trägers SARATOGA erlitt die TONE am 24. August Beschädigungen. In der Luft/Seeschlacht bei den Santa-Cruz-Inseln sichtete am Morgen des 26. Oktober erneut ein Aufklärungsflugzeug der TONE die gegnerischen Trägerverbände. In den sich entwickelnden Angriffen erhielt die CHIKUMA am selben Tag durch Sturzkampfbomber der ENTERPRISE fünf schwere Bombentreffer, während die TONE den Torpedos und Bomben der amerikanischen Trägerflugzeuge nur knapp entging. 1943 war das 8. Kreuzergeschwader immer noch bei der 3. Flotte in Truk stationiert und kam mehrmals bei den Kämpfen um die Salomonen zum Einsatz. Am 5. November 1943 gehörten die beiden Kreuzer zu den Schiffen, die beim Angriff von Trägerflugzeugen der SARATOGA und PRINCETON auf den Simpson-Hafen von Rabaul/Neubritannien leichtere Schäden davontrugen und nach Truk zurückverlegten. Ende November 1943 waren sie an der Verstärkung der Inselbesatzungen in den Marshalls beteiligt. Anfang 1944 bildeten die beiden Schiffe mit dem Schweren Kreuzer AOBA das 7. Kreuzergeschwader (KAdm. Sakonju) und kamen in südostasiatischen Gewässern zum Einsatz. Am 1. März 1944 lief das Geschwader aus der Sunda-Straße aus, um die alliierte Schiffahrt im Indischen Ozean auf der Australien-Aden-Route anzugreifen. Am 9. März versenkte die TONE den Frachter BEHAR (7840 BRT), der noch ein Notsignal funken konnte. Daraufhin wurden die Überlebenden der versenkten alliierten Schiffe ermordet und der Vorstoß abgebrochen.[202] In den Pazifik zurückgekehrt, gehörte das Geschwader (wieder ohne AOBA) im Rahmen der Operation »A-GO« – die Verteidigung der Marianen – zur 2. Flotte und war im Juni 1944 an der Luft/Seeschlacht in der Philippinen-See beteiligt. In der Schlacht um den Golf von Leyte/Philippinen gehörten beide Kreuzer zum Zentralverband VAdm. Kuritas und nahmen am 25. Oktober an der Schlacht vor der Insel Samar gegen die US-Geleitträger der *TG 77.4.3* teil. Hierbei versenkten Trägerflugzeuge der *TG 77.4.2* zusammen mit der CHŌKAI (siehe oben) auch die CHIKUMA durch Lufttorpedotreffer. Die TONE kehrte in heimische Gewässer zurück. Bei Angriffen der amerikanischen *TG 58* am 19. März 1945 mit Trägerflugzeugen auf das japanische Mutterland, besonders auf Flottenstützpunkte an der Inlandsee, wurde unter anderem auch die TONE in Kure durch Bombentreffer beschädigt. Im Zuge weiterer Luftangriffe der amerikanischen *TF 38* und der britischen *TF 37* wurde die TONE schließlich am 24. Juli 1945 in Edauchi bei Kure versenkt. Nach dem Kriege wurde das Wrack 1948 gehoben und verschrottet.

AGANO-Klasse

Name	Bauwerft	Kiellegung	Stapellauf	Fertigstellung	Schicksal
AGANO	Marinewerft Sasebo	18. Juni 1940	22. Okt. 1941	31. Okt. 1942	gesunken: 17. Febr. 1944
NOSHIRO	Marinewerft Yokosuka	4. Sept. 1941	19. Juli 1942	30. Juni 1943	gesunken: 26. Okt. 1944
YAHAGI	Marinewerft Sasebo	11. Nov. 1941	25. Okt. 1942	29. Dez. 1943	gesunken: 7. April 1945
SAKAWA	Marinewerft Sasebo	21. Nov. 1942	9. April 1944	30. Nov. 1944	aufgebracht: 2. Juli 1946

Typ: Leichter Kreuzer (Kreuzer II. Klasse) – Otsu gata (Nito junyôkan).
Standardverdrängung: 6652 ts (6758 t).
Einsatzverdrängung: 8534 ts (8671 t).
Länge: 174,01 m (über alles), 172,00 m (CWL), 162,00 m (zwischen den Loten).
Breite: 15,19 m.
Tiefgang: 5,64 m (mittlerer).
Antriebsanlage: 4 Satz Getriebeturbinen, 6 Kampon-Kessel, 4 Wellen.
Antriebsleistung: 100 000 WPS für 35 kn.
Bunkerinhalt: 1405 ts Heizöl.
Fahrtstrecke: 6300 sm bei 18 kn.
Panzerschutz: Deck 18 mm, Hauptgürtelpanzer 56 mm (Maschinenräume) – 50 mm (Munitionskammern), Türme 25 mm.
Geschütze: sechs 15,2 cm S.K. L/50 (3 x 2), vier 7,6 cm L/60 (2 x 2), 32 Rohre 2,5 cm.
Torpedorohre: acht 61 cm (2 x 4).
Seeminen: keine.
Bordflugzeuge: zwei, ein Katapult.
Besatzungsstärke: 730 Offiziere und Mannschaften.

Entwurf: Diese Schiffe wurden Ende der 30er Jahre als Ersatz für die veraltenden 5500-ts-Kreuzer entworfen.[203] Ursprünglich war geplant, daß sie eine Bewaffnung aus 15,5-cm-Geschützen in vier Drillingstürmen und sechs 61-cm-Torpedorohren erhalten sollten. Außerdem waren eine hohe Geschwindigkeit und ein minimaler Panzerschutz vorgesehen. Nach der Abänderung der militärischen Forderungen kam es zu einer Umarbeitung des Entwurfes und daraus gingen schnelle Aufklärungskreuzer hervor, die in Wirklichkeit in der Rolle von Flottillenführern zum Einsatz kamen. Letztendlich fiel der Turm X einer stärkeren Torpedobewaffnung – Vierlings- statt Drillingsrohrsätze – und den Flugzeugeinrichtungen zum Opfer.

Der Schiffskörper wies ein Glattdeck mit einem Wulstbug auf. Der Panzerschutz beschränkte sich auf einen Gürtelpanzer von 56 mm (Maschinenräume) bis 50 mm Dicke (Munitionskammern). Der Horizontalschutz betrug lediglich 18 mm und die Türme besaßen nur einen Splitterschutz.

Die Antriebsanlage bestand aus vier Sätzen

Oben: Die SAKAWA kurz nach der Fertigstellung in heimischen Gewässern. (USN)

Getriebeturbinen mit einer Vier-Wellen-Anordnung und sechs Kesseln. Die Konstruktionsleistung betrug 100 000 WPS für eine Höchstgeschwindigkeit von 35 kn. Wie die YUBARI – aber im Gegensatz zu anderen Kreuzern seit damals – hatte diese Kreuzerklasse nur einen einzigen Schornstein.

Bei der Fertigstellung führten diese Kreuzer als Hauptbewaffnung das 15,2-cm-Geschütz S.K. L/50, das ursprünglich als Mittelartillerie für die Schlachtkreuzer der KONGO-Klasse eingeführt worden war. Infolgedessen kamen für die Armierung der AGANO-Klasse eingelagerte Geschütze zur Verwendung. Dieses aus einem Vickers-Waffensystem entwickelte Geschütz verschoß eine 45,4 kg schwere Granate auf eine maximale Entfernung von 21 000 m. Der bei der Marinewerft Sasebo hergestellte Doppelturm gestattete eine maximale Rohrerhöhung von 55° und konnte daher in der Luftabwehr zu Zonenfeuer (d.h. Sperrfeuer) eingesetzt werden. Die Schwere Flak bestand aus vier 8-cm-Fla-Geschützen L/69, die eigentlich das Kaliber 7,6 cm aufwiesen, in zwei Doppellafetten. Das Geschütz verschoß eine 6 kg schwere Granate (Patronenmunition). In der KJM waren dies die einzigen auf Schiffen verwendeten Geschütze dieses Modells. 32 Rohre 2,5 cm bildeten die Leichte Flak und vervollständigten die Fla-Bewaffnung. Sie spiegelten die Kriegserfahrungen wider, die deutlich die aus der Luft drohenden Gefahren aufgezeigt hatten. Nach Zerstörerart waren die Torpedorohrsätze in der Mittschiffslinie aufgestellt. Die beiden Rohrsätze besaßen ein Schnell-Nachladesystem für je vier Reservetorpedos. Die Flugzeugeinrichtungen umfaßten ein einziges Katapult auf der Mittschiffslinie vor dem Großmast und eine Unterbringungsmöglichkeit für zwei Seeflugzeuge auf einer Plattform über den Torpedorohrsätzen. Wie die Zerstörer hatten auch diese Kreuzer eine Wasserbombenausstattung an Bord.

Unter dem 4. Ergänzungs-Bauprogramm von 1939 wurden vier Einheiten in Auftrag gegeben: drei bei der Marinewerft Sasebo und eine bei der Marinewerft Yokosuka. Nur das Typschiff wurde in einer angemessenen Bauzeit fertiggestellt. Die übrigen drei Einheiten erfuhren angesichts des sich dem Ende zuneigenden Geschicks des japanischen Kaiserreiches nur noch einen begrenzten Werdegang.

Modifizierungen: Anfang 1944 kam es zur Verstärkung der Leichten Flak auf 26 Rohre 2,5 cm und im Juli 1944 wurde ihre Anzahl bei den noch vorhandenen zwei Einheiten zunächst auf 52 und später auf 61 Rohre 2,5 cm erhöht (10 x 3, 31 x 1). Von der AGANO möglicherweise abgesehen, erfolgte die Ausrüstung mit Radar bereits vor der Fertigstellung.

Werdegang: Von der Indienststellung an gehörte die AGANO als Flaggschiff und Flottillenführer (KAdm. Tanaka) zur 4. Z-Flottille und nahm in den ersten Monaten des Jahres 1943 an den Endkämpfen um die Salomonen-Insel Guadalcanal teil. Im Oktober desselben Jahres verlegten die AGANO und die noch vorhandenen Zerstörer dieser Flottille nach Rabaul. Sie bildeten innerhalb der 3. Flotte den Kern der neu aufgestellten 10. Z-Flottille (KAdm. Osugi), die im Verlaufe der weiteren Kämpfe in den mittleren Salomonen zum Einsatz kam. In der Nacht vom 1./2. November 1943 griff ein japanischer Verband aus je zwei Schweren und zwei Leichten Kreuzern sowie sechs Zerstörern, zu dem auch die AGANO mit drei ihrer Zerstörer gehörte, die amerikanische TF 39 (vier Leichte Kreuzer und acht Zerstörer) in der Kaiserin-Augusta-Bucht an, die dort die Landungen auf Bougainville in den

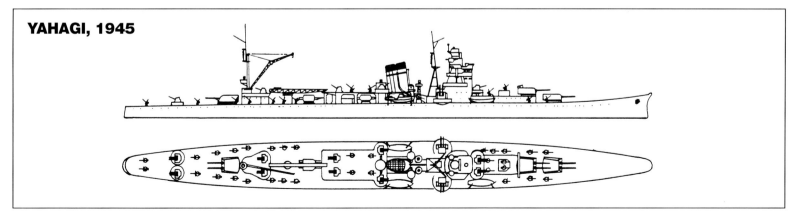

YAHAGI, 1945

Oben: Die YAHAGI im Dezember 1943. (IWM)

Rechts: Die NOSHIRO im Juni 1943. (IWM)

nördlichen Salomonen deckte. Der Angriff wurde abgeschlagen und der japanische Leichte Kreuzer SENDAI ging verloren (siehe oben), während die AGANO mit leichten Beschädigungen entkam. Wenige Tage später, am 5. November, erhielt die AGANO bei einem Angriff von Trägerflugzeugen der SARATOGA und der PRINCETON (*TF 38*) auf den Hafen von Rabaul einen Lufttorpedotreffer und mußte am 11. November an gleicher Stelle bei einem weiteren Luftangriff der *TF 38* einen zweiten Torpedotreffer hinnehmen. Nach einer Notreparatur auf Truk befand sich die AGANO am 16. Februar 1944 zur endgültigen Ausbesserung auf dem Rückmarsch in heimische Gewässer, als der Kreuzer 160 sm nördlich von Truk von dem amerikanischen Unterseeboot SKATE (Lt.-Cdr. Gruner) torpediert wurde. Er sank in den frühen Morgenstunden des nächsten Tages.

Nach ihrer Indienststellung gehörte die NOSHIRO als Flottillenführer der 2. Z-Flottille zur 2. Flotte (VAdm. Kurita) in Truk. Ebenfalls nach Rabaul verlegt, nahm auch sie an den Kämpfen um die nördlichen Salomonen teil und wurde beim oben erwähnten Luftangriff der *TF 38* am 5. November 1943 erheblich beschädigt. Nach einer auf Truk durchgeführten Reparatur transportierte die NOSHIRO zusammen mit anderen Kreuzern und Zerstörern Ende Dezember Truppen von Truk nach Rabaul und Kavieng/Neuirland. Auf dem Rückmarsch griffen amerikanische Trägerflugzeuge den japanischen Verband an und beschädigten unter anderem auch die NOSHIRO leicht. Im Sommer 1944 gehörte die NOSHIRO im Rahmen der 2. Flotte als Maßnahme zur Verteidigung der Marianen zur 1. Mobilen Flotte unter VAdm. Ozawa und nahm Anfang Juni zusammen mit den Schlachtschiffen YAMATO und MUSASHI an der Deckung von Truppentransporten zur Verstärkung der Inselbesatzung von Biak vor der Nordküste Neuguineas teil. Auch an der Luft/Seeschlacht in der Philippinen-See zwischen dem 18. und dem 22. Juni 1944 war der Kreuzer im Rahmen von VAdm. Kuritas Flottenverband beteiligt. In der Schlacht um den Golf von Leyte/Philippinen im Oktober 1944 gehörte die NOSHIRO zusammen mit der YAHAGI als Flottillenführer zum Zentralverband unter VAdm. Kurita.

Auf dem Rückmarsch nach der Schlacht bei Samar fiel die NOSHIRO am Morgen des 26. Oktober westlich der Insel Panay den Trägerflugzeugen der WASP und der HORNET in der Sibuyan-See zum Opfer.

Nach dem Ausfall der AGANO übernahm im Frühjahr 1944 die YAHAGI als Flaggschiff und Flottillenführer (KAdm. Kimura) die zur 3. Flotte in Truk gehörende 10. Z-Flottille, die im Rahmen der Operation »A-GO« – der Verteidigung der Marianen – im Mai/Juni zum Einsatz kam. In der Luft/Seeschlacht in der Philippinen-See zwischen dem 18. und 22. Juni 1944 gehörte der Kreuzer mit sechs Zerstörern zur Sicherung der Trägerkampfgruppe A (VAdm. Ozawa) der japanischen Flotte. Auch an der Schlacht um den Golf von Leyte im Oktober 1944 war die YAHAGI mit ihren Zerstörern als Teil von VAdm. Kuritas Zentralverband beteiligt. Nach der amerikanischen Landung auf Okinawa am 1. April 1945 bildeten die noch einsatzbereiten Einheiten der Kaiserlich Japanischen Marine einen Kampfverband unter VAdm. Ito. Er bestand aus dem Schlachtschiff YAMATO und seiner Sicherung: dem Kreuzer YAHAGI als Flottillenführer (KAdm. Komura) der 2. Z-Flottille mit acht Zerstörern. Trotz der kritischen Heizölknappheit sollte der Verband den Invasionsraum angreifen. Dies bedeutete, das der für das Flaggschiff YAMATO verfügbare Brennstoff nur für den Anmarsch ausreichen würde. Der japanische Verband lief am 6. April aus Tokuyama an der Inland-See aus und wurde am Morgen des nächsten Tages von der amerikanischen Luftaufklärung im Ostchinesischen Meer erfaßt. Trägerflugzeuge der *TF 58* vernichteten in mehreren Angriffen die YAMATO und vier der Zerstörer. Auch die YAHAGI erhielt sieben Torpedotreffer – sechs von ihnen beanspruchten allein Maschinen des Flugzeugträgers LANGLEY der *TG 58.4* - sowie ein Dutzend Bombentreffer. Der Kreuzer sank in den Nachmittagsstunden des 7. April 1945.

Die letzte Einheit dieser Klasse, die SAKAWA, wurde erst am 30. November 1944 fertiggestellt, zu einem Zeitpunkt, da für die KJM kaum noch Brennstoff zur Verfügung stand. Infolgedessen erlangte sie nie Kriegsbereitschaft und überstand den Krieg trotz schwerer Luftangriffe auf die Marinestützpunkte in den letzten Kriegsmonaten unbeschädigt. Nach dem Kriege fand der Kreuzer als Repatriierungsschiff Verwendung und wurde schließlich 1946 bei den Atombomben-Versuchen im Bikini-Atoll aufgebraucht.[204]

OYODO-Klasse

Name	Bauwerft	Kiellegung	Stapellauf	Fertigstellung	Schicksal
OYODO	Marinewerft Kure	14. Febr. 1941	2. April 1942	28. Febr. 1943	gesunken: 28. Juli 1945

Typ: Leichter Kreuzer (Kreuzer II. Klasse) – Otsu gata (Nito junyôkan).
Standardverdrängung: 8164 ts (8295 t).
Einsatzverdrängung: 11 433 ts (11 616 t).
Länge: 192,1 m (über alles), 189 m (CWL), 180 m (zwischen den Loten).
Breite: 16,61 m.
Tiefgang: 5,94 m (mittlerer).
Antriebsanlage: 4 Satz Getriebeturbinen, 6 Kampon-Kessel, 4 Wellen.
Antriebsleistung: 110 000 WPS für 35 kn.
Bunkerinhalt: 2360 ts Heizöl.
Fahrtstrecke: 10 500 sm bei 18 kn.
Panzerschutz: Hauptgürtelpanzer 51 mm, Deck 38 mm, Türme 25 mm.
Geschütze: sechs 15,2 cm S.K. L/50 (2 x 3), acht 10 cm S.K. L/65 (4 x 2), zwölf 2,5 cm.
Torpedorohre: keine.
Seeminen: keine.
Bordflugzeuge: zwei, ein Katapult.
Besatzungsstärke: nicht bekannt.

Entwurf: Unter dem 4. Ergänzungs-Bauprogramm von 1939 – dem »Marinerüstungs-Vervollständigungsprogramm« – wurden zwei Einheiten der »Verbesserten AGANO-Klasse« bewilligt. Sie sollten nach den damals vorherrschenden japanischen Vorstellungen hinsichtlich des Einsatzes von Unterseebooten als Flaggschiffe bzw. Flottillenführer für die Aufklärungs-U-Flottillen Verwendung finden. Zu diesem Zweck war die Anbordnahme von sechs Seeflugzeugen vom Typ E15K1 (alliierter Codename »Norm«) vorgesehen. Die Anforderungen hierfür wurden erst im Sommer 1939 festgelegt. Wie bei der TONE-Klasse blieb das Achterschiff ausschließlich den Flugzeugeinrichtungen vorbehalten und die Hauptbewaffnung konzentrierte sich auf das Vorschiff. Da die allgemeine Form des Schiffskörpers mit Glattdeck und Wulstbug dem der AGANO-Klasse entsprechen sollte, unterschied sich die Bewaffnung sowohl in der Anordnung als auch im Waffensystem von der der vorhergehenden Klasse und auch das Panzerschutzschema erfuhr eine Reduzierung. Für diese neue Kreuzerklasse waren die vorhandenen 15,2-cm-Drillingstürme vorgesehen, die nach der Umrüstung der MOGAMI-Klasse zur Verfügung standen. Zwei dieser Türme kamen auf der Back in überhöhter Aufstellung zum Einbau. Die Schwere Flak wies gegenüber der AGANO-Klasse die doppelte Anzahl von Geschützen auf. Hierbei handelte es sich um das 10-cm-Geschütz L/65 vom Typ 98, das auch die Zerstörer der AKIZUKI-Klasse führten und das von japanischer Seite als das beste schwere Fla-Geschütz angesehen wurde. Ansonsten bestand die restliche Fla-Bewaffnung aus zwölf 2,5-cm-Geschützen. Angesichts der beabsichtigten Verwendung erhielten diese Schiffe keine Torpedorohre; sie sollten die einzigen Kreuzer ohne Torpedobewaffnung bleiben. Statt dessen diente das eingesparte Gewicht dem Einbau eines stärkeren 45-m-Katapultes und der Anbordnahme von sechs Seeflugzeugen. Als Bordflugzeug war der Typ E15K1 ausersehen worden, um in Seegebieten Aufklärungsflüge durchzuführen, in denen der Gegner die Luftüberlegenheit besaß, um Ziele für die U-Flottille zu erfassen. Gegenüber dem Typ E13A1 (Codename »Jake«) hatte dieser Typ ein um 454 kg schwereres Startgewicht. Seine mit Schwierigkeiten verbundene Entwicklung führte dazu, daß bis 1942 lediglich vier Maschinen der Front zuliefen. Insgesamt gelangten nur fünfzehn dieser Flugzeuge zur Fertigstellung. Sechs Maschinen verlegten auf die Palau-Inseln (heute Belau), von wo aus die OYODO operierte. Doch sie fielen rasch den Angriffen gegnerischer Jagdflugzeuge zum Opfer. Infolgedessen führte die OYODO nie mehr als zwei dieser Seeflugzeuge mit.

In Anbetracht der größeren Wasserverdrängung und der gestiegenen Abmessungen im Vergleich zur AGANO-Klasse war die Antriebsleistung bei gleich gebliebener Höchstgeschwindigkeit von 35 kn auf 110 000 WPS gesteigert worden. Die vom Entwurf her vorgesehene Seeausdauer war mit 10 500 sm sehr hoch.

Nur eine der beiden 1939 bewilligten Einheiten wurde schließlich auf Kiel gelegt. Die Bauaufträge für die im »Marinerüstungs-Ergänzungsprogramm« von 1942 (fünf Einheiten) und im »Modifizierten Marinerüstungs-Ergänzungsprogramm« von 1942 (zwei Einheiten) vorgesehenen Kreuzerneubauten dieser Klasse ergingen nicht.

Modifizierungen: Angesichts des Fehlschlags beim Flugzeug-Bauprogramm für den Typ E15K1 und der Unmöglichkeit, die OYODO bei der 1944 gegebenen strategischen Lage in der vorgesehenen Aufgabe einzusetzen, verlegte sie im Frühjahr 1944 zurück in heimische Gewässer und erfuhr in der Marinewerft Yokosuka einen Umbau. Das bisherige Katapult wurde gegen ein solches vom Standardtyp ausgetauscht und die Flugzeughalle wurde zur Unterbringung des Flottenstabs umgebaut. Außerdem erfolgte eine Verstärkung der Leichten Flak auf dieselbe Weise wie bei den anderen Einheiten der Flotte. Bei Kriegsende führte der Kreuzer 52 Rohre 2,5 cm (12 x 3, 16 x 1). Auch eine Radarausrüstung kam an Bord.

Werdegang: Nach dem Abschluß des Einfahrens und der damit verbundenen Ausbildungszeit stieß die OYODO zur Flotte in Truk. Ende Dezember 1944 transportierte der Kreuzer zusammen mit anderen Flotteneinheiten Truppen zur Verstärkung der Inselbesatzungen von Truck nach Rabaul/Neubritannien und Kavieng/Neuirland. Auf dem Rückmarsch nach Truk erlitt die OYODO am 1. Januar 1944 leichte Beschädigungen durch Angriffe von Trägerflugzeugen der TG 50.2. Als im folgenden Monat Truk als Hauptstützpunkt der japanischen Flotte aufgegeben wurde, verlegte der Kreuzer zum Marinestützpunkt auf den Palau-

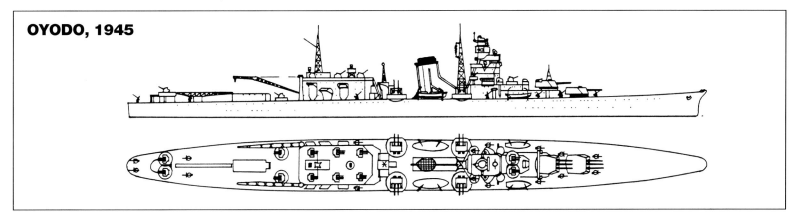

OYODO, 1945

Inseln in den westlichen Karolinen. Im März 1944 bedrohten die US-Streitkräfte auch diesen Stützpunkt und die japanische Flotte räumte ihn Ende dieses Monats. Die OYODO trat den Verlegungsmarsch nach Singapur an. Im Zuge dieser Absetzbewegungen gehörte der Kreuzer zur Sicherung des Schlachtschiffes MUSASHI, das am 29. März vom amerikanischen Unterseeboot TUNNY (Lt.-Cdr. Scott) torpediert wurde. Nach einer Werftliegezeit im Frühjahr 1944 in der Marinewerft Yokosuka (siehe oben) trat die OYODO wieder zur Flotte. Im Oktober 1944 lief sie nach den amerikanischen Landungen auf der Insel Leyte mit dem Nordverband unter VAdm. Ozawa aus der Inland-See aus, um in der sich entwickelnden Schlacht um den Golf von Leyte die amerikanische TF 38 von den aus Westen und Süden kommenden japanischen Verbänden abzulenken. Der Kreuzer war daher an der Teilschlacht vor Kap Engaño, der Nordostspitze der Insel Luzon, am 25. Oktober beteiligt. Nach der Torpedierung des Flugzeugträgers ZUIKAKU übernahm die OYODO die Aufgabe des Flaggschiffs; sie überstand die Schlacht ohne Schäden. Anschließend verlegte der Kreuzer in die Kamranh-Bucht/Frz.-Indochina (heute Vietnam), um am 26. Dezember 1944 einen Beschießungseinsatz gegen den amerikanischen Landekopf auf Mindoro durchzuführen. Es war der letzte Vorstoß der japanischen Marine im Seegebiet der Philippinen. Im Februar 1945 kehrte die OYODO in heimische Gewässer zurück. Am 19. März wurde sie von Trägerflugzeugen der TF 58 in der Inland-See angegriffen. Hierbei erhielt sie fünf Bombentreffer und erlitt Schäden durch mehrere Bombennahtreffer, wobei vor allem die Kesselräume, der Backbord-Maschinenraum und die Aufbauten in Mitleidenschaft gezogen wurden. Lediglich die Außenbeplattung erfuhr eine notdürftige Ausbesserung. Danach besaß der Kreuzer nur noch eine Geschwindigkeit von 12 kn bei ruhiger See und wurde schließlich in Eta Jima, etwa 15 km von Kure entfernt, aufgelegt. Trägerflugzeuge der TF 38 beschädigten am 24. Juli 1945 die OYODO leicht. Ein weiterer Luftangriff am 28. Juli führte zu Bombentreffern, die den vorderen Stb.-Maschinenraum und den achteren Stb.-Kesselraum aufrissen. Das Schiff erhielt Schlagseite und kenterte schließlich. 1948 wurde es zum Abbruch gehoben.

IBUKI-Klasse

Name	Bauwerft	Kiellegung	Stapellauf	Fertigstellung	Schicksal
IBUKI	Marinewerft Kure	24. April 1942	21. Mai 1943	-	umgebaut zum Flugzeugträger
Bau-Nr. 301	Mitsubishi, Nagasaki	1. Juni 1942	-	-	auf Helling abgebrochen: Sommer 1942

Typ: Schwerer Kreuzer (Kreuzer I. Klasse) – Kô gata (Itto junyôkan).
Standardverdrängung: 12 200 ts (12 395 t).
Einsatzverdrängung: 14 828 ts (15 065 t).
Länge: 200,6 m (über alles), 198,29 m (CWL), 187,81 m (zwischen den Loten).
Breite: 19,20 m.
Tiefgang: 6,04 m (mittlerer).
Antriebsanlage: 4 Satz Getriebeturbinen, 8 Kampon-Kessel 4 Wellen.
Antriebsleistung: 152 000 WPS für 33 kn.
Bunkerinhalt: 2163 ts Heizöl.
Fahrtstrecke: 8150 sm bei 18 kn.
Panzerschutz: nicht bekannt.
Geschütze: zehn 20,3 cm S.K. L/50 (5 x 2), acht 12,7 cm S.K. L/50 (4 x Luft/Seeziel-Doppellafette), acht 2,5 cm, vier 13,2-mm-Fla-MG's.
Torpedorohre: vier 61 cm (2 x 2).
Seeminen: keine.
Bordflugzeuge: drei, zwei Katapulte.
Besatzungsstärke: nicht bekannt.

Entwurf: Unter dem »Marinerüstungs-Ergänzungsprogramm« von 1941 wurden ursprünglich zwei Wiederholungsbauten der TONE-Klasse bewilligt. Doch die Erfahrungen hatten gezeigt, daß die Anordnung der Schweren Artillerie keine Ideallösung darstellte. Infolgedessen sollten die neuen Schiffe nach einem umgearbeiteten Entwurf als Nachfolgebauten der MOGAMI-Klasse entstehen. Von Anfang an war eine Bewaffnung mit zehn 20,3-cm-Geschützen vorgesehen und alle bis zu diesem Zeitpunkt hinsichtlich Festigkeit und Stabilität gezogenen Lehren sollten in den Entwurf Eingang finden. Die Bauaufträge ergingen für zwei Einheiten, aber erst im April 1942 wurde für das Typschiff, die IBUKI, der Kiel gestreckt. Der Stapellauf erfolgte im Mai 1943. Fast unmittelbar danach kam es zu einem Baustopp, da die Werftkapazitäten nach den erlittenen schweren Verlusten bei dieser Schiffskategorie auf den Bau von Flugzeugträgern konzentriert werden mußten. Etwa sechs Monate lang lag das Schiff in unfertigem Zustand in Kure, während verschiedene Umbaupläne diskutiert wurden, die vom schnellen Tanker bis zum Flugzeugträger reichten. Schließlich fiel die Wahl auf die letztere Alternative und im November 1943 gelangte der Schiffskörper im Schlepp des Depotschiffes JINGEI zur Marinewerft Sasebo, um mit den Umbauarbeiten zu beginnen. Dieser Umbau zog ein »Ausbauchen« des Schiffskörpers zur Verbesserung der Stabilität nach sich. Außerdem erfuhr auch die Antriebsanlage eine Änderung: Entfernen der Hälfte der Kessel und der achteren Turbinen mitsamt den zugehörigen Außenwellen. Auf diese Weise verringerte sich die Höchstgeschwindigkeit auf 29 kn. Frei gewordene Abteilungen wurden zu Heizölbunkern umgebaut. Das Schiff sollte nur ein Hangardeck, zwei Aufzüge und die Brücke an Steuerbord erhalten. Als Flugzeugausstattung waren zwölf Bomber und fünfzehn Jäger vorgesehen. Allerdings konnten auf dem Hangardeck nur zehn Jäger untergebracht werden. Die Fertigstellung des Schiffes war zum Frühjahr 1945 beabsichtigt, aber die ernste Lage Anfang 1945 in Japan und vor allem der Mangel an ausgebildeten Flugzeugbesatzungen führten zu einer Verschiebung dieses Termins auf den August 1945. Im März 1945 kam es jedoch erneut zu einem Baustopp, diesmal zu einem endgültigen, da die Werft nunmehr »Selbstmord-Waffen« bauen sollte. Die IBUKI wurde in die Ibisu-Bucht nahe Sasebo geschleppt und aufgelegt. Sie war bis zum Flugdeck mit allen Auskragungen fertiggestellt, besaß aber noch nicht ihre volle Bewaffnung, wenn auch eine Anzahl 12,7-cm-Raketenstarter bereits an Bord waren. Bei Kriegsende lag das Schiff weitgehend unbeschädigt immer noch an Ort und Stelle und wurde 1947 schließlich in Sasebo verschrottet.

Das Schwesterschiff, für das noch kein Name bestimmt war, wurde im Juni 1942 auf Kiel gelegt. Doch bereits einen Monat später – Juli 1942 – kam der Baustopp und kurz darauf wurde das bereits verbaute Material auf der Helling abgebrochen, um für den Bau des Flugzeugträgers AMAGI Platz zu schaffen.

Kanada

Übergebene Einheiten

Der britische Leichte Kreuzer UGANDA, der am 13. September 1943 vor Salerno schwer beschädigt worden war (siehe hierzu Seite 147), wurde nach einer einjährigen Großen Werftliegezeit verbunden mit der vollständigen Ausbesserung in der Marinewerft Charleston/South Carolina an die Königlich Kanadische Marine übergeben. Diese stellte den Kreuzer am 21. Oktober 1944 als HMCS UGANDA in Dienst. Im Monat darauf verlegte das Schiff zur Durchführung von Restarbeiten nach Großbritannien. Im Januar 1945 lief die UGANDA über den Suez-Kanal in den Pazifik aus und stieß zum 4. Kreuzergeschwader der britischen Pazifikflotte. Danach gehörte der Kreuzer zur TF 57 und war als Teil der Sicherung im März an den Trägervorstößen gegen die Ryukyu-Inseln wie auch Mitte April an der täglichen Beschießung von Flugplätzen und militärischen Einrichtungen im nördlichen Formosa (heute Taiwan) beteiligt.

Mit dem Kriegsende in Europa entstand das Problem der Bemannung des Schiffes, da Kanada kein direktes Interesse am Pazifischen Krieg hatte. Ein großer Teil der Besatzung wollte lieber nach Hause zurückkehren als weiterhin am Krieg gegen Japan teilzunehmen. Schließlich gelang die Lösung dieses Problems. Die UGANDA verblieb bei der britischen TF 57 und nahm Anfang Mai 1945 am Trägervorstoß gegen die Sakishima-Gunto-Inselgruppe und an deren Beschießung sowie an den Kämpfen um Okinawa teil. Mitte Juni gehörte die UGANDA zur britischen TG 111.2 und war am Trägervorstoß gegen Truk (Operation »Inmate«) beteiligt. In der Nacht vom 14./15. Juni beschoß sie die Insel Dublon.

Im Juli gehörte der Kreuzer zur Sicherung der Trägervorstöße der britischen TF 37 (die umbenannte TF 57) gegen das japanische Mutterland. Schließlich wurde die UGANDA am 27. Juli 1945 vom Flakkreuzer ARGONAUT abgelöst und trat den Heimmarsch nach Kanada an. Am 10. August traf sie zur Durchführung einer Werftliegezeit in Esquimalt ein. Nach dem Kriege wurde der Kreuzer als Schulschiff eingesetzt und am 14. Januar 1952 in QUEBEC umbenannt.

Am 13. Juni 1956 außer Dienst gestellt, wurde die QUEBEC anschließend zum Verschrotten verkauft. Am 6. Februar 1961 traf das Schiff zum Abbruch in Osaka ein.

Bei der HMCS ONTARIO handelte es sich um die frühere britische MINOTAUR (siehe Seite 149). Dieser Leichte Kreuzer wurde im Juli 1944 vor seiner Fertigstellung an die RCN übergeben und umbenannt. Seine Indienststellung erfolgte am 26. April 1945. Danach stieß die ONTARIO ebenfalls zum 4. Kreuzergeschwader auf dem pazifischen Kriegsschauplatz, kam aber kaum zum Einsatz. Lediglich bei der Wiederbesetzung Hongkongs und Manilas sowie bei der Besetzung Japans war der Kreuzer dabei. Danach kehrte die ONTARIO zur Werftliegezeit nach Kanada zurück und traf am 27. November 1945 in Esquimalt ein. Wie die UGANDA fand sie nach dem Kriege als Schulschiff Verwendung, bis sie am 15. Oktober 1958 außer Dienst gestellt wurde.

Im Anschluß daran zum Verschrotten verkauft, traf das Schiff am 19. November 1960 in Osaka zum Abbruch ein.

Niederlande

JAVA-Klasse

Name	Bauwerft	Kiellegung	Stapellauf	Fertigstellung	Schicksal
JAVA	Marinewerft »De Schelde«, Vlissingen	31. Mai 1916	9. Aug. 1921	1. Mai 1925	gesunken: 27. Febr. 1942
SUMATRA	N.S.M., Amsterdam	15. Juli 1916	29. Dez. 1920	26. Mai 1926	selbstversenkt: 9. Juni 1944
CELÉBES	Wilton-Fijenoord, Rotterdam	-	-	-	annulliert: 1919

Typ: Leichter Kreuzer – Kruiser.
Konstruktionsverdrängung: 6670 ts (6777 t).
Einsatzverdrängung: 8208 ts (8339 t).
Länge: 155,30 m (über alles), 153,00 m (CWL).
Breite: 16.00 m.
Tiefgang: 5.49 m (maximal).
Antriebsanlage: 3 Satz Krupp-Germania-Getriebeturbinen (SUMATRA später 3 Satz Zoëlly-Turbinen), 8 Schulz-Thornycroft-Ölkessel, 3 Wellen.
Antriebsleistung: 72 000 WPS für 31 kn.
Bunkerinhalt: 1070 ts (1200 ts maximal) Heizöl.
Fahrtstrecke: 3600 sm bei 15 kn, 4800 sm bei 18 kn.
Panzerschutz: Hauptgürtelpanzer 75 mm (Maschinenräume und Munitionskammern) und 50 mm (achtern), Deck 25 mm – 50 mm, Geschützschilde 100 mm (Front), Kommandostand 125 mm.
Geschütze: zehn 15 cm S.K. L/50 (10 x 1), sechs (JAVA acht) 4 cm (6 bzw. 8 x 1), vier 12,7-mm-Fla-MG's.
Torpedorohre: keine.
Seeminen: zum Legen von 12 Minen ausgerüstet.
Bordflugzeuge: zwei, kein Katapult.
Besatzungsstärke: 480 (504 maximal) Offiziere und Mannschaften.

Entwurf: Zum Zeitpunkt der Erarbeitung ihres Entwurfs im Jahre 1915 waren diese Schiffe den damaligen britischen und deutschen Kreuzern vergleichbar, wenn nicht sogar besser. Infolge der Auswirkungen des Ersten Weltkrieges auf ein neutrales Land, die sich auf die Materiallieferungen und die Erforderlichkeit erstreckten, den Acht-Stunden-Tag zu beachten, verzögerte sich jedoch ihre Fertigstellung so erheblich, daß sie zum Zeitpunkt des Zulaufs zur Flotte bereits hoffnungslos veraltet waren. Wie bei allen niederländischen Kriegsschiffen zog ihr Entwurf die Notwendigkeit des Dienstes in der wichtigsten Kolonie der Niederlande – Niederländisch-Ostindien – in Betracht. Da 1916 die noch vorhandenen Schlachtschiffe der Königlich Niederländischen Marine weit überaltert waren und andererseits finanzielle Erwägungen die Planung von Schiffen über die Größe von Kreuzern hinaus verhinderten, sollten diese Einheiten die stärksten Schiffe auf dieser Station sein. Ihr Entwurf, der auf die Krupp-Germaniawerft in Kiel zurückging, sah in der Tat eine Schiffsgröße vor, die weit über die damaligen britischen und deutschen Entwürfe hinausging. Die vorgesehene Konstruktionsverdrängung von 6670 ts war die Folge der aus zehn 15-cm-Geschützen bestehenden starken Hauptbewaffnung.

Das Panzerschutzschema umfaßte einen Seitenpanzer von 75 mm Dicke, der sich über 119,63 m in der Wasserlinie erstreckte und die Maschinenräume sowie die Munitionskammern schützte. Nach achtern hin erstreckte er sich um weitere 12,95 m und verringerte sich zum Schutz der Ruderanlage um 50 mm. Der Horizontalschutz bestand aus einem 25 mm dicken Panzerdeck mit 50 mm bei den seitlich abfallenden Böschungen, die an die Oberkante des Gürtelpanzers anschlossen. Panzerquerschotte von 60 mm Dicke begrenzten die Zitadelle nach vorn und achtern. Die Kesselabzugsschächte zu den Schornsteinen wiesen 50 mm, der Kommandostand 125 mm und die Fronten der Geschützschilde 100 mm Panzerung auf.

Die Hauptantriebsanlage ließ einen starken deutschen Einfluß erkennen. Sie bestand aus Schulz-Thornycroft-Ölkesseln und Krupp-Germania-Getriebeturbinen, obwohl die SUMATRA Getriebeturbinen vom Zoëlly-Typ erhalten hatte, da ein auf der Werft ausgebrochener Großbrand die ursprünglich vorgesehenen Krupp-Germania-Turbinensätze zerstört hatte. Die Zoëlly-Turbinen verursachten in der Anfangsphase des Dienstbetriebs erhebliche Probleme. Die Konstruktionsleistung lag bei 72 000 WPS, für ein Schiff dieser Größenordnung erforderlich, um die geforderte Höchstgeschwindigkeit von 31 kn zu erreichen. Tatsächlich erzielte die JAVA eine Geschwindigkeit von 31,3 kn und die SUMATRA eine solche von 32,3 kn. Im übrigen hatte die Antriebsanlage eine Drei-Wellen-Anordnung. Die Kessel waren sämtlich ölbefeuert, zweifellos infolge der Verfügbarkeit von Öl aus den niederländisch-ostindischen Raffinerien.

Die Hauptbewaffnung bestand aus zehn 15-cm-Geschützen S.K. L/50 des Modells Bofors Mk. 6 in Einzellafetten mit Schilden und wies folgende Anordnung auf; je zwei vorn und achtern in überhöhter Aufstellung, während die restlichen Geschütze zu je dreien an Backbord und Steuerbord aufgestellt waren. Somit stand jeweils eine Breitseite aus sieben Geschützen zur Verfügung. Ihre Schußweite betrug bei 29° Erhöhung 21 200 m. Bei der Fertigstellung bildeten vier 7,6-cm-Geschütze die zugleich als Mittelartillerie dienende Flakbewaffnung. Der ursprüngliche Entwurf sah weder eine Torpedobewaffnung noch Flugzeugeinrichtungen vor.

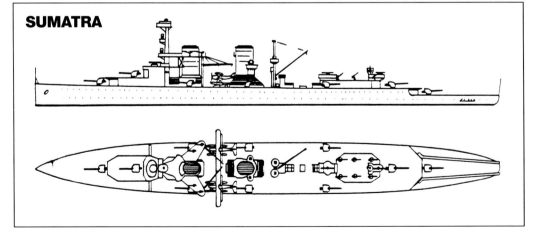
SUMATRA

Für zwei Einheiten ergingen die Bauaufträge 1916, während am 14. Juni 1917 bei der Werft Wilton-Fijenoord in Rotterdam eine dritte Einheit mit dem Namen CELEBES in Auftrag gegeben wurde. Dieses dritte Schiff sollte im Juli 1921 vom Stapel laufen. Wie bereits oben erwähnt wurde, verzögerte sich jedoch der Bau der ersten beiden Einheiten. Da die Billigung des Haushaltes für das Jahr 1919 erst 1920 erfolgte und bis 1919 nur rund 80 ts Material für die CELEBES aufgewendet wurden, ohne bisher den Kiel zu strecken, wurde der Bauauftrag annulliert; denn in der Zwischenzeit war der Entwurf veraltet. Wenn auch nominell ein Schwesterschiff der anderen beiden Einheiten, sollte das dritte Schiff eine um 3 m größere Länge und eine um 155 ts höhere Wasserverdrängung zur Unterbringung des erforderlichen Stabspersonals aufweisen, um in den niederländisch-ostindischen Gewässern als Flaggschiff zu fungieren.

Modifizierungen: Nach der Fertigstellung kamen die Bordflugzeuge sowie ein am Großmast verankerter Flugzeugbaum an Bord. Der Einbau von Katapulten erfolgte nicht. Die anfangs mitgeführten Bordflugzeuge waren britische Seeflugzeuge vom Typ Fairey IIID, 1924 angekauft. Jeder Kreuzer führte zwei dieser Maschinen mit. Doch dieser Typ erwies sich für den Einsatz in den niederländisch-ostindischen Gewässern als zu zerbrechlich und wurde schließlich 1926 durch das Seeflugzeug Fokker C.VIIW ersetzt. Im Verlaufe der Werftliegezeiten 1934/35 ersetzte den pfahlförmigen Fockmast ein röhrenförmiger und die 7,6-cm-Fla-Geschütze kamen von Bord. Statt ihrer erfolgte der Einbau von sechs (SUMATRA) bzw. acht (JAVA) 4-cm-Bofors-Fla-Geschütze Mk. III in Einzellafetten auf dem achteren Schutzdeck. Der Großmast wurde verkürzt und versetzt; die Scheinwerfer erhielten eine andere Anordnung. Die Leichte Flak wurde um vier 12,7-mm-Fla-MG's verstärkt. Die JAVA ging in diesem Ausrüstungszustand verloren. Das noch vorhandene Schwesterschiff wurde 1944 abgerüstet. Bis zu diesem Zeitpunkt ist die zusätzliche Ausrüstung mit einigen 2-cm-Fla-Geschützen als möglich anzusehen. Sechs der von Bord gegebenen 15-cm-Geschütze fanden bei der Ausrüstung von zwei Kanonenbooten der KNiedM Verwendung.

Werdegang: Nach ihrer Indienststellung führte die JAVA im Juli und August 1925 eine Ausbildungsreise in schwedische und norwegische Gewässer durch, lief aber noch im Oktober desselben Jahres nach Niederländisch-Ostindien aus und traf am 28. November in Sabang ein. Sie verblieb auf dieser Station und führte zwischen dem 8. November 1928 und dem 23. Januar 1929 eine Rundreise über die Philippinen nach China und Japan durch sowie vom 2. September bis zum 2. Dezember 1930 eine weitere nach Australien und Neuseeland. Am 6. März 1937 verließ der Kreuzer Niederländisch-Ostindien und trat die Heimreise an. Hierbei beteiligte er sich als Folge des Spanischen Bürgerkrieges vom 27. April bis zum 4. Mai 1937 an der Geleitsicherung in der Straße von Gibraltar. Am 7. Mai lief die JAVA in Nieuwediep ein. Vom 17. bis zum 22. Mai desselben Jahres nahm sie an der Flottenparade im Spithead teil und danach wurde der Kreuzer zur Großen Werftliegezeit in der Marinewerft Willemsoord verbunden mit einer Modernisierung außer Dienst gestellt. Seine erneute Indienststellung erfolgte am 3. Januar 1938 und am Ende dieses Monats lief er zu einem weiteren Einsatz in spanische Gewässer aus. Von dort kehrte die JAVA am

Links: Die JAVA nach ihrer Indienststellung. (KNiedM)

Unten: Die JAVA 1937 bei der Flottenparade im Spithead. (MPL)

NIEDERLANDE

19. Februar in heimische Gewässer zurück. Am 4. Mai 1938 verlegte sie erneut nach Niederländisch-Ostindien. Beim Ausbruch des Krieges mit Deutschland war die JAVA an Geleitsicherungsaufgaben in ostindischen Gewässern beteiligt. Nach dem Beginn des Pazifischen Krieges führte sie ähnliche Aufgaben durch, insbesondere zwischen Singapur und der Sunda-Straße. Im Februar 1942 gehörte die JAVA zum alliierten Angriffsverband unter dem niederländischen KAdm. Doorman und nahm an dem erfolglosen Angriff in der Nacht vom 13./14. Februar gegen japanische Invasionsstreitkräfte in der Bangka-Straße teil. Ein ähnlicher Vorstoß in der Nacht vom 18./19. Februar gegen den japanischen Landungsverband vor Bali führte lediglich zur Beschädigung des Truppentransportschiffes SASAGO MARU durch Artilleriebeschuß der JAVA, während der alliierte Verband den Zerstörer PIET HEIN verlor und die Leichte Kreuzer TROMP (siehe unten) Beschädigungen erlitt. Am 27. Februar 1942 gehörte die JAVA zum alliierten ABDA-Verband, um die japanische Ostgruppe für die Landung auf Java anzugreifen. In der sich entwickelnden Schlacht in der Java-See[205] versenkte der japanische Schwere Kreuzer NACHI die JAVA durch Torpedotreffer kurz vor Mitternacht etwa 40 sm westsüdwestlich der Insel Bawean.

Den größten Teil ihres Werdegangs war die SUMATRA in Niederländisch-Ostindien stationiert, wurde aber im Juni 1938 vom Leichten Kreuzer JAVA abgelöst. Anschließend kehrte der Kreuzer zur Werftliegezeit in heimische Gewässer zurück. Diese mußte jedoch infolge des Spanischen Bürgerkrieges und der damit verbundenen Durchführung von Geleitsicherungsaufgaben verschoben werden.

Nach dem Werftaufenthalt fand die SUMATRA als Schulkreuzer in europäischen Gewässern Verwendung und führte 1939 zwei Ausbildungsreisen durch. Die eine ging ins Mittelmeer und die andere in schottische Gewässer. Als Deutschland in die Niederlande einfiel, befand sich die SUMATRA in Vlissingen im Reservestatus und wartete auf die Absolvierung einer Werftliegezeit. Es gelang ihr aber, am 11. Mai 1940 nach Großbritannien zu entkommen. Vom 2. bis zum 11. Juni 1940 brachte der Kreuzer Angehörige der Königlichen Familie nach Kanada und verlegte im Anschluß daran nach Niederländisch-Westindien. Am 22. Juni traf die SUMATRA in Curaçao ein und kam sporadisch bei der Suche nach Handelsstörern in der Karibik, im Mittelatlantik und im Bereich der Antillen zum Einsatz. Am 7. August verließ der Kreuzer Curaçao und verlegte über Südafrika zurück nach Niederländisch-Ostindien. Fast unmittelbar nach ihrem Eintreffen Mitte Oktober 1940 wurde die SUMATRA zur Werftliegezeit außer Dienst gestellt und ihre Besatzung kam auf andere Schiffe. Nach dem Ausbruch des Pazifischen Krieges erfolgte am 27. Januar 1942 ihre Wiederindienststellung mit einer unvollständigen Besatzung. Sie lief am 3. Februar aus Soerabaja (heute Surabaya) aus und hatte nur die Hälfte der Kessel und zwei Drittel ihrer Turbinenanlage in Betrieb. Am 15. Februar traf der Kreuzer in Trincomalee/Ceylon ein und blieb dort zur Überholung und Neuausrüstung bis zum 16. April in der Werft. Danach ging die SUMATRA zu einer weiteren Werftliegezeit nach Bombay. Am 26. Juli kehrte sie schließlich nach Colombo/Ceylon zurück und lief am 1. August nach Großbritannien aus. Dort traf der Kreuzer am 30. Oktober 1942 in Portsmouth ein. Vom November an verblieb er – zwar in Dienst gestellt, aber mit verringerter Besatzung – bis zum Mai 1944 in Portsmouth und wurde anschließend zur Verwendung als Blockschiff im Gefolge der Landung in der Normandie hergerichtet.

Am 9. Juni 1944 erfolgte die Selbstversenkung des Schiffes als Teil des »Gooseberry«-Wellenbrechers vor Ouistreham.[206]

DE RUYTER-Klasse

Name	Bauwerft	Kiellegung	Stapellauf	Fertigstellung	Schicksal
DE RUYTER	Wilton-Fijenoord, Rotterdam	16. Sept. 1933	11. Mai 1935 *	3. Okt. 1936	gesunken: 27. Febr. 1942

* Das heißt in diesem Fall Aufschwimmen im gefluteten Trockendock.

Typ: Leichter Kreuzer – Kruiser.
Standardverdrängung: 6442 ts (6545 t).
Einsatzverdrängung: 7548 ts (7669 t).
Länge: 170,92 m (über alles), 168,04 m (CWL).
Breite: 15,70 m.
Tiefgang: 5,11 m (mittlerer).
Antriebsanlage: 2 Satz Parsons-Getriebeturbinen, 6 Yarrow-Kessel, 2 Wellen.
Antriebsleistung: 66 000 WPS für 32 kn.
Bunkerinhalt: 1300 ts Heizöl.
Fahrtstrecke: 6800 sm bei 12 kn.
Panzerschutz: Hauptgürtelpanzer 50 mm (Maschinenräume und Munitionskammern) bzw. 30 mm (Ruderanlage), Deck, Barbetten und Türme 30 mm.
Geschütze: sieben 15 cm S.K. L/50 (3 x 2, 1 x 1), zehn 4 cm (5 x 2), acht 12,7-mm-Fla-MG's (4 x 2).
Torpedorohre: keine.
Seeminen: keine.
Bordflugzeuge: zwei, ein Katapult.
Besatzungsstärke: 435 Offiziere und Mannschaften.

Entwurf: Nach der Annullierung der CELÉBES, die 1919 bei einem Baubeginn hoffnungslos veraltet gewesen wäre, blieb der Plan, einen dritten Leichten Kreuzer zu bauen, im Denken des Marinestabes stets an erster Stelle bestehen. Die politische und wirtschaftliche Lage in den 20er Jahren verhinderte jedoch ständig seine Verwirklichung. Mehrere Pläne zum Bau einer Flotte für die Verteidigung Niederländisch-Ostindiens, die zwischen zwei bis vier Kreuzern mit den erforderlichen Zerstörern und Unterseebooten umfaßten, waren vorgeschlagen worden, aber keiner von ihnen stieß auf eine einhellige Zustimmung, weder innerhalb noch außerhalb der Marine. 1930 fiel jedoch die Entscheidung, einen dritten Leichten Kreuzer zu bauen, aber die finanziellen Beschränkungen führten zu einem Entwurf von geringerer Größenordnung. Infolgedessen erging der Vorschlag für ein Schiff mit einer Standardverdrängung von 5250 ts, einer Bewaffnung aus sechs 15,2-cm-Geschützen in drei Doppeltürmen – einer vorn, zwei achtern – und mit einem Panzerschutz und einer Seeausdauer, die der JAVA glichen. Gegen die Annahme des Entwurfs für einen derart schwachen Kreuzer gab es beträchtlichen Widerstand. Doch erst 1932 gestatteten es die Verhältnisse, die Ausrüstung mit einem siebten 15,2-cm-Geschütz vorzusehen und die Wasserverdrängung zu steigern. Die Verwendung des elektrischen Schweißverfahrens und von Leichtmetallegierungen brachte für den Entwurf des Schiffskörpers, der in 21 wasserdichte Abteilungen unterteilt wurde, einiges an Gewichtseinsparungen. Da der Bau dieses Schiffes der Werft einige Probleme verursachte, erfolgte sein Bau in einem Trockendock.

Der endgültige Entwurf wies ein Panzerschutzschema auf, das einen 50 mm dicken Hauptgürtelpanzer in der Wasserlinie umfaßte, der sich von den vorderen bis zu den achteren Munitionskammern erstreckte und sich achteraus von ihnen zum Schutz der Ruderanlage auf 30 mm Dicke verringerte. Dieser Seitenpanzer hatte eine Länge von 123,44 m und eine Breite von 3,66 m. Das Hauptpanzerdeck besaß 30 mm Panzerung. Dies war auch bei den 15-cm-Türmen, ihren Barbetten, den Panzerquerschotten und dem Kommandostand der Fall.

Im Gegensatz zu den beiden vorhergehenden Leichten Kreuzern hatte dieses Schiff lediglich eine Antriebsanlage mit Zwei-Wellen-Anordnung erhalten. Die Kessel standen paarweise in drei getrennten Kesselräumen, wobei das vordere Kesselpaar eine etwas geringere Dampferzeugungskapazität aufwies (zwölf Brenner statt der üblichen achtzehn). Die Kessel stammten von der Bauwerft und von der Marinewerft »De Schelde«, während die von »De Schelde« gebauten Turbinensätze vom Parsons-Typ 66 000 WPS für eine Konstruktionsgeschwindigkeit von 32 kn maximal entwickelten. Letztere waren mit Marschfahrtstufen ausgestattet,

DE RUYTER, 1936

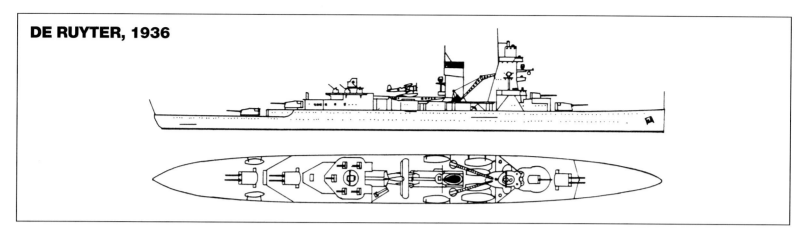

die dem Schiff bei 3300 WPS eine Geschwindigkeit von 17 kn verliehen. Der vordere Turbinenraum diente dem Antrieb der Backbordwelle und war vom achteren Turbinenraum durch den Getrieberaum getrennt. Bei einer Überbelastung um 15 % konnte die Höchstgeschwindigkeit auf 33 kn gesteigert werden.

Die von Wilton-Fijenoord in Rotterdam gebauten 15-cm-Geschütze befanden sich in drei Doppellafetten Mk. 9 sowie in einer Einzellafette Mk. 10 mit je 60° Rohrerhöhung. Im Gegensatz zu den vorhergehenden Leichten Kreuzern standen alle Geschütze der Hauptbewaffnung in der Mittschiffslinie. Das Geschütz in Einzellafette konnte auch zum Schießen von Leuchtgranaten eingesetzt werden. Eine Ausrüstung mit Schwerer Flak war nicht erfolgt, lediglich Leichte Flak war vorhanden. Sie bestand aus zehn 4-cm-Bofors-Geschützen Mk. III in fünf stabilisierten Doppellafetten mit moderner Feuerleitung. Obwohl diese leichte Fla-Bewaffnung gegenüber anderen damaligen Kreuzern einen Fortschritt darstellte, erntete sie auch Kritik; denn alle fünf Doppellafetten waren eng um den achteren Artillerieleitstand auf dem achteren Schutzdeck gruppiert und konnten durch einen einzigen Treffer ausgeschaltet werden.

Darüber hinaus begrenzte diese Aufstellung auch ihre Schußbereiche und ließ den Bereich nach vorn vollkommen ungeschützt. Lediglich vier 12,7-mm-Fla-Doppellafetten in den beiden Brückennocken und beiderseits des Artillerieleitstandes auf dem Gefechtsturm gewährten einigen Schutz gegen Luftangriffe von vorn. Der Kreuzer führte keine Torpedobewaffnung, hatte aber ein Katapult des deutschen Heinkel-Typs erhalten und konnte zwei Seeflugzeuge vom Typ Fokker C.XIW unterbringen.

Modifizierungen: Die ursprüngliche Schornsteinkappe stellte sich als wenig zufriedenstellend heraus und wurde im Mai 1936 durch eine solche neueren Typs ersetzt. Darüber hinaus scheinen keine weiteren Änderungen vorgenommen worden zu sein.

Werdegang: Nach ihrer Indienststellung verbrachte die DE RUYTER die ersten drei Monate mit dem Einfahren und der hiermit verbundenen Ausbildung in heimischen Gewässern, ehe sie am 12. Januar 1937 in den Fernen Osten auslief. Dort traf sie am 5. März in Sabang ein und stieß Ende Mai offiziell zum »Niederländisch-Ostindien-Eskader«, dessen Flaggschiff sie am 25. Oktober 1937 wurde. Der Kreuzer verblieb in ostindischen Gewässern und führte vom September 1939 an hauptsächlich Patrouillendienst im westlichen Teil des ostindischen Archipels durch. Im Januar/Februar 1940 erfolgte in Soerabaja/Java (heute Surabaya) eine Überholung der Turbinen. Nach dem deutschen Einfall in die Niederlande am 10. Mai 1940 nahm

Oben: Die DE RUYTER 1936 im Trockendock der Werft Wilton-Fijenoord in Schiedam. (M. Twardowski)

die DE RUYTER den Patrouillendienst zur Suche nach Handelsschiffen der Achsenmächte auf, die den Versuch unternahmen, nach Deutschland durchzubrechen. Als Japan am 7. Dezember 1941 Pearl Harbor angriff, dienten ihre Patrouillen dazu, das Eindringen japanischer Kreuzer in den Indischen Ozean zu verhindern. Danach operierte sie in ostindischen Gewässern, um britische Geleitzüge nach Singapur zu sichern. Am 3. Februar 1942 wurde die DE RUYTER das Flaggschiff des neu gebildeten alliierten Angriffsverbandes (ABDA-

Oben: Die DE RUYTER verläßt im Schlepp die Bauwerft. (KNiedM)

Verband), der unter KAdm. Doormans Führung vergebliche Versuche unternahm, japanische Landungen in Niederländisch-Ostindien abzuwehren. Am 27. Februar 1942 lief KAdm. Doorman mit seinem Angriffsverband erneut aus Soerabaja aus, um zur Verhinderung der Landung auf Java den auf der Höhe der Bawean-Insel gemeldeten japanischen Ostverband mit seinen Truppentransportschiffen anzugreifen. Hierbei geriet der alliierte Verband mit der japanischen Deckungsgruppe ins Gefecht. In der sich entwickelnden Seeschlacht in der Java-See erlitten die alliierten Kreuzer und Zerstörer durch die japanischen Kreuzer und Zerstörer schwere Verluste. Der japanische Schwere Kreuzer HAGURO versenkte am 27. Februar 1942 kurz vor Mitternacht durch mehrere Torpedotreffer die DE RUYTER (siehe oben Seite 222).

TROMP-Klasse

Name	Bauwerft	Kiellegung	Stapellauf	Fertigstellung	Schicksal
TROMP	N.S.M., Amsterdam	17. Jan. 1936	24. Mai 1937	18. Aug. 1938	gestrichen: 10. Dez. 1968
JACOB VAN HEEMSKERCK	N.S.M., Amsterdam	31. Okt. 1938	16. Sept. 1939	10. Mai 1940 *	gestrichen: 27. Febr. 1970

* In nicht fertiggestelltem Zustand am 10. Mai 1940 in Dienst gestellt.

Typ: Leichter Kreuzer (Flottillenführer) – Flottieljeleider.
Standardverdrängung: 3450 ts (3505 t).
Einsatzverdrängung: 4860 ts (4938 t).
Länge: 131,98 m (über alles), 130,00 m (zwischen den Loten).
Breite: 12,42 m.
Tiefgang: 4,32 m (mittlerer), 4,57 m (maximal).
Antriebsanlage: 2 Sätze Parsons-Getriebeturbinen, 4 Yarrow-Kessel, 2 Wellen.
Antriebsleistung: 56 000 WPS für 32,5 kn.
Bunkerinhalt: 860 ts Heizöl.
Fahrtstrecke: 6000 sm bei 12 kn.
Panzerschutz: Hauptgürtelpanzer 16 mm, Torpedolängsschott 20 mm – 30 mm, Deck 15 mm – 25 mm.
Geschütze: TROMP: sechs 15 cm S.K. L/50 (3 x 2), vier 4 cm (2 x 2), vier 12,7-mm-Fla-MG's (2 x 2);
JACOB VAN HEEMSKERCK: zehn 10,2 cm S.K. L/45 (5 x 2), vier 2-Pfünder (4-cm-Pompom, 1 x 4), sechs 2 cm (6 x 1).
Torpedorohre: TROMP: sechs 53,3 cm (2 x 3);
JACOB VAN HEEMSKERCK: keine.
Seeminen: keine.
Bordflugzeuge: eines.
Besatzungsstärke: 309 (Friedensstärke) bzw. 380 (Kriegsstärke, JACON VAN HEEMSKERCK: 420) Offiziere und Mannschaften.

Entwurf: Die Bewilligung dieser Schiffe erfolgte 1931; sie wurden als 2500 ts standard große Flottillenführer angekündigt, obwohl es möglich ist, daß dies lediglich ein politischer Vorwand war, um die erforderliche Billigung zu erhalten. Mit Sicherheit kam es später zur Umarbeitung des Entwurfs in Leichte Kreuzer für den Einsatz in ostindischen Gewässern. Es hatten stets Pläne bestanden, die Anzahl der Kreuzer in diesen Gewässern zu erhöhen.

Der endgültige Entwurf sah eine Standardverdrängung von 3450 ts und für diese Größenordnung eine verhältnismäßig starke Bewaffnung vor. Der Schiffskörper wies Längsband-Bauweise auf und war in 17 wasserdichte Abteilungen unterteilt. Er hatte einen Doppelboden, der sich über 57 % seiner Länge erstreckte und bis über die Wasserlinie hinaufgezogen war. Außerdem besaß der Schiffskörper ein erhöhtes Vorschiff, das sich über 50 % der Schiffslänge nach achtern hinzog.

Das Panzerschutzschema umfaßte einen 16 mm dicken Seitenpanzer in der Wasserlinie, während sich binnenbords von ihm ein Torpedolängsschott von 20 bis 30 mm Dicke erstreckte. Das 15 bis 25 mm dicke Hauptpanzerdeck befand sich auf Höhe der Oberkanten zwischen den seitlichen Torpedolängsschotten und setzte sich ein Deck tiefer mit 25 mm über den vorderen und mit 16 mm Dicke über den achteren Munitionskammern und der Ruderanlage fort. Die Geschützschilde und die Munitionsaufzüge hatten eine Panzerung von 15 bis 25 mm Dicke. Insgesamt betrug der Gewichtsanteil der Panzerung 450 ts oder 13 % der Standardverdrängung.

Die von der Fa. Werkspoor gelieferte Hauptantriebsanlage bestand aus vier Kesseln des Yarrow-Typs in zwei Kesselräumen. Achteraus von ihnen befanden sich die Turbinenräume, wobei der Turbinensatz im vorderen Turbinenraum dem Antrieb der Steuerbordwelle diente. Die Konstruktionsgeschwindigkeit von 33,5 kn wurde bei den Erprobungsfahrten mit einer Wasserverdrängung von rund 4000 ts um einen Knoten überschritten (34,5 kn).

Im Gegensatz zur vorausgegangenen, größeren DE RUYTER war die hauptsächliche Feuerkraft der 15-cm-Hauptbewaffnung vorn konzentriert. Alle Geschütze befanden sich in Doppellafetten Mk. II mit 60° Rohrerhöhung: zwei vorn und eine achtern. Die Dotierung der 15-cm-Geschütze betrug insgesamt 2000 Schuß. Eine Ausrüstung mit zugleich als Mittelartillerie dienender Schwerer Flak war nicht vorgesehen. An Leichter Flak waren lediglich vier 4-cm-Bofors-Geschütze in zwei Doppellafetten Mk. IV an Bord. Beide hatten ihre Position am achteren Ende des Schutzdecks. Der Entwurf scheint vier Doppellafetten vorgesehen zu haben, aber bei der Fertigstellung waren nur zwei vorhanden. Vier 12,7-mm-Fla-MG's in zwei Doppellafetten vervollständigten die Rohrbewaffnung. Der Entwurf sah für diese beiden Schiffe auch zwei 53,3-cm-Drillings-Torpedorohrsätze mittschiffs achteraus auf dem Oberdeck vor. Schließlich konnte ein einzelnes Seeflugzeug vom Typ Fokker C.VIX mitgeführt werden, für das jedoch kein Katapult vorhanden war. Es wurde mit Hilfe von Bäumen, angebracht am Großmast, ein- und ausgesetzt. Nur die TROMP war mit der hier beschriebenen Bewaffnung ausgerüstet (hinsichtlich der JACOB VAN HEEMSKERCK siehe unten).

Modifizierungen: Nach den am 19./20. Februar 1942 erlittenen Gefechtsschäden ergab sich für die TROMP bei der Werftliegezeit vom März bis Juni 1942 in Sydney zur Ausbesserung dieser Schäden auch eine Änderung ihrer Bewaffnung. Zusätzlich kamen zwei 7,6-cm- und sechs 2-cm-Fla-Geschütze in Einzellafetten an Bord; zwei der letzteren erhielten ihre Position auf den Türmen B und X. Der achtere Artillerieleitstand wurde entfernt und die beiden 4-cm-Bofors-Doppellafetten fanden ihre Aufstellung in der Mittschiffslinie statt wie bisher nebeneinander. Die achtere E-Meßdrehhaube erhielt Radar und auch das Flugzeug kam von Bord. Die Fla-Bewaffnung der TROMP setzte sich nunmehr wie folgt zusammen: zwei 7,6 cm (2 x 1), vier 4 cm (2 x 2), sechs 2 cm (6 x 1), vier 12,7-mm-Fla-MG's (2 x 2) und vier 7,7-mm-MG's. Im November 1943 wurde die Fla-Bewaffnung um zwei weitere 7,6-cm-Geschütze eines US-Modells verstärkt, die 12,7-mm-Fla-MG's ersetzten vier 12,7-mm-Browning-Fla-MG's in Einzellafette und die 7,7-mm-MG's wurden an Land gegeben.

Die in Großbritannien als Flakkreuzer fertiggestellte JACOB VAN HEEMSKERCK erhielt eine vollständig andere Bewaffnung wie die TROMP. Ihre Hauptbewaffnung bestand aus zehn 10,2-cm-Geschützen S.K. L/45 Mk. XVI in fünf Doppellafetten Mk. XIX: drei auf den Positionen A, B und X sowie die beiden restlichen nebeneinander auf dem Schutzdeck oberhalb der für die Torpedorohrsätze vorgesehenen Positionen. Eine Ausrüstung mit den letzteren fand nie statt. Am achteren Ende des Schutzdecks, die 10,2-cm-Doppelfatte auf Position X überhöhend, erhielt eine einzelne 2-Pfünder-Vierlingsflak (4-cm-Pompom) ihren Platz. Sechs 2-cm-Fla-Geschütze von Hispano-Suiza in Einzellafette und zwei Wasserbombenwerfer (die von den veralteten Torpedobooten G 13 und G 15 stammten) vervollständigten die Bewaffnung. 1944/45 erfolgte bei einer Liegezeit in der Werft Cammell, Laird & Co. in Birkenhead/Liverpool eine Umrüstung. Die 2-Pfünder-Vierlingsflak ersetzten zwei 4-cm-Hazemeyer-Doppellafetten und mittschiffs gelangten zwei weitere 4-cm-Doppellafetten zum Einbau. Pläne zur Ausrüstung mit sechs bis acht 2-cm-Doppellafetten konnten aus Platzgründen nicht verwirklicht werden. Anstelle der 2-cm-Hispano-Suiza-Geschütze kamen lediglich vier 2-cm-Doppellafetten an Bord. Auf diesem Schiff wurde auch nie ein Bordflugzeug mitgeführt.

Werdegang: Vor dem Ausbruch des Zweiten Weltkrieges war die TROMP in heimischen Gewässern stationiert und besuchte im November 1938 Großbritannien und Italien sowie 1939 Portugal und das Mittelmeer. Nach der Teilnahme an der Flottenparade im April 1939 in Rotterdam lief der Kreuzer am 19. August 1939 nach Niederländisch-Ostindien aus. Als Deutschland am 10. Mai 1940 in die Niederlande einfiel, erfüllte die TROMP im Indischen Ozean und im Südwestpazifik Geleitsicherungsaufgaben. Ab dem 1. Februar 1942 gehörte sie zum alliierten Angriffsverband (ABDA-Verband) von KAdm. Doorman. Zwei Tage später stieß der Kreuzer mit diesem Verband in die Makassar-Straße vor, um auf der Höhe von Balikpapan an der Ostküste Borneos einen japanischen Landungsverband abzufangen. Nach den am Morgen des 4. Februar einsetzenden japanischen Luftangriffen mußte sich der alliierte Verband wieder zurückziehen. Weitere Vorstöße unter der Beteiligung der TROMP am 8. und am 14. Februar verliefen ähnlich ergebnislos. Im Verlaufe eines Vorstoßes der TROMP mit vier US-Zerstörern zum Angriff auf den für Bali bestimmten japanischen Landungsverband am 18. Februar, der zum Seegefecht in der Bandoeng-Straße führte, erlitt die TROMP schwere Beschädigungen durch Artillerietreffer des japanischen Zerstörers ARASHIO, während der japanische Zerstörer MICHISHIO in dem mit den alliierten Schiffen grimmig geführten Artillerieduell bewegungslos liegenblieb. Die TROMP kehrte daraufhin zur Notreparatur nach Soerabaja zurück. Am 23. Februar 1942 lief der Kreuzer nach Australien aus und ging zur Ausbesserung in Sydney in die Werft. Nach dem Werftaufenthalt erfüllte die TROMP bis

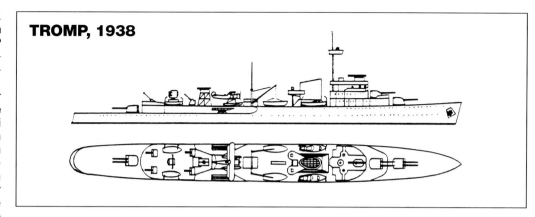

TROMP, 1938

Unten: Die TROMP 1938 im Solent.

NIEDERLANDE 225

Oben: Die TROMP mit der SUMATRA achteraus. (KNiedM)

Ende 1943 Geleitsicherungsaufgaben in australischen Gewässern und im Indischen Ozean, so zum Beispiel im Februar 1943 beim Transport der 9. Australischen Division von Suez nach Sydney und Melbourne. Im Januar 1944 stieß die TROMP zur britischen *Eastern Fleet* in Trincomalee/Ceylon und nahm an mehreren Trägervorstößen gegen japanisch besetztes Territorium in Malaya und Ostindien teil. Beim Trägerangriff und der damit verbundenen Beschießung von Sabang im Norden Sumatras (Operation »Crimson«) erhielt die TROMP bei der Beschießung des Hafens vier Treffer durch Küstenbatterien. Anfang Mai 1945 gehörte sie zum Deckungsverband für die Wiederbesetzung von Rangun/Burma und anschließend zur britischen *TF 63* bei der Beschießung von Port Blair/Andamanen. Am 10. Mai 1945 war der Kreuzer im Verband der britischen *TF 61* daran beteiligt, den japanischen Schweren Kreuzer HAGURO (siehe oben) zusammen mit einem Zerstörer bei dem Versuch abzufangen, die japanischen Truppen auf den Nikobaren und Andamanen zu evakuieren. Doch noch ehe Fühlung erlangt werden konnte, zogen sich die japanischen Kriegsschiffe vorzeitig zurück, nachdem sie die alliierte Luftaufklärung erfaßt hatte.

Ende Mai 1945 wurde die TROMP der amerikanischen 7. Flotte (Adm. Kinkaid) beim Südwestpazifischen Kommando (General MacArthur) zugeteilt und verließ am 24. Mai Trincomalee. Am 14. Juni traf der Kreuzer vor der Insel Morotai/Molukken ein und stieß zur amerikanischen *TG 74.2* (Rear-Adm. Riggs). Ende Juni 1945 deckte diese Kampfgruppe die alliierten Landungen bei Balikpapan an der Ostküste Borneos durch Küstenbeschießungen vom 25. bis zum 30. Juni. Am 16. September 1945 traf die TROMP zusammen mit britischen Kriegsschiffen und Truppen vor Batavia/Java (heute Jakarta) ein, um die Insel von den Japanern zu übernehmen. Am 3. Mai 1946 kehrte der Kreuzer in heimische Gewässer zurück und wurde zu einer Großen Werftliegezeit außer Dienst gestellt. Erst am 1. Juli 1948 erfolgte eine erneute Indienststellung. Danach absolvierte der Kreuzer die normale Friedensroutine bis zu seiner endgültigen Außerdienststellung am 1. Dezember 1955. Im Anschluß daran diente das Schiff als Wohnhulk und wurde schließlich am 10. Dezember 1968 aus der Flottenliste gestrichen. Sodann an die Simons Handelsmaatschapji N.V. in Rotterdam zum Verschrotten verkauft, wurde es letztlich an eine spanische Abbruchwerft in Castellon de la Plana weiterverkauft.

Die noch nicht fertiggestellte und Standerprobungen durchführende JACOB VAN HEEMSKERCK wurde am 10. Mai 1940 vorzeitig in Dienst gestellt, als der deutsche Einfall in die Niederlande begann. In der Nacht vom 14./15. Mai lief der Kreuzer nach Großbritannien aus. Zu diesem Zeitpunkt führte er als einzige Bewaffnung lediglich sechs 2-cm-Fla-Geschütze von Hispano-Suiza in Einzellafette. Anfang Juni 1940 begleitete er den Leichten Kreuzer SUMATRA mit der niederländischen Königsfamilie an Bord nach Kanada. Nach ihrer Rückkehr baute die Marinewerft Portsmouth die JACOB VAN HEEMSKERCK zu einem Flakkreuzer um. Diese Werftliegezeit dauerte bis zum 17. Februar 1941. Dann kam der Flakkreuzer bis zum Januar 1942 zu Geleitsicherungsaufgaben in der Irischen See und im Atlantik zum Einsatz. Danach verlegte er in ostindische Gewässer. Zur Verteidigung von Niederländisch-Ostindien zu spät eintreffend, stieß die JACOB VAN HEEMSKERCK statt dessen zur britischen *Eastern Fleet* und gehörte Ende März 1942 beim Vorstoß der japanischen 1. Trägerflotte (VAdm. Nagumo) zum Angriff auf Ceylon (heute Sri Lanka) zur Langsamen Gruppe B der *Eastern Fleet*. Im September 1942 war der Kreuzer an der Besetzung von Madagaskar beteiligt und erfüllte danach Geleitsicherungsaufgaben im Indischen Ozean.

Bei der Sicherung des Geleitzuges OW 1 von Fremantle nach Diego Garcia fing die JACOB VAN HEEMSKERCK am 26. November 1942 den deut-

Oben: Eine Nachkriegsaufnahme der JACOB VAN HEEMSKERCK. Sie besitzt noch weitgehend ihr kriegsmäßiges Aussehen, ausgenommen die Entfernung des Dreibeinmastes und verschiedener Radaranlagen. (M. Twardowski)

Links: Die JACOB VAN HEEMSKERCK nach ihrer Fertigstellung in Großbritannien als Flakkreuzer mit 10,2-cm-Doppellafetten und britischem Radar.

schen Blockadebrecher RAMSES (7983 BRT) ab, der von Batavia/Java nach Frankreich unterwegs war und sich beim Auftauchen des Kreuzers selbstversenkte. Im Februar 1943 sicherte der Kreuzer zusammen mit der TROMP (siehe oben) den Transport der 9. Australischen Division von Suez nach Sydney und Melbourne. Ende 1943 kehrte die JACOB VAN HEEMSKERCK zur Werftliegezeit in britische Gewässer zurück und operierte danach vom Januar bis zum Juni 1944 im Mittelmeer und sicherte unter anderem Geleitzüge. Im Anschluß daran verlegte der Kreuzer erneut zur Durchführung einer Werftliegezeit in britische Gewässer und kehrte im Dezember 1944 wieder ins Mittelmeer zurück. Nach der deutschen Kapitulation lief die JACOB VAN HEEMSKERCK im Juni 1945 als erstes niederländisches Kriegsschiff in Amsterdam ein. Im September 1945 verlegte sie in den Fernen Osten, aber die Feindseligkeiten hatten hier inzwischen aufgehört.

Sie blieb in Niederländisch-Ostindien bis zum Sommer 1946. Am 22. Juli 1946 verließ sie Batavia und traf am 29. August wieder in niederländischen Gewässern ein. Anschließend fand der Kreuzer als Artillerieschulschiff Verwendung und führte auch mehrere lange Reisen nach Südamerika und zu den Niederländischen Antillen durch.

Am 1. Dezember 1955 wurde die JACOB VAN HEEMSKERCK außer Dienst gestellt und diente anschließend als Wohnhulk, bis sie am 27. Februar 1970 aus der Flottenliste gestrichen wurde. Am 23. Juni desselben Jahres wurde das Schiff an eine spanische Abbruchwerft in Alicante zum Verschrotten verkauft.

EENDRACHT-Klasse

Name	Bauwerft	Kiellegung	Stapellauf	Fertigstellung	Schicksal
EENDRACHT (ex-KIJKDUIN)	Rotterdamsche Droogdock Mij.,	19. Mai 1939	22. Aug. 1950	17. Dez. 1953	verkauft an Peru: 1976
DE ZEVEN PROVINCIEN	Wilton-Fijenoord, Rotterdam	5. Sept. 1939	24. Dez. 1944	18. Nov. 1953	verkauft an Peru: 1973

Typ: Leichter Kreuzer – Kruiser.
Standardverdrängung: 8350 ts (8484 t).
Einsatzverdrängung: 10 800 ts (10 973 t).
Länge: 187,00 m (über alles), 182,27 m (zwischen den Loten).
Breite: 17,30 m.
Tiefgang: 5,64 m (mittlerer).
Antriebsanlage: 2 Satz Parsons-Getriebeturbinen, 6 Yarrow-Kessel, 2 Wellen.
Antriebsleistung: 78 000 WPS für 33 kn.
Bunkerinhalt: 1750 ts Heizöl.
Fahrtstrecke: nicht bekannt.
Panzerschutz: Seitenpanzer 100 mm (mittschiffs) bzw. 75 mm (nach achtern und vorn), Deck 19 mm – 25 mm.
Geschütze: zehn 15 cm S.K. L/50 (2 x 3, 2 x 2), zwölf 4 cm (6 x 2), vier 12,7-mm-Fla-MG's (4 x 1).
Torpedorohre: sechs 53,3 cm (2 x 3).
Seeminen: keine.
Bordflugzeuge: zwei, ein Katapult.
Besatzungsstärke: ca. 700 Offiziere und Mannschaften.

Entwurf: Der Ersatz der veralteten Leichten Kreuzer JAVA und SUMATRA war bereits 1930 erörtert worden, als die Erwartung bestand, neue Schiffe könnten etwa 1940 auf Kiel gelegt werden. Jedoch dauerte es bis Anfang 1937, bis die notwendigen Gelder für eine neue Einheit im Haushalt 1938 bereitgestellt wurden – mit der Vorgabe, eine zweite Einheit im folgenden Jahr zu bewilligen. Der Entwurf sollte eine Vergrößerung der DE RUYTER-Klasse werden, bewaffnet mit zehn 15-cm-Geschützen in je zwei Drillings- und Doppeltürmen. Die Standardverdrängung sollte gegenüber der DE RUYTER um fast 30 % gesteigert werden. Tatsächlich stellten die beiden Einheiten einen vollständig neuen Entwurf dar. Drillingstürme hatte es in der KNiedM nie zuvor gegeben; sie wurden bei der Fa. Bofors in Schweden in Auftrag gegeben.

Der Hauptgürtelpanzer wies auf Höhe der Maschinenräume und Munitionskammern eine Dicke von 100 mm auf, die sich nach vorn und achtern auf 75 mm verringerte. Panzerquerschotte schlossen den Seitenpanzer in der Höhe der Wasserlinie nach vorn und achtern ab. Der Horizontalschutz bestand aus einem Panzerdeck von 19 mm bis 25 mm Dicke, das über den Maschinenräumen anstieg, um für die Kessel eine angemessene lichte Höhe zu schaffen. Die Hauptantriebsanlage umfaßte zwei Getriebeturbinensätze des Parsons-Typs mit Zwei-Wellen-Anordnung, geliefert von der Marinewerft »De Schelde« in Vlissingen, sowie sechs Yarrow-Kessel des Drei-Trommel-Typs in drei getrennten Kesselräumen. Zwischen ihnen und den beiden Turbinenräumen befand sich der Getrieberaum. Alle Kesselabzugsschächte mündeten in einen einzigen Schornstein. Die Konstruktionsleistung der Turbinen betrug 78 000 WPS für eine Höchstgeschwindigkeit von 33 kn.

Wie bereits oben erwähnt, waren die 15-cm-Geschütze bei der Fa. Bofors in Schweden in Auftrag gegeben worden und sollten in zwei Drillings- (Position A und Y) und zwei Doppel-Drehturmlafetten (Position B und X) mit 60° Rohrerhöhung geliefert werden. Auch die Kreuzer dieser Klasse führten keine als Mittelartillerie dienende Schwere Flak. Sie sollten lediglich verstärkt und besser angeordnet mit Leichter Flak ausgerüstet werden. Diese bestand aus sechs 4-cm-Bofors-Doppellafetten, die jeweils zu dreien um den Achteren und den Vorderen Artillerieleitstand über dem Steuerhaus gruppiert waren. Auf diese Weise hatten diese Fla-Geschütze sowohl nach vorn wie auch nach achtern gutes Schußfeld. Vier Schwere 12,7-mm-MG's in Einzellafetten, sämtlich an Oberdeck aufgestellt, vervollständigten die Fla-Bewaffnung. Zwei 53,3-cm-Drillings-Torpedorohrsätze befanden sich an Bord mit einer zwei Decks tiefer gelegenen Reservetorpedo-Last. Schließlich waren noch ein Katapult sowie Unterbringungsmöglichkeiten (keine Flugzeughalle) für zwei Seeflugzeuge vorgesehen.

Schicksal: Wäre ihr Bau früher begonnen worden, hätte die KNiedM noch vor Kriegsbeginn vom Entwurf her zwei starke Leichte Kreuzer erhalten. Doch wie die Dinge liefen, wurde der Kiel für die erste Einheit – ursprünglich mit dem Namen KIJKDUIN – erst im Mai 1939 gestreckt. Die Werft Wilton-Fijenoord in Rotterdam hatte sich zwar die Kontrakte für beide Einheiten gesichert, konnte aber auf ihren Helgen beide Schiffe nicht unterbringen. Daher gab sie einen der Aufträge an die Rotterdamsche Droogdock Mij. ab. Ein Jahr später überrannten die deutschen Truppen die Niederlande. Zu diesem Zeitpunkt war das Typschiff bereits in EENDRACHT umbenannt und die zweite Einheit – die DE ZEVEN PROVINCIEN – schon auf Kiel gelegt worden. Ihr Bau war noch nicht weit fortgeschritten, so daß auch noch kein Stapellauf stattgefunden hatte. Die deutschen Truppen erbeuteten die beiden unfertigen Schiffskörper unbeschädigt auf ihren Helgen. Durch die deutsche Kriegsmarine in KH 1 (ex-DE ZEVEN PROVINCIEN) und KH 2 (ex-EENDRACHT) umbezeichnet, sollten die beiden Kreuzer auf deutsche Rechnung fertiggestellt werden. Die niederländische Regierung hatte am Tage der Kapitulation sämtliche Aufträge widerrufen. Die in Schweden bestellten Türme und Geschütze fanden schließlich bei den schwedischen Kreuzern der TRE KRONOR-Klasse Verwendung (siehe unten). Die deutsche Kriegsmarine beabsichtigte, diese Kreuzer fertigzustellen, aber ihr Weiterbau ging nur sehr langsam und ohne jede Priorität voran, obwohl sie in der Liste der für die Kriegsmarine fertigzustellenden Schiffe enthalten waren – noch zu dem Zeitpunkt, als jede realistische Möglichkeit ihrer Fertigstellung nicht mehr gegeben war. So kam es, daß lediglich die DE ZEVEN PROVINCIEN vom Stapel lief, und dies auch nur, um sie als Blockschiff bei der Räumung der Niederlande durch die deutsche Wehrmacht zu verwenden.[207] Bei Kriegsende nahmen die Niederlande beide Schiffe wieder in Besitz. Sie wurden schließlich Jahre später nach einem völlig überarbeiteten Entwurf fertiggestellt, der Ähnlichkeiten mit dem Entwurf für die spätere britische TIGER-Klasse aufwies. 1947 erhielten die DE ZEVEN PROVINCIEN den neuen Namen DE RUYTER und die EENDRACHT – 1944 von der deutschen Kriegsmarine in DE RUYTER umbenannt – den neuen Namen DE ZEVEN PROVINCIEN, um die Verwirrung zu vervollständigen.

In den 60er Jahren erfuhr die DE ZEVEN PROVINCIEN einen Umbau zur Ausrüstung mit dem »Terrier«-Flugkörper-Waffensystem zur Luftabwehr. Sie wurde als Sparmaßnahme am 17. Oktober 1975 außer Dienst gestellt. Im August 1976 wurde der Lenkwaffenkreuzer an Peru verkauft, in ALMIRANTE AGUIRRE umbenannt und nach einer Werftliegezeit am 24. Februar 1978 in Dienst gestellt. Die nicht zum Lenkwaffenkreuzer umgebaute DE RUYTER wurde am 26. Januar 1973 aus der Flottenliste gestrichen und am 7. März desselben Jahres ebenfalls an Peru verkauft. Am 23. Mai 1973 als ALMIRANTE GRAU in Dienst gestellt, lief der Kreuzer am 18. Juni nach Peru aus.[208]

EENDRACHT-Klasse

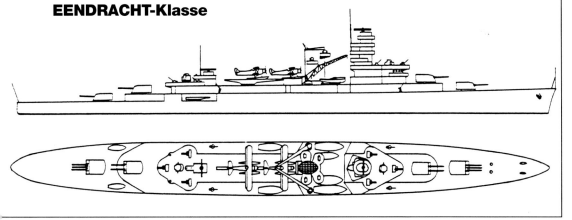

Peru

CORONEL BOLOGNESI-Klasse

Name	Bauwerft	Kiellegung	Stapellauf	Fertigstellung	Schicksal
CORONEL BOLOGNESI	Vickers, Barrow-in-Furness	?? 1905	24. Sept. 1906	19. Nov. 1906	gestrichen: 24. Juni 1958
ALMIRANTE GRAU	Vickers, Barrow-in-Furness	?? 1905	27. März 1906	1. März 1907	gestrichen: 24. Juni 1958

Typ: Geschützter Kreuzer – Crucero.
Konstruktionsverdrängung: CORONEL BOLOGNESI: 3180 ts (3231 t), ALMIRANTE GRAU: 3200 ts (3251 t).
Einsatzverdrängung: nicht bekannt.
Länge: 115,09 m (über alles), 112,73 m (zwischen den Loten).
Breite: 12,34 m.
Tiefgang: 4,34 m (mittlerer).
Antriebsanlage: 2 Vierzylinder-Dreifach-Expansionsmaschinen, 10 Yarrow-Kessel, 2 Wellen.
Antriebsleistung: 14 000 PSi für 24 kn.
Bunkerinhalt: 500 ts Heizöl.
Fahrtstrecke: 3700 sm bei 10 kn.
Panzerschutz: Seitenpanzer 38 mm, Deck 38 mm, Geschützschilde 76 mm, Kommandostand 76 mm.
Geschütze: zwei 15,2 cm B.L. L/50 (2 x 1), vier 7,6 cm S.K. L/45 (4 x 1), zwei 7,6 cm Fla (2 x 1), acht 3-Pfünder (4,7 cm S.K. – 8 x 1).
Torpedorohre: zwei 45,7-cm-Unterwasserrohre (2 x 1).
Seeminen: zum Minenlegen ausgerüstet.
Bordflugzeuge: keine.
Besatzungsstärke: 320 Offiziere und Mannschaften.

Entwurf: Nach der Jahrhundertwende plante Peru den Ankauf von zwei kleinen Kreuzern, um seine überaus bescheidene Marine zu verstärken, die bis dahin lediglich aus einigen bewaffneten Handelsschiffen bestand. Die Bauaufträge für die beiden Einheiten gingen an die Vickers-Werft in Barrow-in-Furness/England und die Kontrakte wurden für das erste Schiff am 19. Juni 1905 und für das zweite am 29. November 1905 abgeschlossen. Die beiden Kreuzer waren vom Aufklärungstyp, von dem zu diesem Zeitpunkt eine Reihe von Einheiten für die Royal Navy gebaut wurden, die hauptsächlich als Flottillenführer für Zerstörer Verwendung fanden. Peru besaß zwar keine Zerstörer, aber diese schnellen, kleinen Kreuzer mit einer Batterie Schnellfeuerkanonen stellten für seine begrenzten Geldmittel ein attraktives Angebot dar. Mit einer Konstruktionsverdrängung von rund 3200 ts glichen diese Schiffe weitgehend den damaligen britischen Geschützten Kreuzern, insbesondere der SENTINEL, ebenfalls bei Vickers gebaut, aber ihnen fehlte das schildkrötenförmige Vorschiff. Die beiden Kreuzer erhielten jedoch im Mittschiffsbereich einen 38 mm dicken Seitenpanzer sowie über den Maschinenräumen ein Panzerdeck von ähnlicher Dicke. Der Kommandostand wies ebenso wie die 15,2-cm-Geschützschilde eine 76 mm dicke Panzerung auf. Die Antriebsanlage bestand aus zehn Yarrow-Wasserrohrkesseln in drei Kesselräumen sowie aus zwei stehenden Vierzylinder-Dreifach-Expansionsmaschinen mit zwei Schrauben. Zum Zeitpunkt der Fertigstellung waren die Kessel noch kohlebefeuert. Die im Kontrakt festgelegte Antriebsleistung und die Höchstgeschwindigkeit wurden bei den Erprobungsfahrten mit Leichtigkeit übertroffen. Die ALMIRANTE GRAU erzielte hierbei 24,64 kn.

Die ALMIRANTE GRAU erhielt eine Ausrüstung als Flaggschiff und besaß achtern in einem Poopdeck mit einer Heckgalerie zusätzliche Unterkünfte. Dies unterschied sie von ihrem Schwesterschiff und erhöhte ihre Konstruktionsverdrängung um etwa 20 ts.

Die Ausrüstung der beiden Kreuzer umfaßte auch eine Dampfheizungsanlage für das Operieren in kalten Klimazonen sowie natürliche und Zwangsbelüftungssysteme.

Die Bewaffnung setzte sich wie folgt zusammen: zwei 15,2-cm-Geschütze B.L. L/50 der Armstrong-Geschützfabrik in Elswick in Einzellafetten mit Schilden, je eines auf der Back und auf dem Achterdeck, sowie –ursprünglich – acht 14-Pfündern (7,6 cm S.K.) in Einzellafetten mit Teilschilden auf dem Mitteldeck und in Kasematten im Vorschiff. Es gab elektrische Munitionsaufzüge. Außerdem waren noch acht 3-Pfünder (4,7 cm S.K.) von Hotchkiss in Einzellafetten auf dem Mitteldeck und in Kasematten achtern. Schließlich waren noch zwei einzelne 45,7-cm-Unterwasser-Torpedorohre vorhanden.

Modifizierungen: Infolge der Abnutzung erfuhren die Maschinenanlagen zwischen 1923 und 1925 eine Modifizierung. 1925 wurden die Kessel der ALMIRANTE GRAU und ein Jahr später auch die ihres Schwesterschiffes in Balboa neu berohrt und insgesamt auf Ölfeuerung umgestellt. Erprobungsfahrten nach dieser Werftliegezeit erbrachten Höchstgeschwindigkeiten zwischen 24,3 kn und 24,58 kn. Erneuert wurden auch die elektrischen und die F.T.-Anlagen. Außerdem bekamen die Kreuzer eine Feuerleitanlage. Die 3-Pfünder-Bewaffnung wurde auf zwei Geschütze verringert.

1934 erhielten die beiden Schiffe in Yarrow-on-Tyne neue Kessel, deren Anzahl sich auf acht verringerte. Bei den Erprobungsfahrten ergaben sich nunmehr 23,5 kn. Anschließend erfolgte der Einbau eines italienischen Giradelli-Feuerleitsystems. 1936 ersetzten zwei japanische 7,6-cm-Fla-Geschütze das achtere Paar der ursprünglichen 7,6-cm-Geschütze. Gleichzeitig kamen vier leichte Fla-Geschütze in zwei Doppellafetten an Bord. Sie erhielten ihre Position auf der achteren Scheinwerferplattform und werden im allgemeinen

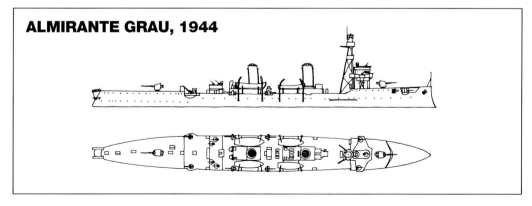

ALMIRANTE GRAU, 1944

mit Kaliber 2 cm angegeben. Doch Japan besaß kein derartiges Waffensystem. Daher bleibt unklar, um welche Art Geschütze es sich handelte und woher sie stammten. Es ist unwahrscheinlich, daß Japan als Waffenlieferant für einen südamerikanischen Staat auftrat. Die letzten Großen Werftliegezeiten für diese beiden Kreuzer fanden 1942 bis 1944 statt. Hierbei erfuhr der Brückenaufbau eine Veränderung, beim Fockmast wurde der Pfahlmast durch einen Dreibeinmast ersetzt und eine E-Meßbasis kam an Bord.

Auch die Hälfte der Verkehrsboote wurde an Land gegeben und der frei gewordene Raum diente dem Einbau von sieben 12,7-mm-Browning-Fla-MG's: vier anstatt der Boote, zwei in den Brückennocken und eines über dem Steuerhaus. Zudem erfolgte das Ausrüsten der Schiffe mit einem Wasserbombenwerfer und zwei -schienen. Die Torpedorohre kamen von Bord.

Werdegang: Der Weg der beiden Kreuzer von Großbritannien nach Peru führte über die Kapverdischen Inseln, Bahia (heute Salvador), Montevideo und Puerto Madryn an der Südküste Argentiniens und um Kap Hoorn mit anschließender Kohlenübernahme in Coronel/Chile. Am 10. August 1907 trafen die Schiffe in Callao ein. Unterwegs traten bei der CORONEL BOLOGNESI Kesselstörungen auf, die nach der Ankunft in Callao beseitigt wurden. 1921 führten sie ihre erste Ausbildungsreise mit Kadetten der Marineakademie durch.

Als Folge eines Konfliktes im Amazonas-Gebiet mit Kolumbien wurde 1933 die ALMIRANTE GRAU mit zwei Unterseebooten zur Unterstützung der Kanonenboote bei Iquitos (einer von der Marine 1864 am Amazonas gegründeten Stadt) in den Atlantik entsandt, um den Zugang zum Amazonas bei Belém do Pará (heute Belém) zu überwachen. Der kleine Verband lief im Mai durch den Panama-Kanal aus – eine Reise von 10 450 km, obwohl Iquitos nur 965 km Luftlinie von Callao entfernt liegt. Der Konflikt war jedoch bereits vorüber, als der Verband nach 4500 sm Seeweg in Belém do Pará/Brasilien eintraf und dort zehn Tage vor Anker lag. Im August kehrte der kleine Verband nach Callao zurück.

Auf der Rückreise verursachte die Durchführung einer Werftliegezeit in Balboa (Panama City) in der Kanalzone einen diplomatischen Zwischenfall. Proteste aus den USA stoppten das beabsichtige Auswechseln der Kessel. Sie mußten nach Großbritannien zurückgesandt werden und das Auswechseln erfolgte erst ein Jahr später in England. Peru trat 1939 nicht in den Krieg ein, aber am 5. Juli 1941 brach ein kurzer Konflikt mit Ecuador aus. Die peruanische Marine blockierte hierbei den Golf von Guayaquil. Nach der schweren Beschädigung des Zerstörers ALMIRANTE VILLAR in einem Gefecht mit einem ecuardianischen Kanonenboot löste die CORONEL BOLOGNESI den ersteren ab. Sie und die ALMIRANTE GRAU geleiteten den schwer beschädigten Zerstörer zurück nach Callao.

Im Januar 1942 endete dieser Krieg. 1944 trat auch Peru in den Zweiten Weltkrieg ein. Die isolierte Lage des Landes, weit von den Kriegsschauplätzen entfernt, und der veraltete Zustand der peruanischen Flotte bedeuteten, daß die beiden Kreuzer nur zu Aufgaben der Küstenverteidigung und im Patrouillendienst vor der Küste Perus zum Einsatz kamen. Nach dem Kriege dienten sie weiterhin als Schulkreuzer, schließlich nur noch stationär in Callao, bis sie am 24. Juni 1958 im Austausch gegen neue Patrouillenboote aus der Flottenliste gestrichen und in Callao abgebrochen wurden.

Lins: Die ALMIRANTE GRAU 1944/45.
(Sammlung des Autors)

Links: CORONEL BOLOGNESI.
(Sammlung des Autors)

Polen

Übergebene Einheiten

Trotz großartiger Vorkriegspläne für den Aufbau der polnischen Flotte, angestachelt durch politischen Ehrgeiz, zogen diese Pläne Kreuzer nicht ernsthaft in Betracht.[209] Der im Exil in Großbritannien befindliche Oberbefehlshaber der polnischen Marine war jedoch bestrebt, den Status seiner mit den Alliierten kämpfenden Seestreitkräfte durch Einbeziehen von Schiffen oberhalb der Zerstörergröße zu heben. Die einzige Quelle, aus der zusätzliche größere Schiffe kommen konnten, war natürlich die Royal Navy. Doch Großbritannien wünschte nicht, daß Polen Schiffe bemannte, die größer als Zerstörer waren. Letztere setzten die Polen bereits mit großem Schwung und Erfolg ein.

DRAGON

Nachdem das Problem 1942 aufgekommen war, entsprachen jedoch die Briten den polnischen Wünschen und übergaben den alten Leichten Kreuzer DRAGON der D-Klasse (siehe oben Seite 87). Am 15. Januar 1943 übernahm die polnische Marine den Kreuzer, der zu diesem Zeitpunkt in der Werft Cammell, Laird & Co. in Birkenhead/Liverpool eine Werftliegezeit absolvierte. Die Wahl eines neuen Namens verursachte politische Probleme, denn die Polen wünschten die Umbennenung in LWOW (dem früheren Lemberg) nach einer ostgalizischen Stadt im südöstlichen Polen[210] Diese Absicht kam Großbritannien angesichts seines sowjetischen Bundesgenossen ungelegen. Da keine der Alternativen – GDYNIA, WESTERPLATTE oder WARSZAWA – als geeignet angesehen wurde, behielt der Kreuzer seinen ursprünglichen Namen. Zum Zeitpunkt der Übergabe setzte sich die Bewaffnung der DRAGON wie folgt zusammen: sechs 15,2 cm (6 x 1), drei 10,2 cm (3 x 1), zwölf 2-Pfünder (4-cm-Pompom – 3 x 4), acht 2 cm (8 x 1) und zwölf 53,3-cm-Torpedorohre (4 x 3).

Zu diesem Zeitpunkt war auch die Werftliegezeit des Schiffes noch nicht abgeschlossen und die Ausbesserungsarbeiten dauerten bis zum August 1943. Nach dem Einfahren und der damit verbundenen Ausbildungszeit stieß die DRAGON zur *Home Fleet* in Scapa Flow. Im Anschluß daran gehörte sie zur Deckungsgruppe der Rußland-Geleitzüge JW 57 und RA 57 und im März 1944 stieß sie zum 10. Kreuzergeschwader. Für den Kreuzer begann damit die Ausbildung für die bevorstehende Invasion in Frankreich. Im April und Mai erfuhr die DRAGON noch eine Werftliegezeit in der Marinewerft Chatham mit einer Änderung ihrer Bewaffnung. Diese bestand nunmehr aus fünf 15,2 cm (5 x 1), vier 10,2 cm (2 x 1, 1 x 2), zwölf 2-Pfünder (3 x 4) und vierzehn 2 cm (5 x 2, 4 x 1). Ferner erfolgte die Ausrüstung mit Radar vom Typ 273, 282 und 286Q. Die Torpedobewaffnung befand sich nicht mehr an Bord.

Am 2. Juni 1944 lief die DRAGON zusammen mit der WARSPITE, dem 2. Kreuzergeschwader und

Unen: Die CONRAD Ende 1945 (M. Twardowski)

einer Zerstörersicherung aus dem Clyde zur Teilnahme an der alliierten Landung in der Normandie aus. Sie gehörte im Rahmen der *Eastern Naval Task Force* zur *Force D*, dem Unterstützungsverband für den britischen Landekopf »Sword«. Am 6. Juni 1944, dem D-Tag, stand der Kreuzer um 02.00 Uhr vor dem Landeabschnitt. Zwei Tage lang beschoß die DRAGON zusammen mit den anderen Einheiten Batterien bei Calleville-sur-Orne, Trouville und Caen sowie Panzeransammlungen. Am 8. Juni beschoß sie Batterien bei Haulgate. Der Kreuzer setzte die Feuerunterstützung bis in den Juli hinein fort, nur durch kurze Aufenthalte zur Munitionsübernahme in Portsmouth unterbrochen. Am 9. Juli 1944 erhielt die DRAGON vor Caen an der Backbordseite mittschiffs bei einem »Marder«-Angriff[211] einen Torpedotreffer. Der Torpedo detonierte im Bereich der Munitionskammer Q und verursachte zahlreiche Verluste. Obwohl der Kreuzer nicht versenkt wurde, waren seine Beschädigungen so erheblich, daß er am 11. Juli zum konstruktiven Totalverlust erklärt, zum »Gooseberry«-Hafen geschleppt und dort am nächsten Tag als Teil des Wellenbrechers versenkt wurde.

CONRAD

Nach dem Verlust der DRAGON drängten die Polen auf die Übergabe eines weiteren Kreuzers und erhielten den britischen Leichten Kreuzer DANAE (siehe oben Seite 85). Am 4. Oktober 1944 wurde der Kreuzer leihweise an die polnische Marine übergeben und nach dem Namen des berühmten Schriftstellers in CONRAD umbenannt. Nach seinem Einsatz vor der Invasionsküste erfuhr der Kreuzer Werftliegezeiten in Southampton und Chatham, die bis zum 23. Januar 1945 dauerten. Danach sicherte die dem 10. Kreuzergeschwader zugeteilte CONRAD Geleitzüge von und zur Scheldemündung. Als sie am 12. Februar zu einer Erprobungsfahrt aus Scapa Flow auslief, erlitt sie einen schweren Turbinenschaden. Die Reparaturarbeiten in der Marinewerft Chatham dauerten bis zum 29. Mai 1945. Inzwischen hatte Deutschland kapituliert. Der Kreuzer kehrte zunächst nach Scapa Flow zurück und wurde anschließend nach Wilhelmshaven verlegt. Zwischen dem Juli und dem Ende des Jahres 1945 führte die CONRAD zwischen Großbritannien und Skandinavien zur Unterstützung des Roten Kreuzes insgesamt acht Fahrten durch. Im Januar 1946 kehrte der Kreuzer nach Scapa Flow zurück und blieb bei der *Home Fleet*, bis er am 8. März dem örtlichen Kommando in Rosyth zugeteilt wurde. Dort traf die CONRAD am 17. April 1946 ein und lief am 26. April nach Plymouth aus, um mit den anderen polnischen Schiffen zusammenzutreffen und Fragen der Zukunft zu besprechen. Bis zum Ende seines Werdeganges blieb der Kreuzer in Plymouth stationiert. Im August wurde die Besatzung auf die Hälfte verringert und am 28. September 1946 kehrte der Kreuzer unter seinem alten Namen DANAE in die Royal Navy zurück. Am 22. Januar 1948 wurde das Schiff zum Verschrotten an die BISCO übergeben. Es traf am 27. März 1948 bei der Abbruchwerft T.W. Ward in Barrow ein.

Oben: Die CONRAD (ex-DANAE) 1946 unter polnischer Flagge. (M. Twardowski)

Unten: Die DRAGON im Jahre 1944. (M. Twardowski)

Schweden

FYLGIA-Klasse

Name	Bauwerft	Kiellegung	Stapellauf	Fertigstellung	Schicksal
FYLGIA	Bergsund, Finnboda/Stockholm	? Okt. 1903	20. Dez. 1905	21. Juni 1907	gestrichen: 1. Jan. 1953

Typ: Leichter Kreuzer – Kryssare (klassifiziert als Panzerkreuzer – Pansarkryssare).
Konstruktionsverdrängung: 4240 ts (4308 t).
Einsatzverdrängung: nicht bekannt.
Länge: 115,52 m (über alles), 115,11 m (CWL).
Breite: 14,78 m.
Tiefgang: 6,10 m (mittlerer).
Antriebsanlage: 2 stehende Vierzylinder-Dreifach-Expansionsmaschinen, 12 Yarrow-Kohlenkessel, 2 Wellen.
Antriebsleistung: 13 000 PSi für 21,5 kn.
Bunkerinhalt: 850 ts Kohle.
Fahrtstrecke: 5770 sm bei 10 kn.
Panzerschutz: Hauptgürtelpanzer 102 mm, Deck 51 mm, Türme 51 mm – 127 mm, Kommandostand 102 mm.
Geschütze: acht 15,2 cm S.K. L/50 (4 x 2), vier 5,7 cm (4 x 1), zwei 3,7 cm.
Torpedorohre: zwei 45,7 cm (2 x 1).
Seeminen: keine.
Bordflugzeuge: keine.
Besatzungsstärke: 341 Offiziere und Mannschaften.

Entwurf: Dieses Schiff war der erste richtiggehende Kreuzer, der in Schweden gebaut wurde. Er sollte für das Gros der schwedischen Flotte, die Küstenpanzerschiffe, die Aufklärungsaufgabe übernehmen. Die FYLGIA war ein Geschützter Kreuzer mit einem 102 mm dicken Seitenpanzer in der Wasserlinie, der die Maschinenräume schützte, sowie einem Panzerdeck von 51 mm Dicke mit seitlichen Böschungen bis zur Unterkante des Gürtelpanzers. Die Türme besaßen einen maximalen Panzerschutz von 127 mm, während die Munitionsaufzüge eine 102 mm dicke Panzerung aufwiesen. Das zum Panzerschutz verwendete Material war Krupp'scher Panzerstahl.

Die Hauptantriebsanlage entsprach der damaligen Zeit: zwei stehende Vierzylinder-Dreifach-Expansionsmaschinen mit zwei Schrauben und einer Antriebsleistung von insgesamt 12 000 PSi für eine Konstruktionsgeschwindigkeit von maximal 21,5 kn. Die kohlebefeuerten Kessel waren vom Yarrow-Typ. Bei den Erprobungsfahrten erzielte die FYLGIA eine Höchstgeschwindigkeit von 22,8 kn bei einer Antriebsleistung von 12 440 PSi.

Ungewöhnlich für die damalige Zeit war, daß die Hauptbewaffnung der FYLGIA in Doppelturmschilden untergebracht war, während die Kreuzer normalerweise ihre Hauptbewaffnung in nach hinten offenen Einzelschilden führten. Außerdem entsprach die Anordnung der Turmschilde dem Gebot der Sparsamkeit: je einer vorn und achtern sowie das zweite Paar mittschiffs an Backbord und an Steuerbord. Geführt wurde das 15,2-cm-Geschütz S.K. L/50 M 03 von Bofors, das eine 45,8 kg schwere Granate verschoß. An Bord befanden sich außerdem noch vierzehn 6-Pfünder (5,7 cm), zehn von ihnen in Kasematten, sowie zwei einzelne, nach querab fest eingebaute 45,7-cm-Unterwas-

Oben: Die FYLGIA in den 30er Jahren. (Sammlung des Autors)

Unten: Die FYLGIA 1944/45 nach dem Umbau. (KSchwedM)

Oben: Die FYLGIA im Jahre 1948. (KSchwedM)

ser-Torpedorohre. Der Bauauftrag ging am 14. Oktober 1902 an die Werft Bergsund in Finnoda/Stockholm. In der nordischen Mythologie war die »Fylgia« ein Geistwesen, das den Menschen wie eine Art Schutzengel durchs Leben begleitete.

Modifizierungen: In den 20er Jahren scheint die Anzahl der 6-Pfünder-Geschütze bis auf etwa sechs Kasemattgeschütze verringert worden zu sein. 1939 begann für den Kreuzer eine Große Werftliegezeit, die noch andauerte, als der Zweite Weltkrieg ausbrach. In ihrem Verlauf wurden die bisherigen Kessel sowie auch der vordere Schornstein entfernt und durch vier ölbefeuerte Penhoët-Kessel ersetzt. Der frei gewordene vordere Kesselraum erfuhr einen Umbau zur Unterbringung von Kadetten, wie dies der neuen Aufgabe des Kreuzers als Kadettenschulschiff entsprach. Alle Aufbauten wurden entfernt und das Schiff erhielt einen neuen Brückenaufbau, der dem bei den Zerstörern der GÖTEBORG-Klasse glich.[212]

Die beiden verbliebenen Schornsteine wurden in der Höhe verringert und bekamen kleine Kappen. Den Rammbug ersetzte ein ausfallender Vorsteven und sämtliche Kasematten mit ihren 6-Pfünder-Geschützen zur Torpedobootsabwehr wurden entfernt. Auf ihren Positionen gelangten vier 5,7-cm-Fla-Geschütze in Einzellafetten zum Einbau. Die Decke des vorderen Turmschildes erhielt einen Fla-Stand und zusätzlich kamen vier 4-cm-Bofors-Fla-Geschütze an Bord.

Werdegang: Nach ihrer Indienststellung führte die FYLGIA ihre erste Reise in die USA durch, ein Freundschaftsbesuch in den Gemeinden der schwedischen Auswanderer. Ihr weiterer Werdegang verlief hauptsächlich als Schulschiff mit zahlreichen Ausbildungsreisen nach Nord- und Südamerika, Afrika und Asien. Sie war das erste schwedische Kriegsschiff, das die neue UdSSR besuchte, als sie 1925 Sewastopol anlief. Die 1939 begonnene Große Werftliegezeit dauerte bis 1941. Im Anschluß daran nahm die FYLGIA ihre Aufgabe als Kadettenschulschiff auf. Am 1. Januar 1953 wurde der Kreuzer aus der Flottenliste gestrichen. Anschließend fand er als Zielschiff zur Erprobung von Waffensystemen Verwendung, bis das Schiff schließlich zum Verschrotten verkauft und 1957 bei Petersen & Ahlbeck in Kopenhagen abgebrochen wurde.

GOTLAND-Klasse

Name	Bauwerft	Kiellegung	Stapellauf	Fertigstellung	Schicksal
GOTLAND	Götaverken & Lindholmen A.B., Göteborg	? ? 1930	14. Sept. 1933	14. Dez. 1934	gestrichen: 1. Juli 1960

Typ: Flugzeug- und Minenkreuzer – Flygplankryssare.
Standardverdrängung: 4750 ts (4826 t).
Einsatzverdrängung: 5550 ts (5639 t).
Länge: 134,80 m (über alles), 130,00 m (CWL).
Breite: 15,39 m.
Tiefgang: 4,50 m (mittlerer), 5,50 m (maximal).
Antriebsanlage: 2 Satz De-Laval-Getriebeturbinen, 4 Penhoët-Kessel, 2 Wellen.
Antriebsleistung: 33 000 WPS für 27,5 kn.
Bunkerinhalt: 800 ts Heizöl.
Fahrtstrecke: 4000 sm bei 12 kn.
Panzerschutz: Seitenpanzer 16 mm – 29 mm, Deck 25 mm, Querschotte 13 mm max., Türme 29 mm – 51 mm, Kommandostand 51 mm.
Geschütze: sechs 15,2 cm S.K. L/55 (2 x 2, 2 x 1), vier 7,5 cm (1 x 2, 2 x 1), vier 2,5 cm (4 x 1).
Torpedorohre: sechs 53,3 cm (2 X 3).
Seeminen: bis zu 100.
Bordflugzeuge: acht, ein Katapult.
Besatzungsstärke: 480 Offiziere und Mannschaften.

Entwurf: Die Flottenmanöver des Jahres 1925 hatten die großen Möglichkeiten des Marineflugwesens aufgezeigt, so daß 1926 ein vom Verteidigungsminister eingesetzter Ausschuß zur Untersuchung der zukünftigen Erfordernisse für die Marine den Bau eines Seeflugzeugträgers empfahl. Diese Empfehlung war von Bedeutung, da Schweden am 1. Juli 1926 die Königlich Schwedische Luftwaffe als dritte Teilstreitkraft geschaffen hatte, wenn sie auch noch nicht völlig selbständig war. Offensichtlich befürchtete die Marine, jeglichen Einfluß auf den Einsatz von Flugzeugen über See zu verlieren, und drängte daher, den Empfehlungen des Ausschusses von 1926 sobald wie möglich zu folgen. Der erste Schritt in diese Richtung war der Umbau des veralteten Küstenpanzerschiffes DRISTIGHETEN, das 1931 aus der Flottenliste gestrichen werden sollte, in ein Seeflugzeug-Mutterschiff. Der Umbau wurde 1930 abgeschlossen und das Schiff konnte auf einem Flugzeugdeck achtern drei Seeflugzeuge mitführen. Zum Start mußten sie mit einem Kran über das Heck des Schiffes zu Wasser gebracht werden. Dies war jedoch nur ein zeitweiliger Notbehelf. Der zweite Schritt sollte der Entwurf eines Flugzeuge mitführenden Kreuzers sein, wobei die mit der DRISTIGHETEN gemachten Erfahrungen einfließen

GOTLAND, 1943

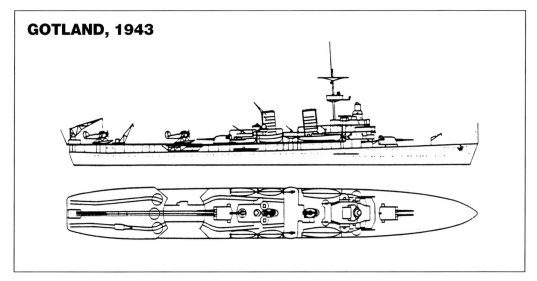

konnten. Die anfänglichen Vorschläge des Ausschusses von 1926 faßten ein 27 kn schnelles und 4500 ts großes Schiff ins Auge, bewaffnet mit sechs 15,2-cm-Geschützen in Einzellafetten und ausgestattet zum Mitführen von zwölf in einer Flugzeughalle untergebrachten Seeflugzeugen. Bis zum Januar 1927 hatte die Marineleitung diesen Vorentwurf abgeändert und so spezifiziert, daß die 15,2-cm-Bewaffnung in Doppeltürmen geführt, die Schwere Flak verstärkt und eine Torpedobewaffnung aus zwei 53,3-cm-Drillingssätzen eingebaut werden sollte.

Die Flugzeuge waren auf eine ähnliche Art und Weise wie bei der DRISTIGHETEN auf einem achteren Deck unterzubringen. Die Standardverdrängung stieg auf 4800 ts an. Bis zum Abschluß des Kontraktes mit der Bauwerft veränderten sich die Entwurfserfordernisse weiter.

Der schließlich zum Vorschein kommende endgültige Entwurf war ein Leichter Kreuzer, dessen achteres Schiffsdrittel vollständig den Flugzeugeinrichtungen diente. Das Schiff wies ein Glattdeck mit einem Aufbau achtern auf, um die Flugzeuge einfacher auf das Katapult zu bringen.

Der Panzerschutz war begrenzt. Er bestand aus einem Seitenpanzer von 16 mm bis 29 mm Dicke, einem Panzerdeck von maximal 25 mm Dicke mit 13 mm (maximal) dicken Panzerquerschotten vorn und achtern. Ebenfalls 13 mm Panzerschutz wiesen die Munitionsaufzüge und die Kesselabzugsschächte auf, während die Türme eine Panzerung von 29 mm bis 51 mm und der Kommandostand eine solche von ebenfalls 51 mm hatte.

Die Hauptantriebsanlage entsprach dem Einheitenprinzip und vereinte in sich die Erfahrungen der kurz zuvor fertiggestellten Zerstörer der GÖTEBORG-Klasse. Sie bestand aus zwei De-Laval-Turbinensätzen mit einfachem Zahnradgetriebe und Zwei-Wellen-Anordnung und lieferte eine Antriebsleistung von 33 000 WPS für eine Höchstgeschwindigkeit von 27,5 kn. Das Vorhandensein des achteren 15,2-cm-Turms komplizierte die Anordnung der Maschinenanlage, da die Pulver- und Granatkammern für diesen Turm den achteren Kesselraum vom achteren Turbinenraum trennten. Dies hatte zur Folge, daß die eine Welle sehr lang und die andere sehr kurz war. Die vier ölbefeuerten Penhoët-Kessel standen in zwei getrennten Kesselräumen in der Mittschiffslinie.

Die Hauptbewaffnung bildete das 15,2-cm-Geschütz S.K. L/55 M 30 von Bofors, das eine 45,4 kg schwere Granate verschoß. Vier dieser Geschütze befanden sich in zwei Doppeltürmen mit elektrohydraulischem Antrieb und einer Rohrerhöhung von 60°. Finanzielle Sparmaßnahmen führten zur Verkürzung des Schiffskörpers und damit aus Raummangel zur Abänderung des ursprünglichen Drei-Doppelturm-Entwurfs. Das verbleibende Paar 15,2-cm-Geschütze mußte in Kasematten beiderseits des Brückenaufbaus untergebracht werden: eine unbefriedigende Lösung, zumal diese Geschütze nur 30° Rohrerhöhung und somit eine verringerte Schußweite hatten. Die Schwere Flak bildeten vier 7,5-cm-Geschütze in einer Doppel- und zwei Einzellafetten auf dem Aufbaudeck hinter bzw. vor dem achteren Schornstein. Um den Brückenaufbau waren als Leichte Flak vier 2,5-cm-Fla-Geschütze in Einzellafetten gruppiert. Zwei 53,3-cm-Drillings-Torpedorohrsätze befanden sich auf dem Hauptdeck direkt hinter dem achteren Schornstein. Außerdem war der Kreuzer zum Minenlegen ausgerüstet und konnte je nach Minenart bis zu 100 Seeminen unterbringen.

Von den ursprünglich vorgesehenen zwei Katapulten war nur ein mit Druckluft angetriebenes Katapult vom Heinkel-Typ übriggeblieben. Achteraus von ihm auf dem achteren Deckshaus befand sich ein Schienensystem, mit dessen Hilfe die Flugzeuge für den Start zum Katapult gebracht werden konnten. Am Heck gab es einen Kran, um das auf dem achteraus nachschleppenden Hein'schen Landesegel stehende Flugzeug wieder einsetzen zu können. Die ursprünglich vom Entwurf her vorgesehene Kapazität von zwölf Seeflugzeugen hatte sich infolge der oben erwähnten Sparmaßnahmen auf acht verringert. Dies führte

Links: Die GOTLAND während der Erprobungsfahrten am 14. Dezember 1934. (KSchwedM)

SCHWEDEN

Oben: Die GOTLAND am 8. Juni 1945 in Stockholm. (KSchwedM)

Lins: Die GOTLAND am 15. Mai 1949. Auf dem früheren Flugdeck sind deutlich die 4-cm-Bofors-Doppellafetten zu erkennen. (KSchwedM)

dazu, daß die GOTLAND im Dienstbetrieb nie mehr als sechs an Bord hatte, da es der Marine an ausreichenden Geldmitteln für den Ankauf fehlte. Die mitgeführten Seeflugzeuge waren vom britischen Typ Hawker »Osprey«,[213] ausgerüstet mit in Schweden gebauten Motoren vom Typ NOHAB »Mercury«. 1932 wurden vier dieser Flugzeuge bestellt, die 1934/35 geliefert wurden. Der erste Flugzeugstart erfolgte im September 1934. Eine Lizenzfertigung dieses Flugzeugtyps in Schweden war geplant. Es hat jedoch den Anschein, als ob nur noch zwei weitere Flugzeuge abgeliefert wurden. Der Bauauftrag für dieses Schiff erging am 7. Juni 1930 an die Götaverken & Lindholmen A.B. in Göteburg.

Modifizierungen: 1936/37 erhielt die GOTLAND auf der Decke des vorderen Turms eine 2,5-cm-Fla-Doppellafette.

Bis 1943 waren alle verfügbaren Flugzeuge durch Abnutzung nicht mehr einsatzfähig. Einen Ersatz für sie gab es in Schweden nicht. Obwohl es denkbar ist, daß Ersatzflugzeuge mit höherer Leistung hätten angeschafft werden können (zum Beispiel von Deutschland), wäre das höhere Gewicht dieser Maschinen nicht akzeptabel gewesen. Zwei dieser Flugzeugtypen wären die deutsche He 114 und die schwedische SAAB B.17 gewesen. Allerdings konnte das gesamte voraussichtliche Einsatzgebiet der GOTLAND in gleicher Weise von landgestützten Flugzeugen abgedeckt werden. Da die ursprünglich vom Entwurf her vorgesehene Aufgabe des Kreuzers nicht mehr gegeben war, wurde die GOTLAND 1943/44 in einen normalen Kreuzer mit verstärkter Luftabwehrfähigkeit umgebaut. Zu diesem Zweck kamen das Schienensystem und das Katapult von Bord und das achtere Deckshaus wurde bis zum Heck verlängert.

Auf dem achteren Ende des ehemaligen Flugzeugdecks fanden acht 4-cm-Bofors-Fla-Geschütze L/60 Modell 1936 in vier Doppellafetten sowie zwei 2-cm-Doppellafetten mit elektrischem Antrieb Aufstellung. Die achtere 5,7-cm-Doppelflak erhielt einen Schild und am Mast wurde eine Plattform angebracht. Diese Werftliegezeit dauerte bis zum April 1944.

1955 erfolgte eine erneute Modifizierung und Modernisierung für den Einsatz des Kreuzers als Jägerleitschiff. Die beiden 15,2-cm-Kasemattgeschütze, sämtliche 7,5-cm-Geschütze und die Leichte Flak einschließlich der 2,5-cm-Doppellafette auf der Decke des vorderen Turms und der 4-cm-Geschütze wurden ausgebaut und an Land gegeben. Als Ersatz kamen 4-cm-Fla-Geschütze L/40 Modell 1948 an Bord. Die Leichte Flak bestand nunmehr aus 13 Rohren 4 cm in vier Doppel- und fünf Einzellafetten. Außerdem erhielt der Kreuzer auch eine vollständige, moderne Radarausrüstung.

Werdegang: Nach ihrer Indienststellung gehörte die GOTLAND als Flaggschiff zum Aufklärungsgeschwader. Doch während der meisten Winter vor dem Kriege unternahm der Kreuzer Ausbildungsreisen nach Übersee, um Flagge zu zeigen, und besuchte Südamerika und Westafrika sowie viele europäische Häfen. Der Zweite Weltkrieg setzte diesen Reisen ein Ende und während der Feindseligkeiten in Europa verblieb die GOTLAND ausschließlich in heimischen Gewässern. In dieser Zeit bestand ihr einziger Ruhm darin, die BISMARCK beim Auslaufen zum Unternehmen »Rheinübung« im Mai 1941 zu sichten.[214] Nach dem Kriege fuhr der Kreuzer mit seiner Routine fort: im Sommer Übungen mit der Flotte und im Winter eine Auslandsreise, normalerweise nach Afrika, Lateinamerika oder Westindien. Nach seinem zweiten Umbau 1955 führte der Kreuzer nur noch eine einzige Auslandsreise durch, ehe er 1956 in den Reservestatus versetzt wurde. Am 1. Juli 1960 wurde die GOTLAND aus der Flottenliste gestrichen. Am 1. April 1963 erfolgte der Verkauf des Schiffes zum Verschrotten und sein Abbruch in Ystad.

TRE KRONOR-Klasse

Name	Bauwerft	Kiellegung	Stapellauf	Fertigstellung	Schicksal
TRE KRONOR	Götaverken & Lindholmen A.B., Göteborg	27. Sept. 1943	16. Dez. 1944	25. Okt. 1947	gestrichen: 1. Jan. 1964
GÖTA LEJON	Eriksberg, Göteborg	27. Sept. 1943	17. Nov. 1945	15. Dez. 1947	gestrichen: 1. Juli 1970

Typ: Leichter Kreuzer – Kryssare.
Standardverdrängung: 7400 ts (7518 t).
Einsatzverdrängung: 9200 ts (9347 t).
Länge: 181,97 m (über alles), 179,98 m (CWL), 174,04 m (zwischen den Loten).
Breite: 16,46 m.
Tiefgang: 5,94 m (mittlerer).
Antriebsanlage: 2 Satz De-Laval-Getriebeturbinen, 4 schwedische Kessel vom 4-Trommel-Typ, 2 Wellen.
Antriebsleistung: 100 000 WPS für 33 kn.
Bunkerinhalt: nicht bekannt.
Fahrtstrecke: nicht bekannt.
Panzerschutz: Hauptgürtelpanzer 70 mm, Oberdeck 30 mm, Panzerdeck 30 mm, Türme 50 mm – 125 mm.
Geschütze: sieben 15,2 cm S.K. L/53 (1 x 3, 2 x 2), zwanzig 4 cm (10 x 2), sieben 2,5 cm (7 x 1).
Torpedorohre: sechs 53,3 cm (2 x 3).
Seeminen: zum Minenlegen ausgerüstet.
Bordflugzeuge: keine.
Besatzungsstärke: 618 Offiziere und Mannschaften.

Entwurf: Die Politik der schwedischen Marine, eine Flotte zu besitzen, im Kern zusammengesetzt aus acht Küstenpanzerschiffen (klassifiziert als »Pansarskepp«), unterstützt durch Torpedofahrzeuge, änderte sich in den Kriegsjahren, wenn auch die beiden 1939 bewilligten Einheiten der »Verbesserten SVERIGE-Klasse« (klassifiziert als »Kustförsvarsfartyg«), bewaffnet mit vier 25,4-cm-Geschützen, nie gebaut wurden. Statt dessen sollte die Flotte von der neuen Organisation her aus zwei Geschwadern bestehen, jedes mit einem Kreuzer und vier Zerstörern, unterstützt durch vier große Motortorpedoboote. Bei den neuen Kreuzern bestand der Vorteil, daß als Folge der Besetzung der Niederlande durch die deutsche Wehrmacht und des sich daraus ergebenden Baustopps für die EENDRACHT-Klasse (siehe oben) die hierfür erforderlichen 15,2-cm-Geschütze zur Verfügung standen.

Der ursprüngliche Entwurf für diese Einheiten stammte von der italienischen Werftgesellschaft C.R.D.A. aus den Jahren 1940/41, wurde aber mehrfach umgearbeitet, ehe die Kontrakte mit den schwedischen Bauwerften abgeschlossen werden konnten. Frühe Entwurfsskizzen lassen erkennen, daß die vorgeschlagene Hauptbewaffnung aus neun 15,2-cm-Geschützen in drei Drillingstürmen bestehen sollte, die schließlich auf sieben Geschütze in einem Drillings- und zwei Doppeltürmen verringert wurde. Das Panzerschutzschema umfaßte einen Hauptgürtelpanzer von 70 mm Dicke in der Wasserlinie sowie zwei gepanzerte Decks mit je 30 mm Dicke. Die Türme wiesen eine Panzerung von 50 mm bis 125 mm Dicke auf.

Die Hauptantriebsanlage bestand aus zwei Sätzen De-Laval-Getriebeturbinen mit Zwei-Wellen-Anordnung und entwickelte eine Antriebsleistung von 100 000 WPS für eine Höchstgeschwindigkeit von 33 kn.

Die Hauptbewaffnung setzte sich aus sieben 15,2-cm-Geschützen S.K. L/53 des Bofors-Mo-

Rechts: Die GÖTA LEJON 1953 im Spithead. Im Hintergrund der sowjetische Kreuzer SVERDLOV. (KSchwedM)

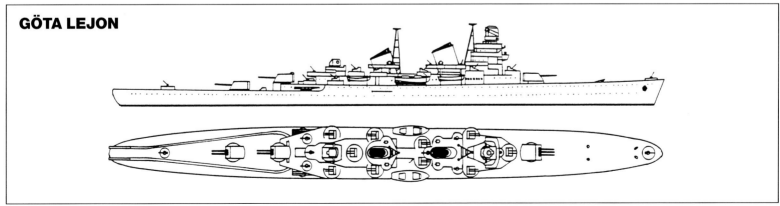

GÖTA LEJON

SCHWEDEN 237

dells 1942 zusammen und hatte folgende Anordnung: ein Drillingsturm vor und zwei Doppeltürme in überhöhter Aufstellung achtern. Die Türme besaßen elektro-hydraulischen Antrieb und die Rohrerhöhung betrug 70°. Die Luftabwehrkomponente beruhte lediglich auf Leichter Flak: zehn 4-cm-Doppellafetten und sieben 2,5-cm-Einzellafetten. Zwei 53,3-cm-Drillings-Torpedorohrsätze vervollständigten die Bewaffnung. Zudem waren die beiden Kreuzer – wie viele der schwedischen Kriegsschiffe – zum Minenlegen ausgerüstet. Allerdings führten sie weder Bordflugzeuge noch Flugzeugeinrichtungen.

Trotz der Pläne, diese Schiffe Anfang der 40er Jahre in Auftrag zu geben, führten die Entwurfsverzögerungen dazu, daß die Bauaufträge erst am 5. Februar für TRE KRONOR und am 12. Februar 1943 für ihr Schwesterschiff vergeben werden konnten. Aus diesem Grunde sowie infolge eines Streiks auf den Bauwerften wurden die beiden Kreuzer erst längere Zeit nach Kriegsende fertiggestellt. Der Name TRE KRONOR – »Drei Kronen« – repräsentiert den mittelalterlichen Anspruch auf die Throne von Norwegen, Dänemark und Schweden. Der Name GÖTA LEJON – »Gotischer Löwe« – rührt aus dem schwedischen Staatswappen her und verkörpert den Südwesten Schwedens.

Modifizierungen: 1948 erfuhr TRE KRONOR eine Große Werftliegezeit, die ein Jahr dauerte. Sie erhielt eine Radarausrüstung aus britischer Fertigung verbunden mit der entsprechenden Feuerleit- und Gefechtsinformations-Ausrüstung. Eine weitere Große Werftliegezeit führte sie von 1951 bis 1953 durch. Hierbei wurde der bisherige Brückenaufbau vollständig durch einen neuen Blockaufbau ersetzt. Ferner erfolgte eine Modernisierung der Radarausrüstung. Die GÖTA LEJON erfuhr eine ähnliche Modernisierung im Zuge einer lange dauernden Großen Werftliegezeit, als sich das Schiff von 1948 bis 1951 im Reservestatus befand.

Auch die Leichte Flak erfuhr eine Änderung. Die 2,5-cm-Geschütze wurden durch sieben 4-cm-Einzellafetten ersetzt.

Werdegang: Beide Schiffe gehörten zur schwedischen Nachkriegsflotte und führten mehrere Reisen nach Übersee durch. 1958 wurde die TRE KRONOR in die Reserve versetzt, am 1. Januar 1964 aus der Flottenliste gestrichen und schließlich zum Abbruch verkauft, der 1969 in Göteborg erfolgte. Ihr Schwesterschiff wurde am 1. Juli 1970 aus der Flottenliste gestrichen und am 18. September 1971 nach einer Werftliegezeit an Chile verkauft. Die chilenische Marine stellte es unter dem neuen Namen ALMIRANTE LATTORE in Dienst. 1987 wurde der Kreuzer in Taiwan verschrottet.

Unten: Die TRE KRONOR 1947 bei den Erprobungsfahrten. Beachte den Brückenaufbau. (KSchwedM)

Ganz unten: Die GÖTA LEJON 1964 im Tarnanstrich. (KSchwedM)

Siam (Thailand)

TAKSIN-Klasse

Technische Daten siehe die italienische ETNA-Klasse auf Seite 167f.)..

Entwurf: Seit Anfang des 19. Jahrhunderts unterhält Siam (heute Thailand) eine Flotte. Sie war nie sehr groß und hinsichtlich der Schiffe und ihrer Bemannung hatte sich die siamesische Marine seit ihrer Gründung auf ausländische Unterstützung verlassen. Zu Beginn des 20. Jahrhunderts war die Abhängigkeit von ausländischer Bemannung zwar weitgehend überwunden worden, aber noch immer gab es kaum eine einheimische Schiffbaukapazität. In den 20er Jahren sank der Status der Marine innerhalb der Streitkräfte ab; sie galt gegenüber dem Heer als zweitrangig und litt an Geldmangel. 1932/33 befand sich das Land politisch in Aufruhr und danach kontrollierte das Heer die entscheidenden Positionen. Aus dieser Situation zog die Marine jedoch einen Nutzen, als die Verteidigungsausgaben stiegen. 1934 begann die Marine ein Neubauprogramm und vergab Bauaufträge für zwei Torpedoboote nach Italien sowie für zwei Minenleger und drei Motortorpedoboote nach Großbritannien. Gleichzeitig begann ein Vierjahresprogramm, das zwei Küstenverteidigungsschiffe, zwei Geleitschiffe, sieben weitere Torpedoboote, vier Unterseeboote und mehrere kleinere Fahrzeuge vorsah. Der Großteil der Aufträge ging nach Japan und Italien erhielt den Auftrag für die Torpedoboote.[215] 1938 wurde ein zweites Bauprogramm bewilligt, das zwei Leichte Kreuzer und möglicherweise weitere Unterseeboote umfaßte.

Die italienische Werft C.R.D.A. Triest erhielt die Aufträge für den Bau der Leichten Kreuzer mit den vorgesehenen Namen TAKSIN und NARESUAN: sehr bescheidene Schiffe von knapp 4300 ts standard, bewaffnet mit sechs 15,2-cm-Geschützen. Vom äußeren Erscheinungsbild her erinnerte der Entwurf an die Ein-Schornstein-Version eines Leichten Kreuzer vom »Condottiere«-Typ, aber von kleineren Abmessungen. In der Größenordnung lag der Entwurf zwischen dem »Condotterie«-Typ und der »Capitani Romani«-Klasse.

Das Panzerschutzschema umfaßte einen Hauptgürtelpanzer von 60 mm Dicke in der Wasserlinie sowie ein 30 mm dickes Panzerdeck. Die Hauptantriebsanlage war nach dem Einheitenprinzip ausgelegt: zwei Kesselräume vor dem vorderen Turbinenraum, den vom achteren Turbinenraum der Kesselraum 3 trennte. Die Konstruktionsleistung lag bei 45 000 WPS für eine Höchstgeschwindigkeit von 30 kn.

Die Hauptbewaffnung war in drei Doppeltürmen angeordnet: einer vorn und zwei achtern. Aller Wahrscheinlichkeit nach sollte die Ausrüstung mit dem italienischen 15,2-cm-Standardgeschütz S.K. L/55 Modell 1934 von Ansaldo erfolgen. Die zugleich als Mittelartillerie dienende Schwere Flak bestand aus sechs 6,5-cm-Fla-Geschützen L/64 Modell 1939 in Einzellafette auf dem Mitteldeck, während die Leichte Flak acht 13,2-mm-Fla-MG's – später durch 2-cm-Fla-Geschütze ersetzt – umfaßte. Zwei schwenkbare 53,3-cm-Zwillings-Torpedorohrsätze waren auf dem Hauptdeck direkt hinter dem Turm A eingebaut und schossen durch Öffnungen in der Bordwänden. Schließlich gab es auf der Mittschiffslinie achteraus des Schornsteins ein Katapult; zwei Bordflugzeuge konnten mitgeführt werden. Eine Flugzeughalle war nicht vorhanden. An Bord befand sich für die Hautbewaffnung lediglich ein Artillerieleitstand, und zwar auf der Turmbrücke. Am Decksabsatz des Vorschiffes waren an Backbord und an Steuerbord je ein Fla-Leitstand für die Schwere Flak eingebaut.

Im Oktober 1938 wurden die Kontrakte abgeschlossen und fast ein Jahr später wurde für die Schiffskörper der Kiel gestreckt. Nach Italiens Eintritt in den Zweiten Weltkrieg wurde ihr Bau auf siamesische Rechnung zunächst weitergeführt. Die NARESUAN lief am 6. August 1941 vom Stapel. Gegen Ende 1941 geriet jedoch Italien bezüglich der Versorgung der Achsenstreitkräfte in Nordafrika in eine verzweifelte Lage. Daher wurden im Dezember 1941 beide Schiffe von der italienischen Regierung beschlagnahmt. Sie sollten auf italienische Rechnung nach einem geänderten Entwurf fertiggestellt werden. Hierzu siehe weitere Einzelheiten auf Seite 167).

Links: Die NARESUAN nach dem Stapellauf.
(Sammlung des Autors)

Sowjetunion

KOMINTERN-Klasse

Name	Bauwerft	Kiellegung	Stapellauf	Fertigstellung	Schicksal
KOMINTERN ex-PAMJAT MERKURIJA	Admiralitätswerft, Nikolajew	23. Aug. 1901	4. Okt. 1902	? Juli 1905	selbstversenkt: 10. Okt. 1942

Typ: Geschützter Kreuzer – Kreisser.
Konstruktionsverdrängung: 6338 ts (6439 t).
Einsatzverdrängung: 6675 ts (6782 t). *
Länge: 134,16 m (über alles), 132,90 m (CWL).
Breite: 16,61 m.
Tiefgang: 6,78 m (mittlerer).
Antriebsanlage: 2 stehende Dreifach-Expansionsmaschinen, 16 Normand-Kessel, 2 Wellen.
Antriebsleistung: 19 500 PSi für 23 kn.
Bunkerinhalt: 900 ts (1100 ts max.) Kohle.
Fahrtstrecke: 5300 sm bei 12 kn.
Panzerschutz: Deck und Kasematten 35 mm – 70 mm, Kommandostand 140 mm.
Geschütze: acht 13 cm S.K. L/55 (8 x 1), vier 7,5 cm S.K. L/50 (4 x 1), drei 7,6-cm-Flak S.K. L/50 (3 x 1), drei 4,5-cm-Flak (3 x 1).
Torpedorohre: keine.
Seeminen: 195 (1941).
Bordflugzeuge: keine.
Besatzungsstärke: 590 Offiziere und Mannschaften.

* Die Daten beziehen sich auf den Bauzustand der Fertigstellung. 1941 betrug die Wasserverdrängung etwa 6000 ts.

Entwurf: Dieser veraltete Geschützte Kreuzer, die ehemalige PAMJAT MERKURIJA der Kaiserlich Russischen Marine, war die einzige noch vorhandene Einheit aus einer Klasse von fünf, deren Typschiff den Namen BOGATYR führte. Die VITJAZ wurde noch auf der Bauwerft durch einen Brand schwer beschädigt und niemals fertiggestellt. Die OLEG wurde am 17. Juni 1919 durch das britische Torpedoschnellboot *CMB 4* bei einem Vorstoß auf Kronstadt versenkt.[216] Die OČAKOV (ex-KAGUL) übernahmen 1918 die »weißrussischen« Streitkräfte in Sewastopol als GENERAL KORNILOV. Sie wurde schließlich am 29. Dezember 1920 nach der Flucht aus dem Schwarzen Meer in Bizerta interniert. Die BOGATYR wurde 1922 in Leningrad (heute St. Petersburg) zur Gewinnung von Ersatzteilen ausgeschlachtet, um die PAMJAT MERKURIJA wiederherzustellen. So wurden zum Beispiel im August 1922 ihre Zylinder nach Sewastopol transportiert. Am 31. Dezember 1922 erhielt die PAMJAT MERKURIJA den neuen Namen KOMINTERN.

Der Entwurf, ein mit zwölf 15-cm-Geschützen bewaffneter Geschützter Kreuzer, stammte von der Werft »A.G. Vulcan« in Stettin. Auf dieser Werft wurde auch das Typschiff gebaut. Anfang April 1919 sprengten die Briten in Sewastopol die Antriebsanlage der PAMJAT MERKURIJA.[217] Daher bedurfte es zur Wiederherstellung dieses Kreuzers der Ersatzteile von der BOGATYR. Mit der reparierten Maschinenanlage einschließlich der kohlebefeuerten Kessel konnte die KOMINTERN in den 30er Jahren keine 20 kn mehr erreichen. Beim Ausbruch des Zweiten Weltkrieges war der Kreuzer völlig veraltet. Doch infolge des Fehlens einer großen, den Sowjets zur Verfügung stehenden Schwarzmeerflotte kam die KOMINTERN trotz ihres Alters auf diesem Kriegsschauplatz zum aktiven Einsatz.

Modifizierungen: Als der Kreuzer von 1921 bis 1923 durch die Sowjets ausgebessert wurde, erhielt er eine neue Hauptbewaffnung aus sechzehn 13-cm-Geschützen S.K. L/55 M 1913 in zwölf Einzel- und zwei Doppellafetten. Letztere waren Turmschilde eines veralteten Modells und standen auf der Back und auf dem Achterdeck.

Beim Umbau der KOMINTERN zum Schulkreuzer 1930/31 ersetzten zwei Einzellafetten desselben Kalibers mit Schilden die bisherigen 13-cm-Doppellafetten. Außerdem wurden zu Ausbildungszwecken vier der ursprünglichen 13-cm-Geschütze in Einzellafetten gegen alte 7,5-cm-Geschütze L/50 M 1902 ausgetauscht. Nach diesem Umbau führte der Kreuzer nur noch zehn 13-cm-Geschütze. Darüber hinaus kamen zu diesem Zeitpunkt auch die sechs in der Breitseite fest eingebauten Unterwasser-Torpedorohre von Bord.

Rechts: Die KOMINTERN in den 30er Jahren, vermutlich am 1. Mai 1936. Sie führt am Heck ein Hein'sches Landesegel. (R. Greger)

Oben: Eine weitere Ansicht der KOMINTERN, vermutlich ebenfalls am 1. Mai 1936 aufgenommen. (Navpic

Entfernt wurden auch die vier Kessel im vorderen Kesselraum, der einen Umbau zu Schulungsräumen erfuhr. Der vordere Schornstein blieb jedoch bis zur nächsten Großen Werftliegezeit Ende der 30er Jahre erhalten. 1935/36 erhielt das Achterdeck eine Plattform zum versuchsweisen Betrieb eines Seeflugzeuges. Im Winter 1940/41 erfuhr der Kreuzer einen Umbau zum Minenleger. Mit einer auf sechs 13-cm-Geschützen verringerten Hauptbewaffnung und vier 7,6-cm-Fla-Geschützen konnte die KOMINTERN 195 Minen mitführen. Im Herbst 1941 wurde die Leichte Flak durch zusätzliche drei 2,5-cm-Fla-Geschütze des neuen Heeres-Modells verstärkt.

Werdegang: Als PAMJAT MERKURIJA gehörte der Kreuzer während des gesamten Ersten Weltkrieges zur Schwarzmeerflotte der Kaiserlich Russischen Marine. In dieser Zeit führte er eine Reihe offensiver und defensiver Operationen durch. Als die russische Oktoberrevolution 1917 ausbrach, lag die PAMJAT MERKURIJA in Sewastopol und setzte am 12. November die ukrainische Flagge. Nachdem sich aber die ukrainischen Nationalisten den Bolschewiken angeschlossen hatten, wurde am 16. Februar 1918 die rote Flagge geheißt. Am 28. März 1918 erfuhr der Kreuzer die Demobilisierung. Lediglich noch mit Wartungspersonal besetzt, wurde er aufgelegt und die Geschütze kamen zur Verwendung in Panzerzügen von Bord. Am 1. Mai 1918 erbeuteten die deutschen Truppen den Kreuzer und verwendeten ihn als Kasernenschiff. Nach dem Waffenstillstand mit Deutschland übernahmen ihn im November 1918 die »weißrussischen« Streitkräfte. Im Anschluß daran besetzten ihn im Dezember 1918 die französisch-britischen Interventionstruppen. Als die Rote Armee im April 1919 Sewastopol eroberte, blieb der Kreuzer – wie bereits oben erwähnt – infolge seiner zerstörten Antriebsanlage zurück.

Zwischen 1921 und dem 1. Mai 1923, dem Tag seiner Wiederindienststellung, befand sich der inzwischen in KOMINTERN umbenannte Kreuzer zur Überholung in der Werft. Zu seiner Ausbesserung dienten ausgeschlachtete Teile des Kreuzers BOGATYR. Mit Ausnahme einer Reise im Herbst 1928 nach Konstantinopel verblieb die KOMINTERN ausschließlich in den Gewässern des Schwarzen Meeres. 1930 begann eine sechzehn Monate dauernde Große Werftliegezeit mit dem Umbau zum Schulkreuzer. Danach betrug seine Höchstgeschwindigkeit bestenfalls noch 12 kn. 1939 befand sich die KOMINTERN in einem derart schlechten Zustand, daß ein Verschrotten ins Auge gefaßt wurde. Doch der deutsche Einfall im Juni 1941 in die Sowjetunion gewährte ihr eine Gnadenfrist. Zu Beginn der Feindseligkeiten beteiligte sich der Kreuzer zum Legen der defensiven Minensperren vor Sewastopol. Im Juli deckte die KOMINTERN das Räumen des Donau-Deltas und am 6. August wurde sie dem Nordwest-Rayon in Odessa als Flaggschiff einer Kampfgruppe zugeteilt, stationiert in Odessa und Očakov, um die sowjetischen Heerestruppen zu unterstützen. Im Herbst 1941 beteiligte sich die KOMINTERN an der Unterstützung der Verteidiger von Odessa, sicherte das Heranbringen von Truppenverstärkungen über See in die belagerte Stadt sowie die Evakuierung von Truppen und Material bis zu ihrem Fall. Am 1. Januar 1942 brachte die KOMINTERN Nachschub von Tuapse nach Feodosia und Ende Januar nach Sewastopol. Im Februar und den folgenden Monaten setzte sie die Nachschub- und Truppentransporte nach Sewastopol fort und leistete den Verteidigern der Krim Feuerunterstützung. Hierbei griffen den Kreuzer mehrfach deutsche Flugzeuge an. Nach dem Fall Sewastopols wurde die KOMINTERN in Novorossijsk stationiert. Dort erlitt sie am 2. Juli bei einem Angriff der I./K.G.76 (Hptm. Heise) schwere Beschädigungen auf der Backbordseite. Trotz dieser Schäden war der Kreuzer imstande, nach Poti zu gehen, um ausgebessert zu werden. Doch am 16. Juli erlitt die KOMINTERN bei einem weiteren Luftangriff an der Mole von Poti so schwere Treffer, daß sie außer Dienst gestellt werden mußte. Dennoch wurde das Schiff nach Tuapse überführt und desarmiert. Seine Geschütze wurden an Land gebracht und bildeten zur Verteidigung von Tuapse fünf Küstenbatterien. Danach verlegte der Kreuzer mit verringerter Besatzung zurück nach Poti.

Schließlich wurde er am 10. Oktober 1942 als Wellenbrecher vor einem neuen Stützpunkt für leichte Fahrzeuge im Fahrwasser des Rioni-Flusses selbstversenkt. Dort liegt das Wrack noch immer.

KRASNYJ KAVKAZ-Klasse

Name	Bauwerft	Kiellegung	Stapellauf	Fertigstellung	Schicksal
KRASNYJ KAVKAZ ex-ADMIRAL LAZAREV	Russud-Werft, Nikolajew	31. Okt. 1913	21. Juni 1916	25. Jan. 1932	versenkt: 1955 als Zielschiff

Typ: Geschützter Kreuzer, später Schwerer Kreuzer – Kreisser.
Konstruktionsverdrängung: 8030 ts (8158 t).
Einsatzverdrängung: 9174 ts (9321 t).
Länge: 169,47 m (über alles), 163,75 m (CWL).
Breite: 15,70 m.
Tiefgang: 6,58 m (mittlerer).
Antriebsanlage: 4 Satz Brown-Boveri-Getriebeturbinen, 10 Yarrow-Kessel, 4 Wellen.
Antriebsleistung: 55 000 WPS für 29,5 kn.
Bunkerinhalt: 1600 ts Heizöl.
Fahrtstrecke: 3500 sm bei 15 kn.
Panzerschutz: Hauptgürtelpanzer 51 mm – 76 mm, Oberdeck 20 mm, Panzerdeck 32 mm, Geschützschilde und Kommandostand 76 mm.
Geschütze: vier 18,1 cm S.K. L/57 (4 x 1), acht 10 cm S.K. L/47 (4 x 2), zwei 7,6-cm-Flak (2 x 1), vier 4,5 cm (4 x 1).
Torpedorohre: zwölf 53,3 cm (4 x 3).
Seeminen: 100.
Bordflugzeuge: zwei, ein Katapult.
Besatzungsstärke: 880 Offiziere und Mannschaften.

SOWJETUNION

KRASNYJ KAVKAZ, 1939

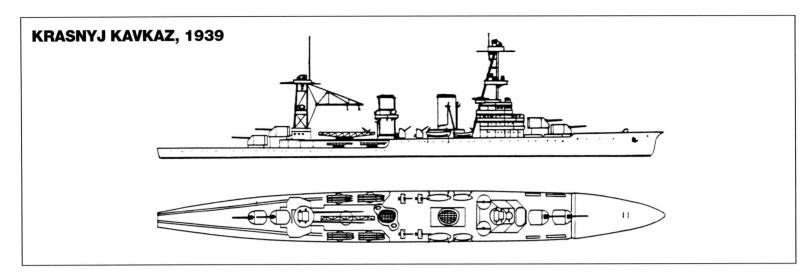

Entwurf: Dieser Geschützte Kreuzer gehörte zu einer Gruppe aus acht Einheiten, die vor dem Ersten Weltkrieg bewilligt wurden: sechs im Haushalt 1912 und zwei im Haushalt 1914. Die Aufträge wurden je zur Hälfte an Werften an der Ostsee und am Schwarzen Meer vergeben. Die beiden Gruppen wiesen Unterschiede auf; sie können daher in die SVETLANA- und die ADMIRAL NACHIMOV-Gruppe eingeteilt werden. Vor dem Friedensschluß mit Deutschland im März 1918 war keiner dieser Kreuzer zur Fertigstellung gelangt, obwohl sechs von ihnen inzwischen vom Stapel gelaufen waren, darunter auch die ADMIRAL LAZAREV, eine Einheit aus der ADMIRAL NACHIMOV-Gruppe. Der Entwurf sah bei 6500 ts Konstruktionsverdrängung eine Bewaffnung mit fünfzehn 13-cm-Geschützen sowie zum erstenmal Turbinen als Antrieb vor. Die vier Schwarzmeer-Kreuzer waren bei der Russischen Schiffbaugesellschaft (Russud-Werft) in Nikolajew in Auftrag gegeben worden. Sie wiesen gegenüber ihren an der Ostsee gebauten Schwesterschiffen eine höhere Wasserverdrängung, eine größere Länge über alles sowie einen etwas breiteren Schiffskörper auf. Ihr Panzerschutzschema umfaßte einen 76 mm dicken Hauptgürtelpanzer mit einem oberen Plattengang von 51 mm Dicke sowie einen Horizontalschutz von 20 mm beim Oberdeck und 32 mm beim Panzerdeck. Die ursprüngliche Hauptbewaffnung war mit Ausnahme des vorderen Geschützes in der Breitseite mit sechs Geschützen in Kasematten angeordnet. Ferner waren zwei in der Breitseite fest eingebaute Unterwasser-Torpedorohre vorgesehen. Außerdem sollten diese Kreuzer zwei französische »Tellier«-Seeflugzeuge mitführen.

Zur Antriebsanlage gehörten vierzehn Yarrow-Kessel – neun davon kohle- und ölbefeuert – in drei Gruppen. Die Getriebeturbinen waren sämtlich vom Brown-Boveri-Typ. Zwei dieser Einheiten besaßen Vier-Wellen-Anordnung, wobei der vordere Turbinenraum dem Antrieb der beiden Außenwellen diente. Die britische Werft John Brown & Co. in Clydebank/Glasgow hatte den Kontrakt für die Lieferung und den Einbau der Antriebsanlagen bei diesen Schiffen erhalten. Im März 1918, als die ADMIRAL LAZAREV zu 63 % fertiggestellt war, erfolgte nach dem Abschluß des Friedensvertrages von Brest-Litowsk der Baustopp und das unfertige Schiff blieb etwa sechs Jahre lang unbeachtet. 1924 entschied die sowjetische Regierung, das Schiff nach einem überarbeiteten Entwurf als »Schwerer Kreuzer« mit acht 20,3-cm-Geschützen in Doppeltürmen fertig zu bauen. Doch angesichts eines derart kleinen und leicht gebauten Schiffs-

Unten: Die KRASNYJ KAVKAZ im Jahre 1937. (MPL)

Rechts: Die KRASNYJ KAVKAZ 1938 vor der Krim, bewaffnet mit 10-cm-Geschützen und ausgerüstet mit einem Heinkel-Bordflugzeug. (R. Greger)

körpers stellte sich sehr schnell heraus, daß dies mit der vorgesehenen Bewaffnung unmöglich war. Infolgedessen wurde die Bewaffnung auf 18,1-cm-Geschütze S.K. L/57 in drei Doppeltürmen geändert. Doch selbst diese Bewaffnung erwies sich vom Gewicht her als zu schwer. Schließlich mußte sie auf vier 18,1-cm-Geschütze in behelfsmäßigen Einzelturmschilden beschränkt werden: je zwei vorn und achtern in überhöhter Aufstellung. Im Dezember 1926 erfolgte die Umbenennung in KRASNYJ KAVKAZ und im September des folgenden Jahres begann der Weiterbau des Kreuzers. Am 25. Januar 1932 wurde er schließlich in Dienst gestellt. Vier 7.6-cm-Fla-Geschütze bildeten die Schwere Flak und fanden paarweise an Backbord und an Steuerbord mittschiffs Aufstellung. Vier 53,3-cm-Drillings-Torpedorohrsätze auf dem Hauptdeck achteraus des Vorschiffsabsatzes vervollständigten die Bewaffnung. Schließlich erhielt der Kreuzer noch ein Katapult der Heinkel-Werke. Zwei Bordflugzeuge konnten mitgeführt werden, wenn auch im Dienstbetrieb nur ein Seeflugzeug vom Typ He 55 an Bord gewesen zu sein schien.

Modifizierungen: Im Mai 1932 erhielt der Kreuzer nach einer Kollision mit dem Leichten Kreuzer KOMINTERN einen neu gestalteten Bug. Nach 1936 ersetzten acht 10-cm-Geschütze S.K. L/47 italienischer Fertigung in Doppellafetten die 7,6-cm-Fla-Geschütze. Außerdem wurden die bisherigen Maxim-Fla-MG's gegen vier neue 4,5-cm-Fla-Geschütze in Einzellafetten ausgetauscht. Das Katapult kam kurz vor dem Krieg von Bord. Im Verlaufe einer Werftliegezeit 1940 zur Überholung erfolgte der Einbau von zwei neuen 7,6-cm-Fla-Geschützen L/55 in Einzellafetten mit Schilden direkt achteraus des Geschützes D. Pläne, die 18,1-cm-Geschütze durch 13-cm-Doppellafetten zu ersetzen, wie sie die Flottillenführer der TAŠKENT-Klasse führten, gelangten nicht zur Ausführung, da sich die Ablieferungszeit als zu lange erwies. Im Verlaufe des Werftaufenthaltes in Poti zur Reparatur im Herbst 1942 bekam die KRASNYJ KAVKAZ vom gesunkenen Leichten Kreuzer ČERVONA UKRAINA zwei weitere 10-cm-Doppellafetten sowie zehn halbautomatische 3,7-cm-Geschütze neuer Bauart in Einzellafetten. Das achtere Paar Torpedorohrsätze wurde an Land gegeben. Auf der Decke der Turmschilde B und C gelangten zusätzlich zwei 12,7-mm-Fla-MG-Vierlingslafetten zum Einbau und offensichtlich erfolgte auch die Ausrüstung mit 2-cm-Oerlikon-Fla-Geschützen. 1944 setzte sich die Flakbewaffnung wie folgt zusammen: zwölf 10 cm (6x2), zwei 7,6 cm (2x1), vier 4,5 cm (4x1), zehn 3,7 cm (10x1), acht 12,7-mm-Fla-MG's (2x4) sowie eine unbekannte Anzahl 2-cm-Geschütze.

Werdegang: Im Oktober 1933 unternahm die KRASNYJ KAVKAZ eine der seltenen Auslandsreisen, in derem Verlauf sie Konstantinopel, Piräus und Neapel besuchte, und am 11. November wieder nach Odessa zurückkehrte. Zwei Zerstörer, darunter die ŠAUMJAN, begleiteten den Kreuzer. Pläne, zur Zeit des Spanischen Bürgerkrieges einen weiteren Flottenverband ins westliche Mittelmeer zu entsenden, kamen nicht zur Ausführung.

Bei Ausbruch des Zweiten Weltkrieges im Juni 1941 war der Kreuzer am Legen der defensiven Minensperren vor sowjetischen Schwarzmeerhäfen beteiligt. Am 28. Juni verlegte die KRASNYJ KAVKAZ nach Novorossijsk. Doch am 21. August 1941 beschloß der Kriegsrat der Schwarzmeerflotte, auch die KRASNYJ KAVKAZ zur Verteidigung Odessas einzusetzen. Am 11./12. September beschoß der Kreuzer rumänische Stellungen westlich von Odessa und wurde mehrmals erfolglos von deutschen Flugzeugen angegriffen.

In der Nacht vom 21./22. September war die KRASNYJ KAVKAZ an amphibischen Truppenlandungen im Rücken der rumänischen Linien beteiligt. Vom 3. Oktober 1941 an unterstützte sie die Evakuierung Odessas und war am 14. Oktober auch an der endgültigen Räumung des Hafens beteiligt. Am 31. Oktober bildete der Kreuzer zusammen mit dem Kreuzer ČERVONA UKRAINA und drei Zerstörern einen Feuerunterstützungsverband in Sewastopol, nahm aber trotzdem an der Räumung der Halbinsel Tendra und weiterer bedrohter Krimhäfen teil. Bis in den Dezember 1941 hinein brachte die KRASNYJ KAVKAZ immer wieder Truppen nach Sewastopol und leistete den Verteidigern der Festung laufend Feuerunterstützung. Am 29. Dezember war sie an der Landung bei Feodosia im Rücken der deutschen Truppen auf der Halbinsel Kerč beteiligt, um die Verteidiger Sewastopols zu entlasten. Hierbei erhielt sie siebzehn Treffer, ohne ernste Schäden zu erleiden. Am 3. Januar 1942 beschoß der Kreuzer gegnerische Stellungen bei Feodosia. Auf dem Rückmarsch nach Tuapse griffen ihn am 4. Januar sechs Ju 87 des St.G.77 an und beschädigten ihn durch vier Bombennahtreffer dicht am Heck schwer. Mehrere Abteilungen liefen durch Wassereinbrüche voll. Schließlich befanden sich 1700 t Wasser im Schiff und die KRASNYJ KAVKAZ erreichte Tuapse nur unter großen Schwierigkeiten. Anschließend wurde der Kreuzer zur Ausbesserung der beträchtlichen Schäden nach Poti gebracht. Erst am 17. August 1942 konnte er nach dem Werftaufenthalt mit den Erprobungsfahrten in See beginnen. Vom 20. bis zum 23. Oktober 1942 war die KRASNYJ KAVKAZ mit fünf Fahrten am Transport der 8., 9. und 10. Schützenbrigade (12600 Mann Truppen, 50 Geschütze, 65 Granatwerfer und 100 t Munition) von Poti nach Tuapse beteiligt. 1943 gehörte der Kreuzer bei verschiedenen Landungsoperationen zur Deckungsgruppe und leistete Feuerunterstützung. Nach dem 6. Oktober 1943, als deutsche Stukas im Schwarzen Meer drei Zerstörer versenkten, wurden die größeren Einheiten der Flotte zurückgezogen und nahmen nicht mehr an Kampfhandlungen teil.[218] Im Herbst 1944 absolvierte die KRASNYJ KAVKAZ eine mit Modernisierungsmaßnahmen verbundene Werftliegezeit. Erst am 23. Mai 1945 kehrte sie nach Sewastopol zurück. Am 27. Mai 1947 erfolgte ihre Umklassifizierung zum Schulschiff. Der Kreuzer verblieb jedoch bis zu seiner Außerdienststellung Ende 1954 im Schwarzen Meer. Als Zielschiff für Seezielflugkörper des Typs SS-N-1 »Scrubber« wurde der Kreuzer schließlich im Juni 1955 versenkt.

ČERVONA UKRAINA-Klasse

Name	Bauwerft	Kiellegung	Stapellauf	Fertigstellung	Schicksal
ČERVONA UKRAINA ex-ADMIRAL NACHIMOV	Russud, Nikolajew	? Juli 1914	6. Nov. 1915	21. März 1927	gesunken: 12. Nov. 1941

Oben: Die ČERVONA UKRAINA 1928 nach der Fertigstellung. Sie führt ein Seeflugzeug vom Typ Avro MU 1. (R. Greger)

Unten: Die ČERVONA UKRAINA im Jahre 1935, ausgerüstet mit einem Heinkel-Bordflugzeug. (R. Greger)

Typ: Geschützter Kreuzer (später Leichter Kreuzer) – Kreisser
Konstruktionsverdrängung: 7480 ts (7600 t).
Einsatzverdrängung: 8268 ts (8400 t).
Länge: 166,70 m (über alles), 163,14 m (CWL).
Breite: 15,70 m.
Tiefgang: 6,20 m (mittlerer).
Antriebsanlage: 4 Satz Parsons-Getriebeturbinen, 14 Yarrow-Kessel, 4 Wellen.
Antriebsleistung: 55 000 WPS für 29 kn.
Bunkerinhalt: 540 ts Kohle + 690 ts Heizöl (später 2900 ts Heizöl).
Fahrtstrecke: 3700 sm bei 14 kn.
Panzerschutz: wie die KRASNYJ KAVKAZ.
Geschütze: fünfzehn 13 cm S.K. L/55 (15 x 1), sechs 10 cm S.K. L/45 (6 x 1), sieben 4,5 cm (7 x 1).
Torpedorohre: zwölf 53,3 cm (4 x 3).
Seeminen: 100.
Bordflugzeuge: eines.
Besatzungsstärke: 850 Offiziere und Mannschaften.

Entwurf: Auch diese Einheit gehörte zu den vor dem Ersten Weltkrieg auf Kiel gelegten acht Geschützten Kreuzern: die frühere ADMIRAL NACHIMOV des vergrößerten Schwarzmeer-Typs. Obwohl der Kreuzer bereits Anfang November 1915 auf der Werft der Russischen Schiffbau-Gesellschaft in Nikolajew vom Stapel lief, verzögerte sich seine Fertigstellung durch die Kriegsverhältnisse in Rußland und die Abhängigkeit von ausländischen Firmen für bestimmte Teile der Ausrüstung. Zu den letzteren zählten Laufräder und Beschaufelung der Turbinen, für deren Lieferung die Werft John Brown & Co. im schottischen Clydebank/Glasgow den Kontrakt erhalten hatte. Diese Werft hatte sich auch den Kontrakt für den Einbau der Antriebsanlagen bei allen in Nikolajew gebauten Kreuzern dieses Typs gesichert. So führten zum Beispiel grobe Unzulänglichkeiten im russischen Industriemanagement sowie Kommunikationsschwierigkeiten zum »Verlust« der gesamten Beschaufelung für eine Turbinenstufe, die erst rund neun Monate später in einem Kaufhaus in Nikolajew aufgefunden wurde – nachdem die britische Firma beschuldigt worden war, sie nicht geliefert zu haben. Im Oktober 1916 erhielt die ADMIRAL NACHIMOV endlich ihre Antriebsanlage, aber danach ging der Weiterbau nur langsam voran. Als die Briten im August 1919 das Schiff inspizierten, stellten sie fest, daß es zu etwa 80 % fertiggestellt war. Aufbauten, Schornsteine und Masten befanden sich an ihrem Platz, aber die Geschütze fehlten noch (sie befanden sich noch in den Obuchov-Werken in St. Petersburg) und auch die elektrische Ausrüstung war noch unvollständig. Als die »weißrussischen« Truppen im Januar 1920 Nikolajew räumten, wurde das Schiff nach Odessa geschleppt. Doch als auch diese Hafenstadt geräumt werden mußte, wurde das unfertige Schiff in der Hafeneinfahrt auf Grund gesetzt. Im Februar 1920 hoben die Sowjets den Kreuzer mühelos und schleppten ihn nach Nikolajew zur Fertigstellung zurück.

Wie bei seinen Schwesterschiffen ging auch die Fertigstellung dieses Kreuzers – infolge des weit fortgeschrittenen Bauzustandes und der sich hieraus ergebenden Tatsache, mehr oder weniger den Originalentwurf vollenden zu müssen – nur äußerst saumselig voran. Am 27. Dezember 1922 wurde der Kreuzer in ČERVONA UKRAINA umbenannt und die sowjetische Regierung beschloß im April 1923 seine Fertigstellung. Doch es sollte noch weitere vier Jahre dauern, ehe das Schiff in Dienst gestellt werden konnte. Das Panzerschutzschema glich dem des Originalentwurfs, beschrieben im Abschnitt über die KRASNYJ KAVKAS. Doch die ČERVONA UKRAINA erhielt keine schwereren

Geschütze, sondern nur die vorgesehenen fünfzehn 13-cm-Geschütze S.K. L/55 M 1913 in Einzellafetten auf den im Entwurf ausgewiesenen Positionen. Die restliche Artilleriebewaffnung bestand bei der Fertigstellung aus vier veralteten 10,2-cm- und drei 7,6-cm-Geschützen in Einzellafetten. Die ursprünglich vorgesehenen zwei Unterwasser-Torpedorohre ersetzten drei 45,7-cm-Drillings-Torpedorohrsätze, die von Zerstörern stammten. Sie erhielten ihre Position auf dem Achterdeck: zwei an Backbord und an Steuerbord und der dritte in der Mittschiffslinie. Auch ein Bordflugzeug konnte mitgeführt werden: ursprünglich eine Avro 504, in Lizenz als MU 1 gebaut. Dem Ein- und Aussetzen des Seeflugzeuges diente ein auffallender Kran zwischen dem zweiten und dritten Schornstein.

Modifizierungen: Anfang der 30er Jahre erfuhr der Kreuzer eine Modernisierung. Die Torpedorohrsätze auf dem Achterdeck kamen im Austausch gegen vier 53,3-cm-Drillings-Torpedorohrsätze von Bord. Sie bekamen ihre Position nunmehr auf dem Hauptdeck vor und hinter den 13-cm-Geschützen mittschiffs an Backbord und an Steuerbord. Etwa 1936 erhielt die ČERVONA UKRAINA anstatt der veralteten 10,2-cm- und 7,6-cm-Geschütze sechs neue 10-cm-Geschütze S.K. L/47 italienischer Herkunft in drei Doppellafetten: eine auf der Back, die den Schußbereich des 13-cm-Geschützes 1 einengte, und das restliche Paar achtern. Am 26. August 1939 begann für den Kreuzer eine weitere Große Werftliegezeit in Sewastopol. Sie sollte das Ersetzen der bisherigen 13-cm-Geschütze durch ein neues Modell umfassen, wahrscheinlich das 13-cm-Geschütz S.K. L/50, wie es auf den Zerstörern ab der Klasse *Typ 7* zum Einsatz kam.[219] Der Ausbruch des Zweiten Weltkrieges zwischen Deutschland, Frankreich und Großbritannien vereitelte diese Pläne und so konnte lediglich die Leichte Flak auf sieben 4,5-cm-Einzellafetten und zusätzliche 12,7-mm-Fla-MG's verstärkt werden. Gleichzeitig wurden die Kessel mit gemischter Feuerung durch nur noch ölbefeuerte Kessel ersetzt. Am 1. Mai 1941 wurde der Kreuzer wieder in Dienst gestellt.

Werdegang: Beim Ausbruch des Krieges mit Deutschland im Juni 1941 war die ČERVONA UKRAINA am Legen der defensiven Minensperren vor Sewastopol beteiligt. Am 21. August gehörte sie zu den Einheiten, die der Kriegsrat der Schwarzmeerflotte für die Unterstützung der Heerestruppen im Raum Odessa bereithielt. Im September leistete der Kreuzer den Verteidigern Odessas Feuerunterstützung und sicherte den Transport der 157. Schützendivision von Noworossijsk nach Odessa. Im Oktober/November deckte er die Räumung dieses Hafens, der Halbinsel Tendra sowie anderer Krimhäfen und führte Truppentransporte nach Sewastopol durch. Anschließend verblieb die ČERVONA UKRAINA in Sewastopol. Ab 10. November 1941 unterstützte sie mit ihren Geschützen die Verteidiger Sewastopols bei der Abwehr deutscher Angriffe gegen die Nord- und Ostfront der Festung. Am Mittag des 12. November griffen Verbände des deutschen IV. Fliegerkorps die sowjetischen Kriegsschiffe an. Während eines Artillerieduells mit deutschen Batterien erzielten Ju 87 der II./St.G.77 (Hptm. Orthofer) drei Bombentreffer auf der ČERVONA UKRAINA. Sie verursachten schwere Schäden und Brände auf dem Kreuzer, der schließlich auf flachem Wasser sank und aufgegeben werden mußte. Später wurden die Geschütze geborgen und an Land gebracht. Am 2. April 1942 zerstörten weitere Bombentreffer das wracke Schiff endgültig. Zwischen Januar 1946 und November 1947 wurde das Wrack gehoben und anschließend abgebrochen.

KRASNYJ KRYM-Klasse

Name	Bauwerft	Kiellegung	Stapellauf	Fertigstellung	Schicksal
KRASNYI KRYM	Russ.-Balt.Sch.G., Reval	? April 1914	11. Dez. 1915	? Okt. 1926 *	verschrottet: 1956 **
ex-PROFINTERN ex-SOVNARKOM ex-KLARA ZETKIN ex-SVETLANA					

* Tatsächlich am 1. Juli 1928 in Dienst gestellt.
** Siehe jedoch im Text.

Typ: Geschützter Kreuzer (später Leichter Kreuzer) – Kreisser.
Konstruktionsverdrängung: 6693 ts (6800 t).
Einsatzverdrängung: 8041 ts (8170 t).
Länge: 158,34 m (über alles), 154,76 m (CWL).
Breite: 15,39 m.
Tiefgang: 5,99 m (mittlerer).
Antriebsanlage: 4 Satz Curtis-A.E.G.-Getriebeturbinen, 13 Yarrow-Kessel, 4 Wellen.
Antriebsleistung: 50 000 WPS für 29 kn (1941: 24 kn max.).
Bunkerinhalt: 540 ts Kohle + 690 ts Heizöl (später 2900 ts Heizöl).
Fahrtstrecke: 3350 sm bei 14 kn.
Panzerschutz: wie bei KRASNYJ KAVKAZ.
Geschütze: wie bei ČERVONA UKRAINA, ausgenommen lediglich vier 4,5 cm (4 x 1).
Torpedorohre: zwölf 53,3 cm (4 x 3).
Seeminen: 100.
Bordflugzeuge: eines.
Besatzungsstärke: 850 Offiziere und Mannschaften.

Entwurf: Dieser Geschützte Kreuzer, nominell ein Schwesterschiff der KRASNYJ KAVKAZ und der ČERVONA UKRAINA, gehörte zu den an der Ostsee gebauten vier Einheiten dieser Klasse. Sein Kiel wurde im April 1914 gestreckt. Von der Gruppe der am Schwarzen Meer gebauten Einheiten unterschied sich dieser Kreuzer hinsichtlich der etwas geringeren Wasserverdrängung und Abmessungen sowie weiterer Details geringfügig. Die an der Ostsee gebauten Einheiten besaßen zum Beispiel für die Eisfahrt verstärkte Schiffskörper. Die Kiellegung erfolgte unter dem Namen SVETLANA. Während des Baus entstand auf dem unfertigen Schiff im April 1917 ein Brand, der die Antriebsanlage beschädigte und den Weiterbau verzögerte.

Im November 1917 zwang der deutsche Vormarsch dazu, das zu etwa 90 % fertiggestellte Schiff nach Kronstadt zu schleppen.

Die Revolution und der sich anschließende Bürgerkrieg verzögerten die Fertigstellung noch weiter. Erst im November 1924 befahl die sowjetische Regierung die Fertigstellung des Kreuzers. Nach der Umbenennung in KLARA ZETKIN und SOVNARKOM erfolgte am 5. Februar 1924 eine weitere Umbenennung in PROFINTERN. Im Februar 1925 begann der Kreuzer schließlich mit den Erprobungen in See. Er war das erste große Schiff, das von den Sowjets fertiggestellt wurde. Die Erprobungsfahrten verliefen katastrophal und führten zu weiteren fünfzehn Monaten Werftaufenthalt, ehe das Schiff endlich in Dienst gestellt werden konnte.

Panzerung, Bewaffnung (fünfzehn 13-cm- und vier 7,6-cm-Geschütze) sowie Antriebsanlage glichen weitgehend jenen ihrer Halbschwestern. Allerdings hatte die PROFINTERN einen Kessel weniger und die Antriebsleistung betrug nur 50 000 WPS. Gegenüber den Einheiten vom Schwarzen Meer mit 7600 ts war die Konstruktionsverdrängung bei den an der Ostsee gebauten Kreuzern mit 6800 ts geringer. Sie wiesen auch eine um rund 8 m geringere Länge über alles auf.

Modifizierungen: Während der Großen Werftliegezeit von 1935 bis 1938 erhielt der Kreuzer drei 10-cm-Doppellafetten, und zwar eine auf der Back und die beiden anderen auf dem Achterdeck. Gleichzeitig kamen vier 4,5-cm-Fla-Geschütze in Einzellafetten an Bord und die bisherigen 45,7-cm-Torpedorohre wurden durch vier 53,3-cm-Drillings-Torpedorohrsätze ersetzt. Statt auf dem Achterdeck erhielten die Rohrsätze neue Positionen vor und hinter den 13-cm-Geschützen mittschiffs an Backbord und an Steuerbord. Die Flugzeugausrüstung wurde an Land gegeben. 1942 erfolgte eine Verstärkung der Leichten Flak: Zehn halbautomatische 3,7-cm-Fla-Geschütze L/67 in Einzellafetten ersetzten drei der 4,5-cm-Geschütze. Vermutlich befanden sich auch 12,7-mm-Fla-MG's in Vierlingslafetten an Bord. Gegen Ende des

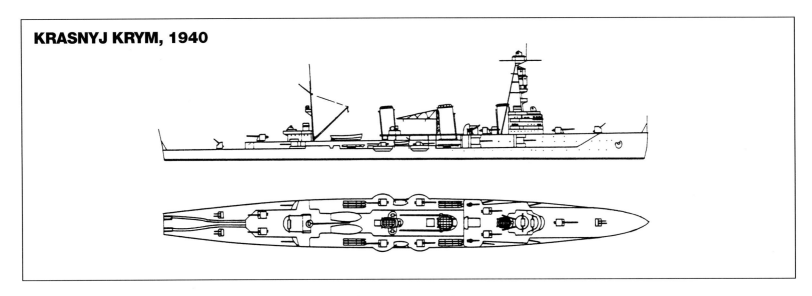

KRASNYJ KRYM, 1940

Oben: Die KRASNYJ KRYM im Jahre 1939. (M. Twardowski)

Unten: Die KRASNYJ KRYM im Jahre 1945. (R. Greger)

Krieges führte der Kreuzer eine Radarausrüstung britischer Herkunft.

Werdegang: Die Indienststellung der PROFINTERN erfolgte bei der Baltischen Flotte. Im August 1928 besuchte der Kreuzer Swinemünde, wurde aber 1929 zusammen mit dem Schlachtschiff PARIŽSKAJA KOMMUNA ins Schwarze Meer verlegt. Am 22. November liefen die beiden Schiffe aus Kronstadt aus. Grobe See im Golf von Biskaya zwang die Schiffe zur Rückkehr nach Brest, um Reparaturen durchzuführen. Sie trafen schließlich am 18. Januar 1930 in Sewastopol ein und stießen zur Schwarzmeerflotte. 1933 unternahm die PROFINTERN eine weitere Auslandsreise nach Istanbul. Im Anschluß daran erfuhr sie von 1935 bis 1938 eine Große Werftliegezeit. Am 31. Oktober 1939 wurde die PROFINTERN in KRASNYJ KRYM umbenannt.

Vom 28. Juni 1941 an war der Kreuzer in Noworossijsk stationiert. Doch am 21. August beschloß der Kriegsrat der Schwarzmeerflotte, auch die KRASNYJ KRYM nach Odessa zu entsenden, um die Verteidiger zu unterstützen. In der Folge beschoß sie gegnerische Stellungen rund um die Hafenstadt, sicherte Mitte September den Transport der 157. Schützendivision von Noworossijsk nach Odessa und war in der Nacht vom 21./22. September an der Landung sowjetischer Marineinfanterie bei Grigorevka im Rücken der rumänischen Truppen beteiligt. Im Oktober/November kam der Kreuzer bei der Räumung Odessas, der Halbinsel Tendra sowie anderer Krimhäfen zum Einsatz und transportierte auch Truppen aus den Kaukasushäfen nach Sewastopol. Im Verlaufe des November/Dezember beschoß die KRASNYJ KRYM ständig gegnerische Stellungen auf der Krim, um die Verteidigung Sewastopols zu unterstützen, sicherte den Transport der 388. Schützendivision (ca. 10 500 Mann) von Noworossijsk und Tuapse nach Sewastopol, brachte zusammen mit der KRASNYJ KAVKAZ sowie Zerstörern die 79. Marineinfanterie-Brigade (3500 Mann) in die Festung und war am 29. Dezember 1941 an der sowjetischen Landung bei Feodosia beteiligt, um die deutschen Truppen auf der Halbinsel Kerč abzuschneiden. Hierbei erhielt der Kreuzer elf Artillerietreffer und erlitt erhebliche Verluste.

Anfang Januar 1942 unterstützte die KRASNYJ KRYM den Landekopf bei Feodosia mit ihrer Artillerie und brachte Nachschub heran. Im Januar war sie das Flaggschiff eines Verbandes, der am 15. Januar das 226. Gebirgsregiment und am 23. Januar das 544. Schützenregiment bei Sudak an Land setzte. Im Februar/März brachte der Kreuzer weitere Verstärkungen nach Sewastopol und nahm auf dem Rückmarsch Verwundete in die Kaukasushäfen mit. Außerdem beschoß er gegnerische Stellungen im Umkreis der Festung. Diese Nachschub- und Evakuierungstransporte dauerten bis zum Fall Sewastopols im Juni 1942 an. Danach unterstützte die KRASNYJ KRYM im August die Räumung von Noworossijsk und war für den Rest des Jahres 1942 am Transport von Truppen und Material aus Poti und Batumi nach Tuapse an die Kaukasusfront beteiligt. Anfang Februar 1943 gehörte der Kreuzer zum Deckungsverband der sowjetischen Landung westlich von Noworossijsk. Nach der Versenkung der drei Zerstörer am 6. Oktober 1943 durch deutsche Stukas[220] war auch die KRASNYJ KRYM an keinen Operationen mehr beteiligt. Zur Sicherung der größeren Schiffe standen zu dieser Zeit fast keine Zerstörer zur Verfügung. Am 15. November 1944 kehrte der Kreuzer in den wiedereroberten Hafen von Sewastopol zurück. Am 7. März 1945 zum Schulschiff umklassifiziert, diente die KRASNYJ KRYM ab 1953 als Wohnschiff. In *OS 20* umbenannt, fand sie ab dem 7. Mai 1954 als Versuchsschiff und ab dem 18. März 1958 als Wohnschiff unter der Bezeichnung *PKZ 144* Verwendung. Im Juli 1959 wurde das Schiff aus der Flottenliste gestrichen und abgebrochen.

Anmerkung: Andere Quellen geben die Umklassifizierung zum Schulschiff zum 31. Mai 1949, die Streichung aus der Flottenliste zum 8. April 1953 und die Überführung zum Verschrotten zum 17. Februar 1956 an.

Typ: Schwerer Kreuzer – Kreisser.

KIROV-Gruppe:

Standardverdrängung: 7756 ts (7880 t). *
Einsatzverdrängung: 9287 ts (9436 t). **
Länge: 191,00 m (über alles), 186,94 m (CWL), 178,00 m (zwischen den Loten).
Breite: 17,65 m.
Tiefgang: 5,18 m (mittlerer), 7,24 m (maximal).
Antriebsanlage: 2 Satz Getriebeturbinen, 6 Yarrow- oder Normand-Kessel, 2 Wellen.
Antriebsleistung: 113 000 WPS für 36 kn. ***
Bunkerinhalt: 1280 ts Heizöl.
Fahrtstrecke: 3750 sm bei 18 kn.+
Panzerschutz: Hauptgürtelpanzer 50 mm, Deck 50 mm, Türme 75 mm max., Kommandostand 100 mm.
Geschütze: neun 18,1 cm S.K. L/55 (3 x 3), sechs 10 cm S.K. L/56 (6 x 1), sechs 4,5 cm (6 x 1), vier 12,7-mm-Fla-MG's.
Torpedorohre: sechs 53,3 cm (2 x 3).
Seeminen: 90.
Bordflugzeuge: zwei, ein Katapult.
Besatzungsstärke: 872 Offiziere und Mannschaften.++

VOROŠILOV: *   7845 ts (7971 t).
           ** 9973 ts (10 133 t).
          *** 122 500 WPS für 34+ kn.
           +   2140 sm bei 18 kn.
          ++ 881 Offiziere und Mannschaften.

MAKSIM GORKIJ-Gruppe:

Standardverdrängung: 8048 ts (8177 t).
Einsatzverdrängung: 9948 ts (10 107 t).
Länge: 191,00 m (über alles), 186,94 m (CWL), 178,00 m (zwischen den Loten).
Breite: 17,70 m.
Tiefgang: 6,32 m (mittlerer).
Antriebsanlage: 2 Satz Getriebeturbinen, 6 Yarrow- oder Normand-Kessel, 2 Wellen.
Antriebsleistung: 129 750 WPS für 36 kn (Erprobungsfahrten).
Bunkerinhalt: 1650 ts Heizöl.

KIROV-Klasse

Name	Bauwerft	Kiellegung	Stapellauf	Fertigstellung	Schicksal
KIROV	Ordžonikidse-Werft, Leningrad	22. Okt. 1935	30. Nov. 1936	23. Sept. 1938	gestrichen: Dez. 1974
VOROŠILOV	Andre-Marti-Werft, Nikolajew	15. Okt. 1935	28. Juni 1939	20. Juni 1940	abgebrochen: 1970
MAKSIM GORKIJ	Ordžonikidse-Werft, Leningrad	20. Dez. 1936	30. April 1938	25. Okt. 1940	abgebrochen: 18. April 1958
MOLOTOV	Andre-Marti-Werft, Nikolajew	14. Jan. 1937	19. März 1939	14. Juni 1941	gestrichen: 1976, verschrottet: 1978
KAGANOVIČ	Amur-Werft, Komsomolsk	26. Aug. 1938	7. Mai 1944	6. Dez. 1944	abgebrochen: 1960
KALININ	Amur-Werft, Komsomolsk	12. Juni 1938	8. Mai 1942	31. Dez. 1942	gestrichen: 1960, abgebrochen: 1961

Anmerkung: Andere Quellen geben 1939 als das Jahr der Kiellegung für die Einheiten der Pazifikflotte an.
Die KAGANOVIČ soll ebenfalls am 30. Dezember 1942 fertiggestellt, 1960 in eine Hulk überführt und 1980 abgebrochen worden sein.

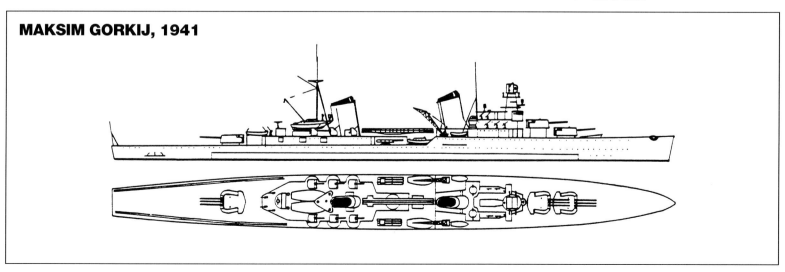

MAKSIM GORKIJ, 1941

SOWJETUNION   **247**

Fahrtstrecke: MAKSIM GORKIJ: 4880 sm bei 18 kn,
  MOLOTOV: 3850 sm bei 18 kn,
  KAGANOVIČ/KALININ: 3100 sm bei 18 kn.
Panzerschutz: wie bei KIROV, ausgenommen Hauptgürtelpanzer 70 mm.
Geschütze: wie bei KIROV, siehe aber Text.
Torpedorohre: wie bei KIROV.
Seeminen: wie bei KIROV.
Bordflugzeuge: wie bei KIROV.
Besatzungsstärke: MAKSIM GORKIJ: 953,
  MOLOTOV: 862,
  KAGANOVIČ/KALININ: 812 Offiziere und Mannschaften.

Entwurf: Dieser Entwurf – bekannt als »Projekt 26« – stellte das erste Projekt eines großen Kriegsschiffes dar, das von der sowjetischen Marine seit der Oktoberrevolution 1917 in Angriff genommen wurde. Alle anderen Entwürfe für größere Kriegsschiffe waren noch zur Zeit der Kaiserlich Russischen Marine begonnen worden. Zum Zeitpunkt der Erarbeitung des Entwurfs bekam die sowjetische Industrie langsam festen Boden unter den Füßen, aber sie hatte noch nicht die Sicherheit gewonnen, um ohne ausländische Unterstützung – trotz politischer Vorurteile – den Entwurf für ein derart wichtiges Schiff allein ausführen zu können. 1933 suchte daher die sowjetische Marine die Zusammenarbeit mit Italien und erhielt die Baupläne für den Leichten Kreuzer RAIMONDO MONTECUCCOLI (siehe oben Seite 156). Ein erster Entwurf sah ein Schiff mit einer Standardverdrängung von 7200 ts vor, bewaffnet mit sechs 15,2-cm-Geschützen in Doppeltürmen. Er wurde jedoch bald durch einen verbesserten Entwurf mit dem neuen 18,1-cm-Geschütz S.K. L/57 ersetzt, das bereits an Bord des alten Kreuzers KRASNYJ KAVKAZ zum Einbau gekommen war.

Dieser neue Entwurf, dem eine vergrößerte Standardverdrängung zugrundelag, ging von einer aus neun 18,1-cm-Geschützen bestehenden Hauptbewaffnung in Drillingstürmen vermutlich deshalb aus, weil der Großteil der ausländischen Kreuzer zu diesem Zeitpunkt bereits eine schwerere Bewaffnung als sechs Geschütze führte. Darüber hinaus war die sowjetische Marine jedoch der Auffassung, daß die leichte italienische Bauweise für die Erfordernisse der Ostsee nicht ausreiche. In diesem Einsatzraum bestand die Notwendigkeit, die jährliche Vereisung der Gewässer in Betracht zu ziehen.

Dies bedeutete besondere Anforderungen an die Festigkeit des Schiffskörpers sowie auch an die Stabilität des Schiffes (Vereisen der Aufbauten führte zu beträchtlichem Obergewicht). Infolgedessen wurde der Entwurf nochmals überarbeitet und die Standardverdrängung stieg auf 7700 ts. Dennoch entsprach das allgemeine äußere Erscheinungsbild des neuen Kreuzers immer noch der damaligen Linienführung italienischer Kreuzer und glich weitgehend der RAIMANDO MONTECUCCOLI-Klasse. Dies galt auch für die Innenanordnung, wenn auch die Unterschiede der Drei-Turm-Lösung gegenüber des Vier-Turm-Entwurfs vorhanden waren.

Das Panzerschutzschema umfaßte in der Wasserlinie einen 50 mm dicken Hauptgürtelpanzer, der sich vom vorderen Panzerquerschott vor den Granat- und Pulverkammern des Turms A bis zum Panzerquerschott hinter jenen des achteren Turms erstreckte. Der Horizontalschutz bestand aus einem Panzerdeck von ebenfalls 50 mm Dicke. Die Türme der Schweren Artillerie wiesen ei-

Oben: Die KIROV im Jahre 1939 oder früher. (R. Greger)

Unten: MOLOTOV. Beachte das Bordflugzeug und im Vergleich zur KIROV den andersartigen Brückenaufbau. (Navpic)

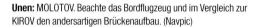

Links: Die KIROV 1970 nach der Modernisierung im polnischen Gdynia. (M. Twardowski)

nen Panzerschutz von 75 mm Dicke maximal auf und der Kommandostand hatte einen solchen von 100 mm.

Die Hauptantriebsanlage war nach dem Einheitenprinzip angeordnet und von ähnlicher Auslegung wie jene der damaligen italienischen Kreuzer. Die der KIROV stammte mitsamt den Kesseln und Turbinen aus Italien und war ursprünglich für den Leichten Kreuzer EUGENIO DI SAVOIA bestimmt gewesen. Die Antriebsanlage der VOROŠILOV hingegen war in der UdSSR nach einem Ansaldo-Entwurf gebaut worden und hatte eine höhere Antriebsleistung als die des Schwesterschiffes. Jeder der Hauptkessel stand in seinem eigenen Kesselraum und sie bildeten zusammen mit den Turbinen zwei Antriebseinheiten, die bei der KIROV eine Gesamtantriebsleistung von 113 000 WPS und bei der VOROŠILOV eine solche von 122 500 WPS erbrachten. Die beiden Turbinenräume befanden sich vor bzw. hinter der achteren Kesselgruppe.

Wie bereits erwähnt, bestand die Schwere Artillerie aus neun 18,1-cm-Geschützen S.K. L/57 des neuen Modells M 1928, die eine 97,5 kg schwere Granate auf eine maximale Reichweite von 37 800 m verschossen. Die Geschütze befanden sich in Einzelrohrwiegen und hatten elektrischen Antrieb. Die gleichzeitig als Mittelartillerie dienende Schwere Flak umfaßte sechs 10-cm-Geschütze S.K. L/56 B 34 in Einzellafetten mit Schilden. Sie waren zu je dreien beiderseits des achteren Schornsteins auf dem Schutzdeck angeordnet, eine Aufstellung, die in der Folge als nicht zufriedenstellend empfunden wurde. Dieses standardmäßige schwere Fla-Geschütz der sowjetischen Flotte verschoß eine 28,1 kg schwere Granate und konnte bei einer Rohrerhöhung von 85° eine maximale Gipfelhöhe von 13 000 m erreichen. Die Leichte Flak setzte sich aus sechs automatischen 4,5-cm-Geschützen in Einzellafetten des sowjetischen Typs 21 K zusammen: drei auf dem achteren Schutzdeck und die übrigen um den Brückenaufbau auf dem Turm-B-Deck gruppiert. Vier 12,7-mm-Fla-MG's vervollständigten die Rohrbewaffnung.

Zwei 53,3-cm-Drillings-Torpedorohrsätze waren mittschiffs aufgestellt. Alle Einheiten dieser Klasse waren zum Minenlegen ausgerüstet. Je nach Minentyp konnten bis zu 90 Minen mitgeführt werden – auf der VOROŠILOV sogar 164 Minen, vermutlich durch längere Minenschienen. Schließlich war zwischen den Schornsteinen auf der Mittschiffslinie noch ein Katapult vorhanden. Zwei Seeflugzeuge vom Typ KOR 1 konnten mitgeführt werden.

Zwei Einheiten wurden am 29. Dezember 1934 als »Projekt 26« bewilligt: eine – die KIROV (Bau-Nr. S 270) – für die Baltische Flotte und die andere – die VOROŠILOV – für die Schwarzmeerflotte. Vier weitere Einheiten wurden 1936 als »Projekt 26bis« bewilligt: wiederum je eine für die Baltische und die Schwarzmeerflotte (letztere mit der Bau-Nr. S 329) sowie die beiden restlichen als Bau-Nrn. 7 und 8 für den Fernen Osten. Die Kreuzer der letzteren Gruppe wurden nach einem überarbeiteten Entwurf mit einem abgeänderten Brückenaufbau fertiggestellt, der sehr der damaligen italienischen Entwurfspraxis glich. Im übrigen wies bei den Einheiten dieser Klasse die Standardverdrängung Unterschiede auf; die an der Ostsee und am Schwarzen Meer gebauten Kreuzer verdrängten 7880 t bis 8177 t, während die Fernost-Kreuzer auf 9040 t kamen. Der Panzerschutz bei den Schiffen der MAKSIM GORGIJ-Gruppe war mit einem Seitenpanzer von 70 mm verstärkt worden. Es hatte die Absicht bestanden, sie mit derselben Antriebsanlage (110 000 WPS) auszurüsten, aber die Unterschiede bei den Anlagen der einzelnen Einheiten waren beträchtlich: MAKSIM GORGIJ hatte eine Antriebsanlage mit einer Leistung von 129 750 WPS, die der MOLOTOV lieferte sogar 133 000 WPS und die Anlagen der Fernost-Kreuzer brachten es nur auf 109 500 WPS. Die Gründe hierfür sind nicht bekannt. (Allerdings stammten die zitierten Leistungswerte von den Probefahrtergebnissen.)

Bei der MAKSIM GORGIJ-Gruppe entsprach die Bewaffnung mit Ausnahme der Leichten Flak den beiden ersten Einheiten; sie erhielten neun statt sechs 4,5-cm-Geschütze.

Modifizierungen: 1941 wurde das Katapult der KIROV an Land gegeben und durch zwei 10-cm-Geschütze ersetzt; die übrigen Einheiten behielten jedoch ihre Katapulte. Allerdings erhielten die beiden Fernost-Kreuzer in der Sowjetunion gebaute Katapulte eines neueren Typs. Sie führten zum Zeitpunkt ihrer Fertigstellung auch neun automatische 3,7-cm-Fla-Einzellafetten statt der 4,5-cm-Geschütze und sechs 12,7-mm-Fla-MG's als Leichte Flak sowie acht 8,5-cm-Geschütze statt der sechs 10 cm als Schwere Flak. Vor dem deutschen Angriff im Juni 1941 wurden auf der KIROV drei der 4,5-cm-Geschütze gegen fünf 3,7-cm-Fla-Geschütze L/67 ausgetauscht. 1943 führte der Kreuzer insgesamt an Leichter Flak: zehn 3,7 cm sowie sechs 12,7-mm- und zwei 7,5-mm-Fla-MG's.

Alle noch vorhandenen 4,5-cm-Geschütze waren an Land gegeben worden. Die VOROŠILOV behielt drei 4,5 cm und führte zusätzlich vierzehn 3,7-cm-Einzellafetten sowie acht 12,7-mm-Fla-MG's. Die MAKSIM GORKIJ erhielt 1943 zusätzlich drei 3,7 cm und zwei 12,7-mm-Fla-MG's. Ihre Bewaffnung an Schwerer und Leichter Flak setzte sich schließlich wie folgt zusammen: sechs 10 cm, sechs 4,5 cm, dreizehn 3,7 cm und acht 12,7-mm-Fla-MG's. Weitere Abänderungen sind im einzelnen nicht bekannt. Allerdings bekamen einige Einheiten vor Kriegsende eine Radarausrüstung alliierter Herkunft.

Werdegang: Nach ihrer Indienststellung gehörte die KIROV zur Baltischen Flotte. Am 30. November 1939 nahm sie am Beginn des Finnisch-Sowjetischen Winterkrieges teil und beschoß am 1. Dezember finnische Küstenbatterien auf den Inseln Russarö und Hangö. Im Gefolge des deutschen Angriffs auf die Sowjetunion Ende Juni 1941 war der Kreuzer in Ust-Dvinsk bei Riga stationiert und deckte das Legen der Minensperren durch Zerstörer in der Irben-Straße, dem Zugang zum Rigaischen Meerbusen. Die Geschwindigkeit des deutschen Vormarsches erzwang bereits Ende Juni die Räumung Rigas. Da infolge der sowjetischen Minensperren die Irben-Straße unpassierbar war, konnte die KIROV, das größte sowjetische Kriegsschiff im Rigaischen Meerbusen, nur die einzig mögliche Rückroute in den Finnischen Meerbusen – den Moon-Sund – benutzen. Da dieses Fahrwasser für sie zu flach war, mußte der Kreuzer unter verzweifelten Anstrengungen geleichtert werden, um ihn sicher nach Reval (Tallinn) zu bringen. Dort setzte er im Verlaufe des August seine Artillerie zur Verteidigung dieses Hafens ein. Ende August mußte auch Reval aufgegeben werden und die KIROV deckte als Flaggschiff des Verbandes (VAdm. V.F. Tributs) die Evakuierungs-Geleitzüge nach Kronstadt. Auf dem Rückmarsch nach Leningrad in der Nacht vom 28./29. August 1941 (heute St. Petersburg) trug sie keine Schäden davon und stieß am nächsten Tag zur dritten Gruppe der Baltischen Flotte, die an der Leningrad-Front zur Unterstützung des Heeres im Bereich Kronstadt-Oranienbaum eingeteilt war, solange sich der Gegner in Reichweite der Schiffsartillerie befand. Unter anderem beschoß die KIROV Anfang September deutsche Ansammlungen bei Krasnoje Selo und Peterhof. Bei einem Stuka-Angriff am 21. September auf die KIROV im Hafen von Kronstadt stürzte die von ihrer Flak getroffene Ju 87 des Kommandeurs der III./St.G.2, Hptm. Steen, dicht neben dem Kreuzer ins Hafenbecken und beschädigte ihn. In der Nacht vom 4./5. April 1942 erhielt die KIROV bei einem Angriff von He 111 des K.G.4 einen schweren Bombentreffer mit weiteren Schäden durch Nahtreffer, dem bei einem weiteren Luftangriff am 24. April nochmals zwei Bombentreffer folgten. Die Ausbesserungsarbeiten dauerten bis Anfang 1943. Vom 14. Januar 1944 an war die KIROV am Ausbruch der sowjetischen Leningrad-Front durch den deutschen Belagerungsring mit Feuerunterstützung beteiligt, insbesondere im Raum Krasnoselsk-Ropπin sowie im Juni 1944 an der Karelien-Front bei Viborg. Für die restliche Zeit des Krieges verblieben die schweren Einheiten einschließlich der Kreuzer im Raum Leningrad und nahmen nicht mehr aktiv am Kriegsgeschehen teil. Nach dem Kriege gehörte die KIROV weiterhin zur aktiven Flotte und diente schließlich als Stabs- und Schulschiff, ehe sie im Dezember 1974 aus der aktiven Flottenliste gestrichen wurde.

Die VOROŠILOV gehörte nach ihrer Indienststellung zur Schwarzmeerflotte und war nach dem Beginn des Unternehmens »Barbarossa« im Juni 1941 an den Anfangsoperationen gegen die rumänischen und deutschen Streitkräfte beteiligt. Bei einem sowjetischen Zerstörervorstoß zur Beschießung des rumänischen Hafens Konstanza am 25.–27. Juni 1941 war der Kreuzer Flaggschiff der Deckungsgruppe (KAdm. T.A. Novikov). Mitte September nahm er an weiteren Beschießungen gegnerischer Stellungen im Raum Odessa teil. Bei einem Aufenthalt in Novorossijsk erzielten am 2. November 1941 drei Ju 88 des K.G.51 zwei Bombentreffer am Heck der VOROŠILOV und beschädigten sie erheblich. Nach Poti im Schlepp zur Reparatur gebracht, erlangte der Kreuzer erst im Februar 1942 seine Einsatzfähigkeit wieder. Im Mai 1942 unterstützte die VOROŠILOV den Rückzug von Heerestruppen von Kerč über die Meerenge zur Taman-Halbinsel. In der Nacht vom 27./28. Mai brachte der Kreuzer mit zwei Zerstörern die 9. Marineinfanterie-Brigade (ca. 3000 Mann und 340 t Nachschub) von Batumi zur Verstärkung nach Sewastopol. Später nahm die VOROŠILOV zusammen mit Zerstörern zwischen dem 29. November und dem 2. Dezember 1942 am ersten Vorstoß einer sowjetischen Kampfgruppe gegen den Schiffsverkehr vor der rumänisch-bulgarischen Küste teil. Nach der Beschießung der Radiostation Fidonisi beschädigte die Druckwelle einer im Bugschutzgerät des Begleitzerstörers detonierenden Mine den Kreuzer vor der Insel Zmeiny, so daß er zur Reparatur nach Batumi zurückkehren mußte. Im Januar 1943 kam die VOROŠILOV wieder zum Einsatz und beschoß in der Nacht vom 30./31. Januar deutsche Stellungen im Raum Novorossijsk. Anschließend unterstützte sie die sowjetischen Landungen westlich davon. Nach dem Verlust von drei Zerstörern bei einem Luftangriff Anfang Oktober 1943 wurde auch die VOROŠLOV zurückgezogen und nahm an keinen Kampfhandlungen mehr teil.[221] Nach dem Kriege gehörte sie weiterhin zur aktiven Flotte und wurde in den 60er Jahren zum Versuchsschiff für Flugkörper-Abschußsysteme umgebaut. 1970 erfolgte schließlich ihr Abbruch.

Als zweite Einheit dieser Klasse stieß die MAKSIM GORKIJ nach ihrer Indienststellung zur Baltischen Flotte und war bei Ausbruch des Krieges mit Deutschland am 22. Juni 1941 in Ust-Dvinsk bei Riga stationiert. Ihr erster Kriegseinsatz war die Durchführung eines Minenunternehmens in der Nacht vom 22./23. Juni vor dem Eingang zum Finnischen Meerbusen. In den frühen Morgenstunden des 23. geriet der aus dem Kreuzer und drei Zerstörern bestehende Deckungsverband in die deutsche Minensperre »Apolda« im Bereich der Oleg-Bank. Hierbei ging der Zerstörer GNEVNYJ durch Minentreffer verloren. Ein weiterer Minentreffer riß der MAKSIM GORKIJ bis zum Spant 60 den Bug ab. Es gelang jedoch, den beschädigten Kreuzer zur Insel Worms vor der estnischen Küste und von da über Reval (Tallinn) nach Leningrad zur Reparatur einzuschleppen. Die Ausbesserungsarbeiten konnten allerdings nur notdürftig erfolgen, da die MAKSIM GORKIJ zur Unterstützung der Leningrad-Front gebraucht wurde. Der zweiten, aus Einheiten der Baltischen Flotte gebildeten und im Raum Leningrad eingesetzten Gruppe am 30. August 1941 zugewiesen, griff der Kreuzer vom östlichen Teil des Seekanals mit seiner Artillerie in die Abwehrkämpfe ein. Am 7. September beschoß die MAKSIM GORKIJ vom Leningrader Handelshafen aus die Angriffsspitzen der deutschen 18. Armee südlich der Stadt. Die bei Peterhof durchgebrochenen deutschen Truppen beschossen Mitte September die sowjetischen Kriegsschiffe mit ihrer Artillerie und erzielten am 18. auf der MAKSIM GORKIJ einen Treffer, der leichte Beschädigungen verursachte. Bei Luftangriffen der I. und III. Gruppe des St.G.2 (Oberstlt. Dinort) auf die Schiffe der Baltischen Flotte erlitt der Kreuzer am 23. September in Leningrad erneut Beschädigungen durch Bombentreffer. Im April 1942 griff das I. Fliegerkorps mit starken Kräften erneut die sowjetischen Kriegsschiffe im Raum Leningrad an. Hierbei erhielt die MAKSIM GORKIJ in der Nacht zum 5. April (Unternehmen »Eisstoß«) sieben Treffer durch Bomben mittlerer Größe. Im Sommer 1942 war der Kreuzer wieder einsatzbereit. Er unterstützte ab dem 14. Januar 1944 mit seiner Artillerie den Ausbruch der sowjetischen Leningrad-Front durch den deutschen Belagerungsring um die Stadt sowie die Offensiven im Raum Krasnoselsk-Ropsin und später im Juni 1944 an der Karelien-Front bei Viborg. Danach kam die MAKSIM GORKIJ nicht mehr zum Einsatz. Nach dem Kriege gehörte sie zur aktiven Flotte, bis sie im Februar 1956 aus der aktiven Flottenliste gestrichen wurde.

Anschließend fand der Kreuzer einige Zeit als Versuchsschiff Verwendung. Am 18. April 1958 traf das Schiff im Schlepp bei der Marti-Werft in Leningrad zum Abbruch ein.

MOLOTOV war die zweite am Schwarzen Meer gebaute Einheit dieser Klasse und wurde bei Beginn des Unternehmens »Barbarossa« im Juni 1941 in großer Eile fertiggestellt. Durch Beschluß des Kriegsrates der Schwarzmeerflotte wurde sie am 1. November 1941 von Sewastopol in einen kaukasischen Hafen verlegt, wurde aber nur kurze Zeit später zur Verteidigung Sewastopols und der Krim wieder zurückbeordert; denn der Kreuzer war – einzigartig – mit Radar ausgerüstet. Am 9. November beschoß die MOLOTOV zur Unterstützung des bedrängten Heeres deutsche Truppenkonzentrationen im Raum Feodosia-Kap Čauda auf der Krim und entging Luftangriffen mit Bomben und Torpedos vor Tuapse. Ende Dezember 1941 leistete der Kreuzer erneut den Verteidigern Sewastopols Feuerunterstützung und kehrte mit 600 Verwundeten am 31. Dezember nach Noworossijsk zurück. Nachdem die Verwundeten an Land gebracht worden waren, lief die MOLOTOV am 1. Januar 1942 wieder aus und war am Transport von Teilen der 386. Schützendivision nach Sewastopol beteiligt. Nach einem weiteren Nachschubtransport unterstützte sie vom 5. bis 7. Januar durch den Beschuß deutscher Stellungen nördlich der Festung sowjetische Entlastungsangriffe. Am 22. Januar erlitt die in Tuapse liegende MOLOTOV Beschädigungen durch stürmisches Wetter. In den Nächten vom 26./27. und 27./28. Februar war sie an der sowjetischen Offensive auf der Halbinsel Kerč durch Feuerunterstützung im Raum Feodosia beteiligt. Auch im März 1942 war der Kreuzer zur Unterstützung der Verteidiger Sewastopols eingesetzt. Er führte vier Transporte mit Nachschub und Verstärkungen durch, evakuierte Verwundete und leistete Feuerunterstützung. Im Juni 1942, als die Festung Sewastopol kurz vor dem Fall stand, gehörte die MOLOTOV zu den Schiffen, die letzte Nachschubtransporte und Evakuierungen durchführten. Hierbei entging sie nur knapp einem Angriff des italienischen Kleinstunterseebootes *CB 3*. Nach dem Fall Sewastopols beschossen die MOLOTOV und der Flottillenführer CHARKOV in der Nacht vom 2./3. August 1942 deutsche Stellungen im Raum Feodosia. Auf dem Rückmarsch griffen deutsche Torpedoflugzeuge – die 6./K.G.26 – und die italienischen Schnellboote *MAS 568* und *MAS 573* die sowjetischen Schiffe an. Hierbei erhielt die MOLOTOV einen Torpedotreffer, entweder von einem deutschen Flugzeug oder vom italienischen S-Boot *MAS 568*, der ihr das Heck auf 20 m Länge abriß. Bei den Ausbesserungsarbeiten in Poti fand das Heck des noch nicht fertiggestellten Kreuzers FRUNZE Verwendung, während der Rudersteven im Eisenbahntransport von Leningrad über Taskent befördert wurde. Ende 1943 war der Kreuzer wieder einsatzbereit, nahm aber bis zum Ende des Krieges nicht mehr an Kampfhandlungen teil. Nach dem Kriege verblieb die MOLOTOV im aktiven Dienst und erfuhr 1956 eine Modernisierung. 1957 in SLAVA umbenannt, operierte sie 1973 im Mittelmeer. Ende der 70er Jahre erfolgte die Verschrottung des Schiffes. Die beiden im Fernen Osten gebauten Einheiten – KALININ und KAGANOVIČ – mußten infolge des flachen Wassers im Amur von Komsomolsk nach Wladiwostok zur Fertigstellung geschleppt werden.

Nach ihrer Indienststellung stießen sie zur sowjetischen Pazifikflotte in Wladiwostok, kamen aber bis zum Ende des Krieges mit Japan im August 1945 nicht zum Einsatz. KAGANOVIČ wurde bei der Fertigstellung in LAZAR KAGANOVIČ und am 3. August 1957 in PETROPAVLOVSK umbenannt. Am 6. Februar 1960 wurde sie zur Kasernenhulk umgewandelt und Ende der 60er Jahre verschrottet.

Links: KOMSOMOLEC (ex-ČKALOV). (P. Budzabon)

CAPAJEV-Klasse

Name	Bauwerft	Kiellegung	Stapellauf	Fertigstellung	Schicksal
ČAPAJEV	Ordžonikidse-Werft, Leningrad	8. Okt. 1939	28. April 1946	16. Mai 1950	gestrichen: 29. Okt. 1960
ČALOV	Ordžonikidse-Werft, Leningrad	31. Aug. 1939	25. Okt. 1947	1. Nov. 1950	Schulschiff: 29. April 1958 (KOMSOMOLEC)
ŽELENJAKOV	Admiralitäts-Werft, Leningrad	31. Okt. 1939	25. Juni 1941	19. April 1950	Schulschiff: 1967
FRUNZE	Marti-Südwerft, Nikolajew	29. Aug. 1939	31. Dez. 1940	19. Dez. 1950	Schulschiff: 18. April 1958
KUJBYŠEV	Werft 61 (Kommuna), Nikolajew	31. Aug. 1939	31. Jan. 1941	20. April 1950	Schulschiff: 18. April 1958
ORDŽONIKIDSE	Marti-Südwerft, Nikolajew	31. Dez. 1940	-	-	abgebrochen auf Helling
SVERDLOV	Werft 61 (Kommuna), Nikolajew	31. Dez. 1940	-	-	abgebrochen auf Helling
LENIN	Ordžonikidse-Werft, Leningrad	geplante Kiellegung: 1941			
DZERŽINSKIJ	Ordžonikidse-Werft, Leningrad	geplante Kiellegung: 1941			
AVRORA	Ordžonikidse-Werft, Leningrad	geplante Kiellegung: 1941			
LAZO	Amur-Werft, Komsomolsk	geplante Kiellegung: 1941			

(Anmerkung: Der alte Geschützte Kreuzer AVRORA existierte jedoch noch. Dies gilt auch für den Zerstörer DZERŽINSKIJ, der erst im Mai 1942 verlorenging. Der für den Fernost-Kreuzer gemeldete Name steht in Verbindung mit dem Namen für die letzte Fernost-Einheit der MAKSIM GORKIJ-Gruppe (KIROV-Klasse). Es ist natürlich nicht bekannt, wann diese Namen der ČAPAJEV-Klasse zugeteilt wurden.)

Typ: Leichter Kreuzer – Kreisser.
Standardverdrängung: 11 300 ts (11 480 t).
Einsatzverdrängung: 15 000 ts (15 240 t).
Länge: 201,09 m (zwischen den Loten).
Breite: 19,70 m.
Tiefgang: 6,40 m (mittlerer).
Antriebsanlage: 2 Satz Getriebeturbinen, 6 Kessel, 2 Wellen.
Antriebsleistung: 130 000 WPS für 34 kn.
Bunkerinhalt: 3500 ts Heizöl.
Fahrtstrecke: 7000 sm bei 20 kn.
Panzerschutz: wie bei der KIROV, aber verbessert.
Geschütze: zwölf 15,2 cm S.K. L/57 (4 x 3), acht 10 cm S.K. L/47 (8 x 1), vierundzwanzig 3,7 cm (12 x 2).
Torpedorohre: sechs 53,3 cm (2 x 3).
Seeminen: 200.
Bordflugzeuge: zwei, ein Katapult.
Besatzungsstärke: 840 Offiziere und Mannschaften.

Entwurf: Unter dem dritten Fünfjahresplan wurde eine neue Klasse Leichter Kreuzer entworfen. Sie sollte eine Weiterentwicklung der vorausgegangenen Entwürfe »Projekt 26/26a« – der Kreuzer der KIROV/MAKSIM GORKIJ-Gruppen – darstellen. Für die neuen Schiffe waren jedoch vier Drillingstürme vorgesehen und die Standardverdrängung mußte entsprechend erhöht werden. Es wird angenommen, daß ursprünglich die Absicht bestanden hatte, auch diese Einheiten wie die zuvor gebauten Kreuzer mit dem 18,1-cm-Geschütz auszurüsten. Die Absicht wurde später zugunsten des neuen 15,2-cm-Geschützes S.K. L/57 fallengelassen. Wie beim sowjetischen Kriegsschiffbau üblich, sind die Informationen zum Entwurf spärlich. Doch der endgültige Entwurf – »Projekt 68« – wies im Vergleich zu den Kreuzern des »Projektes 26/26a« einen verlängerten Schiffskörper mit erheblich vergrößerter Breite auf. Die Standardverdrängung stieg um fast 40 %. Das Panzerschutzschema stellte gegenüber den Kreuzern des »Projektes 26/26a« eine verbesserte Version dar. Dies galt auch für die Antriebsanlage und ihre Anordnung. Doch die Steigerung bei der Wasserverdrängung führte nicht zu einer erhöhten Antriebsleistung, sondern hatte einen Geschwindigkeitsverlust von einem Knoten zur Folge.

Die 15,2-cm-Bewaffnung entsprach einem Leichten Kreuzer der Vertragszeit. Die zugleich als Mittelartillerie dienende Schwere Flak war auf acht 10-cm-Geschütze – sämtlich in Einzellafetten – gestiegen. Vom Entwurf her bestand die Leichte Flak aus 24 Rohren 3,7 cm in Doppellafetten. Die Torpedobewaffnung und die Flugzeugeinrichtungen der KIROV-Klasse waren beibehalten worden. Allerdings hatte sich die Minenkapazität erhöht; je nach Typ konnten bis zu 200 Minen mitgeführt werden.

Unter dem dritten Fünfjahresplan wurden ursprünglich 17 Einheiten bewilligt, darunter sechs für die Baltische Flotte (Bau-Nrn. S 305, S 306, S 309, S 310, S 545 und S 555), vier für die Schwarzmeerflotte (Bau-Nrn. S 354, S 356, S 1088 und S 1090) sowie eine für die Pazifikflotte (Bau-Nr. der Werft nicht bekannt). Die Auswirkungen des Kriegsausbruches, obwohl die Sowjetunion anfänglich nicht beteiligt war, sollten jedoch die ehrgeizigen Expansionspläne beschneiden, die Stalin für seine Marine ins Auge gefaßt hatte, da die Landkriegführung Vorrang haben würde und die verfügbaren Ressourcen diesem Ziel dienstbar gemacht werden mußten.

Während der Bau einer Anzahl größerer Einheiten, wie zum Beispiel Schlachtschiffe und Schlachtkreuzer, annulliert oder verschoben wurden, sollte die für das vierte Quartal 1940 vorgesehene Kiellegung der beiden Einheiten des »Projektes 68« bei der »Fabrik 200« und der »Fabrik 198«, d.h. auf der Werft 61 Kommuna und auf der Marti-Südwerft in Nikolajew, erfolgen. Im Oktober 1940 wurde auch der Kiellegung für weitere vier Einheiten aus dem Bauprogramm von 1941 zugestimmt: zwei auf der Ordžonikidse-Werft in Leningrad, eine auf der Marti-Werft ebenfalls in Leningrad und die vierte bei der »Fabrik 199« (Amur-Werft) in Komsomolsk im Fernen Osten.[222] Soweit bekannt ist, wurde keine dieser Einheiten – möglicherweise mit Ausnahme der Einheit im Fernen Osten – je auf Kiel gelegt. Die Stahlknappheit im Sommer 1941 führte zu einem Bauaufschub, als die noch auf Kiel liegenden Einheiten zu etwa 20 % fertiggestellt waren. Unmittelbar danach stoppte der deutsche Einfall das Bauprogramm vollständig. Als Folge der Besetzung der Werften in Nikolajew durch die Deutschen waren die beiden dort im Bau befindlichen Einheiten zudem auf den Helgen zerstört worden und mußten später abgebrochen werden. Die verbliebenen fünf Einheiten wurden nach dem Kriege nach einem überarbeiteten Entwurf fertiggestellt, wobei die von den Deutschen erbeutete Artillerie- und Feuerleit-Technik

SOWJETUNION

Oben: MURMANSK (ex-MILWAUKEE). (MPL)

Berücksichtigung fand. Es ist denkbar, daß die annullierten Schiffe – oder zumindest einiges von ihrem Baumaterial – Anfang der 50er Jahre schließlich als »Projekt 68bis« oder SVERDLOV-Klasse auftauchten.

PETROPAVLOVSK

Schicksal: Dieser Schwere Kreuzer – die ehemalige deutsche LÜTZOW der ADMIRAL HIPPER-Klasse (siehe oben Seite 41ff.)[223] – war am 11. Februar 1940 als Bestandteil des deutsch-sowjetischen Nichtangriffspaktes vom August 1939 an die Sowjetunion verkauft worden. Bis zu diesem Zeitpunkt war das Schiif nur bis zum Aufbaudeck fertiggestellt. Die Türme A und D waren eingesetzt, aber nur der erste besaß schon seine Geschütze. Am 15. April 1940 wurde das Schiff im Schlepp nach Leningrad (heute St. Petersburg) überführt. Dort sollte es unter deutscher Bauaufsicht auf der (Baltischen Werft (Ordžonikidse-Werft) bis 1942 fertiggestellt werden. Unter der Bezeichnung »Projekt 53« erhielt das Schiff am 25. September 1940 den Namen PETROPAVLOVSK und bis 1941 schritt der Weiterbau gut voran. Der deutsche Plan, die Sowjetunion anzugreifen, führte jedoch zu einer schrittweisen Verringerung der deutschen Unterstützung. Im Juni 1941 war der Kreuzer nur zu etwa 70 % fertiggestellt. Er hatte bereits eine Besatzung an Bord und seine Bewaffnung bestand zu diesem Zeitpunkt aus den vier 20,3-cm-Geschützen der Türme A und D sowie aus einigen 3,7-cm-Fla-Geschützen. Trotzdem erfolgte seine Indienststellung am 15. August 1941. Als die deutschen Truppen vor Leningrad in die Reichweite der Schiffsgeschütze vordrangen, bildete der Schwere Kreuzer zusammen mit der notdürftig ausgebesserten MAKSIM GORKIJ (siehe oben) und anderen Schiffen (Abteilung der im Bau befindlichen Schiffe) die zweite Gruppe der Baltischen Flotte zur Feuerunterstützung der Leningrad-Front im östlichen Teil des Seekanals und im Leningrader Handelshafen. Im Verlaufe der siebentägigen Kämpfe gab die PETROPAVLOVSK mit ihrer Schweren Artillerie 676 Schuß ab, ehe sie am 17. September nach dem Durchbruch der deutschen Truppen bei Peterhof in die Reichweite der deutschen Artillerie geriet und schwer getroffen wurde. Dies führte zum Ausfall des E-Werkes 3, der einzigen Energiequelle des Schiffes. Nach über fünfzig Artillerietreffern verschiedener Kaliber in den nächsten paar Stunden bekam der brennende Kreuzer durch erhebliche Wassereinbrüche Schlagseite nach Backbord und setzte sich auf Grund. Bei einem deutschen Luftangriff am 4. April 1942 erhielt die PETROPAVLOVSK zudem noch einen schweren Bombentreffer. Erst am 10. September 1942 gelang es, das Schiff abzudichten, so daß es in der Nacht vom 16./17. September gehoben und zur Ausbesserung in die Werft geschleppt werden konnte. Notdürftig repariert und mit nur drei einsatzbereiten 20,3-cm-Geschützen (das linke Geschütz in Turm A war zerstört) unterstützte der inzwischen in TALLIN umbenannte Kreuzer im Januar 1944 den Ausbruch der sowjetischen Leningrad-Front durch den deutschen Belagerungsring, wobei er über 1000 Schuß abgab. Nach dem Kriege klassifizierte die sowjetische Marine im Januar 1949 das Schiff als Leichten Kreuzer, diente aber ab März 1953 – in DNEPR umbenannt – als stationäres Schulschiff. Im Dezember 1956 erfolgte seine Umwandlung in die Kasernenhulk *PKZ 112*, ehe schließlich im April 1958 die Streichung aus der Flottenliste stattfand.

Übergebene Einheit: MURMANSK

Im Gefolge der Kapitulation Italiens im September 1943 forderte die Sowjetunion einen Anteil an den übergebenen Einheiten der italienischen Marine – trotz der Tatsache, daß diese italienischen Kriegsschiffe auf alliierter Seite den Kampf fortsetzten. Da es offenkundig unmöglich war, diese Schiffe mitten im Kriege aufzuteilen, und angesichts der Beharrlichkeit der sowjetischen Forderungen entschloß sich die alliierte Seite, der Sowjetunion eine Anzahl alliierter Schiffe als Ersatzmaßnahme zu übergeben, bis der Krieg vorüber war. Daher trat der amerikanische Leichte Kreuzer MILWAUKEE im März 1944 mit dem Geleitzug JW 58 den Marsch nach Nordrußland an und wurde in Vaenga leihweise der sowjetischen Marine überlassen (siehe unten Seite 265).[224] Diese stellte den Kreuzer unter seinem neuen Namen MURMANSK am 20. April 1944 in Dienst und teilte ihn der Nordflotte zu. Für den Rest des Krieges nahm er jedoch in arktischen Gewässern an keinerlei Kampfhandlungen mehr teil und kehrte schließlich am 8. März 1949 nach der Unterzeichnung des Friedensvertrages mit Italien am 10. Februar 1974 in die USA zurück.

Spanien

NAVARRA-Klasse

Name	Bauwerft	Kiellegung	Stapellauf	Fertigstellung	Schicksal
NAVARRA ex-REGINA VICTORIA EUGENIA ex-REPUBLICA	Marinewerft El Ferrol	31. März 1915	21. April 1920	15. Jan. 1923	gestrichen: 1956

Typ: Geschützter Kreuzer (später Leichter Kreuzer) – Cruçero protegidos (Cruçero ligeros).
Konstruktionsverdrängung: 4857 ts (4935 t), nach dem Umbau 5590 ts (5679 t).
Einsatzverdrängung: 6348 ts (6450 t).
Länge: 140,82 m (über alles), 134,11 m (zwischen den Loten).
Breite: 15,24 m.
Tiefgang: 4,80 m (mittlerer).
Antriebsanlage: 2 Satz Parsons-Getriebeturbinen, 8 Yarrow-Kessel, 2 Wellen.
Antriebsleistung: 25 500 WPS für 25,5 kn.
Bunkerinhalt: 1200 ts Heizöl.
Fahrtstrecke: 4500 sm bei 15 kn.
Panzerschutz: Gürtelpanzer 76 mm (Maschinenräume) bzw. 45 – 64 mm (nach vorn und achtern), Deck 76 mm, Kommandostand 152 mm.
Geschütze: sechs 15,2 cm S.K. L/50 (6 x 1), vier 8,8 cm S.K. L/45 (4 x 1), vier 2 cm (4 x 1).
Torpedorohre: vier 53,3 cm fest eingebaut (2 x 2).
Seeminen: keine.
Bordflugzeuge: keine.
Besatzungsstärke: 404 Offiziere und Mannschaften.

Entwurf: Dieser Geschützte Kreuzer, bewilligt unter dem Flottengesetz vom 30. Juli 1914, wurde weitgehend nach dem Entwurf für die britische »Städte«-Klasse der Jahre 1910 bis 1914 gebaut, unterschied sich aber im äußeren Erscheinungsbild dadurch, daß er anstatt vier nur drei Schornsteine hatte.

In dieser Hinsicht erinnerte er mehr an den australischen Kreuzer ADELAIDE nach seinem Umbau 1928/39 (siehe oben Seite 17), der etwa zum selben Zeitpunkt fertiggestellt wurde und einen ähnlichen Kampfwert besaß, d.h. nur bezogen auf den Zeitpunkt der Indienststellung. Vom Entwurf her führte die REGINA VICTORIA EUGENIA neun 15,2-cm-Geschütze B.L. L/50 des Vickers-Modells, gebaut in La Carraca, in Einzellafetten mit Schilden, die sämtlich mit Ausnahme des achtersten Geschützes in der Breitseite angeordnet waren. Vier Geschütze leichteren Kalibers und zwei fest eingebaute Zwillings-Torpedorohrsätze vervollständigten die Bewaffnung.

Das Panzerschutz-Schema glich mit einem Hauptgürtelpanzer von 76 mm Dicke den Kreuzern der britischen »Städte«-Klasse, während die Antriebsanlage wie die ADELAIDE eine Zwei-Wellen-Anordnung aufwies. Die Antriebsleistung betrug vom Entwurf her 25 500 WPS für eine Höchstgeschwindigkeit von 25,5 kn. Bei den Erprobungsfahrten erzielte die REGINA VICTORIA EUGENIA 26,9 kn bei einer Antriebsleistung von 28 387 WPS.

Modifizierungen: 1936 erfuhr der Kreuzer eine Große Werftliegezeit verbunden mit einer Hauptüberholung in Cádiz, wobei die Kessel neue Wasserrohre erhielten. Zu Beginn des Bürgerkrieges lag der Kreuzer noch in der Werft. Später wurde er nach El Ferrol überführt. Dort wurden die Kessel aus einem Kesselraum entfernt, die Schornsteine auf zwei verringert und die Kesselanlage auf Ölfeuerung umgestellt. Außerdem ersetzten ein neuartiger Brückenturm mit Schutzdeck davor und dahinter die vorderen Aufbauten. Gleichzeitig erfolgte

Unten: Die NAVARRA nach dem Umbau. (Spanische Marine)

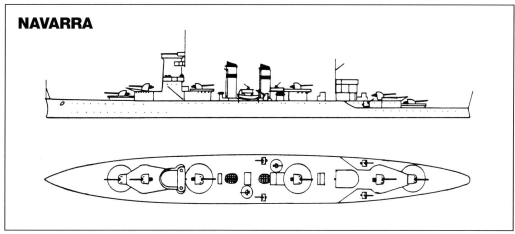

die Verringerung der Hauptbewaffnung auf sechs Geschütze, nunmehr sämtlich in der Mittschiffslinie aufgestellt, wobei die Geschütze 2 und 5 die Geschütze 1 und 6 überhöhten. Vier 8,8-cm-Fla-Geschütze in Einzellafetten mit Schilden - möglicherweise allesamt deutscher Herkunft – kamen zusätzlich an Bord: ein Paar mittschiffs beiderseits des achteren Schornsteins und das zweite Paar auf dem Achterdeck direkt achteraus der Vorderdeckskante. Ferner gelangten noch zwei 2-Pfünder-Fla-Geschütze (4-cm-Pompom) in Staffelung beiderseits des achteren Schornstein vor bzw. hinter dem jeweiligen 8,8-cm-Geschütz zum Einbau.

Werdegang: 1925 wurde die REGINA VICTORIA EUGENIA während des Marokko-Krieges um das Rif Flaggschiff der spanischen Flotte und erhielt ein Jahr später seine Kriegsflagge aus den Händen der Königin Victoria Eugenia, der Gemahlin Alfons XIII., der im April 1931 das Land verließ. Nach der Schaffung der Republik Spanien wurde der Kreuzer in REPUBLICA umbenannt. Wie bereits oben erwähnt, befand sich der Kreuzer zu Beginn des Bürgerkrieges zur Überholung in der Werft und fand anfänglich als schwimmende Batterie Verwendung. Ein Teil seiner Bewaffnung wurde an Land gegeben und kam als Küstenbatterien in Tarifa und Algecieras zum Einsatz. Nach dem Verlust des Schweren Kreuzers BALEARES (siehe unten) wurde das nunmehr in NAVARRA umbenannte Schiff in die nationalspanische Flotte eingegliedert und erfüllte Aufgaben, die seinem Alter und seinem Gefechtswert entsprachen. Nach dem Bürgerkrieg war die NAVARRA in nordspanischen Gewässern stationiert und war bis zum Dezember 1942 der einzige einsatzfähige spanische Kreuzer. Später diente die NAVARRA als stationäres Schulschiff, bis sie 1956 aus der Flottenliste gestrichen wurde.

MÉNDEZ NUÑEZ-Klasse

Name	Bauwerft	Kiellegung	Stapellauf	Fertigstellung	Schicksal
MÉNDEZ NUÑEZ	Marinewerft El Ferrol	28. Sept. 1917	3. März 1923	? Mai 1924	gestrichen: 1963

Typ: Geschützter Kreuzer (später Leichter Kreuzer) – Cruçero protegidos (Cruçero ligeros).
Konstruktionsverdrängung: 4780 ts (4934 t).
Einsatzverdrängung: 6043 ts (6140 t).
Länge: 140,82 m (über alles), 134,11 m (zwischen den Loten).
Breite: 14,02 m.
Tiefgang: 4,37 m (mittlerer).
Antriebsanlage: 4 Satz Parsons-Getriebeturbinen, 12 Yarrow-Kessel (6 ölbefeuert, 6 mit Mischfeuerung), 4 Wellen.
Antriebsleistung: 45 000 WPS für 29 kn.
Bunkerinhalt: 787 ts Kohle max. + 492 ts Heizöl.
Fahrtstrecke: 5000 sm bei 13 kn.
Panzerschutz: Gürtelpanzer 76 mm (Maschinenräume) bzw. 45 mm – 64 mm (vorn und achtern), Deck 25 mm, Kommandostand: 152 mm.
Geschütze: sechs 15,2 cm S.K. L/50 (6 x 1), vier 4,7 cm (4 x 1), vier Fla-MG's.
Torpedorohre: zwölf 53,3 cm (4 x 3).
Seeminen: keine.
Bordflugzeuge: keine.
Besatzungsstärke: 320 Offiziere und Mannschaften.

Entwurf: Dieser Entwurf entsprach weitgehend dem für die britischen Kreuzer der C- bzw. D. Klasse (siehe oben), die im Ersten Weltkrieg gebaut wurden. Vom Entwurf her betrug die Wasserverdrängung rund 4700 ts und der Schiffskörper wies ähnliche Abmessungen wie die britischen Kreuzer auf. Das Panzerschutzschema umfaßte einen 76 mm dicken Hauptgürtelpanzer in der Wasserlinie auf Höhe der Maschinenräume, der sich nach vorn und achtern auf 32 mm verringerte. Der Horizontalschutz beschränkte sich auf ein Panzerdeck von 25 mm Dicke. Ferner war ein Kommandostand mit 152 mm Panzerung vorhanden.

Die Hauptantriebsanlage bestand aus vier Turbinensätzen mit einfachem Rädergetriebe und einer Vier-Wellen-Anordnung. Je sechs der Yarrow-Kessel waren ölbefeuert bzw. hatten Mischfeuerung. Sie befanden sich in drei Kesselräumen mit einer Drei-Schornstein-Anordnung. Die Konstruktionsleistung lag bei 43 000 WPS für eine Höchstgeschwindigkeit von 29 kn. Bei den Erprobungsfahrten erreichte die MÉNDEZ NUÑEZ 29,25 kn mit einer Antriebsleistung von 43 776 WPS.

Die Hauptbewaffnung bestand aus sechs 15,2-cm-Geschützen B.L. L/50 eines Vickers-Modells, gebaut in La Carraca, in Einzellafetten mit Schilden. Sie waren wie folgt angeordnet: eines auf der Back, je eines an Backbord und an Steuerbord am Absatz des Backdecks sowie auf dem achteren Schutzdeck und eines in der Mittschiffslinie auf dem Achterdeck. Dieses Geschütz, ein S.K.-Modell mit 15° Rohrerhöhung, verschoß eine 45,4 kg schwere Granate. Die Leichte Flak umfaßte vier 4,7-cm-Geschütze in Einzellafetten. Vermutlich handelte es sich um Hotchkiss-Dreipfünder. Zwei standen in Staffelung beiderseits des mittleren Schornsteins und die beiden anderen an Backbord und an Steuerbord über den achteren Torpedorohren. Die Torpedobewaffnung setzte sich aus vier 53,3-cm-Drillingsrohrsätzen zusammen, zu je zweien an Backbord und an Steuerbord auf dem Hauptdeck eingebaut. Einrichtungen für den Betrieb eines Bordflugzeuges waren nicht vorhanden. Unter dem Flottengesetz von 1915 wurden zwei Einheiten bewilligt: BLAS DE LEZO und MÉNDEZ NUÑEZ. Die erstere erlitt jedoch bereits am 11. Juli 1932 bei Kap Finisterre Schiffbruch.

Modifizierungen: 1944 erfuhr die MÉNDEZ NUÑEZ bei der Marinewerft El Ferrol einen Umbau zum Flakkreuzer. Die gesamte Bewaffnung kam von Bord, die Aufbauten wurden umgestaltet und die Kesselabzugsschächte wurden in zwei Schornsteine zusammengeführt. Überraschenderweise wurde die Gelegenheit nicht genutzt, die Kesselanlage vollständig auf Ölfeuerung umzustellen. Die neue Bewaffnung bestand aus acht 10,2-cm-Luft/Seeziel-Geschützen S.K. L/45 von Vickers-Armstrong in Einzellafetten mit Schilden und 80° Rohrerhöhung. Sechs von ihnen standen in der Mittschiffslinie: je drei vorn und achtern in einander überhöhender Aufstellung in ähnlicher Anordnung wie bei den Flakkreuzern der britischen DIDO- und amerikanischen ATLANTA-Klasse, während das restliche Paar seine Position beiderseits des Achteren Feuerleitstandes hatte. Vier 3,7-cm-Doppel- und zwei 2-cm-Vierlingslafetten, vermutlich deutscher Herkunft, bildeten die Leichte Flak.

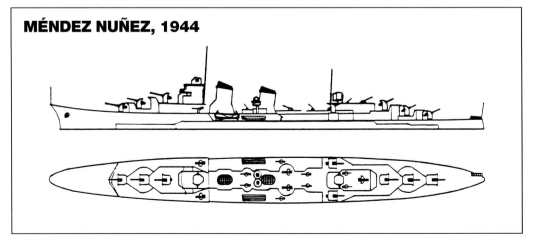

MÉNDEZ NUÑEZ, 1944

Links: Die MÉNDEZ NUÑEZ nach dem Umbau zum Flakkreuzer. (Spanische Marine)

Unten: Die BLAS DE LEZO – ihr Aussehen entspricht dem ursprünglichen Erscheinungsbild dieser Klasse. (Spanische Marine)

Nur noch zwei Torpedorohrsätze blieben an Bord und vervollständigten die Bewaffnung. Auch die Brückenaufbauten wurden umfassend umgestaltet und der Kreuzer erhielt Fla-Leitstände vorn und achtern.

Werdegang: Mitte der 20er Jahre kam die MÉNDEZ NUÑEZ gegen das Ende des Krieges um das Rif vor der Küste Marokkos erstmals zum Einsatz. 1927 verlegte sie zum Schutz spanischer Interessen während der Unruhen in Schanghai in den Fernen Osten. Bei Beginn des Bürgerkrieges befand sich der Kreuzer im spanischen Rio Muni (seit 1968 Äquatorial-Guinea) und kehrte in heimische Gewässer zurück, um sich der republikanischen – »rotspanischen« – Seite anzuschließen. Am Geschehen dieses Krieges hatte die MÉNDEZ NUÑEZ aktiven Anteil: am 25. April 1937 am ersten Seegefecht vor Kap Palos, am 7. August 1937 am Seegefecht vor Kap Chechel und am 5./6. März 1938 am zweiten Seegefecht vor Kap Palos, in dem der Schwere Kreuzer BALEARES verlorenging (siehe unten).[225] Als sich das Ende des Bürgerkrieges mit dem Sieg der nationalspanischen Seite abzeichnete, liefen die republikanischen Flotteneinheiten am 5. März 1939 aus Cartagena nach Französisch-Tunesien aus und wurden in Bizerta interniert. Als die Feindseligkeiten im April 1939 endeten, übergab Frankreich die Schiffe der neuen spanischen Regierung.

Nach dem Umbau zum Flakkreuzer 1944 gehörte die MÉNDEZ NUÑEZ zur aktiven spanischen Flotte, bis sie 1963 aus der Flottenliste gestrichen wurde.

Typ: Leichter Kreuzer – Crucero ligeros
Konstruktionsverdrängung: 7475 ts (7595 t).
Einsatzverdrängung: 9237 ts (9385 t).
Länge: 176,63 m (über alles), 166,12 m (zwischen den Loten).
Breite: 16,46 m.
Tiefgang: 5,03 m (mittlerer), 6,25 m (maximal).
Antriebsanlage: 4 Satz Parsons-Getriebeturbinen, 8 Yarrow-Kessel, 4 Wellen.
Antriebsleistung: 80 000 WPS für 33 kn.
Bunkerinhalt: 1680 ts Heizöl.
Fahrtstrecke: 5000 sm bei 15 kn.
Panzerschutz: Hauptgürtelpanzer 76 mm (Maschinenräume), 51 mm (nach vorn) bzw. 38 mm (nach achtern), Deck 25 – 51 mm, Kommandostand 152 mm.
Geschütze: acht 15,2 cm S.K. L/50 (2 x 1, 3 x 2), vier 10,2 cm S.K. L/45 (4 x 1), zwei 3-Pfünder (2 x 1 – 4,7 cm).

PRINCIPE ALFONSO-Klasse

Name	Bauwerft	Kiellegung	Stapellauf	Fertigstellung	Schicksal
GALICIA ex-LIBERTAD ex-PRINCIPE ALFONSO	Marinewerft El Ferrol	1. Febr. 1917	27. Juli 1922	30. Aug. 1925	gestrichen: 2. Febr. 1970
ALMIRANTE CERVERA	Marinewerft El Ferrol	25. Nov. 1922	16. Okt. 1925	? Mai 1927	gestrichen: 1966
MIGUEL DE CERVANTES	Marinewerft El Ferrol	27. Aug. 1926	17. Mai 1929	10. Febr. 1930	gestrichen: 1958

Torpedorohre: zwölf 53,3 cm (4 x 3).
Seeminen: keine.
Bordflugzeuge: keine.
Besatzungsstärke: 564 Offiziere und Mannschaften.

Entwurf: Der Einfluß, den die Zusammenarbeit zwischen der Marinewerft El Ferrol und britischen Werften ausübte, zeigte sich beim Entwurf für diese Kreuzerklasse erneut. Er beruhte auf dem Entwurf für die britische E-Klasse (siehe oben). Wiederum von Sir Phillip Watts entworfen, glichen diese Leichten Kreuzer in den Abmessungen dem britischen Prototyp, unterschieden sich aber in der Innenanordnung und im äußeren Erscheinungsbild in vielerlei Hinsicht. Das Panzerschutzschema ähnelte in etwa dem der britischen E-Klasse, während die Antriebsanlage zwar die gleiche Leistung entwickelte, aber eine andere Kesselanordnung aufwies. Die bei diesen Kreuzern in Gruppen (nicht paarweise) angeordneten Kessel gestatteten es, die Anzahl der Schornsteine auf zwei zu verringern. Hierdurch erhielten sie ein gefälligeres Aussehen.

Die Hauptbewaffnung bestand aus acht 15,2-cm-Geschützen B.L. L/50 des Vickers-Modells, gebaut in La Carraca, in drei Doppel- und zwei Einzellafetten mit 35° Rohrerhöhung. Die Einzellafetten standen auf den Positionen A und Y, während sich die Doppellafetten auf den Positionen B, Q und X befanden. Vier 10,2-cm-Luft/Seezielgeschütze in Einzellafetten bildeten die Schwere Flak: das erste Paar beiderseits des vorderen Schornsteins und das zweite beiderseits des Großmastes. Die Leichte Flak setzte sich aus zwei 3-Pfünder-Hotchkiss-Geschützen (4,7 cm) in Einzellafetten sowie aus mehreren Fla-MG's zusammen. Vier 53,3-cm-Drillings-Torpedorohrsätze auf dem Hauptdeck beiderseits des Achteren Artillerieleitstandes vervollständigten die Bewaffnung. Einrichtungen für das Mitführen von Bordflugzeugen waren nicht vorhanden.

Die drei Einheiten wurden unter dem Flottengesetz vom 17. Februar 1915 bewilligt, aber ihr Bau verzögerte sich durch den sich lange hinziehenden Ersten Weltkrieg. Dies hatte zur Folge, daß der Kiel für das Typschiff erst Anfang 1917 gestreckt werden konnte. Die Kiellegungen für die beiden anderen Einheiten erfolgten erst beträchtliche Zeit nach dem Ende des Ersten Weltkrieges, nämlich 1922 und 1926.

Modifizierungen: In den 40er Jahren ersetzten bei der ALMIRANTE CERVERA deutsche 10,5-cm- und 3,7-cm-Geschütze die bisherigen 10,2-cm- und 3-Pfünder-Fla-Geschütze. Die ersteren – noch in vier Einzellafetten – erhielten ihre Positionen auf dem Schutzdeck, während die letzteren aus vier Doppellafetten bestanden. Es hat den Anschein, als ob ursprünglich geplant war, die 10,5-cm-Geschütze in Doppellafetten deutschen Typs auf dem Hauptdeck unterzubringen. Doch diese Absicht

Oben: Die ALMIRANTE CERVERA in den 30er Jahren. (Spanische Marine)

kam nicht zur Ausführung. Zusätzlich kamen vier 2-cm-Fla-Geschütze zum Einbau, aber alle vier Drillingsrohrsätze blieben an Bord. Den Dreibein-Großmast ersetzte ein Pfahlmast und der Achtere Artillerieleitstand erfuhr eine Umgestaltung. Der Kommandoturm wurde jedoch beibehalten. Mitte der 50er Jahre ersetzten 3,7-cm-Doppellafetten die 10,5-cm-Geschütze. Die ALMIRANTE CERVERA wurde nicht für das Mitführen eines Bordflugzeuges ausgerüstet.

Ihre beiden Schwesterschiffe erhielten eine andere Anordnung der Hauptbewaffnung: Ein Katapult und ein Flugzeugkran ersetzten die 15,2-cm-Doppellafette auf Position Q. Beide führten je ein Seeflugzeug vom Typ He 114,[226] von Deutschland

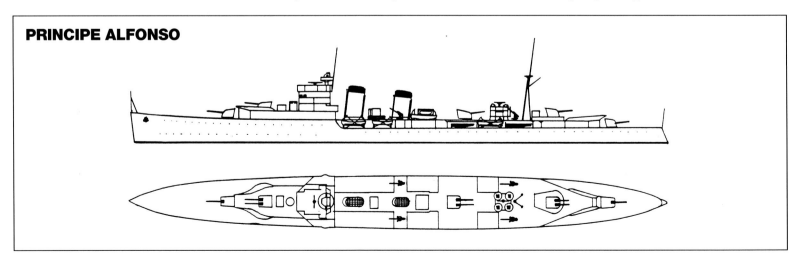

entweder während des Bürgerkrieges oder im Verlaufe des Zweiten Weltkrieges geliefert. Auch die Position A erhielt nunmehr wie schon die Position B eine 15,2-cm-Doppellafette. Mittschiffs wurde das Schutzdeck in der Breite verringert, da auf dem Hauptdeck vier 10-cm-Doppellafetten Aufstellung finden sollten. Diese kamen jedoch entweder nie an Bord oder wurden bereits kurze Zeit später durch 3,7-cm-Doppellafetten ersetzt. Die Leichte Flak verstärkten fünf zusätzliche 2-cm-Vierlingslafetten: eine vor der Brücke, zwei zwischen den Schornsteinen und die beiden anderen achtern. Somit bestand die Leichte Flak aus 16 Rohren 3,7 cm (8 x 2) und 20 Rohren 2 cm (5 x 4). Auch der Brückenaufbau erfuhr eine Umgestaltung. Ferner wurden der Kommandoturm entfernt und – wie bei der ALMIRANTE CERVERA – der Dreibein-Großmast durch einen Pfahlmast ersetzt. Die beiden vorderen Torpedorohrsätze kamen ebenfalls von Bord.

Werdegang: Die PRINCIPE ALFONSO hatte bei mehreren Auslandsreisen König Alfonso XIII. an Bord, so zum Beispiel 1928 nach Göteborg und Kiel und 1930 zu französischen und italienischen Häfen sowie nach Malta. 1931 brachte der Kreuzer nach der Ausrufung der Republik den spanischen König von Cartagena ins Exil nach Italien. Gleichzeitig wurde der Kreuzer in LIBERTAD umbenannt. Während des Bürgerkrieges gehörte die LIBERTAD zu den »rotspanischen« oder republikanischen Flotteneinheiten, hauptsächlich in Cartagena stationiert. Anfang März 1938 lief sie zusammen mit der MÉNDEZ NUÑEZ und Zerstörern aus Cartagena aus, um den nationalspanischen Flottenverband anzugreifen. Im sich entwickelnden Nachtgefecht wurde der Schwere Kreuzer BALEARES am 6. März durch Torpedotreffer versenkt (siehe unten). Am 18. April 1938 erhielt jedoch die LIBERTAD bei einem nationalspanischen Luftangriff mehrere Bombentreffer und mußte zur Ausbesserung der Schäden für drei Monate in die Werft. Nach der Niederlage der republikanischen Seite lief sie in Bizerta ein und wurde interniert. 1939 gab Frankreich den Kreuzer an das Spanien General Francos zurück. Noch im selben Jahr in GALICIA umbenannt, diente der Kreuzer aktiv in der spanischen Marine, bis er im Februar 1972 aus der Flottenliste gestrichen wurde. Im März 1972 zum Verkauf gestellt, erfolgte später seine Verschrottung.

Auch die MIGUEL DE CERVANTES gehörte zu den republikanischen Flottenheinheiten. Sie wurde am 22. November 1936 auf der Reede von Cartagena vor Anker liegend von dem italienischen Unterseeboot TORICELLI – als nationalspanische GENERAL MOLA getarnt – durch Torpedotreffer schwer beschädigt. Daher lag der Kreuzer bis zum Ende des Bürgerkrieges zur Ausbesserung in Cartagena in der Werft und ging 1939 nach Bizerta in die Internierung. Nach seiner Rückgabe durch Frankreich lag die MIGUEL DE CERVANTES bis Ende 1942 nicht einsatzbereit in El Ferrol. Dort wurde sie schließlich im Mai 1943 bei einem Großbrand schwer beschädigt. Später erfuhr der Kreuzer eine umfassende Modernisierung. Im Juni 1953 vertrat die MIGUEL DE CERVANTES Spanien bei der Flottenparade im Spithead anläßlich der Krönung Ihrer Majestät der Königin Elizabeth II. 1958 wurde der Kreuzer außer Dienst gestellt und im April 1964 zum Abbruch verkauft.

Die ALMIRANTE CERVERA, benannt nach dem Oberbefehlshaber zur Zeit des Spanisch-Amerikanischen Krieges, unternahm 1929 eine Auslandsreise nach Habana/Kuba. Beim Ausbruch des Spanischen Bürgerkrieges widerstand der Kreuzer den Versuchen, das Schiff für die republikanische Sache zu übernehmen, entkam nach El Ferrol auf die nationalspanische Seite und wurde dort das Flaggschiff von Admiral Moreno. Allerdings befand sich der Kreuzer zu diesem Zeitpunkt in einem schlimmen Zustand. Er bedurfte dringend der

Unten: Die MIGUEL DE CERVANTES im Juni 1953. (MPL)

Links: Die PRINCIPE ALFONSO im Jahre 1926. (W&L)

Links: Die MIGUEL DE CERVANTES im April 1932. (MPL)

Kesselüberholung und konnte nur noch 23 kn laufen. Trotzdem sicherte er bei Bedarf Truppentransport-Geleitzüge. Während des gesamten Bürgerkrieges blieb der Kreuzer im Einsatz, häufig gemeinsam mit dem Schweren Kreuzer CANARIAS, und nahm an allen größeren Kampfhandlungen teil. In einem Seegefecht in der Straße von Gibraltar am 29. November 1936 beschädigte die ALMIRANTE CERVERA den republikanischen Zerstörer GRAVINA, dem es gelang, sicher nach Casablanca einzulaufen.

In der Nacht vom 25./26. März 1938 wurde sie vom republikanischen Unterseeboot C 1 angegriffen, aber die Torpedos verfehlten den Kreuzer. Nicht im selben Maße wie ihre Schwesterschiffe umgebaut und modernisiert, blieb die ALMIRANTE CERVERA bis in die 60er Jahre hinein im aktiven Dienst. 1966 wurde sie aus der Flottenliste gestrichen und im März 1970 verschrottet.

CANARIAS-Klasse

Name	Bauwerft	Kiellegung	Stapellauf	Fertigstellung	Schicksal
BALEARES	S.E.C.N., El Ferrol	15. Aug. 1928	20. April 1932	? ? 1936 *	gesunken: 6. März 1938
CANARIAS	S.E.C.N., El Ferrol	15. Aug. 1928	28. Mai 1931	16. Sept. 1936 *	gestrichen: 17. Dez. 1975

* Ohne vollständig fertiggestellt zu sein, wurden beide Schiffe mit großer Eile in Dienst gestellt. BALEARES hatte einen weniger fortgeschrittenen Ausrüstungszustand als ihr Schwesterschiff.

Typ: Schwerer Kreuzer – Cruçero de Primera Clase.
Standardverdrängung: 10 113 ts (10 275 t).
Einsatzverdrängung: 13 070 ts (13 279 t).
Länge: 193,78 m (über alles), 182,88 m (zwischen den Loten).
Breite: 19,51 m.
Tiefgang: 5,28 m (mittlerer).
Antriebsanlage: 4 Satz Parsons-Getriebeturbinen, 8 Yarrow-Kessel, 4 Wellen.
Antriebsleistung: 90 000 WPS für 33 kn.
Bunkerinhalt: 2588 ts Heizöl.
Fahrtstrecke: 8700 sm bei 15 kn.
Panzerschutz: Hauptgürtelpanzer 51 mm, Munitionskammern 115 mm (Seiten) bzw. 76 mm (Decke), Deck 25 mm – 38 mm, Türme und Kommandostand 25 mm.
Geschütze: acht 20,3 cm S.K. L/50 (4 x 2), acht 12 cm S.K. L/45 (8 x 1), acht 4 cm (8 x 1), vier 12,7-mm-Fla-MG's.
Torpedorohre: zwölf 53,3 cm fest eingebaut.
Seeminen: keine.
Bordflugzeuge: zwei, ein Katapult.
Besatzungsstärke: 780 Offiziere und Mannschaften.

CANARIAS

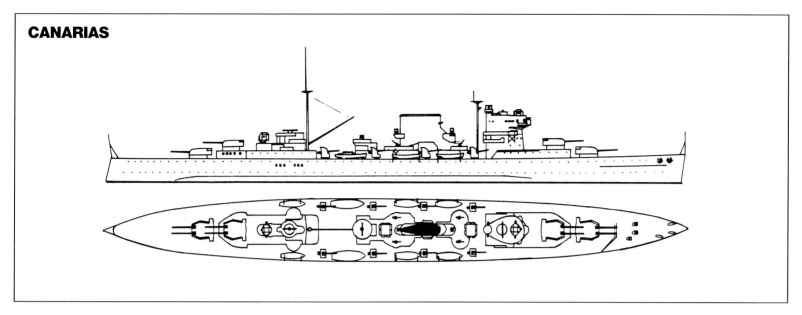

Entwurf: Zum Flottenbauprogramm vom 14. Juli 1926 gehörten zwei neue Kreuzer, die vom »Washington«-Typ sein sollten. Da die Absicht bestand, die Schiffe in Spanien zu bauen, gab es nur eine Werft, die über die hierfür erforderliche Sachkenntnis verfügte: die Sociedad Española Construción Naval (S.E.C.N.) in El Ferrol. Daher war es unvermeidlich, daß diese Werft den Bauauftrag erhielt. Gleichzeitig stellte dies sicher, daß der Entwurf ein Schiff britischen Typs zum Inhalt hatte; denn die Werft stand mehrheitlich in britischem Eigentum. Tatsächlich handelte es sich bei dem Entwurf um die modifizierte Version eines Schweren Kreuzers der »County«-Klasse, deren Einheiten damals für die Royal Navy im Bau waren. Wie-

Oben: BALEARES.
(Spanische Marine)

Links: Die BALEARES im Jahre 1932. Beachte die detaillierten Unterschiede zu oben. (M. Bar)

SPANIEN

Rechts: CANARIAS. Beachte beim Brückenaufbau den Unterschied zur BALEARES. (Spanische Marine)

derum war der Entwurf das Werk von Sir Phillip Watts, des Direktors der Sir W.G. Armstrong, Whitworth & Co. Ltd. Der Grundentwurf für die »County«-Klasse blieb weitgehend unverändert. Lediglich die Außenwülste, die mit der LONDON-Klasse aufgegeben worden waren, blieben erhalten und der Brückenaufbau wurde um ein Deck gehoben. Außerdem wurden die Kesselabzugsschächte in zwei Schornsteinen zusammengeführt.

Vom Entwurf her betrugen die Standardverdrängung 10 281 ts und die Einsatzverdrängung 13 280 ts, aber die Erprobungsfahrten wurden mit 10 617 ts bzw. 12 230 ts durchgeführt, da die Ausrüstung mit den Flugzeugeinrichtungen noch nicht erfolgt war. Auch die Innenanordnung stellte eine Modifizierung des »County«-Entwurfs dar, denn die Kessel waren statt in zwei in drei Räumen gruppiert.

Das Panzerschutzschema umfaßte eine kastenartige Panzerung der Munitionskammern (Pulver- und Granatkammern) vorn und achtern mit 102 mm bei den Seiten und 64 mm bei den Decken (beide Panzerungen auf 12,7-mm-Platten) sowie einen 51 mm dicken Hauptgürtelpanzer in der Wasserlinie zwischen den Spanten 62 und 216 (von der Achterkante der vorderen Munitionskammer bis zum achteren Querschott des achteren Turbinenraums). Der Horizontalschutz beschränkte sich auf ein Panzerdeck von 25 mm bis 38 mm Dicke, während die Türme und ihre Barbetten nur 25 mm aufwiesen. Das Gesamtgewicht der Panzerung betrug 683 ts oder 6,6 % der Standardverdrängung.

Die Torpedowülste reichten von 2,01 m oberhalb bis 3,96 m unterhalb der Wasserlinie und hatten eine Tiefe von 1,31 m maximal.

Wie bereits früher erwähnt, beruhte die Antriebsanlage grundsätzlich auf dem britischen »County«-Entwurf. Es gab acht Yarrow-Kessel in drei Kesselräumen in der Verteilung 2-4-2. Achteraus davon lagen die Turbinenräume. Der vordere Turbinenraum diente dem Antrieb der Außenwellen und der hintere dem der Innenwellen. Eine Munitionskammer für die Schwere Flak trennte den achteren Kesselraum vom vorderen Turbinenraum. Die Konstruktionsleistung lag bei 90 000 WPS – 10 000 WPS weniger als bei den Kreuzern der »County«-Klasse – für eine Höchstgeschwindigkeit von 33 kn. Der Bunkerinhalt war auf 2629 ts Heizöl maximal verringert, da die spanische Marine nicht der Seeausdauer bedurfte, die für die Kreuzer der Royal Navy erforderlich war; denn die Hauptaufgabe dieser spanischen Kreuzer bestand in der Sicherung der Seeverbindungen zu den Inselgruppen, nach denen sie benannt waren. Bei den Erprobungsfahrten erzielte die CANARIAS 33,69 kn mit einer Antriebsleistung von 91 299 WPS. Doch zu diesem Zeitpunkt fehlte dem Schiff noch eine beträchtliche Menge an Ausrüstung einschließlich der Türme X und Y.

Vom Entwurf her bestand die Schwere Artillerie aus acht 20,3-cm-Geschützen S.K. L/50 des Vickers-Modells Mk. D von 1924 in Doppeltürmen. Diese in der spanischen Geschützfabrik La Carraca gebauten Geschütze waren vom Gewicht her etwas leichter als das britische 20,3-cm-Geschütz Mk. VIII. Die Türme hatten kleinere Rollenlager als die Türme Mk. II mit 70° Rohrerhöhung der »County«-Klasse. Die Mittelartillerie umfaßte acht 12-cm-Geschütze S.K. L/45, je vier in Seeziel- und Luftziel-Einzellafetten. Die Leichte Flak sollte sich aus acht 4-cm-Geschützen und vier 12,7-mm-Fla-MG's zusammensetzen. Außerdem sollten zwölf 53,3-cm-Torpedorohre in fest eingebauten Drillings-Breitseitsätzen direkt vor dem Turm X zum Einbau gelangen. Ferner sah der Original-Entwurf ein Katapult und Vorrichtungen für das Mitführen von zwei Seeflugzeugen vor. Doch noch während sich die Kreuzer im Bau befanden, wurden die 12-cm-Seeziel-Geschütze durch dieselbe Anzahl 12-cm-Geschütze Modell 1923 in Luftziel-Lafetten ersetzt, um die Luftabwehrkapazität zu verbessern. Darüber hinaus standen bei Ausbruch des Bürgerkrieges in den Endstadien der Ausrüstung die vorgesehenen 4-cm-Geschütze und die 12,7-mm-MG's – ihre Fertigungsstätten befanden sich auf republikanischem Territorium – sowie die Katapulte und die Feuerleitsysteme für die Schwere Artillerie und für die Schwere Flak – sie sollten von Großbritannien und den Niederlanden geliefert werden – nicht zur Verfügung.

Die Bauaufträge für die beiden Einheiten ergingen am 31. März 1928 und ihre Kiele wurden noch im Sommer desselben Jahres gleichzeitig gestreckt. Eine dritte ursprünglich vorgesehene Einheit, die den Namen EL FERROL führen sollte, wurde infolge der Enttäuschung über den Typ des »Washington-Kreuzers« nicht in Angriff genommen.

Modifizierungen: Die offensichtlichste Änderung bei der Fertigstellung war das Zusammenführen aller Kesselabzugsschächte in einen einzigen massiven Schornstein. Der Grund hierfür ist nicht bekannt. Auch der Brückenaufbau erfuhr eine Änderung hin zu einem stromlinienförmigen Turmtyp anstatt des vorgesehenen Plattformtyps wie bei den britischen Kreuzern. Die BALEARES hatte eine vergrößerte Kommandobrücke sowie eine ausgeprägte Schornsteinkappe erhalten. Im Baufortgang eingetretene Verzögerungen bedeuteten, daß beide Einheiten weit hinter dem Zeitplan zurücklagen, als der Bürgerkrieg ausbrach. Hiervon war die BALEARES am schlimmsten betroffen. Die Fertigstellung der CANARIAS erfolgte ohne die vorgesehene Bewaffnung, ausgenommen die 20,3-cm-Geschütze, und ohne Feuerleitsysteme. Als Notmaßnahme kamen vier 10,2-cm-Seeziel-Geschüt-

Links: Die nach dem Kriege modernisierte CANARIAS. Ihr Erscheinungsbild entspricht wieder dem ursprünglichen Zwei-Schornstein-Entwurf. (Spanische Marine)

ze, die von dem veralteten Schlachtschiff ESPAÑA stammten, sowie auch zwei 5,7-cm-Geschütze an Bord. Die Torpedorohre waren ebenfalls nicht einsatzbereit oder nicht eingebaut und weder das Katapult noch die Bordflugzeuge waren vorhanden. (Es ist nicht sicher, ob der Schwere Kreuzer überhaupt je eine Torpedobewaffnung erhielt.) Im Oktober 1936 ersetzten sechs der vorgesehenen 12-cm-Geschütze die veralteten 10,2-cm-Geschütze; die restlichen beiden kamen im Februar des folgenden Jahres an Bord. Ebenfalls im Oktober 1936 gelangten zwei 3,7-cm-Doppellafetten und drei 2-cm-Einzellafetten aus deutschen Lieferungen zum Einbau. Auch die 2-Pfünder-Pompoms (4 cm) von Vickers trafen ein und wurden an den vier Kanten der Schornsteinbasis eingebaut. Die 5,7-cm-Geschütze blieben jedoch an Bord. 1940 erhielten die 12-cm-Geschütze Lafetten mit Schilden. Die 3,7-cm-Bewaffnung wurde im Verlaufe des Zweiten Weltkrieges auf zwölf Rohre in sechs Doppellafetten verstärkt. Von ihnen ersetzten vier die 2-Pfünder-Pompons. 1943/44 kam schließlich auch das Feuerleitsystem für die Schwere Artillerie zum Einbau. Ende der 40er Jahre wurden die Torpedorohre entfernt, falls der Kreuzer je damit ausgerüstet worden war (das Vorhandensein der fest eingebauten Öffnungen war noch keine Garantie dafür, daß sich auch die Rohre tatsächlich an Bord befunden hatten). Im Oktober 1952 begann für die CANARIAS eine Große Werftliegezeit mit Umbau und Modernisierung. Mit dem Umbau kehrte der Kreuzer zum ursprünglichen Zwei-Schornstein-Entwurf zurück. Die Leichte Flak setzte sich danach wie folgt zusammen: vier 4 cm (4 x 1), vier 3,7 cm (2 x 2) und zwei 2 cm (2 x 1).

Infolge des schon sehr früh eingetretenen Verlustes erfuhr die BALEARES kaum Veränderungen. Sie wurde ohne den Turm Y und mit einer gemischten Sekundärbewaffnung in Dienst gestellt: vier 12-cm-Geschütze des Zerstörer-Modells in Einzellafetten mit Schilden und vier italienische 10-cm-Fla-Geschütze in Einzellafetten. Im Juni 1937 kam auch der Turm Y an Bord.

Werdegang: Von der Indienststellung an diente die CANARIAS als Flaggschiff der nationalspanischen Flotte. Sie bildete eine wesentliche Verstärkung der bis dahin eher dürftigen Seestreitkräfte, die den Aufständischen zur Verfügung standen: ein Leichter Kreuzer, die ALMIRANTE CERVERA, und ein einsatzbereiter Zerstörer. Eine der ersten Kriegshandlungen der CANARIAS war im September 1936 das Brechen der republikanischen Blockade in der Straße von Gibraltar. Sie versenkte mit ihrer Schweren Artillerie den republikanischen Zerstörer ALMIRANTE FERRANDIZ, während die ALMIRANTE CERVERA den Zerstörer GRAVINA beschädigte. Danach brachte sie Truppen für den Sturm auf Madrid über die Meerenge und operierte von Cádiz aus im Mittelmeer: Sicherung von Geleitzügen, Angriffe auf den republikanischen Seehandel und Küstenbeschießungen. Im Januar 1937 stieß auch die BALEARES zu ihr und die beiden Schweren Kreuzer beschossen republikanische Stellungen rund um Málaga zur Vorbereitung eines nationalspanischen Angriffs. Am 8. Februar 1937 fiel die Stadt. Zumeist operierten die beiden Kreuzer gemeinsam. Hierbei sicherten sie Geleitzüge oder suchten nach Handelsschiffen, die die nationalspanische Blockade zu durchbrechen versuchten, und brachten sie auf. Im März 1937 kam die CANARIAS im Golf von Biskaya zum Einsatz, um Schiffe mit Waffentransporten für die Republikaner abzufangen. Im Verlaufe dieses Einsatzes versenkte sie sieben Schiffe oder brachte sie auf, darunter auch die MAR CANTABRICO, die später als nationalspanischer Hilfskreuzer ausgerüstet wurde. Anfang März 1938 unternahmen die Kreuzer zusammen mit der ALMIRANTE CERVERA, drei Zerstörern und zwei Minenlegern von Palma de Mallorca aus einen Vorstoß in Richtung Cartagena. In der Nacht vom 5./6. März trafen sie auf einen aus zwei Kreuzern und acht Zerstörern bestehenden republikanischen Flottenverband vor Kap Palos, der unterwegs war, um Ziele auf den Balearen anzugreifen. In einem verwirrenden Nachtgefecht versenkten die republikanischen Zerstörer SANCHES BARCAIZTEGUI, ALMIRANTE ANTEQUERRA und LEPANTO die BALEARES mit drei Torpedos, ohne eigene Verluste zu erleiden. CANARIAS setzte die Handelskriegführung im Verlauf des Jahres 1938 fort, brachte zwei weitere Handelsschiffe als Prisen auf und fing den republikanischen Zerstörer JOSÉ LUIS DÍEZ ab, der von einem Werftaufenthalt zur Ausbesserung von Schäden aus Le Havre zurückkehrte. Der Zerstörer erlitt durch Artilleriebeschuß schwere Beschädigungen und konnte nur unter großen Schwierigkeiten in Gibraltar einlaufen. Im März 1939 unterstützte die CANARIAS einen verfrühten Aufstand in Cartagena, aber mittlerweile war der Krieg so gut wie zu Ende, und am 1. April kehrte der Kreuzer mit Francos siegreichen Truppen nach Cartagena zurück. Im Verlaufe des Bürgerkrieges hatte die CANARIAS 32 Schiffe aufgebracht oder versenkt, nicht eingeschlossen die beiden Zerstörer.

Der weitere Werdegang des Kreuzers verlief in friedensmäßiger Routine, da Spanien am Zweiten Weltkrieg nicht teilnahm. Ende Mai 1941 lief die CANARIAS in den Nordatlantik aus und suchte die Untergangsstelle des Schlachtschiffes BISMARCK erfolglos nach Überlebenden ab. Sie blieb auch noch nach dem Kriege im aktiven Flottendienst und wurde schließlich am 17. Dezember 1975 außer Dienst gestellt. Am 14. September 1977 wurde der Kreuzer zum Verschrotten angeboten und 1978/79 abgebrochen.

Vereinigte Staaten von Amerika

OMAHA-Klasse

Kennung	Name	Bauwerft	Kiellegung	Stapellauf	Fertigstellung	Schicksal
CL 4	OMAHA	Todd Co., Tacoma	6. Dez. 1918	14. Dez. 1920	24. Febr. 1923	gestrichen: 28. Nov. 1945
CL 5	MILWAUKEE	Todd Co., Tacoma	13. Dez. 1918	24. März 1921	20. Juni 1923	an die UdSSR: 20. April 1944
CL 6	CINCINNATI	Todd Co., Tacoma	15. Mai 1920	23. Mai 1921	1. Jan. 1924	verk.z.Abbr.: 27. Febr. 1946
CL 7	RALEIGH	Bethlehem Steel Co., Quincy	16. Aug. 1920	25. Okt. 1922	6. Febr. 1924	gestrichen: 28. Nov. 1945
CL 8	DETROIT	Bethlehem Steel Co., Quincy	10. Nov. 1920	29. Juni 1922	31. Juli 1923	verk.z.Abbr.: 27. Febr. 1946
CL 9	RICHMOND	Cramp, William & Sons, Philadelphia	16. Febr. 1920	29. Sept. 1921	2. Juni 1923	gestrichen: 21. Jan. 1946
CL 10	CONCORD	Cramp, William, & Sons, Philadelphia	29. März 1920	15. Dez. 1921	3. Nov. 1923	verk.z.Abbr. 21. Jan. 1947
CL 11	TRENTON	Cramp, William & Sons, Philadelphia	18. Aug. 1920	16. April 1923	19. April 1924	gestrichen: 21. Jan. 1946
CL 12	MARBLEHEAD	Cramp, William & Sons, Philadelphia	4. Aug. 1920	9. Okt. 1923	8. Sept. 1924	gestrichen: 28. Nov. 1945
CL 13	MEMPHIS	Cramp, William & Sons, Philadelphia	14. Okt. 1920	17. April 1924	4. Febr. 1925	gestrichen: 8. Jan. 1946

Typ: Geschützter Kreuzer (später Leichter Kreuzer) – Cruiser, III Class (Light Cruiser).
Konstruktionsverdrängung: 7050 ts (7163 t).
Einsatzverdrängung: 9150 ts (9296 t).
Länge: 169,32 m (über alles), 167,64 m (CWL).
Breite: 16,86 m.
Tiefgang: 4,11 m (mittlerer), 6,10 m (maximal).
Antriebsanlage: CL 4 - CL 6: 4 Satz Westinghouse-Getriebeturbinen, CL 7 + CL 8: 4 Satz Curtis-Getriebeturbinen, CL 9 - CL 13: 4 Satz Parsons-Getriebeturbinen; CL 4 - CL 8: 12 Yarrow-Kessel, CL 9 - CL 13: 12 White-Forster-Kessel; 4 Wellen.
Antriebsleistung: 90 000 WPS für 34 kn.
Bunkerinhalt: 1852 (2000 max.) ts Heizöl.
Fahrtstrecke: 8460 sm bei 10 kn.
Panzerschutz: Hauptgürtelpanzer 76 mm, Oberdeck 38 mm.
Geschütze: zwölf (CL 6 - CL 9 + CL 12: zehn) 15,2 cm S.K. L/53 (2 x 2, 6 bzw. 8 x 1), vier 7,6 cm S.K. L/50 (4 x 1).
Torpedorohre: zehn 53,3 cm (2 x 2, 2 x 3).
Seeminen: 224.
Bordflugzeuge: zwei, zwei Katapulte.
Besatzungsstärke: 458 bzw. 560 (Kriegsstärke) Offiziere und Mannschaften.

Entwurf: Zwischen der SALEM-Klasse von 1905 und der OMAHA-Klasse von 1917 bauten die USA keine Kreuzer, da ernste Meinungsverschiedenheiten darüber bestanden, welchen Kreuzertyp die USN brauchte. Hierzu verschaffte der Ausbruch des Krieges in Europa die Möglichkeit, einen Typ nach den Erfahrungen der kriegführenden Mächte zu bauen. In der Zwischenzeit zog die USN zahlreiche Entwurfsskizzen in Erwägung, die eine Wasserverdrängung von 10 500 ts bis 25 000 ts aufwiesen und in der Bewaffnung bis zum Kaliber 40,6 cm reichten. Sie umfaßten die gesamte Bandbreite vom Aufklärungskreuzer bis zum Schlachtkreuzer. Doch letztendlich erhielt der erstere Typ den Vorzug, wenn auch in einer sehr abgeschwächten Version. Die ursprünglichen militärischen Forde-

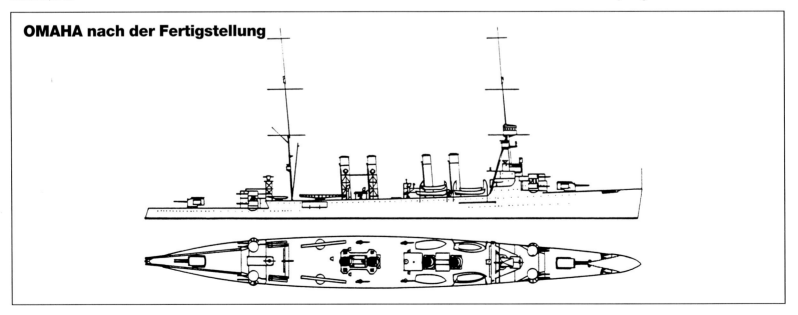

OMAHA nach der Fertigstellung

rungen für den Entwurf »1917 Scout«, wie seine Bezeichnung lautete, umfaßten bei einer Wasserverdrängung von etwa 8000 ts eine Höchstgeschwindigkeit über 30 kn, eine Seeausdauer von 10 000 sm und eine Bewaffnung von nicht weniger als sechs 15,2-cm-Geschützen. Die letztere Forderung wurde bald auf zehn 15,2-cm-Geschütze, vier Fla-Geschütze, zwei Zwillings-Torpedorohrsätze und nicht weniger als vier Bordflugzeuge ergänzt. Außerdem sollte der Kreuzer die Fähigkeit zum Minenlegen aufweisen. Diese Forderungen waren bei der vorgegebenen Wasserverdrängung für die Konstrukteure bedrückend, und so wurde bald deutlich, daß jede mögliche Maßnahme zur Gewichtseinsparung genutzt werden mußte. Tatsächlich wurde dieser Kreuzertyp in der Zeit der Entwurfserarbeitung als »Großer Zerstörer« beschrieben; es fehlten viele Vorzüge und Charakteristika, die von einem Kreuzer-Entwurf erwartet wurden.

Am 8. Juli 1916, dem Zeitpunkt, als die Kontraktpläne abgezeichnet wurden, hatte der Entwurf eine Konstruktionsverdrängung von 7050 ts erreicht. Das Panzerschutzschema umfaßte einen Gürtelpanzer in der Wasserlinie von 76 mm Dicke und 5,80 m Breite sowie ein gepanzertes Oberdeck von 38 mm Dicke. Vorn und achtern gab es 38 mm bzw. 76 mm dicke Panzerquerschotte, aber die Turmschilde hatten lediglich einen Splitterschutz erhalten. Der Gewichtsanteil dieser Panzerung betrug knapp über 8 % der Konstruktionsverdrängung.

In Anbetracht der verhältnismäßig geringen Wasserverdrängung erhielten die Kreuzer eine sehr starke Antriebsanlage, die ihnen in Verbindung mit einer guten Linienführung des Schiffskörpers eine hohe Geschwindigkeit verlieh. Zum erstenmal war die Antriebsanlage nach dem Einheitsprinzip angeordnet, das bei allen später gebauten amerikanischen Kreuzern (mit Ausnahme der NEW ORLEANS- und der BROOKLYN-Klasse) eingeführt werden sollte, und das schließlich auch die Marinen anderer Nationen übernahmen. Die zwölf Kessel standen in vier Kesselräumen (»Feuerräume« nach amerikanischem Sprachgebrauch), wobei die vorderen beiden ein Turbinenraum vom achteren Paar trennte. Die Kessel waren vom Yarrow-Typ, ausgenommen bei den auf der Werft von Cramp, William & Sons in Philadelphia/Pennsylvania gebauten Einheiten; diese waren vom White-Forster-Typ. Die Turbinensätze mit einer Vier-Wellen-Anordnung unterschieden sich ebenfalls je nach Bauwerft: die bei Cramp, William & Sons gebauten Einheiten waren vom Parsons-Typ, die bei Todd & Co. (Todd-Pacific) in Tacoma/Seattle gebauten hatten Westinghouse-Turbinen und die bei der Bethlehem Steel Co. (Fore-River-Werft) in Quincy/Massachusetts entstandenen waren vom Curtis-Typ. Darüber hinaus bestanden noch weitere Unterschiede. Dies galt insbesondere für die Marschfahrt-Stufen, woraus sich ein großer Unterschied bei der Seeausdauer ergab. Dies bedeutete, die Kreuzer der OMAHA-Klasse konnten in zwei Gruppen eingeteilt werden: in solche mit »großem Fahrbereich« (CL 9 - CL 13) und in solche mit »kleinem Fahrbereich« (CL 4 - CL 8), was sich offensichtlich auf die taktische Verwendung auswirkte. Angesichts der riesigen Ölreserven der USA fand Heizöl als einziger Brennstoff Verwendung. Doch die konstruktionsbedingte Seeausdauer von 10 000 sm bei 10 kn wurde nie erreicht. Der tatsächliche Fahrbereich betrug lediglich 6400 sm bei 10 kn.

Eine der Besonderheiten dieses Entwurfs bestand darin, ein Maximum an Breitseitfeuer zu erreichen. Dies führte zu der merkwürdigen Anordnung von vier Kasemattgeschützen vorn und achtern in der Breitseite sowie von zwei Geschützen auf dem Mitteldeck. Auf der Back konnte kein Geschütz aufgestellt werden, da nur Einzellafetten mit Schilden zur Verfügung standen, die dem Luftdruck der Kasemattgeschütze nicht widerstehen konnten. Während sich die Schiffe im Bau befanden, erfolgte jedoch eine Reihe von Änderungen. So wurden die Geschütze auf dem Mitteldeck weggelassen und vorn und achtern durch je einen Doppelturm ersetzt. Bei der Hauptbewaffnung handelte es sich um das 15,2-cm-Geschütz S.K. L/53 Mk. 12. Die Sekundärbewaffnung bestand aus vier 7,6-cm-Geschützen S.K. L/50 in Einzellafetten, aufgestellt auf dem Mitteldeck mittschiffs. Gegenüber dem ursprünglichen Entwurf erfuhr die Torpedobewaffnung eine wesentliche Verstärkung durch zwei zusätzliche 53.3-cm-Drillings-Torpedorohrsätze, eingebaut auf dem Backsdeck hinter dem Großmast oberhalb der Zwillingssätze auf dem Hauptdeck. Schließlich gab es noch zwei Katapulte, je eines an Backbord und an Steuerbord vor dem Großmast, aber keine Flugzeughalle. Zwei Seeflugzeuge konnten mitgeführt werden, ursprünglich vermutlich vom Typ Vought VE-9.

Oben: Die OMAHA im Jahre 1937. (MPL)

Modifizierungen: Wie bereits erwähnt, erfolgte als erste wesentliche Änderung der zusätzliche Einbau der Doppeltürme vorn und achtern noch vor der Fertigstellung. Nach der Indienststellung und in den Jahren bis zum Eintritt der USA in den Zweiten Weltkrieg wurden verschiedene Maßnahmen ergriffen, um die Stabilität der Schiffe durch Entfernen von Obergewicht zu verbessern. Hierzu gehörten das An-Land-Geben der Zwillings-Torpedorohrsätze und das Verschließen ihrer Öffnungen im Schiffskörper, das Entfernen der unteren 15,2-cm-Kasemattgeschütze achtern bei fünf Einheiten der Klasse (CL 6 - CL 9 + CL 12) und der Einbau von nur vier 7,6-cm-Geschützen, sämtlich auf dem Mitteldeck. MARBLEHEAD erhielt als einzige Einheit das entfernte 15,2-cm-Kasemattgeschütz achtern auf der Mittschiffslinie. 1940 gab es den Vorschlag, diese Schiffe zu Flakkreuzern umzurüsten. Die Hauptbewaffnung sollte auf vier 15,2 cm (2 x 2) verringert und die Fla-Bewaffnung auf sieben 12,7-cm-Luft/Seeziel-Geschütze als Schwere Flak und sechs 2,8-cm-Vierlingslafetten als Leichte Flak verstärkt werden. Nach ausgiebigen Diskussionen kam dieser Plan jedoch nicht zur Ausführung. Um weiteres Obergewicht einzusparen, wurden der Kommandoturm entfernt und der Brückenaufbau modernisiert. Die im März 1942 festgesetzte Ausstattung mit Leichter Flak sah vor: je eine 2,8-cm-Vierlingslafette vorn und achtern (um durch 4-cm-Doppellafetten ersetzt zu werden, sobald diese zur Verfügung standen) sowie acht 2-cm-Einzellafetten, vier in den Brückennocken und die übrigen auf den achteren Aufbauten eingebaut. Außerdem wurden die 7,6-cm-Fla-Geschütze auf sieben und die 2-cm-Ausstattung später auf zwölf Rohre verstärkt. 1942 erfolgte auch die Ausrüstung mit Radar. Später wurde die Hauptbewaffnung aller

VEREINIGTE STAATEN VON AMERIKA 263

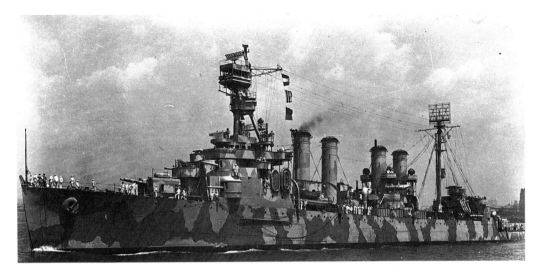

Oben: Die CINCINNATI im Juli 1942. (Louis Parker)

Unten: Eine weitere Ansicht der CINCINNATI aus dem Jahre 1942. (Louis Parker)

Einheiten auf zehn 15,2 cm verringert und eine dritte 4-cm-Doppellafette ersetzte ein 7,6-cm-Geschütz. Einige Einheiten unterschieden sich von dieser Standardausrüstung: RALEIGH besaß acht 7,6 cm und nur acht 2 cm. Bei der CINCINNATI ersetzten zwei 4-cm-Einzellafetten vom Heeresmodell ihre Torpedorohrsätze und die MEMPHIS behielt sieben 7,6 cm und hatte nur zwei 4-cm-Doppellafetten. Schließlich erfuhr die DETROIT 1945 einen Umbau. Statt der oberen vorderen 15,2-cm-Kasemattgeschütze kamen zwei 4-cm-Doppellafetten an Bord. Außerdem besaß sie acht 7,6-cm-Geschütze S.K. L/50 und hatte keine Torpedorohrsätze mehr. Von Ende 1935 an führten die Kreuzer statt der Seeflugzeuge vom Typ Vought VE-9 das Seeflugzeug vom Typ Curtis SO 3 C-1 »Seagull«.[227] Am 12. November 1935 nahm die MARBLEHEAD die ersten beiden Maschinen dieses Typs an Bord. Die Flugzeugeinrichtungen schienen während des ganzen Krieges beibehalten worden zu sein, wahrscheinlich infolge ihres Einsatzes in den riesigen Seeräumen des Südatlantik.

Nach 1940 löste das Seeflugzeug vom Typ Vought SO 2 U-3 »Kingfisher« die »Seagull« als standardmäßiges Bordflugzeug ab.[228]

Werdegang: Nach ihrer Indienststellung gehörte die OMAHA als Flaggschiff der Zerstörer zum Atlantikgeschwader (ab Anfang 1941 Atlantikflotte) und später zusammen mit den Kreuzern MEMPHIS, MILWAUKEE und CINCINNATI zur 2. Kreuzerdivision dieser Flotte. Letztere bildete nach dem Beginn des Krieges in Europa zusammen mit fünf Zerstörern die amerikanische TF 3 (Rear-Admiral Ingram), die am 15. Juni 1941 ihre Neutralitätspatrouillen in der »Panamerikanischen Sicherheitszone« von ihren Stützpunkten Pernambuco (heute Récife) und Bahia (heute Salvador) aufnahm.[299] Noch vor dem Kriegseintritt der USA brachte die OMAHA mit dem Zerstörer SOMERS (TG 3.5) am 6. November 1941 vor der brasilianischen Küste den mit Gummi beladenen deutschen Frachter ODENWALD (5098 BRT) auf, der als amerikanische WILLMOTO getarnt war. Nach dem Kriegseintritt der USA setzte der Kreuzer seinen Patrouillendienst im Mittel- und Südatlantik fort. Am 4. Januar 1944 sichtete das Bordflugzeug der inzwischen zur amerikanischen TF 41 (Rear-Admiral Reid)[230] gehörenden OMAHA den deutschen Blockadebrecher RIO GRANDE (6062 BRT).[231] Mit seinem Begleitzerstörer JOUETT versenkte der Kreuzer ihn durch Artilleriebeschuß. Am 5. Januar 1944 stießen die beiden US-Schiffe auf den ebenfalls gemeldeten deutschen Blockadebrecher BURGENLAND (7320 BRT), der sich beim Insichtkommen des Gegners selbstversenkte. Anfang August 1944 verlegte die OMAHA für die alliierten Landungen in Südfrankreich (Operation »Dragoon«) ins Mittelmeer. Am Landungstag, dem 15. August, gehörte sie zum Unterstützungsverband der TF 86 (»Sitka«) für die Landung auf der Insel Levante. Nach Feuerunterstützungseinsätzen bis Ende August kehrte die OMAHA in den Südatlantik zurück und verblieb dort bis Kriegsende. Im August 1945 verlegte der Kreuzer an die amerikanische Ostküste, wurde am 1. November 1945 außer Dienst gestellt und noch im selben Monat aus der Flottenliste gestrichen. Im Februar 1946 wurde das Schiff auf der Marinewerft Philadelphia abgebrochen.

MILWAUKEE war nach der Indienststellung und einer Verwendung im Atlantik hauptsächlich in pazifischen Gewässern stationiert. So gehörte sie unter anderem von 1928 an zur Asienflotte und von 1933 bis Ende 1940 zur 3. Kreuzerdivision bei der ebenfalls in pazifischen Gewässern stationierten Schlachtflotte. Danach stieß der Kreuzer zur 2. Kreuzerdivision bei der TF 3 im Atlantik. Dort verlief ihr Werdegang ähnlich der OMAHA (siehe oben), allerdings war sie mehr in karibischen Gewässern eingesetzt. Nach einem kurzen Aufenthalt in pazifischen Gewässern zu Geleitsicherungsaufgaben Anfang 1942 gehörte auch die MILWAUKEE – wie

Oben: Die DETROIT im August 1942. (Floating Drydock)

Unten: Die MEMPHIS im Oktober 1945 in Malta. (W&L)

die OMAHA – für die nächsten Jahre zur *TF 41*, stationiert in Récife, und leistete im Südatlantik Patrouillendienst. Im Februar 1944 kehrte der Kreuzer nach New York zurück und operierte anschließend im Nordatlantik. Ende März gehörte er zur Sicherung des Rußland-Geleitzuges JW 58, um nach dem Eintreffen dort anstelle der italienischen Kriegsschiffe an die sowjetische Marine übergeben zu werden. Diese Schiffe konnten während des Krieges nach der Kapitulation Italiens aus verschiedenen Gründen nicht ausgeliefert werden, und als die Sowjets auf ihren Anteil aus der Kriegsbeute bestanden, wurden als Notbehelf mehrere alliierte Kriegsschiffe an die Sowjetunion ausgeliehen. Eines dieser Schiffe war die MILWAUKEE. Ihre Übergabe erfolgte am 20. April 1944. Danach erhielt der Kreuzer den Namen MURMANSK (siehe oben Seite 252). Er wurde am 16. März 1949 an die USN zurückgegeben und anschließend zum Verschrotten verkauft. Am 10. Dezember 1949 traf das Schiff auf der Werft American Shipbreakers in Wilmington/Delaware zum Abbruch ein.

CINCINNATI stieß nach der Indienststellung zur 2. Kreuzerdivision beim Atlantikgeschwader, verlegte 1927 zur Asienflotte, kehrte 1928 in den Atlantik zurück und kam 1932 zur 3. Kreuzerdivision bei der Schlachtflotte im Pazifik. Zu Beginn des Jahres 1941 verlegte die CINCINNATI zurück in den Atlantik zur 2. Kreuzerdivision. Bis zum Ende des Krieges hatte der Kreuzer denselben Werdegang wie die OMAHA (siehe oben) und war weitgehend im Mittel- und Südatlantik eingesetzt, zuerst zur *TF 3* und später zur *TF 41* gehörend, ausgenommen der kurze Einsatz bei der alliierten Landung in Südfrankreich im August 1944 ebenfalls bei der *TF 86* (»Sitka«). Auch die CINCINNATI wurde am 1. November 1945 außer Dienst gestellt und am 27. Februar 1946 zum Verschrotten verkauft.

In den Jahren bis zum Zweiten Weltkrieg gehörte die RALEIGH sowohl zum Atlantikgeschwader wie auch zur Schlachtflotte im Pazifik. 1927 setzte sie in Nicaragua Truppen an Land und unternahm 1928 eine Europareise. Während des Spanischen Bürgerkrieges nahm die RALEIGH an der internationalen Seekontrolle vor Spanien teil. Im Sommer 1938 wurde sie Flaggschiff der Zerstörer bei der Schlachtflotte im Pazifik (ab Anfang 1941 Pazifikflotte), stationiert in Pearl Harbor. Im Verlaufe des japanischen Angriffs am 7. Dezember 1941 wurde der Kreuzer durch Lufttorpedotreffer im Kesselraum 2 schwer beschädigt. Fast alle Maschinenräume liefen voll. Weitere Schäden verursachte ein Bombennahtreffer. Hätten sich diese Beschädigungen auf See ereignet, wäre die RALEIGH fast mit Sicherheit verlorengegangen. Die Ausbesserungsarbeiten dauerten bis zum Juli 1942. Nach der Wiederindienststellung beschoß der zur amerikanischen *TG 8.6* gehörende Kreuzer am 18./19. Februar 1943 Holtz Bay und Chicago Harbor auf der Aleuten-Insel Attu. Er war an der Rückeroberung dieser Insel (Operation »Landcrab«) im Mai 1943 beteiligt und gehörte u.a. mit den Kreuzern DETROIT und RICHMOND zum Südlichen Deckungsverband (*TG 16.6*). Am 2. und 12. August 1943 beschoß die RALEIGH mit der *TG 16.6* die Aleuten-Insel Kiska zur Vorbereitung der Landung, die am 15. August (Operation »Cottage«) erfolgte. Dem schloß sich im Februar 1944 der Vorstoß einer US-Kampfgruppe an, bestehend aus den Kreuzern RALEIGH und DETROIT mit fünf Zerstörern, um am 4. die Kurilen-Insel Paramushiro zu beschießen.

Am 5. Januar 1945 beschoß der Kreuzer mit DETROIT und RICHMOND erneut die Kurilen, diesmal Suribachi bei Paramushiro. Nach dem Ende des Krieges wurde die RALEIGH im November 1945 außer Dienst gestellt, am 28. November aus der Flottenliste gestrichen und am 27. Februar 1946 zum Abbruch verkauft.

Nach der Indienststellung stieß die DETROIT zur 3. Kreuzerdivision bei der Schlachtflotte im Pazifik und gehörte 1927 zu den US-Streitkräften, die bei den Unruhen in Nicaragua zum Einsatz kamen. Im

VEREINIGTE STAATEN VON AMERIKA 265

Juni 1927 wurde sie das Flaggschiff des Befehlshabers der Seestreitkräfte in Europa und unternahm eine ausgedehnte Reise in europäischen Gewässern. Ende der 30er Jahre diente der Kreuzer als Flaggschiff der I. und II. Zerstörerflottille bei der Schlachtflotte im Pazifik und fungierte von 1939 bis zum Mai 1942 als Flaggschiff der II. Zerstörerflottille. Anschließend gehörte die DETROIT bis Kriegsende zur 1. Kreuzerdivision. Bei Ausbruch des Krieges im Pazifik befand sie sich in Pearl Harbor und blieb beim Angriff der Japaner unbeschädigt. Danach hatte sie Aufgaben der örtlichen Verteidigung zu erfüllen und sicherte Geleitzüge zwischen Pearl Harbor und der amerikanischen Westküste. Im November 1942 wurde die DETROIT das Flaggschiff der *TG 8.6* (Rear-Admiral McMorris) und nahm u.a. mit der RICHMOND am 26. April 1943 an der Beschießung der Aleuten-Insel Attu teil. Ihre weiteren Einsätze im Nordpazifik bis zum Juni 1944 mit Beschießungen von Aleuten- und Kurilen-Inseln entsprechen den der RALEIGH (siehe oben). Im August 1944 befand sich die DETROIT als Flaggschiff der Südostpazifik-Flotte in Balboa/Panama-Kanalzone und operierte bis zum Dezember 1944 vor der Westküste Südamerikas. Danach verlegte sie wieder in den Nordpazifik zur weiteren Beschießung der Kurilen (siehe oben RALEIGH) und im Anschluß daran nach Ulithi. Am 16. Januar 1945 wurde der Kreuzer das Flaggschiff der Versorgungsgruppe (Rear-Admiral Beary) bei der 5. Flotte, später der *TG 30.8* bei der 3. Flotte. Anfang Juni 1945 erlitt die DETROIT bei »Kamikaze«-Angriffen vor Okinawa leichte Beschädigungen. Am 21. und 22. Juli führte die DETROIT mit ihrer Versorgungsgruppe die größte Versorgungsoperation des Krieges in See durch.[232] Am 2. September 1945 gehörte der Kreuzer zu den Schiffen der 3. Flotte (Adm. Halsey), die bei der Unterzeichnung der Kapitulation Japans in der Bucht von Tokio anwesend waren. Seine letzte Aufgabe war der Rücktransport amerikanischer Truppen aus dem Pazifik in die USA. Am 11. Januar 1946 wurde das Schiff außer Dienst gestellt und am 27. Februar desselben Jahres zum Verschrotten verkauft.

RICHMOND unternahm nach ihrer Indienststellung eine lange Auslandsreise nach Europa, Afrika und Südamerika. Danach diente sie als Flaggschiff der Aufklärungsstreitkräfte. 1925 wurde sie Flaggschiff der Leichten Kreuzerdivision bei den Aufklärungsstreitkräften. Nach einem Jahr Aufenthalt auf der China-Station 1927 war sie bis 1934 an der amerikanischen Ostküste und anschließend bis 1937 an der Westküste stationiert. Im Anschluß daran wurde die RICHMOND das Flaggschiff des Befehlshabers der U-Boote, stationiert im Pazifik. 1940 verlegte sie als Flaggschiff der 3. Kreuzerdivision mit der Schlachtflotte nach Pearl Harbor. Von Dezember 1940 an war der Kreuzer an der Überwachung der Neutralitätszone vor der nord- und südamerikanischen Küste beteiligt. Mit dem Eintritt der USA in den Krieg führte die RICHMOND Aufgaben der Geleitsicherung im Pazifik bis 1943 durch. Am 18./19. Januar 1943 nahm sie im Rahmen der *TG 8.6* an der Beschießung der Aleuten-Insel Attu und am 26. März als Flaggschiff der *TG 16.6* an der Seeschlacht bei den Kommandorski-Inseln teil (siehe unten SALT LAKE CITY). Der Kreuzer verblieb im Nordpazifik und war bis 1945 an den Beschießungen der Aleuten und Kurilen beteiligt (siehe oben RALEIGH und DETROIT). Anfang März 1944 stieß die RICHMOND mit acht Zerstörern in das Ochotskische Meer auf der Suche nach japanischen Geleitzügen vor. Infolge des Wetters mußte das Unternehmen erfolglos abgebrochen werden. Die Beschießungen der Kurilen u.a. durch die RICHMOND zusammen mit der CONCORD hielten bis in den August 1945 hinein an. Als Flaggschiff der *TF 92* traf der Kreuzer u.a. mit der CONCORD am 30. August 1945 vor Ominato an der Nordspitze der Insel Honshu ein, um die Kapitulation der dortigen japanischen Stützpunkte entgegenzunehmen. Nach ihrer Rückkehr in die USA wurde die RICHMOND am 21. Dezember 1945 außer Dienst gestellt, am 21. Januar 1946 aus der Flottenliste gestrichen und am 18. Dezember 1946 an die Patapsco Scrap Co. in Bethlehem/Pennsylvania zum Abbruch verkauft.

Von 1925 bis 1931 war die CONCORD das Flaggschiff der Zerstörerflottillen beim Atlantikgeschwader. Danach wurde sie das Flaggschiff der 3. Kreuzerdivision bei den Aufklärungsstreitkräften, der späteren Schlachtflotte in pazifischen Gewässern. Nach dem Ausbruch des Pazifischen Krieges sicherte die CONCORD u.a. mit der TRENTON Anfang 1942 Truppentransport-Geleitzüge von der amerikanischen Westküste in den Südwestpazifik. Sie operierte auf diesem Kriegsschauplatz, bis sie Anfang 1944 als Flaggschiff der *TF 94* (Rear-Admiral Small) in den Nordpazifik zu den Aleuten verlegte. Ende Juni 1944 unternahm die CONCORD mit ihrem Kampfverband im Schutze einer Wetterfront einen Vorstoß nach Westen und beschoß am 26. Juni die Kurilen-Insel Paramushiro. Ab Frühjahr 1945 gehörte sie zusammen mit der RICHMOND (siehe oben) zur *TF 92* (Rear-Admiral Brown) und führte mit diesem Kampfverband weiterhin Einsätze zur Beschießung japanischer Anlagen auf den Kurilen bis zur Entgegennahme der japanischen Kapitulation am 30. August durch. Im September 1945 kehrte die CONCORD in heimische Gewässer zurück, wurde am 12. Dezember desselben Jahres außer Dienst gestellt und am 21. Januar 1947 zum Abbruch verkauft.

Auch die TRENTON nahm 1927 am Eingreifen in Nicaragua teil. Den Großteil der Vorkriegszeit verbrachte sie als Flaggschiff der 2. Kreuzerdivision beim Atlantikgeschwader und ab 1939 gehörte sie zur 3. Kreuzerdivision bei der Schlachtflotte in pazifischen Gewässern. Wie die CONCORD (siehe oben) erfüllte sie von Kriegsbeginn an Geleitsicherungsaufgaben und operierte bis 1944 im südlichen Pazifik. Am 29. August 1943 entging der deutsche Hilfskreuzer MICHEL/*Schiff 28* westlich der chilenischen Küste nur knapp der TRENTON, die ihn nicht sichtete. Von September 1944 an operierte der Kreuzer bis Kriegsende von den Aleuten aus in nordpazifischen Gewässern. Die TRENTON wurde am 20. Dezember 1945 außer Dienst gestellt, am 21. Januar 1946 aus der Flottenliste gestrichen und am 29. Dezember desselben Jahres an die Patapsco Scrap Co. in Bethlehem/Pennsylvania zum Abbruch verkauft.

Nach der Indienststellung begann die MARBLEHEAD ihren Werdegang mit einer Auslandsreise nach Großbritannien und ins Mittelmeer, dem sich 1925 ein Besuch in Australien anschloß. 1927/28 war sie an den Operationen zum Schutz amerikanischer Bürger und Interessen im chinesischen Schanghai und auf dem Jangtsekiang sowie vor Nicaragua beteiligt. Danach setzte für den Kreuzer die friedensmäßige Routine bei den Flottenverbänden im Atlantik und Pazifik ein. 1938 wurde die MARBLEHEAD zu den Philippinen entsandt und im Marinestützpunkt Cavite bei Manila stationiert. Bei Ausbruch des Pazifischen Krieges am 7. Dezember 1941 befand sich der Kreuzer noch in dieser Region, sicherte alliierte Geleitzüge in ostindischen Gewässern und unternahm erforderlichenfalls offensive Vorstöße. Ende Januar 1942 nahm die MARBLEHEAD – zur alliierten *TF 5* (Rear-Admiral Glassford, USN) gehörend – an einem Vorstoß teil, um den japanischen Landungsverband vor Balikpapan/Borneo anzugreifen. Infolge eines Maschinenschadens mußte sie jedoch den Einsatz abbrechen. Anfang Februar 1942 gehörte der Kreuzer zum ABDA-Verband unter dem niederländischen Konteradmiral Doorman. Der Verband lief in der Nacht vom 3./4. Februar zu einem Vorstoß Richtung Makassar-Straße aus der Meerenge zwischen den Inseln Madoera (heute Madura) und Java aus, um erneut den japanischen Landungsverband vor Balikpapan anzugreifen. In den frühen Morgenstunden des 4. Februar wurde der Verband in der Java-See nördlich der Insel Madoera von der japanischen Aufklärung erfaßt und von 37 japanischen Bombern angegriffen. Bombennahtreffer sowie zwei direkte Bombentreffer verursachten auf der MARBLEHEAD schwere Schäden. Starke Wassereinbrüche sowie der Ausfall der Ruderanlage führten fast zum Verlust des Schiffes. Nur mit den Propellern steuernd, erreichte der Kreuzer mühsam Tjilatjap an der Südküste Javas und ging nach einer Notreparatur über Ceylon (heute Sri Lanka) zur vorläufigen Ausbesserung nach Südafrika. Die Reparaturarbeiten dauerten bis Mitte April. Danach kehrte die MARBLEHEAD zur vollständigen Ausbesserung in die USA zurück. Anschließend kam sie (wie die OMAHA – siehe oben), stationiert in Pernambuco (heute Récife) und Bahia (heute Salvador), bei der Suche nach deutschen Blockadebrechern bis zum Februar 1944 zum Einsatz.[233] Danach folgte eine mehrmonatiges Operieren auf den Geleitzugrouten im Nordatlantik, ehe der Kreuzer Anfang August 1944 für die alliierten Landungen in Südfrankreich am 15. August (Operation »Dragoon«) ins Mittelmeer verlegt wurde. Hier gehörte die MARBLEHEAD zur Feuerunterstützungsgruppe der TF 87, die beiderseits von Rade d'Agay eine Landung durchzuführen hatte. Dies war der letzte Kriegseinsatz des Kreuzers, der anschließend in heimische Gewässer zurückkehrte und bis zu seiner Außerdienststellung am 1. November 1945 als Schulschiff Verwendung fand. Am 28. November 1945 wurde das Schiff aus der Flottenliste gestrichen und am 27. Februar 1946 zum Abbruch verkauft.

MEMPHIS trat nach der Indienststellung zur 2. Kreuzerdivision beim Atlantikgeschwader und kam von 1927 bis 1939 zur 3. Kreuzerdivision bei den Aufklärungsstreitkräften, der späteren Schlachtflotte in pazifischen Gewässern. Danach wurde sie Flaggschiff des Aufklärungsverbandes. In dieser Zeit fand sie in vielen Teilen der Welt Verwendung, unter anderem auch in europäischen (Flaggschiff des Befehlshabers der Seestreitkräfte in Europa) und australischen Gewässern. Von 1928 an war sie hauptsächlich im Pazifik stationiert, unter anderem auch von 1939 bis 1941 in Alaska. Im April 1941 wurde der Kreuzer der TF 3 zugeteilt, die ab dem 15. Juni Neutralitätspatrouillen im Mittel- und Südatlantik durchführte (siehe oben OMAHA). Den Großteil des Krieges über verblieb die MEMPHIS, zur TF 41 gehörend und in Pernambuco (heute Récife) stationiert, in diesen Seegebieten, um deutsche Blockadebrecher aufzuspüren.[234] Im Januar 1945 wurde der Kreuzer ins Mittelmeer entsandt und diente als Flaggschiff des Befehlshabers der US-Seestreitkräfte in Europa. In heimischer Gewässer zurückgekehrt, erfolgte am 17. Dezember 1945 die Außerdienststellung der MEMPHIS. Am 8. Januar 1946 wurde sie aus der Flottenliste gestrichen und am 18. Dezember desselben Jahres an die Patapsco Scap Co. in Bethlehem/Pennsylvania zum Abbruch verkauft.

PENSACOLA-Klasse

Kennung	Name	Bauwerft	Kiellegung	Stapellauf	Fertigstellung	Schicksal
CA 24	PENSACOLA	Marinewerft New York	27. Okt. 1926	25. April 1929	6. Febr. 1930	aufgebracht: 10. Nov. 1948
CA 25	SALT LAKE CITY	New York Sb.Corp., Camden/N.J.	9. Juni 1927	23. Jan. 1929	11. Dez. 1929	aufgebracht: 25. Mai 1948

Typ: Schwerer Kreuzer – Heavy Cruiser.
Standardverdrängung: 9097 ts (9243 t).
Einsatzverdrängung: 11 512 ts (11 696 t).
Länge: 178,51 m (über alles), 173,74 m (CWL).
Breite: 19,89 m.
Tiefgang: 5,94 m (mittlerer).
Antriebsanlage: 4 Satz Parsons-Getriebeturbinen, 8 White-Forster-Kessel, 4 Wellen.
Antriebsleistung: 107 000 WPS für 32,5 kn.
Bunkerinhalt: 1500 ts (2116 ts max.) Heizöl.
Fahrtstrecke: 13 000 sm bei 15 kn.
Panzerschutz: Hauptgürtelpanzer 76 mm (Maschinenräume), Deck 51 mm, Munitionskammern 102 mm (Seiten) bzw. 45 mm (Decken).
Geschütze: zehn 20,3 cm S.K. L/55 (2 x 3, 2 x 2), vier 12,7 cm S.K. L/25 (4 x 1).
Torpedorohre: sechs 53,3 cm (2 x 3).
Seeminen: keine.
Bordflugzeuge: vier, zwei Katapulte.
Besatzungsstärke: 631 Offiziere und Mannschaften.

Entwurf: 1918 beeinträchtigte das Auftauchen der britischen HAWKINS-Klasse (siehe oben), die vom Entwurf her allen vorhandenen Kreuzerklassen der amerikanischen und anderer Marinen überlegen war, auch die in der Entwicklung begriffenen Kreuzerentwürfe der US-Marine. Infolgedessen entschied die USN, jeder zukünftige Kreuzer müßte den Einheiten der HAWKINS-Klasse überlegen sein; denn zu diesem Zeitpunkt galt Großbritannien noch als potentieller Gegner. Es wurde jedoch auch klar erkannt, daß Japan eine reale Bedrohung darstellte und daß ein Krieg im Pazifik gewisse Sondereigenschaften erfordern würde – die offensichtlichste von ihnen war das Vorhandensein großer Seeausdauer. In den Jahren, die dem Ende des Ersten Weltkrieges folgten, stand die US-Marine, wie die meisten Marinen der damaligen Zeit, mit ihren politischen und finanziellen Herren im Widerstreit. Die Anzahl der Kriegsschiffe, welche die Marine als notwendig erachtete, war nach dem Ende der Feindseligkeiten deutlich zu hoch, da Präsident und Regierung sehr nachdrücklich die Gewährleistung betonten, daß es keine weiteren Kriege gäbe. Infolgedessen wurden trotz vieler Planungsarbeiten und Diskussionen bis in die Mitte der 20er Jahre hinein keine Kreuzer auf Kiel gelegt. Zwischenzeitlich war 1922 der Washingtoner Flottenvertrag unterzeichnet worden, der eine neue Kreuzerkategorie schuf. Ihr hatten die Signatarstaaten aufgrund der amerikanischen und britischen Argumente zugestimmt – sie entsprach jedoch mehr den amerikanischen als den britischen Vorstellungen. In den USA hatten die Entwurfsstudien für einen mit 20,3-cm-Geschützen bewaffneten Kreuzer bereits Anfang 1919 begonnen. Bis 1920 lagen zumindest sieben Entwurfsskizzen zur Erörterung vor. Sie beschrieben einen »Aufklärungskreuzer«, dessen Wasserverdrängung von 5000 ts bis 10 000 ts reichte, bewaffnet mit verschiedenen Kombinationen aus 12,7-cm-, 15,2-cm- und 20,3-cm-Geschützen.

In den folgenden Jahren beschritt die amerikanische Marine wie die jeder anderen Seemacht denselben Weg, als sie den Versuch unternahm, die einander widersprechenden Forderungen der am Entwurf beteiligten Stellen in Einklang zu bringen: Panzerschutz gegen Geschwindigkeit gegen Feuerkraft usw. Im November 1923 schienen jedoch die Entwurfsskizzen sehr nahe an die Vorstellung heranzukommen, die als erste Klasse

Unten: Die PENSACOLA im Jahre 1934. (MPL)

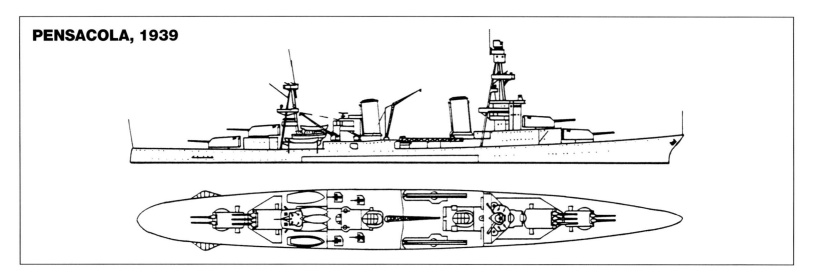

PENSACOLA, 1939

amerikanischer Schwerer Kreuzer verwirklicht werden sollte. Nichtsdestoweniger gab es weiterhin Probleme des Panzerschutzes, der Anordnung der Antriebsanlage und der Geschützanzahl bei der Schweren Artillerie, die den Entwurfsstab beschäftigten – wobei stets die im Washingtoner Flottenvertrag festgelegte 10 000-ts-Grenze im Vordergrund stand.

Die endgültige Entwurfsskizze, die im März 1925 ausgewählt wurde, sah eine aus zehn 20,3-cm-Geschützen bestehende Bewaffnung in je zwei Doppel- und Drillingstürmen, eine Höchstgeschwindigkeit von 32,1 kn und 773 ts Panzermaterial vor. Als Ergebnis ausgedehnter Gewichtseinsparungsmaßnahmen ließen die Berechnungen später erkennen, daß die Standardverdrängung beträchtlich unter der 10 000-ts-Grenze bleiben würde und daß zusätzliche 250 ts zur Verbesserung des Panzerschutzschemas zur Verfügung stünden. Diese Gewichtsreserve führte zu weiteren Auseinandersetzungen über ihre Verteilung. Schließlich wurde dieser gesamte Gewichtsteil stark verringert und zur Verstärkung des Panzerschutzes für die Granat- und Pulverkammern verwendet. Das Panzerschutzschema umfaßte letztlich einen Hauptgürtelpanzer, der sich bis 1,52 m unter die Wasserlinie erstreckte und im Bereich der vorderen Granat- und Pulverkammern eine Dicke von 102 mm und im Bereich der Maschinenräume eine solche von 76 mm aufwies. Für die achteren Granat- und Pulverkammern gab es keinen äußeren Seitenschutz; denn damals wurde angenommen, daß jedes Gefecht vorlicher als querab geführt werden würde. Allerdings gab es achtern ein 89 mm dickes inneres Längsschott. Der horizontale Panzerschutz bestand aus einem Deck mit Panzerplatten von 18 - 27 kg Gewicht. Die Panzerung machte etwa 6 % der Wasserverdrängung des leeren Schiffes aus. Wie bei der OMAHA-Klasse war die Antriebsanlage bei diesen Einheiten ebenfalls nach dem Einheitenprinzip angeordnet: acht Kessel in vier Kesselräumen, wobei sich vor den achteren beiden Kesselräumen die Turbinenräume befanden.

Was die Schwere Artillerie anbetraf, so bestand eine ungewöhnliche Besonderheit darin, daß der schwerere Drillingsturm auf den überhöhten Positionen 2 und 3 Aufstellung gefunden hatte. Diese Notwendigkeit hatte sich deshalb ergeben, weil infolge der eleganten Linienführung des Schiffskörpers die größere Barbette des Drillingsturms auf der Back nicht untergebracht werden konnte. Daraus erwuchs jedoch auch der Vorteil eines »trockeneren« Vorschiffs. Ansonsten bestand die Schwere Artillerie aus zehn 20,3-cm-Geschützen S.K. L/55, die bei 41° Rohrerhöhung eine 118 kg schwere Granate auf eine maximale Entfernung von rund 30 000 m verschossen.

Nach vielen Diskussionen hatte die PENSACOLA-Klasse schließlich vier 12,7-cm-Luft/Seeziel-Geschütze S.K. L/25 in Einzellafetten als Mittelartillerie erhalten, die zugleich als Schwere Flak

Unten: Die PENSACOLA im Jahre 1944. Beachte die Entfernung des Großmastes. (Louis Parker)

Rechts: Die SALT LAKE CITY in der Marinewerft Mare Island/Cal. (Floating Drydock)

diente. Da ein geeignetes Waffensystem nicht zur Verfügung stand, erwies sich die Ausrüstung mit Leichter Flak als ein größeres Problem; denn das ursprünglich vorgesehene 3,7-cm-Geschütz hatte noch keine Frontreife erlangt. So beschränkte sich die Luftabwehrfähigkeit im Nahbereich auf ein paar Maschinengewehre. Zwei 53,3-cm-Drillings-Torpedorohrsätze auf dem Oberdeck beiderseits des achteren Schornsteins vervollständigten die Bewaffnung. Die Flugzeugeinrichtungen spiegelten die Auffassung der US-Marine hinsichtlich des Einsatzes dieser Kreuzer wider: zwei Katapulte und nicht weniger als vier Seeflugzeuge sollten mitgeführt werden; aber es gab keine Flugzeughalle. Anfänglich hatten diese Kreuzer Seeflugzeuge vom Typ Vought SO 3 U »Corsair« an Bord.

Modifizierungen: Bei der Fertigstellung zeigten diese Einheiten immer noch erhebliches Untergewicht und infolgedessen schlingerten und stampften sie erbärmlich. Sie erhielten daher vergrößerte Schlingerkiele und die PENSACOLA wurde versuchsweise mit einer Schlingerdämpfungsanlage ausgestattet. Mitte der 30er Jahre kamen die Torpedorohrsätze von Bord; nicht aus Gewichtsgründen, sondern weil die Auffassung bestand, daß die Kreuzer eine Torpedobewaffnung taktisch nicht brauchten. Noch vor dem Kriege gelangten rund um den Brückenaufbau vier weitere 12,7-cm-DP-Geschütze S.K. L/25 in Einzellafetten zum Einbau. 1940 bekam die PENSACOLA eine CXAN-Radaranlage und bei beiden Einheiten wurden die Radaranlagen mit dem Fortgang des Krieges modernisiert. Im November 1941 erfuhr die Flakbewaffnung eine Verstärkung durch zwei 2,8-cm-Vierlingslafetten. In der Takelage kam es zu verschiedenen Änderungen, unter anderem zum Einbau eines Achteren Artillerieleitstandes für die Schwere Artillerie auf dem vierbeinig verkürzten Großmast. Bis 1942 waren etwa acht 2-cm-Fla-Geschütze in Einzellafetten und zwei weitere 2,8-cm-Vierlingslafetten an Bord gekommen. 1943 ersetzten 4-cm-Bofors-Vierlingslafetten die 2,8-cm-Geschütze und die 2-cm-Fla-Bewaffnung wurde weiter verstärkt. 1944 bestand die Leichte Flak nach offizieller Angabe aus sechs 4-cm-Vierlingslafetten und 20 bzw. 21 Rohren 2 cm. Zu diesem Zeitpunkt erfuhr auch die Flugzeugausstattung eine Verringerung auf zwei Bordflugzeuge und das Steuerbord-Katapult kam von Bord. Neuere Seeflugzeuge vom Typ Curtiss SO 3 C-1 »Seagull« ersetzten die älteren »Corsair«-Maschinen. Zumindest auf der PENSACOLA wurden diese 1945 wiederum gegen Seeflugzeuge vom Typ Curtiss SC-1 »Seahawk« ausgetauscht. 1945 führte die nie vollständig modernisierte SALT LAKE CITY sechs 4-cm-Vierlingslafetten und neunzehn 2-cm-Fla-Geschütze in Einzellafetten. Ihr Schwesterschiff wies dagegen nach einer Werftliegezeit im Sommer 1945 sieben 4-cm-Vierlingslafetten und achtzehn 2-cm-Fla-Geschütze in Doppellafetten auf. Nach dem Ende des Krieges wurden zur Durchführung der Operation »Magic Carpet« – der Rückführung der US-Streitkräfte in die USA, beginnend Anfang September 1945 – auch das zweite Katapult, vier 12,7-cm-Geschütze, zwei 4-cm-Vierlings- und vier 2-cm-Doppellafetten an Land gegeben.

Werdegang: Nach der Indienststellung gehörte die PENSACOLA zur 4. Kreuzerdivision an der amerikanischen Ostküste und wurde 1935 mit ihrer Division zur Schlachtflotte (ab 1941 Pazifikflotte) an die Westküste verlegt. Zu Beginn des Pazifischen Krieges gehörte sie seit Januar 1941 als Flaggschiff der 5. Kreuzerdivision zum Aufklärungsverband. Am 21. November lief der Kreuzer als Teil der Sicherung eines Truppentransport-Geleitzuges aus San Francisco für die Philippinen nach Brisbane aus. Danach erfüllte der Kreuzer Geleitsicherungsaufgaben in australischen Gewässern. Ende Januar 1942 gehörte er zur *TF 11* für den Trägerangriff mit der LEXINGTON auf die Insel Wake. Das Unternehmen mußte jedoch infolge der Versenkung des Begleittankers NECHES abgebrochen werden. Der nächste Einsatz des Kreuzers bestand im Gefolge der *TF 11* in der Deckung der Überfahrt von zwei Truppentransport-Geleitzügen von der Panama-Kanalzone in den Südwestpazifik. Am 6. März 1942 stieß die PENSACOLA mit der *TF 11* (Träger LEXINGTON) zur *TF 17* (Träger YORKTOWN). Die beiden Kampfgruppen unternahmen von den Neuen Hebriden (heute Vanuatu) her einen Vorstoß gegen die Papua-Halbinsel Neuguineas und griffen am 10. März mit 104 Trägerflugzeugen

VEREINIGTE STAATEN VON AMERIKA 269

Oben: PENSACOLA. (Sammlung des Autors)

die japanischen Landungsverbände vor Jalamava und Lae an. Am 21. April 1942 kehrte der Kreuzer nach Pearl Harbor zurück. Am 4. Juni nahm die PENSACOLA im Verband der *TF 16* (Träger ENTERPRISE und HORNET) an der Luft/Seeschlacht von Midway teil. Nach der Reorganisation der amerikanischen Pazifikflotte[235] gehörte sie mit ihrem Schwesterschiff zur *TF 17* in Pearl Harbor. Im September 1942 deckte der Kreuzer mit seiner in Nouméa/Neukaledonien stationierten Kampfgruppe einen Truppentransport-Geleitzug von Espiritu Santo/Neue Hebriden zur Salomonen-Insel Guadalcanal[236] und unterstützte auch im Oktober die Kämpfe um diese Insel. Am 26. Oktober 1942 war die PENSACOLA mit der *TF 17* auch an der Luft/Seeschlacht bei den Santa-Cruz-Inseln beteiligt und sicherte Anfang November erneut einen Truppentransport-Geleitzug nach Guadalcanal. In der Nacht vom 30. November zum 1. Dezember versuchte die *TF 67*, zu der die PENSACOLA zusammen mit den Schweren Kreuzern MINNEAPOLIS, NEW ORLEANS und NORTHAMPTON inzwischen gehörte, einen Nachschub heranführenden japanischen Verband aus acht Zerstörern (»Tokio-Expreß«) abzufangen. In der sich entwickelnden grimmigen Nachtschlacht vor Kap Tassafaronga/Guadalcanal griffen die japanischen Zerstörer mit Torpedos an, versenkten die NORTHAMPTON (siehe unten) und beschädigten die drei anderen Kreuzer schwer. Auf der PENSACOLA verursachte der Torpedotreffer erhebliche Verluste. Nach einer Notreparatur in Tulagi/Salomonen verlegte der Kreuzer zu einer weiteren notdürftigen Ausbesserung nach Espiritu Santo, von wo aus er am 7. Januar 1943 zur vollständigen Reparatur nach Pearl Harbor auslief. Die Werftliegezeit dauerte vom 27. Januar bis Anfang November 1943. Die Wiederindienststellung der PENSACOLA erfolgte noch rechtzeitig, um Ende November 1943 an der amerikanischen Landung auf den Gilbert-Inseln (Operation »Galvanic«) teilzunehmen. Sie gehörte hierbei zur *TG 50.3*, die zur Vorbereitung der Landung Tarawa anzugreifen hatte, gefolgt von den Operationen in den Marshall-Inseln Anfang Februar 1944. Nach einer kurzen Werftliegezeit in der Marinewerft Mare Island/California verlegte die PENSACOLA in den Nordpazifik und operierte im Sommer 1944 im Verband der *TF 94* zusammen mit den Kreuzern CHESTER und CONCORD gegen die Kurilen, ehe sie am 13. August 1944 nach Pearl Harbor zurückkehrte.

Danach war der Kreuzer an den Beschießungen der Inseln Wake (3. September) und Marcus Island (8. Oktober) beteiligt. Am 25. Oktober 1944 gehörte die PENSACOLA in der Schlacht um den Golf von Leyte/Philippinen[237] zur *TG 38.1*, deren Trägerflugzeuge am 25. und 26. Oktober VAdm. Kuritas Zentralverband nach der Schlacht vor Samar angriffen, während er sich durch die San-Bernardino-Straße und die Sibuyan-See nach Westen zurückzog. Vom 11. November 1944 an bis zum 17. Februar 1945 nahm der Kreuzer mit der 5. Kreuzerdivision an den Beschießungen der Insel Iwo Jima teil. Küstenbatterien erzielten am 17. Februar auf der PENSACOLA sechs Treffer, die beträchtliche Verluste verursachten. Nach durchgeführter Reparatur gehörte sie für die Landung auf Okinawa (Operation »Iceberg«: 1. April 1945) zur Gruppe 4 des Feuerunterstützungsverbandes (*TF 54*) und beschoß die Insel ab dem 26. März. Am 15. April kehrte der Kreuzer zu einer Werftliegezeit in der Marinewerft Mare Island in die USA zurück. Nach der Beendigung des Werftaufenthaltes verlegte die PENSACOLA zur *TF 92* in den Aleuten und nahm Ende Juli und Mitte August 1945 zusammen mit den Leichten Kreuzern RICHMOND und CONCORD (siehe oben) an der Beschießung der Kurileninseln Matsuwa und Paramushiro teil. Nach der Kapitulation Japans erfüllte der Kreuzer Aufgaben zu ihrer Duchführung und kehrte im Dezember 1945 in heimische Gewässer zurück. Anfang 1946 war die PENSACOLA an der Rückführung der amerikanischen Truppen beteiligt. Im Sommer 1946 gehörte die PENSACOLA neben der SALT LAKE CITY, der deutschen PRINZ EUGEN und der japanischen SAKAWA (siehe oben) zu den Kreuzern, die bei den Atombomben-Versuchen beim Bikini-Atoll am 1. und am 25. Juli als Zielschiffe dienten (Operation »Crossroads«).[238] Danach wurde die PENSACOLA als Zielschiff aufgebraucht; sie sank am 10. November 1948 90 sm westlich von Seattle.

Die SALT LAKE CITY gehörte nach der Indienststellung bis zum 12. September 1930 zur 2. Kreuzerdivision und danach zur 5. Kreuzerdivision. Von 1931 bis 1933 war der Kreuzer an der Westküste und vom September 1933 an bei der 4. Kreuzerdivision an der Ostküste stationiert. 1935 verlegte die SALT LAKE CITY mit ihrer Division zur Schlachtflotte (ab 1941 Pazifikflotte) wieder an die Westküste. Bis zum Kriegseintritt der USA am 7. Dezember 1941 verblieb sie weitgehend in pazifischen Gewässern. Am Tage des japanischen Angriffs auf Pearl Harbor stand der Kreuzer mit der *TF 8* (Träger ENTERPRISE) in See. Ende Dezember operierte er mit seinem Kampfverband zwischen den Midways und der Johnston-Insel und im Januar/Februar 1942 im Seegebiet der Marshall- und Gilbert-Inseln, wobei er an der Beschießung gegnerischer Positionen beteiligt war. Anfang März nahm die SALT LAKE CITY am Vorstoß der *TF 8* gegen Wake teil und beschoß die Insel. Mitte April gehörte sie zum Deckungsverband für den vom Träger HORNET aus durchgeführten »Doolittle-Raid« auf Tokio.[239] Am 15. Juni 1942 wurde der Kreuzer bei der Neuorganisation der Pazifikflotte der *TF 17* in Pearl Harbor zugeteilt. Ende Juli 1942 gehörte die SALT LAKE CITY zur *TG 61.3* des Luftunterstützungsverbandes, der *TF 61*, für die

Operation »Watchtower«, der Landung auf Guadalcanal am 7. August, und war mit dieser Kampfgruppe Ende August an der Luft/Seeschlacht ostwärts der Salomonen beteiligt. Im September 1942 bildete diese Kampfgruppe die *TF 18* zur Unterstützung der Kämpfe um Guadalcanal und nach dem Verlust ihres Trägers, der WASP, erhielt sie die Bezeichnung *TF 64*. Sie nahm am 11. Oktober 1942 an der Seeschlacht vor Kap Esperance/Guadalcanal teil. Hierbei erhielt die SALT LAKE CITY drei Artillerietreffer, die jedoch nur leichte Schäden verursachten. Vom November 1942 bis zum März 1943 absolvierte der Kreuzer eine Große Werftliegezeit in Pearl Harbor und wurde anschließend in die nordpazifischen Gewässer der Aleuten verlegt. Hier bildete die SALT LAKE CITY zusammen mit dem Leichten Kreuzer RICHMOND (siehe oben) und vier Zerstörern eine Kampfgruppe (Rear-Admiral McMorris), die am 26. März 1943 den Versuch unternahm, einen starken japanischen Verband – Schwere Kreuzer NACHI (VAdm. Hosogaya) und MAYA, Leichte Kreuzer ABUKUMA und TAMA sowie vier Zerstörer und zwei Transportschiffe – mit Truppen und Nachschub für die Aleuten-Insel Attu abzufangen. Hierbei entwickelte sich die einzige Tagschlacht alten Stils im Pazifischen Krieg: die Seeschlacht bei den Kommandorski-Inseln. Das Artillerieduell dauerte 3¾ Stunden, wobei neben der NACHI und dem amerikanischen Zerstörer BAILY auch die SALT LAKE CITY schwere Beschädigungen erlitt (siehe oben Seite 189).

Zur Ausbesserung seiner Schäden ging der Kreuzer in die Marinewerft Mare Island/California und kehrte erst Ende Juli 1943 in den Nordpazifik zurück. Dort beschoß die SALT LAKE CITY im Verband der *TG 16.6* am 2. und 12. August zur Vorbereitung der Landung am 15. August (Operation »Cottage«) japanische Stellungen auf der Aleuten-Insel Kiska. Im Zuge der amerikanischen Landung auf den Gilbert-Inseln (Operation »Galvanic«) am 20. November 1943 war der Kreuzer mit der *TG 50.3* an den Trägerangriffen am 19. zur Vorbereitung der Landung auf Tarawa beteiligt. Ab Ende Januar 1944 operierte die SALT LAKE CITY mit der *TG 50.15* in den Marshall-Inseln und im März/April in den westlichen Karolinen. Am 30. April kehrte sie nach Pearl Harbor zurück und absolvierte von Mai bis Juli 1944 eine Werftliegezeit in der Marinewerft Mare Island. Danach operierte der Kreuzer wieder in den Gewässern der Aleuten, ehe er Mitte August nach Pearl Harbor zurückkehrte. Am 3. September 1944 beschoß die SALT LAKE CITY mit der *TG 12.5* die Insel Wake und am 7. Oktober mit der *TG 30.2* die Insel Marcus. Ihr weiterer Werdegang – Teilnahme an der Schlacht um den Golf von Leyte sowie Beschießungen der Insel Iwo Jima – gleicht bis Ende Februar 1945 dem der PENSACOLA (siehe oben). Ende März 1945 gehörte der Kreuzer zur Gruppe 5 des Feuerunterstützungsverbandes (*TF 54*) für die Landung auf Okinawa (Operation »Iceberg«: 1. April) und beschoß die Insel ab dem 26. März. Von Mitte Juli 1945 bis Kriegsende operierte die SALT LAKE CITY mit der *TU 2* im Verband der *TG 95.3* in den Gewässern um Okinawa und im Ostchinesischen Meer. Nach dem Kriege war der Kreuzer wie sein Schwesterschiff an der Rückführung der amerikanischen Truppen in die USA und an den Atombomben-Versuchen Mitte 1948 beim Bikini-Atoll beteiligt (siehe oben PENSACOLA). Auch die SALT LAKE CITY wurde als Zielschiff aufgebraucht; sie sank am 25. Mai 1948 etwa 130 sm vor der südkalifornischen Küste.

NORTHAMPTON-Klasse

Kennung	Name	Bauwerft	Kiellegung	Stapellauf	Fertigstellung	Schicksal
CA 26	NORTHAMPTON	Bethlehem Steel Co., Quincy	12. April 1928	5. Sept. 1929	17. Mai 1930	gesunken: 1. Dez. 1942
CA 27	CHESTER	New York Sb. Corp., Camden	6. März 1928	3. Juli 1929	24. Juni 1930	verk.z.Abbr.: 11. Aug. 1959
CA 28	LOUISVILLE	Marinewerft Puget Sound	4. Juli 1928	1. Sept. 1930	15. Jan. 1931	gestrichen: 1. März 1959
CA 29	CHICAGO (I)	Marinewerft Mare Island	10. Sept. 1928	10. April 1930	9. März 1931	gesunken: 30. Jan. 1943
CA 30	HOUSTON (I)	Newport News Sb., Newport News	1. Mai 1928	7. Sept. 1929	17. Juni 1930	gesunken: 1. März 1942
CA 31	AUGUSTA	Newport News Sb., Newport News	2. Juli 1928	1. Febr. 1930	30. Jan. 1931	gestrichen: 1. März 1959

Typ: Schwerer Kreuzer – Heavy Cruiser.
Standardverdrängung: 9050 ts (9195 t).
Einsatzverdrängung: 11 420 ts (11 603 t).
Länge: 182,96 m (über alles), 177,39 m (CWL).
Breite: 20,14 m.
Tiefgang: 5,92 m (mittlerer).
Antriebsanlage: 4 Satz Parsons-Turbinen, 8 White-Forster-Kessel (LOUISVILLE: 8 Yarrow-Kessel), 4 Wellen.
Antriebsleistung: 107 000 WPS für 32,5 kn.
Bunkerinhalt: 2108 ts max. Heizöl.
Fahrtstrecke: 13 000 sm bei 15 kn.
Panzerschutz: Hauptgürtelpanzer 76 mm (Maschinenräume), Deck 25 mm - 51 mm, Munitionskammern 95 mm (Seiten) bzw. 51 mm (Decken).
Geschütze: neun 20,3 cm S.K. L/55 (3 x 3), vier 12,7 cm S.K. L/25 (4 x 1).
Torpedorohre: sechs 53,3 cm (2 x 3).
Seeminen: keine.
Bordflugzeuge: vier, zwei Katapulte.
Besatzungsstärke: 617 Offiziere und Mannschaften.

Entwurf: Die Entwurfsarbeiten für diese Klasse Schwerer Kreuzer begannen unmittelbar nach der Fertigstellung des Entwurfs für die PENSACOLA (CA 24), obwohl vorbereitende Gespräche bereits ab dem 24. Februar 1926 stattgefunden hatten. Die von Anfang an vorgeschlagenen Entwurfsänderungen umfaßten eine Verringerung der Schweren Artillerie auf acht 20,3 cm. Der Grund hierfür lag in der Tatsache, daß dies die Standardbewaffnung der ausländischen Schweren Kreuzer war. Außerdem konnte auf diese Weise die Überlebensfähigkeit nach schweren Schäden verbessert und auch der Stauraum für die Bordflugzeuge leichter geschaffen werden. Bis zum April 1926 lagen zwei alternative Entwurfsskizzen vor: ein Entwurf mit neun 20,3-cm-Geschützen in drei Drillingstürmen und der andere mit acht Geschützen in Doppeltürmen. Charakteristisch für beide Entwürfe waren ein erhöhtes Vorschiff, ein verlängerter Schiffskörper und ein vergrößerter Freibord. In der Innenanordnung wurde der Unterteilung in vier Kesselräume statt in zwei der Vorzug gegeben. Außerdem herrschte die Auffassung vor, daß der Entwurf mit vier Doppeltürmen vom Platz her zu beengt war. Daher wurde der Entwurf mit drei Drillingstürmen begünstigt. Mit dem Fortgang der Entwurfsarbeiten wurde offensichtlich, daß einiges an Gewicht eingespart worden war: insgesamt mehr als 200 ts über der ursprünglichen Gewichtsreserve von 221 ts. Dieser Überschuß, so lautete der Vorschlag, könnte zur Verbesserung des Panzerschutzes genutzt werden und mehrere Entwurfsabänderungen wurden erarbeitet. Einige dieser Modifizierungen schienen Schutz gegen 20,3-cm-Granaten zu bieten. In der folgenden unvermeidlichen Diskussion wurde jedoch deutlich, daß die Ausrüstung der Kreuzer zu Flaggschiffen einiges von diesem Überschuß aufbrauchen würde. Trotzdem kam es auch weiterhin zur Erörterung verschiedener Pläne bezüglich einer Umverteilung und Verbesserung des Panzerschutzes. Einige dieser Vorschläge konzentrierten sich auf die Granat- und Pulverkammern. Auf Kosten des Panzerschutzes bei den Geschütztürmen sollte die Seitenpanzerung für die Munitionskammern auf 178 mm verstärkt werden, um einen 20,3-cm-Beschuß widerstehen zu können. Andere Vorschläge gingen

HOUSTON, 1935

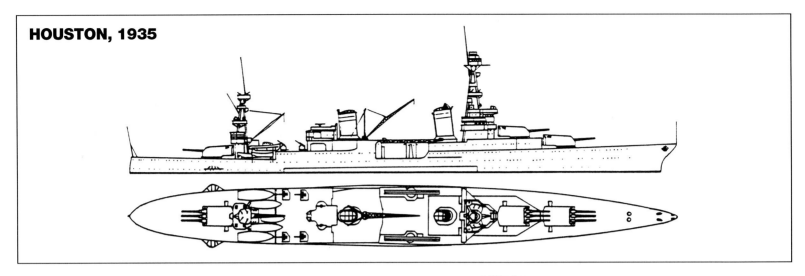

Links: Die CHESTER am 20. Juli 1943. (Louis Parker)

davon aus, die Munitionskammern gegen 20,3-cm-Granaten, aber die Maschinenräume und Geschütztürme nur gegen 12,7-cm- oder 15,2-cm-Granaten zu schützen. Schließlich fiel die Entscheidung, daß die Zielvorstellung, Schutz gegen 20,3-cm-Beschuß zu schaffen, nicht erreichbar wäre. So wurde ein Teil des verfügbaren Gewichtsüberschusses verwendet, um den Splitterschutz der Munitionsaufzugssysteme zu verbessern, und der Rest der Gewichtsreserve zugeschlagen, da die klare Erkenntnis bestand, daß jeder neue Entwurf hinsichtlich des Gewichtes von Natur aus »wuchs« und entsprechende Reserven vorhanden sein mußten.

Trotz dieser gesamten Maßnahmen blieb die Standardverdrängung dieser Schiffe immer noch um nahezu 1000 ts unterhalb der vertraglich festgelegten Grenze. Im Haushalt 1929 wurden sechs Einheiten bewilligt: die ersten drei als Divisions-Flaggschiffe und die restlichen drei als Flotten-Flaggschiffe ausgerüstet, wobei sich das Backsdeck zur Schaffung zusätzlicher Unterkunftsmöglichkeiten bis zu den Katapulttürmen erstreckte.

In seiner endgültigen Form umfaßte das Panzerschutzschema in der Wasserlinie einen knapp 4 m breiten Gürtelpanzer von 76 mm Dicke auf Höhe der Maschinenräume bzw. als Seitenschutz für die Pulver- und Granatkammern von 95 mm Dicke, der 1,52 m unter die Wasserlinie reichte. Den Horizontalschutz bildete ein Panzerdeck von 25 mm Dicke über den Maschinenräumen bzw. von 51 mm Dicke über den Munitionskammern. Die Türme wiesen lediglich einen Panzerschutz von 64 mm (Front) bzw. von 51 mm (Decken) auf. Der Gewichtsanteil der Panzerung betrug 1057 ts.

Die Antriebsanlage und ihre Anordnung entsprach vollständig derjenigen bei der ersten Klasse Schwerer Kreuzer.

Die Schwere Artillerie führte dasselbe Geschützmodell wie die Einheiten der PENSACOLA-Klasse. Dies galt auch für die als Mittelartillerie und Schwere Flak dienenden vier 12,7-cm-Geschütze in Einzellafetten. Den schwächsten Punkt der Bewaffnung bildete die Leichte Flak, da sich das 3,7-cm-Fla-Geschütz bei Colt immer noch in der Entwicklung befand. Diese Einheiten sollten nie damit ausgestattet werden. Auch dieser Entwurf behielt eine aus zwei Drillingsrohrsätzen bestehende Torpedobewaffnung bei. Das Problem der Ausrüstung eines Kreuzers mit Torpedorohren blieb jedoch für die US-Marine stets ein offenes. Die Umgestaltung der Flugzeugeinrichtungen, die in den ersten Entwurfsdiskussionen eine große Rolle spielten, führten schließlich zum Einbau von zwei gegen Druck geschützte Flugzeughallen rund um den achteren Schornstein. Sie erlaubten die Wartung der Bordflugzeuge ohne Beeinträchtigung durch die Elemente und schützten die zerbrechlichen Maschinen gleichzeitig vor Schäden durch das Schießen der eigenen Artillerie. Vier Bordflugzeuge konnten in den Flugzeughallen sowie zwei weitere auf den Katapulten verstaut werden; aber es befanden sich normalerweise nur vier Maschinen an Bord.

Modifizierungen: Vor dem Kriegseintritt der USA durchgeführte Abänderungen betrafen weitgehend lediglich die Verstärkung der anerkanntermaßen schwachen Flakbewaffnung. Anfang 1933 erfolgte im Austausch gegen die von Bord gegebenen Torpedorohrsätze der Einbau von Fla-Leitständen und von vier 12,7-mm-Browning-Fla-MG's. Im Februar 1935 wurden vier weitere 12,7-cm-DP-

Geschütze L/25 bewilligt, aber sie gelangten erst 1938/39 zum Einbau. Sie erhielten ihre Positionen auf den Decken der Flugzeughallen beiderseits des achteren Schornsteins. Nach dem Juni 1940 war eines der Ergebnisse des *King Board* die verstärkte Modernisierung der Flakausrüstung bei US-Kriegsschiffen. Für die Kreuzer wurden vier 2,8-cm-Vierlingslafetten gefordert. Es herrschte jedoch Mangel an diesen Fla-Geschützen und die Einheiten der NORTHAMPTON-Klasse erhielten anfänglich nur vier 7,6-cm-Fla-Geschütze L/50 in Einzellafetten. HOUSTON könnte drei 7,6 cm sowie eine 2,8-cm-Vierlingslafette erhalten haben. Schließlich kamen die vier Vierlingslafetten zum Einbau: zwei beiderseits der Brücke und die beiden anderen zwischen den beiden Gruppen der 12,7-cm-Geschütze. Zu Beginn des Krieges wurden die Fockmasten verkürzt sowie mit offenen Brücken und Radar ausgerüstet. Als die 2-cm-Fla-Geschütze in größerer Anzahl zur Verfügung standen, wurden sie überall dort eingebaut, wo ein freier Raum gefunden werden konnte. Infolgedessen gab es selten eine Standardausrüstung. CHESTER zum Beispiel führte im August 1942 zwei 2,8-cm-Vierlingslafetten und 13 Rohre 2 cm, aber keine 7,6-cm-Geschütze. Zu diesem Zeitpunkt war als Standardausrüstung vorgesehen: vier 4-cm-Vierlingslafetten und zwölf 2 cm. Doch mit dem Fortgang des Krieges erfuhr die Leichte Flak eine stetige Verstärkung, bis sie schließlich bei den noch vorhandenen Einheiten aus 20 Rohren 4 cm (4 x 4, 2 x 2) und 31 Rohren 2 cm bestand. Zum Zeitpunkt ihres Verlustes führte die CHICAGO vier 4-cm-Vierlingslafetten und zwanzig 2-cm-Einzellafetten, während die NORTHAMPTON etwa vierzehn 2 cm an Bord hatte, aber noch immer die 2,8-cm-Vierlingslafetten führte, als sie versenkt wurde. CHESTER beendete den Krieg mit fünf 4-cm-Vierlingslafetten, zwei 4-cm-Doppellafetten und 26 Rohren 2 cm (13 x 2). Ihr Steuerbord-Katapult war an Land gegeben worden und die Seeflugzeuge vom Typ Curtiss SC-1 »Seahawk« operierten von dem verbliebenen aus. Die achteren Aufbauten hatten eine geringere Höhe erhalten und rund um den achteren Schornstein war der Einbau eines Dreibein-Gittergroßmastes erfolgt. Die LOUISVILLE und die AUGUSTA erfuhren einen ähnlichen Umbau, unterschieden sich aber in Einzelheiten. Die letztere besaß vier 4-cm-Vierlings- und vier 4-cm-Doppellafetten sowie zwanzig 2-cm-Einzellafetten.

Werdegang: Als die NORTHAMPTON im Mai 1930 zur Flotte stieß, war sie anfänglich – wie die PENSACOLA und die SALT LAKE CITY – als Leichter Kreuzer mit der Kennung CL 26 klassifiziert, da die Klassifizierung als Schwerer Kreuzer mit CA-Kennung noch nicht eingeführt worden war. Letzteres erfolgte erst ein Jahr später. In den Jahren bis zum Sommer 1940 gehörte sie zur 4. Kreuzerdivision beim Aufklärungsverband in pazifischen Gewässern und diente hauptsächlich als Flaggschiff. Danach befand sie sich bis zu ihrem Verlust im Dezember 1942 bei der 5. Kreuzer-

Oben Die LOUISVILLE im November 1942. (Floating Drydock)

Unten: Die CHESTER am 6. September 1944. (Floating Drydock)

division in derselben Funktion. Beim Ausbruch des Pazifischen Krieges gehörte der Kreuzer als Teil der Sicherung für den Flugzeugträger ENTERPRISE zur *TF 8* und stand zum Zeitpunkt des japanischen Angriffs auf Pearl Harbor mit ihrer Kampfgruppe in See. Im Anschluß an die erfolglose Suche nach der japanischen Angriffsflotte war er mit der *TF 8* an den Entlastungsoperationen für die amerikanischen Verteidiger der Insel Wake beteiligt. Anfang 1942 nahm die NORTHAMPTON an den amerikanischen Trägervorstößen zu den Marshall- und Gilbert-Inseln teil und beschoß das Wotje-Atoll in der Marshall-Gruppe, gefolgt von weiteren Trägervorstößen mit Beschießungen der Inseln Wake (Ende Februar) und Marcus (Anfang März) durch die Kreuzer. Im April gehörte der Kreuzer zur Sicherung des Verbandes, von dem aus die B-25 zum Angriff auf Tokio starteten (siehe

Oben: Die CHESTER bei Kriegsende. (USN)

oben SALT LAKE CITY). Infolgedessen war er bei der Luft/Seeschlacht am 7. Mai 1942 in der Korallensee nicht dabei. Dafür nahm die NORTHAMPTON Anfang Juni im Gefolge der *TF 16* an der Luft/Seeschlacht um Midway teil. Im Zuge der Neuorganisation der US-Pazifikflotte gehörte sie ab 15. Juni zur *TF 17* in Pearl Harbor und war ab September an den Kämpfen um die Salomonen-Insel Guadalcanal beteiligt. Am 26. Oktober 1942 nahm der Kreuzer mit seinem Kampfverband an der Luft/Seeschlacht bei den Santa-Cruz-Inseln sowie Mitte November in der dritten Schlacht bei den Salomonen teil.

In der Nachtschlacht von Tassafaronga/Guadalcanal (siehe oben PENSACOLA) torpedierte der japanische Zerstörer OYASHIO südlich der Insel Savo die zur *TF 67* gehörende NORTHAMPTON am 30. November kurz vor Mitternacht. Die erlittenen Beschädigungen waren so schwer, daß der Kreuzer in den frühen Morgenstunden des 1. Dezember 1942 aufgegeben werden mußte und kurze Zeit später sank.

Nach der Indienststellung gehörte die CHESTER ebenfalls zur 4. Kreuzerdivision, stieß aber 1936 zur 5. Kreuzerdivision, bei der sie bis zum Ende ihres Werdegangs verblieb – von einer kurzen Zeitspanne Ende 1940 abgesehen, als sie bei der 7. Kreuzerdivision im Neutralitätspatrouillendienst eingesetzt war. Im ersten Stadium des Pazifischen Krieges gehörte der Kreuzer wie die NORTHAMPTON zur *TF 8* und nahm an denselben Vorstößen teil (siehe oben). Bei der Beschießung der Insel Taroa im Maloelap-Atoll/Marshall-Inseln am 1. Februar 1942 durch die *TG 8.3* – CHESTER und zwei Zerstörer – erlitt der Kreuzer infolge eines Bombentreffers leichtere Beschädigungen, die einen Werftaufenthalt in Pearl Harbor erforderlich machten. Am 7. Mai 1942 gehörte die CHESTER zur *TF 17* und war an der Luft/Seeschlacht in der Korallensee beteiligt. Hierbei rettete sie die Überlebenden des von japanischen Trägerflugzeugen versenkten Flugzeugträgers LEXINGTON. Im Juni verlegte die CHESTER zur Durchführung einer Werftliegezeit in die USA, kehrte aber Ende September in den Südpazifik zurück, um zur *TF 64* in Nouméa/Neukaledonien zu stoßen. Bei Operationen im Seegebiet südlich der Salomonen-Insel Rennell torpedierte das japanische Unterseeboot *I 176* (Kptlt. Tanabe) am 20. Oktober 1942 die CHESTER. Der Torpedo traf in Höhe der Maschinenräume und die gesamte Antriebsanlage sowie die Stromversorgung fielen aus, aber die CHESTER kam mit viel Glück davon. Nach einer Notreparatur in Espiritu Santo verlegte sie zu einer Großen Werftliegezeit verbunden mit der vollständigen Ausbesserung in die USA. Der Werftaufenthalt dauerte bis zum Sommer 1943. Nach Wiederindienststellung und Rückkehr in den Mittelpazifik glichen die weiteren Einsätze des Kreuzers mit den Landungen in den Gilbert- (November 1943 mit der *TG 50.3*) und Marshall-Inseln (Januar/Februar 1944 mit der *TG 50.15*) wieder jenen der PENSACOLA (siehe oben). Im April 1944 folgte eine kurze Werftliegezeit und danach verlegte die CHESTER in den Nordpazifik zur *TF 94*, da ihre langsam feuernden 20,3-cm-Geschütze in den schnell ablaufenden und hauptsächlich nachts geführten Gefechten in den Gewässern der südpazifischen Inseln nicht besonders geeignet waren. Am 26. Juni 1944 beschoß der Kreuzer mit seinem Kampfverband die Insel Paramushiro in den Kurilen, kehrte aber Mitte August 1944 wieder nach Pearl Harbor zurück. Ihre weiteren Einsätze – Beschießung der Inseln Wake und Marcus, Teilnahme an der Schlacht um den Golf von Leyte im Oktober, die Beschießung Iwo Jimas und der Bonin-Inseln ab dem 11. November 1944 bis zur Landung auf Iwo Jima am 19. Februar 1945 – verliefen wie die der PENSACOLA (siehe oben). Danach verlegte die CHESTER zu einer Werftliegezeit in die USA, die bis Mitte Juni 1945 dauerte. Nach ihrer Rückkehr ins Kriegsgebiet operierte sie mit der *TU 2* der *TG 95.3* von Okinawa aus im Ostchinesischen Meer, dem im August 1945 ein weiterer Einsatz im Seegebiet der Aleuten folgte. Danach nahm der Kreuzer an der Besetzung Japans sowie an der Rückführung der amerikanischen Truppen teil, ehe er am 10. Juni 1946 außer Dienst gestellt wurde. Die unmittelbar nach Kriegsende getroffene Entscheidung, die CHESTER zu verschrotten, wurde widerrufen. Sie blieb bis zu ihrer Streichung aus der Flottenliste am 1. März 1959 in der Reserveflotte und wurde am 11. August desselben Jahres zum Verschrotten verkauft.

Die LOUISVILLE gehörte nach der Indienststellung zur 5. Kreuzerdivision beim Aufklärungsverband und wurde 1934 der 6. Kreuzerdivision zugeteilt. 1937 kehrte sie zur 5. Kreuzerdivision zurück, um im Herbst 1940 – wie die NORTHAMPTON – für eine kurze Zeit der 7. Kreuzerdivision zugewiesen zu werden. Danach gehörte sie bis Kriegsende zur 4. Kreuzerdivision. 1940 führte der Kreuzer einen Goldtransport als Großbritannien in die USA durch, kehrte aber anschließend wieder in den Pazifik zurück. Als die USA in den Krieg eintraten, beförderte die LOUISVILLE Truppen nach Samoa. Im Januar/Februar 1942 nahm sie mit der *TF 17* an den Trägervorstößen gegen das Jaluit- und das Mili-Atoll sowie gegen Makin in den Marshall-Inseln teil, gefolgt von einem weiteren Vorstoß gegen das Eniwetok-Atoll in den Karolinen, der aber infolge dringender Geleitsicherungsaufgaben im Südwestpazifik abgebrochen werden mußte. Daher verlegte die Kampfgruppe über die Phönix-Inseln zu den Neuen Hebriden. Dort traf sie am 6. März 1942 mit der *TF 11* zusammen. Im Anschluß daran unternahmen beide Kampfgruppen am 10. März einen Trägerangriff auf die japanischen Landungsverbände südlich der Papua-Halbinsel/Neuguinea. Am 21. Mai verlegte die LOUISVILLE aus dem mittleren Pazifik zur neu gebildeten *TF 8* in den Gewässern der Aleuten. Dort war sie an der Beschießung der inzwischen von den Japanern besetzten Insel Kiska beteiligt. Auch nach der Umorganisation der US-Pazifikflotte am 15. Juni 1942 verblieb der Kreuzer bei dieser Kampfgruppe. Im November kehrte die LOUISVILLE in den Südwestpazifik zurück und nahm mit der *TF 67* an den Endkämpfen um Guadalcanal teil. Ende Januar 1943 war der Kreuzer mit der *TF 18* an einem Vorstoß in die mittleren Salomonen beteiligt. Bei einem Angriff japanischer Torpedobomber am Abend des 29. Januar nahe der Insel Rennell traf die LOUISVILLE ein nicht detonierender Torpedo, während die CHICAGO (siehe unten) versenkt wurde. Danach kehrte sie in den Nordpazifik zurück, führte Geleitsicherungsaufgaben durch und gehörte bei der Landung zur Wiedereroberung der Aleuten-Insel Attu (Operation »Landcrab«) am 2. Juni 1943 zum Nördlichen Deckungsverband der *TF 16*. Am 22. Juli beschoß der Kreuzer mit der *TG 16.21* zur Vorbereitung der Landung die Insel Kiska. Anschließend ging die LOUISVILLE zu einer Werftliegezeit in die Marinewerft Mare Island/California. In den Pazifik zurückgekehrt, nahm sie Ende Januar 1944 mit der Feuerunterstützungsgruppe der *Northern Attack Force 53* an der

Landung auf dem Kwajalein-Atoll in den Marshall-Inseln teil. Feuerunterstützung leistete sie auch bei den Landungen auf Eniwetok Mitte Februar. Es folgten die Beschießung der Satawan-Inselgruppe südostwärts von Truk am 30. April, Feuerunterstützung bei der Landung auf Saipan in den Marianen im Juni/Juli und der Landung auf Tinian Ende Juli sowie bei den Landungen auf den Palau-Inseln im September 1944. In der Schlacht um den Golf von Leyte/Philippinen Ende Oktober 1944 gehörte die LOUISVILLE zur Südlichen Feuerunterstützungsgruppe (Rear-Admiral Oldendorf), die den Zugang von Süden her durch die Surigao-Straße mit einer Schlachtlinie gegen das Vordringen des japanischen Südverbandes (VAdm. Nishimura) und des 2. Angriffsverbandes (VAdm. Shima) sperrte. An der sich entwickelnden Teilschlacht in der Surigao-Straße in der Nacht vom 24./25. Oktober,[240] in der die Japaner schwere Verluste erlitten, hatte auch die LOUISVILLE aktiven Anteil. Anfang Januar 1945 gehörte der Kreuzer zur Feuerunterstützungsgruppe *TU.2* der *TG 77.2* (VAdm. Oldendorf) im Golf von Lingayen für die Landung an der Westküste von Luzon/Philippinen Mitte Januar. Am 6. Januar griffen 29 »Kamikaze«-Flugzeuge die *TF 77.2* beim Einlaufen in den Golf von Lingayen an. Die LOUISVILLE wurde von zwei »Kamikaze«-Flugzeugen getroffen. Neben schweren Beschädigungen erlitt sie auch erhebliche Verluste, darunter auch Rear-Admiral Chandler. Der Kreuzer verlegte anschließend zur Ausbesserung in die USA, die bis zum April 1945 dauerte. Danach kehrte er in den Pazifik zurück und nahm mit der *TF.53* am Endkampf um Okinawa teil. Hier erhielt die LOUISVILLE am 5. Juni 1945 erneut einen »Kamikaze«-Treffer. Nach durchgeführter Reparatur wurde der Kreuzer in chinesische Gewässer entsandt, um Anfang Oktober 1945 die Landung amerikanischer Truppen auf der Schantung-Halbinsel zu decken, die noch von den Japanern besetzt war. Im Anschluß daran kehrte die LOUISVILLE in die USA zurück und wurde am 17. Juni 1946 außer Dienst gestellt. Die ursprüngliche Absicht, sie zum Verkauf zu stellen, wurde revidiert. Der Kreuzer blieb in der Reserve, wurde am 1. März 1959 aus der Flottenliste gestrichen und am 14. September desselben Jahres an die Marlene Blouse Corp. in New York zum Abbruch verkauft.

Nach der Indienststellung gehörte die CHICAGO als Flaggschiff zur 5. Kreuzerdivision beim Aufklärungsverband und vom Juni 1939 an als Flaggschiff der Kreuzer bei den Aufklärungsstreitkräften. Im Herbst 1940 wurde sie – immer noch als Flaggschiff der Kreuzer – der 4. Kreuzerdivision zugeteilt. Bei Ausbruch des Krieges am 7. Dezember 1941 befand sie sich mit der *TF 11* (Träger LEXINGTON) unterwegs nach Midway. Ende Dezember war die CHICAGO mit ihrer Kampfgruppe an den Entlastungsoperationen für Wake beteiligt.

Mitte Februar 1942 wurde der Kreuzer dem ANZAC-Verband in Suva/Fiji-Inseln zugeteilt und operierte mit diesem Verband im Südwestpazifik. Nach der Aufgabe Niederländisch-Ostindiens durch die Alliierten kehrte er nach Pearl Harbor zurück. Anfang Mai 1942 war die CHICAGO mit der *TF 44* an den Operationen in der Korallensee beteiligt. Am 31. Mai lag sie zur Ausbesserung und Überholung in Sydney/Australien, als japanische Kleinstunterseeboote, ausgesetzt von drei japanischen Unterseebooten, in die Bucht von Sydney eindrangen. Ihre Torpedos verfehlten den Kreuzer nur knapp. Ab dem 7. August 1942 unterstützte die CHICAGO mit der *TF 62.2* die amerikanische Landung auf der Salomonen-Insel Guadalcanal (Operation »Watchtower«). In der Nachtschlacht bei der Insel Savo erhielt sie am 9. August durch einen japanischen Zerstörer einen Torpedotreffer, der das Schiff am Bug schwer beschädigte. Der Kreuzer ging zunächst nach Nouméa/Neukaledonien zur Notreparatur und verlegte anschließend zu einer teilweisen Ausbesserung nach Sydney, um schließlich zur vollständigen Reparatur an die amerikanische Westküste zu gehen. Am 13. Oktober 1942 traf die CHICAGO in San Francisco ein. Nach dem Werftaufenthalt kehrte sie wieder nach Nouméa und zur Teilnahme an den Endkämpfen um Guadalcanal zurück. Bei einem Vorstoß in die mittleren Salomonen mit der *TF 18* in der Nacht vom 29./30. Januar 1943 erhielt sie bei einem Angriff japanischer Torpedobomber am Abend des 29. vor der Insel Rennell zwei Torpedotreffer an Steuerbord (siehe auch oben LOUISVILLE). Zwei Kesselräume und der achtere Turbinenraum liefen voll. Daraufhin nahm die LOUISVILLE den beschädigten Kreuzer in Schlepp. Doch bei einem weiteren Angriff am Nachmittag des 30. trafen ihn erneut vier weitere Torpedos an Steuerbord. Die CHICAGO sank danach innerhalb von zwanzig Minuten. Zusammen mit den Besatzungsangehörigen des ebenfalls torpedierten Zerstörers LA VALETTE konnten 1049 Überlebende gerettet werden.

Die HOUSTON fand nach der Indienststellung vom Februar 1931 an im Fernen Osten als Flaggschiff der Asienflotte Verwendung. Sie verblieb auf der Asiatischen Station, bis sie von ihrem Schwesterschiff AUGUSTA abgelöst wurde. Am 17. November 1933 lief die HOUSTON nach San Francisco aus. 1934 wurde sie der 6. Kreuzerdivision beim Aufklärungsverband und ein Jahr später der 5. Kreuzerdivision als Flaggschiff zugeteilt. 1937 kam sie zur 4. Kreuzerdivision und wurde im Jahr darauf Flaggschiff der US-Flotte. Im Oktober 1940 lief sie zu den Philippinen aus und übernahm am 19. November wieder die Aufgabe des Flaggschiffes der Asienflotte. Nach dem Ausbruch des Krieges am 7. Dezember 1941 brachte die HOUSTON am 28. Dezember mit drei alten Zerstörern als *TF 5* drei wertvolle Versorgungsschiffe der Asienflotte von Soerabaja (heute Surabaja) in den australischen Hafen Port Darwin. Anschließend wurde der Kreuzer dem ABDA-Kommando unterstellt. Am 3. Februar 1942 lief die HOUSTON mit dem ABDA-Verband (KAdm. Doorman, KNiedM) aus der Madoera-Straße zwischen den Inseln Java und Madoera (heute Madura) in die Java-See zu einem Vorstoß in die Makassar-Straße aus, um den vor Balikpapan/Borneo gemeldeten japanischen Landungsverband anzugreifen. Am Morgen des 4. Februar griffen japanische Bomber nördlich von Bali den Verband an. Die HOUSTON erhielt einen Bombentreffer, der den achteren 20,3-cm-Turm außer Gefecht setzte. Somit verlor der Kreuzer seine gesamte Feuerkraft nach achtern. Gleichzeitig erlitt auch der Leichte Kreuzer MARBLEHEAD schwere Beschädigungen (siehe oben Seite 266). Trotz dieser Schäden sicherte der Kreuzer einen Truppentransport-Geleitzug, der am 15. Februar von Port Darwin aus versuchte, Verstärkungen nach Timor zu bringen. Nach japanischen Luftangriffen am nächsten Tag wurde der Verband zurückgerufen und erreichte am 17. Februar wieder Port Darwin. Im Anschluß daran erhielt die HOUSTON den Befehl, mit hoher Fahrt nach Tjilatjap an die Südküste Javas zu gehen, um sich KAdm. Doormans Verband anzuschließen, und entging auf diese Weise dem japanischen Luftangriff auf Port Darwin. Als die Japaner Ende Februar 1942 Java angriffen, gehörte die HOUSTON am 27. Februar bei der Seeschlacht in der Java-See zur alliierten *Eastern Force* unter KAdm. Doorman (siehe oben Seite 222). Die HOUSTON entkam zusammen mit dem australischen Leichten Kreuzer PERTH nach Batavia (heute Jakarta). Am Nachmittag des 28. Februar liefen die beiden Kreuzer wieder aus, um durch die Sunda-Straße Tjilatjap zu erreichen. Am Eingang zur Sunda-Straße stießen sie auf einen starken japanischen Verband aus Kreuzern und Zerstörern. In der sich entwickelnden Seeschlacht in der Sunda-Straße wurden die HOUSTON und die PERTH in den frühen Morgenstunden des 1. März 1942 von den japanischen Schweren Kreuzern MOGAMI und MIKUMA mit Artillerie und Torpedos versenkt. 368 Überlebende der alliierten Kreuzer konnten gerettet werden (siehe auch Seiten 25 und 211).

Im Gegensatz zu ihren Schwesterschiffen trat die AUGUSTA nach der Indienststellung zum Atlantikgeschwader (ab 1941 Atlantikflotte). Erst im März 1932 wurde sie in den Pazifik verlegt und ging am 9. März 1933 in den Fernen Osten als Flaggschiff der Asienflotte auf der Asiatischen Station. Sie löste in Schanghai die HOUSTON ab. Im August 1940 gehörte sie zur 4. Kreuzerdivision bei den Aufklärungsstreitkräften und im Herbst verlegte sie in den Atlantik zu den Streitkräften im Neutralitätspatrouillendienst, deren Flaggschiff sie ab Mai 1941 wurde. Vom Januar 1942 an gehörte sie zum 7. Kreuzergeschwader, während sie weiterhin die Aufgaben des Flaggschiffes Atlantik

VEREINIGTE STAATEN VON AMERIKA

wahrnahm. Im August 1941 hatte die AUGUSTA Präsident Roosevelt an Bord, der sich vom 9. bis zum 12. August mit dem britischen Premierminister Winston Churchill in der Argentia-Bucht/Neufundland traf.[241] Vom 23. Oktober bis zum 7. November 1942 überquerte die AUGUSTA mit dem Invasionsverband – *TF 34* – für die alliierten Landungen in Französisch-Nordafrika (Operation »Torch«) den Atlantik. Hierbei gehörte sie zusammen mit dem Leichten Kreuzer BROOKLYN und vier Zerstörern zur *TG 34.9*, der *Centre Attack Group*. Am 8. November 1942 unterstützte der Kreuzer mit seiner Kampfgruppe im Rahmen der *Western Task Force* (Rear-Admiral Hewitt, USN) die Landungen an der Westküste Marokkos (Casablanca). Hierbei geriet die Kampfgruppe mit den französischen Schiffen im Hafen ins Gefecht. Durch Artillerietreffer der AUGUSTA und der BROOKLYN wurden der Leichte Kreuzer PRIMAUGUET (siehe oben Seite 53) sowie der Flottillenführer ALBATROS so schwer beschädigt, daß sie im flachen Hafenwasser auf Grund sanken. Nach den erfolgreich durchgeführten Landungen kehrte der Kreuzer in die USA zurück und ging zur Überholung in die Marinewerft New York. Aufgrund der von der TIRPITZ in Nordnorwegen ausgehenden Bedrohung verlegte die AUGUSTA im Frühsommer 1943 zusammen mit den Schlachtschiffen SOUTH DAKOTA und ALABAMA, dem Schweren Kreuzer TUSCALOOSA und fünf Zerstörern zur britischen *Home Fleet* in Scapa Flow. Sie operierte im Nordmeer, bis sie Ende November 1943 zu einer Werftliegezeit in die USA zurückbefohlen wurde. Im April 1944 kehrte der Kreuzer für die alliierten Landungen an der französischen Normandie-Küste in britische Gewässer zurück. Am Tag der Landung, dem 6. Juni 1944, war die AUGUSTA das Flaggschiff der *Western Naval Task Force* (Rear-Admiral Kirk, USN). Nach diesem Einsatz verlegte der Kreuzer ins Mittelmeer für die alliierten Landungen in Südfrankreich am 15. August 1944 (Operation »Dragoon«). Am Landungstag war die AUGUSTA das Flaggschiff der Feuerunterstützungsgruppe der *TF 86* (»Sitka«) für die Landung auf der Insel Levante. Sie verblieb im Mittelmeer zur Feuerunterstützung bis Ende September 1944. Anschließend folgte eine weitere Werftliegezeit bis zum Februar 1945. Bei Kriegsende in Europa brachte die AUGUSTA Präsident Truman zur Teilnahme an der Potsdamer Konferenz nach Antwerpen. Danach war der Kreuzer an der Rückführung amerikanischer Truppen aus Europa in die USA beteiligt. Am 16. Juli 1946 wurde die AUGUSTA schließlich außer Dienst gestellt. Wie die LOUISVILLE sollte sie uprünglich zum Verkauf angeboten werden, wurde aber bis zu ihrer Streichung aus der Flottenliste am 1. März 1959 zur Reserveflotte versetzt. Am 9. November 1959 verkaufte die USN das Schiff an die Abbruchwerft Robert Benjamin in Panama City zum Verschrotten.

Portland-Klasse

Kennung	Name	Bauwerft	Kiellegung	Stapellauf	Fertigstellung	Schicksal
CA 33	PORTLAND	Bethlehem Steel Co., Quincy	17. Febr. 1930	21. Mai 1932	23. Febr. 1933	gestrichen: 1. März 1959
CA 35	INDIANAPOLIS	New York Sb. Corp., Camden	31. März 1930	7. Nov. 1931	15. Nov. 1932	gesunken: 30. Juli 1945

Typ: Schwerer Kreuzer – Heavy Cruiser.
Standardverdrängung: 10 258 ts (10 422 t).
Einsatzverdrängung: 12 775 ts (12 979 t).
Länge: 185,93 m (über alles), 180,44 m (CWL).
Breite: 20,12 m.
Tiefgang: 6,40 m (mittlerer).
Antriebsanlage: 4 Satz Parsons-Getriebeturbinen, 8 Yarrow-Kessel, 4 Wellen.
Antriebsleistung: 107 000 WPS für 32,5 kn.
Bunkerinhalt: 1600 ts (2125 ts max.) Heizöl.
Fahrtstrecke: 13 000 sm bei 15 kn.
Panzerschutz: Hauptgürtelpanzer 76 mm (Maschinenräume), Deck 64 mm, Munitionskammern 146 mm (Seiten) bzw. 54 mm (Decken).
Geschütze: neun 20,3 cm. S.K. L/55 (3 x 3), acht 12,7 cm S.K. L/25 (8 x 1).
Torpedorohre: keine.
Seeminen: keine.
Bordflugzeuge: vier, zwei Katapulte.
Besatzungsstärke: 876 bzw. 1200 (Kriegsstärke) Offiziere und Mannschaften.

Entwurf: Bis zu einem gewissen Grade waren diese beiden Schweren Kreuzer Hybriden. Sie wiesen ein Panzerschutzschema auf, das zwischen dem der NORTHAMPTON- und dem der NEW ORLEANS-Klasse eingestuft werden konnte. Der Grund hierfür lag in der Unterzeichnung des Londoner Flottenvertrages von 1930 sowie in der Erkenntnis, daß die früher gebauten Schweren Kreuzer durchaus als untergewichtig im vertraglichen Sinne gelten konnten, obwohl das Ausmaß des letzteren noch nicht vollständig quantifiziert war. Das Bauprogramm von 1929 sah fünfzehn Schwere Kreuzer vor; sie sollten in drei Gruppen gebaut und in den Haushaltsjahren 1929 (CA 32 - CA 36), 1930 (CA 37 - CA 41) und 1931 (CA 42 - CA 46) bewilligt werden. Die erste Gruppe war ursprünglich als Wiederholung der NORTHAMPTON-Klasse geplant. Doch da es beträchtliche Kritik an diesem Entwurf und an dem im großen und ganzen zu schwachen Panzerschutz der »Vertrags-Blechbüchsen« gegeben hatte, sollte die zweite Gruppe nach einem umgearbeiteten Entwurf mit einem verbesserten Panzerschutz gebaut werden. Die erste Gruppe wurde als zu weit fortgeschritten angesehen, um den Entwurf noch zu modifizieren. Da jedoch die Kontrakte für drei dieser Einheiten an Marinewerften vergeben waren, wurde schließlich die Entscheidung getroffen, ihr Entwurf könnte tatsächlich umgestaltet werden, ohne befürchten zu müssen, sich eine Vertragsstrafe in klingender Münze zuzuziehen, wie das bei den beiden auf Privatwerften zu bauenden Kreuzern CA 33 und CA 35 der Fall gewesen wäre. Es war einleuchtend, daß trotzdem für den Steuerzahler Kosten entstehen würden. Sie könnten aber auf altehrwürdige Regierungsart im Haushalt versteckt werden. Infolgedessen unterschieden sich die beiden Einheiten der PORTLAND-Klasse auf mancherlei Weise sowohl von ihrem ursprünglichen Entwurf als auch von ihren späteren Schwesterschiffen.

Ursprünglich hatte nur die Absicht bestanden, den Schiffskörper ohne Änderung der Innenanordnungen um 3,05 m – 2,44 m vorn und 0,61 m achtern – zu verlängern, um den vermutlich dann zusätzlich zur Verfügung stehenden Gewichtsanteil zur Verstärkung des Seitenpanzers bei den Munitionskammern auf 127 mm und des Panzerdecks um 13 mm zu verwenden. Die Breite des Schiffskörpers sollte dieselbe bleiben, aber der Wulstbug hatte wegzufallen. An der dünnen Panzerung der Turmschilde als Splitterschutz würde sich nichts ändern. Während sich diese beiden Einheiten im Bau befanden, zeigte sich die Untergewichtigkeit im vertraglichen Sinne bei den früher gebauten Kreuzern deutlicher und der sich hieraus ergebende Gewichtsvorteil wurde genutzt, um die seitliche Panzerung der Munitionskammern auf 146 mm zu steigern, um in einem gewissen Grade einen Schutz gegen 20,3-cm-Granaten zu erreichen. Der 57 mm dicke Seitenpanzer auf der 19 mm dicken Außenbeplattung konnte nicht verstärkt werden, ohne einen höheren Gewichtsanteil und höhere Kosten zu verursachen.

Die Antriebsanlage stellte eine Wiederholung der Anlage dar, wie sie bei den Kreuzern der NORTHAMPTON-Klasse Verwendung gefunden hatte. Lediglich die Kessel waren nunmehr vom Yarrow-Typ. Auch die Bewaffnung glich mit einer Ausnahme jener der früher gebauten Kreuzerklasse: Die ursprünglich im Entwurf vorgesehenen Torpedorohrsätze wurden noch vor der Fertigstellung weggelassen und statt ihrer kamen von Anfang an acht 12,7-cm-Geschütze zum Einbau.

Beide Einheiten hatten eine Ausrüstung als Flotten-Flaggschiffe erhalten.

Modifizierungen: In den ersten Jahren erfuhren die beiden Kreuzer nur wenige Abänderungen. Vor dem Kriege erhielt die PORTLAND einen vergrößerten vorderen Schornstein. Doch die hauptsächlichen Modifizierungen ergaben sich aufgrund der

Rechts: PORTLAND. (Floating Drydock)

Rechts; Die INDIANAPOLIS im Juli 1945. (Floating Drydock)

Kriegserfahrungen. Anfang 1942 kamen vier 2,8-cm-Vierlingsflaks – zwei beiderseits der Brücke und zwei zwischen den beiden 12,7-cm-Geschützgruppen – sowie etwa zwölf 2-cm-Fla-Geschütze in Einzellafetten an Bord. Mit dem Fortgang des Krieges wurde die Anzahl der letzteren ständig verstärkt. 1943 erfolgten eine Vergrößerung der Brücke, eine Verringerung der Höhe bei den achteren Aufbauten sowie der Einbau eines Dreibein-Gittergroßmastes um den achteren Schornstein. Zu diesem Zeitpunkt erhielten die beiden Kreuzer auch eine umfassende Ausrüstung mit Feuerleit- sowie mit Seeraum- und Luftraumüberwachungs-Radargeräten. Beide Schornsteine bekamen Kappen. Im Sommer 1944 ersetzten 4-cm-Bofors-Vierlingslafetten die 2,8-cm-Vierlingsflaks. Die PORTLAND führte zu diesem Zeitpunkt vier 4-cm-Vierlings- und zwei 4-cm-Doppellafetten (letztere auf dem Achterdeck), während ihr Schwesterschiff sechs 4-cm-Vierlingslafetten an Bord hatte. Die 2-cm-Fla-Geschütze waren auf etwa 17 bzw. 19 Rohre verstärkt worden. Bei beiden Kreuzern kam das Steuerbord-Katapult von Bord und die Anzahl der mitgeführten Bordflugzeuge verringerte sich auf zwei bzw. drei auf der INDIANAPOLIS.

Werdegang: Nach der Indienststellung trat die PORTLAND zur 4. Kreuzerdivision beim Aufklärungsverband, stieß aber ein Jahr später zur 6. Kreuzerdivision. 1935 war sie für kurze Zeit der 5. Kreuzerdivision zugeteilt, ehe sie 1936 wieder zur 6. Kreuzerdivision verlegte. Anschließend trat sie erneut zur 5. Kreuzerdivision, bei der sie bis Ende 1940 verblieb, um dann bis Kriegsende der 4. Kreuzerdivision anzugehören. Im Dezember 1941 befand sie sich zur Zeit des japanischen Angriffs bei der TF 11 als Teil der Sicherung des Flugzeugträgers LEXINGTON, der Flugzeuge des Marineinfanterie-Korps (USMC) zur Insel Midway brachte. Im Anschluß daran war die PORTLAND mit demselben Kampfverband an den erfolglosen Entlastungsoperationen der Insel Wake beteiligt. Anfang Mai 1942 gehörte sie bei der Luft/Seeschlacht in der Korallensee zur TF 17 (Flugzeugträger YORKTOWN) und rettete Überlebende der LEXINGTON. Auch an der Luft/Seeschlacht bei den Midway-Inseln Anfang Juni 1942 nahm der Kreuzer mit seinem Kampfverband teil. Nach der Umorganisation der US-Pazifikflotte gehörte die PORTLAND ab dem 15. Juni zur TF 16 (Flugzeugträger ENTERPRISE) in Pearl Harbor. Ab 31. Juli 1942 stieß sie mit demselben Kampfverband zur neu gebildeten TG 61.2, deren Aufgabe es war, nach der Landung der Japaner auf Tulagi und Guadalcanal in den Salomonen, bei den amerikanischen Landungen auf diesen Inseln am 7. August (Operation »Watchtower«) Luftunterstützung zu gewähren.

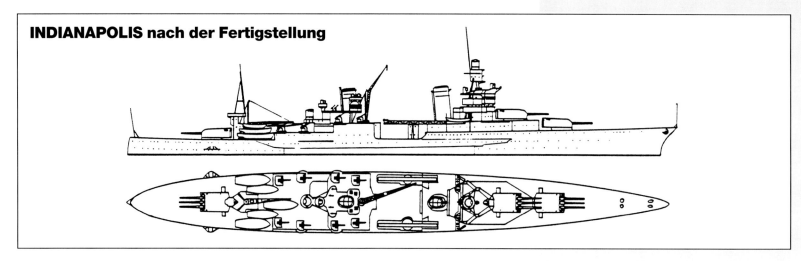

INDIANAPOLIS nach der Fertigstellung

Mit dieser Kampfgruppe war der Kreuzer auch Ende August an der Luft/Seeschlacht ostwärts der Salomonen beteiligt. Am 16. Oktober 1942 lief die PORTLAND mit ihrem Kampfverband – nunmehr als *TF 61* bezeichnet – aus Pearl Harbor aus, um einen auf die östlichen Salomonen zuhaltenden japanischen Flottenverband zusammen mit anderen US-Seestreitkräften abzufangen. In der sich hieraus entwickelnden Luft/Seeschlacht bei den Santa-Cruz-Inseln am 26. Oktober hatte der Kreuzer das Glück drei Lufttorpedotreffer zu überstehen, weil sich alle drei Torpedos als Blindgänger erwiesen. Im November 1942 sicherte die PORTLAND zusammen mit der PENSACOLA (siehe oben) und drei Zerstörern als *TG 67.1* einen aus Nouméa/Neukaledonien ausgelaufenen Truppentransport-Geleitzug mit Verstärkungen für Guadalcanal. In der sich anschließenden dritten Schlacht bei den Salomonen (Schlacht bei Guadalcanal) am 13./14. November traf den inzwischen zur *TF 16* (Flugzeugträger ENTERPRISE) detachierten Kreuzer ein sehr flach eingestellter Torpedo, der ihm beide Innenpropeller abriß und den achteren 20,3-cm-Turm außer Gefecht setzte. Am Morgen des 14. November versenkte die PORTLAND den in der Nacht durch Artillerietreffer schwer beschädigten japanischen Zerstörer YUDACHI sowie nach Rettung der Überlebenden den ebenfalls schwer beschädigten amerikanischen Zerstörer O'BANNON. Im Anschluß daran trat die PORTLAND über Tulagi, Sydney und Pearl Harbor den Rückmarsch an die Westküste der USA zur Durchführung der Ausbesserungsarbeiten in der Marinewerft Mare Island an. Nach der Beendigung des Werftaufenthaltes Anfang März 1943 verlegte sie in den Nordpazifik in die Gewässer der Aleuten und war ab dem 6. Juli 1943 an der Beschießung der Insel Kiska zur Vorbereitung der Landung am 15. August (Operation »Cottage«) beteiligt. Danach kehrte die PORTLAND in den mittleren Pazifik zu Operationen in den Gilbert- und Marshall-Inseln zurück und gehörte im November 1943 zur *TG 53.4*, die am 20. bei der Landung auf Betio/Tarawa in den Gilbert-Inseln Feuerunterstützung leistete. Am 4. Dezember war der Kreuzer in den Marshall-Inseln im Verband der *TG 50.3* am Trägerangriff auf das Kwajalein-Atoll sowie an folgenden Landungen beteiligt: am 31. Januar 1944 mit der *TG 51.2* auf dem Majuro-Atoll und am 17. und am 19. Februar mit der Feuerunterstützungsgruppe (Rear-Admiral Oldendorf) der *TF 51.11* auf den Inseln Engebi und Eniwetok. Am 30. April 1944 gehörte die PORTLAND zu einem aus Kreuzern und Zerstörern bestehenden Verband (Rear-Admiral Oldendorf), der die Satawan-Inselgruppe südostwärts von Truk beschoß. Nach einer erneuten Werftliegezeit in der Marinewerft Mare Island kehrte der Kreuzer in den mittleren Pazifik zurück und stieß zur Feuerunterstützungsgruppe (Rear-Admiral Oldendorf) der *TF 31*, die am 13. und 14. September zur Vorbereitung der Landungen auf den Palau-Inseln (Operation »Stalemate II«) Peleliu und Angaur beschoß. Bei der Schlacht um den Golf von Leyte im Oktober 1944 gehörte die PORTLAND zur Südlichen Feuerunterstützungsgruppe (Rear-Admiral Oldendorf), die am 24. Oktober den Zugang zum Golf von Leyte von Süden her durch die Surigao-Straße abriegelte. Hieraus entwickelte sich in der Nacht vom 24./25. Oktober die Teilschlacht in der Surigao-Straße.[242] Anfang Januar 1945 nahm die PORTLAND im Verband der *TU 2* der Feuerunterstützungsgruppe *TG 77.2* (VAdm. Oldendorf) an der Landung im Golf von Lingayen auf Luzon/Philippinen teil. Mitte Februar war sie an der Beschießung der Inselfestung Corregidor, die den Zugang zur Bucht von Manila sperrte, sowie ab Anfang April an den Kämpfen um Okinawa beteiligt. Im September 1945 hatte die PORTLAND VAdm. Murray an Bord, der die Kapitulation der Inselfestung Truk und weiterer Inseln im Bereich der mittleren Karolinen entgegennahm. Die letzte Verwendung des Kreuzers war die Rückführung ame-

Unten: Die PORTLAND im November 1943. (USN)

rikanischer Truppen in die USA im Rahmen der Operation »Magic Carpet«, ehe er schließlich am 12. Juli 1946 außer Dienst gestellt und in den Reservestatus versetzt wurde. Die Streichung aus der Flottenliste erfolgte am 1. März 1959. Am 6. Oktober desselben Jahres wurde das Schiff zum Verschrotten an die Union Mineral and Alloys Corp. in New York verkauft und ab Dezember 1959 in Panama City abgebrochen.

Vom November 1933 an übernahm die INDIANAPOLIS die Aufgabe des Flaggschiffs der Aufklärungsstreitkräfte, später war sie Flaggschiff der Kreuzer bei der Schlachtflotte (ab 1941 Pazifikflotte) und der 4. Kreuzerdivision. Bis zu ihrem Verlust 1945 erfüllte sie Aufgaben als Flaggschiff. Bei Kriegsausbruch am 7. Dezember 1941 gehörte der Kreuzer zur TF 12, stieß aber am 13. Dezember zur TF 11 (Flugzeugträger LEXINGTON) in Pearl Harbor und war Ende Dezember 1941 und Ende Januar 1942 an den Vorstößen ihres Kampfverbandes Richtung Wake beteiligt. Am 31. Januar lief die INDIANAPOLIS mit der TF 11 aus Pearl Harbor aus und sicherte zwei Truppentransport-Geleitzüge von der Panama-Kanalzone in den Südwestpazifik. Anfang Februar wurde sie mit ihrem Kampfverband den ANZAC-Streitkräften zugeteilt und nahm im März an einem Trägervorstoß gegen die japanischen Landungsverbände südlich der Papua-Halbinsel/Neuguinea teil. Zwischen April und Juni 1942 folgte eine Werftliegezeit in der Marinewerft Mare Island an der amerikanischen Westküste. Am 3. Juni stieß der Kreuzer zur TF 8 in den Gewässern der Aleuten. Er beschoß am 18./19. Januar 1943 mit der TG 8.6 die Aleuten-Insel Attu und gehörte Anfang August 1943 zur TG 16.6, die zur Vorbereitung der Landung (Operation »Cottage«: 15. August) die Aleuten-Insel Kiska am 2. und 12. August 1943 beschoß. Anschließend absolvierte die INDIANAPOLIS eine Werftliegezeit in der Marinewerft Mare Island. Nach ihrer Wiederindienststellung kehrte sie in den Pazifik zurück und wurde Ende Oktober 1943 Flaggschiff der zur Landung auf den Gilbert-Inseln gebildeten 5. Flotte (VAdm. Spruance) in Pearl Harbor. Im November nahm der Kreuzer an den Landungen in den Gilbert-Inseln (Operation »Galvanic«) teil. Hier gehörte er am 20. November zur TG 53.4, der Feuerunterstützungsgruppe für die Landung auf Betio/Tarawa. Im Anschluß daran folgte die Landung auf dem Kwajalein-Atoll (Operation »Flintlook«) am 31. Januar 1944, gefolgt von der Landung auf Eniwetok (Operation »Catchpole«) am 19. Februar. An beiden Landungen in den Marshall-Inseln war die INDIANAPOLIS im Verband der Feuerunterstützungsgruppe – TG 53.5 Rear-Admiral Oldendorf – beteiligt. Mitte Juni 1944 nahm sie im Verband der TG 58.3 an den Trägerangriffen am 12. und 13. Juni auf Saipan und Tinian teil, gefolgt von der Feuerunterstützung mit der TG 52.17 (Rear-Admiral Oldendorf) am 14. Juni für die Landung auf Saipan (Operation »Forager«) sowie mit der TG 53.5 am 21. Juli für die Landung auf Guam. Mitte September gehörte der Kreuzer zur Feuerunterstützungsgruppe (Rear-Admiral Oldendorf) für die Landung auf den Palau-Inseln (siehe oben PORTLAND). Hieran schloß sich eine weitere Werftliegezeit von November 1944 bis Januar 1945 in der Marinewerft Mare Island an. Ab Mitte Februar war die INDIANAPOLIS als Flaggschiff der 5. Flotte (Adm. Spruance) an den ersten Trägerangriffen auf das japanische Mutterland sowie an den Landungen auf Iwo Jima und Okinawa beteiligt. Am 30. März 1945 erhielt der Kreuzer vor Okinawa einen »Kamikaze«-Treffer ins Achterschiff, der die Wellen erheblich beschädigte, so daß eine Reparatur in den USA erforderlich war. Nach den im Juni/Juli 1945 bei der Marinewerft Mare Island durchgeführten Ausbesserungsarbeiten gehörte die INDIANAPOLIS zu den Schiffen, die Einzelteile für die erste Atombombe nach Tinian zu befördern hatten. Sie traf am 26. Juli vor der Insel Tinian ein, gab die Bombenteile von Bord und lief anschließend über Guam zum Golf von Leyte aus. Nach dem Verlassen Guams am 28. Juli hielt die ohne Sicherung fahrende INDIANAPOLIS auf den Golf von Leyte zu. In der Nacht vom 29./30. Juli griff das japanische Unterseeboot I 58 etwa 600 sm südwestlich von Guam und 550 sm nordostwärts von Leyte den Kreuzer mit einem aus sechs Torpedos bestehenden Fächer an. Drei der Torpedos trafen und der Kreuzer sank in den frühen Morgenstunden des 30. Juli 1945 unter schweren Verlusten an Menschenleben. Da der Kreuzer mehrere Tage lang nicht als überfällig gemeldet worden war, konnten zwischen dem 2. und dem 8. August von amerikanischen Flugbooten und Zerstörern lediglich 316 Überlebende aus der 1199 Mann starken Besatzung gerettet werden.

NEW ORLEANS-Klasse

Kennung	Name	Bauwerft	Kiellegung	Stapellauf	Fertigstellung	Schicksal
CA 32	NEW ORLEANS	Marinewerft New York	14. März 1931	12. April 1933	15. Febr. 1934	gestrichen: 1. März 1959
CA 34	ASTORIA (I)	Marinewerft Puget Sound	1. Sept. 1930	16. Dez. 1933	28. April 1934	gesunken: 9. Aug. 1942
CA 36	MINNEAPOLIS	Marinewerft Philadelpia	27. Juni 1931	6. Sept. 1933	19. Mai 1934	gestrichen 1. März 1959
CA 37	TUSCALOOSA	New York Sb. Corp., Camden	3. Sept. 1931	15. Nov. 1933	17. Aug. 1934	gestrichen: 1. März 1959
CA 38	SAN FRANCISCO	Marinewerft Mare Island	9. Sept. 1931	9. März 1933	10. Febr. 1934	gestrichen: 1. März 1959
CA 39	QUINCY (I)	Bethlehem Steel Co., Quincy	15. Nov. 1933	19. Juni 1935	9. Juni 1936	gesunken: 9. Aug. 1942
CA 44	VINCENNES (I)	Bethlehem Steel Co., Quincy	2. Jan. 1934	21. Mai 1936	24. Febr. 1937	gesunken: 9. Aug. 1942

Typ: Schwerer Kreuzer – Heavy Cruiser.
Standardverdrängung: 10 136 ts (10 298 t).
Einsatzverdrängung: 12 493 ts (12 693 t).
Länge: 179,22 m (über alles), 176,19 m (CWL).
Breite: 18,82 m.
Tiefgang: 6,93 m (mittlerer).
Antriebsanlage: 4 Satz Westinghouse-Getriebeturbinen, 8 Babcock-&-Wilcox-Kessel, 4 Wellen.
Antriebsleistung: 107 000 WPS für 32,7 kn.
Bunkerinhalt: 1650 ts (1861 ts maximal) Heizöl.
Fahrtstrecke: 10 000 sm bei 15 kn.
Panzerschutz: Hauptgürtelpanzer 102 mm - 146 mm, Deck 57 mm (Maschinenräume), Munitionskammern 76 mm - 102 mm (Seiten) bzw. 57 mm (Decken), Barbetten 127 mm (CA 37 + CA 38: 165 mm, CA 39 + CA 44: 140 mm), Türme 152 (Front) bzw. 57 mm (Decke) bzw. 38 mm (Seite).
Geschütze: neun 20,3 cm S.K. L/55 (3 x 3), acht 12,7 cm S.K. L/25 (8 x 1), acht 12,7-mm-Fla-MG's (8 x 1).
Torpedorohre: keine.
Seeminen: keine.
Bordflugzeuge: vier, zwei Katapulte.
Besatzungsstärke: 868 bzw. 1200 (Kriegsstärke) Offiziere und Mannschaften.

Entwurf: Diese Gruppe Schwerer Kreuzer umfaßte drei Einheiten aus dem Haushalt 1929 – ursprünglich nach dem PORTLAND-Entwurf (siehe oben) geplant und bei Marinewerften in Auftrag gegeben –, drei Einheiten aus dem Haushalt 1930 – CA 37 bis CA 39 – und eine Einheit aus dem Haushalt 1931 (CA 44). Der Londoner Flottenvertrag von 1930 hatte die Kiellegung einer weiteren Einheit 1934 (CA 44) und nur einer Einheit 1935 (CA 45) gestattet. Die letztere Einheit wurde in Wirklichkeit als »Modifizierte BROOKLYN-Klasse« gebaut, während die anderen drei Einheiten als Leichte Kreuzer der BROOKLYN-Klasse (CL 40, CL 41 und CL 42) entstanden. Als sich diese Kreuzerklasse im Entwurfsstadium befand, war das Ausmaß der Unter-

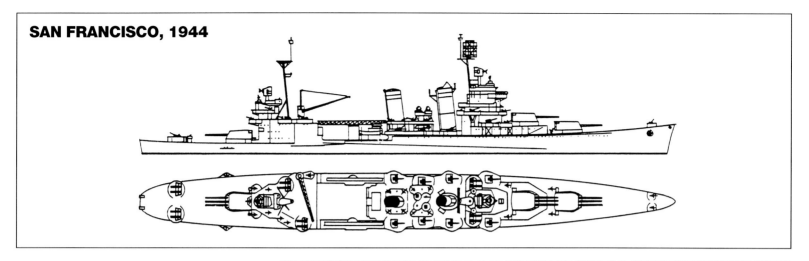

SAN FRANCISCO, 1944

gewichtigkeit im vertraglichen Sinne bei den zuerst gebauten Schweren Kreuzern vollständig bekannt und daher wurde der Panzerschutz entsprechend gesteigert. Im Vergleich zur PORTLAND-Klasse war der Schiffskörper in der Wasserlinie etwa 4,25 m kürzer und in der Breite um ca. 1,30 m verringert worden. Die Reduzierung des Schiffskörpers in der Länge wurde durch das Aufgeben des Einheitenprinzips bei den Maschinenräumen erreicht. Hierdurch verringerte sich die Länge jedes Turbinenraums um über einen Meter. Aus dieser Verkürzung ergab sich eine verringerte Länge des Seitenpanzers, die wiederum zu einer Gewichtseinsparung führte. Diese konnte zu einer Steigerung der Dicke beim Gürtelpanzer verwendet werden. Dieser wies nunmehr eine Dicke von durchschnittlich 127 mm bei einer Breite von 1,42 m auf. Sein unterer Teil hatte eine Dicke von 76 mm. Insgesamt betrug die Breite des Gürtelpanzers 2,94 m. Im Inneren hatten den vorderen Granat- und Pulverkammern einen Seitenschutz von 76 mm - 102 mm, während die achteren einen solchen von 76 mm - 120 mm aufwiesen. Der Horizontalschutz bestand aus einem Panzerdeck von 57 mm Dicke, verringert auf 29 mm außerhalb der Munitionskammern. Die Panzerung der Barbetten hatte eine Steigerung auf 127 mm erfahren. Außerdem war ein Kommandostand mit einer 64 mm dicken Panzerung vorhanden. Im Gegensatz zu den früher gebauten Schweren Kreuzern, deren Turmschutz durch Artillerbeschuß von Zerstörern durchschlagen werden konnte, hatte sich auch die Möglichkeit ergeben, den Türmen einen gewissen Schutz gegen 20,3-cm-Beschuß zu gewähren. Ihre Frontseiten hatten einen 152 mm dicken Panzerschutz. Insgesamt betrug der Gewichtsanteil der Panzerung 15 % der Standardverdrängung.

TUSCALOOSA und SAN FRANCISCO erhielten als Schwere Artillerie ein leichteres 20,3-cm-Geschütz in einem kompakteren Turm (etwa 40 ts an Gewicht weniger). Infolgedessen wiesen die Barbetten ihrer Türme eine Panzerung von 165 mm auf. Die Standardverdrängung für Kreuzer insgesamt hatte jedoch in beunruhigender Weise fast die für Kreuzer festgelegte Vertragsgrenze erreicht und die zur Verfügung stehende Reserve war nahezu verbraucht. Daher mußte bei der QUINCY (CA 39) der Gewichtsanteil des Panzerschutzes verringert werden, insbesondere beim Barbettenpanzer; dies galt für die VINCENNES (CA 44) entsprechend.

Wie bereits erwähnt, unterschied sich die Anordnung der Antriebsanlage von den früheren Schweren Kreuzern: alle Kesselräume befanden sich vor den Turbinenräumen, den Umstand akzeptierend, daß ein einziger Torpedotreffer zwei Turbinenräume außer Gefecht setzen konnte. Andererseits war die Antriebsanlage mit jener bei den Kreuzern der PORTLAND-Klasse identisch. Zum erstenmal bei amerikanischen Kreuzern kamen jedoch bei drei Einheiten – CA 38, CA 39 und CA 44 – Dieselgeneratoren für den Notfall zum Einbau. Ein Merkmal dieses Entwurfs, das Anlaß zur Kritik gab, war die Verringerung des Bunkerinhalts und die hiermit verbundene geringere Seeausdauer.

Oben: Die MINNEAPOLIS vor dem Kriege. (MPL)

Hinsichtlich der Schweren Artillerie verblieb es bei neun 20,3-cm-Geschützen: bei den ersten drei Einheiten Mk. 9 bzw. Mk. 14 und bei den übrigen Mk. 12. Acht 12,7-cm-DP-Geschütze S.K. L/25 in Einzellafetten bildeten die zugleich als Mittelartillerie dienende Schwere Flak und acht 12,7-mm-Fla-MG's in Einzellafetten vervollständigten die Fla-Bewaffnung. Eine Torpedobewaffnung für diese Kreuzer sah bereits der Entwurf nicht mehr vor. Die Anzahl der Bordflugzeuge und die hierfür erforderlichen Einrichtungen glichen jenen bei der PORTLAND-Klasse mit einer Ausnahme: Durch das Aufgeben des Einheitenprinzips bei der Antriebsanlage war der achtere Schornstein weiter nach vorn gerückt und die Katapulte hatten ihre Position achteraus von ihm erhalten, wodurch sich auch die Flugzeughallen weiter achtern befanden. Vier Seeflugzeuge konnten untergebracht werden.

Modifizierungen: Die erste größere Abänderung – ein Ergebnis der Empfehlungen des *King Board* – betraf das Ausstatten der 12,7-cm-Geschütz-

Oben: Die VINCENNES im Juni 1937 in Portsmouth/Großbritannien. (W&L)

positionen (d.h. nicht die Geschützlafetten selbst) mit Splitterschutzschilden und den Einbau von 2,8-cm-Vierlingslafetten: zwei auf dem Achterdeck und zwei auf der Kartenhausebene der Brücke. Diese Umrüstungen waren bei allen Einheiten bis zum April 1942 erfolgt. Der Fockmast erfuhr eine Verkürzung und ein Suchradar wurde installiert. Später kamen sechs 2-cm-Fla-Geschütze in Einzellafetten an Bord. Die 2-cm-Bewaffnung wurde laufend verstärkt und Anfang 1942 waren zwölf Geschütze als Standard festgelegt. Mehrere Kreuzer überschritten diese Norm; so führte zum Beispiel die TUSCALOOSA im Oktober 1942 sechzehn 2 cm. Bei diesen Einheiten wurde jedoch das Obergewicht zu einem kritischen Faktor und weitere zusätzliche Ausrüstung konnte nur auf Kosten zusätzlichen Ballastes eingebaut werden. Der Kommandostand wurde entfernt und die Brückenaufbauten erfuhren eine Änderung. Desgleichen kam auch ein Kran von Bord. Bei der Leichten Flak ersetzten sechs 4-cm-Vierlingslafetten die 2,8 cm auf den vier noch vorhandenen Einheiten. Die 2-cm-Fla-Bewaffnung bestand nunmehr aus mehr als 28 Rohren in verschiedenen Kombinationen von Doppel- und Einzellafetten. Gegen Kriegsende wurde als gewichtseinsparende Maßnahme eines der Katapulte von Bord gegeben.

Werdegang: Die NEW ORLEANS gehörte während ihres ganzen Werdeganges zur 6. Kreuzerdivision im Pazifik. Beim japanischen Angriff am 7. Dezember 1941 waren sie und die SAN FRANCISCO die beiden einzigen Schweren Kreuzer in Pearl Harbor. Sie blieben unbeschädigt. Der Werftaufenthalt der NEW ORLEANS dauerte bis Januar 1942. Danach war sie im Geleitsicherungsdienst nach Australien und Nouméa/Neukaledonien eingesetzt, ehe sie im März nach Pearl Harbor zurückkehrte. Anschließend operierte sie mit der *TF 11* (Flugzeugträger LEXINGTON) im Seegebiet der Neuen Hebriden und nahm Anfang Mai 1942 mit ihrem Kampfverband an der Luft/Seeschlacht in der Korallensee und mit der *TF 16* Anfang Juni an der Schlacht um Midway teil. Nach der Umorganisation der US-Pazifikflotte gehörte die NEW ORLEANS ab 15. Juni 1942 zur *TF 11* (Flugzeugträger SARATOGA). Bei der Landung auf der Salomonen-Insel Guadalcanal am 7. August (Operation »Watchtower«) gehörte sie mit der SARATOGA zum Luftunterstützungsverband (*TU 1* der *TF 61*). Auch an der Luft/Seeschlacht ostwärts der Salomonen Ende August 1942 nahm der Kreuzer mit seiner in *TG 61.1* umbezeichneten Kampfgruppe teil und sicherte die am 31. August vom japanischen Unterseeboot *I 26* (FKpt. Yokota) torpedierte SARATOGA auf dem Rückmarsch. In der Nachtschlacht vom 30. November/1. Dezember 1942 vor Kap Tassafaronga/Guadalcanal (siehe oben Seite 270) gehörte die NEW ORLEANS zur *TF 67* (Rear-Admiral Wright), die aus vier Schweren und einem Leichten Kreuzer sowie aus sechs Zerstörern bestand und von Espiritu Santo aus entsandt worden war, um den aus acht japanischen Zerstörern (KAdm. Tanaka) bestehenden »Tokio-Express« abzufangen. Trotz Ortung durch Radar und überschendem Auftauchen des amerikanischen Verbandes gelang es den japanischen Zerstörern ihre Versorgungsbehälter planmäßig abzuwerfen und zum Angriff mit Torpedos überzugehen. Das für die US-Marine verhängnisvoll verlaufene Gefecht endete mit einem versenkten (NORTHAMPTON) und drei erheblich beschädigten Schweren Kreuzern (PENSACOLA, NEW ORLEANS und MINNEAPOLIS), während nur ein japanischer Zerstörer (TAKANAMI) verlorenging. Auf der NEW ORLEANS ließ ein Torpedotreffer die beiden vorderen Munitionskammern hochgehen. Die Explosion riß den gesamten Bug bis zum Turm B ab. Vom Zerstörer MAURY gesichert, schleppte sich der Kreuzer in den Hafen von Tulagi/Salomonen und verlegte nach Notreparaturen anschließend über Sydney an die amerikanische Westküste in die Marinewerft Puget Sound/Washington.

Nach vollständiger Ausbesserung kehrte die NEW ORLEANS Ende August 1943 nach Pearl Harbor zurück. Am 5./6. Oktober war der Kreuzer am Trägervorstoß der *TF 14* zur Insel Wake beteiligt. Bei den Landungen auf den Gilbert-Inseln

(Operation »Galvanic«) gehörte er am 20. November zur Feuerunterstützungsgruppe (*TG 52.2*) für die Landung auf Makin/Tarawa. Anfang Dezember 1943 war die NEW ORLEANS mit der *TG 50.1* am Trägervorstoß zum Kwajalein-Atoll in den Marshall-Inseln und am 31. Januar 1944 mit der Feuerunterstützungsgruppe *52.8* an der Landung auf Kwajalein (Operation »Flintlock«) beteiligt. Beim Trägervorstoß zur Insel Truk in den Karolinen im Februar 1944 (Operation »Hailstone«) gehörte der Kreuzer mit der MINNEAPOLIS zur *TG 50.9*. Am 18. Februar versenkten die beiden Schweren Kreuzer nordwestlich von Truk das kleine Schulschiff KATORI, einen ehemaligen Kreuzer, und den Zerstörer MAIKAZE. Am 30. April nahm die NEW ORLEANS an der Beschießung der Satawan-Inselgruppe südostwärts von Truk, im Juni an den Kämpfen um Saipan in den Marianen und an der Luft/Seeschlacht in der Philippinen-See sowie im Juli an der Landung auf Guam teil. Anfang September 1944 beschoß sie mit den Kreuzern und Zerstörern der *TG 38.4* die Inseln Iwo Jima und Chichijima im Zuge der Palau-Morotai-Operationen und war Anfang Oktober vor Formosa (heute Taiwan) und Luzon/Philippinen mit ihrer Kampfgruppe im Verband der *TF 38* an den Operationen zur Ausschaltung der japanischen Luftstreitkräfte beteiligt. In der Schlacht um den Golf von Leyte in den Philippinen Ende Oktober 1944 gehörte die NEW ORLEANS anfänglich noch immer zur *TG 38.4*. In den frühen Morgenstunden des 25. Oktober wurde aus verschiedenen Kampfgruppen der *TF 38* die aus sechs Schlachtschiffen, vier Kreuzern und zehn Zerstörern bestehende *TF 34* gebildet, um den aus Norden kommenden Ablenkungsverband von VAdm. Ozawa – neben den Angriffen der Trägerflugzeuge – auch mit Artillerie anzugreifen. In der sich entwickelnden Teilschlacht vor Kap Engaño/Luzon war die NEW ORLEANS an der Versenkung des durch Trägerflugzeuge beschädigten Leichten Flugzeugträgers CHIYODA und des Zerstörers HATSUTSUKI beteiligt. Nach einem weiteren Einsatz mit der *TG 38.1* vor Luzon zur Unterstützung der Mindoro-Operationen Mitte Dezember verlegte der Kreuzer an die amerikanische Westküste zur Werftliegezeit in der Marinewerft Mare Island und kehrte erst am 18. April 1945 nach Ulithi/Palau-Inseln zurück, um bis Juni an den Kämpfen um Okinawa teilzunehmen. Im August verlegte die NEW ORLEANS zur Durchführung der Kapitulation Japans in chinesische und koreanische Gewässer und lief Mitte November in die USA aus. Sie traf am 18. Dezember 1945 in San Francisco ein. Am 10. Februar 1947 erfolgte ihre Außerdienststellung und Versetzung in die Reserveflotte. Schließlich wurde der Kreuzer am 1. März 1959 aus der Flottenliste gestrichen und am 22. September desselben Jahres zum Verschrotten verkauft. Im Dezember 1959 traf das Schiff in Baltimore bei der Baltimore Metals Co. zum Abbruch ein.

Nach ihrer Indienststellung gehörte die ASTORIA zur 7. Kreuzerdivision und stieß 1937 zur 6. Kreuzerdivision. Dort verblieb sie bis zu ihrem Verlust im August 1942. Zum Zeitpunkt des japanischen Angriffs auf Pearl Harbor am 7. Dezember 1941 befand sie sich mit der *TF 11* auf dem Wege nach Midway, um die Inselbesatzung mit Flugzeugen des USMC zu verstärken. Mitte Dezember gehörte sie zur *TF 14*, die den Versuch unternahm, die Besatzung der belagerten Insel Wake zu verstärken. Mitte Februar 1942 unternahm sie mit der *TF 17* (Flugzeugträger YORKTOWN) einen Vorstoß in Richtung des Eniwetok-Atolls in den Karolinen, der aber aufgegeben werden mußte, da die Kampfgruppe dringend zu Geleitsicherungsaufgaben im Südwestpazifik gebraucht wurde. Anfang März sicherte die ASTORIA mit dem Leichten Kreuzer HONOLULU einen Truppentransport-Geleitzug nach Nouméa/Neukaledonien und bildete anschließend mit den Schweren Kreuzern LOUISVILLE, CHICAGO und AUSTRALIA (RAN) den ANZAC-Verband, der als Deckungsgruppe für den Trägerangriff gegen die japanischen Landungsverbände südlich der Papua-Halbinsel/Neuguinea operierte. Am 7. Mai 1942 war die ASTORIA mit der *TF 17* an der Luft/Seeschlacht in der Korallensee und am 4. Juni an der Schlacht um Midway beteiligt. Nach der Umorganisation der US-Pazifikflotte gehörte sie ab dem 15. Juni zur *TF 11*. Für die Landung auf der Salomonen-Insel Guadalcanal am 7. August 1942 (Operation »Watchtower«) bildete die ASTORIA zusammen mit den Schweren Kreuzern VINCENNES und QUINCY sowie vier Zerstörern die Feuerunterstützungsgruppe *TG 62.3*. In der Nacht vom 8./9. August wurde die US-Kampfgruppe von einem japanischen Gegenangriff überrascht. Die ASTORIA erlitt hierbei in den frühen Morgenstunden des 9. August vor der Insel Savo schwere Beschädigungen durch Artillerie- und Torpedotreffer.[243] Schwere Brände brachen aus, die schließlich gegen Mittag die vordere 12,7-cm-Munitionskammer erfaßten, während sich das Schiff im Schlepp des Minensuchzerstörers HOPKINS befand. Daraufhin kenterte der Kreuzer und sank.

Nach der Indienststellung unternahm die MINNEAPOLIS eine Ausbildungsreise nach Europa und stieß danach zur 7. Kreuzerdivision im Pazifik.

Unten: Die TUSCALOOSA im März 1942. (USN)

Oben: SAN FRANCISCO. (USN)

Zur Zeit des japanischen Angriffs auf Pearl Harbor sowie auch danach versah sie Patrouillendienst in den Gewässern vor Oahu/Hawaii. Mitte Dezember war sie bei dem Versuch, die Besatzung der Insel Wake zu verstärken, das Flaggschiff der *TF 14*. Ende Januar 1942 nahm der Kreuzer an dem erfolglosen Vorstoß der *TF 11* mit dem Träger LEXINGTON teil, um die inzwischen von den Japanern besetzte Insel Wake anzugreifen. Am 10. März war sie mit ihrer Kampfgruppe an den Trägerangriffen gegen die japanischen Landungsverbände südlich der Papua-Halbinsel/Neuguinea und am 6. Mai an der Luft/Seeschlacht in der Korallensee sowie am 4. Juni mit der *TF 16* an der Schlacht um Midway beteiligt.

Nach der Umorganisation der US-Pazifikflotte gehörte die MINNEAPOLIS ab dem 15. Juni wieder zur *TF 11* und ab 31. Juli für die Landung auf Guadalcanal am 7. August (Operation »Watchtower«) zur *TU 1 (später TG 61.1)* mit dem Träger SARATOGA im Luftunterstützungsverband *TF 61*. Ende August 1942 nahm sie mit ihrer Kampfgruppe an der Luft/Seeschlacht ostwärts der Salomonen teil und deckte am 18. September Truppenlandungen bei Lunga Point/Guadalcanal. In der Nachtschlacht vor Tassafaronga (siehe oben Seiten 270 und 282) trafen die MINNEAPOLIS als Flaggschiff der *TF 67* zwei Torpedos japanischer Zerstörer. Der eine Treffer riß den Bug des Kreuzers bis Turm A weg und der andere ließ den Kesselraum 2 vollaufen. Nach Notreparaturen kehrte die beschädigte MINNEAPOLIS aus eigener Kraft zur vollständigen Ausbesserung in die USA zurück. Der Werftaufenthalt dauerte bis September 1943.

Danach kehrte der Kreuzer in den mittleren Pazifik zurück. Anfang Oktober 1943 nahm die MINNEAPOLIS im Verband der *TF 14* am Trägervorstoß zur Insel Wake teil. Während die Trägerflugzeuge gegnerische Anlagen angriffen, beschossen die Kreuzer die Insel. Während der Landung auf den Gilbert-Inseln am 20. November (Operation »Galvanic«) gehörte der Kreuzer zur Feuerunterstützungsgruppe *TG 52.2* für die Landung auf der Insel Makin. Anfang Dezember 1943 war die MINNEAPOLIS mit der *TG 50.1* am Trägerangriff auf Kwajalein in den Marshall-Inseln beteiligt und unterstützte am 31. Januar 1944 mit der *TG 52.8* im Verband der *Southern Attack Forces 52* die Landung auf diesem Atoll. Anschließend deckte der Kreuzer mit der *TG 50.9* den groß angelegten Trägerangriff der *TF 58* am 17. Februar auf Truk in den Karolinen (Operation »Hailstone«), den Hauptstützpunkt der japanischen Flotte, und versenkte mit der NEW ORLEANS zwei japanische Schiffe durch Artillerie (siehe oben). An weiteren Kriegseinsätzen folgten: Landung auf Saipan, Beschießung der Satawan-Inselgruppe südostwärts von Truk, Feuerunterstützung bei den Landungen auf den Palau-Inseln Peleliu und Angaur, in den Philippinen im Golf von Leyte (Teilschlacht in der Surigao-Straße), im Golf von Lingayen (Beschädigungen durch »Kamikaze«-Nahtreffer) und in der Bucht von Manila sowie auf Okinawa. (Siehe auch oben LOUISVILLE und PORTLAND.) Mitte April 1945 verließ die MINNEAPOLIS mit ausgeschossenen Geschützrohren diesen Kriegsschauplatz und verlegte zur Werftliegezeit zurück in die USA. Bei Kriegsende im Pazifik befand sich der Kreuzer in den Gewässern der Philippinen und Koreas, um die Kapitulation japanischer Streitkräfte entgegenzunehmen. 1946 kehrte die MINNEAPOLIS an die amerikanische Westküste zurück und wurde schließlich am 10. Februar 1947 außer Dienst gestellt und am 1. März 1959 aus der Flottenliste gestrichen. Am 14. August desselben Jahres wurde das Schiff an die Union Metals and Alloys Corp. zum Verschrotten verkauft und traf im Juli 1960 in Chester/Pennsylvania zum Abbruch ein.

Anfangs gehörte die TUSCALOOSA zur 6. Kreuzerdivision an der amerikanischen Westküste und im Pazifik. Zu Beginn des Jahres 1939 verlegte sie an die Ostküste und unternahm im Frühjahr eine Ausbildungsreise rund um Südamerika. Nach dem Kriegsausbruch in Europa kam der Kreuzer ab dem 12. September 1939 mit der SAN FRANCISCO und vier Zerstörern im westlichen Nordatlantik bei der Neutralitätspatrouille 7/8 zum Einsatz.[244] Mitte Dezember 1939 begleitete die TUSCALOOSA den deutschen Passagierdampfer COLUMBUS (32 581 BRT) und gab über Funk laufend offene Standortmeldungen ab, bis der britische Zerstörer HYPERION am 19. Dezember in Sicht kam und die COLUMBUS sich selbstversenkte. Ab dem 8. April 1941 bildete die TUSCALOOSA mit dem Flugzeugträger RANGER, dem Schweren Kreuzer WICHITA und zwei Zerstörern als *TG 7.3* die auf Bermuda stationierte *Central Atlantic Neutrality Patrol*. Nach der Besetzung Islands durch US-Truppen im Juli 1941 sicherte die TUSCALOOSA mit der *TF 15* ab August amerikanische Truppentransport-Geleitzüge nach Island und war Anfang November 1941 an der Überwachung der Dänemark-Straße – *White Patrol* – beteiligt.[245] Am 5. April 1942 traf die TUSCALOOSA mit der *TF 39* (Schlachtschiff WASHINGTON, Träger WASP, Schwerer Kreuzer WICHITA und sechs Zerstörer) zur Verstärkung der *Home Fleet* in Scapa Flow ein und unterstützte sie bei der Sicherung der Rußland-Geleitzüge in arktischen Gewässern. Im September 1942 kehrte der Kreuzer zu einer Werftliegezeit in die USA zurück.

Oben: VINCENNES. (Louis Parker)

Ende Oktober/Anfang November 1942 gehörte die TUSCALOOSA bei der Atlantiküberquerung der Invasionsflotte – *TF 34* – für die Landung in Nordafrika (Operation »Torch«) zum Deckungsverband (*TG 34.1*). An der Landung am 7. November nahm sie im Verband der *Western Task Force* (marokkanische Westküste) zusammen mit der WICHITA und der AUGUSTA teil (siehe auch oben Seite 276.). Zusammen mit dem Schlachtschiff MASSACHUSETTS versenkte die TUSCALOOSA vor bzw. im Hafen von Casablanca vier vichy-französische Zerstörer, darunter die FOUGUEUX, und beschädigte das Schlachtschiff JEAN BART. Ein Angriff der vichy-französischen Unterseeboote MEDUSE und ANTIOPE am 10. November blieb erfolglos. Der Kreuzer wich den Torpedos aus, wenn auch knapp. Anschließend verlegte er zur Durchführung einer Werftliegezeit zurück in die USA und sicherte danach Geleitzüge nach Nordafrika. Ab September 1943 befand sich die TUSCALOOSA mit der AUGUSTA wieder bei der *Home Fleet* und nahm im Juli an Vorstößen zur norwegischen Küste teil. Am 4. Oktober 1943 gehörte sie zum Deckungsverband für den US-Träger RANGER, dessen Flugzeuge den deutschen Schiffsverkehr vor Bodø angriffen, und am 19. Oktober landete sie mit vier Zerstörern norwegische Truppen auf Spitzbergen, um Stützpunkte zu errichten. Von Anfang November bis in den Dezember hinein bildete der Kreuzer wieder einen Teil der Fernsicherung für die Rußland-Geleitzüge. Im Anschluß daran verlegte die TUSCALOOSA zu einer Werftliegezeit in die USA. Nach dem Werftaufenthalt kehrte sie zur Vorbereitung auf die Landung in der Normandie wieder in britische Gewässer zurück. Am Tag der alliierten Landung, dem 6. Juni 1944, gehörte die TUSCALOOSA bei der *Western Naval Task Force* zum Feuerunterstützungsverband *Force A* vor dem Landekopf »Utah« auf der Cotentin-Halbinsel. Um den Angriff des VII. US-Korps auf Cherbourg zu unterstützen, beschoß der Kreuzer am 25. und 26 Juni im Verband einer Kampfgruppe deutsche Batterien westlich und ostwärts der Stadt. Sein letzter Kriegseinsatz in europäischen Gewässern war die Teilnahme an den alliierten Landungen in Südfrankreich am 15. August 1944 (Operation »Dragoon«). Hierbei gehörte die TUSCALOOSA zur Feuerunterstützungsgruppe der *TF 87* (Landung beiderseits von Rade de'Agay). Danach verlegte der Kreuzer in den Pazifik und stieß im Januar 1945 zur 3. US-Flotte in Ulithi. Ab dem 16. Februar beschoß er im Verband der *TF 54* die Insel Iwo Jima zur Vorbereitung der Landung und leistete bei der Landung am 19. Februar (Operation »Detachment«) Feuerunterstützung. Im Anschluß daran nahm die TUSCALOOSA mit ihrer Kampfgruppe ab dem 26. März 1945 an der vorbereitenden Beschießung Okinawas und ab dem 1. April an der Feuerunterstützung bei der Landung auf dieser Insel (Operation »Iceberg«) teil. Später verlegte sie zur 7. US-Flotte nach Subic Bay an der Bucht von Manila/Philippinen. Ihre letzten Kriegshandlungen bestanden in der Durchführung der Kapitulation Japans in chinesischen und koreanischen Gewässern. Am 10. Januar 1946 kehrte die TUSCALOOSA nach San Francisco zurück und wurde am 13. Februar außer Dienst gestellt. Bis zu seiner Streichung aus der Flottenliste am 1. März 1959 verblieb das Kreuzer in der Reserveflotte. Am 25. Juni desselben Jahres wurde das Schiff an die Boston Metals Company zum Verschrotten verkauft und im folgenden Monat traf es zum Abbruch in Baltimore ein.

Die Vorkriegsjahre verbrachte die SAN FRANCISCO bei der 6. Kreuzerdivision in pazifischen Gewässern, verlegte aber 1938 in die Karibik. Nach dem Ausbruch des Krieges in Europa kam sie mit der TUSCALOOSA (siehe oben) bei der Neutralitätspatrouille zum Einsatz. Anfang 1940 löste den Kreuzer jedoch die WICHITA ab und die SAN FRANCISCO kehrte zur 6. Kreuzerdivision nach Pearl Harbor zurück. Beim Ausbruch des Pazifischen Krieges lag sie in der Marinewerft Pearl Harbor und blieb wie die NEW ORLEANS beim japanischen Angriff am 7. Dezember unbeschädigt. Folgende Kriegseinsätze sind zu verzeichnen: mit der *TF 14* Vorstoß zur Verstärkung der Besatzung von Wake Mitte Dezember 1941 (siehe oben MINNEAPOLIS); mit der *TF 11* erfolgloser Trägervorstoß nach Wake Ende Januar 1942, Sicherung von Geleitzügen in den Südwestpazifik und Trägervorstoß zu den japanischen Landezonen südlich der Papua-Halbinsel Anfang März (siehe oben PENSACOLA); ab 15. Juni 1942 Zugehörigkeit zur *TF 18* in San Diego; mit der *TG 61.2* Landung auf Guadalcanal/Salomonen am 7. August, Teilnahme an der Luft/Seeschlacht ostwärts der Salomonen Ende August, mit der *TF 18* als Flaggschiff in den Gewässern vor Guadalcanal im September, mit der *TF 64* Teilnahme an der Schlacht vor Kap Esperance/Guadalcanal in der Nacht vom 11./12. Oktober und Mitwirken an der Versenkung des japanischen Zerstörers FUBUKI (siehe oben SALT LAKE CITY). Ende Oktober 1942 war die SAN FRANCISCO im Verband der *TF 64* an der Luft/Seeschlacht bei den Santa-Cruz-Inseln beteiligt. Sie beschoß zusammen mit dem Leichten Kreuzer HELENA und dem Zerstörer STERETT, detachiert von der *TG 67.4* am 4. November bei Koli Point/Guadalcanal gelandete japanische Truppen. Bei der Landung amerikanischer Verstärkungen auf Guadalcanal am 12. November 1942 gehörte der Kreuzer als Flaggschiff zusammen mit den Leichten Kreuzern HELENA und JUNEAU sowie sieben Zerstörern (*TG 67.4*) zum Deckungsverband. Bei einem japanischen Luftangriff beschädigte ein abstürzendes Flugzeug die SAN FRANCISCO. Es setzte den Achteren Artillerieleitstand außer Gefecht und verursachte erhebliche Verluste. In der Nacht vom 12./13. November 1942 versuchte die *TG 67.4*, verstärkt durch den Schweren Kreuzer PORTLAND (siehe oben) und einen weiteren Zerstörer, einen aus Schlachtschiffen und Zerstörern bestehenden und überraschend auftauchenden japanischen Beschießungsverband zwischen Lunga Point und der Insel Savo im »Iron Bottom«-Sund abzufangen. In der sich entwickelnden und auf kurze Entfernungen grimmig geführten Schlacht bei der Insel Savo wurden der Kreuzer ATLANTA und vier Zerstörer versenkt, während die Japaner zwei Zerstörer und später das Schlachtschiff HIEI durch Lufttorpedotreffer verloren. Alle überlebenden US-Kriegsschiffe bis auf den Zerstörer FLETCHER wurden mehr oder weniger schwer durch Artillerietreffer beschädigt. Auf der schwer beschädigten SAN FRANCISCO fielen auch der Kommandant und der die Kampfgruppe führende Flaggoffizier. Auf dem Rückmarsch nach Espiritu Santo/Neue Hebriden verfehlte das japanische Unterseeboot *I 26* (FKpt. Yokota) mit seinen Torpedos die SAN FRANCISCO, versenkte aber den Kreuzer JUNEAU. Anschließend verlegte der Kreuzer zur Reparatur in die Marinewerft Mare Island/California an der amerikanischen Westküste. Am 26. Februar 1943 kehrte die SAN FRANCISCO in den Südpazifik zurück, verlegte aber im April zur *TF 16* in die Gewässer der Aleuten. Hier verblieb sie viereinhalb Monate lang. Am 2. Juni 1943 gehörte sie mit den Kreuzern WICHITA und LOUISVILLE (siehe oben) bei der Rückeroberung der Insel Attu zum Nördlichen Deckungsverband und war am 6. Juli an der Beschießung der Aleuten-Insel Kiska beteiligt. Am 27. Juli gehörte sie zusammen mit den Kreuzern WICHITA und PORTLAND (siehe oben) zu einer Kampfgruppe aus Schlachtschiffen und Zerstörern, die 80 sm westlich von Kiska im Nordpazifik die »Battle of the Pipes« – Erzeugen von Radar-Phantomen – mit einem Verbrauch von 518 Schuß 35,6 cm und 487 Schuß 20,3 cm durchführte, um die Japaner zu täuschen. Die Täuschung schlug fehl und die Japaner evakuierten in einer Blitzaktion Kiska. Im Anschluß daran verlegte die SAN FRANCISCO zur *TF 14* in den mittleren Pazifik, die am 5./6. Oktober 1943 einen Trägervorstoß zur Insel Wake unternahm. Hierbei beschossen die Kreuzer mit ihrer Artillerie die Inselanlagen. Weitere Kriegseinsätze in diesem Seeraum schlossen sich an: mit der TG 52.2 Feuerunterstützung bei der Landung auf der Insel Makin in den Gilbert-Inseln (Operation »Galvanic«) am 20. November, mit der *TF 50.1* Trägervorstoß zum Kwajalein-Atoll am 4. Dezember 1943 und mit der *TG 52.8* Feuerunterstützung bei der Landung auf Kwajalein (Operation »Flintlock«) am 31. Januar 1944 (siehe auch oben NEW ORLEANS); mit der *TG 58.2* am groß angelegten Trägerangriff (Operation »Hailstone«) auf Truk (17. Februar) sowie auf Saipan und Tinian (20. Februar); mit einem Kreuzer/Zerstörer-Verband (Rear-Admiral Oldendorf) Beschießung der Satawan-Inselgruppe südostwärts von Truk am 30. April und mit der *TG 58.7/TG 52.10* Beschießung von Saipan in den Marianen ab 13. Juni (siehe auch oben NEW ORLEANS); im Verband der *TF 58* Teilnahme an der Luft/Seeschlacht in der Philippinen-See am 18. - 22. Juni. Im Juli 1944 kehrte die SAN FRANCISCO zu einer Werftliegezeit an die Westküste der USA zurück, die bis Ende Oktober 1944 dauerte. Danach verlegte sie – nunmehr als Flaggschiff der 6. Kreuzerdivision – wieder in den mittleren Pazifik zur *TF 38* zum Ulithi-Atoll. Weitere Kriegseinsätze folgten: mit der *TF 38.1* Trägerangriffe gegen Flugplätze auf Luzon/Philippinen zur Unterstützung der Mindonoro-Operation am 14. – 16. Dezember sowie Teilnahme an den Träger-Operationen gegen Luzon, im Südchinesischen Meer, gegen Formosa (heute Taiwan) und die Ryukyu-Inseln (heute Nansei-Inseln), besonders Okinawa vom 2. - 25. Januar 1945; mit der *TG 58.2* am ersten Trägerangriff auf Tokio sowie weiteren Angriffen auf das japanische Mutterland, auf Iwo Jima und Okinawa zwischen dem 10. Februar und 4. März 1945; vorbereitende Beschießung (25. März) und Feuerunterstützung mit der Gruppe 2 der *TF 54* bei der Landung auf Okinawa ab 26. März 1945. Danach kehrte der Kreuzer ins Seegebiet der Philippinen zurück. Nach dem Ende des Pazifischen Krieges führte die SAN FRANCISCO Operationen zur Entgegennahme der japanischen Kapitulation in chinesischen und koreanischen Gewässern durch, kehrte aber am 12. Januar 1946 in die USA zurück. Am 10. Februar 1947 wurde sie außer Dienst gestellt und in den Reservestatus versetzt, bis sie am 1. März 1959 aus der Flottenliste gestrichen wurde. Am 9. September desselben Jahres wurde der Kreuzer an die Union Mineral and Alloys Corp. in New York zum Verschrotten verkauft und noch im selben Jahr in Panama City abgebrochen.

Nach der Indienststellung trat die QUINCY zur 8. Kreuzerdivision an der Atlantikküste und kam 1936 zum Schutz amerikanischer Bürger und Interessen während des Spanischen Bürgerkrieges im Mittelmeer zum Einsatz. Nachdem sie vom Leichten Kreuzer RALEIGH im September 1936 abgelöst worden war, kehrte sie in die USA zurück. Im

Links: Die SAN FRANCISCO im Jahre 1943. (Floating Drydock)

Frühjahr 1937 stieß sie zur 7. Kreuzerdivision an die amerikanische Westküste. Sie verblieb bis Anfang 1939 in pazifischen Gewässern und verlegte anschließend zurück in den Atlantik, um eine Ausbildungsreise als Schulschiff rund um Südamerika durchzuführen. Mit ihrem Schwesterschiff VINCENNES bildete sie am 12. September 1939 die Neutralitätspatrouille 9 auf der Höhe von Kap Hatteras.[246] Am 15. Mai 1941 stieß sie mit der VINCENNES zur *Central Atlantic Neutrality Patrol* auf Bermuda. Ende Juli 1941 brachte eine Kampfgruppe – Flugzeugträger WASP, Schwere Kreuzer QUINCY und VINCENNES sowie zwei Zerstörer – der am 19. Juli aus der US-Atlantikflotte zur Verteidigung Islands gebildeten *TF 1* Jagdflugzeuge vom Typ Curtiss P-40 nach Island (siehe oben TUSCALOOSA). Im Verband der *TG 1.2.2* lief die QUINCY Ende August 1941 aus dem isländischen Hvalfjord aus, um als Teil einer groß angelegten, aber erfolglosen britisch/amerikanischen Suchaktion nach deutschen Handelsstörern und Blockadebrechern, ausgelöst durch »Ultra«-Meldungen, die Dänemark-Straße zu sperren. Auch im September gehörten die Kreuzer QUINCY und VINCENNES zur *White Patrol*, um die Dänemark-Straße von Island aus zu überwachen. Anschließend gehörte die QUINCY mit der VINCENNES zur *TG 14.4*, die im November/Dezember 1941 einen großen Geleitzug mit britischen Truppen für den Fernen Osten bis Kapstadt sicherte. Ende Januar 1942 eskortierte die QUINCY mit der *TF 15* den ersten amerikanischen Truppentransport-Geleitzug nach Großbritannien. Weiterer Geleitsicherungsdienst im Nordatlantik schloß sich an. Danach absolvierte der Kreuzer von Ende März bis Mai 1942 eine Werftliegezeit in der Marinewerft New York, um anschließend in den Pazifik zur *TF 18* in San Diego und später in den Südwestpazifik zu verlegen. Bei der Landung auf der Salomonen-Insel Guadalcanal am 7. August 1942 (Operation »Watchtower«) gehörten die beiden Kreuzer zusammen mit der ASTORIA und vier Zerstörern zu einer der Feuerunterstützungsgruppen (*TG 62.3*) vor Lunga Point. In der Nacht vom 8./9. August versenkte ein überraschend mit Torpedos und Artillerie angreifender japanischer Kreuzerverband vor der Insel Savo die QUINCY unter hohen Verlusten (Näheres siehe oben ASTORIA).

Nach der Indienststellung unternahm die VINCENNES zunächst eine Ausbildungsreise nach Europa, wobei sie vor allem skandinavische Häfen besuchte, und verlegte anschließend zur 7. Kreuzerdivision an die amerikanische Westküste. Im April 1939 kehrte sie zum Atlantikgeschwader an die Ostküste zurück. Nach dem Ausbruch des Krieges in Europa führte sie Einsätze im Rahmen der Neutralitätspatrouillen durch. Vom Herbst 1939 bis zum März 1942 entsprach ihr Werdegang weitgehend dem der QUINCY (siehe oben). Anschließend verlegte der Kreuzer in den Pazifik und gehörte im April 1942 zur Sicherung des Trägers HORNET, von der aus am 18. April die Bomber vom Typ B-25 zum Angriff auf Tokio starteten (»Doolittle-Raid«).[247]

Danach absolvierte der Kreuzer eine Werftliegezeit in Pearl Harbor. In der Schlacht um Midway am 4. Juni 1942 befand sich die VINCENNES als Sicherung der Träger bei der *TF 16*. Nach der Umorganisation der US-Pazifikflotte gehörte sie zur *TF 18* in San Diego. Bei der Landung auf Guadalcanal am 7. August 1942 leistete sie mit der *TG 62.3* Feuerunterstützung und wurde in den frühen Morgenstunden des 9. August in der Schlacht vor Savo durch Torpedos und Artillerie japanischer Kreuzer versenkt (Näheres siehe oben ASTORIA und QUINCY).

Typ: Leichter Kreuzer – Light Cruiser.
Standardverdrängung: 9767 ts (9923 t).
Einsatzverdrängung: 12 207 ts (12 402 t).
Länge: 185,42 m (über alles), 182,88 m (CWL).
Breite: 18,82 m.
Tiefgang: 6,02 m (mittlerer), 6,93 m (maximal).
Antriebsanlage: 4 Satz Westinghouse-Getriebeturbinen, 8 Babcock-&-Wilcox-Kessel/Express-Typ, 4 Wellen.
Antriebsleistung: 100 000 WPS für 32,5 kn.
Bunkerinhalt: 1982 ts (2100 ts maximal) Heizöl.
Fahrtstrecke: 14 500 sm bei 15 kn.
Panzerschutz: Hauptgürtelpanzer 140 mm, Deck 51 mm, Barbetten 152 mm, Türme 165 mm (Front) bzw. 51 mm (Decke), Kommandostand 203 mm.
Geschütze: fünfzehn 15,2 cm S.K. L/47 (5 x 3), acht 12,7 cm S.K. L/25 (8 x 1; CL 49 + CL 50: 4 x 2), acht 12,7-mm-Fla-MG's (8 x 1).
Torpedorohre: keine.
Seeminen: keine.
Bordflugzeuge: vier, zwei Katapulte.
Besatzungsstärke: 975 (1200 Kriegsstärke) Offiziere und Mannschaften.

Entwurf: Stellte der Schwere Kreuzer ein Ergebnis des Washingtoner Flottenvertrages dar, so war diese Klasse Leichter Kreuzer eine direkte Folge des Londoner Flottenabkommens von 1930. Der »Kuhhandel« zwischen Japan, den USA und Großbritannien in den Vertragsdiskussionen führte schließlich zu einem Aufschub beim Bau Schwerer Kreuzer – eine Übereinkunft, die Großbritannien anstrebte, die aber die USA nur nach langem Zureden akzeptierten. Nach der Auffassung der US-Marine hätte der Bau Schwerer Kreuzer fortgeführt werden müssen, da sie den Anforderungen eines Krieges im Pazifik weitaus besser entsprachen als kleinere Schiffe. Widerstrebend stimmte die US-Marine schließlich zu. Infolge des zwischen den USA, Großbritannien und Japan vereinbarten Tonnageverhältnisses für Kreuzer konnten die USA nur noch zwei »Washington-Kreuzer« auf Kiel legen (CA 44 und CA 45). Daher war die US-Marine gegen ihren Willen gezwungen, einen Entwurf für einen Leichten Kreuzer mit 15,2-cm-Geschützen zu entwerfen.

Die Entwurfsstudien begannen im Herbst 1930 nach der Billigung des Londoner Flottenvertrages am 21. Juli im Senat. Eine Grundforderung lautete, daß Höchstgeschwindigkeit und Seeausdauer nicht hinter jener bei Schweren Kreuzern zurückbleiben durften. Ursprünglich lagen sechs Entwurfsskizzen vor; eine von ihnen stellte eine Variante des NEW ORLEANS-Entwurfs mit drei Vierlings- und einem Drillingsturm dar. Der schwächste Entwurf faßte bei einer Standardverdrängung von 6000 ts zwei 15,2-cm-Drillingstürme ins Auge. Nach den üblichen längeren Beratungen und Argumentationen wurde Anfang 1931 einem 9600-ts-Entwurf mit einer aus vier 15,2-cm-Drillingstürmen bestehenden Bewaffnung

BROOKLYN-Klasse

Kennung	Name	Bauwerft	Kiellegung	Stapellauf	Fertigstellung	Schicksal
CL 40	BROOKLYN	Marinewerft New York	12. März 1935	30. Nov. 1936	30. Sept. 1937	verk. an Chile: 9. Jan. 1951
CL 41	PHILADELPHIA	Marinewerft Philadelphia	28. Mai 1935	17. Nov. 1936	23. Sept. 1937	verk. an Brasilien: 9. Jan. 1951
CL 42	SAVANNAH	New York Sb. Corp., Camden	31. Mai 1934	8. Mai 1937	10. März 1938	gestrichen: 1. März 1959
CL 43	NASHVILLE	New York Sb. Corp., Camden	24. Jan. 1935	2. Okt. 1937	6. Juni 1938	verk. an Chile: 9. Jan. 1951
CL 44	PHOENIX	New York Sb. Corp., Camden	15. April 1935	12. März 1938	3. Okt. 1938	verk. an Argentinien: 17. Okt. 1951
CL 47	BOISE	Newport News Sb. Co., Newport News	1. April 1935	3. Dez. 1936	12. Aug. 1938	verk. an Argentinien: 11. Jan. 1951
CL 48	HONOLULU	Marinewerft New York	10. Sept. 1935	26. Aug. 1937	15. Juni 1938	verk.z.Abbruch: 17. Nov. 1959
CL 49	ST. LOUIS	Newport News Sb. Co., Newport News	10. Dez. 1936	15. April 1938	19. Mai 1939	verk. an Brasilien: 22. Jan. 1951
CL 50	HELENA (I)	Marinewerft New York	9. Dez. 1936	27. Aug. 1938	18. Sept. 1939	gesunken: 6. Juli 1943

und einem den Einheiten der NEW ORLEANS-Klasse entsprechenden Panzerschutz der Vorzug gegeben. Dieser Entwurf wurde für das Bauprogramm von 1933 eingeplant, aber diese Planung erfuhr nie eine Billigung. Durch diese Verzögerung sowie durch die Forderung nach Ausrüstung mit dem neuen 2,8-cm-Fla-Geschütz verursacht, ergaben sich weitere Diskussionen. Diese führten schließlich zur Verlegung der Flugzeugeinrichtungen nach achtern, um mittschiffs den erforderlichen Deckraum für die Schwere (12,7 cm) und die Leichte Flak (2,8 cm) zu schaffen.

Verbesserungen des Panzerschutzschemas hatten Untersuchungen zur Anordnung der Antriebsanlage zur Folge. Sollte eine Verkürzung möglich sein, könnte der freiwerdende Gewichtsanteil der Panzerung zugeschlagen werden. Der Dieselantrieb wurde jedoch nur kurz in Betracht gezogen. Bis zum März 1932 war eine Reihe neuer Entwurfsskizzen ausgearbeitet worden. Sie gingen alle von 10 000 ts Standardverdrängung aus, bewaffnet mit zwölf bis sechzehn 15,2-cm-Geschützen und versehen mit einem Seitenpanzer bis zu 127 mm Dicke.

Wie die installierte Antriebsleistung, so variierte auch die Länge des Schiffskörpers. Zwei neue Faktoren spielten aber jetzt eine Rolle: eine neue 15,2-cm-Granate von verbesserter Leistung und das Erscheinen der japanischen MOGAMI-Klasse (siehe oben) mit fünfzehn 15,2-cm-Geschützen. Der letztere Umstand bewirkte, daß kein amerikanischer Kreuzerentwurf diese Anzahl von Geschützen unterschreiten durfte.

Der letztendliche Entwurf wies fünf Drillingstürme auf. Drei von ihnen standen auf der Back, wobei der mittlere (Turm 2) die beiden anderen (Turm 1 und 3) überhöhte. Dies beseitigte die unterbrochene Linienführung des Oberdecks bei den früher gebauten Kreuzern, da sich die Flugzeughalle nunmehr unter dem Achterdeck befand. In der Innenanordnung lagen die Kesselräume noch immer vor den Turbinenräumen, d.h. das Einheitenprinzip war nicht wieder eingeführt worden. Die erstmalige Anwendung der Längsspanten-Bauweise bei dieser Kreuzerklasse erbrachte eine beträchtliche Gewichtseinsparung.

Das Panzerschutzschema umfaßte einen 140 mm dicken Gürtelpanzer in der Wasserlinie auf einer aus 11,3-kg-Platten bestehenden Außenhaut mit einem 51 mm dicken Panzerdeck. Panzerquerschotte von 51 mm - 127 mm Dicke schlossen den Gürtelpanzer und das Panzerdeck nach vorn und achtern ab. Die Pulver- und Granatkammern erhielten einen inneren Längsseitenschutz von 51 mm Dicke. Die Barbetten der Türme wiesen eine Panzerung von 152 mm Dicke auf. Das Gesamtgewicht der Panzerung betrug 1798 ts oder 15 % der Standardverdrängung.

Die Hauptantriebsanlage – eine Vier-Wellen-Anordnung mit Getriebeturbinen – entwickelte 100 000 WPS, nur geringfügig weniger als bei den Schweren Kreuzern der NEW ORLEANS-Klasse.

Für die Hauptbewaffnung war ein neues Modell entwickelt worden: das 15,2-cm-Geschütz S.K. L/47 Mk. 16, das eine halbfeste Munition verwendete und eine 59 kg schwere Granate verschoß. Die Drillingslafette besaß eine Rohrerhöhung bis zu 60° mit einer maximalen Schußweite von 24 000 m bei 47,5° Erhöhung. Alle drei Rohre hoben und senkten sich gleichzeitig. Die Turmfronten schützte eine 165 mm dicke Panzerung. Die Schwere Flak bestand erneut aus acht 12,7-cm-Geschützen S.K. L/25 in Einzellafetten. Da das 2,8-cm-Fla-Geschütz zu diesem Zeitpunkt noch nicht zur Verfügung stand, erhielten diese Kreuzer lediglich 12,7-mm-Fla-MG's. Zwei Katapulte und vier Seeflugzeuge vervollständigten die Bewaffnung. Eine Torpedobewaffnung führten die Kreuzer nicht.

Vier Einheiten dieses Entwurfes wurden unter dem Behelfsbauprogramm von 1933 bewilligt: CL 40 - CL 43. Drei weitere Einheiten (CL 44, CL 47 und CL 48) wurden als Wiederholungsbauten in das Bauprogramm 1934 eingestellt. Nochmals zwei Einheiten (CL 49 und CL 50) kamen hinzu, nachdem der Plan, die ersten beiden Einheiten der OMAHA-Klasse durch einen kleinen Kreuzer neuen Entwurfs zu ersetzen, aufgegeben worden war. Die beiden letzteren Kreuzer wurden nach einem abgeänderten Entwurf gebaut. Fortschritte in der Kesselbautechnik und die Einführung des Hochdruckdampfkonzeptes führten zu einer Verringerung der Kesselgröße. Daher erhielten die beiden Einheiten auch kleinere Kesselräume. Die Kessel hatten eine Betriebstemperatur von 371°C (700°F) und einen Betriebsdruck von 38,5 kg/cm². Außerdem gestatteten diese Kessel eine Aufstellung in zwei getrennten Gruppen, jede mit einer Kesselbetriebsstation, wobei die Turbinenräume trennte ein Satz Kesselräume, d.h. die Wiedereinführung des Einheitenprinzips. Ein weiterer Unterschied bestand bei der Schweren Flak. Diese beiden Kreuzer führten das 12,7-cm-Geschütz S.K. L/38 in vier Luft/Seeziel-Doppellafetten Mk. 29 mit wetterfesten Schilden.

Modifizierungen: Ursprünglich befand sich auf dem vorhandenen Aufbau eine offene Brücke, aber von 1942 an wurden die Brückenaufbauten in der Höhe verringert und die Kommandostände entfernt. Die Flakbewaffnung sollte durch zusätzliche sechzehn 2,8-cm-Geschütze in Vierlingslafetten verstärkt werden, aber infolge der Knappheit an diesen Geschützen mußten als Zwischenlösung zwei 7,6-cm-Geschütze L/50 und zwei 2,8-cm-Vierlingslafetten hingenommen werden. Ohnehin hatte bis zum November 1941 nur die HELENA diese Bewaffnung erhalten. Bei der Ausbesserung der beim Luftangriff auf Pearl Harbor erlittenen Schäden mußte sie diese Fla-Geschütze sogar wieder abgeben; sie gelangten auf der PHOENIX und der HONOLULU zum Einbau. Die vollständige Ausrüstung mit Leichter Flak ergab nach dem Einbau bei allen Einheiten folgendes Bild: zwei Vierlingslafetten beiderseits des Großmastes und

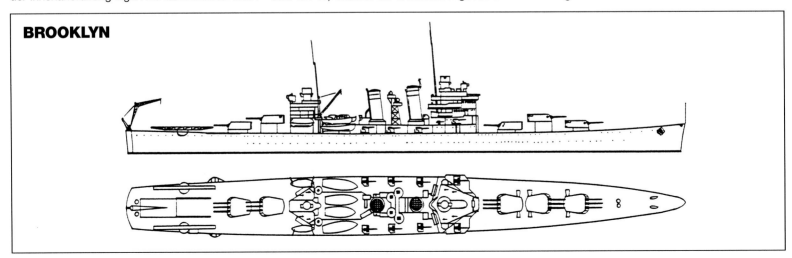
BROOKLYN

die beiden anderen vorn vor dem erhöht aufgestellten 12,7-cm-Geschütz – ausgenommen bei CL 49 und CL 50: auf dem Hauptdeck an der Vorder- und der Achterkante der Aufbauten. Bei einigen Einheiten wurden die 7,6-cm-Geschütze erst ziemlich spät ersetzt. So behielt die SAVANNAH ihre bis zum August 1942 und die PHOENIX die ihren sogar bis zum Februar 1943. Die Einheiten erhielten eine Radarausrüstung und als erster Schritt zur Verstärkung der Leichten Flak kamen zusätzliche 2-cm-Fla-Geschütze an Bord. Ende 1942 sollte die standardmäßige 4-cm-Fla-Bewaffnung aus vier Vierlings- und vier Doppellafetten bestehen. Doch die leichte Flakbewaffnung variierte von Kreuzer zu Kreuzer. Bei Kriegsende sollten alle noch vorhandenen Einheiten 28 Rohre 4 cm (4 x 4, 6 x 2) und 20 Rohre 2 cm (10 x 2) führen, wenn es auch Abweichungen gab: Die NASHVILLE hatte nur neun 2-cm-Doppellafetten, andere besaßen nur 2-cm-Einzellafetten, die PHOENIX insgesamt neunzehn, die BOISE achtzehn und die ST. LOUIS nur acht. Überdies hatten PHOENIX und BOISE nur je vier 4-cm-Doppellafetten.

Nach ihrer vor Salerno erlittenen Beschädigung erfuhr die SAVANNAH einen beträchtlichen Umbau. Sie erhielt einen Schiffskörper mit Seitenwülsten, der seine Breite um 2,34 m vergrößerte.

Unten: Die HONOLULU im September 1938 in Portsmouth/Großbritannien. (W&L)

Die bisherigen 12,7-cm-Geschütze ersetzten acht 12,7-cm-Geschütze S.K. L/38 in Luft/Seeziel-Doppellafetten. Auch BROOKLYN, PHILADELPHIA und HONOLULU bekamen Seitenwülste, wurden aber nicht umbewaffnet.

Werdegang: 1938 stieß die BROOKLYN zum 8. Kreuzergeschwader und führte in den verbleibenden Jahren vor dem Ausbruch des Krieges in Europa die übliche Friedensroutine durch. In dieser Zeit war sie sowohl an der Ost- wie auch an der Westküste der USA stationiert. Mitte Mai 1941 verlegte die gesamte 8. Kreuzerdivision (SAVANNAH, BROOKLYN, NASHVILLE und PHILADELPHIA) durch den Panamakanal in den Atlantik. Am 15. Juni löste die 8. Kreuzerdivision bei der *Central Atlantic Neutrality Patrol* auf Bermuda die 7. Kreuzerdivision im Patrouillendienst ab. Vom 1. Juli 1941 an gehörten BROOKLYN und NASHVILLE zur TF 19, die einen Geleitzug nach Island sicherte, um nach Ablösung der Briten die Insel am 7. Juli zu besetzen. Ende August 1941 war die BROOKLYN mit der TG 2.5 (Träger YORKTOWN) an der Suche nach deutschen Handelsstörern und Blockadebrechern im Nordatlantik beteiligt (siehe oben QUINCY). Nach dem Kriegseintritt der USA führte der Kreuzer auf den nordatlantischen Geleitzugwegen zwischen den USA/Kanada und Großbritannien Geleitsicherungsdienst durch. Im Oktober 1942 verlegte die BROOKLYN mit dem Invasionsverband nach Nordafrika für die Operation »Torch«, leistete Feuerunterstützung bei der alliierten Landung bei Fedhala und führte zusammen mit der AUGUSTA am 8. November ein Gefecht mit dem vichy-französischen Kreuzer PRIMAUGUET (Näheres siehe oben AUGUSTA). Danach sicherte die BROOKLYN in der ersten Hälfte des Jahres 1943 Geleitzüge zwischen den USA und dem nordafrikanischen Kampfgebiet und vom Juni 1943 an Truppentransport-Geleitzüge für die alliierte Landung auf Sizilien (Operation »Husky«). Bei der Landung am 10. Juli beiderseits Licata gehörte der Kreuzer zur *TF 86* und leistete Feuerunterstützung, die sich weiterhin an der linken Flanke der 7. US-Armee fortsetzte. Am 9. September unterstützte er zusammen mit den Kreuzern SAVANNAH und PHILADELPHIA im Rahmen der *Southern Attack Force* – *TF 81* – die Landungen im Golf von Salerno vor Paestum (Operation »Avalanche«). Dieselbe Aufgabe erfüllte die BROKKLYN vom 22. Januar 1944 an bei der alliierten Landung beiderseits Anzio/Nettuno (Operation »Shingle) sowie auch am 15. August 1944 bei den Landungen in Südfrankreich mit der *TF 87* (Operation »Dragoon«). Ende November 1944 kehrte der Kreuzer in die USA zurück und absolvierte in der Marinewerft New York bis zum Mai 1945 eine Große Werftliegezeit. Danach wurde die BROOKLYN nicht in den Pazifik verlegt, sondern verblieb im Atlantik. Am 3. Januar 1947 wurde sie außer Dienst gestellt und in den Reservestatus versetzt, bis sie am 9. Januar 1951 an die chilenische Marine übergeben wurde, die den Kreuzer unter dem neuen Namen O'HIGGINS

Oben: HONOLULU. (Floating Drydock)

in Dienst stellte. Durch ein Auflaufen auf Grund am 12. August 1974 schwer beschädigt, konnte der Kreuzer später nur noch als stationäres Schulschiff im Hafen verwendet werden. 1977/78 erfuhr die O'HIGGINS eine Generalüberholung und kehrte in den aktiven Dienst zurück. Schließlich wurde der Kreuzer am 14. Januar 1992 endgültig außer Dienst gestellt. Am 3. November 1992 traf das Schiff im Schlepp bei einer Abbruchwerft im Fernen Osten zum Verschrotten ein.

Die PHILADELPHIA wurde als zweite Einheit ihrer Klasse fertiggestellt und stieß ebenfalls zum 8. Kreuzergeschwader. Am 27. Juni 1938 wurde sie das Flaggschiff ihrer Division. Vom Sommer 1939 bis zum Mai 1941 war sie im Pazifik stationiert und verlegte Ende desselben Monats mit ihrer Division in den Atlantik. Dort kam sie bei Neutralitätspatrouillen und bei der Besetzung Islands zum Einsatz (siehe oben BROOKLYN). Ab Ende Oktober 1941 bis zum Herbst 1942 sicherte die PHILADELPHIA Geleitzüge zwischen den USA und Großbritannien bzw. Island und war in dieser Zeit auch zum Patrouillendienst in der Karibik eingesetzt. Bei der alliierten Landung in Nordafrika am 8. November 1942 gehörte sie zur «Western Task Force, kehrte am 24. November in die USA zurück und sicherte anschließend bis März 1943 Geleitzüge zwischen den USA und Nordafrika sowie ab Juni (mit dem Kreuzer BOISE) Truppentransport-Geleitzüge für die alliierte Landung auf Sizilien (siehe oben BROOKLYN). Bei der Landung am 10. Juli beiderseits Scoglitti im Sektor »Kent« durch die TF 85 leistete die PHILADELPHIA Feuerunterstützung und beschoß am 16. Juli Porto Empedocle. Von Ende Juli bis Mitte August unterstützte sie mit der SAVANNAH die US-Truppen an der Nordküste Siziliens. Am 18. August folgten zusammen mit der BOISE Beschießungseinsätze an der kalabrischen Küste. Feuerunterstützung bei den Landungen im Golf von Salerno mit der *Southern Attack Force* schlossen sich ab 9. September 1943 an (siehe oben BROOKLYN). Am 11. und am 13. September erlitt die PHILADELPHIA bei deutschen Luftangriffen leichte Beschädigungen durch Nahtreffer ferngelenkter Bomben.[248] Anfang November verlegte sie nach Oran und lief am 6. November 1943 in die USA zu einer kurzen Werftliegezeit in der Marinewerft New York aus. Bereits Mitte Januar 1944 kehrte der Kreuzer ins Mittelmeer zurück und erfüllte nach der Landung bei Anzio am 22. Januar 1944 Feuerunterstützungsaufgaben bis Ende Mai 1944 (siehe oben BROOKLYN). Bei den alliierten Landungen in Südfrankreich am 15. August 1944 (Operation »Dragoon«) gehörte die PHILADELPHIA zur Feuerunterstützungsgruppe der *TF 85* (»Delta«) bei der Landung in der Baie de Bugnon. Bis zum Oktober 1944 verblieb sie im Mittelmeer und beschoß insbesondere zwischen dem 1. und 13. September die französische Riviera-Küste. Danach kehrte der Kreuzer in die USA zurück und absolvierte vom November 1944 bis zum Mai 1945 in der Marinewerft Philadelphia eine Große Werftliegezeit. Anschließend fand er bei Aufgaben Verwendung, die ihn abwechselnd nach Europa und in die USA führten. Am 3. September 1947 wurde die PHILADELPHIA außer Dienst gestellt und in die Reserveflotte versetzt. Daran schloß sich am 9. Januar 1951 der Verkauf an Brasilien an, dessen Marine den Kreuzer am 21. August 1951 unter dem Namen BARROSO in Dienst stellte. 1973 aus der aktiven Flottenliste gestrichen, wurde das Schiff schließlich 1974 in São Paulo abgebrochen.

Die SAVANNAH unternahm in den ersten Jahren nach ihrer Indienststellung mehrere Auslandsreisen: nach Kuba, Haiti und Großbritannien. Im Juni 1939 verlegte sie in den Pazifik zur 8. Kreuzerdivision und kehrte am 19. Mai 1941 mit ihrer Division in den Atlantik zurück. Am 17. Juni 1941 wurde sie das Flaggschiff ihrer Division. Anschließend kam sie bei Neutralitätspatrouillen sowie bei der Suchaktion nach deutschen Handelsstörern und Blockadebrechern Ende August 1941 zum Einsatz (siehe oben BROOKLYN). Von Ende Oktober 1941 an sicherte sie Geleitzüge auf den nordatlantischen Geleitzugwegen und verblieb auch nach dem Kriegseintritt der USA bis zum Oktober 1942 auf diesem Kriegsschauplatz. Ende Oktober gehörte die SAVANNAH zur Sicherung bei der Überfahrt der Invasionsflotte für die alliierte Landung in Nordafrika und bei der Landung am 8. November zur *Western Task Force* für Feuerunterstützungsaufgaben (siehe oben BROOKLYN). Mitte November 1942 kehrte der Kreuzer als Teil einer Geleitsicherung in die USA zurück und operierte anschließend mit dem Geleitträger SANTEE im Mittel- und Südatlantik, um deutsche Blockadebrecher aufzuspüren. Am 10. März 1943 stieß die SAVANNAH mit dem Zerstörer EBERLE im Südatlantik auf den deutschen Blockadebrecher KARIN (7322 BRT), der sich jedoch selbstversenkte, um ein Aufbringen zu verhindern. Im Mai 1943 kehrte der Kreuzer ins Mittelmeer zurück und gehörte ab dem 8. Juni zur Sicherung der Truppentransport-Geleitzüge für die Landung auf Sizilien. Bei der Landung am 10. Juli 1943 der *TF 81* bei Gela im Sektor »Dime« zugeteilt, leistete die SAVANNAH zusammen mit der BOISE Feuerunterstützung. Diese Aufgabe erfüllte sie auch Ende Juli an der Nordküste Siziliens. Hierbei setzte der Kreuzer auch seine Bordflugzeuge, von denen drei abgeschossen wurden, zur Artilleriebeobachtung ein. Danach folgte am 9. September 1943 die Landung im Golf von Salerno. Hier gehörte sie zur Feuerunterstützungsgruppe der *Southern Attack Force* vor Paestum (siehe oben BROOKLYN). Bei einem Luftangriff von Do 217 der II.u.III./K.G.100 am 11. September erhielt die SAVANNAH einen Volltreffer einer über Funk ferngelenkten »FX 1200«-Bombe.[249] Diese durchschlug die Decke des Turms 3 und detonierte in der Munitionskammer. Die Detonation riß in diesem Bereich den Schiffsboden auf. Das schnelle Einströmen des Wassers verhinderte eine Explosion der Munitionskammer, aber das Schiff lief über eine Länge von 46 m voll. Hierdurch fiel die Antriebsanlage zumindest teilweise eine Zeitlang aus. Außerdem verursachte der Treffer erhebliche Verluste unter der Besatzung. Mühsam erreichte der Kreuzer zur Durchführung einer Notreparatur Malta. Erst am 7. Dezember 1943, dem Jahrestag des japanischen Luftangriffes auf Pearl Harbor, konnte die SAVANNAH zur vollständigen Ausbesserung in die USA auslaufen. Der Werftaufenthalt dauerte bis zum September 1944. Danach diente der Kreuzer bis Kriegsende als Schulschiff an der amerikanischen Ostküste. Am 3. Februar 1947 wurde die SAVANNAH außer Dienst gestellt und in die Reserveflotte versetzt, bis sie am 1. März 1959 aus der Flottenliste gestrichen wurde. Aus unbekannten Gründen wurde das Schiff erst am 25. Januar 1966 zum Verschrotten verkauft.

Die NASHVILLE diente von ihrer Indienststellung an bis zum Juni 1939 beim Atlantikgeschwader und besuchte in dieser Zeit karibische und europäische Gewässer. Die nächsten beiden Jahre verbrachte sie bei der 8. Kreuzerdivision im Pazifik und kehrte am 19. Mai 1941 mit ihrer Division in den Atlantik zurück. Dort kam sie bei Neutralitätspatrouillen, von Argentia/Neufundland aus bei der Besetzung Islands Anfang Juli und bei der Suche nach deutschen Handelsstörern und Blockadebrechern Ende August 1941 zum Einsatz (siehe oben BROOKLYN). Die NASHVILLE blieb bis zum März 1942 im Atlantik und verlegte anschließend mit dem Flugzeugträger HORNET in den Pazifik. Am 2. April lief sie mit dem Träger, dem Kreuzer VINCENNES, vier Zerstörern und einem Tanker aus San Francisco aus und bildete am 13. April mit einer weiteren Kampfgruppe (Träger ENTERPRISE) die *TF 16* für den Luftangriff auf Tokio (»Doolittle-Raid«).[250] Am Morgen des 18. April brachte die NASHVILLE ein japanisches Boot aus einer Frühwarnlinie 700 sm ostwärts von Japan auf, ehe die HORNET die 16 Bomber vom Typ B-25 startete. Danach verlegte der Kreuzer in die Gewässer der Aleuten und gehörte ab dem 21. Mai 1942 zur *TF 8*, bei der er bis zum November verblieb. Im Anschluß daran stieß die NASHVILLE im Südwestpazifik als Flaggschiff zur *TF 67* – u.a. Leichte Kreuzer ST. LOUIS und HELENA – in

Oben: SAVANNAH. (Floating Drydock)

Espiritu Santo/Neue Hebriden. Mit ihrem Kampfverband nahm sie an den Endkämpfen um die Salomonen-Insel Guadalcanal teil und beschoß in der Nacht vom 4./5. Januar 1943 Munda Point/Neugeorgien sowie in der Nacht vom 23./24. Januar den Hafen Vila auf der Insel Kolombangara in den Salomonen. Anfang Mai operierte der Kreuzer mit der *TF 68* (u.a. Leichte Kreuzer HONOLULU, HELENA und ST. LOUIS) im Golf von Vella sowie vor Neugeorgien im Kula-Golf und beschoß erneut Vila. Am 12. Mai 1943 ereignete sich jedoch in der Munitionskammer von Turm 1 eine Explosion. Daraufhin verlegte die NASHVILLE an die amerikanische Westküste zur Ausbesserung in die Marinewerft Mare Island. Am 12. August 1943 traf sie wieder in Pearl Harbor ein und stieß zur neu gebildeten *Fast Carrier Task Force* (*TF 15* bzw. *TF 14*), mit der sie Trägervorstöße zu den Inseln Marcus (31. Aug./1. Sept.) und Wake (5./6. Okt.) unternahm. Anschließend gehörte die NASHVILLE mit der PHOENIX zur *TG 74.2* und unterstützte am 26. Dezember 1943 die Landung bei Kap Gloucester/Neubritannien (Operation »Dexterity«) mit ihrer Artillerie. Beide Kreuzer unterstützten auch die Landung bei Saidor/Neuguinea am 2. Januar 1944 und beschossen am 26. Januar japanische Truppen bei dem Versuch, nach Madang zu entkommen. Bei der Landung auf den Admiralitäts-Inseln am 29. Februar bildeten die beiden Kreuzer mit ihren Zerstörern (*T 74.2*) erneut die Feuerunterstützungsgruppe. Am 4. und am 7. März beschossen sie mit der *TF 74* die Inseln Hauwei und Norilo in der Admiralitäts-Gruppe. Am 22. April 1944 folgten die Landungen bei Hollandia (heute Jayapura) und Aitape an der Nordostküste Neuguineas (Operationen »Reckless« bzw. »Persecution«). NASHVILLE mit General McArthur[251] an Bord deckte die Landungen zusammen mit den Kreuzern BOISE und PHOENIX sowie Zerstörern (*TF 75*). Diese Kampfgruppe gehörte auch zu den Deckungsstreitkräften bei der Landung auf der Insel Biak vor Neuguinea am 27. Mai 1944. Das »Inselspringen« setzte sich fort mit der Landung auf der Insel Morotai in den nördlichen Molukken am 15. September. Wieder leistete die NASHVILLE als Flaggschiff der *TG 75.1* (erneut mit General McArthur an Bord) zusammen mit BOISE und PHOENIX Feuerunterstützung. Anfang Dezember 1944 führte die NASHVILLE als Flaggschiff der *TG 78.3* (Rear-Admiral Struble) den Landungsverband für die Landung auf Mindoro/Philippinen am 15. Dezember. Auf dem Anmarsch erhielt der Kreuzer am 13. Dezember einen »Kamikaze«-

Oben: Die BOISE im Mai 1943. (Floating Drydock)

Rechts: Die HELENA im Jahre 1943. (Floating Drydock)

Treffer, der schwere Schäden verursachte und mit 310 Toten und Verwundeten – besonders unter dem eingeschifften Stabspersonal – auch erhebliche Verluste forderte. Danach verlegte die NASHVILLE an die Westküste der USA zur Ausbesserung in der Marinewerft Puget Sound. Der Werftaufenthalt dauerte vom Januar bis zum April 1945. Im Anschluß daran kehrte der Kreuzer in den Pazifik zurück und stieß wieder als Flaggschiff zu seiner alten Kampfgruppe mit BOISE und PHOENIX (nunmehr als *TG 74.3* bezeichnet) in philippinischen Gewässern. Die letzten Kriegseinsätze führten die NASHVILLE mit ihrer Kampfgruppe in die Gewässer vor Borneo: Küstenbeschießungen Anfang Juni 1945 bei der Landung in der Bucht von Brunei sowie Ende Juni bei der Landung in Balikpapan. Nach Einsätzen zur Entgegennahme der japanischen Kapitulation in chinesischen Gewässern und der Beteiligung an der Rückführung der amerikanischen Truppen in die USA wurde die NASHVILLE am 24. Juni 1946 außer Dienst gestellt. Am 9. Januar 1951 erfolgte ihr Verkauf an Chile. Der zunächst unter dem Namen CAPITÃN PRAT von der chilenischen Marine in Dienst gestellte Kreuzer erhielt 1982 den Namen CHACABUCO. 1984 außer Dienst gestellt, wurde das Schiff ein Jahr später auf Taiwan verschrottet.

PHOENIX stieß nach der Indienststellung zur 9. Kreuzerdivision bei der Schlachtflotte (ab 1941 Pazifikflotte) und befand sich während des japanischen Angriffs am 7. Dezember 1941 in Pearl Harbor. Der unbeschädigt gebliebene Kreuzer war anschließend an der erfolglosen Suche nach der japanischen Flotte beteiligt. In den folgenden Monaten sicherte die PHOENIX Geleitzüge zwischen den USA und Australien sowie Anfang 1942 im Indischen Ozean südlich von Java. Danach kam der Kreuzer mit der *TF 44* im Südwestpazifik zum Einsatz, unter anderem im September 1942 im Seegebiet südwestlich von Neuguinea. Mit der Bildung der 7. US-Flotte am 15. März 1943 trat die *TF 44* als *TF 74* zu dieser Flotte. Doch bereits einen Monat später wurde die PHOENIX abgelöst und verlegte an die Ostküste der USA zu einer Werftliegezeit in der Marinewerft Philadelphia. Nach einem kurzen Geleitsicherungseinsatz nach Nordafrika stieß der Kreuzer erneut zur 7. US-Flotte in den Südwestpazifik. Es folgten die Landungen bei Kap Gloucester/Neubritannien und bei Saidor/Neuguinea, die Beschießung von Madang und Alexishafen auf Neuguinea mit dem Kreuzer BOISE am 26. Januar 1944, die Landung auf den Admiralitäts-Inseln, bei Hollandia und Aitape an der Nordostküste Neuguineas sowie auf der Insel Biak am 27. Mai, die Abwehr von Versuchen japanischer Zerstörer, unterstützt durch die Kreuzer AOBA und KINU (siehe oben), Verstärkungen und Nachschub nach Biak zu bringen, Anfang Juni zusammen mit der BOISE, die Landung auf der Molukken-Insel Morotai am 15. September 1944. Näheres zu diesen Einsätzen siehe oben NASHVILLE. Bei den Landungen im Golf von Leyte/Pilippinen gehörte die PHOENIX mit der BOISE zur Deckungsgruppe *77.3* für den Minensuch- und Erkundungsverband, der am 17. Oktober 1944 in den Golf von Leyte einlief. Anfang Januar 1945 war die PHOENIX als Flaggschiff der Nahsicherungsgruppe an den Landungen im Golf von Lingayen bei Luzon/Philippinen beteiligt. Es folgten mit der *TG 74.3*, darunter auch der Kreuzer BOISE, Ende Januar 1945 die Deckung der Landungen in der Subic Bay und Beschießungs- bzw. Feuerunterstützungseinsätze Mitte Februar vor Bataan und Corregidor sowie im März/April bei weiteren Landungen auf den Philippinen und später bis in den Juli 1945 hinein auf Borneo (Tarakan. Bucht von Brunei und Balikpapan). Am 15. August 1945 kehrte der Kreuzer nach Pearl Harbor zurück und trat anschließend den Rückmarsch in die USA an. Am 3. Juli 1946 wurde die PHOENIX außer Dienst gestellt und am 12. April 1951 an Argentinien verkauft. Modernisiert stellte die argentinische Marine am 17. Oktober 1951 den Kreuzer als 17 DE OCTUBRE in Dienst, umbenannt 1956 in GENERAL BELGRANO. Im Falklandkrieg torpedierte und versenkte das britische Atomunterseeboot CONQUEROR den Schulkreuzer am 3. Mai 1982 bei den Falkland-Inseln.[252]

Auch die BOISE trat nach der Indienststellung zur 9. Kreuzerdivision bei der Schlachtflotte (ab 1941 Pazifikflotte). Sie befand sich ebenfalls bei Ausbruch des Pazifischen Krieges im Dezember 1941 im Fernen Osten. Ende Januar 1942 gehörte die BOISE mit dem Leichten Kreuzer MARBLEHEAD und vier Zerstörern zur alliierten *TF 5*, die von Java aus in die Makassar-Straße vorstoßen und den japanischen Landungsverband vor Balikpapan angreifen sollte (siehe oben Seite 266). Hierbei lief die BOISE am 21. Januar beim Verlassen der Sape-Straße auf Grund und war daher an der weiteren Verteidigung Niederländisch-Ostindiens nicht mehr beteiligt. Nach einer längeren Werftliegezeit zur Ausbesserung ihrer Schäden in der Marinewerft Mare Island kehrte die BOISE in den Pazifik zurück und sicherte zunächst Geleitzüge. Im September 1942 gehörte sie zur Sicherung eines Truppentransport-Geleitzuges, der bei Lunga Point auf der Salomonen-Insel Guadalcanal Truppen zur Verstärkung landete. Am 11./12. Oktober 1942 war der Kreuzer im Verband der *TF 64* an der Nachtschlacht vor Kap Esperance/Guadalcanal mit japanischen Kreuzern und Zerstörern beteiligt (siehe oben Seite 271). Er erlitt durch Artillerietreffer schwere Beschädigungen. Unter anderem schlug eine Granate unterhalb des Gürtelpanzers in den Geschoß-Beladeraum des vorderen Turms und verursachte Brände, ohne zu einer Explosion zu führen. Andererseits trug die Artillerie der BOISE zur Versenkung des japanischen Zerstörers FUBUKI bei.

Auch der Kreuzer AOBA (siehe oben) und der Zerstörer HATSUYUKI erhielten bei dieser Gelegenheit Artillerietreffer. Im Anschluß daran lag der Kreuzer vom 19. November 1942 bis zum 20. März 1943 zur Ausbesserung in der Marinewerft Philadelphia. Danach gehörte die BOISE ab dem 8. Juni 1943 zur Sicherung von Truppentransport-Geleitzügen aus den USA nach Algerien und im Mittelmeer für die alliierte Landung auf Sizilien am 10. Juli (Operation »Husky«). Am Landungstag leistete die BOISE mit der SAVANNAH der *TF 81* bei Gela im Sektor »Dime« Feuerunterstützung. Am 18. August erfolgten zusammen mit der PHILADELPHIA Beschießungseinsätze an der kalabrischen Küste und am 9. September gehörte der Kreuzer zu dem britischen Flottenverband, der die Landung in Tarent durchführte.

Daran schlossen sich Feuerunterstützungseinsätze nach der Landung im Golf von Salerno Mitte September 1943 an. Hierbei erlitt der Kreuzer durch Nahtreffer ferngelenkter Bomben leichte Beschädigungen. Im Dezember 1943 traf die BOISE im Südwestpazifik ein und nahm an den Landungen auf Neuguinea, Biak, Morotai, in den Philippinen und auf Borneo teil. Am 5. Januar 1945 entging sie hier nur knapp dem Angriff eines japanischen Kleinstunterseebootes. Ansonsten entsprach der Werdegang des Kreuzers weitgehend dem der PHOENIX (siehe oben). Im Juli 1945 traf die BOISE in San Pedro ein. Sie wurde am 1. Juli 1946 außer Dienst gestellt, am 12. Januar 1951 an Argentinien verkauft und am 12. April desselben Jahres offiziell übergeben. Die argentinische Marine stellte den Kreuzer am 11. März 1952 unter dem Namen NUEVE DE JULIO in Dienst. 1979 wurde er schließlich aus der Flottenliste gestrichen und 1983 in Brownsville/Texas zum Verschrotten abgebrochen.

Nach ihrer Indienststellung diente die HONOLULU als Flaggschiff der Kreuzer bei der Schlachtflotte (ab 1941 Pazifikflotte) sowie als Flaggschiff der 9. Kreuzerdivision im Pazifik. Zum Zeitpunkt des japanischen Luftangriffs auf Pearl Harbor am 7. Dezember 1941 befand sie sich im Flottenstützpunkt und erlitt hierbei Beschädigungen. Anschließend sicherte der Kreuzer Geleitzüge zwischen den USA, Australien und dem westlichen Pazifik. Ende Mai 1942 verlegte er unter anderem mit der ST. LOUIS in die Gewässer der Aleuten zur *TF 8* (siehe oben PENSACOLA). Anschließend folgte eine Überholung in der Marinewerft Mare Island/California und ab November 1942 nahm die HONOLULU an den Kämpfen in den Salomonen teil: Nachtschlacht vor Tassafaronga/Guadalcanal (siehe PENSACOLA), Beschießung von Munda Point/Neugeorgien und Vila/Kolombangara (siehe oben NASHVILLE). In der Nacht vom 4./5. Juli 1943 deckte sie als Flaggschiff zusammen mit der ST.LOUIS im Verband der *TF 36.1* die Landung bei Bairoko im Kula-Golf und am 5./6. Juli waren die beiden Kreuzer mit ihrer Kampfgruppe sowie der HELENA an der Nachtschlacht im Kula-Golf beteiligt, um die Landung japanischer Truppen in Vila zu verhindern. Hierbei wurde die HELENA von der japanischen Deckungsgruppe, die im Feuer der Kreuzer den Zerstörer NIITSUKI verlor, durch drei Torpedotreffer versenkt. Wenige Tage später folgte die Nachtschlacht von Kolombangara (12./13. Juli 1943), um die Japaner am Heranbringen von Verstärkungen und Nachschub in den Kula-Golf zu hindern. Wieder waren die beiden Kreuzer mit ihrer Kampfgruppe und dem neuseeländischen Kreuzer LEANDER daran beteiligt. Trotz Radar sichtete der japanische Leichte Kreuzer JINTSU (siehe oben) die US-Kriegsschiffe zuerst und schoß seine Torpedos ab, ehe er im radargelenkten Artilleriebeschuß der amerikanischen Kreuzer sank. Auch die japanischen Zerstörer schossen erfolglos ihre Torpedos und verschwanden in einer Regenbö. Achtzehn Minuten später tauchten sie mit nachgeladenen Rohren wieder auf und griffen erneut mit Torpedos an. Diesmal wurden die beiden amerikanischen Kreuzer schwer beschädigt und der US-Zerstörer GWIN versenkt. Die HONOLULU trafen zwei Torpedos: ein Blindgänger und ein Treffer, der den gesamten Vorsteven vor dem Bugspill wegriß. Nach einer Notreparatur mußte der Kreuzer zur Ausbesserung in die USA zurückkehren und wurde erst im November 1943 wieder in Dienst gestellt. Mit der ebenfalls ausgebesserten ST.LOUIS und fünf Zerstörern bildete die HONOLULU wieder die alte Kampfgruppe, diesmal als *TF 38* bezeichnet, und deckte am 15. Februar 1944 die Landung auf Green Island vor Neuirland. Mitte Juli 1944 gehörte er mit der ST.LOUIS zur *TG 52.10* und unterstützte die Landung auf Saipan in den Marianen (siehe NEW ORLEANS). Im weiteren Verlauf des Jahres folgten Einsätze vor Guam, den Palau-Inseln und der Insel Marcus. Bei der Landung im Golf von Leyte/Philippinen im Oktober 1944 gehörte die HONOLULU zum Feuerunterstützungsverband (Rear-Admiral Oldendorf). Hierbei erhielt sie am Abend des 20. Oktober, dem Tag der Landung, einen Lufttorpedotreffer, der sie schwer beschädigte. Dies war zugleich der letzte Kriegseinsatz des Kreuzers, denn der Werftaufenthalt zur Ausbesserung dauerte bis zum Oktober 1945. Am 3. Februar 1947 wurde die HONOLULU außer Dienst gestellt, in die Reserveflotte versetzt und am 17. November 1959 schließlich zum Abbruch verkauft.

VEREINIGTE STAATEN VON AMERIKA

Nach dem Kriegsausbruch in Europa führte die ST. LOUIS zunächst bis zum September 1940 Neutralitätspatrouillen in der Karibik durch und verlegte im Dezember nach Pearl Harbor. Zur Zeit des japanischen Angriffs war sie dort immer noch stationiert, blieb aber unbeschädigt. Ende Januar 1942 nahm sie mit der *TF 17* an den Trägerangriffen auf die Marshall- und Gilbert-Inseln (Jaluit, Mili und Makin) teil. Anschließend sicherte sie bis zum Mai Geleitzüge zwischen der Westküste der USA und dem Südpazifik. Ende Mai verlegte der Kreuzer zur *TF 8* in die Gewässer der Aleuten und im Oktober zu einer Werftliegezeit in der Marinewerft Mare Island in die USA. Anfang Dezember 1942 kehrte die ST. LOUIS in den Pazifik zurück und nahm an den Kämpfen um Guadalcanal und in den Salomonen teil: an den Beschießungen am 4./5. Januar 1943 mit der *TF 67* von Munda Point/Neugeorgien und am 23./24. Januar von Vila/Kolombangara (siehe oben NASHVILLE). Im Mai 1943 deckte sie mit der *TF 68* Minenunternehmen und beschoß erneut Munda Point. Anfang Juli deckte der Kreuzer mit der *TG 36.1* die Landung bei Bairoku/Kula-Golf und war an den sich anschließenden Nachtschlachten am 5./6. und 12./13. Juli beteiligt. Im Verlaufe der letzteren erhielt die ST. LOUIS einen Torpedotreffer, der ihr einen größeren Teil des Bugs wegriß. Im übrigen siehe oben HONOLULU. Nach einer Notreparatur in Tulagi und Espiritu Santo/Neue Hebriden verlegte der Kreuzer zur vollständigen Ausbesserung in die Marinewerft Mare Island. Im November 1943 wieder in Dienst gestellt, kehrte die ST. LOUIS in den Südwestpazifik zurück: Operationen in den nördlichen Salomonen, Beschädigungen durch Bombentreffer am 14. Februar, Landung auf Green Island vor Neuirland im Februar 1944, Landung auf Saipan im Juni (Operation »Forager«) und Beschießung von Guam Anfang Juli (siehe auch HONOLULU). Nach einer sich anschließenden Werftliegezeit an der amerikanischen Westküste verlegte die ST. LOUIS Mitte November in den Golf von Leyte/Philippinen und erhielt dort am 27. November einen »Kamikaze«-Treffer, dessen Ausbesserung in den USA bis zum März 1945 dauerte. Danach stieß sie zur *TG 58.4* in Ulithi und war Ende März an den Trägerangriffen auf das japanische Mutterland und an den Kämpfen um Okinawa beteiligt. Am 25. März entging der Kreuzer vor Okinawa den Torpedos des japanischen Unterseebootes *Ro 49* nur knapp. Im Juli/August 1945 operierte die ST. LOUIS mit der *TG 95.3* in den Gewässern vor Okinawa und im Südchinesischen Meer und stieß im Verlaufe des August zur *TF 73* vor Schanghai, um Aufgaben zur Entgegennahme der japanischen Kapitulation durchzuführen. 1945/46 nahm sie an der Rückführung der amerikanischen Truppen in die USA teil, wurde am 20. Juli 1946 außer Dienst gestellt und in die Reserveflotte versetzt. Am 22. Januar 1951 kaufte Brasilien den Kreuzer und nach der Übergabe am 29. Januar stellte ihn die brasilianische Marine als TAMANDARE in Dienst. 1975 wurde das Schiff aus der Flottenliste gestrichen und zum Verschrotten verkauft. Am 5. August 1980 verließ es Rio de Janeiro im Schlepp nach Südafrika und lief am 24. August desselben Jahres unterwegs zur Abbruchwerft auf Taiwan vor der südafrikanischen Küste auf Grund.

Die HELENA, nach ihrer Indienststellung zur Schlachtflotte (ab 1941 Pazifikflotte) im Pazifik gestoßen, erfuhr nur einen kurzen, aber ereignisreichen Werdegang. Beim japanischen Angriff am 7. Dezember 1941 auf Pearl Harbor erhielt sie einen Lufttorpedotreffer und mußte zur Ausbesserung in die USA zurückkehren. Ab August 1942 war der Kreuzer an den Kämpfen um die Salomonen-Insel Guadalcanal beteiligt. Am 15. September rettete er Überlebende des torpedierten Flugzeugträgers WASP und nahm am 11. Oktober mit der *TF 64* an der Seeschlacht vor Kap Esperance/Guadalcanal teil. Hierbei wurden der japanische Schwere Kreuzer FURUTAKA und der Zerstörer FUBUKI unter Beteiligung der HELENA versenkt (siehe auch oben SAN FRANCISCO). Auch bei der Luft/Seeschlacht nahe den Santa-Cruz-Inseln am 26. Oktober 1942 war die HELENA mit ihrem Kampfverband anwesend. Am 4. sowie am 11. und 12. November 1942 deckte sie mit der *TG 67.4* die Landung weiterer amerikanischer Truppen bei Lunga Point/Guadalcanal. Am 13. November war der Kreuzer auch an der Seeschlacht vor der Insel Savo beteiligt, als der Leichte Kreuzer ATLANTA und vier Zerstörer verlorengingen (siehe oben Seite 286). In der Nacht vom 4./5. Januar 1943 beschoß die HELENA mit der *TF 67* Munda Point/Neugeorgien[253] und in der Nacht vom 23./24. Januar auch Vila/Kolombangara (siehe oben NASHVILLE). Am 11. Februar 1943 griff das japanische Unterseeboot *I 18* (KKpt. Muraoka) die HELENA vor Espiritu Santo/Neue Hebriden erfolglos an und wurde mit Unterstützung ihres Bordflugzeuges von den Sicherungszerstörern FLETCHER und O'BANNON des Verbandes versenkt. Nach einer Werftliegezeit in Sydney kehrte die HELENA zu ihrer Kampfgruppe zurück, nunmehr als *TF 68* bezeichnet, die Anfang Mai vor Neugeorgien operierte (siehe oben NASHVILLE). In der Seeschlacht im Kula-Golf in der Nacht vom 5./6. Juli 1943 versenkten japanische Zerstörer die HELENA unter hohen Verlusten durch drei Torpedotreffer (siehe oben HONOLULU).

WICHITA-Klasse

Kennung	Name	Bauwerft	Kiellegung	Stapellauf	Fertigstellung	Schicksal
CA 45	WICHITA	Marinewerft Philadelphia	28. Okt. 1935	16. Nov. 1937	19. Febr. 1939	gestrichen: 1. März 1959

Typ: Schwerer Kreuzer – Heavy Cruiser
Standardverdrängung: 10 589 ts (10 758 t).
Einsatzverdrängung: 13 015 ts (13 223 t).
Länge: 187,15 m (über alles), 182,88 m (CWL).
Breite: 18,82 m.
Tiefgang: 6,10 m (mittlerer), 7,24 m (maximal).
Antriebsanlage: 4 Satz Westinghouse-Getriebeturbinen, 8 Babcock-&-Wilcox-Kessel, 4 Wellen.
Antriebsleistung: 100 000 WPS für 33 kn.
Bunkerinhalt: 1650 ts (1984 ts maximal) Heizöl.
Fahrtstrecke: 10 000 sm bei 15 kn.
Panzerschutz: Hauptgürtelpanzer 115 mm - 165 mm, Deck 57 mm, Barbetten 178 mm, Türme 203 mm (Front), 70 mm (Decke) bzw. 95 mm (Seite), Kommandostand 152 mm.
Geschütze: neun 20,3 cm S.K. L/55 (3 x 3), acht 12,7 cm S.K. L/38 (8 x 1).
Torpedorohre: keine.
Seeminen: keine.
Bordflugzeuge: vier, zwei Katapulte.
Besatzungsstärke: 929 (1200 Kriegsstärke) Offiziere und Mannschaften.

Entwurf: Der Londoner Flottenvertrag von 1930 unterband die Pläne der US-Marine für den Bau Schwerer Kreuzer, da er ihre Höchstzahl auf 18 Einheiten beschränkte. Die Vertragsbestimmungen gestatteten den USA, 1934 eine Einheit auf Kiel zu legen (das war CA 44 VINCENNES) sowie eine weitere im folgenden Jahr. Inzwischen war jedoch der Entwurf für einen Leichten Kreuzer – die BROOKLYN-Klasse – entwickelt worden, und im März 1934 kam der Vorschlag, dieser Entwurf könnte auch die Grundlage für einen neuen Schweren Kreuzer bilden. Es wurde erwartet, daß die Verwendung dieses Entwurfes infolge der verbesserten Linienführung und der Vergrößerung des Bunkerraums eine Steigerung bei der Seeausdauer sowie auch infolge der Verlegung der Flugzeugeinrichtungen nach achtern eine verbesserte Verteilung der Schweren Flak mit sich bringen würde. Außerdem wäre dies auch für den Panzerschutz und die Stabilität von Vorteil; für den ersteren durch die Verstärkung des Seitenschutzes auf über 152 mm mit einer Barbettenpanzerung von 178 mm und für die letztere durch eine Unterteilung in kleinere Abteilungen und einen höheren Freibord. Die Entwurfsarbeiten hielten jedoch Versuche auf, eines der schlimmsten Probleme des amerikanischen 20,3-cm-Geschützes zu lösen: die übergroße Streuung der Schüsse. Die Antwort lag in einem vergrößerten Abstand der Geschützrohre, aber dies wiederum erforderte eine Barbette mit

WICHITA, 1939

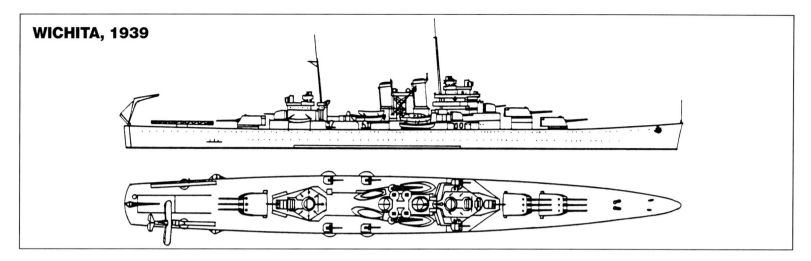

Rechts: Kreuzer-Entwürfe im Vergleich: WICHITA und LONDON operieren 1942 gemeinsam mit der *Home Fleet*. ((IWM)

größerem Durchmesser, die nicht akzeptabel war. Schließlich wurde ein Kompromiß gefunden: Die Rohre erhielten einen etwas größeren Abstand zueinander und die Barbette verjüngte sich im oberen Teil, um nach unten Raum- und Gewichtsbeschränkungen zu vermeiden.

Von der inneren Anordnung her glich die WICHITA den Leichten Kreuzern der BROOKLYN-Klasse, ausgenommen die Tatsache, daß die Auslegung mit drei Drillingstürmen die Anordnung der Pulver- und Granatkammern veränderte. Auch die Antriebsanlage war ähnlich. Die Kessel arbeiteten jedoch mit einer Betriebstemperatur von 342°C (648°F) und einem Betriebsdruck von 31,6 kg/cm². Die Kesselräume mit den sechs Kesseln befanden sich vor den Turbinenräumen. Die Stromerzeugungskapazität der E-Werke lag gegenüber dem zuletzt gebauten Schweren Kreuzer (CA 44) um 60 % höher, aber die Kapazität der Dieselgeneratoren war überraschenderweise niedriger, obwohl sich zwei Sätze an Bord befanden.

Das Panzerschutzschema umfaßte in der Wasserlinie einen Seitenpanzer von 165 mm Dicke, der sich nach vorn und achtern auf 115 mm verringerte. Das vordere und achtere Panzerquerschott wiesen 152 mm und die Barbetten 178 mm Panzerung auf. Der gesamte Gewichtsanteil des Panzerschutzes betrug 1437 ts oder 14 % der Standardverdrängung.

Die Schwere Artillerie erhielt das neue 20,3-cm-Geschütz S.K. L/55 Mk. 12 in einem modifizierten Turm Mod. 4. Die drei Geschütze hatten einen etwas größeren Abstand zueinander und waren nicht miteinander verbunden. Die zugleich als Mittelartillerie dienende Schwere Flak bestand aus dem neueren 12,7-cm-DP-Geschütz S.K. L/38 Mk. 12 statt des ursprünglich vorgesehenen älteren Modells L/25. Doch es war nicht möglich gewesen, Doppellafetten unterzubringen. Gegenüber dem älteren Modell besaß das neuere Geschütz eine höhere Feuergeschwindigkeit und eine größere Schußweite. Auch die Anordnung dieser Geschütze ließ gegenüber früher eine Verbesserung erkennen. Zwei der Einzellafetten standen in der Mittschiffslinie und überhöhten vorn und achtern die SA-Türme. Außerdem befanden sich vier der Lafetten in geschlossenen Turmschilden, um die Leistungsfähigkeit zu verbessern. Da sich die Stabilität dieses Schiffes an der Grenze bewegte, gelangten die beiden achteren 12,7-cm-Geschütze zunächst nicht zum Einbau. Die Leichte Flak bestand aus den üblichen, nutzlosen acht 12,7-mm-Fla-MG's. Der Kreuzer hatte keine Torpedobewaffnung erhalten. Die Flugzeugeinrichtungen waren auf das Achterdeck verlegt worden, wobei sich die beiden Katapulte im Heckbereich an Backbord und Steuerbord und die Flugzeughalle mit einer Schiebeluke darunter befanden. Es konnten die üblichen vier Seeflugzeuge mitgeführt werden.

Der Bauauftrag für CA 45 erging am 22. August 1934 an die Marinewerft Philadelphia und den Kontrakt für die Antriebsanlage erhielt die New York Shipbuilding Corp. in Camden/N.J.

Modifizierungen: Dieses Schiff besaß die geringste Gewichtsreserve aller vor dem Kriege gebauten Schweren Kreuzer und daher konnten Modifizierungen nur in sehr begrenztem Maße vorgenommen werden. Die beiden noch fehlenden 12,7-cm-Einzellafetten auf dem Mitteldeck kamen im Sommer 1939 an Bord. Bis zum Juni 1941 hatte die WICHITA auch zwei 2,8-cm-Vierlingsflaks und Radar erhalten. Mit dem Fortgang des Krieges erfuhr die Radarausstattung eine ständige Modernisierung.

Die Leichte Flak wurde bis zum November 1943 verstärkt: 4-cm-Vierlingsflaks ersetzten die bisherigen 2,8-cm-Vierlingslafetten und zusätzlich kamen zwei weitere 4-cm-Vierlingslafetten sowie auch zwei 4-cm-Doppellafetten an Bord. Zu diesem Zeitpunkt bestand die 2-cm-Ausrüstung aus 18 Rohren. Bis zum Kriegsende erhielt das Schiff zwei weitere 4-cm-Doppellafetten.

Oben: Die WICHITA im Jahre 1944. (Louis Parker)

Unten: Die WICHITA im November 1943. (Louis Parker)

Werdegang: Nach der Indienststellung und dem Einfahren des Schiffes stieß die WICHITA zur 7. Kreuzerdivision beim Atlantikgeschwader und führte mit dem Kriegsbeginn in Europa Neutralitätspatrouillen in der Karibik durch. Doch zwischen Juni und September 1940 unternahm sie eine Auslandsreise nach Südamerika, um die Flagge zu zeigen. Ihr weiterer Einsatz im Atlantik verlief zunächst ereignislos und glich im wesentlichen dem der TUSCALOOSA (siehe oben): Zugehörigkeit zur *Central Atlantic Neutrality Patrol* ab 7. April 1941, Verstärkung der *White Patrol* im Herbst 1941 zur Überwachung der Dänemark-Straße von Island aus, im März 1942 Verlegung zur *Home Fleet* nach Scapa Flow, ab Ende April Sicherung von Rußland-Geleitzügen sowie im Herbst 1942 Sicherung der Geleitzüge für die alliierte Landung in Nordafrika (Operation »Torch«) und Teilnahme an dieser Operation im Verband der *Western Task Force*. Hierbei erhielt die WICHITA Artillerietreffer durch Küstenbatterien. Gegen das Ende des Jahres 1942 erfolgte ihre Verlegung in den Südwestpazifik. Im Januar 1943 gehörte der Kreuzer zur *TF 18* und nahm an den Kämpfen in den Salomonen teil. Bei einem japanischen Luftangriff am 29. Januar nahe der Insel Rennell traf die WICHITA ein Lufttorpedo, der sich als Blindgänger erwies (siehe auch oben LOUISVILLE). Zu diesem Zeitpunkt wurde jedoch eine Anzahl Schwerer Kreuzer in den Nordpazifik verlegt und im April 1943 gelangte auch die WICHITA in die Gewässer der Aleuten. Sie nahm als Flaggschiff der *TG 16.4* sowie später im Verband der *TG 16.7* und der *TG 16.21* im Juni/Juli 1943 an den Kämpfen zur Wiedereroberung der Inseln Attu und Kiska und am 27. Juli an der »Battle of the Pipes« teil (siehe auch oben SAN FRANCISCO). Danach kehrte der

Kreuzer in die USA zurück und absolvierte in der Marinewerft Puget Sound eine Werftliegezeit, die bis Anfang Dezember 1943 dauerte. Nach ihrer Wiederindienststellung verlegte die WICHITA in den mittleren Pazifik: Teilnahme im Januar/Februar 1944 mit der *TG 58.3* an der Eroberung der Marshall-Inseln, mit der *TG 58.2* Mitte Februar an den Trägerangriffen auf Truk und im April vor Neuguinea an der Landung bei Hollandia (heute Jayapura), Mitte Juni mit der *TG 58.2* und später der *TG 58.7* an den Trägervorstößen gegen die Marianen und der Beschießung von Saipan sowie anschließend mit der *TG 52.10* zur Feuerunterstützung bei der Landung auf Saipan. Es folgten Einsätze mit der *TG 38.1* in der Philippinen-See: im September 1944 Trägerangriffe auf die Palau-Inseln und auf Flugplätze in den Philippinen sowie im Oktober Operationen vor Formosa und Luzon. Hierbei nahm die WICHITA die am 13. Oktober durch Lufttorpedotreffer schwer beschädigte CANBERRA (CA 70 – siehe unten) zwei Tage lang in Schlepp. Bei der Schlacht um den Golf von Leyte/Philippinen gegen Ende Oktober 1944 gehörte die WICHITA zur *TG 38.4* und nahm am 25. Oktober an der Teilschlacht vor Kap Engaño teil. Hier war sie an der Versenkung des bereits durch Trägerflugzeuge beschädigten Leichten Trägers CHIYODA und des Zerstörers HATSUTSUKI beteiligt (siehe oben NEW ORLEANS). Maschinenstörungen, vermutlich durch das Schleppen der CANBERRA verursacht, erzwangen im November 1944 die Rückkehr des Kreuzers zur Überholung in die USA. Nach dem Abschluß des Werftaufenthaltes Anfang Februar 1945 kehrte die WICHITA in den Pazifik zurück und stieß im März zur Feuerunterstützung bei der Landung auf Okinawa am 26. März zur Gruppe 3 der *TF 54*. Anschließend operierte der Kreuzer mit der *TG 95.3* bis Kriegsende im Ostchinesischen Meer. Danach war die WICHITA an der Besetzung Japans beteiligt und kehrte am 12. Januar 1946 nach San Francisco zurück. Sie wurde am 3. Februar 1947 außer Dienst gestellt und in die Reserveflotte versetzt. Pläne, die WICHITA in den Nachkriegsjahren zu einem Lenkwaffenkreuzer umzubauen, gelangten nicht zur Ausführung.

Am 1. März 1959 erfolgte ihre Streichung aus der Flottenliste und am 14. August desselben Jahres wurde sie an die Union Mineral and Alloys Corp. in New York zum Verschrotten verkauft. Im November 1959 traf das Schiff zum Abbruch in Panama City/Florida ein.

ATLANTA-Klasse

Kennung	Name	Bauwerft	Kiellegung	Stapellauf	Fertigstellung	Schicksal
CL 51	ATLANTA (I)	Federal Sb. Co., Kearny	22. April 1940	6. Sept. 1941	24. Dez. 1941	gesunken: 13. Nov. 1942
CL 52	JUNEAU (I)	Federal Sb. Co., Kearny	27. Mai 1940	25. Okt. 1941	14. Febr. 1942	gesunken: 13. Nov. 1942
CL 53	SAN DIEGO	Bethlehem Steel Co., Quincy	27. März 1940	26. Juli 1941	10. Jan. 1942	gestrichen: 1. März 1959
CL 54	SAN JUAN	Bethlehem Steel Co., Quincy	15. Mai 1940	6. Sept. 1941	28. Febr. 1942	gestrichen: 1. März 1959
CL 95	OAKLAND	Bethlehem Steel Co., San Francisco	13. Juli 1941	25. Okt. 1942	17. Juli 1943	gestrichen: 1. März 1959
CL 96	RENO	Bethlehem Steel Co., San Francisco	12. Aug. 1941	23. Dez. 1942	28. Dez. 1943	gestrichen: 1. März 1959
CL 97	FLINT ex-SPOKANE	Bethlehem Steel Co., San Francisco	23. Okt. 1942	25. Jan. 1944	31. Aug. 1944	gestrichen: 1. Sept. 1965
CL 98	TUCSON	Bethlehem Steel Co., San Francisco	23. Dez. 1942	3. Sept. 1944	3. Febr. 1945	gestrichen: 1. Juni 1966
CL 119	JUNEAU (II)	Federal Sb. Co., Kearny	15. Sept. 1944	15. Juli 1945	15. Febr. 1946	verk.z.Abbruch: 1962
CL 120	SPOKANE	Federal Sb. Co., Kearny	15. Nov. 1944	22. Sept. 1945	17. Mai 1946	gestrichen: 15. April 1972
CL 121	FRESNO	Federal Sb. Co., Kearny	12. Febr. 1945	5. März 1946	27. Nov. 1946	gestrichen: 1. April 1965

Typ: Leichter Kreuzer (Flakkreuzer) – Light Cruiser (AA Cruiser).
Standardverdrängung: 6718 ts (6825 t).
Einsatzverdrängung: 8340 ts (8473 t).
Länge: 165,05 m (über alles), 161,54 m (CWL).
Breite: 16,21 m.
Tiefgang: 4,50 m (mittlerer), 6,25 m (maximal).
Antriebsanlage: 2 Satz Westinghouse-Getriebeturbinen, 4 Babcock-&-Wilcox-Kessel, 2 Wellen.
Antriebsleistung: 75 000 WPS für 32,5 kn.
Bunkerinhalt: 1360 ts Heizöl.
Fahrtstrecke: 8500 sm bei 15 kn.
Panzerschutz: Hauptgürtelpanzer 95 mm, Deck und Geschützschilde 32 mm.
Geschütze: sechzehn 12,7 cm S.K. L/38 (8 x 2), sechzehn 2,8 cm (4 x 4).
Torpedorohre: acht 53,3 cm (2 x 4), CL 119 - CL 121: keine.
Seeminen: keine.
Bordflugzeuge: keine.
Besatzungsstärke: 623 Offiziere und Mannschaften.

Entwurf: Die US-Marine legte zwischen der ST. LOUIS im Dezember 1936 und dem Typschiff dieser neuen Klasse im April 1940 keinen weiteren Kreuzer auf Kiel – eine Zeitspanne von etwa 40 Monaten. Dieser Stand der Dinge ergab sich als Folge der Auswirkungen des Londoner Flottenvertrages von 1936 und seiner Tonnagebegrenzungen auf die Entwurfsarbeit der US-Marine für Kreuzer in der zweiten Hälfte der 30er Jahre. Politisch und finanziell war das Klima für den Bau weiterer Kreuzer günstig, aber es gab keine Übereinstimmung darüber, welche Entwurfsparameter den Vorrang hatten. Der Zweite Londoner Flottenvertrag begrenzte die Tonnage bei Kreuzern der Kategorie B auf 8000 ts standard mit einem maximalen Geschützkaliber von 15,2 cm. Soweit es die USA betraf, schien es anfänglich so zu sein, daß der Weg zu einem Mehrzweckschiff führte, bewaffnet mit 15,2-cm-Doppeltürmen, fast eine Miniaturausgabe der BROOKLYN-Klasse. Hierüber schieden sich die Meinungen; die einen waren für diesen Kreuzertyp und die anderen für einen wesentlich kleineren für den Einsatz mit Zerstörern. Letztlich war das 15,2-cm-Luft/Seeziel-Geschütz L/47 in Doppellafette nicht in einem ausreichend weit fortgeschrittenen Entwurfsstadium, um zu diesem Zeitpunkt realistisch in Betracht gezogen zu werden (dies war bis 1945 nicht der Fall). Infolgedessen ließ sich dieser Entwurf nicht weiterverfolgen und es mußte ein vollständig neuer Anlauf erfolgen. Das neue 12,7-cm-Luft/Seeziel-Waffensystem L/38 hatte sich als großer Erfolg erwiesen. Daher wurde als Alternative auch vorgeschlagen, der neue Kreuzertyp sollte dieses Waffensystem als Hauptbewaffnung führen. Im Dezember 1936 erging die Empfehlung für den Bau von zehn Einheiten zwischen 5000 ts und 7000 ts und vorläufige Entwurfsskizzen wurden ausgearbeitet. Viele Varianten wurden untersucht, bewaffnet mit 15,2-cm- und 12,7-cm-Geschützen in verschiedenen Versionen – zumindest eine von ihnen glich im großen und ganzen dem Entwurf, der zur CLEVELAND-Klasse führen sollte. Es wurde bald deutlich, daß selbst bei einer Standardverdrängung von 8000 ts als Grundlage nicht alle der sich widerstreitenden Forderungen erfüllt werden konnten. Bis Ende 1937 hatte die US-Marine aus dem oben erwähnten Grund das 15,2-cm-Schiff fallengelassen und die Entwurfsarbeit konzentrierte sich auf die 12,7-cm-Luft/Seeziel-Version. Der Vorentwurf wurde bis zum Juli 1938 fertiggestellt und ergab schließlich einen Kreuzer von 6000 ts Standardverdrängung. Die Linienführung des Schiffskörpers glich weitgehend jener der BROOKLYN-Klasse und auch die vollständige Spiegelheckform wurde achtern beibehalten, auch wenn es unter dem Achterdeck keine Flugzeughalle gab. Ein nicht charakteristisches Merkmal für amerikanische Kreuzer war der Knick im Bug. Das Panzerschutzschema umfaßte in der Wasserlinie einen Seitenpanzer von

Oben: Die JUNEAU im Juni 1942. (National Archives)

95 mm Dicke beiderseits der Maschinenräume sowie einen flacheren Unterwassergürtel, der sich an seinen Enden nach vorn und achtern erstreckte und die Munitionskammern schützte. Zum erstenmal war dieser Gürtel ein intigrierter Bestandteil des Schiffskörpers, unter dem sich keine Außenbeplattung mehr befand. Das Panzerdeck von 32 mm Dicke und der innere Doppelboden erstreckten sich ebenfalls über die Länge dieses Gürtels, vorn und achtern durch 95 mm dicke Panzerquerschotte abgeschlossen. Andererseits beschränkte sich der Panzerschutz bei den Turmschilden und Munitionsumladekammern auf 32 mm Dicke, wenn es auch noch einen Kommandostand in Form einer geschützten Brücke mit einer Panzerung bis zu maximal 64 mm gab. Alles in allem lag der Gewichtsanteil der Panzerung bei 585,5 ts oder 8,9 % der Standardverdrängung.

Die Hauptantriebsanlage war erneut nach dem Einheitenprinzip angeordnet. Vier Hochdruckkessel mit einer Betriebstemperatur von 454°C (850°F) und einem Betriebsdruck von 45,3 kg/cm² in zwei Kesselräumen standen zur Verfügung. Ungewöhnlich für amerikanische Kreuzer, aber in Übereinstimmung mit ihrer »zerstörerartigen« Entwicklung war die Einführung von zwei Turbinensätzen mit Zwei-Wellen-Anordnung – sie blieb in dieser Art die einzige Kreuzerklasse – mit einer Konstruktionsleistung von 75 000 WPS für eine maximale Konstruktionsgeschwindigkeit von 32,5 kn. Es ist interessant, die Berichte mit den optimistisch behaupteten 40+ kn für diese Einheiten mit den ähnlichen Behauptungen zu vergleichen, die für die schnellen Minenleger der britischen MANXMAN-Klasse gemeldet wurden; denn keine der Einheiten beider Klasse war je imstande, solche Geschwindigkeiten zu erreichen. Die ATLANTA erzielte tatsächlich bei einer Wasserverdrängung von 7404 ts mit einer Antriebsleistung von 78 985 WPS bei den Erprobungsfahrten eine Höchstgeschwindigkeit von 33,67 kn. Doch die Kriegsbedingungen vergrößerten das Deplacemant und verringerten infolgedessen die Geschwindigkeit.

Die Hauptbewaffnung bestand aus sechzehn 12,7-cm-DP-Geschützen S.K. L/38 Mk. 12 in acht elektrisch angetriebenen Doppellafetten Mk. 32. Ihre Anordnung war wie folgt: je drei einander überhöhend vorn und achtern sowie ein zusätzliches Paar beiderseits des Achteren Artillerieleitstandes. Berichten zufolge, sollten die beiden letzteren dem Schießen von Leuchtgranaten im Nachtgefecht dienen. Das 12,7-cm-Geschütz verschoß eine 24,9 kg schwere Granate. Seine maximale Schußweite als Fla-Geschütz betrug bei 85° Erhöhung ca. 11 400 m. Vom Entwurf her sollte die Ausstattung mit Leichter Flak aus drei 2,8-cm-Vierlingsflaks bestehen: zwei beiderseits der Brücke und die dritte achteraus des Achteren Artillerieleitstandes. Da diesen Kreuzern als Aufgabe die Unterstützung ihrer Zerstörer und die Sicherung der Flotte zugedacht war, erhielten sie schließlich wieder eine Torpedobewaffnung. Ursprünglich waren zwei Drillings-Torpedorohrsätze an Backbord und an Steuerbord aus dem Bestand vorgesehen, der bei den ersten Schweren Kreuzern ausgebaut und eingelagert worden war. Statt dessen bekamen sie je-

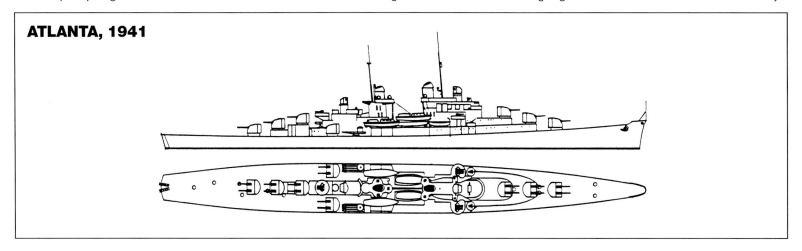

ATLANTA, 1941

VEREINIGTE STAATEN VON AMERIKA

doch Vierlings-Torpedorohrsätze, die von den Zerstörern der SIMS-Klasse stammten, und die vorgesehenen Reservetorpedos zum Nachladen wurden gestrichen. Sonaranlagen zur Ortung von Unterseebooten und Wasserbomben vervollständigten die Bewaffnung. Bordflugzeuge mit den entsprechenden Einrichtungen waren nicht vorhanden.

Vier Einheiten – CL 51 bis CL 54 – wurden am 25. April 1939 in Auftrag gegeben. Für eine zweite Gruppe mit weiteren vier Einheiten – CL 95 bis CL 98 – ergingen die Bauaufträge am 9. September 1940 unter dem Erweiterungsbauprogramm dieses Jahres.

Diese Wiederholungsbauten wiesen folgenden Unterschied auf: Ersetzen der beiden 12,7-cm-Doppelafetten auf dem Mitteldeck beiderseits des Achteren Artillerieleitstandes durch 4-cm-Bofors-Doppellafetten und Einbau von sechs weiteren (insgesamt acht) sowie von vierzehn (bei der Fertigstellung achtzehn) 2-cm-Fla-Geschützen. Die Torpedobewaffnung wurde beibehalten.

Eine dritte Gruppe aus drei Einheiten – CL 119 bis CL 121 – erfuhr beträchtlichere Entwurfsabänderungen – ein Ergreifen positiver Maßnahmen, um die hart an der Grenze befindliche Stabilität dieser Schiffe zu verbessern, aus dem zusätzlichen Obergewicht herrührend, das hauptsächlich durch die Forderungen nach verstärkter Flakbewaffnung verursacht wurde. Diese Maßnahmen sollten folgende Modifizierungen des Entwurfs umfassen: Verlegen der Doppelafetten 2 und 5 vom ersten Aufbaudeck in eine niedrigere Position ebenfalls auf dem Hauptdeck, entsprechendes Verlegen der Doppelafetten 3 und 4 auf das niedrigere erste Aufbaudeck, Umbau der Brückenaufbauten mit Verringerung in der Höhe sowie Wegfall des zweiten Schornsteins und Zusammenführen der Kesselabzugsschächte in einem einzigen Schornstein. Außerdem wurde im Schiffsinneren die wasserdichte Unterteilung verbessert. Zusätzlich sollte die Leichte Flak eine wesentliche Verstärkung auf vier 4-cm-Vierlingslafetten, sechs 2-cm-Doppel- und zwanzig 2-cm-Einzellafetten erfahren. Die Schornsteine wurden schließlich doch nicht zusammengeführt und eine zusätzliche Gewichtseinsparung erbrachte das Weglassen der Torpedorohrsätze. Die Verstärkung der Leichten Flak ergab letztlich folgende Ausstattung: sechs 4-cm-Vierlingslafetten, sechs 4-cm-Doppellafetten sowie zusätzlich zwei 2-cm-Doppellafetten. Im Januar 1945 wurde die 2-cm-Ausstattung auf acht Doppellafetten verstärkt.

Für die drei Einheiten der dritten Gruppe ergingen die Bauaufträge am 7. August 1942 an die Bethlehem Steel Co. in San Francisco. Doch am 27. September 1943 wurden die Kontrakte nach dem modifizierten Entwurf an die Federal Shipbuilding & Dry Dock Co. in Kearny/N.J. übertragen.

Modifizierungen: Erste Gruppe: ATLANTA (I) und JUNEAU (I) erhielten nach der Fertigstellung eine vierte 2,8-cm-Vierlingslafette auf dem Achterdeck unmittelbar am Heck, während die beiden anderen Kreuzer dieser Gruppe bereits mit der vierten Vierlingslafette fertiggestellt wurden. Im Dezember 1941 bestand die standardmäßige Ausrüstung mit Leichter Flak aus vier 4-cm-Doppelafetten (Vierlingslafetten konnten aus Gründen der Stabilität nicht geführt werden) und acht 2-cm-Einzellafetten. Die 2-cm-Ausstattung der SAN JUAN, die bei der Fertigstellung aus 14 Rohren bestand, wurde jedoch später auf acht Einzellafetten verringert. Im Oktober 1942 wurde die standardmäßige 2-cm-Ausstattung auf 13 Rohre verstärkt. SAN DIEGO und SAN JUAN bekamen im Dezember 1943 trotz der bestehenden Gewichtsprobleme achtern eine 4-cm-Vierlingslafette und 4-cm-Doppelafetten ersetzten die noch vorhandenen drei 2,8-cm-Vierlingslafetten. Pläne, die Torpedorohrsätze und die beiden 12,7-cm-Doppelafetten auf dem Mitteldeck an Land zu geben, gelangten nicht zur Ausführung.

Unten: Eine frühere Aufnahme der JUNEAU. Ihr fehlt noch die Radarausrüstung. Beachte den Tarnanstrich sowie vorn den charakteristischen Bugknick. (USN)

Oben: Die SAN DIEGO im Oktober 1944. (USN)

Schließlich führte die SAN JUAN an Leichter Flak eine 4-cm-Vierlingsflak, fünf 4-cm-Doppellafetten und neun 2 cm. Ihr Schwesterschiff scheint hingegen nur drei 4-cm-Doppellafetten, aber 15 Rohre 2 cm besessen zu haben. Die Verkehrsboote und die Bootskräne wurden zum Gewichtsausgleich von Bord gegeben. Beide Kreuzer hatten in einem frühen Stadium des Krieges geräumige offene Brücken erhalten.

Zweite Gruppe: Die vier Einheiten dieser Gruppe wurden mit quadratischen offenen Brücken, ohne Kommandostände, ohne Verkehrsboote und Bootskräne und mit einem besseren Schutz der Feuerleitsysteme fertiggestellt. Die Ausrüstung mit Leichter Flak umfaßte nunmehr acht 4-cm-Doppellafetten und sechzehn 2 cm. Im April 1945 bestand die Leichte Flak der OAKLAND aus vier 4-cm-Vierlings- und vier 4-cm-Dopellafetten sowie aus acht 2-cm-Doppellafetten. Die Torpedorohrsätze waren noch an Bord geblieben, wurden aber bis Kriegsende an Land gegeben. Auch bei der TUCSON wurde die Torpedobewaffnung zu diesem Zeitpunkt entfernt. Nur die FLINT behielt sie bei.

Dritte Gruppe: Da die Einheiten dieser Gruppe erst längere Zeit nach dem Ende der Feindseligkeiten fertiggestellt wurden, liegen ihre Modifizierungen außerhalb des Themas dieses Bandes und bleiben daher außer Betracht.

Werdegang: Zwei Einheiten der ersten Gruppe – ATLANTA und JUNEAU – hatten nur einen sehr kurzen Werdegang. Nach der Indienststellung stieß die ATLANTA als Flaggschiff zur 10. Kreuzerdivision im Atlantik und verlegte anschließend als Flaggschiff der 11. Kreuzerdivision in den Pazifik. Ende Mai 1942 gehörte sie zur TF 16 (Flugzeugträger ENTERPRISE und HORNET) in Pearl Harbor und war am 4. Juni an der Schlacht bei Midway beteiligt. Bei der Landung auf der Salomonen-Insel Guadalcanal am 7. August (Operation »Watchtower«) sicherte die ATLANTA im Luftunterstützungsverband als eine Einheit der TG 61.2 die ENTERPRISE. Mit ihrer Kampfgruppe nahm sie auch am 23./24. August 1942 an der Luft/Seeschlacht ostwärts der Salomonen teil, gefolgt von der Luft/Seeschlacht am 26. Oktober bei den Santa-Cruz-Inseln im Verband der TF 64. Ende Oktober sicherte die ATLANTA als Flaggschiff der TG 62.4 (Rear-Admiral Scott) mit vier Zerstörern Truppentransporte nach Guadalcanal und leistete anschließend bis in den November hinein der angreifenden Marineinfanterie Feuerunterstützung. Am 9. November lief der Kreuzer mit seiner Kampfgruppe aus Espiritu Santo/Neue Hebriden aus und sicherte einen weiteren Truppentransport-Geleitzug nach Guadalcanal, der am 11. November vor Lunga Point/Guadalcanal eintraf. In der Nacht vom 12./13. November 1942 gehörte die ATLANTA mit den Kreuzern SAN FRANCISCO, PORTLAND und HELENA (siehe oben) sowie Zerstörern zur TG 67.4, um einen japanischen Beschießungsverband abzufangen. In der sich entwickelnden Seeschlacht vor der Insel Savo (auch bezeichnet als erste Phase der dritten Schlacht bei den Salomonen oder Schlacht bei Guadalcanal – siehe oben Seite 286) traf zunächst die ATLANTA ein Torpedo des japanischen Zerstörers AKATSUKI, der anschließend im Artilleriebeschuß des Kreuzers sank. Danach erhielt die ATLANTA etwa neunzehn 20,3-cm-Treffer, abgefeuert von der SAN FRANCISCO, die in dem verworrenen Nachtgefecht den US-Kreuzer irrtümlich für einen Japaner gehalten hatte.[254] Diesem Beschuß fielen zahlreiche Besatzungsangehörige zum Opfer, darunter auch Rear-Admiral Scott. Der Torpedo der AKATSUKI traf die Backbordseite des Kreuzers in Höhe des vorderen Maschinenraums und führte zum Ausfall der gesamten Stromversorgung. Am 13. November mußte die ATLANTA gegen Mittag etwa drei Seemeilen vor Guadalcanal selbstversenkt werden.

Die JUNEAU (I) gehörte anfänglich ebenfalls zur 10. und später zur 8. Kreuzerdivision im Atlantik. Hier war sie an der Blockade der vichy-französischen Antillen-Inseln Martinique und Guadaloupe

Oben: Die RENO im Jahre 1944. Sie besitzt noch ihr ursprüngliches Aussehen. (USN)

beteiligt, ehe sie am 22. August 1942 in den Pazifik verlegte. Dort stieß die JUNEAU zur 11. Kreuzerdivision in Pearl Harbor, der alle ihre im Verlaufe des Krieges fertiggestellten Schwesterschiffe angehörten. Anfang September 1942 war sie mit der *TF 18* (Flugzeugträger WASP) zur Unterstützung der Kämpfe um Guadalcanal eingesetzt und rettete Überlebende des Trägers, den am 15. September das japanische Unterseeboot *I 19* (KKpt. Kinashi) torpediert und versenkt hatte. Anfang Oktober unternahm die JUNEAU mit der *TF 17* (Flugzeugträger HORNET), zu der auch die SAN DIEGO gehörte, zwei Trägervorstöße gegen japanische Schiffe auf der Reede vor der Insel Shortland (südlich von Bougainville), die infolge schlechten Wetters erfolglos blieben, gefolgt von der Teilnahme mit ihrer Kampfgruppe an der Luft/Seeschlacht bei den Santa-Cruz-Inseln am 26. Oktober 1942. Am 9. November lief die JUNEAU im Verband der *TG 67.4* zusammen mit der SAN FRANCISCO, der HELENA und Zerstörern aus Espiritu Santo aus, um Geleitzüge aus Nouméa/Neukaledonien mit Truppenverstärkungen für Guadalcanal zu decken. In derselben Nachtschlacht vom 12./13. November, der die ATLANTA zum Opfer fiel (siehe oben), erhielt die JUNEAU von einem japanischen Zerstörer einen Torpedotreffer. Der Torpedo traf den Kreuzer in Höhe des vorderen Kesselraums und setzte die Hälfte der Antriebsanlage außer Gefecht. Mit erheblicher Schlagseite trat die JUNEAU mühsam den Rückmarsch an und erhielt noch am selben Tag – dem 13. November 1942 – nördlich von Guadalcanal einen weiteren Torpedotreffer. Diesmal war es ein Torpedo des japanischen Unterseebootes *I 26* (FKpt. Yokota), der vorher die SAN FRANCISCO verfehlte (siehe oben). Der Treffer führte zur Explosion einer Munitionskammer, die den Kreuzer innerhalb von 20 Sekunden sinken ließ. Nur zehn Überlebende konnten gerettet werden.

Die SAN DIEGO gehörte nach der Umorganisation der US-Pazifikflotte ab 15. Juni 1942 zur *TF 17* in Pearl Harbor und kam im September in den Kämpfen um Guadalcanal bei der Sicherung von Geleitzügen mit Truppenverstärkungen aus Espiritu Santo für Guadalcanal zum Einsatz. Es folgten die Teilnahme an den Trägervorstößen zur Insel Shortland Anfang Oktober sowie die Teilnahme an der Luft/Seeschlacht bei den Santa-Cruz-Inseln am 26. Oktober 1942 (siehe oben JUNEAU). Im November gehörte der Kreuzer zur *TF 16* (Flugzeugträger ENTERPRISE) und deckte von Nouméa aus Geleitzüge zur Insel Guadalcanal. Auch in den folgenden Monaten nahm die SAN DIEGO an den Kämpfen um die Salomonen teil und war auch im Juni/Juli 1943 an den Landungen auf Neugeorgien in den mittleren Salomonen beteiligt (Operation »Cartwheel«). Zu dieser Zeit gehörte der Kreuzer mit der SAN JUAN zur *TF 36.3* mit den Flugzeugträgern USS SARATOGA und HMS VICTORIOUS, die die Operationen gegen japanische Flottenangriffe zu decken hatten. Im November 1943 folgten die Landungen auf Bougainville. An diesen Kämpfen war die SAN DIEGO (wieder mit der SAN JUAN) im Gefolge der *TF 38* beteiligt, vor allem an Trägervorstößen gegen Rabaul/Neubritannien.

Ende November 1943 sicherten sie und die SAN JUAN mit Zerstörern die Träger SARATOGA und PRINCETON – *TF 50.4* – beim Trägerangriff auf Nauru, der mit den Landungen in den Gilbert-Inseln in Verbindung stand. Beim Trägerangriff auf Kwajalein in den Marshall-Inseln am 4. Dezember 1943 gehörten die beiden Flakkreuzer im Verband der *TG 50.3* zur *Fast Carrier Task Force*. Hierbei wurden die japanischen Leichten Kreuzer ISUZU und NAGARA (siehe oben) durch Trägerflugzeuge beschädigt. Danach absolvierte die SAN DIEGO eine kurze Werftliegezeit in San Francisco und kehrte bereits Mitte Januar 1944 in den Pazifik zurück. Ende Januar und Anfang Februar 1944 nahm die SAN DIEGO mit der *TG 58.2* zur Unterstützung der Operation »Flintlock« (Landung auf Kwajalein) an Trägerangriffen gegen japanische Stützpunkte in den Marshall-Inseln teil. Im Anschluß daran verlegte die SAN DIEGO in die USA und führte in San Francisco eine weitere Werftliegezeit durch. In den Pazifik zurückgekehrt, stieß sie im Mai 1944 erneut zur *TG 58.2* und war (zusammen mit der RENO) Ende dieses Monats an den Trägerangriffen auf die Inseln Marcus und Wake beteiligt. Mitte Juni 1944 folgten mit der *TG 58.4* Trägerangriffe gegen japanische Stützpunkte in den Marianen zur Unterstützung der Operation »Forager« (Landung auf Saipan) sowie die Teilnahme an der Luft/Seeschlacht in der Philippinen-See. Weitere Einsätze standen in Verbindung mit den Landungen auf Guam und Tinian, gefolgt von Trägerangriffen auf die Palau-Inseln. Anfang Oktober operierte die SAN DIEGO mit der *TG 38.2* (zusammen mit der OAKLAND) vor Formosa (heute Taiwan) und Luzon/Philippinen zur Ausschaltung der japanischen Luftstreitkräfte. In der Schlacht um den Golf von Leyte/Philippinen gehörten die beiden Kreuzer zur *TG 38.1,* die am 25. Oktober 1944 VAdm. Kuritas Zentralverband nach seinem Rückzug durch die San-Bernardino-Straße mit ihren Trägerflugzeugen angriff. Den Rest des Krieges gehörte sie zur Sicherung schneller Flugzeugträger-Kampfgruppen, die Formosa, die Philippinen, Indochina und das japanische Mutterland angriffen und auch an den Kämpfen von Okinawa beteiligt waren. Nach der japanischen Kapitulation lief die SAN DIEGO als erstes amerikanisches Kriegsschiff in die Bucht von Tokio ein. Nach ihrer Rückkehr in heimische Gewässer war sie an der Rückführung der amerikanischen Truppen aus dem Pazifik beteiligt. Am 4. November 1946 wurde der Kreuzer außer Dienst gestellt und in die Reserveflotte versetzt. Dort verblieb er bis zu seiner Streichung aus der Flottenliste am 1. März 1959 und seinem Verkauf zum Verschrotten an die Puget Sound Bridge and Dry Dock Co. in Seattle. 1960 erfolgte der Abbruch des Schiffes.

Die SAN JUAN stieß nach der Umorganisation der US-Pazifikflotte ab 15. Juni 1942 zur TF 18 in San Diego. Bei der Landung auf Guadalcanal am 7. August 1942 (Operation »Watchtower«) leistete sie als Flaggschiff der *TG 62.4* Feuerunterstützung und konnte infolge der verworrenen Lage und mangelhafter Führung in die Nachtschlacht am 8./9. August vor der Insel Savo nicht eingreifen (siehe oben ASTORIA). Ende August nahm der Kreuzer mit der *TG 61.3* an der Luft/Seeschlacht ostwärts der Salomonen teil und im September deckte er mit der *TF 18* das Heranbringen von Truppenverstärkungen aus Espiritu Santo nach Guadalcanal. Am 26. Oktober 1942 war die SAN JUAN mit der *TF 61* an der Luft/Seeschlacht bei den Santa-Cruz-Inseln beteiligt und erlitt Beschädigungen durch einen Bombentreffer und eigenes Flakfeuer. Nach Reparaturen in Nouméa/Neukaledonien und einem Werftaufenthalt in Sydney kehrte die SAN JUAN in den Südwestpazifik zurück. An weiteren Kriegseinsätzen folgten 1943 zusammen mit der SAN DIEGO (siehe oben): Landungen auf Neugeorgien und Bougainville sowie Trägerangriffe auf Nauru und Kwajalein. Im Dezember 1943 verlegte die SAN JUAN zu einer kurzen Werftliegezeit in die Marinewerft Mare Island an die amerikanische Westküste. Nach ihrer Rückkehr in den Pazifik gehörte sie Ende Januar 1944 zur *TG 58.4,* die zur Unterstützung der Landung auf Kwajalein (Operation »Flintlock«) Trägerangriffe gegen die Atolle Wotje, Maloelap und Eniwetok in den Marshall-Inseln durchführte, gefolgt im März von ähnlichen Operationen gegen die Palau- und die Yap-Inseln sowie im April von der Unterstützung der Landung in Hollandia/Neuguinea (heute Jayapura). Ähnliche Operationen führte die SAN JUAN mit der *TG 58.2* zur Unterstützung der Landung auf Saipan (Operation »Forager«) Mitte Juni 1944 gegen die Marianen durch. Danach war sie mit ihrer Kampfgruppe an der Luft/Seeschlacht in der Philippinen-See beteiligt. Anfang Juli folgten Trägerangriffe auf Guam. Im Anschluß daran verbrachte die SAN JUAN vom August bis November 1944 eine Werftliegezeit in San Francisco. In den Pazifik zurückgekehrt, stieß sie zur *TG 38.2* und war ab Dezember 1944 bis in den Januar 1945 hinein an den Operationen vor den Philippinen, vor Formosa und im Südchinesischen Meer beteiligt. Es folgten im Februar 1945 mit der *TG 38.1* Trägerangriffe auf Iwo Jima, das japanische Mutterland und Okinawa, die sich bis Ende März hinzogen. Ab Anfang April unterstützte die SAN JUAN mit ihrer Trägerkampfgruppe die Kämpfe um Okinawa. Am

Unten: Die FLINT am 1. Dezember 1944. (Floating Drydock)

5. Juni 1945 lief die gesamte *TG 38.1* ostwärts von Okinawa in das Zentrum eines Taifuns.[255] Hierbei erlitt auch die SAN JUAN Beschädigungen. Nach kurzfristiger Ausbesserung der Schäden stieß sie Anfang Juli 1945 zur *TG 38.4* mit weiteren Trägerangriffen gegen das japanische Mutterland. Am 2. September 1945 gehörte der Kreuzer mit der *TF 38.1* zu den Einheiten in der Sagami-Bucht vor Tokio, als an Bord des Schlachtschiffes MISSOURI die Unterzeichnung der japanischen Kapitulation stattfand. Im Anschluß daran war die SAN JUAN an der Rückführung der amerikanischen Truppen aus dem Pazifik beteiligt. Sie wurde am 9. November 1946 außer Dienst gestellt und bis zu ihrer Streichung aus der Flottenliste am 1. März 1959 in die Reserveflotte versetzt. Am 31. Oktober 1961 erfolgte der Verkauf des Schiffes zum Verschrotten und im Jahr darauf sein Abbruch.

Die OAKLAND wurde als erste Einheit der zweiten Gruppe fertiggestellt. Ihre Indienststellung erfolgte erst Mitte Juli 1943. Nach der Ausbildungs- und Einfahrzeit in heimischen Gewässern wurde sie in den Pazifik entsandt und stieß Anfang November 1943 zur *TG 50.3* in Pearl Harbor. Zur Vorbereitung der Landung auf den Gilbert-Inseln am 20. November (Operation »Galvanic«) nahm sie mit ihrer Trägerkampfgruppe am 19. November an den Angriffen auf Tarawa teil. Im Januar 1944 war der Kreuzer mit der *TG 58.1* zur Unterstützung der Landung auf Kwajalein (Operation »Flintlock«) an den Trägerangriffen auf die Atolle Maloelap und Kwajalein in den Marshall-Inseln beteiligt. Im Monat darauf folgte der groß angelegte Trägerangriff auf den japanischen Flottenstützpunkt Truk sowie ein Angriff auf das Jaluit-Atoll (Operation »Hailstone«). Bis zum Sommer 1944 sicherte die OAKLAND ihre Träger bei den Angriffen auf Palau, Yap, Woleai und Truk sowie bei der Unterstützung der Hollandia-Landung. Mitte Juni hatte sich das Kampfgeschehen in die Marianen verlagert und die OAKLAND war mit ihrer Kampfgruppe an den Trägerangriffen auf Guam, Iwo Jima, Chichijima und Hajajima sowie an der Luft/Seeschlacht in der Philippinen-See beteiligt.

Die Operationen in den Karolinen zogen sich bis in den Herbst hinein. Mit der *TF 38.2*, zu der die OAKLAND inzwischen gehörte, folgten Anfang Oktober 1944 Einsätze vor den Philippinen, Formosa und Okinawa (siehe oben SAN DIEGO), die Teilnahme an der Schlacht um den Golf von Leyte/Philippinen am 26. Oktober (siehe oben SAN DIEGO) und – mit der *TG 38.3* – weitere Einsätze vor Luzon im Dezember. Danach verlegte die OAKLAND zur Durchführung einer Werftliegezeit in der Marinewerft Mare Island, die bis Anfang März 1945 dauerte, an die Westküste der USA. Zurück im Pazifik stieß sie Mitte März 1945 in Ulithi zur *TG 58.4* und nahm an den Trägerangriffen auf das japanische Mutterland (siehe oben SAN DIEGO) teil. Mit der *TG 58.2* war die OAKLAND an den Kämpfen um Okinawa und wieder mit der *TG 38.3* an den weiteren Angriffen auf das japanische Mutterland bis Kriegsende beteiligt. Auch sie beendete den Krieg mit der Teilnahme an der japanischen Kapitulation in der Sugami-Bucht vor Tokio (siehe oben SAN JUAN). Nach seiner Rückkehr in die USA wurde der Kreuzer nicht außer Dienst gestellt, sondern verblieb – hauptsächlich als Schulschiff – im aktiven Dienst. Am 1. Juli 1949 erfolgten seine Außerdienststellung und Versetzung in den Reservestatus. Am 1. März 1959 wurde die OAKLAND aus der Flottenliste gestrichen und am 1. Dezember desselben Jahres zum Abbruch verkauft.

RENO trat nach Indienststellung und Ausbildung im Mai 1944 zur 5. US-Flotte und gehörte bei den Trägerangriffen Ende Mai zur *TG 58.2* (siehe oben SAN DIEGO). Mitte Juni 1944 nahm sie mit der *TG 58.3* an den Trägervorstößen zu den Marianen-Inseln und vor allem an den Trägerangriffen auf Saipan und Tinian sowie an der Luft/Seeschlacht in der Philippinen-See teil, Ende Juli gefolgt von den Trägerangriffen auf Guam, die Palau-Inseln sowie auf Iwo Jima und Chichijima in den Vulcan-Inseln. Ende August 1944 gehörte die RENO zur *TG 38.3* und sicherte Anfang September die Trägerangriffe auf die Palau-Inseln sowie bis Ende September auf Flugplätze in den Philippinen. Ab Anfang Oktober 1944 operierte der Kreuzer mit seiner Trägerkampfgruppe vor Formosa – hierbei erlitt der achtere Turmschild Beschädigungen durch ein abstürzendes Flugzeug – und später vor Luzon und dem Golf von Leyte/Philippinen. Am 3. November 1944 traf in diesem Seegebiet die RENO ein Torpedo des japanischen Unterseebootes *I 41* (Kptlt. Kondo) hinter dem achteren Maschinenraum. Trotz Ölbrände und erheblicher Wassereinbrüche – das zweite Deck (vermutlich das Zwischendeck) lief auf ca. 40 m seiner Länge voll – gelang es dem fast gekenterten Leichten Kreuzer, gesichert durch vier Zerstörer, den Rückmarsch nach Ulithi mit eigener Kraft sicher durchzuführen. Nach einer in Ulithi durch Werkstattschiffe vorgenommenen Notreparatur kehrte die RENO in die USA zurück. Als sie nach dem Werftaufenthalt wieder in Dienst gestellt werden konnte, war der Krieg vorüber. Der Kreuzer führte noch mehrere Reisen nach Europa durch und wurde am 4. November 1946 außer Dienst gestellt und in die Reserve versetzt. Nach seiner Streichung aus der Flottenliste am 1. März 1959 erfolgte am 22. März 1962 sein Verkauf zum Verschrotten.

Die FLINT trat im Dezember 1944 in Ulithi zur 3. Flotte. Im Januar 1945 nahm sie mit der *TG 38.3* zur Unterstützung der Landungen auf Luzon/Philippinen teil und operierte vor Formosa und im Südchinesischen Meer. Im Februar/März 1945 gehörte der Kreuzer zur *TG 58.5,* der zumeist mit der *TG 58.2* operierenden Nachtgruppe, und sicherte seine Träger beim ersten Angriff auf Tokio am 16. Februar, gefolgt von weiteren Trägerangriffen auf das japanische Mutterland, um die Landung auf Iwo Jima zu unterstützen. Es folgte die Sicherung weiterer Trägervorstöße: Mitte März mit der *TG 58.4* wieder Angriffe auf das japanische Mutterland, ab Mitte April mit der *TG 58.2* Unterstützung der Kämpfe um Okinawa und anschließend Verlegung mit der *TG 38.3* vor den Golf von Leyte, im Juli/August mit der *TG 38.3* Angriffe auf Wake und erneut auf das japanische Mutterland. Nach Kriegsende verblieb die FLINT bis Oktober 1945 in japanischen Gewässern. Am 28. November lief sie in San Francisco ein. Im Anschluß daran kehrte der Kreuzer wieder in den Pazifik zurück und brachte vom Kwajalein-Atoll amerikanische Truppen in die USA. Am 6. Mai 1947 erfolgten die Außerdienststellung der FLINT und ihre Versetzung in den Reservestatus. Der Kreuzer wurde am 1. September 1965 aus der Flottenliste gestrichen und traf am 5. November 1966 in der Abbruchwerft National Metal & Steel Corp. in Termial Island/Cal. ein.

Die TUCSON lief erst im Mai 1945 zum pazifischen Kriegsschauplatz aus und verblieb zunächst in Pearl Harbor. Erst am 16. Juni 1945 stieß sie zur *TG 38.3* vor dem Golf von Leyte/Philippinen. Ihre weiteren Einsätze führte sie mit der FLINT durch (siehe oben). Am 5. Oktober 1945 kehrte der Kreuzer nach der Besetzung Japans in die USA zurück und führte bis zu seiner Außerdienststellung am 11. Juni 1949 Friedensroutine durch. Seine Zeit in der Reserveflotte beendete die Streichung aus der Flottenliste am 1. Juni 1966. Im Anschluß daran fand das Schiff bis 1970 als Versuchshulk Verwendung. Danach wurde es am 24. Februar 1971 für 191 011 US-Dollar zum Verschrotten verkauft, um auf der Abbruchwerft National Metal & Steel Corp. in Terminal Island/Cal. abgebrochen zu werden.

Die JUNEAU (II) diente bis zu ihrer Außerdienststellung am 23. Juli 1956 in der Nachkriegsflotte. 1962 wurde das Schiff zum Verschrotten verkauft.

Auch die SPOKANE nahm am Kriege nicht mehr teil und gehörte bis zu ihrer Außerdienststellung am 27. Februar 1950 zur aktiven Flotte. In die Reserveflotte versetzt, wurde sie am 1. April 1966 in *AG 191* umklassifiziert und sollte als Hilfsschiff für Versuchszwecke dienen. Der Umbau des Schiffes wurde jedoch nicht durchgeführt. Am 15. April 1972 wurde es aus der Flottenliste schließlich gestrichen und am 17. Mai 1973 zum Abbruch verkauft.

Die FRESNO war nach ihrer Indienststellung nur noch knapp 2fi Jahre im aktiven Dienst. Am 17. Mai 1949 außer Dienst gestellt, verblieb sie bis zur Streichung aus der Flottenliste am 1. April 1965 in der Reserveflotte. Das Schiff wurde am 1. Juni 1966 zum Verschrotten verkauft und noch im selben Jahr bei Lipsett Inc. in Kearny/N.J. abgebrochen.

VEREINIGTE STAATEN VON AMERIKA   **303**

CLEVELAND-Klasse

Kennung	Name	Bauwerft	Kiellegung	Stapellauf	Fertigstellung	Schicksal
CL 55	CLEVELAND	New York Sb. Corp., Camden	1. Juli 1940	1. Nov. 1941	15. Juni 1942	gestrichen: 1. März 1959
CL 56	COLUMBIA	New York Sb. Corp., Camden	19. Aug. 1940	17. Dez. 1941	29. Juni 1942	verk.z.Abbruch: 18. Febr. 1959
CL 57	MONTPELIER	New York Sb.Corp., Camden	2. Dez. 1940	12. Febr. 1942	9. Sept. 1942	gestrichen: 1. März 1959
CL 58	DENVER	New York Sb. Corp., Camden	26. Dez. 1940	4. April 1942	15. Okt. 1942	verk.z.Abbruch: 29. Febr. 1960
CL 59	AMSTERDAM	New York Sb. Corp., Camden	1. Mai 1941	–	–	fertiggestellt als CVL 22 INDEPENDENCE
CL 60	SANTA FÉ	New York Sb. Corp., Camden	7. Juni 1941	10. Juni 1942	24. Nov. 1942	gestrichen: 1. März 1959
CL 61	TALLAHASSE	New York Sb. Corp., Camden	2. Juni 1941	–	–	fertiggestellt als CVL 23 PRINCETON
CL 62	BIRMINGHAM	Newport News Sb. Co., Newport News	17. Febr. 1941	20. März 1942	29. Jan. 1943	gestrichen: 1. März 1959
CL 63	MOBILE	Newport News Sb. Co., Newport News	14. April 1941	15. Mai 1942	24. März 1943	gestrichen: 1. März 1959
CL 64	VINCENNES (II) ex-FLINT	Bethlehem Steel Co., Quincy	7. März 1942	17. Juli 1943	21. Jan. 1944	gestrichen: 1. April 1966
CL 65	PASADENA	Bethlehem Steel Co., Quincy	6. Febr. 1943	28. Dez. 1943	8. Juni 1944	gestrichen: 1. Dez. 1970
CL 66	SPRINGFIELD	Bethlehem Steel Co., Quincy	13. Febr. 1943	9. März 1944	9. Aug. 1944	gestrichen: 30. Juli 1978
CL 67	TOPEKA	Bethlehem Steel Co., Quincy	21. April 1943	19. Aug. 1944	23. Dez. 1944	gestrichen: 30. Juli 1978
CL 76	NEW HAVEN	New York Sb. Corp., Camden	11. Aug. 1941	–	–	fertiggestellt als CVL 24 BELLEAU WOOD
CL 77	HUNTINGTON	New York Sb. Corp., Camden	17. Nov. 1941	–	–	fertiggestellt als CVL 25 COWPENS
CL 78	DAYTON	New York Sb. Corp., Camden	29. Dez. 1941	–	–	fertiggestellt als CVL 26 MONTEREY
CL 79	WILMINGTON	New York Sb. Corp., Camden	16. März 1942	–	–	fertiggestellt als CVL 28 CABOT
CL 80	BILOXI	Newport News Sb. Co., Newport News	9. Juli 1941	23. Febr. 1943	31. Aug. 1943	gestrichen: 1. Sept. 1961
CL 81	HOUSTON (II) ex-VICKSBURG	Newport News Sb. Co., Newport News	4. Aug. 1941	19. Juni 1943	20. Dez. 1943	gestrichen: 1. März 1959
CL 82	PROVIDENCE	Bethlehem Steel Co., Quincy	27. Juli 1943	28. Dez. 1944	15. Mai 1945	gestrichen: 30. Sept. 1978
CL 83	MANCHESTER	Bethlehem Steel Co., Quincy	25. Sept. 1944	5. März 1946	29. Okt. 1946	gestrichen: 1. April 1960
CL 84	BUFFALO	Federal Sb. Co., Kearny	–	–	–	annulliert: 16. Dez. 1940
CL 85	FARGO	New York Sb. Corp., Camden	11. April 1942	–	–	fertiggestellt als CVL 27 LANGLEY
CL 86	VICKSBURG ex-CHEYENNE	Newport News Sb. Co., Newport News	26. Okt. 1942	14. Dez. 1943	12. Juni 1944	gestrichen: 1. Okt. 1962
CL 87	DULUTH	Newport News Sb. Co., Newport News	9. Nov. 1942	13. Jan. 1944	18. Sept. 1944	verk.z.Abbruch: 14. Nov. 1960
CL 88	nicht bekannt	Federal Sb. Co., Kearny	–	–	–	annulliert: 16. Dez. 1940
CL 89	MIAMI	Cramp & Sons, Philadelphia	2. Aug. 1941	8. Dez. 1942	28. Dez. 1943	gestrichen: 1. Sept. 1961
CL 90	ASTORIA (II) ex-WILKES-BARRE	Cramp & Sons, Philadelphia	6. Sept. 1941	6. März 1943	17. Mai 1944	gestrichen: 1. Nov. 1969
CL 91	OKLAHOMA CITY	Cramp & Sons, Philadelphia	8. Dez. 1942	20. Febr. 1944	22. Dez. 1944	gestrichen: 15. Dez. 1979
CL 92	LITTLE ROCK	Cramp & Sons, Philadelphia	6. März 1943	27. Aug. 1944	17. Juni 1945	gestrichen: 22. Nov. 1976
CL 93	GALVESTON	Cramp & Sons, Philadelphia	20. Febr. 1944	22. April 1945	28. Mai 1958[256]	gestrichen: 21. Dez. 1973
CL 94	YOUNGSTOWN	Cramp & Sons, Philadelphia	4. Sept. 1944	–	–	annulliert: 12. Aug. 1945
CL 99	BUFFALO	New York Sb. Corp., Camden	–	–	–	fertiggestellt als CVL 29 BATAAN
CL 100	NEWARK	New York Sb. Corp., Camden	–	–	–	fertiggestellt als CVL 30 SAN JACINTO
CL 101	AMSTERDAM	Newport News Sb. Co., Newport News	3. März 1943	25. April 1944	8. Jan. 1945	gestrichen: 2. Jan. 1971
CL 102	PORTSMOUTH	Newport News Sb. Co., Newport News	28. Juni 1943	20. Sept. 1944	25. Juni 1945	gestrichen: 1. Dez. 1970
CL 103	WILKES-BARRE	New York Sb. Corp., Camden	14. Dez. 1942	24. Dez. 1943	1. Juli 1944	gestrichen: 15. Jan. 1971
CL 104	ATLANTA (II)	New York Sb. Corp., Camden	25. Jan. 1943	6. Febr. 1944	3. Dez. 1944	selbstversenkt: 1. Okt. 1970
CL 105	DAYTON	New York Sb. Corp., Camden	8. März 1943	19. März 1944	7. Jan. 1945	gestrichen: 1. Sept. 1961

CL 106 bis CL 118 sollten nach einem überarbeiteten Entwurf gebaut werden: siehe unten FARGO-Klasse.

Typ: Leichter Kreuzer – Light Cruiser.
Standardverdrängung: 11 744 ts (11 932 t).
Einsatzverdrängung: 14 131 ts (14 357 t).
Länge: 185,95 m (über alles), 182,88 m (CWL).
Breite: 20,12 m.
Tiefgang: 6,10 m (mittlerer), 7,47 m (maximal).
Antriebsanlage: 4 Satz General-Electric-Getriebeturbinen, 8 Babcock-&-Wilcox-Kessel, 4 Wellen.
Antriebsleistung: 100 000 WPS für 32,5 kn.
Bunkerinhalt: 2100 ts Heizöl maximal.
Fahrtstrecke: 14 500 sm bei 15 kn.
Panzerschutz: Hauptgürtelpanzer 89 - 127 mm, Deck 51 mm, Barbetten 152 mm, Türme 165 mm (Front) bzw. 76 mm (Decke und Seite), Kommandostand 127 mm.
Geschütze: zwölf 15,2 cm S.K. L/47 (4 x 3), zwölf 12,7 cm S.K. L/38 (6 x 2), zwanzig 2,8 cm (5 x 4).
Torpedorohre: keine.
Seeminen: keine.
Bordflugzeuge: vier, zwei Katapulte.
Besatzungsstärke: 1285 Offiziere und Mannschaften (Kriegsstärke).

Entwurf: Im Juni 1938 projektierte die US-Marine zwei Kreuzer von 8000 ts Standardverdrängung, bewaffnet mit acht bis neun 15,2-cm-Luft/Seezielgeschützen; sie sollten in das vorläufige Bauprogramm für den Haushalt 1940 eingestellt werden. Die weitere Planung sah etwa zwanzig weitere Einheiten dieses Entwurfs vor, die in einem späteren Zehn-Jahres-Programm gebaut werden sollten. Bis zum Mai 1939 war dieses Projekt zu einer Entwurfsskizze mit zehn 15,2-cm-Geschützen L/47 in Luft/Seeziel-Doppelturmlafetten mit einer aus fünf 2,8-cm-Vierlingslafetten bestehenden leichten Fla-Bewaffnung gediehen. Achtern war nur ein einziges Katapult vorhanden. Zwei Drillings-Torpedorohrsätze kamen hinzu. Rein äußerlich war erkennbar, daß dieser Entwurf zur CLEVELAND führen sollte. Der Entwurf war jedoch weit überzogen und die vertragliche Tonnagebegrenzung von 8000 ts standard ließ keine Gewichtsreserve mehr

Gegenüberliegende Seite: SANTA FÉ. (National Archives)

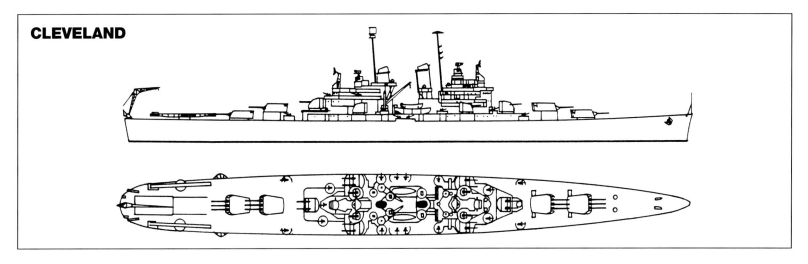

CLEVELAND

zu. Die Forderung des Präsidenten nach stärkerer Feuerkraft sowie andere Forderungen nach erhöhter Stromversorgung ließen den Entwurf bald auf 8200 ts und dann auf 8400 ts Standardverdrängung hochschnellen. Die einzige Alternative, die Standardverdrängung unter 8000 ts zu halten, bestand darin, so ziemlich jeden Panzerschutz wegzulassen. Der Krieg in Europa veranlaßte Großbritannien, das Festhalten an der 8000-ts-Grenze aufzugeben, und da das 15,2-cm-Geschütz L/47 für die US-Marine nicht mehr von unmittelbarem Interesse war, wurde der Entwurf fallengelassen. Doch die Zeit drängte, denn ein neuer Kreuzer wurde dringend gebraucht.

Daher fiel am 2. Oktober 1939 die Entscheidung, den Entwurf für das neue Schiff auf der Grundlage des HELENA-Entwurfes zu erarbeiten, wobei vier zusätzliche 12,7-cm-Geschütze L/38 in zwei Doppellafetten einen der 15,2-cm-Drillingstürme ersetzen sollten.

Der Schiffskörper des neuen Kreuzers hatte dieselbe Länge wie der der HELENA, war aber infolge ernster Zweifel im Entwurfsstadium hinsichtlich der Stabilität um 1,40 m breiter. Die Erfahrungen des Krieges in Europa hatten die Sprengkraft von Grundminen und die einem Schiff von Unterwasserschäden her drohende Gefahr sowie die Wirk-

samkeit von Luftangriffen demonstriert. Alternativen zur Lösung dieser Probleme liefen sämtlich auf eine Gewichtssteigerung hinaus. Dies galt insbesondere für zusätzliche Fla-Geschütze, die zudem den Gewichtsschwerpunkt des Schiffes nach oben verlagerten. Die Erkenntnis führte schließlich zu Änderungen in der Schrägstellung des Seitenpanzers und in der Linienführung des Schiffskörpers, wodurch sich seine Verbreiterung ergab. Nichtsdestoweniger blieb die Stabilität dieser Kreuzer während ihres gesamten Werdeganges kritisch. Vermutlich war dies einer der Hauptgründe für ihre nur kurzzeitige Nachkriegsverwendung – trotz ihres verhältnismäßig »jugendlichen« Alters.

Das Panzerschutzschema umfaßte in der Wasserlinie einen maximal 127 mm dicken Gürtelpanzer von 2,74 m Breite auf Höhe der Maschinenräume mit einem Seitenschutz von 51 mm Dicke bis zu den vorderen Munitionskammern und einem Innenlängsschott von 76 mm bis 119 mm Dicke, um die achteren Munitionskammern zu schützen. Das Panzerdeck wies 51 mm Dicke auf. Alles in allem glich dieser Panzerschutz dem der HELENA. Sein Gewichtsanteil betrug insgesamt 1468 ts oder 13,18 % (HELENA: 13,76 %) der Standardverdrängung.

In der Innenanordnung wurde das Einheitenprinzip beibehalten, aber die Einführung der Hochdruck-Dampfkessel gestattete eine Verkürzung der Kesselräume in der Länge. Dafür waren jedoch die Maschinenräume etwas größer als die bei den Einheiten der BROOKLYN-Klasse, um die beengten Raumverhältnisse des Entwurfs in diesem Bereich zu vermeiden. Um größere Sicherheit zu gewährleisten, wurde ein Dreifachboden eingeführt und der Doppelboden unter Einbeziehung aller Munitionskammern bis zum Panzerdeck hochgezogen.

Die Hauptantriebsanlage bestand aus den üblichen vier Sätzen Getriebeturbinen mit einer Antriebsleistung von 100 000 WPS. Die im Originalentwurf vorgesehenen Marschturbinen kamen erst nach CL 57 zum Einbau.

Bei der Schweren Artillerie wurde das 15,2-cm-Geschütz S.K. L/47 Mk. 16 in Drillingstürmen beibehalten: je zwei vorn und achtern. Die maximale Rohrerhöhung betrug 60°, aber ihre Verwendung zur Luftabwehr war begrenzt; denn die Rohre konnten nur bei einer Erhöhung bis zu 20° geladen werden (Ladestellung). Die zugleich als Mittelartillerie dienende Schwere Flak bestand aus zwölf 12,7-cm-DP-Geschützen S.K. L/38 in sechs Doppelschildlafetten Mk. 32. Zwei dieser Lafetten standen in der Mittschiffslinie und überhöhten die Türme 2 und 3 und die restlichen vier befanden sich an Backbord und an Steuerbord mittschiffs. Diese Verteilung gestattete eine sehr beträchtliche Luftabwehr mit Schwerer Flak aus fast jedem Angriffswinkel. Wie ursprünglich vorgesehen, setzte sich die Leichte Flak lediglich aus 12,7-mm-Fla-MG's zusammen, deren Unzulänglichkeit der Krieg in Europa schnell gezeigt hatte. Stabilitätserwägungen verhinderten das An-Bord-Nehmen der neuen 2,8-cm-Vierlingslafetten ohne zusätzlichen Ballast. Doch angesichts des starken Widerstandes, die Anzahl der 12,7-cm-Geschütze zu verringern, wurde dieser Handlungsweise letztlich zugestimmt. Der Einbau von vier dieser Vierlingslafetten war geplant gewesen, und zwar jeweils zwei beiderseits der zwei Schornsteine. Schließlich erwies sich dieses Geschütz noch vor der Fertigstellung der ersten Einheiten der CLEVELAND-Klasse selbst als unzulänglich, und so kam es in der US-Marine statt seiner zur Einführung des 4-cm-Bofors-Geschützes. Bedauerlicherweise betrug das Gewicht einer 4-cm-Vierlingslafette ca. 11 ts im Vergleich zu den 5 - 6 ts der 2,8-cm-Vierlingslafette. Daher konnte – zumindest anfänglich – ihr Einbau auf den Kreuzern der CLEVELAND-Klasse nicht gebilligt werden. Infolgedessen sollten sie 4-cm-Doppellafetten erhalten. Eine Torpedobewaffnung war nicht vorhanden. Die Bordflugzeugausstattung umfaßte standardmäßig vier Seeflugzeuge. Sie waren inzwischen vom Typ Curtiss SO 3 C »Seamew«. Die erste Maschine dieses Typs erhielt am 15. Juli 1942 die CLEVELAND. Auf dem Achterdeck nahe dem Heck waren zwei Katapulte vorhanden und unter ihnen befand sich die Flugzeughalle.

Zwei Einheiten – CL 55 und CL 56 – wurden am 23. März 1940 in Auftrag gegeben. 1940 ergingen noch weitere Bauaufträge: für CL 57 und CL 58 am 12. Juni 1940, für Cl 59 bis CL 61 am 1. Juli 1940, für CL 62 bis CL 67 im Juli 1940, für CL 76 bis CL 88 im September 1940 und für CL 89 bis CL 94 im Oktober 1940. Nach dem Eintritt der USA in den Krieg wurden weitere Bauaufträge vergeben. Die Bauaufträge für CL 99 und CL 100 ergingen im Dezember 1941. (Sie ersetzten CL 84 und CL 88, deren Bauaufträge am 16. Dezember 1940 annulliert worden waren, um es der Federal Sb. & Dry Dock Co. in Kearny/N.J. zu gestatten, sich ganz auf den Bau von Zerstörern zu konzentrieren.) CL 101 und CL 102, am 15. Dezember 1941 in Auftrag gegeben, waren die beiden einzigen Kreuzer, deren Kontrakte unter dem Bauprogramm des Haushalts 1942 geschlossen wurden. Im August 1942 wurden die Bauaufträge für CL 103 bis CL 118 und im Juni 1943 die für das letzte Los – CL 143 bis CL 147 sowie CL 148 und CL 149 – vergeben. 1942 erfuhren jedoch neun Bauaufträge für Kreuzer eine Neuvergabe als Leichte Träger (CVL): CL 59, CL 61, CL 76 bis CL 79, CL 85, CL 99 und CL 100. Gegen Kriegsende wurden weitere Bauaufträge für Kreuzer annulliert: am 5. Oktober 1944 für CL 112 bis

Unten: Die WILKES-BARRE im August 1944. (Floating Drydock)

Rechts: Die BIRMINGHAM am 20. Februar 1943. (USN)

Unten: Die SPRINGFIELD im Jahre 1944. (USN)

CL 115, am 4. September 1944 für CL 111 und Neuvergabe an die Werft Cramp, William & Sons in Philadelphia/Pa. Dann erging am 12. August 1945 ein weiteres Los Annullierungen: CL 94, CL 108 bis CL 111 sowie CL 116 bis CL 118. NEWARK (CL 108) wurde bis zur Stapellaufreife fertiggestellt und fand dann zu Erprobungen von Unterwasserwaffen Verwendung. Außerdem erfolgte bei der fertiggestellten GALVESTON (CL 93) keine Indienststellung mehr; das Schiff wurde direkt in die Reserveflotte versetzt. Dort verblieb es bis zu seinem Umbau in einen Lenkwaffenkreuzer.

Modifizierungen: Die Fertigstellung der CLEVELAND erfolgte mit 4-cm-Doppellafetten, aber die übrigen Einheiten führten zwei 4-cm-Doppel- und zwei 4-cm-Vierlingslafetten. Die ersteren befanden sich mittschiffs auf dem Oberdeck, während die letzteren ihre Position an Backbord und an Steuerbord achteraus der vorderen 12,7-cm-Doppelturmschilde hatten. Bis zum November 1942 hatten die zuerst gebauten Kreuzer der CLEVELAND-Klasse zwei weitere 4-cm-Doppellafetten unmittelbar am Heck achteraus der beiden Katapulte erhalten. Diese zusätzlichen 4-cm-Fla-Waffen bekamen auch die später gebauten Einheiten. Bis zum Mai 1944 wies die Leichte Flak folgende Zusammensetzung auf: doch noch vier 4-cm-Vierlings- und sechs 4-cm-Doppellafetten sowie als Standardausrüstung zehn 2-cm-Geschütze; letztere variierte von Schiff zu Schiff beträchtlich. Die zuerst gebauten Einheiten wurden bei den Brücken mit runder Vorderfront fertiggestellt. Von der VINCENNES (II) an erhielten die Brücken eine quadratische Form, lagen tiefer und hatten darüber eine offene Brücke. Früher gebaute Einheiten bekamen die offene Brücke über dem vorhandenen Steuerhaus und behielten den Kommandostand, der bei den späteren Einheiten aus Gründen der Gewichtseinsparung weggelassen wurde.

Das Obergewichtsproblem blieb weiterhin kritisch. Im späteren Verlauf des Krieges kamen nicht nur ein Katapult sondern auch die E-Meßbasen in den Türmen 1 und 4 von Bord. Ein weiterer nachteiliger Umstand war von der SPRINGFIELD an infolge der kriegsbedingten Verknappung die Verwendung von Stahl für die Deckshäuser statt von Aluminium. Schließlich ersetzte trotz der kritischen Stabilität die neue Curtiss SC »Seahawk« als Bordflugzeug die bisherige »Seamew«.

Werdegang: Die CLEVELAND nahm am 8. November 1942 im Verband der *Western Task Force* (Westküste Marokkos) an den alliierten Landungen in Nordafrika teil und kehrte Ende dieses Monats wieder in die USA zurück, um zur 12. Kreuzerdivision in den Pazifik zu verlegen. Anfang 1943 war die CLEVELAND an den Endkämpfen um Guadalcanal beteiligt und unternahm in der Nacht vom 29./30. Januar mit der *TF 18* einen Vorstoß in die mittleren Salomonen, der zum Gefecht bei der Insel Rennell führte, wobei die CHICAGO (siehe oben) durch Lufttorpedotreffer sank. Am 6. März stieß der Kreuzer zusammen mit der MONTPELIER und der DENVER sowie drei Zerstörern als *TF 68* in den Kula-Golf vor, beschoß einen japanischen Flugplatz bei Vila auf der Insel Kolombangara und versenkte die Zerstörer MURASAME und MINEGUMO. Dieselbe Kampfgruppe (verstärkt durch die COLUMBIA und zwei Zerstörer), nunmehr als *TF 36.2* bezeichnet, beschoß in der Nacht vom 29./30. Juni japanische Anlagen auf der Insel Shortland südlich von Bougainville und am 11./12. Juli Munda/Neugeorgien. Im 1. November deckte diese Kampfgruppe als *TF 39* die Landung bei Kap Torokina/Bougainville und beschoß den Flugplatz auf der Insel Buka nördlich von Bougainville. In der Nacht zum 2. November kam es zu einem Seegefecht in der Kaiserin-Augusta-Bucht gegen einen japanischen Kreuzer/Zerstörer-Verband, wobei der japanische Leichte Kreuzer SENDAI (siehe oben) im radargelenkten Artilleriebeschuß der US-Kreuzer sank. Am 24. Dezember 1943 folgte eine erneute Beschießung von Buka. Nach einer Werftliegezeit in den USA stieß die CLEVELAND zum Sommer 1944 hin zur *TG 58.3* im mittleren Pazifik und war an den Trägervorstößen in

VEREINIGTE STAATEN VON AMERIKA **307**

Oben. Die VINCENNES II im Jahre 1944. (USN)

die Marianen, an der Landung auf Saipan und an der Luft/Seeschlacht in der Philippinen-See beteiligt. Danach kehrte der Kreuzer in den Südwestpazifik zurück und unterstützte mit der *TG 74.2* die Landungen in den Philippinen: Ende Februar 1945 auf Palawan, im März auf Panay, im April am Moro-Golf/West-Mindanao. Im Juni 1945 leistete die CLEVELAND (mit General McArthur an Bord) im Verband ihrer Kampfgruppe Feuerunterstützung bei der Landung in Balikpapan/Borneo. Danach verlegte der Kreuzer im Juli 1945 – wieder zusammen mit COLUMBIA, DENVER und MONTPELIER – zur *TG 95.2* in die Gewässer vor Okinawa, unterstützte die Kämpfe auf der Insel und operierte anschließend mit seiner Kampfgruppe bis Kriegsende im Süd- und im Ostchinesischen Meer. Nach seiner Rückkehr in die USA im November 1945 fand der Kreuzer kurze Zeit als Schulschiff Verwendung und wurde am 7. Februar 1947 außer Dienst gestellt. Am 1. März 1959 wurde die CLEVELAND aus der Flottenliste gestrichen und am 18. Februar 1960 zum Abbruch in Baltimore/Maryland verkauft.

Die COLUMBIA lief nach ihrer Ausbildungszeit am 9. November 1942 in den Pazifik aus und stieß im Dezember ebenfalls zur 12. Kreuzerdivision in Espiritu Santo in den Neuen Hebriden (heute Vanuatu). Zur *TF 18* und später zur *TF 36.2* gehörend, nahm sie ab Januar 1943 an den Endkämpfen um die Insel Guadalcanal sowie an den weiteren Kämpfen in den Salomonen teil: insbesondere Seegefecht bei der Insel Rennell in der Nacht vom 29./30. Januar, Beschießung von Shortland am 29./30. Juni und von Munda am 11./12. Juli zur Unterstützung der Landung auf Neugeorgien (siehe oben CLEVELAND). Ende September 1943 entging der Kreuzer während der Blockade der Salomonen-Insel Kolombangara nur knapp den Torpedos eines japanischen Unterseebootes. Am 1. November 1943 deckte die COLUMBIA mit den restlichen Kreuzern der 12. Kreuzerdivision (CLEVELAND, DENVER und MONTPELIER) zusammen mit Zerstörern als *TF 39* die Landung bei Kap Torokina/Bougainville und beschoß Buka, gefolgt von der Teilnahme am Seegefecht in der Kaiserin-Augusta-Bucht am 1./2. November und der Beschießung von Buka und Buin (ohne DENVER) am 24. Dezember 1943 (siehe oben CLEVELAND). Am 15. Februar 1944 deckte die COLUMBIA zusammen mit der MONTPELIER und Zerstörern (*TF 39*) die Landung auf Green Island vor Neuirland und operierte bis Ende März im Bismarck-Archipel. Am 4. April 1944 verlegte der Kreuzer zu einer Werftliegezeit nach San Francisco. Im August 1944 kehrte die COLUMBIA in den mittleren Pazifik zurück und leistete Mitte September u.a. mit der DENVER Feuerunterstützung bei der Landung auf den Palau-Inseln. Bei der Landung im Golf von Leyte/Philippinen am 20. Oktober 1944 gehörte sie (wieder mit der DENVER) zur Südlichen Feuerunterstützungsgruppe (Rear-Admiral Oldendorf) und war mit dieser Kampfgruppe am 24./25. Oktober an der Teilschlacht in der Surigao-Straße beteiligt (siehe oben LOUISVILLE und PORTLAND). Mitte Dezember 1944 folgte die Landung auf Mindoro in den Philippinen. Hierbei gehörte die COLUMBIA mit der DENVER und der MONTPELIER zum Ferndeckungsverband (*TF 77.12*). Anfang Januar 1945 stieß sie zur Feuerunterstützungsgruppe *TG 77.2* für die Landung im Golf von Lingayen an der Westküste von Luzon/Philippinen am 9. Januar. Am 6. Januar erhielt die COLUMBIA einen schweren »Kamikaze«-Treffer, der die achtere Turmgruppe vollständig außer Gefecht setzte. Ein zweiter »Kamikaze«-Treffer am 9. Januar führte zum weitgehenden Ausfall des gesamten Feuerleitsystems. Nach einer Notreparatur in Leyte kehrte der Kreuzer zur vollständigen Ausbesserung an die Westküste der USA zurück. Anfang Juni 1945 stieß die COLUMBIA wieder zu ihrer vollständig versammelten 12. Kreuzerdivision, die für die Landung in Balikpapan auf Borneo am 1. Juli einen Teil der *TG 74.2* bildete und vom 25. Juli an den Angriffsraum beschoß. Danach verlegte sie mit der 12. Kreuzerdivision in die Gewässer von Okinawa zur *TG 95.2*, mit der sie bis Kriegsende operierte (siehe oben CLEVELAND). Nach der Rückkehr in die USA wurde die COLUMBIA am 30. November 1946 außer Dienst gestellt und in die Reserveflotte versetzt. Am 18. Februar 1959 erfolgte der Verkauf des Schiffes zum Verschrotten und sein Abbruch in Chester/Pa.

Die MONTPELIER stieß am 18. Januar 1943 zur 12. Kreuzerdivision in Nouméa/Neukaledonien auf dem südwestpazifischen Kriegsschauplatz und wurde am 25. Januar Flaggschiff dieser Division. Wenige Tage später nahm sie am Seegefecht bei der Salomonen-Insel Rennell teil, operierte anschließend das ganze Jahr hindurch in den mittleren und nördlichen Salomonen und war am Seegefecht in der Kaiserin-Augusta-Bucht vor Bougainville beteiligt (siehe oben CLEVELAND). Hierbei erlitt der Kreuzer leichtere Beschädigungen. Mitte Februar 1944 unterstützte die MONTPELIER zusammen mit der COLUMBIA (siehe oben) die Landung auf Green Island vor Neuirland und nahm bis zum Sommer 1944 an den Kämpfen im Bismarck-Archipel teil. Ab Juni 1944 verlegte der Kreuzer in den mittleren Pazifik, war mit der *TG 58.3* an den Trägervorstößen in die Marianen und zu den Vulcan-Inseln beteiligt und leistete bei der Landung auf Saipan am 14. Juni Feuerunterstützung (siehe oben CLEVELAND). Es folgten die Teilnahme an der Luft/Seeschlacht in der Philippinen-See sowie an weiteren Operationen in den Gewässern um Saipan, Tinian und Guam in den Marianen bis zum August 1944. Danach kehrte der Kreuzer zu einer Werftliegezeit in die USA zurück und war daher an den Kämpfen um den Golf von Leyte im Oktober nicht beteiligt. Erst Ende November 1944 befand sich die MONTPELIER mit der *TG 77.2* im Golf von Leyte, um japanische Gegenangriffe abzuwehren. Hierbei erhielt sie am 29. November einen »Kamikaze«-Treffer. Mitte Dezember folgte die Landung auf Mindoro/Philippinen (siehe oben COLUMBIA) und im Januar 1945 gehörte der Kreuzer mit der DENVER bei den Landungen im Lingayen-Golf an der Westküste Luzons zur Nahdeckungsgruppe. Anschließend unterstützte die MONTPELIER mit der *TG 74.2* weitere Landungen: in den Philippinen Ende Februar auf Palawan und Mitte April im Moro-Golf an der Westküste von Mindanao sowie im Juni/Juli in Balikpapan auf Borneo (siehe oben CLEVELAND). Bis Kriegsende operierte der Kreuzer mit der *TG 95.2* in den Gewässern um Okinawa sowie im Süd- und Ostchinesischen Meer (siehe oben CLEVELAND). In die USA zurückgekehrt, wurde die MONTPELIER am 24. Januar 1947 außer Dienst gestellt, in die Reserveflotte versetzt und am 1. März 1959 aus der Flottenliste gestrichen. Am 22. Januar 1960 erfolgte der Verkauf des Schiffes zum Verschrotten und anschließend sein Abbruch in Baltimore/Maryland.

Die DENVER traf am 14. Februar 1943 in Efate auf den Neuen Hebriden ein und stieß zur 12. Kreuzerdivision. Anfang März war sie mit der *TF 68* an der Beschießung des japanischen Flugplatzes bei Vila/Kolombangara in den mittleren Salomonen sowie an der Versenkung von zwei japanischen Zerstörern beteiligt, gefolgt von weiteren Operationen mit dieser Kampfgruppe in den Salomonen bis in den November 1943 hinein (siehe oben CLEVELAND). Beim Seegefecht in der Kaiserin-Augusta-Bucht am 1./2. November im Gefolge der Landung bei Kap Torokina auf Bougainville erlitt die DENVER Schäden durch Artillerietreffer. Bei der Deckung der dritten Landungswelle erhielt sie in der Morgendämmerung des 13. November 1943 vor Kap Torokina einen Lufttorpedotreffer. Wassereinbrüche führten zum Vollaufen des achteren Turbinenraums und des achteren Kesselraums. Der Kreuzer mußte zur Notreparatur nach Espiritu Santo eingeschleppt werden und verlegte anschließend zur vollständigen Ausbesserung in die Marinewerft Mare Island an die Westküste der USA. Der Werftaufenthalt erstreckte sich von Januar bis zum Sommer 1944. Erst am 22. Juni traf die DENVER wieder auf dem pazifischen Kriegsschauplatz ein und stieß im Eniwetok-Atoll in den Marshall-Inseln zur *TF 38*. Nach der Teilnahme an einem Vorstoß zur Beschießung von Iwo Jima in den Vulcan-Inseln folgte Mitte September 1944 mit der Feuerunterstützungsgruppe (Rear-Admiral Oldendorf) der *TF 31* die Landung auf den Palau-Inseln (Operation »Stalemate II«). Am 22. September gehörte die DENVER zu den ersten amerikanischen Kriegsschiffen, die in die Lagune von Ulithi einliefen, dem künftigen Hauptstützpunkt der US-Pazifikflotte. Bei der Landung im Golf von Leyte/Philippinen am 20. Oktober 1944 gehörte der Kreuzer zur Südlichen Feuerunterstützungsgruppe unter Rear-Admiral Oldendorf und war an der Teilschlacht in der Surigao-Straße am 24./25. Oktober beteiligt (siehe oben LOUISVILLE und PORTLAND). Hierbei versenkte die DENVER den japanischen Zerstörer ASAGUMO mit ihrer Artillerie. Sie blieb mit der *TG 77.2* im Golf von Leyte zur Abwehr japanischer Gegenangriffe (siehe oben MONTPELIER) und erhielt am 28. November einen »Kamikaze«-Treffer. Es folgte die Unterstützung weiterer Landungen in den Philippinen: mit der *TF 77.12* Mitte Dezember 1944 auf Mindonoro und Anfang Januar 1945 im Lingayen-Golf auf Luzon (siehe oben MONTPELIER), mit der *TF 74.2* am 29. Januar bei Zambales nördlich von Subic Bay, am 28. Februar auf Palawan und Mitte April im Moro-Golf/West-Mindanao (siehe oben CLEVELAND). Anfang Mai 1945 leistete die DENVER vorbereitende Feuerunterstützung für die Landung bei Santa Cruz im Golf von Davao an der Südküste von Mindanao. Zur *TG 74.2* zurückgekehrt, folgte im Juni/Juli die Landung in Balikpapan auf Borneo, der sich bis Kriegsende mit der *TG 95.2* Operationen in den Gewässern um Okinawa sowie im Süd- und Ostchinesischen Meer anschlossen (siehe oben CLEVELAND). Nach der Kapitulation Japans lief die DENVER in die Gewässer des japanischen Mutterlandes zur Evakuierung von alliierten Kriegsgefangenen in Japan und trat am 20. Oktober 1945 den Marsch in die Heimat an. In der Nachkriegszeit fand sie kurzzeitig als Schulschiff Verwendung, ehe am 7. Februar 1947 ihre Außerdienststellung erfolgte. In die Reserveflotte versetzt, wurde der Kreuzer – wie alle nicht umgebauten Schwesterschiffe – am 29. Februar 1960 zum Verschrotten verkauft. Im November desselben Jahres traf das Schiff zum Abbruch in Kearny/New Jersey ein.

Neun noch nicht fertiggestellte Einheiten der CLEVELAND-Klasse wurden nach bzw. vor (die beiden letzten Einheiten) dem Stapellauf in Leichte Träger (CVL) umgebaut:
– AMSTERDAM (CL 59) als INDEPENDENCE (CVL 22),
– TALAHASSE (CL 61) als PRINCETON (CVL 23),
– NEW HAVEN (CL 76) als BELLEAU WOOD (CVL 24),
– HUNTINGTON (CL 77) als COWPENS CVL 25),
– DAYTON (CL 78) als MONTEREY CVL 26),
– WILMINGTON CL 79) als CABOT (CVL 28),
– FARGO (CL. 85) als LANGLEY (CVL 27),
– BUFFALO (CL 99) als BATAAN (CVL 29) und
– NEWARK (CL 100) als SAN JACINTO (CVL 30).

Die SANTA FÉ traf am 22. März 1943 in Pearl Harbor ein und stieß zur 13. Kreuzerdivision. Bereits im Monat darauf verlegte sie in die Gewässer der Aleuten und beschoß am 26. April mit der *TG 8.6* die Insel Attu. Mitte Mai gehörte sie zur Südlichen Deckungsgruppe, der *TG 16.6*, zur Wiedereroberung von Attu. Im Juli war der Kreuzer mehrmals an der Beschießung der Aleuten-Insel Kiska beteiligt und unterstützte am 15. August 1943 die Landung auf dieser Insel (Operation »Cottage«). Im Anschluß daran kehrte die SANTA FÉ nach Pearl Harbor zurück. Anfang September gehörte sie mit der BIRMINGHAM und der MOBILE zur *TF 15* bei den Trägerangriffen am 18./19. September auf Tarawa in den Gilbert-Inseln, gefolgt von den Angriffen auf Wake am 5./6. Oktober mit der *TF 14*. Anfang November 1943 deckten die drei Kreuzer die Landung der zweiten Welle bei Kap Torokina auf Bougainville in den Salomonen, wobei die BIRMINGHAM Torpedo- und Bombentreffer erhielt. Mitte November befanden sich die verbliebenen beiden Kreuzer bei der *TG 53.4* und leisteten bei der Landung auf Tarawa am 20. November Feuerunterstützung. Mit der *Fast Carrier Task Force* nahmen SANTA FÉ und MOBILE im Verband der *TG 50.3* am 4. Dezember 1943 am Trägerangriff auf Kwajalein in den Marshall-Inseln teil. Nach einer kurzen Werftliegezeit in den USA zur Jahreswende stieß die SANTA FÉ – wieder mit der MOBILE und zusätzlich der BILOXI – zur Feuerunterstützungsgruppe 53.5 (Rear-Admiral Oldendorf), um die Landung auf dem Kwajalein-Atoll am 31. Januar 1944 (Operation »Flintlock«) zu unterstützen. Anschließend sicherten die drei Kreuzer Mitte Februar 1944 ihre Flugzeugträger im Verband der *TG 58.1* beim groß angelegten Angriff auf den japanischen Hauptflottenstützpunkt Truk. Anfang März verlegten SANTA FÉ, MOBILE und BILOXI auf den südwestpazifischen Kriegsschauplatz und operierten Mitte des Monats mit ihrer Kampfgruppe im Bismarck-Archipel, gefolgt von der Unterstützung der Landung bei Hollandia/Neuguinea (heute Jayapura) und einem weiteren Trägervorstoß nach Truk Ende April 1944. Anfang Mai kehrte der Trägerverband nach Kwajalein zurück. Die nunmehr zur *TG 58.2* gehörenden drei Kreuzer sicherten Mitte Juni 1944 einen weiteren Trägervorstoß, diesmal zu den Marianen mit Angriffen auf Saipan und Tinian, gefolgt von der Luft/Seeschlacht in der Philippinen-See sowie Ende Juli von Trägerangriffen auf die Palau-Inseln. Anfang September 1944 sicherten SANTA FÉ, BIRMINGHAM und MOBILE ihre Träger im Verband der *TG 38.3* bei den Angriffen auf die Palau-Inseln und auf Flugplätze in den Philippinen (Luzon, die Visayas/Zentral-Philippinen und Mindanao). In der ersten Oktoberhälfte deckten die drei Kreuzer gegen schwere japanische Luftangriffe weitere Trägerangriffe auf Luzon, Okinawa, die Sakishima-Gunto-Inselgruppe und vor allem auf Formosa und wieder Luzon, um die japanischen Luftstreitkräfte auszuschalten. Nach der Landung im Golf von Leyte am 20. Oktober 1944 verblieben die drei Kreuzer mit ihrer Trägerkampfgruppe bis Anfang 1945 im Seegebiet der Philippinen. Ab Februar 1945 gehörten SANTA FÉ und BILOXI zur *TG 58.4* mit den Flottenträgern YORKTOWN und RANDOLPH sowie mit den Geleitträgern LANGLEY und CABOT, die Mitte Februar zur Unterstützung der bevorstehenden Landung auf Iwo Jima Ziele in Tokio und in den Vulcan-Inseln angriffen. Bei der Landung auf Iwo Jima am 19. Februar 1945 (Operation »Detachment«) waren die beiden Kreuzer im Verband der *TF 54* an der Beschießung der Insel beteiligt. Im März war die SANTA FÉ mit der *TG 58.2* an weiteren Angriffen auf das japanische Mutterland beteiligt. Hierbei rettete sie zusammen

VEREINIGTE STAATEN VON AMERIKA 309

Oben: Die CLEVELAND am 7. Mai 1943. (USN)

mit dem Schweren Kreuzer PITTSBURGH (siehe unten) die Überlebenden des schwer getroffenen Flottenträgers FRANKLIN. Dem Kommandanten des Trägers gelang es allerdings, sein Schiff wieder unter Kontrolle zu bekommen, und die SANTA FÉ eskortierte den Träger nach Ulithi. Im Anschluß daran verlegte der Kreuzer zur Werftliegezeit an die amerikanische Westküste. Bei seiner Rückkehr in den Pazifik Anfang August 1945 war der Krieg jedoch praktisch schon zu Ende. Am 19. Oktober 1946 wurde die SANTA FÉ außer Dienst gestellt und in die Reserveflotte versetzt, bis am 1. März 1959 ihre Streichung aus der Flottenliste erfolgte. Am 9. November 1959 zum Verschrotten verkauft, traf es Anfang des folgenden Jahres zum Abbruch in Portland/Oregon ein.

Die BIRMINGHAM operierte bis zum Sommer 1943 im Atlantik. Danach sicherte sie im Juni mit der *TF 65* Truppentransport-Geleitzüge von Norfolk/USA ins Mittelmeer nach Oran und anschließend zur Landung auf Sizilien (Operation »Husky«) am 10. Juli 1943 zum Landeabschnitt »Joss« beiderseits von Licata, um nach der Unterstützung der Landung die linke Flanke der 7. US-Armee zu sichern (siehe oben BROOKLYN), gefolgt von der Beschießung des Hafens Porto Empedocle mit der PHILADELPHIA (siehe oben) am 16. Juli. Im August 1943 kehrte die BIRMINGHAM in die USA zurück, um anschließend in den Pazifik zur 13. Kreuzerdivision zu verlegen. Hinsichtlich der weiteren Einsätze siehe oben SANTA FÉ. Nach den erheblichen Beschädigungen durch Torpedo- und Bombentreffer in der Nacht zum 9. November 1943 vor Kap Torokina/Bougainville ging der Kreuzer zur vollständigen Ausbesserung in die Marinewerft Mare Island an der amerikanischen Westküste. Der Werftaufenthalt dauerte bis Februar 1944 und danach kehrte die BIRMINGHAM auf den pazifischen Kriegsschauplatz zurück. Mitte Juni 1944 nahm die BIRMINGHAM mit der *TG 58.3* am Trägervorstoß zu den Marianen, an der Landung auf Saipan am 14. Juni (Operation »Forager«) und unmittelbar darauf an der Luft/Seeschlacht in der Philippinen-See teil (siehe oben CLEVELAND). Ab Ende August 1944 befand sich der Kreuzer bei der *TG 38.3* mit Trägerangriffen auf die Philippinen und Formosa (siehe oben SANTA FÉ). Mit dieser Trägerkampfgruppe war er auch an der Schlacht um den Golf von Leyte/Philippinen im Oktober beteiligt. Am 24. Oktober 1944 trafen japanische Sturzbomber den Geleitträger PRINCETON (früher CL 61 siehe oben) schwer, wobei auch die längsseits befindliche BIRMINGHAM erheblich in Mitleidenschaft gezogen wurde. Die Arbeiten zu ihrer Ausbesserung dauerten bis Januar 1945. Danach gehörte der Kreuzer ab Ende März zur Gruppe 3 der Feuerunterstützungsgruppe *TF 54* für die Landung auf Okinawa (siehe oben WICHITA). Hierbei erhielt die BIRMINGHAM am 3. Mai 1945 einen »Kamikaze«-Treffer und mußte nach Pearl Harbor zur Ausbesserung in die Werft gehen. Im August befand sie sich wieder in den Gewässern um Okinawa. Nach dem Kriege kehrte die BIRMINGHAM in die USA zurück.

Am 2. Januar 1947 wurde sie außer Dienst gestellt, in die Reserveflotte versetzt und am 1. März 1959 aus der Flottenliste gestrichen. Noch im Dezember desselben Jahres erfolgte der Abbruch des Schiffes zum Verschrotten in Long Beach/Cal.

Die MOBILE stieß zur 13. Kreuzerdivision im Pazifik und gehörte am 31. August 1943 bei den Trägerangriffen auf die Marcus-Insel zur *TF 15*, gefolgt von den Trägervorstößen gegen Tarawa im September und mit der *TF 14* gegen Wake Anfang Oktober mit einer Beschießung der Insel. Ende des Monats verlegte die MOBILE mit der 13. Kreuzerdivision in die Salomonen zur Landung bei Kap Torokina auf Bougainville, gefolgt von der Landung auf Tarawa/Gilbert-Inseln, dem Trägervorstoß nach Kwajalein, der Landung auf diesem Atoll im Januar 1944, dem Trägervorstoß nach Truk, Operationen im Bismarck-Archipel (Landung auf Emirau) und der Unterstützung der Hollandia-Landung/Neuguinea im April 1944. Weitere Einsätze folgten mit den Trägerangriffen im Juni in den Marianen, im September auf die Palau-Inseln und die Philippinen sowie im Oktober auf Luzon und Formosa (heute Taiwan) und mit der Teilnahme an der Schlacht um den Golf von Leyte/Philippinen am 24./25. Oktober 1944. Hierbei war der Kreuzer mit der SANTA FÉ, der NEW ORLEANS (siehe oben) und der WICHITA an der Teilschlacht vor Kap Engaño mit der Versenkung der CHIYODA und der HATSUTSUKI beteiligt. Am 20. November griff ein »Kaite« die MOBILE vor Ulithi erfolglos an.[257] Weitere Einsätze mit Trägerangriffen in den Philippinen folgten im Dezember 1944. Einzelheiten zu allen Einsätzen siehe oben SANTA FÉ. Im Anschluß daran absolvierte die MOBILE eine Werftliegezeit in den USA. Nach Operationen in den Gewässern um Okinawa und im Ostchinesischen Meer mit der *TG 95.7* im Juli unternahm die MOBILE zusammen mit der VICKSBURG Anfang August 1945 mit der *TF 38* einen Trägervorstoß nach Wake mit gleichzeitiger Beschießung der Insel. Zur japanischen Kapitulation trafen die beiden Kreuzer am 27. August 1945 mit der *TG 38.2* in der Sagami-Bucht vor Tokio ein. Nach mehreren Einsätzen zur Rückführung amerikanischer Truppen und ehemaliger Kriegsgefangener aus dem Pazifik in die USA wurde die MOBILE am 9. Mai 1947 außer Dienst gestellt, in die Reserveflotte versetzt und am 1. März 1959 aus der Flottenliste gestrichen. Am 16. Dezember 1959 erfolgte der Verkauf des Schiffes zum Verschrotten an die Zidell Explorations Inc. Im Schlepp trat es am 19. Januar 1960 die Fahrt zur Abbruchwerft in Portland/Oregon an.

Nach ihrer Indienststellung wurde die VINCENNES (II) Flaggschiff der 14. Kreuzerdivision und kam bis Mitte April 1944 in der Karibik sowie in heimischen Gewässern zum Einsatz. Danach verlegte sie in den Pazifik und traf am 6. Mai in Pearl Harbor ein. Im Juni gehörte sie zusammen mit

HOUSTON (II) und MIAMI zur *TG 58.4* (Flottenträger ESSEX, Geleitträger LANGLEY und COWPENS) und nahm am Vorstoß Mitte des Monats zu den Marianen und den Vulcan-Inseln mit Trägerangriffen auf Saipan, Tinian, Iwo Jima, Chichijima und Hahajima sowie Pagan teil, gefolgt von der Beteiligung an der Luft/Seeschlacht in der Philippinen-See. Im August befanden sich die drei Kreuzer bei der *TG 38.2* mit Trägerangriffen auf die Palau-Inseln und Philippinen (Mindanao, Visayas/Zentralphilippinen und Luzon), Anfang Oktober gefolgt von Trägerangriffen auf Formosa, Okinawa und erneut Luzon. Mit dieser Kampfgruppe und den Kreuzern MIAMI und BILOXI war die VINCENNES auch an der sich daran anschließenden Schlacht um den Golf von Leyte/Philippinen beteiligt. Sie verblieben bis Anfang Dezember in philippinischen Gewässern und sicherten ihre Träger. Im Dezember 1944 setzten sich die Operationen der *TG 38.2* mit den Kreuzern VINCENNES, PASADENA und MIAMI in diesen Gewässern fort. Anfang Januar 1945 unterstützte der Kreuzer mit der *TG 38.3* die Landungen auf Luzon und operierte auch im Südchinesischen Meer mit Trägerangriffen auf Ziele in Indochina und auf Okinawa (siehe oben SANTA FÉ). Danach gehörte die VINCENNES mit der MIAMI und der VICKSBURG zur *TG 58.1* – am 2. März mit SAN DIEGO als *TU 58.1.22* Beschießung der Insel Okino-Daitu Shima in den Ryukyu-Inseln – und nahm bis zum Juni 1945 an den Trägerangriffen auf Okinawa und das japanische Mutterland teil. Im Anschluß daran verlegte die VINCENNES zu einer Werftliegezeit in die USA und führte nach Kriegsende eine Reihe von Einsätzen durch, um amerikanische Truppen aus dem Pazifik in die USA zurückzuführen. Am 10. September 1946 wurde der Kreuzer außer Dienst gestellt, in die Reserveflotte versetzt und am 1. April 1966 aus der Flottenliste gestrichen. Anschließend fand das Schiff als Flugkörperziel Verwendung; es sank schließlich am 28. Oktober 1969.

Die erst im Sommer 1944 in Dienst gestellte PASADENA lief nach dem Einfahren in den Pazifik aus und stieß am 25. September 1944 zur 17. Kreuzerdivision in Ulithi und gehörte zur *TG 38.2*: zunächst mit ASTORIA, MIAMI und VINCENNES (siehe oben) und im Januar 1945 mit ASTORIA und WILKES-BARRE (siehe oben SAN JUAN). Mitte Februar gehörte die PASADENA mit den beiden letzteren zur *TG 58.3* und sicherte ihre Träger bei Angriffen auf Tokio und das japanische Mutterland, Okinawa und Iwo Jima. Im März 1945 setzte diese Trägerkampfgruppe, zu der nunmehr auch die SPRINGFIELD gehörte, diese Angriffe fort. Diese vier Kreuzer operierten in wechselnden Kampfgruppen bis Kriegsende in den Gewässern vor Okinawa und dem japanischen Mutterland. Nach dem Kriege verblieb die PASADENA bis zum 12. Januar 1950 im aktiven Dienst, wurde anschließend in die Reserveflotte versetzt und am 1. Dezember 1970 aus der Flottenliste gestrichen. Im November 1972 traf das Schiff zum Verschrotten bei der Abbruchwerft Zidell Exploration Inc. in Tacoma/Washington ein.

Die SPRINGFIELD war bis zum Februar 1945 im Atlantik eingesetzt, verlegte anschließend in den Pazifik und stieß am 6. März 1945 zur 17. Kreuzerdivision in Ulithi. Hinsichtlich ihrer Kriegseinsätze im Pazifik siehe oben PASADENA. Nach dem Kriege wurde die SPRINGFIELD am 31. Januar 1950 außer Dienst gestellt, anschließend in einen Lenkwaffenkreuzer – CLG 7 – umgebaut und am 2. Juli 1960 wieder in Dienst gestellt. Am 15. Mai 1974 erfolgte die endgültige Außerdienststellung des Kreuzers, seine Versetzung in den Reservestatus und am 30. September 1978 seine Streichung aus der Flottenliste.

TOPEKA traf am 2. Mai 1945 in Pearl Harbor ein und gehörte als Flaggschiff zur 18. Kreuzerdivision. Nach den am 5. Juni 1945 im Taifun erlittenen Schäden ersetzten TOPEKA und OKLAHOMA CITY bei der *TG 38.1* die beschädigten Kreuzer PITTSBURG und BALTIMORE (siehe unten). Der Kreuzer war zunächst mit seiner Trägerkampfgruppe an Angriffen auf Okinawa und ab Juli bis Kriegsende mit wechselnden Kampfgruppen zusammen mit DULUTH, ATLANTA und DAYTON an den letzten Trägerangriffen auf das japanische Mutterland sowie an der Beschießung von Landzielen im Großraum Tokio beteiligt. Am 27. August 1945 trafen die vier Leichten Kreuzer mit der *TG 38.1* in der Sagami-Bucht vor Tokio zur japanischen Kapitulation ein. Die TOPEKA verblieb bis zu ihrer Außerdienststellung am 18. Juni 1949 im aktiven Flottendienst und wurde anschließend in die Reserveflotte versetzt. Als eine weitere Einheit ihrer Klasse erfolgte anschließend ihr Umbau in einen Lenkwaffenkreuzer. Am 26. März 1960 erfolgte ihre Wiederindienststellung unter der Kennung CLG 8. Am 5. Juni 1969 endgültig außer Dienst gestellt, wurde der Kreuzer erneut in die Reserveflotte versetzt und am 1. Dezember 1973 aus der Flottenliste gestrichen. Die US-Marine verkaufte das Schiff schließlich zum Abbruch am 28. März 1975 an die Southern Metals.

Die BILOXI stieß nach ihrer Indienststellung zur 13. Kreuzerdivision im Pazifik und gehörte bei der Landung auf Kwajalein am 31. Januar 1944 (Operation »Flintlock«) zur Feuerunterstützungsgruppe *53.5*. Es folgten Mitte Februar der Trägerangriff auf Truk, Ende März Operationen im Bismarck-Archipel, Ende April die Unterstützung der Landung bei Hollandia (heute Jayapura) auf Neuguinea, Mitte Juni Trägervorstöße zu den Marianen und Vulcan-Inseln und die Teilnahme an der Luft/Seeschlacht in der Philippinen-See, Anfang September Trägerangriffe auf die Palau-Inseln und die Philippinen (Mindanao, Visayas/Zentralphilippinen, Luzon) sowie Anfang Oktober Trägerangriffe auf Formosa, Luzon, Okinawa und die Sakishima-Gunto-Inselgruppe. Einzelheiten zu den Einsätzen siehe oben SANTA FÉ. Auch an der Schlacht um den Golf von Leyte/Philippinen am 25./26. Oktober 1944 war die BILOXI zusammen mit VINCENNES und MIAMI beteiligt (siehe oben VINCENNES II). Mit kurzen Aufenthalten in Ulithi verblieb sie auch weiterhin in philippinischen Gewässern. Am 20. November 1944 griff den Kreuzer erfolglos ein »Kaite« vor Ulithi an. Ab Dezember folgten weitere Einsätze mit der *TG 38.3* bzw. mit der *TG 58.4* sowie Feuerunterstützung mit der *TF 54* bei der Landung auf Iwo Jima am 19. Februar 1945 (Operation »Detachement«). Einzelheiten zu den Einsätzen siehe oben SANTA FÉ. Bei der vorbereitenden Beschießung ab 26. März 1945 für die Landung auf Okinawa gehörte die BILOXI zur Gruppe 4 der *TF 54* (siehe oben Pensacola). Noch in den Abendstunden desselben Tages erhielt sie einen »Kamikaze«-Treffer und verließ den pazifischen Kriegsschauplatz, um ab Ende April in den USA eine Werftliegezeit zu absolvieren. Erst im Juli 1945 kehrte die BILOXI in den Pazifik zurück. Vor dem Ende der Feindseligkeiten war sie noch an einem letzten Trägerangriff auf die Insel Wake beteiligt. Danach nahm sie an der Besetzung Japans teil. Am 29. Oktober 1946 erfolgte die Außerdienststellung der BILOXI, ihre Versetzung in die Reserveflotte und am 1. September 1961 die Streichung aus der Flottenliste. 1962 wurde das Schiff in Portland/Oregon abgebrochen.

Die HOUSTON (II) stieß nach dem Einfahren zur 14. Kreuzerdivision im Pazifik. Mitte Juni 1944 gehörte sie zur *TG 58.4* und nahm an den Trägervorstößen zu den Marianen und den Vulcan-Inseln teil, gefolgt von der Luft/Seeschlacht in der Philippinen-See und weiteren Einsätzen mit der *TG 38.2* (Einzelheiten siehe oben VINCENNES II). In der ersten Oktoberhälfte 1944 befand sie sich mit der MIAMI bei der *TG 38.1* im Seegebiet vor Formosa (heute Taiwan) und Luzon/Philippinen (siehe oben WICHITA). Bei einem Angriff der japanischen 2. Luftflotte in den Abendstunden des 14. Oktober 1944 erhielten der Schwere Kreuzer CANBERRA (CA 70) und die HOUSTON Lufttorpedotreffer. Der Torpedo traf die HOUSTON mittschiffs und riß das Unterwasserschiff auf, so daß alle vier Maschinenräume vollliefen und auch andere Räume Wassereinbrüche verzeichneten. Außerdem erlitt das Panzerdeck eine erhebliche Verformung. Infolge der Torpedierung stieg die Wasserverdrängung schätzungsweise auf ca. 20 900 ts. Der Schwere Kreuzer BOSTON nahm die HOUSTON in Schlepp, um sie nach Ulithi zu bringen. Bei einem erneuten Angriff der japanischen 2. Luftflotte erhielt der Kreuzer am 15. Oktober einen weiteren Lufttorpedotreffer, der achtern einen Flugbenzinbrand verursachte und fast den Verlust des Schiffes herbeiführte. Nichtsdestoweniger gelang es bei dem vorherrschenden schönen Wetter, die HOUSTON sicher in den

Flottenstützpunkt Ulithi einzubringen. Werkstattschiffe führten die erforderlichen Notreparaturen durch und am 27. Oktober 1944 lief der Kreuzer an die amerikanische Ostküste aus. Der Aufenthalt zur vollständigen Ausbesserung in der Marinewerft New York dauerte bis zum Oktober 1945. Danach verblieb die HOUSTON im aktiven Flottendienst. Nach einer Verwendung im Jahre 1947 im Mittelmeer wurde der Kreuzer am 15. Dezember desselben Jahres außer Dienst gestellt und in den Reservestatus versetzt. Am 1. März 1959 aus der Flottenliste gestrichen, wurde das Schiff 1960 zum Verschrotten in Baltimore/Maryland abgebrochen.

Die erst im Mai 1945 in Dienst gestellte PROVIDENCE nahm nicht mehr am Zweiten Weltkrieg teil. Sie wurde am 14. Juni 1949 bereits wieder außer Dienst gestellt und ebenfalls zu einem Lenkwaffenkreuzer umgebaut. Ihre Wiederindienststellung als CLG 6 erfolgte am 17. September 1959. Endgültig wurde der Kreuzer am 31. August 1973 außer Dienst gestellt, in die Reserveflotte versetzt und am 30. September 1978 aus der Flottenliste gestrichen. Im März 1981 erfolgte sein Verkauf an die National Metal & Steel Corporation in Terminal Island/Cal. zum Verschrotten.

Auch die erst im Herbst 1946 in Dienst gestellte MANCHESTER erlebte den Zweiten Weltkrieg nicht mehr. Sie war die letzte Einheit ihrer Klasse, die in nicht umgebautem Zustand im Flottendienst verblieb. Nach drei Einsatzperioden im Koreakrieg erfolgte am 27. Juni 1956 ihre Außerdienststellung und Versetzung in die Reserveflotte. Am 1. April 1960 aus der Flottenliste gestrichen, wurde das Schiff am 31, Oktober desselben Jahres zum Verschrotten verkauft und 1961 in Richmond/Cal. abgebrochen.

Die VICKSBURG trat nach ihrer Indienststellung zur 14. Kreuzerdivision, fand aber bis Ende 1944 als Schulkreuzer Verwendung. Sie traf erst Mitte Januar 1945 in Pearl Harbor ein. Im Februar gehörte der Kreuzer für die Landung auf Iwo Jima in den Vulcan-Inseln zur TF 54 und nahm ab dem 19. Februar an der vorbereitenden Beschießung des Angriffsraumes teil. Am 2. März beschoß die VICKSBURG zusammen mit VINCENNES und MIAMI die Ryukyu-Insel Okino-Daitu Shima. Danach folgten im weiteren Verlaufe des März Trägerangriffe mit der *TG 58.1* auf das japanische Mutterland (Kyushu, Häfen an der Inlandsee) sowie im April Operationen zur Unterstützung der Landung auf Okinawa. Einzelheiten siehe oben VINCENNES (II). Hinsichtlich der weiteren Einsätze der VICKSBURG bis Kriegsende siehe oben MOBILE. Mitte September 1945 verließ der Kreuzer Japan und kehrte am 15. Oktober in die USA zurück. Nach dem Kriege versah die VICKSBURG nur noch für eine kurze Zeit aktiven Flottendienst, denn bereits am 30. Juni 1947 wurde sie außer Dienst gestellt und in die Reserveflotte versetzt. Auch sie erfuhr keinen Umbau in einen Lenkwaffenkreuzer. Am 1.

Oktober 1962 aus der Flottenliste gestrichen, fand das Schiff noch zu Erprobungszwecken Verwendung und wurde schließlich am 25. August 1964 zum Verschrotten an die National Metal & Steel Corp. in Terminal Island/Cal. verkauft. Dort traf es am 19. September 1964 zum Abbruch ein.

Zunächst war die DULUTH nach der Indienststellung an der Atlantikküste stationiert, ehe sie in den Pazifik verlegt wurde und am 7. April 1945 nach Pearl Harbor auslief. Der 18. Kreuzerdivision zugeteilt, gehörte sie zur Sicherung von Trägerkampfgruppen der 3. bzw. 5. Flotte. Mit der *TG 38.1* lief der Kreuzer am 5. Juni 1945 in das Zentrum eines Taifuns und erlitt erhebliche Beschädigungen (Näheres siehe oben SAN JUAN). Nach der Durchführung der erforderlichen Reparaturen auf Guam kehrte die DULUTH Ende Juni zu ihrer Trägerkampfgruppe zurück. Zu den weiteren Einsätzen ab Juli 1945 bis Kriegsende siehe oben TOPEKA. Anfang Oktober 1945 kehrte die DULUTH in die USA zurück. Sie gehörte nach dem Kriege bis zu ihrer Außerdienststellung am 25. Juni 1949 zur US-Pazifikflotte. Danach wurde sie in die Reserveflotte versetzt und am 14. November 1960 zum Abbruch verkauft.

Die MIAMI wurde Ende Dezember 1943 in Dienst gestellt und kam zunächst an der amerikanischen Ostküste zum Einsatz. Am 16. April 1944 lief sie in den Pazifik aus und traf am 6. Mai in Pearl Harbor ein. Zur 14. Kreuzerdivision gehörend, nahm der Kreuzer Mitte Juni 1944 zusammen mit VINCENNES und HOUSTON im Verband der *TG 38.4* an den Trägervorstößen zu den Marianen und den Vulcan-Inseln teil (Näheres siehe oben VINCENNES II). Weitere Kriegseinsätze folgten: die Luft/Seeschlacht in der Philippinen-See, Trägerangriffe auf die Palau-Inseln, die Philippinen, Formosa und Okinawa, Teilnahme an der Schlacht um den Golf von Leyte/Philippinen ab dem 18. Oktober 1944, weitere Operationen von Ulithi aus in philippinischen Gewässern, Unterstützung der Landungen auf Luzon im Januar 1945, die ersten Trägerangriffe auf das japanische Mutterland (Tokio), Unterstützung der Landung auf Iwo Jima, Beschießung von Okino-Daitu Shima in den Ryukyu-Inseln sowie weitere Trägerangriffe auf Okinawa und das japanische Mutterland, gefolgt von der Unterstützung der Okinawa-Operationen in der ersten Aprilhälfte 1945. Einzelheiten zu diesen Einsätzen siehe oben VINCENNES (II). Noch im April verlegte die MIAMI an die amerikanische Westküste zur Durchführung einer Werftliegezeit. Dieser Werftaufenthalt fand erst wenige Tage vor Kriegsende seinen Abschluß. Ende August 1945 kehrte die MIAMI nach Pearl Harbor zurück und nahm anschließend bis zum Herbst an der Besetzung Japans teil. Am 10. Dezember 1945 kehrte sie an die Westküste der USA zurück und verblieb bis zu ihrer Außerdienststellung und Versetzung in die Reserveflotte am 30. Juni 1947 im aktiven Flottendienst. Danach erfolgte am 1. September 1961 die Streichung der MIAMI aus der Flottenliste. Schließlich wurde das Schiff am 26. Juli 1962 zum Verschrotten verkauft, um in Richmond/Cal. abgebrochen zu werden.

Die ASTORIA (II) trat nach der Indienststellung zur 14. Kreuzerdivision und wurde im Sommer 1944 der 17. Kreuzerdivision zugeteilt. Mit der *TG 38.2* war sie im Dezember 1944 an der Sicherung der Träger bei den Angriffen auf die Flugplätze der Insel Luzon/Philippinen zur Unterstützung der Mindoro-Landungen beteiligt. Im Januar 1945 folgten – zusammen mit PASADENA (siehe oben) und WILKES-BARRE – die Trägervorstöße in die Gewässer vor Formosa (heute Taiwan) und ins Südchinesische Meer mit Angriffen auf Formosa und die Ryukyu-Inseln (Okinawa) sowie gegen Ziele in Indochina – Versenkung des französischen Kreuzers LAMOTTE-PICQUET am 12. Januar (siehe oben Seite 52) – und China. Im Februar gehörten die drei Kreuzer zur *TG 58.3* und nahmen an den Trägerangriffen auf das japanische Mutterland (u.a. erster Angriff auf Tokio) und Okinawa sowie zur Unterstützung der Landung auf Iwo Jima in den Vulcan-Inseln teil. Ab Mitte März 1945 waren die drei Kreuzer – verstärkt durch SPRINGFIELD – mit ihrer Trägerkampfgruppe an weiteren Vorstößen gegen das japanische Mutterland beteiligt, gefolgt von Operationen zur Unterstützung der Landung auf Okinawa. Im Juli 1945 bildeten die vier Kreuzer mit sechs Zerstörern die *TG 35.3* und beschossen Landziele an der japanischen Küste. ASTORIA operierte bis Kriegsende in japanischen Gewässern. In die USA zurückgekehrt, blieb sie bis zu ihrer Außerdienststellung und Versetzung in die Reserveflotte am 1. Juli 1949 im aktiven Flottendienst. Der Kreuzer war eine weitere Einheit seiner Klasse, die nie wieder in Dienst gestellt wurde. Am 1. November 1969 erfolgte seine Streichung aus der Flottenliste. Schließlich verkaufte die US-Marine das Schiff am 12. Januar 1971 zum Verschrotten an die Nicolai Joffe Corp. in Beverley Hills/Cal.; es wurde im Anschluß daran in Richmond/Cal. abgebrochen.

Die OKLAHOMA CITY traf nach ihrer Indienststellung Anfang Mai 1945 in Pearl Harbor ein und stieß Ende des Monats zur 3. Flotte vor Okinawa. Sie löste am 6. Juni 1945 bei der *TG 38.1* den im Taifun beschädigten Schweren Kreuzer BALTIMORE ab (siehe oben TOPEKA) und war an Trägerangriffen auf Okinawa beteiligt. Am 9. Juni 1945 setzten die Trägerflugzeuge dieser Kampfgruppe versuchsweise Napalm-Bomben bei Angriffen auf die Ryukyu-Insel Okino-Daito Shima ein. Anschließend kehrte die Trägerkampfgruppe nach dreimonatigem Einsatz ohne Unterbrechung nach Leyte zurück. Am 18. Juli gehörte die OKLAHOMA CITY mit der AMSTERDAM zu einer Trägerkampfgruppe (Flottenträger WASP), die Wake angriff. Im Anschluß daran waren die beiden Kreuzer an den letzten Trägerangriffen der *TG 38.1* auf das japanische

Mutterland beteiligt und trafen am 27. August 1945 mit der *TG 38.2* zur japanischen Kapitulation in der Sagami-Bucht vor Tokio ein. Nach der Teilnahme an der Besetzung Japans kehrte die OKLAHOMA CITY in die USA zurück und versah bis zu ihrer Außerdienststellung am 30. Juni 1947 aktiven Flottendienst. Nach einer gewissen Zeit in der Reserveflotte erfuhr das Schiff einen Umbau zum Lenkwaffenkreuzer und wurde am 7. September 1960 unter der Kennung CLG 5 wieder in Dienst gestellt. Schließlich wurde der Kreuzer am 15. Dezember 1979 endgültig außer Dienst gestellt. Danach wurde der Kreuzer langfristig der *Naval Air Warfare Center Weapons Division* in Point Mugu/Cal. als Zielschiff zugewiesen. 1993 wurde das Schiff in Port Hueneme/Cal. am Kai verankert.

Die im Juni 1945 in Dienst gestellte LITTLE ROCK kam im Zweiten Weltkrieg nicht mehr zum Einsatz und versah bis zu ihrer Außerdienststellung und Versetzung in die Reserveflotte am 24. Juni 1949 aktiven Flottendienst. Am 23. Mai 1957 wurde der Kreuzer in die Kennung CLG 4 umklassifiziert und erfuhr einen Umbau zum Lenkwaffenkreuzer. Seine Wiederindienststellung erfolgte am 3. Juli 1960. Schließlich wurde die LITTLE ROCK am 15. Dezember 1975 endgültig außer Dienst gestellt und am 22. November 1976 aus der Flottenliste gestrichen. Am 15. Juli 1977 wurde der Kreuzer im Schlepp nach Buffalo/New York überführt und dient seither als Museumsschiff.

Nahezu fertiggestellt, wurde die GALVESTON am 24. April 1946 im Schlepp direkt in die Reserveflotte überführt. Am 4. Februar erfolgte ihre Umklassifizierung als GLG 93 zum Lenkwaffenkreuzer. Nach dem Umbau wurde sie unter der Kennung CLG 3 am 28. Mai 1958 erstmalig in Dienst gestellt. Am 25. Mai 1970 erfolgten ihre Außerdienststellung und Versetzung in die Reserveflotte sowie am 21. Dezember 1973 die Streichung aus der Flottenliste.

Die AMSTERDAM stieß im Juni 1945 zur 18. Kreuzerdivision im Pazifik. Hinsichtlich ihres kurzen Kriegseinsatzes siehe oben OKLAHOMA CITY. Bis zu ihrer Außerdienststellung und Versetzung in die Reserveflotte am 30. Juni 1947 versah sie aktiven Flottendienst. Der Kreuzer wurde am 2. Januar 1971 aus der Flottenliste gestrichen.

Die Indienststellung der PORTSMOUTH erfolgte kurz vor Kriegsende; sie nahm nicht mehr am Zweiten Weltkrieg teil. Sie leistete aktiven Flottendienst, bis sie am 15. Juni 1949 außer Dienst gestellt und in die Reserveflotte versetzt wurde. Ihre Streichung aus der Flottenliste erfolgte nach langen Jahren in der Reserve am 1. Dezember 1970.

Die WILKES-BARRE wurde im Sommer 1944 in Dienst gestellt und lief im Oktober nach der Ausbildungszeit in den Pazifik aus. Mitte November traf sie in Pearl Harbor ein und stieß nach einer kurzen Frontausbildungszeit im Dezember 1944 als Einheit der 17. Kreuzerdivision zur *TG 38.2* in Ulithi. Hinsichtlich ihrer Kriegseinsätze ab Januar 1945 bis zum Eintreffen in der Sagami-Bucht vor Tokio am 27. August 1945 zur japanischen Kapitulation siehe oben ASTORIA (II). Der Kreuzer überstand den Krieg bis auf leichte Beschädigungen beim Absturz eines eigenen Trägerflugzeuges im März unversehrt. Nach einem Aufenthalt in japanischen Gewässern mit der Erfüllung von Aufgaben zur Besetzung des Landes lief die WILKES-BARRE am 9. November zur Erledigung ähnlicher Aufgaben zunächst in koreanische und danach in chinesische Gewässer aus. Bis zum Jahresende blieb sie in Tsingtau/China stationiert. Anschließend kehrte der Kreuzer an die amerikanische Westküste zurück und traf dort am 31. Januar 1946 ein. Seine Verwendung im Flottendienst nach dem Kriege war nur kurz, denn bereits am 9. Oktober 1947 wurde die WILKES-BARRE außer Dienst gestellt und in die Reserveflotte versetzt. Nach mehr als zwanzig Jahren in der Reserve erfolgte schließlich am 15. Januar 1971 ihre Streichung aus der Flottenliste. Nach einer Verwendung zu Unterwasser-Erprobungen kam es am 12./13. Mai 1972 zur Versenkung des Schiffes als Wellenbrecher und künstliches Riff vor den Florida Keys.

Die ATLANTA (II) stieß im Frühjahr 1945 zur 18. Kreuzerdivision in Ulithi und gehörte zur *TG 38.1*. Mit ihrer Trägerkampfgruppe geriet sie am 5. Juni 1945 in einen Taifun und erlitt Beschädigungen (Näheres siehe oben SAN JUAN). Nach der Durchführung der erforderlichen Reparaturen in Ulithi stieß der Kreuzer wieder zu seiner Trägerkampfgruppe. Zu den weiteren Einsätzen ab Juli 1945 bis Kriegsende mit Angriffen auf Okinawa und das japanische Mutterland siehe oben TOPEKA. Im September 1945 nahm die ATLANTA an der Besetzung Japans teil und kehrte anschließend in die USA zurück. Am 1. Juli 1949 wurde sie außer Dienst gestellt und in die Reserveflotte versetzt. Am 15. Mai 1964 erfolgte ihre Umklassifizierung als Versuchsschiff in IX 304. Bis zu ihrer Streichung aus der Flottenliste am 1. April 1970 fand die ATLANTA bei Schockversuchen Verwendung. Das Schiff wurde schließlich am 1. Oktober 1970 selbstversenkt.

Die DAYTON war eine weitere Einheit dieser Klasse, die kaum noch zum Kriegseinsatz kam. Hinsichtlich ihrer Einsätze ab Juli 1945 bis Kriegsende siehe ebenfalls oben TOPEKA. Im November 1945 kehrte der Kreuzer in die USA zurück und kam bis zu seiner Außerdienststellung und Versetzung in die Reserveflotte am 1. März 1949 im Mittelmeer zum Einsatz.

Nach mehr als zwanzig Jahren in der Reserve wurde das Schiff schließlich an die Boston Metals zum Verschrotten verkauft und 1962 in Baltimore/Maryland abgebrochen.

FARGO-Klasse

Kennung	Name	Bauwerft	Kiellegung	Stapellauf	Fertigstellung	Schicksal
CL 106	FARGO	New York Sb. Corp., Camden	23. Aug. 1943	25. Febr. 1945	9. Dez. 1945	gestrichen: 1. März 1970
CL 107	HUNTINGTON	New York Sb. Corp., Camden	4. Okt. 1943	8. April 1945	23. Febr. 1946	gestrichen: 1. Sept. 1961
CL 108	NEWARK	New York Sb. Corp., Camden	17. Jan. 1944	? ? 1945	–	annulliert: 12. Aug. 1945
CL 109	NEW HAVEN	New York Sb. Corp., Camden	28. Febr. 1944	–	–	annulliert: 12. Aug. 1945
CL 110	BUFFALO	New York Sb. Corp., Camden	3. April 1944	–	–	annulliert: 12. Aug. 1945
CL 111	WILMINGTON	Cramp & Sons Co., Philadelphia	5. März 1945	–	–	annulliert: 12. Aug. 1945
CL 112	VALLEJO	New York Sb. Corp., Camden	–	–	–	annulliert: 5. Okt. 1944
CL 113	HELENA	New York Sb. Corp., Camden	–	–	–	annulliert 5. Okt. 1944
CL 114	ROANOKE	New York Sb. Corp., Camden	–	–	–	annulliert: 5. Okt. 1944
CL 115	–	New York Sb. Corp., Camden	–	–	–	annulliert: 5. Okt. 1944
CL 116	TALLAHASSE	Newport News Sb. Co., Newport News	31. Jan. 1944	–	–	annulliert: 12. Aug. 1945
CL 117	CHEYENNE	Newport News Sb. Co., Newport News	29. Mai 1944	–	–	annulliert: 12. Aug. 1945
CL 118	CHATTANOOGA	Newport News Sb. Co., Newport News	9. Okt. 1944	–	–	annulliert: 12. Aug. 1945

Links: FARGO.
(Floating Drydock)

Typ: Leichter Kreuzer – Light Cruiser.
Sämtliche technische Daten entsprechen jenen der CLEVELAND-Klasse – mit einer einzigen Ausnahme: Die Kreuzer der FARGO-Klasse besaßen nur einen Schornstein.

Entwurf: Auf die bisherigen Kriegserfahrungen gestützt, bestand 1942 die Absicht, die vorhandenen Entwürfe für Leichte Kreuzer einer Verbesserung zu unterziehen. Diese Verbesserungen betrafen hauptsächlich eine Verringerung des Obergewichtes und eine bessere Innenunterteilung. Die 15,2-cm-Türme wurden um ca. 0,30 m tiefer gesetzt. Das vordere und achtere Schutzdeck erstreckte sich nunmehr so weit nach vorn bzw. achtern, um die Barbetten der Türme 2 und 3 einzuschließen. Die an Backbord und an Steuerbord aufgestellten 12,7-cm-Geschütze in Doppelturmschilden erhielten auf dem Oberdeck genauso wie die 4-cm-Lafetten eine tiefer gelegene Position. Die Innenanordnung erfuhr beträchtliche Veränderungen. Die Anordnung der Kesselräume wurde so geändert, daß alle Kesselabzugsschächte in einen einzigen Schornstein mündeten. Dementsprechend wurden auch die Aufbauten geändert, wobei sich der Vorteil verbesserter Schußbereiche für die Fla-Geschütze ergab. Die Verkleinerung der Flugzeughalle achtern auf etwa die Hälfte ihrer bisherigen Größe schuf zusätzliche Unterbringungsmöglichkeiten für die Besatzung. Infolgedessen konnten diese Kreuzer nur noch zwei Seeflugzeuge mitführen. Auch die Brückenaufbauten erhielten sowohl eine geringere Höhe wie auch eine andere Anordnung. Dies galt ebenfalls für die Feuerleitstände.

Unter dem Bauprogramm des Haushaltsjahres 1943 sollten 16 Einheiten dieses Entwurfs als erste Gruppe – d.h. CL 103 bis CL 118 – mit der Auftragsvergabe am 7. August 1942 gebaut werden. Zwölf weitere Einheiten sollten als zweite Gruppe unter dem Bauprogramm des Haushaltes 1944 mit der Auftragsvergabe am 15. Juni 1943 – CL 143 bis CL 147 – bzw. am 14. Juni 1943 – CL 148 und CL 149 – folgen. Als sich Verzögerungen ergaben, führten diese zur Aufgabe der ursprünglichen Pläne. Infolgedessen wurden aus der ersten Gruppe CL 103 bis CL 105 nach dem bisherigen CLEVELAND-Entwurf gebaut (siehe oben). Jedoch für vier Einheiten (CL 112 bis CL 115) erfolgte am 5. Oktober 1944 die Annullierung zugunsten des späteren WORCHESTER-Entwurfs als CL 144 bis CL 147 (siehe unten). Auch die Bauaufträge für die Einheiten der zweiten Gruppe gelangten nicht zur Ausführung. Von den verbliebenen Einheiten wurden lediglich FARGO und HUNTINGTON fertiggestellt. Die restlichen sieben Einheiten wurden nach der Kiellegung am 12. August 1945 annulliert, als das Ende des Pazifischen Krieges in Sicht kam; lediglich die NEWARK lief vorher noch vom Stapel.

Diese letztere Hulk fand vom März bis Juli 1948 für Schock-Erprobungen Verwendung, während der Rest der annullierten Einheiten auf den Helgen abgebrochen wurde. Am 2. April 1949 verkaufte die US-Marine die Hulk der NEWARK zum Verschrotten.

Modifizierungen: Die beiden fertiggestellten Kreuzer wurden erst einige Zeit nach dem Ende des Krieges in Dienst gestellt. Daher liegen ihre Abänderungen außerhalb des Themas für dieses Buch.

Werdegang: Wie oben bereits erwähnt, nahmen die beiden Kreuzer nicht mehr am Zweiten Weltkrieg teil. Die Außerdienststellung der FARGO erfolgte am 14. Februar 1950. Sie verblieb bis zu ihrer Streichung aus der Flottenliste am 1. März 1970 in der Reserveflotte. Auch die HUNTINGTON wurde bereits am 15. Juni 1949 wieder außer Dienst gestellt und verblieb ebenfalls bis zu ihrer Streichung aus dem Flottenliste am 1. September 1961 in der Reserveflotte. Anschließend wurde das Schiff an die Lipsett Division der Luria Bros. & Co. zum Verschrotten verkauft und traf im Juni 1962 in Kearny/New Jersey zum Abbruch ein.

BALTIMORE-Klasse

Kennung	Name	Bauwerft	Kiellegung	Stapellauf	Fertigstellung	Schicksal
CA 68	BALTIMORE	Bethlehem Steel Co., Quincy	26. Mai 1941	28. Juli 1942	15. April 1943	gestrichen: 15. Febr. 1971
CA 69	BOSTON	Bethlehem Steel Co., Quincy	30. Juni 1941	26. Aug. 1942	30. Juni 1943	gestrichen: 4. Jan. 1974
CA 70	CANBERRA ex-PITTSBURGH	Bethlehem Steel Co., Quincy	3. Sept. 1941	19. April 1943	14. Okt. 1943	gestrichen: 31. Juli 1978
CA 71	QUINCY (II) ex-ST. PAUL	Bethehem Steel Co., Quincy	9. Okt. 1941	23. Juni 1943	15. Dez. 1943	gestrichen: 1. Okt. 1973
CA 72	PITTSBURGH ex-ALBANY	Bethlehem Steel Co., Quincy	3. Febr. 1943	22. Febr. 1944	10. Okt. 1944	gestrichen: 1. Juli 1973
CA 73	ST. PAUL ex-ROCHESTER	Bethlehem Steel Co., Quincy	3. Febr. 1943	16. Sept. 1944	17. Febr. 1945	gestrichen: 31. Juli 1978
CA 74	COLUMBUS	Bethlehem Steel Co., Quincy	28. Juni 1943	30. Nov. 1944	8. Juni 1945	gestrichen: 9. Aug. 1976
CA 75	HELENA (II) ex-DES MOINES	Bethlehem Steel Co., Quincy	9. Sept. 1943	28. April 1945	4. Sept. 1945	gestrichen: 1. Jan. 1974
CA 122	OREGON CITY	Bethlehem Steel Co., Quincy	8. April 1944	9. April 1945	16. Febr. 1946	gestrichen: 1. Nov. 1970
CA 123	ALBANY	Bethlehem Steel Co., Quincy	6. März 1944	30. Juni 1945	15. Juni 1946	gestrichen: nicht bekannt
CA 124	ROCHESTER	Bethlehem Steel Co., Quincy	29. Mai 1944	28. Aug. 1945	20. Dez. 1946	gestrichen: 1. Okt. 1973
CA 125	NORTHAMPTON (II)	Bethlehem Steel Co., Quincy	31. Aug. 1944	27. Jan. 1951	7. März 1953	gestrichen: 31. Dez. 1977
CA 126	CAMBRIDGE	Bethlehem Steel Co., Quincy	16. Dez. 1944 –	–	–	annulliert: 12. Aug. 1945
CA 127	BRIDGEPORT	Bethlehem Steel Co., Qunicy	13. Jan. 1945 –	–	–	annulliert: 12. Aug. 1945
CA 128	KANSAS CITY	Bethlehem Steel Co., Quincy	–	–	–	annulliert: 12. Aug. 1945
CA 129	TULSA	Bethlehem Steel Co., Quincy	–	–	–	annulliert: 12. Aug. 1945
CA 130	BREMERTON	New York Sb. Corp., Camden	1. Febr. 1943	2. Juli 1944	29. April 1945	gestrichen: 1. Okt. 1973
CA 131	FALL RIVER	New York Sb. Corp., Camden	12. April 1943	13. Aug. 1944	1. Juli 1945	gestrichen: 19. Febr. 1971
CA 132	MACON	New York Sb. Corp., Camden	14. Juni 1943	15. Okt. 1944	25. Aug. 1945	gestrichen: 1. Nov. 1969
CA 133	TOLEDO	New York Sb. Corp., Camden	13. Sept. 1943	6. Mai 1945	27. Okt. 1946	gestrichen: 1. Jan. 1974
CA 135	LOS ANGELES	Marinewerft Philadelphia	28. Juli 1943	20. Aug. 1944	22. Juli 1945	gestrichen: 1. Jan. 1974
CA 136	CHICAGO (II)	Marinewerft Philsdelphia	28. Juli 1943	20. Aug. 1944	10. Jan. 1945	gestrichen: 1. Jan. 1974
CA 137	NORFOLK	Marinewerft Philadelphia	27. Dez. 1944	–	–	annulliert: 12. Aug. 1945
CA 138	SCRANTON	Marinewerft Philadelphia	27. Dez. 1944	–	–	annulliert: 12. Aug. 1945

Typ: Schwerer Kreuzer – Heavy Cruiser.
Standardverdrängung: 14 472 ts (14 704 t).
Einsatzverdrängung: 17 031 ts (17 303 t).
Länge: 205,28 m (über alles), 202,39 m (CWL).
Breite: 21,26 m.
Tiefgang: 7,32 m (mittlerer).
Antriebsanlage: 4 Satz General-Elektric-Getriebeturbinen, 4 Babcock-&-Wilcox-Kessel, 4 Wellen.
Antriebsleistung: 120 000 WPS für 33 kn.
Bunkerinhalt: 2250 ts (2500 ts maximal) Heizöl.
Fahrtstrecke: 10 000 sm bei 15 kn.
Panzerschutz: Hauptgürtelpanzer 102 mm - 152 mm, Deck 64 mm, Barbetten 161 mm, Türme 203 mm (Front) bzw. 76 mm (Decke) bzw. 51 mm - 95 mm (Seite).
Geschütze: neun 20,3 cm S.K. L/55 (3 x 3), zwölf 12,7 cm S.K. L/38 (6 x 2), 48 Rohre 4 cm (11 x 4, 2 x 2), 24 Rohre 2 cm.
Torpedorohre: keine.
Seeminen: keine.
Bordflugzeuge: vier, zwei Katapulte.
Besatzungsstärke: 2039 Offiziere und Mannschaften.

Entwurf: Die Arbeit an den ersten Entwurfsstudien für einen neuen Schweren Kreuzer begann bereits im September 1939 als eine Alternative zum aufgegebenen 8000-ts-Entwurf (CL 55). Der zuletzt gebaute Schwere Kreuzer, die WICHITA, litt unter Stabilitätsproblemen. Daher bestand die Absicht, daß der neue Entwurf diese Mängel beheben sollte. Insofern lag dem neuen Entwurf der WICHITA-Entwurf mit einer um ca. 0,60 cm größeren Schiffsbreite zugrunde. Dieser Entwurf entsprach jedoch nicht den Vorstellungen des *General Board*,[258] dem eine Ausrüstung an Schwerer Flak mit 12,7-cm-Geschützen L/38 sämtlich in Doppelturmschilden und eine abgeänderte Anordnung der Antriebsanlage wie bei den Einheiten der CLEVELAND-Klasse vorschwebte. Der Seitenpanzer in der Wasserlinie sollte sich weit nach vorn erstrecken, aber andererseits dem Panzerschutzschema der WICHITA entsprechen. Die Kriegserfahrungen in Europa hatten die Gefahr der Magnetmine aufgezeigt. Diese Erkenntnis sowie andere Kriegslehren führten im Verlaufe der Zeit zu einer Umarbeitung des Entwurfes, so daß sich dieser zu dem Zeitpunkt, als am 1. Juli 1940 die Kontrakte für die ersten vier Einheiten (CA 68 - CA 71) geschlossen wurden, wesentlich von den ersten Entwurfsskizzen unterschied. Vier weitere Einheiten (CA 72 - CA 75) wurden am 9. September 1940 in Auftrag gegeben und für ein letztes Los aus sechzehn Einheiten (CA 122 - CA 138) ergingen die Bauaufträge unter dem Bauprogramm des Haushaltsjahres 1943 am 7. August 1942.

Die Abmessungen des Schiffskörpers stellten letztlich mehr als nur eine Abänderung des WICHITA-Entwurfs dar. Die Länge über alles hatte sich um über 18 m vergrößert und – noch wichtiger – die Schiffsbreite hatte zum Vorteil der Stabilität ebenfalls um fast 2,50 m zugenommen. Diese Abmessungen führten zu einer beträchtlichen Gewichtsreserve für zukünftige Modifizierungen. Das Panzerschutzschema, das sich nicht allzu sehr von dem der WICHITA unterschied, profitierte nicht in vollem Ausmaß von der Gewichtszunahme gegenüber dem früher gebauten Schiff, da ein wesentlicher Teil der zusätzlichen Tonnage zur Verstärkung des Schiffskörpers verwendet worden war. Ein 152 mm dicker Hauptgürtelpanzer, der sich bis zu seiner Unterkante auf 102 mm verjüngte, schützte die Maschinenräume. Das vordere und achtere Ende dieses Seitenpanzers verringerte sich vor und hinter den Maschinenräumen auf 76 mm Dicke mit einer Verjüngung bis zu seiner Unterkante auf 51 mm. Von der PITTSBURGH (CA 72) an erstreckte sich der Hauptgürtelpanzer zusätzlich von Spant 57 bis zu Spant 52 nach vorn, um die Funkräume zu schützen. Das Panzerdeck wies eine Dicke von 64 mm auf. Panzerquerschotte zwischen 127 mm und 152 mm Dicke schlossen nach vorn und achtern ab. Der Entwurf sah ursprünglich einen Kommandostand mit 152 mm Wanddicke vor. Er wies jedoch bei den ersten sechs Einheiten eine schwächere Panzerung auf; spätere Einheiten erhielten einen solchen mit einer 165 mm dicken Panzerung. Der Gewichtsanteil der Panzerung betrug insgesamt 1790 ts. Dies bedeutete 12,9 % der Standardverdrängung des Schiffes.

Die Hauptantriebsanlage besaß gegenüber der WICHITA eine stärkere Antriebsleistung, da das neue Schiff eine wesentlich höhere Wasserverdrängung aufwies. Daher lag die Konstruktionsleistung bei 120 000 WPS, eine Steigerung um

Links: BALTIMORE. (Floating Drydock)

Die Schwere Artillerie führte das 20,3-cm-Geschütz S.K. L/55 Mk. 12 oder Mk. 15 in Drillingstürmen mit einer Rohrerhöhung von 41°. Diese Geschütze glichen jenen, die bereits bei den früher gebauten Schweren Kreuzern Verwendung gefunden hatten. Die zugleich als Mittelartillerie dienende Schwere Flak umfaßte das 12,7-cm-DP-Geschütz S.K. L/38 in sechs Doppelturmschilden, angeordnet wie bei den Einheiten der CLEVELAND-Klasse. Die für die Leichte Flak ursprünglich vorgesehenen vier 2,8-cm-Vierlingslafetten wurden schon frühzeitig durch vier 4-cm-Vierlingsflaks ersetzt. Eine Torpedobewaffnung hatten diese Schweren Kreuzer nicht. Mit zwei Katapulten ausgerüstet, konnten vier Bordflugzeuge mitgeführt werden, wenn auch die Flugzeughalle nur in der Lage war, zwei dieser Maschinen aufzunehmen.

Modifizierungen: Die erste Einheit dieser Klasse gelangte erst im Frühjahr 1943 zur Fertigstellung und der Großteil der frühen Kriegserfahrungen war bereits im Entwurf berücksichtigt worden. Infolgedessen erfuhren diese Schweren Kreuzer im Verlaufe ihres Kriegseinsatzes keine größeren Veränderungen. Von der PITTSBURGH (CA 72) an gelangten Turbinen für Marschfahrt nicht mehr zum Einbau und bei den früher gebauten Einheiten wurden sie entfernt. Noch während die Schiffe im Bau waren, wurde die 4-cm-Bewaffnung verstärkt. Ihre Indienststellung erfolgte entweder mit insgesamt zwölf 4-cm-Vierlingslafetten (CA 68 bis CA 71) oder mit elf Vierlings- und zwei Doppellafetten (von CA 72 an). Bei der letzteren Gruppe verhinderte der in der Mittschiffslinie stehende einzige Flugzeugkran den Einbau einer Vierlingslafette direkt am Heck – im Gegensatz zur ersteren Gruppe, deren Einheiten je einen Kran unmittelbar hinter den beiden Kata-

20 % für eine maximale Konstruktionsgeschwindigkeit von 34 kn. Es gab jedoch noch weitere grundlegende Unterschiede. Der wichtigste bestand in der Verwendung von Hochdruckkesseln, die bei der CLEVELAND-Klasse eingeführt worden waren, obwohl der Kesselbetriebsdruck bei diesem Schweren Kreuzer gegenüber dem Leichten Kreuzer geringfügig niedriger war. Jeder Kessel stand in seinem eigenen Kesselraum, wobei nach dem Einheitenprinzip das vordere Paar von dem achteren durch den vorderen Turbinenraum getrennt war. Einen weiteren Fortschritt stellten die erheblich gesteigerte Stromerzeugungskapazität, die verbesserten Leckwehreinrichtungen und die Berücksichtigung der gestiegenen Anforderungen bei den Artillerieschaltsystemen dar.

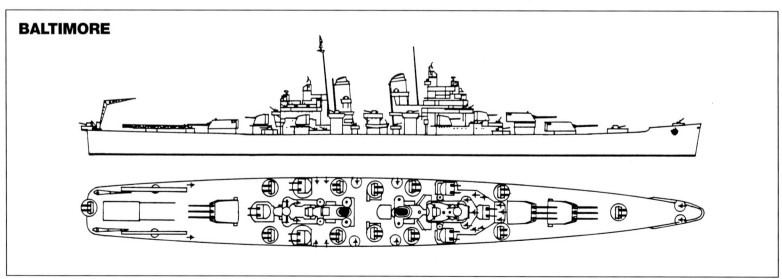

BALTIMORE

Oben: Die HELENA II im Jahre 1945. (WSS)

pulten führten. 2-cm-Oerlikon-Fla-Geschütze standen von Anfang an zur Verfügung und die Standardausrüstung umfaßte 28 Rohre. Der Kommandostand (Kriegssteuerstelle) wies bei CA 68 bis CA 73 eine geringere Dicke der Panzerung auf. Doch aufgrund von Einwänden und infolge der großen Stabilitätsreserve wurde seine Panzerung ab der COLUMBUS (CA 74) auf 165 mm verstärkt.

Ab 1942 wurde der Entwurf in ähnlicher Weise wie die Leichten Kreuzer der CLEVELAND-Klasse modifiziert, wenn auch nicht ganz so umfassend, da diese Schweren Kreuzer eine bessere Stabilität und Gewichtsreserve aufwiesen. Die Kesselabzugsschächte wurden zu einem einzigen Schornstein zusammengeführt, die Höhe der Aufbauten wurde verringert und der Brückenaufbau erhielt eine andere Anordnung. Die Feuerleitstände bekamen neue Positionen und auch die Heckform wurde so verändert, daß nur noch ein einziger Flugzeugkran die Katapulte bediente. Die Flugzeughalle erfuhr ebenfalls eine Verkleinerung um die Hälfte. Einige dieser Abänderungen erhielten auch bereits früher gebaute Schiffe. CA 72 bis CA 75 besaßen schon den einzelnen Kran und die verkleinerte Flugzeughalle.

Pläne, die Kreuzer aus dem Haushalt 1943 bereits nach dem modifizierten Entwurf zu bauen, mußten später geändert werden, da in der Fertigung der Bauzeichnungen für die Werften Verzögerungen eintraten. So wurden CA 130 bis CA 136 noch nach dem ursprünglichen Zwei-Schornstein-Entwurf fertiggestellt, während CA 122 bis CA 129 sowie CA 137 und CA 138 nach dem modifizierten Entwurf gebaut werden sollten. Die Einführung des neuen automatischen 20,3-cm-Geschützes Mk. 16 und seine offensichtliche Überlegenheit gegenüber den Geschützen Mk. 12 bzw. Mk. 15 führte schließlich dazu, daß der Bauauftrag für CA 134 in einen solchen nach dem DES MOINES-Entwurf umgewandelt wurde. Die Aufträge für sechs weitere Einheiten – CA 126 bis CA 129 sowie CA 137 und CA 138 – wurden annulliert. NORTHAMPTON (II) (CA 125) erfuhr nach dem Kriege die Fertigstellung als Führungsschiff. Somit gelangten lediglich drei Einheiten – OREGON CITY (CA 122), ALBANY (CA 123) und ROCHESTER (CA 124) – nach dem Ein-Schornstein-Entwurf 1946 zur Fertigstellung.

Werdegang: Nach ihrer Indienststellung bildeten BALTIMORE und ihre drei Schwesterschiffe – BOSTON, CANBERRA und QUINCY (II) – die 10. Kreuzerdivision im Pazifik. Am 20. November 1943 nahm die BALTIMORE als eine Einheit der Feuerunterstützungsgruppe *TG 52.2* an der Landung auf der Insel Makin in den Gilbert-Inseln (Operation »Galvanic«) teil. Danach gehörte sie mit der *TG 50.1* zur *Fast Carrier Task Force* und war Anfang Dezember 1943 an den Trägerangriffen auf das Kwajalein-Atoll beteiligt. Zur Unterstützung der Operation »Flintlock« (Landung auf Kwajalein am 31. Januar 1944) befand sich der Kreuzer zusammen mit der BOSTON bei der *TG 58.4* als Teil der Sicherung für die Träger, die zwischen dem 29. Januar und 6. Februar 1944 japanische Stützpunkte auf den Atollen Wotje, Maloelap und Eniwetok in den Marshall-Inseln angriffen. Im Februar nahm die BALTIMORE mit der *TG 58.2* am groß angelegten Trägerangriff auf den japanischen Hauptflottenstützpunkt Truk sowie an den Angriffen auf Saipan und Tinian teil. Wieder mit der *TG 58.4* und später wieder mit der *TG 58.2* folgten zusammen mit der BOSTON Mitte Februar die Unterstützung der Landung auf Eniwetok (Operation »Catchpole«), Ende März die Teilnahme an den Trägerangriffen auf die Palau-Inseln, Yap und Ulithi sowie im April die Unterstützung der Landungen bei Hollandia (heute Jayapura) auf Neuguinea. Am 30. April 1944 gehörte sie mit BOSTON und CANBERRA zu einem Verband aus neun Kreuzern und

VEREINIGTE STAATEN VON AMERIKA   **317**

Oben: BALTIMORE. (Floating Drydock)

acht Zerstörern, der die Satawan-Inselgruppe südostwärts von Truk beschoß. Immer noch bei der *TG 58.2* nahmen die drei Kreuzer Ende Mai an den Trägervorstößen gegen die Inseln Marcus und Wake teil. Mitte Juni 1944 befanden sich die drei Kreuzer bei der *TG 58.1*, die mit ihren Trägerflugzeugen am 11. Juni die Jagdverteidigung der Marianen sowie am 12. und 13. Juni Guam in den Marianen und am 15. und 16. Juni die Vulcan-Inseln Iwo Jima, Chichijima und Hahajima angriff, gefolgt von der Teilnahme an der Luft/Seeschlacht in der Philippinen-See gegen Ende dieses Monats. Im Juli verlegte die BALTIMORE zu einer Werftliegezeit in die USA und kehrte erst im November 1944 wieder in den Pazifik zurück. Der 3. Flotte zugeteilt, stieß sie zur *TG 38.1* in Ulithi, zu der auch die BOSTON gehörte. Mit seiner Trägerkampfgruppe operierte der Kreuzer bis Ende Januar 1945 in der Philippinen-See und im Südchinesischem Meer mit Angriffen auf Luzon, Formosa, die indochinesische und südchinesische Küste und Okinawa. Ab dem 10. Februar nahm die BALTIMORE mit der *TG 58.5* an den ersten größeren Trägerangriffen auf das japanische Mutterland teil. Im März 1945 sicherte sie zusammen mit der PITTSBURGH im Verband der *TG 58.1* ihre Träger bei weiteren Angriffen auf das japanische Mutterland und die Ryukyu-Inseln (Okinawa). Danach gehörten die beiden Kreuzer zu einer Sicherungsgruppe, die die beiden durch »Kamikaze«-Treffer schwer beschädigten Flottenträger WASP und FRANKLIN nach Ulithi geleiteten. Im Anschluß daran operierten die beiden Kreuzer ab dem 8. April 1945 wieder mit ihren Trägerkampfgruppen – zuerst mit der *TG 58.2* und später mit der *TG 38.1* – in den Gewässern vor Okinawa zur Unterstützung der Landungstruppen. Mit der letzteren Kampfgruppe gerieten die BALTIMORE und die PITTSBURGH am 5. Juni 1945 in einen Taifun und erlitten Beschädigungen.[259] Sie wurden am 6. Juni von den Leichten Kreuzern OAKLAHOMA CITY und TOPEKA (siehe oben) abgelöst. Nach der Kapitulation Japans war die BALTIMORE mit mehreren Einsätzen an der Rückführung amerikanischer Truppen aus dem Pazifik beteiligt. Sie verblieb bis Februar 1946 in japanischen Gewässern und wurde nach ihrer Rückkehr in die USA am 8. Juli 1946 außer Dienst gestellt und in die Reserveflotte versetzt. Kurze Zeit später erfolgte die erneute Indienststellung des Kreuzers für den aktiven Flottendienst, obwohl er nicht am Koreakrieg teilnahm. Seine endgültige Außerdienststellung und Versetzung in die Reserveflotte kam am 31. Mai 1956. Am 15. Februar 1971 aus der Flottenliste gestrichen, wurde das Schiff an die Zidell Explorations Inc. in Portland/Oregon zum Abbruch verkauft.

Die BOSTON wurde als zweite Einheit ihrer Klasse Mitte 1943 in Dienst gestellt und stieß nach dem Einfahren im Januar 1944 zur *TG 58.4* und nahm mit ihr am Trägervorstoß zu den Marianen teil. Hinsichtlich der weiteren Kriegseinsätze bis Ende Juni 1944 siehe oben BALTIMORE. Im Juli 1944 folgten zusammen mit der CANBERRA im Verband der *TG 58.1* weitere Trägerangriffe auf Iwo Jima und Chichijima sowie Ende des Monats die Unterstützung der Landung auf Guam durch Trägerangriffe auf Guam selbst sowie auf die Palau- und Yap-Inseln. Ab Mitte August 1944 gehörten die BOSTON und die CANBERRA zur *TG 38.1* und sicherten ihre Träger im September bei weiteren Angriffen auf die Palau-Inseln und die Philippinen (Mindanao, die Visayas/Zentralphilippinen, Luzon) sowie in der ersten Oktoberhälfte auf Formosa und erneut auf Luzon. Die bei Gegenangriffen der japanischen 2. Luftflotte am 14. und 15. Oktober von Lufttorpedos schwer getroffene HOUSTON wurde durch die BOSTON in Sicherheit geschleppt (siehe oben HOUSTON II). An der Schlacht um den Golf von Leyte/Philippinen nahm die BOSTON im Verband der *TG 38.1* als Sicherung der Träger teil, die am 25. und 26. Oktober 1944 den Zentralverband VAdm. Kuritas angriffen, während sich dieser durch die San-Bernardino-Straße und die Sibuyan-See zurückzog. Hierbei versenkten die Maschinen der Träger WASP und HORNET den japanischen Leichten Kreuzer NOSHIRO (siehe oben) und den Zerstörer HAYASHIMO. Zu den Einsätzen des Kreuzers im Dezember 1944 und Januar 1945 siehe oben BALTIMORE, gefolgt von den ersten größeren Trägerangriffen mit der *TG 58.2* im Februar auf das japanische Mutterland sowie weiteren Angriffen auf Okinawa und zur Unterstützung der Landung auf Iwo Jima am 19. Februar (Operation »Detachment«). Am 1. März 1945 verlegte die BOSTON an die amerikanische Westküste zu einer Werftliegezeit in Long Beach/Cal., die bis Anfang Juni dauerte. In den Pazifik zurückgekehrt, gehörte sie im Juli zusammen mit der QUINCY und der ST. PAUL zur *TG 38.4* und sicherte ihre Träger bei weiteren Angriffen auf das japanische Mutterland. Im Anschluß daran führten die drei Kreuzer im Verband der *TG 34.8* am 29./30. Juli und in der ersten Augusthälfte Beschießungen von Landzielen an den Küsten des japanischen Mutterlandes durch. Ende August 1945 befanden sich die drei Kreuzer mit der *TG 38.4* zur Kapitulation Japans in der Sagami-Bucht vor Tokio. Danach kehrte die BOSTON in die USA zurück und wurde am 29. Oktober 1946 außer Dienst gestellt und in den Reservestatus versetzt. 1952 begann der Umbau des Schiffes zum Lenkwaffenkreuzer

Oben: Die QUINCY II im November 1944. (USN)

Rechts: Die CANBERRA (CA 70) im Februar 1945. (USN)

und am 1. November 1955 erfolgte seine Indienststellung als CAG 1. Die endgültige Außerdienststellung kam am 5. Mai 1970. Am 4. Januar 1974 aus der Flottenliste gestrichen, verkaufte die US-Marine das Schiff am 28. März 1975 zum Abbruch an die Southern Metals.

Die CANBERRA erhielt ihren Namen zu Ehren des am 9. August 1942 in der Seeschlacht vor der Insel Savo/Salomonen gesunkenen australischen Schweren Kreuzers (siehe oben Seite 21). Sie traf am 1. März 1944 in Pearl Harbor ein und war noch im selben Monat mit der *TG 58.2* an den Trägerangriffen auf die Palau- und Yap-Inseln sowie im April an der Unterstützung der Hollandia-Operationen beteiligt. Am 30. April 1944 beschoß die CANBERRA zusammen mit der BALTIMORE und der BOSTON als Teil einer aus Kreuzern und Zerstörern bestehenden Kampfgruppe die Satawan-Inseln südostwärts von Truk. Zu weiteren Kriegseinsätzen ab Mai siehe oben BALTIMORE sowie ab Juli siehe oben BOSTON. Als Sicherung für die Träger der *TG 38.1* vor Luzon/Philippinen erhielt die CANBERRA bei Gegenangriffen der japanischen 2. Luftflotte in den Abendstunden des 13. Oktober 1944 in Höhe des Kesselraums 4 einen Lufttorpedotreffer, der sowohl diesen Kesselraum als auch infolge der Beschädigung einer Propellerwelle einen weiteren Kesselraum und die beiden Turbinenräume volllaufen ließ. Die WICHITA (siehe oben) schleppte den schwer beschädigten Kreuzer zwei Tage lang in Richtung Ulithi. Dann übernahmen Schlepper den Kreuzer und brachten ihn sicher in die Lagune von Ulithi ein. Anschließend wurde die Schleppfahrt nach Manus zur Durchführung einer Notreparatur fortgesetzt. Schließlich verlegte die CANBERRA zurück in die USA und ihre Schäden erfuhren von Februar bis Oktober 1945 in der Marinewerft Boston eine vollständige Ausbesserung. Wieder in Dienst gestellt, leistete der Kreuzer nach dem Kriege nur noch für kurze Zeit aktiven Flottendienst. Am 7. März 1947 erfolgte seine Außerdienststellung und Versetzung in die Reserveflotte. Am 4. Januar 1952 begann der Umbau der CANBERRA zum Lenkwaffenkreuzer und am 15. Juni 1956 erfolgte ihre erneute Indienststellung unter der Kennung CAG 2. Schließlich wurde der Kreuzer am 2. Februar 1970 endgültig außer Dienst gestellt, in die Reserveflotte versetzt und am 31. Juli 1978 aus der Flottenliste gestrichen.

Danach verkaufte die US-Marine das Schiff an die National Metal & Steel Corp. in Terminal Island/Cal. zum Verschrotten.

Die QUINCY (II) war die einzige Einheit ihrer Klasse, die einen Großteil ihres Kriegseinsatzes im Atlantik verbrachte. Sie gehörte vom März 1944 an zur *TF 22*. Im April verlegte der Kreuzer nach Großbritannien und stieß zur 12. Flotte in den europäischen Gewässern zur Vorbereitung auf die alliierte Landung in der Normandie. Am Landungstag, dem 6. Juni 1944, gehörte die QUINCY zusammen mit der TUSCALOOSA (siehe oben) zur *Force A*, dem Feuerunterstützungsverband für den Landekopf »Utah«/Cotentin-Halbinsel. Sie unterstützte die gelandeten Heerestruppen bis in den Juli hinein, insbesondere den Angriff des VII. US-Korps auf Cherbourg am 25. Juni durch Niederkämpfen deutscher Batterien westlich der Stadt bei Querqueville. Anfang Juli verlegte die QUINCY ins Mittelmeer und operierte für den Rest dieses Monats von Palermo aus. Bei den alliierten Landungen in Südfrankreich am 15. August 1944 (Operation »Dragoon«) gehörte der Kreuzer zur Feuerunterstützungsgruppe der *TF 84* (»Alpha«) vor dem Landekopf in der Baie de Cavalaire. Die QUINCY unterstützte die Heerestruppen durch Beschießungen der Mittelmeerküste bis in den September hinein und verlegte anschließend zurück in die USA. Nach einer kurzen Überholung in der Marinewerft Boston brachte die QUINCY den amerikanischen Präsidenten Roosevelt in den Großen Bittersee/Suez-Kanal zu Konferenzen mit arabischen Führern. Im Februar 1945 kehrte der Kreuzer in heimische Gewässer zurück und wurde der Pazifikflotte zugewiesen. Er stieß am 11. April 1945 zur 10. Kreuzerdivision in Ulithi. Am 5. Juni gehörte die QUINCY zu den Einheiten der *TG 38.1*, die im Taifun beschädigt wurden (siehe oben SAN JUAN). Hinsichtlich ihrer weiteren Einsätze bis Kriegsende siehe oben BOSTON. Nach dem Ende der Feindseligkeiten erfüllte die QUINCY Besatzungsaufgaben in japanischen Gewässern. Nach ihrer Rückkehr in die USA wurde sie am 19. Oktober 1946 außer Dienst gestellt und in die Reserveflotte versetzt. Am 31. Januar 1952 erfolgte ihre Reaktivierung zum Einsatz im Koreakrieg bei der 7. Flotte. Am 2. Juli 1954 wurde der Kreuzer endgültig außer Dienst gestellt, erneut in die Reserveflotte versetzt und am 1. Oktober 1973 schließlich aus der Flottenliste gestrichen. 1974 wurde das Schiff an die American Ship Dismantlers zum Abbruch in Portland/Oregon verkauft.

Die PITTSBURGH gehörte nach ihrer Indienststellung als Flaggschiff der 19. Kreuzerdivision zur Pazifikflotte und traf am 13. Februar 1945 in der Lagune des Ulithi-Atolls in den Palau-Inseln ein. Sie stieß dort zur *TG 58.1*, bei der sich auch die BALTIMORE befand. An Kriegseinsätzen folgten mit dieser Trägerkampfgruppe im März 1945 Angriffe auf das japanische Mutterland, insbesondere auf Flugplätze auf Kyushu und Stützpunkte an der Inlandsee (vor allem auf Kure). Von dem bei einem japanischen Luftangriff der 5. Luftflotte am 19. März schwer getroffenen Träger FRANKLIN rettete die PITTSBURGH mit der SANTA FÉ 1700 Überlebende und eskortierte anschließend mit einer Sicherungsgruppe diesen Träger zusammen mit der ebenfalls beschädigten WASP sicher nach Ulithi (siehe oben BALTIMORE). Ab April 1945 sicherte die PITTSBURGH die Träger der *TG 58.2* und später der *TG 38.1* bei den Okinawa-Operationen (siehe oben BALTIMORE). Am 5. Juni 1945 lief der Kreuzer mit seiner Trägerkampfgruppe in das Zentrum eines Taifuns und erlitt schwere Beschädigungen.[260] Hierbei verlor die PITTSBURGH ca. 30 m ihres Vorschiffs bis zum vorderen 20,3-cm-Drillingsturm. Nur mit großer Mühe gelangte der Kreuzer nach Guam zur Ausführung der erforderlichen Notreparaturen, um anschließend an die amerikanische Westküste zu verlegen. Der Werftaufenthalt in der Marinewerft Puget Sound zur vollständigen Ausbesserung der Schäden dauerte bis zum September 1945. Danach kehrte die PITTSBURGH in den aktiven Flottendienst bis zu ihrer Außerdienststellung und Versetzung in die Reserveflotte am 7. März 1946 zurück. Am 25. September 1951 erfolgte die Wiederindienststellung des Kreuzers, obwohl er im Koreakrieg nicht zum Einsatz kam. Am 28. August 1956 endgültig außer Dienst gestellt und erneut in die Reserveflotte versetzt, wurde die PITTSBURGH am 1. Juli 1973 aus der Flottenliste gestrichen.

Auch die ST. PAUL gehörte nach der Indienststellung zur 19. Kreuzerdivision bei der Pazifikflotte. Sie traf Anfang Juni 1945 in Pearl Harbor ein und kam nur noch im Endstadium des Pazifischen Krieges im Juli und August mit der *TF 38* gegen das japanische Mutterland bei Trägerangriffen und Beschießungsunternehmen zum Einsatz (siehe oben BOSTON). Nach dem Kriege verblieb die ST. PAUL bis Ende 1946 in chinesischen Gewässern und kehrte danach in heimische Gewässer zurück. Von März bis November 1947 verlegte sie aber zu einem zweiten Einsatz in chinesischen Gewässern nach Schanghai. Während des Koreakrieges fand die ST. PAUL in drei Einsatzperioden vor der koreanischen Küste zur Unterstützung der Heerestruppen Verwendung. Im Juli 1953 verschoß sie hier ihre letzten Salven. Bis Anfang der 70er Jahre einschließlich eines Einsatzes vor Vietnam verblieb der Kreuzer im aktiven Flottendienst. Am 30. April 1971 außer Dienst gestellt und in die Reserveflotte versetzt, wurde das Schiff schließlich am 31. Juli 1978 aus der Flottenliste gestrichen und ab Juni 1980 abgebrochen.

Die kurz vor dem Ende des Pazifischen Krieges in Dienst gestellte COLUMBUS nahm nicht mehr aktiv am Zweiten Weltkrieg teil. Sie verblieb bis zu ihrer Außerdienststellung am 8. Mai 1959 im aktiven Flottendienst. Danach erfuhr sie einen Umbau zum Lenkwaffenkreuzer und wurde am 1. Dezember 1962 unter der Kennung CG 12 wieder in Dienst gestellt. Am 31. Januar 1975 endgültig außer Dienst gestellt, wurde die COLUMBUS am 9. August 1976 aus der Flottenliste gestrichen und zum Abbruch im August 1977 verkauft.

Auch die Indienststellung der HELENA (II) erfolgte zu spät, um noch am Zweiten Weltkrieg teilzunehmen. Sie kam jedoch im Koreakrieg zum Einsatz und verblieb bis zu ihrer Außerdienststellung und Versetzung in die Reserveflotte am 29. Juni 1963 im aktiven Flottendienst. Am 1. Januar 1974 aus der Flottenliste gestrichen, verkaufte die US-Marine am 13. November desselben Jahres das Schiff an die Levin Metal Corp. in San José/Cal. zum Verschrotten.

Die BREMERTON leistete bis zu ihrer Außerdienststellung am 9. April 1948 aktiven Flottendienst. Am 23. November 1951 für den Einsatz im Koreakrieg erneut in Dienst gestellt, blieb sie bis zu ihrer endgültigen Außerdienststellung am 29. Juli 1960 im aktiven Flottendienst. Nach der Versetzung in den Reservestatus wurde sie am 1. Oktober 1973 aus der Flottenliste gestrichen.

Der FALL RIVER war nur ein kurzer aktiver Werdegang beschieden. Am 31. Oktober 1947 außer Dienst gestellt, verbrachte der Kreuzer die nächsten 24 Jahre in der Reserveflotte. Er wurde am 19. Februar 1971 aus der Flottenliste gestrichen und 1972 an die Zidell Explorations Inc. in Portland/Oregon zum Verschrotten verkauft.

Die MACON wurde noch in den letzten Tagen des Zweiten Weltkrieges in Dienst gestellt und verblieb im aktiven Flottendienst bis zum 12. April 1950. Kurze Zeit später erfolgte aufgrund des Koreakrieges ihre erneute Indienststellung, aber sie kam mit kurzen Perioden im Mittelmeer nur im Atlantik zum Einsatz. Am 10. März 1961 endgültig außer Dienst gestellt und in die Reserveflotte versetzt, wurde der Kreuzer am 1. November 1969 aus der Flottenliste gestrichen.

Die Indienststellung der TOLEDO erfolgte über ein Jahr nach dem Ende des Zweiten Weltkrieges. Sie kam jedoch während des Koreakrieges zum Einsatz. Am 21. Mai 1960 wurde der Kreuzer außer Dienst gestellt, in die Reserveflotte versetzt und am 1. Januar 1974 aus der Flottenliste gestrichen. Die US-Marine verkaufte das Schiff am 13. Oktober 1974 an die National Metal & Steel Corp. in Terminal Island/Cal. zum Abbruch.

Die LOS ANGELES wurde noch vor dem Ende des Zweiten Weltkrieges in Dienst gestellt, aber für einen Kriegseinsatz war dies zu spät. Bereits am 21. Januar 1947 erfolgte ihre Außerdienststellung und Versetzung in die Reserveflotte. Am 27. Januar 1951 wurde der Kreuzer für die Verwendung im Koreakrieg reaktiviert und nahm während zweier Einsatzperioden in koreanischen Gewässern am Kriegsgeschehen teil. Danach verblieb die LOS ANGELES bis zu ihrer endgültigen Außerdienststellung am 15. November 1963 im aktiven Flottendienst. Am 1. Januar 1974 wurde sie aus der Flottenliste gestrichen.

Die CHICAGO (II) wurde etwa sechs Monate vor der LOS ANGELES in Dienst gestellt. Sie gehörte zur 21. Kreuzerdivision und traf im Juni 1945 in Pearl Harbor ein, gerade noch rechtzeitig, um ab Juli mit der BOSTON, QUINCY und ST. PAUL im Verband der *TG 38.4* bzw. der *TG 34.8* an den letzten Angriffen auf das japanische Mutterland teilzunehmen und bei der Kapitulation Japans Ende August 1945 in der Sagami-Bucht vor Tokio anwesend zu sein. (Näheres siehe oben BOSTON.) Nach Aufenthalten in japanischen und chinesischen Gewässern nach dem Ende des Krieges wurde der Kreuzer am 6. Juni 1947 außer Dienst gestellt und in den Reservestatus versetzt. Am 1. November 1958 begann der Umbau zum Lenkwaffenkreuzer und seine Wiederindienststellung erfolgte unter der Kennung CG 11 am 2. Mai 1964. Endgültig wurde die CHICAGO am 1. März 1980 außer Dienst gestellt.

Die Indienststellung der drei nach dem modifizierten Entwurf (Ein-Schornstein-Entwurf: siehe oben) fertiggestellten Einheiten erfolgte erst 1946. Die OREGON CITY verblieb nur eine sehr kurze Zeit im aktiven Flottendienst. Sie wurde bereits am 13. Dezember 1947 wieder außer Dienst gestellt und verbrachte über zwanzig Jahre in der Reserveflotte, ehe sie am 1. November 1970 aus der Flottenliste gestrichen wurde. ALBANY war eine der Einheiten dieser Klasse, die einen Umbau zum Lenkwaffenkreuzer erfuhren. Ihre endgültige Außerdienststellung erfolgte am 29. August 1980. Die ROCHESTER nahm am Koreakrieg teil und verblieb danach im aktiven Flottendienst, bis sie am 15. August 1961 außer Dienst gestellt und in die Reserveflotte versetzt wurde. Nach ihrer Streichung aus der Flottenliste am 1. Oktober 1973 verkaufte die US-Marine das Schiff an die Zidell Explorations Inc. in Portland/Oregon zum Abbruch.

Typ: Schwerer Kreuzer – Heavy Cruiser.
Standardverdrängung: 17 255 ts (17 531 t).
Einsatzverdrängung: 20 934 ts (21 269 t).
Länge: 218,39 m (über alles), 213,36 m (CWL).
Breite: 22,95 m.
Tiefgang: 7,92 m (mittlerer).
Antriebsanlage: 4 Satz Gerneral-Electric-Getriebeturbinen, 4 Babcock-&-Wilcox-Kessel, 4 Wellen.
Antriebsleistung: 120 000 WPS für 32,5 kn.
Bunkerinhalt: 2600 ts (3006 ts maximal) Heizöl.
Fahrtstrecke: 10 500 sm bei 15 kn.
Panzerschutz: Hauptgürtelpanzer 102 mm - 152 mm, Panzerdeck 95 mm, Oberdeck 25 mm, Barbetten 161 mm, Türme 203 mm (Front) bzw. 102 mm (Decke) bzw. 95 mm (Seite), Kommandostand (Kriegssteuerstelle) 140 mm – 165 mm.
Geschütze: neun 20,3 cm S.K. L/55 (3 x 3), zwölf 12,7 cm S.K. L/38 (6 x 2), 24 Rohre 7,6 cm S.K. L/50 (12 x 2), 24 Rohre 2 cm.
Torpedobewaffnung: keine.
Seeminen: keine.
Bordflugzeuge: vier, zwei Katapulte.
Besatzungsstärke: 1799 Offiziere und Mannschaften.

DES MOINES-Klasse

Kennung	Name	Bauwerft	Kiellegung	Stapellauf	Fertigstellung	Schicksal
CA 134	DES MOINES	Bethlehem, Steel Co., Quincy	28. März 1945	27. Sept. 1946	16. Nov. 1948	gestrichen: 1. Juli 1991
CA 139	SALEM	Bethlehem, Steel Co., Quincy	4. Juli 1945	27. März 1947	14. Mai 1949	gestrichen: 1. Juli 1991
CA 140	DALLAS	Bethlehem Steel Co., Quincy	15. Okt. 1945	–	–	annulliert: 6. Juni 1946
CA 148	NEWPORT NEWS	Newport News Sb. Co., Newport News	1. Okt. 1945	6. März 1947	29. Jan. 1949	gestrichen: 31. Juli 1978

Entwurf: Der Nachteil des 20,3-cm-Geschützes war seine verhältnismäßig geringe Feuergeschwindigkeit, die sich in den Salomonen bei den auf kurze Entfernungen geführten Nachtgefechten als hinderlich erwiesen hatte. Dies hatte dazu geführt, daß die Schweren Kreuzer in die Gewässer der Aleuten verlegt wurden, um das Feld bei den schnellen Bewegungsgefechten zwischen den Inseln den Zerstörern und den Leichten Kreuzern

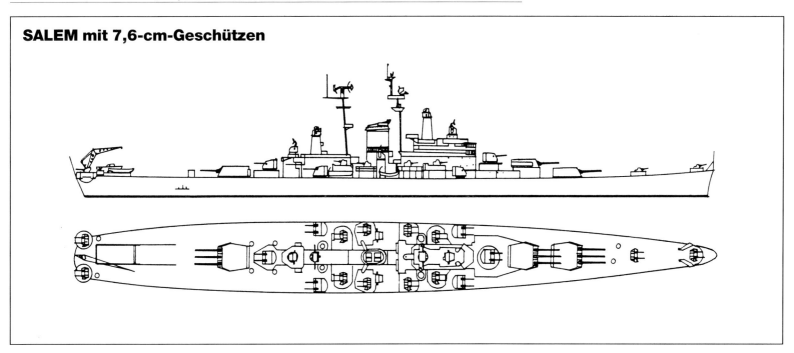

SALEM mit 7,6-cm-Geschützen

Oben: Die DES MOINES nach ihrer Fertigstellung im November 1948. (USN)

zu überlassen. Um diese Unzulänglichkeit zu beheben, wurde ein neue 20,3-cm-Schnellfeuerkanone mit hoher Schußfolge entwickelt, das einen gleitenden Keilverschluß besaß und Patronenhülsen aus Messing verwendete. Dieses Geschütz sollte eine Feuergeschwindigkeit von sieben Schuß pro Minute haben – gegenüber drei Schuß bei dem bis dahin vorhandenen Modell – und vollautomatisch sein. Im Frühjahr 1943 als Entwicklungsauftrag erteilt, stand dieses Geschütz jedoch erst Ende 1945 unter der Bezeichnung »20,3 cm S.K. L/55 Mk. 16« zur Verfügung. Pläne, dieses neue Waffensystem bereits beim OREGON CITY-Entwurf (siehe BALTIMORE-Klasse) zu berücksichtigen, kamen nicht zur Ausführung, da hierzu umfangreiche Entwurfsänderungen erforderlich gewesen wären – vermutlich glücklicherweise, denn es stellte sich heraus, daß das Gewicht des neuen Drillingsturmes erheblich unterschätzt worden war. Auch alternative Pläne, vier Einheiten der Serie CA 122 - CA 138 und alle Einheiten der Serie CA 139 - CA 142 mit Doppeltürmen auszurüsten, wurden wieder fallengelassen. Statt dessen kam es auf der Grundlage dieses neuen schnellfeuernden Drillingsturms zur Erarbeitung eines völlig neuen Entwurfes.

Die ursprünglichen Entwurfserfordernisse sahen einen verbesserten OREGON CITY-Entwurf mit einem verstärkten Panzerdeck auf der Basis des WORCESTER-Entwurfs vor, um einen besseren Schutz gegen Fliegerbomben zu erreichen. Der Einbau der neuen Türme verursachte beträchtliche Probleme. Zum einen hatten sie ein höheres Gewicht als angenommen mit im Durchmesser größeren Barbetten und zum anderen waren infolge der höheren Schußfolge auch wesentlich größere Munitionskammern erforderlich. Dies bedingte wiederum eine Verlängerung des Seitenpanzers. Hierdurch ergab sich für die Panzerung – die Verstärkung des Panzerdecks eingeschlossen – ein zusätzlicher Gewichtsanteil von 695 ts. Weitere Gewichtszunahmen, verursacht durch kompliziertere Fla-Feuerleitsysteme, führten schon bald zu einem Entwurf mit einer auf 16000 ts gestiegenen Standardverdrängung, die später noch übertroffen wurde.

Der Schiffskörper des neuen Schiffes wies gegenüber der OREGON CITY eine um etwa 12 m gestiegene Länge über alles sowie eine um 1,69 m größere Schiffsbreite auf. Die Standardverdrängung lag schließlich bei 17255 ts. Das Panzerschutzschema unterschied sich nicht wesentlich von dem der BALTIMORE-Klasse, abgesehen von der Einführung eines gepanzerten Oberdecks, entworfen, um die Verzögerungszünder von Bomben auszulösen, ehe sie das eigentliche Panzerdeck trafen. Der Hauptgürtelpanzer in der Wasserlinie wies bei ca. 3 m Breite eine Dicke von 152 mm auf, die sich bis auf 102 mm an seiner Unterkante verjüngte. Das Panzerdeck hatte eine Dicke von 95 mm und war damit um 31 mm dicker als bei der BALTIMORE-Klasse. Die Panzerung des Oberdecks betrug 25 mm. Die Panzerung bei den Türmen der Schweren Artillerie war bei den Decken auf 102 mm und bei den Rückfronten auf 51 mm Dicke gestiegen. Innerhalb des Schiffskörpers gab es fünf gepanzerte Bereiche; Panzerschotte innerhalb der Zitadelle sollten bei einem schweren Treffer in einer Abteilung Schäden in angrenzenden Abteilungen begrenzen. Insgesamt betrug der Gewichtsanteil der Panzerung etwa 2189 ts oder 12,6 % der Standardverdrängung, d.h. er entsprach im Verhältnis in etwa dem der BALTIMORE-Klasse.

Die Hauptantriebsanlage bestand weiterhin aus Getriebeturbinen mit der standardmäßigen Vier-Wellen-Anordnung. Die Konstruktionsleistung blieb bei 120 000 WPS, aber die maximale Konstruktionsgeschwindigkeit hatte sich auf 32,5 kn verringert. Kessel und Turbinen glichen jenen bei den früher gebauten Schweren Kreuzern. Die allgemeine Anordnung der Maschinenräume unterschied sich jedoch: Jeder der drei vorderen Maschinenräume enthielt eine Turbine und einen Kessel. Die vierte Maschineneinheit bestand dagegen aus einem separaten Turbinen- und Kesselraum, da die drei Wellen aus den vorderen Antriebseinheiten jede andere Anordnung ausschlossen.

Wie bereits erwähnt, bestand die Schwere Artillerie aus dem neuen 20,3-cm-Geschütz Mk. 16 in drei Drillingstürmen. Jeder Turm wog 451 ts. Diese Geschütze verschossen eine 152 kg schwere Granate und die maximale Schußweite betrug bei 41° Rohrerhöhung rund 27 500 m. Sie konnten bei jedem Schußwinkel geladen werden; eine Ladestellung gab es nicht. Die Feuerkraft war beeindruckend: 90 Granaten pro Minute und 13,5 ts Gesamtgewicht. Das Richten nach Höhe und Seite erfolgte durch elektrisch-hydraulischen Antrieb. Die zugleich als Mittelartillerie dienende Schwere Flak bestand aus dem nunmehr standardmäßigen 12,7-cm-DP-Geschütz L/38 in sechs Doppelturmschilden. Die Positionen der Geschütze an Backbord und Steuerbord befanden sich auf dem Oberdeck, diejenigen in der Mittschiffslinie auf dem Aufbaudeck.

Vom ursprünglichen Entwurf her sollte die Leichte Flak aus zwölf 4-cm-Vierlingslafetten und zwanzig 2 cm bestehen. Doch zu dem Zeitpunkt, da die Schiffe ihrer Fertigstellung entgegengingen, war es offensichtlich geworden, daß es selbst mit 4-cm-Geschossen schwierig war, einen entschlossenen »Kamikaze« aufzuhalten, während 2-cm-Geschosse verhältnismäßig eine noch geringere Wirkung zeigten. Infolgedessen ersetzten zwei 7,6-cm-Geschütze L/50 in Doppellafette je eine 4-cm-Vierlingslafette. Die 2-cm-Fla-Geschütze wurden anfänglich noch beibehalten. Die DES MOINES wurde mit zehn 2-cm-Doppellafetten fertiggestellt, die aber bald darauf von Bord kamen. In ähnlicher Weise war zum Zeitpunkt der Fertigstellung dieser Schiffe die Erforderlichkeit katapultierbarer Bordflugzeuge nicht mehr vorhanden. Obwohl das Typschiff noch mit Katapulten fertiggestellt wurde, war nur eines funktionsfähig, das andere blieb unfertig. Schon kurze Zeit später wurden beide ausgebaut und an Land gegeben. SALEM und NEWPORT NEWS erhielten überhaupt keine Flugzeugeinrichtungen mehr.

Nach einigem Jonglieren mit dem Kreuzerbauprogramm ergingen die Aufträge für insgesamt zwölf Einheiten. Eine dieser Einheiten – CA 134 – war bereits bei der New York Shipbuilding Corp. in Camden/N.J. als Kreuzer vom BALTIMORE/OREGON CITY-Typ in Auftrag gegeben worden. Dieser Kontrakt wurde auf die Bethlehem Steel Co. (Fore-River-Werft) in Quincy/Mass. (als CA 134) übertragen und am 25. September 1943 neu vergeben. Die Aufträge für CA 139 – CA 142 wurden am 14. Juni 1943 als Schiffe der OREGON CITY-Klasse an die Bethlehem Steel Co. erteilt, aber alle vier Einheiten wurden nach dem neuen Entwurf gebaut, während die Bauaufträge für CA 150 - CA 153 am 22. Februar 1945 nach dem neuen Entwurf an die New York Shipbuilding Corp. gingen. Drei weitere Einheiten kamen hinzu: CA 143, CA 148 und CA 149. Sie waren ursprünglich als Leichte Kreuzer in der Planung gewesen und die Bauaufträge erhielten am 15. Juni 1945 die New York Shipbuilding Corp. (CA 143) und die Werft Cramp, William & Sons in Philadelphia/Pa. (CA 148, CA 149). Das sich abzeichnende Kriegsende verursachte jedoch Änderungen in den Bauprogrammen und die US-Marine annullierte am 28. März 1945 die letzten vier Einheiten: CA 150 (DALLAS) sowie CA 151 - CA 153. Kurz vor Kriegsende erfolgte am 12. August 1945 ein Bauaufschub für CA 141 und CA 143 und CA 149. Der Bau der restlichen vier Einheiten – CA 134, CA 139, CA 140 (DALLAS: Übernahme des Namens von der annullierten CA 150) und CA 148 – wurde jedoch fortgesetzt. Ende 1945 wurde der Bauaufschub für die drei letzteren Schiffe in eine Annullierung umgewandelt. Am 7. Januar 1946 folgte auch die Annullierung für CA 141, um eine aus vier Einheiten bestehende Kreuzerdivision zu ermöglichen. Am 27. Mai 1946 verfügte jedoch die US-Marine, nur die Einheiten sollten fertiggestellt werden, deren Bau bereits mehr als 20 % vorangeschritten wäre. Die erst zu etwa 7,8 % fertiggestellte DALLAS wurde daher am 6. Juni 1946 ebenfalls annulliert.

Modifizierungen: Die später vorgenommenen Abänderungen liegen außerhalb der Thematik dieses Bandes.

Werdegang: Keine Einheit dieser Klasse wurde noch rechtzeitig für den Kriegseinsatz fertiggestellt. Ihre Indienststellung erfolgte erst Jahre nach dem Ende des Zweiten Weltkrieges. Im Verlaufe ihres Werdegangs fanden die drei Kreuzer ausschließlich als Flottenflaggschiffe Verwendung. Keines dieser Schiffe nahm am Koreakrieg teil. Lediglich die NEWPORT NEWS kam für zwei Perioden vor der Küste Vietnams zum Einsatz und führte in dieser Zeit Beschießungen durch.

Die Außerdienststellung der DES MOINES erfolgte am 14. Juli 1961 und die der SALEM am 30. Januar 1959. Nach Jahrzehnten in der Reserveflotte wurden die beiden Schiffe am 9. Juli 1991 aus der Flottenliste gestrichen. Die NEWPORT NEWS war der letzte im aktiven Flottendienst befindliche Schwere Kreuzer und wurde am 27. Juni 1975 außer Dienst gestellt und in den Reservestatus versetzt. Am 31. Juli 1978 aus der Flottenliste gestrichen, wurde das Schiff an die Southern Scrap Metals zum Verschrotten verkauft. Es traf im März 1993 in New Orleans/Louisiana zum Abbruch ein. Dieser war bis zum Herbst 1994 weitgehend abgeschlossen.

Die DES MOINES ist im aufgelegten Zustand noch (d.h. im Dezember 1994) in der Marinewerft Philadelphia vorhanden, während die SALEM ins United States Naval Shipbuilding Museum in Quincy/Mass. überführt worden ist.

ALASKA-Klasse

Kennung	Name	Bauwerft	Kiellegung	Stapellauf	Fertigstellung	Schicksal
CB 1	ALASKA	New York Sb. Corp., Camden	16. Dez. 1941	15. Aug. 1943	17. Juni 1944	gestrichen: 1. Juni 1960
CB 2	GUAM	New York Sb. Corp., Camden	2. Febr. 1942	21. Nov. 1943	17. Sept. 1944	gestrichen: 1. Juni 1960
CB 3	HAWAII	New York Sb. Corp., Camden	20. Dez. 1943	3. Nov. 1945	–	gestrichen: 9. Juni 1958
CB 4	PHILIPPINES	New York Sb. Corp., Camden	–	–	–	annulliert: 24. Juni 1943
CB 5	PUERTO RICO	New York Sb. Corp., Camden	–	–	–	annulliert: 24. Juni 1943
CB 6	SAMOA	New York Sb. Corp., Camden	–	–	–	annulliert: 24. Juni 1943

GUAM

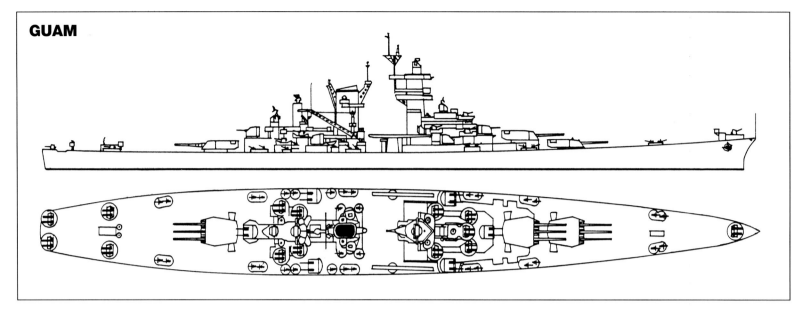

Typ: Schlachtkreuzer (amtlich Großer Kreuzer) – Battle Cruiser (Large Cruiser).
Standardverdrängung: 29 779 ts (30 255 t).
Einsatzverdrängung: 34 253 ts (34 801 t).
Länge: 246,43 m (über alles), 241,25 m (CWL).
Breite: 27,76 m.
Tiefgang: 9,70 m (mittlerer).
Antriebsanlage: 4 Satz General-Electric-Getriebeturbinen, 8 Babcock-&-Wilcox-Kessel, 4 Wellen.
Antriebsleistung: 150 000 WPS für 33 kn.
Bunkerinhalt: 3619 ts Heizöl.
Fahrtstrecke: 12 000 sm bei 15 kn.
Panzerschutz: Hauptgürtelpanzer 127 mm - 241 mm, Panzerdeck 71 mm - 95 mm, Oberdeck 36 mm, Barbetten 279 mm - 330 mm, Türme 325 mm (Front) bzw. 127 mm (Decke) bzw. 133 mm - 152 mm (Seite), Kommandostand 269 mm.
Geschütze: neun 30,5 cm S.K. L/50 (3 x 3), zwölf 12,7 cm S.K. L/38 (6 x 2), 56 Rohre 4 cm (14 x 4), 34 Rohre 2 cm (34 x 1).
Torpedorohre: keine.
Seeminen: keine.
Bordflugzeuge: vier, zwei Katapulte.
Besatzungsstärke: 1979 Offiziere und Mannschaften.

Oben: Die ALASKA im Juni 1944 in der Bauwerft. Beachte den Gefechtsturm und die Katapulte. (Floating Drydock)

Links: Die ALASKA im Juli 1944. (USN)

Entwurf: Die Ursprünge für den Entwurf dieser Klasse lagen im Zusammenbruch der Vertragsbegrenzungen Ende der 30er Jahre, im Erscheinen der Panzerschiffe (der sog. »Taschenschlachtschiffe«) in Deutschland, die für alle anderen Kreuzer eine Gefahr bedeuteten, und in der Möglichkeit eines »Superkreuzers«, den Japan insgeheim entwickelte. Mit ihren Verpflichtungen im Pazifik und angesichts einer möglichen Konfrontation mit deutschen Aktivitäten im Atlantik wurde dieses Szenario von den USA mit Besorgnis betrachtet. Die amerikanische Regierung war deshalb an einem »Kreuzer-Killer« interessiert. Der Gedanke daran tauchte bereits 1938 auf. Schon zu einem sehr frühen Zeitpunkt gingen die Entwurfsstudien zu einem solchen Schiff von einer Bewaffnung mit 30,5-cm-Geschützen aus. Trotz vielfältiger Diskussionen zu diesem Thema wurde vor der Verstrickung der USA in den Zweiten Weltkrieg kein derartiges Schiff bewilligt, obwohl Ende 1939 ein mit 30,5-cm-Geschützen bewaffnetes Schiff zu den drei Haupttypen gehörte, die für ein erweitertes Kreuzer-Bauprogramm in Betracht gezogen wurden. Aus den beiden anderen Entwürfen sollten später die Kreuzer der BALTIMORE- und der CLEVELAND-Klasse hervorgehen. Eine weitere Aufgabe, die nunmehr mit diesem Schiff – amtlich als »Großer Kreuzer« bezeichnet – in Verbindung gebracht wurde, war die Sicherung der Flugzeugträger. Zu diesem Zeitpunkt schürte der Europäische Krieg in den USA die Besorgnis vor einer deutschen Vorherrschaft im Atlantik. Außerdem ließen geheimdienstliche Berichte aus Japan erkennen, daß dieses Land tatsächlich große Kreuzer baute. Die Entwurfsarbeiten wurden mit großer Dringlichkeit fortgesetzt und eine größere Anzahl von Entwurfsskizzen wurde diskutiert, bis schließlich Mitte 1940 der endgültige Entwurf vorlag.

Dieser endgültige Entwurf ging von einem Schiff mit 27 500 ts Standardverdrängung, einer Bewaffnung von neun 30.5-cm-Geschützen und einer Höchstgeschwindigkeit von 33,4 kn aus. Das Panzerschutzschema umfaßte in der Wasserlinie einen 241 mm dicken Seitenpanzer, der – für einen Kreuzer ungewöhnlich – eine Neigung von 10° aufwies. Er schützte sowohl die Maschinenraum- als auch die Munitionskammerbereiche und war als Schutz gegen 30,5-cm-Granaten ausgelegt, die aus Entfernungen über 21 500 m im Winkel von 90° auftrafen. Zu seiner Unterkante hin verjüngte er sich auf

VEREINIGTE STAATEN VON AMERIKA **325**

127 mm und bildete mit den 269 mm dicken Panzerquerschotten vorn und achtern die seitlichen Begrenzungen der Zitadelle. Der Horizontalschutz bestand aus einem gepanzerten Oberdeck von 36 mm Dicke, das die Funktion eines Auslösers für Bomben mit Verzögerungszünder hatte, sowie aus dem Panzerdeck von 71 mm (innen) bzw. 95 mm Dicke (außen), das die Zitadelle nach oben abschloß. Weder ein Unterwasserschutz noch ein Torpedoschott waren vorhanden. Das Gesamtgewicht der Panzerung und der Schutzbeplattung betrug 4720 ts oder 16,4 % der Standardverdrängung, d.h. etwas mehr als bei den Schweren Kreuzern. Im Vergleich hierzu betrug dieser Gewichtsanteil beim Schlachtschiff NORTH CAROLINA fast 40 %. Ein ähnlicher Anteil ergab sich auch bei der deutschen SCHARNHORST (43,55 %), während er bei der britischen HOOD nur bei etwa 30 % lag. In Anbetracht der verhältnismäßig schwachen Panzerung und der hohen Geschwindigkeit wären diese Schiffe in jeder anderen Marine als Schlachtkreuzer bezeichnet worden. In der US-Marine blieb es jedoch bei

Rechts: GUAM. (Floating Drydock)

Unten: Die GUAM im Oktober 1944. (Floating Drydock)

der amtlichen Bzeichnung »Großer Kreuzer«. Die Hauptantriebsanlage wies eine Mischung aus Schlachtschiff- und Kreuzer-Anordnung auf; sie glich jener für die Flugzeugträger der ESSEX-Klasse. Die Erprobungsfahrten erbrachten jedoch enttäuschende Ergebnisse. Bei einer Wasserverdrängung von 33 148 ts lief die ALASKA mit einer Antriebsleistung von 154 846 WPS lediglich eine Höchstgeschwindigkeit von 32,71 kn.

Die Schwere Artillerie bestand aus dem 30,5-cm-Geschütz S.K. L/50 Mk. 8/0 in drei Drillingstürmen. Es verschoß eine 517 kg schwere Granate bei einer Rohrerhöhung von 45° auf eine maximale Schußentfernung von 35 300 m. Ein Drillingsturm wog rund 930 ts. Die Reichweite dieser Geschütze erforderte einen wesentlich höher gelegenen Artillerieleitstand als bei den Schweren Kreuzern. Hieraus ergab sich der turmartige Gefechtsmast. Die zugleich als Mittelartillerie dienende Schwere Flak setzte sich aus zwölf 12,7-cm-DP-Geschützen S.K. L/38 in sechs Doppelturmschilden zusammen. Ihre Anordnung entsprach jener bei den Schweren Kreuzern: je zwei Doppellafetten an Backbord und an Steuerbord sowie je eine vorn und achtern in der Mittschiffslinie. Als Leichte Flak war ursprünglich die standardmäßige 2,8-cm-Vierlingslafette vorgesehen gewesen

Doch die Mängel dieses Geschützes waren bereits erkannt worden, noch ehe sich diese Schiffe der Fertigstellung näherten. Sie erhielten statt dessen sechs 4-cm-Vierlingslafetten. Bis zur Fertigstellung der Schiffe erhöhte sich ihre Anzahl stufenweise.

Endgültig bestand die Leichte Flak aus vierzehn 4-cm-Vierlingslafetten und 34 Rohren 2 cm (34 x 1). Schließlich führten diese Schiffe noch die standardmäßige Ausrüstung aus vier Seeflugzeugen und zwei Katapulten. Im Gegensatz zu den bisher gebauten Kreuzern befanden sich die letzteren mittschiffs an Backbord und an Steuerbord.

Am 9. September 1940 ergingen unter dem Flotten-Ergänzungsprogramm vom 19. Juli 1940 die Bauaufträge für sechs Einheiten an die New York Shipbuilding Corp. in Camden/N.J. Die Stahlverknappung erzwang jedoch am 20. Mai 1942 mit Ausnahme der ersten beiden Einheiten einen Bauaufschub. Für die HAWAII wurde der Bauaufschub am 25. Mai 1943 aufgehoben und das Schiff konnte auf Kiel gelegt werden. Die Bauaufträge für die restlichen drei Einheiten wurden am 24. Juni 1943 annulliert.

Modifizierungen: Da die Schiffe erst im späteren Verlauf des Krieges fertiggestellt wurden, erfuhren sie keine nennenswerten Veränderungen.

Werdegang: Die ALASKA gehörte nach ihrer Ausbildungszeit zur Pazifikflotte und traf am 13. Januar 1945 in Pearl Harbor ein. Anschließend stieß sie zu *TG 58.3* in Ulithi und nahm mit ihrer Trägerkampfgruppe im Februar an den ersten größeren Angriffen auf das japanische Mutterland (Tokio und Yokohama) und zur Unterstützung der Landung auf Iwo Jima (Operation »Detachment« sowie an einem Vorstoß gegen Okinawa teil. Mitte März 1945 gehörte die ALASKA zusammen mit der GUAM zur *TG 58.4* und sicherte die Flugzeugträger bei weiteren Angriffen auf das japanische Mutterland, insbesondere auf Kyushu und auf Stützpunkte an der Inlandsee (vor allem auf Kure), gefolgt von Trägerangriffen und Küstenbeschießungen ab April zur Unterstützung der Okinawa-Operationen bis weit in den Mai hinein. In den letzten beiden Kriegsmonaten gehörten die zwei Schlachtkreuzer zur *TG 95.2* und waren an Vorstößen in das Ostchinesische Meer und gegen die chinesische Küste beteiligt. Vom September 1945 an erfüllte die ALASKA Besatzungsaufgaben in Japan sowie anschließend auch in koreanischen und chinesischen Gewässern. Danach kehrte sie in die USA zurück und wurde am 17. Februar 1947 außer Dienst gestellt. Von da an lag der Schlachtkreuzer als Teil der Reserveflotte in Bayonne/New Jersey. Er wurde nie wieder in Dienst gestellt und am 1. Juni 1960 aus der Flottenliste gestrichen. Am 26. Mai 1961 verkaufte die US-Marine das Schiff an die Lipsett Inc. of New Jersey zum Verschrotten. Es traf im Juli desselben Jahres in Kearny zum Abbruch ein.

Die GUAM traf am 8. Februar 1945 in Pearl Harbor ein und stieß im folgenden Monat ebenfalls zur *TG 58.4* in Ulithi. Hinsichtlich der kurzen Zeit ihrer Kriegseinsätze siehe oben ALASKA. Vom 16. Juli bis zum 7. August 1945 diente der Schlachtkreuzer beim Vorstoß ins Ostchinesische Meer als Flaggschiff der *TF 95* unter Vice-Admiral Oldendorf. Danach fungierte sie als Flaggschiff der *North China Force* bei der Besetzung der chinesischen Häfen. Im September nahm die GUAM an der Besetzung Koreas teil und kehrte anschließend in die USA zurück. Am 17. Februar 1946 wurde sie außer Dienst gestellt. Von da an lag die GUAM ebenfalls als Teil der Reserveflotte in Bayonne/New Jersey. Am 1. Juni 1960 aus der Flottenliste gestrichen, wurde das Schiff am 24. Mai 1961 an die Boston Metals Corp. in Baltimore zum Verschrotten verkauft. Es traf im August 1961 in Newark zum Abbruch ein.

Die HAWAII wurde niemals fertiggestellt. Die Bauarbeiten wurden im August 1945 gestoppt, als das Schiff zu 82,4 % fertiggestellt war. Verschiedene Pläne für einen Umbau des unfertigen Schlachtkreuzers in einen Lenkwaffenkreuzer und Führungsschiff standen zur Diskussion, kamen aber nie zur Ausführung.

Am 9. Juni 1958 wurde das Schiff aus der Flottenliste gestrichen und am 15. April 1959 an die Boston Metals Corp. zum Verschrotten verkauft. Es traf am 6. Januar 1960 in Baltimore zum Abbruch ein.

WORCESTER-Klasse

Kennung	Name	Bauwerft	Kiellegung	Stapellauf	Fertigstellung	Schicksal
CL 144	WORCESTER	New York Sb. Corp., Camden	29. Jan. 1945	4. Febr. 1947	26. Juni 1948	gestrichen: 1. Dez. 1970
CL 145	ROANOKE	New York Sb. Corp., Camden	15. Mai 1945	16. Juni 1947	4. April 1949	gestrichen: 1. Dez. 1970
CL 146	VALLEJO	New York Sb. Corp., Camden	–	–	–	annulliert: 12. Aug. 1945
CL 147	GARY	New York Sb. Corp., Camden	–	–	–	annulliert: 12. Aug. 1945

Typ: Leichter Kreuzer – Light Cruiser.
Standardverdrängung: 14 700 ts (14 935 t).
Einsatzverdrängung: 17 997 ts (18 285 t).
Länge: 207,11 m (über alles), 202,39 m (CWL).
Breite: 21,54 m.
Tiefgang: 7,54 m (mittlerer).
Antriebsanlage: 4 Satz General-Electric-Getriebeturbinen, 4 Babcock-&-Wilcox-Kessel, 4 Wellen.
Antriebsleistung: 120 000 WPS für 33 kn.
Bunkerinhalt: 2400 ts Heizöl.
Fahrtstrecke: 8000 sm bei 15 kn.
Panzerschutz: Hauptgürtelpanzer 76 mm - 127 mm, Panzerdeck 89 mm, Oberdeck 25 mm, Barbetten 127 mm, Türme 165 mm (Front) bzw. 102 mm (Decke) bzw. 51 mm - 76 mm (Seite).
Geschütze: zwölf 15,2 cm S.K. L/47 (6 x 2), 24 Rohre 7,6 cm S.K. L/50 (11 x 2, 2 x 1), zwölf 2 cm (6 x 2).
Torpedorohre: keine.
Seeminen: keine.
Bordflugzeuge: vier, zwei Katapulte.
Besatzungsstärke: 1401 Offiziere und Mannschaften.

Entwurf: Die Ursprünge für den Bau dieser Klasse liegen in der Entwicklung des halbautomatischen 15,2-cm-Luft/Seeziel-Geschützes S.K. L/47 in Verbindung mit dem 1941 aufgetauchten Erfordernis nach einem Schiff, das imstande war, die Flotte gegen einen Angriff von Hochbombern zu verteidigen – möglicherweise aufgrund der britischen Erfahrungen vor Norwegen und insbesondere vor Kreta. Obwohl es rasch offensichtlich wurde, daß konventionelle Bomber – im Gegensatz zu Sturzbombern – nicht schnell genug reagieren konnten, um schnellen Schiffen bei Ausweichmanövern zu folgen, fungierte das Entwurfsprojekt weiterhin als Plattform für das neue Geschütz. Später kam noch als Rechtfertigung hinzu, eine Verteidigungsmöglichkeit gegen Gleitbomben vom Typ Hs 293 und Flugkörper vom Typ FX 1200 zu besitzen, wie sie von deutscher Seite 1943 vor Salerno zum Einsatz kamen.

Die im Mai 1941 ursprünglich formulierten militärischen Erfordernisse verlangten nach einem Schiff, das mit zwölf 15,2-cm-Luft/Seeziel-Geschützen bewaffnet war, keine Seitenpanzerung hatte, aber mit 152 mm bis 178 mm Dicke ein starkes Panzerdeck aufwies. Zwischen August 1941 und dem Sommer 1943 wurden mindestens sieben Entwurfsskizzen geprüft, die in der Wasserverdrängung von 11 500 ts bis 14 200 ts und in der Bewaffnung von acht bis zwölf 15,2-cm-Geschützen variierten. Keiner dieser Entwürfe sah 12,7-cm-Geschütze vor. Trotz der ursprünglichen Voraussetzung, keine Seitenpanzerung vorzusehen, wiesen fünf der Entwurfsskizzen einen Gürtelpanzer – in einem Fall sogar von 127 mm Dicke – in der Wasserlinie auf. Nur eine Entwurfsskizze ging von einem 127 mm dicken Panzerdeck aus und die Panzerschutzschemata variierten von einem 38 mm dicken Oberdeck und 127 mm über den Munitionskammern bis zu einem Oberdeck von 25 mm Dicke und 89 mm über den Maschinenräumen.

Die meisten der frühen Entwurfsskizzen sahen auch mittschiffs Flugzeugeinrichtungen vor, wie sie damals üblich waren, aber die Kriegserfahrungen hatten gelehrt, daß ihre Unterbringung achtern die bessere Möglichkeit darstellte. Dies wirkte sich auf den Fortgang der Entwurfsarbeit aus; nunmehr konnte der Schiffskörper ein Glattdeck erhalten. Der endgültige Entwurf sah eine Zwei-Schornstein-Anordnung vor, obgleich zwischenzeitliche Entwurfsskizzen einen einzigen Schornstein mit zusammengeführten Kesselabzugsschächten wie bei den Kreuzern der FARGO- und OREGON CITY-Klasse ins Auge gefaßt hatten. Infolge des größeren Raumbedarfs bei den Munitionskammern, um die sechs Doppeltürme mit Geschützen von hoher Feuergeschwindigkeit ausreichend mit Munition zu versorgen, hatte auch die Schiffslänge über alles gegenüber den Leichtern Kreuzern der CLEVELAND-Klasse beträchtlich zugenommen. Das Panzerschutzschema umfaßte einen 112,78 m langen Seitenpanzer in der Wasserlinie von 127 mm Dicke, der eine Breite von 1,50 m aufwies und sich bis zu seiner Unterkante auf 76 mm verjüngte. Insgesamt hatte der Seitenpanzer eine Breite von 2,90 m. Sein vorderes Ende verjüngte sich auf 51 mm bei einer auf 1,37 m verringerten Breite. Das Oberdeck hatte eine 22 mm dicke Panzerung mit 25 mm über der Zitadelle, wohingegen das Panzerdeck 89 mm dick war. Das Gesamtgewicht der Panzerung betrug 2119 ts oder 14,3 % der Standardverdrängung. Letztere lag bei etwa 14 797 ts und damit beträchtlich über jener bei der CLEVELAND-Klasse mit ihren zwölf 15,2-cm- und zwölf 12,7-cm-Geschützen. Dies läßt deutlich die Anforderungen des automatischen Waffensystems, aber auch den sparsamen Raumbedarf des Drillingsturms erkennen.

Die Anordnung der Hauptantriebsanlage beruhte auf dem wohlerprobten Einheitenprinzip. Jeder Kessel befand sich in seinem eigenen Kesselraum.

Rechts: ROANOKE. Beachte die 7,6-cm-Geschütze mittschiffs. (Floating Drydock)

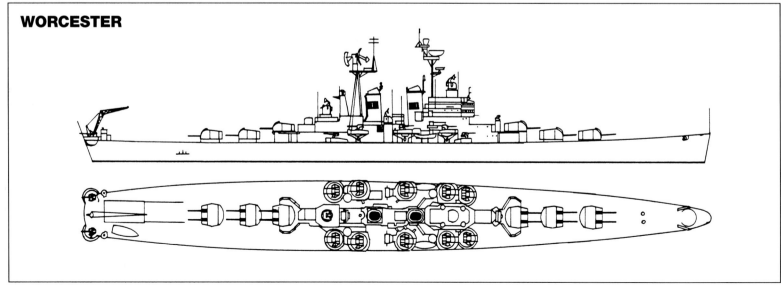

Wie bei der DES MOINES-Klasse trennten Panzerquerschotte zwischen den Maschinenräumen die Zitadelle in sechs Hauptabteilungen. Die Konstruktionsleistung war auf 120 000 WPS erhöht worden, nachdem die Kriegserfahrungen gezeigt hatten, daß die standardmäßige 100 000-WPS-Anlage nicht die erforderlichen Geschwindigkeiten lieferte. Das 15,2-cm-DP-Geschütz L/47 war ein halbautomatisches Waffensystem mit getrennten Munitionsaufzügen für Seeziel- und für Luftzielmunition. Das Richten der Geschütze nach Höhe und Seite vollzog sich elektrisch-hydraulisch und die maximale Rohrerhöhung betrug 78°. Jeder Turm wog 208 ts – im Vergleich zu den 173 ts für einen *Drillings*turm bei der CLEVELAND-Klasse. Vier Fla-Leitstände waren vorhanden: je einer vorn und achtern in der Mittschiffslinie und je einer mittschiffs an Backbord und an Steuerbord. Die Leichte Flak sollte aus elf 4-cm-Vierlings- und zwei 4-cm-Doppellafetten sowie aus zwanzig 2-cm-Einzellafetten bestehen. Noch im Bauzustand wurde diese Bewaffnung geändert: 7,6-cm-Geschütze L/50 in Doppellafetten ersetzten die 4-cm-Vierlingslafetten und 7,6-cm-Einzellafetten die 4-cm-Doppellafetten. Für die 2-cm-Ausrüstung wurden zehn Doppellafetten gefordert, aber WORCESTER wurde nur mit sechs und ROANOKE mit acht 2-cm-Doppellafetten fertiggestellt. Die Flugzeugeinrichtungen sollten aus zwei Katapulten und vier mitgeführten Seeflugzeugen bestehen. Sie wurden bei der WORCESTER noch vor der Indienststellung an Land gegeben und ihr Schwesterschiff erhielt sie überhaupt nicht. Wie die Einheiten der DES MOINES-Klasse waren auch die Einheiten dieser Klasse ursprünglich als Einheiten der CLEVELAND-Klasse geplant gewesen: CL 144 – CL 147 als Teil des Loses, deren Bauaufträge an die New York Shipbuilding Corp. in Camden/N.J. am 15. Juni 1943 vergeben worden waren. Die vier Einheiten sollten eine Kreuzerdivision bilden, aber der Auftrag für das zweite Paar wurde noch vor der Kiellegung widerrufen.

Modifizierungen: Keine innerhalb der Zeitspanne, die das Thema dieses Bandes bildet.

Werdegang: Keine der beiden fertiggestellten Einheiten lief noch vor dem Ende des Zweiten Weltkrieges vom Stapel. Die WORCESTER kam im Koreakrieg zum Einsatz und verbrachte eine lange Zeit im Mittelmeer, ehe sie am 19. Dezember 1958 außer Dienst gestellt und in die Reserveflotte versetzt wurde. Am 1. Dezember 1970 aus der Flottenliste gestrichen, verkaufte die US-Marine den Kreuzer am 5. Juli 1972 an die Zidell Explorations Inc. in Portland/Oregon zum Abbruch.

Die ROANOKE leistete im Pazifik und im Mittelmeer aktiven Flottendienst, kam aber im Koreakrieg nicht zum Einsatz. Am 31. Oktober 1958 außer Dienst gestellt und in die Reserveflotte versetzt, wurde sie zum selben Zeitpunkt wie ihr Schwesterschiff aus der Flottenliste gestrichen. Auch sie wurde am 22. Februar 1973 an die Zidell Explorations Inc. verkauft und in Portland/Oregon abgebrochen.

Bibliographie

Argentinien
Cruçeros de la Armada Argentina, 1920-1925
 von Prof. Julio M. Luqui-Lagleyze,
 Marinehistorische Abteilung
 des argentinischen Verteidigungsministeriums,
 Buenos Aires, 1993.

Australien
Australian and New Zealand Warships,
 1914-1945
 von Ross Gillet.
Individual Ship's Histories:
 Australian War Memorial, Canberra.

Brasilien
Historia Naval Brasieira,
 Minesterio da Marinha,
 Rio de Janeiro, 1985

Chile
Cruçeros al Servicio de la Armada de Chile
 von F.T. Cavieres, Capt. de Fragata (R)
 in Revista de Marina Nr. 5/90.

Deutschland
German Cruisers of World War Two
 von M.J. Whitley, Arms & Armour Press,
 London 1985. Deutsche Übersetzung:
 Deutsche Kreuzer im 2. Weltkrieg,
 Motorbuch-Verlag, Stuttgart 1988.
Die deutschen Kriegsschiffe 1815 - 1945
 von Erich Gröner, fortgeführt von
 Dieter Jung und Martin Maass, Band 1,
 Bernard & Graefe, München 1982.
Hipper Class Heavy Cruisers
 von Pargeter, Ian Allen, London 1982.
Die versunkene Flotte von Cajus Bekker,
 Stalling-Verlag, Oldenburg 1962.
Verdammte See. Ein Kriegstagebuch
 der deutschen Marine
 von Cajus Bekker,
 Stalling-Verlag, Oldenburg 1971.
 Engl. Übersetzung: Hitler's Naval War
 von Cajus Bekker,
 Purnell Book Services, London 1971.
German Warships of World War 2
 von Taylor, Ian Allen, London 1966.
German Warships of the Second World War
 von Lenton, Macdonald & Jane's, London
 1975.

Frankreich
Notices Historiques pour les croiseurs:
 Duguay-Trouin, Lamotte-Piquet, Primauguet,
 Duquesne, Tourville, Suffren, Colbert, Foch,
 Dupleix, Jeanne D'Arc, Emile Bertin, Algérie,
 La Galisonniére, Georges Leygues, Gloire,
 Jean D'Vienne, Marseillaise, Montcalm,
 Marine Nationale Service Historique,
 Château de Vincennes.
Un Cinquantenaire: Le Croiseur Algérie
 von Jean Guiglini,in M.R.B., 6 + 7/82.
The Minelaying Cruiser Pluton
 von Guiglini und Moreau
 in Warship International, 2 + 3/92.
The Cruiser Algérie von Jean Guiglini
 in Warship International, 1/91.
Dates de Construction, Bâtiments
 des Programmes de 1922 á 1940,
 Jean Moulin Blois, 1989.
The Complex Development of the French Light
 Cruiser, 1910-1926 von Henri Le Masson
 in Warship International, 4/85 und 2/86.
The French Navy. Navies of the Second
 World War von Henri Le Masson,
 Macdonald & Jane's, London 1969

Großbritannien
British Cruisers von Raven und Roberts,
 Arms & Armour Press, London 1980.
Town Class Cruisers von Raven und Roberts,
 Man O'War 5, 1980.
County Class Cruisers von Raven und Roberts,
 Man O'War 1, 1979.
Dido Class Cruisers von Mitchell
 in Marine News, 8/66.
Cruisers of the British und Dominion Navies
 von Hawke in Marine News, 12/65.
Charybdis von Dominy in Marine News, 8/69.
Cruisers of the C, D, E, Hawkins and Kent Classes
 von Ransome in Marine News, 3/74, 1+8/75,
 8+11/76, 2/77 und 11/78.
The Southampton Class Cruisers von Lenton
 in Marine News, 8/61.
York, Exeter and the Cruiser Problem
 von Lenton in Marine News, 11+12/58.

Italien
Gli Incraciatori Della Seconda Guerra Mondiale
 von Annon, Ufficio Storico della Marina,
 Rom 1965.
Italian Warships of World War 2 von Fraccaroli,
 Ian Allan, London 1968.
The Italian Navy in World War 2 von Bragadin,
 NIP 1957.
Zara von Fraccaroli, Warship Profile, Nr. 17.

Japan
Die japanischen Kriegsschiffe 1869 - 1945
 von Jentschura, Jung und Mickel,
 Lehmann's Verlag, München 1970.
 Engl. Übersetzung: Warships of the Imperial
 Japanese Navy, 1869-1945,
 Arms & Armour Press, London 1977.
The Development of the "A" Class Cruisers
 of the Imperial Japanese Navy
 von Lacroix in Warship International, 4/77,
 4/79, 1+4/81, 3/83, 3/84, 4/85.
Japanese Warships of World War II von Watts,
 Ian Allen, London 1966.
Japanese Battleships and Cruisers
 in Pocket Pictorial,
 Nr. 1, Macdonald & Jane's, London 1963.
Japanese Naval Vessels at the End
 of World War II
 von Fukui, Greenhill Books, London 1991.

Kanada
The Ships of Canada's Naval Forces,
 1910-1981
 von Macpherson und Burgess,
 Collins, London 1981.
The Sea is at our Gates. The History of the
 Canadian Navy
 von Cdr. T. German, M. & S., Toronto 1990.
The Naval Service of Canada. Its Official History
 von G.N. Tucker, 1952.
HMCS Ontario von Osborne, Marine News,
 12/74.

Niederlande
Royal Nederlands Navy. Navies of the Second
 World War,
 Macdonald & Jane's, London 1967.
De Ruyter von Van Oosten in Warship Profile,
 Nr. 40.

Peru
„50 Years" Service: Peru's Almirante Grau and
 Coronel Bolognesi
 von Fisher in Warship International, 4/75.

Polen
Wielkie Dni Malej Floty von Pertek, Wydawnictwo Poznanskie, Poznan 1987.
Polska Marynarka Wojenna, Wydane Prezez Instytut Literacki W. Rzymie, 1947.

Schweden
Kryssare, Militarhogskolan, Stockholm 1993.

Sowjetunion
Soviet Warships of the Second World War von Jörg Meister, Macdonald & Jane's, London 1977.
Soviet Warship Development von Siegfried Breyer, Bd. 1, Conway Maritime Press, London 1992.
Soviet Cruisers von Wright, Teil 1 in *Warship International*, 1/78.

Vereingte Staaten
US Cruisers von Friedman, Arms & Armour Press, London 1985.
Cruisers of the US Navy, 1922-1962 von Terzibaschitsch, Arms & Armour Press, London 1988.
American Cruisers of World War II von Ewing, Pictorial Histories Publishing Co., Missoula 1984.
US Warships of World War II von Silverstone, Ian Allan, London 1965.

Allgemeine Werke
Chronology of the War at Sea von Jürgen Rohwer und Gerhard Hümmelchen, Greenhill Books, London 1992. Keine deutsche Originalausgabe.
The War at Sea, Bde. 1 - 3, HMSO, London 1954, 1956, 1960 und 1961.
Warship Losses of World War Two von Brown, Arms & Armour Press, London 1990.
Conway's All the World's Fighting Ships, 1906-1921, Conway Maritime Press, London 1985.
Conway's All the World's Fighting Ships, 1922-1946, Conway Maritime Press, London 1980.

Anmerkungen des Übersetzers

1 Der britische Industrielle Sir William Armstrong drang Anfang der 70er Jahre mit seinen schiffbaulichen Vorstellungen bei der britischen Admiralität nicht durch. Doch 1879 erhielt die Armstrong-Werft in Low Walker am Tyne den Auftrag für den Bau eines Kanonenbootes für Chile, dem kurze Zeit später Aufträge für zwei weitere Schiffe dieses Typs für China folgten. Mit dem Bau dieser Schiffe verwirklichte Armstrong seine Vorstellungen: zwei schwere Geschütze und Einführung einer teilweisen Deckspanzerung über der Maschinenanlage, den Kesselräumen und den Munitionskammern unterhalb der Wasserlinie. Diese Schiffe stellten noch keine Kreuzer dar, aber sie lieferten Armstrongs Chefkonstrukteur, George Rendel, wertvolle Erfahrungen, als er 1880/81 den ersten Kreuzer entwarf: die ESMERALDA für Chile. Dieser besaß statt der teilweisen eine vollständige Deckspanzerung sowie eine wasserdichte Unterteilung unterhalb der Wasserlinie. Zwei einzelne 25,4-cm-Geschütze riefen den Eindruck einer ungeheuren Kampfkraft im Verhältnis zu einer bescheidenen Wasserverdrängung hervor. Nach dem Urteil des damaligen Chefs des Marinekonstruktionsamtes der Royal Navy, Nathaniel Barnaby, begründete dieses Schiff nicht nur Armstrongs Erfolg, sondern führte auch zu einer Geschwindigkeitssteigerung bei allen Kriegsschiffen und zur Aufgabe der Besegelung. Diesen Grundsätzen entsprach auch die britische MERSEY-Klasse.

Die ESMERALDA erwies sich in der Folge durch das Opfern des Freibords zugunsten der starken Artillerie als nicht sehr seetüchtig. Sie erweckte jedoch den Eindruck großer Kampfkraft und für die kleinen Überseemarinen bedeuteten Prestige und guter Ruf zumindest soviel wie tatsächliche Fähigkeiten. Als auch noch die Italiener eine etwas größere Version dieses Kreuzers – die GIOVANNI BAUSAN – erwarben, hatte plötzlich alle Welt den Wunsch »Elswick«-Kreuzer zu kaufen. Die Bezeichnung kam daher, weil die Armstrong-Werft inzwischen flußaufwärts nach Elswick-on-Tyne verlegt worden war. Von ihrer Überlegenheit gegenüber gleichaltrigen Schiffen einmal abgesehen, bestand der größte Vorteil der Elswick-Kreuzer in der Tatsache, daß sie im Vergleich zu den zeitgenössischen Kreuzern der Royal Navy, die robuster und seetüchtiger waren, infolge ihrer leichteren Bauart schneller und preiswerter gebaut werden konnten; zumal Armstrong auch noch die Geschütze aus eigener Fertigung lieferte. Näheres siehe in Antony Preston »Kreuzer 1880 - 1990«, Motorbuch-Verlag, Stuttgart 1991.

2 Dieser geringe Panzerschutz führte in der ersten Phase der Skagerrakschlacht am 31. Mai 1916 – dem Schlachtkreuzer-Treffen – zur Vernichtung der britischen Schlachtkreuzer INDEFATIGABLE, INVINCIBLE und QUEEN MARY durch die deutschen Schlachtkreuzer. Letztlich wirkte sich dies noch beim Untergang der HOOD im Island-Gefecht vom 24. Mai 1941 mit BISMARCK und PRINZ EUGEN aus. Siehe auch Mike J. Whitley »Deutsche Großkampfschiffe«, Motorbuch-Verlag, Stuttgart 1997.

3 Der Verfasser meint die »Kreuzerkriegsführung«. Sie deckt sich im engeren Sinne und in erster Linie mit dem Begriff der Handelskriegsführung. Es ist eine Kriegsführung, die sich gegen die Handelsschiffe feindlicher Flagge und gegen Bannware befördernde neutrale Schiffe richtet, wodurch im Idealfall die Seehandelsverbindungen des Feindes abgeschnitten werden. Im weiteren Sinne können aber zu den Aufgaben des Kreuzerkrieges auch handstreichartige Unternehmungen gegen feindliche Küstenplätze, die Beschießung militärischer oder militärischen Zwecken dienender Anlagen an der feindlichen Küste, die Zerstörung feindlicher Kabel und F.T.-Stationen usw. gerechnet werden. (Siehe hierzu auch KptzS. Erich Raeder »Der Kreuzerkrieg in den ausländischen Gewässern« im deutschen Admiralstabswerk »Der Krieg zur See 1914–1918« (Berlin 1922). Im Band I »Das Kreuzergeschwader« handelt Raeder die Kreuzerkriegsführung in den ersten drei Kapiteln ab. Vgl. auch John Walter »Piraten des Kaisers. Deutsche Handelsstörer 1914–1918«, Motorbuch-Verlag, Stuttgart 1996.)

Anlaß zu diesen Überlegungen in Frankreich war der Bau großer Schlachtschiffe mit Dampfantrieb und starker Panzerung, die Großbritannien infolge seiner überlegenen Schwerindustrie und Schiffbaukapazität sowie seiner Finanzkraft in wesentlich größerer Zahl als Frankreich bauen konnte. So entsprang der Gedanke des Kreuzerkrieges teilweise den seestrategischen und taktischen Ideen, die – anknüpfend an die Seekriegsführung zur napoleonischen Zeit – gegen das Ende des 19. Jahrhunderts in der französischen Marine diskutiert und unter der Bezeichnung *Jeune École* (»Junge Schule«) als neue Seestrategie (*Strategie navale*) bekannt wurden. Ausgangspunkt war ein 1882 erschienener Aufsatz des französischen Admirals Aube mit dem Titel »La Guerre Maritime et les ports maritimes de la France«, der auch außerhalb Frankreichs große Beachtung fand, u.a. auch in der deutschen Marine. (Näheres hierzu siehe in Rolf Güth »Von Revolution zu Revolution. Entwicklungen und Führungsprobleme der deutschen Marine 1848–1918«, Verlag Mittler & Sohn, Herford 1978, S. 75f.) In beiden Weltkriegen kam auf deutscher Seite die Kreuzerkriegsführung – wenn auch in erster Linie und im engeren Sinne als Handelskriegsführung – zum Einsatz. Allerdings verlagerte sich ihr Schwerpunkt im Verlauf beider Kriege mehr und mehr auf die U-Boote.

4 Nach den Auseinandersetzungen zwischen Großbritannien und Frankreich um afrikanische Interessen (Sudan: Faschodah-Krise 1898), die hart an den Rand eines Krieges gingen, kam es 1904 zu einem brit.-frz. Übereinkommen: der *Entente Cordiale* (»herzliches Einvernehmen«), wodurch ein Interessenausgleich erreicht wurde.

5 Das Verdrängungsvolumen des Schiffes, muliplizert mit dem spezifischen Gewicht des Wassers (1,015) ergibt den Auftrieb = Schiffsgewicht/ Deplacement/Wasserverdrängung. Bei den Überwasserkriegsschiffen ist daher zu unterscheiden zwischen:
a) *leeres Schiff*, d.h. das Gewicht des leeren, betriebsklaren Schiffes mit Waffen, Geräten, Ausrüstung sowie Wasser und Brennstoff in den Leitungen;
b) *Typ- oder Standardverdrängung:* wie a), jedoch mit Munition, Besatzung mit Effekten, Proviant, Verbrauchsstoffen und Frischwasser, angegeben in »ts standard« (begrifflich im Washingtoner Abkommen von 1922 festgelegt und seit 1927 auch bei der deutschen Marine in Gebrauch);
c) *Konstruktionsverdrängung* oder »t/ts auf CWL«: wie b), jedoch mit 50 % der Brennstoff-, Schmieröl- und Reservespeisewasservorräte (seit 1882 als normale Deplacementsangabe bei der deutschen Marine verwendet); und der
d) *größten Wasserverdrängung* oder *Einsatzverdrängung*, angegeben in »t/ts maximal«: jedoch mit sämtlichen Brennstoff-, Schmieröl- und Speisewasservorräten sowie ggf. Spezialausrüstung.
Bei deutschen Schiffen wurde das Verdrängungsvolumen in »t« – metrischen Tonnen (mt) zu 1000 kg

– angegeben, während bei ausländischen Schiffen die Maßeinheit »ts« – engl. »long ton« zu 1016 kg – Anwendung findet. Letztere Angabe ist heute allgemein in Gebrauch.

6 Siehe auch Antony Preston »Kreuzer 1880 - 1990«, Motorbuch-Verlag, Stuttgart 1991.

7 Nach dem Sprachgebrauch der deutschen Marine wurde zwischen Panzerkreuzern und Schlachtkreuzern begrifflich nicht unterschieden; beide Typen waren als »Große Kreuzer« – im Unterschied zu den »Kleinen Kreuzern – klassifiziert. »Panzerkreuzer« im Sinne des vom Verfasser gebrauchten Begriffes gab es acht: PRINZ HEINRICH (1902 als Großer Kreuzer A), PRINZ ADALBERT (1904), FRIEDRICH CARL (1903), ROON (1906), YORCK (1905), SCHARNHORST (1907), GNEISENAU (1908) und BLÜCHER (1909). Mit VON DER TANN (1910 als Großer Kreuzer F) begann der Bau von Schlachtkreuzern. BLÜCHER hatte einen sehr schwachen Panzerschutz und führte als Hauptbewaffnung lediglich zwölf 21-cm-Geschütze, im Gegensatz zu den stärker gepanzerten britischen Schlachtkreuzern der INVINCIBLE-Klasse mit acht 30,5-cm-Geschützen. Sie erlitt insofern ein ähnliches Schicksal wie die britischen Schlachtkreuzer in der Skagerrakschlacht, indem sie am 24. Januar 1915 im Seegefecht auf der Doggerbank/Nordsee im Artilleriebeschuß der überlegenen britischen Schlachtkreuzer sank.

8 Zu den deutschen Auslandskreuzern, zum deutschen Kreuzergeschwader unter VAdm. v. Spee, zu den Seeschlachten von Coronel und bei den Falkland-Inseln sowie zu den Schicksalen der Kleinen Kreuzer EMDEN, KARLSRUHE, KÖNIGSBERG und DRESDEN siehe John Walter »Piraten des Kaisers. Deutsche Handelsstörer 1914–1918«, Motorbuch-Verlag, Stuttgart 1996.

9 Siehe hierzu Antony Preston »Kreuzer 1880–1990«, Motorbuch-Verlag, Stuttgart 1991.

10 Es handelte sich um die älteren britischen Panzerkreuzer CRESSY, ABOUKIR und HOGUE der BACCHANTE-Klasse. Vgl. auch Erminio Bagnasco »U-Boote im 2. Weltkrieg«, Motorbuch-Verlag, Stuttgart 1988.

11 Der Kleine Kreuzer BRESLAU gehörte bei Kriegsausbruch 1914 zusammen mit dem Schlachtkreuzer GOEBEN zur deutschen Mittelmeer-Division. Da die beiden Schiffe nach Kriegsausbruch nicht mehr in heimische Gewässer zurückkehren konnten, wurden sie nach einigen Verhandlungen der verbündeten Türkei übergeben und liefen durch die Dardanellen in Konstantinopel (heute Istambul) ein. Die BRESLAU erhielt den neuen Namen MIDILLI. Während des Krieges operierten sie nominell unter türkischem Oberbefehl (VAdm. Souchon) mit weitgehend deutschen Besatzungen hauptsächlich im Schwarzen Meer gegen Rußland.

12 Um nach dem Ende des Ersten Weltkrieges ein erneutes Flottenwettrüsten zu verhindern, sollten die Kriegsflotten sowohl in ihrem Umfang als auch in der Größe der einzelnen Schiffskategorien begrenzt werden. Mit dem Versailler Friedensvertrag von 1919 hatten die Siegermächte hinsichtlich Deutschlands bereits den Anfang gemacht (siehe unten Anm. 28). Für den Kreuzerbau enthielten zweii internationale Verträge wesentliche Bestimmungen:
a) Das *Washingtoner Flottenabkommen* von 1922 zwischen Großbritannien, den USA, Japan, Frankreich und Italien, das die Gesamttonage der Kriegsflotten dieser Staaten im Verhältnis 1:1:1,75:1,75 (bezogen auf 525 000 ts für Großbritannien) festsetzte. Dieser Vertrag sah innerhalb der vorstehenden Tonnagebegrenzung keine Beschränkungen hinsichtlich der Anzahl der Kreuzer vor. Kreuzer durften lediglich keine höhere Wasserverdrängung als 10 000 ts standard aufweisen und kein größeres Kaliber als 20,3 cm führen (dies ist gleichzeitig der Begriff »Washington-Kreuzer«).
b) Der *Londoner Flottenvertrag* von 1930 zwischen Großbritannien, den USA und Japan (Frankreich und Italien traten nicht bei), der den Versuch unternahm, das frühere Vertragswerk zu ergänzen. Für den Kreuzerbau ergaben sich zusätzliche Beschränkungen:
– Schaffung der Kreuzerkategorien A und B:
Kategorie A: Verdrängung nicht über 10 000 ts standard, Kaliber über 15,5 cm bis 20,3 cm einschließlich;
Kategorie B: Verdrängung nicht über 10 000 ts standard, Kaliber bis 15,5 cm.
– Begrenzung der Gesamttonnage und Anzahl der Kreuzer je nach Kategorie und Staat:
Großbritannien: Kategorie A höchstens 15 Kreuzer und 146 800 ts standard, Kategorie B 192 200 ts standard,* Anzahl unbegrenzt.
USA: Kategorie A höchstens 18 Kreuzer und 180 000 ts standard, Kategorie B 143 500 ts standard,* :Anzahl unbegrenzt.
Japan: Kategorie A höchstens 12 Kreuzer und 108 400 ts standard, Kategorie B 100 450 ts standard.* Anzahl unbegrenzt.
– Festlegung einer Altersgrenze unabhängig von Kategorie und Staat:
Baubeginn vor dem 1.1.1920: 16 Jahre, Baubeginn nach dem 31.12.19: 20 Jahre.
Infolge der Gegensätze zwischen den Signatarstaaten, insbesondere der Benachteiligung Japans, war diesen Vertragswerken kein großer

_____
* Übertragbar bis zu 10 % der Kategorie, in die übertragen wird.

Erfolg beschieden. Japan kündigte die Verträge am 29. 12. 1934 und die übrigen Staaten 1936. Deutschland war an diesen Verträgen nicht beteiligt; für die deutsche Marine galt der Versailler Friedensvertrag (siehe unten Anm. 28).

13 Zu den Panzerschiffen DEUTSCHLAND, ADMIRAL SCHEER und ADMIRAL GRAF SPEE sowie zum Seegefecht vor dem Rio de la Plata siehe M.J. Whitley »Deutsche Großkampfschiffe«, Motorbuch-Verlag, Stuttgart 1997.

14 Die Gleitbombe Henschel Hs 293, einer der ersten Lenkflugkörper der Welt, war fast ein kleines Flugzeug mit Tragflächen und Heckflossen am schlanken Rumpf, der hauptsächlich aus einer 550-kg-Bombe mit Stauraum für die Stabilisierungskompasse und die Funklenkausrüstung bestand. Sie wurde außenbords eines Mutterflugzeuges, z. B. der Do 217 K des K.G.100, mitgeführt. Nach dem Ausklinken vom Flugzeug fiel sie etwa eine Sekunde lang im freien Fall, bis das Walther-Flüssig-Raketentriebwerk 109-507 zündete. Es lief mit Wasserstoffsuperoxyd und entwickelte einen Schub von 600 kp für die Dauer von etwa 10 Sekunden. Es beschleunigte die Gleitbombe bis auf 250 m/s. Nach seinem Ausbrennen zündete das unter dem Flugkörper angebrachte Hilfstriebwerk (ein BMW-Raketenmotor 109-511), das nochmals für 15 Sekunden Schub lieferte. Besondere Schleppkeulen an den Tragflächen bremsten die Marschgeschwindigkeit auf etwa 580 km/h, während im Sturzflug bis zu 960 km/h erreicht wurden. Der Beobachter im Flugzeug lenkte die Hs 293 über Funk nach Seite und Höhe. Sie führte im Heck eine rauchfreie, rote Leuchtspurladung mit und mit dieser Hilfe konnte der Beobachter ein Ziel noch in 20 km Entfernung vom Auslösepunkt ansteuern und treffen. Der Schwachpunkt war die Funksteuerung. Daher wurde später die Drahtlenkung mit 30 km Draht eingeführt. In der Erprobung befand sich die Gleitbombe Hs 293 D mit der Lenkung durch eine Fernsehkamera. (Siehe auch unten Anm. 156.)

15 Der japanische Begriff der »Großen Asiatischen Wohlstandssphäre« bezeichnete nach der ursprünglichen Planung der japanischen Militärs in Tokio die Eroberung eines Gebietes, das gegen die erwarteten amerikanischen Angriffe intensiv zur Verteidigung ausgebaut auch gehalten werden könnte. Der Kern war die Eroberung der »Südlichen Rofstoffgebiete« mit Öl und Eisenerz: Malaya, Niederländisch-Ostindien und Burma, gesichert in einem weiten Halbkreis als zusammenhängendes Verteidigungsgebiet durch die Eroberung weiterer strategisch wichtiger Positionen: von den Kurilen über Wake, die Marshall-Inseln, den Bismarck-Archipel, Timor, Java, Sumatra, Andamanen bis zur Westgrenze Burmas.

ANMERKUNGEN DES ÜBERSETZERS

16 Beim Typ 268 handelt es sich um ein britisches Radargerät. Da im vorliegenden Werk vom Verfasser bei den britischen Radargeräten nur die Typbezeichnung angegeben wurde, soll die folgende Übersicht zur Erläuterung einige technische Angaben zu den erwähnten Gerätetypen liefern:

Britische Marineradargeräte

Typ-Nr.:	Klassifikation:	Wellenlänge:	Frequenz (MHz)	Leistung (kW):	Einf.-Jahr:	Bemerkungen:
79	LÜR	7,7 m	39-42	70	1938*	LÜR großer Reichweite für große Schiffe, siehe Typ 279
268	SÜR	3 cm	9400	–	1945	Ersatz für Typ 291 U
271 M/P	SÜR	10 cm	3000	5-10	1941	kleine Schiffe
271 Q	SÜR	10 cm	3000	70	1943	kleine Schiffe
272 M/P	SÜR	10 cm	3000	5-10	1941	u.a. Kreuzer
273 M/P	SÜR	10 cm	3000	5-10	1941	große Schiffe
273 Q	SÜR	10 cm	3000	70	1943	große Schiffe
274	SAR	10 cm	3300	400	1944	SA-Artillerieleitstände, Ersatz für Typ 284
276	SÜR	10 cm	3000	500	1944	einschl. unterer Luftraum, kleine Schiffe, Ersatz für Typ 271/2
277 P/Q	SÜR	10 cm	3000	500	1944	Ersatz für 271/2/3, konnte Rohrerhöhung messen
277 S	SÜR	10 cm	3000	500	1943	einschl. unterer Luftraum
277 T	SÜR	10 cm	3000	500	1943	Typ 277 auf Schleppvorrichtung
279	LÜR	7,5 m	39-42	600 (Warngr.), 1000 (E-Meßger.)	1940	LÜR großer Reichweite für große Schiffe, Typ 79 mit E-Meß-Komponente
281 A	LÜR	3,5 m	86-94	600 (Warngr.), 1000 (E-Meßger.)	1940	LÜR großer Reichweite für große Schiffe
281 B	LÜR	3,5 m	86-94	600	1943	Pfahlmast-Version von Typ 281 A
281 BM/BP/BQ	LÜR	3,5 m	86-94	350	1945	ständig rotierende Antenne
282	LAR/N	50 cm	600	15	1941	Pompom-Leitstände usw.
282 M1/M2/M3	LAR/N	50 cm	600	60 bzw. 80	1942	verstärkte Leistung
282 M4	LAR/N	50 cm	600	60 bzw. 80	1942	Radarstrahl-Schaltung**
282 Q	LAR/N	50 cm	600	150	–	Radarstrahl-Schaltung und verstärkte Leistung
283 M	LAR/S	50 cm	600	150	1943	automat. Sperrfeuer für SA oder MA/SF
284 M/P	SAR	50 cm	600	wie Typ 282	1940	SA-Artillerieleitstände
285 M/P/Q	LAR	50 cm	600	wie Typ 282	1940	Fla-Feuerleitstände (Luft/Seeziel-Feuerleitstände auf Zerstörern)
286 M/P	L/SÜR	1,5 m	214	7	1940	kleine Schiffe, Typ 286 M: Festantenne, Typ 286 P: Drehantenne
286 PQ	L/SÜR	1,5 m	214	100	1943	kleine Schiffe, höhere Leistung
290	L/SÜR	1,5 m	214	100	1941	kleine Schiffe, Ersatz für Typ 286, ersetzt durch Typ 291
291 M	L/SÜR	1,5 m	214	100	1941	kleine Schiffe, Ersatz für Typ 286/290
291 U	L/SÜR	1,5 m	214	100	1943	Küstenstreitkräfte
291 W	L/SÜR	1,5 m	214	100	1943	Unterseeboote
293 M	L/SÜR/Z	10 cm	3000	500	1944	Zerstörergröße und darüber, Ersatz für Typ 271/272/273
SG	SÜR	10 cm	3195	–	1943	amerik. Radar auf brit. Schiffen

17 Die Messung der Schiffslänge kann auf verschiedene Weise erfolgen, als
- *Länge über alles*, d.h. die Länge zwischen den äußersten festen Punkten eines Schiffes;
- *Länge in der CWL*, d.h. die Länge des Schiffes in der Konstruktionswasserlinie (CWL/KWL), auf der das Schiff bei Konstruktionswasserverdrängung schwimmt;
- *Länge zwischen den Loten* oder Perpendikeln (pp), d.h. Länge des Schiffes zwischen den Loten, die in den Schnittpunkten der CWL mit den Vor- und Hinterschiffsumrissen errichtet werden (diese Maßeinheit war in der deutschen Marine – statt der Länge in der CWL – bis 1908 in Gebrauch, ansonsten bei der Handelsmarine).

18 Britisches Radar Typ 271 siehe Anm. 16.

19 Britisches Radar Typ 285 und amerikanisches SG-Radar siehe Anm. 16.

20 Am 31. Mai 1942 setzten die japanischen Unterseeboote *I 22, I 24* und *I 27* ihre Kleinstunterseeboote vor dem Hafen von Sydney aus (sie konnten je eines vom Typ A an Oberdeck auf Klampen vor dem Kommandoturm mitführen). Es gelang ihnen jedoch nur, das Wohnschiff KUTTABUL zu versenken, während die Torpedos den amerikanischen Schweren Kreuzer CHICAGO verfehlten.

Kleinstunterseeboot Typ A: 46 ts, 23,90 m x 1,80 m x 1,80 m, 1 E-Motor (600 PS), 23 kn über und 19 kn unter Wasser, zwei 45,7-cm-Torpedos, zwei Mann Besatzung.

21 Die Bezeichnungen der Türme der Schweren Artillerie auf deutschen Kriegsschiffen lauteten: Turm A (Anton) und B (Berta) vorn sowie Turm C (Cäsar) und Turm D (Dora) achtern. Auf britischen Kriegsschiffen galten die Bezeichnungen Turm A und B vorn sowie Turm X und Y achtern; ggf. Q für eine Position mittschiffs.

22 Vom 23. - 25. September 1940 griffen britische Seestreitkräfte Dakar an (Operation »Menace«), um eine Landung gaullistischer Truppen (2400 Fremdenlegionäre) zu unterstützen. Der britische Verband (VAdm. Cunningham) bestand aus den Schlachtschiffen BARHAM und RESOLUTION, den Schweren Kreuzern AUSTRALIA (RAN), CUMBERLAND und DEVONSHIRE, sechs Zerstörern, drei frz. Avisos, vier Frachtern, einem Tanker und zwei Truppentransportern. Im Feuer der vichy-frz. Küstenbatterien und Schiffe (Schlachtschiff RICHELIEU, Leichte Kreuzer GEORGES LEYGUES und MONTCALM sowie vier Großzerstörer) schlug der Landungsversuch fehl. Nach der Torpedierung der RESOLUTION durch das frz. Unterseeboot BÉVEZIERS wurde der Angriff abgebrochen. Außer dem Großzerstörer L'AUDACIEUX gingen auch die frz. Unterseeboote PERSÉE und AJAX verloren. Mehrere britische Schiffe erhielten Artillertreffer und sechs Trägerflugzeuge wurden abgeschossen.

23 Siehe hierzu M.J. Whitley »Deutsche Großkampfschiffe«, Motorbuch-Verlag, Stuttgart 1997, S. 153.

---

* Erhielt der Leichte Kreuzer SHEFFIELD als erste Radaranlage für ein britisches Schiff.
** Radarstrahl-Schaltung: Verfahren, um ein Ziel genau nach Höhe und/oder Seite zu bestimmen, durch schnelles Umschalten des Radarstrahls zwischen zwei Richtungen. Hierdurch ergeben sich zwei Echos. Sind die beiden Echos deckungsgleich, ist die Peilung korrekt.

Klassifikations-Abkürzungen:
LAR Luftziel-Feuerleitradar
LAR/N Luftziel-Feuerleitradar/Nahbereich
LAR/S Luftziel-Feuerleitradar/Sperrfeuer
L/SÜR Luft/Seeraum-Überwachungsradar
L/SÜR/Z Luft/Seeraum-Überwachungsradar/Zielerkennung
LÜR Luftraum-Überwachungsradar
SA Schwere Artillerie
SAR Seeziel-Feuerleitradar
SÜR Seeraum-Überwachungsradar
 (einschl. unterer Luftraum)
MA/SF Mittelartillerie/Schwere Flak
(Lt.-Cdr.a.D. Derek Howse: »Radar at Sea. The Royal Navy in World War 2«, MacMillan Press Ltd., London 1993.)

24 Siehe oben Anm. 20.

25 Zu diesen Radargeräten siehe oben Anm. 16.

26 Entsprechend dem geschlossenen Bündnissystem, im damaligen Sprachgebrauch die »Achse Berlin - Rom - Tokio«, wurden Deutschland, Italien und Japan als »Achsenmächte« bezeichnet.

27 Siehe hierzu auch Siegfried Breyer »Schulkreuzer EMDEN«, Marine-Arsenal Bd. 31, Podzun-Pallas-Verlag, Wölfersheim-Berstadt 1995, sowie zu allen deutschen Kreuzern M.J. Whitley »Deutsche Kreuzer im 2. Weltkrieg«, Motorbuch-Verlag, Stuttgart 1988.

28 Fortsetzung von Anm. 12. Deutschland unterlag in bezug auf seine Nachkriegsmarine den Bestimmungen des Versailler Vertrages von 1919, der hinsichtlich der Kreuzer bestimmte: Nach Art. 181 durften die Seestreitkräfte nur sechs Kleine Kreuzer im aktiven Dienst besitzen. Diese konnten nach Art. 190 durch Ersatzbauten nach einem Zeitraum von 20 Jahren, gerechnet vom Stapellauf an, abgelöst werden, durften aber keine größere Wasserverdrängung als 6000 t haben. Außerdem durften nach Art. 192 nur die festgesetzten Mengen an Waffen, Munition und Kriegsmaterial an Bord sein.

Nach der Auslieferung der Flotte an die Alliierten waren der deutschen Marine nur noch wenige veraltete Kriegsschiffe geblieben, die in der Regel bereits während des Krieges wegen Unbrauchbarkeit aus dem Frontdienst herausgezogen worden waren. So ergab sich bei den Kreuzern folgender Bestand: NIOBE (1900), NYMPHE (1900), THETIS (1901), AMAZONE (1901), MEDUSA (1901) und ARCONA (1903) der GAZELLE/FRAUENLOB-Klasse sowie HAMBURG (1904) und BERLIN (1905) der BREMEN-Klasse. Zwei der Kreuzer verblieben im Reservestatus.

29 Die CÖLN-Klasse sollte aus zehn Einheiten bestehen, aber nur die CÖLN II und die DRESDEN II stießen 1918 noch zur Flotte. Beide wurden nach der Internierung der deutschen Flotte am 22. November 1918 in Scapa Flow am 21. Juni 1919 selbstversenkt. Die technischen Daten lauteten:
Typ: Kleiner Kreuzer.
Konstruktionsverdrängung: 5620 t.
Einsatzverdrängung: 7486 t.
Länge: 155,5 m (über alles), 149,8 m (CWL).
Breite: 4,2 m.
Tiefgang: 6,43 m (maximal).
Antriebsanlage: 2 Satz Marine-Turbinen, 8 Kohle- + 6 Öl-Marine-Kessel, 2 Wellen.
Antriebsleistung: 48 708 WPS für 29,3 kn.
Bunkerinhalt: 1100 t Kohle + 1050 t Heizöl.
Fahrtstrecke: 6000 sm bei 12 kn.
Panzerschutz: Hauptgürtelpanzer 60 mm, Deck 40 mm - 60 mm, Geschützschilde 50 mm, Kommandostand 100 mm.
Geschütze: acht 15 cm S.K. L/45, drei 8,8 cm L/45.
Torpedorohre: vier 60 cm an Deck.
Seeminen: 200.
Bordflugzeuge: keine.
Besatzungsstärke: 17 Offiziere und 542 Mannschaften.

30 Die EMDEN I (1909) war der legendäre Auslandskreuzer, der in der ersten Kriegsphase 1914 im Indischen Ozean Kaperkrieg führte und am 9. November 1914 bei den Cocos-Inseln durch den britischen Kreuzer SYDNEY versenkt wurde. Siehe auch »Piraten des Kaisers«, Motorbuch-Verlag, Stuttgart 1996. Die EMDEN II (1916) war ein Flottenkreuzer der KÖNIGSBERG-II-Klasse und wurde nach der mißlungenen Selbstversenkung am 21. Juni 1919 in Scapa Flow zur frz. Kriegsbeute und bei Sprengversuchen aufgebraucht.

31 Die Rheinland-Besetzung durch frz. Truppen erfolgte aufgrund des Versailler Vertrages 1919 zur Gewährleistung der deutschen Reparationslieferungen. Der Verfasser meint hier jedoch den Ruhrkampf, d.h. die widerrechtliche frz.-belg. Besetzung des Ruhrgebietes am 11. Januar 1923 unter gleichzeitiger Verstärkung der Rheinlandbesatzung zur Erzwingung der Reparationen und Errichten einer Zollgrenze. Hiergegen rief die deutsche Regierung zum passiven Widerstand auf. Daher war die Fa. Rheinmetall – eigentlich Krupp – zur Lieferung nicht imstande. Trotz des Zusammenbruchs des passiven Widerstandes im Herbst 1923 war die endgültige Räumung des besetzten Gebietes erst am 31. Juli 1925 zu Ende.

Ursache war allerdings letztlich das Veto des interalliierten Marineüberwachungsausschusses (NIACC), der auf Art. 209 des Versailler Vertrages beruhte, gegen die Ausrüstung mit acht neu entwickelten 15-cm-Geschützen S.K. L/55 von Krupp in vier Doppellafetten. Hiermit wäre die EMDEN einer der ersten Kreuzer mit Turmartillerie gewesen und diesen artilleristischen Vorteil wollte die alliierte Seite nicht.

32 Die Auswechslung war beabsichtigt, weil die Munitionsbestände für das veraltete 15-cm-Geschütz L/45 zu Ende gingen. Nach Breyer (Anm. 27) ist der Sachverhalt nicht ganz aufgeklärt. Möglicherweise fanden die für die annullierten Zerstörer 1936 A/B gefertigten Geschütze Verwendung.

33 Bei den deutschen Schiffen wird die damals übliche Bezeichnung »Funkmeß« statt Radar beibehalten.

34 Die zuletzt geplante Umrüstung wurde erst gegen Kriegsende beschlossen und konnte infolge der eingetretenen Kriegslage nicht mehr durchgeführt werden.

35 Lothar Arnauld de la Periére war im Ersten Weltkrieg Kommandant von U 35 und des U-Kreuzers KAPITÄNLEUTNANT SCHWIEGER. Er versenkte 141 Handelsschiffe mit 453 716 BRT sowie zwei kleinere Kriegsschiffe und war damit der erfolgreichste U-Bootkommandant der Welt beider Weltkriege. Er mußte 1931 aufgrund eines unliebsamen Vorfalls während der Weltreise der EMDEN 1928/29 (Setzen eines »roten Putzlappens«) seinen Abschied nehmen und trat bis 1938 in türkische Dienste. Nach Kriegsausbruch eingezogen, war er zuletzt als VAdm.z.V. Marinebefehlshaber Westfrankreich. Er kam am 24. Februar 1941 auf dem Flugplatz Le Bourget/Paris bei einem Flugzeugabsturz ums Leben. (Siehe auch V.E. Tarrant »Kurs West! Die deutschen U-Bootoffensiven 1914–1945«, Motorbuch-Verlag, Stuttgart 1994.

36 Die Deutschen Werke entstanden 1925 durch Beschluß des Reichstages aus der Reichswerft (ehemalige Kaiserliche Werft) Kiel, der A.G. Deutsche Werke, Berlin, und der Torpedowerkstatt Friedrichsort. 1937 Eingliederung der Howaldtswerke Kiel (bis 1943). 1939 Verkauf an die Kriegsmarine.

37 Nach Gröner aaO lagen die Standardverdrängung bei 6644 ts (6750 t) und die Einsatzverdrängung bei 7700 ts (7823 t). Nach dem Umbau ergaben sich für die KARLSRUHE 6730 ts (6838 t) bzw. 8350 ts (8484 t).

38 Bei den Kreuzern der K-Klasse wurde beim Panzerschutzschema ein neuer Weg beschritten: die Einführung eines ca. 1,30 m und fast 3 m tiefen Panzerkastens auf jeder Schiffsseite, der jeweils ca. 23 m hinter dem Nullspant begann und ca. 19,5 m vor dem Ansatz des Vorstevens endete. Ihn schlossen nach oben das Panzerdeck (daher ohne Böschung) und nach außen der Seitenpanzer ab. Innen begrenzte ihn ein Wallgangschott, das sich aus der Senkrechten (15 mm Dicke) im unteren Teil um etwa 50° nach unten außen neigte (10 mm Dicke) und eine untere Böschung und dadurch den Boden bildete. Absicht war es, hiermit auftriebsaktive Luftkästen zu schaffen. Sie bewährten sich nicht und konnten weder den Untergang der KÖNIGSBERG noch den der KARLSRUHE verhindern (Siegfried Breyer »Die K-Kreuzer (I)«, Marine-Arsenal Bd. 11, Podzun-Pallas-Verlag, Friedberg 1990).

39 Dieser Ballast war auf 680 t festgelegt, d.h. vom mitgeführten Brennstoff durfte diese Menge nicht verbraucht werden und mußte in den Bunkern verbleiben. Außerdem war der Einsatz dieser Kreuzer auf die Nord- und Ostsee begrenzt.

40 Die Umbaumaßnahmen umfaßten im einzelnen folgende Bereiche:

ANMERKUNGEN DES ÜBERSETZERS

1. Verbreiterung des Schiffskörpers um je 0,80 m auf jeder Seite durch eine neue Außenhaut von 14 mm Wh vom Oberdeck bis zum Schlingerkiel auf einer Länge von 96 m oder 55 % der Länge über alles (unterhalb des Panzerdecks über der alten, wobei sich zwischen dem Seitenpanzer und der neuen Außenhaut ein äußerer Wallgang von 0,65 m Breite ergab).
2. Das Oberdeck erhielt eine Wh-Panzerung von 16 mm Dicke.
3. Ausbau der Marsch-Dieselmotoren und der Dieselabgasrohre.
4. Neue Schornsteine mit Schrägkappen.
5. Neuer Dreibein-Großmast unmittelbar hinter dem achteren Schornstein.
6. Scheinwerfer nunmehr zu je zweien auf Plattformen an beiden Schornsteinen.
7. Moderne Wippkräne anstelle der alten Kräne und Ladebaumpfosten.
8. Umbauten am Röhrenmast mit nunmehr eingeschossigem Vormarsleitstand.
9. Ersetzen der 8,8-cm-Doppellafetten durch 10,5-cm-Doppellafetten mit Einbau einer 10,5-cm-Exerzierkanone auf dem achteren Aufbaudeck.
10. Ausrüstung mit einem Bugschutzgerät.
11. Einbau einer MES-Anlage.

(Siegfried Breyer »Die K-Kreuzer (II)«, Podzun-Pallas-Verlag, Friedberg 1990.)

41 1941 Einbau einer 10 m≈ großen hölzernen Plattform auf Turm B der KÖLN für Versuche mit den Flettner-Hubschraubern Fl 265 und Fl 282 »Kolibri«.

Der Fl 282 konnte bei Höchstfahrt des Schiffes starten und landen. Zu einer einsatzmäßigen Verwendung (U-Bootjagd) kamen die Hubschrauber – mit Ausnahme auf dem Minenschiff DRACHE in der Ägäis zu einem späteren Zeitpunkt - bei der Kriegsmarine jedoch nicht.

42 Siehe oben Anm. 39.

43 116. Jahrestag der Völkerschlacht bei Leipzig am 18. Oktober 1813 im Befreiungskrieg gegen Napoleon I.

44 Da sich der Verstellpropeller nicht bewährte, erhielt die Mittelwelle der LEIPZIG letztlich einen Festpropeller. Außerdem drehten bei Marschmotorenantrieb über einen von der Mittelwelle angetriebenen Generator die beiden Seitenpropeller mit, so daß sie weder bremsten noch schoben. Hierdurch ergab sich eine Ersparnis von 2500 PSe. (Siehe hierzu Siegfried Breyer »Die Kreuzer LEIPZIG und NÜRNBERG«, S. 7/8, Marine-Arsenal, Bd. 28, Podzun-Pallas-Verlag, Wölfersheim-Berstadt 1994, und Gröner aaO, S. 151.)

45 Hier irrt der Verfasser. Nach Breyer aaO fand bei der LEIPZIG noch Nickelpanzerstahl Verwendung.

Der Wh-Panzerstahl stand erst bei der NÜRNBERG zur Verfügung.

46 LEIPZIG führte bei Kriegsende noch acht 2-cm-Einzellafetten und die beiden vorderen 3,7-cm-Doppellafetten.

47 Breyer aaO zweifelt die Versenkung mit Gasmunition an Bord an, gibt aber hierfür keine Begründung.

48 Außerdem erfolgten noch der Einbau von zehn 2-cm-Fla-Geschützen LM 44 in Doppellafetten und einer 2-cm-Einzellafette.

Die endgültige Fla-Bewaffnung sollte wie folgt aussehen: acht 3,7 cm 43 M (4 x 2), 28 Rohre 2 cm (2 x 4 C/38, 10 x 2 LM 44) und drei 7,3-cm-RAG »Föhn« (Breyer aaO).

49 Breyer aaO hat festgestellt, daß das FuMO 63 K Ende 1944 auf ausdrücklichen Wunsch des Kommandanten an Bord kam. Es gehörte nicht zur normalen Ausstattung.

50 Ergänzt durch den Übersetzer. Siehe hierzu Boris V. Lemachko »Deutsche Schiffe unter dem Roten Stern«, S. 10, Marine-Arsenal Sbd. 4, Podzun-Pallas-Verlag, Friedberg 1992.

51 Hier drückt sich der Verfasser ungenau aus: Als bessere Lösung wurden vier 19-cm-Doppeltürme angesehen, aber diese erforderten schätzungsweise eine Wasserverdrängung von mindestens 9000 t. Ein Gewichtsvergleich zwischen vier 19-cm- und vier 20,3-cm-Doppeltürmen ergab für die letzteren lediglich ein Mehrgewicht von 85 t. Dies gab den Ausschlag für die Wahl des Kalibers 20,3 cm (siehe hierzu M.J. Whitley »Deutsche Kreuzer im 2. Weltkrieg«, S. 38, Motorbuch-Verlag, Stuttgart 1988).

52 Das Konzept der Hochdruckheißdampf-Turbinenanlage mit einer Kesseltemperatur von 450° und einem Kesseldruck von 58 - 85 atü war in der deutschen Marine heftig umstritten. KptzS. Fuchs, der damalige Chef der Marineausbildungsabteilung (A IV) im Marinekommandoamt (A), bezeichnete es sogar – im Vergleich zum Dieselmotoren-Antrieb – als »die Katastrophe des deutschen Kriegsschiffbaus«. Die Nachteile dieser Anlage lassen sich wie folgt zusammenfassen:
1. Geringerer Aktionsradius, d.h. das Panzerschiff mit Dieselmotoren konnte bis in den Indischen Ozean eingesetzt werden, während die Schlachtschiffe und Schweren Kreuzer mit Hochdruckheißdampf-Anlage auf den Nordatlantik beschränkt blieben. So war z.B. der Fahrbereich der ADMIRAL HIPPER mit 7900 sm bei 19 kn angesetzt worden. Tatsächlich wurden aber nur 4430 sm bei 19 kn erreicht.
2. Die physikalischen Gefahren des Hochdruckdampfes (siehe unten).
3. Störanfälligkeit, wie die Möglichkeit des Versalzens der Kesselsysteme.
4. Ungünstig für die Unterteilung in wasserdichte Abteilungen.
5. Verhältnismäßig niedrige Leistungsfähigkeit.

Außerdem integrierten die Maschinenkonstrukteure zahlreiche Sicherheitsmaßnahmen in die Anlagen, die zu Sicherheitsventilen führten, um Dampf abzulassen, wenn folgende Voraussetzungen vorlagen:
a) Überdrehen der Welle,
b) Verlust des Schmieröldrucks,
c) Verlust des Kondensator-Vakuums,
d) Überdruck am Turbinen-Einlaß und
e) übermäßige Axialbewegung.

Im Gefecht veranlaßte der Schock häufig das Auslösen einer dieser Sicherheitsmaßnahmen um Dampf abzulassen und die Antriebsanlage stillzulegen. Darüber hinaus besteht ein entscheidender Unterschied zwischen Diesel- und Dampfantrieb in folgendem: Ein gestoppt liegendes Schiff mit Dieselantrieb kann sofort auf Höchstfahrt gehen, da die Dieselmotoren mit einem Knopfdruck angelassen werden können. Bei Dampfantrieb müssen alle Turbinen ständig unter Dampf stehen, weil das Dampfaufmachen bei kalten Turbinen zwei Stunden erfordert.

Auch von außerhalb der Marine kam Kritik, so vom Obermarinebaurat a.D. Ehrenberg, damals Professor für Schiffbau an der Technischen Hochschule in Berlin. Er schrieb in seinem Aufsatz »Neue Wege zu alten Zielen des Kriegsschiffbaus« in »Nauticus«, Jahrgang 1936, Verlag E.S. Mittler & Sohn, Berlin 1936, über den Vorteil des Dieselmotoren-Antriebs:

»Die Vorteile geringen Brennstoffverbrauches, autarker Geschlossenheit der einzelnen Maschinenaggregate, kleiner Panzerdeckdurchbrechungen infolge hoher Abgasgeschwindigkeiten, abgeschlossener Zuführung der Verbrennungsluft usw. sind im Kriegsschiffbau zu wichtig, als daß man auf die Dauer darauf verzichten könnte, wenn auch die Erschütterungs- und Geräuschfrage noch Schwierigkeiten macht.«

53 Gemeint ist hier das Washingtoner Flottenabkommen, auch wenn Deutschland nicht Signatarstaat war. Anfang der 30er Jahre wurden entsprechende Lockerungen des Versailler Vertrages erwartet. Hitler kündigte ihn schließlich am 16. März 1935 mit der Verkündung der Wehrhoheit auf. Am 18. Juni 1935 folgte der Abschluß des deutsch-britischen Flottenabkommens. Es begrenzte die deutsche Flottenstärke auf das Verhältnis 35:100 der britischen. Hinsichtlich der Kreuzer belief sich die zugestandene Gesamttonage auf 51 380 t bei Schweren und 67 870 t bei Leichten Kreuzern. Offiziell wurden die deutschen Schweren Kreuzer stets mit 10 000 ts standard angegeben, während die Standardverdrängung in Wahrheit über 14 000 ts lag.

54 Die 3,7-cm-Flak 42 L/69 sollten alle noch an Bord befindlichen 3,7-cm-Geschütze C/30 in Doppellafetten und die 4-cm-(Bofors-)Fla-Geschütze 28 in Einzellafetten ersetzen. Da sich die letzteren noch bei Kriegsende an Bord befanden, ist dieses Programm nach Breyer aaO vermutlich nur zu einem kleinen Teil durchgeführt wurden.

55 Neben den bisherigen sechs 3,7-cm-Doppellafetten C/30 befanden sich Anfang 1944 sechs 2-cm-Vierlingsflaks C/38 und sechzehn 2-cm-Doppellafetten M 44 an Bord.

56 Hinsichtlich des Verlaufs dieses sowie aller weiterer Unternehmen unter Beteiligung Schwerer Kreuzer siehe »Deutsche Kreuzer im 2. Weltkrieg« und »Deutsche Großkampfschiffe«, beide von M.J. Whitley, Motorbuch-Verlag, Stuttgart 1988 bzw. 1997.

57 Der Brutto- und Nettoraumgehalt bei Kauffahrteischiffen wird von den nationalen Vermessungsbehörden (in der Bundesrepublik Deutschland der seit 1867 existierende Germanische Lloyd) nach internationalen Vermessungsvorschriften festgelegt:
– *Bruttoraumgehalt* ist der gesamte umbaute Raum einschl. der Aufbauten, gemessen in BRT (eine BRT = 100 Kubikfuß = 2,83 m³);
– *Nettoraumgehalt* ist der Bruttoraumgehalt abzüglich der dem Schiffsbetrieb dienenden Räume (wie z.B. Maschinen-, Kessel-, Proviantträume, Brennstoffbunker, Wohnräume für die Besatzung) = Räume für Ladung einschl. Fahrgäste, gemessen in NRT (eine NRT = 100 Kubikfuß = 2,83 m³. Hiernach richten sich die Abgaben (Hafen- und Kanalgebühren).

58 Dieser Befehl Hitlers führte zum Rücktritt von GAdm. Raeder als Ob.d.M. Seinen Nachfolger, GAdm. Dönitz, konfrontierte Hitler sofort mit seinem 3-Punkte-Plan für die Kriegsmarine:
1. Sofortige Einstellung aller Neubauten und Umbauten schwerer Einheiten.
2. Außerdienststellung aller Schlachtschiffe, ehemaligen Panzerschiffe sowie Schweren und Leichten Kreuzer, soweit sie nicht zur Ausbildung erforderlich waren.
3. Zuführung der entbehrlich gewordenen Werftkapazitäten, des Personals und der Waffen für den Bau, die Ausrüstung und Indienststellung von U-Booten. Dönitz gelang es, diesen Befehl abzumildern (siehe »Deutsche Großkampfschiffe« aaO, S. 220).

59 Die Verlegung der ADMIRAL HIPPER nach Pillau erfolgte wegen der Gefährdung des Schiffes durch Luftangriffe. Es bestand nach wie vor die Absicht der Skl., den Schweren Kreuzer vollständig zu reparieren.

60 Auf diesem Verlegungsmarsch passierte die ADMIRAL HIPPER mit 1500 Verwundeten an Bord die Untergangsstelle des kurz zuvor gesunkenen Passagierschiffes WILHELM GUSTLOFF (25 484 BRT). Der Kommandant des Schweren Kreuzer, KptzS. Henigst, mußte sich infolge der bestehenden U-Bootgefahr zum Weitermarsch nach Westen entschließen. Er ließ jedoch das die ADMIRAL HIPPER bisher sichernde T-Boot *T 36* zu Rettungsmaßnahmen zurück.

Wie groß die U-Bootgefahr war, zeigte die Tatsache, daß *T 36* anschließend zwei Torpedolaufbahnen ausweichen mußte. Siehe auch Heinz Schön »Ostsee '45. Menschen, Schiffe, Schicksale«, Motorbuch-Verlag, Stuttgart 1983.

61 Zum genauen Ablauf der Ereignisse siehe M.J. Whitley »Deutsche Kreuzer im 2. Weltkrieg«, Motorbuch-Verlag 1988.

62 Nach dem Untergang der BISMARCK hatten die Alliierten auch das deutsche Versorgungssystem im Nordatlantik aufgerollt. Eine systematische Suche britischer Kriegsschiffe im Juni 1941, ausgelöst durch den Einbruch in deutsche Marinefunkschlüssel (siehe unten), führte zur Versenkung einer Anzahl deutscher Versorgungsschiffe. Damit war weiteren Atlantikunternehmen zur Handelskriegsführung die Grundlage entzogen.

63 Die Schiffsglocke der PRINZ EUGEN befindet sich heute im Pentagon in Washington/D.C. Einer der Propeller des im Taifun gekenterten Kreuzers befindet sich durch die Initiative des Deutschen Marinebundes auf dem Gelände des Marine-Ehrenmals Laboe bei Kiel. Außerdem hat der Unternehmer Bernd Brandes aus Eutin einen Förderverein »Frieden durch Verstehen« e.V., 23694 Eutin, Postfach 440, gegründet. Dessen Absicht ist es, mit Hilfe von Fördergeldern und Spenden das Wrack der PRINZ EUGEN zu bergen, es nach Deutschland zurückzubringen und zu einer Stätte der Begegnung, des gegenseitigen Kennenlernens und dadurch zu einem Hort des Friedens herzurichten.

Um die Wirkung von Atombomben auf Kriegsschiffe zu testen, unternahmen die USA im Sommer 1946 im Rahmen der Operation »Crossroads« die Atomwaffenversuche der US-Marine beim Bikini-Atoll in den Marshall-Inseln. Neben Schlachtschiffen, Flugzeugträgern, Zerstörern, Unterseebooten, Transportschiffen usw. gehörten auch vier Kreuzer zur Zielflotte: die Schweren Kreuzer PENSACOLA (CA 24), SALT LAKE CITY (CA 25), PRINZ EUGEN (IX-300) und der Leichte Kreuzer SAKAWA. Die Versuchsreihe sollte aus drei Tests bestehen, aber nur die beiden ersten wurden durchgeführt:
1. Test »Able« am 1. Juli 1946 mit Abwurf der Atombombe aus einem Flugzeug und Zündung über der Zielflotte. Hierbei erlitt der japanische Kreuzer SAKAWA so schwere Beschädigungen, das er am nächsten Tag sank. Auf PRINZ EUGEN brach ein Mast und die Detonationswirkung drückte einige Schotte ein.
2. Test »Baker« am 25. Juli 1946 mit Zündung der Atombombe unter Wasser. Wiederum trug die voll geschweißte PRINZ EUGEN keine größeren Schäden davon.

Näheres zu diesen Versuchen siehe in Siegfried Breyer »Operation Crossroads«, Marine-Arsenal, Bd. 20, Podzun-Pallas-Verlag, Friedberg 1992.

64 Das Wrack der SEYDLITZ im Königsberger Holzhafen wurde von den Sowjets geborgen, notdürftig abgedichtet und 1947 im Finnischen Meerbusen versenkt (siehe Boris Lemachko aaO). Zur LÜTZOW siehe unten im Kapitel »Sowjetunion« unter PETROPAVLOVSK auf Seite 252.

65 Der »vorzeitige« Beginn des Zweiten Weltkrieges bedeutete, daß sein Ausbruch die Kriegsmarine überraschte. Nach den Vorgaben Hitlers war die gesamte Bauplanung der Marine für eine homogene Flotte auf das Ende der 40er Jahre ausgerichtet. Vor diesem Zeitpunkt war sie nicht kriegsbereit. Insofern ging die Kriegsmarine unvorbereitet in einen Krieg, in dem auch noch Großbritannien als Gegner zur See auftrat. Siehe auch unten Anm. 67.

66 Die Marinekonstruktionsabteilung (K) unterstand dem Chef der Marineleitung. Ab 1935 gehörte sie nach der Umorgansiation der Marine unter der neuen Bezeichnung »Marinekonstruktionsamt« zum OKM, 1939 in »Amt Kriegsschiffbau« umbenannt.

Ebenfalls dem Chef der Marineleitung bzw. ab 1935 dem Ob.d.M. unterstand das Marinekommandoamt (A) u.a. mit den Abteilungen A I (Flottenabteilung, später A V) und A III (Marineausbildungsabteilung, ab 1935 A IV). Das Zusammenspiel beider Abteilungen läßt sich wie folgt definieren:

A I war für die operative Planung der Kriegsschiffbauten zuständig, d.h. sie stellte die operativen Forderungen. Daraus wurden unter der Federführung von A IV zusammen mit K die militärischen Forderungen für den Kriegsschifftyp erstellt. Anschließend erarbeitete K nach diesen Vorgaben zusammen mit A IV die Typskizze. A IV war deshalb beteiligt, weil diese Abteilung nicht nur Ausbildungsfragen sondern auch die militärischen Probleme des Kriegsschiffbaus zu seiner Zuständigkeit zählte; denn in dieser Abteilung waren alle Waffenspezialisten vertreten.

ANMERKUNGEN DES ÜBERSETZERS

67 Das Jahr 1938 markierte einen Umschwung in der Baupolitik der Kriegsmarine. Die das grundsätzliche Fundament der Flottenbauplanung ab Herbst 1938 bildende Denkschrift (Endfassung 25. Oktober 1938) trägt die Überschrift »Seekriegführung gegen England und die sich daraus ergebenden Forderungen für die strategische Zielsetzung und den Aufbau der Kriegsmarine«. Der Entwurf stammte vom damaligen FKpt. Hellmuth Heye, dem Ia in der 1./Skl. (späterer Wehrbeauftragter des Deutschen Bundestages), und an ihrer Endfassung waren alle maßgeblichen Stellen im OKM beteiligt. Sie bildete die Abkehr von der bisherigen strategischen Konzeption eines Krieges gegen Frankreich und Polen unter der Annahme eines sich neutral verhaltenden Großbritanniens. Gleichzeitig wurden die Weisungen Hitlers für die gesamtstrategische Planung in den folgenden Jahren zugrundegelegt. Ihre strategische Konzeption ging von der Kreuzerkriegführung unter Beteiligung aller Einheiten der Kriegsmarine von den U-Booten bis zu den schweren Schiffen aus. Die Vorgeschichte der Denkschrift findet sich in Salewski »Die deutsche Seekriegsleitung 1935–1945« (Verlag Bernard & Graefe, Frankfurt/M 1970), Bd.1, S.44 ff., ihr Wortlaut ebenda, Bd.3, S.27 ff., und die Behandlung des Z-Plans ebenda Bd.1, S.57 ff. Der Z-Plan sah für den Aufbau der Kriegsmarine folgendes Programm vor:
– 6 Großkampfschiffe bis Ende 1944,
– 8 Schwere Kreuzer bis Ende 1945,
– 2 Flugzeugträger bis Ende 1941 und 2 weitere bis Ende 1947,
– 13 Leichte Kreuzer bis Ende 1948 und
– 126 U-Boote bis Ende 1943 sowie 95 weitere bis Ende 1947.

68 Ein »konstruktiver Totalverlust« (KTV) liegt vor, wenn ein Schiff – aufgrund welcher Ursache auch immer – so schwer beschädigt wurde, daß eine vollständige Reparatur nicht mehr möglich ist oder so aufwendig wäre, daß sie einem Neubau gleichkäme.

69 Bei diesen im Frühjahr 1920 in Cherbourg ausgelieferten Kleinen Kreuzern handelte es sich um:
– KOLBERG (1910), als COLMAR
  in Dienst gestellt, 1929 abgebrochen;
– STRALSUND (1912), als MULHOUSE
  in Dienst gestellt, 1933 abgebrochen, Schiffsglocke im Marine-Ehrenmal Laboe;
– REGENSBURG (1915), als STRASBOURG
  in Dienst gestellt, 1936–1944 Wohnschiff in Lorient, anschließend als Schutz für die Tore des U-Bootbunkers gegen Lufttorpedos selbstversenkt;
– KÖNIGSBERG II (1916), als METZ
  in Dienst gestellt, 1936 abgebrochen;
– EMDEN II (1916), Versuchshulk für Sprengversuche, 1926 abgebrochen.

70 Der Angriff des französischen Flottenverbandes unter dem Marinebefehlshaber Indochina, KAdm. Terraux, erfolgte als Repressalie gegen die siamesischen Übergriffe auf Kambodscha. Der auf Reede liegende siamesische Verband bestand aus den beiden kleinen Küstenpanzerschiffen DHONBURI und SRI AYUTHIA (2015 t, 1938/39 bei Kawasaki in Kobe fertiggestellt, 4 x 20,3 cm und 4 x 8 cm) sowie aus den T-Booten TRAT, CHOLBURY und SONGKHLA (460 t, 1937 bei Adriatico/Monfalcone fertiggestellt, 3 x 7,6 cm, 6 x 45,6-cm-T-Rohre). Somit standen sich gegenüber: 8 x 20,3 cm, 8 x 8 cm und 9 x 7,6 cm auf siamesischer und 8 x 15,5 cm, 8 x 13,8 cm, 4 x 10 cm, 5 x 7,5 cm und 2 x 6,5 cm auf frz. Seite. Außer der DHONBURI wurden die T-Boote CHOLBURY und SONGKHLA versenkt.

71 VAdm. Godfroy, der Befehlshaber der vichy-frz. *Gruppe X*, bestehend aus dem Schlachtschiff LORRAINE, den Schweren Kreuzern DUQUESNE, TOURVILLE und SUFFREN, dem Leichten Kreuzer DUGUAY-TROUIN, den Zerstörern BASQUE, LE FORTUNÉ, FORBIN und dem U-Boot PROTÉE, schloß am 7. Juli 1940 mit dem Oberbefehlshaber der britischen Mittelmeerflotte, Admiral Cunningham, ein Abkommen über die Internierung und Demobilisierung des vichy-frz. Geschwaders in Alexandria. Im Mai 1943 ging VAdm. Godfroy mit seinem Geschwader zu den freifranzösischen und damit zu den alliierten Streitkräften über.

72 Die Abkürzung »Vietmin« steht für »Viet Nam Doc Lap Dong Minh«, d.h. Kampfbund für ein unabhängiges Vietnam. Es ist eine 1941 durch Zusammenschluß nationalistischer Gruppen mit den Kommunisten (»Vietcong«: Kurzform für »Vietnamesische Kommunisten«) gegründete Freiheitsbewegung in Frz.-Indochina, 1945 bis 1969 vom Kommunistenführer Ho Tschi Minh geführt und ab 1954 auf Nordvietnam begrenzt.

73 Die Bezeichnung »Sloop« ist nicht adequat übersetzbar. Es ist ein kleines Kriegsschiff mit den Aufgaben eines Kanonen-, Geleit- bzw. Kurierbootes unterhalb der Zerstörergröße. Mit dem Fortgang des Zweiten Weltkrieges übernahmen diese Aufgaben die Korvette und die etwas größere Fregatte.
Die hier erwähnte DUNDEE (1932) wies z.B. folgende technische Daten auf: 1060 ts, 2 x 10,2 cm, 2 x 4,7 cm, 16,5 kn, 80 x 10,4 x 2,7 m, 100 Mann Besatzung.

74 Im Zusammenhang mit der Operation »Catapult« am 3. Juli 1940 gegen Mers-el-Kebir/Oran (siehe unten Anm. 79) entsandte die britische Admiralität am 8. Juli 1940 einen Flottenverband (Flugzeugträger HERMES, Schwere Kreuzer AUSTRALIA und DORSETSHIRE) nach Dakar, um das noch unfertige Schlachtschiff RICHELIEU auszuschalten. Nach Ablehnung ähnlicher britischer Bedingungen wie in Mers-el-Kebir warf ein britisches Motorboot Wasserbomben unter das Heck des Schlachtschiffes. Gleichzeitig erzielten sechs angreifende »Swordfish«-Torpedobomber der HERMES einen Torpedotreffer. Die PRIMAUGUET und der Aviso BOUGAINVILLE blieben unbeschädigt. Ansonsten war der Angriff erfolglos. Ein weiterer Angriff auf Dakar erfolgte im September 1940 (siehe oben Anm. 22).

75 In der ersten Phase des Spanischen Bürgerkrieges schützten die entsandten ausländischen Kriegsschiffe Leben und Eigentum ihrer jeweiligen Staatsangehörigen sowie die Interessen ihrer Staaten. Im August 1936 wurde auf Ersuchen Frankreichs in London zwischen Frankreich, Großbritannien, Italien, Schweden, Belgien, Dänemark und der Tschechoslowakei ein »Nichteinmischungs-Abkommen« abgeschlossen, dem am 24. August 1936 zusammen mit den Niederlanden auch das Deutsche Reich beitrat. Dies führte zur Bildung des Nichteinmischungsausschusses (NIC = Non-Invention-Committee), dessen Aufgabe die Regelung und Vereinheitlichung der zur Beibehaltung der Nichteinmischung erforderlichen Maßnahmen waren. Der Kontrollplan des NIC vom 8. März 1937 stellte die Küsten Spaniens und Spanisch-Marokkos unter internationale Seekontrolle durch Seestreitkräfte Großbritanniens, Frankreichs, Italiens und Deutschlands. Die Schiffe hatten hierbei die Nichteinmischungsflagge zu führen: zwei schwarze Kugeln auf weißem Grund. Die Kontrollen sollten das Verbringen von Kriegsmaterial und Freiwilligen für beide kriegführende Seiten verhindern. Eine in der Praxis kaum durchzuführende Aufgabe.

76 Am 27. November 1942 erfolgte die Besetzung Toulons durch das II. SS-Panzerkorps (Unternehmen »Lila«). Zur Vorgeschichte siehe unten Anm. 89. Daraufhin befahl der Flottenchef, Admiral de Laborde, die Selbstversenkung der vichy-frz. Kriegsflotte in Toulon, um sie nicht in deutsche Hände fallen zu lassen: 3 Schlachtschiffe, die Schweren Kreuzer ALGÉRIE, FOCH, COLBERT und DUPLEIX, die Leichten Kreuzer MARSEILLAISE, LA GALISSONIÉRE und JEAN DE VIENNE, ein Flugzeugmutterschiff, 30 Zerstörer, 3 T-Boote, 16 U-Boote, 11 Kanonenboote und eine Anzahl kleinerer Fahrzeuge. Damit hatte die frz. Marine im Geiste Admiral Darlans ihre Ehre gewahrt.

77 Am 14. Mai 1942 wurden die seit Juni 1940 in Martinique und Guadeloupe liegenden vichy-frz. Kriegsschiffe – Flugzeugträger BÉARN und die Leichten Kreuzer EMILE BERTIN und JEANNE D'ARC sowie einige kleinere Fahrzeuge – auf den Druck der USA hin demilitarisiert. Diese Maßnahme blieb bis zur Übergabe dieser Schiffe am 30. Juni 1943 an die freifranzösische Marine wirksam.

78 Frankreich baute vor dem Zweiten Weltkrieg eine große Anzahl sog. »Contre-Torpilleurs«, gelegentlich auch wegen ihrer starken Artillerie- und Torpedobewaffnung als »Torpedokreuzer« bezeichnet. Im eigentlichen Sinne handelte es sich um große Zerstörer. Ihr Bau vollzog sich in mehreren Klassen:
– die »2100 t«-Klasse mit sechs Einheiten (2126 ts, 35 kn, 5 x 13 cm, 6 x 55-cm-T-Rohre),
– die »2400 t«-Klasse mit 18 Einheiten in drei Gruppen (2436/2441 ts, 36 kn, 5 x 13,9 cm, 4 x 3,7 cm, 6 bzw. 7 x 55-cm-T-Rohre),
– die »2610 t«-Klasse mit sechs Einheiten (2610 ts, 37 kn, 5 x 13,9 cm, 4 x 3,7 cm, 9 x 55-cm-T-Rohre) und
– die »2930 t«-Klasse mit zwei Einheiten (2930 ts, 39 kn, 8 x 13,9 cm, vier 3,7 cm, 10 x 55-cm-T-Rohre).

Im übrigen siehe M.J. Whitley »Zerstörer im Zweiten Weltkrieg«, Motorbuch-Verlag, Stuttgart 1988.

79 Am 3. Juli 1940 überfiel die britische *Force H* (VAdm. Somerville), bestehend aus dem Schlachtkreuzer HOOD, den Schlachtschiffen RESOLUTION und VALIANT, dem Träger ARK ROYAL, den Leichten Kreuzern ARETHUSA und ENTERPRISE sowie elf Zerstörern einen Teil der frz. Flotte in Mers-el-Kebir bei Oran (Operation »Catapult«). Admiral Gensoul, der frz. Befehlshaber lehnte das britische Ultimatum auf Übergabe der frz. Schiffe ab. Daraufhin eröffnete die *Force H* auf die vor Anker liegenden, zum Teil nicht gefechtsbereiten Schiffe das Feuer. Das Schlachtschiff BRETAGNE sank mit 977 Mann seiner Besatzung nach schweren Treffern.
Die Schlachtschiffe DUNKERQUE und PROVENCE sowie der Großzerstörer MOGADOR wurden schwer beschädigt. Die Gesamtverluste der frz. Marine betrugen 1147 Tote. Am selben Tag wurden auch sämtliche in britischen Häfen liegenden frz. Kriegsschiffe durch britische Truppen besetzt, wobei es ebenfalls Verluste gab. In diesem Zusammenhang stehen auch der Angriff auf Dakar (siehe oben Anm. 74) und die Internierung der *Gruppe X* (siehe oben Anm. 71).

80 Der geheime Marinenachrichtendienst der britischen Admiralität plante außerdem einen handstreichartigen Überfall auf Fort de France, um das Gold in die Hand zu bekommen. Der von Commander Ian Fleming, RN, stammende Plan, den sein Toppagent William Stephenson (seine spätere Romanfigur »James Bond«) durchführen sollte, kam nicht zur Ausführung. Nach dem Kriege schrieb Ian Fleming, inzwischen Schriftsteller, auf der Grundlage dieser Ereignisse den Thriller »Goldfinger«, verfilmt mit Sean Connery und Gerd Fröbe. Siehe hierzu William Stevenson »A Man called INTREPID. The Secret War«, Ballantine, New York 1976.

81 Siehe oben Anm. 77.

82 Der britische Minenkreuzer ADVENTURE: 1927 fertiggestellt, 6740 ts, 27,7 kn, 158 x 18 x 5,8 m, 4 x 12 cm, 4 x 4,7 cm, 340 Seeminen.

83 Sieben oben Anm. 79.

84 Siehe oben Anm. 74.

85 Am 12. September 1942 versenkte *U 156* (KKpt. Hartenstein) nordostwärts der Insel Ascension im Südatlantik den britischen Truppentransporter LACONIA (19 695 BRT), der 1800 italienische Kriegsgefangene an Bord hatte. In einem offen gesendeten Funkspruch forderte KKpt. Hartenstein alle in der Nähe stehenden Schiffe zur Hilfeleistung auf. Zwei inzwischen eingetroffene deutsche U-Boote und ein italienisches U-Boot nahmen eine große Anzahl von britischen, polnischen und italienischen Überlebenden auf. Weitere befanden sich in den in Schlepp genommenen Rettungsbooten. Die frz. Marine in Westafrika wurde über die Vichy-Regierung um Unterstützung durch frz. Kriegsschiffe gebeten. Daraufhin liefen der Kreuzer GLOIRE, der Aviso DUMONT D'URVILLE und der Minensucher ANNAMITE zu einem vereinbarten Treffpunkt mit den U-Booten aus. Inzwischen überflog ein »Liberator«-Bomber der USAAF *U 156* und griff das mit Schiffbrüchigen überfüllte und tauchunfähige Boot trotz erkannter Rotkreuzflaggen mit Bomben an, die glücklicherweise keinen großen Schaden anrichteten.
Am 17. und 18. September übernahmen die eingetroffenen frz. Schiffe von den U-Booten 1083 Gerettete. Aufgrund des Luftangriffs erließ Admiral Dönitz, der B.d.U., an alle U-Boote den Befehl, daß die Rettung Schiffbrüchiger von versenkten Schiffen zu unterbleiben habe – der sog. »Laconia-Befehl«, der im Nürnberger Kriegsverbrecher-Prozeß noch eine Rolle spielte.

86 Der von den beiden Schlachtschiffen vom 21. - 27. November 1939 gegen die *Northern Patrol* (siehe unten Anm. 96) unternommene Vorstoß in die Island-Färöer-Enge zur Entlastung des Panzerschiffes ADMIRAL GRAF SPEE im Südatlantik führte am 23. November nach einem kurzen Artilleriegefecht zur Versenkung des britischen Hilfskreuzers RAWALPINDI, einem 16 697 BRT großen, ehemaligen Passagierdampfer der P. & O. Line, bewaffnet mit 8 x 15,2 cm und 2 x 7,6 cm.

87 Siehe oben Anm. 22.

88 Siehe hierzu »Deutsche Großkampfschiffe«, Motorbuch-Verlag, Stuttgart 1997.

89 Gegen die alliierte Landung in Frz.-Nordafrika am 8. November 1942 (Operation »Torch«) protestierte der frz. Staatschef, Marschall Pétain, und erteilte den Befehlshabern in Tunis, Marokko und Algerien den Befehl zum Widerstand. Daraufhin setzten die frz. Streitkräfte den alliierten Landungsverbänden einen zum Teil erheblichen Widerstand entgegen. In Oran und Algier und besonders heftig in Casablanca setzten sich frz. Kriegsschiffe und Küstenartillerie zur Wehr. Zahlreiche frz. Kriegsschiffe gingen verloren, darunter auch der Leichte Kreuzer PRIMAUGUET, oder wurden mehr oder weniger schwer beschädigt. Einige entkamen nach Toulon oder Dakar. Insgesamt hatte die frz. Marine 462 Tote zu verzeichnen. Bereits am Nachmittag des 8. November ließ Admiral Darlan, vichy-frz. Flottenchef und Marineminister, der von Marschall Pétain Handlungsfreiheit erhalten hatte, in Algier den Widerstand einstellen und stimmte am 10. November mittags aufgrund eines Geheimtelegramms von Pétain einem allgemeinen Waffenstillstand in Nordafrika zu. Am 11. November begann der Einmarsch deutscher Truppen (Unternehmen »Anton«) ins bisher unbesetzte Gebiet Frankreichs. Vichy und der Kriegshafen Toulon blieben zunächst ausgenommen (siehe aber Anm. 76). Der als pro-deutsch geltende Admiral Darlan, der die frz. Flotte weder in deutsche noch in alliierte Hände fallen lassen wollte, bleibt in seiner Haltung bis zum heutigen Tage umstritten. Er wurde am 24. Dezember 1942 in seinem Amtszimmer in Algier von einem fanatischen Parteigänger des Generals de Gaulle mit zwei Revolverschüssen ermordet.

90, 91, 92 Nach »Jane's Fighting Ships«
– im November 1938 bzw.
– für 33,5 kn bzw.
– 1074 Offiziere und Mannschaften.

93 Nach dem Ende des Ersten Weltkrieges griffen alliierte See- und Landstreitkräfte der ehemaligen Verbündeten Großbritannien, Frankreich, der USA, Italien und Japan (in Fernost auch von kanadischen und tschechischen Truppen unterstützt) in den russischen Bürgerkrieg gegen die Rote Armee und Flotte ein. Neben einer gewissen Unterstützung der »weißen« Truppen und der nunmehr unabhängigen baltischen Staaten und Finnlands galten die alliierten Interventionen in erster Linie dem Schutz eigener Interessen: der Nichtanerkennung der Vorkriegsschulden Rußlands und der Beschlagnahme ausländischen Eigentums durch die neu entstandene Sowjetmacht sowie der möglichen Sicherung von Einflußsphären angesichts des Zerfalls Rußlands. Die Interventionen erstreckten sich auf folgende Gebiete:

ANMERKUNGEN DES ÜBERSETZERS

- *Den östlichen Ostseeraum.* Hier kamen vom 22. November 1918 bis in das Jahr 1921 hinein neben frz. Flotteneinheiten vor allem zahlreiche Kreuzer, Zerstörer, Minensuchboote, Motortorpedoboote und Unterseeboote sowie Hilfsschiffe der Royal Navy zum Einsatz. In den vielen Gefechten, die zeitweise einem richtiggehenden Seekrieg ähnelten, gerieten ein Kreuzer (CASSANDRA), zwei Zerstörer, zwei Minensucher, ein U-Boot, acht Motortorpedoboote und drei Hilfsschiffe in Verlust, weitere erlitten Beschädigungen. Die Verluste betrugen 123 Tote.
- *Den Nordmeerraum.* Ab Februar 1918 Entsendung britischer, französischer und amerikanischer Flotteneinheiten zur Sicherung des zur Unterstützung Rußlands gelieferten alliierten Kriegs- und Versorgungsmaterials in Murmansk und Archangelsk gegen deutschen bzw. finnischen Zugriff unter gleichzeitigem Vorgehen gegen deutsche Truppen in Finnland. Nach Kriegsende und Übergabe an die »Weißen« Abzug der Alliierten.
- *Den fernöstlichen Raum.* Einsatz alliierter Truppen und japanischer Flotteneinheiten nach Kriegsende bis Anfang 1920 zur Unterstützung der »Weißen«.
- *Den Schwarzmeerraum.* Ab 23. November 1918 Einsatz britischer, französischer, italienischer und griechischer Flotteneinheiten zur Sicherung der russischen Schwarzmeerflotte in Odessa und Sewastopol sowie Unterstützung der »weißen« Truppen gegen die vordringende Rote Armee an den Zugängen zur Krim. Im April 1919 Sprengung der Antriebsanlagen aller nicht einsatzfähigen russischen Kriegsschiffe in Odessa und Sewastopol als Sicherung gegen sowjetischen Zugriff durch die britische Marine (siehe unten Anm. 217). Im November 1920 endete mit der Flucht der verbliebenen »weißen« Flotteneinheiten über Konstantinopel nach Bizerta und Algier in Frz.-Nordafrika die alliierte Intervention im Schwarzen Meer.

Zur Vertiefung siehe die sehr eingehende Darstellung in Harald Fock »Vom Zarenadler zum Roten Stern«, Verlag E.S. Mittler & Sohn, Herford 1985.

94 Zum britischen Radar siehe oben Anm. 16.

95 Britischer Flottenvorstoß am 17. November 1917 in die südliche Nordsee mit Schlachtkreuzern, Panzerkreuzern und Leichten Kreuzern (6. L.C.S mit CARDIFF, CERES, CALYPSO, CARADOC und 1. L.C.S. mit CALEDON, GALATEA, ROYALIST, INCONSTANT), um die deutschen Minensuchstreitkräfte und ihre Deckungsstreitkräfte überraschend anzugreifen. In dem sich entwickelnden Gefecht erhielt die CALYPSO einen schweren 15-cm-Treffer in den oberen Kommandostand, dem die gesamte Schiffsführung zum Opfer fiel. Auch die CARDIFF erhielt in dieser Phase drei 15-cm-Treffer durch deutsche Kleine Kreuzer. Nach dem Eingreifen deutscher Linienschiffe erzielte die KAISERIN einen 30,5-cm-Treffer auf der CALEDON in der Wasserlinie, der allerdings keinen ernsten Schaden verursachte. Der Vorstoß wurde für die britische Seite zum Mißerfolg.

96 Zur Durchführung der am 3. September 1939 erklärten Blockade Deutschlands wurde von der Royal Navy u.a. am 6. September die *Northern Patrol* gebildet. Sie bestand anfänglich aus dem 7. (DIOMEDE, DRAGON, CALYPSO, CALEDON) und dem 12. Kreuzergeschwader (EFFINGHAM, EMERALD, CARDIFF, DUNEDIN). Ständig sollten zwei Kreuzer in der Shetland-Färöer- und drei Kreuzer in der Färöer-Island-Enge patrouillieren. Später kamen vermehrt Hilfskreuzer zum Einsatz.

97 Den deutschen Dampfer RHEIN begleitete der US-Zerstörer SIMPSON, der auch zusammen mit dem US-Zerstörer MACLEISH das niederl. Kanonenboot VAN KINSBERGEN heranführte, das einen mißglückten Enterversuch unternahm, wobei die eigene Besatzung die RHEIN in Brand setzte. Eines der vielen Beispiele für das Eingreifen von US-Kriegsschiffen auf der Seite der Alliierten lange vor dem Kriegseintritt der USA (siehe auch Anm. 114).

98 Siehe oben Anm. 12.

99 Zum britischen Radar siehe Anm. 16.

100 Nach Art. XXIII des am 11. November 1918 in Kraft getretenen Waffenstillstandsabkommens mußte die deutsche Hochseeflotte am 19. November zur Internierung nach Scapa Flow auslaufen. Nach ihrem Eintreffen dort durften nur noch Restbesatzungen an Bord bleiben. Noch vor dem Abschluß des Friedensvertrages, in dem über das Schicksal der Flotte entschieden werden sollte, ordnete der Verbandsführer, KAdm. v. Reuter, ihre Selbstversenkung an, durchgeführt am 21. Juni 1919, um einer Beschlagnahme durch die Briten zu entgehen.

101 Unter den »Western Approaches« sind die westlichen Zugänge vom Atlantik her nach Großbritannien zu verstehen. Ihre Verteidigung oblag dem Kommando der Western Approaches in Liverpool.

102, 103 Zum britischen Radar siehe oben Anm. 16.

104 Das zwischen Sizilien und den libyschen Häfen gelegene britische Malta stellte mit seinen See- und Luftstreitkräften eine ernste Bedrohung für den Nachschub und die Versorgung der dt.-ital. Truppen in Nordafrika dar. Ständige Luftangriffe der Achsenstreitkräfte sollten die Verteidigung der Insel niederkämpfen und als Bedrohung ausschalten. Dieses Ziel konnte jedoch nicht erreicht werden, da die Insel sowohl von Gibraltar als auch von Alexandria aus laufend durch Geleitzüge mit Verstärkungen und Nachschub versorgt wurde. Letztere waren wiederum das Ziel von Luft- und Seestreitkräften der Achse. Es gab jedoch Zeiträume, in denen die britischen Verteidiger der Insel fast am Ende waren. Eine solche Situation bestand im Sommer 1942, als im Rahmen der Operation »Pedestal« (10. - 15. August) ein von starken Seestreitkräften gesicherter Nachschub-Geleitzug (13 Dampfer, ein Tanker) unbedingt durchgebracht werden mußte. Unter schweren Verlusten auf beiden Seiten gelangten schließlich vier der Dampfer und der schwer beschädigte Tanker OHIO nach Malta. Letzterer war für die weitere Verteidigung der Insel von ausschlaggebender Bedeutung.

105 Die Operation »Dynamo« – die Evakuierung Dünkirchens – dauerte vom 27. Mai bis zum 4. Juni 1940. In diesem Zeitraum transportierten 848 Schiffe und Boote jeder Größe insgesamt 338 226 Mann an Truppen, darunter 123 000 Franzosen, unter Zurücklassen der gesamten Ausrüstung ab. 85 % des in Frankreich eingesetzten Britischen Expeditionskorps wurden mit dieser Aktion gerettet. Ohne diese Truppen hätten die Britischen Inseln gegen eine nachfolgende deutsche Invasion nicht verteidigt werden können. Im Zuge dieser Operation gingen 72 Schiffe einschl. neun Zerstörer sowie eine große Anzahl kleiner und kleinster Boote verloren.

106 Hierbei handelte es sich um die CÖLN II-Klasse. Siehe oben unter Anm. 29.

107 Hier scheint sich der Verfasser zu irren; denn die D-Klasse war ein verbesserter Entwurf der CERES-Klasse. Letztere führte nach »Jane's Fighting Ships« je zwei Geschütze in überhöhter Aufstellung vorn und achtern und das fünfte mittschiffs hinter dem achteren Schornstein. Das Foto der CARDIFF auf Seite 77) läßt das Geschütz 2 vor dem Brückenaufbau erkennen, während Zeichnung und Fotos auf Seite 80/81. Einheiten der C-Klasse nach dem Umbau zum Flakkreuzer zeigen. Bei der D-Klasse hatte das sechste Geschütz seine Position zwischen Brückenaufbau und vorderem Schornstein erhalten.

108, 109 Zum britischen Radar siehe oben Anm. 16.

110, 111 Die *British Malaya Force* wurde am 23. März 1940 zur Überwachung der in Häfen Niederländisch-Ostindiens liegenden deutschen Handelsschiffe gebildet. Zu ihr gehörten auch drei

Leichte Kreuzer: die DANAE vor Surabaja (drei dt. Schiffe), die DURBAN vor Padang (fünf dt. Schiffe) und die DAUNTLESS vor Batavia (heute Jakarta – drei dt. Schiffe).

112 Siehe oben Anm. 93.

113 Das *Sprengboot* (Bezeichnung »Linse«) war ein sog. Kleinkampfmittel. Hierbei handelte es sich um ein Motorboot mit Funkfernsteuerung. Es verdrängte 1,2 t, wies eine Länge von 5,75 m auf und ein Ford-Ottomotor V 8 leistete 90 PS für eine Höchstgeschwindigkeit von 31 kn. Sein Fahrbereich betrug 80 sm bei 15 kn und im Heck war eine Sprengladung von 300 kg – später 480 kg – untergebracht. Die Angriffseinheit war die Rotte, bestehend aus einem Führer- oder Kommandoboot und zwei Sprengbooten mit insgesamt fünf Mann Besatzung. In der Anmarschphase wurden die Sprengboote durch je einen Bootssteuerer per Hand gesteuert. Im Augenblick der Übernahme durch die Funkfernsteuerung des Führerbootes – Eintritt in die Angriffsphase – ließen sich die Bootssteuerer seitwärts nach hinten über Bord fallen, um anschließend vom Führerboot gerettet zu werden. An Bord des letzteren befanden sich neben einem Bootssteuerer der Rottenführer, der gleichzeitig über Funksteuerung in der Angriffsphase das erste Sprengboot führte, sowie ein zweiter Mann zur Fernlenkung des zweiten Bootes. Sobald die Sprengboote unter Funkfernsteuerung fuhren, liefen sie mit der Höchstgeschwindigkeit von 31 kn direkt auf ihr Ziel zu. Beim Auftreffen auf das Ziel sanken die Sprengboote und mittels eines Verzögerungszünders detonierte die Sprengladung mit der Wirkung einer Grundmine. Näheres hierzu siehe in Mike Whitley »Deutsche Seestreitkräfte 1939–1945. Einsatz im Küstenvorfeld«, Motorbuch-Verlag, Stuttgart 1995.

114 An der IDARWALD hielt der US-Zerstörer BROOME Fühlung, dessen offen gefunkten Positionsmeldungen den britischen Kreuzer DIOMEDE heranführten. Das von der eigenen Besatzung in Brand gesetzte Schiff konnte von einem Prisenkommando nicht gerettet werden. Es sank am 9. Dezember 1940 vor der kubanischen Südküste, während der US-Zerstörer STURTEVANT zusah. Siehe auch Anm. 97.

115 Der bemannte Doppeltorpedo (Ein-Mann-Torpedo mit der Bezeichnung »Neger«, später »Marder«) war ein sog. Kleinkampfmittel. Es bestand aus zwei standardmäßigen Torpedos G 7e: Im oberen saß der Pilot in einem kleinen Cockpit – ein Hohlraum anstelle des Gefechtskopfes - unter einer Plexiglaskuppel. Darunter hing in ca. 7 cm Abstand ein Gefechtstorpedo, der vor dem Ziel ausgeklinkt wurde und selbständig weiterlief. Das 5-t-Fahrzeug hatte in der Anmarschphase eine Geschwindigkeit von ca. 4 kn, angetrieben vom E-Motor des oberen Torpedos, und besaß einen Fahrbereich von ca. 30 sm bei 3,2 kn. Den erwähnten Einsatz, bei dem auch der britische Minensucher PLYADES versenkt wurde, führten 21 »Marder« durch, von denen keiner zurückkehrte. Näheres hierzu siehe in Mike Whitley »Deutsche Seestreitkräfte 1939–1945. Einsatz im Küstenvorfeld«, Motorbuch-Verlag, Stuttgart 1995.

116 Die in der Mona-Passage zwischen Puerto Rico und Hispaniola aufgebrachte HANNOVER (5587 BRT) war ein Motorschiff für Fracht und Passagiere des Norddeutschen Lloyd, am 29. März 1937 beim Bremer »Vulcan« in Vegesack vom Stapel gelaufen. In Großbritannien wurde es bei der Blyth Drydock & Sb. Co. Ltd. in Blyth/Northumberland zwischen dem 22. Januar und dem 17. Juni 1941 zum **ersten Geleitträger** der Royal Navy – die HMS AUDACITY – umgebaut und im Geleitsicherungsdienst auf den nordatlantischen Geleitzugrouten eingesetzt. Das Schiff führte sechs Jagdflugzeuge vom Typ Grumman »Martlet« (US-Bezeichnung »Wildcat«).

117 Siehe oben Anm. 110.

118 Die VINDICTIVE besaß vor den Aufbauten ein kürzeres Startdeck und hinter diesen ein längeres Landedeck mit je einem Hangardeck darunter. Bis zu 12 Seeflugzeuge sollten mitgeführt werden können. Die beiden Flugdeckbereiche waren durch eine auf der Backbordseite um die Aufbauten verlaufende Brücke miteinander verbunden. Auf ihr sollten die achtern gelandeten Flugzeuge (bei abgenommenen Tragflächen) wieder zum Startdeck gebracht werden. Diese umständliche Konstruktion bewährte sich überhaupt nicht.

119 Siehe Anm. 12. Die Abrüstung war erforderlich, da ansonsten die zugestandene Anzahl an Kreuzern überschritten worden wäre.

120 Der »Dacke« (Bezeichnung T 3d, auch T IIId) war die Langstreckenversion des Torpedos G 7e mit LUT-Einrichtung (d.h. ein lagenunabhängiger Torpedo, der nach vorherigem Gradlauf in vorprogrammierte Schleifenbewegungen zur Erhöhung der Treffermöglichkeit übergeht): Länge 10 m, Geschwindigkeit 9 kn, Laufstrecke 57 km, Laufzeit 3,5 Stunden.

121 Siehe Anm. 29.

122 Die Torpedoversager beim Norwegen-Unternehmen führten zu einer ernsten Krise in der deutschen Kriegsmarine, insbesondere der U-Bootwaffe. Untersuchungen einschl. eines Kriegsgerichtsverfahrens gegen die verantwortlichen Offiziere der Torpedoversuchsanstalt ergaben, daß weder beim G 7a noch beim G 7e Tiefenhaltung und Tiefenlauf den Anforderungen entsprachen, die an eine frontbrauchbare Waffe gestellt werden müssen. Sowohl die Gefechtspistolen mit Abstandszündung (Magnetzündung) noch die mit Aufschlagzündung waren voll brauchbar. Näheres hierzu siehe in V.E. Tarrant »Kurs West! Die deutschen U-Boot-Offensiven 1914–1945«, Motorbuch-Verlag, Stuttgart 1996, S. 119 f.

123 Beim Unternehmen »Trave« (26.–28. Dezember 1943) stießen die 8. Z- und die 4 T-Flottille (elf Zerstörer und T-Boote) in die Biscaya vor, um den deutschen Blockadebrecher ALSTERUFER sicher in die Gironde einzubringen. Hierbei gerieten sie mit den beiden britischen Kreuzern bei schwerer See ins Gefecht.

Trotz artilleristischer Überlegenheit auf deutscher Seite (25 x 15-cm- und 24 x 10,5-cm-Geschütze gegenüber 19 x 15,2-cm- und 13 x 10,2-cm-Geschütze) gingen Z 27, T 25 und T 26 verloren, während GLASGOW und ENTERPRISE unbeschädigt in Plymouth einliefen.

124 Möglich war lediglich ein Einsatz dieser Geschütze zur Luftabwehr auf größere Entfernungen durch Zonenschießen (Sperrfeuer). In ähnlicher Weise wurden auch die 20,3-cm-Geschütze der deutschen Schweren Kreuzer eingesetzt.

125, 126 Zum britischen Radar siehe Anm. 16.

127 Auf deutscher Seite stellten Hilfskreuzer zu Hilfskriegsschiffen umgebaute Handelsschiffe dar, die mit militärischer Besatzung unter Kriegsflagge und Wimpel fuhren. Ihre Aufgabe war die Handelskriegführung, d.h. auf den ozeanischen Seewegen überraschend aufzutreten und den gegnerischen Seehandel anzugreifen bzw. zu stören (Handelsstörer). Im Verlaufe des Krieges kamen neun Hilfskreuzer zum Einsatz.

Der Hilfskreuzer PINGUIN (*Schiff 33*), das umgebaute Motorschiff KANDELFELS (1936, 7766 BRT, 17 kn), operierte unter KptzS. Krüder hauptsächlich im Südatlantik und Südindik einschl. der antarktischen Gewässer. An Bewaffnung führte das Schiff 6 x 15 cm, 2 x 3,7 cm, 4 x 2 cm, sechs 53,3-cm-Torpedorohre (2 x 2, 2 x 1), 30 Seeminen sowie zwei Bordflugzeuge. Auf sein Konto kamen 32 versenkte bzw. aufgebrachte Handelsschiffe mit insgesamt 154 619 BRT.

128 Der Hilfskreuzer KORMORAN (*Schiff 41*), das umgebaute Motorschiff STEIERMARK (1938, 8736 BRT, 18 kn), operierte unter FKpt. Detmers im Südatlantik, Indik und Pazifik. Bezüglich seiner Bewaffnung siehe PINGUIN (Anm. 127), ausgenommen 360 Seeminen. KORMORAN versenkte 11 Handelsschiffe mit 68 274 BRT und den Leichten Kreuzer SYDNEY (siehe oben Seite 24), ehe sie nach dem Gefecht mit diesem Kreuzer brennend unterging.

129 Der Hilfskreuzer ATLANTIS (*Schiff 16*), das umgebaute Motorschiff GOLDENFELS (1937, 7862 BRT, 16 kn), operierte unter KptzS. Rogge im Südatlantik, Indik und Pazifik. Bezüglich der Bewaffnung siehe Anm. 127, ausgenommen 92 Seeminen. Er versorgte gerade *U 126* auf einem Treffpunkt, als die DEVONSHIRE aufgrund einer »Ultra«-Meldung auftauchte, veranlaßt durch Entzifferung eines aufgefangenen Funkspruches des B.d.U. im »Triton«-Kode an die betreffenden U-Boote, der die Treffpunkte mitteilte (siehe unten Anm. 134). Daraufhin versenkte sich die ATLANTIS selbst. *U 126* nahm die Rettungsboote in Schlepp und übergab die Geretteten zwei Tage später an den U-Bootversorger PYTHON (siehe Anm. 135).

130 Wie bereits im Ersten Weltkrieg (vgl. hierzu »Piraten des Kaisers«, Motorbuch-Verlag, Stuttgart 1996) bestand auch in den ersten Phasen des Zweiten Weltkrieges zur Versorgung der Handelsstörer ein Etappensystem. Es bestand aus der Etappe Rußland (Basis Nord) bis zum Herbst 1940, der Etappe Spanien bis Ende 1941, der Etappe Afrika bis Januar 1940 und der Etappe Japan (mit anschließendem Blockadebrecher-Einsatz dieser Schiffe ab Ende 1941). Die Etappenschiffe bzw. Blockadebrecher fielen häufig den alliierten Seestreitkräften durch »Ultra«-Meldungen zum Opfer (siehe oben Anm. 129).

131 1935/36 wurde Äthiopien (Abessinien) von den Italienern erobert. Eine von den Westmächten kurzzeitig durchgeführte Wirtschaftsblockade Italiens blieb erfolglos. Nach dem Einmarsch britischer Truppen in die Hauptstadt Addis-Abeba erhielt Kaiser Haile Selassie im Mai 1941 sein Land zurück.

132 Siehe oben Anm. 74.

133 Die erzielten Torpedotreffer führten jedoch nicht zum Untergang der BISMARCK, die schließlich von ihrer Besatzung selbstversenkt wurde. Nach dem Untergang des Schlachtschiffes retteten die DORSETSHIRE und der Zerstörer MAORI 110 Überlebende. Ein U-Bootalarm hinderte den Kreuzer an der weiteren Fortsetzung der Rettungsmaßnahmen. Näheres siehe in M.J. Whitley »Deutsche Großkampfschiffe«, Motorbuch-Verlag, Stuttgart 1997.

134 Funkführung und Funkverkehr des Gegners eröffnen der eigenen Funkaufklärung Erkenntnismöglichkeiten, und zwar durch
- *Verkehrsanalyse* (Untersuchung äußerer Merkmale aufgefangener Funksprüche liefert Hinweise auf die Verkehrszusammenhänge),
- *Funkpeilung* (landgestützt wie auch bordgestützt, liefert durch Einpeilen Erkenntnisse über Standorte,
- *Funkentschlüsselung* (liefert Erkenntnisse durch zeitversetztes oder zeitgleiches Mitlesen abgehörter Funksprüche der Gegenseite mit Hilfe erbeuteter Originalschlüssel) und durch
- *Funkentzifferung* (liefert Erkenntnisse durch zeitversetztes oder zeitgleiches Mitlesen abgehörter Funksprüche der Gegenseite durch Lösen der Texte mit kryptologischen Methoden ohne Verwendung der Originalschlüssel).

Auf deutscher Seite gehörte die Funkaufklärung zur III. Abteilung (MND III) des Marinenachrichtendienstes (3./Skl.). Ein Teilbereich von MND III war der Marine-Funkentzifferungsdienst (xB-Dienst, oft nur B-Dienst genannt) – auch in Form von Bordgruppen eingesetzt. Ihm gelangen beachtliche Einbrüche in den alliierten Funkverkehr.

Doch auch der Funkaufklärung auf alliierter Seite gelangen – auf deutscher Seite unbemerkt und bis 1974 unbekannt – Einbrüche in die Funkschlüssel der obersten Reichsbehörden sowie in die von Heer, Luftwaffe und Marine. Die Weitergabe der Auswertungen erfolgte auf britischer Seite unter höchster Geheimhaltungsstufe – Bezeichnung »Ultra« – und war durch raffinierte Maßnahmen abgeschirmt.

Innerhalb der Kriegsmarine wurde der Funkverkehr unter Benutzung verschiedener Schlüsselkreise abgewickelt. So kamen z. B. für die in diesem Buch angesprochenen deutschen Schiffe und Boote vor allem folgende Schlüsselbereiche in Frage:
- »Heimische Gewässer«, ab 1.1.1943 »Hydra«, für alle Fahrzeuge in heimischen Gewässern einschl. der besetzten Gebiete sowie (bis 5.10. 1941) für U-Boote im Einsatz in Nordsee und Atlantik, gebrochen (Anfang Mai 1940 erste Einbrüche in diesen Schlüssel);
- »Außerheimische Gewässer«, ab 1.1.1943 »Aegir«, für Überwasserschiffe im Einsatz außerhalb der heimischen Gewässer, keine Einbrüche;
- »Triton« ab 5.10.1941 für U-Boote im Einsatz im Atlantik, gebrochen (ausgenommen die Zeit vom 1.2.1942 bis 13.12.1942 durch Einführung der vierten Schlüsselwalze);
- verschiedene Sonderschlüssel, wie z.B.
- »Sonderschlüssel 100« für Hilfskreuzer und Versorgungsschiffe in überseeischen Gewässern,
- ab Mai 1941 »Sonderschlüssel Kernflotte«, ab 1.1.1943 »Neptun«, für Operationen der Kernflotte, keine Einbrüche,
- ab Juni 1941 »Sonderschlüssel Ostsee«, ab 1.1.1943 »Potsdam«, für Operationen gegen die UdSSR in der Ostsee.

Die Grundlage der deutschen Funkschlüsselung bildete die Schlüsselmaschine »Enigma«. Hierbei umfaßte der »Marinefunkschlüssel M« (M 3) drei Schlüsselwalzen zu je 26 Buchstaben – später vier (M 4 mit der »Griechenwalze Alpha«) – aus einem Vorrat von acht, wobei die inneren Einstellungen (Walzenlage und Ringstellung) nur alle 48 Stunden, die äußeren Einstellungen (Steckerverbindungen und Grundstellungen) alle 24 Stunden wechselten.

Eine Vielzahl von aufgefangenen deutschen Funksprüchen bildete für die Briten (nach Vorarbeit durch den polnischen Geheimdienst) in der »Government Code & Cypher School« in Bletchley Park bei London die Grundlage, um mit Hilfe von besonders entwickelten Entzifferungshilfsmaschinen (Computern) – den sog. »Bombs« – den Großteil der deutschen Schlüssel zu lösen. Hierbei leistete Schlüsselmaterial einen wesentlichen Beitrag, das auf folgenden Schiffen bzw. Booten erbeutet wurde:
- *U 33* (12.2.1940),
- Vp.-Boot *V 2623* (April 1940),
- Vp.-Boot KREBS (4.3.1941) – siehe Anm. 153 –,
- Wetterschiff MÜNCHEN (7.5.1941),
- *U 110* (9.5.1941),
- Versorgungstanker GEDANIA (4.6.1941),
- Versorgungstanker FRIEDRICH BREME (12.6.1941),
- U-Boot-Versorger LOTHRINGEN (15.6.1941),
- Wetterschiff LAUENBURG (25.6.1941) – siehe Anm. 159 –,
- *U 559* (30.10.1942).

Damit war es möglich geworden, die deutschen Funksprüche anfänglich mit langer Zeitversetzung, später in immer kürzeren Zeitabständen und schließlich zeitgleich mitzulesen.

Zur weiteren Vertiefung siehe Rohwer/Jäckel »Die Funkaufklärung und ihre Rolle im 2. Weltkrieg« und Eberhard Möller »Kurs Atlantik! Die deutsche U-Bootentwicklung bis 1945«, beide im Motorbuch-Verlag, Stuttgart 1979 bzw. 1995.

135 Die DORSETSHIRE überraschte den U-Boot-Versorger PYTHON nur wenige Tage später, nachdem sie die ATLANTIS gestellt hatte (siehe oben Anm. 129), bei der Versorgung der U-Boote *U A* und *U 68*. Bei *U A* handelte es sich um ein großes U-Boot (1284 t getaucht) zur ozeanischen Verwendung, das ursprünglich auf türkische Rechnung als BATIRAY gebaut und bei Kriegsausbruch von der Kriegsmarine beschlagnahmt worden war. Die PYTHON (1935, 3664 BRT, 15 kn) war ein 1941 zum U-Boot-Versorger umgebautes Motorschiff. Die beiden U-Boote nahmen die Rettungsboote mit der ATLANTIS- und der PYTHON-Besatzung (414 Mann) solange in Schlepp, bis die Besatzungen von fünf weiteren herangeführten U-Booten übernommen werden konnten. Sie trafen Ende Dezember 1941 in St. Nazaire ein.

136 Näheres siehe in Prof. Arthur J. Marder »Old Friends, new Enemies: The Royal Navy and the

Imperial Japanese Navy«, Bd.2 »The Pacific War, 1942-1945«, S. 127 ff., Oxford University Press, Oxford 1990.

137 Näheres siehe in »Deutsche Großkampfschiffe«, S. 228 ff., Motorbuch-Verlag, Stuttgart 1997.

138 Als Bordflugzeuge wurden bei der Royal Navy die Seeflugzeuge – sämtlich Doppeldecker – vom Typ Hawker »Osprey«, Fairey »Seafox« und Supermarine »Walrus« eingesetzt. Die »Osprey« stammte aus dem Jahre 1933, hatte zwei Mann Besatzung, ein einfaches und ein Doppel-MG, eine Bombenlast von 250 kg und erreichte mit einem 525-PS-Motor 280 km/h. Die sehr ähnliche »Seafox« führte nur ein MG und erreichte mit einem 375-PS-Motor 200 km/h. 1940/41 wurden diese beiden Typen durch die »Walrus« als Standardbordflugzeug abgelöst. Sie hatte drei Mann Besatzung, führte zwei MG's und erreichte mit einem 598-PS-Motor 208 km/h.

139 Am 2. April 1941 kam im Irak der antibritische und achsenfreundliche General Raschid Ali el Ghailani durch einen Staatsstreich an die Macht. Mit der Einschließung des großen britischen Luftstützpunktes Habbaniya im Westen Iraks durch irakische Truppen entstand ein offener Konflikt mit Großbritannien. Am 19. und 29. April deckten britische Kriegsschiffe, darunter die Kreuzer EMERALD und LEANDER, die Landung britischer Truppen in Basra.

Als Fernsicherung fungierten im Persischen Golf der Flugzeugträger HERMES und der Kreuzer ENTERPRISE. Am 30. Mai 1941 floh das antibritische Kabinett Ghailani ins Exil nach Persien.

140 Am 12. Februar 1942 wurde in Suva/Fiji-Inseln der ANZAC-Verband unter Rear-Admiral Crace, RAN, gebildet, bestehend aus den Schweren Kreuzern AUSTRALIA (RAN) und CHICAGO (USN), den Leichten Kreuzern ACHILLES und LEANDER (RNZN) sowie den Zerstörern FLUSSER, LAMSON und PERKINS (USN), zeitweilig verstärkt durch die Schweren Kreuzer ASTORIA und LOUISVILLE sowie Zerstörern von der amerikanischen *TF 17*.

141 Siehe oben Anm. 79.

142 Näheres siehe in Peter Dickens »Brennpunkt Erzhafen Narvik«, Motorbuch-Verlag, Stuttgart 1975.

143 In der Nacht vom 8./9. November 1941 gelang es der *Force K* aufgrund von »Ultra«-Meldungen und unter Einsatz von Radar das aus sieben Dampfern bestehende italienische Nachschubgeleit »Beta« anzugreifen und alle Schiffe sowie einen der sechs Sicherungszerstörer zu versenken.

Den anhaltenden Angriffen der *Force K,* verstärkt durch die Kreuzer AJAX und NEPTUNE, fielen im November/Dezember 1941 weitere Nachschubschiffe zum Opfer.

Ähnlich wie beim deutschen Funkverkehr (vgl. Anm. 134) kam es auch zum Einbruch in die Funkschlüssel der italienischen Marine. Auch hier fand für die Auswertung die Geheimhaltungsstufe »Ultra« Verwendung. Zur Vertiefung wird der Leser auf das Standardwerk von Alberto Santoni »Ultra siegt im Mittelmeer. Die entscheidende Rolle der britischen Funkaufklärung beim Kampf um den Nachschub für Nordafrika von Juni 1940 bis Mai 1943«, Verlag Bernard & Graefe, Koblenz 1985, verwiesen.

144 Am 15. Dezember 1941 lief die britische *Force B* – Kreuzer NAIAD, EURYALUS und CARLISLE sowie acht Zerstörer – aus Alexandria aus, um den Transporter BRECONSHIRE (9776 BRT) nach Malta durchzubringen. Am 17. Dezember stieß die *Force K* mit AURORA, PENELOPE, NEPTUNE und acht Zerstörern, von Malta kommend, zum Geleit. Gleichzeitig befanden sich im Zuge der italienischen Geleitzugoperation »M 42« vier Nachschubschiffe, gesichert durch Zerstörer, auf dem Wege von Tarent nach Tripolis. Schlachtschiffe, Kreuzer und Zerstörer unter Adm. Iachino bildeten die Deckungskräfte. In der Abenddämmerung des 17. Dezember griff Adm. Iachinos Verband die britischen Kampfgruppen an. Es entwickelte sich die erste Seeschlacht in der Großen Syrte, die ergebnislos blieb, da beide Seiten versuchten, ihre Geleitzüge zu schützen. Am 18. Dezember lief die BRECONSHIRE sicher in La Valetta ein, während der italienische Geleitzug seine Fahrt nach Tripolis fortsetzte, verfolgt von der britischen *Force K*. Letztere lief am 19. Dezember nordostwärts von Tripolis in die von den italienischen Kreuzern am 3. Juni 1941 gelegte Minensperre T. NEPTUNE erhielt vier Minentreffer und sank bis auf einen Überlebenden mit ihrer gesamten Besatzung. Auch der Zerstörer KANDAHAR mußte nach einem Minentreffer aufgegeben werden. Weitere Minentreffer beschädigten die AURORA schwer und die PENELOPE leicht.

145 Der Torpedo T 5 »Zaunkönig« war der erste Horchtorpedo der Welt. Er besaß eine passiv-akustische Zielansteuerung, d.h. er steuerte die Schraubengeräusche an, und hatte eine aktive magnetische Abstandszündung. Seine Geschwindigkeit betrug 24,5 kn. Um ihn unwirksam zu machen, verwendeten die Alliierten später nachgeschleppte Geräuschbojen, die das Schraubengeräusch übertönten.

146 Näheres siehe M.J. Whitley »Deutsche Seestreitkräfte 1939 - 1945. Einsatz im Küstenvorfeld«, S. 162 ff., Motorbuch-Verlag, Stuttgart 1995.

147, 148 Zum britischen Radar siehe Anm. 16. Am 25./26. September 1939 setzte die SHEFFIELD zum erstenmal Radar zur Vorwarnung vor einem Luftangriff, durchgeführt von der 1./K.G.26, erfolgreich ein. Der Angriff schlug fehl.

149 Näheres siehe M.J. Whitley »Deutsche Seetreitkräfte 1939–1945. Einsatz im Küstenvorfeld«, aaO, S. 91f.

150 Zur SHEFFIELD siehe auch Antony Preston »Berühmte Kriegsschiffe. 1914 bis heute«, Motorbuch-Verlag, Stuttgart 1988.

151 Siehe auch Anm. 58.

152 Das britische 7. Kreuzergeschwader mit ORION, NEPTUNE, SYDNEY, LIVERPOOL und GLOUCESTER wurde durch die Luftaufklärung herangeführt. Die ESPERO sank nach Treffern des australischen Leichten Kreuzers SYDNEY (siehe auch Seite 24).

153 Dieser Vorstoß diente in erster Linie dazu, deutsches Schlüsselmaterial zu erbeuten. Er wurde von fünf Zerstörern und den Angriffsschiffen PRINCESS BEATRIX und QUEEN EMMA mit 500 Mann Kommandotruppen an Bord durchgeführt und verlief äußerst erfolgreich: Zerstörung der Fischereianlagen an vier Orten, Versenkung von sieben deutschen Handelsschiffen, Einbringen von 213 deutschen und 12 norwegischen Gefangenen, Übernahme des norwegischen Fischereischiffes MYRLAND und 314 norwegischen Freiwilligen und als wichtigster Erfolg das Erbeuten des deutschen Vp.-Bootes KREBS mit sämtlichen Schlüsselunterlagen (siehe oben Anm. 134), die zum Einbruch in den Marineschlüssel »Heimische Gewässer« führten.

154 Auf ihrer letzten Fahrt hatte die EDINBURGH ca. 5,5 t Gold – d.h. 465 Goldbarren zu je 11 - 13 kg – im Werte von etwa zwei Millionen Pfund Sterling als sowjetische Bezahlung für geliefertes amerikanisches Kriegsmaterial an Bord. Von Anfang September bis Anfang Oktober 1981 wurden durch eine englische Bergungsfirma 431 Barren und im Sommer 1986 durch eine schottische Taucherfirma nochmals 29 Barren geborgen. Fünf Barren blieben unauffindbar. Die Rechtslage war eindeutig: Das Gold war für den Seetransport bei der sowjetischen Gesellschaft *Gosstrach* gegen See- und Kriegsrisiken und beim *Britischen Büro der Kriegsrisikoversicherung* mit 32,32 % rückversichert worden, d.h. das Gold gehörte zu etwa einem Drittel Großbritannien und zu rund zwei Dritteln der Sowjetunion. Zum Bergungszeitpunkt hatten die 460 geborgenen Goldbarren einen Wert von umgerechnet ca. 179 Millionen DM. Hiervon erhielten die Bergungsfirmen 45 % und von der Restsumme bekam Großbritannien 32,32 % und die Sowjetunion 67,68 %.

Hinsichtlich der überaus spannenden Geschichte von der letzten Fahrt der EDINBURGH und der Bergung ihres Goldschatzes wird der Leser auf Günter Lanitzki »Kreuzer EDINBURGH. Goldtresor im Nordmeer«, Koehler's Verlags GmbH, Herford 1991, verwiesen.

155 Die Blockadebrecher fielen sehr häufig »Ultra«-Meldungen zum Opfer, die entzifferten Funksprüche des B.d.U. lieferten und wonach bestimmte Seeräume für einen bestimmten Zeitraum für die Angriffe von U-Booten auf Einzelfahrer gesperrt wurden. Damit sollte verhindert werden, daß diese Schiffe irrtümlich von U-Booten angegriffen wurden, wie dies am 3. März 1943 im Mittelatlantik geschah, als U 43 den U-Boot-Versorger DOGGERBANK (ex-britische SPEYBANK) versenkte.

156 Siehe oben Anm. 14. Die »Hs 293« wurde 1944 aus der Front gezogen, nachdem die alliierte Seite die Waffe erkannt hatte und die festgestellte Funkfrequenz gestört wurde.

157, 158 Die ursprüngliche Aufgabe der »Sperrbrecher« sollte das Durchbrechen von Minensperren vor der nachfolgenden Schlachtflotte sein. Doch im Verlaufe des Ersten Weltkrieges wurden die durch besondere Maßnahmen (Faßladung) sinksicher gemachten und aus Handelsschiffen umgebauten Hilfskriegsschiffe auf den Ein- und Auslaufwegen für Kriegsschiffe, vor allem U-Boote, eingesetzt. Diese Aufgabe erfüllten sie auch im Zweiten Weltkrieg mit neuen technischen Ausstattungen gegen die neuartigen Minenzündsysteme (vor allem magnetische und akustische Minen). Im Kanal und in der Biskaya unterstanden die Sperrbrecher dem Befehlshaber der Sicherung West und zu jeder der drei Sicherungsdivisionen gehörte eine Sperrbrecherflottille mit je neun Sperrbrechern.

So gehörte z.B. der *Sperrbrecher 7* (1929, ex-SAUERLAND, 7087 BRT, 2 x 10,5 cm, 2 x 3,7 cm, 12 x 2 cm) zur 2. Spbr.Fl. und der *Sperrbrecher 157* (1940, ex-TELLUS, 1495 BRT, 1 x 10,5 cm, 1 x 3,7 cm, 8 x 2 cm) zur 6. Spbr.Fl.

159 Siehe Anm. 134. Die LAUENBURG (344 ts) wurde im Nebel durch Radarortung festgestellt und nach einem Feuerüberfall geentert. Aus der Besorgnis heraus, »Ultra« zu kompromittieren, verbot die britische Admiralität weitere Aktionen dieser Art.

160 Die Verstaatlichung des Suez-Kanals 1956 durch Ägypten nach dem Abzug der Briten führte zum Einmarsch brit., frz. und israel. Truppen und löste die »Suez-Krise« aus, die von der UN beigelegt wurde.

161 Die FX 1200 oder »Fritz X« war eine 1400-kg-Bombe, gefüllt mit dem Sprengstoff Amatol. Sie besaß vier Flügel und Schwanzflossen, hatte Kreiselstabilisierung und über einen Funkempfänger am Schwanzende wurden im Luftstrom Spoiler bewegt. Sie steuerten vom abwerfenden Flugzeug aus den Anflug und brachten die Bombe mit ziemlicher Genauigkeit ins Ziel. Am Nachmittag des 9. September 1943 versenkte Lt. Schmetz mit seiner Do 217 K von der III./K.G.100 westlich der Straße von Bonifacio das italienische Schlachtschiff ROMA auf seinem Weg nach Malta mit einer einzigen FX 1200. Auch diese Waffe wurde 1944 aus der Front gezogen (siehe Anm. 156).

162 Siehe hierzu M.J. Whitley »Zerstörer im Zweiten Weltkrieg«, S. 156 ff., Motorbuch-Verlag, Stuttgart 1988.

163 Die Romeo Ro 43 war ein einmotoriges Seeflugzeug mit zwei Mann Besatzung und einer Höchstgeschwindigkeit von 320 km/h.

164 Am 12. Dezember 1941 teilte das *Operational Intelligence Centre* der britischen Admiralität dem C-in-C Mittelmeer über Funk die folgende »Ultra«-Meldung mit: »Die Kreuzer DA BARBIANO, DI GIUSSANO und BANDE NERE sollen heute am 12. um 18.00 Uhr aus Palermo auslaufen und mit einer Marschgeschwindigkeit von 22 Knoten am 13. um 15.00 Uhr in Tripolis eintreffen...« (P.R.O. ADM 223/31).

Die Briten wußten lediglich nicht, daß die ursprünglich vorgesehene BANDE NERE inzwischen durch das T-Boot CIGNO ersetzt worden war. Im übrigen genügte es, den vor der algerischen Küste stehenden Zerstörerverband, der auf dem Wege nach Malta war, mit entsprechender Geschwindigkeit auf Abfangkurs gehen zu lassen, und am 13. Dezember kam es um 03.15 Uhr zur Feindberührung. Siehe auch Anm. 143.

165 Das Ziel der Operation »Mincemeat«, durchgeführt von der *Force H* war das Legen einer Minensperre vor dem Hafen von Livorno durch den schnellen Minenleger MANXMAN sowie ein gleichzeitig zu erfolgender Trägerangriff auf den Flugplatz Tempio im Norden Sardiniens. Der von italienischen Agenten gemeldete Malta-Geleitzug blieb aus.

166 Siehe hierzu Anm. 144.

167 Nach »Jane's Fighting Ships« belief sich bei dieser Klasse die Standardverdrängung auf 7283 ts und die Einsatzverdrängung auf ca. 8500 ts.

168 Die deutsche Kriegsmarine mußte aus ihrer knappen Heizölzuteilung auch die italienische Flotte versorgen.

Zum Thema Ölverknappung wird auf Wilhelm Meier-Dörnberg »Ölversorgung der Kriegsmarine 1935–1945«, Bd. 11 der Einzelschriften zur militärischen Geschichte des 2. Weltkrieges, herausgegeben vom Militärgeschichtlichen Forschungsamt der Bundeswehr (Verlag Rombach, Freiburg 1973), verwiesen.

169 Nach »Jane's Fighting Ships« betrug die Standardverdrängung 8605 ts bzw. 8134 ts.

170, 171 Siehe Anm. 78 und 162.

172 Der mit zwei Mann im Reitsitz bemannte Torpedo Mk. 1 – als »Chariot« (Streitwagen) bezeichnet – wies die gleiche Länge wie ein 53,3-cm-Torpedo auf und hatte einen abnehmbaren Gefechtskopf mit einer 272-kg-Sprengladung. Bei einer Geschwindigkeit von 2,9 kn hielt die Batterieleistung sechs Stunden an und verschaffte dem Fahrzeug einen Fahrbereich von 18 sm.

173 Der britische geheime Marinenachrichtendienst war in der Lage, aus den entzifferten Funksprüchen der deutschen Luftwaffe und der drei italienischen Teilstreitkräfte bereits am 26. März 1941 ein zutreffendes Bild vom geplanten Ablauf der bevorstehenden Operation der italienischen Flotte unter Adm. Iachino zu gewinnen. Vgl. auch die Anm. 143 und 164.

174 Nachdem die britische Luftaufklärung die italienische Flotte erfaßt hatte und in den Vormittagsstunden des 28. März die Kreuzer beider Seiten ins Gefecht gerieten, brach Adm. Iachino die Operation ab und trat den Rückmarsch nach Tarent an. Gleichzeitig mit der POLA erhielt auch die VITTORIO VENETO, das Flottenflaggschiff, einen Lufttorpedotreffer, konnte aber den Marsch fortsetzen. In der einbrechenden Dunkelheit hatten die britischen Kriegsschiffe aufgrund ihrer Radarortungen gegenüber den nahezu »blinden« italienischen Kreuzern einen eindeutigen Vorteil. Nach dem Untergang der drei Schweren Kreuzer und der beiden Zerstörer betrugen die italienischen Verluste rund 3000 Tote.

175 Siehe Anm. 144.

176 Siehe Anm. 172.

177 Näheres siehe bei Warren/Benson »...Und über uns die Wogen. Torpedoreiter und Kleinst-U-Boote im Einsatz«, Keohlers VerlagsGmbH, Jugenheim (ohne Jahresangabe).

178 In der Kaiserlich Deutschen Marine trugen die Leichten Kreuzer die Bezeichnung »Kleine Kreuzer« (im Unterschied zu den »Großen Kreuzern«: siehe Anm. 7).

179 Nach ihrer Indienststellung gehörte die PIL-LAU zur II. Aufklärungsgruppe und nahm nach Einsätzen in der Ostsee und in der Deutschen Bucht am 31. Mai 1916 an der Skagerrakschlacht teil. Hierbei erhielt sie einen 30,5-cm-Treffer am vorderen Schornstein.

Am 1. Juni geleitete sie auf dem Rückmarsch den schwer beschädigten Schlachtkreuzer SEYDLITZ unter teilweisem Schlepp über den Achtersteven. Danach war der Kreuzer im Sicherungs- und Vorpostendienst in der Nordsee eingesetzt und nahm an verschiedenen Minenunternehmen teil.

180 Auch dieser Kleine Kreuzer überstand den Ersten Weltkrieg ohne größere Beschädigungen, obwohl er an zahlreichen Gefechten und Vorstößen in Nord- und Ostsee beteiligt war.

181 Im Dezember 1941 wies die japanische Flotte folgende taktische Gliederung auf:
Vereinigte Flotte
(Flottenchef Admiral Yamamoto):
– 1. Flotte (Kampfflotte),
– 2. Flotte (Aufklärungsstreitkräfte),
– 3. Flotte (Blockade- und Transportkräfte Indochina),
– 4. Flotte (südliche Mandatsinseln),
– 5. Flotte (nördliche japanische Inseln),
– 6. Flotte (U-Bootflotte),
sowie der
– 1. Luftflotte: 1. - 4. Trägerdivision
–   (je zwei Träger) und vier Z-Divisionen,
– 2. Luftflotte (landgestützt),
– China-Flotte (ältere Kreuzer, T- und
– Kanonenboote).
Nach der Schlacht bei Midway bestand die umorganisierte Vereinigte Flotte (Flottenchef Admiral Yamamoto mit Flottenflaggschiff YAMATO) ab dem 14. Juli 1942 aus der
- 1. Flotte (Adm. Yamamoto): 6 Schlachtschiffe, Kreuzer KITAKAMI, OI, ABUKUMA, SENDAI und Zerstörer;
- 2. Flotte (VAdm. Kondo): 2 Schlachtschiffe, Kreuzer ATAGO, MAYA, TAKAO, HAGURO, MYÔKÔ, JINTSU, YURA sowie Zerstörer und Seeflugzeugträger;
- 3. Flotte (VAdm. Nagumo): 6 Flugzeugträger, 2 Schlachtschiffe, Kreuzer KUMANO, SUZUYA, CHIKUMA, TONE, NAGARA und Zerstörer;
- 4. Flotte (VAdm. Inoue) in Truk: Kreuzer KASHIMA, YUBARI sowie Zerstörer und weitere kleinere Einheiten;
- 5. Flotte (VAdm. Hosogaya) in den Kurilen und Aleuten: Kreuzer NACHI, KISO, TAMA sowie Zerstörer, U-Boote und weitere kleinere Einheiten;
- 6. Flotte (VAdm. Komatsu): Kreuzer KATORI und U-Boote;
- 8. Flotte (VAdm. Mikawa): Kreuzer CHÔKAI, AOBA, KINUGASA, FURUTAKA, KAKO, TATSUTA, TENRYU sowie Zerstörern, U-Booten u.a.

* * *

Am 7. August 1942 landete die verstärkte 1. Marineinfanterie-Division auf den Inseln Guadalcanal und Tulagi in den mittleren Salomonen. Den Schwerpunkt bildeten die Kämpfe auf Guadalcanal mit der Eroberung des nahezu fertiggestellten japanischen Flugplatzes mit dem US-Namen »Henderson Field« (heute Honiara). Um den Besitz dieser Insel und ihres Flugplatzes setzte ein monatelanges zähes Ringen ein. Beide Seiten brachten über See ständig Verstärkungen und Nachschub heran und jede Seite versuchte mit allen zu Gebote stehenden Mitteln, die andere daran zu hindern. Vor allem die Japaner setzten zu diesem Zweck nachts immer wieder mit großer Regelmäßigkeit Zerstörer ein, so daß auf amerikanischer Seite vom »Tokio-Expreß« die Rede war. Auf japanischer Seite operierten insbesondere von Rabaul/Neubritannien aus die 8. und von Truk aus die 2. Flotte, während die US-Trägerkampfgruppen von Espiritu Santo/Neue Hebriden und Nouméa/Neukaledonien aus zum Einsatz kamen. Hierdurch entwickelten sich eine Reihe von Seeschlachten und Seegefechten in den Salomonen und um sie herum. Der Sund zwischen bei den beiden Inselketten, die die Salomonen bilden, hieß daher schon bald »Iron Bottom Sound«.

Anfang Februar 1943 räumten die Japaner Guadalcanal und die Kämpfe verlagerten sich in Richtung Bismarck-Archipel.

182 Das zweisitzige Seeflugzeug Nakajima 90-11 von 1930 war ein Doppeldecker mit einem luftgekühlten 9-Zylinder-Sternmotor von 450 - 500 PS Leistung.

183 Das Unterwasser-Angriffsfahrzeug »Kaiten« war ein sog. »menschlicher Torpedo« (Ein-Mann-Torpedo): 8,3 ts, 14,75 m x 1 m x 1 m, ein Torpedomotor mit 550 PS Leistung, 30 kn unter Wasser, 12,5 sm bei 30 kn bzw. 45 sm bei 12 kn, eine 1550-kg-Sprengladung. Näheres siehe Erminio Bagnasco »U-Boote im 2. Weltkrieg«, S. 225 ff., Motorbuch-Verlag, Stuttgart 1988.

184 Zur Seeschlacht bei den Midway-Inseln sowie zu allen pazifischen Operationen im Zweiten Weltkrieg siehe Paul S. Dull »Die Kaiserlich Japanische Marine 1941–1945«, Motorbuch-Verlag, Stuttgart 1980.

185 Mit der Unterstützung aller Trägerkampfgruppen der 3. US-Flotte (Adm. Halsey) lief die 7. US-Flotte (VAdm. Kinkaid) in den Golf von Leyte/Philippinen ein und in den frühen Morgenstunden des 20. Oktober 1944 begannen die Landungen der 6. US-Armee auf der Insel Leyte. Auf japanischer Seite hatte das Kaiserliche Große Hauptquartier für diesen Fall den Plan für eine Entscheidungsschlacht – Operation »SHO 1« – ausgearbeitet, der von Adm. Toyoda, dem Flottenchef, sofort in Gang gesetzt wurde. Er bestand aus drei Teiloperationen, woraus sich am 24. und 25. Oktober die bisher größte Seeschlacht der Seekriegsgeschichte in drei Teilschlachten entwickelte:
– Der am 22. Oktober aus Brunei/Borneo ausgelaufene Zentral- oder Nordverband unter VAdm. Kurita (5 Schlachtschiffe, Kreuzer ATAGO, TAKAO, CHÔKAI, MAYA, MYÔKÔ, HAGURO, KUMANO, SUZUYA, CHIKUMA, TONE, NOSHIRO, YAHAGI und Zerstörer) stieß durch die mittleren Philippinen (Sibuyan-See) und die San-Bernardino-Straße vor und stand am Morgen des 25. Oktober ostwärts von Samar: Schlacht vor Samar.
– Der ebenfalls am 22. Oktober aus Brunei ausgelaufene Südverband unter VAdm. Nishimura (2 Schlachtschiffe, Kreuzer MOGAMI und Zerstörer) vereinigte sich in der Sulu-See mit VAdm. Shimas 1. Kampfverband (Kreuzer NACHI, ASHIGARA, ABUKUMA und Zerstörer) und stieß von Süden her durch die Mindanao-See zur Surigao-Straße in Richtung auf den Golf von Leyte vor. In der Surigao-Straße kam es in der Nacht vom 24./25 Oktober mit dem aus Schlachtschiffen und Kreuzern bestehenden Kampfverband Rear-Admiral Oldendorfs zu einer mit Artillerie geführten Seeschlacht. Der letztere Verband sicherte die Landzonen nach Süden ab.
– Von Norden her stieß VAdm. Ozawa mit seinem Kampfverband (4 Träger, 2 Träger/Schlachtschiffe, Kreuzer ISUZU, TAMA, OYODO und Zerstörer) als Ablenkungsmaßnahme aus japanischen Gewässern in das Seegebiet nordostwärts der Philippinen vor. Hier kam es am Morgen des 25. Oktober mit den Trägerkampfgruppen der *TF 38* und den schweren Einheiten der *TF 34* zur Schlacht vor Kap Engaño ostwärts von Luzon.

Letztlich mußten sich die japanischen Verbände unter schweren Verlusten an Schiffen und Flugzeugen zurückziehen, verfolgt von den Trägerflugzeugen der *TF 38*.

186 Die Kawanishi 94, 1933/34, war ein dreisitziger Doppeldecker mit einem wassergekühlten 12-Zylinder-V-Motor von 500 PS Leistung.

187 Siehe hierzu M.J. Whitley »Zerstörer im Zweiten Weltkrieg«, S. 182 f., Motorbuch-Verlag, Stuttgart 1988.

188 Schon in den 30er Jahren hatte die amerikanische Marine, genauer gesagt der geheime Marinenachrichtendienst (ONI: Office of Naval Intelligence), Anstrengungen unternommen, um in die japa-

ANMERKUNGEN DES ÜBERSETZERS

nischen Kodes der Marine und des Außenministeriums einzudringen. Ab Mitte der 30er Jahre war dies die Aufgabe einer besonderen Abteilung im ONI: der *Communications Security Section* (etwa Nachrichtensicherheits-Abteilung) oder in der Kurzbezeichnung »Op-20 G«. Bis zum Ausbruch des Krieges 1941 waren schon beachtliche Erfolge gelungen, so z.B. das Brechen des japanischen Diplomaten-Kodes (Geheimhaltungsstuffe »Magic«) und der verschiedenen Flottenfunkschlüssel. Der günstige Ausgang der Schlacht bei Midway am 4. Juni 1942 ging zum Beispiel auf die hervorragende Leistung der amerikanischen Funkentzifferung zurück. Auch die Operationen der US-Unterseeboote beruhten vielfach auf den Erkenntnissen der Funkaufklärung. So wurde auch das US-Unterseeboot BLUEGILL über die Position der YUBARI in Kenntnis gesetzt, was zur Versenkung des japanischen Kreuzers führte.

Zur amerikanischen Funkaufklärung siehe auch Ladislas Farago »Codebrecher am Werk. Trotzdem kam es zu Pearl Harbor«, Ullstein-Verlag, Frankfurt/M. 1967.

189 Nach dem Ende des Ersten Weltkrieges wurden die deutschen Kolonien im Friedensvertrag von Versailles 1919 dem Völkerbund unterstellt. Dieser überwies sie den Mandatarstaaten zur Verwaltung – eine Art Treuhandverwaltung und gleichzeitig eine verschleierte Annexion. Letztere war infolge des von Präsident Wilson proklamierten »Selbstbestimmungsrechtes der Völker« nicht durchsetzbar. Von den deutschen Südsee-Besitzungen erhielt Japan das Mandat über die Karolinen (Marianen, Marshall-, Palau-, Yap- und Truk-Inseln = Mandatsinseln).

190 Nach der Landung auf der Salomonen-Insel Tulagi am 3. Mai 1942 kam es am 7. Mai zur Luft/Seeschlacht in der Korallensee, als die Japaner den Versuch unternahmen, bei Port Moresby an der Westküste Neuguineas im Golf von Papua zu landen.

Die US-Trägerkampfgruppen *TF 17* mit der YORKTOWN und *TF 11* mit der LEXINGTON griffen den japanischen Unterstützungsverband an, zu dem drei Träger gehörten. Hierbei sanken der japanische Träger SHOHO und der US-Träger LEXINGTON. Die YORKTOWN erlitt erhebliche Beschädigungen. Die Japaner gaben ihre Absicht auf, bei Port Moresby zu landen.

191 Die Radarentwicklung in Japan blieb in den Kinderschuhen stecken. Erst Mitte 1944 erhielten einzelne Schiffe Radargeräte zur Luft- oder Seeraumüberwachung, Nachbauten von Beutegeräten. Insgesamt spielte das Radar in Japan bis Kriegsende keine Rolle. Hervorragend waren jedoch die optischen Geräte (Ferngläser, Zielgeber, E-Meßbasen) auf den japanischen Schiffen.

192 Während des Vorstoßes des aus AOBA, CHIKUMA und TONE bestehenden 7. Kreuzergeschwaders unter KAdm. Sakonju in den Indischen Ozean versenkte die TONE am 9. März 1944 den britischen Frachter BEHAR (7840 BRT). Da dieses Schiff über Funk Notsignale abgab, brach KAdm. Sakonju die Operation ab und trat den Rückmarsch an. Die Überlebenden der BEHAR wurden aufgrund der Befehle des Chefs der Südwestflotte, VAdm. Takasu, ermordet.

Gleiches geschah mit den Überlebenden der Frachter BRITISH CHIVALRY, RICHARD HOVEY und JEAN NICOLET, die im Februar/März 1944 ebenfalls im Indischen Ozean japanischen Unterseebooten zum Opfer fielen.

193 Beim »Long Lance«Torpedo handelte es sich um den japanischen Typ 93 vom Kaliber 61 cm mit einer 500-kg-Sprengladung im Gefechtskopf. (Er entsprach der Unterseeboots-Version vom Typ 95 mit Kaliber 53,3 cm.) Dieser mit Sauerstoff angetriebene und blasenbahnfreie Torpedo konnte mit der außergewöhnlichen Geschwindigkeit von 50 kn 20 000 m oder mit 26 kn 37 000 m zurücklegen.

194 Im Japan der Vorkriegszeit dominierte das Heer. Die mit britischer Hilfe gegen Ende des 19. Jahrhunderts entstandene Marine hatte – aus japanischer Sicht gesehen – gegenüber dem Heer kaum eine Tradition. Daher auch die Bezeichnung »Marinegeneralstab« statt Admiralstab. So mußte z.B. Admiral Yamamoto, der gegen einen Krieg mit den USA eingestellte japanische Flottenchef, vor dem Kriege scharf bewacht werden, damit er nicht einem Mordanschlag des Heeres zum Opfer fiel. Näheres siehe Marder aaO: Anm. 136.

195 In der Aufbauphase der japanischen Flotte kam es in den 20er und 30er Jahren zu mehreren »Flotten-Zwischenfällen«, wobei die Ursachen für den Verlust oder die Beschädigung von Schiffen in Stabilitäts- und Festigkeitsschwächen zu suchen waren:
– Bei den Manövern im August 1927 vor Maizuru Verlust des Zerstörers WARABI und Beschädigung des Zerstörers ASHI bei Kollisionen mit Kreuzern.
– Untergang des Zerstörers SAWARABI am 5. Dezember 1932 im schweren Sturm in der Taiwan-Straße.
– Untergang des nagelneuen T-Bootes TOMOZURU am 12. März 1934 durch Kentern bei schwerem Wetter bei einer Probefahrt von Sasebo.
– Beschädigung von zwei Flugzeugträgern, zwei Schweren Kreuzern und fünf Zerstörern (zweien wurde der Bug bis in Höhe der Brücke abgerissen) der 4. Flotte während der Herbstmanöver am 27. September 1935 in einem Taifun nordostwärts von Japan (Vierter Flotten-Zwischenfall).

196 Den Angriff führten die Kleinst-U-Boote *XE 1* und *XE 3* durch, die von den britischen U-Booten STYGIAN und SPARK bis zur Hafeneinfahrt geschleppt worden waren. Der Kreuzer MYÔKÔ blieb unbeschädigt. Diese Kleinst-U-Boote, bekannt vom Angriff auf die TIRPITZ am 22. September 1943 im norwegischen Altafjord, verdrängten etwa 30 ts, hatten vier Mann Besatzung und führten zwei große, seitlich angebrachte und mit Zeitzündern versehene 2-ts-Sprengladungen (Grundminen) mit, die unter dem Zielschiff ausgeklinkt wurden.

197, 198 Siehe hierzu Anm. 195.

199 Zur MOGAMI siehe auch Antony Preston »Berühmte Kriegsschiffe. 1914 bis heute«, Motorbuch-Verlag, Stuttgart 1988.

200 Näheres siehe Anm. 70.

201 Siehe Anm. 195.

202 Näheres siehe Anm. 192.

203 Zur Vertiefung wird der Leser auf die Aufsatzfolge von Hans Lengerer u.a. »Die Bauprogramme der Kaiserlich Japanischen Marine 1937 - 1945«, Teil I - V, in Marine-Rundschau 1988, S. 35 ff., 101 ff., 165 ff., 231 ff. und 295 ff., verwiesen.

204 Näheres zu den Atombomben-Versuchen siehe Anm. 63.

205 Im Laufe des 27. Februar 1942 näherte sich der Östliche Invasionsverband der Japaner der Insel Java. Er bestand aus 41 Transportschiffen mit der 4. Z-Flottille (Leichter Kreuzer NAKA und acht Zerstörer) und der 2. Z-Flottille (Leichter Kreuzer JINTSU und vier Zerstörer) als Nahsicherung. Den Deckungsverband (KAdm. Takagi) bildeten die Schweren Kreuzer HAGURO und NACHI sowie vier Zerstörer. Um die Mittagszeit erhielt KAdm. Doorman davon Kenntnis und lief mit dem ABDA-Verband aus Soerabaja/Ost-Java aus, um die Japaner abzufangen. Zum alliierten Verband gehörten drei britische (Sicherung nach vorn), zwei niederländische (Sicherung an Backbord) und vier amerikanische Zerstörer (Sicherung nach achtern) sowie in Kiellinie der Leichte Kreuzer DE RUYTER, die Schweren Kreuzer EXETER (RN) und HOUSTON (USN) sowie die Leichten Kreuzer PERTH (RAN) und JAVA. Den von der japanischen Luftaufklärung gemeldeten Verband griff KAdm. Takagi mit seinen Schiffen kurz nach 16.00 Uhr auf eine anfängliche Gefechtsentfernung von 26 000 m mit Artillerie und später mit Torpedos an, gefolgt von der 2. Z-Flottille von Osten sowie von der 4. Z-Flottille von Westen her. In der sich entwickelnden Seeschlacht in der Java-See versenkte in der Anfangsphase die HAGURO den niederländischen

Zerstörer KORTENAER und der Zerstörer ASAGUMO die ELECTRA (RN) durch Torpedotreffer, während die ASAGUMO von der PERTH einen schweren Treffer erhielt. Die durch Artillerie schwer getroffene EXETER mußte, gesichert von der WITTE DE WITH, nach Soerabaja ablaufen und auch die vier US-Zerstörer verließen infolge Brennstoffmangels das Gefechtsfeld. Später sank die JUPITER (RN) durch Minentreffer und die ENCOUNTER (RN) rettete die Überlebenden der KORTENAER. In der Nacht zum 28. Februar geriet KAdm. Doorman mit den verbliebenen vier Kreuzern ohne Zerstörersicherung erneut mit den japanischen Schweren Kreuzern ins Gefecht. Hierbei sanken DE RUYTER (mit KAdm. Doorman an Bord) und JAVA durch Torpedotreffer der HAGURO und der NACHI. Die PERTH und die HOUSTON zogen sich nach Batavia (heute Jakarta) zurück.

206 Da für die Anlandung von Verstärkungen und Nachschub keine natürlichen Häfen zur Verfügung standen, mußten künstliche, sog. »Gooseberry«-Häfen mit versenkten Schiffen als Wellenbrecher geschaffen werden. Hierzu wurden am 9. Juni 1944 neben den veralteten Schlachtschiffen CENTURION und COURBET (frz.), den Kreuzern DURBAN und SUMATRA und dem Flakschiff ALYNBANK 53 weitere alte Handels- und Kriegsschiffe versenkt.

207 Die beiden im Mai 1940 von der deutschen Kriegsmarine noch auf den Helgen erbeuteten Kreuzer wurden weitergebaut, ab August 1941 jedoch nur zögerlich: die DE ZEVEN PROVINCIEN als *KH 1* bis zum Stapellauf am 24. Dezember 1944 und die EENDRACHT als *KH 2* (kein Stapellauf).

208 Die beiden Leichten Kreuzer befinden sich noch immer bei der peruanischen Flotte im aktiven Dienst. ALMIRANTE AGUIRRE erfuhr von 1976 bis 1978 einen größeren Umbau und besitzt jetzt achtern ein 35 m x 17 m großes Hubschrauberdeck sowie einen 20,5 m x 16,5 m großen Hangar für drei Hubschrauber Sikorsky S-61 D »Sea King«. Ihr Bewaffnung besteht nunmehr aus vier 15 cm S.K. L/50 (2 x 2 vorn), sechs 5,7 cm (3 x 2) und vier 4 cm (2 x 2). Die ALMIRANTE GRAU wurde 1985 bis 1987 umgebaut. Sie erhielt verbesserte Sensoren und Feuerleitgeräte und führt jetzt acht 15 cm S.K. L/50 (4 x 2, je zwei vorn und achtern) sowie an Lenkwaffen acht FK-Starter für Seezielflugkörper »Otomat« und das Luftabwehr-FK-System »Albatros«.

209 Zum polnischen Flottenbauprogramm siehe M.J. Whitley »Zerstörer im Zweiten Weltkrieg«, Seite 223, Motorbuch-Verlag, Stuttgart 1988.

210 Aufgrund einer Geheimklausel im Deutsch-Sowjetischen Nichtangriffspakt vom 23. August 1939 wurde der östliche Teil Polens nach dem Ende des Polenfeldzuges im Herbst 1939 von der UdSSR besetzt. Nach dem Kriege veranlaßte die Sowjetunion in einer Blitzaktion die Aussiedelung der polnischen Bewohner in die nunmehr zu Polen gehörenden deutschen Ostgebiete.

211 Siehe Anm. 115.

212 Siehe M.J. Whitley »Zerstörer im Zweiten Weltkrieg«, S. 232 ff., Motorbuch-Verlag, Stuttgart 1988.

213 Zum Typ Hawker »Osprey« siehe Anm. 138.

214 Näheres siehe M.J. Whitley »Deutsche Großkampfschiffe«, S. 174, Motorbuch-Verlag, Stuttgart 1997.

215 Vgl. hierzu M.J. Whitley »Zerstörer im Zweiten Weltkrieg«, S. 237, aaO.

216, 217 Zur Intervention der Westalliierten siehe oben Anm. 93.

218 Nach einem in der Nacht vom 5./6. Oktober 1943 unternommenen Zerstörervorstoß zur Beschießung deutscher Stellungen an der Küste der Krim wurden in den Vormittagsstunden des 6. Oktober bei Angriffen von Ju 87 der III./St.G.3 der Flottillenführer CHARKOV und die beiden ihn begleitenden Zerstörer versenkt. Daraufhin verbot Stalin den Einsatz von Überwasserschiffen der Zerstörergröße an aufwärts ohne seine Erlaubnis. Hierin liegt eine gewisse Parallelität zu Hitlers Befehlen, die den Einsatz schwerer Einheiten zunehmend einschränkten.

219 Siehe hierzu M.J.Whitley »Zerstörer im Zweiten Weltkrieg«, S. 245 ff., aaO.

220, 221 Siehe oben Anm. 218.

222 Die Vorkriegsplanung der UdSSR sah bis Ende 1945 den Bau von nicht weniger als 15 Schlachtschiffen, 16 Schlachtkreuzern, zwei Flugzeugträgern von je 10 000 ts, 26 Kreuzern von je 11 300 ts (»Projekt 68«), 36 Flottillenführern, 162 Zerstörern, 88 großen, 225 mittleren und 120 kleinen Unterseebooten sowie von 166 Patrouillenbooten vor.
Am 19. Oktober 1940 beschloß die Sowjetregierung das Flottenbauprogramm 1941. Hinsichtlich des Baus von Kreuzern enthielt es folgende Bestimmungen:
– Weiterbau der Kreuzer KALININ und KAGANOVIČ des »Projektes 26b« (8177 t) in Komsomolsk.
– Weiterbau der Kreuzer ČAPAJEV, ČKALOV und ŽELENJAKOV in Leningrad sowie der Kreuzer FRUNZE, KUJBYŠEV, ORDŽONIKIDSE und SVERDLOV in Nikolajew des »Projektes 68« (11 300 ts).
– Kiellegung von vier weiteren Einheiten des »Projektes 68«, und zwar drei in Leningrad und eine in Komsomolsk.

223 Hierzu siehe auch M.J. Whitley »Deutsche Kreuzer im 2. Weltkrieg«, Motorbuch-Verlag, Stuttgart 1988.

224 Die amerikanische Besatzung der übergebenen MILWAUKEE kehrte anschließend mit dem am 28. April 1944 aus dem Kola-Fjord ausgelaufenen Rückgeleit RA 59 nach Großbritannien zurück.

225 Hierzu siehe auch M.J.Whitley »Zerstörer im Zweiten Weltkrieg«, S. 252 ff., aaO.

226 Die He 114, ein Anderthalbdecker, 1936 als Parallelentwicklung zur Arado Ar 196 entstanden, war ein zweisitziges Seeflugzeug mit einem BMW-Sternmotor 132 K von 830 PS Nennleistung. Seine Höchstgeschwindigkeit betrug in 2000 m Höhe 284 km/h. An Bewaffnung führte es ein starres MG 17 mit 500 Schuß und ein bewegliches MG 15 mit 750 Schuß sowie zwei 50-kg-Bomben unter den Tragflächen. Mit Kriegsbeginn wurde seine Produktion zugunsten der Ar 196 eingestellt.

227 Die Curtiss SO 3 C-1 »Seagull« war ein zweisitziges Seeflugzeug (ein Zentral- und zwei Stützschwimmer) vom Baujahr 1935 mit einem luftgekühlten 12-Zylinder-V-Motor von 450 PS Leistung für eine Geschwindigkeit von 300 km/h. An Bewaffnung führte es ein starres und ein bewegliches MG.

228 Die Vought SO 2 U-3 »Kingfisher« war ebenfalls ein zweisitziges Seeflugzeug (ein Zentral- und zwei Stützschwimmer) vom Baujahr 1940 mit einem luftgekühlten 9-Zylinder-Sternmotor von 500 PS Leistung für eine Geschwindigkeit von 305 km/h. An Bewaffnung führte es ein starres und ein bewegliches MG.

229 Am 3. Oktober 1939 erklärte die Panamerikanische Union (die USA und weitere 20 lateinamerikanische Staaten) in Panama einen Streifen von 300 sm Breite zur »Panamerikanischen Sicherheitszone«, in dem Kriegshandlungen untersagt wurden. Daraufhin richtete die US-Marine »Neutralitätspatrouillen« mit bestimmten Patrouillenräumen ein. So bestand z.B. die Patrouille »7/8« aus den Kreuzern SAN FRANCISCO und TUSCALOOSA mit Zerstörern im karibischen Raum oder die Patrouille »9« aus den Kreuzern QUINCY und VINCENNES vor Kap Hatteras.
Mit der Inbetriebnahme des US-Stützpunktes auf Bermuda am 7. April 1941 operierte von hier aus die *Central Atlantic Neutrality Patrol*, bestehend aus dem Träger RANGER, den Kreuzern TUSCALOOSA und WICHITA sowie zwei Zerstörern.

Am 18. April 1941 wurde die Sicherheitszone bis 30° West vorverlegt und am 14. Juni nochmals bis 26° W erweitert. Am 15. Juni 1941 begann die als *TF 3* bezeichnete 2. Kreuzerdivision – MEMPHIS, MILWAUKEE, CINCINNATI und OMAHA – von Pernambuco (heute Récife) und Bahia (heute Salvador) aus in der bis zu 20° S ausgeweiteten Sicherheitszone ihre Patrouillentätigkeit. Die am 19. Mai aus Pearl Harbor in den Atlantik verlegte 8. Kreuzerdivision – SAVANNAH, BROOKLYN, NASHVILLE und PHILADELPHIA – löste am 15. Juli 1941 die 7. Kreuzerdivision bei der *Central Atlantic Neutrality Patrol* ab. Vom 1. September bis 30. November 1941 bildete die *TF 3* vier aus je einem Kreuzer und einem Zerstörer bestehende Patrouillen. Sie patrouillierten regelmäßig in einem dreiwöchigen Turnus von Trinidad bis Récife und von da bis zu einem Punkt südwestlich der Kapverdischen Inseln.

230 Am 25. November 1944 befahl der B.d.U. über Funk mit dem Stichwort »Kammerarrest« den U-Booten im Südatlantik, vom 1. Dezember an keine einzeln fahrenden Handelsschiffe anzugreifen und sperrte den »Weg Anton« für U-Bootangriffe. Dieser blieb den aus Ostasien erwarteten Blockadebrechern vorbehalten. Op-20 G (siehe oben Anm. 188) entzifferte diesen Funkspruch am 26. Dezember und kam in Verbindung mit Erkenntnissen aus entzifferten japanischen Funksprüchen im »Purpur«- bzw. »Bertok/Barnacle«-Kode zum Schluß, daß der erste von fünf aus Japan erwarteten Blockadebrechern im Anmarsch war. Daraufhin wurden Luft- und Seepatrouillen in der Natal-Freetown-Enge in Gang gesetzt. Die Kreuzer – OMAHA, MILWAUKEE, CINCINNATI, MARBLEHEAD und MEMPHIS - der *TF 41* bildeten mit je einem Zerstörer fünf Patrouillengruppen (Operation »Barrier«), die von der brasilianischen Küste aus operierten, ergänzt durch die britischen Hilfskreuzer CORFU und CILICIA, den frz. Kreuzer SUFFREN und die ital. Kreuzer DUCA DEGLI ABRUZZI und DUCA D'AOSTA von Dakar bzw. Freetown aus.

231 Das 1939 fertiggestellte Motorschiff RIO GRANDE (6062 BRT, 12,5 kn) gehörte ursprünglich als Versorgungsschiff zur Etappe Südamerika und hatte vom 21. September 1941 bis zum 10. April 1942 bereits einen Einsatz als Blockadebrecher Bordeaux - Kobe - Bordeaux durchgeführt. Am 1. Oktober 1942 erneut nach Japan ausgelaufen, hatte sich die RIO GRANDE auf dem Rückmarsch befunden.

232 Am 21. und 22. Juli 1945 führte die *TG 30.8*, bestehend aus dem Kreuzer DETROIT als Führungsschiff, 6 Geleitträgern, 15 Tankern, fünf Munitions- und vier Versorgungsschiffen, die größte Versorgungsoperation des Krieges in See durch.

Sie versorgte die *TF 38* und die britische *TF 37* mit über 60 000 ts Heizöl, 6369 ts Munition, 1635 ts Versorgungsgütern, 99 Flugzeugen und 412 Mann Personalersatz.

233 Siehe oben Anm. 230. Die MARBLEHEAD brachte nur den griechischen Dampfer LEONIDAS auf, während der deutsche Blockadebrecher OSORNO als britische PROME getarnt entkam.

234 Siehe oben Anm. 229 und 230.

235 Die US-Pazifikflotte wies ab 15. Juni 1942 folgende Organisation auf:
– *TF 1* mit sieben älteren Schlachtschiffen und zehn Zerstörern bis zum 1. August in San Francisco und danach in Pearl Harbor.
– *TF 8* mit den Kreuzern LOUISVILLE, INDIANAPOLIS, NASHVILLE, HONOLULU und ST. LOUIS sowie fünf Zerstörern in den Aleuten.
– *TF 11* mit dem Träger SARATOGA, den Kreuzern ASTORIA, MINNEAPOLIS und NEW ORLEANS sowie sieben Zerstörern auf dem Wege nach Pearl Harbor.
– *TF 16* mit dem Träger ENTERPRISE, den Kreuzern PORTLAND, CHESTER und ATLANTA sowie sieben Zerstörern in Pearl Harbor.
– *TF 17* mit dem Träger HORNET, den Kreuzern NORTHAMPTON, SALT LAKE CITY, PENSACOLA und SAN DIEGO sowie sieben Zerstörern in Pearl Harbor.
– *TF 18* mit dem Träger WASP, dem Schlachtschiff NORTH CAROLINA, den Kreuzern QUINCY, VINCENNES, SAN FRANCISCO und SAN JUAN sowie acht Zerstörern in San Diego.
– *TF 44* mit den Kreuzern AUSTRALIA, CANBERRA, HOBART (alle RAN) und CHICAGO sowie neun Zerstörern in australischen und neuseeländischen Gewässern.

Hinzu kamen noch eine Reihe von Schiffen im Geleitsicherungsdienst zwischen den USA, Hawaii, der Südsee und Australien.

236 Zur Schlacht um Guadalcanal siehe oben Anm. 181.

237 Zur Schlacht um den Golf von Leyte siehe oben Anm. 185.

238 Zu den Atombomben-Versuchen siehe oben Anm. 63.

239 Am 18. April 1942 griffen 16 amerikanische B-25-Bomber unter Führung von Lt.-Col. Doolittle, gestartet vom Träger HORNET, das immer noch 668 sm entfernte Tokio an. Die tatsächliche Wirkung des Luftangriffs war gering, aber die psychologischen Auswirkungen waren umso größer. Sie führten zum In-Gang-Setzen des Angriffs auf die Midway-Inseln. Von den 16 Bombern landete einer bei Wladiwostok, vier gingen bei der Landung zu Bruch und die Besatzungen der restlichen Maschinen sprangen über chinesischem bzw. japanischem Gebiet ab.

240 Zur Schlacht um den Golf von Leyte siehe oben Anm. 185.

241 Churchill war mit dem britischen Schlachtschiff PRINCE OF WALES gekommen. Ergebnisse dieser Konferenz waren unter anderem:
– Die Verkündung der »Atlantik-Charta« am 14. August 1941.
– Die Übernahme der Sicherung der Dänemarkstraße zwischen Island und Grönland sowie der schnellen Geleitzüge im Nordatlantik durch die US-Atlantikflotte.

242 Zur Schlacht um den Golf von Leyte siehe oben Anm. 185.

243 Seeschlacht bei der Insel Savo: Im Gefolge der amerikanischen Landung auf Guadalcanal am 7. August 1942 (siehe oben Anm. 181) lief in der Nacht vom 8./9. August die japanische 8. Flotte (VAdm. Mikawa) – von Rabaul/Neubritannien kommend und aus den Schweren Kreuzern CHÔKAI, AOBA, KINUGASA, FURUTAKA, KAKO, den Leichten Kreuzern TENRYU und YUBARI sowie dem Zerstörer YUNAGI bestehend – in die Enge zwischen den Salomonen-Inseln Savo und Guadalcanal ein. Die dort zur Radarsicherung postierten US-Zerstörer BLUE und R.TALBOT bemerkten den japanischen Verband nicht. Hierdurch wurde der US-Landekopf abschirmende Südliche Deckungsverband (Schwere Kreuzer CANBERRA und CHICAGO sowie Zerstörer BAGLEY und PATTERSON) vollkommen überrascht. Die schwer getroffene CANBERRA (84 Tote) blieb als brennendes Wrack liegen. Die CHICAGO erlitt durch einen Torpedotreffer erhebliche Beschädigungen und die PATTERSON erhielt Artillerietreffer. Aufgrund der ernsten Mängel in der alliierten Befehlsstruktur gelang es den Japanern, auch den Nördlichen Deckungsverband (Schwere Kreuzer VINCENNES, QUINCY und ASTORIA sowie Zerstörer HELM und WILSON) zu überraschen. Nach schweren Torpedo- und Artillerietreffern sanken die QUNICY (1203 Tote) und die VINCENNES sofort. ASTORIA und CANBERRA (RAN) mußten in den Morgenstunden aufgegeben werden. Auf japanischer Seite trugen nur die CHÔKAI und die KINUGASA leichtere Beschädigungen davon. Darüber hinaus beschädigten die sich anschließend zurückziehenden japanischen Schiffe auch noch den Zerstörer R.TALBOT durch Artillerietreffer schwer. Insgesamt betrugen die alliierten Verluste 1270 Tote und 709 Verwundete.

244 Siehe oben Anm. 229.

245 Als Reaktion auf die deutsche Besetzung Norwegens und Dänemarks besetzte Großbritannien am 10. Mai 1940 Island und die Färöer-Inseln. Am 7. Juli 1941 lösten amerikanische Streitkräfte die britischen Truppen auf Island ab. Zur Verteidigung Islands und zur Sicherung des Geleitzugverkehrs von und nach Island wurde am 19. Juli 1941 zunächst die *TF 1* aus der US-Atlantikflotte gebildet: Träger WASP, Schwere Kreuzer VINCENNES und QUINCY sowie zwei Zerstörer. Später wechselten die Kampfgruppen und ihre Zusammensetzungen. Hieraus ergab sich gewissermaßen ein nicht erklärter Kriegszustand.

Hinsichtlich der Zusammenstöße zwischen deutschen U-Booten und US-Zerstörern siehe V.E. Tarrant »Kurs West! Die deutschen U-Boot-Offensiven 1914–1945«, Motorbuch-Verlag, Stuttgart 1994.

Zur Durchführung der auf der Argentia-Konferenz (siehe oben Anm. 241) beschlossenen Sicherung der Dänemarkstraße wurde die *White Patrol* geschaffen, um ein Ausbrechen deutscher Handelsstörer in den freien Atlantik (»Ultra«-Meldungen ließen im Herbst 1941 einen Ausbruch der TIRPITZ vermuten) oder eine Benutzung durch Blockadebrecher zu verhindern. Im September 1941 bestand z.B. die *White Patrol* aus dem Schlachtschiff NEW MEXICO, den Schweren Kreuzern VINCENNES und QUINCY sowie fünf Zerstörern.

246 Siehe oben Anm. 229.

247 Zum »Doolittle-Raid« siehe oben Anm. 239.

248, 249 Zu den ferngelenkten Bomben siehe oben Anm. 14 (Hs 293) und Anm. 161 (FX 1200).

250 Zum »Doolittle-Raid« siehe oben Anm. 239.

251 Vor der Landung auf Guadalcanal wurde im Pazifik eine neue Abgrenzung der Kommandobereiche vorgenommen. Die Grenze zwischen dem *Pazifischen Kommando* (Admiral Nimitz) und dem *Südwestpazifischen Kommando* (General Mac Arthur) verlief ab dem 1. August 1942 auf 159° O. Außerdem erhielt General MacArthur eigene Seestreitkräfte: die 7. Flotte unter VAdm. Kinkaid.

252 Die CONQUEROR schoß zwei »Tigerfish«-Torpedos. Der eine traf den Kreuzer Backbord mittschiffs und der zweite traf im Vorschiff. Letzteres knickte in gleicher Weise ab, wie das in der Nachtschlacht von Kolombangara am 12./13. Juli 1943 beim Schwesterschiff HONOLULU nach einem Torpedotreffer japanischer Zerstörer der Fall gewesen war (siehe hierzu auch HONOLULU Seite 293).

253 Im Verlaufe dieses Unternehmens setzte die HELENA bei der Luftabwehr als erstes Schiff der US-Marine erfolgreich Flakgranaten mit Abstandszünder ein.

254 Nach Rohwer/Hümmelchen »Chronology of the War at Sea, 1939-1945« (Greenhill Books, London 1992), S. 176, sanken die ATLANTA und der US-Zerstörer LAFFEY nach Artillerietreffern des japanischen Schlachtschiffes HIYEI und Torpedotreffern des japanischen Zerstörers AKATSUKI.

255 Die gesamte *TG 38.1*, die im Begriff stand zu versorgen und diese Operation abbrechen mußte, geriet im Seegebiet ostwärts von Okinawa in das Zentrum des Taifuns und fast alle Einheiten erlitten mehr oder weniger schwere Beschädigungen, darunter die Träger HORNET, BENNINGTON, BELLEAU WOOD und SAN JACINTO, die Schlachtschiffe MASSACHUSETTS, INDIANA und ALABAMA, die Kreuzer PITTSBURGH (sie verlor fast 30 m ihres Vorschiffs bis zum vorderen 20.3-cm-Drillingsturm), BALTOMORE, QUINCY, ATLANTA, DULUTH und SAN JUAN sowie elf Zerstörer. Der *TG 38.4* gelang es, rechtzeitig nach Norden auszuweichen, und nur die MISSOURI, das Flottenflaggschiff, erlitt Beschädigungen. Auch Einheiten der Versorgungsgruppe, darunter das Führungsschiff, der Leichte Kreuzer DETROIT, wurden beschädigt. Allerdings konnte der größte Teil der beschädigten Einheiten die Operationen fortsetzen. Lediglich der Träger BENNINGTON und die Kreuzer PITTSBURGH und BALTIMORE mußten abgelöst werden.

Bereits zu einem früheren Zeitpunkt, am 18. Dezember 1944, war die TF 38 in einen Taifun geraten, der erhebliche Verluste verursacht hatte. Drei Zerstörer waren gesunken, drei Träger, vier Geleitträger, zehn Zerstörer, ein Tanker und ein Schlepper hatten Beschädigungen erlitten und 146 Flugzeuge gingen verloren.

Dieses Ereignis verarbeitete Herman Wouk in seinem Roman »Die CAINE war ihr Schicksal«.

256 Hier könnte auch der 24. April 1946 angegeben werden, der Zeitpunkt der direkten Überführung in die Reserveflotte. Siehe hierzu den Werdegang des Kreuzers.

257 Zu den »Kaiten« siehe oben Anm. 183.

258 Das dem *Secretary of the Navy* (Marineminister) direkt unterstehende *General Board* hatte nur eine beratende Funktion, insbesondere hinsichtlich der Operationspläne, Fragen der Schiffstypen, Schiffbaupläne, Neubauprogramme und der Organisationspläne.

259, 260 Hinsichtlich der Taifun-Schäden siehe oben Anm. 255.

Schiffsregister

(Bei Schiffsnamen ohne weiteren Zusatz handelt es sich um Kreuzer, die in diesem Band besprochen werden: Seitenangabe **halbfett**)

17 de Octubre (ex-Phoenix), 239

Abukuma, **186ff.**, 271
Achilles, 87, 98, 108, **110ff.**
Adelaide, **171f.**, 253
Admiral Graf Spee (dt. Panzerschiff), 10, 64, 98, 102, 104, 108, 114, 115
Admiral Hipper, **41ff.**, 57, 87, 98, 124, 132, 146
Admiral Lazarev, 241f.
Admiral Makarov (ex-Nürnberg), 41
Admiral Nachimov, 242, 244
Admiral Scheer (dt. Panzerschiff), 21, 40, 87, 94, 98, 105, 114, 125, 127, 132, 142, 144
Adolf Leonhardt (dt. Blockadebrecher), 103
Adolf Woermann (dt. Blockadebrecher), 114
Adria (ital. Frachter), 31
Adventure (brit. Minenkreuzer), 26, 67
AG 191 (ex-Spokane), 303
Agano, 203, **214ff.**, 217
Aigle-Klasse (frz. Zerstörer), 67
Airione (ital. T-Boot), 114
Ajax, 09, 1B8, **110ff.**
Ajax (frz. U-Boot), 334
Akatsuki (jap. Zerstörer), 306
Akebono (jap. Zerstörer), 212
Akitsuki (jap. Zerstörer), 217
Alabama (US-Schlachtschiff), 276
Alagi (ital. U-Boot), 144
Alaska (CB 1), **323ff.**
Albacore (am. U-Boot), 184
Albany (CA 123), **315ff.**
Albatros (frz. Flottillenführer), 276
Alberigo da Barbiano, **150ff.**, 153, 156
Alberto di Giussano, **150ff.**
Alfieri (ital. Zerstörer), 176
Algérie, **60ff.**
Almirante Aguirre (ex-De Zeven Provincien), 228
Almirante Antequerra (span. Zerstörer), 261
Almirante Brown, **13ff.**
Almirante Cervera, **255ff.**, 261
Almirante Ferrandiz (span. Zerstörer), 261
Almirante Grau, **229f.**
Almirante Grau (ex-De Ruyter), 228

Almirante Grau (ex-Newfoundland), 147
Almirante Lattore (ex-Göta Lejon), 238
Almirante Villar (peruan. Zerstörer), 230
Alsterufer (dt. Blockadebrecher), 125
Alynbank (brit. Flakschiff), 347
Amagi (jap. Flugzeugträger), 218
Ambra (ital. U-Boot), 132
Amethyst, 10
Amiral Charner (frz. Kanonenboot), 52
Ammiraglio Constanco Ciano, **164**
Amsterdam I (CL 59), **304ff.**
Amsterdam II (CL 101), **304ff.**
Anking (brit. Depotschiff), 206
Annamite (frz. Minensucher), 339
Antiope (frz. U-Boot), 285
Aoba, 195, **196ff.**, 199, 214, 293
Apollo, 22f., 83
Aquila (ital. Träger), 167
Arashi (jap. Zerstörer), 184
Arashio (jap. Zerstörer), 225
Arcona (dt. Kl. Kreuzer), 8
Arethusa, 22, **115ff.**, 183
Arethusa-Klasse (1913), 9, 15, 74
Argonaut, **129ff.**, 137, 219
Ariel (ital. T-Boot), 114
Ark Royal (brit. Flugzeugträger), 72, 114, 124
Armando Diaz, 153, **153ff.**
Artigliere (ital. Zerstörer), 107, 114
Arucas (dt. Blockadebrecher), 107
Arunta (austr. Zerstörer), 24
Asagumo (jap. Zerstörer), 309
Asama Maru (jap. Dampfer), 126
Ashigara, 186, **198ff.**
Astoria I (CA 34), 192, 207, **280ff.**, 287
Astoria II (ex-Wilkes-Barre, CL 90), **304ff.**
Atago, **203ff.**
Atlanta I (CL 51), 254, 286, 294, **297ff.**
Atlanta II (CL 104), **304ff.**
Atlantis (dt. Hilfskreuzer), 20, 102
Attilio Regolo, **165ff.**
Audacity (ex-Hannover, brit. Geleitträger), 341
Augusta (CA 31), **271ff.**, 284
Aurora, **115ff.**, 135, 144, 145, 152
Australia, **18ff.**, 71, 72, 283
Aviere (ital. Zerstörer), 153
Avrora, **251f.**
Avtroil (sowj. Zerstörer), 75
Axum (ital. U-Boot), 82, 145

Babitonga (dt. Versorgungsschiff), 102
Babur, 139
Bagnolini (ital. U-Boot), 75
Bahia, **26ff.**
Baionetta (ital. Korvette), 167
Baily (US-Zerstörer), 271
Baleares, 254, 255, 257, **258ff.**
Baltimore (CA 68), 311, 312, **315ff.**, 322, 325
Barham (brit. Schlachtschiff), 175
Bari, **180f.**
Barroso (ex-Philadelphia CL 41), 290
Bartolomeo Colleoni, 24, **150ff.**
Basque (frz. Zerstörer), 338
Bataan (CVL 29), 309
Béarn (frz. Flugzeugträger), 51
Bedouin (brit. Zerstörer), 157, 160
Behar (brit. Handelsschiff), 214
Belchen (ex-norw. Sysla, dt. U-Bootversorger), 119, 144
Belfast, **127ff.**
Belleau Wood (CVL 24), 309
Bellerophon, **147ff.**
Bellona, 130, **137ff.**
Benham (US-Zerstörer), 188
Bennington (CV 20), 342
Bergall (am. U-Boot), 203
Bermuda, **140ff.**
Berwick, 46, **94ff.**, 105, 107, 132, 175
Béveziers (frz. U-Boot), 334
Bienville (brit. Dampfer), 207
Biloxi (CL 80), **304ff.**
Birmingham (RN, Kreuzer), 74, **120ff.**, 132
Birmingham (CL 62), **304ff.**
Bismarck (dt. Schlachtschiff), 47, 49, 87, 99, 102, 105, 114, 118, 119, 124, 125, 126, 128, 134, 144, 236, 261
Bison (frz. Zerstörer), 66
Bittern (brit. Sloop), 82
Black Prince, 130, **137ff.**
Blake (1888), 8
Blake (1942), **147ff.**
Blanco Encalada, **27**
Blas de Lezo, 254
Blenheim (1888), 8
Blücher I (1909), 9
Blücher II (1939), **41ff.**
Blue (US-Zerstörer), 348
Bluegill (am. U-Boot), 192
Boadicea (1909), 10, 26
Bogatyr, 240

Boise (CL 47), 198, **287ff.**
Bolzano, 153, 170, **176ff.**
Bonaventure, **129ff.**
Boston (CA 69), 311, **315ff.**
Bougainville (frz. Aviso), 338
Boulonnais (frz. Zerstörer), 66
Bream (am. U-Boot), 198, 212
Breconshire (brit. Transporter), 343
Bremen (dt. Passagierschiff), 125
Bremerton (CA 130), **315ff.**
Bremse (dt. Artillerieschulschiff), 119
Brestois (frz. Zerstörer), 66
Bretagne (frz. Schlachtschiff), 65, 339
Bridgeport (CA 127), **315ff.**
Brilliant (brit. Zerstörer), 102, 119
Bristol-Klasse (1913), 8f.
British Chivalry (brit. Frachter), 346
Brooklyn (CL 40), 120, 263, 276, 280, **287ff.**, 294f., 297, 305
Broome (US-Zerstörer), 87
Buffalo I (CL 99), 304ff.
Buffalo II (CL 110), **313f.**
Bunker Hill (CV 17), 190
Burgenland (dt. Blockadebrecher), 264

Cabot (CVL 28), 309
Caïman (frz. U-Boot), 115
Caio Mario, **165ff.**
Cairo, **79ff.**, 91, 145
Calcutta, 79, **79ff.**, 90
Caledon, **74ff.**, 83
Calypso, **74ff.**
Cambridge (CA 126), **315ff.**
Canarias, 258, **258ff.**
Canberra (RAN), **18ff.**, 113, 192
Canberra (ex-Pittsburgh, CA 70), 297, 311, **315ff.**
Čapajev, **251f.**
Capetown, **79ff.**
»Capitani Romani«-Klasse, **165ff.**
Capitân Quiñones (ex-Almirante Grau ex-Newfoundland), 147
Capitán Prat (ex-Nashville), 292
Cap Norte (dt. Passagierdampfer), 129
Caradoc, **74ff.**
Cardiff, **76ff.**
Carducci (ital. Zerstörer), 176
Carl Fritzen (dt. Blockadebrecher), 114
Carlisle, **79ff.**
Carlotto (ital. Flußkanonenboot), 157
Casabianca (ital. U-Boot), 72

Cassandra, 74
Cassard-Klasse (frz. Zerstörer), 67
Cavendish, **88f.**
CB 3 (ital. Kleinst-U-Boot), 251
Celébes, **220ff.**, 222
Centurion (brit. Schlachtschiff), 347
Ceres, **76ff.**, 86
Ceylon, 141, **146ff.**
Červona Ukraina (ex-Admiral Nachimov), **243ff.**, 245
Cahcabuco, **28f.**
Chacabuco (ex-Capitán Prat ex-Nashville), 292
Champion (1915), 74
Charles F. Ausburne (US-Zerstörer), 191
Charkov (sowj. Flottillenführer), 347
Charr (am. U-Boot), 188
Charybdis, **129ff.**
Chateaurenault, 68, **73**
Chateaurenault (ex-Attilio Regolo), 166
Chatham-Klasse (1911), 17
Chattanooga (CL 118), **313f.**
Chester (1908), 10
Chester (CA 27), 270, **271ff.**
Chevalier Paul (frz. Zerstörer), 66
Cheyenne (CL 117), **313f.**
Chicago I (CA 29), 21, **271ff.**, 283, 307
Chicago II (CA 136), **315ff.**
Chikuma, 198, **212ff.**
Chiyoda (jap. Leichter Träger), 283, 297
Chôkai, **203ff.**, 214
Chungking (ex-HMS Aurora), 119
Cholburi, 338
Cigno (ital. T-Boot), 162
Cilicia (brit. Hilfskreuzer), 348
Cincinnatti (CL 6), **262ff.**
Circe (ital. T-Boot), 132
Čkalov, **251ff.**
Claudio Druso, **165ff.**
Claudio Tiberio, **165ff.**
Cleopatra, **129ff.**, 153
Cleveland (CL 55), 297, **304ff.**, 314, 315ff., 325f.
Coburg (dt. Blockadebrecher), 20
Cöln II (1918), 30d.
Colbert, **55ff.**, 59, 64
Columbia (CL 56), **304ff.**
Colombo, **79ff.**
Columbus (CA 74), **315ff.**
Columbus (dt. Passagierdampfer), 284
Concord (CL 10), **262ff.**, 270
Conqueror (brit. Atom-U-Boot), 293
Conrad (ex-HMS Danae), 85, **232**
Conte di Cavour (ital. Schlachtschiff), 175
Cornelio Silla, **165**
Corfu (brit. Hilfskreuzer), 348
Coronel Bolognesi, **229f.**
Cornelio Silla, **165ff.**
Cornwall, 53, **94ff.**, 104, 105, 189, 214
Coronel Bolognesi (ex-Ceylon), 146

Corrientes (bras. Zerstörer), 14
Constanzo Ciano, **164**
Courbet (frz. Schlachtschiff), 347
Coventry, **76ff.**, 82, 91
Cowpens (CVL 25), 190, 309, 311
Crispi (ital. Zerstörer), 107
Croaker (am. U-Boot), 188
Cumberland, 71, **94ff.**, 108f., 114
Curaçoa, **76ff.**, 80
Curlew, **76ff.**, 85

Dace (am. U-Boot), 297
Dallas (CA 140), **321ff.**
Danae, **83ff.**, 232
Dandolo (ital. U-Boot), 71, 135
Darter (am. U-Boot), 207
Dauntless, **83ff.**
Dayton I (CL 78), **304ff.**
Dayton II (CL 105), **304ff.**
De Grasse, **73**
De Ruyter, 202, **222ff.**, 224
De Ruyter (ex-De Zeven Provincien), 228
De Zeven Provincien, **227ff.**
Defence, 147
Delhi, 53, **83ff.**, 98
Denver (CL 58), 212, **304ff.**
Des Moines (CA 134), **321ff.**
Despatch, 82, **83ff.**
Detroit (CL 8), **262ff.**
Deutschland (dt. Panzerschiff) siehe Lützow
Devonshire, 8, **99ff.**
Dhonburi (siam. Küstenpanzerschiff), 52, 338
Diadem, 130, **137ff.**, 144
Dido, 119, **129ff.**, 137, 254
Diomede, **83ff.**
Doggerbank (dt. U-Bootversorger), 344
Domiat (ägypt. Fregatte), 147
Dorsetshire, 98, 103ff., 114, 189, 214
Dragon, **83ff.**, **231f.**
Dresden (dt. Kl. Kreuzer), 10
Duguay-Trouin, **50ff.**, 52, 54, 57, 59, 68
Duke of York (brit. Schlachtschiff), 146
Duluth (CL 87), **304ff.**
Dumont d'Urville (frz. Aviso), 52
Duncan (US-Zerstörer), 195
Dundee (brit. Sloop), 52
Dunedin, 67, **83ff.**, 132
Dunkerque (frz. Schlachtschiff), 41, 71
Dupleix, **55ff.**, 60, 63, 64
Duquesne, **53ff.**, 64
Durban, **83ff.**
Düsseldorf (dt. Blockadebrecher), 86
Dzerżinskij, **251f.**

Eagle (brit. Flugzeugträger), 82, 104, 105
Eberle (US-Zerstörer), 290
Edinburgh, **127ff.**, 140, 145
Edsall (US-Zerstörer), 214

Eendracht (ex-Kijkduin), **227f.**, 237
Effingham, 82, **88ff.**
Egerland (ex-am. North America, dt. Begleittanker), 102
Elbing, 9
Electra (brit. Zerstörer), 347
El Ferrol, 260
Ellet (US-Zerstörer), 20
Emden III (1925), 30ff.
Emerald, 82, 85, **92ff.**, 123
Emile Bertin, 60, **65ff.**, 68, 72
Emmanuele Filberto Duca d'Aosta, 157, **158ff.**, 161, 164
Emmy Friedrich (dt. Blockadebrecher), 76
Encounter (brit. Zerstörer), 202
Enterprise (CV 6), 198, 207, 211, 124, 125, 270, 273, 277, 278, 291, 300, 301
Enterprise (RN, Kreuzer), **92ff.**, 110
Epervier (frz. Zerstörer), 66, 119
Erlangen (dt. Blockadebrecher), 123
Eskimo (brit. Zerstörer), 119
España, 261
Espero (ital. Zerstörer), 126
Essex (CV 9), 311
Esso Hamburg (ex-am. Esso Colon, dt. Begleittanker), 102
Etna (ex-Taksin), **167f.**
Eugenio di Savoia, 157, **158ff.**, 249
Euphrates, 93
Euryalus, **129ff.**
Exeter, 98, **108f.**, 114, 202

Fall River (CA 131), **315ff.**
Fargo (CL 85), **304ff.**, 328
Fargo (CL 106), **313f.**
Fiji, 67, 100, **140ff.**, 148
Fiume, 172, **172ff.**
Flasher (am. U-Boot), 186
Fletcher (US-Zerstörer), 286, 294
Flint (ex-Spokane, CL 97), **297ff.**
Flusser (US-Zerstörer), 343
Foch, **55ff.**, 64
Forbin (frz. Zerstörer), 338
Formidable (brit. Flugzeugträger), 98, 105, 175
Foresight (brit. Zerstörer), 128
Forth, 7
Fortune (brit. Zerstörer), 135
Foudroyant (frz. Zerstörer), 66
Fougueux (frz. Zerstörer), 285
FR 11, 71
FR 12, 70
Francol (brit. Tanker), 206
Franklin (CV 13), 310, 318, 320
Fraser (kanad. Zerstörer), 82
Fresnel (frz. U-Boot) 124
Fresno (CL 121), **297ff.**
Friedrich Breme (dt. Begleittanker), 124
Friedrich Eckoldt (dt. Zerstörer), 124
Frobisher, **88ff.**

Frunze, 251, **251f.**
Fubuki (jap. Zerstörer), 285, 293, 294
Fujinami (jap. Zerstörer), 208
Furutaka, **193ff.**, 196f., 198, 200, 294
Fylgia, **233ff.**

Gabilan (am. U-Boot), 188
Galatea, **115ff.**
Galicia (ex-Principe Alfonso ex-Libertad), **255ff.**
Galveston (CL 93), **304ff.**
Gambia, 125, **145ff.**
Gambier Bay (CVE 73), 208
Ganges (brit. Dampfer), 207
Gary (CL 147), **327ff.**
Gazelle (dt. Kl. Kreuzer), 8
Gedania (dt. Versorgungstanker), 202
General Belgrano (ex-17 de Octubre ex-Phoenix), 293
General Kornilov (ex-Očakov), 240
General Mola (ex-Toricelli), 257
General O'Higgins, **280**
Georges Leygues, 20, 53, **68ff.**
Gioberti (ital. Zerstörer), 164
Giovanni Berta (ital. Hilfsminensucher), 126
Giovanni delle Bande Nere, 24, **150ff.**, 155
Giulio Germanico, **165ff.**
Giuseppe Garibaldi, 157, 158, 169, **161ff.**
Glasgow, 75, 94, **120ff.**, 145
Gloire, **68ff.**
Gloucester, **120ff.**
Glowworm (brit. Zerstörer), 46
Gneisenau (dt. Schlachtschiff), 38, 40, 46, 47, 72, 75, 119, 123, 124, 132, 142, 145
Gonzenheim (ex-norw. Kongsfjord, dt. Versorgungsschiff), 114
Gorizia, 172, **172ff.**
Göta Lejon, **237ff.**
Gotland, **234ff.**
Grampus (am. U-Boot), 189
Gravina (sp. Zerstörer), 258, 261
Grecale (ital. Zerstörer), 180
Guam (CB 2), **323ff.**
Guépard (frz. Zerstörer), 113, 132
Guichen (ex-Scipione Africano), 167
Guitarero, 212
Gwin (US-Zerstörer), 188, 293

Haguro, 109, 137, **198ff.**, 224, 226
Hake (am. U-Boot), 188
Halle (dt. Blockadebrecher), 52
Hannover (dt. Blockadebrecher), 87
Hardhead (am. U-Boot), 188
Harusame (jap. Zerstörer), 189
Hatsutsuki (jap. Zerstörer)283, 297, 310
Hatsuyuki (jap. Zerstörer), 195, 393
Havock (brit. Zerstörer), 153
Hawaii (CB 3), **323ff.**
Hawke, **147ff.**
Hawkins, 9, 10, 13, **88ff.**, 95, 193, 267

SCHIFFSREGISTER **351**

Hayashimo (jap. Zerstörer), 318
Heidelberg (dt.Blockadebrecher), 87
Hela, 9
Helena I (CL 50), 113, 285, 286, **287ff.**, 300f., 305f.
Helena II (CL 113), **313ff.**
Helena II (ex-Des Moines, CA 75), **315ff.**
Helli (ex-Eugenio di Savoia), 161
Henning Oldendorff (dt. Blockadebrecher), 83
Herlichkeit (dt. Fischdampfer), 125
Hermann Schoemann (dt. Zerstörer), 128
Hermes (brit. Flugzeugträger), 64, 338
Hermione, **129ff.**
Hiei (jap. Schlachtschiff), 214
Hobart (ex-HMS Apollo), **22ff.**
Hoel (US-Zerstörer), 208, 212
Hohenfriedberg (ex-Herborg, dt. Blockadebrecher), 103
Honolulu (CL 48), 283, **287ff.**
Hood (brit. Schlachtkreuzer), 326, 339
Hopkins (US-Minensuchzerstörer), 283
Hornet (CV 8), 211, 216, 270, 287, 291, 300, 301, 318
Houston I (CA 30), 25, 188, 211, **271ff.**
Houston II (ex-Vicksburgh, CL 81), **304ff.**
Hsuang Ho, 119
Huntington I (CL 77), **304ff.**
Huntington II (CL 107), **313ff.**
Hyperion (brit. Zerstörer), 384

I 11, 24
I 18, 294
I 19, 301
I 22, 334
I 24, 334
I 26, 282, 286, 301
I 27, 334
I 41, 303
I 58, 280
I 176, 274
Ibuki, **218**
Idarwald (dt. Blockadebrecher), 87
Ilex (brit. Zerstörer), 153
Imogen (brit. Zerstörer), 125
Inazuma (jap. Zerstörer), 109
Independence (CVL 22), 309
Indiana (US-Schlachtschiff), 349
Indianapolis (CA 35), **276ff.**
Inn (dt. Blockadebrecher), 114
Issac Sweers (niederl. Zerstörer), 132
Isuzu, **106ff.**, 301

Jacob van Heemskerck, 18, **224ff.**
Jallao (am. U-Boot), 186
Jamaica, 46, **140ff.**
Java, 202, **220ff.**
Jean Bart (frz. Schlachtschiff), 285
Jeanne d'Arc, 15, 51, 52, **58ff.**, 67, 68
Jeanne de Vienne, **68ff.**

Jean Nicolet (frz. Dampfer), 346
Jervis (brit. Zerstörer), 176
Jervis Bay (brit. Hilfskreuzer), 132
Jingei
Jintsu, **189ff.**, 293
Joffre, 54
Johnston (US-Zerstörer), 208, 212
José Luis Díez (span. Zerstörer), 161
Jouett (US-Zerstörer), 264
Jumna (brit. Dampfer), 46
Juneau I (CL 52), 286, **287ff.**
Juneau II (CL 119), **297ff.**
Juniper (brit. Marinetrawler), 46
Jupiter (brit. Zerstörer), 347

K XVIII (niederl. U-Boot), 190
Kaganovič, 190
Kako, **193ff.**, 198
Kako (Sendai-Klasse), **189ff.**
Kalinin, **247ff.**
Kalor, 251f.
Kamikaze (jap. Zerstörer), 137
Kandahar (brit. Zerstörer), 152
Kuang Chou, 119
Kansas City (CA 128), **315ff.**
Karin (dt. Bockadebrecher), 290
Karlsruhe, **32ff.**
Katori (jap. Schulschiff), 283
Kent, 56, **94ff.**
Kenya, 119, 124, **140ff.**
Kerč (ex-Stalingrad ex-Duca d'Aosta), 191
Ketty Brøvig (ex-norw. Kontana, dt. Prisentanker), 20, 113
KH 1 (ex-De Zeven Provincien), 228
KH 2 (Eendracht), 228
Kijkduin, **227ff.**
Kimberley (brit. Zerstörer), 126
Kinagusa, 195, **196ff.**
King George V, 130
Kinu, **186ff.**, 293
Kirishima (jap. Schlachtschiff), 214
Kirov, 43, **247ff.**, 251
Kiso, **184ff.**
Kitakami, **184ff.**
Kitkun Bay (CVE 71), 208
Köln III (1930), 12, **32ff.**, 40
Komintern (ex-Pamjat Merkurija), **240ff.**, 243
Kongo, 215
Königsberg, **32ff.**
Konsul Hendrik Fisser (dt. Blockadebrecher) 75
Kormoran (dt. Hilfskreuzer), 24, 101, 105
Kortenaer (niederl. Zerstörer), 202
Kota Pinang (dt. Versorgungsschiff), 124
Krasnyj Kavkaz (ex-Admiral Lazarev), 124f.
Krasnyj Krym (ex-Profintern ex-Svetlana) **245ff.**
Krebs (dt. Vp.-Boot), 342, 343
KT 4 (ex-Heidelberg, dt. Transporter), 137

KT 26 (ex-Erpel, dt. Transporter), 137
Kujbyπev, **251f.**
Kuang Chou (ex-HMS Aurora), 119
Kuma, **184ff.**
Kumano, **208ff.**

La Argentina, **15f.**
Laconia (brit. Truppentransporter), 71
Laffey (US-Zerstörer), 349
La Galissonnière, 53, **68ff.**
Lamotte-Piquet, **50ff.**, 53, 312
Lamson (US-Zerstörer), 343
Langley (CVL 27), 216, 309, 311
La Tour d'Auvergne, 67
L'Audacieux (frz. Zerstörer), 20
Lauenburg (dt. Wetterschiff), 145
La Valette (US-Zerstörer), 275
Lazar Kaganovič (ex-Kaganovič), 251
Lazo, **251ff.**
Leander, 21, 22, 87, **110ff.**, 117, 132, 293
Le Fantasque-Klasse (frz. Zerstörer), 165
Le Fortuné (frz. Zerstörer), 338
Legion (brit. Zerstörer), 152
Leipzig, **37ff.**, 39, 40, 46
Lenin, **251f.**
Leonidas (griech. Dampfer), 348
Lepanto (span. Zerstörer), 261
Lepanto (ital. Minenleger), 152, 157
Lexington (CV 2), 192, 203, 269, 274, 275, 277, 280, 282, 284
Libertad (ex-Principe Alfonso), 255ff.
Libra (ital. T-Boot), 153
Linz (dt. Minenschiff), 40
Lion, **147ff.**
Little Rock (CL 92), **304ff.**
Littorio, 164
Liverpool, 94, **120ff.**
London, 21, **99ff.**
Lorraine (frz. Schlachtschiff), 57
Los Angeles (CA 135), **315ff.**
Lothringen (dt. Begleittanker), 87
Lothringen (dt. Minenschiff), 40
Louisville (CA 28), 212, **271ff.**, 283, 286
Luigi Cadorna, **153ff.**, 156, 167, 160, **161ff.**, 164
Luigi di Savoia Duca degli Abbruzi, 158
Lübeck (dt. Kl. Kreuzer), 10
Lützow, **41ff., 252**
Lützow (ex-Deutschland, dt. Panzerschiff) 46, 47, 64, 124f.

M 263, 139
M 275, 144
M 486, 139
M-Klasse (dt. »Kreuzer 1938«), **48f.**
MacLeish (US-Zerstörer), 340
Macon (CA 132), **315ff.**
Magdeburg (dt. Kl. Kreuzer), 9, 182
Maikaze (jap. Zerstörer), 283
Maillé Brézé (frz. Zerstörer), 66

Maksim Gorkij, **247ff.**
Malachite (ital. U-Boot), 132
Manchester (RN, Kreuzer), 94, **120ff.**
Manchester (CL 83), **304ff.**
Manxman (brit. Minenleger), 180
Maori (brit. Zerstörer), 152
Mar Cantabrico (span. Hilfskreuzer), 261
Marblehead (CL 12), **262ff.**, 275, 293
Marne (frz. Kanonenboot), 52
Marseillaise, **68ff.**
MAS 74, 189
MAS 213, 82
MAS 501, 172
MAS 503, 172
MAS 568, 251
MAS 573, 251
Massachusetts (US-Schlachtschiff), 285
Matchless (brit. Zerstörer), 145
Mauritius, 139, **140ff.**
Maury (US-Zerstörer), 282
Maya, 186, **203ff.**, 271
Mecklenburg (dt. Blockadebrecher), 85
Meduse (frz. U-Boot), 285
Memphis (CL 13), **262ff.**
Mersey-Klasse, 7
Méndez Nuñez, **254f.**, 257
Miami (CL 89), **304ff.**
Michel (dt. Hilfskreuzer), 266
Michishio (jap. Zerstörer), 225
Midilli (ex-Breslau), 9, 182
Miguel de Cervantes, **255ff.**
Mikuma, 25, **208ff.**, 275
Milan (frz. Zerstörer), 66
Milwaukee (CL 5), 252, **262ff.**
Minden (dt. Blockadebrecher), 75
Minegumo (jap. Zerstörer), 307
Minekaze-Klasse (jap. Zerstörer), 191
Minneapolis (CA 36), 270, **280ff.**
Minotaur, 120f. **147ff.**, 219
Missouri (US-Schlachtschiff), 303
MMS 51 (brit. Minensucher), 206
Mobile (CL 63), **304ff.**
Mocenigo (ital. U-Boot), 135
Mogador (frz. Zerstörer), 165
Mogami, 25, 120, 203, **208ff.**, 212f., 217, 218, 275
Molotov, **247ff.**
Monmouth-Klasse, 8
Montcalm, 20, 66, **68ff.**
Monterey (CVL 26), 309
Montpellier (CL 57), **304ff.**
MS 16, 126
MS 22, 126
MTB 260, 167
MTB 316, 167
München (dt. Wetterschiff), 125, 126, 128
Münsterland (dt. Blockadebrecher), 136
Murasame (jap. Zerstörer), 307
Muravjev Amurskij, 180f.
Murmansk (ex-Milwaukee), 252, 265

Musashi (jap. Schlachtschiff), 216, 218
Muzio Attendolo, **156ff.**, 163, 180
Myôkô, 103, **198ff.**, 204f., 206
Myrland (norw. Fischereischiff), 343
Mysore (ex-Nigeria), 145

Nachi, 109, **198ff.**, 212, 222, 271
Nagara, **186ff.**, 189, 301
Naiad, 113, **129ff.**
Naka, **189ff.**
Naresuan, **167ff.**, **239**
Nashville (CL 43), **287ff.**
Natori, **186ff.**, 190
Navarra (ex-Reina Victoria Eugenia ex-Republica), **253ff.**
»Navigatori«-Klasse (ital. Zerstörer), 165
Neches (US-Begleittanker), 269
Neghelli (ital. U-Boot), 79
Neptune, 82, **110ff.**, 152
New Haven I (CL 76), **304ff.**
New Haven II (CL 109), **313ff.**
New Mexico (US-Schlachtschiff), 349
New Orleans (CA 32), 263, 270, 276, **280ff.**, 287f.
Newark I (CL 100), **304ff.**
Newark II (CL 108), **313ff.**
Newcastle, 105, **120ff.**
Newfoundland, 141, **146ff.**
Newport News (CA 148), **321ff.**
Nigeria, 119, 128, **140ff.**
Niitsuki (jap. Zerstörer), 293
Niobe (dt. Kl. Kreuzer), 30
Nord Norge (erbeuteter norw. Dampfer), 82
Norderney (dt. Blockadebrecher), 86
Norfolk (RN, Kreuzer), 98, **103ff.**
Norfolk (CA 137), **315ff.**
North Carolina (US-Schlachtschiff), 326
Northampton I (CA 26), 270, **271ff.**, 276, 282
Northampton II (CA 125), **315ff.**
Northumberland, 104
Noshiro, **214ff.**, 318
Nubian (brit. Zerstörer), 176
Nueve de Julio (ex-Boise), 293
Nürnberg, **38ff.**, 125, 132

O 19 (niederl. U-Boot), 203
O'Bannion ((US-Zerstörer), 278, 294
O'Higgins (ex-Brooklyn: CL 40), 289f.
Oakland (CL 95), **397ff.**
Očakov (ex-Kagul), 246
Odenwald (dt. Blokadebrecher), 264
Ohio (brit. Tanker), 340
Oi, **184ff.**
Oil Pioneer (brit. Tanker), 46
Okinami (jap. Zerstörer), 212
Oklahoma City (CL 91), **304ff.**
Oleg, 240
Olinda (dt. Blockadebrecher), 114
Omaha (CL 4), 184, 193, **262ff.**, 268

Ontario (ex-Minotaur), **148f.**, 219
Orama (brit. Truppentransporter), 46
Ordžonikidse, **251ff.**
Oregon City (CA 122), **315ff.**, 322, 328
Orion, **110ff.**, 123
Orlando-Klasse, 8
Osorno (dt. Blockadebrecher), 348
Ottaviano Augusto, **164ff.**
Otto (dt. Küstendampfer), 139
Oyashio (jap. Zerstörer), 274
Oyodo, **217f.**

Pamjat Azova, 8
Pamjat Merkurija, 240
Panther (brit. Zerstörer), 82
Paolo Emilio, **165ff.**
Parana (dt. Dampfer), 123
Parižskaja Kommuna (sowj. Schlachtschiff) 246
Parramatta (austr. Sloop), 82
Partridge (brit. Zerstörer), 157
Pasadena (CL 65), **304ff.**
Pathfinder (brit. Zerstörer), 82
Patterson (US-Zerstörer), 348
Pei Ching (ex-HMS Aurora), 119
Penelope, **115ff.**, 134, 152
Pensacola (CA 24), **267ff.**, 271f., 273, 274, 278, 282
Pensilvania (ital. Dampfer), 103
Pericles (norw. Tanker), 107
Perkins (US-Zerstörer), 343
Persée (frz. U-Boot), 87, 334
Perth (ex-HMS Amphion), 18, **22ff.**, 188, 211, 275
Petropavlovsk (ex-Lützow, Kreuzer), **252**
Petropavlovsk (ex-Kaganovič), 252
Phaeton, 22, 24
Phoebe, **129ff.**
Philadelphia (CL 41), **287ff.**, 310
Philippines (CB 4), **323ff.**
Phoenix (CL 44), **287ff.**
Piet Hein (niederl. Zerstörer), 222
Pillau (ex-Muravjev Amurskij), 9, 180f.
Pillsbury (US-Zerstörer), 206
Pinguin (dt. Hilfskreuzer), 20, 98
Pittsburgh (ex-Albany, CA 72), 310, 311, **315ff.**
Pluton, 65, **67f.**
Plyades (brit. Minensucher), 341
Poitiers (vichy-frz. Dampfer), 98
Pola, **172ff.**
Polifemo (ital. Schlepper), 166
Polyphemus, 120f.
Pompeo Magno, **165ff.**
Pope (US-Zerstörer), 202
Portland (dt. Blockadebrecher), 72
Portland (CA 33), 212, **276ff.**, 280f., 286, 300
Portsmouth (CL 102), **304ff.**
Powerful-Klasse, 8

Preston (US-Zerstörer), 188
Pretoria Castle (brit. Hilfskreuzer), 86
Primauguet, **50ff.**, 56, 68, 71, 98, 276, 289
Prince of Wales, 47
Princess Beatrix (brit. Angriffsschiff), 343
Princeton (CVL 23), 207, 212, 214, 216, 301, 309, 310
Principe Alfonso, **255ff.**
Prinz Eugen, 38, **41ff.**, 125, 132, 270
Profintern (ex-Svetlana), 245ff.
Protée (frz. U-Boot), 338
Provence (frz. Schlachtschiff), 65
Providence (CL 82), **304ff.**
PT 137, 189
Puerto Rico (CB 5), **323ff.**
Python (dt. U-Bootversorger), 105

Q 457 (ex-Montcalm), 72
Q 554 (ex-Guichen), 167
Quebec (ex-Uganda), 219
Queen Emma (brit. Angriffsschiff), 343
Queen Mary (brit. Truppentransporter), 79
Quincy I (CA 39), 192, 207, **280ff.**
Quincy II (ex-St. Paul, CA 71), **315ff.**

R 4 (ex-Attilio Regolo), 166
Raimondo Montecuccoli, 152, **156ff.**
Raleigh, 88, **90**
Raleigh (CL 7), **262ff.** 286
Ralph Talbot (US-Zerstörer), 348
Ramses (dt. Blockadebrecher), 18, 227
Ramb I (ital. Hilfskreuzer), 113
Randolph (CV 15), 309
Ranger (CV 4), 284, 285
Raton (am. U-Boot), 212
Rawalpindi (brit. Hilfskreuzer), 75, 113
Ray (am. U-Boot), 212
Regensburg (dt. Blockadebrecher), 125
Regina Victoria Eugenia, 253f.
Reno (CL 96), **297ff.**
Renown (brit. Schlachtkreuzer), 144, 180
Republica (ex-Reina Victoria Eugenia), 253f.
Resolution (brit. Schlachtschiff), 334, 339
Revenge (brit. Schlachtschiff), 123
Rhakotis (dt. Blockadebrecher), 136
Rhein (dt. Blockadebrecher), 76
Rheingold (dt. Blockadebrecher), 85
Richard Hovey (brit. Frachter), 346
Richelieu (frz. Schlachtschiff), 65, 105
Richmond (CL 9), **212ff.**, 270, 271
Rigault de Genouilly (frz. Kanonenboot), 127
Rio Grande (dt. Blockadebrecher), 264
Rio Grande do Sul, **26ff.**
Ro 49 (jap. U-Boot), 294
Roanoke I (CL 114), **313ff.**
Roanoke II (CL 145), **327ff.**
Rochester (CA 124), **315ff.**
Rockwood (brit. Zerstörer), 82
Roma (ital. Schlachtschiff), 166, 167

Royalist, 130, 132, **137ff.**
Rurik, 9

S 44 (am. U-Boot), 195
S 56 (dt. S-Boot), 123
Sakawa, **214ff.**, 270
Salem (1908), 10, 262
Salem (CA 139), **321ff.**
Salmon (brit. U-Boot), 38, 40
Salt Lake City (CA 25), 21, 189, 203, **267ff.**, 273
Samoa (CB 6), **323ff.**
Samuel B. Roberts (US-Zerstörer), 208
Sanches Barcaiztegui (span. Zerstörer), 261
San Diego (CL 53), **297ff.**, 301
San Francisco (CA 38), **280ff.**, 300f.
San Giorgio (ex-Pompeo Magno), 166
San Jacinto (CVL 30), 309
San Juan (CL 54), **297ff.**
San Marco (ex-Giulio Germanico), 167
Sandlance (am. U-Boot), 184
Santa Fé (dt. Blockadebrecher), 58
Santa Fé (CL 60), **304ff.**, 320
Santee (CVL) 290
Saratoga (CV 3), 207, 212, 214, 215, 282, 284, 301
Sasago Maru (jap. Truppentransporter), 222
Saumarez (brit. Zerstörer), 203
Šaumjan (sowj. Zerstörer), 243
Savannah (CL 42), **287ff.**
Sawarabi (jap. Zerstörer), 346
Scharnhorst (dt. Schlachtschiff), 39, 46, 47, 72, 75, 105, 119, 123, 124, 129, 132, 142, 145, 146, 326
Schiff 10 (siehe Thor)
Schiff 16 (siehe Atlantis)
Schiff 28 (siehe Michel)
Schiff 33 (siehe Pinguin)
Schiff 41 (siehe Kormoran)
Scipione Africano, **165ff.**
Scranton (CA 138), **315ff.**
Scylla, **129ff.**
Seawolf (am. U-Boot), 190
Sella (ital. Zerstörer), 107
Selma City (brit. Handelsschiff), 207
Sendai, 188, **189ff.**, 203, 216, 307
Seydlitz, **41ff.**
Skakespeare-Klasse (brit. Zerstörer), 92
Sheffield, 46, **120ff.**, 146
Shoko (jap. Flugzeugträger) 346
Shropshire, **21ff.**, 98, **99ff.** (RN), 105
Sikh (brit. Zerstörer), 152
Silversides (am. U-Boot), 188
Simoom (brit. U-Boot), 164
Simpson (US-Zerstörer), 340
Sirius, 119, **129ff.**
Skate (am. U-Boot), 216
Slava (ex-Molotov), 251
Somers (US-Zerstörer), 264
Songkhla (siam. T-Boot), 338

South Dakota (US-Schlachtschiff), 207, 276
Southampton, **120ff.**, 127, 140
SP 1 - SP 3 (dt. »Spähkreuzer 1938«), **49**
Spartak (sowj. Zerstörer), 75
Spark (brit. U-Boot), 346
Spartan, 130, **137ff.**
Sperrbrecher 7, 139
Sperrbrecher 157, 144
Spokane (CL 120), **297ff.**
Springfield (CL 66), **304ff.**
Sri Ayuthia (siam. Küstenpanzerschiff), 338
Stalingrad (ex-Z 15 ex-Duca d'Aosta), 161
Sterett (US-Zerstörer), 285
St. Louis (CL 49), **287ff.**
St. Paul (ex-Rochester, CA 73), **315ff.**
Strasbourg (frz. Schlachtschiff), 64, 71
Strassburg (dt. Kl. Kreuzer), 181f.
Stronghold (brit. Zerstörer), 206
Sturtevant (US-Zerstörer), 341
Stygian (brit. U-Boot), 346
Suffolk, **94ff.**, 105
Suffren, 52, **55ff.**
Sumatra, **220ff.** 226
Superb, **147ff.**
Sussex, 20, **99ff.**
Suzuya, **208ff.**
Sverdlov, **251ff.** 252
Svetlana, 242, 245ff.
Swiftsure, **147ff.**
Sydney (ex-HMS Phaeton), **22ff.**, 114, 153

T 23, 136
T 24, 139
T 25, 241
T 26, 125, 341
T 27, 125, 136, 139
T 29, 139
T 36, 337
Tahure (frz. Kanonenboot), 52
Takanami (jap. Zerstörer), 282
Takao, 202, **203ff.**, 208, 210, 212
Taksin, **167f., 239**
Tallahasse I (CL 61), **304ff.**
Tallahasse II (CL 116), **313ff.**
Tallyho (am. U-Boot), 186
Tama, **184ff.**, 271
Tamandare (ex-St. Louis: CL 49), 294
Tambour (am. U-Boot), 211
Taranto, 180, **181ff.**
Tarn (vich-frz. Tanker), 98
Tartu (frz. Zerstörer), 96

Taπkent, 243
Tatsuata, **183f.**
Tautog (am. U-Boot), 188
Tchoung King (ex-Chungking, ex-Aurora) 119
Teazer (brit. Zerstörer), 137
Tembien (ital. U-Boot), 134
Templar (brit. U-Boot), 185, 186
Tenryu, **183f.**, 184f.
Thanet (brit. Zerstörer), 190
Thor (dt. Hilfskreuzer), 94, 98
Ticonderoga (CV 14), 212
Tiger, **147ff.**
Tirpitz (dt. Schlachtschiff), 98, 102, 137, 139
Toledo (CA 133), **315ff.**
Tomozuru (jap. T-Boot), 210, 212
Tone, 198, **212ff.**, 218
Topeka (CL 67), **304ff.**
Toricelli (ital. U-Boot), 257
Tornade (frz. Zerstörer), 119
Touareg (vichy-frz. Dampfer), 87
Tourville, **53ff.**, 64, 67
Tramontane (frz. Zerstörer), 119
Trat (siam. T-Boot), 338
Tre Kronor, **237ff.**
Trenchant (am. U-Boot), 203
Trento, 13, **169ff.**, 172f., 176ff., 180
Trenton (CL 11), **262ff.**
Trident (brit. U-Boot), 47
Trieste, 164, **169ff.**, 176, 180
Trinidad, 126, **140ff.**
Triumph (brit. U-Boot), 180
Troja (dt. Blockadebrecher), 86
Tromp, 222, **224ff.**
Truant (brit. U-Boot), 35
Tucson (CL 98), **297ff.**
Tulsa (CA 129), **315ff.**
Tunny (am. U-Boot), 218
Tuscaloosa (CA 37), 276, **280ff.**, 294, 320

U 9 (1914), 9
U 21, 129
U 32, 142
U 33, 342
U 38, 91, 123
U 65, 94
U 93, 144
U 110, 342
U 124, 88
U 156, 339
U 161, 132

U 205, 134
U 264, 103
U 407, 125, 147
U 410, 119
U 436, 128
U 456, 128
U 557, 119
U 559, 342
U 565, 132
U 625, 99
UA, 105
UJ 2171 (dt. U-Jäger, ex-KT 4), 137
Uganda, 86, 141, **146ff.**, 148, **219**
Ulpio Triano, **165ff.**
Umbra (brit. U-Boot), 171
Unbroken (brit. U-Boot), 158, 180
Undine (dt. Kl. Kreuzer), 9
United (brit. U-Boot), 166
Unruffled (brit. U-Boot), 166
Upholder (brit. U-Boot), 157, 163
Upright (brit. U-Boot), 155
Uranami (jap. Zerstörer), 198
Uruguay (dt. Blockadebrecher), 98
Urge (brit. U-Boot), 153, 163
Ussukuma (dt. Blockadebrecher), 98, 114
Utmost (brit. U-Boot), 172

V 414, 139
V 702, 144
V 717, 144
V 720, 144
V 729, 144
V 730, 144
V 2630, 342
Vallejo I (CL 112), **313f.**
Vallejo II (CL 146), **327ff.**
Valiant (brit. Schlachtschiff), 175, 339
Vanguard (brit. Schlachtschiff), 125
Van Kinsbergen (niederl. Kanonenboot), 340
Vega (ital. T-Boot), 132
Veinticinco de Mayo, **13ff.**, 15
Venezia, **164**
Venus (brit. Zerstörer), 203
Verulam (brit. Zerstörer), 203
Vesuvio (ex-Naresuan), **167f.**
Vicksburgh (ex-Cheyenne, CL 86), **304ff.**
Victorious (brit. Flugzeugträger), 134, 301
Vigilant (brit. Zerstörer), 203
Ville des Rouen (vichy-frz. Dampfer), 88
Ville de Tamatave (vichy-frz. Dampfer), 87
Vincennes I (CA 44), 192, **280ff.**, 291, 294

Vincennes II (CL 64), **304ff.**
Vindictive (ex-Cavendish), 89
Vipsanio Agrippa, **165ff.**
Virago (brit. Zerstörer), 203
Vittorio Veneto (ital. Schlachtschiff), 163
Vityaz, 240
Voroπilov, **247ff.**

Wahehe (dt. Blockadebrecher), 126
Wakama (dt. Blockadebrecher), 105
Walke (US-Zerstörer), 188
Warabi (jap. Zerstörer)
Warramunga (austr. Zerstörer), 24
Warspite (brit. Schlachtschiff), 175, 231
Washington (US-Schlachtschiff), 284
Wasp I (CV 7), 271, 284, 287, 294, 301
Wasp II (CV 18), 210, 312, 318, 320
Watussi (dt. Blockadebrecher), 102
Welshman (brit. Minenleger), 157
Wichita (CA 45), 284, 285, 286, **294ff.**, 310, 315, 319
Wilkes-Barre (CL 103), **304ff.**
Wilmington I (CL 79), **304ff.**
Wilmington II (CL 111), **313f.**
Witte de With (niederl. Zerstörer), 347
Wolfsburg (dt. Blockadebrecher), 98
Worcester (CL 144), 322, **327ff.**

XE 1, 346
XE 3, 346

Yahagi, **214ff.**
Yamato (jap. Schlachtschiff), 216
Yarra (austr. Sloop), 206
York, 88, 98, **106f.**, 108, 114
Yorktown I (CV 5), 192, 277, 283, 289
Yorktown II (CV 10), 211, 309
Youngstown (CL 94), **304ff.**
Yubari, 185, **191f.**, 193, 195, 215
Yudachi (jap. Zerstörer), 189, 278
Yura, **186ff.**, 188

Z 15 (ex-Duca d'Aosta), 161
Z 24, 128, 145
Z 25, 128, 145
Z 26, 145
Z 27, 125
Z 31, 139, 145
Zara, 161
Želenjakov, **251f.**
Zuikaku (jap. Flugzeugträger), 218
Zulu (brit. Zerstörer), 79, 82

Abkürzungsverzeichnis

ABC-Mächte	Argentinien, Brasilien, Chile
ABDA-(Australian-British-Dutch-American-)Kommando	Australisch-Britisch-Niederländisch-Amerikanisches Kommando
Adm.	Admiral
A.E.G.	Allgemeine Elektrizitätsgesellschaft
AG	(am.) Kennung für ein allgemeines Hilfsschiff
ANZAC (Australian-New Zealand-Army Corps)	Australisch-Neeseeländisches Heereskorps
Ar	Arado-Flugzeugwerke GmbH
At. et Ch. (Ateliers et Chantiers)	(frz.) Schiffbaugesellschaft
atü	Atmosphärenüberdruck: 1 kg/cm²
Bb.	Backbord
BBC	Brown, Boveri & Cie.
B.d.A.	Befehlshaber der Aufklärungsstreitkräfte
B-Dienst	Funkbeobachtungsdienst
B.d.K.	Befehlshaber der Kreuzer
B.d.U.	Befehlshaber der Unterseeboote
BISCO	British Iron and Steel Corporation
B.L. (Breech-Loader)	(brit.) Bezeichnung für Hinterlader
BRT	Bruttoregistertonne
C/...	Konstruktion aus dem Jahr ...
CA (Cruiser, Artillery)	(am.) Kennung für Schwerer Kreuzer
CAG (Cruiser, Artillery, Guided)	(am.) Kennung für (Schweren) Lenkwaffenkreuzer
Cal. (California)	(am.) US-Staat Kalifornien
Capt. (Captain)	(brit./am.) Marine: Kapitän zur See, Heer: Hauptmann
CB (Cruiser, Battle)	(am.) Kennung für Schlachtkreuzer
Cdr. (Commander)	(brit./am.) Korvetten- bzw. Fregattenkapitän
C.D.T. (Cantieri del Tirreno)	(ital.) Schiffswerft in Riva Trigosa
CG (Cruiser, Guided)	(am.) Kennung für Lenkwaffenkreuzer
C-in-C (Commander-in-Chief)	(brit./am.) Oberbefehlshaber
CL (Cruiser, Light)	(am.) Kennung für Leichter Kreuzer
CLG (Cruiser, Light, Guided)	(am.) Kennung für (Leichten) Lenkwaffenkreuzer
CMB bzw. CB (Coastal Motor Boat/Coastal Boat)	(brit.) Küstenmotorboot/Schnellboot
C.N.R. (Cantieri Navali Riuniti S.A.)	(ital.) Schiffswerften in Ancona und Palermo
Commodore (D)	(brit.) F.d.Z. im Rang eines Commodore
C.R.D.A. (Cantieri Riuniti dell' Adriatico S.A.)	(ital.) Schiffswerften in Triest und Monfalcone
CVL (Carrier Vessel, Light)	(am.) Kennung für Leichten Flugzeugträger
CWL/KWL	Konstruktionswasserlinie
Deschimag	Deutsche Schiffs- und Maschinenbau-A.G.
DivAdm. (Ammiraglio di divisione)	(ital.) Vizeadmiral
DNC (Director of Naval Construction)	(brit.) Leiter der Schiffbau-Abteilung der Admiralität
Do	Dornier-Flugzeugwerke
Dopp.L.	Doppellafette
DP (Dual Purpose)	(brit./am.) Mehrzweck- d.h. Luft/Seeziel-Lafette
Dpl.Drh.Tr	Doppeldrehturm
d.R.	der Reserve
Drh.L.	Drehscheibenlafette
Drh.Tr	Drehturm
ELAS	(grch.) kommunistische Aufstandsbewegung in Griechenland
E-Meß...	Entfernungsmeß...
E-Werk	Elektrizitätswerk
ex-am.	ehemalig-amerikanisch
F	Fahrenheit
FAA (Fleet Air Arm)	(brit.) Marineluftwaffe
F.d.Z.	Führer der Zerstörer
F. et Ch. (Forges et Chantiers)	(frz.) Werft
FK	Flugkörper
FKpt.	Fregattenkapitän
Fla	Fliegerabwehr
Flak	Fliegerabwehrkanone
F.T.-Anlage	Funkentelegraphische Anlage
FuMO	Funkmeßortungsgerät
G7a, G7e	(dt.) Torpedobezeichnung (G = Kaliber 53,3 cm, 7 = 7 m Länge, a = Preßluftantrieb, e = Elektroantrieb)
GAdm.	Großadmiral
g.E.	größte Erhöhung
GL (Gourdou-Leseurre)	(frz.) Flugzeugwerke
He	Heinkel-Flugzeugwerke
HG (Home-Gibraltar)	(brit.) Geleitzug Gibraltar - England
HMS (Her/His Majesty Ship)	(brit.) Ihrer/Seiner Majestät Schiff
HMAS (Her/His Majesty Australian Ship)	(brit.) Ihrer/Seiner Majestät Australisches Schiff
HMCS (Her/His Majesty Canadian Ship)	(brit.) Ihrer/Seiner Majestät Kanadisches Schiff
HMSO (Her/His Majesty Stationary Office)	Ihrer/Seiner Majestät Druckerei
Hptm.	Hauptmann
Hs	Henschel-Fahrzeugwerke
HX (From Halifax)	(brit.) Geleitzug Halifax/Kanada - England
Ju	Junkers-Flugzeugwerke
KAdm.	Konteradmiral
K.G. (II./K.G.30 bzw. 6./K.G.26)	(dt.) Kampfgeschwader (II. Gruppe des K.G.30 bzw. 6. Staffel des K.G.26)
KH (Kreuzer Holland)	(dt.) Kennung für erbeuteten niederl. Kreuzer
KJM	Kaiserlich Japanische Marine
KKpt.	Korvettenkapitän
KM-Werft	Kriegsmarinewerft
kn	Knoten: Seemeile (1853 m) pro Stunde
KNiedM	Königlich Niederländische Marine

Kptlt.	Kapitänleutnant
KptzS.	Kapitän zur See
KT	(dt.) Kennung für Kriegstransportschiff
KTV	konstruktiver Totalverlust
kW	Kilowatt
L/...	Länge des Rohres nach Anzahl der Kaliber
L.C.S. (Light Cruiser Squadron)	(brit.) Leichtes Kreuzergeschwader
L.G. (I./L.G.1)	Lehrgeschwader (I. Gruppe des L.G.1)
LM bzw. L/M	Lafette Modell
LM 44 U	(dt.) U-Bootlafette Modell 1944
Lt.	Leutnant
Lt. (Lieutenant)	(brit.) Oberleutnant zur See
Lt.-Cdr. (Lieutenant-Commander)	(brit./am.) Kapitänleutnant
Lt.-Col. (Lieutenant-Colonel)	(brit./am.) Oberstleutnant
M	(dt.) Kennung für Minensuchboot
M	(frz./ital.) Modell
M I	Gewicht der Antriebsanlage sowie der Stromerzeugungsanlage plus alle Hilfseinrichtungen, Rohrleitungen und Kabel
M II	Gewicht der für den Betrieb des Schiffes erforderlichen technischen Einrichtungen (insbes. Hilfskessel, Rudermaschinen, Ankerspills, Boots- und Flugzeugkräne, Befehls- und Meldeanlagen). Ab 1939 auch die Stromerzeugungsanlage und ihre Einrichtungen hierzu.
MAN	Maschinenfabrik Augsburg-Nürnberg
MAS (Motoscafi anti Sommergibile)	(ital.) Motortorpedoboot/Schnellboot, ursprünglich kleines U-Jagdboot
Mass.	US-Bundesstaat Massachusetts
M-Boot	Minensuchboot
Me	Messerschmitt-Flugzeugwerke A.G.
MES	Mineneigenschutz bzw. magnetischer Eigenschutz
MG	Maschinengewehr
MGB (Motor Gun Boat)	(brit.) Motorkanonenboot
MHZ	Megahertz
Mij. (Maatschapping)	(niederl.) Gesellschaft
Mk. (Mark)	(brit./am.) Modell
MMS (Mine Sweeping)	(am.) Kennung für Minensuchboot
MND	(dt.) Marinenachrichtendienst in der Skl.
Mob.	Mobilmachung
Mod.	Modell
MPL, M.P.L.	Mittelpivotlafette
MS (Motoscafi)	(ital.) Kennung für Schnellboot
m/s	Meter pro Sekunde
MTB (Motor Torpedo Boat)	(brit.) Motortorpedoboot
NIACC (Naval Interallied Commission of Control)	Alliierte Marinekontrollkommission
N.J.	US-Bundesstaat New Jersey
N.S.M. (Nederlandsche Scheepsbouw Maatschapping)	Niederländische Schiffbau-Gesellschaft
Ob.d.M.	Oberbefehlshaber der Marine
Oberstlt.	Oberstleutnant
ObltzS.	Oberleutnant zur See
OKM	Oberkommando der Marine
ONI (Office of Naval Intelligence)	(am.) Marinenachrichtendienst
O.T.O. (Odero-Terni-Orlando S.A.	(ital.) Schiffswerft in La Spezia
Pa.	US-Bundesstaat Pennsylvania
PQ	Geleitzug von Island nach Nordrußland

P.R.O. (Public Record Office)	(brit.) Staatsarchiv
PSe	effektive PS, Maßeinheit für Motoren
PSi	indizierte PS, Maßeinheit für Kolbendampfmaschinen
QP	Geleitzug von Nordrußland nach Island
Radar (Radio Detecting and Ranging)	(brit./am.) Funkortung und -E-Messung (dt. Funkmeß)
RAF (Royal Air Force)	(brit.) Königliche Luftwaffe
RAN (Royal Australian Navy)	(brit.) Königlich Australische Marine
RCN (Royal Canadian Navy)	(brit.) Königlich Kanadische Marine
Rear-Admiral (D)	F.d.Z. im Range eines Konteradmirals
RN (Royal Navy)	(brit.) Königliche Marine
RNZN (Royal New Zealand Navy)	(brit.) Königlich Neuseeländische Marine
Russ.-Balt. Sch.G.	Russisch-Baltische Schiffbaugesellschaft
S	(dt.) Kennung für Schnellboot
SA	Schwere Artillerie
Sb. Corp. (Shipbuilding Corporation)	(am.) Schiffbaugesellschaft
S-Boot	Schnellboot
S.E.C.N. (Sociedad Española Construción Naval)	Spanische Schiffbaugesellschaft
seetakt.	seetaktisch
S-Flottille	Schnellboot-Flottille
S.K.	Schnellfeuerkanone
Skl.	Seekriegsleitung
SL	(dt.) Stabilisierter Leitstand
SL	(brit.) schneller Geleitzug Sierra Leone/Freetown - England
S.M.	Seiner Majestät
SP	(dt.) Kurzbezeichnung für Spähkreuzer
Spbr.	(dt.) Kennung für Sperrbrecher
Spbr.-Flottille	Sperrbrecher-Flottille
Stb.	Steuerbord
St.G. (III./St.G.2 bzw. 8./St.G.3)	Stukageschwader (III. Gruppe des St.G.2 bzw. 8. Staffel des St.G.3)
S.T.T. (Stabilimento Tecnico Triestino)	(ital.) Schiffswerft in Triest
Stuka	Sturzkampfflugzeug
t	metrische Tonne (1000 kg)
T	(dt.) Kennung für Torpedoboot
T.B.K.	Torpedobootskanone
T-Boot	Torpedoboot
TF (Task Force)	(am.) Kampfverband, z. B. TF 38
T-Flottille	Torpedoboot-Flottille
TG (Task Group)	(am.) Kampfgruppe (Untergliederung der TF, z.B. TG 38.1)
T.K.	Torpedobootskanone
ts	brit. »long ton« zu 1016 kg
TU, auch »Taffy« (Task Unit)	(am.) Kampfeinheit (Untergliederung der TG, z.B. TU 38.1.2)
U	(dt.) Kennung für Unterseeboot
U	(dt.) U-Bootlafette
U-Boot	Unterseeboot
UdSSR	Union der Sozialistischen Sowjetrepubliken (Sowjetunion)
U-Flottille	Unterseeboot-Flottille
UJ	(dt.) Kennung für U-Jäger

UP-Lafette (Utility Purpose)	(am.) Luft/Seeziel-Lafette	Wh	Panzerstahl »Wotan hart«
USAAF (United States Army Air Force)	(am.) US-Heeresluftwaffe	WPS	Wellen-PS, Maßeinheit für Dampfturbinen
USMC (United States Marine Corps)	(am.) US-Marineinfanterie-Korps		
USN (United States Navy)	US-Marine	xB-Dienst	Funkentzifferungsdienst im MND
V	(dt.) Kennung für Vorpostenboot	Z	(dt.) Kennung für Zerstörer
V.-A.	Vickers-Armstrong	Z-Division	Zerstörer-Division
VAdm.	Vizeadmiral	Z-Flottille	Zerstörer-Flottille
VAdm.z.V.	Vizeadmiral zur Verwendung		
Vp.-Boot	Vorpostenboot		

Jäger der Meere

Willi Schultz
Kreuzer Leipzig 1929-1946
Die »Leipzig« galt als schönstes Schiff der Marine. Aber an ihren Planken klebte das Pech: 1939 traf sie ein Torpedo, 1944 kollidierte sie mit der »Prinz Eugen«, 1946 wurde sie gesprengt. Hier ist ihre Story, rekonstruiert aus Kriegstagebüchern, Logbüchern und Interviews mit ehemaligen Offizieren.

196 Seiten, 110 sw-Abb., geb.
DM 59,–/sFr 54,50/öS 431,–
Bestell-Nr. 01754

Jak P. Mallmann-Showell
U-Boote gegen England
In den Tiefen der Meere jagten sie die Kriegsschiffe des Gegners. Die deutschen Uboote waren gefürchtet, ihre Kapitäne hochdekoriert. Doch am Ende kämpfte diese Waffe auf verlorenem Posten. Dieser Bestseller beschreibt Kampf und Untergang der deutschen Uboot-Waffe 1939 bis 1945.

192 Seiten, 228 sw-Abb., geb.
DM 29,80/sFr 29,80/öS 218,–
Bestell-Nr. 01009

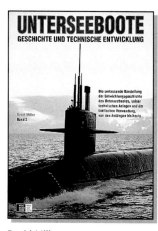

David Miller
Unterseeboote
Seit wann gibt es Uboote? Was hat es mit der Tauchzeit auf sich? Wie funktioniert ein Atomantrieb? Hier steht alles über Geschichte, Technik und Taktik der Uboote. Gegliedert nach Ländern, stellt das Buch alle Typen-Klassen vor, mit vielen Graphiken, Zeichnungen und beeindruckenden Bildern.

190 Seiten, 400 Abbildungen, geb.
DM 78,–/sFr 72,–/öS 569,–
Bestell-Nr. 30253

V. E. Tarrant, Kurs West
In beiden Weltkriegen machten die deutschen Uboote den Atlantik unsicher. Doch bisher unveröffentlichte deutsche und britische Quellen belegen: Erst im II. Weltkrieg spielten sie ihre strategischen Möglichkeiten aus. Trotzdem hatten die Uboote in den letzten Kriegsjahren keine Chance mehr gegen die hochspezialisierten Abwehr-Techniken der Alliierten.

276 Seiten, 150 Abbildungen, geb.
DM 69,–/sFr 63,50/öS 504,–
Bestell-Nr. 01542

Franz Kurowski
Jäger der sieben Meere
Der Premier Winston Churchill erachtete die deutschen Uboote als die größte Gefahr für das britische Empire. Dieser Tatsachenbericht schildert spannend und hautnah Biographien, Einsätze und Kämpfe der Tauchboote und der bekanntesten deutschen Kommandanten des II. Weltkrieges.

508 Seiten, 170 Abbildungen, geb.
DM 59,–/sFr 54,50/öS 431,–
Bestell-Nr. 01633

Mike J. Whitley
Zerstörer im Zweiten Weltkrieg
Jetzt als ungekürzte Sonderausgabe: Eine detaillierte Darstellung aller Zerstörertypen der am Krieg beteiligten Mächte sowie der neutralen Länder: Bau, Technik, Geschichte, Schiffsklassen, Registriernummern, Indienststellung, Einsätze und Verbleib der einzelnen Schiffe.

320 Seiten, 475 sw-Abb., geb.
DM 39,80/sFr 37,90/öS 291,–
Bestell-Nr. 01426

Volkmar Kühn
Torpedoboote und Zerstörer im Einsatz 1939–1945
Torpedoboote und Zerstörer gab's in allen Marinen des II. Weltkriegs. Ihre Domäne: Küstenvorfeld, Aufklärung, Geleitsicherung. Sie kämpften erfolgreich gegen Uboote, Flugzeuge und Landbatterien. Trotzdem hat sich diese Waffe nach dem Krieg überlebt.

384 S., 84 sw-Abb., 4 Zeichn., geb.
DM 29,80/sFr 29,80/öS 218,–
Bestell-Nr. 10344

Motorbuch Verlag

IHR VERLAG FÜR MARINE-BÜCHER

Postfach 10 37 43 · 70032 Stuttgart
Telefon (0711) 21 08 065
Telefax (0711) 21 08 070

Stand August 1997 – Änderungen in Preis und Lieferfähigkeit vorbehalten